VIDAS
DOS ARTISTAS

GIORGIO VASARI

VIDAS DOS ARTISTAS

Edição de Lorenzo Torrentino, Florença, 1550

Organização de Luciano Bellosi e Aldo Rossi
Apresentação de Giovanni Previtali

Tradução de Ivone Castilho Benedetti

Revisão do texto italiano de Marina Gorreri e Antonia Ravasi; coordenação de Aldo Rossi.

As notas, coordenadas por Luciano Bellosi, foram redigidas por Giovanna Ragionieri (toda a primeira parte), Andrea De Marchi (a segunda parte até Vida de Masolino), Alessandro Angelini (da Vida de Parri Spinelli até a de Andrea del Castagno, na segunda parte), Francesca Fumi (da Vida de Gentile da Fabriano até o fim da segunda parte) e Fabrizio Guidi (toda a terceira parte).

A Cronologia é de Andrea De Marchi.

Os Índices são de Roveno Batignani.

Título do original italiano
LE VITE DE' PIÙ ECCELLENTI ARCHITETTI, PITTORI, ET SCULTORI ITALIANI, DA
CIMABUE, INSINO A' TEMPI NOSTRI
Copyright © Giulio Einaudi Editori S.p.A Torino, Itália
para o estabelecimento do texto e aparelho crítico
Copyright © 2011, Editora WMF Martins Fontes Ltda.,
São Paulo, para a presente edição.

1ª edição *2011*
2ª edição *2020*
2ª tiragem *2024*

Tradução
IVONE CASTILHO BENEDETTI

Acompanhamento editorial *Luzia Aparecida dos Santos*
Preparação do original *Célia Maria Silva Euvaldo*
Revisões *Ana Maria de O. M. Barbosa, Maria Luiza Favret*
Edição de arte *Katia Harumi Terasaka Aniya*
Capa *Victor Burton*
Produção gráfica *Geraldo Alves*
Paginação *Moacir Katsumi Matsusaki*

Dados Internacionais de Catalogação na Publicação (CIP)
(Câmara Brasileira do Livro, SP, Brasil)

Vasari, Georgio, 1511-1574.
  Vidas dos artistas / Georgio Vasari ; edição de Lorenzo Torrentino ; organização de Luciano Bellosi e Aldo Rossi ; apresentação de Giovanni Previtali ; tradução de Ivone Castilho Benedetti. – 2ª ed. – São Paulo : Editora WMF Martins Fontes, 2020.

  Título original: Le Vite de' più eccellenti architetti, pittori, et scultori italiani, da Cimabue, insino a' tempi nostri.
  ISBN 978-65-86016-35-2

  1. Artistas – Itália – Biografia 2. Arte italiana 3. Arte renascentista I. Torrentino, Lorenzo, d. 1563. II. Bellosi, Luciano. III. Rossi, Aldo, 1931-1997. IV. Previtali, Giovanni, 1934-1988. V. Título.

20-46640   CDD-709.45

Índices para catálogo sistemático:
1. Itália : Arte : História   709.45
2. Itália : História da arte   709.45

Maria Alice Ferreira – Bibliotecária – CRB-8/7964

Todos os direitos desta edição reservados à
Editora WMF Martins Fontes Ltda.
Rua Prof. Laerte Ramos de Carvalho, 133 01325-030 São Paulo SP Brasil
Tel. (11) 3293.8150 e-mail: info@wmfmartinsfontes.com.br
http://www.wmfmartinsfontes.com.br

Sumário

APRESENTAÇÃO XI

NOTA BIBLIOGRÁFICA XXI

CRONOLOGIA XXV

ABREVIAÇÕES BIBLIOGRÁFICAS XXIX

VIDAS DOS MAIS EXCELENTES ARQUITETOS, PINTORES E ESCULTORES ITALIANOS, DE CIMABUE
ATÉ NOSSOS DIAS 1

Ao ilustríssimo e excelentíssimo senhor Senhor Cosimo de' Medici, Duque de
Florença 3

Proêmio 5

[Da arquitetura] 13

Capítulo I: Das diferentes pedras que servem aos arquitetos para os ornamentos,
e para as estátuas na escultura 13

Capítulo II: O que é o trabalho de cantaria simples e o trabalho de cantaria
entalhada 21

Capítulo III: Das cinco ordens de arquitetura: rústica, dórica, jônica, coríntia,
compósita e do trabalho alemão 22

Capítulo IV: Como fazer abóbadas moldadas e entalhadas; quando devem ser
desmontadas e como misturar o estuque 26

Capítulo V: Como fazer fontes rústicas de tufo calcário e de estalactites e como
incrustar moluscos e pedras vitrificadas no estuque 27

Capítulo VI: De como fazer pisos de mosaico 28

Capítulo VII: Como se conhece um edifício com boas proporções, e que partes
geralmente nele se reúnem 29

Da escultura 32

Capítulo VIII: O que é a escultura, como são feitas as boas esculturas e que
partes elas precisam ter para serem consideradas perfeitas 32

Capítulo IX: Como fazer modelos de cera e barro, como recobri-los, como
aumentá-los proporcionalmente depois no mármore, como cinzelar, gradi-
nar, polir, alisar, lustrar e dar acabamento 34

Capítulo X: Sobre os baixos-relevos e médios-relevos, a dificuldade de fazê-los e
em que consiste a sua execução perfeita 36

Capítulo XI: Como se fazem modelos para criar figuras grandes e pequenas em
bronze e como construir formas para vazá-los; como fazer armações de ferro
e como fundir em metal e em três tipos de bronze; e como cinzelar e polir

V

as peças fundidas; e, na falta de alguns pedaços, como inseri-los e encaixá--los no próprio bronze 37

Capítulo XII: Dos cunhos de aço para fazer medalhas de bronze ou de outros metais; como são feitas de tais metais pedras orientais e camafeus 40

Capítulo XIII: Como fazer trabalhos de estuque branco, como fazer a parte de baixo encaixada na parede e como trabalhar 41

Capítulo XIV: Como fazer figuras de madeira, e que madeira é boa para fazê-las 42

Da pintura 43

Capítulo XV: Como fazer e conhecer boas pinturas; qual sua finalidade; sobre o desenho e a representação de cenas 43

Capítulo XVI: Dos esboços, desenhos, cartões e regras de perspectiva; por que são feitos e para que servem aos pintores 44

Capítulo XVII: Sobre os escorços de baixo para cima e no plano 46

Capítulo XVIII: Como integrar as tintas nas pinturas a óleo, nos afrescos ou nas têmperas; como representar carnação, panejamento e como fazer que tudo o que é pintado se integre na obra, de tal modo que as figuras não apareçam separadas, tenham relevo e força, mostrando-se a obra clara e aberta 47

Capítulo XIX: Das pinturas murais, como são feitas; e por que se chamam afrescos 48

Capítulo XX: Da pintura a têmpera, ou com ovo, sobre madeira ou tela; como pode ser feita em muros secos 49

Capítulo XXI: Da pintura a óleo sobre madeira ou tela 50

Capítulo XXII: Como se pinta a óleo em muro seco 52

Capítulo XXIII: Como pintar a óleo sobre telas 52

Capítulo XXIV: Sobre a pintura a óleo em pedra; quais pedras são boas 52

Capítulo XXV: Como pintar murais em claro-escuro usando várias argilas ou terras; como imitar bronze; cenas feitas com argilas ou terras para arcos e festas, com cola (o chamado guache) e têmpera 53

Capítulo XXVI: Sobre os esgrafitos das casas que resistem à chuva; o que se usa para fazê-los e como realizar grotescos em muros 54

Capítulo XXVII: Como fazer grotescos sobre estuque 55

Capítulo XXVIII: Do modo de dourar com bolo-armênio, com mordente e outros 55

Capítulo XXIX: Do mosaico de vidro e de como se conhece o que é bom e louvável 56

Capítulo XXX: Sobre as cenas e as figuras feitas com mosaico nos pisos, à imitação do trabalho em claro-escuro 58

Capítulo XXXI: Do mosaico de madeira, ou seja, da marchetaria e das cenas feitas com madeiras coloridas e incrustadas, à imitação de pintura 59

Capítulo XXXII: Como pintar janelas de vidro e fazê-las com chumbo e ferro, sustentando-as sem atrapalhar as figuras 60

Capítulo XXXIII: Do nielo e de que forma obtemos gravuras de cobre; como a prata é entalhada para fazer esmaltes de baixo-relevo e de que forma são cinzelados grandes objetos de ouro e prata 63

Capítulo XXXIV: Da tauxia, ou seja, da damasquinagem 65

Capítulo XXXV: Das gravuras de madeira e do modo de fazê-las, bem como daquele que as inventou; como fazer pranchas com três matrizes, de tal modo que pareçam desenhadas e mostrem luzes, meios-tons e sombras 65

Proêmio às *Vidas* 67

Giovanni Cimabue* 79
Andrea Taffi, pintor florentino 84
Gaddo Gaddi, pintor florentino 86
Margaritone (Margarito d'Arezzo), pintor aretino 88
Giotto, pintor florentino 91
Stefano, pintor florentino 102
Ugolino, pintor senês 105
Pietro Laurati (Pietro Lorenzetti), pintor senês 107
Andrea Pisano, escultor 109
Buonamico Buffalmacco, pintor florentino 114
Ambrogio Lorenzetti, pintor senês 117
Pietro Cavallini Romano, pintor 120
Simão Senês (Simone Martini), pintor 122
Taddeo Gaddi, pintor florentino 126
Andrea di Cione Orcagna, pintor e escultor florentino 132
Tommaso Fiorentino, pintor, chamado Giottino 135
Giovannino dal Ponte, pintor florentino 139
Agnolo Gaddi 141
Barna (Berna) da Siena 144
Duccio, pintor senês 146
Antonio Veneziano (Antonio di Francesco) 148
Iacopo di Casentino, pintor 150
Spinello Aretino, pintor 152
Gherardo Starnina, pintor florentino 156
Lippo, pintor florentino 159
Fra Lorenzo degli Agnoli (Lorenzo Monaco), pintor florentino 161
Taddeo Bartoli, pintor senês 164
Lorenzo di Bicci, pintor florentino 166

Proêmio da segunda parte das *Vidas* 169

Jacopo della Quercia, escultor senês 177
Niccolò d'Arezzo (Nicola aretino), escultor 181
Dello, pintor florentino 184
Nanni di Antonio di Banco 187
Luca della Robbia, escultor 190
Paolo Uccello, pintor florentino 194
Lorenzo Ghiberti, pintor florentino 199
Masolino, pintor 213
Parri Spinelli, aretino 216
Masaccio, pintor florentino 218
Filippo Brunelleschi, escultor e arquiteto 225
Donato (Donatello), escultor florentino 252
Michelozzo Michelozzi, escultor e arquiteto florentino 266
Giuliano da Maiano, escultor e arquiteto 269
Antonio Filarete e Simone, escultores florentinos 272
Piero della Francesca, pintor de Borgo San Sepolcro 274

---

* Nesta edição, procuramos ser fidedignos ao texto do autor, mantendo as divergências nas grafias dos nomes. [N. do E.]

VII

Frei Giovanni da Fiesole (Fra Angelico), pintor florentino 280

Lazzaro Vasari, pintor aretino 286

Leonbatista Alberti, arquiteto florentino 288

Antonello da Messina, pintor 292

Alesso Baldovinetti, pintor florentino 297

Vellano Padovano (Bartolomeo Bellano), escultor 300

Frei Filippo Lippi, pintor florentino 302

Paolo Romano e mestre Mino, escultores 310

Clemente Camicia, arquiteto florentino 313

Andrea del Castagno di Mugello, pintor 316

Gentile di Fabriano e Vittore Pisanello, pintores 322

Pesello e Francesco Peselli, pintores florentinos 324

Benozzo, pintor florentino 326

Lorenzo Vecchietta de Siena, escultor e pintor 330

Galasso Ferrarese, pintor 332

Antonio Rossellino, escultor florentino 334

Francesco di Giorgio Martini, escultor e arquiteto senês 337

Desiderio da Settignano, escultor 339

Mino, escultor de Fiesole 342

Ercole Ferrarese (Ercole de' Roberti), pintor 346

Jacopo, Giovanni e Gentile Bellini, pintores venezianos 350

Cosimo Rosselli, pintor florentino 357

Cecca, engenheiro florentino 360

Andrea Verrocchio, escultor florentino 362

Abade de São Clemente (Bartolomeo della Gatta), miniaturista 368

Domenico Ghirlandaio, pintor florentino 373

Gherardo, iluminador florentino 383

Sandro Botticello (Botticelli), pintor florentino 385

Antonio Pollaiuolo e Piero Pollaiuolo, pintores e escultores florentinos 390

Benedetto da Maiano, escultor 396

Andrea Mantegna, mantuano 400

Filippo Lippi (Filippino Lippi), pintor florentino 404

Luca Signorelli da Cortona, pintor 410

Bernardino Pinturicchio, pintor 414

Iacopo, vulgo Indaco 418

Francesco Francia, pintor bolonhês 419

Vittore Scarpaccia (Vittore Carpaccio) e outros pintores venezianos 426

Pietro Perugino, pintor 430

Proêmio da terceira parte das *Vidas* 439

Leonardo da Vinci, pintor e escultor florentino 443

Giorgione da Castel Franco, pintor veneziano 453

Antonio da Correggio, pintor 457

Piero di Cosimo, pintor florentino 461

Bramante de Urbino, arquiteto 466

Frei Bartolomeo de San Marco (Fra Bartolomeo), pintor florentino 471

Mariotto Albertinelli, pintor florentino 477

Rafaellin del Garbo, pintor florentino 480

Torrigiano, escultor florentino 482

Giuliano e Antonio da Sangallo, arquitetos florentinos 484

Rafael de Urbino, pintor e arquiteto 495

Guglielmo da Marcilla (Guillaume de Marcillat), prior e pintor aretino 520
Cronaca, arquiteto florentino 526
David e Benedetto Ghirlandaio, pintores florentinos 530
Domenico Puligo, pintor florentino 532
Andrea da Fiesole (Andrea Ferrucci), escultor 534
Vincenzo da San Gimignano (Vincenzo Tamagni), pintor 537
Andrea dal Monte Sansovino, escultor e arquiteto 539
Benedetto da Rovezzano, escultor florentino 544
Baccio da Monte Lupo, escultor 546
Lorenzo di Credi, pintor florentino 549
Boccaccino Cremonese (Boccaccio Boccaccino), pintor..................... 551
Lorenzetto, escultor florentino 553
Baldassare Perucci (Baldassarre Tommaso), pintor e arquiteto senês 556
Pellegrino da Modena, pintor 561
Giovan Francesco, vulgo Fattore, pintor florentino 563
Andrea del Sarto, pintor florentino 566
Properzia de' Rossi, escultora bolonhesa 591
Alfonso Lombardi, escultor ferrarês 594
Michele Agnolo (Michelangelo da Siena), senês 598
Girolamo Santacroce, napolitano 600
Dosso e Battista Dossi, pintores de Ferrara 602
Giovanni Antonio Licinio da Pordenone, pintor 606
Rosso (Rosso Fiorentino), pintor florentino 610
Giovanni Antonio Sogliani, pintor florentino 618
Girolamo da Treviso, pintor 621
Polidoro da Caravaggio e Maturino Fiorentino, pintores 624
Bartolomeo da Bagnacavallo e outros pintores da Romanha 632
Marco Calavrese (Marco Cardisco), pintor 636
Morto da Feltre, pintor 638
Franciabigio, pintor florentino 641
Francesco Mazzola (Parmigianino), pintor de Parma 646
Palma, pintor veneziano 652
Francesco Granacci, pintor florentino 654
Baccio d'Agnolo, arquiteto florentino 656
Valerio Vicentino (Valerio Belli), entalhador 659
Antonio da Sangallo, arquiteto florentino 662
Giulio Romano, pintor e arquiteto 673
Sebastiano Veniziano (Sebastiano del Piombo), pintor 681
Perino del Vaga, pintor florentino 689
Michelangelo Buonarroti, pintor, escultor e arquiteto florentino 713

Conclusão da obra para os artistas e os leitores 741

ÍNDICES 743

Índice onomástico 743
Índice de lugares e obras 769

Apresentação

> Vasari, no bom e no mau sentido, é o verdadeiro
> patriarca e pai da Igreja da nova história da arte.
>
> JULIUS VON SCHLOSSER

Há cem ou talvez cinquenta anos, qualquer pessoa que se interessasse pela arte italiana, quer se tratasse de amador, historiador ou artista, tinha as *Vidas* de Vasari como livro de cabeceira. Lembro de Roberto Longhi me contando que, nos anos 1930, durante uma discussão de cunho histórico e artístico, ao fazer uma observação considerada elementar demais por um professor alemão, viu-se a responder, com jeito de ofendido: "Eu li o meu Vasari!"

Hoje certamente não se pode dizer o mesmo. Com o declínio da concepção instrumental de Vasari como fonte quase única da história do Renascimento artístico italiano, ele agora é raramente citado e muito menos lido; apesar dos inegáveis progressos dos estudos especializados a ele dedicados, alguns historiadores da arte percorrem todas as etapas da carreira sem tê-lo jamais tomado nas mãos, ou então parecem lembrar-se de sua existência apenas quando se trata de estigmatizar supostas tendências críticas "neovasarianas".

No entanto, repetindo as palavras do seu último editor, Vasari, "por sua pena, e não por seu pincel, continua entre os maiores temperamentos do nosso *Cinquecento*"[1]. *Le Vite de' piú eccellenti architetti, pittori, et scultori italiani, da Cimabue insino a' tempi nostri, descritte in lingua Toscana, da Giorgio Vasari Pittore Aretino. Con una sua utile et necessaria introduzzione a le arti loro*, publicadas em 1550 em Florença pelo editor ducal Lorenzo Torrentino, constituem uma indiscutível obra-prima na qual – como já vira Schlosser – "a figura de Vasari como escritor se nos apresenta incomparavelmente mais pura e artística" que na segunda edição, a "giuntina", de 1568[2]. Na passagem da edição torrentiniana para a giuntina, de fato, Vasari acrescentou, integrou, corrigiu e normatizou muito, mas também empanou e banalizou; assim, "a constituição da primeira redação não padeceu de acúmulo e, com sua *géometrie*, acabou por vir à tona também muito de sua *finesse*" (Bettarini)[3]. Diante desses reconhecimentos conver-

---

[1] R. Bettarini, "Vasari scrittore: come la Torrentiniana diventò Giuntina", em *Il Vasari storiografo e artista*, Atti del congresso di Firenze del 1974, Florença, 1976, pp. 485-500 (especialmente p. 500).

[2] J. von Schlosser, *Die Kunstliteratur*, Viena, 1924; trad. it., *La letteratura artistica*, Florença, 1935,1964[3], pp. 289-346 (293-4).

[3] Bettarini, "Vasari scrittore", cit., p. 492.

gentes, a situação editorial das *Vidas* mostra-se realmente paradoxal: dezoito edições italianas e oito traduções estrangeiras da segunda edição ante uma única reprodução diplomática da edição *princeps*! Seria mais ou menos como se a glória de Tasso dependesse exclusivamente de *Jerusalém conquistada*, de 1593, deixando-se no esquecimento *Jerusalém libertada*, de 1581.

Mas não só da consideração da grandeza de Vasari escritor – herdeiro natural da tradição bem florentina dos artesãos que, de Giotto a Brunelleschi, a Manetti e a Michelangelo, sabiam também se expressar por escrito (ainda que "em vulgar")[4] – deriva a necessidade de "devolver corpo e autonomia à não boa edição torrentiniana"[5]. Porque Vasari foi e quis ser, acima de tudo, historiador e, ao lado dos "escritores de história", não se contentou "em narrar simplesmente os casos ocorridos", "sem interpor em parte alguma o (seu) juízo", mas quis "não só dizer o que (os artistas) fizeram, como também [...] escolher [...] o melhor do que era bom e o ótimo do que era melhor, além de notar [...] modos, ares, maneiras, traços e fantasias dos pintores e dos escultores; investigando [...] dando a conhecer [...] as causas e as raízes das maneiras e da melhoria e da piora das artes que ocorreram em diversos tempos e em diferentes pessoas"[6]. Ou seja: Vasari, em vez de se entrincheirar por trás de uma objetividade neutra, reivindica o direito de julgar a partir do seu próprio ponto de vista, segundo sua própria escala de valores. Que esse ponto de vista e essa escala de valores já não podem ser nossos, é óbvio; mas isso não quer dizer que hoje podemos prescindir do testemunho e dos juízos de Vasari. Arriscar-se a julgar o *Cinquecento* figurativo italiano sem conhecer bem sua obra equivaleria a prescindir dos juízos de Maquiavel e de Guicciardini nos juízos sobre a vida política. O ponto de vista e a escala de valores de Vasari, aliás, não foram só dele, mas de todo um grupo social que durante certo período se sentiu, e foi, intelectualmente hegemônico na Europa. De resto, foi exatamente graças ao testemunho incomparável da obra de Vasari, a seu incansável trabalho de entrevistador e coligidor, à sua agudez de observador que tivemos o privilégio de penetrar nos gostos, nas aspirações, nos mitos e na autoconsciência de um dos grupos humanos mais avançados, refinados e cosmopolitas que a história já conheceu: o grupo que, nos anos dos pontificados dos Medici – Leão X (1513-21) e Clemente VII (1523-34) –, convergiu para a cidade de Roma.

Vasari, que entrou muitíssimo jovem para o círculo dos Medici como companheiro de estudos e brincadeiras dos futuros cardeal Ippolito (1511-35) e duque Alessandro

---

[4] Essa tradição evidentemente tem raízes na escolarização precoce da cidade de Florença, onde desde o início do século XIV era costume, mesmo entre os artesãos, mandar os filhos aprender aritmética e gramática. A respeito, ver L. Bellosi, "Linguaggio della critica d'arte", em *Enciclopedia Feltrinelli Fischer, Arte 2*, I, Milão, Feltrinelli, 1971, pp. 267-324 (269-81) e, mais especialmente no que se refere ao século XV, G. Tanturli, "Rapporti del Brunelleschi con gli ambienti letterari fiorentini", em *Filippo Brunelleschi, la sua opera e il suo tempo*, Atti del convegno di Firenze del 1977, I, Florença, Centro Di, 1980, pp. 125-44.

[5] R. Bettarini, "Premessa", em Giorgio Vasari, *Le Vite de' piú eccellenti pittori, scultori e architettori nelle redazioni del 1550 e 1568*, texto, I, Florença, Sansoni, 1966, pp. IX-XVIII (IX).

[6] G. Vasari, "Proemio della seconda parte delle Vite", em *Le Vite*, cit., 1550, pp. 224-5. Quem primeiro chamou Vasari de "historiador" foi seu concidadão Pietro Aretino, numa carta de 1536; em 1539 o título se encontra no endereçamento de uma carta de frei Miniato Pitti, monge olivetano, "Ao Excelente e Virtuoso Giorgio Vasari, Aretino, Pintor, Historiador e Poeta". Percebe-se, portanto, que os "dez anos" de trabalho na compilação de sua obra, a que Vasari se refere na dedicatória a Cosimo de' Medici, constituem um arredondamento mais para baixo que para cima.

(1512-37), com apenas 16 anos assiste à crise e à dispersão daquela sociedade, no momento da "fúria e ruína" do saqueio de Roma em 1527, e à tentativa de reconstituí-la, na última parte do pontificado de Clemente e na paralela restauração dos Medici em Florença[7].

É o momento em que a civilização florentina conquista Roma e, por algum tempo, assume suas ambições universais; é também o momento em que Florença-cidade regride a deuteragonista e, por reação, redescobre seu passado comunal. Dessa ambígua situação de transição a obra do aretino Vasari carrega sinais evidentíssimos, por um lado adotando a tradição florentina do renascimento das artes a partir de Cimabue, com Michelangelo como mentor, e, por outro, reivindicando as superiores virtudes daquela Roma cujo ar "alimenta os belos engenhos e os faz produzir coisas extraordinárias"[8]. Por essa razão, Michelangelo, único artista vivo a que se permitiu uma biografia, é o auge e a meta de toda a evolução histórica, mas, por outro lado, o sociável Rafael, com sua capacidade de produzir e pôr para trabalhar em concórdia estudantes tão bons quanto ele, parece corresponder mais ao ideal de Vasari.

Não é essa a única contradição que afeta nosso autor pelo fato de se encontrar a trabalhar na onda de refluxo entre uma fase expansiva e uma recessiva da sociedade toscana. Entre uma fase de entusiasmo e uma de nostalgia e de reconstrução realística.

Da ambiguidade da posição histórica de Vasari também derivaram, no passado, os juízos contrastantes sobre sua obra e a ela se devem, ainda hoje, dificuldades objetivas de interpretação. O aspecto "institucional", oficial, pode distrair a atenção em detrimento dos conteúdos novos, as declarações explícitas podem desviar das intenções reais... No entanto, mais que nunca em seu caso é recomendável o método "psicanalítico" da verificação indireta; com nenhum outro quanto com o superdocumentado Vasari o método "objetivo" de "deixar que os documentos falem" está fadado a ser frustrante. Um juízo realmente objetivo do papel desempenhado por Giorgio Vasari na cultura artística de seu tempo só pode ser alcançado, a meu ver, por meio de uma observação de "sintomas" que percorra sistematicamente toda a extensão da obra histórica e se detenha também (e, ouso dizer, sobretudo) nas partes que parecem implicá-lo menos diretamente[9]. Será um exame da função dos erros (voluntários e involuntários) de Vasari que poderá servir-nos de guia seguro para entendermos que fins ele perseguiu na vida e, por conseguinte, julgarmos os resultados e os sucessos.

Mas tudo isso leva a reconhecer na atividade de Vasari a centralidade, por assim dizer, do aspecto prático-organizacional, do aspecto que se revela tão evidente na di-

---

[7] Sobre esses episódios e sobre o significado que ganharam no imaginário dos contemporâneos, ver A. Chastel, *The Sack of Rome, 1527*, Princeton University Press, 1983 (trad. it., *Il sacco di Roma, 1527*, Turim, Einaudi, 1983); sobre o clima de restauração da cultura moderna na corte de Clemente VII, onde nasceu o primeiro projeto das *Vidas* sobre os auspícios de Giovio, ver especialmente *Epilogo*, pp. 214-34 (219, 223).

[8] G. Vasari, Vita di Vincenzio da San Gimignano Pittore, em *Le Vite*, cit., 1550, p. 699.

[9] É característico que Vasari diga muito mais sobre si mesmo quando fala dos outros (por exemplo, na vida do amigo de infância Cecchino Salviati ou na do fiel ajudante Cristoforo Gherardi), e não na "estranhamente fragmentária, pálida e superficial" (Schlosser) autobiografia (G. Vasari, *Le Vite de' più eccellenti pittori, scultori e architettori scritte da M. Giorgio Vasari pittore et architetto aretino, Di Nuovo da Medesimo Riviste Et Ampliate Con i ritratti loro Et con l'aggiunta delle Vite de' vivi, e de' morti Dall'anno 1550 infino al 1567*. In Fiorenza, Appresso i Giunti, 1568, II, respectivamente nas pp. 625-75, 458-73, 972-1002).

XIII

reção das grandes empresas coletivas da Chancelaria, de Palazzo Vecchio, das *Vidas*, dos Aparatos, das Exéquias[10].

Não há de fato dúvida alguma de que, mesmo não ousando valer-se disso francamente como fulcro de uma apologia pessoal, Vasari tivesse consciência da importância proeminente que esse aspecto assumiu concretamente em sua obra de "artista"; não por acaso, quando lhe ocorre elogiar suas próprias pinturas (e, como notava Zuccari, isso lhe ocorre frequentemente), Vasari não insiste muito na qualidade do produto, mas sim na quantidade, na rapidez de execução, no baixo preço, na pontualidade das entregas, na sua capacidade de arregimentar colaboradores competentes e de coordenar a obra, e assim por diante.

Aliás, creio que não nos afastaríamos demais da verdade se imaginássemos que ele aplicou conscientemente uma política de ampliação do mercado, de preços baixos e de açambarcamento das encomendas[11].

E não sem travar suas lutas. Como quando, na ida de Carlos V a Florença (1534), o artista de 25 anos abiscoita as encomendas ducais para o aparato, atraindo "mil invejas", de tal modo que "cerca de vinte homens" que o ajudavam o "largaram no melhor da história, convencidos por este e por aquele" de que ele não poderia "levar adiante tantas obras e de tanta importância", saindo do aperto com a ajuda de fura-greves "vindos de fora" que o "ajudavam às escondidas"[12]. Ou então quando, três anos depois (1539), em Bolonha, "contentou-se" com um preço irrisório, duzentos escudos, pelo refeitório de San Michele in Bosco, cheio de pinturas, "friso em afresco, e arqui-

---

[10] Um sensato redimensionamento do aspecto "teórico" de Vasari está em Svetlana Leontief Alpers, "Ekphrasis and Aesthetic Attitudes in Vasari's Lives", em *Journal of the Warburg and Courtauld Institutes*, XXIII (1960), pp. 190-215.
Sobre o Palazzo Vecchio é bastante útil E. Allegri e A. Cecchi, *Palazzo Vecchio e i Medici, Guida storica*, *S.P.E.S.*, Florença, 1980. Sobre as Exéquias, ver nota 28.

[11] Para a época, Vasari era um grande conhecedor dos mecanismos do sucesso. Na Vida de Andrea del Sarto (*Le Vite*, cit., 1550, p. 737), introduz um frade da Santissima Annunziata para explicar a função da publicidade na promoção da fama, portanto, da fortuna de um artista ("convenceu-o a assumir o encargo, mesmo porque, tratando-se de lugar público, ele passaria a ser conhecido tanto por estrangeiros quanto por florentinos, pois era sabido que à igreja afluíam muitos visitantes por causa dos milagres da Anunciação. Disse-lhe também que não se deveria falar em preço nenhum, uma vez que ele ainda estava precisando tornar-se conhecido, e que, aliás, visto aquele lugar ser tão frequentado, era mais cabível Andrea solicitar o trabalho ao frade do que o contrário") e na Vida de Leon Battista Alberti explica a força da imprensa: "entre todas as coisas que dão fama e reputação, são os escritos que têm mais força e vida, visto que os livros podem ser facilmente levados a todo lugar [...] porque qualquer país pode conhecer o valor do engenho e as belas virtudes dos outros, muito mais do que por meio das obras manuais, que raras vezes podem sair do lugar onde foram postas" (ibid., p. 376). Numa carta de 1537, escrita num período difícil, depois do trágico e sucessivo desaparecimento de Ippolito e de Alessandro de' Medici ("de veneno" o primeiro, "de faca" o segundo), Vasari se declara decidido a "querer viver do (seu) suor e trabalhar fazendo obras continuamente por todos os lugares"; "E se elas não vierem à minha casa, sairei a procurá-las onde estiverem; e assim, confiando em Deus, sei que Ele propiciará a ocasião de pintar para aqueles que nunca se deleitaram com essa arte" (carta de 6 de julho de 1537 de Arezzo para Nicolò Serguidi em Florença, em *Il carteggio di Giorgio Vasari*, org. K. Frey, Munique, Georg Müller, 1923, p. 86).

[12] G. Vasari, Vita di Cristoforo Gherardi, em *Le Vite*, cit., 1568, II, p. 460. Cf. uma carta de Vasari de março de 1536, de Florença, a Raffaello dal Borgo a San Sepolcro: "Preciso com toda essa pressa de socorro. Certamente não vos teria dado esse incômodo se tais mestres, desconfiando que eu tiro vantagem do trabalho deles, não tivessem conspirado contra mim (acreditando que eu não o soubesse), achando que o cavalo de Arezzo se embelezaria com a pele de leão de Florença. Agora, como amigo afeiçoado e vizinho necessitado, peço vossa ajuda que, bem sei, não me faltará. Pois, mesmo imberbe, baixo e jovem, quero mostrar-lhes que consigo servir meu senhor sem a ajuda deles, e, quando vierem pedir-me trabalho, espero poder dizer: – Isso pode ser feito sem vossa ajuda."

tetura, entalhes, alizares, painéis e outros ornamentos", e Girolamo da Treviso e Biagio Puppini, "achando" que Vasari queria "tirar obras e trabalhos de suas mãos", o obrigaram, por bem ou por mal, a deixar a cidade[13]. Não seria uma casuística difícil de ampliar.

É certo que os sintomas da racionalidade organizacional do Vasari maduro e de sua tendência (atípica, para um artista) a ver a quantidade como aspecto determinante da qualidade parecem discerníveis bem cedo, ainda antes dos episódios mencionados; por exemplo, na sábia divisão do trabalho acertada entre ele e Salviati em 1532 para desenhar as coisas de Michelangelo, Rafael, Polidoro e Baldassarre Peruzzi em Roma: "[...] para que cada um de nós tivesse os desenhos de todas as coisas, um não desenhava durante o dia aquilo que o outro desenhava, mas coisas diferentes; à noite, copiávamos os papéis um do outro, para ganhar tempo"[14]. Nesse "ganhar tempo" reconhecemos sem dificuldade a raiz do constante apreço à "presteza" que, mesmo se tornando às vezes valorização crítica de uma característica de estilo, com frequência é simples consideração de trabalho rapidamente executado[15].

No passado já tivemos ocasião de chamar a atenção para a posição central que a polêmica diligência-presteza ocupa na história das ideias artísticas do *Cinquecento* (por um lado, devido aos vínculos que apresenta com a representação que o século fazia de seu próprio passado e, por outro, devido às implicações de costume religioso e de ética profissional)[16], e agora é oportuno acrescentar que a maior rapidez de execução (portanto, a maior economia) é exatamente o argumento principal que Vasari pode aduzir em prol da arte moderna na segunda edição, na apaixonada peroração do "Proêmio da terceira parte" das *Vidas*: "[...] pois, ao passo que antes nossos mestres faziam um painel em seis anos, hoje em um ano estes mestres fazem seis; e disso dou eu fé inquestionável, tanto de ter visto quanto obrado; e muito mais bem-acabados e perfeitos são estes do que os dos outros mestres de valor"[17].

Esse era um ponto no qual Vasari podia, com razão, gabar sua primazia pessoal: fossem os "seis dias apenas" em que pintou, "no ano de 1542", "a grandíssima tela [...] na igreja de San Giovanni de Florença" para o batismo de dom Francesco de' Medici; os "cem dias", em 1546, da Sala da Chancelaria; ou os "cinco meses" em que, com seu "projeto e desenho", se executou em 1565 o corredor que levava dos Uffizi ao Palácio Pitti, "embora seja obra que ninguém acredita poder ser realizada em menos de cinco anos"[18].

Mas o que não se mostra na consideração de detalhes, e sim apenas do conjunto do quadro da biografia vasariana, é o modo como essas competências práticas foram

---

[13] G. Vasari, "Descrizione delle opere di Giorgio Vasari", em *Le Vite*, cit., 1568, II, pp. 980-1.

[14] Id., ibid., p. 975. Cf. carta de 11 de junho de 1557 a Jacopo Guidi: "e terei muito prazer em ser rápido, porque me aborrecem as coisas lentas, contrárias à nossa vida, que é tão breve".

[15] O fato de Vasari ser conhecido "mais por expedito na pintura que por excelente" é comprovado numa carta enviada de Roma ao próprio Vasari, que está em Florença, por Annibal Caro em 10 de maio de 1548 ("É bem verdade que todos acreditam que, se trabalhásseis com menos pressa, faríeis melhor", em *Il carteggio*, cit., p. 220). Em sentido mais geral, os próprios artistas mais próximos dele (Pontormo, Bronzino, Salviati e Tasso) manifestavam em 1546 a opinião de que Vasari sabia "despachar melhor sua própria mercadoria" do que eles (Carta de frei Miniato Pitti de 22 de agosto, em *Il carteggio*, cit., p. 169).

[16] G. Previtali, "Una data per il problema dei pulpiti di San Lorenzo", em *Paragone*, n. 133, janeiro de 1964, pp. 48-56 (48-50); id., *La fortuna dei primitivi. Dal Vasari ai neoclassici*, Turim, Einaudi, 1964, pp. 21-8.

[17] Vasari, *Le Vite*, cit., 1568, II, p. IV.

[18] Id., "Descrizione", cit., II, pp. 982, 987, 998.

XV

postas por ele a serviço de um projeto perseguido de forma coerente e tenaz. De uma causa que não foi só dele, pessoal, mas quis ser a causa de toda uma categoria com a qual ele se identificava, a dos "seus artistas". Uma categoria que naqueles anos de profunda reorganização da sociedade italiana, depois das invasões estrangeiras, da reforma protestante e da estagnação econômica, tinha problemas próprios para resolver[19], categoria à qual Vasari ofereceu, realisticamente, soluções possíveis.

A propósito, cabe notar a contínua busca, por parte do Vasari maduro, de uma relação de boa vizinhança e, quando possível, de aliança com os colegas, o constante apelo à solidariedade, a consequente condenação das "invejas" (com correspondente simpatia pelos artistas sociáveis e desconfiança em relação aos solitários e "melancólicos") e, sobretudo, o nunca desmentido apoio, nos feitos e nos escritos, aos "amigos e agregados", alunos, ajudantes, artistas mais jovens; atitude que se exprime de modo exemplar na obra-prima da narrativa vasariana que é a Vida afetuosa e divertida de Cristoforo Gherardi, vulgo Doceno, ajudante predileto que em matéria de arte "sabia mais que ele", mas, por ser "contemplativo" e viver "como filósofo", sempre precisou das prudentes intervenções do atilado protetor. Nesse aspecto, é "pedagógico" um dos traços mais pessoais e humanos de Vasari, que sabia apreciá-los nos outros também: "mas o que me agrada muito nele – escreverá sobre Michele di Ridolfo – é que sempre tem bom número de jovens na oficina, aos quais ensina com incrível afeição"[20]. Mais que indicar aspectos isolados de uma personalidade tão complexa como a de Vasari, interessa-nos, portanto, ressaltar o modo coerente como tais aspectos se interligam num único sistema, numa ação contínua. Em outras palavras, a política de Vasari foi praticada toda a vida com rara coerência e unidade de intenções. Esquematizando, foi a política da inserção do artista na nova sociedade, que nascia arduamente da crise do Renascimento e do maneirismo; mais especialmente, a partir de certo momento, no quadro do novo estado regional centralizado de Cosimo, o Grande[21]. Uma política que nos ajuda a explicar por que o maneirismo vasariano, em pleno período de contrarreforma também artística, permanece áulico, mas profano (e nas Vidas não faltam decerto tons de anticlericalismo), e por que o seu patriotismo, partindo do bairrismo aretino, chega a situar-se no nível do novo estado toscano que se consolidava, encorajando pouco, no fim das contas, o municipalismo florentino[22]. Bom indício, nesse

---

[19] Sobre a posição social do artista nesses anos, pode-se ler ainda com utilidade a Introdução de Guido Davico Bonino à sua edição de *La Vita* de Benvenuto Cellini (Turim, Einaudi, 1973, pp. VII-XXI), naturalmente além de A. Conti, "L'evoluzione dell'artista", em *Storia dell'arte italiana*, II, Turim, Einaudi, 1979, pp. 117-263 (181-212).

[20] Vasari, *Le Vite*, cit., 1568, II, p. 575. Cf. também Vida de Rafael, que "sempre manteve grande número de ajudantes e alunos, ensinando-os com um amor mais apropriado a filhos do que a artistas [...] Bem-aventurado também se pode dizer todo aquele que trabalhou a seu serviço e sob suas ordens, pois vejo que todos aqueles que o imitaram adotaram a honestidade como porto [...]" (*Le Vite*, cit., 1550, p. 672).

[21] Ver nota 19 e cf. R. von Albertini, *Das florentinische Staatsbewusstsein im Übergang von der Republik zum Prinzipat*, Berna, Francke, 1955 (trad. it., *Firenze dalla repubblica al principato*, Turim, Einaudi, 1970); G. Spini (org.), *Architettura e politica da Cosimo I a Ferdinando I*, Florença, Olschki, 1976.

[22] Vasari, como bem se recorda, considerava que sua pátria era Arezzo, e não Florença. "Vós [...] luz da *nossa grande pátria* [...]", escreve-lhe o aretino de Veneza em 11 de dezembro de 1535, e Vasari, referindo-se a isso (11 de março de 1536), promete esforçar-se para que "na *vossa pátria* haja em vossos dias um pintor daqueles que com as mãos fazem as figuras falar [...]". Os pintores florentinos o consideravam aretino (ver carta citada aqui na nota 12: "não tivessem conspirado contra mim [...], achando que o cavalo de Arezzo se embelezaria com a pele de leão de Florença"); e, mesmo que tivesse desejado esquecer-se

caso como em tantos outros, é a "questão da língua": na portada da primeira edição, consta que as *Vidas...* são escritas em língua "toscana", enquanto na introdução o autor se desculpa por usar palavras não exatamente "toscanas" (e não por usar palavras não exatamente "florentinas")[23].

A centralidade desse aspecto prático e, como dissemos, político da personalidade de Vasari deverá ser levada em conta se quisermos realmente entender também o sentido e a coerência de sua ação cultural. As *Vidas*, como núcleo original, pretenderam apenas ser uma grande argumentação em prol da categoria dos artistas (os "excelentes e caros artistas")[24]; além disso, a bem examinar-se, em seu interior cada frase ganha significado mais verdadeiro não tanto em virtude da tradição cultural da qual deriva ou na qual se insere, e sim do destinatário a que se dirige e do fim que se propõe. Desse modo, seria fácil distinguir as considerações aparentemente "gnômicas" ou de caráter geral de Vasari segundo a função exercida em relação a determinados grupos sociais; distinguir entre as que, na qualidade de artista-cortesão, ele dirige à categoria dos artistas tradicionais (entre artesãos e boêmios), exortando-os a respeitar a "compostura" (vestir-se bem, andar com literatos, e não com "gente baixa", levar vida morigerada etc.)[25], das que, na qualidade de artista "que vive civilmente como homem honrado", ele dirige aos patronos em geral (defesa da nobreza da profissão e da liberdade do artista, que não é "obrigado a trabalhar senão quando e para quem lhe convier") ou ao príncipe em particular (elogio do mecenato, desprezo aos soberanos "econômicos"[26] ou que preferem gastar em cometimentos bélicos, louvor à "presteza" e à economia dos trabalhos modernos perante os antigos etc.)[27], e assim por diante.

---

disso, o duque Cosimo teria pensado em recordar-lhe: "Lembrai-vos de que os florentinos sempre lutam juntos, e que, *sendo vós aretino, e não florentino*, não deveis entrar em suas questões, e nós nunca poderíamos juntar dois florentinos concordes entre si" (Duque Cosimo de' Medici em Livorno a G. Vasari em Florença, 10 de outubro de 1561, em *Il carteggio*, cit., p. 636).

De resto, para seu tempo Giorgio Vasari era um "cosmopolita", cuja visão ia muito além das muralhas de Florença; basta lembrar que em 1527, quando ficou órfão de pai, tinha 16 anos e assumiu o encargo de chefe de família (mãe grávida e três irmãs) e deu início ao seu *Libro delle Ricordanze*, quando já pensava em ali registrar os ganhos que auferiria trabalhando "para toda a Itália e fora dela"!

[23] C. Naselli, "Aspetti della lingua e della cultura del Vasari", em *Studi Vasariani*, Florença, 1952, pp. 116-28 (123).

[24] O "Proêmio da terceira parte" das *Vidas* encerra-se com uma verdadeira reivindicação salarial: "Portanto, é de se crer e afirmar que, se em nosso tempo fosse justa a remuneração, sem dúvida seriam feitas coisas maiores e melhores do que as feitas pelos antigos. Mas a necessidade de lutar mais com a fome do que com a fama mantém abafados os míseros engenhos e não permite que eles sejam conhecidos (culpa e vergonha de quem poderia exaltá-los e não o faz)" (*Le Vite*, cit., 1550, p. 561).

[25] Sobre esse ponto, Vasari logo teve ideias claríssimas; na primeira carta dele que se conhece, escrita em Roma para Niccolò Vespucci em abril de 1532, quando tinha 21 anos, é explícito sobre a sua "vontade de [...] estar entre o número daqueles que por suas virtuosíssimas obras recebem pensões, chancelarias e outros honrosos prêmios por essa arte", compromete-se a atingir esse objetivo, mostrando-se "modesto, amável, benigno e morigerado, e não estranho, excêntrico e ferino, como costuma ser a escola de todos nós (pintores)" (*Il carteggio*, cit., pp. 1-2).

O oposto do artista idealizado por Vasari é representado por Iacone e sua turma: "um grupo de amigos, ou melhor, um bando, que, a pretexto de viver filosoficamente, viviam como porcos e bestas, nunca lavavam as mãos, o rosto, a cabeça e a barba, não varriam a casa, só faziam a cama a cada dois meses, forravam as mesas com os cartões de pinturas e só bebiam no bocal das garrafas; esse modo mesquinho de viver, como se diz, de qualquer jeito, eles achavam a coisa mais bonita do mundo" (Vasari, *Le Vite*, cit., 1568, II, p. 545).

[26] Grande exemplo é o austero pontífice flamengo Adriano VI, em cujo pontificado "todas as boas artes [...] além de todas as outras ciências" "foram assassinadas" (*Le Vite*, cit., 1550, pp. 872-3; mas todo esse trecho, belíssimo, deve ser lido).

[27] Cf. acima e nota 17.

XVII

A obra-prima que coroa essa ação, no fim da vida de Vasari, foi a criação da Academia das Artes do Desenho que, presidida pelo Grão-duque, consagrava a aliança estável entre o novo poder e a antiga corporação[28].

De tudo isso decorre a dificuldade intrínseca de todo discurso que verse, separadamente, sobre um único aspecto da atividade vasariana. Para tratar de modo adequado da sua atividade de pintor ou de arquiteto, também é preciso dar-se conta, preliminarmente, da inserção delas num sistema coerente que gira em torno do centro da atividade prático-político-administrativa.

Se examinarmos bem, Vasari carecia não só dos defeitos (unilateralidade, ciúme, estrelismo), mas também das virtudes do artista. Acima de tudo, da virtude substancial que consiste na capacidade de descobrir novos modos de transcrição de realidades novas em linguagem figurativa. Vasari nunca procurou forçar o nível de expectativa mental de seu público, mas, ao contrário, adaptar-se a ele. Quando lhe ocorreu fazer algo mais vivo, não o fez tanto por ter enfrentado ou resolvido problemas formais novos, mas por ter utilizado, com preocupações eruditas menores, a linguagem maneirística corrente (entre Perin del Vaga e Salviati), como ocorre nos indícios de poesia familiar, de dimensões burguesas, na decoração das próprias moradias[29]. Isso pode ajudar a explicar também aquilo que seria incompreensível, ou seja, a sua convicção de que o estudo da natureza deve ensinar o artista a "tornar-se prático", o que parece subverter o processo real de criação artística, em que o artista, se parte de um esquema, é apenas para modificá-lo depois em relação à realidade.

Mas a verdade visual particular interessava a Vasari até certo ponto[30]; o que o preocupava era a compreensibilidade didática, a legibilidade coerente de um texto pictórico, com o qual sempre se propõem (salvo certa atualização em relação ao gosto dominante) fins práticos imediatos (de política apologética, de ilustração iconográfica profana ou religiosa, de decoro mundano). E o fato de Vasari ser um formalista pomposo e pedante em obras de destinação áulica e alegórico e contrito em obras devocionais

---

[28] Cf. *The Divine Michelangelo, the Florentine Academy's Homage on his Death in 1564, a facsimile edition of "Esequie del Divino Michelagnolo Buonarroti", Florence 1564, introduced, translated and annotated by Rudolf and Margot Wittkower*, Londres, Phaidon Press, 1964; Z. Waźbiński, "La prima mostra dell'Accademia del Disegno a Firenze", em *Prospettiva*, n. 14, julho de 1978, pp. 47-57.

[29] Ver A. M. Maetzke, *Restauri nella Casa del Vasari*, Arezzo, 1977 (cf. A. M. Justi, em *Prospettiva*, n. 9, abril de 1977, pp. 78-9); D. Heikamp, "La maison de Vasari à Florence", em *L'Œil*, n. 137, maio de 1966, pp. 2-10; A. Cecchi, em *Giorgio Vasari*, catálogo da exposição, Arezzo, 1981, pp. 21-44; F. H. Jacobs, "Vasari's Vision of the History of Painting: Frescoes in the Casa Vasari, Florence", em *The Art Bulletin*, n. 3 (1984), pp. 399-416. Significativas, como dois diferentes guias para a leitura das *Vidas* (um aretino e outro florentino), são as diferentes escolhas dos artistas representados: em Arezzo, Spinello Aretino, Lazzaro Vasari, Bartolomeo della Gatta (abade de São Clemente), Luca Signorelli, Andrea del Sarto, Michelangelo, Giorgio Vasari; em Florença, Cimabue, Giotto, Brunelleschi, Masaccio, Donatello, Leonardo, Rafael, Michelangelo, Rosso Fiorentino, Andrea del Sarto, Giulio Romano, Perin del Vaga e Francesco Salviati.

[30] Na juventude, Vasari se mortificara com esse problema e pedira conselho a Pontormo, recebendo como resposta uma lição prática sobre a autonomia da arte, que ele lembraria para sempre. Conta Vasari que, quando fez o retrato do duque Alessandro (fig. II), "além do retrato [...], para tornar branco, brilhante e adequado o brunido do brasão [...] faltou-me pouco para perder a cabeça, tanto me esforcei para retratar todas as minúcias. Mas, desesperando de aproximar-me da verdade nessa obra, levei Iacopo da Puntormo [...] para ver a obra e aconselhar-me; ele, vendo o quadro e percebendo meu sofrimento, disse-me afetuosamente: 'Meu filho, enquanto este brasão verdadeiro e brilhante estiver ao lado desse quadro, o teu sempre parecerá pintado, porque, embora o alvaiade seja a cor mais briosa que se usa em arte, mais brioso e luzidio é o ferro. Tira daí o verdadeiro brasão e verás que o teu, pintado, não é tão ruim como te parece" (Vasari, *Le Vite*, cit., 1568, II, p. 976).

não autoriza a negar-lhe, *a priori*, disponibilidade para formas de expressão mais livre, transformando-o numa espécie de *gendarme* conformista, atento apenas a reduzir e controlar os livres caprichos dos ajudantes. Caberá mais explorar as diferentes "chaves" em que (movendo-se no interior das teorias renascentistas de "conformidade" e dos gêneros) ele articula sua própria "maneira" douta, valendo-se, é verdade, também da "presteza e facilidade" de execução de Gherardi, mas na medida em que aquele brio "conciso" não fosse um estilo oposto e diferente, e sim uma interpretação fiel de seu tom familiar, de seu estilo médio, usado nas decorações marginais para evocar à meia--voz as fábulas antigas ou, em casa, para disfarçar jocosamente de alegoria das artes liberais as rechonchudas moçoilas de família.

Para os fins da nossa tese também é significativo que, por unanimidade, os melhores resultados do Vasari artista tenham sido obtidos no campo misto prático-engenheirístico e inventivo-formal que é a arquitetura (e ninguém me tira da cabeça que, exatamente pensando nisso, Michelangelo o exortava a dedicar-se a ela); e, também nesse caso, não tanto em invenções de soluções novas no plano formal, quanto na construção de conjuntos ou nexos urbanísticos como a Piazza degli Uffizi, a Piazza dei Cavalieri em Pisa, o corredor que, através de Ponte Vecchio, une o Palazzo Vecchio e os Uffizi ao Palazzo Pitti; aí Vasari se manteve a meio caminho entre o elástico e fantasioso michelangelismo de Ammannati e o austero funcionalismo de Vignola.

Mais uma vez, em suma, no âmbito da escolha dos meios estilísticos, que se consideraria subjetivo por excelência, há uma atitude prática de sensata equidistância. De resto, isso vale também para a pintura, se for verdade que, partindo da admiração pelo flamejante maneirismo de Rosso, Vasari tenha preferido de fato ater-se à versão já academizante e moderada que Andrea del Sarto lhe dava e, na maturidade, tenha acabado por acomodar-se numa posição de meio-termo entre a descomprometida elegância de Salviati e o aulicismo erudito (mas escolhido e incorrupto) do incomparável Bronzino.

GIOVANNI PREVITALI

Nota bibliográfica

O principal intuito desta edição "torrentiniana" de Vasari é convidar de novo à leitura de sua obra depois do muito que se escreveu sobre ele, tentando, o máximo possível, facilitar a leitura, tanto do ponto de vista físico quanto do mental, pondo no rodapé referências históricas essenciais, sem pretender que o leitor tenha à mão, enquanto lê, uma biblioteca inteira. Por isso, seria contraditório apresentarmos aqui uma bibliografia exaustiva sobre o autor. Quem quiser ter uma ideia mais precisa da quantidade e da natureza dos "problemas vasarianos" sempre poderá valer-se, para o período anterior a 1967, da útil orientação do ensaio de Mario Pepe ("Edizioni e studi vasariani", in *Cultura e scuola*, n. 24, outubro-dezembro de 1967, pp. 123-33) e, para o período posterior, aventurar-se na *Ata* do congresso de Florença de 1974 (*Il Vasari storiografo e artista*, Florença, Istituto Nazionale di Studi sul Rinascimento, 1976) e do colóquio de Arezzo de 1981 (*Giorgio Vasari fra decorazione ambientale e storiografia artistica*, Florença, Olschki, 1985), além do catálogo da exposição ocorrida em Arezzo na mesma ocasião (*Giorgio Vasari, principi, letterati e artisti nelle carte di Giorgio Vasari, Pittura vasariana dal 1532 al 1554*, Florença, 1981); sempre lembrando que um bom levantamento dos estudos em 1982 foi feito por Catherine Monbeig Goguel ("Chronique vasarienne", in *Revue de l'Art*, n. 56, pp. 65-80).

Limito-me, portanto, a sugerir algumas leituras adicionais com um mínimo de indicação aconselhada pela experiência.

Como obra de orientação geral que informe criticamente sobre o conjunto da personalidade e da atividade de Vasari só poderia indicar o volume de Thomas Sherrer Ross Boase, *Giorgio Vasari, The Man and the Book*, Princeton University Press, 1979 (The A. W. Mellon Lectures in the Fine Arts, 1971; The National Gallery of Art, Washington (D.C.); Bollingen Series XXXV).

Outra coisa seria, naturalmente, uma monografia completa sobre a atividade de Vasari como pintor e arquiteto, o que não existe; de qualquer modo, ainda é possível remeter com utilidade aos antigos estudos de Paola Barocchi (*Vasari pittore*, Milão, Edizioni per il Club del Libro, 1964; "Complementi al Vasari pittore", in *Atti dell'Accademia Toscana di Scienze e Lettere "La Colombaria"*, XXVIII, 1963-64, pp. 253-309; "Il Vasari architetto", in *Atti dell'Accademia Pontaniana*, VI, 1958, pp. 113-36), integrando-os com o que há no já citado catálogo de Arezzo.

No que se refere às obras literárias de Vasari, que nos dizem respeito mais diretamente aqui, ainda é obrigatória a citação da edição mais completa, organizada no século XIX por Gaetano Milanesi (em nove volumes, Florença, 1878-85), embora caiba lembrar que deveria ser utilizada, hoje em dia, apenas pelo comentário (visto que temos edições criticamente melhores de quase todos os textos), e que a pretensa reedição de 1906, frequentemente citada, nada mais é que uma reimpressão, com nova portada, da primeira e única edição. Das *Vidas*, Milanesi publica apenas o texto da reelaboração de 1568 ("edição giuntina"), indicando muito irregularmente as principais variantes em relação à de 1550 ("torrentiniana").

Da versão do 1568 existem numerosas edições, anteriores e posteriores à de Milanesi; algumas ainda estão no mercado e, entre estas, tomo a liberdade de indicar a edição feita em nove volumes (com prefácio de Luigi Grassi e organização do texto de Aldo Rossi), publicada em Milão entre 1962 e 1966 (Edizioni per il Club del Libro, atual De Agostini, Novara), que é dotada de referências às páginas da edição giuntina, de um comentário histórico e de bons índices.

Da primeira edição de 1550 não existem publicações modernas (se exceptuarmos a reimpressão diplomática, também esgotada e bastante deficiente, publicada em 1927 por Bestetti e Tumminelli, com organização de Corrado Ricci); na monumental edição *Le Vite*, organizada por Rosanna Bettarini e Paola Barocchi, ainda em curso (Florença, Sansoni, depois S.P.E.S., 1966 ss.), ela será completamente reimpressa no rodapé para confronto com a edição giuntina (renunciando portanto, devido às muitas transposições de Vasari, a respeitar a estrutura do original no que se refere à seriação das biografias). Nessa edição (oito volumes lançados até hoje) serão também transcritos os comentários históricos mais antigos até o de Milanesi, inclusive.

A importante correspondência de Vasari pode ser lida na edição ricamente comentada que foi organizada por Karl e Hermann Walther Frey (*Die literarische Nachlass Giorgio Vasaris* [*A correspondência de Giorgio Vasari*], I, Munique, Georg Müller, 1923; *Die literarische Nachlass Giorgio Vasaris*, II, id., 1930; edição italiana org. por Alessandro Del Vita, Arezzo, Zelli, 1941; *Vasari, Literarische Nachlass*, III: *Neue Briefe von Giorgio Vasari*, Burg b. M., 1945), que deve ser integrada com as cartas do arquivo Guidi, publicadas por M. Vittoria Palli D'Addario (in *Atti*, cit., 1985, pp. 363-90); indispensáveis pela reconstrução da cronologia da atividade artística são *Il libro delle ricordanze* e *Lo Zibaldone* (org. de A. Del Vita, Arezzo, Zelli, 1938).

No que se refere à interpretação da obra historiográfica vasariana devemos, essencialmente, remeter-nos a dois momentos significativos: o do início do século, em que houve os fundamentais *Vasaristudien* de Kallab (Viena-Leipzig, 1908), depois magistralmente utilizados por seu inspirador e editor, Julius von Schlosser (*Die Kunstliteratur*, Viena, Kunstverlag Antan Schroll & Co., 1954; trad. it. *La letteratura artistica*, Florença, La Nuova Italia, 1935, 1964, pp. 289-346), importantes sobretudo para a compreensão da gênese das *Vidas* e de seu valor historiográfico; e o posterior à Segunda Guerra Mundial, sob a égide de Paola Barocchi, tendente sobretudo a reconstruir o contexto cultural do Vasari "giuntino" (os textos de Paola Barocchi sobre Vasari agora podem ser lidos com comodidade em um volume dos "Saggi" Einaudi, *Studi vasariani*, Turim, 1984).

Nas notas da Apresentação já dei as indicações, que não repito aqui, de algumas contribuições que me pareceram importantes, como as de Svetlana Leontief Alpers, Rosanna Bettarini, André Chastel, Fredrika H. Jacobs, Zygmunt Waźbiński.

Limito-me a acrescentar algumas indicações de textos sobre aspectos mais particulares que não tive oportunidade de citar.

Sobre os precedentes de Vasari escritor: Giuliano Tanturli, "Le biografie d'artisti prima del Vasari", in *Atti*, cit., 1974, pp. 275-99.

XXII

Sobre a relação de Vasari com a Antiguidade: Mauro Cristofani, "Vasari e l'antichidade", in *Prospettiva*, ns. 33-36, *Studi in onore di Luigi Grassi*, abril de 1983 – janeiro de 1984, pp. 367-9. Sobre os retratos de artistas que Vasari projetou para a primeira edição, mas só inseriu na segunda: Wolfram Prinz, "Vasaris Sammlung von Künstlerbildnissen", in *Mitteilungen des Kunsthistorischen Institutes in Florenz*, XII (1966), pp. 5-158.

Sobre o *Livro dos desenhos*, coleção de desenhos reunidos em ordem cronológica que acompanha o discurso histórico das *Vidas*: Licia Collobi Ragghianti, *II Libro de' Disegni del Vasari*, Florença, Vallecchi, 1974, que deve ser integrado com J. Byam Shaw, *Drawings by Old Masters at Christ Church Oxford*, Oxford, 1976.

Sobre o remanejamento das igrejas góticas florentinas, para adaptação às novas exigências pós-tridentinas de culto: Marcia B. Hall, *Renovation and Counter-reformation, Vasari and Duke Cosimo in Sta Maria Novella and Sta Croce 1565-1577*, Oxford, The Clarendon Press, 1979.

Cronologia

1511 Giorgio Vasari nasce em 30 de julho em Arezzo, filho de Antonio Vasari e Maddalena Tacci.

1524 Vai para Florença, acompanhado pelo cardeal de Cortona, Silvio Passerini, depois de uma passagem, em Arezzo, pela oficina do francês Guilhaume de Marcillat, pintor e autor dos cartões para os vitrais da Catedral da cidade. Em Florença, ao lado do jovem Francesco de' Rossi, depois chamado de Salviati, que tem só um ano a mais que ele e com quem trava duradoura amizade, frequenta a oficina de Andrea del Sarto e a academia de desenho de Baccio Bandinelli.

1527 Volta a Arezzo, enquanto os Medici são expulsos de Florença.

1528 Em Arezzo fica conhecendo Rosso Fiorentino, que fugira no ano anterior de Roma por causa do Saqueio e depois passara breve tempo em Borgo Sansepolcro e Città di Castello. Com base em desenho de Rosso, pinta uma *Ressurreição* para Lorenzo Gamurrini, que não se conservou até hoje.

1529 Está de novo em Florença, onde trabalha na oficina de Rafael da Brescia, ainda ao lado de Francesco Salviati; além disso, instrui-se na arte da ourivesaria com Vittore Ghiberti. Em outubro vai para Pisa, onde larga a ourivesaria para dedicar-se à pintura.

1530 Vai para Modena e Bolonha, onde participa da preparação do arco do triunfo destinado a celebrar a coroação de Carlos V. Depois volta à pátria, onde pinta assiduamente.

1531 No fim do ano, parte para Roma, chamado e protegido pelo cardeal Ippolito de' Medici. Ali reencontra Salviati, com quem compartilha o estudo entusiasta dos grandes textos figurativos da "maneira moderna": "o estudo desse tempo" será mais tarde reconhecido por ele como seu "verdadeiro e principal mestre". Também trabalha para o duque Ottaviano de' Medici, como pintor e arquiteto.

1532 Em novembro volta a Florença, onde residirá e trabalhará até 1536, salvo uma estada em Città di Castello em 1534. Para o cardeal Ippolito, faz um *Cristo levado ao sepulcro*, que ainda se conserva no Museu da Casa Vasari; é sua primeira obra seguramente identificável que conhecemos.

1534 Trabalha em Città di Castello, onde decora o Palácio Vitelli com a ajuda de um pintor do lugar, Cristoforo Gherardi, vulgo Doceno, que será seu precioso e competente colaborador em diferentes outras obras, em Bolonha, Roma, Nápoles e Florença, até sua morte em 1556. Provavelmente nesse ano pintou o *Retrato do duque Alessandro de' Medici*, que ainda se encontra no Museo Mediceo.

1536 Participa da realização dos aparatos triunfais para a entrada de Carlos V e da filha Margarida em Florença, que ia casar-se com o duque Alessandro. Inscreve-se na Companhia de São Lucas, mas nos anos seguintes também passa alguns períodos em Arezzo.

1537 É convidado pelo cônego aretino Giovanni Polio Lappoli, vulgo Pollastra, para a Ermida de Camaldoli, onde realiza painéis e afrescos, estes últimos destruídos. No fim do ano volta a Arezzo e a Florença, para ir depois novamente a Roma.

1538 Voltando de Roma, pinta uma *Natividade*, também para a Ermida de Camaldoli.

1539 Interrompe a atividade em Camaldoli para ir a Bolonha, onde lhe é dada a incumbência de decorar inteiramente, com painéis e afrescos, o refeitório de San Michele in Bosco. O trabalho prossegue no ano seguinte, com a ajuda de Cristoforo Gherardi.

1540 De Bolonha volta a Camaldoli, onde faz um grande retábulo com a *Deposição da Cruz e Quatro santos*. Depois pinta a *Alegoria da Imaculada Conceição*, encomendada por Bindo Altoviti para a igreja dos Santi Apostoli de Florença, uma de suas obras mais conhecidas, replicada várias vezes por ele mesmo e por outros pintores.

1541 Viaja para Modena, Parma, Mântua e em dezembro vai a Veneza, onde Salviati estivera no ano anterior; de lá sairá só em agosto do ano seguinte.

1542 Em Veneza prepara o aparato cênico para a representação da comédia *Talanta*, obra de Pietro Aretino, que ocorrerá durante as festas de Carnaval; já mantivera correspondência com o autor e era apoiado por ele. Entre abril e agosto pinta um teto do palácio de Giovanni Corner. Voltando a Arezzo, dá início à decoração pictórica de sua casa. Nos dois anos seguintes divide-se entre Roma e Florença, enquanto sua produção de retábulos se torna cada vez mais abundante, paralelamente à cristalização quase paradigmática de sua linguagem figurativa. Exatamente nesse período frequenta assiduamente Michelangelo, que, ao contrário, aconselha a ele com veemência "o estudo das coisas de arquitetura".

1544 Pinta uma *Vênus* para Bindo Altoviti, utilizando um desenho de Michelangelo. Também trabalha em Lucca. No fim do ano vai a Nápoles, onde fica no ano seguinte.

1545 Em Nápoles recebe numerosas encomendas, entre as quais a decoração do refeitório do Convento de Monte Oliveto e a *Apresentação da Virgem ao Templo*, outrora no altar-mor de Monte Oliveto e agora no Museu de Capodimonte.

1546 Sai de Nápoles e vai para Roma, onde pinta em afresco um salão do Palácio da Chancelaria, com um grande ciclo que representa os *Feitos do papa Paulo III*, encomendado por Alessandro Farnese com base em proposta do literato e polígrafo Paolo Giovio, realizado com o auxílio de colaboradores, com a "maior presteza que fosse possível", em apenas cem dias (motivo pelo qual depois foi denominada "Sala dos cem dias"). Dá início à redação das *Vidas*, exortado por Giovio e Alessandro Farnese. No fim do ano volta a Florença, onde pinta um *Cenáculo* para o Convento delle Murate.

1547 Viaja a Rimini e a Ravena, onde realiza alguns retábulos, depois retorna a Arezzo para voltar a trabalhar na decoração de sua casa.

1548 Durante o verão, pinta o teto e depois as paredes da "Sala" central de sua casa em Arezzo. Vai para Urbino.

1549 Após um período em Bolonha volta à pátria, onde pinta o monumental painel com as *Núpcias de Ester e Assuero* para o refeitório da Abadia de Santa Flora e Lucilla. Casa-se com Niccolosa Bacci, nobre aretina.

1550 Em Florença é publicada a primeira edição das *Vidas* (*Le Vite de' più eccellenti architetti, pittori, et scultori italiani da Cimabue insino a' tempi nostri*), com os tipos de Torrentino. Vai para Roma a fim de trabalhar para o novo papa Júlio III, que o incumbe da decoração da capela com a tumba do cardeal Antonio Del Monte em San Pietro in Montorio, obra que seria feita em colaboração com Bartolomeo Ammannati. Até 1553 fica em Roma, em estreita relação com Michelangelo.

1553 Ainda em Roma trabalha para o papa Júlio III, preparando os cartões relativos aos afrescos mitológicos na arcada da Vigna, a Villa Giulia. Pinta depois duas arcadas e uma sala na Vigna e no palácio de Bindo Altoviti. Em vão procura obter outras incumbências importantes do Papa.

1554 Está em Arezzo, onde projeta o coro da Catedral, em Florença e em Cortona, onde faz os preparativos para a construção da igreja de Santa Maria Nuova. Obtém a suspensão do banimento de Cristoforo Gherardi, que sob suas ordens executa muitas pinturas em Florença (fachada do Palácio Sforza Almeni na via de' Servi) e em Cortona (afrescos dentro da Companhia de Jesus). Depois de recusar a oferta de Tassini, para ir à França, em dezembro se transfere com toda a família para Florença, a convite do duque Cosimo I de' Medici, que finalmente o assume de maneira estável a seu serviço. Tem início então um período de permanência mais constante em Florença, durante o qual terá posição hegemônica no ambiente artístico da cidade.

1555   O duque Cosimo o incumbe da direção dos grandiosos trabalhos de reestruturação e decoração do Palazzo Vecchio, que ele quer transformar em sua residência principesca. Na obra de decoração pictórica, que se estenderá por diversos anos, é ajudado por: Cristoforo Gherardi (morto no ano seguinte, 1556), Jan van der Straet, vulgo Stradano, Marco da Faenza, especialista em grotescos, Prospero Fontana, bolonhês, Jacopo Zucchi, Giovan Battista Naldini e Francesco Morandini, vulgo Poppi. Consultor para o programa iconográfico é o literato florentino Vincenzo Borghini, com quem trava forte amizade.

1556   Com a assistência determinante de Doceno, dá início ao ciclo do *Quartiere degli Elementi* [Apartamentos dos Elementos], inspirado num complexo alegorismo mitológico voltado para a celebração da grandeza do Duque (Sala dos Elementos, Sala de Ops, Sala de Ceres, Sala de Júpiter, Sala de Hércules, Terraço de Juno). Nesse ínterim, começa a decoração do *Quartiere* de Leão X, no andar nobre do Palazzo Vecchio, com tema histórico-encomiástico relativo às glórias da Casa Medici.

1559   São terminados os afrescos do *Quartiere degli Elementi*.

1560   Viaja a Roma. É incumbido da construção do Palácio dos Uffizi, que só será definitivamente terminado depois de sua morte, em 1580, por Buontalenti e Alfonso di Santi da Parigi.

1561   Cosimo o presenteia com a casa de *borgo* Santa Croce, onde já morava desde 1557, a cuja decoração dá início. Pinta em afresco as Salas de Eleonora, ainda no Palazzo Vecchio, tirando grande proveito da colaboração de Stradano.

1562   Termina a decoração do *Quartiere* de Leão X. Apresenta ao Duque o modelo para o Palácio dei Cavalieri de Pisa.

1563   Pinta o retábulo para a paróquia de Arezzo, com a ajuda de Stradano. Dá início aos afrescos da abóbada do Salão dos Quinhentos (ou Sala Grande) do Palazzo Vecchio, cuja decoração total, feita com a ajuda dos eruditos conselhos de Vincenzo Borghini e Giovanbattista Adriani, será sua obra pictórica mais grandiosa. Está entre os promotores da fundação da "Academia das Artes do Desenho".

1565   Termina a pintura do teto do Salão dos Quinhentos. Dirige a preparação dos aparatos para os festejos das núpcias de Francisco I, filho de Cosimo, com Joana da Áustria. Recebe como encargo o chamado Corredor Vasariano, que une os Uffizi ao Palácio Pitti através da antiga Ponte Vecchio.

1566   Suspensos os trabalhos do Salão, em abril ele empreende uma grande viagem pela Itália, com o fim de colher mais informações para a segunda redação das *Vidas*, que estava aprontando. Visita inúmeros lugares na ocasião (Úmbria, Marcas, Emília, Lombardia e Vêneto). Em Perúgia faz pinturas para o refeitório de San Pietro.

1567   Pinta uma *Adoração dos magos* para Boscomarengo, em Piemonte, depois outro quadro para a Abadia de Arezzo. É concluída a construção, feita com base em seu projeto, do Palácio dei Cavalieri em Pisa. Enquanto isso, trabalha na edificação da igreja contígua de Santo Stefano, terminada em 1569.

1568   Sai em Florença, com os tipos de Giunti, a segunda edição de *Le Vite dei piú eccellenti pittori, scultori e architettori*. É eleito gonfaloneiro da cidade de Arezzo. Começa a pintar os imensos painéis das paredes do Salão dos Quinhentos, representando acontecimentos gloriosos da história de Florença, até a *Tomada de Siena*. Com ele trabalham Stradano, Naldini e Zucchi.

1569   Pinta com Poppi alguns painéis para Santa Croce a Boscomarengo, por encomenda do papa Pio V.

1570   Participa da importante obra do pequeno estúdio de Francisco I com um painel que representa *Perseu e Andrômeda*. Em 15 de setembro parte para Roma com Zucchi, chamado pelo papa Pio V.

XXVII

1571 Em apenas oito meses pinta, com a ajuda determinante de Zucchi, três capelas no Vaticano (capela de São Miguel, de São Pedro Mártir e de Santo Estêvão) e dá início à decoração da Sala Régia. Com a morte de Pio V, volta a Florença.

1572 No início do ano, depois de uma atividade quase decenal, conclui-se a decoração do Salão dos Quinhentos no Palazzo Vecchio, que finalmente é dado a público. Recebe a incumbência de fazer os afrescos da abóbada da cúpula de Brunelleschi em Santa Maria del Fiore, com um *Juízo Final* que ele começa bem em tempo no mês de junho. Em novembro é chamado de volta a Roma pelo papa Gregório XIII, para prosseguir a decoração da Sala Régia no Vaticano, com a ajuda do bolonhês Lorenzo Sabatini, Jacopo Coppi e Dionigi Calvaert.

1573 Em Roma, enquanto trabalha na Sala Régia, prepara os desenhos para a cúpula da Catedral florentina. Projeta os afrescos para a capela Paolina no Vaticano, não realizados. Em abril volta a Florença, onde é inaugurado o pequeno estúdio de Francisco I, cuja divisão decorativa havia desenhado. Têm início os trabalhos para as *Logge* aretinas, com base em desenho seu.

1574 Morre em Florença, em 27 de junho, deixando inacabada a decoração da cúpula de Santa Maria del Fiore, que será radicalmente retomada por Federico Zuccari, que a termina em 1579.

Abreviações bibliográficas

Aqui apresentamos por extenso os livros citados abreviadamente nas notas.

Albertini	F. Albertini, *Memoriale di molte statue e pitture... di Florentia*, Florença, 1510.
Anônimo Magliabechiano	K. Frey, *Il codice Magliabechiano*, Berlim, 1892.
Berenson	B. Berenson, *Italian Pictures of the Renaissance*, Oxford, 1932. (Como se sabe, os "índices" ou "listas" de Berenson tiveram outras edições: *Pitture Italiane del Rinascimento*, Milão, 1936; *Pitture italiane del Rinascimento, La scuola veneta*, Londres-Florença, 1958; *Italian Pictures of the Renaissance, Florentine School*, Londres, 1963; *Italian Pictures of the Renaissance, Central and North Italian Schools*, Londres, 1968).
Cavalcaselle (ou Crowe-Cavalcaselle)	J. A. Crowe e G. B. Cavalcaselle, *A New History of Painting in Italy*, Londres, 1864.
Cennini	Cennini, *Il libro dell'arte o Trattato della pittura*, org. de C. e G. Milanesi, Florença, 1859; nova edição, org. de F. Tempesti, Milão, 1975.
Filarete	Antonio Averlino, vulgo Filarete, *Trattato di Architettura* (1464), org. de A. M. Finoli e L. Grassi, Milão, 1972.
Ghiberti	Von Schlosser, *Lorenzo Ghiberti's Denkwurtigkeiten*, Berlim, 1912.
Livro de Antonio Billi	Frey, *Il Libro di Antonio Billi*, Berlim, 1892.
Longhi, I, II etc.	*Opere complete di Roberto Longhi*, Florença: I (1967); II (1968); III (1980); IV (1968); V (1968); VI (1973); VII (1974); VIII (1975); IX (1979); X (1980); XIII (1985); XIV (1984).
Manetti	G. Milanesi, *Operette istoriche edite ed inedite di A. Manetti*, Florença, 1887.
Michiel	M. A. Michiel, *Notizie d'opere di disegno...* (1521-43), Bassano, 1800.
Milanesi, I, II etc.	*Le vite de' piú eccellenti pittori scultori ed architettori scritte da Giorgio Vasari con nuove annotazioni e commenti di G. Milanesi*, 7 vol., Florença, 1878-81.
Milanesi, 1854	G. Milanesi, *Documenti per la storia dell'arte senese*, I e II, Siena, 1854.

Milanesi, 1873	G. Milanesi, *Sulla Storia dell'arte toscana. Scritti vari*, Siena, 1873.
Summonte	F. Nicolini, "L'arte napoletana del Rinascimento e la lettera di Pietro Summonte a Marco Antonio Michiel", in *Napoli Nobilissima*, 1925.
Toesca, 1927	P. Toesca, *Storia dell'arte italiana. Il Medioevo*, Turim, 1927.
Toesca, 1951	P. Toesca, *Storia dell'arte italiana. Il Trecento*, Turim, 1951.
Van Marle	R. van Marle, *The Development of the Italian Schools of Painting*, 18 vol., Haia, 1923-36.
Venturi	A. Venturi, *Storia dell'arte italiana*, 11 vol., Milão, 1901-40.

*Vidas dos mais excelentes
arquitetos, pintores e escultores
italianos, de Cimabue
até nossos dias*

Ao ilustríssimo e excelentíssimo senhor
Senhor Cosimo de' Medici[1], Duque de Florença

Meu respeitabilíssimo senhor

Visto que Vossa Excelência, seguindo o exemplo de ilustríssimos ancestrais e incitado e movido por sua natural magnanimidade, não deixa de favorecer e exaltar toda espécie de virtude, onde quer que esta se encontre, dispensando proteção especialmente à arte do desenho e demonstrando estima pelos seus artistas, conhecimento e predileção pelas belas e raras obras destes, acredito que só lhe poderá ser grato este trabalho por mim realizado de descrever vidas, obras, estilos e condições de todos aqueles que primeiramente revivificaram as artes quando elas já estavam extintas, para depois, a cada momento, exaltá-las e orná-las, e, finalmente, conduzi-las ao grau de beleza e majestade em que se encontram hoje em dia. E, visto que quase todos eles eram toscanos, na maioria florentinos, muitos dos quais incentivados e ajudados pelos ilustríssimos antepassados de V. Exa. com toda espécie de prêmios e honras, pode-se dizer que elas renasceram nos domínios, ou melhor, na ditosa casa de V. Exa., e que, graças à beneficência dos seus, o mundo recuperou essas belíssimas artes, com as quais se enobreceu e aformoseou. Portanto, em vista da gratidão que este século, essas artes e esses artistas devem todos aos seus e a V. Exa., como herdeiro da virtude daqueles e do patrocínio que dispensaram a tais profissões, e em vista daquilo que lhes devo eu particularmente porque com eles aprendi, porque fui súdito deles, porque lhes fui devotado, porque me criei no tempo do cardeal Ippolito[2] de' Medici e de Alessandro[3], seu antecessor, e porque sou infinitamente apegado à bem-aventurada memória do Magnífico Ottaviano de Medici[4], pelo qual fui criado, amado e defendido enquanto ele viveu, em vista de todas essas coisas, portanto, e porque da grandeza do valor e da fortuna de V. Exa. decorrerá imenso favorecimento para esta obra e, graças ao conhecimento que tem sobre o assunto, V. Exa. poderá julgar melhor que ninguém a utilidade desta, bem como o esforço e a diligên-

---

[1] Cosimo I de' Medici, filho de Giovanni delle Bande Nere, nascido em 12 de junho de 1519, duque a partir de 1537, só em 1570 obteve de Pio V o título de grão-duque; morreu em 21 de abril de 1574.

[2] Ippolito de' Medici (Urbino, 1511-Itri, 1535), filho ilegítimo de Giuliano, duque de Nemours, foi educado com o tio, o papa Leão X. Posto à testa do governo de Florença em 1524, foi derrubado em 1527; dedicou-se então à carreira eclesiástica e tornou-se arcebispo de Avignon (1529), de Monreale (1532), de Lucca (1534). Vasari entrou para os seus serviços em 1532.

[3] Alessando de' Medici foi duque de Florença antes de Cosimo, de 1530 ao Dia de Reis de 1537, quando foi assassinado por Lorenzino di Pier Francesco de' Medici.

[4] Ottaviano de' Medici (1482-1546), filho de Lourenço, casou-se com Francesca Salviati, sobrinha de Leão X; do casamento nasceram Alessandro (que foi papa Leão XI) e Bernardetto. Em Florença, foi defensor de Alessandro e Cosimo.

cia com que me empenhei na sua consecução, por tudo isso, pareceu-me que somente a V. Exa. conviria dedicá-la, e que sob seu honorabilíssimo nome conviria que ela chegasse às mãos dos homens. Queira, portanto, V. Exa. dignar-se aceitar, favorecer e, se tanto nos conceder a superioridade de seus pensamentos, ler esta obra, examinando a qualidade das coisas que nela são tratadas e a pureza de minha intenção ao escrevê-la, que não foi a de angariar louvores como escritor, mas sim de, na qualidade de artista, louvar a perícia e avivar a memória daqueles que, dando vida e formosura a essas profissões, não merecem que seus nomes e suas obras continuem, como estavam, vítimas da morte e do esquecimento. Ademais, com o exemplo de tantos homens brilhantes e com as tantas informações de tão numerosas coisas que reuni neste livro, acredito poder ser ele de não pouca utilidade aos professores de tais ofícios e, ao mesmo tempo, dar prazer a todos quantos dele aufiram gosto e deleite. E empenhei-me em fazê-lo com a precisão e a fé exigidas pela verdade da história e das coisas que se escrevem. Mas, se a escrita, por ser tão inculta e natural quanto minha fala, não for digna dos ouvidos de V. Exa. nem dos méritos de tão altos engenhos, que estes me escusem por, sendo desenhista (como foram eles também), não ter minha pena a força de delineá-los e sombreá-los; quanto a V. Exa., basta que se digne aceitar meu simples trabalho, considerando que a premência de dar conta das necessidades da vida não me possibilitou o exercício de outra coisa que não fosse o pincel. Nem mesmo com este atingi a meta que imagino poder atingir neste momento em que a sorte me promete tamanho favorecimento, qual seja, a de poder talvez, unindo o pincel e a pena, explicar ao mundo os meus conceitos, sejam eles quais forem, com mais comodidade e louvor para mim e maior satisfação para os outros. Por isso, além da ajuda e da proteção que espero de V. Exa., na qualidade de meu senhor e protetor dos talentos sem bens, aprouve à divina bondade escolher como seu vigário na terra o santíssimo e beatíssimo Júlio III, Sumo Pontífice, admirador e reconhecedor de toda espécie de talento e, especialmente, dessas excelentes e dificílimas artes. De sua grande liberalidade espero recompensa pelos muitos anos consumidos e pelos muitos esforços envidados até agora sem fruto algum. Não só eu, servo dedicado e perpétuo de Sua Santidade, como todos os talentosos artistas desta época, devemos esperar tais honras e recompensas, bem como ocasião de exercer nossa arte de tal forma que já me alegra ver no seu papado o supremo grau de perfeição a que ela chegou, estando Roma ornada com tantos e tão nobres artistas que, se somados aos de Florença, cujo trabalho diário é propiciado por V. Exa., é de esperar que quem venha depois de nós possa escrever a quarta parte de meu volume, dotado com outros mestres e outras maestrias não descritos por mim, em cuja companhia preparo-me para estar, com muita diligência para não ser dos últimos.

Por ora, contenta-me que V. Exa. tenha confiança em mim e opinião melhor do que aquela que talvez tenha concebido a meu respeito, sem que dela fosse eu culpado, desejando não decair no seu conceito mercê de malignos relatos alheios, por todo o tempo em que minha vida e minhas obras mostrarem o contrário do que digam outros.

E, com a intenção que tenho de honrá-lo e servi-lo para sempre, dedicando-lhe este meu tosco trabalho, assim como dediquei todas as minhas coisas e a mim mesmo, suplico-lhe que não deixe de acolhê-lo ou pelo menos de considerar a devoção de quem lho entrega; e, recomendando-me às suas boas graças, beijo-lhe humildemente as mãos.

De seu humílimo servidor

GIORGIO VASARI, pintor aretino.

Proêmio

Os egrégios espíritos, em todas as suas ações, movidos por vivo desejo de glória, não costumavam poupar-se do trabalho, por mais penoso, a fim de alçar suas obras a um grau de perfeição que as tornasse estupendas e admiráveis para todo o mundo; nem a pouca fortuna de muitos podia retardar seus esforços para atingir graus supremos, de tal modo que pudessem viver honrados e deixar para o futuro a eterna fama de todas as raríssimas qualidades de que eram dotados. E, ainda que, em vida, tão louváveis diligências e desejos fossem altamente recompensados pela liberalidade dos príncipes e pela virtuosa ambição das repúblicas, sendo depois da morte também perpetuados perante o mundo por meio do testemunho de estátuas, sepulcros, medalhas e outras memórias semelhantes, percebe-se claramente que a voracidade do tempo não só obscureceu em grande parte as obras deles e os prestigiosos testemunhos alheios, como também apagou e extinguiu os nomes de todos aqueles que nos foram conservados por algo mais que as mui vivazes e compassivas plumas dos escritores. Assim, considerando tais coisas e sabendo, não só graças aos exemplos dos antigos, mas também dos modernos, que os nomes e as inúmeras e belas obras de muitíssimos arquitetos, escultores e pintores antigos e modernos, em diferentes regiões da Itália, estão sendo esquecidos e vão desaparecendo aos poucos e de uma maneira que, a bem da verdade, não pode ser julgada senão como uma espécie de morte muito próxima, estando eu decidido a defendê-los ao máximo dessa segunda morte e conservá-los pelo maior tempo possível na memória dos vivos, tendo para tanto despendido muito tempo na busca das obras e diligenciado descobrir a pátria, a origem e os feitos dos artistas, extraindo-os com grande trabalho dos relatos de muitos idosos e de diversas recordações e escritos que seus herdeiros deixaram entregues à poeira, para repasto das traças, obtendo deles, finalmente, proveito e prazer, julguei conveniente, aliás, julguei ser dever meu, compor as memórias que o meu fraco engenho e pouco tino me permitissem. Portanto, em honra daqueles que já estão mortos e para benefício de todos os estudiosos, principalmente dessas insignes três artes – arquitetura, escultura e pintura –, escreverei as vidas dos artistas de cada uma delas, de acordo com o tempo em que viveram, um a um, de Cimabue até hoje; não falaremos dos antigos a não ser na medida em que isso atenda aos nossos propósitos, por não ser possível dizer mais do que sobre eles já disseram os numerosos escritores que chegaram à nossa época. Tratarei de muitas coisas que de fato digam respeito à atividade à qual pertença cada uma das referidas artes; mas, antes de cuidar dos segredos destas ou da história dos artistas, parece-me justo tocar em parte numa disputa, nascida e alimentada por muitos sem nenhum propósito, acerca da primazia e da nobreza da escultura e da pintura[5] (não da arquitetura, que foi deixada de lado), havendo ambas as partes aduzido razões que, se não todas, pelo menos muitas, são dignas de nossa atenção e de consideração por parte de seus respectivos artistas. Digo, pois, que os escultores, sendo dotados talvez pela natureza e pelo exercício da arte de melhor compleição, mais sangue e mais forças, vindo a ser, portanto, mais audazes e corajosos que nossos pintores, ao procurarem atribuir situação mais honrosa à sua arte, argumentam e provam a nobreza da escultura primeiramente mercê da sua antiguidade, visto ter Deus feito o homem, que foi a primeira escultura, e dizem que a escultura abarca um número muito maior de artes congêneres e a ela se subordina um número muito maior de artes do que à pintura, artes como o baixo-relevo, as artes da terra, da cera ou gesso, da madeira e do marfim, a fusão de metais, a cinzeladura, os trabalhos de entalhe ou do relevo em pedras finas e no aço, bem como outras muitas que em número e maestria sobrepujam as da pintura; alegam também que as coisas que resistem mais e melhor ao tempo, e que por maior período atendem ao uso dos homens, para cujo benefício e serviço foram feitas, sem dúvida são mais úteis e dignas de apreço e honra que as outras; afirmam que a escultura é mais nobre que a pintura porque mais apta a conservar-se e a conservar o nome de quem é celebrado por ela em mármores e bronzes, a despeito de todas as agressões do tempo e do ar, pois a pintura, tanto por natureza como por acidentes externos, perece nas mais recônditas e seguras salas que a elas souberam dedicar os arquitetos. Defendem, ademais, que o fato de serem minoria – contados não só os artistas excelentes, mas também os ordinários, perante o infinito número de pintores – é sinal de sua maior nobreza, pois, segundo dizem, a escultura exige melhor disposição de espírito e corpo, coisas que raramente se encontram reunidas; por isso, a pintura se contenta com qualquer compleição frágil, desde que a mão seja segura, se não forte; e esse entendimento tem também o respaldo das maiores qualidades citadas especialmente por Plínio, do amor despertado pela maravilhosa beleza de algumas estátuas[6] e do juízo daquele que atribuiu valor de ouro à estátua esculpida e de prata à pintura, pondo aquela à direita e esta à esquerda. E não deixam de alegar também as dificuldades: primeiramente, a de precisar submeter a matéria, como os mármores e os metais, e a do seu custo, em comparação com a facilidade de obter tábuas, telas e tintas por baixíssimo preço e em qualquer local; em segundo lugar, a dificuldade representada pelo extremo e penoso trabalho de manejar mármores e bronzes, que são pesados, bem como de trabalhá-los, mercê do peso dos instrumentos, comparativamente à leveza de pincéis, estiletes e penas, lápis e carvões, acrescentando que neles o espírito se cansa tanto quanto todas as outras partes do corpo, o que é muito árduo em comparação com a obra leve e tranquila do espírito e da mão do pintor. Além disso, tomam como forte fundamento a alegação de que mais nobres e perfeitas são as coisas que mais se aproximam da verdade, dizendo que a escultura imita a forma verdadeira e mostra suas propriedades a quem gire em torno dela de todos os pontos de vista, ao passo que a pintura, por ser aplanada com linhas simplíssimas de pincel e por só ter um ponto de vista, mostra apenas uma apa-

---

5 Sobre essa famosa disputa, cf. B. Varchi, *Lezzione nella quale si disputa della maggioranza delle arti e qual sai piú nobile, la scultura o la pittura*, de 1547, publicada em Florença em 1549, juntamente com as cartas de Vasari, Pontormo, Bronzino, Tasso, Francesco da Sangallo, Tribolo, Benvenutto Cellini e Michelangelo (in P. Barocchi [org.], *Trattati d'arte del Cinquecento*, Bari, 1960, pp. 3-91).

6 Cf. Plínio, o Velho, *Naturalis historia*, org. S. Ferri, Roma, 1946, pp. 227-31.

rência. E muitos deles não têm escrúpulos em dizer que a escultura é tão superior à pintura quanto o é a verdade à mentira. Mas, como derradeira e mais forte razão, aduzem que o escultor precisa não só da perfeição do tino que ele comunga com o pintor, mas também de uma perfeição absoluta e imediata, capaz de reconhecer por dentro dos mármores todo o esboço da figura que dele pretende extrair e de, sem qualquer outro modelo, construir várias partes perfeitas, que possam ser juntadas e unidas, tal como Michelagnolo já fez divinamente. Ocorre que, quando carecem da felicidade do tino, eles comentem facilmente e com frequência inconvenientes que não têm remédio e, consumados, ficam para sempre como testemunhos dos erros do escopro ou da falta de tino do escultor. Coisa que não ocorre com os pintores, pois estes, diante de qualquer erro do pincel ou de falta de tino que lhes venha a ocorrer, têm tempo e, percebendo-os por si mesmos ou sendo advertidos por outros, podem cobri-lo e remediá-lo com o mesmo pincel que o cometeu, pincel que, em suas mãos, tem a seguinte vantagem sobre o escopro do escultor: ele não só cura, como curava o ferro da lança de Aquiles, mas também não deixa cicatrizes de suas feridas.

Os pintores, respondendo não sem indignação a tais coisas, dizem primeiramente que, se os escultores quiserem considerar as coisas do ponto de vista religioso, maior nobreza cabe aos pintores, enganando-se gravemente os escultores quando chamam suas obras de estátua do primeiro pai, pois esta foi feita de barro, arte cuja operação, que consiste em tirar e pôr, pertence tanto aos pintores quanto aos outros, tendo sido chamada de *plástica* pelos gregos e de *fictoria* pelos latinos e considerada por Praxíteles a mãe da escultura, da fundição e do cinzel; e isso torna a escultura, na verdade, neta da pintura, visto que as artes plásticas e a pintura nascem juntas e imediatamente do desenho. E dizem que, examinando-se o assunto fora do âmbito religioso, são tantas e tão diversas as opiniões dos tempos, que mal se pode acreditar mais numa que noutra, e que, considerando-se afinal essa nobreza como querem, eles perdem em um ponto e não vencem no outro, como se poderá ver com mais clareza no Proêmio das Vidas[7]. Em segundo lugar, no que se refere às artes congêneres e subalternas à escultura, dizem os pintores que muito mais numerosas são subalternas à pintura, visto que esta abarca a inventividade das cenas, a dificílima arte dos escorços, todos os corpos arquitetônicos na construção dos edifícios e da perspectiva, a pintura, a têmpera, a arte do afresco, diferente e distinta de todas as outras, bem como os trabalhos com óleo, madeira, pedra, telas e iluminuras, arte esta diferente de todas, além de vitrais, mosaicos de vidro, tauxia de várias cores, em que se compõem cenas com madeiras pintadas, que é pintura, esgrafiados com ferro e nigelo, gravuras de cobre, membros também da pintura, esmaltes de ourives, incrustações de ouro damasquinado, pintura de figuras vidradas, a representação em vasos cerâmicos de cenas e outras figuras resistentes à água, tecedura de brocados com figuras e flores e a belíssima invenção da tapeçaria, que propicia comodidade e grandeza, podendo levar a pintura a todos os ambientes, silvestres e domésticos, sem mencionar que entre todos os gêneros em que é preciso exercitar-se, está o desenho, que é nosso e adotado por todos. De tal modo que a pintura tem membros muito mais numerosos e úteis que a escultura. Às esculturas não negam a eternidade, conforme dizem. Afirmam, porém, que isso não é privilégio que dê à arte mais nobreza do que a recebida de sua própria natureza, porque decorre simplesmente da matéria; e que, se a extensão da vida conferisse nobreza às almas, o pinheiro

---

[7] Cf. "Proêmio das *Vidas*", p. 67 e nota correspondente.

entre as plantas e o cervo entre os animais teriam alma muito mais nobre que a do homem. Não obstante, eles poderiam aduzir semelhante eternidade e nobreza de material a seus mosaicos, pois alguns há que são tão antigos quanto as mais antigas esculturas existentes em Roma, sendo costume fazê-los de joias e pedras finas. Quanto ao número pequeno ou menor dos escultores, afirmam que isso não decorre do fato de sua arte exigir melhor disposição física e maior tino, mas sim da pobreza de seu patrimônio e do pequeno favorecimento ou avareza, como queiram, dos ricos, que não lhes fornecem mármores nem criam oportunidades de trabalho, ao contrário do que se pode crer que tenha ocorrido e como se vê que ocorreu na Antiguidade, quando a escultura atingiu o apogeu. E está claro que quem não pode consumir ou jogar fora grandes quantidades de mármore e granitos, que custam caro, não pode praticar convenientemente essa arte, e quem não a pratica não a aprende, e quem não a aprende não pode exercê-la bem. Por isso, deveriam justificar com tais razões a imperfeição e a escassez dos artistas excelentes, em vez de procurarem delas extrair nobreza com outras feições. Quanto ao maior preço das esculturas, respondem que, embora os seus sejam bem menores, não precisam dividi-los, limitando-se a um menino que lhes moa as tintas e lhes entregue pincéis e predelas baratas, ao passo que os escultores, além do alto preço do material, precisam de muita ajuda e dedicam mais tempo a uma única figura, enquanto os pintores as fazem em grande número; por isso, está claro que seus preços decorrem mais da qualidade e da durabilidade do material, da ajuda necessária e do tempo exigido para trabalhá-lo do que da excelência da própria arte. E, mesmo que esta não sirva nem se encontre preço maior, o que seria fácil a quem quisesse considerá-la diligentemente, que recompensa maior do que o maravilhoso, belo e vivo presente com que Alexandre, o Grande, retribuiu a valorosa e excelente obra de Apeles, não lhe dando ricos tesouros nem poder de estado, mas sim a sua amada e bela Campaspe[8]? E não se esquecem de acrescentar que Alexandre era jovem, estava apaixonado e, naturalmente, suscetível às influências de Vênus, sendo ao mesmo tempo rei e grego, daí extraindo o juízo que lhe convém. Quanto aos amores de Pigmalião e dos outros malvados, indignos de serem chamados homens, citados como prova da nobreza da arte, não sabem o que responder, se é que cabe usar como argumento de nobreza a grande cegueira mental e a devassidão desenfreada e anormal. E sobre aquele não sei quem que, segundo os escultores, considerou a escultura de ouro e a pintura de prata, como se disse acima, admitem que, se ele tivesse demonstrado discernimento proporcional à riqueza que tinha, não discutiria isso. E concluem, por fim, que o antigo velino de ouro, por mais celebrado que tenha sido, vestiu tão somente um carneiro sem intelecto; por isso, não nos devemos ater ao testemunho das riquezas nem ao das vontades desonestas, mas sim das letras, do exercício, da qualidade e do tino. E à dificuldade da obtenção de mármores e metais respondem apenas que isso se deve à pobreza pessoal e ao pouco favorecimento dos poderosos, conforme dissemos, e não ao maior grau de nobreza. Quanto aos imensos trabalhos do corpo e aos perigos peculiares às suas obras, respondem rindo e sem dificuldades que, se trabalho e perigo maiores significarem nobreza maior, a arte de extrair mármore das entranhas das montanhas, com o uso de cunhas, alavancas e malhos, será mais nobre que a escultura,

---

[8] Segundo Plínio (*Naturalis historia*, XXXV), Alexandre pediu a Apeles que pintasse sua amante Campaspe. Diante do belo quadro, percebeu que Apeles amava Campaspe mais que ele mesmo. Assim, ficou com o quadro e deu Campaspe ao pintor.

a arte do ferreiro superará a do ourives, e a do alvanel, a arquitetura. E dizem também que as verdadeiras dificuldades estão mais no espírito do que no corpo, motivo pelo qual as coisas que, por natureza, exigem mais estudo e saber são mais nobres e excelsas que as que utilizam mais a força do corpo; e que, como os pintores se valem da virtude de espírito mais do que eles, essa primeira honra pertence à pintura. Aos escultores bastam os compassos e os esquadros para encontrar e transferir todas as proporções e medidas de que precisam; os pintores, além de precisarem saber empregar bem os referidos instrumentos, têm necessidade de perfeitos conhecimentos de perspectiva, pois precisam representar mil outras coisas, além de paisagens ou construções; além disso, precisam ter mais tino, em vista da grande quantidade de figuras que há numa representação, o que pode dar origem a mais erros do que numa única estátua. Ao escultor basta o conhecimento das verdadeiras formas e feições dos corpos sólidos, palpáveis e submetidos ao tato, ainda assim apenas daqueles que têm como se sustentar; o pintor precisa não só conhecer as formas de todos os corpos que se sustentam ou não, como também de todos os transparentes e impalpáveis; além disso, precisa saber que cores convêm a referidos corpos, cores que são numerosas e variam de modo universal e quase infinito, o que é muito bem demonstrado pelas flores, pelos frutos e pelos minerais; conhecimento sumamente difícil de se adquirir e manter, mercê da infinita variedade. Dizem também que, enquanto a escultura, devido à tenacidade e à imperfeição do material, só representa os afetos do espírito por meio do movimento, que nela nem se desenvolve muito, e com o feitio dos membros, os pintores representam tais afetos com todos os movimentos, que são infinitos, com o feitio de todos os membros, por mais sutis que sejam e – com que mais? – com a própria respiração e o espírito do olhar. E que, para maior perfeição na demonstração das paixões e dos afetos da alma, bem como dos acidentes adventícios, como ocorre na natureza, os pintores precisam não só da prolongada prática na arte, mas também do perfeito conhecimento da fisionomia, bastando ao escultor apenas a parte que considera a quantidade e a forma dos membros, sem se preocupar com a qualidade das cores, cujo conhecimento, conforme sabem todos aqueles que julgam com os olhos, é útil e necessário à verdadeira imitação da natureza, sendo mais perfeito aquele que mais se aproxima dela. Acrescentam também que a escultura, ao mesmo tempo que extrai material aos poucos, vai dando fundo e relevo às coisas que têm corpo por sua própria natureza, valendo-se do tato e da visão, os pintores dão relevo e fundo ao plano em dois momentos e com a ajuda de um único sentido; tais coisas, quando feitas por pessoa conhecedora da arte, criaram uma agradabilíssima ilusão que deu permanência a muitos grandes homens, para não falar de animais; isso nunca foi visto na escultura, que não imita a natureza de uma maneira que se possa dizer tão perfeita quanto a pintura. E, finalmente, para responder à integral e absoluta perfeição de tino exigida pela escultura, por não haver como acrescentar material ali onde este foi retirado, afirmam que tais erros são incorrigíveis e não podem ser remediados sem remendos, que nos tecidos são coisa de quem carece de panos e nas esculturas e pinturas são coisas de quem carece de engenho e tino. Ademais, com paciência e tempo conveniente, mediante o uso de modelos, cambotas, esquadros, compassos e outros mil engenhos e instrumentos transferidores, não só se protegem dos erros, como também conseguem levar tudo a cabo, concluindo-se que a dificuldade que eles apresentam como principal nada ou pouco é em comparação com as dificuldades enfrentadas pelos pintores na elaboração do afresco; e que a referida perfeição do tino não é mais necessária aos escultores do que aos pintores, bastando que aqueles façam bons modelos de cera, barro ou outro material, assim como a estes basta fazer seus desenhos nos correspondentes materiais puros ou em cartões; e, finalmente, a qualidade que aos poucos transforma modelos em mármore é a paciência, mais que qualquer outra coisa. Mas deem a isso o nome de tino, como querem os escultores, se ele for mais necessário a quem trabalha com afrescos do que a quem cinzela os mármores. Porque no afresco não só falta lugar para a paciência e o tempo, que são grandes inimigos da integração entre a argamassa e as cores, como também o olho não enxerga as cores verdadeiras enquanto a argamassa não seca, e a mão não consegue dar tento de outra coisa senão da moleza ou da secura; de modo que não acredito que erraria muito quem dissesse que trabalhar em afresco é como trabalhar no escuro e com lentes de cores diferentes da verdadeira; aliás, não duvido que a palavra tino seja mais conveniente ao afresco do que ao trabalho de entalhe, no qual a cera serve de lente justa e correta. E dizem que para esse trabalho é necessário ter tino resoluto que anteveja o resultado no material mole e o modo como ele depois se tornará seco. Além do mais, não se pode abandonar o trabalho enquanto a argamassa estiver fresca, e não há dúvida de que é preciso fazer em um dia aquilo que a escultura faz em um mês. E no trabalho de quem não tem esse tino e essa excelência veem-se no seu término, ou com o passar do tempo, remendos, manchas, correções e cores sobrepostas ou retoques a seco, que é algo muito reles; porque mais tarde aparece o mofo a revelar a insuficiência e o pouco conhecimento do artista, assim como são muito feios os pedaços que servem de remendo em escultura. Acrescentam também que, enquanto os escultores fazem duas ou três figuras no máximo com um mármore, eles fazem muitas num painel, com os diversos e variados pontos de vista que a estátua tem, conforme dizem aqueles, compensando com a variedade de posições, escorços e atitudes a possibilidade que tem a obra dos escultores de ser vista em toda a volta. Afirmam também que a pintura não deixa elemento algum que não seja ornado e preenchido com todas as boas qualidades que a natureza lhes deu: dá luz ou trevas ao ar, com todas as suas variedades e impressões, e o enche com todos os tipos de pássaros; dá às águas transparência, peixes, musgo, espumas, variações das ondas, navios e outras configurações; à terra, dá montanhas, planícies, plantas, frutos, flores, animais e edifícios, com tamanha multidão de coisas e variedade de formas e cores verdadeiras, que a própria natureza muitas vezes se assombra; e, por fim, dá ao fogo tanto calor e luz, que o vemos claramente incendiar as coisas e como que tremular nas chamas e tornar parcialmente luminosas as mais escuras trevas da noite. Por tais coisas, contrapondo-se as dificuldades dos escultores às suas, a canseira do corpo à canseira da mente, a imitação da forma apenas à imitação da aparência da quantidade e da qualidade que chega aos olhos, o pequeno número de coisas em que a escultura pode demonstrar e demonstra suas virtudes à infinidade de coisas que a pintura representa, além de conservá-las perfeitamente ao intelecto e situá-las nos lugares em que a natureza não as situou, e, finalmente, contrapondo-se as coisas de uma às coisas de outra, parece-lhes ser justo concluir que a nobreza da escultura e o engenho, a invenção e o tino de seus artesãos não correspondem nem de longe à nobreza que tem e merece ter a pintura. Foi isso que me chegou aos ouvidos, de ambas as partes, e julguei digno de consideração.

Mas, por me parecer que os escultores falam com demasiada ousadia, e os pintores, com demasiado desdém, por ter eu observado durante tanto tempo as obras de escultura e sempre praticado a pintura, ainda que, talvez, com os parcos frutos que dela se veem, apesar disso e diante da importância de tais coisas para este trabalho, julgando eu ser meu dever demonstrar o juízo que sobre elas sempre tive (que valha a minha autoridade o quanto puder), direi qual é meu parecer sobre tal disputa, com segurança e brevidade, convencido que estou de não incorrer na acusação de presunção ou ignorância, por não estar tratando das artes alheias, conforme já fizeram muitos para se mostrarem ao vulgo conhecedores de todas as coisas por meio das letras, tal como, entre outros, ocorreu em Éfeso com o peripatético Fórmion[9], que, para ostentar eloquência, discorreu e disputou acerca das virtudes e das qualidades do excelente capitão, arrancando com sua presunção e ignorância o riso de Aníbal. Digo, pois, que a escultura e a pintura na verdade são irmãs, nascidas de um pai, que é o desenho, num único parto e a um só tempo; e nenhuma tem primazia sobre a outra, a não ser na medida em que a virtude e a força daqueles que as praticam façam um artista passar à frente do outro, e não por diferença ou grau de nobreza que de fato haja entre elas. E que as vantagens decorrentes da diversidade de suas essências não são tantas nem de tal natureza que deixem de se compensar entre si e de revelar a paixão ou teimosia, mais que tino, de quem defende a precedência de uma sobre a outra. Por isso, pode-se dizer com razão que uma mesma alma rege dois corpos; por isso, concluo que fazem mal aqueles que se empenham em desuni-las e separá-las. E o céu, querendo talvez abrir-nos os olhos e mostrar-nos a irmandade e a união dessas duas nobilíssimas artes, em diversos tempos fez que nascessem muitos escultores que pintaram e muitos pintores que fizeram esculturas; como se verá na vida de Antonio del Pollaiuolo, de Lionardo da Vinci[*10] e de muitos outros já falecidos. Mas em nossa época a bondade divina produziu Michelagnolo Buonarroti, em quem essas duas artes brilham tão perfeitas, mostrando-se tão semelhantes e unidas, que os pintores se maravilham com suas pinturas, e os escultores admiram e reverenciam sumamente as esculturas por ele feitas. E, para que ele não precisasse talvez procurar outro mestre quando quisesse acomodar suas figuras, deu-lhe a natureza tal domínio da ciência da arquitetura, que, sem recorrer a outros, ele por si só consegue criar locais honrosos e convenientes para as imagens que cria; de tal maneira que ele merece ser chamado de escultor único, pintor supremo e arquiteto excelente, aliás, verdadeiro mestre da arquitetura. E por certo podemos afirmar que não erram os que o chamam divino, pois ele reuniu em si divinamente as três mais louváveis e engenhosas artes existentes entre os mortais e com elas, a exemplo de um Deus, pode deleitar-nos infinitamente. E com isso encerramos o assunto da disputa e a nossa opinião a respeito.

E, voltando ao primeiro propósito, digo que, querendo, na medida de minhas forças, arrancar da voracíssima boca do tempo os nomes dos escultores, pintores e arquitetos que desde Cimabue até nossos dias viveram na Itália e demonstraram alguma notável qualidade, e desejando que este meu trabalho não seja menos útil do que agradável, segundo meu intento, parece-me necessário, antes de iniciar a história, fazer uma breve introdução às três artes nas quais sobressaíram aqueles cujas vidas devo escrever; isto para que os gentis leitores entendam primeiramente as coisas mais dignas de nota de suas profissões e depois, com maior prazer e proveito, possam saber claramente em que eles diferiram entre si e quanta beleza e proveito deram à sua pátria e a todos quantos tenham desejado valer-se de sua perícia e de seu saber.

---

[9] Fórmion, filósofo aristotélico do século III a.C.

[*] Foram mantidas as grafias dos nomes próprios conforme o texto do autor na edição italiana utilizada (Turim, Einaudi, 1991), incluindo as diferentes variações de um mesmo nome. [Todas as notas chamadas por asterisco ou as interpolações às notas do organizador são de autoria da tradutora.]

[10] A Vida de Antonio del Pollaiuolo está nas pp. 390-5; a de Leonardo da Vinci, nas pp. 443-4.

Começaremos, pois, pela arquitetura, que é a mais universal, necessária e útil aos homens, estando as outras duas a seu serviço e servindo-lhe de ornamento; e demonstrarei com brevidade a diversidade das pedras, as maneiras ou modos de edificar com suas proporções, bem como aquilo pelo que se conhecem as construções bem feitas e bem concebidas. Depois, falando sobre a escultura, direi como as estátuas são trabalhadas e quais as formas e proporções que delas se esperam; também direi quais são as boas esculturas, com todos os preceitos mais secretos e necessários. Por fim, ao falar da pintura, tratarei do desenho, dos modos de colorir, da maneira de fazer as coisas com perfeição, da qualidade dessas pinturas e de tudo o que dela dependa, além dos mosaicos de todos os tipos, do nigelo, dos esmaltes, da damasquinagem e, por último, das gravuras pintadas. E assim fico convencido de que este meu trabalho agradará àqueles que não praticam tais coisas, servindo de deleite e proveito àqueles que as têm como profissão. Porque, além de reverem os modos de trabalhar na introdução, ficarão sabendo, no relato das vidas desses artistas, onde estão suas obras e conhecerão facilmente a perfeição ou a imperfeição delas, distinguindo as várias maneiras artísticas e podendo perceber também como merecem louvor e honras aqueles que às virtudes de tão nobres artes aliam costumes honestos e sabedoria de vida; e, animados com tais louvores obtidos pelos que assim são feitos, também eles se alçarão à verdadeira glória. E não serão poucos os frutos colhidos com a história, verdadeiro guia e mestre das nossas ações, por quem ler a grande diversidade de infinitos casos ocorridos com tais artistas, algumas vezes por culpa deles e outras por culpa da fortuna. Falta-me pedir desculpas por às vezes ter usado algumas palavras não perfeitamente toscanas, assunto do qual não quero falar, pois sempre me ative mais a usar termos e vocábulos específicos e peculiares das nossas artes do que as palavras airosas e elegantes da delicadeza dos escritores. Que me seja permitido, portanto, usar na própria língua as palavras próprias de nossos artistas, e que cada um se satisfaça com minha boa vontade, que se empenhou na produção deste resultado não para ensinar os outros, pois nem para mim sei, mas por desejo de conservar pelo menos esta memória dos artistas mais celebrados, pois em tantas décadas não consegui ainda ver quem tenha deles grande recordação. Assim, delineando seus egrégios feitos neste tosco trabalho, preferi mostrar-me de algum modo reconhecido pelo que devo às suas obras que me serviram de ensinamento no aprendizado daquilo que sei, a viver espertamente no ócio, censurando as obras alheias, acusando-as e repreendendo-as como tantas vezes costumam fazer os nossos. Mas já está na hora de ir ao assunto.

FIM DO PROÊMIO

[Da arquitetura]

Capítulo I

Das diferentes pedras que servem aos arquitetos para os ornamentos, e para as estátuas na escultura.

Não me cabe dizer como é grande a utilidade da arquitetura, visto terem sido muitos os escritores que trataram desse assunto com diligência e demora. Por isso, deixando de lado cal, areia, madeira, ferros e modo de fazer fundações, bem como tudo aquilo que se usa na construção, águas, regiões e locais já amplamente descritos por Vitrúvio[11] e pelo nosso Leon Batista Alberti[12], tratarei apenas, para atender a nossos artistas e a qualquer um que procure conhecimento, do modo como devem ser feitas todas as construções, quais devem ser suas proporções e dimensões, para se obter a graciosa beleza que se deseja; reunirei brevemente tudo aquilo que me parecer necessário a esse propósito. E, para mostrar com mais clareza a enorme dificuldade de se trabalhar com pedras, que são duríssimas e fortes, distinguiremos, também brevemente, cada tipo de pedra que é manejada por nossos artistas, falando primeiramente do pórfiro[13]. Trata-se de uma pedra vermelha que contém minúsculos pingos brancos, trazida à Itália do Egito na Antiguidade; por isso se costuma acreditar que, ao ser extraída, é mais macia do que depois de algum tempo fora, exposta à chuva, ao granizo e ao sol; pois todas estas coisas a tornam mais dura e mais difícil de trabalhar[14]. Com ela, são infinitos os trabalhos, que ora podem ser feitos com escopros, ora com serra, ora com rodas e esmeris, que as consomem aos poucos; em diversos lugares veem-se coisas trabalhadas de diversas maneiras, ou seja, quadradas, redondas, além de outras peças aplainadas, para a feitura de pisos, bem como estátuas para edifícios e enorme número de colunas pequenas e grandes, fontes com cabeças de várias feições talhadas com enorme diligência. Também se veem sepulturas com figuras de baixo-relevo e médio-relevo,

---

[11] O *De Architectura* de Vitrúvio foi reimpresso várias vezes entre o fim do século XV e o começo do XVI. A *editio princeps* foi publicada em Roma em 1486, com organização de Giovanni Sulpicio da Veroli e Pomponio Leto; a edição florentina dos Giunti é de 1513; a tradução italiana de Cesare Cesariano foi publicada em Como em 1521 (cf. L. A. Ciapponi, *Italia medioevale e umanistica*, 1960, pp. 59-99).

[12] O *De re aedificatoria* de Leon Battista Alberti, cuja redação foi terminada em 1450, foi publicado em Florença em 1485, postumamente; a tradução em italiano de Cosimo Bartoli foi publicada em Florença em 1550 por Torrentino.

[13] Trata-se do pórfiro vermelho antigo, um porfirito egípcio (*Lapis porphyrites*).

[14] Esse fenômeno já era notado por Alberti (*De re aedificatoria*, II, VII); ocorre em algumas pedras devido à eliminação da umidade do sol. Mas no Egito, com clima seco, o fenômeno devia ser pouco relevante (B. B. Brown, *Vasari on Technique*, Londres, 1907, Nova York, 1960: é a obra na qual se baseiam as notas desta parte técnica da Introdução).

realizadas com muito trabalho, como no Templo de Baco, fora de Roma, em Santa Agnesa, a sepultura que dizem ser de Santa Constância, filha do imperador Constantino[15], que em seu interior apresenta muitas crianças com pâmpanos e uvas, demonstrando a dificuldade enfrentada por quem trabalhou a dureza daquela pedra. O mesmo se vê numa fonte batismal em Santo Ianni Laterano, próximo à Porta Santa[16], ornado com cenas; em seu interior, havia grande número de figuras. Veja-se também na praça de la Ritonda um belíssimo ataúde feito para a sepultura[17], que é lavrado com grande perícia e trabalho, tendo formas muitíssimo graciosas e belas, distinguindo-se muito dos outros. Em casa de Egidio e Fabio Sasso costumava haver uma figura sentada que media cerca de três braços e meio[18], que chegou até nossos dias com o restante das estátuas da casa Farnese[19]. Também no pátio da casa La Valle, acima de uma janela há uma linda loba e, no jardim, os dois prisioneiros amarrados[20], também de pórfiro, que têm quatro braços de altura cada um, lavrados pelos antigos com grande tino, arte e técnica, sendo hoje extraordinariamente louvados por todas as pessoas insignes, por se saber da dificuldade enfrentada para fazê-los, devido à dureza da pedra. Em nossos dias pedras desse tipo nunca foram trabalhadas desse modo com perfeição, visto que nossos artistas perderam a maneira de temperar as ferramentas e os outros instrumentos para lavrá-la. Verdade é que existe a possibilidade de serrar rochas com esmeril e assim fazer colunas e muitas peças, que podem ser alojadas em divisões por planos e assim fazer vários outros ornamentos para construções, sendo ela consumida aos poucos com uma serra de cobre sem dentes puxada de um lado para o outro pelos braços de dois homens; dessa forma, com o esmeril pulverizado e com água que a mantenha continuamente mole, é possível cortá-la. Mas, para com ela fazer colunas ou mesas, trabalha-se da seguinte maneira: para tal fim fazem-se alguns martelos pesados e grandes com pontas de aço bem temperado com sangue de bode e trabalhados à guisa de pontas de diamante, com os quais se bate miudamente no pórfiro, despontando-o aos poucos na medida do possível, para reduzi-lo, por fim, à forma redonda ou plana, conforme agradar ao artista, o que se faz com trabalho e tempo nada desprezíveis, mas não à forma de estátua, pois para isso não temos técnica[21]; e, dando-lhe polimento com esmeril e couro, obtém-se lustro, polimento e acabamento.

---

[15] O sarcófago que continha as cinzas de Constância (*c.* 318-354), filha mais velha de Constantino, foi transportado em 1788 da igreja de Santa Costanza para os Museus Vaticanos por Pio V, igreja que foi erroneamente identificada como "Templo de Baco", devido aos mosaicos que representam uma vindima alegórica.

[16] Do chamado mausoléu "Tor Pignattara" foi transferido para a igreja de San Giovanni in Laterano por Anastácio IV (papa em 1153-54) e de lá para o Vaticano por Pio VI; forma par com o anterior na Sala da Cruz Grega dos Museus Vaticanos. Segundo consta, contivera as cinzas de Helena, mãe do imperador Constantino (morto em *c.* 336).

[17] Trata-se na realidade de uma banheira termal. Foi encontrada durante os trabalhos de pavimentação realizados na praça do Panteão (1431-39), encomendados pelo papa Eugênio IV. Foi transportada por Clemente XII para a capela Corsini em San Giovanni in Laterano.

[18] Na Itália, aproximadamente 60 centímetros.

[19] Os irmãos Decidius (verdadeiro nome de Egidio) e Fabio Sassi (o Palácio Sassi fica na via del Governo Vecchio, antiga via di Parione, n. 48) venderam sua coleção de antiguidades ao duque Ottavio Farnese em 1546. A estátua, um *Apolo*, passou para as coleções farnesianas do Museu Nacional de Nápoles, n.º 6281.

[20] A coleção Della Valle foi vendida em 1584 ao cardeal Ferdinando de' Medici, que a levou para a Villa Medici de Roma. Os *Dois prisioneiros amarrados* foram transferidos para Florença em 1790 e hoje se encontram no jardim de Boboli.

[21] Depois foi adotada uma técnica nova usada por Francesco del Tadda, que possibilitava lavrar também figuras. Vasari (ed. 1568, vol. I, p. 12) atribui sua invenção a ninguém menos do que Cosimo I.

Depois do pórfiro veio o mármore serpentino, pedra de cor verde um tanto escura, em cujo interior há algumas pequenas cruzes amarelas e compridas, que se espalham por toda a pedra; dela também se valem os artistas para fazer colunas e placas para pisos; mas nunca se viram figuras lavradas com ela, e sim um número infinito de bases para colunas e pés de mesas, além de outros trabalhos mais grosseiros. Porque esse tipo de pedra se despedaça, apesar de ser mais dura que o pórfiro e de, ao ser trabalhada, se mostrar mais macia e menos árdua que aquele; é extraída no Egito e na Grécia, e os blocos extraídos não são muito grandes.

Mais macia que esta é o *cipollaccio*[22], pedra que se extrai em diversos lugares; suas cores são o verde vivo e o amarelado, e seu interior apresenta algumas manchas pretas, quadradas, pequenas e grandes, bem como brancas e um tanto grandes; desse tipo de pedra encontram-se em vários lugares colunas altas e finas, além de portas e outros ornamentos, mas não figuras. Ganha polimento tal como o pórfiro e o mármore serpentino, podendo ser serrada como os outros tipos de pedra acima descritos; em Roma é encontrado um número infinito de pedaços enterrados nas ruínas, que diariamente vêm à luz, de tal modo que das coisas antigas foram feitas obras modernas, portas e outros tipos de ornamentos que, onde quer que sejam postos, servem de adorno de grande beleza.

Há uma outra pedra chamada *mischio*[23], devido à mistura de diferentes pedras que se congelaram juntas e se uniram com o tempo e com a crueza da água. Esse tipo de pedra se encontra em abundância em diversos lugares, como nos montes de Verona, nos de Carrara e nos de Prato na Toscana, bem como na Grécia e no Egito[24], que são muito mais duras que as nossas, italianas; e essa pedra é encontrada em tantas cores quantas a natureza, sua mãe, se deleitou e ainda se deleita em aperfeiçoar. Dessa pedra veem-se em Roma obras antigas e modernas, tais como colunas, vasos, fontes, ornamentos de portas, diversas incrustações para edifícios e muitas peças de pavimento. Veem-se diversos tipos de várias cores, tirantes ao amarelo e ao vermelho, alguns ao branco e ao preto, outros, ao cinzento e ao branco manchado de vermelho e com veios de várias cores; também se conhecem alguns vermelhos, verdes, pretos e brancos que são orientais, espécie mais dura, de cores mais bonitas e mais fina, como testemunham hoje duas colunas de doze braços de altura na entrada de São Pedro de Roma[25], que sustentam as primeiras naves, uma de um lado e outra de outro. A pedra desse tipo que se encontra nos montes de Verona é muito mais macia que a oriental; desse local se extrai um tipo de cor vermelho-amarelada; todas são bem trabalhadas em nossos dias com têmpera e ferramentas, tal como as nossas pedras, fazendo-se com elas janelas, colunas, fontes, pisos e ombreiras para portas e cornijas, conforme testemunham a Lombardia e toda a Itália.

Encontra-se outro tipo de pedra duríssima, muito mais áspera e manchada de preto e branco, às vezes de vermelho, com a fibra e o grão daquela, comumente chamada de granito[26]. Dela se encontram no Egito blocos enormes, sendo possível fazer com ela

---

[22] Não está clara a diferença em relação aos mármores cipolinos de que Vasari fala na p. 18.

[23] Corresponderia, *grosso modo*, à brecha.

[24] A brecha egípcia, às vezes chamada de "brecha verde", é encontrada em Hamamat, a leste de Luxor.

[25] Vasari refere-se à velha Basílica de São Pedro, que ainda não tinha sido completamente destruída.

[26] "Granito vermelho" de Assuan (*Lapis synites*).

monumentos de uma altura incrível, como hoje se veem em Roma em obeliscos, agulhas, pirâmides, colunas e aqueles enormes vasos de banho que temos em San Pietro in Vincola, San Salvatore del Lauro e São Marcos[27], bem como nas colunas quase infinitas que, devido à dureza e à solidez, nunca temeram fogo nem ferro; e o próprio tempo, que tudo derrui, não só não as destruiu, como também não lhes mudou a cor. E por essa razão os egípcios a utilizam para seus mortos, escrevendo em tais agulhas com caracteres estranhos a vida dos nobres, para guardar a memória de sua nobreza e virtude.

Do Egito também vinha outro tipo cinzento, e entre eles uns pretos esverdeados e os brancos manchados; era muito duro, certamente, mas não tanto que os nossos marmoristas da construção de São Pedro não tenham conseguido trabalhar restos encontrados e, com as têmperas das ferramentas que existem atualmente, reduziram as colunas e outras coisas à finura que quiseram, dando à pedra belíssimo polimento, semelhante ao pórfiro. Esse granito cinzento está presente em muitos lugares da Itália, mas os maiores blocos estão na ilha de Elba, onde os romanos mantiveram continuamente muitos homens escavando uma quantidade infinita dessa pedra[28]. Parte das colunas do pórtico da Ritonda[29] é feita com esse tipo de pedra, colunas muito bonitas e de tamanho extraordinário; na pedreira, quando cortada, essa pedra é bem mais macia do que depois de extraída, sendo trabalhada com mais facilidade. A verdade é que, em sua maior parte, ela precisa ser trabalhada com martelinhos que tenham ponta como os usados no pórfiro, e, nos gradins, deve haver dentes cortantes do outro lado.

Ainda é extraída do Egito e de alguns lugares da Grécia certo tipo de pedra preta chamada de toque[30], que tem esse nome porque quem quiser avaliar o ouro o esfrega com essa pedra e fica conhecendo a cor; assim, devido à comparação que é feita, ela tem esse nome*[31]; apresenta-se em vários tipos de grão e cor, além do preto profundo, que não é delicado em grão ou finura, com o qual os antigos fizeram algumas daquelas esfinges e outros animais, em Roma e em diversos lugares; com um bloco maior foi feita uma figura em Parione de um hermafrodita, acompanhada por outra belíssima estátua de pórfiro[32]. Trata-se de uma pedra dura para talhar, mas de uma beleza extraordinária e capaz de adquirir admirável lustro[33]. Esse mesmo tipo de pedra é encontrado ainda na Toscana nos montes de Prato, a dez milhas de Florença[34], bem como nos montes de Carrara, de cujo material são feitos muitos caixões presentes nas sepulturas modernas; nas incrustações exteriores do templo de Santa Maria del Fiore em Florença

---

[27] Na praça São Marcos, o papa Paulo II colocou um tanque de pórfiro proveniente das Termas de Agripa. A esta foi depois unida uma outra pelo cardeal Ottavio Farnese, que as utilizou para as duas fontes que hoje estão na praça Farnese.

[28] As jazidas abertas pelos romanos na ilha de Elba ainda estavam em atividade no Renascimento. Depois foram abandonadas.

[29] O pórtico do Panteão tem 16 colunas: 7 de granito cinzento, e o restante de granito vermelho; mas não se tem certeza se provêm da ilha de Elba.

[30] Vasari descreve pelo menos cinco pedras com esse nome.

* Em italiano, o nome é *paragone*, que significa comparação. [N. da T.]

[31] A verdadeira "pedra de toque" é a basanita, bastante dura e de grão finíssimo. Os joalheiros a usam para verificar, pela cor do risco deixada sobre a pedra, a dureza e a composição do ouro.

[32] O hermafrodita é *Apolo*, de basalto, que está no Museu Nacional de Nápoles.

[33] É o basalto ou diorito.

[34] É o "granito de Prato", de cor verde.

e em todo o edifício se encontra uma espécie de mármore preto e mármore vermelho[35]; todos são trabalhados do mesmo modo.

Na Grécia e em todas as regiões do Oriente, extraem-se alguns tipos de mármore que são brancos, amarelados e muito translúcidos; eram adotados pelos antigos em termas e nos banhos a vapor, bem como em todos os locais onde o vento pudesse prejudicar os moradores. Assim, hoje são vistos em algumas janelas da tribuna de San Miniato a Monte, dos monges de Monte Oliveto às portas de Florença, deixando passar a luz, mas não o vento[36]. E com essa invenção protegiam do frio e iluminavam suas casas. Dessas mesmas pedreiras extraíam outros mármores sem veios, mas de cor idêntica, com os quais faziam nobres estátuas. Esses mármores com fibra e grão eram finíssimos, servindo também a todos aqueles que talhavam capitéis, ornamentos e outras coisas de mármore para a arquitetura. E eram encontrados em grandes blocos, como se vê nos gigantes de Monte Cavallo de Roma[37], no Nilo di Belvedere[38] e em todas as estátuas mais dignas e celebradas. E percebe-se que são gregas não só pelo mármore, mas também pelo estilo das cabeças, pelo arranjo do cabelo e pelos narizes das figuras, que, a partir da união das sobrancelhas, são um tanto quadrados até as narinas. Essa pedra é trabalhada com ferramentas comuns e com brocas; é lustrada com pedra-pomes e trípole, couro e punhados de palha.

Nas montanhas de Carrara, em Carfagnana[39], próximo aos montes de Luni, há muitas espécies de mármores, como mármores pretos[40], alguns puxando ao cinzento[41], outros mesclados de vermelho[42] e alguns com veios cinzentos[43] como crosta sobre os mármores brancos; como não são beneficiados, ou melhor, agredidos pelo tempo, pela água e pela terra, adquirem tal cor. Também são extraídas outras espécies de mármores, chamados *cipollino* [cipolino], *saligno* [salino], *campanino* [que soa como campainha] e *mischiato* [mesclado], bem como um tipo de mármore branquíssimo e lácteo que é maleável e perfeito para fazer figuras. Deste foram extraídos blocos enormes; ainda em nossos dias são extraídas peças de nove braços de comprimento para fazer estátuas gigantescas: de uma mesma pedra foram feitas duas delas, além de colunas da mesma altura para a fachada de San Lorenzo, das quais uma foi trazida a Florença. Essas jazidas foram exploradas por todos os antigos; e outros mármores que estes não usaram para construir foram empregados por aqueles mestres tão insignes na feitura de estátuas; estes, praticando continuamente, enquanto suas pedras iam sendo extraídas, faziam nos próprios blocos das jazidas esboços de figuras; ainda hoje veem-se vestígios de muitas naquele lugar. Desse modo os modernos talham ainda hoje suas estátuas, e

---

[35] O mármore preto provavelmente é um "verde de Prato", verdadeiro serpentino. O mármore vermelho era extraído em Monsummano, e se trata mais de um calcário, vermelho no momento da extração, mas que se tornou rosado nos edifícios florentinos (Catedral, Campanário etc.).

[36] As cinco janelas orientais da igreja de San Miniato al Monte são fechadas com placas de mármore pavonáceo; mas todos os mármores podem ser transparentes quando cortados em placas finas.

[37] Os dois *Dióscuros* da praça Quirinale em Roma, da época de Constantino, são de mármore grego.

[38] O *Nilo*, hoje no Braccio Nuovo dos Museus Vaticanos, é uma réplica de mármore pentélico, feita a partir de um original helenístico; em 1815 foi trazido de volta da França, transportado por Napoleão juntamente com o *Tibre* (que ficou no Louvre).

[39] Garfagnana é a parte superior do vale do Serchio, entre os Apeninos e os Alpes.

[40] Também lembrados por Cellini (*Della Scultura*, IV).

[41] Vulpinita.

[42] Brecha.

[43] Vulpinita florida.

não só para trabalhos da Itália, pois muitos são enviados à França, à Inglaterra, à Espanha e a Portugal; como se vê ainda hoje pela sepultura construída em Nápoles por Giovanni da Nola[44], excelente escultor, para Dom Pedro de Toledo, vice-rei daquele reino; todos os seus mármores foram doados e levados a Nápoles pelo ilustríssimo e excelentíssimo Senhor Cosimo de Medici, Duque de Florença[45], obra que deve ser levada para a Espanha. Esse tipo de mármore apresenta-se em blocos maiores, mais pastosos e macios; seu polimento é belíssimo, mais que de outros tipos de mármore. Verdade é que às vezes neles se encontram veios que exigem o uso de esmeril e costumam danificar as ferramentas. Esses mármores começam a ser trabalhados com uma espécie de ferramenta chamada *subbia**, que tem a ponta em forma de pá com faces mais grossas ou finas; depois, o trabalho continua com escopros chamados *calcagnuoli**, que no meio do gume têm um chanfro: estão sendo usadas ferramentas cada vez mais finas, com mais chanfros, e os chanfros são feitos quando afiados com outro escopro. E esse tipo de ferramenta se chama gradim, com a qual se vai aplanando e afinando as figuras; depois, com limas de ferro retas e curvas, vão sendo retiradas as irregularidades que ficaram no mármore: e assim, com a pedra-pomes, esfregando devagar, obtém-se o aspecto desejado; e, para que o mármore não se danifique, todos os entalhes são feitos com brocas menores ou maiores, que pesem doze libras cada uma e às vezes vinte, pois destas se encontra maior variedade, para fazer entalhes maiores e menores; estas servem para acabar e aperfeiçoar todo tipo de trabalho. Com mármores brancos venados de cinzento[46] os escultores e os arquitetos fazem ornamentos para portas e colunas de diferentes casas; usam-nos para pisos e para embutiduras em suas construções, empregando-os em diferentes espécies de coisas; de modo semelhante trabalham com todos os mármores mesclados.

Os mármores cipolinos são de outra espécie[47], com grão e cor diferentes; também são encontrados em outros lugares, afora Carrara; estes, na maioria das vezes, propendem ao esverdeado e têm muitos veios; servem para diversas coisas, mas não para figuras. Os que os escultores chamam de salinos (*saligni*), provenientes de congelamento de pedra por terem aqueles brilhos que se veem no sal, são um tanto translúcidos, e é muito trabalhoso fazer figuras com eles; isto porque têm grão de pedra áspera e grossa e no tempo úmido vertem água continuamente ou ressumam. Os chamados *campanini* são mármores que ressoam enquanto são trabalhados, com certo som mais agudo que os outros; estes são duros e se despedaçam mais facilmente do que os outros tipos acima; são extraídos em Pietrasanta.

Extrai-se outro tipo de pedra chamado travertino[48], muito útil para edificações e entalhes de diferentes tipos; na Itália, pode ser extraído em vários lugares, como em Lucca, Pisa e Siena, em diferentes locais, mas os maiores blocos e as melhores pedras, ou seja,

---

[44] Giovanni da Nola, ou seja, Giovanni Marigliano, que nasceu em Nola depois de 1480 e morreu em Nápoles em 1558. Era o maior escultor ativo em Nápoles na primeira metade do século XVI.

[45] Cf. Vida de Alfonso Lombardi nas pp. 594-7. O túmulo está em San Giacomo em Nápoles; não foi transportado para a Espanha devido à morte do vice-rei dom Pedro, marquês de Villafranca.

* Ponteiro. [N. da T.]

* Espécie de formão dentado. [N. da T.]

[46] Provavelmente Vasari se refere ao mármore "siciliano".

[47] Segundo os geólogos, o cipolino é um calcário cristalino que contém clorito com estrutura xistosa e zonas de cores variadas.

[48] É um calcário quaternário de origem vulcânica, cuja formação continua ocorrendo em alguns lugares. Há uma série de afloramentos entre o vale do Aniene e o do Tibre, desde as cercanias de Tivoli até as de Fiano Romano. (cf. F. Rodolico, *Le pietre delle città d'Italia*, Florença, 1953, pp. 370 ss.; Florença, 1964[2].)

as mais delicadas, são extraídas às margens do rio Teverone[49] em Tivoli, que constitui toda espécie de congelamento de águas e terra, que com sua dureza e frialdade congela e petrifica não só a terra, mas troncos, ramos e frondes de árvores. E, como a água que dentro dela fica não pode secar, pois permanecem sob a água, seus poros ficam escavados, e assim a pedra parece espumosa e argilosa tanto por dentro quanto por fora. Com esse tipo de pedra os antigos fizeram as mais admiráveis construções e edifícios, como se vê no Coliseu, no Erário de São Cosme e Damião e em muitos outros edifícios; nas fundações de suas construções eram usadas em número infinito; e não tiveram os antigos muito interesse em dar-lhes acabamento, mas as usaram de forma rústica. E talvez o tenham feito porque elas ostentam certa grandeza e soberba. Mas nos nossos dias há quem as lavre de modo muito sutil, como se vê naquela igreja redonda, começada, mas não acabada, exceto em todo o embasamento, que fica na praça de San Luigi dei Francesi em Roma; tal igreja foi planejada por um francês chamado Gian[50], que estudou a arte do entalhe em Roma e se tornou tão excelente, que deu início àquela obra, que pode ser comparada com tudo o que de excelente se viu em entalhes com tal pedra, nos tempos antigos e modernos, por ter vazado esferas de astrólogos e algumas salamandras no fogo, divisas reais e, em outras, livros abertos com folhas diligentemente lavradas, troféus e máscaras, que servem de testemunho da excelência e qualidade com que se pode lavrar essa pedra semelhante ao mármore, ainda que rústica; e traz ela em si certa graça para todas as coisas, pois sua porosidade uniforme é muito bonita de se ver. Esse tipo de pedra é muito bom para construções porque, depois de esquadrada e emoldurada, pode ser coberta de estuque entalhado da maneira que se quiser, tal como fizeram os antigos nas entradas públicas do Coliseu[51] e em muitos outros lugares e como em nossos dias fez Antonio da San Gallo na sala do palácio do papa diante da capela[52], na qual o travertino foi revestido de estuque, com vários entalhes de excelente qualidade.

Há outro tipo de pedra tendente ao preto que os arquitetos usam apenas para cobrir tetos. São lajes finas, produzidas em camadas pelo tempo e pela natureza para uso dos homens; com elas também se fazem reservatórios, nos quais as pedras são encaixadas de tal modo que se imbricam umas nas outras; esses reservatórios são usados para azeite, que é conservado com grande segurança. Surgem no litoral de Gênova[53], e os pintores as utilizam para nelas trabalhar pinturas a óleo, porque assim estas se conservam por muito

---

[49] O Teverone é o Aniene. Perto de Bagni di Tivoli existem grandes jazidas de travertino que os romanos exploraram desde os tempos da República.

[50] Provavelmente Jean de Chenevières de Rouen, que trabalhou em Roma, onde morreu em 1521. A pedra fundamental da "igreja redonda" foi lançada em 1518 durante o reinado de Francisco I, cujo emblema, a salamandra, juntamente com o de Leão X (cabeça de leão), se encontra nos relevos que restaram. A igrejinha tinha um diâmetro de 5,70 metros. Na atual fachada da igreja San Luigi dei Francesi e no muro do antigo Palácio Madama foram inseridas duas salamandras em cornijas redondas, duas águias com cabeças femininas, cabeças de leão e um baixo-relevo fragmentário das Artes do Quadrívio com flores-de-lis (cf. L. Réau, *Les Sculpteurs français en Italie*, Paris, 1945, pp. 16-8). O atual acrotério terminal da fachada de San Luigi dei Francesi também pertencia à construção da igrejinha, provavelmente com função análoga (cf. C. Ricci, *Rivista dell'Istituto Nazionale d'Archeologia e Storia dell'Arte*, 1952).

[51] Sobram vestígios na entrada do lado do Esquilino.

[52] O vestíbulo da capela Sistina, chamado "Sala Régia". A decoração em estuque, iniciada por Antonio da Sangallo (1483-1546), foi terminada por Perin del Vaga (1501-47) e por Daniele da Volterra (1509--66). V. também Vida de Antonio da Sangallo na p. 671.

[53] "Num lugar chamado Lavagna", explica Vasari em 1568; situa-se na costa, a meio caminho entre Gênova e La Spezia. A *lavagna* (ardósia) já era conhecida pelos romanos, que deram aos habitantes do local o nome de Tiguli; trata-se de uma variedade local dos calcários eocênicos e fucoides.

mais tempo que nas outras coisas, conforme se exporá oportunamente nos capítulos referentes à pintura. Ocorre o mesmo com a pedra chamada *piperno*[54], pedra negrusca e porosa como o travertino, que é extraída na região rural de Roma; com ela se fazem ombreiras de janelas e portas em diversos lugares, como Nápoles[55] e Roma; serve também aos pintores que nela trabalham com óleo, conforme se descreverá oportunamente.

Extrai-se na Ístria uma pedra branco-acinzentada[56], que se quebra com muita facilidade; mais que qualquer outra, é ela usada não só na cidade de Veneza, como em toda a Romagna, para todos os trabalhos, seja de cantaria, seja de entalhe. São trabalhadas com instrumentos e ferramentas mais longos que os outros, sobretudo com escoda, seguindo-se o sentido da pedra, por ser ela tão quebradiça. Com esse tipo de pedra trabalhou abundantemente Messer Iacopo Sansovino, que em Veneza fez com ela o edifício dórico da Panatteria[57] e o toscano da Casa da Moeda, na praça São Marcos[58]. E assim se fazem todos os trabalhos naquela cidade: portas, janelas, capelas e outros ornamentos que se tenha vontade de fazer, apesar de ser fácil carregar a brecha e outros tipos de pedra de Verona pelo rio Adige, com as quais poucos trabalhos se veem, por ser mais usada esta de que falamos. Nela, muitas vezes são encaixados pórfiros, serpentinos e outros tipos de brecha, que, em sua companhia, criam belíssima ornamentação.

Resta falar da pedra chamada *serena*, da cinzenta chamada *macigno*[59] e da pedra forte que muito se usa na Itália, onde há vários montes, máxime na Toscana, a maioria em Florença e nos seus domínios. A chamada pedra *serena*[60] é do tipo que puxa para o azulado ou para o tom acinzentado; em Arezzo encontram-se várias de suas jazidas, como em Cortona, Volterra e em todos os Apeninos; é belíssima a dos montes de Fiesole, de onde se extraem blocos enormes, como os que vemos em todos os edifícios que em Florença foram feitos por Filippo di Ser Brunellesco, que a utilizou nas igrejas de San Lorenzo e do Santo Spirito, além de outros infinitos edifícios que há naquela cidade. Esse tipo de pedra é de belíssima aparência, mas quando exposta à umidade, à chuva ou ao granizo, deteriora-se e descama-se; resguardada, porém, dura infinitamente.

Muito mais durável e resistente do que ela, dotada de cor muito mais bonita, é um tipo de pedra azulada que hoje se chama pedra do Fossato[61]; na extração, o primeiro estrato é saibroso e grosseiro; o segundo traz nós e fissuras; o terceiro é admirável, por ser mais fino. Essa pedra foi utilizada por Michele Agnolo na biblioteca e na sacristia

---

[54] O peperino romano é um tufo litoide de origem vulcânica formado pela união de cinzas e fragmentos vários. Foi amplamente usado na antiga Roma antes da introdução do travertino (cf. Rodolico, *Le pietre*, cit., pp. 367 ss.). Cf. notas 48 e 49 nas pp. 18 e 19, respectivamente.

[55] O piperno napolitano não tem relação com o peperino romano (cf. F. Rodolico, em "Studi Vasariani", 1952, p. 130).

[56] A pedra da Ístria é um calcário de grão fino e coloração cinzento-amarelada que pode ser lustrada; é extraída em grandes blocos. Existem jazidas em vários trechos da costa entre Merlera e a ilha de Lesina. Foi muito usada nas construções de Veneza e do Nordeste da Itália.

[57] A famosa Libreria di San Marco, assim chamada porque até 1537 o lugar foi ocupado pela magistratura e depósito de trigo. Foi executada entre 1537 e 1554 por Jacopo Sansovino (1476-1570) e terminada em 1583-88 por Vincenzo Scamozzi (1552-1616). Quando Vasari foi a Veneza em 1542, deve ter visto apenas o primeiro andar, em ordem dórica (o segundo é em ordem jônica).

[58] Construída entre 1537 e 1545.

[59] Trata-se de um arenito terciário de coloração cinzento-esverdeada.

[60] Trata-se de finíssimo arenito de sedimentação, cujas jazidas são abundantes nas vertentes meridionais do monte Ceceri, a nordeste de Florença.

[61] Trata-se de uma variedade de pedra serena com elementos clásticos excepcionalmente pequenos e homogêneos, com cimento argiloso levemente calcário, que era extraída no vale do Mensola: os documentos falam de Fossato della Mensola (Rodolico).

da igreja de San Lorenzo, para o papa Clemente; tem grão delicado, e com ela é possível fazer cornijas, colunas e quaisquer trabalhos com tanta diligência, que a prata não daria resultados tão belos. Adquire belíssimo polimento e, em seu gênero, não se pode desejar coisa melhor.

Além dessa, há outra espécie da chamada pedra *serena* em todo o monte; essa é mais áspera e dura, não é tão colorida e contém uma espécie de nó da pedra; é resistente à água, ao granizo, e com ela se fazem figuras e outros ornamentos entalhados. Dessa pedra é feita a Abundância [Dovizia], de Donatello, sobre a coluna do Mercato Vecchio de Florença[62], bem como muitas outras estátuas feitas por pessoas excelentes não só naquela cidade, como em todos os seus domínios.

Em diversos lugares é extraída a *pietraforte**[63], que resiste à chuva, ao sol, ao granizo e a todas as intempéries; seu lavor requer tempo, mas é muito bem realizado; não se encontra em blocos muito grandes. Com ela foram feitos pelos godos[64] e pelos modernos os mais belos edifícios que existem na Toscana. Tem cor um tanto amarelada, com alguns veios brancos finíssimos, que lhe dão muita graça; com ela também se fizeram algumas estátuas, em locais onde haja fontes, pois resistem à água. E com esse tipo de pedra são feitos os muros do palácio dos Senhores, a *Loggia*, Or San Michele e o interior de todo o corpo de Santa Maria del Fiore, bem como todas as pontes daquela cidade, o palácio dos Pitti e o dos Strozzi. Deve ser trabalhada com escoda, por ser mais compacta; e também as outras pedras acima precisam ser trabalhadas da mesma maneira com que se trabalha o mármore e os outros tipos de pedra. Contudo, mesmo com boas pedras e boas têmperas de ferramentas, é preciso arte, inteligência e tino naqueles que as trabalham; porque é enorme a diferença entre os artistas que, com o mesmo material nas mãos, dão graça e beleza às obras que executam. E é isso o que faz distinguir e reconhecer a perfeição daqueles que sabem trabalhar e daqueles que não sabem. Visto, portanto, que toda a qualidade e beleza das coisas extremamente louvadas está nos extremos da perfeição que a elas é conferida, o que assim é considerado por aqueles que entendem, é preciso empenhar-se com todo esmero para sempre fazê--las perfeitas e belas, aliás, belíssimas e perfeitíssimas.

Capítulo II

O que é o trabalho de cantaria simples e o trabalho de cantaria entalhada.

Depois de falarmos genericamente de todas as pedras, que para ornamento ou escultura servem a nossos artistas em seus trabalhos, diremos agora que, nos trabalhos de

---

[62] A coluna de granito foi erigida em 1431, e a estátua de Donatello ficou ali até 1721, quando caiu e se despedaçou; foi substituída no ano seguinte por uma de G. B. Foggini (1652-1725), que depois foi transportada para o museu de San Marco, quando a praça do Mercato Vecchio foi ampliada para praça Vittorio Emanuele (1890), atualmente piazza della Repubblica.

* Literalmente, pedra forte. [N. da T.]

[63] Trata-se de um calcário arenáceo extraído das colinas situadas à esquerda do Arno (Boboli, Bellosguardo) e sobretudo no vale do Ema, no monte Ripaldi, monte Cuccioli etc., que não deve ser confundida com o arenito das colinas de Fiesole, ou seja, com o "macigno" e suas variedades, "*pietra serena*", "*pietra bigia*" etc. (cf. Rodolico, "Studi Vasariani", cit., e *Le pietre*, cit., p. 236.).

[64] Quando Vasari fala de godos e alemães, pretende referir-se ao que em linguagem artística é chamado de "gótico".

construção, tudo aquilo em que se empreguem esquadros e compassos e tenha cantos se chama trabalho de cantaria. Esse nome deriva das faces e dos cantos quadrados, porque todos os tipos de cornija ou qualquer coisa que seja reta ou ressaltada e tenha arestas é obra que tem o nome de cantaria, e popularmente se diz entre os artistas que é trabalho de cantaria. Mas, quando a pedra não é aplanada, mas entalhada em cornijas, frisos, folhagens, óvalos, fusos, dentelos, cavetos e outros tipos de entalhes, nas partes que forem escolhidas para tal por quem as trabalha, diz-se que a obra se chama de cantaria entalhada ou verdadeiro trabalho de entalhe. Com esse trabalho de cantaria e entalhe fazem-se todos os tipos de ordem: rústica, dórica, jônica, coríntia e compósita, e assim foram feitas as obras alemãs no tempo dos godos; e não se faz nenhuma espécie de ornamento sem antes trabalhar com cantaria e depois com entalhe, tanto com brechas e mármores como com qualquer tipo de pedra, bem como tijolos, usados como base para o estuque entalhado; o mesmo se pode dizer da nogueira e de qualquer outro tipo de madeira. Mas, visto que muitos não conhecem as diferenças existentes entre as ordens, trataremos no próximo capítulo de cada maneira ou estilo com a maior brevidade possível.

CAPÍTULO III

*Das cinco ordens de arquitetura: rústica,
dórica, jônica, coríntia, compósita e do trabalho alemão.*

O chamado trabalho rústico[65] é o mais simples e grosseiro de todos, por ser princípio e fundamento de todas as outras ordens; é feito nas modinaturas das cornijas mais simples, seja nos capitéis, na base e em todo o seu membro. Os seus soclos ou pedestais, como queiram chamar, onde assentam as colunas, são quadrados, têm uma modinatura robusta embaixo e outra acima que os circunda em lugar da cornija. A altura de sua coluna é de seis cabeças*, à imitação de anões; são apropriadas a sustentar peso; assim, veem-se na Toscana muitas arcadas polidas e ao modo rústico, com ou sem bossagens e nichos entre as colunas, além de muitos pórticos que costumavam ter os antigos em suas *ville*; e no interior ainda se veem muitas sepulturas desse tipo, como em Tivoli e Pozzuolo. Os antigos empregaram essa ordem para portas, janelas, pontes, aquedutos, erários para guardar tesouros, castelos, torres e fortes para guardar munição

---

[65] Com esse termo Vasari pretende falar da ordem toscana, que é um dórico modificado com coluna sem caneluras e com base e friso sem tríglifos, ou seja, o modo de tratar as paredes à rústica, ou seja, com abossadura.

* Apesar de longa, a nota 2 da p. 65 da obra *Vasari on Technique*, de B. Baldwin Brown, Nova York, Dover, 1960, merece ser transcrita quase integralmente: "[...] O que [Vasari] quer dizer com isso? Evidentemente, ele tinha em mente uma comparação bem conhecida entre as diferentes colunas e as figuras humanas de diferentes proporções, conceito encontrado em Vitrúvio (IV, i, 6 f.) e nos escritores do Renascimento (v. Alberti, *De re aedificatoria*, lib. IX, c. 7), e assim mede por 'cabeças', o que se aplicaria a uma figura, mas não a uma coluna. 'Testa', 'cabeça', não pode, como mostra o contexto, significar a altura do capitel da coluna. Na realidade, significa aqui o menor diâmetro da coluna. É esse diâmetro menor (ou às vezes metade do diâmetro menor) a unidade normal de medida das proporções da coluna. Portanto, a altura da coluna toscana é dada por Vitrúvio, por Paladio e por outros modernos como seis vezes o diâmetro menor. Embora 'cabeça' possa parecer uma palavra estranha para descrever esse tipo de coisa, não há dúvida de que esse é o seu significado. Alberti, em seu estudo das ordens e respectivas proporções, usa o diâmetro menor como medida, mas lhe aplica exatamente o termo 'testa' [...]". [N. da T.]

e artilharia, portos marítimos, prisões e fortalezas, onde se fazem cantos em ponta de diamante com várias faces muito bonitas. Desse tipo de obra há muitas nas mansões dos florentinos, em portões, entradas de casas e palácios onde veraneiam; pois não só aformoseiam e ornam infinitamente aquela região, como também são de grande utilidade e comodidade aos cidadãos. Mas a cidade é dotada muito mais de construções estupendas feitas com bossagens, como a da casa Medici, a fachada do palácio dos Pitti, o dos Strozzi[66] e muitos outros. Nesse tipo de edifício, quanto mais solidez, simplicidade e bom desenho houver por fora, maior a maestria e a beleza que haverá por dentro; e esse tipo de construção só pode ser mais eterno e duradouro que todos os outros, visto que os pedaços de pedras são maiores, e muito melhores seus encaixes, pois toda a construção é interligada com a união de uma pedra à outra. E por serem lisas e terem membros sólidos, não há possibilidade de, por obra do acaso ou do tempo, serem elas tão danificadas quanto o são as outras pedras entalhadas e vazadas ou, como dizem os nossos, feitas de ar pela diligência dos entalhadores.

A ordem dórica foi a mais maciça usada pelos gregos, a mais robusta de espírito e corpo, e muito mais compacta que todas as outras ordens; não só os gregos, mas também os romanos, dedicaram esse tipo de edifício às pessoas que se ocupavam da guerra, como comandantes supremos dos exércitos, cônsules e pretores, mas sobretudo a seus deuses, como Júpiter, Marte, Hércules e outros, sempre com o cuidado de distinguir a construção, de acordo com o gênero, em lisa ou entalhada ou mais simples ou mais rica, de tal modo que os outros pudessem reconhecer o grau e a diferença entre os altos dignitários ou pessoas que encomendavam a construção. Diremos, pois, que esse tipo de trabalho pode ser usado por si só ou então posto na segunda fileira de baixo para cima, sobre o rústico, pondo-se acima dele uma outra ordem, como a jônica, a coríntia ou a compósita, da maneira como fizeram os antigos no Coliseu de Roma, no qual empregaram arte e tino. Porque, visto que os romanos venceram não só os gregos, mas todo o mundo, puseram a ordem compósita em cima, pois os toscanos a compuseram de várias maneiras; puseram-na acima de todas, por ser superior em força e beleza, e, aparecendo mais que as outras, coroava o edifício; e, por ser provida de belos membros, dá à obra um acabamento estimável, não havendo por que desejar outro. E, voltando à ordem dórica, direi que a coluna tem sete *cabeças* de altura e o seu soclo tem de ter um pouco menos de um canto e meio de altura e um de largura*, fazendo-se acima as suas cornijas e abaixo a sua modinatura com toro e dois planos, conforme trata Vitrúvio; a base e o capitel têm a mesma altura, contando-se o capitel do colarinho para cima, a cornija com o friso e a arquitrave anexa, ressaltando-se todos os trechos retos de coluna com aqueles canais ordinariamente chamados tríglifos, separados entre um ressalto e outro em quadrados** dentro dos quais há crânios secos de bois[67], troféus, máscaras, escudos ou outras fantasias. A arquitrave liga esses ressal-

---

[66] Sobre o palácio Medici-Riccardi, cf. a Vida de Michelozzo na p. 267; sobre o palácio Pitti, cf. a Vida de Brunelleschi nas pp. 247-8; sobre o palácio Strozzi, cf. Vida de Benedetto da Maiano, p. 399, e Vida de Cronaca nas pp. 527-9.

* Usamos a palavra canto com o sentido de pedra grande de cantaria, aplicada no canto em esquadria, coerentemente com o que foi dito no início do capítulo II. Brown (op. cit., nota 14, p. 75) diz: "A expressão é um tanto canhestra, mas o significado, evidentemente, é de que a altura do soclo deve ser cinquenta por centro maior que a largura [...]." [N. da T.]

** Métopes ou métapas. [N. da T.]

[67] Os chamados bucrânios.

tos com um listel em relevo e em sua parte inferior há um pequeno plano com a finura do relevo; na sua parte de baixo há seis campânulas para cada um, que eram chamadas gotas pelos antigos. E, se a coluna dórica tiver caneluras, deve haver vinte faces em vez de caneluras, não ficando entre uma canelura e outra mais que um canto vivo. Desse modo é feito em Roma o Fórum Boario[68], obra riquíssima, e, de outro tipo, as cornijas e os outros membros no Teatro de Marcelo[69], onde hoje é a Piazza Montanara, obra na qual não se vê base, e as que se veem são coríntias. A opinião geral é de que os antigos não as faziam, usando em seu lugar um dado do tamanho da base. Disso há exemplo em Roma, no Carcere Tulliano[70], onde há capitéis com maior riqueza de membros do que outros vistos na ordem dórica. Segundo essa ordem Antonio da San Gallo fez em Campo di Fiore[71], Roma, o pátio da casa Farnese, que é muito ornado e bonito; de modo que sempre se veem nesse estilo templos antigos e modernos, bem como palácios, que, em virtude da solidez e da união das pedras, duraram e se mantiveram mais do que todos os outros edifícios.

A ordem jônica, por ser mais esguia que a dórica, foi criada pelos antigos como imitação das pessoas que estão entre o frágil e o robusto; prova disso é que eles a usaram e aplicaram para Apolo, Diana, Baco e às vezes Vênus. O soclo que sustenta sua coluna tem a altura de um canto e meio e largura de um canto; as modinaturas de cima e de baixo acompanham essa ordem. Sua coluna tem a altura de oito cabeças, e a sua base é dupla com dois toros, conforme descreve Vitrúvio no terceiro livro, terceiro capítulo; seu capitel é bem ornado com volutas, cártulas ou gavinhas, como cada um prefira chamar, conforme se vê no Teatro de Marcelo em Roma acima da ordem dórica; assim, a sua cornija é adornada de mísulas e dentelos, e o seu friso tem o corpo um tanto redondo. E, se for para acanalar suas colunas, é preciso que o número de caneluras seja de vinte e quatro, mas divididas de tal modo que fique entre uma canelura e outra o equivalente à quarta parte da canelura, em forma de plano. Essa ordem é belíssima, graciosa e delicada, sendo muito usada pelos arquitetos modernos.

A ordem coríntia agradava muito a todos os romanos, que dela tanto gostavam que com tal ordem fizeram as mais ornamentadas e prestigiosas construções, que conservaram sua memória, como se vê no templo de Tivoli, às margens do Teverone[72], nas ruínas do Templo da Paz[73], no arco de Pola[74] e no arco do porto de Ancona[75]. Muito mais belo, porém, é o Panteão, ou seja, a Ritonda de Roma, que é a mais rica e ornamentada de todas as ordens acima referidas. O soclo que sustenta a coluna é feito da

---

[68] Ou seja, o Fórum Romano. Provavelmente Vasari se refere aos restos da basílica Aemilia, ainda visível nos tempos dele.

[69] O Teatro de Marcelo foi inaugurado por Augusto em 13 d.C.

[70] Vasari refere-se às estruturas antigas sob a igreja San Nicola in Carcere.

[71] Cf. Vida de Antonio da Sangallo, o Jovem, p. 663.

[72] É o templo redondo chamado Templo de Vesta ou da Sibila, do período republicano; o Teverone é o Aniene.

[73] Provavelmente Vasari se refere à grande coluna coríntia de 14,30 metros que no seu tempo ficava dentro da basílica de Massenzio, que o papa Paulo V (1605-21) mandou colocar na praça Santa Maria Maggiore.

[74] É o arco erigido em fins do séc. I d.C. por Sálvia Postúmia para os filhos Lúcio e Cneu Sérgio e para o neto Lúcio Sérgio Lépido.

[75] Trata-se do Arco do Triunfo de Trajano, construído pelo arquiteto Apolodoro de Damasco depois de 115.

seguinte maneira: largura de um canto e dois terços, com modinaturas proporcionais em cima e embaixo, de acordo com Vitrúvio; a altura da coluna é de nove cabeças com base e capitel, que terá como altura toda a espessura da coluna de base; e sua base será a metade dessa espessura, que os antigos costumavam entalhar de diversas maneiras. E o ornamento do capitel deve ser feito com seus convólvulos e suas folhas, segundo escreve Vitrúvio no quarto livro, onde ele lembra que esse capitel foi retirado da sepultura de uma menina coríntia. Seguem-se arquitrave, friso e cornija com as medidas descritas por ele, todos entalhados com as mísulas, os óvalos e outros tipos de entalhe sob o pingadouro. E os frisos dessa ordem podem ser todos entalhados com folhagens, podem ser lisos ou conter inscrições, como no pórtico da Ritonda, em que estas eram de bronze incrustadas no mármore. As caneluras desse tipo de coluna são em número de vinte e seis, embora as haja em menor número; e o plano entre uma canelura e outra é da quarta parte de cada canelura, como se vê perfeitamente em muitas obras antigas e modernas feitas nos moldes daquelas.

Embora Vitrúvio não tenha mencionado a ordem compósita e só tenha considerado as ordens dórica, jônica, coríntia e toscana, por julgar licenciosos demais aqueles que, inspirados nas quatro ordens, criaram corpos que lhe pareciam mais monstros do que homens (por ter sido esse um costume dos romanos e, por imitação, também dos modernos), não deixarei de dar informações sobre ela, com a descrição e formação do corpo desse tipo de edificação. Isto por se acreditar que, ainda que os gregos e os romanos tenham criado aquelas primeiras quatro ordens, determinando suas medidas e regras gerais, é possível que tenha havido quem até hoje criasse na ordem compósita, e compondo por si mesmo coisas que sejam muito mais graciosas do que as antigas. Por isso o costume que têm alguns de dar a essa ordem o nome de compósita; outros a chamam de latina e outros ainda, de itálica. A medida da altura dessa coluna deve ser de dez cabeças; a base deve ter metade da espessura da coluna, com medida semelhante à da coríntia, como se vê em Roma no arco de Tito Vespasiano. Quem quiser fazer caneluras nessa coluna, deverá fazê-las semelhantes às da jônica ou da coríntia, ou como quiser aquele que fizer a arquitetura desse corpo, que é mescla de todas as ordens. Os capitéis podem ser semelhantes aos coríntios, exceto por haver também cimalha do capitel, e volutas ou gavinhas um tanto maiores, como se vê no arco acima referido. A arquitrave deve ter três quartos da espessura da coluna, e o friso deverá ser cheio de mísulas; a cornija deve ter proporção igual à da arquitrave, pois o ressalto faz que ela se torne maior, como se vê na última série do Coliseu de Roma; em tais mísulas é possível fazer caneluras com tríglifos e outros entalhes, segundo a vontade do arquiteto; o soclo, onde repousa a coluna, deve ter a altura de dois cantos, e o feitio das cornijas obedecerá à fantasia de quem as fizer.

Os antigos, em portas, sepulturas ou outras espécies de ornamentos, em vez de colunas, usavam figuras terminais de vários tipos: ora figuras com cesta na cabeça à guisa de capitel, ora figuras em meio-corpo, tendo o restante do corpo até a base forma piramidal ou de tronco de árvore, ora virgens, sátiros, *putti* e outros tipos de monstros ou excentricidades que lhes viessem à mente, e, conforme iam brotando da fantasia, iam sendo postos em prática.

Há outra espécie de trabalho, que se chama alemão, constituído por ornamentos e proporções muito diferentes dos antigos e dos modernos; hoje não é usado pelos melhores artistas, que dele fugiram por achá-lo monstruoso e bárbaro, esquecendo de todas as suas ordens, que mais caberia chamar de confusão ou desordem; em suas construções, tantas que infestaram o mundo, as portas são ornadas de colunas delgadas e contorcidas à guisa de videiras, que não podem ter força para sustentar o peso do que quer que seja; e assim, em todas as fachadas e em todos os seus outros ornamentos, faziam uma profusão de pequenos tabernáculos um sobre o outro, com tantas pirâmides, pontas e folhas quantas pudessem caber, parecendo impossível que pudessem sustentar-se; e mais parecem feitas de papel do que de pedras ou mármores. E nessas obras faziam-se tantos ressaltos, cortes, mísulas e gavinhas, que elas se tornavam desproporcionais e, frequentemente, pondo-se coisa sobre coisa, chegava-se a tamanha altura, que a extremidade de uma porta tocava o teto. Essa maneira era invenção dos godos[76], que destruíram todas as construções antigas e mataram os arquitetos nas guerras, de tal maneira que os sobreviventes depois criaram construções desse tipo, fazendo abóbadas em quatro arcos agudos e enchendo toda a Itália com essa maldição de construção; só não se construiu um número maior delas porque seu estilo deixou de ser adotado. E que Deus livre todas as terras da ideia de se executar esse tipo de obra, que, por ser tão desconforme com a beleza de nossas construções, não merece que dela falemos mais do que já falamos. Por isso passamos a falar das abóbadas.

Capítulo IV

Como fazer abóbadas moldadas e entalhadas;
quando devem ser desmontadas e como misturar o estuque.

Quando as paredes chegam ao ponto em que as abóbadas precisam ser preenchidas de tijolos, tufo ou pedras porosas, é preciso abobadar com tábuas em arco vedado, que encaixem em contraventamento ou em forma de quilha a armação da abóbada da maneira desejada, usando-se excelentes escoras para firmá-las, de tal modo que o material de cima não a sobrecarregue, tapando-se perfeitamente com barro todos os orifícios do meio, dos cantos e em todos os lados, para que a mistura não escorra quando despejada. Assim armada, sobre esse plano de tábuas fazem-se caixas de madeira trabalhadas inversamente: onde deverá haver reentrância, deve-se fazer relevo, ou seja, as cornijas e os membros que quisermos fazer devem ser feitos ao contrário, para que, ao se despejar o material, onde houver reentrância haja relevo; de modo semelhante, todos os membros das cornijas devem ser trabalhados ao contrário. Se desejarmos fazê-la lisa e entalhada, também será necessário ter moldes de madeira que modelem em barro tudo o que for entalhado como reentrâncias; para isso, fazem-se com o barro placas quadradas que contenham tais entalhes, placas que serão unidas umas às outras sobre planos, colarinhos ou frisos que se queiram fazer, em linha reta e ao longo da armação. E, depois de se cobrir tudo com entalhes de barro formados como reentrâncias e encaixados como acima dissemos, deve-se tomar a cal com pozolana ou areia fina peneirada, diluída em forma líquida ou um tanto gorda, fazendo-se com ela também uma incrustação, até que todos os moldes estejam cheios. Em seguida, em cima, faz-se a abóbada com tijolos, levantando-os ou abaixando-os à medida que a abóbada muda de direção, e assim se continua trabalhando com eles, subindo até que ela se

---

[76] Desse trecho de Vasari nasceu o equívoco de se chamar de "gótico" um estilo que na realidade nada tem a ver com os godos, como já notava S. Maffei em sua *Verona illustrata*, em 1732.

26

feche. Terminado esse trabalho, deve-se deixar que se forme a liga e tudo se solidifique, para que a obra fique firme e seca. Depois, quando as escoras são retiradas e a abóbada é desmontada, é fácil retirar o barro, e toda a obra fica entalhada e lavrada como se tivesse sido feita de estuque, e as partes que falharam poderão ser restauradas com estuque, até que cheguem ao fim. E assim nos edifícios antigos foram feitas todas a obras, que depois foram trabalhadas com estuque. Assim também são feitas hoje as obras modernas nas abóbadas de São Pedro, bem como por muitos outros mestres em toda a Itália.

Agora mostraremos como se mistura o estuque. Num morteiro de pedra trituram-se fragmentos de mármore, e para tanto só se usa a cal que seja branca, feita de fragmentos de mármore ou de travertino; em vez de areia usa-se o mármore triturado, que é passado em peneira fina e misturado com a cal, usando-se dois terços de cal e um terço de mármore triturado; a mistura pode ser grossa ou fina, segundo se queira trabalhar grosseira ou finamente. E sobre estuques pararemos por aqui, porque o restante será dito depois, quando tratarmos do seu uso em escultura[77]. Mas antes de terminarmos, falaremos brevemente das fontes que são feitas para os muros e dos seus diversos ornamentos.

Capítulo V

Como fazer fontes rústicas de tufo calcário e de estalactites e como incrustar moluscos e pedras vitrificadas no estuque.

As fontes construídas em muros foram montadas e situadas pelos antigos de diversas maneiras, segundo as alegorias das coisas aquáticas, adotando-se apenas as que proviessem da água. Fizeram eles fontes lisas e também rústicas, que tinham utilidade em banhos e termas, sendo colocadas em muros ou no chão, com variados pavimentos de mosaicos; os antigos se comprazíam muito em tais variações e em adornos marinhos; os modernos, imitando-os, construíram fontes em diversos lugares da Itália, procurando criar ornamentos com essas obras, erigidas com diversas coisas rústicas; além disso, acrescentaram outras invenções, sobretudo composições em estilo toscano[78], cobertas com estalactites de água petrificada, que pendem como grandes raízes criadas pelo tempo por meio do congelamento dessas águas, nos locais onde elas são cruas e duras, como em Tivoli e no lago de Piè di Lupo[79] e em muitos outros lugares da Itália. Tomam-se esses pingos, que são inseridos nas pedras com pinos de cobre ou ferro, chumbando-se um sobre o outro, para que fiquem dependurados; e, fixados estes sobre a obra toscana, permite-se que ela seja vista de alguns lados; entre eles se inserem canos de chumbo ocultos, repartidos pelos orifícios que verterão água quando se girar uma chave que fica no início de tal cano; e assim se fazem condutos de água com diversos esguichos, pois a água jorra pelos pingos desses tufos calcários, e assim escoando causa prazer à audição e beleza à visão.

---

[77] Sobre trabalhos com estuque, Vasari tratará também nos capítulos XIII e XXVII.

[78] Aquilo que Vasari chama de "estilo toscano" é o mesmo que ele chama de "estilo rústico", no início do capítulo III.

[79] Não é Piè di Lupo, mas Piè di Luco, lago sobre a grande cascata de Velino, em Terni.

Também é feita outra espécie de gruta de composição mais rústica, que imita as fontes silvestres da seguinte maneira: diversas pedras esponjosas são encaixadas e permite-se que cresça relva sobre elas numa ordem que dê a impressão de ser desordem e tenha aspecto silvestre, o que a tornará mais natural e verdadeira. Alguns fazem tais fontes de estuque, tornando-as mais polidas e lisas, misturando os dois estilos; enquanto o estuque ainda está fresco, em frisos e divisões nele feitos põem-se mexilhões, mariscos, caracóis marinhos, tartarugas e conchas grandes e pequenas, umas para cima, outras para baixo. E com isso se fazem vasos e festões, em que tais mexilhões representam as folhas, enquanto os caracóis e as conchas representam frutas, pondo-se também carapaças de tartarugas.

Assim se faz também um mosaico rústico de diversas cores, pois nas fornalhas de vidro as vasilhas às vezes se quebram; e as vasilhas nas quais se cozem os tijolos em cima das pedras e de outros materiais vazados criam várias cores vidradas: brancos, pretos, esverdeados, vermelhos, de acordo com a força do fogo; e isso é fixado e firmado com estuque, permitindo-se que de permeio cresçam corais e outras cepas marinhas que trazem em si grande graça e beleza. Assim se criam animais e figuras, cobertos de esmaltes, em vários pedaços colocados ao acaso, além das conchas acima referidas, que produzem aspecto muito curioso. Em Roma foram feitas muitas fontes modernas dessa espécie, e estas, pelo prazer que dão, despertaram em muitos o desejo de tê-las. O estuque usado para a fixação e todo o trabalho é o mesmo de que acima falamos; a liga que ele propicia permite que as coisas fiquem fixadas. Para essas fontes fazem-se pisos de seixos, ou seja, de pedras redondas e achatadas de rios, fixando-os em pé e deitados, ao sabor da água, com belíssimos efeitos. Outros fazem pisos mais delicados de tijolinhos de terracota vidrados no fogo, com várias repartições; assim como em vasos, são pintados de várias cores com frisos e folhagens; e esse tipo de piso convém mais às termas e aos banhos do que às fontes.

Capítulo VI

De como fazer pisos de mosaico.

Tudo o que podiam inventar, ainda que com dificuldades de todo tipo, os antigos inventavam ou procuravam inventar; falo das coisas que pudessem oferecer deleite e variedade ao olhar dos homens, para que os pósteros percebessem a elevação de seu engenho. Inventaram, entre outras coisas formosas, os pisos de pedras divididos em misturas variegadas de pórfiro, mármore serpentino e granitos, com medalhões, quadrados e outras divisões, nas quais imaginaram frisos, folhagens e outros feitios de desenhos e figuras. E, para que o trabalho se adaptasse melhor à obra, trituravam o mármore e, com seus pedaços menores, conseguiam girá-los no fundo plano, formando círculos, retas e tortuosidades, segundo lhes conviesse; e, por se encaixarem tais peças, foi-lhes dado o nome de mosaico, sendo este usado nos pisos de muitas construções; como ainda se vê na Antoniana de Roma[80] e em outros lugares, onde o mosaico é trabalhado com quadradinhos bem pequenos de mármore, produzindo folhagens, máscaras e outras esquisitices, e com quadrados de mármore branco e outros de mármore

---

[80] Ou seja, as Termas de Caracala, iniciadas em 212 d.C.

preto, formando-lhes o fundo. O mosaico era feito do seguinte modo: fazia-se por baixo um plano de estuque fresco com cal e mármore, na espessura suficiente para conter firmemente as peças, de tal modo que, após a secagem, pudesse ser aplanado por cima; porque, ao secarem, davam uma liga admirável e um esmalte maravilhoso, que não eram afetados nem pelo desgaste causado pelo caminhar nem pela água. E visto que esse tipo de obra adquiriu grande consideração, seus homens talentosos começaram a especular mais alto, sendo sempre fácil somar algo de bom a uma invenção já existente. E assim foram feitos mosaicos de mármore mais fino; e nos banhos e nas termas os pisos foram feitos com mais maestria e diligência, com peixes diversos que imitavam a pintura em vários tipos de cores, sendo isso possível com o uso de mais espécies de mármore, misturado este a alguns pedaços moídos de ossos de peixes que têm a pele luzidia[81]. E assim faziam mosaicos muito vivos; a água despejada sobre eles, por mais transparente que fosse, os velava, de tal modo que pareciam vivos nos pisos; é o que se vê em Parione, Roma, em casa de Messer Egidio e Fabio Sasso. Pois estes, achando que tal pintura fosse capaz de resistir à água, aos ventos e ao sol por toda a eternidade e acreditando que tal obra tivesse melhor aspecto de longe do que de perto, pois de longe não se percebem as peças que são vistas de perto no mosaico, mandaram adornar as abóbadas e as paredes nos locais onde tais coisas pudessem ser vistas de longe. Para obter mais brilho e resistência à umidade e à água, houveram por bem fazer tais coisas de vidro, o que de fato foi realizado; e, como o resultado era belíssimo, ornaram seus templos e outros locais, como ainda hoje vemos em Roma no Templo de Baco[82] e em outros. De tal modo que do mosaico de mármore derivam aqueles que hoje são chamados de mosaicos de vidro[83]. Desse vidro passou-se ao mosaico de casca de ovo[84] e deste ao mosaico em que as figuras e as cenas são feitas em claro-escuro, ainda que de peças encaixadas, dando a impressão de pintura, como trataremos quando falarmos da pintura[85].

Capítulo VII

Como se conhece um edifício com boas proporções, e que partes geralmente nele se reúnem.

Mas, visto que o exame de coisas particulares me afastaria demais de meu propósito, deixarei as considerações minuciosas aos estudiosos da arquitetura, dizendo apenas, de maneira geral, como se conhecem as boas construções e o que se convenciona atribuir à sua forma para que esta seja ao mesmo tempo útil e bela. Portanto, quem chega a um edifício, se quiser saber se ele foi planejado por um arquiteto excelente e conhecer a maestria que nele se teve, sabendo se tal arquiteto soube adaptar-se ao local

---

[81] Provavelmente a madrepérola.

[82] Cf. nota 15, p. 14.

[83] Os mosaicos com tesselas de vidro começaram a ser usados no tempo de Augusto (cf. Plínio, *Naturalis historia*, cit.).

[84] Também Cennini trata do mosaico de casca de ovo no capítulo CLXXII, mas parece entender que se tratava de um método de preparação para conferir à pintura o aspecto de um mosaico portátil, e não de uma verdadeira técnica de mosaico.

[85] Nos capítulos XXIX e XXX.

e à vontade de quem lhe encomendou a obra, deverá examinar todas as seguintes partes: em primeiro lugar, se quem o ergueu dos alicerces verificou se aquele local tinha a disposição e a capacidade de receber aquela qualidade e quantidade de coisas, tanto na distribuição dos aposentos como nos ornamentos, nas paredes que aquele local comporta, seja ele estreito ou largo, elevado ou rebaixado; também deverá examinar se as partes foram distribuídas com proporcionalidade, distribuindo-se e erigindo-se a qualidade e a quantidade correta de colunas, janelas, portas e interligações entre as fachadas externas e internas, nas alturas ou espessuras das paredes ou em tudo aquilo que haja em cada lugar. É necessário que no edifício sejam distribuídos os aposentos com portas, janelas, lareiras e escadas internas correspondentes, antecâmaras, latrinas e escritórios, sem que se perceba nenhum erro, como ocorreria se a sala fosse grande, o pórtico, pequeno, e os quartos, menores; pois os membros do edifício precisam ser como o corpo humano, com organização e distribuição de acordo com a qualidade e a variedade da construção, como templos redondos em oito faces, seis faces, em cruz e quadrado; e as várias ordens de acordo com o grau de quem porventura mandou construir. Assim, quando planejados por mão hábil e com boa maneira, mostram a excelência do artista e o espírito do autor da construção. Por isso, para sermos mais bem entendidos, imaginaremos um palácio conforme descrito abaixo; e isso servirá de sugestão para outros edifícios, como modo de reconhecer se sua construção é bem-feita ou não. Quem considerar a fachada frontal verá que o edifício se ergue do chão acima de escadas ou muretas, espaço aberto que lhe permite elevar-se do solo com grandiosidade e serve para que as cozinhas ou as adegas do porão recebam mais luz e tenham mais vazão, o que é muito útil para habitação ou para a defesa em casos de terremotos e outros infortúnios. É preciso que ele represente o corpo humano em tudo e em cada uma de suas partes, pois por precisar, como o homem, temer ventos, chuvas e outras coisas da natureza, precisa ser dotado de fossas ligadas a um centro que leve embora todas as imundícies e as pestilências que possam provocar enfermidades. À primeira vista, a fachada precisa ter decoro e majestade e ser dividida como o rosto do homem, com a porta embaixo e no meio, assim como na cabeça o homem tem boca a partir da qual todos os tipos de alimento entram no corpo, enquanto as janelas representam os olhos, uma de cada lado, conservando sempre paridade, fazendo-se as mesmas coisas de cada um dos lados, no que diga respeito a ornamentos, arcos, colunas, pilares, nichos, janelas com saliência inferior ou qualquer tipo de ornamento, com as medidas e as ordens de que já falamos, sejam elas dóricas, jônicas, coríntias ou toscanas. O beiral que sustenta o teto deve ser proporcional à fachada, de acordo com o seu tamanho, para que a chuva não molhe as paredes e as pessoas sentadas na rua. As sacadas devem acompanhar a proporção da altura e da largura da fachada. O primeiro vestíbulo pelo qual se entra deve ser magnífico e corresponder uniformemente à interligação da garganta, por onde se passa; deve ser alto e largo, para que a multidão de cavalos ou de pessoas que sempre por ele passa não se machuque e não provoque avarias quando da entrada para festas ou outras comemorações. O pátio, representando o tronco, deve ser quadrado e uniforme, ou então retangular, como todas as partes do corpo; deve ser provido de portas e de igual número de aposentos com belos ornamentos por dentro. As escadas usadas pelo público devem ser cômodas e fáceis de subir, pois quando são íngremes quebram as pernas, e esse membro é mais difícil de colocar nas construções; apesar de ser o mais frequentado e de uso mais comum, muitas vezes, para salvar os quartos, pomos a perder as escadas. As salas precisam constituir apartamentos comuns com os aposentos de baixo, para uso no verão, ou então servir de quartos para várias pessoas; acima, deve haver salas, salões e diversos apartamentos de aposentos que sempre tenham ligação com a sala maior; assim devem ser a cozinha e os outros aposentos, pois se não for essa a ordem, e a composição for desproporcional, com uma coisa alta e outra baixa, uma grande e outra pequena, a representação seria de seres humanos aleijados, contorcidos, zarolhos e estropiados; enfim, seriam obras que mereceriam censura, e não louvor. As composições com que são adornadas as paredes por fora ou por dentro devem corresponder-se na conformidade com suas respectivas ordens nas colunas, de tal modo que seus fustes não sejam longos ou delgados, grossos ou curtos, conservando sempre o decoro de sua ordem; e numa coluna delgada não se deve pôr capitel espesso nem base semelhante, mas, segundo o corpo, assim devem ser os membros, que devem ter estilo e desenho gracioso e belo. E essas coisas são mais reconhecidas por olhos experientes que, se capazes de discernir, podem ser considerados como o verdadeiro compasso e medida, pois por eles serão as coisas louvadas e censuradas. E isso basta quanto à arquitetura, pois dela falar mais não é coisa que caiba neste lugar.

Da escultura

Capítulo VIII

*O que é a escultura, como são feitas as boas esculturas
e que partes elas precisam ter para serem consideradas perfeitas.*

A escultura é uma arte que, retirando o supérfluo do material trabalhado, o reduz à forma de corpo[86] que se desenhou na ideia do artista. Deve-se ter em mente que todas as figuras, de qualquer tipo, sejam elas entalhadas no mármore, fundidas de bronze ou feitas de estuque ou madeira, precisam ser de vulto, de tal modo que, girando-se em torno delas, seja possível vê-las de todos os lados e possam ser chamadas de perfeitas. O principal é que, assim que semelhante figura se nos apresente à vista, devemos perceber que ela representa com grande fidelidade a coisa à imitação da qual foi feita, sendo altiva ou humilde, colérica, alegre ou melancólica, conforme o que é representado. Deve ela ter paridade de membros, ou seja, não deve ter pernas longas, cabeça grande, braços curtos e disformes, mas, ao contrário, deve ser bem proporcionada e apresentar concordância entre todas as partes, da cabeça aos pés. Se seu rosto for de velho, também deverão ser de velho os braços, o corpo, as pernas, as mãos e os pés; deve apresentar uniformidade nos ossos, nos músculos, nos nervos e nas veias, tudo em seu devido lugar. E, se o rosto for de jovem, a escultura deverá ter aspecto roliço, macio e suave, havendo concordância entre todas as suas partes. Se não for nua, sua roupagem não deverá ser tão mísera que pareça ressequida, nem tão espessa que pareça pedra, mas as divisões entre suas pregas devem ser volteadas de tal maneira que revelem a carnação de baixo, ora a mostrá-la, ora a ocultá-la com arte e graça, sem nenhuma crueza que ultraje a figura. Os cabelos e a barba devem ser trabalhados com certa maciez, apresentando-se penteados e ondulados, revelando seus fios, dotados da máxima fofura e brilho que o escopro puder dar; no entanto, os escultores de hoje não conseguem imitar tão bem a natureza, fazendo os cachos dos cabelos duros e crespos, mais por afetação do que por imitação natural.

---

[86] É a ideia de Michelangelo, expressa num célebre soneto: "Non ha l'ottimo artista alcun concetto / C'un marmo solo in sé non circonscriva / Col suo superchio, e solo a quello arriva / La man che ubbidisce all'intelletto […]" (Não tem o ótimo artista nenhuma ideia / Que um só mármore em si não circunscreva / Com seu supérfluo, e somente a ela chega / A mão que obedece ao intelecto […]) (M. Buonarroti, *Rime*, org. de E. N. Girardi, Bari, 1960), e numa famosa afirmação de que a verdadeira escultura é "aquela que se faz à força de tirar", e não "por via de acrescentar" (em B. Varchi, "Due lezzioni", em Barocchi [org.], *Tratatti*, cit., p. 82).

E, ainda que as figuras estejam vestidas, é preciso que os pés e as mãos sejam dotados de beleza e qualidade tanto quanto as outras partes. E visto que a figura deve ser em vulto, é forçoso que de frente, de perfil e por trás ela seja igualmente proporcionada, de tal modo que, girando-se em torno dela, se veja que sua representação está bem disposta por todos os lados. Portanto, é necessário que ela tenha concordância, e que em tudo haja boa postura, desenho, uniformidade, graça e diligência, coisas que, juntas, demonstram o engenho e o valor do artista. As figuras, tanto as de relevo quanto as pintadas, devem ser realizadas mais com o discernimento do que com a mão, precisando ficar em posição elevada sempre que a distância seja grande; porque a diligência do último acabamento não é visível de longe, mas são bem reconhecíveis as belas formas dos braços e das pernas, a habilidade do drapejamento dos panos com poucas pregas; porque na simplicidade do pouco se mostra a agudez do engenho. Por isso, as figuras de mármore ou de bronze que sejam um tanto altas precisam ser entalhadas com determinação, para que o mármore, que é branco, e o bronze, que puxa ao negro, recebam sombras do ambiente e de longe o trabalho pareça acabado, embora de perto se veja o que foi deixado como esboço. Desse tino foram dotados os antigos, pelo que se percebe nas figuras de vulto e de médio-relevo que vemos nos arcos e nas colunas de Roma, que ainda revelam o grande tino que tiveram. E, entre os modernos, percebe-se que isso foi observado por Donatello em suas obras. Além disso, deve-se ter em mente que, quando as estátuas são postas em lugar alto, sem distância suficiente para que possamos nos afastar e julgá-las de longe, quando ficamos quase abaixo delas, é preciso que tais figuras tenham uma cabeça ou duas a mais de altura. Isto porque as figuras que são postas no alto perdem-se no escorço da visão de quem está abaixo, olhando para cima. Assim, aquilo que se acrescenta na altura acaba por reduzir-se no escorço, ganhando proporção, pois quem olha as figuras acha que elas têm tamanho correto e são graciosas, e não anãs. Quem não quiser assim trabalhar, poderá fazer os membros mais finos e delicados, o que produz quase o mesmo resultado. Muitos artistas costumam esculpir a figura com o tamanho de nove cabeças[87], ou seja, dividi-la em oito cabeças, exceto o pescoço, o colo e a altura do pé, com o que temos nove. Porque duas são os tornozelos, duas vão dos joelhos à genitália, e três, da cintura ao início do pescoço; outra vai do queixo à extremidade da testa, enquanto uma é constituída pelo pescoço e pela parte que vai do dorso do pé à planta, tendo-se assim nove. Os braços são presos às espáduas, e do início do pescoço ao ponto de junção de cada lado há uma cabeça; e os braços, até a junção das mãos, têm três cabeças; e, alargando-se o homem com os braços abertos, tem-se exatamente a sua altura. Mas não se deve usar melhor medida do que o discernimento dos olhos; pois este não deixará de reprovar alguma coisa que lhe desagrade, ainda que esta esteja muito bem medida. Por isso dizemos que, embora a medida sirva de critério correto para aumentar as figuras tanto na altura quanto na largura, de tal modo que, observada a ordem, tornam a obra bem proporcionada e graciosa, é o olho que depois tem discernimento para tirar e acrescentar, segundo a maior ou menor graça que veja na obra, podendo-lhe conferir justa proporção, graça, desenho e perfeição, para que ela seja louvada no todo por quem tiver bom tino. E a estátua ou figura que tiver essas partes será perfeita em qualidade, beleza, desenho

---

[87] É a mesma proporção dada por Filarete (*Trattato di Archittetura*, org. W. von Oettingen, Viena, 1890, L. I), muito mais longa do que a de oito cabeças dada por Vitrúvio (III, 1) como limite extremo para um adulto normal.

e graça. A tais figuras daremos o nome de vultos, desde que seja possível ver todos os lados terminados como os que vemos no homem quando giramos em torno dele, podendo-se dizer o mesmo de outras figuras que a ela estejam ligadas. Mas agora me parece chegado o momento de tratar de coisas mais específicas.

Capítulo IX

Como fazer modelos de cera e barro, como recobri-los,
como aumentá-los proporcionalmente depois no mármore,
como cinzelar, gradinar, polir, alisar, lustrar e dar acabamento.

Quando querem trabalhar uma figura de mármore, os escultores costumam fazer um modelo, como é chamado, ou seja, um exemplo, que é uma figura que mede meio braço ou um pouco menos, conforme lhe seja mais cômodo; é feita de barro, cera ou estuque, desde que nela consigam imprimir a atitude e a proporção que deverá haver na figura que pretendam fazer, procurando adaptar-se à largura e à altura da pedra que mandaram extrair para esse trabalho. Mas, para mostrar como se trabalha a cera, falaremos do seu uso, e não do uso do barro. Para que esta fique mais mole, adiciona-se um pouco de sebo, terebintina e piche; entre tais coisas, é o sebo que a torna mais maleável; a terebintina, mais viscosa, o piche lhe dá coloração escura e certa solidez depois de trabalhada, para que, no fim, ela fique dura. Feita e fundida essa mistura, depois de fria com ela se faz uma massa pastosa, que, ao ser manejada, com o calor das mãos se transforma em pasta, servindo para criar figuras sentadas, em pé ou como se queira, que tenha embaixo uma armação de madeira ou de arame para sustentar-se, de acordo com a vontade do artista; pode-se trabalhar com ela e sem ela, segundo se ache melhor. Aos poucos, trabalhando com o tino e as mãos, acrescentando material, com espátulas de osso, ferro ou madeira, empurra-se a cera para dentro e, pondo mais cera por cima, vai-se refinando tudo até dar o último polimento com os dedos. Terminado isto, querendo-se fazer modelos de barro, trabalha-se de modo semelhante à cera, mas sem armação por baixo, seja ela de madeira ou de ferro, pois esta faria o barro fender-se e rachar-se. E enquanto o barro vai sendo trabalhado, para evitar fendas, deve ser coberto com um pano molhado, até o fim. Terminados esses pequenos modelos ou figuras de cera ou barro, começa-se a fazer outro modelo que tenha o mesmo tamanho da figura que se tenciona fazer de mármore. Deve ele ser um pouco maior, porque o barro, ao secar e perder a umidade que contém, retrai-se e encolhe; desse modo, ao se medir depois, pode-se obter maior justeza entre a figura do modelo e a figura do mármore[88]. E, para que o modelo grande de barro consiga sustentar-se e não ocorram rachaduras, é preciso usar borra de tecido tosado, ou pelo; essa mistura, que torna o barro mais tenaz, não permite que ele se fenda. Faz-se uma armação de madeira e estopa amarrada com barbante, que serve como ossatura da figura, na posição que se de-

---

[88] Todo o trecho "secar... justeza" é muito obscuro. Na edição de 1568 (vol. I, p. 35) soa da seguinte maneira: "ao fazer isso, como o barro que se trabalha úmido encolhe ao secar, durante o trabalho é preciso ir devagar e acrescentá-lo pouco a pouco, para, bem no fim, misturar farinha cozida ao barro, pois ela o mantém macio e retira a secura; com essa providência, o modelo não encolhe e fica justo, semelhante à figura que se precisa lavrar no mármore".

seje; seguindo o modelo pequeno, em pé ou sentado, e começando a cobri-lo de barro, vai-se colocando barro por cima, para realizar a figura nua, trabalhando-se assim até o fim. Terminado esse trabalho, se for desejo cobrir a figura com roupas, usa-se um tecido fino, se a roupa for fina, ou grosso, se a roupa for grossa; o tecido deve ser molhado e, com o barro, ganha o seu aspecto, mas não líquido, e sim com a consistência do lodo um tanto sólido, que vai sendo ajustado em torno da figura, fazendo-se as pregas e as amolgaduras que se desejar; depois de seco, o barro endurecerá e manterá as pregas. Desse modo são levados a cabo os modelos de cera e de barro. Querendo-se aumentar a figura proporcionalmente no mármore, é preciso que na própria pedra da qual se extrairá a figura seja posto um esquadro de tal modo que um de seus lados seja horizontal aos pés da figura, e o outro seja vertical, sempre em ângulo reto com o horizontal[89]; de modo semelhante, outro esquadro de madeira ou de outro material deve ser posto sobre o modelo e, por meio dele, são tiradas as medidas, como por exemplo a projeção das pernas ou dos braços; transferindo-se essas medidas para o mármore, a figura vai sendo esculpida, de tal maneira que, medindo-se o mármore e o modelo proporcionalmente, vai-se retirando pedra com o escopro; e a figura, medida pouco a pouco, começa a sair da pedra da mesma maneira como se extrai uma figura de cera de um tanque cheio de água: primeiro sairiam o corpo, a cabeça e os joelhos e depois, aos poucos, ela vai sendo revelada a partir de baixo, sendo torneada da cintura para cima e, por último, no resto de suas partes. Porque quem trabalha com pressa e já começa vazando a pedra, retirando-a da frente e de trás resolutamente, depois não tem como se arrepender, caso necessário; daí nascem os muitos erros que existem nas estátuas, pois, quando o artista deseja ver a figura sair pronta da pedra de uma só vez, frequentemente surgem erros que não podem ser solucionados a não ser com o acréscimo de pedaços, como costumam fazer muitos artistas modernos. Esse modo de trabalhar é coisa de remendão, e não de homens excelentes e mestres insignes, coisa reles, feia, e extremamente censurável. Ao fazerem estátuas de mármore, os escultores costumam começar esboçando as figuras com ponteiros, espécie de ferramenta por eles assim chamada, instrumento grande e pontudo; com eles, vão retirando e cinzelando grosseiramente a pedra; depois, com outras ferramentas chamadas *calcagnuoli*, que têm uma chanfradura no meio e são curtas, começam a tornear até chegar ao uso de uma ferramenta plana mais fina que o *calcagnuolo*, com duas chanfraduras e cujo nome é gradim. Com este, vão gradinando a figura e formando músculos e pregas, delineando-a graças às chanfraduras ou dentes acima referidos, até que a pedra mostre uma graça admirável. Feito isto, retiram-se as marcas do gradim com uma ferramenta lisa. E, para dar perfeição à figura, caso se queira conferir-lhe suavidade, maciez e finura, usam-se limas curvas para tirar as marcas do gradim; faz-se o mesmo com outras limas finas e grosas retas, limando até que tudo fique uniforme; a partir daí, com pontas de pedra-pomes, vai-se polindo toda a figura, conferindo-lhes a carnosidade que se vê nas obras maravilhosas da escultura. Também se usa o trípole, para obter lustro e polimento; de modo semelhante, com palha de trigo fazem-se bonecas para esfregar, de tal modo que, depois de terminadas, as figuras se mostram lustras aos nossos olhos.

---

[89] Em suma, o método de Vasari consiste em criar dois esquadros idênticos ao lado do modelo e do bloco de mármore, como pontos de referência fixos para a medição.

Capítulo X

Sobre os baixos-relevos e médios-relevos, a dificuldade de fazê-los
e em que consiste a sua execução perfeita.

As figuras que os escultores chamam médios-relevos[90] já foram usadas pelos antigos para figurar cenas que adornavam as paredes planas; também eram usadas nos teatros e nos arcos de triunfo, porque, caso quisessem fazê-las em vulto, só poderiam arranjar-lhes lugar fazendo antes um aposento ou uma praça que fosse plana. Querendo evitar isso, inventaram uma forma à qual deram o nome de médio-relevo, assim chamada por nós ainda; este, à semelhança da pintura, mostra em primeiro lugar e inteiramente as figuras principais, com vulto mais ou menos pronunciado, sendo as figuras secundárias um tanto encobertas pelas principais, e as terciárias, pelas secundárias, da mesma maneira como vemos as pessoas quando elas estão reunidas e apinhadas. Nessa espécie de médio-relevo, devido à diminuição provocada pelo olho, as últimas figuras são muito baixas, o mesmo ocorrendo com casas e paisagens, que ficam no último plano. Ninguém melhor do que os antigos fez esse tipo de médio-relevo, ninguém observou melhor nem com mais proporção as diminuições ou distanciamento das figuras entre si. Como imitavam a verdade e eram engenhosos, nunca puseram as figuras em planos escorçados ou em fuga, mas as fizeram com os pés pousados na moldura de baixo, ao passo que alguns dos modernos, mais audazes do que deveriam, fizeram em suas cenas de médio-relevo as figuras do primeiro plano pousadas no plano que é de baixo-relevo e em fuga, e as figuras do meio, assim, não pousam os pés com a firmeza que seria naturalmente de esperar; por isso, com frequência, as pontas dos pés das figuras se dobram para trás e atingem a altura das canelas, devido ao violento escorço. Tais coisas são vistas em muitas obras modernas e também nas portas de São João[91], bem como em várias obras daquela época. Por isso, os médios-relevos que têm essa qualidade são falsos; porque, se a metade da figura for talhada da pedra, sendo preciso fazer outras depois dessas primeiras, será preciso observar as regras da fuga e da perspectiva, pondo-se os pés no plano, de tal modo que o plano esteja mais à frente que os pés, tal como fazem o olho e a regra na pintura; e é preciso que elas se tornem mais baixas pouco a pouco e proporcionalmente, até chegarem ao relevo plano e baixo; e, devido à necessidade dessa união, é difícil dar acabamento e perfeição a tais obras, visto que no relevo é preciso fazer escorços de pés e cabeças, sendo necessário dominar muito bem o desenho, percebendo-se nisso a qualidade do artista. E a tal grau de perfeição devem chegar as obras trabalhadas em barro e cera, tanto quanto as feitas de bronze e mármore. Porque em todas as obras que tiverem as qualidades de que falei, os médios-relevos serão considerados belíssimos e louvados pelos artistas que entendam da arte.

A segunda espécie, chamada de baixo-relevo, tem menor relevo do que aquilo que se chama médio-relevo e se mostra com a metade do relevo deste; com ele se podem representar planos, construções, perspectivas, escadas e paisagens, tais como vemos nos púlpitos de bronze de San Lorenzo[92], em Florença e em todos os baixos-relevos de Donato, que nessa especialidade criou coisas realmente divinas, com grande obser-

---

[90] Aquilo que chamamos de alto-relevo.
[91] Alusão às famosas "portas do Paraíso" de Ghiberti.
[92] Cf. Vida de Donatello, p. 262.

vância. Estas obras mostram-se aos olhos com facilidade, sem erros ou barbarismos, pois o artista não retira tanto material que possa causar erros ou motivos de censura.

Os relevos da terceira espécie chamam-se baixos ou planos e só contêm o desenho da figura usando-se amolgamento ou achatamento. Trata-se de trabalho bastante difícil, por requerer domínio do desenho e inventividade, sendo trabalhoso conferir graça à figura por força dos contornos. Nesse gênero foi também Donato quem, mais do que qualquer outro artista, trabalhou com arte, bom desenho e invenção. Nos vasos de Arezzo[93] é frequente vermos figuras, máscaras e outras cenas antigas desse tipo; o mesmo se vê nos camafeus antigos e nos cunhos para estampar objetos de bronze, medalhas e moedas. E assim fizeram porque, se o relevo fosse muito grande, não seria possível cunhá-las, pois a batida do cunho não produziria marcas, sendo preciso fazer as impressões no material fundido, e quanto mais baixo o relevo, menor o trabalho para preencher as reentrâncias do cunho. Há muitos artistas modernos que produziram obras divinas desse tipo e pode-se dizer que vários deles trabalharam com mais perfeição e com toda a graça que os antigos deram às suas coisas, criando letras mais bonitas e mais bem proporcionadas. Por isso, quem perceber nos médios-relevos a perfeição das figuras feitas com observância da perspectiva; nos baixos-relevos, a qualidade do desenho em perspectiva e outras criações e, nos relevos planos, a nitidez, a limpeza e a boa forma das figuras, saberá perfeitamente se deve considerar tais obras louváveis ou criticáveis, sendo capaz de ensinar os outros a conhecê-las.

CAPÍTULO XI

Como se fazem modelos para criar figuras grandes e pequenas em bronze e como construir formas para vazá-los; como fazer armações de ferro e como fundir em metal e em três tipos de bronze; e como cinzelar e polir as peças fundidas; e, na falta de alguns pedaços, como inseri-los e encaixá-los no próprio bronze.

Os bons artistas, quando querem fundir qualquer metal ou bronze para figuras grandes, costumam começar com uma estátua de barro, do tamanho daquela que irão fundir com o metal, trabalhando-a com a máxima perfeição que lhes permitirem a arte e o engenho que possuam. A isso dão o nome de modelo; depois que este atinge toda a perfeição de sua arte e saber, eles começam a construir com gesso parte por parte, de tal modo que sobre esse modelo são feitas várias peças côncavas; em cada peça são criados encaixes, para que elas se combinem, indicando-as com números, letras ou outras marcas. Assim, vão formando a figura parte por parte, e, lubrificando com óleo as faces dos pedaços de gesso cujos encaixes deverão depois ser reunidos, vai-se formando a figura pedaço por pedaço: cabeça, braços, tronco e membros, até a última coisa; dessa maneira, a parte côncava, ou seja, o molde, contém em si as marcas de todas as partes e de cada minúcia que haja no modelo. Feito isto, deixa-se que as formas de gesso endureçam e repousem; depois, toma-se uma barra de ferro que seja mais com-

---

[93] Os vasos de Arezzo (o principal centro de produção foi realmente Arezzo, entre o século I a.C. e o século I d.C.) são de uma argila fina e bem depurada que, em queima alta, adquire cor vermelho-viva, coberta com uma espécie de sobrecolorido interno e externo de finíssimo verniz coralino; suas decorações em relevo imitam os vasos metálicos. Todos os museus de cerâmica antiga possuem algum exemplar.

prida do que a figura inteira que se queira fazer e que será fundida; em torno dele se faz uma alma de barro de consistência branda à qual se misturam esterco de cavalo e borra de lã, alma que deve ter a mesma forma da figura do modelo; esta deverá ser queimada camada por camada para se retirar a umidade do barro; ela servirá depois para a figura, porque, quando se for fundir a estátua, essa alma, que é sólida, deixará seu vazio quando o molde for enchido de bronze, pois este não poderá ser movimentado devido ao peso; por isso, fazem essa alma de tamanho grande e com medidas semelhantes e seu barro, depois de aquecido e queimado como dissemos acima, fica bem cozido e, assim, livre de toda a umidade; por isso, quando por cima dele se joga o bronze, a alma não formará borbotões e não causará prejuízos, como já se viu várias vezes, com a morte dos mestres e a destruição da obra toda. Assim, a alma vai sendo equilibrada, arrumando-se e contrabalançando-se os vários pedaços até que haja coincidência; depois de várias tentativas, até que se consiga deixar justamente a grossura do metal ou a finura que se queira para a estátua. Frequentemente essa alma é atravessada por pinos de cobre e ferros que possam ser retirados, a fim de segurá-la com maior firmeza e força. Terminada, a alma é novamente cozida em fogo brando; depois se extrai inteiramente sua umidade e, se ficar alguma, deixa-se a alma repousar. Mas voltemos ao molde de gesso; este é reproduzido pedaço por pedaço com cera amarela amolecida e misturada com um pouco de terebintina e sebo. Depois de fundida no fogo, a cera vai sendo vazada metade por metade nos pedaços do molde, de tal maneira que o artista obtém a cera fina de acordo com sua vontade para a fundição. Cortados os pedaços, estes são postos sobre a alma de barro já feita, sendo devidamente encaixados; e depois elas são fechadas com alguns cravos finos de cobre sobre a alma cozida (os pedaços da cera são pregados com os referidos cravos e, assim, pedaço por pedaço, a figura vai sendo encaixada até que esteja totalmente acabada). Feito isto, são retiradas todas as rebarbas de cera do molde de gesso, dando-lhe o melhor acabamento possível, tentando-se atingir a perfeição que se deseja para a peça fundida. Antes de se prosseguir, a figura deve ser levantada e examinada com atenção para ver se não falta alguma cera, consertando-se, preenchendo-se, levantando-se ou abaixando-se onde for preciso. Em seguida, terminado o trabalho com a cera e encerrada a figura, esta é posta sobre o fogo em dois espetos de madeira, pedra ou ferro, como um assado, com comodidade para ser levantada ou abaixada; com cinza molhada, apropriada a tal uso, cobre-se toda a figura com um pincel até que não se veja cera, revestindo-a bem em todas as saliências e reentrâncias com esse material. Aplicada a cera, são recolocados os pinos de través, de tal forma que atravessem a cera e a alma, conforme foi deixado na figura; porque estes precisam sustentar a alma de dentro e a capa de fora, que é o enchimento do molde entre a alma e a capa, onde é vazado o bronze. Feita essa armação, o artista começa a pegar argila fina com borra de lã e esterco de cavalo, como já dito, bem batida, e, com cuidado, faz uma cobertura muito fina para toda a figura e deixa secar; e assim, uma a uma, são feitas as coberturas que vão secando continuamente, até que, rebaixando-se e elevando-se, se obtenha uma espessura de meio palmo no máximo. Feito isso, os ferros que seguram a alma de dentro são circundados com outros ferros que seguram a capa de fora e assim são firmados, presos uns aos outros e apertados, sustentando-se mutuamente. A alma de dentro sustenta a capa de fora, e a capa de fora sustenta a alma de dentro. É costume fazer alguns canais entre a alma e a capa, chamados respiros, que expelem o ar para cima; são colocados, por exemplo, de um joelho a um braço, subindo; assim se abre caminho para que o metal escorra para locais que talvez lhe estivessem obstruídos[94]; o número deles obedece às dificuldades do material vazado. Feito isto, vai-se dando fogo a tal capa de maneira uniforme e integral, de tal modo que ela se aqueça por igual e aos poucos. Aumenta-se o fogo até que a forma fique toda incendiada, de tal maneira que a cera existente no molde de dentro comece a fundir-se e saia por inteiro pelo lado por onde se deve vazar o metal, sem que nada fique dentro. Para saber isso, quando os pedaços do molde são encaixados sobre a figura, é preciso pesá-la; assim, quando se tira a cera é preciso pesá-la de novo para verificar se não há sobras entre a alma e a capa e a quantidade que de lá saiu. É preciso saber que nisso consiste a maestria e a diligência do artista na retirada da cera; aí está a dificuldade de fazer fundições bonitas e limpas. Isto porque qualquer quantidade de cera que reste pode estragar toda a obra, especialmente nos lugares onde ela fica. Terminada essa parte, essa forma é enterrada perto da frágua onde o bronze está sendo fundido, e ela deve ser escorada para que o bronze não a rompa[95], abrindo-se as vias por onde se jogará o metal; no alto, deixa-se certa espessura, para que depois se possa serrar o bronze que sobre; isso é feito para que tudo fique mais limpo. Prepara-se o metal que se queira: para cada libra de cera, dez de metal. Faz-se a liga do metal para a estátua com dois terços de cobre e um terço de latão, de acordo com a regra italiana. Os egípcios, entre os quais nasceu essa arte, punham dois terços de latão e um terço de cobre no bronze. O metal chamado eletro, o mais fino de todos, contém duas partes de cobre e um terço de prata. Nos sinos, para cada cem partes de cobre, vinte de estanho; nos canhões, para cada cem partes de cobre, dez de estanho[96], para que o som seja mais vibrante e uniforme. Falta agora ensinar o modo de inserir pedaços quando estes faltem, seja porque a camada de bronze ficou fina, seja porque faltou bronze em algum lugar. Nesse caso é preciso retirar tudo o que ficou ruim, fazendo-se um buraco quadrado, com o uso de esquadro; depois, ajusta-se um pedaço de metal adequado àquela peça, deixando para fora a quantidade que se queira. Quando estiver bem encaixado no buraco, deve-se bater com um martelo o suficiente para soldar os dois pedaços, igualando os dois e dando acabamento com o uso de limas e ferramentas.

Quando o artista quiser fundir figuras pequenas de metal, estas devem ser feitas de cera, barro ou outro material; sobre elas, é feito um molde de gesso tal como se faz para as grandes, e todo o molde é preenchido com cera. Mas é preciso que o molde esteja molhado, para que a cera, ao ser vazada, endureça devido à frialdade da água e do molde. Depois, esvaziando e chocalhando o molde, retira-se a cera[97] que está nele, de tal maneira que a peça fundida fica oca no meio; esse oco ou vão é preenchido com barro, inserindo-se os pinos de ferro. Esse barro funciona como alma, mas é preciso dei-

---

[94] Esses "respiros" servem para a saída do ar, não só para ajudar o metal a correr facilmente, mas também para evitar explosões provocadas pela compressão do ar.

[95] Em torno da figura deve ser construído um forno de tijolos, para evitar que a pressão do bronze fundido quebre o invólucro.

[96] No bronze, aumentando-se o teor de estanho, aumenta-se a dureza e, ao mesmo tempo, a fragilidade. O bronze para canhões tem 90-95% de cobre; para sinos, 75-80%; na estatuária, é possível usar ligas de composição bem diferente: 95% ou mais de cobre (e obtém-se cor vermelha); 85-95% (cor amarelo-ouro); diminuindo-se mais o teor de cobre, a cor tende ao pálido; a partir de 50%, as ligas são brancas. Para as estátuas, Vasari fala de uma liga feita de cobre ("dois terços") e latão ("um terço"); como o latão é composto de 25% de zinco e 75% de cobre, o resultado é uma liga com aproximadamente 10% de zinco e 90% de cobre.

[97] A cera que ficou líquida, naturalmente; assim, fica apenas a película de cera que endureceu em contato com o invólucro de gesso molhado.

xar que ele seque bem. A seguir, faz-se a capa como foi feito para as figuras grandes; esta é armada e fazem-se os canais para o respiro, tudo é queimado, e a cera é retirada; dessa maneira, o molde fica limpo, podendo-se facilmente vazar o material fundido. De modo semelhante se trabalha com baixos-relevos, médios-relevos e qualquer outra coisa de metal. Terminado o vazamento, com ferramentas apropriadas – ou seja, buris, ongletes, formões, cinzéis, punções, escopros e limas –, o artista retira material onde for preciso, empurra para dentro onde for necessário, limpa as rebarbas e raspa, desbastando e polindo tudo com cuidado, usando a pedra-pomes para dar o lustro final. Com o tempo, o bronze adquire por si uma cor que puxa para o negro, e não para o vermelho, como quando é trabalhado. Alguns usam óleo para enegrecê-lo; outros usam vinagre para torná-lo verde; outros ainda, com verniz, lhe dão cor preta, de tal modo que cada um o trabalha como mais gosta.

Capítulo XII

Dos cunhos de aço para fazer medalhas de bronze ou de outros metais; como são feitas de tais metais pedras orientais e camafeus.

Quem quiser fazer medalhas de bronze, prata ou ouro, como já fizeram os antigos, deve primeiramente usar ponteiros de ferro para entalhar em relevo os punções no aço adoçado ao fogo, pedaço por pedaço, como, por exemplo, apenas a cara em relevo plano num punção de aço, e assim as outras partes que se encaixam neste. Fabricados assim de aço todos os punções necessários para a medalha, estes são temperados ao fogo, e, sobre o cunho do aço destemperado, que deve servir de molde e matriz da medalha, vão sendo marcadas a golpes de martelo a cara e as outras partes em seus devidos lugares. Depois de tudo marcado, retiram-se cuidadosamente as rebarbas, limpando tudo e dando-se acabamento e perfeição ao molde que depois servirá como matriz. No entanto, muitos artistas costumavam trabalhar essas matrizes com rodas de esmeril, do mesmo modo como são trabalhados entalhes em cristais, jaspe, calcedônia, ágata, ametista, sardônia, lápis-lazúli, crisólita, cornalina, camafeus e outras pedras orientais, o que torna mais limpo o trabalho das matrizes, tanto quanto o são as pedras acima mencionadas. Do mesmo modo se faz a coroa da medalha; com a matriz da cara e a da coroa se estampam medalhas de cera ou chumbo, o que é feito depois com pó de argila finíssima, própria para isso; depois de se retirarem a cera e o chumbo, tais formas são colocadas em suportes e nelas se vaza o metal que se queira usar na medalha. Essa peça fundida é recolocada em suas matrizes de aço: e com roscas de pressão, alavancas ou golpes de martelo, devem ser tão apertadas, que adquiram a forma da estampa que não adquiriram da peça fundida[98]. Mas as moedas e outras medalhas mais ordinárias são gravadas sem roscas de pressão, a golpes de martelo à mão; e as pedras orientais de que falamos acima são entalhadas com rodas de esmeril, visto que esse instrumento desgasta todos os tipos de dureza de qualquer pedra. E o artista, frequentemente, vai usando a cera no molde que está trabalhando[99] e desse modo vai re-

---

[98] Segundo o procedimento de Vasari, portanto, as medalhas não são cunhadas diretamente: primeiro são fundidas e só num segundo momento são postas no cunho, com o objetivo de aperfeiçoar a nitidez.

[99] Ou seja, fazendo provas com cera para avaliar o efeito.

tirando onde julgar mais necessário e dando acabamento à obra. Mas os camafeus são trabalhados em relevo; porque, como essa pedra tem camadas, ou seja, é branca por cima e preta por baixo, vai-se retirando o branco até que a efígie ou figura fique em baixo-relevo branco sobre fundo preto. Algumas vezes, para conseguir que toda a efígie ou figura fique branca sobre fundo preto, tinge-se o fundo, quando ele não é tão escuro quanto se queira. E desse ofício vimos obras admiráveis e divinas, antigas e modernas.

Capítulo XIII

Como fazer trabalhos de estuque branco, como fazer a parte de baixo encaixada na parede e como trabalhar.

Para fazer abóbadas, incrustações, portas, janelas ou outros ornamentos de estuque branco, os antigos costumavam fazer a estrutura de baixo de alvenaria, com tijolos cozidos ou mesmo com tufo, ou seja, pedras que fossem macias e pudessem ser cortadas com facilidade; assim, davam-lhes forma de cornijas, figuras, ou o que quisessem, recortando tijolos ou pedras e depois pregando-as na parede com argamassa. Em seguida, com o estuque de que falamos no capítulo IV, misturado com mármore moído e cal de travertino, faz-se sobre a estrutura acima referida o primeiro esboço de estuque grosseiro, ou seja, grosso e granulado, para se pôr por cima o estuque mais fino depois que o de baixo endureça e fique firme, mas não totalmente seco. Porque, ao se trabalhar a massa do material em cima do material úmido, obtém-se maior liga, desde que se molhe continuamente o local onde é posto o estuque, o que torna mais fácil o trabalho. E quem quiser fazer cornijas ou folhagens entalhadas precisará ter formas de madeira, entalhadas em negativo com as mesmas formas que se deseje obter. E, tomando o estuque que não esteja totalmente solidificado, mas também não mole, porém consistente, põe-se sobre a obra a quantidade da coisa que se queira configurar, colocando por cima a forma entalhada de que já falamos, polvilhada com pó de mármore; bate-se em cima dela com um martelo, com golpes iguais, e o estuque fica estampado; este, depois, deve ser desbastado e polido para que o trabalho fique bem feito e uniforme. Mas quem quiser uma obra de maior relevo poderá fincar nesses locais ferros, pregos, ou outras armações semelhantes, que mantenham o estuque suspenso no ar e que lhe deem grande consistência, o que se vê nos edifícios antigos, nos quais se encontram ainda hoje o estuque e os ferros conservados. Quem quiser fazer numa parede plana cenas em baixo-relevo primeiro deverá fincar na parede cravos espessos, alguns mais para dentro, outros para fora, de acordo com o modo como deverão ficar as figuras, enfiando entre eles pedacinhos de tijolo ou tufo, para que as pontas ou cabeças sustentem o primeiro estuque grosso feito com bossagem, para depois dar acabamento limpo e paciente, até que endureça. Enquanto endurece, o artista a trabalha e lustra continuamente com pincéis molhados, até obter perfeição, como se trabalhasse com cera ou barro. Com esses mesmos tipos de cravos e ferramentas feitos expressamente para isso, de tamanho maior e menor, segundo a necessidade, adornam-se abóbadas, aposentos e construções antigas, como costumam fazer hoje em toda a Itália muitos mestres que se dedicaram a essa prática. E não se deve achar que o trabalho assim feito seja pouco durável, pois ele se conserva infinitamente e endurece tanto, que com o tempo fica como mármore.

Capítulo XIV

Como fazer figuras de madeira, e que madeira é boa para fazê-las.

Quem quiser fazer figuras perfeitas de madeira precisará antes fazer o modelo de cera ou barro, conforme já explicamos. Esse trabalho foi muito usado na religião cristã, pois foram muitos os mestres que fizeram crucifixos e diversas imagens. Mas, na verdade, nunca se dá à madeira a carnosidade e a maciez que vemos no metal, no mármore e em outras esculturas, como nas de estuque, cera ou barro. Apesar disso, a melhor entre todas as madeiras usadas em escultura é a tília, por ter poros iguais em todos os lados e obedecer mais facilmente à lima e ao cinzel. Mas, visto que não é possível fazer figuras grandes com um só pedaço, é preciso encaixar pedaços, dando-lhes volume e tamanho de acordo com a forma desejada. E, para unir os pedaços de tal modo que eles se mantenham sólidos, não se deve usar massa de queijo, pois não segura, e sim cola de gomos[100]; os pedaços cozidos com essa cola ficam fortemente unidos, ou seja, não são unidos com pregos de ferro, mas com a própria madeira. Feito isto, a madeira é trabalhada e entalhada de acordo com a forma do seu modelo. Dos artistas que se dedicam a tal ofício foram vistas obras feitas de buxo, merecedoras de muitos louvores, e belíssimos ornamentos de nogueira que, quando feitos de boa madeira preta, dão a impressão de serem de bronze. Também vimos entalhes de aveleira, em forma de frutas como cerejas e damascos, feitos por alemães, lavor excelente, executado com grande paciência e sutileza. E, embora não tenham o desenho perfeito de que os italianos dão mostra, os alemães trabalharam e ainda trabalham com tamanha sutileza, que causam grande admiração em todos. E é o que basta dizer acerca da escultura. Passemos à pintura.

---

[100] A composição dessas duas colas é dada por Teófilo, *Schedula diversarum artum*, livro I, cap. 17, e por Cennini, cap. CXII ("Como fazer uma cola de cal e queijo") e cap. CIX ("Como se faz uma cola de maçã [*caravella*], como se dilui e para quantas coisas serve"): "Há uma cola que se chama cola de gomos (*spicchi*), que é feita com pedaços de maçã, seus talos, suas nervuras e muitos de seus pedaços [...]."

Da pintura

Capítulo XV

Como fazer e conhecer boas pinturas; qual sua finalidade;
sobre o desenho e a representação de cenas.

A pintura é um plano recoberto de áreas coloridas, sobre superfície de madeira, alvenaria ou tela, ao redor de diversos contornos que, em virtude do bom desenho de linhas, circundam a figura. O bom pintor constitui esse plano de tal modo que, no meio, as cores são mais claras e, nos extremos e no fundo, são mais escuras, havendo cores intermediárias entre estas e aquelas, de tal modo que, integrando-se esses três campos, tudo o que houver entre um contorno e outro ganha relevo e mostra-se como se esculpido, em destaque. É verdade que esses três campos não podem bastar a cada coisa, visto ser necessário dividir qualquer um deles em pelo menos duas espécies, fazendo do claro dois médios e do escuro dois mais claros; fazendo também do médio dois outros médios, um dos quais tenda ao mais claro, e o outro, ao mais escuro. Quando se temperam tons de uma só cor, seja ela qual for, obtêm-se aos poucos o claro, o menos claro e um pouco mais escuro, de tal maneira que chegaremos ao negro puro. Portanto, as cores devem ser misturadas e, quer se trabalhe com óleo, têmpera ou afresco, vai-se cobrindo o contorno e pondo em seus devidos lugares os claros, os escuros e os tons intermediários, bem como os meios-tons, que são resultado da mistura dos três primeiros, claros, intermediários e escuros; os tons claros, médios, escuros e meios-tons são experimentados num cartão ou em outro desenho que seja feito para tal fim; tudo isso precisa ser feito com um bom desenho, tino e inventividade, considerando-se que a composição na pintura nada mais é que a distribuição das figuras em seus devidos lugares de tal modo que os espaços estejam de acordo com a boa impressão visual, não sendo disformes, e que o fundo esteja cheio em um ponto e vazio no outro; essas coisas nascem do desenho e da representação de figuras vivas ao natural ou de modelos de figuras criadas para o fim que se deseje. O desenho só pode ter boa origem quando proveniente da retratação contínua de coisas naturais e do estudo de excelentes mestres e estátuas antigas em relevo. Mas, acima de tudo, a melhor prática é feita com nus de homens e mulheres ao natural, guardando-se assim de cor, graças ao uso contínuo, os músculos do tronco, das costas, das pernas, dos braços e dos joelhos, bem como os ossos que ficam por baixo; de todo esse estudo decorre a certeza de que, mesmo sem estar diante do modelo natural, é possível criar com a imaginação posições de todos os tipos; assim, é preciso ver desenhos de homens esfolados, para saber como são os ossos, os músculos e os nervos, com todas as ordens e termos da anatomia e para poder situar os membros e os músculos nas figuras com mais segurança e correção. E quem souber fazer isso necessariamente fará com perfeição os contornos das figuras que, desenhadas como devem ser, mostrarão graça e boa maneira. Porque quem estuda boa pintura e boa escultura, feitas de tal modo, ou seja, com a visão e o entendimento do ser vivo, só poderá ter boa maneira em arte. E daí nasce a invenção, que permite reunir numa cena quatro, seis, dez, vinte figuras, de tal modo que se acabe por formar batalhas e outras coisas grandiosas da arte. Essa invenção requer adequação, que é constituída de concordância e observância, pois, se uma figura se move para saudar outra, aquela que está sendo saudada não pode dar as costas, mas sim corresponder, e essa verossimilhança vale para todo o resto.

A cena deve ser cheia de coisas variadas e diferentes uma das outras, mas sempre a propósito daquilo que se faz e que é representado pelo artista. Este deve distinguir gestos e atitudes, fazendo mulheres e jovens com ar suave e belo; mas os velhos sempre têm aspecto sério, sobretudo se sacerdotes e autoridades. Porém sempre é preciso ter o cuidado de fazer cada coisa corresponder ao conjunto da obra, de tal maneira que, quando se olha para a pintura, seja possível reconhecer uma concordância uniforme que dê terror à fúria e suavidade aos efeitos agradáveis, representando-se de uma vez a intenção do pintor, e não aquilo que ele não pretendia. Por isso, ele precisa construir as figuras audazes com movimento e vigor; e as figuras mais distantes devem ser representadas em perspectiva com sombras e cores paulatinamente mais suaves e escuras; de modo que a arte sempre deve ser acompanhada pela graça da facilidade e pela limpeza delicada das cores; a obra não deve ser executada a duras penas e com um sofrimento cruel que faça o observador sentir o mesmo sofrimento suportado pelo artista, mas, ao contrário, alegrar-se com a sua felicidade, achando que sua mão recebeu do céu a agilidade que permite fazer as coisas com diligência e esforço, sim, mas não com sofrimento; assim, onde quer que elas sejam postas, não devem parecer mortas, mas apresentar-se vivas e verazes a quem as observar. É preciso abster-se de cruezas e esforçar-se para que as coisas que continuamente são feitas não pareçam pintadas, mas se mostrem vivas como em relevo; esse é o verdadeiro desenho, essa é a verdadeira invenção, reconhecidamente feita por quem cria pinturas que podem ser qualificadas de boas.

Capítulo XVI

Dos esboços, desenhos, cartões e regras de perspectiva;
por que são feitos e para que servem aos pintores.

É chamado esboço um primeiro desenho feito para se encontrarem as melhores posições e a primeira composição da obra. São feitos em forma de mancha, traçados num único bosquejo e, por serem expressos em pouco tempo pelo ímpeto do artista, são chamados de *schizzi**, porque vão sendo "esguichados" pela pena, por algum outro instrumento de desenho ou por carvão, de maneira que só servem para ensaiar o espírito daquilo que virá depois. Desses esboços são depois retirados, em boa forma e com mais amor e trabalho, os desenhos que o artista deverá copiar do natural, caso não se

---

* Esguichos. [N. da T.]

sinta com coragem para fazê-los sozinho. Depois de medir tudo com o compasso e o olho, ampliam-se as medidas na obra maior, segundo o que se queira fazer. Esses esboços são feitos com várias coisas: ou com lápis vermelho – pedra vinda da Alemanha que, por ser macia, pode ser cortada e apontada facilmente, sendo possível com ela desenhar como se queira – ou então com a pedra negra, que vem dos montes da França, com a qual se trabalha tal como com a vermelha. Outros esboços são feitos em claro-escuro sobre papéis coloridos, que servem de fundo, e com pena se faz o delineamento, ou seja, o contorno ou perfil; com um pouco de água, a tinta se adoça e o vela e sombreia; depois, com um pincel fino molhado em alvaiade diluído com goma se ilumina o desenho, procedimento que é muito mais pictórico e mostra mais a ordem das cores. Muitos outros usam somente a pena, deixando como luz o branco do papel, o que é difícil, mas de grande maestria; e muitos outros modos também existem que não cabe aqui mencionar, porque todos representam uma mesma coisa, ou seja, o ato de desenhar.

Feitos assim os desenhos, quem quiser trabalhar afresco, ou seja, em murais, precisa fazer cartões, ainda que muitos costumem fazê-los também para executar painéis. Esses cartões são feitos da seguinte maneira: cobrem-se folhas de papel com cola de farinha e água, cozida ao fogo (as folhas devem ser quadradas); em seguida as folhas são estendidas sobre a parede, coladas umas às outras com dois dedos da mesma pasta em torno de cada folha; em seguida, são elas totalmente molhadas com respingos de água fresca, de tal modo que são estendidas assim moles, para que, quando secarem, não apresentem rugas. Quando as folhas estiverem secas, com um tubo comprido (que possibilite avaliar de longe), vai-se transferindo para o cartão tudo o que estiver no desenho pequeno, com tamanho proporcionado, terminando aos poucos todas as figuras. Aí os pintores executam todos os trabalhos da arte de retratar com base em nus vivos e panos naturais, fazendo as perspectivas de acordo com tudo o que tenha sido desenhado em tamanho pequeno nas folhas, ampliando as coisas proporcionalmente. E, se houver perspectivas ou construções, estas devem ser ampliadas com o reticulado, que é uma pequena rede de quadradinhos ampliada no cartão, com a qual se transferem todas as coisas com correção. Porque quem traça perspectivas em desenhos pequenos que, partindo da base, elevam-se em perfil e com intersecções, apresentando pontos de fuga, precisa transferi-los com proporção para o cartão. Mas sobre o modo de traçá-las, coisa cansativa e difícil de explicar e entender, não quero delongar-me. Basta dizer que as perspectivas são bonitas quando se mostram corretas à visão, fugindo e afastando-se do olhar, e quando são compostas com construções variadas e bonitas. Portanto, é preciso que o pintor tenha o cuidado de fazê-las diminuir com proporção, suavizando as cores, o que mostra no artista bom discernimento e tino, em vista da dificuldade das muitas linhas confusas projetadas no plano, no perfil e nas intersecções; estas, recobertas pela cor, mostram-se como coisa facílima com o que o artista é considerado douto, entendedor e talentoso na sua arte. Muitos mestres, antes de comporem a cena no cartão, costumam fazer um modelo de barro numa superfície, situando todas as figuras em vulto para ver o esbatimento, ou seja, as sombras que se projetam de uma fonte de luz sobre as figuras, sombras que, quando provenientes do sol, serão mais cruas do que as provindas de outras luzes e projetadas no plano pela figura. E assim, copiando tudo, fazem as sombras que uma figura projeta sobre a outra, obtendo nos cartões e na obra, graças a esse trabalho, mais perfeição e força, pois o desenho parece ganhar relevo sobre o papel. Isso faz que tudo se mostre mais bonito e mais bem-acabado. E quando esses cartões são usados em afrescos ou murais, todos os dias se corta um pedaço na comissura que é decalcado na parede, devendo esta ter recebido cal fresca e estar perfeitamente limpa. O pedaço de cartão é posto no local onde deverá ser feita a figura, fazendo-se as marcas, para que no outro dia, quando se quiser colocar um outro pedaço, se reconheça o seu lugar certo e não se cometa nenhum erro. Depois, em todo o contorno do referido pedaço, com um ferro vai-se calcando a cal que, por estar fresca, cede ao papel e assim fica marcada. Depois, retira-se o cartão e, pelos sinais que ficaram calcados na parede, vai-se trabalhando com as cores, realizando assim o trabalho de afresco, ou mural. Na madeira e na tela, calca-se da mesma maneira; mas nesse caso o cartão é inteiriço, com a diferença de que é preciso tingir o verso do cartão com carvão ou pó negro, para que, ao se apertar com o ferro, o desenho seja contornado e apareça na tela ou na madeira. Por essa razão os cartões são feitos para possibilitar que a obra seja correta e proporcionada. Muitos pintores há que não os usam nas obras a óleo, mas nos trabalhos de afresco não é possível deixar de fazê-lo. É certo, porém, que quem inventou esse procedimento teve muita imaginação, uma vez que nos cartões é possível discernir todo o conjunto da obra, sendo possível consertá-los ou jogá-los fora até que tudo fique bom, coisa que na obra depois não se pode fazer.

Capítulo XVII

Sobre os escorços de baixo para cima e no plano.

Nossos artistas criaram uma ótima solução para escorçar as figuras, ou seja, para fazer que elas pareçam maiores do que o são realmente, sendo o escorço o desenho de uma coisa com uma face encurtada, de tal modo que, olhada de frente, parece ter comprimento e altura diferentes do que realmente tem. No entanto, a espessura, os contornos, as sombras e as luzes dão a impressão de que ela se projeta para a frente, motivo pelo qual se chama escorço. Nunca houve pintor ou desenhista que fizesse esse tipo de coisa melhor do que o nosso Michele Angelo Buonarroti; e tampouco nas figuras em relevo houve quem pudesse superá-lo, pois ele as fez divinamente. Para tanto, antes fazia modelos de barro ou cera; destes, que eram mais firmes do que se fossem vivos, extraía contornos, luzes e sombras. Tais coisas dão enorme trabalho a quem não entende, por não alcançar com o intelecto a profundidade dessa dificuldade, que é a maior que se possa encontrar em toda a pintura. E os nossos antepassados, amantes da arte, descobriram como solucioná-las usando linhas em perspectiva, o que não se sabia fazer antes; e tanto se aperfeiçoou esse procedimento, que hoje se chegou à verdadeira maestria. E aqueles que os criticam (falo dos nossos artistas) são os que não o sabem fazer e, para se elevarem, tratam de rebaixar os outros. E temos vários mestres pintores que, embora valorosos, não gostam de fazer escorços; apesar disso, quando veem escorços belos e difíceis, não só não os criticam, como também os louvam enormemente. Alguns modernos os fizeram com propriedade, apesar de difíceis, como os das figuras presentes em abóbadas que, quando olhadas de baixo, parecem encurtar-se e fugir; a isso se dá o nome de escorço de baixo para cima*, e sua

---

* *Di sotto in su.* [N. da T.]

força é tanta que parecem introduzir-se pelas abóbadas. Isso não pode ser feito sem modelos-vivos ou com modelos de alturas convenientes, pois sem isso não é possível representar as atitudes e os movimentos. É verdade que, apesar da dificuldade, pode-se obter grande graça e beleza, o que demonstra tratar-se de uma arte maravilhosa. Como veremos na vida de nossos artistas, estes deram grande importância a esse tipo de coisa em suas obras, aperfeiçoando-as e obtendo assim grandes louvores. Chamam-se escorços de baixo para cima porque o que se representa é alto e olhado de baixo para cima, e não em linha horizontal; e quem levanta a cabeça para ver as figuras percebe primeiro as plantas dos pés e as outras partes de baixo, sendo portanto essa a causa do nome.

Capítulo XVIII

Como integrar as tintas nas pinturas a óleo, nos afrescos ou nas têmperas;
como representar carnação, panejamento e como fazer que tudo o que é pintado
se integre na obra, de tal modo que as figuras não apareçam separadas,
tenham relevo e força, mostrando-se a obra clara e aberta.

Integração em pintura é a concordância de cores discordantes que, na diversidade de vários aspectos, mostram as partes das figuras distinguíveis umas das outras, separando carnação e cabelos, bem como os diversos panejamentos de vários coloridos. Quando as tintas são aplicadas em cores vibrantes, vivas e desagradavelmente discordantes, de tal modo que se mostrem carregadas e pesadas (como costumavam fazer alguns pintores), o desenho acaba por ser prejudicado, visto que as figuras se revelam mais como obra da cor que do pincel, pois este, criando efeitos de luz e sombra, as mostra em relevo e naturais. Portanto, todas as pinturas, a óleo, afresco ou têmpera, devem ter cores integradas, de tal modo que as figuras principais das cenas sejam muito claras, que os panos que cobrem as figuras da frente não sejam muito escuros, e que os panos das figuras que aparecem depois não sejam mais claros que os das situadas na frente; ao contrário, aos poucos, à medida que vão diminuindo para trás, elas devem adquirir também, paulatinamente, cores mais escuras na carnação e na vestimenta. E, principalmente, deve-se ter o cuidado de sempre usar as cores mais bonitas, agradáveis e belas nas figuras principais, sobretudo nas figuras que apareçam inteiras, e não pela metade, pois estas são sempre as mais observadas e vistas, enquanto as outras servem mais de fundo para o colorido delas; e uma cor mais mortiça faz parecer mais viva a cor que lhe é posta ao lado. E com cores melancólicas e pálidas dá-se a impressão de serem mais alegres as cores que lhes estão próximas, como se estas fossem dotadas de uma beleza fulgurante. Tampouco se deve cobrir o corpo com cores tão carregadas que marquem a separação entre a carnação e os panos, quando estes se estendem sobre o corpo; por outro lado, as cores das partes iluminadas dos referidos panos devem ter claridade semelhante à carnação – amarelo-claro, róseo, violáceo, purpúreo –, variegando-se os fundos mais escuros (verdes, azuis, purpúreos ou amarelos), desde que puxem para o escuro e se mostrem integrados no movimento das figuras com suas sombras, da mesma maneira como enxergamos nos seres vivos, ou seja, as partes que estão mais próximas do olho mostram-se mais luminosas, enquanto as outras, distanciando-se, vão perdendo luz e cor. Assim, na pintura, é preciso empregar as cores com tanta integração, que o escuro e o claro não se mostrem escurecidos e iluminados de maneira tão desagradável que criem discordância e desunião, a não ser nos esbatimentos, que consistem nas sombras que as figuras lançam umas sobre as outras, quando uma só luz incide sobre uma primeira figura que projeta sua sombra sobre a segunda. E, mesmo quando isso ocorre, é preciso pintar com suavidade e integração, porque quem assim não faz acaba por criar uma pintura que mais parece um tapete colorido ou um jogo de baralho do que carnação uniforme, panejamento macio ou outras coisas fofas, delicadas e suaves. Pois, assim como os ouvidos são agredidos pela música estrepitosa, dissonante ou dura, a não ser em alguns lugares e nas igrejas (tal como quando me referi aos esbatimentos), também os olhos são agredidos por cores demasiadamente carregadas ou cruas. De qualquer modo, assim como o berrante prejudica o desenho, também o que é embaciado, mortiço, apagado e excessivamente suave parece coisa morta, velha ou esfumaçada; mas aquilo que tem uniformidade, que está entre o berrante e o apagado, é perfeito e agrada ao olho assim como a música que tenha uniformidade e brilho agrada ao ouvido. Algumas partes das figuras devem perder-se no escuro e na distância da cena; porque, caso se mostrassem vivas ou acesas demais, confundiriam as figuras; ademais, sendo escuras e apagadas, quase como fundos, dão mais força às outras que ficam à frente. É incrível como, com a variação das cores da carnação, dando-se aos jovens cores mais frescas que aos velhos, aos de meia-idade, cores entre o queimado, o esverdeado e o amarelado, se consegue conferir graça e beleza à obra, do mesmo modo como, no desenho, se dá um ar diferente a velhos, jovens, moças e crianças; assim, vendo-se uma figura tenra e carnuda e outra, asseada e fresca, obtém-se uma bela discordância concordante. Assim, ao trabalhar, é preciso pôr os escuros onde menos agridam e menos divisões criem, para dar destaque às figuras; é o que se vê nas pinturas de Raffaello da Urbino e de outros pintores excelentes que procederam dessa maneira. Mas não é possível observar essa ordem nas cenas nas quais se reproduza a luz do sol e a da lua, ou então fogueiras ou coisas noturnas, pois estas são executadas com esbatimentos crus e cortantes. E na superfície na qual incide essa luz sempre deverá haver suavidade e união. E nas pinturas que observarem esses procedimentos será possível reconhecer que a inteligência do pintor, com a integração do colorido, ressaltou a qualidade do desenho, aformoseou a pintura e deu grande relevo e impressionante força às figuras.

Capítulo XIX

Das pinturas murais, como são feitas; e por que se chamam afrescos.

De todas as maneiras como os pintores trabalham, a pintura mural é a que exige mais maestria, porque consiste em fazer em um só dia aquilo que, em outros tipos de trabalho, pode ser retocado depois de pintado. Era grande o uso do afresco entre os antigos, e os velhos modernos[101] prosseguiram nessa arte. Trabalha-se sobre argamassa fresca e não se abandona o trabalho enquanto não estiver acabado aquilo que naquele dia se queira fazer. Porque quando se demora a pintar, a argamassa cria uma

---

[101] Ou seja, os pintores dos séculos XIV e XV, que a partir do início do século XIX serão chamados de "primitivos".

48

crostazinha, seja em decorrência do calor, do frio, do vento ou do gelo, o que embolora e mancha todo o trabalho. Por isso, a parede que se está pintando precisa ser continuamente molhada, e as tintas usadas devem ser todas de terras, e não de minerais, e o branco deve ser de travertino cozido[102]. A mão precisa ser destra, resoluta e veloz, mas acima de tudo o tino deve ser robusto e íntegro, pois as cores, enquanto a parede está mole, mostram-se com uma aparência que, depois de secas, já não é a mesma[103]. No entanto, para esses trabalhos de afresco, muito mais vale ao pintor o tino que o desenho, devendo ele ter por guia uma prática enorme, pois é sumamente difícil realizar tal arte com perfeição. Muitos de nossos artistas têm grande valor em outros trabalhos, como o óleo ou a têmpera, mas não alcançam sucesso neste, por ser ele realmente o mais viril, seguro, resoluto e durável de todos os procedimentos, pois, quando terminada, a obra conquista maior unidade e beleza do que todas as outras. O afresco se depura em contato com o ar, resiste à água e aguenta contínuos golpes. Mas é preciso evitar retoques com cores que contenham raspas de couro[104], gema de ovo, goma ou adraganta, como fazem muitos pintores; porque, além de não se dar à parede o tempo necessário para que ela mostre a sua clareza, as cores acabam sendo empanadas pelos retoques feitos em cima, tornando-se escuras em pouco tempo. Por isso, aqueles que procuram fazer pintura mural devem trabalhar corajosamente sobre argamassa fresca sem retoques a seco, pois estes, além de serem muito feios, encurtam a vida da pintura.

CAPÍTULO XX

Da pintura a têmpera, ou com ovo, sobre madeira ou tela;
como pode ser feita em muros secos.

Antes de Cimabue e depois dele, até hoje, sempre se viram obras feitas pelos gregos[105] a têmpera[106] sobre madeira e às vezes em murais. Aqueles velhos mestres costumavam passar gesso na madeira, por temerem que ela se abrisse nas junções; cobriam tudo com linho grudado com cola de raspa de couro e, por cima, passavam gesso, sobre o qual trabalhavam, diluindo as cores com gema de ovo ou têmpera, que assim se faz: abriam um ovo, batiam-no e nele moíam um ramo tenro de figo, para que seu leite e o ovo formassem a têmpera das cores; assim, diluindo as cores com esse preparado, trabalhavam suas obras. E sobre tais madeiras usavam cores à base de minerais, que são feitas em parte pelos alquimistas e em parte são encontradas em jazi-

---

[102] Na pintura de afrescos, ou seja, sobre argamassa ainda fresca feita de cal e areia, com cores diluídas em água, não podem ser usadas tintas minerais, mas apenas as "terras" (óxidos de ferro); a receita para a preparação do "branco de travertino cozido" (no afresco não se pode usar alvaiade) é dada por Cennini, cap. LVIII.

[103] De fato, ao secarem, as cores se alteram, e o pintor precisa prever essa alteração.

[104] Em italiano, *carniccio*. É "a parte de dentro da pele dos animais, ou seja, a que está em contato com a carne" (Fanfani, *Vocabolario della lingua italiana*).

[105] Ou seja, os bizantinos.

[106] Por têmpera entende-se qualquer técnica pictórica que empregue como aglutinante materiais bastante diversos, entre os quais colas, gomas, leite, cera dissolvida em essências etc. Cennini a usava também no óleo, embora na sua época se tenha acabado por dar esse nome quase exclusivamente à mistura das tintas com gema de ovo; para Vasari, também a têmpera por excelência é a de gema de ovo.

das. Para essa espécie de trabalho todas as cores são boas, exceto o branco que se usa em murais, feito de cal, que é forte demais. E dessa maneira eram feitas suas obras e suas pinturas; a isso dão o nome de pintar a têmpera. Somente os azuis eram diluídos em cola de raspa de couro, porque a cor amarela do ovo os transformava em verde, ao passo que a cola mantém sua cor; o mesmo ocorre com a goma. O mesmo modo de trabalhar se usa sobre madeira, com ou sem gesso, bem como em muros que estejam secos: passam-se uma ou duas demãos de cola quente e depois, com as cores assim diluídas, realiza-se toda a obra; e quem quiser diluir as cores com cola poderá fazê-lo facilmente, observando o que se falou sobre a têmpera. Nem por isso tais obras serão piores, pois mesmo as obras dos velhos feitas a têmpera se conservaram por centenas de anos com a mesma beleza e frescor. E ainda se veem coisas de Giotto, algumas das quais sobre madeira, que já duram duzentos anos e se mantêm perfeitamente. E assim chegamos à pintura a óleo, que levou muitos a abolir a têmpera, tal como vemos ainda hoje, nos trabalhos sobre madeira e em outras coisas importantes.

CAPÍTULO XXI

Da pintura a óleo sobre madeira ou tela.

Foi uma invenção belíssima e cômoda para a arte da pintura a do colorido a óleo, que se deveu a João de Bruges[107], de Flandres, que mandou a Nápoles um painel para o rei Afonso[108] e outro para o Duque de Urbino, Federigo II, com sua estufa[109]; fez um São Jerônimo que pertencia a Lorenzo de' Medici, além de muitas outras coisas elogiadas. Foi sucedido por Rogério de Bruges, seu discípulo[110], e por Ausse, criado por Rogério[111], que em Portinari, Santa Maria Nuova de Florença, fez um quadro pequeno que hoje está com o duque Cosimo[112]; e é de sua lavra o painel de Careggi, *villa* situada fora de Florença, da ilustríssima Casa dos Medici; também Lodovico da Luano[113], Pietro Crista[114],

---

[107] Ou seja, Jan van Eyck (c. 1385-1441). É aí que Vasari fala pela primeira vez da "invenção da pintura a óleo", atribuindo-a a esse artista.

[108] Afonso V de Aragão (1396-1458), que se tornou Rei de Nápoles graças a uma bula do papa Eugênio IV em 25 de julho de 1443.

[109] Não Federico II, mas Federico da Montefeltro (1422-82), senhor de Urbino a partir de 1444 e duque a partir de 1474. Provavelmente a expressão "sua estufa" se refere ao tema da pintura com "*feminae ex balneo exeuntes*", descrito por B. Facio, *De Viris illustribus*, c. 1455, ed. Firenze, 1745, p. 46, como pertencente a um homem ilustre, Ottaviano Cardinale, provavelmente genovês, e reproduzido por Willem van Haecht, em seu *Cabinet de peinture*, 1628, do colecionador Cornelis van der Geest, morto em 1638 (já na coleção de lorde Huntingfield em Heveningham; agora na coleção Van Berg, em Nova York).

[110] Rogier van der Weyden (1399?-1464). Em 1450, por ocasião do jubileu, foi para Roma; trabalhou em Ferrara para Lionello d'Este. Foi aluno de Robert Campin.

[111] Hans Memling (1433?-94), que nasceu em Selingenstadt, nas imediações de Mogúncia. Em 3 de janeiro de 1465 tornou-se cidadão de Bruges, onde morreu. Estilisticamente, segue Van der Weyden.

[112] Pintura proveniente de Santa Maria Nuova com um retrato de meio-corpo e mãos juntas, costumeiramente identificado com Benedetto di Tommaso Portinari, datado de 1485. Está conservado na Galleria degli Uffizi (nº 1090). Outrora estava unido como díptico a um *São Bento* do mesmo museu (nº 1100), com a mesma proveniência.

[113] Provavelmente Dirck Bouts (Haarlem, c. 1415-Louvain, 1475).

[114] Petrus Christus (morto em 1473); em 1444 obteve em Bruges o título de mestre; sua atividade naquela cidade foi documentada até 1472. Educado na escola de Van Eyck, seu estilo tardio mostra conhecimento da arte italiana. Uma passagem sua pela Itália foi documentada.

mestre Martinho[115] e Giusto da Guanto[116], que fez o painel da Comunhão para o Duque de Urbino, bem como outras pinturas, além de Hugo de Antuérpia, que fez o painel de Santa Maria Nuova de Florença[117]. Essa arte depois foi introduzida na Itália por Antonello da Messina, que passou muitos anos em Flandres[118] e, voltando pelas montanhas, parou em Veneza e lá passou a residir, ensinando-a ali a alguns amigos, um dos quais foi Domenico Veneziano, que depois a levou para Florença, quando pintou a óleo a capela Portinari em Santa Maria Nuova[119], onde Andrea dal Castagno a aprendeu, passando a ensiná-la aos outros mestres; com isso, tal arte se foi ampliando e progredindo, até Pietro Perugino, Lionardo da Vinci e Raffaello da Urbino, atingindo toda a beleza que, graças a estes, os nossos artistas conquistaram. Esse modo de pintar acende mais as cores, só havendo necessidade de diligência e amor, porque o óleo traz consigo o colorido mais aveludado, suave e delicado, sendo mais fácil esfumá-lo e integrá-lo com outras cores, pois, enquanto está fresco, é mais fácil misturar as cores e uni-las umas às outras. Em suma, os artistas desse modo imprimem muita graça, vivacidade e brio às suas figuras, de tal maneira que muitas vezes lhes conferem a impressão de relevo, como se saíssem do quadro, especialmente quando também há bom desenho, inventividade e bela maneira. Mas para pôr em prática esse trabalho faz-se assim: ao começar, ou seja, depois de passar gesso na madeira ou nos quadros, estes são raspados, passando-se quatro ou cinco demãos de cola bem diluída com uma esponja; em seguida, as cores são moídas com óleo de nogueira ou linhaça (embora a nogueira seja melhor por amarelar menos); e, depois de moídas com esses óleos, que são sua têmpera, elas só precisam ser aplicadas com o pincel. Mas antes é preciso fazer uma mistura de tintas secantes, como alvaiade, ocres, argilas de sino[120], todos misturados num só corpo e numa só cor; e, quando a cola estiver seca, essa mistura deve ser esfregada em toda a madeira, ao que muitos dão o nome de imprimadura. Seca essa mistura, o artista decalca nela o cartão ou desenha sobre ela com gesso branco de alfaiate, fazendo o esboço com as primeiras cores; isso é denominado por alguns sobrepor. Depois de cobrir o quadro por inteiro, o artista o retoma para lhe dar acabamento, usando de arte e diligência para chegar à perfeição; e assim trabalham os mestres a óleo sobre madeira.

---

[115] O alemão Martin Schongauer de Colmar (c. 1440-91), que Vasari chama de Martinho de Holanda (Martino d'Olanda) ou Martinho de Antuérpia (Martino d'Anversa).

[116] Juste de Gand ou Joost van Wassenhove (nascido em c. 1430) entre 1468 e 1473 partiu para Roma; entre 1473 e 1475 está em Urbino, onde faz para Federico da Montefeltro "o quadro da Comunhão" dos apóstolos (*Última Ceia*), ainda hoje em Urbino, na Pinacoteca.

[117] Hugo van der Goes (c. 1440-82); o "painel de Santa Maria Nuova" é o famoso Tríptico Portinari que representa *A adoração dos pastores*, hoje nos Uffizi; feito em 1475-76, chegou a Florença em 1482 e foi posto sobre o altar-mor da igreja de Sant'Egidio, onde provavelmente substituiu a *Adoração dos magos* de Lorenzo Monaco, hoje nos Uffizi.

[118] Cf. Vida de Antonello da Messina na p. 294. Provavelmente nunca esteve em Flandres, e para explicar sua arte basta pensar na cultura pictórica flamenga que permeava todo o Sul da Itália.

[119] Domenico Veneziano (c. 1400-61) pintou entre 1439 e 1445 parte do coro da igreja do Spedale di Santa Maria Nuova (Sant'Egidio), tendo consigo o jovem Piero della Francesca e o superado Bicci di Lorenzo. Os afrescos se perderam, exceto alguns fragmentos insignificantes, recuperados recentemente. Cf. Vida de Andrea del Castagno e de Domenico Veneziano nas pp. 316-21.

[120] Creta usada pelos fundidores de sinos para fazer moldes.

Capítulo XXII

Como se pinta a óleo em muro seco.

Quando os artistas querem trabalhar a óleo sobre muro seco, podem fazê-lo de duas maneiras: uma é raspar o muro, se ele estiver caiado, ao modo de afresco ou outro; ou, se estiver liso sem cal, mas rebocado, deve-se passar sobre ele duas ou três demãos de óleo fervido e cozido, continuando-se até que deixe de absorver; depois de seco, passa-se a mistura ou a imprimadura descritas no capítulo anterior. Depois disso, quando tudo estiver seco, os artistas podem decalcar ou desenhar, levando a cabo sua obra como se fosse um painel, mas sempre misturando às cores um pouco de verniz, para que não seja preciso depois envernizá-la. Outro modo de trabalhar consiste em fazer um chapisco[121] bem limpo, de estuque de mármore e tijolo bem triturado, que deve ser raspado com o gume da colher, para que o muro fique áspero. Depois se dá uma demão de óleo de linhaça e num caldeirão se faz uma mistura de breu, mástique e verniz grosso, que deve ser fervida e passada no muro com um pincel grosso, sendo depois espalhada sobre ele com uma colher aquecida ao fogo. Esta preenche os orifícios e cria uma superfície mais uniforme em todo o muro. Depois de seca, faz-se a imprimadura ou passa-se mástique, para depois trabalhar como de costume com óleo, de acordo com o que já descrevemos.

Capítulo XXIII

Como pintar a óleo sobre telas.

Para que as pinturas pudessem ser levadas de um lugar para outro, os homens acharam que as telas eram mais cômodas, por pesarem pouco e poderem ser enroladas, tornando-se fácil transportá-las. Quando pintadas a óleo, para se tornarem maleáveis, não devem ser recobertas com gesso, visto que o gesso racha ao ser enrolado; em vez disso, se faz uma pasta de farinha com óleo de nogueira, acrescentando duas ou três partes de alvaiade, e, depois que as telas receberem três ou quatro demãos de cola diluída, de tal modo que passe de um lado para o outro, esfrega-se uma faca sobre essa pasta, e todos os orifícios acabam sendo tapados pela mão do artista. Feito isto, dá-se uma ou duas demãos de cola diluída e, em seguida, o mástique ou imprimadura; para pintar em cima, usa-se o mesmo procedimento descrito acima.

Capítulo XXIV

Sobre a pintura a óleo em pedra; quais pedras são boas.

Os nossos artistas que trabalham com óleo, além dos murais, sempre desejaram pintar sobre pedras. Assim, no litoral de Gênova, encontraram aquela espécie de placa de que falamos na parte referente à arquitetura[122], que se adapta muito a esse trabalho;

---

[121] Na técnica do afresco, o chapisco é a primeira camada de cal no muro, sobre a qual depois, na hora de pintar, é estendida a argamassa.

[122] Cf. p. 19 e nota 53.

pois, por serem bem compactas e terem grão delicado, adquirem grande polimento. Sobre elas, modernamente, um número quase infinito de pintores encontrou o modo verdadeiro de trabalhar. A seguir foram experimentadas pedras mais finas, como as brechas de mármore, mármores serpentinos e pórfiros, além de outras semelhantes, que, depois de alisadas e polidas, absorvem a tinta. Mas, na verdade, se a pedra for áspera e seca, com mais facilidade se encharca e absorve o óleo fervido e a tinta; isso ocorre com alguns peperinos delicados, que, quando batidos com ferro e não areados com areia ou tufo, podem receber a mesma mistura de que falei quando me referi ao chapisco[123], com aplicação da colher de ferro quente. Com todas essas pedras não se deve usar cola no princípio, mas apenas uma demão de imprimadura de tinta a óleo, ou seja, a mistura de tintas e linhaça; seca a imprimadura, o trabalho pode ser iniciado a gosto. E quem quiser pintar uma cena a óleo sobre pedra poderá usar aquelas placas genovesas, cortadas em quadrados e fixadas ao muro com pinos sobre uma incrustação de estuque, espalhando-se bem a mistura de óleo de linhaça sobre as junções, de tal modo que se obtenha uma superfície plana do tamanho necessário. É esse o verdadeiro modo de levar a cabo tais obras; depois do acabamento, estas podem ser ornamentadas com pedras finas, brechas e outros mármores, que são infinitamente duráveis, desde que trabalhadas com diligência; pode-se envernizar ou não, como se queira, pois a pedra não suga, ou seja, não absorve tanto quanto a madeira e a tela.

Capítulo XXV

Como pintar murais em claro-escuro usando várias argilas ou terras;
como imitar bronze; cenas feitas com argilas ou terras para arcos e festas,
com cola (o chamado guache) e têmpera.

Segundo os pintores, o claro-escuro é uma forma de pintura mais tirante ao desenho do que ao colorido; são feitos à imitação de estátuas de mármore, figuras de bronze e outras várias pedras. Esse procedimento costuma ser usado em fachadas de palácios e casas, compondo-se cenas que imitam cenas entalhadas em mármore ou pedra; também procuram imitar várias espécies de mármore, pórfiro, pedra verde, granito vermelho e acinzentado, bronze e outras pedras, conforme o que melhor convenha; hoje esse procedimento é muito usado nas fachadas de casas e palácios, tanto em Roma como em toda a Itália. Essas pinturas são feitas de dois modos: em afresco, que é a verdadeira, ou em telas para arcos ou festas, que são dotadas de belíssima aparência. Trataremos primeiro do afresco e depois falaremos do outro tipo. No afresco, faz-se o fundo com barro de oleiro, misturando-lhe carvão moído ou outro preto para fazer as sombras mais escuras; usa-se branco de travertino para várias gradações escuras e claras, iluminando com branco puro e fazendo os escuros mais densos com o último tom negro; tal tipo de pintura precisa ter vigor, bom desenho, força, vivacidade e bom estilo, sendo expressa com uma ousadia que demonstre arte, e não excessivo esforço, pois tais cenas precisam ser vistas e reconhecidas de longe. Com esse procedimento também se imitam as figuras de bronze, que são esboçadas sobre fundo de argila amarela e vermelha; a perspectiva é criada com tons mais escuros de preto, vermelho e

---

[123] Cf. p. 52 e nota 121.

amarelo; com amarelo puro criam-se os meios-tons e ilumina-se com amarelo e branco. Desse modo os pintores fizeram as fachadas e suas cenas, entremeadas com algumas estátuas, que assim adquirem enorme graça. As pinturas feitas para arcos, comédias ou festas são trabalhadas sobre tela com fundo de terra, ou seja, da primeira argila pura de oleiro, temperada com cola, e é preciso que a parte de trás dessa tela esteja molhada enquanto está sendo pintada, para que o fundo de terra possibilite maior integração entre os escuros e os claros da obra[124]. E os pretos costumam ser misturados com um pouco de têmpera: alvaiade para o branco e mínio para dar relevo às coisas e assim fazê-las parecer de bronze; ocre para iluminar sobre o mínio; para os fundos e os escuros, usam-se as mesmas terras amarelas e vermelhas e os mesmos pretos de que falei quando tratei do modo de trabalhar em afresco, obtendo-se assim meios-tons e sombras. Com outras diferentes cores também se fazem claros-escuros, como com umbra, à qual é acrescentada terra verde, terra amarela e branco; também se pode usar terra negra, que é outro tipo de terra verde e negra, chamada *verdaccio*[125].

CAPÍTULO XXVI

Sobre os esgrafitos das casas que resistem à chuva;
o que se usa para fazê-los e como realizar grotescos em muros.

Os pintores usam outra espécie de pintura, que é desenho e pintura ao mesmo tempo; seu nome é esgrafito e só serve para ornamentos de fachadas de casas e palácios, pois sua realização é mais rápida, e sua resistência à água é segura. Os contornos, em vez de serem desenhados com carvão ou outro material semelhante, são traçados com um estilete pela mão do pintor[126]. E isso é feito da seguinte maneira: em geral, toma-se cal misturada com areia que é tingida com palha queimada, obtendo-se um tom tirante ao prateado, um pouco mais escuro que o meio-tom, e com isso se reveste a fachada. Feito isto, passa-se a limpar com branco de cal de travertino, caiando-se tudo; a seguir, passa-se a estresir com cartão ou a desenhar aquilo que se queira. Depois, calcando o ferro, vão-se traçando os contornos e riscando a cal; e, como sob a cal há uma camada preta, as marcas traçadas pelo ferro se mostram como sinais do desenho. Costuma-se raspar o branco no fundo destes e depois usar uma tinta de aquarela um tanto escura e muito aguada, criando-se assim os escuros como se faz com papel; o que produz um belíssimo aspecto para quem vê de longe; mas o fundo, seja ele desenhado com grotescos ou folhagens, é trabalhado com esbatimentos, ou seja, sombreado com essa aquarela. E esse trabalho, por ser riscado com ferro, foi chamado de esgrafito. Agora falta falar dos grotescos feitos sobre muro, dos que são feitos sobre fundo branco. Se não houver fundo de estuque, por não haver cal branca, pinta-se todo o fundo de branco; feito isto, passa-se a estresir e a trabalhar como afresco, usando cores sólidas, que nunca terão a graça das cores usadas sobre estuque. Desse modo podem ser executados grotescos grossos e finos, feitos da mesma maneira que as figuras de afresco ou murais.

---

[124] É a técnica de guache, usada hoje em dia sobretudo pelos cenógrafos.

[125] O "*verdaccio*" é uma cor composta de ocre, preto, cinábrio e branco; cf. Cennini, cap. LXVII.

[126] A adoção desse tipo de decoração é uma inovação do Renascimento, e Vasari foi quem primeiro descreveu sua técnica. Cf. Vida de Morto da Feltre nas pp. 638-40.

Capítulo XXVII

Como fazer grotescos sobre estuque.

Os grotescos são uma espécie de pintura licenciosa e muito ridícula, feita pelos antigos para ornamento de vãos em lugares nos quais só ficavam bem coisas postas no alto; para tanto, faziam seres com feições de monstros, deformados pela natureza, ou fruto da extravagância e da fantasia dos artistas, que em tais obras compõem sem obedecer a nenhuma regra, prendendo a fios finíssimos pesos que eles não podem suportar, dando a cavalos patas feitas de folhas de árvores, a homem, pernas de grou, além de outros inúmeros disparates e despropósitos; e quem os imaginasse mais estranhos era considerado mais talentoso. Depois, surgiram regras e, separados por frisos, tais trabalhos adquiriram belíssimo aspecto; foram feitos de estuque mesclado à pintura. Foi tão generalizado o seu uso, que ainda há vestígios deles em Roma e em todos os lugares onde os romanos estiveram. Na verdade, quando ornados com ouro e entalhados no estuque, os grotescos compõem obras alegres e agradáveis à vista. Podem ser feitos de quatro maneiras: com estuque puro, com os ornamentos apenas de estuque e cenas pintadas nos vãos e grotescos nos frisos; com figuras em parte de estuque e em parte pintadas de branco e preto, à imitação de camafeus e outras pedras. Portanto, viam-se muitos grotescos e estuques, que hoje são também executados pelos modernos; estes adornaram com tanta graça e beleza as construções mais notáveis de toda a Itália, que superaram em muito os antigos. O quarto modo de trabalhar o grotesco é fazê-lo em aquarela sobre o estuque, usando este último como fundo para as luzes e fazendo as partes mais escuras com diversas cores. De todos esses tipos, que resistem bastante ao tempo, é possível ver trabalhos antigos em inúmeros lugares de Roma e em Pozzuolo, perto de Nápoles[127]. Os trabalhos do último tipo podem ser perfeitamente feitos com cores sólidas em afresco, deixando-se o estuque branco como fundo, obtendo-se uma obra muito graciosa; entre eles é possível inserir paisagens, o que confere aspecto alegre, além de pequenas cenas com pequenas figuras coloridas. Em toda a Itália hoje há vários mestres excelentes que se dedicam a esse tipo de trabalho.

Capítulo XXVIII

Do modo de dourar com bolo-armênio, com mordente e outros.

Realmente foi fruto de uma bela e engenhosa investigação secreta a invenção do modo de bater o ouro e transformá-lo em folhas tão finas, que, para cada mil pedaços batidos com um oitavo de braço em cada um dos lados, pagava-se o valor de seis escudos apenas, pelo trabalho e pelo ouro. Não foi menos engenhosa a invenção do modo de aplicá-lo sobre o gesso, de tal forma que a madeira ou qualquer outro material existente sob este acabe parecendo constituir-se inteiramente de uma massa de ouro. Vejamos como isso é feito. Passa-se sobre a madeira um gesso finíssimo mistu-

---

[127] Em Roma, sobretudo nos restos subterrâneos da *Domus Aurea* de Nero (as chamadas grutas [*grotte*], donde a denominação grotescos [*grottesche*]); entre Pozzuoli e Baia, em numerosos restos de edifícios do período imperial.

rado a uma cola mais fraca que forte, engrossando com várias demãos, conforme a madeira esteja bem ou mal lavrada. Em seguida, com clara de ovo pura, misturada à água e batida ligeiramente, dilui-se o bolo-armênio[128], previamente amassado com água. A primeira mistura deve ser aquosa, ou seja, líquida e clara; a segunda deverá ser mais encorpada. Esse preparado é aplicado pelo menos três vezes sobre o trabalho, até que tudo esteja bem impregnado. Depois, passando um pincel com água em cada lugar onde o bolo-armênio foi aplicado, vai-se colocando o ouro em folha, que logo gruda no material mole. Quando este estiver quase seco, mas não inteiramente, deverá ser polido com presa de cão ou de lobo, até que se torne brilhante e bonito. Também é possível dourar de outra maneira, com mordente, usado em todos os tipos de coisas: pedras, madeira, tela, metais, tecidos e couros; mas o polimento não é feito como o primeiro. O mordente, que serve de base para reter o ouro, é feito de cores dessecativas com óleos de vários tipos e com óleo cozido misturado a verniz[129]. Esse material é passado sobre a madeira que já tenha recebido duas demãos de cola. Enquanto o mordente ainda estiver fresco, já meio seco, coloca-se sobre ele o ouro em folhas. O mesmo pode ser feito com *orminiaco**[130] quando se tem pressa, visto que este já tem utilidade enquanto está sendo aplicado; serve mais para adornar selas com arabescos e outros ornamentos. As folhas de ouro também podem ser trituradas em recipiente de vidro com um pouco de mel e goma, servindo assim para iluminadores e muitos outros artesãos que se deleitem a fazer com pincel perfis e luzes delicadíssimas em pinturas. Todos estes são belos segredos que, por muito numerosos, não costumam receber grande consideração.

Capítulo XXIX

Do mosaico de vidro e de como se conhece o que é bom e louvável.

Como já tratamos demoradamente no capítulo VI sobre o que é o mosaico e como é feito, continuaremos aqui naquilo que diz respeito à pintura, afirmando que constitui grande maestria a arte de unir tão bem suas peças, que de longe se tem a impressão de ver uma pintura louvável e bela. Nesse tipo de trabalho é preciso ter prática e tino, além de profundíssimo conhecimento da arte do desenho; pois quem usa uma superabundância de desenhos e figuras, com a aplicação de muitas peças miúdas, confunde todo o mosaico. Por isso, o desenho dos cartões feitos para esse fim precisa ser aberto, amplo, fácil, claro, de boa qualidade e bela maneira. Quem souber desenhar e for capaz de entender a força dos esbatimentos, do uso de poucas luzes e muitas sombras em algumas zonas ou fundos, esse saberá fazer mosaicos mais belos e bem organizados. O mosaico louvável tem clareza, mostra integração dos escuros na formação das sombras, precisa ser feito com muito discernimento para que, à distância, seja visto como

---

128 *Bolus*, do grego βῶλος (torrão ou grumo); é um silicato de alumínio, coloide, terroso, que contém 25% de água e era usado antigamente em farmácia por suas qualidades adstringentes com o nome de "bolo-armênio" (por provir da Armênia); cf. Cennini, cap. CXXXI.

129 Sobre a preparação dos mordentes, cf. id., ibid., caps. CLI-CLIII.

* Literalmente, *armeniacum* é abricó, damasco. B. Baldwin Brown (*Vasari on Technique*, cit., p. 250) traduz a palavra como *gum-ammoniac*, ou seja, goma-amoníaca. [N. da T.]

130 Espécie de mistura mordente um tanto líquida e viscosa, do latim *armeniacus*, da Armênia (*Dizionario etilomogico italiano*, Florença, 1954).

pintura, e não como obra de marchetaria. Por isso, os mosaicos que tiverem essas características serão bons e louvados por todos. Não há dúvida de que o mosaico é a pintura mais duradoura que existe, pois, enquanto esta se apaga com o tempo, aquele ganha vida continuamente; além disso, a pintura se desgasta e consome por si mesma, ao passo que o mosaico tem vida tão longa, que pode ser considerado eterno. Por esse motivo, descobrimos neles não só a perfeição dos velhos mestres, como também a dos antigos[131], graças às obras que hoje nos restam de seus tempos.

As peças com que se faz o mosaico são preparadas da maneira adiante descrita. Quando as fornalhas de vidro estão arranjadas, e os crisóis estão cheios de vidro, acrescentam-se as cores, uma em cada crisol, sempre tendo em mente que, partindo de um branco claro que tenha corpo e não seja transparente, vai-se caminhando gradualmente para os mais escuros, da mesma maneira como são arranjadas as cores para a pintura comum. Depois, quando o vidro estiver fundido e bem curado, quando as misturas de cores estiverem devidamente claras, escuras e com todos os tons necessários, usam-se conchas de ferro com cabo longo para retirar o vidro quente dos crisóis e colocá-lo sobre um mármore plano; em seguida, com outro pedaço de mármore, o material é apertado de maneira uniforme, criando-se rodelas regularmente planas com a espessura de um terço da altura de um dedo. Depois, com uma ferramenta* de ferro, cortam-se pequenos pedaços quadrados, enquanto outros pedaços são quebrados com um ferro quente, permitindo-se que se desfaçam a seu modo. Tais peças, quando demasiadamente longas, são desbastadas com esmeril; o mesmo é feito com todas as peças que precisarem. Terminado o trabalho, as peças são organizadas em caixas, tal como se faz com as tintas no trabalho em afresco, que são separadas em tigelinhas desde as mais claras até as mais escuras. Existe outra espécie de vidro, usada para os fundos e para as luzes do panejamento, com adição de ouro. Assim, quem quiser fazer douradura no vidro deve imergir a placa já pronta em água de goma e colocar sobre ela pedaços de ouro. Feito isto, a placa deve ser colocada sobre uma pá de ferro que é levada à boca da fornalha, tendo-se antes o cuidado de cobrir a placa com um vidro fino, cobertura esta que é feita de ampolas ou de frascos quebrados, de tal maneira que um pedaço cubra toda a placa. Deixa-se no fogo até que se torne quase incandescente, retirando de uma só vez; percebe-se que o ouro adquire uma liga admirável e que se imprime no vidro firmemente, suportando a água e as intempéries; depois, a placa é cortada e organizada do modo descrito acima. Para a fixação na alvenaria, costuma-se fazer um cartão colorido, mas há quem os faça sem cor; o cartão é calcado ou estresido pedaço por pedaço sobre o estuque, para depois ir encaixando aos poucos as peças para a construção do mosaico. O estuque, que é posto em camada grossa sobre o local do trabalho, pode ser usado durante dois ou quatro dias, de acordo com as condições do tempo; é feito de travertino, argamassa e tijolo triturado, com acréscimo de adraganta e clara de ovo; deve ser mantido continuamente mole com o uso de panos molhados. Assim, pedaço por pedaço, os cartões são cortados sobre a alvenaria e calcados no estuque, e depois com o uso de pinças apropriadas, as peças vão sendo apanhadas e encaixadas no estuque, iluminando-se as partes de luz, usando-se os meios-tons e os

---

[131] No fim do "Proêmio das Vidas" (cf. adiante, p. 75), Vasari explica a diferença entre "antigo" e "velho".

* O nome da ferramenta é *bocca di cane*; tudo indica que se trata de uma espécie de torquês. [N. da T.]

escuros em seus devidos lugares, imitando-se as sombras, as luzes e as penumbras minuciosamente como no cartão; assim, trabalhando com diligência, aos poucos se leva a obra a bom termo. Quem produz um resultado mais integrado, limpo e plano é mais digno de louvor e consideração dos outros. Porque há alguns artistas tão diligentes no mosaico, que o fazem com aparência de pintura em afresco. Terminado o trabalho, a liga do estuque afirma de tal modo o vidro, que a obra dura infinitamente; disso dão fé os mosaicos antigos existentes em Roma, bem como os mosaicos velhos; e em todos os tipos de trabalho os modernos em nossos dias fizeram maravilhas.

Capítulo XXX

*Sobre as cenas e as figuras feitas com mosaico nos pisos,
à imitação do trabalho em claro-escuro.*

Nossos modernos mestres do mosaico acrescentaram aos pedaços pequenos outra espécie de mosaico de mármore para imitar os trabalhos de pintura em claro-escuro. Isso foi causado pelo ardente desejo de, caso se extinguissem as outras espécies de pintura, deixar no mundo, para os pósteros, algum facho que mantivesse acesa a memória dos pintores modernos; por isso, reproduziram com admirável maestria cenas de grande tamanho, que podiam ser postas não só em pisos sobre os quais se anda, mas também em superfícies de muralhas e palácios, com uma arte bela e maravilhosa, que vencesse o risco da destruição pelo tempo dos desenhos de artistas tão extraordinários. Isso pode ser visto na Catedral de Siena, que foi começada por Duccio Sanese[132] e em nossos dias prosseguida e aumentada por Domenico Beccafumi[133]. Essa arte apresenta tanta qualidade, novidade e durabilidade, que, para uma pintura feita de encaixes em branco e preto, não se pode desejar muito mais em perfeição e beleza. Sua composição é feita com três tipos de mármore provenientes dos montes de Carrara: um deles é de um branco finíssimo e cândido; o outro não é branco, mas tendente ao arroxeado, servindo de meio-tom ao outro branco; o terceiro é um mármore acinzentado com tons tendentes ao prateado, que serve para os escuros. Quem quiser fazer uma figura com tais mármores, deve fazer um cartão em claro-escuro com os mesmos tons; feito isto, entre os contornos de tons intermediários, escuros e claros, encaixa-se com diligência a luz daquele mármore branquíssimo e, prosseguindo, encaixam-se os meios-tons e os escuros ao lado daqueles meios-tons que seguem os contornos feitos pelo artista no cartão. Depois de encaixados e aplanados todos os pedaços de mármore, claros, escuros e intermediários, o artista que fez o cartão pega um pincel com preto diluído e, mantendo toda a obra no chão, traceja e contorna o mármore nos locais onde há escuros, da mesma maneira como se contorna e traceja com a pena um papel desenhado em claro-escuro. Feito isto, o escultor entalha com seus instrumentos todos os traços e contornos que o pintor fez nos locais em que trabalhou com o pincel em preto. Terminado isto, cada um dos pedaços é fixado na alvenaria e em seguida, com uma mistura de piche fervido, ou asfalto, e terra negra, são preenchidos todos os entalhes feitos pelo escopro. Quando o material estiver frio e seco, com pedaços de tufo

---

[132] Cf. Vida de Duccio, p. 159, nota 2.
[133] Na edição de 1568, Vasari escreverá a Vida de Domenico Beccafumi, morto em 1551.

vai sendo retirado e desgastado aquilo que estiver em excesso; e com areia, tijolo e água vai-se lixando e aplanando até que tudo fique liso, ou seja, o mármore e o material que o rejunta. A obra terminada mostra-se de tal maneira que parece realmente pintura em superfície plana, tendo em si muita força quando feita com arte e maestria. Pela sua beleza, esse tipo de trabalho passou a ser bastante usado, de tal modo que numerosos pisos de aposentos internos hoje são feitos de tijolos parcialmente compostos de argila branca, ou seja, daquela que tende ao azulado quando fresca e se torna branca quando cozida, e parcialmente de outra argila comum para tijolos, que se torna vermelha quando cozida. Dessas duas argilas foram elaborados pisos com divisões e incrustações de vários tipos, como se pode ver nas salas papais em Roma, feitas no tempo de Raffaello da Urbino[134] e, recentemente, em muitas salas do Castel Sant'Angelo, onde, com o mesmo tipo de tijolo, foram feitas divisas com lírios e incrustações de peças que representam o brasão do papa Paulo[135], além de muitas outras divisas, tudo feito com tanta diligência, que não se pode desejar nada de mais belo nesse mister. Todas essas incrustações tiveram origem no primeiro mosaico.

CAPÍTULO XXXI

Do mosaico de madeira, ou seja, da marchetaria e das cenas feitas com madeiras coloridas e incrustadas, à imitação de pintura.

A facilidade com que sempre é possível somar algum novo achado às invenções do passado fica bem clara não só nas acima referidas incrustações feitas em piso, que sem dúvida vêm do mosaico, mas também na marchetaria com que se fazem figuras e muitas coisas variadas à semelhança também do mosaico e da pintura. É feita por nossos velhos artistas com pequenos pedaços de madeira encaixados e unidos sobre painéis de nogueira, sendo variadamente coloridos; o que os modernos chamam de trabalho de incrustação, os velhos chamavam de tauxia*. As melhores coisas dessa espécie foram feitas em Florença nos tempos de Filippo di Ser Brunellesco e depois de Benedetto da Maiano. No entanto, por serem consideradas inúteis, essas obras foram retiradas, como diremos em sua Vida[136]. Este, assim como os outros do passado, elaborou seus trabalhos apenas em preto e branco, mas frei Giovanni Veronese[137], que com a marchetaria obteve bons rendimentos, introduziu grandes melhorias, conferindo vários coloridos à madeira com água, corantes fervidos e óleos penetrantes; dessa maneira, obteve madeiras claras e escuras com muitas variações, como na arte da pintura, iluminando finamente com branquíssima madeira de evônimo-da-europa tudo o que fez. Esse trabalho teve origem nas perspectivas, feitas com peças de cantos vivos que, quando incrustadas, encaixavam-se perfeitamente em seus respectivos perfis, parecendo que

---

[134] No apartamento Borgia no Vaticano.

[135] Restam exemplos na sala da Justiça em Castel Sant'Angelo com as divisas de Alexandre VI, Júlio II, Leão X, Paulo III etc.

* Incrustação, *commesso*; tauxia, *tarsia*. [N. da T.]

[136] Cf. Vida de Benedetto da Maiano, p. 397.

[137] Frei Giovanni da Verona (*c.* 1475-1525), famosíssimo em seu tempo, é autor, entre outras coisas, dos alizares da sacristia de Santa Maria in Organo em Verona (1491-99). Cf. Vida de Rafael de Urbino, p. 502, nota 34.

tudo era feito de uma só peça plana, embora houvesse mais de mil. Os antigos também executavam esses trabalhos com incrustações de pedras finas, como se vê claramente no pórtico de São Pedro, onde há uma gaiola com um pássaro em fundo de pórfiro e outras pedras diferentes, incrustadas com todo o restante das hastes e das outras coisas. Mas, como trabalhar com a madeira é muito mais fácil, por ser mais macia, nossos mestres a usaram em maior abundância e do modo como quiseram. Para representar as sombras, bronzeavam um dos lados da madeira ao fogo, o que garantia boa imitação; outros usaram óleo de enxofre, diluição de substâncias sublimadas e de arsênico, com o que obtiveram as tonalidades que quiseram; é o que se vê nas obras de frei Damiano na igreja de San Domenico de Bolonha[138]. E, como essa técnica consiste apenas em desenhos que lhes sejam apropriados, cheios de casarios e de coisas que tenham contornos retos e possam ganhar relevo por meio de claros e escuros, os artistas que a ela se dedicaram sempre foram pessoas dotadas de mais paciência que de perícia no desenho. Assim, muitas obras feitas dessa forma contêm cenas com figuras, frutos e animais, sendo algumas extremamente vivas. Mas, por se tratar de coisa que logo escurece e só imita a pintura, sendo menos valiosa que esta e pouco resistente a traças e ao fogo, a marchetaria é vista como perda de tempo, ainda que produza obras louváveis e cheias de maestria.

Capítulo XXXII

Como pintar janelas de vidro e fazê-las com chumbo e ferro, sustentando-as sem atrapalhar as figuras.

Entre os antigos, as pessoas nobres ou pelo menos de alguma importância tinham o costume de fechar os vãos das janelas de tal modo que, sem impedir a passagem da luz, impossibilitasse a entrada do vento e do frio; isso só era feito nas termas, nos banhos a vapor, nas estufas e em outros lugares apartados, cujos vãos e aberturas eram fechados com pedras transparentes, como a ágata, o alabastro e alguns mármores macios, como as brechas tendentes ao amarelado. Mas os modernos, que contaram com maior quantidade de fornos de vidro, passaram a fazer janelas de vidro, em forma de olho de boi e em placas, à semelhança e imitação das que os antigos faziam de pedra. E, com barras de chumbo acanaladas dos dois lados, uniram os vidros e fecharam os vãos das janelas; e, com alguns ferros embutidos na alvenaria ou em caixilhos de madeira, as janelas foram guarnecidas e gradeadas da forma como diremos. No princípio, as janelas eram simplesmente feitas de vidros redondos ou quadrados, transparentes, com cantos brancos ou coloridos, mas depois os artistas imaginaram a feitura de um mosaico com figuras, usando vidros de diversos coloridos e encaixados como em pintura. E a tal ponto se esmerou o engenho, que hoje vemos em janelas de vidro a mesma perfeição que há nos painéis lindamente pintados com cores integradas e limpas. É o que demonstraremos na vida do francês Guglielmo di Marcillat[139]. Nessa arte, quem traba-

---

[138] Frei Damiano de' Zambelli da Bergamo (c. 1495-1549). Foi acolhido pelos frades predicantes de Bolonha já exímio na arte da tauxia, em 1528. Trabalhou as cadeiras do coro e as tauxias com cenas do titular na capela do santo; como a capela foi destruída, suas obras estão hoje na sacristia.

[139] Guillaume de Pierre de Marcillat (*c.* 1470-1529). Cf. sua Vida nas pp. 520-5.

lhou melhor foram os flamengos e os franceses, visto que, sendo estudiosos das coisas do fogo e das cores, descobriram como cozer as cores usadas no vidro, de tal modo que o vento, o clima e a chuva não as estragassem de maneira alguma. Já tinham o costume de pintá-las de cores veladas com gomas e outras têmperas[140], que com o tempo eram desgastadas por intempéries, ventos, neves e chuvas, desaparecendo de tal maneira que nada mais restava além da simples cor do vidro. Mas, na atualidade, vemos que essa arte atingiu seu supremo grau, além do qual não se pode desejar aperfeiçoamento algum em matéria de fineza, beleza e todas as particularidades que contribuem para estas; além de ser delicada e extrema a sua formosura, essa arte é salutar, por proteger os aposentos dos ventos e dos ares nocivos, bem como útil e cômoda, pela luz clara e fácil que através dela nos alcança. Na verdade, para serem assim feitas, há primeiramente necessidade de três coisas: luminosa transparência nos vidros escolhidos, belíssima composição daquilo que se elabora e colorido claro, sem confusões. A transparência consiste em saber escolher os vidros que sejam translúcidos por si mesmos. Nisso, os franceses e os flamengos são melhores que os venezianos: porque os flamengos são bem claros, enquanto os venezianos têm cores carregadas. E os vidros claros, ainda que sombreados, não perdem totalmente a luz, que os atravessa mesmo nas zonas sombrias. Mas os vidros venezianos, sendo por natureza escuros, perdem toda a transparência quando mais escurecidos pelo sombreamento. E, embora muitos gostem de cores fortes e artificiosamente sobrepostas, de tal modo que, expostas ao ar e ao sol, mostram não sei que beleza superior à das cores naturais, é melhor ter vidros que sejam naturalmente claros, e não escuros, para que as camadas de cor não os ofusquem.

Para se realizar esse tipo de trabalho é necessário ter um cartão desenhado com contornos, que incluam as pregas dos panejamentos e das figuras, mostrando onde é preciso encaixar os vidros. Depois, tomam-se os pedaços de vidro – vermelhos, amarelos, azuis e brancos –, que são distribuídos de acordo com o desenho para representar o panejamento ou a carnação, conforme for o caso. Para reduzir cada placa de vidro às medidas desenhadas no cartão, cada pedaço deste é marcado na placa de vidro, pousada sobre o cartão, com um pincel embebido em alvaiade; a cada pedaço se atribui um número, para que seja possível encontrá-los mais facilmente na hora do encaixe; terminada a obra, tais números são apagados. Feito isto, para cortar o vidro na medida certa, antes de mais nada desbasta-se um pouco com ponta de esmeril a superfície por onde se queira começar e, umedecendo-a aos poucos com saliva, toma-se um ferro pontiagudo e incandescente, com o qual são percorridos os contornos, mas um pouco por dentro das marcas. Assim, devagar, movimentando-se o referido ferro, o vidro vai sendo cortado e separado da placa. A seguir, com uma ponta de esmeril, os referidos pedaços são polidos, retirando-se o supérfluo; e, com uma ferramenta chamada *grisatoio* ou *topo**, os contornos vão sendo cerceados e desenhados, de tal modo que os encaixes se tornem justos. Encaixados os vidros, sobre uma tábua plana estende-se o cartão e começa-se a pintar as sombras do panejamento, o que deve ser feito com limalha de ferro moída e com outra ferrugem encontrada nas jazidas de ferro, que é vermelha; com esta são feitas as sombras da carnação, modificadas com o preto e o

---

[140] Na realidade, o costume de pintar vidros brancos com pigmentos coloridos é posterior ao procedimento original com vidros coloridos (que, entre outras coisas, são obtidos com mais facilidade do que o vidro branco).

* Espécie de lima. [N. da T.]

vermelho, segundo a necessidade. Mas antes é necessário velar a carnação com o vermelho em todos os vidros, fazendo o mesmo com o preto no panejamento; ambos devem ser diluídos em goma[141], pintando-se e sombreando-se aos poucos como está no cartão. Terminada essa pintura, para se pintar uma boa luminosidade, usa-se um pincel curto e fino de cerda e com ele se fazem traços nos locais do vidro em que se representa a luz, retirando-se uma parte daquela primeira cor que cobria a superfície inteiramente; com sua haste vão sendo feitas as luzes dos cabelos, das barbas, do panejamento, das construções e das paisagens, conforme se queira. Entretanto, nesse trabalho há muitas dificuldades, e quem gostar delas poderá usar várias cores sobre o vidro. Por exemplo, para colocar sobre a cor vermelha uma folhagem ou algo pequeno que deverá ganhar outro colorido no fogo, pode-se raspar o vidro na área que será ocupada pela folhagem usando a ponta de uma ferramenta, mas retirando apenas a camada superior do vidro, ou seja, o primeiro estrato; disso não se deve passar, pois dessa forma o vidro se torna branco[142], e aquele vermelho feito de várias misturas, quando ali colocado, funde-se ao fogo e torna-se amarelo. Isso pode ser feito com todas as cores, mas o amarelo é o que fica melhor sobre o branco; sobre fundo azul, torna-se verde ao fogo, pois a mistura de amarelo e azul produz a cor verde. Esse amarelo é usado sempre apenas no verso, onde não há pintura[143], porque, ao fundir-se, poderia escorrer e misturar-se com a camada espessa do vermelho (que se risca com ferramenta para deixar amarelo) e estragá-lo. Depois de pintados, os vidros devem ser postos numa base de ferro sobre uma camada de cinza amassada e misturada com cal queimada; assim, de camada em camada, os vidros vão sendo cobertos com cinza e cal, para, no fim, serem levados ao forno; o fogo deve ser lento e aquecido aos poucos, para que a cinza e os vidros não venham a afoguear-se, pois nesse caso as cores se tornam incandescentes, escorrem e penetram no vidro. Essa queima exige muita diligência, pois o fogo excessivamente forte poderia rachar o vidro, enquanto o fogo fraco não produziria efeito. O material não deve ser retirado do fogo enquanto não se perceber que a panela ou base de ferro que o contém, assim como a cinza, está inteiramente incandescente, deixando-se algumas amostras em cima para ver quando a cor está fundida.

Feito isso, o chumbo é posto em formas de pedra ou de ferro; as peças de chumbo têm dois canais, ou seja, um de cada lado, nos quais o vidro é encaixado e apertado. Essas peças devem ser aplanadas e endireitadas e, depois, enfiadas numa tábua, de tal modo que, pedaço por pedaço, todo o trabalho vai sendo chumbado em vários quadrados, soldando-se todas as junções das peças de chumbo com solda de estanho; em algumas das travessas nas quais são postos os ferros, são colocados fios de cobre chumbado, cuja finalidade é sustentar e interligar toda a obra; a armação de ferro não deve ser reta e cortar as figuras, mas ter as sinuosidades dos seus encaixes, para que estas possam ser perfeitamente vistas. Essa armação é presa com rebites aos ferros que sustentam tudo. Estes não devem ser quadrados, mas redondos, para não atrapalharem a

---

[141] A goma com que são misturadas as cores para facilitar a aplicação tem função provisória, porque depois as cores se fundirão no fogo e se incorporarão no vidro.

[142] Nesse caso, a cor não se fundiu na massa do vidro, que permanece branca, mas numa película de vidro colorido que se forma sobre a massa transparente; isto porque algumas cores, se usadas em espessuras maiores, teriam um efeito excessivamente opaco.

[143] Ou seja, do lado oposto àquele que recebeu o vermelho. Esse sistema descrito por Vasari, de inserção de detalhes de outra cor, é ignorado por Teófilo e, em geral, pela arte vidreira medieval.

visão. Isso tudo é posto do lado de fora da janela e chumbado nos buracos das pedras; deve ser fortemente amarrado com fios de cobre nos chumbos das janelas soldados a fogo. Para que a obra não seja estragada por crianças ou outros inconvenientes, instala--se atrás uma rede fina de fio de cobre. Esses lavores, se não fossem feitos de material facilmente quebrável, durariam por tempo infinito. Mas nem por isso essa arte deixa de ser difícil, engenhosa e belíssima.

Capítulo XXXIII

Do nielo e de que forma obtemos gravuras de cobre; como a prata é entalhada para fazer esmaltes de baixo-relevo e de que forma são cinzelados grandes objetos de ouro e prata.

O nielo[144], que nada mais é que o desenho tracejado e pintado sobre prata, tal como se pinta e traceja com o bico da pena, era conhecido pelos ourives desde os tempos dos antigos, pois em seus objetos de ouro e prata vemos incisões feitas com ferramentas e preenchidas com uma mistura. Essas incisões são desenhadas com o uso de estilos sobre prata plana, entalhando-se com buril, que é uma ferramenta quadrada que tem um dos ângulos pontiagudo, e o outro, aberto, de tal modo que seu lado, correndo oblíquo entre as duas pontas, torna a ferramenta mais aguda e cortante dos dois lados; sua ponta, correndo, produz cortes finíssimos. Com ele são feitas todas as coisas entalhadas em metais, quer esses entalhes sejam preenchidos, quer fiquem vazios, segundo a vontade do artista. Terminado o entalhe com o buril, funde-se prata com chumbo ao fogo, de tal modo que se incorporem, formando um material negro, frangível e de fácil fusão[145]. Esse material é moído e posto sobre a placa de prata onde está o entalhe, devendo este estar bem limpo; a peça é colocada perto do fogo de lenha verde, e este é soprado com um fole, para que suas fagulhas incidam sobre o nielo. Este, em virtude do calor, fundindo-se e escorrendo, preenche todos os entalhes feitos pelo buril. Depois que a prata esfria, usa-se um raspador para retirar diligentemente o material supérfluo, desgastando-se tudo devagar com pedra-pomes para depois esfregar com as mãos e com um pedaço de couro até que tudo fique realmente plano e bem polido. O florentino Maso Finiguerra[146] fez lavores admiráveis desse tipo, tendo sido extraordinário nesse ofício, conforme dão fé alguns porta-pazes de nielo que há na igreja de San Giovanni de Florença[147], considerados admiráveis. Desse entalhe de buril derivaram as gravuras de cobre italianas e alemãs que vemos hoje em grande número por toda a Itália; pois, assim como a prata, antes de ser preenchida com nielo, usada para marcar a argila, que depois recebia enxofre, também os gravuristas descobriram

---

[144] Do latim medieval *nigellum*, preto, que é a cor do esmalte composto de cobre vermelho, prata fina, enxofre açafroado e um pouco de bórax, com o qual, segundo o procedimento descrito por Vasari, são preenchidos os sulcos da incisão feita pelo buril sobre a lâmina de prata.

[145] Vasari se esquece do enxofre mencionado por Plínio, Teófilo e Cellini (*I trattadi dell'oreficeria e della scultura*, org. L. De Mauri, Milão, 1927). Cf. nota anterior.

[146] Maso Finiguerra (1426-64), ourives e nigelador florentino.

[147] Os porta-pazes são pequenos quadros, na maioria das vezes de metal, usados nas igrejas para transmitir o ósculo da paz pelo sacerdote ao povo. A atribuição a Maso Finiguerra dos que estavam outrora no Batistério e hoje estão no Museu Nacional de Bargello, com a *Crucificação* e a *Coroação de Maria*, foi reavaliada pela crítica recente (K. Oberhuber etc.). Cf. A. Angelini, *Disegni italiani del tempo di Donatello*, Florença, 1986, pp. 72 ss.

uma maneira de gravar o papel sobre estampas de cobre com o uso da prensa, como hoje vemos em suas impressões.

Há outro tipo de lavor em prata ou ouro, comumente chamado de esmalte, que é uma espécie de pintura misturada à escultura; serve para peças onde se ponha água[148], de tal modo que o esmalte fique no fundo. Quando se quiser trabalhar sobre ouro, este precisa ser finíssimo; quando sobre prata, esta deve ter pelo menos a qualidade da liga de um *giulio*[149]. Desse modo, para que o esmalte fique retido e não escorra para fora de seu lugar, é preciso deixar rebordos de prata que na parte de cima sejam muito finos e não sejam vistos. Assim, faz-se um relevo achatado e ao contrário do outro[150], para que, ao se colocar o esmalte, ele adquira os escuros e os claros de acordo com as partes altas e baixas do entalhe. Depois, usam-se esmaltes de vidro de várias cores, que devem ser diligentemente fixados com martelo[151]; devem ser mantidos em tigelinhas com água limpíssima, separados e distinguidos um do outro. Note-se que aqueles que são usados com ouro são diferentes dos que servem para a prata[152]. O trabalho é feito da seguinte maneira: os esmaltes são tomados separadamente com uma finíssima pazinha de prata e, com a máxima limpeza possível, são colocados em seus devidos lugares; e vai-se colocando um sobre o outro, à medida que aderem, até se completar a quantidade necessária. Feito isto, prepara-se um caldeirão de barro, próprio para tal, que seja todo cheio de furos e tenha um bocal na frente; dentro dele coloca-se a mufla, ou seja, uma pequena tampa de barro perfurada que evitará a queda do carvão; da mufla para cima enche-se de carvão de azinheira e acende-se o fogo da maneira ordinária. No vazio que ficou sob a referida tampa, sobre uma finíssima placa de ferro, põe-se a peça esmaltada para que seja aquecida aos poucos; deve ficar ali o tempo necessário para que os esmaltes se fundam e escorram em todos os lugares quase como água. Feito isto, deixa-se esfriar; depois, com um rascador, que é uma pedra para dar gume aos ferros, esfrega-se com areia para copos e com água limpa, até que fique plano; e, depois que todo o supérfluo foi retirado, a peça é colocada diretamente sobre o fogo, para que numa segunda fusão tudo ganhe lustro[153]. Há um outro tipo feito à mão, em que o polimento é dado com gesso de trípoli e um pedaço de couro, mas não cabe mencioná-lo; no entanto, já o utilizei, porque, sendo um trabalho de pintura como os outros, pareceu-me oportuno.

---

[148] Ou seja, fundo de taças, tigelas etc.

[149] Júlio II (papa de 1503 a 1513) promoveu em 1503 uma reforma monetária para melhorar o valor intrínseco e o peso do *grosso* ou *carlino* papal, que recebeu o nome de *giulio*, nome que manteve até que começasse a prevalecer o nome de *paolo* (de Paulo III, papa de 1534 a 1549).

[150] Ao passo que no nielo os traços são sulcos obtidos no metal, que ficam em relevo, enquanto são escavadas as zonas que devem conter o esmalte: é o procedimento do *champlevé*.

[151] Segundo Teófilo (*Schedula*, cit., 1. III, cap. 53) e Cellini (*I trattadi*, cit., pp. 35-6), os esmaltes são "pisados" com o martelo.

[152] Cf. também ibid. Os esmaltes devem ser diferentes tanto pelo distinto efeito de cor provocado pelo fundo amarelo e prateado, quanto pelas reações químicas diferentes que podem manifestar-se segundo os componentes de cada esmalte.

[153] Cellini (ibid., p. 42) prefere "polir à mão", porque no método aqui descrito por Vasari "trabalha-se muito mais depressa do que no outro. Mas, como todos os esmaltes por natureza se recolhem, havendo os que se recolhem mais e os que se recolhem menos, a obra acaba não sendo tão uniforme como quando o polimento é feito à mão".

Capítulo XXXIV

Da tauxia, ou seja, da damasquinagem.

Os modernos, imitando os antigos, chegaram a uma espécie de incrustação de prata e ouro nos metais entalhados, fazendo com eles lavores planos, de médio-relevo ou de baixo-relevo, tendo obtido grandes progressos nesse tipo de trabalho. Assim, vimos obras de aço incrustado à maneira da tauxia, também chamada de damasquinagem, porque tais lavores são muito bem feitos em Damasco e em todo o Levante. Por isso, hoje vemos muitos bronzes, latões e cobres incrustados com prata e ouro em forma de arabescos, provenientes de tais países; entre os antigos, vimos anéis de aço com figuras de meio-corpo e folhagens. Com esse tipo de trabalho hoje em dia são feitas armaduras de combate, lavradas com arabescos de ouro incrustado; também assim são feitos estribos, arções de sela e maças de armas; ademais, é costume usar esse lavor em empunhaduras de espadas, punhais, facas e todas as armas brancas que se queira ornar e guarnecer ricamente. Trabalha-se da seguinte maneira: escava-se o ferro nas medidas exatas e, à força de martelo, incrusta-se o ouro, tendo-se antes o cuidado de fazer na parte de baixo entalhes finíssimos como os de uma lima, de tal modo que o ouro neles penetre e se fixe. Depois, com ferramentas, contorna-se o ouro com ornatos de folhas ou daquilo que se queira; e, com fios de ouro passados na fieira, circunda-se tudo com a ferramenta e martela-se para fixar, como foi feito acima. No entanto, é preciso tomar cuidado para que os fios sejam mais espessos que os rebordos, para que se fixem melhor. Nesse ofício, numerosos engenhos fizeram coisas louváveis e maravilhosas. Não quis deixar de mencioná-lo por ser um tipo de incrustação e por se tratar de escultura e pintura, ou seja, de algo que deriva do desenho.

Capítulo XXXV

Das gravuras de madeira e do modo de fazê-las, bem como daquele que as inventou; como fazer pranchas com três matrizes, de tal modo que pareçam desenhadas e mostrem luzes, meios-tons e sombras.

Quem inventou as gravuras de madeira em três partes, de tal modo que, além do desenho, mostrem sombras, meios-tons e luzes, foi Ugo da Carpi[154], que, imitando as gravuras de cobre, descobriu o modo de fazê-las entalhando em madeira de pereira ou de buxo, que para esse trabalho são as melhores. Inventou, portanto, três partes, pondo na primeira todas as coisas contornadas e tracejadas; na segunda, aquilo que é tingido ao lado do contorno com aquarela, para produzir as sombras; na terceira, as luzes e o fundo, deixando o branco do papel como luz e tingindo o restante como fundo. Essa parte, na qual estão a luz e o fundo, é feita da seguinte maneira: o papel ainda fresco, no qual estão todos os contornos e traços gravados pela primeira parte, é posto sobre

---

[154] Ugo da Carpi (1480-1532) trabalhou em Roma; fez gravuras de belíssimo efeito pictórico com duas, três, quatro e cinco matrizes, a partir de obras de Peruzzi, Rafael, Giulio Romano, Ticiano e Parmigianino, que ele acompanhou em Roma (1523) e depois em Bolonha (1527) (cf. M. Pittaluga, *L'incisione italiana nel Cinquecento*, Milão, 1928, e J. Laran, *L'Estampe*, Paris, 1959).

a tábua de pereira e, sobre ele, são colocadas outras folhas que não estejam úmidas, apertando-se bem, de tal maneira que o papel ainda fresco tinja a madeira com todos os perfis das figuras. Então, o pintor, com alvaiade e goma, desenha as luzes sobre a madeira, para que o entalhador faça os entalhes com suas ferramentas, de acordo com o que está assinalado. Essa é a matriz que se usa em primeiro lugar porque produz as luzes e o fundo, quando impregnada de tinta a óleo; desse modo, a tinta espalha a sua cor por toda a superfície, exceto nos lugares onde estão as escavações, pois aí o papel permanece branco. A segunda parte é a das sombras, toda plana e tingida de aquarela, exceto onde as sombras não devem estar, pois aí são feitas escavações na madeira. A terceira, que foi feita em primeiro lugar, é aquela onde o contorno de tudo está escavado, exceto nos lugares onde não haja contornos tocados pelo negro da pena[155]. Isso é gravado na prensa, na qual o papel é colocado três vezes, ou seja, uma vez para cada matriz, de tal modo que tenham os mesmos encontros[156]. Sem dúvida essa foi uma belíssima invenção.

Todos esses misteres e artes engenhosas, como se vê, derivam do desenho, que é a necessária fonte de todas, sem o qual nada existe. Pois, embora todos os segredos e métodos sejam bons, o melhor é aquele por meio do qual tudo o que está perdido é reencontrado e tudo o que é difícil se torna fácil, como podereis ver na leitura das vidas dos artistas; estes, ajudados pela natureza e pelo estudo, fizeram coisas sobre-humanas por meio apenas do desenho. E, encerrando aqui a introdução das três artes, que talvez tenham sido tratadas muito mais demoradamente do que eu acreditava no princípio, passarei a escrever as *Vidas*.

FIM DA INTRODUÇÃO

---

[155] Ao contrário, é entalhada em todos os lugares, menos onde estão marcados os traços ("contornos"), que, permanecendo em relevo, deixam a marca no papel.

[156] De tal modo que premem o papel exatamente no mesmo ponto.

Proêmio às *Vidas*

Não duvido que quase todos os escritores tenham como opinião comum e indubitável que a escultura e a pintura foram naturalmente descobertas pelos povos do Egito; alguns outros atribuem aos caldeus os primeiros esboços em mármore e os primeiros relevos das estátuas, atribuindo também aos gregos a invenção do pincel e das cores. Mas direi que a essência de ambas as artes é o desenho, fundamento delas, e, aliás, a própria alma que concebe e nutre em si todas as partes dos intelectos[157], perfeitíssimo na origem de todas as outras coisas, quando Deus altíssimo fez o grande corpo do mundo e ornou o céu com brilhantíssimos luminares, desceu com o intelecto na limpidez do firmamento e solidez da terra e, formando o homem, revelou com a formosa invenção das coisas a primeira forma da escultura e da pintura; desse homem, depois, aos poucos (não se deve dizer o contrário), como de verdadeiro exemplar, foram extraídas as estátuas e as esculturas e a dificuldade da atitude e dos contornos, e para as primeiras pinturas (sejam elas quais forem), a maleabilidade, a integração e a discordante concórdia formadas pelas luzes e pela sombra. Assim, o primeiro modelo, de onde saiu a primeira imagem do homem, foi uma massa de barro, e não sem razão; porquanto o divino arquiteto do tempo e da natureza[158], sendo perfeitíssimo, quis mostrar na imperfeição da matéria a maneira como se põe e se tira[159], do mesmo modo como costumam fazer os bons escultores e pintores, que em seus modelos, tirando e pondo, conduzem os esboços imperfeitos à finura e perfeição que desejam. Deu-lhe a viva cor da carne, extraindo-se na pintura depois, dos minerais da terra, as mesmas cores, para imitar todas as coisas retratadas na pintura. É bem verdade que não se pode afirmar como certo aquilo que, como imitação de tão bela obra, os homens fizeram antes do dilúvio em tais artes, sendo de acreditar que de alguma maneira eles também esculpiam e pintavam; depois que Bel, filho do soberbo Nebrot[160], cerca de duzentos anos depois da inundação geral, mandou fazer a estátua da qual mais tarde nasceu a idolatria; e sua famosíssima nora Semíramis, Rainha da Babilônia, na edificação daquela cidade, pôs entre seus ornamentos não só várias e diversas espécies de animais copiados e coloridos segundo a natureza, mas também a imagem de si mesma e de seu marido Nino, bem como as estátuas de bronze do sogro, da sogra e da mãe da sogra, conforme

---

[157] "Designatio [...] totius sculpturae caput ac fundamentum" (Pompônio Gáurico. *De Sculptura* [1504], Leipzig, 1886, p. 128).

[158] Deus Pai como primeiro artista, "o primeiro fator", está em Dante (*Purgatório*, X, vv. 31 ss.).

[159] A definição da escultura como "arte de tirar e pôr" remonta a Michelangelo (Carta a Varchi de 1547, publicada em Varchi, "Due lezzione", cit., p. 82).

[160] Nemrod, descendente de Cam (Gênese, X, 8-12).

conta Diodoro[161], chamando-os com os nomes dos gregos, que ainda não existiam, Zeus, Juno e Ops. Com essas estátuas os caldeus aprenderam por acaso a fazer as imagens de seus deuses; depois de 150 anos, Raquel, fugindo da Mesopotâmia com seu marido Jacó, roubou os ídolos de seu pai Labão, como conta claramente o Gênese[162].

Mas não foram só os caldeus que fizeram esculturas e pinturas; também os egípcios as fizeram, praticando tais artes com a diligência que se revela no maravilhoso sepulcro do antiquíssimo Rei Osimandias, amplamente descrito por Diodoro, e naquilo que é demonstrado pelo severo mandamento ditado por Moisés ao sair do Egito, ou seja, que sob pena de morte não se fizesse imagem alguma de Deus. Este, ao descer do monte, vendo que o bezerro de ouro tinha sido construído e estava sendo solenemente adorado por sua gente, ficou muitíssimo perturbado por ver que se concediam honras divinas à imagem de um animal, e assim não só o quebrou e pulverizou, como também, por punição de tamanho erro, ordenou que os levitas matassem muitos milhares entre os celerados filhos de Israel que haviam cometido aquela idolatria[163]. Mas, como o grande pecado não era fazer estátuas, mas adorá-las, lê-se no Êxodo que a arte do desenho e das estátuas – não só de mármore, mas de todas as espécies de metal – foi transmitida pela boca de Deus a Beseleel da tribo de Judá e a Ooliab da tribo de Dan, que fizeram os dois querubins de ouro, o candelabro, o véu e as fímbrias das vestes sacerdotais, bem como outras belíssimas obras fundidas do tabernáculo, tão somente para induzir as pessoas a contemplá-las e adorá-las[164].

Portanto, por aquilo que se vê de antes do dilúvio, a soberba dos homens encontrou maneira de fazer as estátuas daqueles cuja fama desejavam tornar imortal no mundo. E os gregos, que contavam coisas diferentes sobre essa origem, dizem que os etíopes inventaram as primeiras estátuas, segundo Diodoro, e que os egípcios as imitaram deles, e os gregos as imitaram dos egípcios, pois se vê que até os tempos de Homero a escultura e a pintura foram perfeitas, como demonstra o escudo de Aquiles que aquele divino poeta mais esculpiu e pintou do que escreveu com toda a sua arte[165]. Lactâncio Firmiano, fabulando, as atribui a Prometeu que, à semelhança do grande Deus, formou a imagem humana com barro; e afirma-se que dele proveio a arte das estátuas[166]. Mas, segundo escreve Plínio, essa arte chegou ao Egito por meio do lídio Giges[167], que, estando junto ao fogo a olhar sua própria sombra, empunhando um carvão fez o seu contorno na parede; e, a partir daí, durante algum tempo, costumou-se desenhar apenas as linhas sem corpos coloridos, como também afirma Plínio; a mesma coisa é dita pelo egípcio Filocles, com mais vagar por Cleantes e pelo coríntio Aridices[168] e por Telefanes de Sícion. O coríntio Cleofantes[169] foi o primeiro dos gregos que co-

---

[161] Diodoro Sículo, famoso historiador grego. Publicou uma história universal que chegava até o ano 60 a.C., da qual restaram numerosos fragmentos.

[162] Gênese, XXXI, 32-34.

[163] Êxodo, XX, 4-5; XXXII.

[164] Êxodo, XXV, 18-21.

[165] *Ilíada*, XVIII, vv. 478-607.

[166] Firmiano Lactâncio, apologista cristão do séc. IV, africano, discípulo de Arnóbio. Cf. *Divinae Institutiones*, org. I. B. Pesenti, Turim, 1922, l. II.

[167] O trecho de Plínio (*Naturalis historia*, VII) foi mal interpretado. O lídio Giges é dado como inventor da bola para jogar: "athleticam Pythus, pilam lusoriam Gyges Lydus, picturam Aegyptii et in Graecia Euchir Daedali cognatus, ut Aristoteli placet, ut Theophrasto Polignotus Atheniensis".

[168] Ibid., XXXV, 15 e 16, p. 124 (Aridices coríntio).

[169] Ecfanto de Corinto.

loriu, e Apolodoro foi quem inventou o pincel[170]. A seguir vieram Polignoto de Tasos, Zêuxis, Timágoras da Calcídia, Pítias e Aglaofonte, todos muito célebres[171]; depois destes, veio o famosíssimo Apeles, tão estimado e honrado por Alexandre Magno graças a essa virtude, engenhosíssimo observador da calúnia e do favorecimento; como demonstra Luciano[172], quase todos os excelentes pintores e escultores sempre foram, na maioria das vezes, dotados pelo céu não só do ornamento da poesia, como se lê em Pacúvio[173], mas também da filosofia, como se vê em Metrodoro, conhecedor tanto de filosofia quanto de pintura, enviado pelos atenienses a Paulo Emílio para ornar o triunfo, junto dele ficando para ensinar filosofia a seus filhos[174].

Portanto, na Grécia, foi grande o exercício da escultura, na qual se encontram muitos excelentes artistas, entre outros o ateniense Fídias, e os grandes mestres Praxíteles e Policleto; assim também Lisipo e Pirgoteles no entalhe vazado foram de grande valor[175]; e Pigmalião, no marfim em relevo, sobre quem se contam fábulas, segundo as quais insuflou sopro e espírito à figura da virgem por ele criada[176]. A pintura também foi honrada com prêmios pelos antigos gregos e romanos; e àqueles grandes que a tornaram maravilhosa demonstraram reconhecimento, dando-lhes cidadania e dignidade.

Essa arte floresceu de tal modo em Roma, que Fábio deu nome à sua estirpe assinando-se nas coisas que tão lindamente pintava no templo da Saúde com o nome de Fábio Pintor[177]. Foi proibido por decreto público que os servos praticassem tal arte nas cidades[178], e tanta honra se deu continuamente à arte e aos artistas, que as obras raras trazidas como botins nos triunfos eram enviadas como coisas miraculosas para Roma, e os artistas eminentes se tornavam libertos e eram reconhecidos com honrosos prêmios pelas repúblicas. Os próprios romanos dedicavam tamanha reverência a essa arte, que Marcelo, ao devastar a cidade de Siracusa, quis poupar um de seus famosos artistas, e, na pilhagem, teve-se o cuidado de não incendiar a parte onde havia um belíssimo quadro pintado, que depois foi levado a Roma em triunfo e com muita pompa[179]. Assim, com o passar do tempo, os romanos, depois de pilharem quase todo o mundo, trouxeram para Roma os próprios artistas e suas obras insignes, com as quais a cidade se tornou tão bela, pois na verdade as estátuas estrangeiras a ornaram muito mais que as domésticas e particulares, sabendo-se que em Rodes, cidade insular não muito grande, contavam-se mais de três mil estátuas, de bronze e de mármore. Não as tiveram em menor número os atenienses, porém muitas mais tiveram os habitantes de

---

[170] Plínio, *Naturalis Historia*, XXXV: "Apollodorus Atheniensis [...] primus species exprimere instituit primusque gloriam penicillo iure contulit." Portanto, não foi inventor do pincel, mas o primeiro que lhe conferiu indubitável glória.

[171] Polignoto de Tasos (ibid., XXXV); Zêuxis (XXXV); Aglaofonte (XXXV). "Pithio" decorre de outra leitura errônea do texto latino: "(Panaenus) [...] primusque omnium certavit cum Timagora Chalcidense, superatus ab eo Pythiis [...]" (XXXV).

[172] Ibid., XXXV, 79, p. 162. Luciano, *Calumniae non temere credendum*, 5. L. B. Alberti. *Della Pittura*, org. L. Mallé, Florença, 1950, p. 104.

[173] Plínio, *Naturalis Historia*, XXXV: "Celebrata est in foro boario aede Herculis Pacuvi poetae pictura."

[174] Ibid, 135, p. 198. (Metrodoro).

[175] Ibid., XXXIV, 49-51, pp. 72-5 (Fídias, Praxíteles, Policleto, Lisipo); VII, 125, p. 280 (Lisipo, Pirgoteles); XXXVII (Pirgoteles).

[176] Ovídio, *Metamorphosis*, X, 243 ss. (Pigmalião).

[177] Plínio, *Naturalis Historia*, XXXV, 19, p. 126.

[178] Ibid., 77, p. 161; Alberti, *Della Pittura*, cit., p. 80.

[179] Plínio, *Naturalis Historia*, VII, 125, p. 280 (Marcelo); XXXIV, 36, 37, p. 86.

Olímpia e de Delfos e um sem-número delas havia em Corinto, todas belíssimas e de altíssimo preço. E acaso não se sabe que Nicomedes, Rei de Lícia, cobiçando uma Vênus da lavra de Praxíteles, nela gastou quase todas as riquezas dos povos? E o mesmo não terá feito Átalo que, para ter o quadro de Baco pintado por Aristides, não teve escrúpulos em gastar com ele mais de seis mil sestércios? Quadro que Lúcio Múmio pôs no templo de Ceres, com grande pompa, para com ele mais ornar Roma[180].

Mas, embora a nobreza dessa arte fosse tão apreciada, ainda não se sabe ao certo a quem se deve sua origem. Porque, como já dissemos acima, ela é evidentemente antiquíssima entre os caldeus, alguns a atribuem aos etíopes, e os gregos a atribuem a si mesmos, podendo-se não sem motivo acreditar que ela talvez fosse mais antiga entre os toscanos, como afirma nosso Lion Batista Alberti[181] e se vê com muita clareza na maravilhosa sepultura de Porsena em Chiusi, onde há não muito tempo foram encontradas, enterradas entre os muros do Labirinto, algumas telhas de terracota com figuras em médio-relevo de tão boa qualidade e tão grande beleza, que se reconhece facilmente não ter a arte começado exatamente naquele momento, mas, em vista da perfeição de tais trabalhos, encontrar-se então muito mais próxima do auge do que do princípio. Assim, também ainda hoje isso fica demonstrado todos os dias, quando vemos muitos fragmentos daqueles vasos vermelhos e negros de Arezzo[182], feitos, a julgar-se pelo estilo, naqueles tempos com graciosos entalhes, figuras e cenas em baixo-relevo e muitas pequenas máscaras redondas sutilmente lavradas pelos mestres daquela época que, pelos resultados, mostravam-se dotados de grande prática e talento em tal arte. O mesmo é demonstrado pelas estátuas encontradas em Viterbo no início do pontificado de Alexandre VI[183], cuja escultura foi feita com qualidade e não pouca perfeição na Toscana; e, apesar de não se saber com exatidão o tempo em que elas foram feitas, pelo estilo das figuras e pela construção das sepulturas e das edificações, bem como pelas inscrições em letras toscanas, pode-se conjecturar com verossimilhança que são antiquíssimas e feitas nos tempos em que aqui as coisas estavam em situação boa e próspera. Mas, visto que a nossa história antiga é dúbia, tanto quanto a grega, a etíope e a caldeia, na maioria das vezes é preciso basear o juízo em conjecturas que não sejam tão frágeis que se distanciem totalmente da sensatez; apesar de não haver absoluta certeza sobre tais coisas, não creio que me afastei da verdade, e acredito que todos aqueles que queiram considerar judiciosamente esse assunto serão da minha opinião, conforme o que eu disse acima, ou seja, que o princípio dessas artes foi a própria natureza e, antes dela, o modelo, a belíssima construção do mundo, sendo o mestre aquela divina luz infundida pela graça singular em nós, que não só nos fez superiores aos outros animais, mas também semelhantes (se for lícito dizer) a Deus. E se, em nosso tempo, se viu (como creio que poderei mostrar com muitos exemplos adiante)

---

180 Ibid., VII, 126, 127, p. 280 (Átalo, Nicomedes); XXXV, 24, p. 131 (L. Múmio); XXXVI, 21, p. 230 (Vênus de Milo de Praxíteles).

181 Alberti, *Della Pittura*, cit., p. 78. Tem aí início uma longa tradição de etruscologia regionalista que sobreviverá até o séc. XVIII (nas obras de Passeri, Gori, Orsini etc.), até que foi preciso depor armas diante dos estudos de L. Lanzi. *Saggio di lingua etrusca* [...], Bassano, 1789 (cf. M. Cristofani, *L'arte degli Etruschi*, Turim, 1978, pp. 3 ss.).

182 Os vasos negros são os chamados púcaros etruscos (os exemplares com decorações em relevo datam na maioria dos séculos VI e V a.C.), mas nenhuma relação têm com os *vasos vermelhos de Arezzo* (cf. nota 93, p. 37).

183 Alexandre VI Borgia foi papa de 1492 a 1503.

que simples crianças rusticamente educadas nos bosques, apenas pelo exemplo das belas pinturas e esculturas da natureza, com a vivacidade do seu engenho, por si sós começaram a desenhar[184], o que se poderá e deverá pensar dos primeiros homens, que, quanto menos distantes estavam do princípio e do divino engendramento, mais perfeitos eram e de melhor engenho? Eles, por si sós, tendo a natureza como guia e por mestre o intelecto purgatíssimo, tendo como exemplo tão belo modelo do mundo, deram origem a essas nobilíssimas artes e, de modesto princípio, foram aos poucos melhorando-as e conduzindo-as finalmente à perfeição. Não tenciono negar a existência de um primeiro que começasse tudo, pois sei muito bem que alguma vez e de alguém haveria de provir o princípio; tampouco negarei a possibilidade de que um ajudasse e ensinasse o outro, abrindo os caminhos para o desenho, a pintura e o relevo, pois sei que nossa arte é principalmente imitação da natureza, e, em segundo lugar, imitação por parte de quem não pode elevar-se sozinho a tamanha altura das obras realizadas por aqueles que são vistos como mestres melhores. Mas digo que querer afirmar com certeza quem foi ou quem foram eles é coisa muito perigosa e talvez seja pouco necessário conhecê-la, pois vemos sua verdadeira raiz e origem. Porque, à medida que as primeiras, as segundas e as terceiras obras – que são a vida e a fama dos artistas – se perdiam aos poucos graças ao tempo que tudo consome, como não houvesse quem sobre elas escrevesse, a posteridade não pôde conhecê-las nem mesmo por esse meio, e os seus próprios artífices também se tornaram incógnitos; mas, quando os escritores começaram a guardar memória das coisas que ocorreram antes deles, não puderam falar daqueles sobre os quais não tinham notícia, de tal modo que os primeiros que lhes ocorreram foram aqueles cuja memória se perdera por último. Assim, é consenso comum dizer que Homero foi o primeiro dos poetas, não porque antes dele não tivesse havido ninguém, pois os houve, ainda que não tão excelentes, como se vê por suas obras, mas porque sobre aqueles primeiros já se deixara de ter conhecimento exato dois mil anos antes. Mas, deixando de lado essa parte, que por excessiva antiguidade é incerta, passemos a falar das coisas mais claras de sua perfeição, decadência e restauração, ou melhor, renascimento, sobre as quais poderemos discorrer com muito mais fundamentos.

Digo, pois, ser bem verdade que elas começaram em Roma tardiamente, se é que as primeiras figuras foram, como se diz, o simulacro de Ceres feito de metal, do patrimônio de Espúrio Cássio[185], que, tramando tornar-se rei, foi morto pelo próprio pai sem nenhuma contemplação, continuando a arte da escultura e da pintura até o desaparecimento dos doze Césares. Mas a fortuna, depois de levar alguém ao ápice da roda, por burla ou arrependimento na maioria das vezes o leva para baixo. Por isso, quando quase todas as nações bárbaras se sublevaram em diversos lugares do mundo contra os romanos, em não muito tempo sobreveio não só a queda de tão admirável império, como também a ruína de tudo, principalmente da própria Roma, com a qual também se arruinaram os excelentes artistas, escultores, pintores e arquitetos, ficando a arte e eles mesmos enterrados e submersos entre os miseráveis escombros e as ruínas daquela famosíssima cidade. Mas primeiro se deterioraram a pintura e a escultura, por serem

---

[184] Cf. Vida de Giotto nas pp. 91-2.

[185] O templo de *Ceres Liber Liberaque* no Aventino foi construído em 493 a.C. por Espúrio Cássio Vecelino, que em 485, depois de ter sido cônsul por três vezes, foi condenado à morte por alta traição. De seu pecúlio foi feita uma estátua de Ceres com a inscrição: "Ex Cassia familia datum" (Plínio, *Naturalis Historia*, cit., XXXIV, 15 e XXXV, 154, pp. 54 e 210). O templo foi reedificado a partir dos alicerces por Augusto e Tibério (Tácito, *Anais*, II, 49).

71

artes que serviam mais ao prazer do que a outra coisa, embora a outra arte, ou seja, a arquitetura, por ser necessária e útil à saúde do corpo, tenha continuado a ser praticada, mas não tão bem. E, não fosse o fato de as esculturas e as pinturas representarem para quem ia nascendo aqueles que haviam sido honrados por lhes darem vida perpétua, ambas logo teriam desaparecido sem deixar memória. Porque foram conservadas nas imagens e nas inscrições postas nas arquiteturas privadas e públicas, ou seja, em anfiteatros, teatros, termas, aquedutos, templos, obeliscos, monumentos, pirâmides, arcos, reservatórios de água, erários e até em sepulturas; mas grande parte foi destruída por gente bárbara e feroz, que de homem só tinha a forma e o nome. Entre estes, os visigodos que, fazendo de Alarico o seu Rei, invadiram a Itália e Roma e a saquearam duas vezes sem contemplação por coisa alguma[186]. O mesmo foi feito pelos vândalos que vieram da África com seu rei Genserico; este, não contente com as coisas, os saques e as crueldades cometidas, escravizou as pessoas e lhes impôs enorme miséria, entre estas, Eudóxia, ex-mulher do imperador Valentiniano, que fora morto pouco antes por seus próprios soldados[187]. Estes, que haviam perdido em grande parte os valores romanos antigos (visto que, fazia muito tempo, os melhores tinham ido para Bizâncio com o imperador Constantino), já não tinham bons costumes nem bons modos de vida. Aliás, a perda dos verdadeiros homens e de toda espécie de virtude, aliada à mudança em leis, hábitos, nomes e línguas, todas essas coisas juntas e cada uma por si tinham tornado feios e baixos todos os belos espíritos e altos engenhos. Mas o que, acima de tudo isso, serviu de perdição e prejuízo infinito às referidas artes foi o ardente fervor da nova religião cristã; esta, depois de longo e sangrento combate, depois de finalmente, com a abundância de milagres e a sinceridade das ações, ter derrubado e anulado a velha fé dos gentios, aplicando-se com ardor e diligência na remoção e na extirpação de qualquer mínima ocasião de nascimento do erro, não só danificou e derrubou todas as maravilhosas estátuas, esculturas, pinturas, mosaicos e ornamentos dos falsos deuses dos gentios, como também a memória e a honra de um número infinito de pessoas insignes. Pessoas que, graças a seus grandes méritos, haviam sido agraciadas pela virtuosíssima antiguidade com estátuas e outras formas de memória. Ademais, para edificar as igrejas segundo o uso cristão, a nova religião não só destruiu os mais honrados templos dos ídolos, como também, para enobrecer e adornar São Pedro, espoliou as colunas de pedra da Mole de Adriano, hoje chamado Castel Sant'Angelo[188]; espoliou as colunas de pedras e as incrustações de Antoniana para a igreja de San Paolo; também

---

[186] Alarico I, rei dos visigodos de 395 a 410, conseguiu tomar Roma pela primeira vez em 24 de agosto de 410; o saque durou três dias.

[187] Genserico, ou mais exatamente, Geiserico ou Ginserico, rei dos vândalos e dos alanos a partir de 428, morto em 477, saqueou Roma durante catorze dias, a partir de 2 de junho de 455. Eudóxia, viúva de Valentiniano III (imperador a partir de 424, morto em 16 de março de 455).

[188] O mausoléu que Adriano mandou construir para servir-lhe de tumba (130-38) foi fortificado no tempo de Aureliano (275) ou, mais provavelmente, de Honório (403) e anexado ao cinturão de muralhas; no século X foi transformado em castelo e, no tempo de Alexandre VI, recebeu a atual forma (1492-95). Em 410 resistiu aos ataques dos godos de Alarico e, em 537, aos ataques de Vítiges. Foi saqueado várias vezes: no tempo do papa Símaco (498-514), dois pavões da balaustrada foram utilizados na pia do átrio de São Pedro; Alexandre VI retirou sua inscrição principal e a porta de bronze; Gregório XIII, em 1578-79, retirou seus mármores para decorar a nova capela gregoriana de São Pedro. Mas não está confirmado que na construção do antigo São Pedro tenham sido utilizadas colunas provenientes do mausoléu de Adriano, assim como não está confirmado o que se diz sobre os edifícios mencionados logo depois, sobre os quais Vasari se omite na edição de 1568.

espoliou as Termas Deoclecianas e de Tito para fazer Santa Maria Maggiore, com grande estrago e prejuízo para aquelas divinas construções, que hoje vemos danificadas e destruídas. Pode ser que a religião cristã não fizesse isso por ódio às virtudes, mas apenas para injuriar e abater os deuses dos gentios; no entanto, desse ardoroso fervor seguiu--se tamanho estrago para tais ornadas artes, que elas perderam totalmente a forma. E, como se ainda não fosse bastante esse infortúnio, em sua ira contra Roma, Totila a incendiou por inteiro, além de derrubar seus muros e de arrasar com ferro e fogo todos os mais admiráveis e dignos edifícios da cidade; e, retirando dela todos os corpos viventes, deixou-a entregue às chamas, sem que em dezoito dias seguidos nela se encontrasse vivalma; derrubou e destruiu a tal ponto estátuas, pinturas, mosaicos e estuques maravilhosos, que deles se perderam não só a majestade, mas também a forma e a própria essência[189]. Com isso, visto que sobretudo nos aposentos térreos estavam as obras de estuque, pinturas e estátuas lavradas, os escombros da parte de cima asfixiaram tudo o que de bom foi reencontrado na atualidade. E aqueles que vieram depois, acreditando que tudo estava arruinado, plantaram vinhas por cima. De maneira que tais aposentos, por terem ficado debaixo da terra, receberam dos modernos o nome de grutas (*grotte*), sendo denominadas de grotescos (*grottesche*) as pinturas que neles são atualmente encontradas[190]. Com o fim dos ostrogodos, extintos por Narsés[191], as ruínas de Roma passaram a ser habitadas precariamente, até que cem anos depois surgiu Constante, segundo imperador de Constantinopla, que, apesar de recebido amorosamente pelos romanos, danificou e despojou tudo, levando embora o que na desventurada cidade de Roma restara mais por sorte do que por livre vontade daqueles que a haviam arruinado. É bem verdade que ele não conseguiu gozar sua presa, porque, enquanto era desviado para a Sicília por uma tempestade marítima, foi justiçado pelos seus homens, deixando despojos, reinado e vida, tudo nas mãos da fortuna[192]. Fortuna que, não contente com os sofrimentos de Roma, porque as coisas que se vão não podem jamais voltar, para ali conduziu uma armada de sarracenos que causou grande prejuízo à ilha; estes levaram a Alexandria[193] tanto os objetos dos sicilianos quanto os espólios de Roma, para grande vergonha e prejuízo da Itália e do cristianismo. E, assim, tudo aquilo que não havia sido estragado pelos pontífices – São Gregório sobretudo[194], que, segundo se diz, retirou todo o restante das estátuas e dos espólios dos edifícios – acabou desastrosamente pelas mãos desse grego bandido. Dessa maneira, já não havendo vestígio nem indício de nada que fosse bom, os homens que vieram depois, toscos e grosseiros, especialmente na pintura e na escultura, incitados pela natureza e refinados pelo ar, aplicaram-se a trabalhar não de acordo com as regras das artes acima referidas, pois não as tinham, mas de

---

[189] Vasari exagera; Totila ou Baduíla (aclamado rei dos godos em 541 e morto na batalha de Gualdo Tadinas contra os bizantinos de Narsés em julho de 522) conquistou Roma pela primeira vez em 17 de dezembro de 546 e derrubou parcialmente suas muralhas uma segunda vez em 549.

[190] Cf. pp. 54-5, nota 127.

[191] Narsés, general de Justiniano, reconquistou a Itália para o Império Romano (do Oriente) numa campanha militar que durou de 552 a 555; morreu provavelmente em 568.

[192] Constante II (Flavius Heraclius Constans, imperador do Oriente a partir de 641, assassinado em 15 de julho de 668) entrou em Roma em 5 de julho de 663; levou muitas estátuas de bronze, as cimalhas de bronze do Panteão e outros objetos de arte. Vasari aqui remete a Paulo Diácono, *Historia Longobardorum*, V, 11 ss. (K. Frey, em G. Vasari, *Le Vite...*, Munique, 1911).

[193] Os árabes se estabeleceram na Sicília em 827; em 23 de agosto de 846 também se voltaram para Roma, onde saquearam as basílicas de San Paolo e São Pedro.

[194] Gregório, o Grande, papa de 590 a 604.

acordo com a qualidade de seus próprios engenhos. E assim, de suas mãos, nasceram aqueles fantoches e aquelas coisas desgraciosas, que ainda hoje nas casas antigas se veem. O mesmo ocorreu com a arquitetura; porque, sendo preciso de algum modo construir e tendo-se perdido totalmente a forma e o modo adequado – pois os artistas tinham morrido e as obras estavam destruídas ou avariadas –, aqueles que se dedicaram a tal mister não construíram nada que tivesse graça, desenho ou razão em suas ordens e medidas. Por isso, surgiram novos arquitetos, que, de acordo com suas nações bárbaras, construíram edifícios segundo o modo e a maneira hoje chamados de alemães e fizeram algumas coisas um tanto ridículas para nós, modernos, embora a eles parecessem louváveis; até que os melhores artistas acabaram por descobrir a melhor maneira em arte, como se vê em toda a Itália nas igrejas mais velhas, e não antigas, por eles edificadas, tal como em Pisa a planta da Catedral feita pelo arquiteto Buschetto Greco da Dulichio, em MXVI[195]; em honra deste, para comemorar seu grande valor naquela era rude, foram feitos os seguintes versos, que hoje se leem em sua sepultura, na catedral de Pisa:

QVOD VIX MILLE BOVM POSSENT IVGA IVNCTA MOVERE
ET QVOD VIX POTVIT PER MARE FERRE RATIS
BVSCHETI NISV QVOD ERAT MIRABILE VISV
DENA PVELLARVM TVRBA LEVAVIT ONVS[*].

A Catedral de Milão foi construída segundo a mesma maneira, no ano de 1388[196], bem como a de Siena[197], além de outros infinitos edifícios à alemã, muitos palácios e várias edificações, que se veem em toda a Itália e fora dela; como São Marcos de Veneza[198], a Cartuxa de Pavia[199], o Santo de Pádua[200], San Petronio de Bolonha[201], San

---

[195] Buscheto, filho do juiz Giovanni, de origem grega, fundou a catedral de Pisa em 1063; ainda estava trabalhando lá em 1105.

[*] "O que à custa mil bois jungidos poderiam mover / O que à custa um barco poderia arrastar pelo mar / Graças a Buschetto, coisa admirável, / Pôde ser suportado por dez donzelas juntas." [N. da T.]

[196] Em 1568 Vasari fala disso, na vida de Arnolfo, como se ela tivesse sido construída em seu tempo. A Catedral de Milão foi iniciada sob o governo de Gian Galeazzo Visconti, em 1386, e terminada em 1856. Depois dos "maestri campionesi" e dos arquitetos franceses e alemães que participaram dos inícios dos trabalhos, o edifício foi continuado durante o século XV por Filippino degli Organi, G. Solari, G. A. Amadeo; no século XVI, por Pellegrino Tibaldi, que fez o projeto da fachada, realizada por Buzzi de 1616 a 1645. A catedral foi consagrada por São Carlos Borromeu em 1577, mas as partes mais vistosas de seu exterior são do século XIX.

[197] Em 1568, Vasari lembra disso na Vida de Nicola e Giovanni Pisani, dizendo que Nicola "se encontrou [...] na primeira fundação da catedral de Siena". Foi ela iniciada no começo do século XIII; a cúpula é de 1264; em 1284, Giovanni Pisano trabalhava nas abóbadas e na fachada, que, erroneamente, se acredita ter sido terminada em 1366 por Giovanni di Cecco.

[198] Foi fundada em 829 sob o governo do doge Giovanni Parteciaco (829-36); incendiada em 977, foi reconstruída em 1063, consagrada em 1094; a fachada foi parcialmente reelaborada por Niccolò di Pietro Lamberti (depois de 1415).

[199] A Cartuxa de Pavia, fundada em 1396 por Gian Galeazzo Visconti, foi consagrada em 1497. Seus arquitetos foram Bernardo da Venezia e depois Cristoforo da Conigo; os claustros são de R. de Stauris, Mantegazza, Amadeo e C. Briosco (1473-99); o convento foi terminado em 1450. Na edição de 1568, Vasari fala dela como de um edifício construído no tempo de Arnolfo, na Vida desse arquiteto.

[200] A igreja de Santo Antônio em Pádua foi construída entre 1232 e 1307. Em 1568 Vasari lembra esse edifício na Vida de Nicola e Giovanni Pisano, como "feito com o modelo de Nicola".

[201] A igreja foi começada em 1390 por Antonio di Vincenzo da Bolonha e Andrea Manfredi di Vicenza e terminada em 1659. Em 1568, Vasari a lembra na Vida de Arnolfo, como um dos edifícios construídos em seu tempo.

Martino de Lucca[202], a Catedral de Arezzo, a Paróquia, o episcopado[203] terminado pelo Papa Gregório X, da família Visconti, bem como a igreja de Santa Maria del Fiore em Florença, edificada pelo arquiteto alemão Arnolfo[204].

Depois, além da devastação de Roma, foram soterradas pelas guerras as esculturas e as pinturas, desde a devastação de Totila até o ano MCCL da era cristã, tempo durante o qual permaneceram na Grécia alguns artistas sobreviventes que eram velhos e faziam estátuas de barro e pedra, pintando também figuras monstruosas com um desenho primário e fundo colorido. Estes, por serem únicos na profissão, trouxeram para a Itália a arte da pintura, bem como a do mosaico e da escultura, artes que ensinaram toscamente aos italianos, tal como a conheciam.

Assim, os homens daqueles tempos, por não estarem acostumados a ver obras de outra qualidade nem maior perfeição, admiravam as que viam e, embora fossem elas coisas de charlatães, aprendiam-nas como se fossem as melhores. No entanto, os espíritos daqueles que iam nascendo, ajudados em alguns lugares pela sutileza do ar, purgaram-se a tal ponto, que, em MCCL, os céus, apiedados pelos belos engenhos que as terras toscanas produziam a cada dia, as devolveram à forma primeira. E aqueles que os tinham antecedido, embora tivessem visto restos de arcos, monumentos, estátuas, pilos ou colunas lavradas com cenas na época que sucedeu aos saques, à devastação e aos incêndios de Roma, nunca souberam valer-se deles ou tirar proveito algum, até o tempo acima referido; chegados esses tempos, como dizia eu, engenhos mais belos, distinguindo bastante bem o bom do ruim e abandonando os velhos estilos, voltaram a imitar os antigos, com toda a habilidade e o engenho que tinham. Mas, para que com mais facilidade se entenda o que chamo de velho e antigo, digo que antigas eram as coisas anteriores a Constantino, de Corinto, Atenas e Roma, bem como de outras cidades famosíssimas, feitas até os governos de Nero, Vespasiano, Trajano, Adriano e Antonino; chamam-se velhas as outras, criadas a partir de San Silvestro[205], nas quais se encontra certo resíduo dos gregos, que mais sabiam tingir do que pintar. Pois, visto que naquelas guerras morreram os primeiros e excelentes artistas, ao restante daqueles gregos, que eram velhos e não antigos, nada mais restou do que linhas rudimentares sobre fundo colorido, como hoje nos dão fé infinitos mosaicos, criados por esses gregos, que se veem em toda a Itália, como na Catedral de Pisa, em São Marcos de Veneza[206] e em outros lugares; e assim foram feitas continuamente muitas pinturas, com óleos em êxtase e mãos abertas, nas pontas dos pés, como as que ainda se veem em San Miniato fora dos muros de Florença, entre a porta que dá para a sacristia e a porta que dá para o convento[207], e na igreja do

---

[202] A igreja de San Martino em Lucca, fundada no século VI, foi reconstruída no ano 1000, consagrada em 1080 por Ancelmo, depois papa Alexandre II. A fachada inferior já existia em 1196, e a galeria superior foi realizada em 1204 por Guidetto da Como.

[203] A Paróquia de Santa Maria começou a ser reformada em meados do século XII, e o campanário é de 1336. A luneta e a arquitrave da porta principal, obra de Marchionne, datam de 1216. Em 1568, Vasari a lembra na Vida de Arnolfo, como obra de Marchionne. O Episcopado é a atual Catedral, cuja construção foi iniciada pelo bispo Guglielmo Ubertini por volta de 1278-79. Em 1568, Vasari o cita na Vida de Arnolfo como obra do suposto pai deste, Jacopo ou Lapo.

[204] Cf. Vida de Cimabue, p. 82, notas 15-16.

[205] Silvestre foi papa de 314 a 335.

[206] O mosaico da abside da catedral de Pisa foi parcialmente feito por Cimabue (*São João Evangelista*) em 1301-02; a Madonna é de Vincino di Vanni. Os mosaicos de São Marcos em Veneza são dos séculos XII e seguintes.

[207] Subsistem ainda algumas figuras femininas em afresco, próximas ao Mestre da Madalena.

Santo Spirito da referida cidade, em todo o lado do claustro, na direção da igreja; de modo semelhante, em Arezzo, nas igrejas de San Giuliano, San Bartolomeo e outras; em Roma, nas cenas que circundam as janelas da igreja velha de São Pedro, coisas cujo delineamento tende mais ao monstruoso que a formas existentes.

Esculturas desse tipo também foram infinitas, como ainda se veem nos baixos-relevos acima da porta de São Miguel na praça Padella de Florença[208], nas sepulturas e nos ornamentos de portas de igrejas como a de Ogni Santi e outras, que à guisa de mísulas ostentam figuras a sustentar o teto, tão desajeitadas e ruins, tão malfeitas em tamanho e estilo, que parece impossível imaginar a existência de algo pior. Nesse estilo, em Roma, foram feitos os medalhões do arco de Constantino[209], que representam as cenas acima, tendo sido retirados dos despojos de Trajano e dados a Constantino em homenagem à derrota que ele impôs a Maxêncio; assim, como não havia mestres plenos, aqueles que tinham a supremacia então fizeram aquelas figuras risíveis que vemos entalhadas em mármore. As igrejas novas de Roma eram trabalhadas com mosaico à grega, como a tribuna de Santa Prassedia[210] e a de Santa Potenziana[211], ocorrendo coisa semelhante em Santa Maria Nuova[212], e, do mesmo modo, em Santa Agnesa fora dos muros de Roma[213], bem como em todas as honradas basílicas dedicadas aos santos até que melhoraram seu estilo e fizeram a tribuna de Santo Ianni[214] e a de Santa Maria Maggiore[215], especialmente a tribuna da capela-mor de São Pedro em Roma, além de infinitas outras igrejas e capelas da cidade. E, no antiquíssimo templo de San Giovanni em Florença, a tribuna das oito faces, desde a cornija até a lanterna, foi trabalhada por Andrea Taffi[216] com o mesmo estilo grego, porém com muito mais beleza.

Até aqui me pareceu conveniente falar sobre os primórdios da escultura e da pintura e talvez mais demoradamente do que convinha nesta obra. Assim o fiz, porém, não tanto movido pela afeição à arte quanto pelo benefício e pela utilidade que tal assunto teria para os artistas. Pois, vendo de que modo essa arte começou modesta, atingiu a máxima elevação e, de tão nobre grau, precipitou-se na ruína extrema, e vendo que a natureza dessa arte é semelhante à das outras coisas, como os corpos humanos,

---

[208] Hoje igreja de Santi Michele e Caetano, na praça Antinori. As esculturas (século XII), que representam *São Miguel*, *Maria* e *São João*, estão no oratório anexo.

[209] O arco de Constantino, decretado pelo Senado por ocasião da vitória de Constantino sobre Maxêncio na batalha da ponte Mílvia (28 de outubro de 312), foi inaugurado em 25 de julho de 315; é em grande parte composto de despojos de monumentos anteriores: do tempo de Trajano são as estátuas de prisioneiros dácios no ático e quatro fragmentos do grande friso nas paredes do fórnice maior e nos lados breves do ático onde estão representados os feitos de Trajano para a conquista da Dácia; também no ático há oito relevos retangulares provenientes de um arco quadrifronte erigido em homenagem a Marco Aurélio por seu filho Cômodo; oito relevos circulares remontam aos tempos de Adriano, representando suas caçadas (cf. A. Giuliano, *Arco di Costantino*, Milão, 1955).

[210] O mosaico absidal da igreja de Santa Prassede em Roma é obra do século IX.

[211] "Na igreja de Sta. Pudenciana é o monumento mais antigo que temos de decoração absidal nas basílicas cristãs. O vasto mosaico deve ser atribuído [...] ao fim do século IV" (Toesca).

[212] O mosaico absidal de Santa Maria Nuova é obra do século XII.

[213] O mosaico da abside da igreja de Sant'Agnese fora dos muros foi feito entre 625 e 638.

[214] Os mosaicos da abside de San Giovanni in Laterano, "modernamente refeitos a tal ponto que já não passam de débil cópia dos originais" (Toesca), têm inscrições com o nome de Jacopo Torriti e de seu "socius", frei Jacopo da Camerino; foram encomendados por Nicolau IV em 1291.

[215] Os mosaicos da abside de Santa Maria Maggiore, muito mais bem conservados que os anteriores, têm uma inscrição com o nome de Jacopo Torriti; datavam de 1296. Tanto estes quanto os mosaicos da nota anterior são lembrados como obra de Torriti na Vida de Andrea Taffi, na edição de 1568.

[216] Cf. Vida de Andrea Taffi nas pp. 84-5.

que precisam nascer, crescer, envelhecer e morrer, tais artistas poderão agora reconhecer com mais facilidade o progresso de seu renascimento e da perfeição que ela atingiu em nossos tempos. E também o fiz porque, se algum dia (que Deus não o permita), por negligência dos homens, má índole dos tempos ou mesmo por vontade dos céus – que não parecem desejar que as coisas deste mundo permaneçam por muito tempo –, ela incorresse novamente na mesma desordem ruinosa, que este meu trabalho (se é que ele será digno de sorte mais benfazeja) a mantenha viva, por tudo aquilo que se disse acima e pelo que ainda se haverá de dizer; ou que pelo menos ele dê ânimo aos mais elevados engenhos para propiciar-lhe maior ajuda: de tal modo que com minha boa vontade e com a obra destes ela conte com a ajuda e o ornamento de que (é-nos lícito falar a verdade livremente) tem carecido até agora. Mas já está na hora de tratar da vida de Giovanni Cimabue; como este foi responsável pelo início do novo modo do pintar, é justo e conveniente que também dê início às *Vidas*, nas quais me esforçarei por observar o máximo possível a ordem de seus estilos, mais que a ordem do tempo. Mas não descreverei em excesso as formas e a fatura dos artistas, por julgar ser perda de tempo circunscrever com palavras aquilo que pode ser visto claramente em seus próprios retratos, citados e indicados por mim, onde quer que se encontrem.

Giovanni Cimabue

Era infinito o número de males que deprimiam e afogavam a mísera Itália, não só com a ruína daquilo que podia ser chamado de edificações, mas – o que importava bem mais – com a morte de todos os artistas, quando (conforme quis Deus) nasceu na cidade de Florença, no ano de MCCXL, para trazer as primeiras luzes à arte da pintura, Giovanni Cimabue[1], da família dos Cimabuoi, nobre[2] naquele tempo; à medida que Giovanni Cimabue crescia, seu talento era reconhecido não só pelo pai, mas também por inúmeras outras pessoas. Conta-se que, ouvindo os conselhos de muitos, o pai decidiu mandá-lo exercitar-se nas letras, e o enviou a Santa Maria Novella, confiando-o a um mestre de sua parentela, que então ensinava gramática aos noviços daquele convento; mas Cimabue, que sentia não ter predisposição para aquilo, em vez de estudar, pintava o dia inteiro em seus livros e folhas homens, cavalos, construções e diversas fantasias, impelido pela natureza, que parecia sofrer algum dano se não fosse exercitada. Ocorre que naquela época alguns pintores gregos estavam em Florença, a chamado de quem governava a cidade, nada mais nada menos do que para nela introduzir a arte da pintura, que na Toscana se perdera por muito tempo. Assim, aqueles mestres se incumbiram de muitas obras para a cidade, a começar pela capela dos Gondi, ao lado da capela principal em Santa Maria Novella, cuja abóbada e fachada estão hoje muito apagadas e consumidas pelo tempo[3]; por isso, Cimabue, que se ini-

---

[1] Pouca coisa nos é dita nos documentos sobre o pintor, além de seu nome autêntico, Cenni (contração de Bencivenni) di Pepo, vulgo Cimabue: estava em Roma em 1272, entre 1301 e 1302 trabalhava em Pisa, onde aparece como membro da Compagnia dei Piovuti. Sua única obra documentada é a figura de *São João Evangelista* no mosaico absidal da Catedral de Pisa, pelo qual recebeu pagamentos em 1301. Depois das sérias dúvidas que no fim do século XVIII surgiram sobre sua existência histórica (a respeito, cf. A. Nicholson, *Cimabue. A Critical Study*, Princeton, 1932; G. Previtali, *La fortuna dei primitivi*, Turim, 1964, pp. 144-5), sua personalidade artística mostra-se hoje com mais clareza. Cimabue revela-se como o maior e mais apaixonado revisor da gramática bizantina na Itália, reinterpretando-a com uma expressividade profunda e refinada, com um sentimento ocidental e românico, segundo uma interpretação que teve origem nas indicações de R. Longhi, "Giudizio sul Duecento", em *Proporzioni*, 1948, pp. 5-54, reed. em Longhi, VII. Para a bibliografia mais recente, cf. M. Boskovits, *Cimabue e i precursori di Giotto*, Florença, 1976; id., "Cenni di Pepe (Pepo) detto Cimabue", em *Dizionario biografico degli italiani*, vol. XXIII, Roma 1979, pp. 537-44; L. Bellosi, *La pecora di Giotto*, Turim, 1985.

[2] A nobreza de Cimabue, aqui afirmada, faz parte da tendência, geral no período maneirista, de "enobrecer" as artes do desenho. Em *L'Ottimo Commento alla Divina Commedia* (c. 1333-34), org. de A. Torri, Pisa, 1828, II, p. 188, lê-se: "Cimabue foi pintor na cidade de Florença no tempo do Autor [Dante], sendo ele muito nobre, dos mais nobres de que se tenha notícia [...]"

[3] A igreja de Santa Maria Novella foi refundada em 1278; por isso, é impossível que ali tenham pintado mestres bizantinos em época anterior à atividade de Cimabue. Certamente essa nota sobre os pinto-

ciava nessa arte que tanto lhe agradava, fugia frequentemente da escola e passava o dia inteiro vendo aqueles mestres trabalhar; com isso, o pai e aqueles gregos julgaram que, se ele se dedicasse à pintura, sem dúvida se tornaria perfeito na profissão. Para sua grande satisfação, foi preparado por aqueles mestres na arte da pintura e, exercitando-se continuamente e ajudado pela natureza, em pouco tempo suplantou em desenho e colorido os próprios mestres que o ensinavam; assim, encorajado pelos louvores que ouvia, dedicou-se cada vez mais ao estudo e superou o estilo corrente que observara naqueles que, não preocupados em avançar, haviam criado aquelas obras do modo como as vemos hoje; e, embora imitasse os gregos, criou numerosas obras em sua pátria, honrando-a com seus trabalhos e conquistando para si grande nome e altos favores. Teve como companheiro e amigo Gaddo Gaddi[4], que entrou para a pintura com Andrea Taffi[5], seu doméstico, eximindo a pintura de grande parcela do estilo grego, conforme nos mostram, em Florença, as primeiras obras por ele criadas, como a frontaleira do altar de Santa Cecília[6] e, na igreja de Santa Croce, um painel que retrata uma Nossa Senhora[7], encomendada por um guardião daquele convento, muito amigo seu, painel que foi posto num pilar à direita do coro. Graças a essa obra, tão bem executada, ele foi para Pisa, ao convento de San Francesco, onde fez um São Francisco descalço[8], que aquele povo considera obra excelente, reconhecendo-se em seu estilo algo de novo e melhor, em virtude da expressão das cabeças e das pregas dos panos, como

---

res gregos, que deve ser associada a uma outra, presente na Vida de Andrea Taffi (p. 84), sobre a ida a Florença do mosaicista "grego" Apolônio, é um artifício retórico que simboliza num único acontecimento fatos históricos complexos como a influência bizantina dominante na Itália na época de formação de Cimabue e a relação de dependência e afastamento que o pintor manteve com aquela cultura. As afirmações de Vasari já foram postas em dúvida no fim do século XVII por F. L. del Migliore, *Giunte alle Vite de' Pittori*, Florença, Biblioteca Nazionale Centrale, ms II, IV, 218, enquanto L. Lanzi, *Storia pittorica della Italia*, Bassano, 1809, ed. org. M. Capucci, Florença, 1968, I, p. 32, salvou sua fidedignidade remetendo-a a "outra capela debaixo da igreja".

[4] Cf. Vida de Gaddo Gaddi nas pp. 86-7.

[5] Cf. Vida de Andrea Taffi nas pp. 84-5.

[6] Da igreja de Santa Cecília o painel passou (conforme relata Lanzi, *Storia pittorica*, cit., p. 32) para a igreja de Santo Stefano; em 1844 o prior dessa igreja o vendeu para as Gallerie fiorentine por cem cequins. Agora está exposto nos Uffizi, n.º 449. A atribuição de Vasari foi posta em dúvida a partir de Cavalcaselle, que ressaltou o caráter giottesco do painel e as ligações com algumas *Storie di San Francesco* da Basílica superior de Assis. Com base nessas primeiras indicações foi vinculado a esse painel um grupo de pinturas, indicadas com a denominação convencional de Mestre de Santa Cecília. O painel pode ser datado de pouco depois de 1304, ano em que a igreja de Santa Cecília foi reconstruída depois de um incêndio (L. Bellosi, "Moda e cronologia. Per la pittura di primo Trecento", em *Prospettiva*, n. 11 [1977], pp. 15 e 25, nota). A importância do pintor foi enfatizada por uma parte da crítica, que também lhe atribui as últimas *Storie di San Francesco* na basílica superior de Assis; sobre a pouca fidedignidade dessa hipótese, cf. G. Previtali, *Giotto e la sua bottega*, Milão, 1967, 1974², pp. 55-9; Bellosi, *La pecora*, cit., pp. 94 e 102, nota.

[7] É identificado com o painel que Lombardi e Baldi compraram do convento de Santa Croce e foi adquirido em 1857 pela National Gallery de Londres, onde está exposto com o n.º 565. A atribuição tradicional a Cimabue foi rejeitada por J. P. Richter, *Lectures on the National Gallery*, Londres, 1898, p. 8, que atribuiu o painel a um senês; hoje é indicado como "Escola de Duccio". Sobre o interesse da crítica por esse painel e a vinculação com o Mestre de Città di Castello e a Pietro Lorenzetti, cf. M. Davies, *National Gallery Catalogues, The Earlier Italian Schools*, Londres 1961², pp. 176-7.

[8] A atribuição de Vasari segue indicações já presentes no Livro de Antonio Billi e no Anônimo Magliabechiano. Conhecida costumeiramente como um painel de baixa qualidade, ainda no local, com *São Francisco e histórias de sua vida*, foi posta em dúvida já por A. da Morrona, *Pisa illustrata nelle arti del disegno*, III, Pisa, 1793, pp. 65-6, que associou o painel a Giunta Pisano; M. Boskovits o atribui ao próprio pintor ("Giunta Pisano; una svolta nella pittura italiana del Duecento", em *Arte illustrata*, 1973. Não se deve excluir, porém, uma confusão entre o tema do quadro e o lugar onde se encontrava (convento de São Francisco descalço), do qual provém a grande *Maestà* agora no Louvre (n.º 1260), obra capital de Cimabue.

não havia sido feito até então por aqueles mestres gregos em suas pinturas que já estavam espalhadas por toda a Itália. Assim, pois, ganhou prática com aqueles frades que o levaram para Assis, onde, na igreja de São Francisco, deixou começada uma obra que foi muito bem terminada por outros pintores depois de sua morte[9]. Trabalhou na igreja do Castello de Empoli, e no claustro de Santo Spirito em Florença, onde está pintada à grega por outros mestres toda a parte de trás da igreja, onde também são de sua lavra três pequenos arcos dentro dos quais há cenas da vida de Cristo[10]. Também fez na igreja de Santa Maria Novella um quadro de Nossa Senhora, que está posto no alto, entre a capela dos Rucellai e a dos Bardi da Vernia, com alguns anjos em torno[11]; nestes, apesar de se manter o antigo estilo grego, já se percebe a maneira e o traçado moderno. O povo daquela época, que não vira até então nada melhor, ficou tão admirado, que ela foi levada ao som de trombetas da casa de Cimabue até a igreja, em soleníssima procissão, e, por essa obra, ele recebeu um prêmio extraordinário. E conta-se que, enquanto Cimabue pintava referido quadro em certo jardim próximo à Porta S. Piero, não por outra razão senão para ter boa luz e bons ares e para fugir do convívio humano, passou pela cidade de Florença o rei Carlos de Anjou[12], filho de Ludovico, que ia tomar posse da Sicília, aonde fora chamado pelo pontífice Urbano, inimigo número um de Manfredi; e, entre as muitas recepções que lhe foram dadas pelos homens daquela cidade, foi ele levado a ver o quadro de Cimabue, que não havia sido visto ainda por ninguém; quando foi mostrado ao rei, logo acorreram para lá todos os homens e todas as mulheres de Florença, fazendo a maior festa e a maior aglomeração do mundo. Assim, devido à alegria que tiveram todos os vizinhos, aquele local passou a ser chamado de Borgo Allegri, que, passando com o tempo para dentro dos muros da cidade, continuou com o mesmo nome. Ora, havendo a natureza dotado Cimabue de belo e habilidoso engenho, foi ele admitido como arquiteto na companhia de Arnolfo Tedesco, então excelente arquiteto, na construção de Santa Maria del Fiore em Florença, e a pintura melhorou tanto com ele, que em sua época essa arte foi considerada exce-

---

[9] Sobre a atividade em Assis, já lembrada pelo Livro de Antonio Billi e pelo Anônimo Magliabechiano, Vasari se demora bem mais na segunda edição.

Além da bibliografia citada na nota inicial, é possível consultar H. Belting. *Die Oberkirche von San Francesco in Assisi. Ihre Dekoration als Aufgabe und die Genese einer neuen Wandmalerei*, Berlim, 1977, e P. Scarpellini, em Frei Ludovico da Pietralunga, *Descrizione della Basilica di S. Francesco e di altri santuari di Assisi*, Treviso, 1982. A decoração de Cimabue na Basílica superior é muitas vezes datada de aproximadamente 1280, mas parece preferível situá-la no fim dessa década (Bellosi, *La pecora*, cit.). Mais antiga é a *Nossa Senhora entre anjos com São Francisco*, no transepto direito da Basílica inferior, provável resquício de uma decoração mais vasta, suplantada pela decoração de Giotto.

[10] A atividade em Empoli também é lembrada no Livro de Antonio Billi e pelo Anônimo Magliabechiano; as obras no Santo Spirito, pelo Livro de Antonio Billi, pelo Anônimo Magliabechiano e por G. B. Gelli, "Venti vite d'artisti", org. G. Mancini, em *Archivio storico italiano*, XVII (1896).

[11] É a famosa *Madonna Rucellai*, hoje depositada na Galleria degli Uffizi. É quase unanimemente identificada com o quadro encomendado em 15 de abril de 1285 a Duccio di Boninsegna pela Compagnia dei Laudesi, fundada por São Pedro Mártir (cuja efígie é vista em um dos numerosos medalhões às margens do quadro). E. Battisti, *Cimabue*, Milão, 1963, acredita num erro de Vasari, que teria confundido Santa Maria Novella com Santa Maria Nuova, de onde provém uma *Nossa Senhora com Menino Jesus*, repintada (agora no convento das Oblatas de Careggi), que ele atribui sem fundamento a Cimabue. Por outro lado, um painel de Cimabue em Santa Maria Novella já era citado por Albertini, pelo Livro de Antonio Billi e pelo Anônimo Magliabechiano, enquanto se deve observar que a *Madonna Rucellai* mostra o momento mais claramente cimabuesco de seu autor.

[12] Carlos de Anjou realmente foi a Florença em 1267 e também depois; mas toda a narrativa de Vasari com certeza não é fidedigna.

lente e admirável, arte que até então estava enterrada. Cimabue viveu sessenta anos e deixou muitos discípulos, entre os quais Giotto, de perfeitíssimo engenho. Morreu em MCCC[13] e foi sepultado em Santa Maria del Fiore, em Florença, recebendo o seguinte epitáfio de um dos membros da família Nino:

CREDIDIT VT CIMABOS PICTVRAE CASTRA TENERE
SIC TENVIT VIVENS NVNC TENET ASTRA POLI[14].

Sua casa ficava na estrada de Cocomero e, segundo se diz, depois dele ali morou seu discípulo Giotto. Dizem que a morte dele consternou Arnolfo[15], que, com outros, depois fundou a igreja de Santa Maria del Fiore de Florença[16], cuja planta foi feita em belíssimo estilo, com um perímetro de 782 braços e dois terços e comprimento de 260 braços, construída com pedras de cantaria, toda lavrada por dentro, e revestida por fora de mármores brancos, negros e vermelhos, com incrustações e ornamentos; custa até hoje dois milhões em ouro e mais de 700 mil florins. Na cristandade não se encontra construção moderna mais ornamentada que ela, havendo nela muitas estátuas na fachada e no campanário, construídas por excelentes mestres. Arnolfo, portanto, ficando sozinho, abobadou as três tribunas sob a cúpula, além daquilo que se disse acima, e em sua honra e memória, bem como em honra e memória da edificação do templo, ainda hoje se veem entre o campanário e a igreja, no canto, os seguintes versos entalhados no mármore em letras redondas[17]:

ANNIS MILLENIS CENTVM BIS OCTO NOGENIS
VENIT LEGATVS ROMA BONITATE DONATVS
QVI LAPIDEM FIXIT FVNDO SIMVL ET BENEDIXIT
PRESVLE FRANCISCO GESTANTE PONTIFICATVM
ISTVD AB ARNVLFO TEMPLVM FVIT AEDIFICATVM
HOC OPVS INSIGNE DECORANS FLORENTIA DIGNE
REGINAE COELI CONSTVXIT MENTE FIDELI
QVAM TV VIRGO PIA SEMPER DEFENDE MARIA*.

---

[13] Em 4 de julho de 1302 Cimabue ainda estava vivo em Pisa.

[14] ["Acreditou-se que Cimabue comandava o exército da pintura e, assim como fez em vida, agora comanda os astros do céu."] Essa inscrição certamente deriva dos versos de Dante, citados adiante.

[15] Na edição de 1568, Vasari dedicará uma Vida a Arnolfo di Lapo, na verdade Arnolfo di Cambio, que nasceu em Colle Val d'Elsa em 1245, aproximadamente, e morreu em Florença em 1302. Sobre ele, cf. V. Mariani, *Arnolfo di Cambio*, Roma, 1943; C. Gnudi, *Nicola, Arnolfo, Lapo*, Florença, 1948; S. Bottari, "Arnolfo di Cambio", em *Dizionario biografico degli italiani*, vol. IV, Roma, 1962, pp. 285-90; A. M. Romanini, *Arnolfo di Cambio e lo "stil novo" del gotico italiano*, Milão, 1969.

[16] Foi iniciada por Arnolfo em 1296, executada por Francesco Talenti (1357-65), coroada com a cúpula de Brunelleschi (1420-36). A fachada de Arnolfo, que foi interrompida, foi derrubada em 1587, aproximadamente, e reconstruída em estilo neogótico em 1876-87 por Emilio de Fabris.

[17] Ou seja, a escrita uncial. Mas a inscrição é de mais de um século depois.

* "No ano de mil duzentos e oitenta e dois, veio o legado de Roma cheio de bondade / Lançou a primeira pedra e a abençoou, estando ausente Francisco, cabeça do pontificado / Este templo foi edificado por Arnolfo / Esta obra insigne e belamente decorada / Foi construída por Florença em sinal de lealdade à rainha do céu. / Defende-a sempre, Virgem Maria." [N. da T.]

Ora, se à glória de Cimabue não se tivesse oposto a grandeza de seu discípulo Giotto, sua fama teria sido maior, conforme nos dá fé Dante Alighieri na *Comédia*, quando, no canto XI do *Purgatório*, alude à mesma inscrição da sepultura, dizendo:

> *Credette Cimabue nella pittura*
> *Tener lo campo, et ora ha Giotto il grido,*
> *Sí che la fama di colui oscura*[18].

Cimabue, portanto, entre tantas trevas foi a primeira luz da pintura, não só no delineamento das figuras, mas também em seu colorido e, pela novidade de tal exercício, se tornou notório e celebérrimo. Encorajou os seus compatriotas a segui-lo em tão difícil e bela ciência, e, em vista das dificuldades e da rudeza do século em que nasceu, merece infinitos louvores, muitos mais do que se a tivesse encontrado pronta. E deu isso azo a que Giotto, por ele iniciado, movido pela ambição da fama e ajudado pelo céu e pela natureza, elevasse tanto seu pensamento, que abriu as portas da verdade àqueles que levaram tal mister ao estado espantoso e maravilhoso que vemos em nosso século. Século que, habituado hoje em dia a ver as maravilhas, os milagres e as coisas impossíveis que fazem os artistas dessa arte, chegou a tal ponto que não se assombra com coisas feitas pelo homem, mesmo que estas sejam mais divinas que humanas, e aqueles que se esforçam com tanto louvor acham bom quando, mesmo não sendo louvados e admirados, pelo menos não são censurados ou, como ocorre no mais das vezes, envergonhados.

---

[18] ["Cimabue acreditou comandar / Da pintura o exército, do que agora Giotto tem a reputação, / E assim obscurece a fama dele."] São os vv. 94-96. No texto da Società Dantesca Italiana, de 1921, o último verso é: "sì che la fama di colui è oscura".

Andrea Taffi, pintor florentino[1]

Quando Cimabue começou a dotar a arte da pintura de melhor desenho e forma, muito se admiraram aqueles que se dedicavam à arte mais pela prática do que por estudo ou ciência, pois naqueles tempos não se costumava pôr em execução outra coisa além do velho e tosco estilo grego, e ninguém se aprofundava na arte da pintura, que era pouco conhecida do florentino Andrea Taffi[2], excelente mestre no mosaico daqueles tempos, considerado divino nessa profissão por aquele povo inepto, que não acreditava poder haver alguém que fosse melhor em tal arte. Ora, como o mosaico, por sua perpetuidade, é mais estimado pelos homens do que as outras pinturas, Andrea saiu de Florença e foi para Veneza, onde alguns pintores gregos trabalhavam nas obras de mosaico de São Marcos; e, ganhando a confiança deles, com pedidos, dinheiro e promessas, tanto fez que levou a Florença um mestre chamado Apolônio, pintor grego[3], que lhe ensinou a maneira de fazer os vidros do mosaico e o seu estuque, trabalhando em companhia de Andrea na tribuna de San Giovanni, na parte de cima, onde estão as Podestades, os Tronos e as Dominações. Então Andrea, que se tornara mais instruído, fez um Cristo sobre a lateral da capela-mor[4], tornando-se por isso famoso em toda a Itália, passando a ser considerado em sua pátria como o primeiro dos pintores e merecendo dos seus concidadãos um prêmio honroso. Certamente foi muita felicidade a de Andrea ter nascido num tempo em que, praticando-se uma arte tosca, admirava-se aquilo que não era de admirar. E é verdade que em todas as eras foi cos-

---

[1] Na edição de 1568, entre a Vida de Cimabue e a de Andrea Taffi, Vasari insere a Vida de Arnolfo di Lapo e a de Nicola Pisano e Giovanni Pisano.

[2] Esse artista é tomado por Vasari como símbolo da presença em Florença de ensinamentos de origem "grega", ou seja, bizantina, aplicados ao mosaico na época de Cimabue ou mesmo antes. Na realidade, o único registro documental de certo "Andreas vocatus Tafus, olim Richi" refere-se a 1320, data de sua matrícula na Corporação dos Médicos e dos Boticários. Até agora não foi possível conhecer a personalidade artística desse pintor, que em 1568 Vasari (como já o Anônimo Magliabechiano) chamará de "Tafi" e que o Livro de Antonio Billi chamava "Tassi". O filho de Andrea, chamado Antonio, também foi pintor e é mencionado como membro da Compagnia di San Luca em 1348.

[3] Del Migliore, *Giunte alle Vite*, cit., afirma que leu num contrato de 1297 "Magister Apollonius pictor Florentinus". Portanto, há testemunhos seguros de que em Veneza foram procurados mosaicistas para a decoração do Batistério florentino (cf. R. Davidsohn, *Forschungen zur Geschichte von Florenz*, vol. IV, Berlim, 1908, p. 463).

[4] As *Hierarquias angelicais*, na faixa mais elevada da cúpula, são as representações mais antigas do conjunto, as de caráter mais claramente bizantino. O grande Cristo do *Juízo universal* ocupa todo o campo entre essa faixa e a base da cúpula no lado correspondente ao altar. O caráter grotesco de algumas partes do *Juízo* levou Longhi a crer ("Giudizio sul Duecento", cit.) numa aproximação com o pintor florentino Coppo di Marcovaldo.

tume, em todas as artes e especialmente na pintura, ter maior apreço e consideração pelos poucos e raros, ainda que toscos, do que pelos muitos e realmente excelentes, remunerando-os com prêmios extraordinários; é o que se vê claramente na obra daquele frei Iacopo di San Francesco, que muitos decênios antes trabalhou em mosaico a abside retangular e depois o altar da referida igreja de San Giovanni[5].

Mas, depois que as obras de Giotto serviram de termo de comparação para as de Andrea e Cimabue, as pessoas passaram a saber o que é perfeição em arte, ao verem a diferença que havia entre o estilo primeiro de Cimabue e o de Giotto, não só em suas obras, como também nas dos seus imitadores; por isso, seguindo as pegadas de seus mestres, estes chegaram à qualidade que hoje alcançamos, e a pintura foi elevada de nível tão baixo ao ápice das maravilhas que hoje vemos. Podem ser chamados de infelizes aqueles séculos que foram privados de tão bela virtude que, quando em mãos preparadas, seja em muro ou em painéis, na forma de desenho ou de pintura, tem força para manter os espíritos firmes e atentos na preservação da maestria das obras humanas, representando a ideia e a imaginação daquelas partes celestes, elevadas e divinas, que dão prova da altura do engenho e da inventividade do intelecto; seu exercício leva os espíritos egrégios e os engenhos valorosos ao conhecimento das coisas da natureza que, expressas na pintura, dão fé da grandeza do céu e dos ornamentos do mundo.

Andrea viveu LXXXI anos e morreu antes de Cimabue, em MCCXCIV[6]. A reputação e a honra que granjeou com o mosaico – pois foi ele quem primeiro o trouxe à Toscana e o ensinou aos homens em sua melhor maneira – deu ensejo a que Gaddo Gaddi, Giotto e os outros pintores modernos depois criassem excelentes obras nesse mister, dando fama e nome a tão belos engenhos. Não faltou quem, depois de sua morte, o exaltasse com a seguinte inscrição:

> QVI GIACE ANDREA CH'OPRE LEGGIADRE E BELLE
> FECE IN TVTTA FIORENZA ET ORA È ITO
> A FAR VAGO LO REGNO DELLE STELLE*.

---

[5] A decoração em mosaico da abside retangular do Batistério florentino, definida por Toesca, 1927, p. 1038, como "uma das obras mais intimamente bizantinas do princípio do século XIII", tem uma inscrição com a data de 1225 e o nome do autor "Sancti Francisci frater... Jacobus". Sobre esses mosaicos, cf. B. Klange, "I mosaici della scarsella del San Giovanni a Firenze", em *Commentari*, XXVI (1975), pp. 248--57; XXVII (1976), pp. 3-17. Na edição de 1568, Vasari confundirá esse Jacopo mosaicista com Torriti.

[6] Cf. acima, nota 2.

* "Aqui jaz Andrea que obras graciosas e belas / fez por toda Florença e agora foi / Embelezar o reino das estrelas." [N. da T.]

Gaddo Gaddi, pintor florentino

Nessa mesma época, Gaddo, pintor florentino[1], mostrou melhor desenho nas suas obras trabalhadas à grega, que eram realizadas com uma diligência maior do que a demonstrada por Andrea Taffi e pelos outros pintores antes dele, isto em decorrência da amizade e da convivência com Cimabue; porque, fosse pela afinidade entre eles ou pela benignidade dos espíritos que juntos alcançavam tão boa disposição, da frequente conversação que tinham e do costume de amiúde discutirem amigavelmente as dificuldades da arte, nasciam no espírito deles conceitos belíssimos e grandiosos, gerados pelo ar sutil da cidade de Florença que, produzindo costumeiramente espíritos engenhosos e gentis, continuamente retira do ambiente o pouco de aspereza e grosseria que na maioria das vezes a natureza não consegue retirar, graças à emulação e aos preceitos ensejados a todo momento pelos bons artistas. E vê-se claramente que as coisas transmitidas de uns a outros são de grande perfeição, pois eles na amizade não são dúbios. E em tudo aquilo que aprendem, conversando entre si, aplanam as dificuldades e tornam tais ciências mais límpidas e claras, do que lhes decorre grande louvor. Também, ao contrário, alguns, comportando-se diabolicamente na profissão da amizade, sob aparência de verdade, falseiam seus conceitos por inveja ou por malícia, de tal maneira que não atingem em arte a excelência que atingiriam se a caridade inspirasse os engenhos dos espíritos gentis, tal como realmente inspirou Gaddo e Cimabue, bem como Andrea Taffi e Gaddo, sendo este escolhido por aquele para terminar o mosaico da igreja de San Giovanni[2]. Assim, Gaddo, aprendendo, depois fez os profetas que são vistos em

---

[1] Nem desse artista existe obra documentada com segurança. Sabe-se apenas da sua inscrição na Corporação dos Médicos e dos Boticários antes de 1320, com o nome de Gaddo di Zanobi Gaddi, ao passo que caberia relacionar com ele notícias relativas aos anos de 1327-30. Num tríplice retrato do século XV (atribuído a Domenico di Michelino), que o representa com o filho Taddeo e o neto Agnolo, está inscrito o nome documentado "Gaddus Zenobii". Também é provavelmente verdade que "a figura de Gaddo Gaddi [...] desaparece de nossos olhos" (Venturi, V, p. 242). F. J. Mather Jr., *The Isaac Master. A Reconstruction of the Work of Gaddo Gaddi*, Princeton (N.J.), 1932, lhe atribui obras que na realidade cabem a Giotto, na juventude. Longhi – "Giudizio sul Duecento", cit., p. 15 – aventa com cautela a hipótese de que Gaddo deva ser identificado com o autor das seis *Storie* (três de Cristo e três de João Batista) das duas faixas mais baixas do penúltimo pano de abóbada da cúpula do Batistério florentino, com base nas afinidades com o mosaico situado no interior da Catedral, que Vasari lhe atribui a partir de dessa edição (cf. p. 87). Recentemente, M. Bietti Favi, "Gaddo Gaddi: un'ipotesi", em *Arte cristiana*, n. 694 (1983), pp. 49-52, propôs a identificação com o Mestre da Santa Cecilia (sobre isso, cf. nota 6, p. 80).

[2] Sobre a possibilidade de participação de Gaddo Gaddi nos mosaicos da cúpula do Batistério florentino, cf. acima, nota 1.

toda a volta daquela igreja, nos painéis que ficam abaixo das janelas[3]; fazendo-os sozinho e com estilo muito melhor, obteve grande fama. Assim, animado e disposto a trabalhar sozinho, com estudo contínuo dedicou-se ao estilo grego, acompanhado pelo estilo de Cimabue. E, tornando-se excelente na arte em não muito tempo, foi encarregado pelos mestres de Santa Maria del Fiore de fazer o *semitondo* de dentro da igreja, acima da porta principal, onde ele elaborou o mosaico da Coroação de Nossa Senhora[4], julgado por todos os mestres, estrangeiros e nossos, a mais bela obra já vista em toda a Itália nesse mister, reconhecendo-se que nela havia melhor desenho, mais tino e diligência do que em todas as outras. E assim, misturando ora mosaico, ora pintura, em ambas as artes Gaddo elaborou na cidade e fora dela muitas obras muito bem compostas, pelas quais granjeou tal crédito, que, para que ele ficasse em Florença e tivesse progênie, deram-lhe mulher de nobre estirpe; com ela teve vários filhos, entre os quais Taddeo, que com ele aprendeu os princípios da arte, tornou-se discípulo de Giotto e com este depois se tornou um bom mestre na pintura.

Não me alongarei na descrição de todas as obras de Gaddo, visto que o estilo desses mestres era ainda tão duro, devido às dificuldades da arte, não havendo pois razão para se ter muita curiosidade em torno delas; descreveremos com sutileza e curiosidade, de acordo com suas obras, aquilo que de melhor fizeram e a grande utilidade que tiveram para os artistas e a arte. Gaddo viveu LXXIII anos e morreu em MCCCXII[5]; foi sepultado em Santa Croce pelo filho Taddeo que, com doloroso pranto, fez a seguinte inscrição:

HIC MANIBVS TALIS FVERAT QVOD FORSAN APELLES
CESSISSET QVAMVIS GRAECIA SIC TVMEAT*.

---

[3] Estão reproduzidos em Mather, *The Isaac Master*, cit.; já revelam influência da obra da juventude de Giotto.

[4] Ainda existente no local; quanto às suas relações com algumas cenas dos mosaicos da cúpula do batistério florentino, cf. acima, nota 1.

[5] Cf. acima, nota 1.

* "Isto chegou com suas mãos a tal grau de perfeição que talvez até Apeles / Se dobraria diante dele, por mais que a Grécia lamentasse." [N. da T.]

Margaritone (Margarito d'Arezzo),
pintor aretino

Enorme espanto causaram nos velhos mestres pintores os grandes louvores ouvidos acerca de Cimabue e de Giotto, seu discípulo, pois já por outras terras ecoava o prodigioso rumor de sua grandeza e da beleza com que pintavam. Pois os mestres pintores ouviam dizer que em tais artistas a arte era acompanhada pelo estudo, e aqueles que tinham atingido o supremo grau e já eram adorados pelas pessoas, começavam a perder a fama e a primazia conquistadas havia tantos anos. E, entre aqueles que trabalhavam no estilo grego, havia um que era considerado excelente, Margaritone Aretino[1], que em Arezzo elaborou muitos afrescos, quadros e pinturas; também trabalhou em San Clemente, abadia dos frades de Camaldoli, hoje arruinada e arrasada, juntamente com outros edifícios[2], por ter o duque Cosimo de' Medici demolido velhas muralhas não só naquele lugar, mas em toda a redondeza daquela cidade, muralhas que Guido Pietramalesco, bispo e senhor daquela cidade, mandou reconstruir, e, por ordem desse príncipe, hoje estão sendo levantadas novas e fortíssimas muralhas modernas. Margaritone, despendendo muito tempo e trabalho, havia pintado quase toda aquela igreja em vários painéis, nos quais se viam figuras grandes e pequenas; e, ainda que estas fossem elaboradas segundo o estilo grego, era possível reconhecer o tino e o amor que nelas havia, conforme se pode provar por aquilo que dele restou naquela cidade, sobretudo na igreja de San Francesco, onde hoje, na capela da Concepção, se encontra, com modernos ornamentos, um quadro de Nossa Senhora[3], à qual os frades dispensam grande veneração. Na mesma igreja, em estilo grego, fez um Crucifixo grande[4],

---

[1] O pintor Margarito (e não Margaritone) de Magnano é lembrado num documento de Arezzo datado de 1262; quase todas as suas pinturas estão assinadas; *Nossa Senhora com o Menino Jesus*, de Santa Maria em Montelungo, é tradicionalmente datada de 1250; a de Santa Maria delle Vertighe, em Monte San Savino, ostenta a data incompleta MCC[...]XIII. Margarito é muito elogiado por Longhi, "Giudizio sul Duecento", cit. (que afirma sua atividade entre a quarta e a sétima década do século XIII), e depreciado por E. B. Garrison, *Italian Romanesque Panel Painting*, Florença, 1949 (que, ao contrário, data sua atividade entre 1260 e 1290). Cf., mais recentemente, A. M. Maetzke, "Nuove ricerche su Margarito d'Arezzo", em *Bollettino d'Arte*, 1973, pp. 95-112, também para o problema da colaboração na frontaleira de Santa Maria delle Vertighe de um Restaurus identificado como Restauração de Arezzo, autor em 1282 acerca do tratado *De compositione mundi*.

[2] A abadia de San Clemente dos frades de Camaldoli foi demolida em 1547.

[3] Hoje na pinacoteca de Arezzo; obra que pode ser vinculada a Guido da Siena e datada de aproximadamente 1265 (Garrison, *Italian*, cit., p. 79, n. 178).

[4] Ainda na igreja de San Francesco, não é obra de Margarito, mas deve ser vinculada à tradição giuntesca desenvolvida na Úmbria com o Mestre de São Francisco e o de Santa Clara, com o qual tem grande afinidade (Longhi, "Giudizio sul Duecento", cit., p. 35). E. Sandberg-Vavalà, *La croce dipinta italiana*,

hoje posto na capela onde fica a oficina dos operários, que está sobre uma tábua com contorno de cruz; foram muitas as obras desse tipo que ele fez por toda a cidade. Trabalhou para as monjas de Santa Margarida numa obra que está agora apoiada no *tramezzo** da igreja; trata-se de um painel com cenas formadas por figuras pequenas[5], em estilo muito melhor do que as grandes e feitas com mais diligência e graça. Fez numerosas pinturas por toda a cidade e fora dela, como em Sargiano, convento dos frades del Zoccolo; e num painel de São Francisco pintado em tamanho natural[6] escreveu

---

Verona 1929, e Garrison, *Italian*, cit., p. 207, n. 541, propõem uma datação próxima do final do século, vendo relações com Cimabue e com o pisano Ranieri di Ugolino (nome por eles dado ao Mestre de São Martinho).

* A palavra *tramezzo* tem ocasionado perplexidade nos tradutores de Vasari. O sentido corrente de *tramezzo*, segundo definição do dic. De Mauro, é de "sottile parete in legno, in muratura, in cartongesso", ou seja, parede fina de madeira, alvenaria, gesso cartonado, para nós *divisória, tabique* etc. Ocorre que essa definição satisfaz à tradução do *tramezzo* vasariano. A obra *Vasari on theatre* de Thomas A. Pallen (Southern Illinois University, 1999) parece esclarecer em parte o termo. Diz ele na introdução (p. 4): "Em sua tradução das *Vidas* [para o inglês], DeVere apresenta a seguinte definição *errônea* [grifo meu] do termo: 'O significado literal de *tramezzo* é algo que funciona como divisória entre uma coisa e outra. Há casos em que a palavra pode ser traduzida por *rood-screen* [espécie de cancelo ou iconostásio]; mas em geral pode ser interpretada como transepto, que, pode-se dizer, divide a igreja em duas partes.'"

Pallen continua: "É possível encontrar definições mais apropriadas. Em 1992, por ocasião dos quinhentos anos da morte de Lourenço, o Magnífico, Florença montou numerosas apresentações e exposições, entre as quais *Le temps revient / Il tempo si rinuova*. Essa apresentação, ocorrida no Palácio Medici-Ricardi, incluía o modelo feito por Cesare Lisi em 1975 para o *ingegno* construído por Filippo Brunelleschi para a representação de uma *anunciação* na igreja de Santa Maria del Carmine. O modelo mostra o 'cenário' montado no alto de um *tramezzo*, estrutura bem sólida que, está claro, não é um transepto e é bem mais substancialmente arquitetônica que um *rood-screen*. Ao descrever esse festival, Sara Mamone definiu o *tramezzo* como uma 'divisão que existia nas igrejas florentinas e cortava a nave no meio da igreja para separar o espaço reservado aos prelados do espaço de livre acesso dos leigos'. Uma corroboração dessa definição de *tramezzo* encontra-se no *Dizionario Enciclopedico Italiano*, segundo o qual, na terminologia da arquitetura religiosa, a designação apropriada dessa estrutura é *jubé*, 'tribuna sobre arcos, [...] que atravessa a nave central de abadias ou catedrais para isolar o coro, reservado a monges ou cônegos, da multidão dos fiéis'. Zorzi fornece uma bibliografia exaustiva dos estudos acadêmicos sobre *tramezzi* nas igrejas florentinas e sua demolição durante a Contrarreforma." Quanto ao termo *jubé*, encontro seu correspondente *jubéu* no *Dicionário Ilustrado de Belas-Artes*, de Luís Manuel Teixeira, Lisboa, Editorial Presença, 1985, com a seguinte definição (p. 137): "Vedação transversal entre o coro e a nave, rematada por uma espécie de galeria ou tribuna, por vezes avançada sobre a nave a apoiada em arcadas com acesso por duas escadas laterais. Surge no séc. XII, substituindo o ambão na leitura das escrituras e na predicação, especialmente nas catedrais, colegiadas e abadias, e desaparece, praticamente, no séc. XVII por ocultar o altar." Por outro lado, encontro em outra tradução inglesa (*Lives of the most eminent painters, sculptors and architects...*, com comentários de Jean Paul Richter, Londres, 1850, p. 92) a seguinte nota: "Os comentadores italianos Bottari e Della Valle explicam a palavra '*tramezzo*', na forma usada por Vasari, como viga que atravessa a igreja entre o coro e a nave principal; mas essa explicação torna ininteligíveis muitos trechos; pois, de que modo capelas e altares, tão frequentemente descritos 'no *tramezzo*', poderiam encontrar lugar numa viga? Vasari pode ter-se referido a *rood-loft* (*jubéu*) com a palavra *tramezzo*. Schorn traduz como *transepto*: ou então pode ser o cancelo do coro." A grande extensão desta nota e a permanência da palavra italiana no texto decorrem do fato de não ser possível decidir em todas as corrências a que tipo de estrutura Vasari se refere: *jubéu* ou transepto. [N. da T.]

[5] Milanesi, I, p. 365, nota, acreditou poder identificar o painel com a frontaleira da coleção Lombardi-Baldi, agora n.º 564 da National Gallery de Londres; essa identificação foi negada por Davies, *National Gallery Catalogues*, cit., pp. 343-5. De qualquer modo, o quadro é assinado MARGARITVS DE ARITIO ME FEC(IT); seria datável de antes de 1250 (Longhi, "Giudizio sul Duecento", cit., p. 35) ou em torno de 1265-75 (Garrison, *Italian*, cit., p. 142, n. 365).

[6] Do convento franciscano de Sargiano passou em 1872 para a pinacoteca de Arezzo, onde ainda está. Atribuído ao início da atividade do pintor por Longhi (1230-40: "Giudizio sul Duecento", cit., p. 34); por volta de 1270-80 por Garrison, *Italian*, cit., p. 50, n. 51. A. M. Maetzke, em *Arte nell'Aretino*, catálogo

o seu nome, por lhe parecer que havia trabalhado mais que de costume[7]. Em madeira fez um Crucifixo grande em estilo grego, que foi levado para Florença e posto na igreja de Santa Croce entre a capela dos Peruzzi e a dos Giugni, sobre o pilar que sustenta os seus arcos[8]. E em Ganghereto, localidade ao norte de Terra Nuova, em Valdarno, fez outro painel de São Francisco[9]. Mas na velhice abandonou a pintura e dedicou-se a esculpir Crucifixos grandes em madeira[10], fazendo-os em quantidade até a idade de LXXVII anos, enfadando-se (pelo que se diz) de tanto viver e de ver as mudanças dos tempos e as honras recebidas pelos artistas novos. Foi sepultado na antiga catedral fora de Arezzo, num sepulcro de travertino, no ano MCCCXVI[11], com o seguinte epitáfio:

HIC IACET ILLE BONVS PICTVRA MARGARITONVS
CVI REQVIEM DOMINVS TRADAT VBIQVE PIVS.*

---

da exposição, Florença, 1974, pp. 15-22, 28-31, põe em dúvida a autoria de Margarito no que se refere às numerosas imagens de São Francisco a ele atribuídas.

[7] De fato contém a inscrição MARGARITVS DE ARITIO, considerada reprodução de uma assinatura original por Garrison, *Italian*, cit., p. 51, n. 56.

[8] A identificação tradicional (já num desenho de Ramboux, Frankfurt, Städelsches Kunstinstitut) é com aquele que hoje está suspenso sobre o altar-mor da igreja, obra indubitavelmente posterior a 1317 do Mestre de Figline (chamado "della Pietà Fogg" pela crítica de língua inglesa), grande contemporâneo de Giotto e representante de propostas antagônicas; a respeito, cf. notas 7 e 9 da p. 93.

[9] Ainda está no lugar, na igreja de San Francesco em Ganghereto; contém a inscrição MARGARITVS DE ARITIO ME FEC(IT) (Garrison, *Italian*, cit., p. 51, n. 55).

[10] Além de escultor, na edição de 1568, Vasari diz que ele é arquiteto; mas não temos nenhuma notícia que confirme essas duas atividades.

[11] Evidentemente, essa data devia parecer errônea a Vasari, que a omite na edição de 1568.

* "Aqui jaz o grande pintor Margaritone / que Deus misericordioso lhe conceda repouso." [N. da T.]

Giotto, pintor florentino

O mesmo reconhecimento que se deve ter para com a natureza, que continuamente serve de exemplo àqueles que, extraindo o que é bom de suas partes mais admiráveis e belas, se esmeram em imitá-la sempre, os pintores devem ter para com Giotto[1]. Porque, depois de terem ficado enterrados durante tantos anos pelas ruínas das guerras os estilos das boas pinturas e tudo o que as circunda, foi somente ele que, nascido entre artistas inaptos, ressuscitou com talento celeste aquilo que estava no mau caminho, dando-lhe uma forma que podia ser considerada boa. E sem dúvida foi um milagre que aquela época grosseira e inapta tivesse força de atuar em Giotto de forma tão douta, que o desenho, do qual pouco ou nenhum conhecimento tinham os homens daqueles tempos, por meio de tão bom artista conseguisse voltar totalmente à vida. E não por acaso o início da vida de tão grande homem transcorreu na zona rural de Florença, a catorze milhas da cidade. No ano MCCLXXVI, na cidade de Vespignano, vivia um lavrador cujo nome era Bondone, que gozava de tão boa reputação e era tão hábil na arte da agricultura, que ninguém das cercanias poderia ser mais estimado. Pois ele era tão engenhoso no arranjo de todas as coisas, que as ferramentas de seu ofício mais pareciam empregadas por mão gentil de habilidoso ourives entalhador do que por um rústico. A natureza lhe fez graça de um filho, que na pia batismal ele chamou de Giotto, de acordo com seu nome. Esse menino, crescendo com excelentes costumes e ensinamentos, mostrava em todos os seus atos, ainda infantis, uma vivacidade e uma prontidão de engenho que costumam ser extraordinárias na infância. E assim ele encantava não só Bondone, mas também todos os parentes e aqueles que o conheciam no lugar e fora dele. Por isso, quando Giotto tinha X anos de idade, Bondone o incumbiu da guarda de algumas ovelhas da propriedade, que Giotto apascentava todos

---

[1] O lugar de nascimento de Giotto (Ambrogiotto) de Bondone é tradicionalmente considerado Colle di Vespignano, em Mugello. O ano foi estabelecido com base nas indicações das fontes; no *Centiloquio* de Antonio Pucci, escrito em 1373, lê-se que "Em trinta e seis prouve a Deus que Giotto morresse com a idade de 70 anos", enquanto a *Cronica* de Giovanni Villani (XI, 12) esclarece que o dia da morte foi 8 de janeiro de 1336, que, segundo o calendário *ab Incarnatione* então vigente em Florença, no qual o ano tinha início no dia da Anunciação (25 de março), equivale a 8 de janeiro de 1337. Portanto, se os 70 anos de Pucci não constituírem um número aproximado ou arredondado, Giotto deve ter nascido entre 25 de março de 1266 e 24 de março de 1267. A literatura contemporânea já lhe atribuía o papel de grande renovador da pintura que ainda hoje lhe é reconhecido. Para uma resenha da crítica sobre Giotto, cf. R. Salvini, *Giotto – Bibliografia*, Roma, 1937, e C. De Benedictis, *Giotto – Bibliografia*, II, Roma, 1972. Entre as mais recentes contribuições em língua italiana, destacam-se: D. Gioseffi, *Giotto architetto*, Milão, 1963; Previtali, *Giotto*, cit.; F. Bologna, *Novità su Giotto*, Turim, 1969; Bellosi, *La pecora*, cit.; sempre fundamentais são as indicações de Longhi, "Giudizio sul Duecento", cit.

os dias ora num lugar, ora noutro, e, já sentindo a inclinação natural pela arte do desenho, continuamente, por prazer, desenhava no piso, no chão ou na areia alguma coisa da natureza ou que a fantasia lhe ditasse. E foi assim que um dia Cimabue, pintor celebérrimo, mudando-se por alguma necessidade de Florença, onde era muito apreciado, conheceu Giotto no lugarejo de Vespignano; este, enquanto suas ovelhas pastavam, tomando uma pedra plana e polida do piso, nela copiava a imagem de uma ovelha com um seixo pontiagudo, coisa que ele não tinha aprendido com ninguém, mas apenas com o instinto natural. Cimabue, detendo-se, extremamente admirado, perguntou-lhe se queria ir morar com ele. O menino respondeu que, se o pai concordasse, ele ficaria contentíssimo. Assim, como Giotto pedisse permissão a Bondone com muita insistência, este lhe fez essa extraordinária concessão[2]. E, partindo para Florença, em pouco tempo o menino não só se equiparou a Cimabue no estilo, como também se tornou tal imitador da natureza, que na sua época ele foi capaz de suprimir aquele estilo grego tosco[3], ressuscitando a boa e moderna arte da pintura e introduzindo a reprodução ao natural das pessoas vivas, que havia centenas de anos não era usada. Por isso ainda hoje em dia se vê, na capela do Palácio do Podestade de Florença, o retrato de Dante Alighieri[4], contemporâneo e amigo de Giotto, estimado por ele pelos raros dotes que a natureza imprimira na bondade do grande pintor; conforme trata o senhor Giovanni Boccaccio em seu elogio, no prólogo da novela do Senhor Forese de Rabatta e de Giotto[5].

Suas primeiras pinturas foram feitas na Abadia de Florença, na capela do altar-mor[6], onde fez várias coisas consideradas belas; mas especialmente se deve lembrar uma cena de Nossa Senhora, em que ela recebe a anunciação do Anjo, na qual Giotto reproduziu o susto e o medo que a saudação de Gabriel lhe infundiu, inspirando-lhe um temor que quase a pôs em fuga. E em Santa Croce pintou quatro capelas, três entre a sacristia e a capela-mor: na primeira, onde hoje são tocados os sinos, é de seu

---

[2] Essa história emblemática já se encontra em Ghiberti.

[3] "Grego" equivale àquilo que hoje chamamos de "bizantino". Vasari acrescenta o adjetivo "tosco" (sempre com o sentido pejorativo de "velho") para evitar confusão com os gregos "antigos".

[4] A identificação com Dante Alighieri da personagem situada abaixo e à direita do *Juízo universal*, afresco da parede do fundo da capela da Madalena, no palácio de Bargello, é de tradição bastante duvidosa; mas é exatamente a ela que se deve a descoberta dos afrescos em 1840 (*Dal ritratto di Dante alla Mostra del Medio Evo*, org. de G. Gaeta Bertelà, catálogo da exposição, Florença, 1985). Os afrescos, muito danificados e restaurados em 1937, refletiam as características do estilo tardio de Giotto. Não iniciados antes de 1332, foram terminados depois da morte do pintor, porque sob a figura de São Venâncio se lê: HOC OPVS FACTVM FVIT TEMPORE POTESTARIE [...] FIDESMINI DE VARANO CIVIS CAMERINENSIS; e Fidesmino da Varano foi podestade nos últimos seis meses de 1337. A atividade de Giotto no palácio do Podestade é já lembrada por F. Villani, por Giannozzo Manetti, *Vita Dantis*, c. 1450, por Ghiberti, no Livro de Antonio Billi e no Anônimo Magliabechiano.

[5] G. Boccaccio, *Decamerão*, VI dia, novela 5; Boccaccio afirma que "por ter ele trazido de volta à luz aquela arte que estava sepultada e ao longo de muitos séculos jazia sob os erros de alguns, que mais pintavam para deleitar os olhos dos ignorantes do que para satisfazer o intelecto de sábios, Giotto merecidamente pode ser considerado uma das luzes da glória florentina". Aí está um julgamento que reflete um *topos* já formulado por Plínio e que retorna em Petrarca.

[6] A atividade de Giotto na Abadia florentina é lembrada por Ghiberti, pelo Livro de Antonio Billi e pelo Anônimo Magliabechiano. Nas paredes daquela que era a capela do altar-mor foram descobertos em 1958 e retirados no ano seguinte alguns fragmentos de afrescos, entre os quais também há uma *Anunciação*, mas sua má qualidade leva a duvidar que o autor tenha sido Giotto. Ao contrário, uma obra atribuível à fase juvenil de Giotto é o políptico que já estava sobre o altar e agora está nos Uffizi, restaurado em 1957. É formado por cinco compartimentos com as imagens em meio-corpo de Madalena, São Nicolau, São João Evangelista, São Pedro e São Bento.

lavor a vida de São Francisco[7]; das outras duas, uma é da família Peruzzi[8], outra dos Giugni; e a outra fica do outro lado dessa capela-mor[9]. Também na capela dos Baroncelli há um painel pintado a têmpera, com esmero, que representa a Coroação de Nossa Senhora com grande número de figuras pequenas e um coro de anjos e santos, tudo feito com grande esmero, lendo-se o seu nome em letras de ouro[10]. Por isso, considerando o tempo em que esse maravilhoso pintor, sem nenhuma luz do ensino, deu início a um bom estilo de desenhar e pintar, todos os artistas devem esforçar-se por lhe dispensar perpétua veneração. Existem também na referida igreja outros painéis e muitas outras figuras em afresco, como sobre o sepulcro de mármore de Carlo Marsupini, aretino, um Crucifixo com Nossa Senhora, São João e Madalena aos pés da Cruz. E do outro lado da igreja, sobre a sepultura de Lionardo Aretino, há uma Anunciação na direção do altar-mor, que foi repintada por outros pintores modernos, o mesmo ocorrendo no refeitório com uma cruz, cenas de São Ludovico e um Cenáculo[11]; na sacristia, nos armários, cenas de Cristo e de São Francisco[12]. Em Carmino, na capela de São João Batista, estão representadas em afresco todas as cenas da sua vida[13] e, na Parte

---

[7] As *Cenas de São Francisco*, na capela Bardi, foram caiadas em 1730; descobertas em 1852, foram refeitas nas partes lacunosas e parcialmente repintadas por Gaetano Bianchi. Uma restauração de 1958-59 (Leonetto Tintori) trouxe a lume suas tintas originais, mais bem conservadas. Sua execução certamente é posterior a 1317, dada a presença de São Luís de Toulouse, canonizado naquele ano, e anterior a 1328, data da partida de Giotto para Nápoles. Os vitrais das janelas são obra do Mestre de Figline (F. Bologna, "Vetrate del Mestre di Figline", em *Bollettino d'Arte*, IV (1956), pp. 193-9), sobre o qual cf. também a nota 9 dessa mesma Vida e a nota 8 da p. 90 na Vida de Margarito.

[8] Os afrescos da capela Peruzzi, com *Cenas de São João Batista e São João Evangelista*, feitos segundo uma técnica incomum, que comprometeu sua conservação, foram descobertos em 1841 e restaurados e repintados por Antonio Marini. As modernas restaurações, terminadas em maio de 1963, trouxeram à luz seu desastroso estado de conservação (cf. L. Tintori e E. Borsook, *Giotto – La cappella Peruzzi*, Turim, 1965). O período de sua execução deve ter sido a segunda década do século XIV. A atividade de Giotto em Santa Croce é lembrada por Ghiberti ("quatro capelas e quatro painéis"), por Albertini, pelo Livro de Antonio Billi e pelo Anônimo Magliabechiano.

[9] Da capela Tosinghi ficou apenas um afresco, bastante maltratado, no frontão externo, que representa *Assunção*. É obra do Mestre de Figline, grande contemporâneo e antagonista de Giotto; sobre ele, ver *Un pittore del Trecento – Il Maestro di Figline*, catálogo da exposição, Florença, 1980.

[10] Já lembrada pelo Livro de Antonio Billi e pelo Anônimo Magliabechiano, a *Coroação da Virgem* no altar da capela Baroncelli é assinada como OPVS MAGISTRI IOCTI. Caracteriza-se por grande intervenção dos colaboradores, mas reflete em alto grau o estilo tardio do mestre; sobre a datação, também é preciso ter em mente que a construção da capela foi iniciada em 1327 (cf. nota 3 da p. 127, na Vida de Taddeo Gaddi). O políptico, de cinco compartimentos, foi enquadrado em 1480, talvez na oficina de Domenico Ghirlandaio, e perdeu a cimalha do painel central, identificada com um fragmento que representava o *Eterno* na Fine Arts Gallery de San Diego (Califórnia); cf. F. Zeri, "Due appunti su Giotto", em *Paragone*, n. 85 (1957), pp. 75-87.

[11] Esses afrescos existem ainda no ex-refeitório do convento, agora Museu da Obra de Santa Croce. Lembrados como obra de Giotto também pelo Anônimo Magliabechiano, são atribuídos consensualmente a Taddeo Gaddi. O *Cenáculo*, atingido por uma enchente em 4 de novembro de 1966, foi retirado e aplicado sobre novo suporte. Quanto aos fragmentos remanescentes da *Crucificação* junto ao monumento Marsuppini, cf. A. Conti, em *Paragone*, n. 225 (1968), pp. 10-20.

[12] O Anônimo Magliabechiano também lembra as 28 *Storie* (catorze de Cristo, catorze de São Francisco) que decoravam os armários, hoje divididas entre a Academia de Florença (treze cenas de Cristo e dez de São Francisco), o Museu de Berlim (*Pentecostes* e *Queda do filho de Spini*) e a coleção Von Ingenheim, castelo de Reisewitz, Alta Silésia (*Prova de fogo*, *Morte do cavaleiro de Celano*), como obra de Giotto. A crítica, a partir de Cavalcaselle, pp. 533 ss., as atribui consensualmente a Taddeo Gaddi. Uma reconstrução dos armários foi tentada por L. Marcucci, "Per gli 'armarj' della Sacrestia di Santa Croce", em *Mitteilungen des kunsthistorischen Institutes in Florenz*, IX (1960), pp. 141-58.

[13] Depois do incêndio de 1771, os afrescos foram destruídos devido aos trabalhos de restauração e de renovação da igreja del Carmine. Mas foram retirados fragmentos que hoje estão em vários locais: seis

Guelfa de Florença, uma cena da fé cristã em afresco[14], pintada com a máxima perfeição. Giotto foi levado a Assis para terminar a obra começada por Cimabue e, passando por Arezzo, trabalhou na igreja e na capela batismal de San Francesco[15], bem como numa coluna redonda, próxima a um belíssimo capitel coríntio antigo, pintou um São Francisco e um São Domingos. Na catedral situada fora dos muros de Arezzo há uma capelinha e, dentro dela, a Lapidação de Santo Estêvão, com bela composição das figuras. Depois de terminar essas obras, Giotto foi para Assis, dedicando-se à obra iniciada por Cimabue[16], com o que conquistou grande fama, devido à qualidade das figuras que ali fez, figuras nas quais veem-se ordem, proporção, vida e facilidade, conferidas pela natureza e aumentadas pelo estudo, visto que Giotto era grande estudioso e trabalhava ininterruptamente. E então pintou toda a parte baixa da igreja de Santa Maria de gli Agnoli e a igreja dos frades menores de Assis[17]. O papa Bento XII ouviu de Tolosa[18] todo o rumor da fama desse admirável artista e, querendo fazer em São Pedro de Roma muitas pinturas que ornassem aquela igreja, mandou um enviado à Toscana, para ver que homem era aquele Giotto e suas obras, buscando notícia não somente dele, mas também de outros mestres que fossem considerados excelentes na pintura e no mosaico. Este, conversando com muitos mestres em Siena e vendo seus desenhos, foi para Florença, a fim de ver as obras de Giotto e conhecê-lo pessoalmente; e assim, certa manhã, chegando à oficina de Giotto, que estava trabalhando, falou-lhe das intenções do papa e do modo como ele queria valer-se de sua obra. Por fim, comunicou-lhe que queria alguns de seus desenhos para mandá-los à Sua Santidade. Giotto, que era muito cortês, olhou atentamente para o enviado do papa, tomou uma folha de papel e nela, com um pincel que tinha nas mãos impregnado de tinta ver-

---

na capela Ammannati do Camposanto de Pisa, duas na Walker Art Gallery de Liverpool, um na National Gallery de Londres, um na Pinacoteca de Pavia, um no Museu Boijmans de Roterdã, um numa coleção privada de Washington. Mas na realidade são obras de Spinello Aretino, datáveis de alguns anos após 1387; cf. U. Procacci, "L'incendio della chiesa del Carmine del 1771", em *Rivista d'Arte*, XIV (1932), pp. 141--232; R. Longhi, "Il piú bel frammento degli affreschi del Carmine di Spinello Aretino", em *Paragone*, n. 131 (1960), pp. 33-5, reed. em Longhi, VII.

[14] Provavelmente nunca existiu esse afresco de Giotto no Palácio do Partido Guelfo em Florença. Essa informação pode decorrer de uma interpretação errônea, já presente no Livro de Antonio Billi, de um trecho de Ghiberti, que se refere ao Palazzo della Ragione de Pádua (cf. A. M. Brizio (org.), *Vite scelte di Giorgio Vasari*, Turim, 1948).

[15] A decoração de uma capela dedicada a São Francisco, *supra baptisma*, na Paróquia de Arezzo foi confiada em 16 de setembro de 1375 a Spinello Aretino. A capela foi destruída. Permanecem, num pilar, *São Francisco e São Domingos*, obra de um pintor aretino que tem afinidades com Spinello em sua obra juvenil.

[16] Não está claro se Vasari quer aludir com essa expressão aos afrescos da Basílica superior com as *Storie di San Francesco* (das quais falará bastante na edição de 1568), separadamente dos trabalhos da Basílica inferior, da qual fala abaixo (cf. nota seguinte). A atividade de Giotto em Assis já é lembrada por Riccobaldo Ferrarese, *Compilatio Chronologica* (1312-13), em Muratori, *RIS*, IX, p. 235a, por Ghiberti, por Pio II, *Commentarii*, 1464, pelo Livro de Antonio Billi e pelo Anônimo Magliabechiano.

[17] Na edição de 1568 estão as famosas *Vele* com as quatro *Alegorias franciscanas*, que serão descritas como obra de Giotto. Estas, ao lado das *Cenas da infância de Cristo*, no transepto direito, estão entre as obras que representam uma variedade colorida e de cunho gótico da linguagem da maturidade de Giotto; é o mesmo problema do políptico Stefaneschi na Pinacoteca Vaticana, que, desde o século XIV, era considerado obra de Giotto. Previtali, *Giotto*, cit., cunhou para esse pintor o apelido "Parente de Giotto"; C. Volpe, "Il lungo percorso del 'dipingere dolcissimo e tanto unito'", em *Storia dell'arte italiana*, vol. V, Turim, 1983, pp. 231-304, considera que é possível identificá-lo com Stefano florentino (sobre o qual cf. Vida nas pp. 102-4).

[18] É impossível que se trate de Bento XII, papa de Avignon de 1334 a 1342. Na edição de 1568 Vasari fala de Bento XI de Treviso, papa de 1303 a 1304, sucessor de Bonifácio VIII.

melha, firmando o braço no quadril para fazê-lo de compasso e girando a mão, fez uma circunferência tão uniforme de diâmetro e contorno, que todos se admiraram ao vê--la. Depois, rindo, voltou-se para o enviado e lhe disse: "Aqui está o desenho." Considerando-se burlado, o enviado do papa disse: "Poderei levar outro desenho além desse?" Giotto respondeu: "Já é até demais este que fiz: mande-o para Roma com os outros e verá se ele será reconhecido." O enviado partiu da casa de Giotto, assumindo de má vontade aquele compromisso; desconfiado de que seria alvo de chacota em Roma, deu mostras de não estar satisfeito quando partiu; assim, ao sair da oficina, mandou ao papa todos os desenhos, escrevendo em cada um o nome do autor; fez o mesmo com o círculo desenhado por Giotto, falando da maneira como ele o havia desenhado, sem mover o braço e sem compasso; portanto, o papa e os muitos eclesiásticos que entendiam do assunto perceberam que ele sobrepujava em qualidade todos os outros artistas de seu tempo. Por isso, com a divulgação desses fatos, nasceu aquele provérbio conhecido e ainda muito usado em nossos tempos que diz: "És mais *tondo* que o 'O' de Giotto." Pode-se dizer que esse provérbio é bonito não só devido à sua origem, mas muito mais pelo seu significado, que consiste na ambiguidade do *tondo*, pois esta palavra, além de indicar uma figura circular perfeita, significa retardo e obtusidade de engenho. Portanto, o referido papa o chamou a Roma, honrando-o e reconhecendo-o com prêmios; lá ele fez a Tribuna de São Pedro e um anjo de sete braços de altura, pintado sobre o órgão, além de muitas outras pinturas[19], que em parte foram restauradas por outros em nossos dias e em parte foram destruídas ou transportadas para a parte de baixo do órgão quando foram feitas paredes novas; foi o que ocorreu com uma Nossa Senhora que estava numa das paredes; para não se derrubar a imagem, cortou-se a parede ao redor e tudo foi preso com traves e ferros, levantando-se a seguir uma nova parede, tudo feito em nome de sua beleza, pela piedade e pelo amor às artes por parte do gentilíssimo senhor Niccolò Acciaiuoli, doutor florentino, que também mandou fazer outras restaurações modernas de pintura e estuques para embelezar essa obra de Giotto. É de sua lavra a nave do mosaico, feita acima das três portas do pórtico, no pátio de São Pedro[20], obra tão admirável e que para o tempo ostentava tal desenho, ordem e perfeição, que os louvores prestados por todos os artistas e por outros conhecedores foram merecidos. Giotto foi chamado a Nápoles pelo rei Roberto, que lhe encomendou para Santa Chiara, igreja régia edificada por ele, algumas capelas[21], nas quais se veem muitas cenas do Velho e do Novo Testamento. Lá também, numa das

---

[19] Entre as pinturas de Giotto que escaparam da destruição da velha São Pedro (onde Ghiberti, o Livro de Antonio Billi e o Anônimo Magliabechiano lembram obras dele) está o políptico de dupla face que se encontra na Pinacoteca Vaticana, encomendado pelo cardeal Jacopo Stefaneschi (morto em 1341). Para os aspectos estilísticos, cf. acima, nota 17.

[20] O mosaico da *Navicella* era uma das obras mais celebradas de Giotto: dela falam Filippo Villani, Leon Battista Alberti, Ghiberti, Cristoforo Landino, o Livro de Antonio Billi e o Anônimo Magliabechiano. Agora ela está completamente desfigurada pelas reformas sofridas na reestruturação da Basílica, no pórtico de São Pedro. Dela há cópias e derivações, entre as quais dois desenhos de Parri Spinelli. Mais bem conservados são dois clípeos com *Anjos*, pertencentes à moldura, um em Boville Ernica (Frosinone), outro nas Grutas Vaticanas. A *Navicella* também era uma encomenda do cardeal Stefaneschi (cf. a nota anterior): informações do século XVII afirmam que ela foi realizada em 1298, mas em geral se aventa uma datação mais tardia.

[21] Giotto trabalhou em Nápoles para Roberto de Anjou entre 1328 e 1333. Em 20 de janeiro de 1330 o rei o nomeou seu "familiar". A igreja de Santa Chiara foi construída entre 1310 e 1328; os afrescos de Giotto, também lembrados no Livro de Antonio Billi e pelo Anônimo Magliabechiano, foram caiados. Fragmentos de uma grande composição com o *Lamento sobre o Cristo morto* foram descobertos em 1945 no coro das monjas; trata-se de obra muito próxima à fase tardia de Giotto (cf. Previtali, *Giotto*, cit.).

capelas, encontram-se muitas cenas do Apocalipse, encomendadas (segundo se diz) por Dante[22], que então tinha saído de Florença e também fora levado para Nápoles pelas disputas políticas. No Castello dell'Uovo fez também muitas obras, especialmente a capela do referido castelo[23]. E foi muito benquisto por aquele rei que, além de apreciar sua pintura, sentia grande prazer em conversar com ele, em ouvir suas frases e suas respostas argutas, como quando, dizendo-lhe um dia o rei que gostaria de fazê-lo um dos primeiros homens de Nápoles, ele respondeu: "Por isso moro próximo à Porta Real, para ser o primeiro de Nápoles." E de outra feita, quando o rei lhe disse: "Giotto, em teu lugar, agora que está calor, deixaria um pouco de pintar", ele respondeu: "E eu, em vosso lugar, faria o mesmo." O rei, portanto, encomendou-lhe muitas obras para uma sala que o rei Afonso I demoliu para construir o castelo, o mesmo ocorrendo na Incoronata[24]. Dizem que o rei lhe pediu, por capricho, que ele pintasse o seu reino, e Giotto pintou um asno albardado, que aos pés tinha outra albarda nova e, farejando-a, dava mostras de desejá-la; e sobre ambas as albardas estavam a coroa real e o cetro. Como o rei perguntasse a Giotto qual o significado dessa pintura, respondeu ele que os seus súditos eram tal e qual o seu reino, ou seja, todo dia desejavam um novo senhor[25]. Saindo de Nápoles, Giotto foi retido em Roma pelo senhor Malatesta de Rimini[26], que, levando-o para sua cidade, pediu-lhe que pintasse muitas coisas na igreja de San Francesco; tais obras foram destruídas e avariadas por Sigismundo, filho de Pandolfo, que reconstruiu toda a igreja[27]. Também no claustro daquele lugar, defronte à fachada da igreja, pintou a cena da Beata Miquelina em afresco[28], que foi uma das coisas mais belas e excelentes que Giotto fez, devido às graciosas ideias que esse maravilhoso artista teve ao pintá-la. Porque, além da beleza do panejamento, da graça e da vivacidade das cabeças dos homens e das

---

[22] Dante tinha morrido em 1321. As cenas do *Apocalipse* são citadas também pelo Anônimo Magliabechiano.

[23] A capela de Santa Bárbara, pintada por Giotto, ficava em Castel Nuovo, e não em Castel dell'Uovo. O erro do Vasari remonta a Ghiberti. Mas, cf. Petrarca, *Itinerarium breve de Janua usque ad Jerusalem et Terram Sanctam* (1358, ed. de Basileia, 1554, t. I, p. 622; o título é o da edição nacional de G. Billanovich): "Proxima in valle sedet ipsa Neapolis, inter urbes littoreas una quidem ex paucis: portus hic etiam manufactus, supra portum regis; ubi si in terra cxeas, capellam regis intrare non obmiseris, in qua conterraneus olim meus pirtor, nostri aevi princeps, magna reliquit manus et ingenii monumenta." Esses afrescos também são lembrados por Pietro Summonte, em sua carta de 1524 a Michiel sobre a arte em Nápoles (cf. F. Niccolini. *L'arte napoletana del Rinascimento*, Nápoles, 1925, pp. 159 ss.) e pelo Anônimo Magliabechiano. Foram destruídos em 1470-72. Restam ainda alguns fragmentos com cabeças no capialço dos janelões, que são obra de oficina.

[24] Os afrescos da Incoronata são posteriores a 1352, provável data de fundação da igreja, e constituem o maior testemunho da pintura napolitana do século XIV. Atribuídos a "discípulos de Giotto" por Summonte (a respeito, cf. nota anterior), são reconhecidos como obra de Roberto d'Oderisio, seguidor napolitano de Giotto.

[25] O episódio e a informação sobre a suposta intervenção de Dante nas pinturas de Giotto em Nápoles (mas cf. acima, nota 22) remontam ao Livro de Antonio Billi (Brizio [org.], *Vite scelte*, cit.).

[26] Malatestino "do olho", morto em 14 de outubro de 1317.

[27] Sigismondo Pandolfo Malatesta (1417-68), filho de Pandolfo (morto em 1427). Sobre a reforma da igreja de San Francesco (o Templo Malatestiano), cf. Vida de Leon Battista Alberti, pp. 289-90 e nota 14. As pinturas de Giotto em San Francesco em Rimini são lembradas por Riccobaldo Ferrarese (cf. nota 16, p. 94). Resta apenas um *Crucifixo*, cuja cimalha foi descoberta por Zeri, "Due appunti", cit., em *Eterno benedicente*, já na coleção de Lady Jekyll em Londres.

[28] A beata Miquelina morreu em 1356, portanto esses afrescos, hoje perdidos, não podiam ser obra de Giotto; aliás, a própria descrição de Vasari deixa "entrever uma goticização bem mais avançada" (Previtali, *La fortuna dei primitivi*, cit., p. 6).

mulheres, que são vivíssimas e miraculosas, há nelas uma coisa singularíssima, ou seja, uma jovem da maior beleza que se possa imaginar que, para livrar-se da calúnia de adultério, jura sobre um livro, com os olhos fixos nos olhos do marido, que a obrigava a fazer aquele juramento porque suspeitava de um filho negro dela nascido, filho que ele não podia acreditar ser seu. E, enquanto o marido demonstra contrariedade e desconfiança na fisionomia, ela, com a piedade da fronte e do olhar, mostra a todos os que a contemplam com a máxima atenção sua inocência e simplicidade, bem como a injustiça de fazê-la jurar e de difamá-la como meretriz. Sentimentos também intensos foram expressos por esse engenhosíssimo artista num doente cheio de chagas: todas as mulheres que o rodeiam, afetadas pelo fedor, fazem certas contorções de nojo, que são as mais engraçadas do mundo. E em outro quadro veem-se belíssimos escorços entre certa quantidade de pobres aleijados; e é maravilhoso o gesto que a referida beata faz diante de certos usurários, que lhe dão o dinheiro da venda de suas propriedades, que ela deve destinar aos pobres, parecendo que o dinheiro deles fede; e, enquanto eles o contam, há um que parece acenar ao notário para que este escreva e, mantendo as mãos sobre o dinheiro, dá a entender, com grande sutileza, seus sentimentos e sua avareza. Em três figuras, que suspendem no ar o hábito de São Francisco, representações da obediência, da paciência e da pobreza, Giotto mostrou seu belíssimo estilo no panejamento, pois este, no lindo caimento das pregas, suavemente coloridas, mostra a quem o admira que ele nasceu para dar luz à arte da pintura. Ele retratou num navio o senhor Malatesta, que parece vivo; há alguns marinheiros e outras pessoas que, pela agilidade e pela expressividade de suas atitudes, demonstram a excelência de Giotto, como se vê numa figura que, falando com outros, põe uma das mãos no rosto, enquanto cospe no mar. E, entre todas as coisas feitas por Giotto em pintura, certamente se pode dizer que essa é uma das melhores, porque, em tão grande número de figuras, não há uma sequer que não seja feita com grande e belo artifício, e que não esteja em caprichosa atitude. E o senhor Malatesta, vendo que em sua cidade nascia uma das mais belas coisas do mundo, não deixou de premiá-lo e louvá-lo magnificamente. Terminados os trabalhos para esse senhor, Giotto não deixou de atender, por amizade, o pedido de um prior florentino, mandado então por seus superiores à igreja de San Cataldo, naquela cidade; este lhe rogava pintar, por fora da porta da igreja, um Santo Tomás de Aquino lendo as lições para seus frades; e Giotto fez uma pintura muito louvada. E dali foi para Ravena, onde, em San Giovanni Vangelista, fez uma capela em afresco[29], muito louvada. De lá voltou, com grande honra e prestígio, para Florença, e em San Marco fez um Crucifixo de madeira trabalhado a têmpera, de tamanho maior que o natural, em fundo de ouro[30], que foi colocado do lado direito da igreja; fez outro semelhante em Santa Maria Novella[31], no qual trabalhou em companhia

---

[29] Em San Giovanni Evangelista em Ravena ainda há afrescos da escola de Rimini, com data de 1380 (C. Volpe, *La pittura riminese del Trecento*, Milão, 1956, p. 54).

[30] Ainda no local, é obra de um contemporâneo de Giotto.

[31] Hoje na sacristia da igreja; Ghiberti, o Livro de Antonio Billi e o Anônimo Magliabechiano já diziam ser de Giotto. O *Crucifixo* é mencionado num testamento de 15 de junho de 1312, em que Riccuccio do falecido Puccio dell Mugnaio deixa para a sacristia dos frades predicantes de Santa Maria Novella "libras quinque florenorum parvorum" para comprarem azeite "pro tenenda continue illuminata lampada Crucifixi entis in eadem ecclesia Sancte Marie Novelle, picti per egregium pictorem nomine Giottum Bondonis" (publicado em Milanesi, I, pp. 394-5). Reconhecido como obra juvenil de Giotto (c. 1290)

de Puccio Capanna, crucifixo que ainda está situado acima da porta principal da entrada da igreja. No mesmo lugar, fez um afresco de São Ludovico, na parte de cima do *tramezzo* à direita, aquém da sepultura dos Gaddi; e nos frades humilhados de Ognissanti fez uma capela e quatro painéis. E, entre outras coisas, uma Nossa Senhora com muitos anjos ao redor e o filho nos braços[32]; também fez um Crucifixo grande de madeira[33], cujo desenho Puccio Capanna usou para criar muitos outros por toda a Itália, visto que havia assimilado muito o modo de trabalhar e o estilo de Giotto. No *tramezzo* da igreja, naquele mesmo lugar, está afixado um pequeno painel pintado a têmpera pela mão de Giotto com infinita diligência, esmerado desenho e grande vivacidade, que representa a morte de Nossa Senhora, em que os Apóstolos fazem as exéquias e Jesus Cristo segura sua alma nos braços[34]; é muito louvada pelos pintores, especialmente por Michel Agnolo Buonaroti, que atribuem grande veracidade à cena. Além disso, as atitudes das figuras são expressas com muitíssima graça pelo artista. E de fato, naquele tempo, considerava-se um milagre o modo como Giotto pintava com tanta beleza, apesar de ter aprendido aquela arte sem mestre.

Ocorre que, como Giotto demonstrava grande habilidade no desenho, encomendaram-lhe muitos desenhos, não só para pinturas, mas também para esculturas; como quando o Mester dos Mercadores quis fundir em bronze as portas do Batistério de San Giovanni, e ele desenhou para Andrea Pisano todas as cenas de São João Batista, para aquela porta que hoje está voltada para a Misericordia. Mas o seu valor na arquitetura foi demonstrado no modelo do campanário de Santa Maria del Fiore, quando, com a morte de Arnolfo Todesco, que comandava aquela construção, os construtores da igreja e a Senhoria da cidade quiseram que o campanário fosse feito e convidaram Giotto, que desenhou um modelo no estilo alemão que se usava naquele tempo e, por ter sido muito boa a sua concepção, ele também desenhou todas as cenas que serviriam de ornamento àquela obra[35]. E, assim, com grande diligência, repartiu no modelo, nas cores

---

por parte da crítica moderna, é atribuído a outra personalidade por R. Offner, "Giotto – non Giotto", em *The Burlington Magazine*, LXXXIV (1939), pp. 259-68, e por M. Meiss, *Giotto and Assisi*, Nova York, 1959. Para outras informações, cf. Previtali, *Giotto*, cit., pp. 32-6.

[32] É o famoso painel dos Uffizi, n.º 8344, já lembrado por Ghiberti e pelo Anônimo Magliabechiano. Originariamente no altar-mor da igreja de Ognissanti, foi substituído pelo políptico de Giovanni da Milano. Em 1417 é mencionada num altar lateral. Está entre as pinturas sobre madeira que refletem mais de perto o estilo dos afrescos da capela dos Scrovegni em Pádua (1303-05).

[33] Ainda na sacristia da igreja de Ognissanti. Atribuído a Giotto já por Ghiberti e pelo Anônimo Magliabechiano, é reconhecido como obra estritamente giottesca, do grupo "Parente de Giotto" – "Stefano" (cf. acima, nota 17).

[34] É a *Dormitio Virginis* dos Staatliche Museen de Berlim (Dahlem, n.º 1884), lembrada também por Ghiberti e pelo Anônimo Magliabechiano. Na edição de 1568, Vasari diz que, "tendo sido considerada desde que foi publicado pela primeira vez este livro das vidas, depois foi retirada". Alguns estudiosos alimentam dúvidas sobre a plena autografia da pintura, que parece ter afinidade com a *Madonna de Ognissanti* e lhe é contemporânea.

[35] No segundo *Commentario*, Ghiberti afirma que "Giotto mereceu grandes louvores. Foi digníssimo em toda arte, e também na arte da estatuária. As primeiras cenas (que) estão no edifício por ele construído, do campanário de Santa Reparata, foram esculpidas e desenhadas por sua mão; na minha vida ouvi que de sua mão haviam sido maravilhosamente desenhadas sete cenas". E adiante: "Ainda ali estão entalhadas grande parte das obras daqueles que foram os trovadores da arte. Diz-se que Giotto esculpiu as primeiras duas cenas." Essas afirmações não são verificáveis, não há elementos suficientes para acreditar que Giotto tenha trabalhado nos relevos do Campanário ou nas portas do Batistério (cf. também, na Vida de Andrea Pisano, nota 5 na p. 110); verdade é que a escultura de Andrea Pisano, sobretudo nessas obras, revela notável adesão à linguagem giottesca.

branca, vermelha e preta, todos os lugares onde deveriam ficar as pedras e os frisos, e ordenou que a parte de baixo tivesse o perímetro de cem braços, ou seja, 25 braços para cada face, e a altura de 144 braços[36]; essa obra foi iniciada em MCCCXXXIV[37] e continuada sem interrupções, mas não tanto que Giotto pudesse vê-la acabada, por ter morrido antes. Enquanto essa construção ia sendo executada, ele fez um painel nas Monjas de San Giorgio[38] e, na Abadia de Florença, num arco sobre a porta de dentro da igreja, três figuras em meio-corpo[39], que hoje, graças à ignorância de um abade, foram caiadas para iluminar a igreja. Na grande sala do Podestade de Florença, para amedrontar o povo, ele pintou a comuna que é roubada por muitos[40]; nessa pintura há um juiz sentado com o cetro na mão, com as balanças equilibradas acima de sua cabeça, que representam suas justas decisões, no que é ajudado por quatro figuras, a Fortaleza com a coragem, a Prudência com as leis, a Justiça com as armas e a Temperança com as palavras; pintura bonita e invenção agradável, apropriada e verossímil. Giotto saiu de Florença e no Santo de Pádua foi fazer algumas capelas, onde ficou por muito tempo, porque no lugar da arena fez uma Glória Mundana[41], que lhe deu muita honra. E, mudando-se para Milão, também ali trabalhou[42] e, voltando a Florença, aos 8 de janeiro de MCCCXXXVI, entregou a alma a Deus[43], sendo pranteado pelos artistas e por seus concidadãos, que não deixaram de levá-lo à sepultura com as honrosas exéquias que convinham a tanta virtude, como era a de Giotto, e a uma pátria como Florença, digna

---

[36] Essas medidas são extraídas de Albertini.

[37] Em 12 de abril de 1344 Giotto foi nomeado "magister et gubernator" da Obra de Santa Reparata (ou seja, da Catedral), das muralhas, das fortificações e de qualquer outra iniciativa e construção da Comuna de Florença na cidade. Segundo Giovanni Villani (XI, 12), a primeira pedra da construção do Campanário foi lançada em 18 de julho de 1334. Sobre o Campanário de Giotto e, em geral, sobre Giotto arquiteto, cf. Gioseffi, *Giotto*, cit. Note-se, porém, que o "pergaminho senês" que contém um desenho do campanário é, mais provavelmente, uma réplica, e não o modelo original de Giotto.

[38] Ghiberti e o Anônimo Magliabechiano também consideram a *Nossa Senhora com o Menino Jesus* de San Giorgio alla Costa, hoje no depósito das Gallerie Fiorentine, como obra de Giotto. Faz parte daquele grupo de obras cuja atribuição à juventude de Giotto é posta em dúvida por alguns críticos (cf. acima, nota 31): entre elas, o *Crucifixo* de Santa Maria Novella e, sobretudo, os afrescos da Basílica superior de Assis; todo o problema é reexaminado em Bellosi, *La pecora*, cit.

[39] Uma *Madonna* de meio-corpo com figuras nos lados, acima da porta da igreja da Abadia, também é lembrada por Ghiberti, pelo Livro de Antonio Billi e pelo Anônimo Magliabechiano. Não restam vestígios.

[40] Esse afresco, lembrado também por Ghiberti e pelo Anônimo Magliabechiano, está perdido. S. Morpurgo, "Bruto, 'il buon giudice', nell'udienza dell'Arte della Lana a Firenze", em *Miscellanea di Storia dell'Arte in onore di Igino Benvenuto Supino*, Florença, 1933, indica uma derivação iconográfica dessa obra num afresco do século XIV da sala da Audiência do palácio da Corporação da Lã em Florença.

[41] Evidentemente, Vasari não conhecia o ciclo mais complexo de afrescos que Giotto deixou, a decoração da capela da Arena ou dos Scrovegni, com *Cenas de Maria e Cristo, Juízo Final, Alegorias*. A capela, construída no terreno da Arena, comprado em 6 de fevereiro de 1300 por Enrico Scrovegni, foi consagrada pela primeira vez em 25 de março de 1303 e pela segunda vez em 25 de março de 1305. Entre essas duas datas deve ser situada a realização dos afrescos, que, por outro lado, também inspiraram algumas cenas em iluminuras num grupo de antifonários da catedral de Pádua, datados de 1306. Os afrescos já são lembrados nos *Documenti d'Amore* de Francesco da Barberino, 1308-13 (ed. org. por F. Egidi, Roma, 1905), por Riccobaldo Ferrarese, por Ghiberti e pelo Anônimo Magliabechiano. A estes dois últimos autores remonta a obscura citação da "glória mundana".

[42] Em 1335-36 Giotto estava em Milão, chamado por Azzone Visconti, como afirma Giovanni Villani. Embora nada reste de sua atividade naquela cidade, atesta-se um ambiente giottesco pelos remanescentes de afrescos do Arcebispado. Os restos da *Crucificação* do campanário de San Gottardo são derivados do estilo tardio de Giotto, rico e exuberante, com afinidade com Puccio Capanna e Giottino.

[43] Cf. nota 1 da p. 91.

de um engenho admirável como o dele. E assim, naquele dia, não houve homem, humilde ou poderoso, que com lágrimas ou lamentações não desse mostras de condoer-se com a perda de tal homem. E ele, ainda que nascido de sangue humilde, pelas raras virtudes que ostentou mereceu louvores e distintíssima fama.

O campanário de Santa Maria del Fiore foi continuado e executado por seu discípulo Taddeo Gaddi[44], com base no modelo de Giotto. E é opinião não infundada de muitos que ele também se dedicou à escultura, sendo-lhe atribuídas duas cenas de mármore que estão no referido campanário, nas quais são representados os estilos e os princípios das artes[45], embora outros digam que de sua lavra é apenas o desenho dessas cenas. Como marco de sua sepultura em Santa Maria del Fiore, restou, no lado esquerdo de quem entra na igreja, uma pedra de mármore, onde seu corpo está sepultado.

Seus discípulos foram o acima referido Taddeo[46] e Puccio Capanna[47], que na igreja de San Cataldo dos frades predicantes em Rimini pintou um ex-voto com um navio que parece estar naufragando, em que as pessoas estão atirando coisas ao mar. E lá está o próprio Puccio, entre um bom número de marinheiros. Também foi seu discípulo Ottaviano da Faenza, que pintou muitas coisas em San Giorgio de Ferrara, dos monges de Monte Oliveto; e em Faenza, sua pátria, onde viveu e morreu, pintou uma Nossa Senhora com São Pedro e São Paulo no arco acima da porta de San Francesco. E Guglielmo da Forlí[48], que fez muitas obras, em especial a capela de São Domingos em sua cidade. Também foram discípulos de Giotto Simon Sanese, Stefano Fiorentino e Pietro Cavallini, romano[49], bem como outros inúmeros, que se ativeram muito ao seu estilo e o imitaram. Deixaram memória dele todos os que escreveram em seu tempo; causou tamanha admiração o seu nome, por ter sido ele o primeiro que redescobriu o modo de pintar que ficara perdido durante muitos anos, que o Magnífico Lorenzo de' Medici, tornando-se cada dia mais admirador desse mestre, mereceu ter uma efígie sua em Santa Maria del Fiore, esculpida em mármore; e é do divino Angelo Poliziano[50] o epitáfio abaixo, feito em seu louvor, para que quem desejar ser excelente e excepcional em qualquer profissão se empenhe com valor para ser digno de tais memórias depois da morte, tal como ocorreu com Giotto:

---

[44] Essa informação remonta ao Livro de Antonio Billi e do Anônimo Magliabechiano, mas não tem confirmação histórica. Do ponto de vista histórico, parece mais plausível (cf. nota 21, p. 131) a afirmação do *Centiloquio* de Antonio Pucci: "foi dirigido com dificuldade por certo tempo pelo solene mestre Andrea Pisano que fez a bela porta de San Giovanni [...]. E depois o encaminhou a Francesco di Talento".

[45] Na edição de 1568, Vasari cita Ghiberti como fonte dessa informação. Cf. acima, nota 35.

[46] De Taddeo Gaddi, cf. Vida, pp. 126-9.

[47] A obra de Puccio Capanna, pintor que por muito tempo ficou misterioso e foi confundido com o florentino Puccio di Simone, provavelmente deve ser associada ao grupo de pinturas de Assis, reunido por R. Longhi, "Stefano fiorentino", em *Paragone*, n. 53 (1951), pp. 18-40, reed. em Longhi, VII, com o nome de Stefano. Sobre todo esse problema, cf. adiante, Vida desse pintor, nota 1, p. 102.

[48] Também chamado Guilherme dos Órgãos. Um pintor chamado Guilherme "de contrata Schiavonie" é lembrado como testemunha num documento de 4 de janeiro de 1393; mas nenhuma pintura lhe pode ser atribuída com certeza.

[49] Vasari dedica uma Vida a cada um desses três artistas: elas se encontram, respectivamente, nas pp. 122-5, 102-4 e 120-1.

[50] Agnolo Ambrogini, vulgo Poliziano (1454-94). A sepultura de Giotto foi criada em 1490 e ainda existe; cf. Vida de Benedetto de Maiano, nas pp. 396-9.

ILLE EGO SVM PER QVEM PICTURA EXTINCTA REVIXIT
CVI QVAM RECTA MANVS TAM FVIT ET FACILIS
NATURAE DEERAT NOSTRAE QVOD DEFVIT ARTI
PLVS LICVIT NVLLI PINGERE NEC MELIVS
MIRARIS TVRRIM EGREGIAM SACRO AERE SONANTEM?
HAEC QVOQVE DE MODVLO CREVIT AD ASTRA MEO
DENIQVE SVM IOTTVS. QVID OPVS FVIT ILLA REFERRE?
HOC NOMEN LONGI CARMINIS INSTAR ERIT*.

---

* "Sou aquele graças a quem a pintura morta ressuscitou / Aquele cuja mão foi firme e hábil / À nossa arte só faltou o que faltava à natureza / E a ninguém coube pintar mais nem melhor / Admiras a soberba torre que ressoa com bronze sagrado? / Ela subiu aos astros obedecendo ao meu modelo / Enfim, sou Giotto. Por que dizer tudo isso? / Meu nome valerá como um longo poema." [N. da T.]

Stefano, pintor florentino

Era tamanha a fama da nova pintura e tão honrados eram os seus artistas, graças às maravilhas que Giotto fazia, em comparação com aquelas que antes dele eram feitas em murais e painéis, que muitos jovens, dispostos e cheios de vontade, começaram a aprender tal arte, afastando-se de todas as outras atividades; e, percebendo os benefícios que continuamente dela extraíam, perseveravam de bom grado. Entre eles havia um pintor florentino chamado Stefano[1], que com suas obras sobrepujou em muito aqueles que antes dele se haviam dedicado à arte, pois em sua obra havia toda a inteligência que inexistia naqueles que tinham pintado antes. Stefano aprendeu a arte da pintura com Giotto, que gostava muito dele, devido aos seus bons costumes, à assiduidade que demonstrava em todas as ações que em tal profissão empreendesse. Por isso, em pouco tempo, depois da morte de Giotto, ele progrediu tanto em estilo, inventividade e desenho, que nem os artistas mais velhos podiam realmente vangloriar-se diante dele, pois ele a todos superou em honra e prestígio. Pintou em afresco, em Pisa, a Nossa Senhora do Campo Santo[2]; em Florença, no claustro de Santo Spirito,

---

[1] A posição desta biografia, logo depois da de Giotto (na edição de 1568 Vasari colocará aí a Vida de Agostino e Agnolo de Siena, vinculando a Vida de Stefano à de Ugolino de Siena), dá claramente a medida da grandeza que devia ter esse artista, altamente celebrado por todas as fontes antigas. A leitura estilística de Vasari, que vê nele suavidade e doçura, "progresso" em relação a Giotto, com expressões como "de cores mais uniformes e esfumadas", servira de base para a identificação da fisionomia do pintor feita por Longhi, "Stefano fiorentino", cit., que lhe atribuíra um grupo de afrescos de Assis, antes atribuídos a Maso di Banco, entre os quais a *Crucificação* situada no capítulo do convento e a *Coroação da Virgem* e as duas *Histórias de São Estanislau* no coro da Basílica inferior. Tudo indica que uma dessas pinturas, que tem um fragmento agora na Pinacoteca Cívica, *São Francisco recebendo o Menino Jesus nos braços*, fez parte de um afresco situado acima de uma das portas de Assis, cuja realização se decidira confiar em 1341 a Puccio Capanna (cf. G. Abate. "Per la Storia e l'Arte della Basilica di San Francesco in Assisi", em *Miscellanea francescana*, LVI (1956), pp. 1-36). A questão acerca de Stefano, portanto, está aberta novamente: uma última e interessante hipótese é a de Volpe, "Il lungo percorso", cit., que lhe atribui a produção mais pronunciadamente gótica da oficina de Giotto, geralmente indicada com o rótulo convencional de "Parente de Giotto".

[2] A *Assunta* do Camposanto de Pisa também é citada pelo Livro de Antonio Billi e pelo Anônimo Magliabechiano, bem como por Michelangelo di Cristofano da Volterra, *Le mirabili et inaudite bellezze e adornamenti del Camposanto di Pisa* (fim do século XV), publicado em I. B. Supino, *Il Camposanto di Pisa*, Florença, 1896, pp. 301 ss. Na edição de 1568 foi atribuída por Vasari também a Simone Martini; foi destruída no incêndio decorrente do bombardeio de 7 de julho de 1944. R. Longhi, "Fatti di Masolino e Masaccio", em *La Critica d'Arte*, V (1940), pp. 145-91, reed. em Longhi, VIII/I, a agrupa com os afrescos do zimbório de Chiaravalle, nas cercanias de Milão, ao passo que, recentemente, Volpe, "Il lungo percorso", cit., p. 286, nota, excluiu a possibilidade dessa vinculação, bem como a tradicional atribuição a Stefano.

trabalhou em afresco três pequenos arcos[3], em um dos quais está a Transfiguração de Cristo com Moisés, Elias e os três discípulos. Nele, Stefano, imaginando o esplendor que os ofuscou, representou-os em atitudes extraordinárias, procurou desenvolver o panejamento, criando novas pregas e tentando desvendar por baixo dele as carnes das figuras. Abaixo, representou a cena em que Cristo liberta a endemoninhada, na qual fez um edifício em perspectiva com grande perfeição, de maneira ainda pouco conhecida, executando-o com correção e demonstrando os melhores conhecimentos; e, com extraordinário tino e trabalhando a arte em estilo moderno, com inventividade, proporção e discernimento nas colunas, nas portas, nas janelas e nas cornijas, mostrou ser tão excelente e tão diferente dos outros mestres, que não me parece ser-lhe descabido o título de atilado e sábio estudioso do novo estilo moderno.

Entre outras coisas engenhosas, ele imaginou uma dificílima subida de escadas, feita em pintura e relevo mural, com ótimo desenho, variedade e maravilhosa inventividade. Debaixo dela, no outro arco, há uma cena da vida de Cristo, em que ele livra São Pedro do naufrágio, parecendo gritar: "Domine salva nos, perimus"; foi esta obra considerada muito mais bela do que as outras, pois nela, além da maciez do panejamento e da suavidade do ar nas cabeças das figuras, vemos o pavor do acidente no mar, os Apóstolos atingidos pelas vagas e pelos fantasmas marinhos, representados em atitudes apropriadas e belíssimas. E, embora o tempo tenha consumido o seu trabalho, pode-se perceber com admiração o modo como eles se defendem da fúria dos ventos e das ondas do mar; tais coisas, que ainda hoje parecem aos artistas modernos constituir uma obra uniforme meritória, digna dos mais insignes louvores, certamente naqueles tempos deviam parecer miraculosas em toda a Toscana. Ao lado de uma das portas do primeiro claustro de Santa Maria Novella ele pintou um Santo Tomás de Aquino, fazendo também um Crucifixo[4], que outros pintores estragaram, quando tentavam restaurar. Também deixou inacabada uma capela naquela igreja, que o tempo danificou muito; nela se vê o modo como os anjos, devido à soberba de Lúcifer, caíram[5] em formas diferentes; nestes, ele fez os melhores escorços que conseguiu. E foi ele o primeiro que nessa dificuldade mostrou em parte aquilo que hoje vemos fazerem os espíritos mais eminentes em tal mister; por isso recebeu ele o apelido de "Símio da Natureza"[6], pois a imitava de maneira tão apropriada e vivaz, que ainda hoje é considerado como tal pelos que o veem.

Foi levado a Milão, onde iniciou muitas coisas, mas não conseguiu terminá-las, por ter adoecido em decorrência da mudança de clima, de tal modo que precisou vol-

---

[3] Esses afrescos, também citados por Ghiberti, pelo Livro de Antonio Billi e pelo Anônimo Magliabechiano, já estavam desaparecidos na época de Baldinucci.

[4] Ghiberti e o Anônimo Magliabechiano também citam um *Santo Tomás de Aquino* ao lado da porta de ingresso do cemitério, com o qual parece difícil identificar o da luneta acima da atual porta de acesso do pequeno claustro dos Mortos (atribuído a Francesco Fiorentino por M. Boskovits, *Pittura fiorentina alla vigilia del Rinascimento*, Florença, 1975, p. 237, nota). Sobre um *Crucifixo* de Stefano também se fala na *Chronica* manuscrita pelo dominicano M. Biliotti (século XVI, Arquivo de Santa Maria Novella, Florença), citada por R. Lunardi, *Arte e storia in Santa Maria*, Florença, 1983, p. 32, que, com base nisso, chegou a atribuir a Stefano o *Crucifixo com São Domingos e São Tomás* que fica acima da porta que leva do Claustro verde ao Claustro grande, que no entanto é atribuído a Andrea Bonaiuti por Boskovits, *Pittura*, cit., p. 237 (a atribuição a Stefano agora está registrada também num rótulo do museu).

[5] Essa capela, citada também por Ghiberti e pelo Anônimo Magliabechiano, foi destruída em 1574.

[6] Esse apelido, que teve certo sucesso, remonta a Filippo Villani, *De origine civitatis Florentiae et eiusdem famosis civibus* (c. 1400), que cita Stefano como um dos maiores seguidores de Giotto, ao lado de Maso e Taddeo Gaddi.

tar para Florença. Tendo recobrado a saúde, depois de não muito tempo foi para Assis; ali começou uma cena[7], que deixou semiacabada, trabalhando nela com suprema diligência e amor. De lá, voltando a Florença para resolver alguns negócios, pintou para os Gianfigliazzi, às margens do Arno, entre a casa deles e a ponte Carraia, um pequeno tabernáculo num recanto que ali há, no qual representou com total diligência uma Nossa Senhora a costurar, enquanto um menino vestido e sentado segura um passarinho; esse trabalho, por menor que seja, não deixa de merecer os louvores normalmente feitos às obras maiores em que ele trabalhou com mais maestria.

Considera-se que Maso, vulgo Giottino, era seu filho, embora muitos, devido ao nome e ao vocábulo, o considerem filho de Giotto. Mas eu, por alguns resumos que li e pelas memórias de boa-fé escritas por Lorenzo Ghiberti e por Domenico del Grillandaio[8], prefiro acreditar que era filho de Stefano, e não de Giotto. Não há dúvida de que ele foi muito parcimonioso e comedido no modo de viver; em plena força da virilidade entregou a alma ao céu, depois de conquistar grande fama com suas obras. Pode-se atribuir a ele o mérito de, depois de Giotto, ter propiciado grande progresso à pintura, porque em suas criações ele foi muito diferente do estilo e da maneira de Giotto. Suas cores eram mais uniformes e esfumadas, e em diligência ninguém o igualou naqueles tempos. E, apesar de seus escorços não serem bons, devido à dificuldade que havia em fazê-los, Stefano merece muito mais fama do que aqueles que seguem uma composição mais bem ordenada, por ter sido um estudioso das primeiras dificuldades desse procedimento. Certamente muito se deve a Stefano, porque quem anda no escuro, mostrando o caminho e encorajando os outros, com o tempo, descobrindo as suas dificuldades, acaba chegando ao fim desejado. Por isso, todo aquele que considerar com discernimento as obras que ele fez no tempo da obscuridade da arte não dará aos seus trabalhos menos valor do que hoje se dá a quem demonstra claramente as luzes da facilidade nas excelentes pinturas. As obras de Stefano foram feitas em MCCCXXXVII, e ele viveu XXXIX anos[9]; em Santo Spirito de Florença foi sepultado com o seguinte epitáfio:

STEFANO FIORENTINO PICTORI FACIVUNDIS IMAGINIBVS AC COLORANDIS
FIGVRIS NVLLI VNQVQM INFERIORI AFFINES MESTISSIMI POS(VERVNT).
VIX(IT) AN(NOS) XXXIX*.

---

[7] Na edição de 1568, Vasari explica: "uma cena da glória celeste no nicho da capela-mor na igreja inferior de São Francisco", e faz uma belíssima descrição. O afresco é citado como obra de Stefano também por Ghiberti e pelo Anônimo Magliabechiano, enquanto a tradição local o atribuía a Giotto ou a Puccio Capanna. Em 1623 foi destruído, para dar lugar ao *Juízo universal* de Cesare Sermei; cf. M. Gabrielli, "La 'Gloria celeste' di Stefano Fiorentino", em *Rivista d'Arte*, anuário, 1956, Florença, 1958, pp. 3-23.

[8] As "memórias" de Domenico Ghirlandaio não chegaram até nós; os "resumos" podem ser compilações do tipo do Livro de Antonio Billi ou do Anônimo Magliabechiano. No segundo *Commentario* de Ghiberti fala-se de Maso, que Vasari nunca cita, considerando-o erroneamente idêntico a Giottino (cf. Vida de Tommaso di Stefano, vulgo Giottino, pp. 135-8).

[9] Segundo a edição de 1568, "pelo que se diz, morreu no ano em que começou o jubileu de 1350, com a idade de 49 anos".

* "Em memória de Stefano, pintor florentino, que por ninguém foi suplantado na arte de fazer imagens e colorir figuras, sua pesarosa família mandou fazer este epitáfio. Viveu até 39 anos." [N. da T.]

Ugolino, pintor senês

A época de Giotto foi maravilhosa para todos que pintavam, porque então o povo era atraído pela novidade e pela beleza da arte, já elevada a seu grau máximo pelos artistas; visto que as religiões de São Domingos e São Francisco já haviam terminado as muralhas de seus conventos e de suas igrejas, nelas eram contínuas as pregações, que atraíam para a fé cristã e para a vida honesta os corações endurecidos nas más obras, exortando-os a honrar os santos de Jesus; por isso, todos os dias os rústicos construíam capelas e mandavam pintá-las, por desejo de alcançar o Paraíso. E assim, com o intuito de comover as mentes ignorantes dos homens, enfeitavam as igrejas com belíssimos ornamentos. Foi dessa maneira que Ugolino, pintor senês[1], fez grande número de painéis e muitíssimas capelas por toda a Itália, mantendo-se ainda fiel em grande parte ao estilo grego, e envelhecendo nele; e, mesmo depois do advento de Giotto, por ser teimoso e duro, observava o estilo de Cimabue, tendo por este veneração[2] maior do que por Giotto; isso é visível nos painéis que Ugolino fez em Siena e também no que fez em Florença, no altar-mor de Santa Croce, sobre fundo de ouro[3], bem como no painel[4] que fez em Santa Maria Novella no mesmo estilo, que durante muitos anos ficou

---

[1] Vasari certamente se refere a Ugolino di Nerio, lembrado pelos documentos em 1317, 1324 e 1327. É o mais elegante e refinado dos seguidores de Duccio. Sobre ele, cf., para informações documentais, P. Bacci, *Dipinti inediti e sconosciuti di Pietro Lorenzetti, Bernardo Daddi etc.*, Siena, 1939; G. Coor Achenbach, "Contributions to the study of Ugolino de Nerio's art", em *The Art Bulletin*, 1955, pp. 153-65; M. Davies, "Ugolino da Siena: some observations", em *Mitteilungen des kunsthistorischen Institutes in Florenz*, 1973, pp. 249-56.

[2] Não conhecendo concretamente a obra de Duccio e interpretando em sentido cronológico a posição que lhe atribuíra Ghiberti (cf. Vida de Duccio nas pp. 146-7), a definição de Ugolino como seguidor retardatário de Cimabue, nas primeiras décadas do século XIV, já é um grande resultado para Vasari, que acreditava que a *Madonna Rucellai* fosse a obra mais importante de Cimabue (cf. p. 80) e dessa vez não parece basear-se numa tradição literária.

[3] O grande políptico, assinado como VGOLINVS DE SENIS ME PINXIT, deve ter sido terminado por volta de 1325 (Coor Achenbach, "Contributions", cit.) e mais ou menos em 1569 foi substituído por um tabernáculo de madeira sobre desenho do próprio Vasari. Consistia numa predela com sete cenas da vida de Cristo, uma Nossa Senhora com o Menino Jesus e seis figuras de santos nos lados, quatorze figuras de santos aos pares e em ordem superior, quatro pináculos. O painel central desapareceu, mas o resto se conservou em grande parte, dividido entre a National Gallery de Londres, os Staatliche Museen de Berlim, a coleção Lehman de Nova York, a coleção Cook em Richmond, a coleção Johnson da Filadélfia e outras coleções (Davies, *National Gallery Catalogues*, cit., pp. 533 ss.).

[4] Hoje desaparecida, foi encomendada por certo frade Barone de' Sassetti, morto em 1324; S. Orlandi O. P., *Necrologio di Santa Maria Novella*, I, Florença 1955, pp. 325 ss., considera que Vasari se refere aí, na realidade, à *Coroação da Virgem e santos* de Bernardo Daddi, agora na Galeria da Academia de Florença (n.º 3449).

no altar da capela-mor e hoje está no capítulo e foi dado à nação espanhola[5], para a festa de São Tiago.

Ugolino pintou muitos grandes painéis por toda a Itália, a maior parte com o mesmo feitio; também pintou muitos fora da Itália, todos com ótimo acabamento, mas sem sair do estilo do seu mestre. Sobre essas obras não lembrarei nada em especial, por ser ele um daqueles mestres que sempre se restringiram ao velho estilo. Basta dizer que ele com isso obteve bons recursos, e que, ao envelhecer, conseguiu muito bem se sustentar e viver com eles, sem os incômodos que na maioria das vezes a idade decrépita traz consigo. E, chegando ao fim sem ter sofrido desgostos importantes na sua profissão, deixou finalmente esta vida no ano MCCCXXXIX[6] e foi sepultado em Siena com o seguinte epitáfio:

PICTOR DIVINVS IACET HOC SVB SAXO VGOLINVS
CVI DEVS AETERNAM TRIBVAT VITAMQVE SVPERNAM[*].

---

[5] O capítulo de Santa Maria Novella é conhecido ainda como Capela dos Espanhóis.
[6] Segundo a edição de 1568, Ugolino morreu em 1349.
[*] "Sob esta pedra jaz Ugolino, divino pintor / Que Deus lhe conceda a vida eterna no céu." [N. da T.]

Pietro Laurati (Pietro Lorenzetti),
pintor senês

Certamente é grande a felicidade do pintor, ou de qualquer outro gênio, que seja chamado para fora de sua pátria a fim de honrar outras pessoas; e se, porventura, essa terra for mais nobre em costumes, engenhos e recursos, este logo se enche de alegria ao se ver recompensado, lisonjeado e honrado com liberalidade. Pois ele realmente pode considerar-se felicíssimo, ao ver que muitos em sua pátria, por melhores que sejam, são pouco estimados e como que vilmente negligenciados por todos, não recebendo recompensas nem vendo sinal algum de honra; e assim, devido à sua má sorte, vivem na miséria, humildes e sem nome, recebendo exatamente o contrário de tudo aquilo que merecem. Mas não foi isso o que aconteceu com Pietro Laurati, pintor senês[1] que, enquanto viveu, fez obras merecedoras de grande louvor, primeiramente ornamentando e honrando Siena, sua pátria, e depois muitas outras cidades da Toscana. Começou na Scala, albergaria de Siena, pintando em afresco duas cenas[2], à imitação do estilo de Giotto, que já por toda a Toscana era divulgado por um número infinito de mestres, tal como ainda hoje se vê em grande número em diversos lugares. Nessas duas cenas ele demonstrou grande prática e maestria resoluta, muito mais do que Cimabue, Giotto e os outros naquele tempo. Isso é visto nas referidas figuras, quando a Virgem Maria sobe os degraus do templo acompanhada por Joaquim e Ana e é recebida pelo sacerdote, bem como na outra obra, do seu casamento, que conta com ornamentos e figuras bem panejadas e envoltas em seus hábitos com simplicidade. Demonstrou em suas obras majestade e estilo magnífico, sendo o primeiro que em Siena pintou afrescos; trabalhando melhor o painel, mostrou aos artistas sua grande

---

[1] Pietro Lorenzetti (Laurati provavelmente é má leitura de "Laurentii" na assinatura do políptico da Paróquia de Arezzo), irmão de Ambrogio, documentado de 1306 a 1342, não é lembrado pelos escritores anteriores a Vasari. Sobre o grande pintor senês (ativo em vários centros, entre os quais Assis), que, em formas de grande expressividade, cromatismo vívido e esmaltado, traduziu a lição de Duccio, as novidades de Giotto, o gótico de Giovanni Pisano e do ourives Guccio di Mannaia, é possível ver E. Cecchi, *Pietro Lorenzetti*, Milão, 1930; C. Volpe, "Proposte per il problema di Pietro Lorenzetti", em *Paragone*, n. 23 (1951), pp. 13-26, e "Nuove proposte per i Lorenzetti", em *Arte antica e moderna*, XI (1960), pp. 70-4; L. Becherucci, "Lorenzetti, Pietro e Ambrogio", em *Enciclopedia universale dell'Arte*, vol. VIII, Veneza-Roma, 1962, col. 688-700; E. Carli, *Pietro e Ambrogio Lorenzetti*, Milão, 1970; C. Volpe, em *Il gotico a Siena*, catálogo da exposição, Florença, 1982, pp. 145-6.

[2] Esses afrescos, que contêm a inscrição HOC OPVS FECIT PETRVS LAVRENTII ET AMBROSIVS EIVS FRATER MCCCXXXV (I. Ugurgieri Azzolini, *Le pompe sanesi*, Pistoia, 1639, II, p. 338), foram destruídos. Ghiberti e o Anônimo Magliabechiano os lembram como obra apenas de Ambrogio; Vasari parece não saber que Pietro e Ambrogio eram irmãos.

prática e diligência. Em Monte Oliveto de Chiusuri pintou um painel a têmpera, que hoje está no Paraíso, da parte inferior da igreja; e em Florença, em frente à porta esquerda da igreja de Santo Spirito, no canto onde hoje está a carniçaria, pintou um tabernáculo que, pela delicadeza e suavidade das cabeças, merece o máximo louvor de todos os artistas. Pouco depois trabalhou em Cortona[3], e em Arezzo, na abadia de Santa Fiora e Santa Lucilla, mosteiro dos monges negros, numa capela, fez um São Tomé em busca da chaga de Cristo; na paróquia da referida cidade fez o painel do altar-mor com muitas figuras[4], nas quais mostrou ser verdadeiro mestre. Deixou o discípulo Bartolomeo Bolghini, senês[5], que em Siena e em toda a Itália pintou muitos painéis e em Florença pintou aquele que se encontra sobre o altar da capela de São Silvestre na igreja de Santa Croce[6]. Suas pinturas foram do ano MCCCXXXVIII.

---

[3] De Pietro Lorenzetti ainda se conservam várias obras em Cortona: uma *Nossa Senhora no trono com o Menino Jesus e quatro anjos*, na Catedral, obra à qual se costuma atribuir a data de 1315, aproximadamente, que parece excessivamente precoce; uma *Cruz* na igreja de San Marco; um *Crucifixo* no Museu Diocesano, que foi modelado em período mais tardio. No mesmo museu também são provavelmente seus os restos de um afresco com *Cristo subindo o Calvário*.

[4] Ainda conservada, continha a inscrição PETRVS LAVRE(N)TII HÁ(N)C PI(N)XIT DEXTRA SEM(ENS)IS, cuja leitura difícil provavelmente sugeriu a Vasari o patronímico "Laurati". Segundo os documentos, o painel foi encomendado a "Magister Petrus pictor quondam Lorenzeti" por Guido Tarlati, bispo de Arezzo, em 17 de abril de 1320. Falta a predela.

[5] Ou seja, Bartolomeo Bolgarini ou Bulgarini, lembrado desde 1337, morto em 1378. Dele são conhecidas várias informações biográficas, mas a única obra considerada indubitável é a "biccherna", n.º 28, de 1353 (Siena, Arquivo do Estado), a ele atribuída pelo manuscrito de U. Benvoglienti (século XVIII). Com base nele, M. Meiss, "Bartolomeo Bulgarini altrimenti detto 'Ugolino Lorenzeti'?", em *Rivista d'Arte*, XVIII (1936), pp. 113-36, tentou atribuir-lhe as pinturas agrupadas com o nome de "Mestre de São Pedro em Ovile" (ou então, segundo B. Berenson, "Ugolino Lorenzetti", em *Art in America*, 1917, pp. 259-75; 1918, pp. 25-52, "Ugolino Lorenzetti"). Cf. também M. Meiss, "Bulgarini, Bartolomeo", em *Dizionario biografico degli italiani*, vol. XV, Roma, 1972, pp. 38-40; C. Alessi, em *Il gotico a Siena*, cit., pp. 250-2.

[6] No Museu da Obra de Santa Croce conserva-se um políptico do chamado "Ugolino Lorenzetti" ou "Mestre de Ovile". Assim, a proposta de identificação com Bulgarini depois foi reforçada por esse trecho de Vasari.

Andrea Pisano, escultor

Em tempo algum a arte da pintura floresceu sem que os escultores também trabalhassem com excelente qualidade. E disso há testemunhos diversos para quem observa bem as obras de todos os tempos, tal como mostrou em sua época a obra de Andrea Pisano[1]. Este, exercendo a escultura no tempo de Giotto, propiciou tantos progressos a essa arte, que, por sua prática e por seu estudo, foi considerado o maior escultor que até aquele tempo os toscanos tiveram. Por isso, todos os que o conheceram homenagearam e premiaram suas obras, sobretudo os florentinos, não lhe sendo difícil mudar de pátria, parentes, recursos e amigos, com o que mostrou ter o ânimo valoroso que na maioria das vezes se vê em todo bom artista que, em seu trabalho contínuo, é ajudado pela natureza, pelos homens, pela paz e pelas recompensas. Extraiu ele grande proveito das dificuldades que os mestres da escultura haviam enfrentado antes, quando faziam esculturas tão rústicas e ordinárias, que quem as comparasse com as de Andrea Pisano só podia louvá-lo. E a prova de que aquelas primeiras esculturas eram toscas pode ser encontrada nas obras que estão acima da porta da igreja de San Paulo de Florença, no arco da porta principal dessa igreja e na igreja de Ognisanti, onde estão algumas obras feitas de pedra que, sem dúvida, mais incitam ao riso e à chacota do que à admiração. E com certeza a arte da escultura pode ser muito mais facilmente encontrada depois de se perder o ser das estátuas, porque os seres humanos são dotados de vida e naturalidade, apresentando o vulto que requer a arte da escultura, o que não pode ser feito na arte da pintura, pois não é tão rápido e fácil encontrar belos contornos e boas maneiras de pintar para trazê-los à luz, coisas estas que, nas obras dos pintores, conferem majestade, beleza, graça e ornamento.

E em seu trabalho foram várias as vantagens de Andrea, pois, devido às muitas vitórias que os pisanos tiveram nos mares, com suas galeras e navios, a Pisa chegaram muitos objetos antigos e pilares que, ainda em torno da Catedral e do Campo Santo,

---

[1] Andrea di Ugolino, nascido em Pontedera, provavelmente no fim do século XIII, lembrado pela primeira vez em Florença em 1330 como "mestre das portas", de 1337 a 1340 foi mestre de obras da Catedral de Florença, sucedendo a Giotto. Em 1347-48 foi mestre de obras da Catedral de Orvieto; mas em julho do segundo ano já devia estar morto, pois o cargo foi exercido então pelo seu filho Nino. O plasticismo pleno e as partições geométricas ordenadas – elementos de origem giottesca – eram traduzidos por esse escultor numa extraordinária elegância rítmica, cuja fonte deve ter sido a escultura gótica francesa do século XIV, mais do que a arte dos seneses ou dos ourives pisanos. Sobre o artista, cf. M. Wundram, "Studien zur künstlerischen Herkunft Andrea Pisanos", em *Mitteilungen des kunsthistorischen Institutes in Florenz*, VIII (1959), pp. 199-222; E. Castelnuovo, "Andrea di Ugolino", em *Dizionario biografico degli italiani*, vol. III, Roma, 1961, pp. 115-21; M. Burresi, *Andrea Nino e Tommaso scultori pisani*, Milão, 1983; G. Kreytenberg, *Andrea Pisano und die toskanische Skulptur des 14. Jahrhunderts*, Munique, 1984.

certamente foram fonte de ensinamentos para Andrea Pisano, coisa que Giotto não pôde receber das obras de Cimabue e dos outros pintores, pois as pinturas antigas não puderam conservar-se tanto quanto a escultura. Ainda que muitas vezes sejam destruídas pelo fogo, pelas ruínas e pelo furor das guerras, embora enterradas, transportadas para diversos lugares e privadas de todos os belos artifícios, as obras de escultura são reconhecidas pelos entendedores nas diferenças que há entre os estilos de todos os povos: por exemplo, as esculturas egípcias são esbeltas e longas, enquanto as gregas são artificiosas e têm nus mais estudados, observando-se quase a mesma expressão em todas as cabeças. E a antiquíssima arte dos toscanos e dos romanos é bela devido ao ar, à atitude e aos movimentos, bem como aos nus e aos panejamentos; essa arte certamente extraiu o belo de todas essas províncias e, reunindo-o num único estilo, mostrou-se como a mais divina de todas. Por isso, desaparecidas essas artes, no tempo de Andrea empregava-se aquela que fora trazida à Toscana pelos godos e pelos gregos toscos. E Andrea, depois de observar o novo desenho de Giotto e as poucas antiguidades conhecidas, com seu tino refinou grande parte da rudeza de tão infeliz estilo e começou a trabalhar melhor e a dar às suas obras uma beleza muito maior do que qualquer um fizera antes dele. Pois ele, em vista do engenho, da destreza e da prática que possuía, começou a ser ajudado por muitos e a trabalhar em escultura na sua própria pátria, ou seja, Pisa. Assim, em Santa Maria a Ponte, fez algumas estatuetas de mármore[2], que lhe deram tal reputação, que ele foi chamado, com insistência e em troca de não parcos recursos, a trabalhar em Florença, nas Obras de Santa Maria del Fiore, que então começava a construir o campanário, com grande escassez de mestres que fizessem as cenas que Giotto desenhara[3] e que deviam ser postas na entrada daquela construção. E assim Andrea, pensando em ganhar bens, assim como ganhara na arte, foi para Florença e fez a porta do referido campanário com aquelas estatuetas que estão acima dela[4], fazendo depois as cenas que lhes estão em torno, com exceção de quatro, situadas entre a igreja e a torre do campanário, que, como se sabe, não são suas[5]. Continuou fazendo acima, em algumas mandorlas, os sete Planetas, as sete Obras da misericórdia e as sete Ciências, todas de mármore, ou seja, com estatuetas em baixo-relevo[6]. E, conquistando mais fama e maestria, passou a fazer, para o recinto dos construtores, três figuras de quatro braços de altura cada uma, que ficariam nos nichos do campanário

---

[2] Santa Maria a Ponte é a atual Santa Maria della Spina, ampliada em 1323. Ghiberti e o Anônimo Magliabechiano também lembram as "muitíssimas obras" juvenis de Andrea em Santa Maria della Spina. Aqui provavelmente se alude a algumas estátuas da parte externa, obras de seguidores de Giovanni Pisano. Observe-se que, ao contrário, E. Tolaini, *Forma Pisarum*, Pisa, 1967, pp. 86-7, nota, afirma que Ghiberti se referia à igreja de Santa Maria del Pontevecchio.

[3] Cf., na Vida de Giotto, nota 35 da p. 98.

[4] Das três estatuetas com os *Profetas*, a central é de qualidade bastante medíocre; as duas laterais são atribuíveis ao escultor, que executou a parte esquerda do intradorso da porta da Mandorla na Catedral florentina, ou seja, talvez Antonio di Banco, pai de Nanni (Toesca, 1951).

[5] Depois da morte de Giotto, em 1337, Andrea foi seu sucessor nos trabalhos do campanário de Santa Maria del Fiore, como informa o *Centiloquio* de Antonio Pucci e como confirma um documento de 1340, no qual Andrea é citado como mestre de obras da Catedral. Dos painéis hexagonais que circundam a parte inferior do campanário, cinco (nas laterais da Catedral) são de Luca della Robbia; os outros cabem a Andrea e à sua oficina: uma distinção precisa entre os realizadores, entre os quais também o filho Nino, é feita por Kreytenberg, *Andrea Pisano*, cit., pp. 69-77. Arrancados em 1965, os painéis foram trasportados para o Museu da Obra da Catedral e substituídos por decalques de cimento.

[6] Na realidade, os relevos dos losangos do segundo andar do campanário (também hoje no Museu da Obra), além dos sete *Planetas*, representam as sete *Virtudes*, os sete *Sacramentos* (que também Ghiberti

debaixo das janelas; terminadas, foram elas postas daquele lado onde hoje estão os Pupilos, ou seja, voltadas para o sul[7]. Tais obras lhe granjearam tanto reconhecimento por parte dos construtores, que eles lhe encomendaram outras duas estátuas de mármore do mesmo tamanho, uma de Santo Estêvão e outra de São Lourenço, que foram postas na fachada de Santa Maria del Fiore, num de seus cantos extremos[8]. Cada uma dessas obras e todas em conjunto causaram tamanha admiração naqueles que governavam então a cidade, que os cônsules do Mester dos Mercadores decidiram fazer as portas de bronze da igreja de San Giovanni, para uma das quais Giotto fizera belíssimo desenho. E assim Andrea, animando-se, foi chamado pela senhoria de Florença, sendo-lhe encomendada a referida porta[9], porque ele, entre os tantos que haviam trabalhado até então, era considerado o mais atilado, experiente e prático não só por quem se encontrava na Toscana, mas também em toda a Itália. Essa obra o dispôs totalmente ao trabalho, no intuito de conquistar fama e honra, pois percebia que aquele era o trabalho mais digno e honroso que se poderia encomendar a qualquer artista. Também lhe foi propícia a sorte na fundição, pois ao cabo de XXII anos[10] executou tal obra com a perfeição que se conhece.

E enquanto trabalhava nessa porta, fez também o tabernáculo do altar-mor de San Giovanni, situado entre dois anjos, coisa então considerada belíssima. Mas, voltando ao ponto de partida, direi que na referida porta de bronze há em baixo-relevo cenas do nascimento, da vida e da morte de S. João Batista por ele feitas com felicidade, amor e diligência até o fim. E, embora a muitos pareça que em tais cenas não estão presentes o belo desenho e a grande arte com que costumam ser dotadas as figuras, esse trabalho não merece crítica, mas louvor, porque ele foi o primeiro e foi quem teve coragem de realizar tal obra, possibilitando que os outros, chegados depois dele, fizessem

---

chama de "obras de misericórdia") e as sete *Artes Liberais* (que também Ghiberti chama de "ciências"). São atribuídos a Andrea e a alguns colaboradores; seis dos *Sacramentos* (excluindo-se o *Matrimônio*) foram atribuídos por G. Kreytenberg, "The Sculpture of Maso di Banco", em *The Burlington Magazine*, CXXI (1979), pp. 72-6, a Maso di Banco, que Ghiberti confirma ter sido também escultor (cf. também a nota 11 da p. 137, na Vida de Tommaso di Stefano, vulgo Giottino).

[7] Do lado do Oratório de Bigallo, onde eram recolhidos os filhos ilegítimos (Pupilos). Ghiberti e o Anônimo Magliabechiano lembram quatro estátuas de quatro braços de altura. No Museu da Obra da Catedral de Florença, duas estátuas de *Reis*, duas *Sibilas* e dois *Profetas* são atribuídos à oficina de Andrea ou a ele mesmo (L. Becherucci e G. Brunetti, *Il Museo dell'Opera del Duomo di Firenze*, Florença, 1973).

[8] Na edição de 1568 Vasari também menciona outras estátuas de Andrea para a fachada de Santa Maria del Fiore que, iniciada no tempo de Arnolfo, ficou inacabada e foi destruída por volta de 1587. O *Santo Estêvão* é lembrado como sendo de Andrea também por Ghiberti. As duas estátuas agora estão no Louvre; o *Santo Estêvão* é obra de Pietro di Giovanni Tedesco (1390), como também, provavelmente, o *São Lourenço* (1394).

[9] Em 22 de janeiro de 1330, Andrea começou a trabalhar nas portas; em 2 de abril já estavam prontos os modelos de cera; a assinatura e a data se referem a esse ano: ANDREAS • VGOLINI • NINI • DE • PISIS • ME • FECIT • A(NNO) • DOMINI • M • CCC • XXX. A primeira folha já estava pronta em 24 de março de 1333; no mesmo ano a segunda foi dourada. Os trabalhos de limpeza duraram até 1336, e em 20 de junho desse ano a porta era inaugurada. Foi posta do lado do Batistério, voltado para a Catedral, onde ficou até 1424, quando foi transferida para a posição em que está atualmente, de frente para o Bigallo, dando lugar à primeira porta de Ghiberti. Apesar da assinatura, depois das menções de Villani (que assistiu pessoalmente aos trabalhos) e de Ghiberti, até Vasari se perdeu a memória do artista, que realizara as portas do Batistério durante o século XIV. Restauradas logo depois da guerra, as portas sofreram sérias avarias durante a inundação de 4 de novembro de 1966.

[10] Evidentemente, os quartos de século necessários a Ghiberti (cf. p. 210 e nota 29) para Vasari transformaram-se numa espécie de unidade de medida temporal para a execução das portas do Batistério; em comparação com eles, os seis anos de Andrea não devem passar de um período de folga.

tudo o que de belo, difícil e bom foi feito nas outras duas portas e nos ornamentos externos, que hoje vemos. Devido à sua grande beleza, essa obra foi posta na porta do meio daquela igreja, lá ficando até quando Lorenzo Ghiberti fez aquela que lá está agora; e então foi retirada e posta do lado da Misericórdia, ou seja, voltada para o sul, onde ainda está. Portanto, Andrea, graças aos honrosos trabalhos de tantos anos, mereceu não somente grandes recompensas, mas também a cidadania: porque, tornando-se cidadão florentino, recebeu cargos e magistraturas naquela cidade; e suas obras foram muito valorizadas enquanto ele estava vivo e também depois de sua morte, não havendo ninguém que o superasse no modo de operar, até os tempos de Niccolò Aretino e de Iacobo da la Quercia, de Siena, e de Donatello, Filippo di Ser Brunellesco e Lorenzo Ghiberti, que, na escultura, mostraram aos homens os erros que haviam cometido até então, pois eram artistas que em seus trabalhos se mostraram mais perfeitos e alcançaram a verdadeira virtude que durante muitos e muitos anos estivera oculta e mal conhecida pelos intelectos humanos. E as referidas obras de Andrea foram por ele realizadas por volta dos anos MCCCXXXIX. Ao morrer deixou diversos discípulos, entre os quais o arquiteto Giovanni Pisano[11], responsável pelo desenho e pela construção do Campo Santo de Pisa e do campanário da Catedral[12]; também foi seu discípulo Nicola Pisano, que fez a pia batismal e o púlpito de San Giovanni, em cuja honra foram entalhados os seguintes versos:

ANO MILLENO BIS CENTVM BISQVE TRIDENO
HOC OPVS INSIGNE SCVLPSIT NICOLA PISANVS[13].

Teve outros discípulos, dos quais não cabe deixar memória, a não ser para dizer que fizeram um sem-número de coisas toscas na fachada de Santa Maria del Fiore em Florença, bem como em Pisa, Veneza, Milão e em toda a Itália.

Andrea deixou um filho chamado Nino[14], que se dedicou à escultura, e em Santa Maria Novella, em Florença, sob o *tramezzo*, esculpiu em mármore uma Nossa Senhora

---

[11] Giovanni Pisano, filho de Nicola, naturalmente é muito mais antigo do que Andrea. Citado pela primeira vez em 1265 no contrato para o púlpito de Siena, mencionado em 1278 na inscrição sobre a fonte de Perúgia, trabalhou na Catedral de Siena de 1287 a 1296; de 1300-01, no púlpito de Sant'Andrea em Pistoia; de 1302-10, no da Catedral de Pisa; de 1313 é o monumento a Margarida de Luxemburgo em San Francesco di Castelletto em Gênova; a última menção é de 1314. Sobre ele, cf. E. Carli, *Giovanni Pisano*, Pisa, 1977.

[12] A pedra fundamental do Camposanto de Pisa foi lançada antes de 1277, mas o mestre Giovanni homenageado na inscrição situada fora da porta principal não é Giovanni Pisano, e sim Giovanni di Simone; foi terminado durante o século XV. O campanário, fundado em 1173, ainda estava em construção em 1233; as informações sobre seus construtores são muito vagas.

[13] A inscrição no púlpito de Nicola Pisano, no Batistério de Pisa, diz textualmente: ANNO MILLENO BIS CENTVM BISQVE TRICENO / HOC OPVS INSIGNE SCVLPSIT NICOLA PISANVS / LAVDETVR DIGNE TAM BENE DOCTA MANVS. É provável que Vasari tenha sido levado a reescrever as *Vidas* também por certas incongruências evidentes, tal como essa que põe um artista ativo já em 1260 depois de um do século XIV. De fato, na edição de 1568, Vasari dedicou uma Vida a Nicola e Giovanni Pisano, logo depois das Vidas de Cimabue e Arnolfo. Nicola Pisano, que talvez deva ser considerado ativo já em 1248 em Piombino e pouco depois em Siena, é mencionado pela primeira vez em 1258 e, como se vê, assina o púlpito do Batistério de Pisa em 1260; de 1265 a 1268 trabalha com numerosos ajudantes no púlpito da Catedral de Siena; em 1278 termina, com o filho Giovanni, a fonte de Perúgia; já estava morto em 13 de março de 1284.

[14] Nino Pisano, filho de Andrea, a partir de julho de 1348 é mestre de obras da Catedral de Orvieto, cargo no qual foi substituído por Matteo di Ugolino antes de março de 1353. Nos anos 1357-58 esteve ativo em Pisa como ourives; morreu antes de 5 de dezembro de 1368. Suas esculturas têm cunho mais

dentro da porta, ao lado da capela dos Minerbetti[15]. Nino sepultou seu pai Andrea em Santa Maria del Fiore no ano MCCCXL[16], fazendo-lhe o seguinte epitáfio:

INGENTI ANDREAS IACET HAC PISANVS IN VRNA
MARMORE QVI POTVIT SPIRANTES DVCERE VVLTVS
ET SIMVLACRA DEVM MEDIIS IMPONERE TEMPLIS
EX AERE EX AVRO CANDENTI ET PVLCRO ELEPHANTO*.

---

abertamente francês do que as do pai, mas apresentam efeitos de certa faceirice. Cf. I. Toesca, *Andrea e Nino Pisani*, Florença, 1950, além das monografias de Burresi e Kreytenberg, citadas na nota 1.

[15] A Nossa Senhora, assinada, hoje está sobre o túmulo de Aldobrandino Cavalcanti, no transepto direito. É provável que tenha sido encomendada quando da morte do frei Ugolino Minerbetti (1348), que foi sepultado junto ao altar dos Minerbetti em Santa Maria Novella (Toesca, *Andrea*, cit., pp. 46-8).

[16] Cf. acima, nota 1.

* "Nesta urna imensa jaz Andrea Pisano / Que do mármore soube extrair vultos cheios de vida / E no meio dos templos erigir estátuas de deuses / Com bronze, ouro candente e lindo marfim." [N. da T.]

Buonamico Buffalmacco, pintor florentino

A natureza nunca fez ninguém que fosse brincalhão e dotado de certa cortesia graciosa sem também o dotar de displicência no modo de viver. No entanto, essas mesmas pessoas às vezes são tão diligentes com suas amizades, zelando tanto pela comodidade daqueles que amam, que para deles cuidar frequentemente se esquecem de si mesmas. E se usassem a astúcia que lhes foi dada pelo céu, livrar-se-iam das necessidades decorrentes da velhice e dos infortúnios em que muitas vezes se veem envolvidas, e, guardando algum cabedal de todo o trabalho da juventude, obteriam a comodidade que é útil e necessária precisamente no momento em que surgem todas as misérias e todos os incômodos. Certamente quem faz isso se garante muito bem na velhice e vive com menos apreensão e maior alegria. Foi isso o que não soube fazer Buonamico Buffalmacco, pintor florentino[1], celebrado pelo texto do senhor Giovanni Boccaccio em seu *Decamerão*[2]. Como se sabe, foi ele dotado de bom tino em pintura, queridíssimo companheiro dos pintores Bruno[3] e Calandrino[4]. No convento das monjas, extramuros, em Faenza[5] (construção hoje derrubada para dar lugar ao castelo), trabalhou em toda a

---

[1] Inscrito na Corporação dos Médicos e dos Boticários de Florença em 1320 e documentado em Pisa e Arezzo em 1336 e 1341, respectivamente, Buonamico di Martino, vulgo Buffalmacco, é chamado "di Cristofano" na edição de 1568 das *Vidas*, com base numa interpolação feita no século XVI nos Capítulos e Ordenamentos da Companhia dos pintores. O desaparecimento quase total das obras a ele atribuídas pelas fontes (às quais devem ser acrescentados textos literários, como as novelas de Boccaccio e de Sacchetti; cf. também a nota abaixo) tornou complexa a reconstrução da sua personalidade artística. Uma hipótese que teve grande acolhida é a de L. Bellosi, *Buffalmacco e il Trionfo della Morte*, Turim, 1974, que o identifica com o autor do conhecido grupo de afrescos do Camposanto de Pisa, já considerados como obra de Francesco Traini ou de um anônimo Emiliano; o pintor caracteriza-se assim como expoente de tendências divergentes das tendências de Giotto.

[2] VIII dia, novelas 3, 6, 9; IX dia, novela 5. Vasari não se lembra aqui de *Trecentonovelle* de Sacchetti, então inédito (foi publicado apenas em 1724 em Florença), mas lhe faz ampla referência na edição de 1568.

[3] Bruno di Giovanni participava com Buffalmacco dos trabalhos feitos para as monjas de Faenza em 1314-17 (cf. abaixo nota 5). Está matriculado na Corporação dos Médicos e dos Boticários no ano de 1320 e no livro da Companhia dos pintores no ano de 1350 (Milanesi, 1901, p. 22).

[4] Nozzo (ou seja, Giovannozzo) di Pierino, vulgo Calandrino, é lembrado num documento de 20 de julho de 1301 e já estava morto em 17 de fevereiro de 1319.

[5] O convento das Mulheres de Faenza, fundado pela beata Umiltà (pedra fundamental lançada em 14 de março de 1283, consagração do altar em 5 de maio de 1297), foi incendiado em 24 de setembro de 1529 (o Castelo é a Fortaleza de baixo, construída em 1534). Segundo P. Bacci, "Gli affreschi di Buffalmacco scoperti nella chiesa di Badia in Firenze", em *Bollettino d'Arte*, 1911, pp. 1-27, especialmente p. 14, Buffalmacco teria trabalhado ali com Bruno de 1314 a 1317: suas deduções devem ser consideradas fidedignas. Essa obra é lembrada também por Boccaccio *(Decamerão*, VIII dia, novela 3), por Ghiberti, pelo Livro de Antonio Billi, pelo Anônimo Magliabechiano e por Gelli, "Venti vite d'artisti", cit.

igreja. E por ser ele uma pessoa descurada de trajes e do modo de viver, raras vezes usava manto e capuz. Assim, ao começar a obra, as monjas, olhando pelo tapume que Buonamico fizera, não se conformavam em vê-lo apenas de gibão. No entanto, como o feitor lhes dissera que ele era um mestre muito valoroso naquele mister, elas silenciaram por alguns dias; mas, vendo-o amiúde, achavam que ele não passava de um rapagote incumbido de misturar cores. Então a abadessa chamou Buonamico e lhe disse que não o queria ver ali trabalhando, e sim o mestre; então Buonamico, que era brincalhão e de fácil convivência, prometeu-lhes que, tão logo o mestre chegasse, ele avisaria, percebendo a desconfiança que as monjas tinham em relação a seu trabalho. Então ele empilhou dois bancos e sobre o último pôs uma bilha de água, usada por ele em seu trabalho; na boca da bilha, pôs o capuz apoiado nas asas e, à guisa de corpo, amarrou o manto em torno dos bancos; e, no bico por onde a água era retirada, pôs um pincel. Assim, as monjas, empurrando uma banda do tapume, viam o mestre de obras, aparentemente pintando. Mas, como tivessem desejo de ver a obra que estava sendo feita, passados mais de quinze dias sem que Buonamico aparecesse, elas, curiosas, acreditando que o mestre não estivesse, foram certa noite ver as pinturas de Buonamico e perceberam que, além de ingênuas, eram néscias. Vexadas pela brincadeira, mandaram o feitor buscar Buonamico, que, rindo muito, voltou ao trabalho, explicando às monjas a diferença que existe entre homens e bilhas. A partir daí, em poucos dias de trabalho, terminou uma cena, e elas, ao vê-la, ficaram muito contentes, opondo-se apenas a uma coisa: as figuras lhes pareciam pálidas demais. Buonamico, sabendo que a abadessa tinha um excelente vinho, reservado para o sacrifício da missa, disse-lhes que para aquilo havia remédio, pois, se tivesse um vinho de boa qualidade, poderia diluí-lo nas cores e assim, tocando com essas cores as faces e os corpos das figuras, dar-lhes-ia colorido mais vivo; e tal vinho lhe foi fornecido durante todo o tempo do trabalho, com o que ele não só corou mais as figuras como também a si mesmo e a seus amigos.

Terminado o trabalho das monjas, ele pintou algumas cenas da vida de São Tiago na Abadia de Settimo, para os monges do lugar[6], onde também foram inúmeras as burlas e as brincadeiras. Trabalhou afrescos em Bolonha, na igreja de San Petronio, capela dos Bolognini[7], com muitas cenas e grande número de figuras, dando tanta satisfação ao fidalgo que lhe encomendara o trabalho, que, além da não pequena recompensa, recebeu dele grande benevolência e eterna estima. Depois foi chamado por muitos nobres em toda a Itália graças às suas maneiras corteses, à sua habilidade para burlas e por saber entreter os amigos em conversas. Fez então alguns trabalhos[8]

---

[6] A capela de São Tiago, também mencionada por Ghiberti e pelo Anônimo Magliabechiano, ainda conserva os afrescos com *Cenas da vida de São Tiago*, *santos*, *profetas* e *Evangelistas*, tradicionalmente considerados como a única obra indubitável do artista, mas na realidade estão de tal modo deteriorados, que as indicações por eles fornecidas são escassas. Uma inscrição data as decorações da capela como de 1315: ANNO DOMINI MCCCXV TEMPORE DOMINI GRATIE ABBATIS DESPIETANE ORNATA HEC CAPPELLE ADHONOREM BEATI IACHOBI APPOSTOLI PROANIMA CHONDAM LAPI DESPINIS. Os afrescos poderiam assim ser situados na fase inicial da atividade do pintor (Bellosi, *Buffalmacco*, cit., pp. 63-7). Foram retirados e restaurados.

[7] Em 1408 Bartolomeo della Seta Bolognini dispõe em testamento que sua capela em San Petronio seja terminada e pintada (Milanesi, I, p. 507, nota). Os afrescos com as *Cenas dos magos* foram realizados entre 1410 e 1415, pois neles está representada a *Coroação do antipapa João XXIII*, ocorrida em 1410, enquanto em 1415 João XXIII se desfez da tiara. Os afrescos certamente são obra de Giovanni di Modena, o grande representante do gótico internacional em Bolonha (cf. R. Longhi, *Officina ferrarese*, Roma, 1934, reed. em Longhi, V, p. 13).

[8] Ghiberti e o Anônimo Magliabechiano também falam de uma atividade de Buffalmacco em San Paolo a Ripa d'Arno. Restam duas figuras de *Santos* em afrescos feitos em duas faces de um pilar, que, já

na igreja de San Paolo a Ripa d'Arno, em Pisa, e em Campo Santo fez algumas cenas sobre o princípio do mundo[9]. Sempre teve grande familiaridade e intimidade com Maso del Saggio[10], e a sua oficina estava sempre cheia de cidadãos, atraídos por sua jovialidade, conforme se vê na novela de mestre Simone, quando este foi mandado para umas andanças, bem como nas peças pregadas a Calandrino.

Conta-se que em Valdimarina ele prometeu a um camponês que faria um São Cristóvão e, para isso, firmou um acordo com ele em Florença, segundo o qual o preço seria de oito ducados; a figura teria doze braços de altura. Quando Buonamico chegou à igreja para fazer a estátua, percebeu que ela não tinha mais do que nove braços de altura; assim, não podendo acomodá-la nem dentro nem fora em pé, resolveu fazê-la deitada dentro da igreja, e assim a fez. Por esse motivo o camponês apresentou queixa contra Buonamico no Mester dos Herbanários, mas, diante do contrato que os dois haviam firmado, julgou-se que ele estava errado. Em Calcinaia Buonamico pintou em afresco também uma Nossa Senhora com o Menino Jesus nos braços[11]; terminada essa imagem, não conseguindo receber do camponês e percebendo que estava sendo embrulhado e afinal enganado, decidiu tirar partido da situação. E certa manhã, saindo de Florença e indo para Calcinaia, muniu-se de tinta sem cola nem têmpera e transformou o menino que estava nos braços da Virgem num ursinho. O camponês, à beira do desespero, pagou inteiramente a Buonamico a primeira obra, já feita, e a segunda, que estava por fazer. Então Buonamico, com uma esponja molhada, lavou a tinta que havia posto por cima, voltando a Florença alegre, com a merecida remuneração. Buonamico fez infinitas outras brincadeiras, que seria demorado e despropositado aqui narrar. Basta dizer que suas obras foram consideradas excelentes, e ele, sempre estimado por todos aqueles que lhe sucederam. Terminou a vida com a idade de LXVIII anos e, com a ajuda da Misericórdia, seus restos mortais foram enterrados em Santa Maria Nuova de Florença, sem pompas, no ano MCCCXL. Muitos realmente sentiram a perda de Buonamico, que com suas pilhérias estava sempre distraindo seus concidadãos e os artistas, sendo considerado tão admirável pela arte que produzia quanto pelos costumes facetos. Depois de sua morte alguém escreveu sobre ele:

VT MANIBVS NEMO MELIVS FORMARE FIGVRAS
SIC POTERAT NEMO VEL MELIORA LOQVI*.

---

associados ao grupo "Mestre do Triunfo da Morte", foram atribuídos ao pintor florentino por Bellosi, *Buffalmacco*, cit.

[9] Ghiberti já afirmava que Buffalmacco "pintou em Camposanto em Pisa muitas cenas", referindo-se quase certamente ao grupo do *Triunfo da Morte*; também vagas são as referências do Anônimo Magliabechiano e de Gelli, "Venti vite", cit. Portanto, foi Vasari quem inseriu a especificação que visa as *Cenas do Gênese*. Esses afrescos, juntamente com uma *Cosmografia* e uma *Coroação da Virgem*, foram pintados por Piero di Puccio, de Orvieto, entre 1389 e 1391. Os afrescos, avariados pela guerra, foram retirados, com a recuperação das sinoplas. Sobre Piero di Puccio, cf. P. P. Donati, "Affreschi di Piero di Puccio", em *Paragone*, n. 299 (1975), pp. 18-24; E. Carli, *Gli affreschi di Belverde*, Florença, 1977. Uma apreciação justa da escola de Orvieto dos fins do século XIV foi feita a partir de R. Longhi, "Tracciato orvietano", em *Paragone*, n. 149 (1962), pp. 3-14, reed. em Longhi, VII.

[10] G. Boccaccio, *Decamerão*, VIII dia, novela 3.

[11] Na igreja de Santo Stefano em Calcinaia, nas cercanias de Lastra a Signa (Florença), existe uma *Nossa Senhora no trono com São João Batista*, tradicionalmente identificada com essa pintura citada por Vasari (Milanesi, I, p. 519).

* "Ninguém como ele soube desenhar figuras com as mãos / Ninguém melhor que ele soube falar." [N. da T.]

Ambrogio Lorenzetti, pintor senês

Grande, sem dúvida, é a gratidão que deveríamos ter sempre à natureza, ao céu e aos artistas de belíssimo engenho, mas a estes últimos muito maior deveria ser nossa gratidão, pois eles, com muito empenho, enchem todas as cidades de construções bem proporcionadas e composições belíssimas, obtendo na maioria das vezes grande fama e grandes riquezas, sem se afastarem da arte; tais coisas realmente ocorreram com Ambrogio Lorenzetti, pintor senês[1], reputado inventor de um modo de compor e situar suas figuras dentro de cenas. Testemunho disso, em Siena, é uma cena[2] pintada com muita graça na igreja dos frades menores, onde ocupa toda a fachada de um claustro e na qual se representa a maneira como um jovem se torna frade e o modo como ele e alguns outros vão para as terras do Sultão e lá são vencidos e sentenciados à morte, sendo enforcados numa árvore e finalmente decapitados, no momento em que se desencadeia uma horrenda e espantosa tempestade. Nessa pintura ele retratou com muita arte e habilidade o tumulto do ar e a fúria da chuva e dos ventos no sofrimento das figuras, com as quais os mestres modernos aprenderam o modo e o princípio da invenção; por essa obra, inusitada até então, ele mereceu grandes louvores. Ambrogio foi um hábil pintor de afrescos e no manejo da têmpera sempre mostrou destreza e facilidade,

---

[1] Com quase toda certeza era mais novo do que o irmão Pietro. Em 1319 pintou a *Madonna* de Vico l'Abate (agora Florença, Museu Diocesano). Mencionado num documento de 1321, inscrito em 1337 na Corporação dos Médicos e dos Boticários de Florença, lembrado pela última vez em 1347, morreu em Siena, provavelmente na peste de 1348. No tempo em que passou em Florença entrou em contato com as complexas experimentações espaciais dos seguidores diretos de Giotto, como Maso di Banco e Taddeo Gaddi, que lhe deram a base para a sua elaboração pessoal de "retratos topográficos", como as *Cenas da vida de São Nicolau*, agora nos Uffizi, e os conhecidíssimos afrescos da sala da Paz do Palácio Público de Siena, com os *Efeitos do Bom governo na cidade e no campo*. No entanto, têm alcance limitado as ressonâncias de seu estilo na pintura florentina. Sobre Ambrogio Lorenzetti, cf. C. Volpe, "Ambrogio Lorenzetti e le congiunture fiorentino-senesi nel quarto di cennio del Trecento", em *Paragone*, n. 13 (1951), pp. 40-52; G. Rowley, *Ambrogio Lorenzetti*, Princeton, 1958, que deve ser completado com as observações de G. Previtali, "L'Ambrogio Lorenzetti di George Rowley", em *Paragone*, n. 127 (1690), pp. 70-4, coligidas depois por Becherucci, "Lorenzetti", cit.; S. D'Argenio, em *Il gotico a Siena*, cit., pp. 149-50.

[2] O ciclo também é lembrado com grande destaque por Ghiberti e pelo Anônimo Magliabechiano. Restam hoje na igreja de San Francesco em Siena a *Vestidura de São Luís de Toulouse* e a *Decapitação dos franciscanos*; um fragmento com quatro cabeças de monjas está na National Gallery de Londres, nº 1147, que foram descobertas sob o reboco e destacadas em 1857; E. Borsook, *Ambrogio Lorenzetti*, Florença, 1966, pp. 27-9, porém, considera esses afrescos estranhos ao ciclo mencionado pelas fontes. Mais recentemente, foram descobertos em São Francisco outros fragmentos do ciclo (M. Seidel, "Wiedergefundene Fragmente eines Hauptverks von Ambrogio Lorenzetti", em *Pantheon*, 1978, pp. 119-27). A datação mais fidedigna parece ser em torno de 1324-27, proposta por A. Peter, "Giotto and Ambrogio Lorenzetti", em *The Burlington Magazine*, LXXVI (1940), pp. 3-8.

como se vê ainda hoje nos painéis que ele terminou para a albergaria menor de Siena, chamada Monna Agnese, em que pintou e deu acabamento a uma cena[3] com um tipo novo e bonito de composição. E na albergaria maior fez a Natividade de Nossa Senhora em mural[4]; nos frades de Santo Agostinho da referida cidade fez o capítulo, e na abóbada se vê, de sua lavra, uma parte das cenas do Credo. Na fachada maior há três cenas de Santa Catarina mártir, quando esta discute com o tirano num templo, e, no meio, a Paixão de Cristo com os ladrões na cruz e as Marias embaixo, a sustentarem a Virgem Maria desfalecida. Tais coisas foram por ele terminadas com grande graça e belo estilo. No palácio da Senhoria de Siena, numa grande sala, também fez a Guerra, a Paz e os seus acidentes[5], onde representou uma cosmografia perfeita, de acordo com aqueles tempos[6]. Também no mesmo palácio se veem oito cenas feitas com terra verde*, otimamente trabalhadas por ele. Conta-se que mandou para Volterra um painel feito a têmpera, que foi digno de grandes louvores naquela cidade. E em Massa, trabalhando em companhia de outros, fez uma capela em afresco e um painel a têmpera[7], mostrando a seus habitantes o tino e o engenho que ele possuía na arte da pintura. Terminada essa obra, foi para Florença, a fim de voltar para Siena, desejoso que estava de ver as elogiadas obras dos novos artistas florentinos. Em Florença, em San Procolo, fez um painel e uma capela, com as cenas da vida de São Nicolau em figuras pequenas[8], para a contemplação dos seus amigos pintores, que estavam curiosos para ver o modo como ele trabalhava; e em pouco tempo, por ser hábil e prático em tal arte, terminou completamente todo o trabalho, o que consagrou o seu nome e aumentou a sua reputação. Ambrogio foi muito estimado em sua pátria, não tanto por ser grande pintor, quanto por se ter dedicado ao estudo das letras humanas na juventude. Estas lhe serviram de grande ornamento em toda a vida, ao lado da pintura. Convivendo sempre com literatos e estudiosos, Ambrogio foi acolhido por estes como pessoa do-

---

[3] Da Albergaria dei Santi Gregorio e Nicola em Sasso, fundada em 1278 por Agnese d'Arezzo, provém a *Apresentação ao templo* (n°. 8346 dos Uffizi), datada de 1342 e talvez feita originariamente para a Catedral de Siena; foi restaurada recentemente. A "cena" era um afresco com *Cenas da vida de Maria*, na fachada da igrejinha contígua de San Bernardino, perdido com a demolição da igreja.

[4] Sobre os afrescos perdidos da Albergaria de Santa Maria della Scala, obra dos dois irmãos Lorenzetti, cf. Vida de Pietro, p. 107 e nota 2; cabe lembrar que Vasari não sabia que eles eram irmãos e chamava Pietro de "Laurati".

[5] Trata-se dos famosos afrescos na sala da Paz do Palácio Público, já citados por Ghiberti, cuja realização é documentada entre abril de 1338 e junho de 1341. Foram restaurados em 1951-52. O afresco com o *Mau governo* está em péssimas condições; boa parte do afresco com os *Efeitos do Bom governo na cidade* foi refeita por volta de 1350-60 (C. Brandi, "Chiarimenti sul Buon Governo di Ambrogio Lorenzetti", em *Bollettino d'Arte*, 1955, pp. 119-23); a intervenção deve ser atribuída a Andrea Vanni (Bellosi, *Buffalmacco*, cit., p. 54). Quanto às intervenções seguintes (de Pietro di Francesco Orioli em 1492, Girolamo di Benvenuto em 1518, e certo Lorenzo di Francesco em 1521), cf. A. Angelini, "I restauri di Pietro di Francesco agli affreschi di Ambrogio Lorenzetti nella 'Sala della Pace'", em *Prospettiva*, n. 31 (1982), pp. 78-82.

[6] Tratava-se do *Mapa-múndi* (1345), citado também por Ghiberti: um painel giratório de forma circular, com a representação de todas as terras conhecidas e, no centro, a cidade de Siena.

* Pigmento à base de óxido de cromo. [N. da T.]

[7] A *Maestà* de Massa Marittima, conservada agora na Prefeitura, é uma característica obra tardia, posterior a 1340 (Volpe, "Ambrogio Lorenzetti", cit.). Ghiberti e o Anônimo Magliabechiano já citam em Massa Marittima um painel e uma capela.

[8] *Nossa Senhora com Menino Jesus entre São Nicolau e São Prócolo*, hoje nos Uffizi, era assinada e datada como AMBROSIVS LAVRENTII DE SENIS MCCCXXXII (F. Bocchi e G. Cinelli, *Le bellezze della città di Firenze*, Florença, 1677, p. 389). Quatro *Cenas da vida de São Nicolau* sobre madeira, provavelmente laterais a uma imagem do santo, também estão nos Uffizi (n°s 8348-49): foram restauradas depois de terem sido desfiguradas por um ataque. Ghiberti fala de um painel e uma capela.

118

tada de grande engenho, sendo por eles sempre bem-visto; trabalhou para a república diversas vezes, com bom grado e grande veneração. Seus costumes foram muito louváveis e, como grande filósofo, sempre estava disposto a contentar-se com tudo o que o mundo lhe desse, suportando o bem e o mal com grande paciência enquanto viveu. Com grande beleza, no fim da vida, pintou um painel em Monte Oliveto de Chiusuri[9].

Suas pinturas datam de MCCCXLI, e ele, com a idade de LXXXIII anos, passou desta vida para a outra com felicidade e ânimo cristão, sendo pranteado por todos os que com ele haviam convivido, bem como por seus concidadãos, devido ao modo como honrara a sua pátria com ambas as ciências; sua morte foi sentida por muito tempo, como se vê pela inscrição que para ele foi feita:

AMBROSII INTERITVM QVIS SATIS DOLEAT?
QVI VIROS NOBIS LONGA AETATE MORTVOS
RESTITVEBAT ARTE AC MAGNO INGENIO?
PICTURAE DEVS VIVAS ASTRA DESVPER*!

---

[9] G. De Nicola, "Arte inedita in Siena e nel suo territorio", em *Vita d'Arte*, 1912, pp. 1-16, considera que esse painel deve ser identificado com o tríptico da Abadia de Rofeno, pertencente a Monte Oliveto Maggiore, hoje no Museu de arte sacra de Asciano.

* "Quem lamentará o bastante a morte de Ambrogio? / Quem nos restituirá os varões mortos em idade avançada / Com sua arte e seu engenho? / Que vivas para além dos astros, ó orgulho da pintura!" [N. da T.]

Pietro Cavallini Romano, pintor

Já fazia mais de seiscentos anos que Roma não só estava desprovida de boas letras e da boa glória das armas, mas também de todas as ciências e de todas as virtudes do bom artista; no entanto, quando Deus quis, deu-lhe um que a ornou enormemente. Foi ele um pintor e se chamou Pietro Cavallini Romano[1], perfeitíssimo mestre de mosaico, que com Giotto aprendeu essa arte, bem como a pintura, quando com ele trabalhou no navio de mosaico feito em São Pedro[2]; foi ele o primeiro, depois do mestre, que iluminou essa arte. Teve ótima vida e em sua cidade foi sempre de grande utilidade e teve muita reputação. Fez em Roma suas primeiras pinturas; em Araceli pintou, acima da porta da sacristia, cenas[3] que agora estão muito avariadas pelo tempo; e em Santa Maria di Trastevere fez muitos afrescos por toda a igreja. E assim que começou a trabalhar o mosaico[4] na capela-mor, junto com a fachada fron-

---

[1] A única informação biográfica que tem relação com esse artista diz respeito à presença, em Nápoles, no ano de 1308, do "Magister Petrus Cavallinus de Roma pictor"; mais do que duvidosa é sua identificação com o "Petrus dictus Cavallinus de Cerronibus", mencionado num documento de 1273. A primeira redação da biografia feita por Vasari é bem mais fidedigna do que a versão de 1568, que contém muitos acréscimos errôneos, seja por causa de uma confusão entre homônimos (é o caso da *Crucificação* de Pietro Lorenzetti em Assis), seja porque motivadas pela vontade de criar uma figura de santo patriarca da pintura romana, condizente com a mentalidade da Contrarreforma. A valorização (muitas vezes supervalorização) da figura de Cavallini data da descoberta dos afrescos de Santa Cecilia (cf. adiante, nota 7). Sugeriu-se que Cavallini é cronologicamente anterior a Giotto, influenciando a formação deste; mas parece mais indicado concluir que a relação é inversa: especialmente os afrescos de Giotto dos planos mais elevados da Basílica superior de Assis parecem constituir um dos componentes basilares da cultura do pintor romano, que continua a citá-los mesmo nas suas obras tardias, feitas em Nápoles. Sobre esse artista, cf. P. Toesca. *Pietro Cavallini*, Milão, 1959; G. Matthiae, *Pietro Cavallini*, Roma, 1972; P. Hetherington, *Pietro Cavallini*, Londres, 1979; M. Boskovits, "Proposte (e conferme) per Pietro Cavallini", em *Roma ano 1300. Atas do congresso (1980)*, Roma, 1983, pp. 297-329.

[2] O conhecidíssimo mosaico de Giotto, chamado *La navicella* (cf. nota 20, p. 95): a informação de Vasari, apesar de desprovida de confirmação histórico-documental, é emblemática no que se refere ao papel de Giotto no ambiente romano.

[3] Foram descobertos restos de uma decoração feita por Cavallini numa capela construída pelos Savelli em Santa Maria in Aracoeli (P. Cellini, "Di fra' Guglielmo e di Arnolfo", em *Bollettino d'Arte*, 1955, pp. 215-29); obra indubitável de Cavallini é o afresco com *Nossa Senhora, São João Evangelista e São Francisco de Assis* na luneta acima do túmulo do cardeal Matteo d'Acquasparta (morto em 1302).

[4] Mosaicos, já lembrados por Ghiberti e pelo Anônimo Magliabechiano, que ainda existem; representam o *Nascimento de Maria*, a *Anunciação*, a *Natividade*, a *Adoração dos Magos*, a *Apresentação ao templo*, a *Morte da Virgem*, o doador *Bertoldo Stefaneschi ajoelhado diante da Virgem entre São Pedro e São Paulo*. Cada uma das cenas tem uma inscrição em hexâmetros latinos, ditada pelo irmão de quem fez a encomenda, o cardeal Jacopo Stefaneschi; não se tem certeza, porém, da existência de outra inscrição com a data de 1291, frequentemente considerada válida para a realização do ciclo. G. Ragionieri, "Cronologia e committenza: Pietro Cavallini e gli Stefaneschi di Trastevere", em *Annali della Scuola Normale Superiore di Pisa*,

tal da igreja[5], mostrou que, mesmo sem a ajuda de Giotto, sabia exercer tal arte e levá-la a cabo tão bem quanto a pintura. Para a igreja de San Grisogono fez várias cenas em afresco[6], em várias paredes, esforçando-se sempre por ser conhecido como ótimo discípulo de Giotto e como bom artista. Na igreja de Santa Cecilia, também em Trastevere, pintou quase toda a igreja[7] e depois trabalhou na igreja de San Francesco, nela fazendo muitas outras coisas[8]. E na igreja de San Paulo, fora dos muros de Roma, fez a fachada de mosaico, que ali está, e na nave central pintou muitas cenas do Antigo Testamento[9]. E, trabalhando também no capítulo, dentro no primeiro claustro, recebeu daqueles que mais discernimento tinham nesse ofício o título de grande mestre, pelo afresco que pintou com grande diligência. E foi tão benquisto pelos prelados, que deles recebeu inúmeros louvores e ganhos, pois foram eles que o incumbiram da fachada de São Pedro e, dentro, dos panos entre as janelas[10], quando demonstrou uma grandeza extraordinária, ao usar figuras que no tempo não eram muito usadas: os quatro Evangelistas trabalhados em ótimo afresco, um São Pedro e São Paulo e, numa nave lateral, bom número de figuras, nas quais misturou ao estilo de Giotto o estilo grego que muito lhe agradava. E, deleitando-se em dar relevo a essas figuras, deu mostras de ter sempre desejado melhorar o máximo possível a arte da pintura, revelando-se amante do trabalho, que muito prazer lhe dava. A qualidade de seus trabalhos lhe foi muito rendosa em vida e deu fama e honra ao seu nome depois da morte. Trabalhou ele em diversos outros lugares, em Roma e fora dela; chegando à idade de LXXV anos, morreu de uma dor nas costas, adquirida no trabalho mural, devido à umidade e ao contínuo esforço.

Suas pinturas datam de MCCCXLIV, e ele foi sepultado na igreja de San Paulo de Roma, extramuros, com pompas fúnebres, recebendo o seguinte epitáfio:

QVANTVM ROMANAE PETRVS DECVS ADDIDIT VRBI
PICTVRA TANTVM DAT DECVS IPSE POLO*.

---

s. III, XI (1981), pp. 447-67, propõe como datação o princípio do século XIV; J. Poeschke, "Per la datazione dei mosaici del Cavallini in S. Maria in Trastevere", em *Roma ano 1300*, cit., pp. 423-35, em torno de 1295.

[5] Venturi, V, p. 147, considerava terem sido refeitas por Cavallini as figuras das três *Virgens* da esquerda no mosaico da fachada, mas Bellosi, *La pecora*, cit., p. 111, as atribui a Jacopo Torriti.

[6] A atividade de Cavallini em San Crisogono já fora mencionada por Ghiberti e pelo Anônimo Magliabechiano; mas o mosaico com a *Nossa Senhora no trono entre São Crisógono e São Tiago*, muitas vezes atribuído a ele (Venturi; Van Marle, I, pp. 545-6), foi transferido para a igreja somente entre 1588 e 1662 (M. Mesnard, *La Basilique de Saint Chrysogone à Rome*, Roma, 1935, pp. 161-2) e recentemente foi atribuído a Filippo Rusuti (Bellosi, *La pecora*, cit., p. 117).

[7] A decoração de Santa Cecilia in Trastevere também é mencionada por Ghiberti e pelo Anônimo Magliabechiano. Os afrescos ficaram ocultos depois das várias reformas sofridas pela igreja, mas em 1900 foram descobertos os restos de um *Juízo Final* na parede de fundo e, no início das duas paredes contíguas, os restos de um *Santo* gigantesco e de uma *Anunciação* (à esquerda), bem como os restos do *Sonho de Jacó* e do *Engano de Isaque* (à direita), divulgados por F. Hermanin, "Gli affreschi di Pietro Cavallini a Santa Cecilia in Trastevere", em *Le Gallerie Nazionali Italiane*, V (1902), que propôs a data de 1293, ano em que foi inaugurado o cibório de Arnolfo.

[8] A decoração de San Francesco a Ripa, que foi perdida (a igreja foi reestruturada em 1675), é lembrada também por Ghiberti e pelo Anônimo Magliabechiano.

[9] Obras mencionadas também por Ghiberti e pelo Anônimo Magliabechiano, destruídas no incêndio de 1823. As más cópias de Antonio Eclissi na Biblioteca Vaticana (1634), estudadas por J. White, "Cavallini and the lost frescoes in S. Paolo", em *Journal of the Warburg and Courtauld Institutes*, XIX (1956), pp. 84-95, não dão sequer uma vaga ideia do que eram. Os mosaicos da fachada, feitos durante o papado de João XXII (1316-26), foram quase apagados pelas restaurações.

[10] Mencionadas também por Ghiberti e pelo Anônimo Magliabechiano, essas figuras foram perdidas na reforma de São Pedro.

* "A mesma honra que Pedro Romano deu à cidade de Roma / Sua pintura dá ao universo." [N. da T.]

Simão Senês (Simone Martini), pintor

Felizes podem ser considerados os artistas que, além da excelência de sua arte, são no mais das vezes acompanhados pela gentileza natural e pelos bons costumes. Porém mais felizes ainda podem ser chamados quando, nascendo no tempo de algum raro e douto poeta, ganham a amizade deste; porque, além da agradável e virtuosa convivência que mantêm, durante a feitura de algum retratinho ou de qualquer outra coisa da arte, muitas vezes o convívio enseja escritos lavrados na mais pura e eterna tinta, em louvor às excelentes pinturas, e assim estas deixam de ser mortais para tornar-se eternas. Assim, enquanto duram esses escritos, duram também a veneração e o apreço. Mesmo porque as pinturas, feitas sobre uma superfície em fundo colorido, não podem ter a mesma eternidade que têm as obras fundidas em bronze ou feitas de mármore pelo escultor. Estas, mesmo silenciosas, com sua qualidade causam admiração e espanto em todas as pessoas conhecedoras de tal arte. Portanto, foi grande a ventura de Simone, que, além de ser dotado de virtude, nasceu no tempo do senhor Francesco Petrarca e encontrava-se na cúria de Avignon, onde conheceu o enamorado poeta que desejava ter um retrato de Laura, feito com graça e beleza pelas doutas mãos de mestre Simone. E, recebendo o retrato que desejava, dele deixou memória em dois sonetos, um dos quais começa:

> *Per mirar Policleto a prova fiso*
> *Con gli altri che ebber fama di quell'arte*,*

e o outro:

> *Quando giunse a Simon l'alto concetto*
> *Ch'a mio nome gli pose in man lo stile[1]**.*

E, de fato, esses sonetos deram mais fama à pobre vida de mestre Simone do que todos os pagamentos que lhe foram feitos por suas obras e suas virtudes, pois estes logo se esvaem, e a fama, enquanto viverem os escritos, viverá com eles. Simon Memmi era senês[2], mestre sem-par, ótimo pintor e pessoa muito estimada pelos prelados daquele tempo. Isto porque, depois da morte de Giotto, seu mestre – pois o seguiu a

---

* "Por mais que Policleto olhasse fixamente / Com os outros que tiveram fama em tal arte". [N. da T.]

[1] Francesco Petrarca, *Canzioniere*, sonetos LXXVII e LXXVIII.

** "Quando Simone teve a grande inspiração / E, atendendo a meu pedido, tomou do pincel." [N. da T.]

[2] Simone di Martino nasceu em torno de 1284; casou-se em 1324 com Giovanna, filha di Memmo di Filippuccio e irmã de Lippo Memmi; o patronímico Memmi dado a Simone por Vasari se deve ao fato

122

Roma quando ele pintou a nave do mosaico e outras coisas –, Simone, fiel ao estilo de Giotto, fez uma Virgem Maria no pórtico da igreja de São Pedro[3], e um São Pedro e São Paulo naquele mesmo lugar, perto da empena de bronze, numa parede entre os arcos do pórtico do lado de fora, ali retratando um sacristão de São Pedro a acender algumas lâmpadas para as referidas figuras. Essa obra foi depois considerada muito bela pelos eclesiásticos e por todos os que conheceram Simone. Quando a cúria estava em Avignon para comodidade e por desejo do papa João XXII, Simone foi ali[4] chamado com muita insistência e, fazendo muitas pinturas em afrescos e quadros[5], granjeou grande louvor e recebeu muitos ganhos. E, voltando para Siena, sua pátria, ali foi muito estimado, sobretudo por suas excelentes obras e também pelas simpatias que despertara em tantos nobres da cúria papal. Assim, a Senhoria de Siena lhe encomendou a pintura em seu palácio, e, numa das salas, ele fez uma Virgem Maria com muitas figuras em torno[6]; terminada esta, ganhou enorme reputação entre os artistas daquela cidade. Depois de fazer essa obra em afresco, também quis mostrar aos seneses a sua grande maestria na têmpera. Por isso, em vista de uma pintura que fez para o referido palácio, encomendaram-lhe dois belíssimos painéis[7] para a catedral de Siena, sobre

---

de ele acreditar ser este irmão de Lippo; cf. p. 125. A atividade do grande pintor senês, que vai desde o afresco com a *Maestà* do Palácio Público de Siena (1315-21; cf. também nota 6), o *São Luís de Toulouse* no Museu de Capodimonte em Nápoles (1317), os afrescos da capela de São Martinho na Basílica inferior de Assis (c. 1317), ao políptico do Museu de Pisa (1319), ao *Guidoriccio da Fogliano* no Palácio Público de Siena (1330), à *Anunciação dos* Uffizi (1333), às obras tardias do período de Avignon, apresenta-se no início como a aristocrática versão das novidades introduzidas por Giotto, depois passa a ter uma elegância gótica cada vez mais filtrada. Sobre ele, cf. G. Contini e M. C. Gozzoli, *L'opera completa di Simone Martini*, Milão, 1970; C. Volpe, em *Il gotico a Siena*, cit., pp. 177-9; idem, *Simone Martini e "chompagni"*, catálogo da exposição, Florença, 1985.

[3] Trata-se da *Nossa Senhora da Bochada*, afresco retirado, hoje nas Grutas Vaticanas, relacionado com Pietro Cavallini (Toesca, 1951, p. 684, nota). No entanto, as afirmações de Vasari sobre a iniciação "giottesca" de Simone são em boa parte justificadas: cf. sobretudo a predela do *São Luís de Toulouse* em Nápoles e algumas cenas da capela de São Martinho em Assis.

[4] Acreditou-se que Simone Martini tivesse partido para Avignon (com o irmão Donato, também pintor) em 8 de fevereiro de 1339; mas, segundo observações de J. Rowlands, "The date of Simone Martini's arrival in Avignon", em *The Burlington Magazine*, CVII (1965), p. 25, o pintor deve ter chegado a Avignon por volta de 4 de novembro de 1336, porque nessa data os dois sonetos de Petrarca em louvor do retrato de Laura, acima citados, já tinham sido escritos. Simone ficou em Avignon até sua morte, em julho de 1344.

[5] Da luneta e do tímpano do portal de Notre-Dame-des-Doms em Avignon foram retirados notáveis vestígios de afrescos e sinoplas, hoje no Palácio dos Papas; estão publicados em F. Enaud, "Simone Martini à Avignon", em *Les monuments historiques de la France*, 1963. Uma avaliação atenta foi feita por E. Castelnuovo, "Avignone rievocata", em *Paragone*, n. 119 (1959), pp. 28-51, e por M. Laclotte, *L'École d'Avignon*, Paris, 1960, p. 29. Um afresco com *São Jorge libertando a princesa* (atribuível, como os anteriores, ao patronato do cardeal Jacopo Stefaneschi, morto em 1341, também cliente de Giotto: cf. notas 19 e 20, da p. 95) foi destruído, mas dele resta uma cópia feita no século XVII (G. De Nicola, "L'affresco di Simone Martini ad Avignone", em *L'Arte*, IX (1906), pp. 336-44); no entanto, deve-se excluir a hipótese de que dele derivaria a cena com o mesmo tema feita em iluminura no Códice de São Jorge (Arquivo Capitular de São Pedro, ms C. 129), mais antiga. O pequeno quadro com a *Sagrada Família* datado de 1342 (Liverpool, Walker Art Gallery) e a miniatura do frontispício de Virgílio para Petrarca (Milão, Biblioteca Ambrosiana) sem dúvida foram realizados em Avignon; cf. também J. Brink, "Francesco Petrarca and the problem of chronology in the late paintings of Simone Martini", em *Paragone*, n. 331 (1977), pp. 5-9.

[6] É a famosa *Maestà* do Palácio Público de Siena, citada por Ghiberti e pelo Anônimo Magliabechiano, datada de 1315, mas parcialmente repintada pelo próprio Simone em 1321.

[7] Uma é a celebérrima *Anunciação entre Santo Ansano e Santa Julita* hoje nos Uffizi (n.º 457-53), assinada e datada como SIMON MARTINI ET LIPPVS MEMMI DE SENIS ME PINXERVNT ANO MCCCXXXIII. A outra, realizada em 1331, desapareceu no século XVIII. Ghiberti e o Anônimo Magliabechiano também citam os dois quadros.

cuja porta foi posta uma Nossa Senhora com Menino Jesus no colo, em atitude elegante e bela, onde há um estandarte desfraldado por alguns anjos que, voando, olham para alguns santos, que estão abaixo, em torno de Nossa Senhora, numa belíssima composição de grande ornamento.

Foi levado para Florença pelo geral de Santo Agostinho e, trabalhando no capítulo de Santo Spirito, mostrou inventividade e admirável tino nas figuras e nos cavalos que fez, como demonstram as cenas da Paixão de Cristo[8], na qual tudo é engenhoso e elaborado com discrição e graça. Vemos os ladrões a expirar na cruz, a alma do bom ser levada para o céu com alegria pelos anjos, enquanto a outra, perturbada, desce para o tormento do inferno acompanhada de alguns diabos. E pode-se ver que nessa obra foi grande o atilamento de Simone, ao representar o pranto dos anjos ao redor do Crucifixo, expresso em atitudes de grande dor. Mas não há nada que dê mais alegria do que ver aqueles espíritos cortar os ares com as asas bem visíveis e, como que girando, sustentar o movimento do voo. Porém tal obra, realmente louvada e bela, daria testemunho muito maior da excelência de Simone, se o tempo não tivesse empanado a sua qualidade. Simone trabalhou três fachadas no capítulo de Santa Maria Novella[9]. Na primeira, que está acima da porta de entrada, ele pintou a vida de São Domingos e, naquela que leva para a igreja, representou a Religião de São Domingos, a combater os hereges, figurados como lobos a atacarem ovelhas, mas rechaçados, expulsos e mortos por muitos cães de pelagem branca e preta. Também fez alguns hereges que, convertidos, rasgam os livros e se confessam, arrependidos, com o que suas almas passam pela porta do Paraíso, onde há muitas pequenas figuras a fazerem diferentes coisas. No céu se vê a glória dos santos e de Jesus Cristo, e no mundo, aqui embaixo, persistem os vãos prazeres e gozos em figuras sentadas, sobretudo mulheres. Entre estas, está a sra. Laura, de Petrarca, vestida de verde, com uma pequena chama de fogo entre o peito e a garganta; seu retrato foi feito a partir do modelo natural. Também ali está a igreja de Cristo e, a guardá-la, o papa, o imperador, os reis, os cardeais, os bispos e todos os príncipes cristãos; e, entre estes, no canto, um cavaleiro de Rodes, o sr. Francesco Petrarca, também retratado do natural. Isto foi feito por Simone para reiterar em suas obras a fama de quem o havia imortalizado. Como Igreja Universal valeu-se da igreja de Santa Maria del Fiore de Florença, não como ela é hoje, mas como gostaria de tê-la desenhado. Na terceira fachada, que é a do altar, fez a Paixão de Cristo; Jesus, saindo de Jerusalém com a cruz nas costas, vai para o monte Calvário, acompanhado por grande multidão. Depois, ele é crucificado no meio dos ladrões, com todas as outras figuras pertencentes a essa história. Nela, veem-se cavalos e diferentes coisas, muito apreciadas por sua

---

[8] Não está claro se Vasari quer referir-se à grande *Crucificação* do ex-refeitório de Santo Spirito, hoje Fundação Romano, atribuída ora a Orcagna, ora a Nardo di Cione, porém com mais verossimilhança dividida entre dois artistas do círculo de Orcagna (Mestre do Refeitório de Santo Spirito e Mestre do Pentecostes) por Offner, *Corpus*, IV, I (1962).

[9] Os afrescos da grande Capela dos espanhóis foram atribuídos pela primeira vez a Simone Martini por G. B. Gelli, *Sopra que due sonnetti del Petrarca che lodano il ritratto della sua M. Laura*, Florença, 1549. Vasari considera que eles foram feitos em colaboração com Taddeo Gaddi (cf. p. 129); C. F. von Rumohr, *Italienische Forschungen*, Berlim, 1827, vol. II, p. 95, negou que esses afrescos fossem de Simone Martini, enquanto Cavalcaselle, I, p. 374; II, pp. 85 ss., os restituiu ao modesto pintor florentino Andrea Bonaiuti. A atribuição depois foi confirmada por um documento publicado por I. Taurisano. "Il Capitolo di S. Maria Novella", em *Il Rosario*, III (1916), pp. 217-30, do qual se conclui que os afrescos foram encomendados ao pintor em 30 de novembro de 1365, com a cláusula de que ele devia comprometer-se a terminá-los em dois anos.

inventividade. Ali também se encontra a saída dos Santos Padres do Limbo, com um atilamento que não é coisa de um mestre daquela época, mas de um mestre moderno e considerado. Assim, tratando todas as fachadas com diligência e grande observação, representou em cada uma delas diferentes histórias como que subindo um monte, sem dividir com ornamentos uma cena e outra, como costumavam fazer os velhos e também muitos modernos, que pintam o chão solto no ar quatro ou cinco vezes, como se vê na capela-mor daquela mesma igreja[10] e no Campo Santo de Pisa.

Nessa obra Simone trabalhou com seu irmão Lippo Memmi[11], que, embora não fosse tão excelente quanto Simone nessa arte, continuou o máximo que pôde o estilo do irmão, e os dois, trabalhando juntos, fizeram muitas coisas em afresco em Santa Croce de Florença; em Pisa, nos frades predicantes de Santa Caterina, fizeram o painel do altar-mor[12]; em San Paulo a Ripa d'Arno fizeram em afresco figuras e cenas belíssimas. Voltando a Siena, Simone começou uma obra colorida de grande porte acima da porta de Camollia, com a Coroação de Nossa Senhora e infinitas figuras[13]; esta ficou inacabada porque ele foi atingido por gravíssima enfermidade e, vencido por ela, deixou esta vida em MCCCXLV[14], para grande dor de toda a sua cidade. Seu irmão Lippo, que lhe fez honrosa sepultura na igreja de San Francesco de Siena, com o tempo terminou parte das obras que Simone deixara inacabadas e em Santa Croce de Florença pintou dois painéis, além de bom número de outros por toda a Itália. Este viveu mais XII anos depois da morte do irmão. E o epitáfio de Simone foi o seguinte:

SIMONI MEMMIO PICTORVM OMNIVM OMNIS AETATIS CELEBERRIMO. VIX(IT) AN(NOS) LX MEN(SES) II D(IES) III*.

---

[10] Os afrescos do coro de Santa Maria Novella são de Ghirlandaio; cf. sua Vida nas pp. 373-82.

[11] Lippo di Memmo di Filippuccio era cunhado de Simone Martini (cf. acima, nota 2). Foi seu íntimo colaborador e tinha extrema afinidade com ele, desde a *Maestà* do Palazzo Comunale de San Gimignano (1317) até, mais tarde, as *Nossas Senhoras* (Siena, igreja dei Servi; Berlim, Staatliche Museen; Altenburg, Museu), a tal ponto que a crítica está extremamente dividida na distinção entre as partes que são dele e as que são de Simone numa obra feita em colaboração como *A Anunciação* dos Uffizi (sobre ela, cf. acima, nota 7). Sobre Lippo Memmi, cf. *Simone Martini e "chompagni"*, cit.

[12] O políptico de Santa Caterina está hoje no Museu Nacional de San Matteo; danificado por um incêndio em 1651, em 1949 passou por uma limpeza excessivamente drástica. É assinado por Simone Martini e documentado em 1319.

[13] Ghiberti também cita uma *Coroação* inacabada de Simone, mas acima da porta Romana; foi terminada depois de 1459 por Sano di Pietro. Pode ser que Vasari tenha se enganado ao transcrever a informação, mas o fato é que também sobre a porta Camollia havia um afresco inacabado e terminado numa segunda fase, talvez em 1361 (cf. U. Procacci, *Sinopie e affreschi*, Milão, 1960).

[14] Simone morreu em Avignon em julho de 1344, depois de fazer testamento em 30 de junho.

* "Em memória de Simone Memmi, o mais célebre dos pintores de todos os tempos. Viveu sessenta anos, dois meses e três dias." [N. da T.]

Taddeo Gaddi, pintor florentino

É de fato muito útil e belo ver que em algum lugar uma virtude é recompensada plenamente, sendo honrado aquele que a possui, porque assim um sem-número de engenhos que talvez ficassem adormecidos, ao serem estimulados por esse incentivo, se esforçam com todo o empenho não só para aprender tal virtude, como também para sobressair-se nela e elevar-se alguns graus em honorabilidade ou recursos. E assim se dispõem a tal ponto para a glória e para os bons serviços, que não se preocupam com os incômodos e o cansaço decorrentes do trabalho, mas, ao contrário, empenhando--se continuamente, honram sua própria pátria e a alheia, de tal maneira que frequentemente enriquecem seus descendentes e dão início à nobreza de sua família, do modo como fez Taddeo de Gaddo Gaddi, pintor florentino[1]. Este, depois da morte de seu mestre Giotto, tornou-se grande pintor, sobrepujando em tino e engenho todos os outros condiscípulos, como demonstram manifestamente suas obras. Nelas se vê certa facilidade que naqueles tempos ele recebeu muito mais da natureza do que do estudo da arte, como também ocorreu com Giotto. Em Florença está grande parte de suas obras, especialmente na igreja de Santa Croce, onde começou trabalhando na capela da sacristia com seus companheiros, já discípulos do finado Giotto[2]. E na capela dos Baroncelli, onde o referido Giotto fizera o quadro a têmpera, Taddeo compôs em

---

[1] Depois dos brilhantes detalhes apresentados por Cavalcaselle no catálogo desse pintor, sua figura sempre ficou um tanto isolada para a crítica, como de um divulgador fiel e diligente de Giotto. Sua revalorização foi proposta por R. Longhi, "Qualità e industria in Taddeo Gaddi", em *Paragone*, n. 109 (1959), pp. 31-60; n. 111 (1959), pp. 3-12, reed. em Longhi, VII, "com um ensaio cujo título já exprime a distinção entre as obras de nível singularmente elevado e as obras mais comuns. Entre as primeiras, estão os afrescos da capela Baroncelli, sobretudo a *Deposição* fragmentária de Santa Croce e as *Cenas de Jó* do Camposanto de Pisa, onde Taddeu adere à solene poética espacial de Maso di Banco. Depois de ficar mais de vinte anos (segundo afirmação de Cennini, 1975, p. 30) na oficina de Giotto, Taddeo já trabalhava por conta própria em fins da terceira década do século XIV. Morreu em 1366. Sobre o pintor, cf. P. Donati, *Taddeo Gaddi*, Florença, 1966; a monografia mais recente é de A. Ladis, *Taddeo Gaddi*, Londres, 1982.

[2] A decoração da capela Rinuccini, na sacristia de Santa Croce, foi atribuída a Giovanni da Milano por Cavalcaselle: a atribuição foi confirmada depois por um documento de 1365 (Milanesi, I). R. Offner, *Studies in Florentine Painting*, Nova York, 1927, depois fez uma distinção entre sua obra e a de um modestíssimo pintor por ele denominado "Mestre da Capela Rinuccini", autor dos afrescos da faixa inferior; mais tarde, sua identidade foi estabelecida como de Matteo di Pacino (L. Bellosi, "Due note per la pittura fiorentina del secondo Trecento", em *Mitteilungen des kunsthistorischen Instituts in Florenz*, XVII (1972), pp. 179--94). É de Taddeo Gaddi, porém, a belíssima *Crucificação* do centro da parede direita da sacristia, circundada por afrescos de Spinello Aretino (*Ida ao Calvário*) e de Niccolò di Pietro Gerini (*Ressurreição* e *Ascensão*).

afresco algumas cenas de Nossa Senhora[3], que foram consideradas belas. Também pintou, acima da porta da sacristia, a história de Cristo a discutir com os doutores do templo[4], que foi estragada há muito tempo quando se pôs uma cornija de pedra acima da referida porta. Na mesma igreja pintou em afresco a capela dos Bellacci e a capela de Santo André[5], ao lado de uma das três de Giotto; nesta, fez Jesus Cristo chamando André e Pedro, que abandonam as redes, bem como a Crucificação desse Apóstolo, coisa muito comentada e elogiada quando terminada e ainda hoje em dia. Sobre a porta lateral, debaixo da sepultura de Carlo Marsupini, aretino, fez em afresco[6] um Cristo morto com as Marias, que foi muito louvado. E do lado esquerdo, sob o *tramezzo* que divide a igreja, acima do Crucifixo de Donato, pintou em afresco uma cena da vida de São Francisco[7], de um milagre que ele fez quando um menino caiu da janela e morreu: São Francisco, aparecendo pelos ares, o ressuscita. Nessa cena ele retratou seu mestre Giotto, Dante Alighieri e Guido Cavalcanti, dos quais sempre foi muito amigo. Para a referida igreja também fez em diversos lugares muitas figuras[8] que foram reconhecidas pelos artistas. E para a Companhia do Templo pintou o tabernáculo que fica no canto da via do Crucifixo[9], no qual fez um belíssimo Deposto da Cruz. No claustro de Santo Spirito fez duas cenas[10] nos pequenos arcos ao lado do capítulo, muito bem coloridos: em um deles se vê quando Judas vende Cristo e, em outro, a Ceia dos Apóstolos. No mesmo lugar, acima da porta do refeitório, pintou um Crucifixo com alguns santos, mostrando aos outros que trabalhavam na mesma arte que ele era um verdadeiro e bom imitador do estilo de Giotto, que ele tinha em grande veneração. Na igreja de Santo Stefano, em Ponte Vecchio, pintou um painel e a pre-

---

[3] Os afrescos, mencionados também por Albertini, pelo Livro de Antonio Billi e pelo Anônimo Magliabechiano, foram um tanto maltratados numa restauração do século XIX, mas uma limpeza trouxe à luz há alguns anos suas intensas qualidades cromáticas e seu excepcional estado de conservação. A capela foi iniciada em 1327, como se lê numa inscrição da entrada: EM NOME DE DEUS NO ANO MCCCXVII DO MÊS DE FEVEREIRO FOI INICIADA ESTA CAPELA PARA BIVIGLIANO, BARTOLO E SILVESTRE MANETTI E PARA VANNI E PIERO BANDINI DE BARONCELLI… Os limites 1322-38, sempre aceitos para a realização da capela, portanto dos afrescos, referem-se a outra capela em Santa Croce, encomendada por Tano e Gherardo Baroncelli (E. Borsook, "Notizie su due cappelle in Santa Croce a Firenze", em *Rivista d'Arte*, XXXVI (1961-62), pp. 98-103).

[4] Os restos desse afresco de Gaddi, mencionado também por Ghiberti, pelo Livro de Antonio Billi e pelo Anônimo Magliabechiano, voltaram à luz em 1869, ao se retirar a cal da parede (Cavalcaselle). O portal de mármore é de Michelozzo e foi feito por volta de 1445 (W. e E. Paatz, *Die Kirchen von Florenz*, vol. I, Frankfurt, 1940, p. 557 e nota).

[5] Também mencionada por Albertini, a capela foi completamente redecorada em 1620-21 (ibid., pp. 566, 600).

[6] "Debaixo" da sepultura significa "aquém de", ou seja, antes do túmulo de Marsuppini. Lembrada também por Albertini, considerada perdida por Paatz (ibid.), foi identificada por Longhi ("Giotto spazioso", em *Paragone*, n. 31 (1952), pp. 18-24, reed. em Longhi, VII) num afresco destacado no início do século XX, que conserva apenas sua parte superior. Restaurada nos anos 1950 (cf. U. Baldini e L. Berti, *Mostra di affreschi staccati*, Florença, 1957, n.º 38) e exposta no Museu da Obra de Santa Croce, foi parcialmente submersa pela inundação de 4 de novembro de 1966 e novamente restaurada.

[7] Obra perdida, mencionada por Ghiberti, por Albertini, pelo Livro de Antonio Billi e pelo Anônimo Magliabechiano.

[8] Na igreja de Santa Croce, é também de Taddeo Gaddi o afresco com a *Deposição*, pintado no arcossólio de um túmulo da capela Bardi de Vernio. Sobre suas outras obras de Santa Croce, cf. também Vida de Giotto, p. 93 e notas 11 e 12.

[9] Obra perdida, mencionada também por Albertini, pelo Livro de Antonio Billi e pelo Anônimo Magliabechiano.

[10] Obras perdidas, mencionadas também por Albertini, pelo Livro de Antonio Billi e pelo Anônimo Magliabechiano.

dela do altar-mor, com grande diligência; e no oratório da igreja de San Michele in Orto, elaborou muito bem um painel com um Cristo morto, pranteado pelas Marias e devotamente posto na sepultura por Nicodemo[11]. Na igreja dos frades servitas, pintou a capela de São Nicolau, propriedade do palácio, com cenas da vida desse santo; nessas cenas, com ótimo tino e graça, pôs uma barca com a qual demonstrou claramente que conhecia com perfeição a tempestuosa agitação do mar e a fúria dos elementos. Nela, enquanto os marinheiros esvaziam o navio, jogando as mercadorias no mar, aparece São Nicolau pelos ares e os livra daquele perigo; foi uma obra muito louvada. Taddeo foi levado a Pisa pelos seus governantes e lá, no Campo Santo, pintou em cenas toda a vida do pacientíssimo Jó[12]; na mesma cidade, no claustro de San Francesco, pintou uma Nossa Senhora com alguns santos[13], trabalho de muita diligência. Voltou a Florença e pintou o tribunal da Mercatanzia Vecchia, em cuja cena representou com poética invenção o tribunal dos seis homens, magistrados da referida cidade, que assistem à Verdade arrancando a língua da Mentira; a Verdade está vestida com um véu sobre o corpo nu, e a Mentira tem um manto preto, e sob tais figuras estão escritos os seguintes versos:

> *La pura Verità per ubbidire*
> *Alla santa Giustizia che non tarda,*
> *Cava la lingua a la falsa Bugiarda**.

E abaixo da cena há um epigrama em seu nome, assim escrito:

> *Taddeo dipinse questo bel rigestro,*
> *Discepol fu di Giotto il buon maestro***.

Em Arezzo, foram-lhe encomendados alguns trabalhos em afresco, que Taddeo fez com grande esmero juntamente com Giovanni da Milano[14], seu discípulo; deles

---

[11] O painel, agora na igreja de San Carlo, em frente a Orsanmichele, é obra de Niccolò di Pietro Gerini, provavelmente anterior a 1388 (cf. W. Cohn, "Un quadro di Lorenzo di Bicci e la decorazione primitiva di Orsanmichele a Firenze", em *Bollettino d'Arte*, XLI (1956), pp. 171-7). Na edição de 1568, Vasari também diz que Taddeo "refez os pilares das *logge* de Orsanmichele"; dele se conserva em pelo menos um dos pilares um afresco em péssimas condições, em que se representa *São Lourenço*, com seu *Martírio* na predela falsa.

[12] As *Cenas de Jó* no Camposanto de Pisa também são mencionadas como de Taddeo pelo livro de Antonio Billi e pelo Anônimo Magliabechiano. Vasari, na edição 1568, as atribui ao próprio Giotto. A crítica moderna confirma que são de Taddeo; mas deve-se ter em conta que a terceira faixa é de um pintor medíocre da segunda metade do século XIV.

[13] Além dessa obra, que foi perdida, Vasari cita na edição de 1568 a capela-mor de San Francesco, onde havia a inscrição MAGISTER TADDEVS GADDVS DE FLORENTIA PINXIT HANC HISTORIAM SANCTI FRANCISCI ET SANCTI ANDREAE ET SANCTI NICOLAI ANO DOMINI MCCCXLIII DE MENSE AVGVSTI. Os afrescos das paredes foram perdidos, mas restam os das abóbadas, que, no entanto, são obra de um pintor senês que tem alguma relação com o ambiente florentino; foi restabelecido por R. Longhi, "Il Mestre degli Ordini", em *Paragone*, n. 65 (1955), pp. 32-6, e identificado por L. Bellosi com "Jacopo di Mino del Pellicciaio", em *Bollettino d'Arte*, 1972, pp. 73-7.

* "A pura Verdade, para obedecer / À santa Justiça que não tarda, / Arranca a língua da falsa Mentirosa." [N. da T.]

** "Taddeo pintou este belo registro, / Foi discípulo de Giotto, o bom mestre." [N. da T.]

[14] Sobre Giovanni da Milano, cf. abaixo, nota 19.

também se vê na Companhia do Espírito Santo, uma cena pintada na parede do altar-mor, com uma Paixão de Cristo em que há muitos cavalos, e os ladrões estão na cruz; essa obra foi considerada belíssima pelo grande tino que ele demonstrou na representação da crucificação. Nessa cena há algumas figuras expressas com grande vivacidade, como quando se mostra a raiva dos judeus, alguns dos quais puxando Jesus pelas pernas com uma corda, outros estendendo a esponja e outros em várias atitudes, tal como Longino, a lhe traspassar as costelas, e os três soldados a apostarem a túnica nos dados e a mostrarem nos rostos esperança e temor. O primeiro deles está armado e em atitude incômoda, esperando sua vez e tão ansioso para jogar, que não parece sentir o desconforto. O outro, erguendo as sobrancelhas, com a boca e os olhos abertos, olha para os dados desconfiado de alguma trapaça, mostrando claramente ao observador a necessidade e a vontade que tem de vencer. O terceiro, com a túnica arrastando no chão, está atirando os dados com o braço trêmulo, parecendo indicar com uma risota que os quer trapacear. Em todas as outras paredes da igreja veem-se cenas de São João Evangelista, havendo também outras coisas pintadas por Taddeo em toda a cidade; tais coisas são reconhecidas como de sua lavra por quem quer que entenda dessa arte. Ainda hoje vemos atrás do altar-mor do arcebispado algumas cenas da vida de São João Batista, trabalhadas com um estilo maravilhoso e bom desenho, o que as torna admiráveis. Em Santo Agostino, na capela de São Sebastião, ao lado da sacristia, pintou cenas desse mártir e uma Discussão de Cristo com os doutores, que está tão bem trabalhada e acabada, que causa grande admiração pela extraordinária beleza, pela graça das cores e pelo esmerado acabamento. Em Casentino, mudando-se para Sasso della Vernia, pintou a capela onde São Francisco recebeu os estigmas; então Iacopo di Casentino[15] tornou-se seu discípulo. Terminada essa obra, voltou para Florença com Giovanni Milanese e então, naquela cidade e em outras, fez quadros e pinturas numerosas e importantes. E ao longo do tempo ele trabalhou e ganhou tanto, que, amealhando um cabedal superior ao de qualquer outro que se dedicasse a essa arte naqueles tempos, deu início à riqueza e à nobreza de sua família.

Taddeo foi considerado prudente e discreto, sendo bastante honrado em vida por seus concidadãos. Com os discípulos foi agradável e brincalhão, sendo por eles muito amado. Em Santa Maria Novella de Florença pintou o capítulo[16] daquele convento, encomendado pelo seu prior, com a inventividade que se fazia necessária. É bem verdade que o prior, vendo que o trabalho era demasiado e sabendo que naquele tempo o pintor trabalhava em conjunto com Simone Memmi, tendo este conquistado grande fama com a pintura do capítulo de Santo Spirito, quis chamá-lo e consultou Taddeo; este ficou muito contente porque gostava muito de Simone como companheiro e amigo, pois havia sido criado com ele desde criança a serviço de Giotto; além disso, conhecia e prezava muito a sua virtude. Realmente, os dois eram almas gentis e espíritos nobilíssimos que, sem emulação ou ambição alguma, se amavam fraternalmente e se alegravam com a honra e o apreço um do outro como se fossem próprios. Portanto, o trabalho foi dividido, dando-se três paredes a Simone (conforme eu disse em sua vida) e dando-se a Taddeo a parede esquerda e toda a abóbada, que foi dividida por ele em quatro panos ou quartos, segundo o sentido da abóbada; no primeiro, fez a Ressurreição de Cristo, onde parece tentar fazer o esplendor do corpo glorificado irradiar

---

[15] Sobre Jacopo del Casentino, cf. Vida nas pp. 150-1.
[16] Cf., na Vida de Simone Martini, nota 9 na p. 124.

luz, que também aparece numa cidade e em alguns penhascos; mas ele não continuou usando o mesmo procedimento nas outras figuras e no restante, talvez desconfiado de que não pudesse fazê-lo, pelas dificuldades que sabia haver de enfrentar. No segundo pano, fez Jesus Cristo livrando São Pedro do naufrágio, onde estão os Apóstolos dirigindo o barco, obra certamente muito bela; e, entre outras coisas, obteve grande efeito com a figura de um homem a pescar com sua varinha à margem, algo que Giotto já fizera antes em Roma, no mosaico do navio, em São Pedro. No terceiro, pintou a Ascensão de Cristo e, no último, a Vinda do Espírito Santo, onde estão os judeus tentando entrar pela porta, com belas atitudes das figuras. Na parede inferior estão as sete Ciências, com suas características. A Gramática, vestida de mulher, mostra uma porta a um menino; abaixo dela, sentado, o escritor Donato. Segue-se a Retórica e, a seus pés, uma figura que segura livros com as duas mãos; de baixo do manto sai uma terceira mão que é posta sobre a boca. A Lógica está segurando a serpente por baixo de um véu, e, a seus pés, Zenão de Eleia está lendo. A Aritmética segura o ábaco e, abaixo dela, está Abraão, seu inventor. A Música segura os instrumentos, e, abaixo dela, está sentado Tubalcaim batendo com dois martelos numa bigorna, atento ao som que produz. A Geometria está com o esquadro e o compasso, e, a seus pés, Euclides sentado. A Astrologia está com a esfera celeste nas mãos, e, a seus pés, Atlas sentado. Do outro lado estão sentadas as sete Ciências Teológicas, e cada uma tem a seus pés o estado ou condição humana que mais se lhe coaduna. No meio e mais acima está Santo Tomás de Aquino, que de todas elas foi ornado; a seus pés estão amarrados os hereges Ário, Sabélio e Averróis, e ao seu redor estão Moisés, Paulo e João Evangelista, bem como algumas outras figuras, acima das quais estão as quatro Virtudes Cardeais e as três Virtudes Teológicas, com outras infinitas representações, expressas por Taddeo com bom desenho e não pouca graciosidade; e pode-se dizer que essa pintura é a mais bem conservada e bem concebida de todas quantas ele fez. Na mesma igreja de Santa Maria Novella, sobre o *tramezzo*, fez um São Jerônimo vestido de cardeal, pois tinha devoção por aquele santo e o escolhera como protetor de sua casa; depois da morte de Taddeo, seu filho Agnolo mandou fazer sob esse santo uma lápide de mármore com as armas da família, para servir de sepultura aos seus descendentes[17]. E o cardeal São Jerônimo, graças à bondade de Taddeo, suplicou a Deus a eleição de clérigos de Câmara Apostólica, bispos e, por fim, um cardeal. Estes sempre estimaram os belos engenhos na arte da pintura e da escultura, favorecendo-os ao máximo. Finalmente, chegando Taddeo à idade de 50, foi atingido por uma febre atroz e passou desta vida para a outra no ano de MCCCL[18], recomendando aos filhos Agnolo e Giovanni que se dedicassem à pintura, confiando-os a Iacopo di Casentino, para o ensino dos bons costumes, e a Giovanni da Milano[19] para o ensino da arte; este, enquanto os ensinava, fez um qua-

---

[17] A sepultura dos Gaddi em Santa Maria Novella na realidade foi feita por Agnolo di Zanobi, neto do pintor Agnolo Gaddi, conforme demonstra a inscrição S. ANGELI ZENOBII TADDEI DE GADDIS ET SVORVM. A capela lhes foi doada em 1446 (Milanesi, I). Foi reformada em 1576-78, com base no desenho de Giovanni Antonio Dosio.

[18] Taddeo ainda estava vivo em agosto de 1366, mas deve ter morrido pouco depois, porque no mesmo ano sua mulher é mencionada como viúva.

[19] Para sermos exatos, Giovanni da Milano, o grande pintor lombardo ativo em vários centros da Toscana, nasceu em Caversaccio, próximo a Uggiate, à margem do Como. Estava em Florença provavelmente desde 1347; tornou-se cidadão florentino em 1366, estava ativo em 1369 no Vaticano com Agnolo e Giovanni Gaddi e com Giottino. Sobre ele, cf. R. Longhi e F. Russoli, *Arte lombarda dai Visconti agli Sforza*,

dro que ainda hoje está na igreja de Santa Croce em Florença[20], no altar de São Gherardo da Villamagna; esse quadro foi feito XIV anos depois da morte de seu mestre Taddeo. E ele, com a habilidade que estava a seu alcance, sempre ensinou os modos de pintar aos discípulos.

Taddeo foi sempre fiel ao estilo de Giotto, mas não o aperfeiçoou muito, exceto no colorido, que foi mais fresco e vivaz do que o de Giotto; sempre se empenhou por melhorar todas as outras partes e vencer as outras dificuldades dessa arte. E, ainda que muito se esforçasse, não lhe foi dada essa graça. Por isso, vendo e aprendendo o que era facilitado em Giotto, Taddeo teve tempo de aperfeiçoar-se e melhorar no colorido. Foi pranteado com ternura por seus filhos Agnolo e Giovanni; foi sepultado no primeiro claustro de Santa Croce, e inúmeros amigos e artistas sempre compuseram sonetos e epigramas em seu louvor, louvando-lhe os costumes, o tino e a arte, tanto quanto louvaram a boa execução do desenho do campanário de Santa Maria del Fiore deixado por seu mestre Giotto[21]. Esse campanário alcançou a altura de CXLIV braços, e seus muros foram erguidos de tal maneira, que não seria possível um encaixe mais perfeito das pedras, sendo ele considerado a mais bela torre por sua decoração e por seu custo. O epitáfio de Taddeo Gaddi diz o seguinte:

HOC VNO DICI POTERAT FLORENTIA FELIX
VIVENTE AT CERTA EST NON POTVISSE MORI*.

---

catálogo da exposição, Milão, 1958, introdução e pp. 19-24; M. Boskovits, *Giovanni da Milano*, Florença, 1966; Volpe, "Il lungo percorso", cit., pp. 298-302.

[20] A. Marabottini, *Giovanni da Milano*, Florença, 1950, considera tratar-se da *Pietà* que agora está na Academia de Florença, assinada e datada em 1365, mas ela provém de San Girolamo alla Costa.

[21] Não consta que Taddeo tenha trabalhado no campanário de Giotto; cf. também nota 44 da p. 100, na Vida de Giotto.

* "Só com ele vivo Florença podia dizer-se feliz / Por isso ela decidiu que ele não podia morrer." [N. da T.]

Andrea di Cione Orcagna,
pintor e escultor florentino

Raras vezes um homem engenhoso e valoroso deixa de ser também astuto e sagaz, e a natureza nunca gerou um espírito que fosse excelente em uma coisa e deixasse de sê-lo também em muitas outras, ou pelo menos que nas outras não fosse inteligentíssimo; isso ocorreu com Orcagna[1], que foi pintor, escultor, arquiteto e poeta. Mostrou ele ser muito valoroso na pintura, na qual revelou grande prática; na escultura também, como podemos ver em suas obras; de seu lavor na arquitetura nos dá fé o tabernáculo do Orto San Michele; ademais, ainda são lidos alguns de seus sonetos, escritos por ele quando já estava velho ao então jovem Burchiello[2]. Mostrou-se muito competente em suas obras, e percebe-se claramente que quem nasceu com o que é bom jamais se afasta dele em suas ações e nunca faz nada que não seja bonito e bem desenhado. Foi isso o que mostrou o espírito do gentil Orcagna, que começou a pintar em Pisa, fazendo algumas cenas no Campo Santo, ao lado das de Jó[3], pintadas por Taddeo Gaddi. Em Florença fez a capela-mor dos Tornabuoni em Santa Maria Novella, repintada em 1485 por Domenico Ghirlandai[4], que aproveitou muitas das coisas ali criadas.

Também na referida igreja fez a capela dos Strozzi, com seu irmão Bernardo[5], que fica próxima à porta da sacristia, subindo-se uma escada de pedra, na qual fez um qua-

---

[1] Sobre Andrea di Cione, vulgo Orcagna (corruptela de Arcagnolus), temos informações de 1344 a 1368. Na arte florentina ele marcou uma virada reacionária e neomedieval que encontrou muitos seguidores. A ele é dedicado um volume de Offner, IV, I (1962). Cf. também L. Marcucci, "Andrea di Cione Arcagnuolo", em *Dizionario biografico degli italiani*, vol. III, cit., pp. 86-8; M. Boskovits, "Orcagna in 1357 – and in other times", em *The Burlington Magazine*, CXIII (1971), pp. 239-51.

[2] Domenico di Giovanni, vulgo Burchiello, nasceu em Florença em 1404 e morreu em Roma em 1449. Portanto, a informação de Vasari é impossível.

[3] Segundo a edição de 1568, ele teria pintado o *Juízo universal* e o *Triunfo da morte*. Esses afrescos, em conjunto com o *Inferno*, a *Tebaida* e algumas *Cenas de Cristo post mortem*, avariados durante a última guerra, constituem um grupo estilisticamente homogêneo que, apesar das diferentes considerações anteriores, foi recentemente atribuído a Buffalmacco (Bellosi, *Buffalmacco*, cit.); cf. também nota 1, p. 114.

[4] A decoração feita por Orcagna na capela Tornabuoni, que pode ser situada entre 1340 e 1348, também é mencionada por Ghiberti, pelo Livro de Antonio Billi e pelo Anônimo Magliabechiano. Foi substituída pelos afrescos de Ghirlandaio (cf. sua Vida, p. 376); estes foram descobertos em 1940, com a retirada de trinta e cinco quadrilóbulos com cabeças de *Profetas* (L. Becherucci, "Ritrovamenti e restauri orcagneschi", em *Bollettino d'Arte*, XXXIII (1948), pp. 24-53, 143-56; Baldini e Berti, *Mostra*, cit.).

[5] Os afrescos da capela Strozzi, como afirma também Ghiberti, são obra do irmão de Andrea, Nardo di Cione. Algumas partes couberam ao jovem Giovanni del Biondo; ver volume dedicado a esse pintor por R. Offner e K. Steinweg, *Corpus*, IV, IV (1967).

dro a têmpera onde pôs seu nome[6]. E em suas paredes representou o Inferno, com os círculos e as fossas de Dante, empenhando-se com prazer em compreendê-lo. Em San Romeo fez um painel[7] e em Santo Apollinare terminou o afresco da fachada externa da igreja com o acima referido Bernardo. Em Santa Croce de Florença pintou o Inferno, o Purgatório e o Paraíso com inúmeras figuras[8]. No Inferno, retratou Guardi, aguazil da comuna, puxado por um diabo, com três lírios vermelhos no capuz, porque ele penhorou seus bens; também ao notário e ao juiz ele deu o mesmo destino. Em San Michele in Orto fez a capela de Nossa Senhora, trabalhada em mármore por outro irmão seu, que era escultor, e terminada por ele na escultura e na arquitetura[9]. Nessa obra, atrás de Nossa Senhora, fez em médio-relevo uma Morte e uma Assunção de Nossa Senhora; depois, no fim da cena, do lado esquerdo, fez um autorretrato, sendo ele aquele que tem o rosto redondo e achatado, com a cabeça coberta por um capuz; ao pé dessa cena escreveu seu nome: ANDREAS CIONI PICTOR ARCHIMAGISTER.

Consta que, entre a parte de fora do edifício, os mármores da capela, outras pedras e a mão de obra, essa obra custou oitenta e seis mil florins. Por isso, devido à sua arquitetura e à sua escultura, esse trabalho continua tendo grande reputação e glória, estando ainda viva a sua fama. Orcagna costumava assinar suas obras, mas nas pinturas punha Andrea di Cione escultor e, nas esculturas, Andrea di Cione pintor, querendo ser conhecido como pintor na escultura, e como escultor na pintura. Em toda Florença encontram-se inúmeros quadros feitos por ele e em parte por Bernardo[10], seu irmão, que, pouco depois da morte de Andrea, foi chamado a Pisa, onde fez o Inferno de Campo Santo[11], imitando as invenções de Orcagna. Na igreja de San Paulo a Ripa d'Arno, refez muitas cenas e quadros para muitas igrejas; durante o tempo em que ficou em Pisa, ensinou a arte da pintura ao pisano Bernardo Nello di Giovanni Falconi[12], que

---

[6] O políptico, também mencionado pelo Livro de Antonio Billi e pelo Anônimo Magliabechiano, tem a seguinte inscrição: ANNOI DNI MCCCLVII ANDREAS CIONIS DE FLORETIA ME PIXIT.

[7] Tratava-se de uma *Anunciação*, vista ainda *in loco* por G. Richa, *Notizie istoriche delle chiese fiorentine*, I, Florença, 1754, p. 254. Costuma ser identificada com a de Mariotto di Nardo, n.º 316 das Gallerie Fiorentine, adquirida em 1842 como obra de Orcagna pela igreja de San Remigio (antiga San Romeo). U. Pini, "L'Annunciazione di Andrea Orcagna ritrovata", em *Acropoli*, n. 1 (1960-61), pp. 1-37 (seguido por G. Vigni, verbete "Orcagna, Andrea di Cione", em *Enciclopedia universale dell'Arte*, vol. X, Veneza-Roma, 1963, col. 114-17) propôs identificá-la com um quadro de sua propriedade, assinado e datado de 1346, difícil de julgar devido a uma restauração que o "renovou" por completo; sobre as condições da pintura anterior, cf. A. Conti, "Quadri alluvionati 1333, 1551, 1966", em *Paragone*, n. 215 (1968), pp. 3-22, especialmente pp. 12-3.

[8] Em 1911 e em 1942 foram recuperados alguns fragmentos desses afrescos, mencionados também por Ghiberti. Retirados e postos no Museu da Obra de Santa Croce, foram danificados pela enchente de 4 de novembro de 1966 e depois restaurados.

[9] O tabernáculo de Orsanmichele foi terminado em 1359, mas a balaustrada que o cerca é de 1366. Contém um quadro de Bernardo Daddi com a *Nossa Senhora com Menino Jesus e anjos*. No outro lado está o relevo com a *Nossa Senhora do Santo Cíngulo*. O irmão escultor chamava-se Matteo. O tabernáculo também é mencionado por Ghiberti, pelo Livro de Antonio Billi, pelo Anônimo Magliabechiano.

[10] Nardo (de Leonardo, e não de Bernardo) di Cione, ativo a partir de 1343-46, morreu em 1365 (ou 1366); cf. também acima, nota 5. Como pintor, teve qualidades mais autênticas que o irmão Andrea. A ele é dedicado um volume de Offner, *Corpus*, IV, II (1960); mais recentemente, cf. Boskovits, *Pittura*, cit., pp. 25-6 e passim.

[11] Cf. acima, nota 3.

[12] O nome desse artista, não documentado, poderia derivar da leitura errônea de uma inscrição na qual figuravam o nome do pintor (Bernardo Daddi) e do cliente (Nello di Giovanni Falconi) num políptico da Catedral de Pisa, ao qual talvez pertencessem as *Cenas de Santa Cecília*, agora no Museu Nacional de San Matteo (E. Carli, *Il Museo di Pisa*, Pisa, 1974, p. 42). A certo pseudo-Bernardo Falconi é atribuído um grupo de pinturas afins ao pisano Turino Vanni (id., *Pittura pisana del Trecento*, II, Milão, 1961).

pintou os quadros que estão na catedral, no velho estilo. Andrea Orcagna viveu LX anos e, em MCCCLXXXIX, terminou seus dias. Sua casa ficava em Florença, na rua antiga dos Corazzai, e sua sepultura recebeu o seguinte epitáfio:

HIC IACET ANDRAEAS QVO NON PRAESTANTIOR ALTER
AERE FVIT PATRIAE MAXIMA FAMA SVAE*.

Ao morrer deixou um neto chamado Mariotto[13], que em Florença pintou em afresco o Paraíso de San Michele Bisdomini na *via* dei Servi, procurando imitar em tudo as louváveis obras de Orcagna.

---

* "Aqui jaz Andrea, que não foi superado no bronze, / a maior glória de sua pátria." [N. da T.]

[13] Mariotto di Nardo, filho de certo Nardo di Cione, que não era o pintor irmão de Andrea, é contemporâneo de Lorenzo Monaco. Documentado a partir de 1393-94 e morto em 1424, atuou em Florença e, por pouco tempo, também em Perúgia e Pesaro. Sobre ele, cf. Boskovits, *Pittura*, cit., pp. 139-41, 388-402.

Tommaso Fiorentino,
pintor, chamado Giottino

Quando há disputa na arte da pintura e esta é exercida pelos rivais com grande esmero, e quando os artistas trabalham em concorrência, sem dúvida os altos engenhos todos os dias encontram bons e novos caminhos e estilos, para satisfazer o gosto e os desejos de quem os vê rivalizar na arte. Quem põe em prática coisas escuras e inusitadas, mostrando a dificuldade que há em fazê-las, nas sombras da cor mostra a clareza do engenho, e quem faz obras suaves e delicadas, acreditando que assim as torna mais fáceis e mais prazerosas aos olhos, faz o mesmo e logo atrai para si a boa disposição da maioria dos homens. Mas quem pinta com harmonia e rebate com uniformidade, em seus devidos lugares, luzes, cores e sombras merece grande louvor e mostra destreza de espírito e as disposições do intelecto[1], tal como o fez, com doce estilo, a pintura deTommaso di Stefano, vulgo Giottino[2], discípulo de seu pai Stefano e diligente imitador de Giotto, a tal ponto que, além do estilo, que foi muito mais belo do que o do seu mestre, ganhou a alcunha pela qual todos os povos o chamaram enquanto viveu: Giottino. E, por tal razão, muitos achavam – no que cometiam crasso erro – que ele era filho de Giotto, sendo, ao contrário (como dissemos), filho de Stefano, e não de Giotto. Foi ele tão diligente em pintura e tão apaixonado por ela, que,

---

[1] Esse trecho de Vasari é comentado, exatamente na redação de 1550, por Longhi, "Stefano florentino", cit., e por Volpe, "Il lungo percorso", cit., pp. 252-6.

[2] Nessa sua personagem imaginária, Vasari unifica três (ou quatro) artistas diferentes: Maso di Banco, Stefano, genro de Giotto, seu filho Giotto, vulgo Giottino, e talvez o escultor Tommaso di Stefano. Maso di Banco, documentado de 1341 a 1346 e provavelmente morto na peste de 1348, foi um dos mais geniais seguidores de Giotto. Em torno de sua obra-prima, *Cenas de São Silvestre*, na capela Bardi di Vernio em Santa Croce, Florença (c. 1340), foi reunido um grupo bastante alentado de obras, todas de altíssimo nível, enquanto sua influência é claramente perceptível na pintura que na época se fazia em Florença e Pistoia, bem como – pelo menos em certos aspectos – no senês Pietro Lorenzetti. Sobre ele, cf. R. Offner, "Four panels, a fresco and a problem", em *The Burlington Magazine*, 1929, pp. 224-45; M. Salmi, "Maso di Banco", em *Enciclopedia universale dell'Arte*, vol. VIII, Veneza-Roma, 1964, col. 918-19; Volpe, "Il lungo percorso", cit. Sobre Stefano, cf. a Vida (com as relativas anotações) nas pp. 130-3. Seu filho Giotto, do mestre Stefano, vulgo Giottino, é documentado em 1369 (cf. adiante, nota 14); as únicas obras que em geral lhe são atribuídas são a *Deposição* de San Remigio, em Florença, agora nos Uffizi, e o tabernáculo de *via* del Leone (o afresco, restaurado recentemente, está depositado nas Gallerie Fiorentine); dois fragmentos com *Cabeças de santos*, no Museu do Spedale degli Innocenti de Florença, lhe foram atribuídos por Volpe, "Il lungo percorso", cit. Quanto à existência de um escultor Tommaso di Stefano, cf. adiante, nota 11.

embora muitas de suas obras tenham desaparecido, as que foram encontradas eram boas e feitas em belo estilo, dignas de grande louvor. Isto porque o panejamento, os cabelos, as barbas e todo o trabalho foram executados e interligados com tanta suavidade e diligência, que percebemos ter ele, sem dúvida, obtido esse tipo de união com muito mais perfeição do que Giotto, Stefano e os outros pintores. Na juventude, pintou na igreja de Santo Stefano al Ponte Vecchio, em Florença, uma capela ao lado da porta lateral; embora hoje a umidade tenha estragado a maior parte de seu trabalho, ainda é possível observar sua grande destreza. Depois, nos frades armênios, perto do moinho, fez São Cosme e Damião, que, apagados pelo tempo, também são pouco visíveis hoje em dia. Refez uma capela em Santo Spirito, na referida cidade, antes que o incêndio a destruísse, e em afresco, acima da porta principal da igreja, pintou a cena do Espírito Santo[3]; e, no átrio da referida igreja, a caminho do Canto alla Cuculia, na reentrância do convento dos frades, fez aquele tabernáculo que ainda está lá, em que se veem Nossa Senhora e outros santos ao redor[4], com algumas cabeças que lembram muito o estilo moderno. Ali procurou variar e mudar a carnação, mostrando-se dotado de graça e tino ao acompanhar todas as suas figuras com grande variedade de cores e panejamentos. Foi grande seu empenho em corrigi-las, fugindo aos erros cometidos pelos olhos, que tantas vezes dão ensejo à crítica de muitos. Também trabalhou em Santa Croce, na capela de São Silvestre[5], onde se veem as cenas de Constantino, pintadas com limpeza e com grande diligência. Em San Pancrazio, entre a porta de entrada e a capela de Nossa Senhora, fez um Cristo carregando a cruz e alguns outros santos ao lado, obra que ostenta expressamente o estilo de Giotto, maravilhosamente favorecida pela unidade que ele sempre deu às coisas que fez. Em San Gallo, extramuros, num claustro dos frades, fez uma Piedade em afresco, hoje estragada e em escombros[6]; no entanto, ficou uma cópia na igreja de San Pancrazio, já referida, num pilar ao lado da capela-mor.

Trabalhou em afresco na igreja Santa Maria Novella, onde, na parede da frente da capela de São Lourenço, que fica perto da porta da direita, fez um São Cosme e São Damião[7]; em Ognissanti fez um São Cristóvão e um São Jorge[8], que foram estragados pelo tempo e refeitos por outros pintores, por ignorância de um preboste néscio que pouco entendia do assunto. Na torre do Palácio do Podestade, pintou o Duque de

---

[3] A obra, perdida, é atribuída a Maso por Ghiberti. E. L. Levi, "Ricostruzione di un affresco perduto di Maso di Banco", em *Rivista d'Arte*, XXVI (1950), pp. 193-7, tentou reconstruir sua iconografia com base em um dos afrescos de Andrea da Firenze na Capela dos Espanhóis e em uma miniatura de um coral de Santa Croce. Provavelmente era obra de Maso di Banco, cuja atividade para Santo Spirito é comprovada pelo políptico que ainda se encontra sobre um altar da igreja.

[4] Também mencionado por Ghiberti, por Albertini, pelo Livro de Antonio Billi e pelo Anônimo Magliabechiano. A. Chiappelli, "'Giottino' e um tabernacolo testé riaperto in Firenze", em *Rassegna d'Arte*, IX (1909), n. 5, pp. 71-3, o identificou com o tabernáculo ainda existente em via del Leone, cujo afresco foi retirado. A atribuição a Giottino é unânime.

[5] Os afrescos continuam no local, avariados por uma péssima restauração feita antes da última guerra. Ghiberti e o Anônimo Magliabechiano já os atribuíam a Maso, o que hoje é reconhecido, também com base num documento segundo o qual os Bardi di Vernio, donos da capela, se insurgiram contra ele em 29 de setembro de 1341.

[6] Albertini, o Livro de Antonio Billi e o Anônimo Magliabechiano mencionam essa obra.

[7] Obra perdida, mencionada também por Albertini.

[8] Ao falar dessa obra, o Livro de Antonio Billi e o Anônimo Magliabechiano citam também uma *Anunciação* ainda existente em péssimo estado, durante certo tempo datada de 1369; Berenson a considerou uma cópia de Giovanni del Biondo feita a partir de Maso.

Atenas e seu séquito, com suas armas aos pés e mitras na cabeça[9]; tal encomenda lhe foi feita pelo poder público, como sinal da libertação da pátria, e por nada mais. Depois, em Campora, extramuros, na igreja de San Pier Gattolini, fez São Cosme e São Damião, hoje destruídos pela caiação; na ponte de Romiti, em Valdarno, o tabernáculo que fica na parede da ponte[10], em estilo bonito e alegre, é também de sua lavra. É opinião de muitos que escreveram a respeito, que Tommaso também se dedicou à escultura e que, nessa arte, fez uma estátua de mármore no campanário de Santa Maria del Fiore de Florença, com quatro braços de altura, perto do local onde hoje estão os Pupilli[11]. Em Roma também levou a cabo, em San Giovanni Laterano, uma cena em que representou o papa em vários níveis[12]; hoje ainda é visível, consumida e corroída pelo tempo. Dizem que Tommaso foi pessoa melancólica e muito solitária, mas afeiçoado e dedicado à arte, como se vê claramente em Florença, na igreja de San Romeo, pelo quadro que pintou a têmpera[13] com tanta diligência e amor, que de seu não há nada mais bem feito sobre madeira. Esse quadro está no *tramezzo* da referida igreja, à direita, e nele se vê um Cristo morto, com as Marias em torno e com Nicodemo, acompanhados de outras figuras, que pranteiam aquela morte com grande tristeza e atos de ternura e afeto, torcendo-se em gesticulações diversas e debatendo-se de tal maneira que, na expressão do rosto, demonstram com bastante clareza a dor acerba causada pelo alto custo de nossos pecados. E a coisa mais maravilhosa que se deve considerar é seu engenho ter alcançado tão elevada imaginação. Essa obra é sumamente digna de louvor, não tanto pela inventividade, quanto pelo fato de que, em algumas das expressões chorosas, ainda que os traços se distorçam nas sobrancelhas, nos olhos, no nariz e na boca, não há destruição nem alteração da beleza, que costuma ser muito prejudicada quando o pranto é retratado por quem não sabe valer-se da arte. Tommaso não se preocupou muito em extrair do seu trabalho as recompensas que muitos de nossos artistas hoje põem acima da fama, que ele cobiçou muito mais do que as riquezas e as comodidades na vida. E, contentando-se em viver pobre, procurou satisfazer mais aos outros que a si mesmo. Assim, ficando tísico por displicência no modo de viver e pelo muito esforço no estudo, passou desta para a outra vida com XXXII anos[14]; seus parentes lhe deram sepultura fora de Santa Maria Novella, na porta del Martello, ao lado do sepulcro de Bontura, onde se lê este epitáfio:

HEV MORTEM INFANDAM MORTEM QVAE CVSPIDE ACVTA
CORDA HOMINVM LACERAS DVM VENIS ANTE DIEM*.

---

[9] As "mitras da justiça", como é chamado na edição de 1568, onde se lê uma descrição bem mais longa desse afresco perdido, que o Anônimo Magliabechiano também cita como obra de Maso.

[10] Também mencionado pelo Livro de Antonio Billi e pelo Anônimo Magliabechiano, está perdido.

[11] É a segunda figura à esquerda do lado sul (P. Murray, *An Index of Attributions made in Toscan Sources before Vasari*, Florença 1959, p. 112). Ghiberti também alude a uma atividade de Maso como escultor; Kreytenberg, "The sculpture", cit., lhe atribui seis dos relevos com os *Sacramentos* no campanário da Catedral de Florença. Mas cabe notar que um Tommaso di Stefano se inscreveu em 1385 entre os Mestres de Pedra e Madeira.

[12] Obra perdida, também mencionada pelo Livro de Antonio Billi e pelo Anônimo Magliabechiano. Giottino é documentado como ativo no Vaticano em 1369, juntamente com Giovanni da Milano e Agnolo e Giovanni Gaddi.

[13] É a famosa *Deposição* de San Remigio, hoje nos Uffizi (n.º 454).

[14] A última notícia de Giottino é relativa à sua atividade no Vaticano em 1369 (cf. acima, nota 12).

* "Ó morte, infanda morte, que com ponta afiada rasgas os corações dos homens quando chegas antes da hora." [N. da T.]

Deixou mais fama que recursos ao morrer; seus discípulos foram Giovanni Tossicani, Michelino, Giovan dal Ponte e Lippo[15], que foram mestres razoáveis nessa arte. Suas pinturas datam de MCCCXLIX.

---

[15] Dificilmente algum desses artistas pode ter sido discípulo de Giottino. Giovanni di Francesco Toscani (não Tossicani), nascido por volta de 1370-80, morreu em 1430; eram seus os afrescos da capela Ardinghelli na igreja da Santa Trinita em Florença (que Vasari atribui a Lorenzo Monaco), cujos restos permitem identificá-lo com o "Mestre da Crucificação Griggs" (cf. L. Bellosi, "Il Mestre della Crocifissione Griggs: Giovanni Toscani", em *Paragone*, n. 193 (1966), pp. 45-58). Michelino é, provavelmente, o grande e refinado representante do gótico internacional lombardo, talvez o mesmo que foi mencionado como Michele da Milano na Vida de Agnolo Gaddi (cf. p. 143), documentado de 1388 a 1445, ainda vivo em 1450. Quanto a Giovanni del Ponte e Lippo, cf. as Vidas que lhe são dedicadas por Vasari nas pp. 139-40 e 159-60.

Giovannino dal Ponte, pintor florentino

Diz um antigo provérbio nosso: *A quem sabe gozar nunca haverá de faltar*, o que se confirma na ação de muitos, para não dizer de infinitos. Para alguns o céu é tão benevolente e propício, que lhes dispensa cuidados especiais e está sempre a lhes enviar ajuda e amparo, sem que tais pessoas precisem se preocupar; e o céu sempre ajudou Giovannino da Santo Stefano a Ponte di Fiorenza[1]. Este, que era naturalmente inclinado às comodidades e aos prazeres do mundo, não se preocupou muito em aperfeiçoar-se na arte, como poderia; ao contrário, administrava mal o seu patrimônio e, apesar de lhe terem chegado às mãos alguma herança e ganhos contínuos com a arte, mais por sorte do que por mérito, gastava o tempo, os recursos e a si mesmo no atendimento às exigências da folgança, e não do trabalho. Por isso, o céu, querendo favorecê-lo, quando ele já estava velho e pouco havia amealhado com seu trabalho, em vez da penúria deu-lhe a morte e o fez passar com tranquilidade desta para a outra vida. Deixou obras na igreja de Santa Trinita em Florença: na capela dos Scali[2], uma outra ao seu lado[3] e uma das cenas de São Paulo[4] ao lado da capela-mor. Na igreja de Santo Stefano al Ponte Vecchio, fez um painel e outras pinturas a têmpera sobre madeira e em afresco, para Florença e fora dela, que lhe angariaram bastante prestígio. Contentou muitos amigos mais nos prazeres do que nas obras. Era amigo de literatos e admirador de todos aqueles que, para se dignificarem, dedicavam-se a tal profissão e frequentavam seus estudos; estimulava os outros a exercitar-se na arte, e, embora ele mesmo não o fizesse, sentia prazer diante da obra excelente de tais artistas, ainda mais quando os via desabrochar na pintura.

---

[1] Giovanni di Marco, cuja oficina ficava perto de Santo Stefano a Ponte, trabalhou exclusivamente no século XV: a cronologia errônea apresentada por Vasari pode decorrer das características arcaizantes de sua pintura. Nasceu por volta de 1385 e, em 1408, era membro da Companhia de São Lucas; morreu depois de 1437. Tendo como modelos Lorenzo Monaco e os exemplos espanholizantes de Gherardo Starnina, exprime-se com um gotismo fantasioso e rico de humor, talvez não desconhecendo a atividade de Giovanni da Modena em Bolonha. Sobre ele, cf. F. Guidi, "Per una nuova cronologia di Giovanni di Marco", em *Paragone*, n.º 223 (1968), pp. 27-46, e "Ancora su Giovanni de Marco", ibid., n. 239 (1970), pp. 11-23. Na segunda edição, Vasari diz que Giovanni nasceu em 1307 e estudou com Buffalmacco, atribuindo-lhe outras obras, também em Pisa e Arezzo, hoje não mais existentes.

[2] Estão parcialmente conservados os afrescos da capela Scali, feitos em 1434-35 por Giovanni di Marco com o companheiro de oficina Smeraldo di Giovanni (1365-1444), que a ele se associou em 1429.

[3] Os afrescos sobre o arco de ingresso da atual capela do Crucifixo, contígua à dos Scali, constituem o único resquício da decoração feita em 1429-30 por Giovanni di Marco e Smeraldo di Giovanni.

[4] Sobre o arco de ingresso da capela que fica à direita do coro e já foi dedicada a São Paulo, restam afrescos, atribuíveis mais a Bicci di Lorenzo. O Livro de Antonio Billi e o Anônimo Magliabechiano também mencionam três capelas de Giovanni em Santa Trindade.

Portanto, Giovannino viveu alegremente e, com LIX anos completos, foi levado em poucos dias por um mal dos peitos; e, se tivesse durado um pouco mais, teria sido obrigado a passar aperturas, visto que em casa só lhe restava o bastante para uma sepultura decente na igreja de Santo Stefano del Ponte Vecchio. Suas obras datam de MCCCLXV. Foi-lhe dedicado o seguinte epitáfio:

DEDITVS ILLECEBRIS ET PRODIGVS VSQVE BONORVM
QVAE LINQVIT MORIENS MI PATER IPSE FVI
ARTIBVS INSIGNES DILEXI SEMPER HONESTIS.
PICTVRA POTERAM CLARVS ET ESSE VOLENS*.

---

* "Fui dado aos prazeres e pródigo com os bens / que meu pai me deixou ao morrer. / Sempre amei os que eram insignes nas artes honestas. / Poderia ter sido grande pintor, se quisesse." [N. da T.]

Agnolo Gaddi

A importância de mostrar-se excelente numa arte fica clara quando se pensa na virtude e no modo de portar-se de Taddeo Gaddi[1]. Este organizou os recursos de sua família de tal modo que acomodou tudo em seu devido tempo; deixou os filhos Agnolo e Giovanni[2], que iniciaram a riqueza e o enobrecimento de sua casa. Hoje vimos que o trabalho deles mereceu recompensas da Igreja Romana, pois Gaddo, Taddeo, Agnolo e Giovanni, durante toda a vida, pintaram muitas igrejas e, como as ornamentaram e honraram com virtude e arte, era fácil pressagiar que, em pouco tempo, seus pósteros e descendentes seriam também ornamentados e honrados.

Taddeo deixou Agnolo e Giovanni em companhia de seus discípulos, e, embora Agnolo não fosse igual ao pai na qualidade das obras, na sua mocidade muito labutou, mostrando que desejava superá-lo. No entanto, a prosperidade muitas vezes é empecilho para os estudos. Pois ele, que ficara abastado e comerciava com dinheiro, enfraqueceu-se do engenho que no princípio votara à arte, a fim de exaltar-se nas suas virtudes. Mas isso não nos deve parecer estranho, pois muitas vezes vemos a cobiça enterrar grandes engenhos, que se teriam tornado ilustres e perfeitos, caso o desejo do ganho nos primeiros e melhores anos não os tivesse tirado do caminho da arte. Na juventude Agnolo trabalhou em Florença, na igreja de San Iacopo tra' Fossi, fazendo figuras de pouco mais de um braço de altura, numa pequena cena de Cristo a ressuscitar Lázaro quatro dias após a morte[3]; nela, desejando retratar a putrescência do corpo que ficou morto durante três dias, fez as faixas em que estava envolto manchadas pela úmida podridão da carne e, em torno dos olhos, certa lividez e amarelidão da carne, entre viva e morta; tudo isso, para estupor dos Apóstolos e de outras figuras, que, em atitudes diversas e belas, a tapar-se o nariz com panos ou com as mãos, para livrar-se do fedor daquele corpo, demonstram nas expressões o temor e o espanto que lhes

---

[1] Sobre Taddeo Gaddi, cf. Vida nas pp. 126-31.

[2] Consta que Agnolo Gaddi, nascido por volta de 1350, trabalhava no Vaticano em 1369 e, a partir de 1380, em Florença, onde se afilia à Companhia de São Lucas em 1387; morreu em 1396. Afora Spinello Aretino, foi o maior expoente de uma pintura gótica tardia que vicejou em Florença no fim do século XIV, ainda que num nível frequentemente comezinho. Sobre ele, cf. R. Salvini, *L'arte di Agnolo Gaddi*, Florença, 1936; M. Boskovits, "Some early works of Agnolo Gaddi", em *The Burlington Magazine*, CXIII (1968), pp. 208-15; id., *Pittura*, cit., pp. 65-7, 295-304. Do irmão Giovanni temos informações a partir de 1369, quando trabalha no Vaticano com Agnolo e com Giovanni da Milano e Giottino; morreu depois de 1385. Não são conhecidas pinturas atribuíveis à sua pessoa, ainda que Boskovits, *Pittura*, cit., pp. 215, nota, 366-72, tenha proposto uma identificação com o Mestre da Misericórdia.

[3] O afresco perdeu-se; era mencionado também pelo Livro de Antonio Billi e pelo Anônimo Magliabechiano.

causa tal novidade, ao lado da extrema alegria de Maria e Marta, ao verem a vida retornar ao corpo morto do irmão. Todos consideraram tão estimável essa obra, que previram ser a virtude de Agnolo capaz de sobrepujar os discípulos de Taddeo e até mesmo as obras deste. Essa obra deu motivos para torná-lo imortal e atingir tal prestígio, que lhe foi encomendada a capela-mor de Santa Croce, com as cenas de Constantino e o descobrimento da Cruz[4], que foram feitas com grande perícia em afresco. Para a igreja fez outras cenas e, na capela dos Bardi, pintou a vida de São Ludovico em diferentes cenas; também de sua lavra é o painel dessa capela, bem como outros, na mesma igreja. Em Prato, castelo que dista dez milhas de Florença, pintou em afresco a capela da paróquia, onde está o Sagrado Cíngulo[5], e em outras igrejas daquele castelo refez muitos trabalhos. Voltando a Florença, pintou o arco acima da porta de San Romeo e em Orto San Michele fez a têmpera uma Discussão dos Doutores com Cristo no templo. Nas igrejas da referida cidade veem-se muitas pinturas de sua lavra, mas em seus domínios também é possível reconhecer várias de suas obras; com elas obteve muitos recursos, mas no comércio os obteve em muito maior vulto, endereçando-os logo para os filhos, pois estes, não querendo viver da pintura, contentaram-se em ser mercadores; assim, Agnolo, deixando de dedicar-se à pintura, passou a praticá-la apenas por prazer, sem maior diligência ou estudo, e como que por passatempo. Assim o fez até a morte, quando uma febre forte o levou desta para vida melhor aos LXIII anos de idade[6].

Foram seus discípulos: o mestre Antonio da Ferrara[7], que fez belas obras na igreja de San Francesco, em Urbino, e em Città di Castello[8]; Stefano da Verona[9], que pintou perfeitissimamente em afresco, como se pode ver em vários lugares de Verona, sua pátria, e em Mântua. Este compôs belíssimos quadros com crianças, mulheres e velhos, que foram imitados e reproduzidos por um miniaturista chamado Piero da Perugia,

---

[4] É a principal obra de Agnolo, realizada depois de 1374, talvez por volta de 1380, com a ajuda de "vários colaboradores diferentes, nenhum dos quais saiu dos limites de seu medíocre estilo" (Toesca, 1951). Salvini, *L'arte*, cit., ao contrário, identifica três (Mestre da Morte de Adão, Companheiro e Pseudo-Companheiro de Agnolo). Também é citada por Albertini, pelo Livro de Antonio Billi e pelo Anônimo Magliabechiano.

[5] Afrescos terminados entre 1392 e 1395, com diversos ajudantes (cf. G. Poggi, "La cappella del Sacro Cingolo nel Duomo di Prato e gli affreschi di Agnolo Gaddi", em *Rivista d'Arte*, XVI (1932), pp. 377-82), ainda existentes. Já citados pelo Livro de Antonio Billi e pelo Anônimo Magliabechiano.

[6] Nos Registros de Óbitos de Florença, mantidos pelos Ufficiali della Grascia, lê-se a respeito da morte de Agnolo Gaddi: "1396, die XV mensis ottobr. Angelus Taddey taddi [sic, em vez de Gaddi] pictor de populo Sancti Petri magioris Quartierio Santi Johannis, seppultus in ecclesia Sante Crucis. Retulit Dopninus Fortiori becchamortus: banditus fuit" (Milanesi, I, p. 641).

[7] Antonio di Guido Alberti da Ferrara, ativo em Urbino de 1420 (ou 1423) até a morte, ocorrida entre 1442 e 1449; sua obra principal são os afrescos da capela de Talamello perto de Pesaro (1437), assinados. É um pintor gótico tardio, com influências dos irmãos Salimbeni da Sanseverino, de Ottaviano Nelli e de Gentile da Fabriano. Não consta que tenha sido aluno de Agnolo Gaddi. Sobre ele, cf. I. Belli Barsali, "Alberti, Antonio", em *Dizionario biografico degli italiani*, vol. I, Roma 1960, pp. 684-5.

[8] Alguns fragmentos de afrescos, então na igreja de San Francesco e agora na Galeria Nacional de Urbino (Van Marle, VIII, figs. 178-80), não são seguramente atribuíveis a Antonio. É seu (cf. R. Longhi, "Fatti di Masolino e Masaccio", em *La Critica d'Arte*, V (1940), pp. 145-91, reed, em Longhi, VIII/1) um afresco com *Santo Antão* na igreja de San Domenico em Città di Castello.

[9] Stefano di Giovanni da Verona, erroneamente chamado de Zevio, nascido em 1374, assina em 1435 *A adoração dos magos*, agora na Pinacoteca de Brera em Milão; ainda estava vivo em 1438. Não foi aluno de Agnolo Gaddi. Seu estilo gótico internacional deriva de relações com a pintura boêmia e alemã, mas sobretudo com a lombarda. Cf. M. T. Cuppini, *L'arte gotica in Verona e il suo territorio*, vol. II, parte 2, Verona, 1968; C. Volpe, "Una nuova opera e qualche riflessione su Stefano da Verona", em *Paragone*, n. 249 (1970), pp. 86-90.

que iluminou todos os livros da biblioteca do papa Pio que estão na Catedral de Siena; também coloriu em afresco. Foram ainda discípulos de Agnolo Michele da Milano e seu irmão Giovanni Gaddi[10], que no claustro de Santo Spirito, onde estão obras de Gaddo e Taddeo, fez a Discussão de Cristo no templo com os Doutores, a Purificação da Virgem, a Tentação de Cristo no deserto e o Batismo de São João; muito se esperava dele, mas, pouco tempo depois, morreu trabalhando, e todos esses discípulos o homenagearam. Agnolo foi pranteado ternamente pelos filhos e sepultado com grande honra na igreja de Santa Maria Novella, no túmulo que ele mesmo fizera para si e para seus descendentes, no ano da graça de MCCCLXXXVII[11]. Depois lhe foi feito o seguinte epitáfio:

ANGELO TADDEI F(ILIO) GADDIO INGENII ET PICTVRAE GLORIA HONORIBVS PROBITATISQVE EXISTIMATIONE VERE MAGNO FILII MOESTISS(IMI) POSVERE*.

---

[10] Michele da Milano provavelmente é o mesmo citado como Michelino na Vida de Tommaso, p. 138 e nota 15. Quanto a Giovanni Gaddi, cf. acima, nota 2.

[11] Sobre o túmulo dos Gaddi, cf. nota 17 da p. 130. Sobre a data da morte de Agnolo, cf. acima, nota 6.

* "Em memória de Agnolo Gaddi, filho de Taddeo, glória de engenho e pintura e exemplo de probidade, com sincero afeto seus filhos pesarosos mandaram fazer [este epitáfio]." [N. da T.]

Barna (Berna) da Siena

Se a morte não cortasse, muitas vezes nos melhores anos, o fio da vida daqueles que se esforçam por atingir a excelência em alguma virtude, não há dúvida de que diversos engenhos atingiriam o grau que deles mais se espera. Mas a vida curta dos homens e a acerbidade dos vários acidentes que de todos os lados os acometem impedem-nos de trabalhar ou lhes tomam tempo demasiado, como se pode ver claramente na vida do pobre Berna Senês[1]. Este, mesmo tendo morrido jovem, deixou tantas obras, que dá a impressão de ter vivido longa vida. E deixou-as de tal qualidade e feição, que até se pode acreditar por essa amostra que ele se teria tornado excelente e extraordinário, caso não tivesse morrido tão cedo. De seu, veem-se em Siena duas capelas na igreja de Santo Agostino, com cenas em afresco[2]. Em uma das paredes da igreja, hoje demolida para dar lugar a capelas, havia uma cena: nela, um jovem a caminho do suplício, pálido de medo da morte, imita a verdade com tanta semelhança, que mereceu grandes louvores; ao lado dele, havia um frade a confortá-lo, muito bem colocado e realizado. E nessa obra percebe-se que Berna pôde imaginar aquela situação horrível, cheia de terror acerbo e aflitivo, conseguindo expressá-la tão vivamente com seu pincel, que a coisa mesma, em ato, não provocaria maior emoção. Na cidade de Cortona também pintou muitas coisas, diversas das quais desaparecidas, lá conquistando recompensas e fama[3]. Depois, voltou para sua pátria e lá fez algumas pinturas sobre madeira, com imagens pequenas e grandes; mas não ficou muito tempo, porque foi levado para Florença e ali, na capela de São Nicolau da igreja de Santo Spirito[4], fez uma obra muitís-

---

[1] Considera-se que não existiu efetivamente o pintor indicado por Vasari como Berna (abreviação de Bernardo) e por Ghiberti como Barna (abreviação de Barnaba): cf. P. Bacci, "Il Barna ou Berna, pittore della collegiata di San Gimignano, è mai esistito?", em *La Balzana*, I (1927), pp. 249-53; G. Moran, "Is the name Barna an incorrect transcription of the name Bartolo?", em *Paragone*, n. 311 (1976), pp. 76-80. O nome "Barna" às vezes é empregado como indicação convencional para o autor do ciclo do Novo Testamento em San Gimignano (Volpe, em *Il gotico a Siena*, cit., pp. 186-7) e outras é substituído pela referência a Lippo Memmi (A. Caleca, "Tre polittici di Lippo Memmi, un'ipotesi sul Barna e la bottega di Simone e Lippo", em *La Critica d'Arte*, XLI (1976), n. 150, pp. 49-59; XLII (1977), n.os 151-3, pp. 55-80) ou por denominações menos definidas (Bellosi, "Moda e cronologia", cit., pp. 12-27: "Famiglia Memmi"; id., *Simone Martini e "chompagni"*, cit.: "Compagno di Simone"). Portanto, está confirmado o elo entre o grupo de obras associáveis aos afrescos da igreja de San Gimignano e o ambiente de Simone Martini, de quem o pintor certamente era contemporâneo, não sendo – como se acreditou com base exatamente no texto de Vasari – um epígono ou um continuador tardio dele (cf. também abaixo, nota 5).

[2] A decoração das duas capelas, também mencionada pelo Anônimo Magliabechiano, perdeu-se; cf. também abaixo, nota 4.

[3] Ghiberti e o Anônimo Magliabechiano também citam as obras de Cortona.

[4] Ghiberti fala de "duas capelas nos frades de Santo Agostino" em Florença, justamente em Santo

simo louvada então, mas que depois foi consumida e estragada pelo fogo, com todos os outros ornamentos e pinturas, no deplorável incêndio daquela igreja. Na paróquia de San Gimignano de Valdelsa, fez em afresco cenas do Antigo Testamento[5]; quando estava perto de finalizar essa obra, caiu inexplicavelmente do andaime e machucou--se tanto por dentro, quebrando-se tão brutalmente, que em dois dias partiu-se desta vida, com maior prejuízo para a arte do que para si mesmo, pois que para lugar melhor se encaminhava. E na referida paróquia, as pessoas do lugar o homenagearam muito nas exéquias, dando a seu corpo honrosa sepultura e guardando depois de sua morte a memória da reputação que lhe reconheciam em vida; durante muitos meses não deixaram de inscrever na sepultura epitáfios em língua latina e vulgar, visto que ali sempre se cultivaram naturalmente as boas letras. Assim recompensaram conveniente-temente o honesto trabalho de Berna, celebrando com a pluma quem as honrara com o pincel; depois lhe foi dado este epitáfio:

BERNARDO SENENSI PICTORI IN PRIMIS ILLVSTRI QVI DVM NATVRAM DILIGENTIVS IMITATVR QVAM VITAE SVAE CONSVLIT DE TABVLATO CONCIDENS DIEM SVVM OBIIT GEMINIANENSES HOMINIS DE SE OPTIME MERITI VICEM DOLENTES POS(VERVNT)*.

Berna deixou o discípulo Giovanni da Asciano, que levou a cabo o que estava por fazer daquela obra; em Siena, também fez algumas pinturas na albergaria Scala; em Florença, em casa dos Medici, o que lhe deu grande reputação[6]. As obras de Berna de Siena datam de MCCCLXXXI.

Spirito. Segundo Murray, *An Index*, cit., p. 24, a citação de duas capelas em Sant'Agostino, por parte do Anônimo Magliabechiano (cf. acima, nota 2), poderia referir-se também a essa decoração.

[5] Ghiberti e o Anônimo Magliabechiano também falam de cenas do Antigo Testamento; mas na edição de 1568 foi feita a correção para *Cenas do Novo Testamento*; as *Cenas do Antigo Testamento* são as pintadas por Bartolo di Fredi na parede esquerda. As *Cenas do Novo Testamento*, que uma tradição local – comprovada por alguns grafitos – atribuía a Lippo Memmi, deviam ser pouco posteriores a 1333 (A. Bagnoli, em id., *Simone Martini e "chompagni"*, cit., p. 116).

* "Em memória de Bernardo Senês, pintor ilustre entre os primeiros que, dedicando à imitação da natureza mais cuidado do que à própria saúde, caiu do andaime e encontrou a morte. Os habitantes de San Gemignano, pesarosos com a sorte de quem merecia coisa melhor, mandaram pôr este epitáfio." [N. da T.]

[6] O Anônimo Magliabechiano também menciona pinturas de Giovanni d'Asciano na Albergaria Scala em Siena e na casa Medici em Florença; a esse pintor também se referem, provavelmente, dois documentos de 1359. Uma *Nossa Senhora com o Menino Jesus e doador* do Museu de Asciano lhe foi tradicionalmente atribuída (G. Damiani, em id., *Simone Martini e "chompagni"*, cit., pp. 82-5).

Duccio, pintor senês

Sem dúvida, quem inventa alguma coisa notável tem grande presença nos textos dos que escrevem a história, pois são mais observadas e causam mais admiração as primeiras invenções – devido à alegria que traz consigo a novidade da coisa – do que quaisquer melhorias feitas depois por quem quer que seja nas coisas que já chegaram à máxima perfeição. Isto porque, se não houvesse o princípio das coisas, não haveria melhoria das partes intermediárias, e não se chegaria à excelente finalização e à maravilhosa beleza. Duccio[1], pintor senês muito prezado, ficou com a glória daqueles que viveram muitos anos depois, por ter começado a fazer em mármore, no piso da catedral de Siena, as obras de marchetaria com figuras em claro-escuro[2], técnica na qual os artistas modernos fizeram as maravilhas que vemos. Duccio esmerou-se na imitação do velho estilo e, com correção, deu formas honestas às suas figuras, expressando-as com grande qualidade em meio às dificuldades de tal arte. De seu próprio punho organizou e desenhou o plano do referido piso; também na catedral fez um painel, que no seu tempo foi posto no altar-mor, de onde foi retirado para dar lugar ao tabernáculo do Corpo de Cristo, que lá se vê atualmente[3]. Fez também para Siena, sobre fundo de

---

[1] O conhecimento que Vasari tem do pintor senês é puramente literário; nunca viu nenhuma de suas obras (cf. as notas abaixo), exceto a *Madonna Rucellai* – que acreditava ser de Cimabue –, e interpreta em sentido cronológico a sucessão exposta por Ghiberti (no segundo *Commentario* fala-se de Duccio logo depois de Barna). Duccio di Buoninsegna (1255-1316) com certeza proveio da oficina de Cimabue, como demonstra justamente a *Madonna Rucellai* de 1285, agora nos Uffizi. A essa constatação estão ligadas as pesquisas de Longhi, "Giudizio sul Duecento", cit.; para uma reconstrução apenas parcialmente divergente (em especial com referência à participação de Duccio na decoração da Basílica superior de Assis defendida por Longhi), cf. Bellosi, *La pecora*, cit. Na *Nossa Senhora dos Franciscanos*, na Pinacoteca Senese, Duccio mostra-se pronto a aprofundar a lição bizantina e a acolher o gótico francês; na grande e famosa *Majestade* e no afresco de 1314 descoberto no Palácio Público com *A rendição de Genserico* (que lhe foi atribuído por L. Bellosi, "Castrum pingatur in palatio, II", em *Prospettiva*, n. 28 (1982), pp. 17-65), também as sugestões espaciais do jovem Giotto, a que já alude no vitral da Catedral de Siena (de 1287-88: cf. E. Carli, *Vetrata duccesca*, Florença, 1946). Três monografias recentes sobre o pintor, entre as quais a de F. Deuchler, *Duccio*, Milão, 1983, apresentam poucos elementos novos.

[2] Os trabalhos do piso da Catedral não começaram antes de 1359 (Milanesi, I, p. 654, nota).

[3] Vasari nunca viu a *Maestà* de Duccio (conforme afirma na edição de 1568), porque a partir de 1505 o altar sobre o qual se encontrava fora demolido e reconstruído de acordo com o modelo de Francesco di Giorgio Martini (sobre este, cf. a Vida nas pp. 337-8). O celebérrimo quadro, pintado nas duas faces, agora está no Museu da Obra da Catedral de Siena. Está assinado no degrau do trono MATAER SCA DOS SIS (CA) VSA SENIS REQVIEI SIS DVCIO VIDA (T)E. QVIA PINXI(T) ITA. Foi encomendada a Duccio em 9 de outubro de 1308; em 9 de junho de 1311, foi levada em procissão à Catedral e posta sobre o altar-mor. Algumas partes estão hoje dispersas por vários locais (National Gallery de Londres, Frick Collection de Nova York, coleção Thyssen de Lugano, Kimbell Art Museum de Fort Worth, no Texas, National Gallery de

ouro, vários painéis e, em especial, um em Florença, na igreja da Santa Trinita[4]. Depois pintou muitas coisas em Pisa, Lucca e Pistoia para diferentes igrejas, todas louvadas nas referidas cidades, onde lhe granjearam fama e grandes recompensas pecuniárias. Ninguém sabe onde Duccio morreu, nem que parentes ou recursos deixou. Mas já é bastante ter ele deixado o legado da invenção da pintura em claro-escuro com mármore, benefício este que o faz merecer celebração e louvores infinitos, podendo seguramente ser arrolado entre os benfeitores que somam qualidade e formosura à nossa atividade. E aqueles que perscrutam as dificuldades das grandes invenções, entre as coisas maravilhosas que legam, deixam seu nome na memória. Suas obras datam de MCCCXLIX[5].

Washington). Mencionada por Ghiberti (como uma *Coroação*) e pelo Anônimo Magliabechiano, foi restaurada entre 1953 e 1958.

[4] Provavelmente Vasari se refere à *Anunciação* de Lorenzo Monaco sobre o altar da capela Bartolini Salimbeni na igreja de Santa Trinita; depois dele, também lhe fazem menção F. Baldinucci, *Notizie dei professori del disegno da Cimabue in qua*, Florença, 1681, org. F. Ranalli, I, Florença, 1845, p. 252, e, com certeza, Lanzi, *Storia pittorica*, cit., p. 221.

[5] Há notícias de Duccio entre 1278 e 1315. Já estava morto em 1318 (cf. P. Bacci, "Commentarii dell' arte senese, III, Notizia su Duccio, i figli, il nipote e i bisnipoti, pittori", em *Bullettino senese di storia patria*, XXXIX (1932), pp. 234-48).

Antonio Veneziano (Antonio di Francesco)

Quantos não há que ficariam na terra natal, caso não precisassem deixá-la sob o aguilhão da inveja dos artistas e a opressão da tirania de seus concidadãos? E, saindo, elegem a terra alheia como nova e derradeira pátria, onde criam suas obras, mostrando o esforço que sabem fazer e achando que, ao fazê-lo, estão injuriando aqueles por quem foram injuriados, dos quais não lhes restam memória nem nome, pois os esqueceram a tal ponto, em virtude da inveja e da maledicência, que nunca mais gostariam de se lembrar da terra que os produziu. E esta, mesmo sem culpa, não pode abrandar com a sua amenidade essa justíssima indignação, causada na alma de tais artistas pela emulação e pela ingratidão de seus concidadãos maledicentes. Foi o que ocorreu claramente com Antonio Veneziano[1], que veio a Florença com Agnol Gaddi para aprender a pintar[2], e foi tão bom o seu aprendizado, que ele não só era estimado e admirado pelos florentinos, mas também muitíssimo enaltecido por essa virtude e por suas outras boas qualidades. Assim, sentindo vontade de aparecer em sua cidade para nela colher os frutos dos seus prolongados esforços, voltou a Veneza. E lá, depois de fazer muitas pinturas em afresco e a têmpera, foi merecedor de um pedido da Senhoria para a pintura de uma fachada da sala do Conselho. E foi tal obra feita por ele com tanto esmero e tanta imponência, que seria grande a recompensa, caso a rivalidade dos artistas e o favor que outros pintores de fora gozavam junto a alguns fidalgos não tivessem enceguecido quem devia enxergar a verdade. Mas foi tamanha a inveja e tão poderosa a ambição, que o pobre Antonio se sentiu tão desanimado e abatido, que achou de bom alvitre voltar a Florença, com o propósito de nunca mais retornar a Veneza; e assim decidiu eleger Florença como sua nova pátria. Ali, num arcete do claustro da

---

[1] De Antonio di Francesco, de Veneza (que os documentos também chamam "de Florença" ou "de Siena"), há notícias de 1369 a 1388. Em 1369-70, trabalha para a Catedral de Siena; em 1374 se inscreve na Corporação dos Médicos e Boticários de Florença; de 1384 a 1386 completa o ciclo das *Storie di San Ranieri*, que ficou inacabado por causa da morte de Andrea di Bonaiuto. Em 1388 data a tabuleta da Confraria de São Francisco e São Nicolau, em Palermo. Uma atividade subsequente em Toledo foi indicada a partir de Berenson; mais recentemente, cf. Boskovits, *Pittura*, cit., pp. 152-6, 280-3, e F. Bologna, "Un altro pannello del 'retablo' del Salvatore a Toledo: Antonio Veneziano ou Gherardo Starnina?", em *Prospettiva*, n. 2 (1975), pp. 43-52. Morreu provavelmente na Espanha no fim do século XIV. Sua arte não descende da cultura bizantinizante de sua cidade de origem, mas se insere na tradição de Giotto, levando-se em conta as variantes florentinas e as padanas. A amplificação das figuras e alguns majestosos fundos arquitetônicos parecem prenunciar efeitos que serão explorados no século XV. Sobre o artista, cf. também M. Chiarini, "Antonio di Francesco da Venezia", em *Dizionario biografico degli italiani*, vol. III, cit., pp. 548-51; R. Longhi, "Una 'riconsiderazione' dei primitivi italiani a Londra", em *Paragone*, n. 183 (1965), pp. 8-16, reed. em Longhi, VII.

[2] Antonio Veneziano certamente era mais velho que Agnolo Gaddi; sobre este, cf. a Vida nas pp. 141-3.

igreja de Santo Spirito, fez Cristo chamando Pedro e André, que abandonam as redes; também fez Zebedeu e os filhos; e debaixo dos três arcetes de Stefano pintou a história do milagre da multiplicação dos pães e dos peixes[3], obra na qual demonstrou infinita diligência e amor, como se vê claramente na própria figura de Cristo, em cujo rosto se percebe a compaixão que ele tem pela multidão e o ardor da caridade com a qual manda distribuir o pão. Vê-se também, em belíssima atitude, a emoção de um apóstolo que se empenha na distribuição com uma cesta. Assim se percebe quem é da arte, quem pinta sempre as figuras de tal modo que parecem falar, porque de outro modo não seria tão grande seu valor. Essa mesma qualidade foi demonstrada por Antonio no frontispício de cima, numa pequena cena do maná, em que o acabamento é tão diligente e feito com tanta graça, que pode ser realmente considerado excelente. Em Santo Antonio, na ponte em Carraia, pintou o arco acima da porta[4]; foi levado a Pisa pela Obra da Catedral, onde fez em Campo Santo grande parte das cenas de São Ranieri[5], em que representou o nascimento, a vida e morte do santo. Voltou a Florença, e em Nuovoli, região rural, pintou um tabernáculo[6]. E, como estudava muito o que Dioscórides fizera com ervas, por gostar de conhecer as propriedades e as virtudes delas, abandonou a pintura e dedicou-se a destilar símplices e a investigá-los com todo empenho. Assim, deixando de ser pintor, tornou-se médico e durante muito tempo prosseguiu nessa arte, até que adoeceu de dor do estômago e em breve terminou o curso de sua vida, para grande pesar dos amigos, visto ter ele sido tão exímio como médico quanto fora diligente como pintor e por ter sempre atendido a quantos o procuravam nos momentos de necessidade. Por isso, deixou no mundo excelente fama em ambos os ofícios. Suas obras datam de MCCCLXXX.

O florentino Gherardo Starnini[7] foi seu discípulo; imitou-o muito e sempre lhe prestou grande homenagem. E, morrendo Antonio, não faltou quem o honrasse com este epitáfio:

ANNIS QVI FVERAM PICTOR IVVENILIBVS ARTIS
ME MEDICAE RELIQVO TEMPORE COEPIT AMOR
NATVRA INVIDIT DVM CERTO COLORIBVS ILLI
ATQVE HOMINVM MVLTIS FATA RETARDO MEDENS
ID PICTVS PARIES PISIS TESTATVR ET ILLI
SAEPE QVIBBVS VITAE TEMPORA RESTITVI*.

---

[3] Obra perdida, também citada pelo Livro de Antonio Billi e pelo Anônimo Magliabechiano.

[4] Obra perdida, também mencionada pelo Anônimo Magliabechiano.

[5] Sobre esses afrescos, igualmente mencionados pelo Anônimo Magliabechiano, cf. também acima, nota 1. Do *Retorno de São Ranieri a Pisa* foi destruído um episódio da esquerda; o resto está bem conservado e foi descoberto seu sinople. A história da *Morte* e dos *Funerais*, retirada em 1885, está seriamente avariada. Da *Exposição dos despojos* restam poucos fragmentos, também retirados em 1885. As três cenas estão reproduzidas em G. Rosini e G. P. Lasinio, *Descrizione delle Pitture del Campo Santo di Pisa disegnate e incise*, Florença, 1832, quadros 11-13.

[6] Esses afrescos, que representam a *Deposição*, o *Juízo Final*, a *Morte da Virgem* e outras cenas, estavam no tabernáculo da Torre degli Agli: algumas velhas fotografias os mostram ainda relativamente bem conservados, ao passo que hoje está legível apenas o *Cristo abençoando*, na abóbada. Reconhecidos como de Antonio Veneziano, foram retirados em 1957, recuperando-se seus sinoples.

[7] Sobre Gherardo Starnina, cf. a Vida nas pp. 156-8.

* "Nos anos da juventude fui pintor; no tempo restante fui cativado pelo amor à medicina. A natureza invejou-me quando concorri com ela nas cores e adiei o desenlace de muitas pessoas. Testemunho disso são as paredes que pintei em Pisa e aqueles a quem tantas vezes restituí o tempo da vida." [N. da T.]

Iacopo di Casentino, pintor

Havia muitos anos corriam a fama e a reputação das pinturas de Giotto e de seus discípulos, e muitos, desejando enriquecer com a arte da pintura, avançavam animados pelas esperanças nascidas do estudo e pela inclinação natural, acreditando que no exercício de tal arte superariam Giotto, Taddeo e outros pintores. E entre os muitos que procuraram pôr em execução esse propósito estava Iacopo di Casentino[1], que muitos acreditaram e escreveram pertencer à família de Cristofano Landino da Prato Vecchio. Enquanto Taddeo Gaddi trabalhava na capela dos Estigmas de Sasso della Vernia, um frade de Casentino, então guardião no referido lugar, acertou com ele que aprenderia desenho e pintura. E assim foi para Florença em companhia de Giovanni da Milano para trabalhar com o mestre de todos, Taddeo Gaddi; e, entre muitas coisas, fez o tabernáculo de Nossa Senhora de Mercato Vecchio[2]; também fez o que se situa na esquina da praça de San Niccolò da via del Cocomero e o de Santo Nofri, nas esquina dos muros do horto dos Tintori, defronte a San Giuseppo[3]. Em San Michele in Orto fez algumas pinturas[4] e, em Casentino, tanto em Prato Vecchio[5] como em todas as igrejas, fez muitas capelas e figuras, que ainda podem ser vistas, disseminadas por diversos lugares de Casentino. Em Arezzo, trabalhou na Catedral Velha; e para o capítulo da paróquia, na igreja de San Bartolomeo, fez a fachada do altar-mor; na própria paróquia, sob o órgão, pintou a cena de São Mateus; em Santo Agostino ainda e em

---

[1] Em torno do tabernáculo do palácio da Corporação da Lã em Florença (cf. nota seguinte) agrupou-se um número considerável de pinturas, entre as quais uma assinada como JACOBVS DE CASENTINO ME FECIT (Florença, Uffizi, n.º 9258) e uma datada de 1330 (*Apresentação ao templo*, Kansas City, W. Rockhill Nelson Gallery, coleção Kress), que representam a imagem artística de Jacopo del Casentino, cuja menção documental mais antiga é de 1339, no ato da fundação da Companhia de São Lucas. Sua atividade, porém, deve ter começado muito antes, uma vez que algumas de suas obras são associadas ao Mestre da Santa Cecilia, a Pacino di Buonaguida e ao estilo de Giotto dos primeiros anos do século. Sobre ele, cf. sobretudo Offner, *Corpus*, III, II (1933) e III, VII (1957); Bologna, *Novità su Giotto*, cit.

[2] Obra mencionada também pelo Livro de Antonio Billi e pelo Anônimo Magliabechiano; ainda subsiste no tabernáculo reconstruído na esquina do palácio da Corporação da Lã. Representa *Nossa Senhora no trono entre São João Batista, São João Evangelista e anjos*. A luneta que a encima, com a *Coroação da Virgem*, não é de Jacopo, mas de um pintor afim a Niccolò di Pietro Gerini (denominado "Mestre da Coroação da Corporação da Lã" por Berenson) ou do próprio Gerini (Boskovits, *Pittura*, cit., p. 408).

[3] É obra de um pintor afim a Niccolò di Pietro Gerini (R. Offner, "Jacopo del Casentino. Integrazione della sua opera", em *Bollettino d'Arte*, 1923-24, pp. 248-84). Em péssimo estado de conservação, foi retirado e substituído por uma cópia; foi recuperado seu sinople (Procacci, *Sinopie e affreschi*, cit.).

[4] Nenhum dos afrescos de Orsanmichele parece atribuível a Jacopo del Casentino.

[5] Um tríptico de Giovanni di Marco (chamado del Ponte), na National Gallery de Londres (n.ºs 580, 580 A), proveniente de Pratovecchio, continha o nome de Jacopo del Casentino (Davies, *National Gallery Catalogues*, cit.).

San Domenico fez outras duas capelas[6]. E assim, realizando obras por toda a cidade, mostrou a Spinello Aretino os princípios de tal arte, ensinada inteiramente por ele ao florentino Bernardo Daddi[7], que, com suas muitas obras, honrou a cidade e seus cidadãos; estes o consideraram homem muito sério, e os magistrados lhe encomendaram muitos trabalhos. As pinturas de Bernardo foram muitas e muito consideradas; primeiro em Santa Croce, na capela de São Lourenço e de Santo Estêvão, pertencente aos Pulci e aos Berardi[8], bem como muitas outras pinturas em diversos lugares da referida igreja. Pintou também o interior das portas da cidade de Florença; morreu com idade avançada e recebeu honrosa sepultura em Santa Felicità no ano MCCCLXXX[9]. E Iacopo di Casentino ficou velho e morreu com LXV anos, sendo sepultado em MCCCLVIII na abadia de Santo Angelo, fora do castelo de Prato Vecchio em Casentino; muitos ficaram pesarosos com sua morte, sobretudo os parentes, que de seu trabalho sempre extraíram recursos, honra e fama. Depois da morte não faltou quem lhe fizesse este epitáfio:

PINGERE ME DOCVIT GADDVS; COMPONERE PLVRA
APTE PINGENDO CORPORA DOCTVS ERAM.
PROMPTA MANVS FVIT, ET PICTVM EST EM PARIETE TANTVM
A ME: SERVAT OPVS NVLLA TABELLA MEVM*.

---

6 Na edição de 1568 Vasari explica: "Também trabalhou na igreja de San Domenico, fazendo a capela de São Cristóvão, onde retratou do natural o beato Masuolo a livrar do cárcere um mercador da família Fei, que mandou fazer a capela." Restam hoje três *Cenas de São Cristóvão*, muito próximas a Spinello Aretino, que M. Salmi, *San Domenico e San Francesco di Arezzo*, Roma, 1951, p. 17, acredita poder atribuir ao pintor aretino Jacopo di Landino (documentado a partir de 1378, morto em 1403), que, por causa do nome, Vasari parece confundir com Jacopo del Casentino. A esse Jacopo di Landino, A. Del Vita ("La Pinacoteca di Arezzo", em *Rassegna d'Arte*, 1915) já atribuía algumas obras.

7 Leia-se: "Mostrou a Spinello Aretino os rudimentos de tal arte, inteiramente ensinada por ele, Spinello, a Bernardo Gaddi." Naturalmente, tais informações são infundadas. Bernardo Daddi (não Gaddi; mas em 1568 Vasari indicará corretamente) é mencionado a partir de 1312; matriculou-se na Corporação dos Médicos e dos Boticários de Florença em 1327; a última menção é de 1348, ano da peste, da qual provavelmente morreu. De sua oficina saiu grande número de obras, que refletem um goticismo florentino de pouca envergadura, com influências primeiramente do próprio Giotto e depois de Maso di Banco, com fracos ecos de Ambrogio Lorenzetti, o que levou a considerá-lo erroneamente como porta-voz de uma tendência senense na pintura florentina. Sobre Bernardo, ver Offner, *Corpus*, III, III (1930); III, IV (1930); III, V (1958); G. Paccagnini, "Daddi, Bernardo", em *Enciclopedia universale dell'Arte*, vol. IV, Roma, 1961, col. 181-83.

8 Esses afrescos, que representam o *Martírio de São Lourenço*, *Lapidação de Santo Estêvão* e *Santos*, não foram repintados nem retocados, como Offner também parece crer; estilisticamente, estão bem próximos do tríptico dos Uffizi (nº 3073), datado de 1328.

9 Bernardo Daddi já estava morto em 18 de agosto de 1348.

* "Gaddo ensinou-me a pintar; tornou-me exímio na composição de muitas figuras. Tive mão segura e muitas paredes foram por mim pintadas: nenhum painel conserva minha obra." [N. da T.]

Spinello Aretino, pintor

Quando alguém, sozinho, dá brilho a uma virtude toscamente praticada em sua pátria há muitos anos e, devolvendo-lhe o verdadeiro esplendor, a torna conhecida por ser louvada e cheia de engenho, parece que todos os que atuam com saber e virtude passam a louvar, favorecer, exaltar e honrar tal pessoa, de tal modo que esta se sente sobrecarregada com o peso do esforço de elevar-se em tal virtude ou ciência. Isto porque todos aqueles aos quais, por sua virtude e seu trabalho, foram oferecidos favores e recursos para o cultivo da arte engenhosa que aprenderam se sentem obrigados para com os outros, tal como ocorreu em Arezzo com o pintor Spinello di Luca Spinelli[1]; este, depois da morte de Giotto e de Taddeo Gaddi, despertado pelo belo talento que tinha, aprendeu a bela arte da pintura, quando naquela cidade já estava esquecido o estilo dos velhos gregos, pois nenhum pintor aretino de Margaritone a Spinello[2] se lhe dedicara, ainda que Giotto, Taddeo e Iacopo di Casentino tivessem feito muitas coisas nesse estilo. Spinello, portanto, ao ser chamado pelo céu para despertar em sua pátria uma arte tão engenhosa e bela, ficou conhecendo Iacopo di Casentino, com ele aprendeu desenho e o modo de trabalhar, e com boa prática e muita graça criou um sem-número de obras. Porque, apaixonando-se pelo mister, até morrer nunca parou de

---

[1] Nascido de Luca Spinelli em Arezzo, não antes de 1346, já é documentado como pintor em 1373. Sua primeira obra datada (1377) deve ter sido o afresco feito para a igreja de Santo Agostino, que agora está no Museu Diocesano de Arezzo. Em 1384 morava em Lucca, onde fez um painel para o mosteiro de San Ponziano, do qual restam dois *Santos* laterais, no Ermitage de Leningrado, e o centro com *Nossa Senhora, o Menino Jesus e anjos*, no Fogg Art Museum de Cambridge (Mass.). É de 1385 o chamado painel de Monteoliveto (cf. adiante, nota 6). Em 1387 foram-lhe encomendadas as *Cenas de São Bento* na sacristia de San Miniato al Monte, em Florença, pintadas pouco depois, bem como as de *Santa Catarina* em Santa Caterina all'Antella, realizadas alguns anos depois. Em 1390-92 pintou os afrescos com as *Cenas de Santo Efísio e São Potito* no Camposanto de Pisa; em 1391, o tríptico que agora está na Academia de Florença; em 1393, o que agora está em Santa Maria a Quinto. Em 1399 foi encomendado a ele, a Niccolò di Pietro Gerini e a Lorenzo di Niccolò o políptico de Santa Felicità (Florença, Academia), datado de 1401. Em 1407 recebe pagamentos por afrescos feitos na sala da *Balia* do Palácio Público de Siena. Foi sepultado em Arezzo em 14 de março de 1411. Spinello certamente foi o pintor toscano mais ativo e importante do fim do século XIV; cf. L. Bellosi, "Da Spinello Aretino a Lorenzo Monaco"; A. Gonzalez-Palacios, "Due proposte per Spinello"; R. Longhi, "Ancora su Spinello Aretino", em *Paragone*, n. 187 (1965), respectivamente nas pp. 18-43, 44-51, 52-5; P. P. Donati, "Spinello: note e inediti", em *Antichità viva*, V (1966), n. 2, pp. 16-22, VI (1967), n. 2, pp. 12-6; G. Damiani, em *Il gotico a Siena*, cit., pp. 299-302.

[2] Na realidade, a pintura aretina do século XIV, de Gregorio e Donato ao Mestre do Episcopado, foi muito próspera e contribuiu eficazmente para a formação de Spinello; cf. L. Bellosi, "La mostra di affreschi staccati al Forte Belvedere", em *Paragone*, n. 201 (1966), pp. 73-9, e os três ensaios de P. P. Donati, "Per la pittura aretina del Trecento", em *Paragone*, n. 215 (1968), pp. 22-39, n. 221 (1968), pp. 10-21; n. 247 (1970), pp. 3-11.

praticá-lo. Foi levado a Florença e trabalhou com Iacopo di Casentino, que já ficara conhecendo em Arezzo, quando ali trabalhava na juventude; ganhou muita fama naquela cidade pelas várias obras que ali realizou. Entre outras coisas, fez em afresco a capela-mor de Santa Maria Maggiore[3] e a sacristia de São Miniato in Monte[4], extramuros; ao ver essa obra, frei Iacopo d'Arezzo, então Geral da Congregação de Monte Oliveto, percebendo tanto talento em alguém de sua pátria, levou-o de volta a Arezzo. Ali, no mosteiro de San Bernardo, pintou quatro capelas, duas ao lado da capela-mor, que fica de permeio, e as outras duas no *tramezzo* da igreja; e fez em afresco um sem-número de figuras para a igreja, realizadas com grande perícia e vivacidade[5]. Acima do coro pintou também em afresco uma Nossa Senhora com duas figuras que dão a impressão de estar vivas. Assim, achando-se bem servido, frei Iacopo o levou para Monte Oliveto, sede de sua confraria, onde lhe pediu que pintasse na capela-mor um painel a têmpera sobre fundo de ouro, com infinito número de figuras pequenas e grandes; há nele um ornamento de madeira em médio-relevo entalhado com aplicação de gesso, lendo-se a inscrição de três nomes em ouro: Simon Cini (florentino), que fez o entalhe e a madeira; Gabriel Saracini, que a cobriu de ouro; e Spinello di Luca (aretino), que a pintou[6].

Terminada tal obra, no ano de MCCCLXXXV, o que rendeu muitos elogios pelos monges, ele voltou para Arezzo e, graças à fama que conquistara, fez a capela de São Bartolomeu[7] na igreja da paróquia e, sob o órgão, a capela de São Mateus, nas quais representou cenas de ambos os apóstolos. Um tanto distante de lá, extramuros, na antiga catedral da cidade, pintou a capela e a igreja de Santo Stefano[8], cujas cores, que foram trabalhadas resolutamente e em bom afresco, ainda estão vivíssimas e fortes, pa-

---

[3] Os remanescentes de afrescos no coro de Santa Maria Maggiore em Florença não são de Spinello e foram atribuídos a Jacopo di Cione por Boskovits, *Pittura*, cit., pp. 97, 323.

[4] Em 11 de julho de 1387 Benedetto degli Alberti dispôs em testamento "quod sacrestia ecclesie Sancti Miniati ad montem de prope Florentiam compleatur et perficiatur [...] picturis [...] armariis" etc. (L. Passerini, *Gli Alberti di Firenze*, Florença, 1869, vol. II, p. 186). Spinello deve ter feito os afrescos das *Cenas de São Bento* pouco depois dessa data. Os afrescos, em boas condições, também são mencionados pelo Livro de Antonio Billi e pelo Anônimo Magliabechiano.

[5] Uma fragmentária *Nossa Senhora com o Menino Jesus*, em afresco, foi destruída durante a Segunda Guerra Mundial. Boa parte da crítica a considera obra de Spinello.

[6] Sobre "O suposto painel de Monte Oliveto pintado por Spinello Aretino" existe um artigo de U. Procacci, em *Il Vasari*, II (1928), pp. 35-46; cf. também S. A. Fehm, "Notes on Spinello Aretino's so-called Monte Oliveto Altarpiece", em *Mitteilungen des kunsthistorischen Institutes in Florenz*, XVII (1973), pp. 256--72. Foi encomendada em 17 de abril de 1384 por frei Niccolò da Pisa, prior do convento de Santa Maria Nuova em Roma (atual Santa Francesca Romana). Provavelmente no tempo de Vasari foi transportada para o mosteiro de Monteoliveto. Em 1810 foram para a Pinacoteca de Siena a cúspide, com *A Coroação de Maria*, e o painel central da predela, com *Morte da Virgem*. O painel da esquerda, com *São Nemésio e São João Batista* e a predela relativa estão no Szepmuvészeti Múzeum de Budapeste e contém a inscrição MAGISTER SIMON CINI DE FLORENTIA INTALIAVIT; o painel da direita, com *São Bernardo e Santa Lucila*, e a predela relativa estão no Fogg Art Museum de Cambridge (Mass.) e contém a inscrição GABRIELLVS SARACENI DE SENIS AVRAVIT MCCCLXXXV. Outros quatro santinhos da predela estão em vários locais. Um *Cristo a abençoar*, sobre cúspide central, faz parte de uma coleção particular florentina. O painel central (que devia conter a assinatura do pintor, assim como os laterais conteriam a do carpinteiro e do bate-folha) costuma ser erroneamente considerado a *Nossa Senhora com o Menino Jesus e anjos*, do Fogg Art Museum (Gonzalez--Palacios, "Due proposte", cit.).

[7] Em 1375 Spinello foi encarregado de pintar uma capela na igreja da Paróquia de Arezzo, mas não restam afrescos de sua lavra.

[8] Como lembra o próprio Vasari na edição de 1568, esses afrescos foram avariados em 21 de outubro de 1561.

153

recendo pintadas recentemente. E na referida igreja pintou uma Nossa Senhora[9] pela qual os aretinos têm hoje grande devoção e reverência, visto que Spinello sempre conferiu às figuras que pintou mansuetude, modéstia e graça, sobretudo na fisionomia; foi isso o que demonstrou também no Canto delle Beccherie, naquela cidade, em outra Nossa Senhora feita em afresco, bem como na Nossa Senhora de Seteria. E na viela do canal fez a fachada da albergaria do Espírito Santo, com uma cena em que os Apóstolos recebem o Espírito Santo; embaixo, pintou cenas de São Cosme e São Damião cortando uma perna sadia de um mouro morto para implantá-la num doente, cuja perna gangrenada haviam cortado. No meio fez um *Noli me tangere*, pintura belíssima e louvada. No Canto alla Croce pintou a fachada de São Lorentino e Pergentino e, no pórtico da albergaria de São Marcos, fez muitas figuras. Na Compagnia dei Puraccioli fez uma capela com uma Anunciação[10] e, no claustro de Santo Agostino, também fez em afresco uma Nossa Senhora e muitas outras figuras em sua companhia; na igreja, fez a capela de São Lourenço e a de Santo Antônio; e na igreja de San Domenico, na mesma cidade, entrando pela esquerda, vê-se a capela de São Tiago e São Felipe[11], trabalhada em afresco com beleza e resolução; assim, em San Giustino, fez a capela de Santo Antônio e a igreja de San Lorenzo, pintando por dentro as cenas de Nossa Senhora[12] e por fora uma belíssima Nossa Senhora em afresco. Ainda defronte às monjas de Santo Spirito, hoje extramuros, por haver a cidade sido circundada com as novas muralhas feitas pelo duque Cosimo, num pórtico de uma pequena albergaria fez um Cristo morto no regaço das Marias, diante do qual se tem certeza de que o talento de Spinello no desenho e no colorido se equiparou ao de Giotto e em alguns aspectos o superou. No mesmo lugar pintou um Cristo sentado, com significado teológico, representando a Trindade dentro de um sol, de tal maneira que de cada uma das três figuras parece que resplendem os mesmos raios. Na Companhia da Trindade vê-se um tabernáculo[13] seu muito bem trabalhado em afresco. Além disso, dentro ou fora dos muros daquela cidade não há igrejinha, albergaria, capela ou edifício onde não se encontre obra sua em afresco[14]. Spinello, mesmo depois de velho, tendo já adquirido ótimos recursos e grande crédito, não sabendo ficar parado, começou a pintar para a Companhia de Santo Ângelo, naquela cidade, cenas de São Miguel[15], desenhadas sobre a argamassa em tons avermelhados e sem sutilezas, como costumavam fazer os artistas velhos na maioria das vezes; e num recesso, como amostra, desenhou e coloriu

---

[9] O próprio Vasari, na edição de 1568, fala do resgate desse afresco no tempo da destruição da igreja, em 1561. Conservado agora na igrejinha de Santa Maria Maddalena – de propriedade particular –, foi publicado por Donati, "Spinello", cit. (1967).

[10] O afresco da Companhia dos Puraccioli, ou Puricelli, ou Inocentes, foi destacado e agora está no Museu Diocesano de Arezzo; Bellosi o considera obra juvenil do pintor ("Da Spinello", cit.)

[11] O grande afresco com *São Tiago e São Felipe e cenas*, mais *Matrimônio místico* e o *Martírio de Santa Catarina*, ainda está *in loco*. É uma típica obra tardia; a igreja de San Domenico conserva diversos outros afrescos de Spinello.

[12] Conservam-se quatro *Cenas de Maria*, provavelmente não de Spinello, enquanto a ele deve ser atribuída uma *Anunciação* (cf. P. P. Donati, "Contributi a Spinello Aretino e alla sua escola", em *Antichità viva*, III (1964), n. 4, pp. 11-24).

[13] Hoje na Pinacoteca de Arezzo, n.º 7; mas é apenas um fragmento. *São Pedro, São Cosme e São Damião*, que deveriam estar lá, segundo a descrição da edição de 1568, já não existem.

[14] Na edição de 1568, Vasari descreve um número muito maior de obras de Spinello, em Arezzo e em toda a Toscana.

[15] Alguns remanescentes do afresco estão na National Gallery de Londres (n.ºs 1216, 1216 A, 1216 B) e na Pinacoteca de Arezzo (n.º 8). No entanto, mais parecem obra juvenil do filho Parri.

inteiramente uma única cena, que foi do agrado de todos. Depois, acordando o preço com o encarregado, acabou toda a fachada do altar-mor, na qual representou Lúcifer pondo seu assento no Aquilão e causando a queda dos anjos, que, transmudados em diabos, choveram sobre a terra, vendo-se no ar um São Miguel a lutar com a antiga serpente de sete cabeças e dez chifres; e, embaixo, no centro, um Lúcifer já transformado em bicho feiíssimo. E Spinello agradou-se tanto de fazê-lo horrível e deformado, que, segundo consta (tal é o poder da imaginação), a figura pintada lhe apareceu em sonho, perguntando onde ele a vira tão feia e por que seus pincéis a humilharam tanto. Acordando assustado e não conseguindo gritar, ficou a estrebuchar-se até que a mulher acordou e o socorreu; mesmo assim, ele escapou por pouco de um ataque do coração e de morrer na hora. Apesar disso, ficou assustadiço, de olhos arregalados, e viveu pouco; morrendo, deixou fama na cidade e dois filhos pequenos: um deles foi o ourives Forzore, que em Florença fez admiráveis trabalhos de nigelo; o outro foi Parri[16], que, imitando o pai, logo se dedicou à pintura e o superou em muito no desenho. Os aretinos ficaram muito pesarosos com um caso tão sinistro, apesar de Spinello estar velho, porque se viram privados de seu talento e de seus bons dotes. Morreu com LXXVII anos e foi enterrado na igreja de Santo Agostino naquela cidade, onde ainda hoje se vê uma lápide com seu brasão, em que há um espinheiro. Fizeram-lhe este epitáfio:

SPINELLO ARRETINO PATRI OPT(IMO) PICTORIQVE SVAE AETATI NOBILISS(IMO) CVIVS OPERA ET IPSI ET PATRIAE MAXIMO ORNAMENTO FVERVNT PII FILII NON SINE LACRIMIS POSS(VERVNT)*.

Suas pinturas datam de MCCCLXXX a MCD.

---

[16] Spinello teve dois filhos: Parri, ou seja, Gasparre, pintor (cf. sua Vida nas pp. 216-7), e Baldassarre, nascido em 1406. Forzore era filho do irmão Niccolò.

* "A Spinello Aretino, o melhor pai e o mais nobre pintor de sua época, cujas obras foram o mais belo ornamento para si e para sua pátria, pranteando-o seus filhos piedosos mandaram fazer este epitáfio." [N. da T.]

Gherardo Starnina, pintor florentino

Realmente, quem anda longe da pátria e se detém na pátria alheia abriga amiúde no espírito um temperamento bom e gentil, porque, observando os bons costumes, aprende a ser tratável, amoroso e paciente. Já não lhe pesa a soberba, criada pelo calor do sangue, e, surgindo a necessidade de buscar satisfação, esforça-se por dispensar cortesia aos outros, pois assim, em lhe ocorrendo os reveses que surgem de uma hora para outra, poderá receber o mesmo dos outros. E de fato, quem quiser refinar os homens no trato com o mundo não poderá encontrar melhor prova do que outro lar, porque assim quem é rude por natureza se torna gentil, e quem é gentil adquire ainda maior gentileza e airosidade. Foi o que ocorreu com Gherardo di Iacopo Starnini, pintor florentino[1], que, embora trouxesse nas veias um sangue de ótima natureza, na prática do mundo era muito duro e rude, e com isso angariava maior dano para si mesmo do que para os amigos. Assim, mudando-se para a Espanha, ali aprendeu a ser tão gentil, cortês, tratável e benigno, que, voltando a Florença, muitos daqueles que lhe dedicavam ódio mortal no momento da partida passaram a estimá-lo e a dedicar-lhe afeição depois que ele voltou, tão gentil e cortês se mostrava ele. Gherardo foi discípulo de Antonio Veneziano[2], e sua iniciação ocorreu em Santa Croce, na capela de Santo Antonio de' Castellani, onde fez alguns afrescos[3] que o tornaram conhecido de mercadores espanhóis trazidos a Florença por seus negócios; estes, partindo para a Espanha, apresentaram-no a seu rei[4]. Ele ali ficou muitos anos e fez enorme quantidade de obras,

---

[1] "Gherardo di Jacopo Starna dipintore" está inscrito na Companhia de São Lucas de Florença em 1387. De 1389 a 1401 é documentado na Espanha, onde atua entre Valência e Toledo. Em fevereiro de 1409 está fazendo um afresco numa capela da igreja de Santo Stefano em Empoli, do qual restam dois fragmentos no Museu da Collegiata, no local. Deve ter morrido pouco tempo depois, porque em 28 de outubro de 1413 fala-se de seus herdeiros. Para a documentação sobre esse artista, é fundamental U. Procacci, "Gherardo Starnina", em *Rivista d'Arte*, XV (1933), pp. 151-90; XVII (1935), pp. 333-84; XVIII (1936), pp. 74-94. Em grande parte, os historiadores são concordes hoje em atribuir-lhe o *corpus* anteriormente reunido com o nome de "Mestre do Menino Esperto", caracterizado por forte adesão à linguagem tardo-gótica, com marcantes inflexões de origem ibérica, peculiaridades bem compatíveis com o estilo dos fragmentos de Empoli e do Carmine em Florença, bem como com a própria biografia de Starnina (J. van Waadenoijen, "A proposal for Starnina: exit the Maestro del Bambino Vispo?", em *The Burlington Magazine*, CXVI (1974), pp. 82-91; F. Sricchia Santoro, "Sul soggiorno spagnolo di Gherardo Starnina e sull'identità del 'Maestro del Bambino Vispo'", em *Prospettiva*, n. 6 (1976), pp. 11-29).

[2] Sobre Antonio Veneziano, cf. Vida nas pp. 148-9.

[3] A capela Castellani foi fundada por disposição de Michele di Vanni di ser Lotto, morto em 1383. Os afrescos, descobertos em 1869 e restaurados em 1921-22, são obra de Agnolo Gaddi e da sua oficina, aliás como o próprio Agnolo declara num documento de 1394 (cf. Salvini, *L'arte di Agnolo*, cit., p. 88).

[4] O Anônimo Magliabechiano e Gelli, "Venti vite", cit., falam de uma atividade de Starnina na França

pelas quais recebeu grandes recompensas, até que, desejando ser reconhecido em sua pátria, retornou. Nela, foi recebido com muito carinho pelos amigos e concidadãos, e não demorou muito para que o incumbissem de pintar a capela de São Jerônimo no Carmine com cenas de Paula, Eustáquio e Jerônimo[5], nas quais representou alguns trajes espanhóis que naquela terra costumavam ser usados então; tais cenas foram feitas com inventividade muito pessoal e realizadas com abundância de modalidades e motivos nas atitudes das figuras, tudo com a maestria e o talento que o céu lhe prodigalizara. Numa das cenas, São Jerônimo aprende as primeiras letras, e o mestre faz um menino servir de cavalo a outro: enquanto a dor da chicotada faz um deles movimentar as pernas, parece que o outro, gritando, tenta morder a orelha de quem o sustenta. Tudo isso foi expresso com graça e beleza por Gherardo, pessoa que fantasiava as coisas da natureza. Também no testamento de São Jerônimo, às portas da morte, ele representou alguns frades, uns escrevendo e outros ouvindo, todos observando com grande afeto as últimas palavras do mestre. Com essa obra ele granjeou prestígio e fama junto aos artistas, e com seus costumes e trato ameno, enorme reputação. Também é obra de Gherardo o São Dioniso no Partido Guelfo, na parede fronteira do topo da escada, feito na recuperação de Pisa, no ano MCCCLXVI[6]; esta pintura, de belíssimo colorido e ótimo trabalho em afresco, sempre foi considerada digna de louvor. E assim se mantém atualmente, por se ter conservado fresca e bonita, como se tivesse sido feita ainda agora. Gherardo, portanto, alcançou reputação e fama em sua pátria e fora dela, mas a morte, sempre ciumenta e inimiga das ações virtuosas, ceifou no auge de sua atividade todas as esperanças de que se cumprissem as promessas das grandes obras que o mundo depositara nele. E assim, com a idade de XLVIII anos, sua vida chegou inesperadamente ao fim[7]; com exéquias honrosas, foi sepultado na igreja de San Iacopo, às margens do Arno. Foi-lhe dedicado este epitáfio:

GHERARDO STARNINAE FLORENTINO SVMMAE INVENTIONIS ET ELEGANTIAE PICTORI. HVIVS PVLCHERRIMIS OPERIBVS HISPANIAE MAXIMVM DECVS ET DIGNITATEM ADEPTAE VIVENTE MAXIMIS HONORIBVS ET ORNAMENTIS AVXERVNT ET FATI FVNCTVM EGREGIIS VERISQVE LAVDIBVS MERITO SEMPER COMCELEBRARVNT*.

---

e na Espanha; o artista é documentado em Valência de 1398 a 1401 e também passou algum tempo em Toledo; cf. Sricchia Santoro, "Sul soggiorno", cit.; Bologna, "Un altro pannello", cit.

[5] A decoração dessa capela (também citada por Albertini, pelo Livro de Antonio Billi, pelo Anônimo Magliabechiano e por Gelli) sem dúvida já estava terminada em 2 de outubro de 1404, mas ficou quase completamente destruída ao longo do século XVIII. Duas ilustrações da *Morte* e dos *Funerais de São Jerônimo* estão em J.-B. Seroux d'Agincourt, *Histoire de l'Art par les Monuments depuis sa décadence au 4me siècle, jusque à son renouvellement au 16me siècle*, Paris, 1811-20, vol. VI, p. 202; outros desenhos inéditos foram publicados por Sricchia Santoro, "Sul soggiorno", cit. Alguns fragmentos, descobertos em 1932, foram publicados por Procacci, "Gherardo Starnina", cit.

[6] Gabriele Maria Visconti vendeu a cidade de Pisa aos florentinos em 1406, no dia 9 de outubro, dia de São Dioniso. Os últimos restos desse afresco (citado pelo Livro de Antonio Billi, pelo Anônimo Magliabechiano e por Gelli) foram destruídos em época relativamente recente: "os vestígios que restavam [...] indicavam um goticismo extremo" (Toesca, 1951, p. 650, nota).

[7] Cf. acima, nota 1.

* "A Gherardo Starnina, pintor florentino de extremo talento e elegância. A Espanha, cativada por suas belíssimas obras, engrandeceu-lhe em vida a glória e a dignidade com as maiores honras e distinções e, dirigida pelo destino, sempre o celebrou como merecia, com grandes e insignes louvores." [N. da T.]

Deixou os discípulos Masolino da Panicale[8] e Pace da Faenza[9], pintor exímio e talentoso, que pintou muitas coisas em Ferrara e Belfiore. As pinturas de Gherardo são datadas de MCCCXC a MCDVIII, aproximadamente.

---

[8] Sobre Masolino, cf. Vida nas pp. 213-5.

[9] Na edição de 1568 esse pintor não aparece como discípulo de Starnina, mas sim de Giotto: Vasari lhe atribui os afrescos perdidos da capela de Santo Antônio na Basílica inferior de Assis, supostamente obra de certo Pace di Bartolo di Assisi, cuja atividade na igreja de São Francisco é documentada de 1344 a 1367; sobre o pintor, cf. F. Todini, em B. Zanardi e F. Todini, *La Pinacoteca Comunale di Assisi, Catalogo dei dipinti*, Florença, 1980, pp. 61-2.

Lippo, pintor florentino

Sempre se considerou que a inventividade é a verdadeira mãe da arquitetura, da pintura e da poesia, sendo ela constantemente vista pelos artistas doutos como algo maravilhoso e de grande engenho. Por isso agrada muito aos artistas, pondo à mostra as extravagâncias e os caprichos dos cérebros fantasiosos daqueles que descobrem as variedades das coisas, cujas novidades são sempre exaltadas com grandes louvores por todos aqueles que, praticando tais coisas com garbo e extraordinária beleza, dão forma ao que fazem de modo encoberto e velado. Estes louvam os outros com habilidade e criticam quem querem, sem serem claramente entendidos. Dela muito se agradou Lippo, pintor florentino[1], que foi muito feliz na invenção, mas infeliz nas obras que criou e na curta vida que teve. Fez pinturas nas cercanias de Florença, em San Giovanni fra l'Arcora; em Faenza, extramuros, na igreja arruinada pelo assédio da referida cidade, onde pintou uma paixão de Cristo com muitas figuras, entre as quais uma assoando o nariz, coisa que foi julgada belíssima por quem a viu. Para Nicolò da Uzzano, então poderoso em Florença, fez em afresco a capela de Santa Luzia às margens do Arno; também em afresco fez pinturas em algumas pequenas albergarias da Porta em Faenza, e em Santo Antônio, dentro da referida porta, próximo à albergaria, pintou alguns pobres, representando no claustro, com grande beleza e inventividade, a visão de Santo Antônio: ele vê os laços do mundo que envolvem e arrastam a vontade e os desejos dos homens pelas diferentes coisas mundanas. Fez mosaicos em muitos lugares da Itália. No Partido Guelfo, em Florença, fez uma cabeça em vitral e na igreja de San Giovanni montou algumas cenas de mosaico[2]. Em Pisa ainda há muitas outras coisas suas. Pode-se dizer que foi infelicíssimo, pois hoje seu trabalho está arrasado, a maior parte em decorrência dos estragos do assédio de Florença. Lippo era uma pessoa que brigava com facilidade e estava sempre mais em busca da discórdia que da paz. No tribunal do Mester dos Mercadores, certa manhã, disse muitos palavrões a um adversário seu no litígio; por esse motivo, o ofendido se ressentiu e, movido por más intenções,

---

[1] Essa Vida (como já observou Milanesi, II, p. 11) reúne dados e obras que devem ser atribuídos a diversos artistas homônimos. Na redação dessa primeira edição é fácil reconhecer, sobretudo, a figura do florentino Lippo di Corso, nascido em 1357, inscrito na Corporação dos Médicos e Boticários em 1385 e na Companhia de São Lucas em 1393, morto por volta de 1430. Quase todas as obras aqui citadas já estavam desaparecidas na época de Vasari, como ele mesmo afirma.

[2] Em 1402 Lippo di Corso e Donato di Donato receberam um pagamento pela restauração do mosaico de San Giovanni (Milanesi, II). O mosaico que, como se explica na edição de 1568, ficava "sobre a porta que vai para a misericórdia, entre as janelas", ainda existe e é atribuído a Lippo di Corso; é mencionado pelo Livro de Antonio Billi e pelo Anônimo Magliabechiano.

uma noite se pôs à espreita, esperando que ele voltasse a casa, e, com uma faca que portava, feriu-o no peito; e desse ferimento Lippo morreu miseravelmente depois de não muitos dias. Seu epitáfio era assim:

LIPPI FLORENTINI EGREGII PICTORIS MONVMENTVM. HVIC ELEGANTIA ARTIS IMMORTALITATEM PEPERIT FORTVNAE INIQVITAS INDIGNISSIME VITAM ADEMIT*.

Suas pinturas datam aproximadamente de MCDX.

---

* "Túmulo do egrégio pintor Lippo Florentino. A elegância de sua arte lhe deu a imortalidade, e a injustiça do destino lhe arrebatou indignamente a vida." [N. da T.]

Fra Lorenzo degli Agnoli (Lorenzo Monaco), pintor florentino

Para uma pessoa boa e religiosa acredito ser muito prazeroso ter ao alcance algum exercício honroso, seja nas letras, na pintura ou em outras artes liberais ou mecânicas, que não ofendam a Deus e sejam de algum proveito para o próximo; porque, depois dos divinos ofícios, o tempo é passado prazerosamente por quem se dedica ao ameno trabalho de uma atividade tão agradável; ademais, quem se deixa estimar em vida, graças a ocupações tão virtuosas, ao morrer deixa excelente reputação na terra. E, sem dúvida, quem despende o tempo dessa maneira vive em quieta contemplação, sem ser molestado pelos aguilhões da ambição que nos ociosos sempre se fazem presentes. E, mesmo que venha a ser atormentado por algum ser maligno, é tão grande o poder da virtude, que o tempo encobre e enterra tal malignidade, e o nome do virtuoso continua sempre limpo e ilustre pela posteridade. Foi o que ocorreu com frei Lorenzo degli Agnoli[1], florentino, que em sua congregação de Camaldoli fez muitas obras e foi muito estimado em vida pelos monges; e hoje, depois de sua morte, os frades conservam as mãos dele como relíquias em sua memória. Frei Lorenzo cultivou o estilo de Taddeo e dos outros mestres[2]; foi pessoa diligentíssima, como se vê ainda hoje na infinita quantidade de livros por ele iluminados, guardados no mosteiro dos referidos monges dos Agnoli[3] e no eremitério de Camaldoli, além dos muitos painéis que fez naquele lugar,

---

[1] Dom Lourenço dos Anjos, ou Lorenzo Monaco [Monge Lourenço], cujo nome secular era Piero di Giovanni, nasceu por volta de 1370, talvez em Siena, mas sua formação sem dúvida foi florentina. Entrou em 1390 para o convento de Santa Maria degli Angeli em Florença, onde fez seus votos em 10 de dezembro de 1391. Morreu em data não posterior a 1426. Muito provavelmente já ativo como pintor antes do ingresso no convento, caracterizou sua obra por um sentido exasperadamente gótico a partir de 1404 (tríptico do Museu da Collegiata de Empoli); essa "conversão" não deixa de ter relação com a influência de Gherardo Starnina, junto ao qual Lourenço exerceu a função de guia na pintura florentina, antes do aparecimento de Masolino da Panicale, no momento do grande florescimento do gótico internacional na Europa. Sobre ele, cf. O. Sirén, *Don Lorenzo Monaco*, Estrasburgo, 1905; G. Pudelko, "The stylistic development of Lorenzo Monaco", em The *Burlington Magazine*, LXIII (1938), pp. 137-64; LXXIV (1939), pp. 76-81; Bellosi, "Da Spinello", cit.; Boskovits, *Pittura*, cit., pp. 132-6, 337-55. Sobre o problema da atividade juvenil, cf. H. D. Gronau, "The earliest works of Lorenzo Monaco", em *The Burlington Magazine*, XCII (1950), pp. 183-8, 217-22; F. Zeri, "Investigations into the early period of Lorenzo Monaco", ibid., CVI (1964), pp. 554-8, CVII (1965), pp. 4-11.

[2] Taddeo não é uma confusão com Agnolo Gaddi. Com essas palavras Vasari pretende dizer que Lorenzo Monaco é um pintor de cultura trecentista.

[3] Vários corais, provenientes de Santa Maria degli Angeli e hoje conservados na Biblioteca Medicea Laurenziana de Florença, contêm miniaturas de Lorenzo Monaco: números 1, 3, 5 e 8, datados, respectivamente, de 1386, 1409, 1394 e 1395 (Boskovits, *Pittura*, cit., lhe atribui miniaturas também no n.º 13). No

pintados a têmpera[4]. Nos Agnoli de Florença fez o painel do altar-mor, terminado em MCDXIII[5], e induziu seus confrades a exercitarem-se na pintura, deixando entre eles alguns discípulos, que ornamentaram o mosteiro com muitas pinturas, além de iluminarem e escreverem livros, havendo também os que bordavam paramentos com figuras divinamente elaboradas, conforme dão fé ainda hoje as obras que podem ser vistas naquele local. Na igreja de Santa Trinita de Florença, pintou em afresco a capela e o painel dos Ardinghelli[6], muito louvado em seu tempo, no qual retratou ao natural os nossos Dante e Petrarca. No mesmo lugar trabalhou na capela dos Bartolini[7]. Sofria muito com alimentos e jejuns, aos quais era obrigado pela regra monástica e eremítica. Por isso o papa Eugênio, que então estava em Florença para participar do Concílio, compadeceu-se de tanta virtude e bondosamente o dispensou de tais obrigações; ele, em retribuição, fez um missal, que ainda está na capela papal de Roma. Depois fez um painel na igreja de San Iacopo sopr'Arno[8], um na de San Pietro Scheraggio[9] e outro na igreja de Santo Michele de Pisa, seu convento[10]; em Camaldoli de Florença fez um Crucifixo sobre madeira e um São João[11]. No fim, por estar sempre inclinado e com o peito apoiado, contraiu um abscesso cruel, que com o tempo o levou ao fim da vida, com a idade de LV anos[12].

Museu Nacional de Bargello são conservados os provenientes de Santa Maria Nuova: C 71, H 74 e H 75 contêm miniaturas de Lorenzo Monaco.

[4] Na edição de 1568, Vasari cita neste ponto uma *Coroação da Virgem*, identificável com a obra que agora está na National Gallery de Londres (n.ºs 215-6, 1897); cf. Pudelko, "The stylistic development", cit.; Davies, *National Gallery Catalogues*, cit., p. 306, que também reconstrói sua predela com vários pequenos painéis do mesmo museu, da Pinacoteca Vaticana e da coleção Barret Lennard.

[5] É a *Coroação da Virgem* dos Uffizi (n.º 885), que contém a inscrição HEC . TABVLA . FACTA . EST . PRO . ALMA . ZENOBII . CECCHI . FRASCHE . ET . SVORVM . IN . RECOMPENSATIONEM . VNIVS . ALTERIVS . TABVLE . IN . HOC . TEMPLO . POSITA . EST . PER . OPERAM . LAVRENTII . IOHANNIS . ET . SVORVM . MONACI . HVIVS . ORDINIS . QVI . EAM . DEPI . XIT . ANNO . DOMINI . MCCCCXIII . MENSE . FEBRVARII . TEMPORE . DOMINI . MAT-HEI . PRIORIS . HVIVS . MONASTERII. Naturalmente, a fevereiro de 1413, em estilo florentino, corresponde o nosso fevereiro de 1414. A atividade de Lorenzo Monaco para Santa Maria degli Angeli também é mencionada por Albertini, pelo Livro de Antonio Billi e pelo Anônimo Magliabechiano.

[6] Obra mencionada como de Lorenzo Monaco também pelo Livro de Antonio Billi e pelo Anônimo Magliabechiano; no entanto, foi realizada por Giovanni di Francesco Toscani (e por um "frate Domenico") em 1423-24. Dela restam um *São Nicolau em glória* acima do arco de ingresso e uma *Piedade* embaixo, que possibilitaram identificar Toscani com o Mestre da Crucificação Griggs (Bellosi, "Il Mestre", cit.).

[7] Os afrescos representam *Cenas de Maria*, e o painel, uma *Anunciação*. Obras mencionadas também pelo Livro de Antonio Billi e pelo Anônimo Magliabechiano, sem dúvida realizadas depois de 1407, provavelmente em 1420; foram restauradas em 1961-62.

[8] Suas cúspides devem ter sido constituídas pelas três pequenas cenas da Galeria da Academia de Florença (n.ºs 2140, 2141 e 2169), que representam o *Crucifixo*, a *Virgem* e *São João*, citadas por Milanesi, II, como obras conservadas na sacristia de San Jacopo sopr'Arno.

[9] Obra perdida, também mencionada por Albertini, representava *Nossa Senhora e santos*. A predela era constituída por *Cenas da vida de São Pedro*, obra de Giovanni di Marco, vulgo del Ponte, hoje nos Uffizi (n.º 1620).

[10] Carli, *Pittura pisana*, cit., pp. 32-3, aventa a hipótese de que a *Nossa Senhora com o Menino Jesus*, da igreja de Sant'Ermete, em Pisa, datada de 1305, pode ter estado, originariamente, na igreja de San Michele, em Borgo.

[11] Certamente se trata do grande *Crucifixo* representado entre Maria e João em San Giovannino dei Cavalieri, igreja do ex-convento dos Celestinos, para onde se mudaram as monjas hierosolimitanas de San Niccolò, que foram desalojadas em 1552 do convento dos eremitas de Camaldoli, que as acolhia desde que os monges o abandonaram.

[12] Lorenzo Monaco é mencionado pela última vez em 1422.

162

Ensinou Francesco Fiorentino[13], seu discípulo, que, depois de sua morte, fez o tabernáculo que está na esquina de Santa Maria Nuova, na praça do alto da via della Scala, a caminho da sala do papa[14]. Frei Lorenzo foi muito pranteado pelos monges; foi piedosamente sepultado no costumeiro sepulcro dos monges, e a maioria deles acredita que, pelas boas qualidades que tinha, deve ter ido para vida melhor, pois foi um benfeitor de sua ordem e pessoa que sempre viveu na miséria terrena com grande cuidado de não ofender a Deus. Não faltou depois de sua morte quem o honrasse com este epitáfio:

EGREGIE MINIO NOVIT LAVRENTIVS VTI
ORNAVIT MANIBVS QVI LOCA PLVRA SVIS
NVNC PICTVRA FACIT FAMA SVPER AETHERA CLARVM
ATQVE ANIMI EVNDEM SIMPLICITASQVE BONI*.

---

[13] Francesco d'Antonio, nascido em 1393; há notícias dele até 1434; cf. C. H. Shell, "Francesco d'Antonio and Masaccio", em *The Art Bulletin*, XLVII (1965), pp. 465-9.

[14] O afresco foi retirado em 1958 pela Superintendência Florentina e substituído por uma cópia.

* "Com arte Lourenço soube trabalhar miniaturas e com suas mãos embelezou muitos lugares. Agora sua pintura e a simplicidade de sua alma bondosa fazem sua fama no firmamento." [N. da T.]

Taddeo Bartoli, pintor senês

Quantos de nossos artistas, para ganharem reputação, se entregam a um excesso de trabalho na pintura? E, no mais das vezes, o influxo maligno que os persegue faz que suas admiráveis obras sejam postas em lugar obscuro ou tão vil e desonroso, que muita gente, incapaz de enxergar mais além, vê nisso motivo de criticar e vituperar coisas que merecem louvor por si mesmas e pelo esforço de seus criadores, que infrutiferamente despenderam tantos dias infelizes e tantas noites péssimas. E parece que essa hostilidade da má sina sempre atinge aqueles que procuram mais a excelência. Todavia, aconteça o que acontecer a outros, não foi isso o que ocorreu a Taddeo Bartoli, pintor senês[1]. Porque a obra pública da capela que ele fez para a Senhoria, no Palácio de Siena[2], esteve exposta a quem quisesse vê-la; e até hoje a vemos razoavelmente acompanhada de luz e espaço. Taddeo era considerado mestre excelente em sua pátria e, merecidamente, foi escolhido pela Senhoria daquela cidade para pintar a referida capela. E, por ser muito honroso o lugar e conveniente a recompensa, o pintor sentiu-se estimulado a granjear fama para as suas pinturas e a ornamentar com tão bela ocasião sua pátria e sua própria glória; intuiu – o que se realizou – que esse seria o caminho para obter não poucas recompensas e honrarias para si mesmo e para seus descendentes. Para Siena Taddeo fez muitas pinturas, nas quais se percebem grande diligência e empenho. E, como fruto da dedicação contínua, foi ficando melhor do que já era. Mas um mal opilativo o assassinou, invalidando aquela ótima vontade que nunca o abandonou em vida. Taddeo morreu com LIX anos[3] e suas pinturas aparecem a partir de MCDVII. Com o tempo fizeram-lhe este epitáfio:

TADDAEVS BARTOLVS SENENSIS HIC SITVS EST CVM PINGENDI ARTIFICIO QVOD IPSE MITISSIMIS ET HVMANISS(IMIS) MORIBVS TVM SVAVITATE INGENII QVAM

---

[1] Taddeo di Bartoto, senês, nasceu por volta de 1362. Foi para Pádua e para Gênova, onde conheceu a arte de Altichiero e de Barnaba da Modena. Entre suas numerosíssimas obras, destacam-se o tríptico do Museu de Grenoble (1395), o políptico da Catedral de Montepulciano (1401); os afrescos da capela do Palácio Público de Siena (cf. nota abaixo) e a *Natividade* da igreja de Servi de Siena. Morreu em 1422. Sobre ele, cf. S. Symeonides, *Taddeo di Bartolo*, Siena, 1965, e G. Chelazzi Dini, em *Il gotico a Siena*, cit., p. 335.

[2] Os afrescos da capela do Palácio Público de Siena foram realizados entre 1406 e 1408; os trabalhos de Taddeo no palácio prosseguiram com a série dos *Homens ilustres da República de Roma* e alguns *Dos pagãos*, afrescos terminados em 1414. Na capela se lê esta inscrição: TADDEVS BARTOLI DESENIS PINXIT ISTAM CAPPEL-LAM MCCCVII CVM FIGVRA SANTI CHRISTOPHORI ET CVM ISTIS ALIIS FIGVRIS 1414 (Milanesi, II, p. 35, nota).

[3] Fez testamento em 22 agosto, nomeando seus herdeiros o pintor Gregorio di Cecco, seu filho adotivo, e Simona, mulher de Antonio di Monte, genovês (Milanesi, 1854, pp. 107-8).

OPERIBVS SVMMO STVDIO ELABORATIS ET PLANE PERFECTIS VICISSIM EXORNAVERAT
IMMORTALITATE DIGNISSIMVS*.

Deixou Domenico Bartoli[4], seu sobrinho e discípulo, que, dedicando-se à arte da pintura, demonstrou melhor técnica na elaboração das figuras; e, nas cenas que pintou, mostrou muito mais exuberância, variando-as em diferentes coisas. No asilo dos peregrinos da Albergaria maior de Siena há de Domenico duas cenas de grandes dimensões, em afresco[5], nas quais ele criou algumas perspectivas e ornamentos de grande delicadeza. Consta que Domenico foi muito modesto e gentil, dotado de singular ternura e liberal cortesia, não angariando ele menor reputação por suas boas qualidades do que pela arte da pintura. Suas obras datam de MCDXXXVI. E, por fim, pintou na igreja de Santa Trinita de Florença um painel com uma Anunciação e, na igreja do Carmino, o painel do altar-mor.

---

* "Aqui jaz Taddeo Bartoli de Siena com sua arte de pintar, que ele embelezou com seus costumes dóceis e humaníssimos e com a delicadeza do engenho, bem como com obras perfeitas, elaboradas com grande esmero e cuidado. Digno da imortalidade." [N. da T.]

[4] Domenico di Bartolo nasceu em Asciano de certo Bartolo di Ghezzo, por volta de 1400; portanto, não era sobrinho de Taddeo. Em 1428 inscreve-se no registro da Corporação de Siena, na função de pintor. Morreu em 1447. Suas obras, a partir da *Nossa Senhora da Humildade*, de 1433 (Siena, Pinacoteca), mostram que ele estava a par da cultura florentina do período imediatamente subsequente à morte de Masaccio, entre os primórdios de Domenico Veneziano e de Filippo Lippi.

[5] Os afrescos do Pellegrinaio, encomendados pelo superior da Albergaria Scala, Giovanni di Francesco Buzzichelli, foram realizados entre 1441 e 1444, em colaboração com Vecchietta e Priamo della Quercia, irmão do escultor.

Lorenzo di Bicci, pintor florentino

Grande é a ventura daqueles que, na prática de alguma bela profissão ou talento, se deleitam no prazer que dela haurem a todo momento; porque, enquanto trabalham, passam o tempo num exercício honrado, deixam fama e reputação, ganham honestamente e sempre estão conquistando amigos. Por isso, são amados com tanta ternura e estima, que se pode dizer que eles têm domínio sobre as pessoas, e, por via da abastança alheia, sempre conquistam a sua própria. Por isso, a quem serve os outros bem e com presteza não basta apenas o pagamento, pois a gratidão sempre entra de permeio entre quem dá o trabalho e quem trabalha. Foi isso o que se viu em Lorenzo di Bicci[1], pintor exímio e expedito, que, deleitando-se com o trabalho, conquistou tais recursos e era considerado pelos conhecidos pessoa de tão agradável trato, que todos faziam questão de prestar-lhe favores. Suas figuras são fortemente influenciadas pelo estilo de Taddeo Gaddi e de outros mestres anteriores, que ele se esmerou em imitar, por gostar daquele estilo. Em todas as capelas de Santa Maria del Fiore Lorenzo fez figuras sob as janelas e para a igreja fez a imagem dos doze apóstolos[2] para sagrar a igreja e pôr as cruzes. Na igreja de Camaldoli de Florença, para a Companhia dos Mártires pintou uma parede com cenas da história deles e duas capelas[3]. E na igreja do Carmino fez outra parede com cenas que representam a condenação dos mártires à morte e sua ida para o suplício[4], bem como todos os crucifixos, feitos com grande perícia e honesta

---

[1] Lorenzo di Bicci, mencionado já em 1370, inscrito em 1409 na Companhia de São Lucas, morreu em 1427. Sua única obra indubitável consiste em três artesãos com *Evangelistas* na sacristia dos Cônegos da Catedral florentina (cf. G. Poggi, *Il Duomo di Firenze*, Berlim, 1909, pp. CVI-CIX). Com base nessa obra lhe são atribuídas numerosas outras pinturas, que o mostram como um modesto seguidor dos continuadores tardios de Orcagna. Vasari, porém, confundiu esse pintor com o filho Bicci di Lorenzo (1373-1452), que é o verdadeiro protagonista desta Vida; sobre ele, cf. F. Zeri, "Una precisazione sul Bicci di Lorenzo", em *Paragone*, n. 105 (1958), pp. 67-71.

[2] O livro de Antonio Billi e o Anônimo Magliabechiano já mencionam os *Apóstolos* e *Santos* de Bicci di Lorenzo em Santa Maria del Fiore, que ainda são vistos de forma fragmentária e parcialmente repintados. Duas cabeças dessa série estão hoje no Museu da Obra da Catedral (n.os 69-70).

[3] Também nesse caso se deve entender que o pintor não é Lorenzo, mas seu filho Bicci. Falam sobre sua atividade na igreja de Camaldoli o Livro de Antonio Bili e o Anônimo Magliabechiano. As duas capelas, encomendadas em 1428, foram terminadas em 1430. Nesse ano Bicci di Lorenzo começou a pintar na própria igreja a figura de *São João Gualberto* com seis *Cenas* em torno, executadas com os ajudantes Stefano d'Antonio e Bonaiuto di Giovanni; já estavam terminadas fazia tempo em 1433. A igreja de San Benedetto foi abandonada pelos monges durante o assédio de Florença e destruída em 1552.

[4] Atualmente não há vestígio da atividade de Bicci di Lorenzo na igreja do Carmine, aliás também mencionada pelo Livro de Antonio Billi e pelo Anônimo Magliabechiano. Nem os afrescos com *Cenas de Santa Cecilia*, descobertos em 1858 na sacristia, podem ser-lhe atribuídos, como acreditam Berenson e Van Marle.

maestria. Nessas obras se vê o seu engenho, e uma infinidade de traços cria atitudes que imitam a natureza. Na praça da igreja de Santa Croce fez na parte de fora, na fachada do convento, a cena de um São Tomé, com o restante dos Apóstolos, em busca da chaga de Cristo; também fez uma Nossa Senhora no céu em fundo de ouro, com um sem-número de anjos ao redor e São Tomé recebendo o cíngulo, tudo trabalhado com muito frescor e cores vivas[5]; e, ao lado dessas obras, elaborou um São Cristóvão com treze braços e meio de altura[6], no qual mostrou grande coragem, pois até então não haviam sido feitas figuras com mais de cinco braços de altura, à exceção do São Cristóvão de Buffalmacco[7]. Dentro do convento, na entrada da porta do martelo, fez mais de quarenta frades, todos vestidos de cinzento, nos quais Lorenzo quis mostrar a perícia e a ciência que tinha no trabalho em afresco; e em todos fez variações da cor cinzenta, tendendo alguns mais para o avermelhado e castanho, outros para o azulado e o amarelado, criando-se admirável diferença entre cada um deles. Pintou também outras cenas em paredes e abóbadas, com tanta facilidade e presteza, que, segundo uma história que se tem por verídica, consta que certa vez, quando o monge que cuidava das suas refeições mandou chamá-lo para comer, ele, que fizera a argamassa para uma figura e a começava exatamente naquele momento, respondeu ao frade que o chamava: "Apronte as escudelas, que faço esta figura e já vou." Diz-se, então, que Lorenzo era dotado de uma maneira tão veloz e resoluta que em nenhum outro já se viu. É de sua lavra o tabernáculo feito em afresco no recanto das monjas de Fuligno, bem como, acima da porta da igreja de tais monjas, uma Nossa Senhora com alguns santos, entre os quais São Francisco desposando a Pobreza. Foi levado para Arezzo, onde pintou a capela-mor de San Bernardo, convento dos monges de Monte Oliveto, com a história de São Bernardo, encomendada por *Messer* Carlo Marsupini. Além disso, deu início à capela de Francesco Bacci Vecchio na igreja de San Francesco d'Arezzo[8]: terminada a abóbada, foi acometido do mal dos peitos e depois de algum tempo, curado, voltou para Florença e fez a sala da antiga casa dos Medici, na Via Larga, para Pier Francesco Vecchio[9].

Lorenzo teve dois filhos, Bicci e Neri[10], ambos pintores, não como o pai, que foi por eles imitado o máximo possível. Bicci ajudou-os a acabar a capela dos Martini na

---

[5] Entre 1440 e 1441 Bicci di Lorenzo pintou um afresco na fachada do convento de Santa Croce. Debaixo dessas pinturas, hoje desaparecidas, Del Migliore leu: QVESTO LAVORI A FATTO FARE TOMMASO DI LIONARDO SPINELLI A HONORE DI DIO E SVFFRAGIO DE' POVERI. ANO DOMINI MCCCXXXXI (Milanesi, II, p. 64).

[6] Um São Cristóvão de Bicci di Lorenzo também é mencionado pelo Livro de Antonio Billi e pelo Anônimo Magliabechiano; obra desaparecida.

[7] Cf. pp. 115-6.

[8] A incumbência de pintar em afrescos o coro de San Francesco foi confiada a Bicci di Lorenzo em 1447. Mas o trabalho da abóbada ficou inacabado (talvez devido à morte do artista, em 1452) e foi continuado por Piero della Francesca.

[9] A decoração – hoje desaparecida – de uma sala da antiga casa dos Medici (depois palácio Ughi) também é mencionada pelo Livro de Antonio Billi e pelo Anônimo Magliabechiano como obra de Bicci di Lorenzo. O próprio Vasari fala dela na edição de 1568 nos seguintes termos: "Giovanni di Bicci de' Medici [...] mandou pintar na sala da antiga casa dos Medici, que depois ficou com Lorenzo, irmão carnal de Cosimo, o velho, quando o palácio grande [ou seja, o atual palácio Medici-Riccardi] foi construído, todos aqueles homens famosos que ainda hoje lá estão bem conservados."

[10] Neri (1419-91) era filho, e não irmão de Bicci. Foi um interessante divulgador de certos módulos do Renascimento florentino de meados do século XV. De grande importância documental são suas *Ricordanze* (cf. edição org. por B. Santi, Pisa, 1976), que abrangem o período de 1452 a 1475.

igreja de San Marco[11]; trabalhou com eles em grande número de obras em Florença e no interior; Neri pintou em afresco a capela dos Lenzi na igreja de Ogni Santi, bem como o painel[12], no qual se retratou ao lado de seu pai Lorenzo. E na Ordem dos Camáldulos[13] e no claustro de San Brancazio[14] fez inúmeras obras; na igreja pintou algumas coisas que não cabe descrever. Mas Lorenzo, que já estava velho, com a idade de LXI anos contraiu uma febre comum e pouco a pouco se foi debilitando; mesmo assim, desejava voltar a Arezzo para terminar a obra que começara; depois de sua morte, ela foi terminada por Pietro dal Borgo a San Sepolcro[15]. Sua morte foi pranteada por Bicci e Neri que, com muitos lamentos, acompanharam seu corpo à sepultura; também se condoeram muito todos os seus amigos. Não faltou quem o honrasse com este epitáfio:

LAVR(ENTIO) BICIO PICTORI ANTIQVOR(VM) ARTIFICIO ET ELEGANTIAE SIMILLIMO AC PROPE PARI BICCVS ET NERIVS FILII ET ARTIS ET PIETATIS ERGO POSVER(VUNT)*.

FIM DA PRIMEIRA PARTE DAS *VIDAS*

---

[11] Essa decoração, hoje desaparecida, é lembrada pelo Anônimo Magliabechiano como obra de Bicci di Lorenzo em colaboração com o filho Neri, e pelo Livro de Antonio Billi como obra de Neri; mas os documentos provam que foi realizada em 1432 por Bicci di Lorenzo (Milanesi, II).

[12] Os afrescos também são mencionados pelo Livro de Antonio Billi e pelo Anônimo Magliabechiano; eram assinados e datados de 1451; o retábulo era datado de 1446; obras desaparecidas.

[13] Na edição de 1568, Vasari especifica: "na praça da Abadia de São Félix de Florença, da ordem de Camaldoli, fez alguns painéis". De fato, na igreja de San Felice se conserva um grande painel de altar, feito por Neri di Bicci, pintado em 1467. Graças às *Ricordanze* do pintor, tem-se notícia de outro painel com a *Coroação de Maria, anjos e santos*, feito de novembro de 1459 a dezembro de 1460.

[14] A obra de Neri di Bicci em San Pancrazio não é mencionada por Vasari na edição de 1568. O afresco do claustro, que representa *São João Gualberto no trono*, circundado por santos monges, ainda existe e foi começado por Neri em 1º de março de 1454, como se lê nas *Ricordanze*.

[15] Lorenzo di Bicci morreu em 1427; Bicci di Lorenzo, em 1452. Foi este último que começou os afrescos de Arezzo (cf. acima, nota 8). Sobre Piero della Francesca, cf. Vida nas pp. 274-9.

* "Em memória de Lorenzo Bicci, que em arte e elegância muito se assemelhou e até se igualou aos pintores antigos, Biccio e Neri, seus filhos mandaram fazer este epitáfio, por amor à arte e por piedade." [N. da T.]

Proêmio da segunda parte das *Vidas*

Quando eu, meu humaníssimo leitor, comecei a descrever estas vidas, não era minha intenção fazer uma nota sobre os artistas e um, digamos, inventário das suas obras; também nunca julguei que fosse finalidade digna deste meu trabalho demorado e árduo – apesar de belíssimo – descobrir números, nomes e locais de origem, bem como indicar em que cidade e em que lugar exato é possível encontrar agora pinturas, esculturas ou construções; porque isso eu poderia fazer com uma simples tabela, sem inserir em lugar nenhum os meus juízos a respeito. Mas vejo que os escritores de história – aqueles que, por consenso, têm a reputação de escrever com mais tino – não só não se limitaram a narrar simplesmente os fatos ocorridos, como também investigaram com toda a diligência e a maior curiosidade possível os modos, os meios e os caminhos usados pelos homens valorosos na consecução de seus feitos, que tais escritores se empenharam em apontar os erros e também os acertos, as melhorias e as decisões tomadas às vezes com grande prudência na condução das coisas, em suma tudo aquilo que foi feito com sabedoria ou negligência, com prudência, piedade ou magnanimidade, pois sabiam que a história é realmente o espelho da vida humana, não se tratando de narrar sucintamente os fatos ocorridos a um príncipe ou a uma república, mas sim de mostrar os julgamentos, as deliberações, as determinações e as medidas tomadas pelos homens, coisas estas que dão ensejo a ações felizes ou infelizes. E essa é exatamente a alma da história, aquilo que de fato ensina a viver e torna os homens prudentes; e o prazer que se extrai do conhecimento das coisas passadas e presentes é sua verdadeira finalidade. Por tais motivos, quando comecei a escrever a história dos nobilíssimos artistas, a fim de que a arte tire proveito e honra de tudo o que minhas forças me permitirem fazer, procurei imitar homens tão valorosos e empreguei os seus procedimentos; assim, empenhei-me não só em dizer o que fizeram os artistas, como também em selecionar, para comentar, o que há de melhor naquilo que é bom, e o que é ótimo no que há de melhor, observando cuidadosamente técnicas, expressões, estilos, traços e inventividade de pintores e escultores, tentando, com a maior diligência que pude, mostrar àqueles que tais coisas não sabem fazer por si sós as causas e as raízes dos estilos, bem como das melhorias ou pioras introduzidas nas artes, coisas que ocorreram em diversos tempos e em diferentes pessoas. E, visto que no começo destas vidas eu disse sobre a nobreza e a antiguidade dessas artes tudo o que a tal propósito servia, deixando de lado muitas coisas para as quais poderia ter-me valido de Plínio e de outros autores, caso não tivesse desejado – contrariando a crença talvez de muitos – deixar que cada um visse livremente as criações alheias nas próprias fontes, parece-me que agora convém fazer aquilo que, para fugir ao tédio e à prolixidade – inimiga mortal da aten-

169

ção –, não me pareceu lícito fazer então, ou seja, mostrar com mais aplicação meus propósitos e intenções e dizer por que motivo dividi em três partes este corpo das vidas.

É bem verdade que, embora a grandeza das artes se deva, em alguns, à diligência, em outros ao estudo, neste à imitação, naquele ao conhecimento de todas as ciências que contribuem para a arte, em certos artistas se encontram todas essas coisas juntas ou a maior parte delas; e embora, ao tratar da vida de cada um, eu tenha falado bastante das técnicas, dos estilos e das razões pelas quais os artistas trabalhavam bem, melhor e excelentemente, agora falarei dessas coisas de modo mais geral, dando mais preferência à qualidade dos tempos do que à das pessoas, que aqui distingo e divido – para não entrar em minúcias extremas – em três partes ou, digamos, épocas: desde o renascimento[1] dessas artes até o século em que vivemos, em vista da claríssima diferença que há em cada uma delas. Assim, na época primeira e mais antiga viu-se que essas três artes se afastaram muito da perfeição e, ainda que tenham apresentado algo de bom, foram acompanhadas de tanta imperfeição, que por certo não merecem excessivos louvores; entretanto, por terem dado início e condições às coisas melhores que vieram depois, não fosse por outros motivos, só se pode falar bem delas e dar-lhes um pouco mais de glória do que mereceriam as obras em si, caso fosse preciso julgá-las segundo os padrões de perfeição da arte. Na segunda época percebe-se claramente que as coisas melhoraram bastante, que tanto na inventividade quanto na execução há mais técnica e melhor estilo, sendo tudo feito com mais diligência, sem a ferrugem da velhice, a inabilidade e a desproporção a que a rudeza daqueles tempos condenara tais artes. Mas quem ousará dizer que nessa época houve alguém totalmente perfeito? Alguém que tenha atingido a criatividade, a técnica e o colorido de hoje? Que tenha praticado o suave esfumado das figuras com a gradação das sombras, com incidência de luz somente nos relevos, e, na escultura, tenha conseguido o acabamento e certos efeitos extraordinários que hoje se veem nas estátuas de mármore? Esses elogios com certeza cabem à terceira época, quando julgo poder dizer com segurança que a arte fez aquilo que, como imitadora da natureza, lhe é lícito fazer, tendo ela atingido ponto tão elevado, que mais cabe temer a sua decadência do que esperar maior elevação.

Considerando tais coisas atentamente, julgo ser do caráter e da índole dessas artes partir de humilde princípio e ir aos poucos melhorando para finalmente chegar ao ápice da perfeição. E isso me leva a crer que ocorreu quase o mesmo em outras atividades; pois, havendo certo parentesco entre todas as artes liberais, não é pequena a possibilidade de que isso seja verdade. Mas na pintura e na escultura de outros tempos deve ter ocorrido algo tão semelhante que, trocando-se os nomes, os casos seriam exatamente os mesmos. Assim, sabe-se (a dar fé aos que viveram próximos àqueles tempos e podiam ver e julgar os trabalhos dos antigos) que as estátuas de Cânaco eram muito duras e desprovidas de vivacidade e movimento, portanto muito distantes da realidade, e que sobre as de Cálamis se diz o mesmo, embora estas fossem um tanto mais suaves que as anteriores. Depois veio Míron, que não imitou com total exatidão a verdade da natureza, mas dotou suas obras de tanta proporção e graça, que em sã consciência podiam ser chamadas de belas. Em terceiro lugar surgiu Policleto e os outros tantos celebrados que, tal como se diz, e é de acreditar, criaram obras inteiramente perfeitas. Esse mesmo progresso deve ter ocorrido na pintura, porque se diz que não era grande a sua perfeição, e é verossímil acreditar que isso ocorria nas obras dos que

---

[1] Observe-se o uso desse termo, que terá tanto sucesso na historiografia artística moderna.

pintavam com uma só cor e por isso foram chamados de monocromáticos. Depois disso, nas obras de Zêuxis, Polignoto e Timantes, ou dos outros que só empregaram quatro cores, elogiam-se as linhas, os contornos e as formas, deixando eles sem dúvida algo que desejar. Mas com Étion[2], Nicômaco, Protógenes e Apeles, tudo é tão perfeito e belíssimo, que não se pode imaginar melhor, havendo eles pintado maravilhosamente não só as formas e as atitudes corporais, como também as emoções e as paixões da alma. Mas deixemo-nos destes, pois eu precisaria remeter-me a outros autores[3], que muitas vezes não concordam nos julgamentos nem – o que é pior – nas épocas, mesmo em se tratando dos melhores, e passemos aos nossos tempos, quando contaremos com nossos olhos, guia e juiz bem melhor do que os ouvidos. Acaso não se percebe claramente o aperfeiçoamento e as conquistas que tivemos, a começar da arquitetura, de Buschetto Greco a Arnolfo, o alemão, e Giotto[4]? Vejam-se as construções daqueles tempos, os pilares, as colunas, as bases, os capitéis e todas as cornijas com membros disformes, como as há em Florença, na igreja de Santa Maria del Fiore, e nas incrustações externas da igreja de San Giovanni, San Miniato al Monte, no Episcopado de Fiesole, na Catedral de Milão[5], em San Vitale de Ravena, em Santa Maria Maggiore de Roma e na Catedral velha extramuros de Arezzo[6], onde, com exceção das poucas coisas boas remanescentes dos fragmentos antigos, não há nada de bom em termos de ordem ou fatura. Mas aqueles sem dúvida a aperfeiçoaram muito, e não foram poucas as conquistas a eles devidas; pois melhoraram as proporções e fizeram edificações não só estáveis e robustas, como também com alguns ornamentos; no entanto, é indubitável que seus ornamentos eram confusos, muito imperfeitos e, digamos, não muito ornamentados. Porque nas colunas eles não observaram as medidas e as proporções exigidas pela arte, nem distinguiram as ordens, dando-lhes caráter mais dórico que coríntio ou jônico ou toscano, mas as misturaram com uma regra pessoal sem regra, fazendo colunas grossas demais ou finas demais, como lhes parecesse melhor. E todas as suas invenções foram em parte fruto de seu cérebro e em parte restos das antigualhas que viam. E as ombreiras eram em parte inspiradas na boa arte, em parte fruto de sua fantasia, de tal modo que não se conformavam às paredes com que eram erguidas. No entanto, quem comparar suas obras com as anteriores verá que houve melhorias e verá coisas que de algum modo desagradam aos nossos tempos, tal como alguns templetes de tijolos trabalhados de estuque em Santo Ianni Laterano, em Roma. O mesmo direi da escultura, que naquela primeira época de seu renascimento teve coisas boas, porque se escapava do estilo grego tosco, tão grosseiro que mais lembrava a pedreira que o engenho dos artistas; aquelas estátuas eram inteiriças, não tinham panejamento, atitude ou movimento, fazendo, pois, jus ao nome de estátuas[7]; depois das melhorias do desenho introduzidas por Giotto, muitos fizeram figuras melhores em mármores e pedras, tais como Andrea Pisano, seu filho Nino e outros discípulos seus, que foram

---

[2] Provavelmente é o *Aetion* de Plínio, *Naturalis historia*, cit., XXXV, 78, p. 161.

[3] E. Gombrich, "Vasari's 'Lives' and Cicero's 'Brutus'", em *Journal of the Warburg and Courtauld Institutes*, XXIII (1960), nos 3-4, demonstrou que esse trecho sobre o desenvolvimento da arte antiga, de Cánaco a Apeles, deriva do *Brutus* de Cícero.

[4] Sobre Buscheto, cf. p. 74 e nota 196. Sobre Arnolfo, p. 82 e nota 15. Sobre Giotto, a Vida nas pp. 91-101.

[5] Sobre Santa Maria del Fiore, cf. nota 16 na p. 82; sobre a Catedral de Milão, cf. p. 74 e nota 197.

[6] Sobre a Catedral velha de Arezzo, cf. p. 75 e nota 204.

[7] Alusão à derivação etimológica de "estátua" do verbo "stare".

muito melhores que os primeiros e criaram posições diferentes para suas estátuas, pondo-as em atitudes melhores; também citarei aqueles dois seneses, Agostino e Agnolo, que fizeram a sepultura de Guido, Bispo de Arezzo, e os Todeschi, que fizeram a fachada de Orvieto[8]. Percebe-se, pois, que nessa época a escultura melhorou um pouco, e suas figuras ganharam formas melhores, com panejamentos mais bem feitos, cabeças mais expressivas, atitudes menos inteiriças; enfim, começava-se a tentar fazer boa arte; mas ainda eram muitos os defeitos, porque o desenho não havia atingido grande perfeição e não se viam coisas boas para imitar. Por isso, os mestres de então, cujas vidas descrevi na primeira parte, merecerão os louvores e o apreço a que fazem jus por suas obras, considerando-se que eles, assim como os arquitetos e os pintores daqueles tempos, não contaram com ajuda anterior e precisaram encontrar sozinhos o seu caminho; e todo começo, ainda que modesto, sempre é digno de não pouco louvor.

A pintura não teve melhor sorte naqueles tempos, excetuando-se o fato de ser mais usada, em virtude da devoção do povo, contando, pois, com mais artistas; por isso seus progressos foram mais evidentes que os das outras duas artes. Assim, percebe-se que o estilo grego se extinguiu de todo, primeiramente graças a Cimabue e depois a Giotto[9], nascendo um novo estilo ao qual eu daria de bom grado o nome de estilo de Giotto, por ter sido inventado por ele e por seus discípulos, passando depois a ser universalmente venerado e imitado por todos. Nele, desaparecem o contorno que circundava toda a figura, os olhos de possesso, os pés esticados e em ponta, as mãos afiladas, a falta de sombras e outras monstruosidades dos gregos, surgindo a graça das expressões e a suavidade no colorido. Giotto, em especial, compôs suas figuras em atitudes melhores, fez as primeiras tentativas de conferir maior vivacidade às cabeças, elaborou panejamentos mais condizentes com a natureza e criou em parte o esfumado e o escorço nas figuras. Além disso, foi quem primeiro expressou as emoções, dando a conhecer o temor, a esperança, a ira e o amor; o estilo, antes rude e áspero, com ele ganha suavidade; e, se não fez os olhos com o movimento próprio do ser vivo nem com sua carúncula lacrimal, se não fez cabelos macios, barbas plúmeas, mãos providas de nós e músculos, nem nus verazes, que lhe sirvam de escusa a dificuldade da arte e a falta de pintores melhores que ele pudesse observar. E considerem-se, em meio à pobreza da arte e dos tempos, o tino de suas cenas, a observação das expressões e a fácil obediência ao natural, porque se vê que as figuras obedecem àquilo que lhes competia representar; com isso, se demonstra que ele teve ótimo tino, se não perfeito. E a mesma coisa se vê nos que vieram depois, como se observa em Taddeo Gaddi, que tem colorido mais suave e intenso, carnações melhores, boa cor dos panejamentos, mais robustez e movimento nas figuras. Em Simone Senese [Simone Martini] observa-se decoro na composição das cenas; em Stefano Scimmia e em seu filho Tommaso, o favorecimento e o aperfeiçoamento do desenho, bem como a inventividade da perspectiva, do esfumado e da uniformidade das cores, sempre conservando o estilo de Giotto. Tais coisas também foram feitas com prática e destreza por Spinello Aretino, seu filho Parri, Iacopo di Casentino, Antonio Veneziano, Lippo e Gherardo Starnini[10],

---

[8] Sobre Andrea e Nino, cf. a Vida de Andrea Pisano, nas pp. 109-13 ss. Quanto a Agostino e Agnolo, cf. a Vida de Niccolò d'Arezzo, p. 183 e nota 14. Sobre os baixos-relevos da Catedral de Orvieto, a Vida de Jacopo della Quercia, p. 218 e nota 5.

[9] Quanto a Cimabue e Giotto, cf. as respectivas Vidas nas pp. 79-83 e 91-3.

[10] São todos artistas sobre cujas Vidas Vasari escreveu na primeira parte.

bem como pelos outros pintores que trabalharam depois de Giotto, dando prosseguimento a suas expressões, suas linhas, seu colorido e seu estilo, que eles melhoraram um pouco, mas não tanto que parecessem querer trilhar outros caminhos. Por isso, quem considerar tudo isto que eu disse, verá que essas três artes foram até agora, digamos, esboçadas, faltando-lhes muito da perfeição que mereciam, e é certo que, se não fosse para atingir tal perfeição, pouco adiantaria tal melhora, que não mereceria demasiada consideração. Nem quero que ninguém me julgue tão grosseiro e desassisado a ponto de desconhecer que as obras de Giotto, Andrea Pisano, Nino e dos outros todos – que, pela semelhança de estilos, reuni na primeira parte –, se comparadas às dos que trabalharam depois, não mereceriam louvor extraordinário nem medíocre; não deixava eu de perceber isso quando os louvei. Mas quem considerar a qualidade daqueles tempos, a carência de artistas, a dificuldade de obter ajuda, não as achará belas, como mostrei, mas sim milagrosas, e sentirá infinito prazer em ver os primórdios e as centelhas da boa arte que começavam a ressuscitar na pintura e na escultura. Está claro que a vitória de Lúcio Márcio[11] na Espanha não foi tão grande, que os romanos não conquistassem outras maiores depois. Mas, levando em conta o tempo, o lugar, as circunstâncias, a pessoa e o número de soldados, ela foi considerada estupenda e ainda hoje é digna dos infinitos e imensos louvores que lhe foram feitos pelos escritores. Assim, em consideração a tudo o que foi acima referido, também a mim pareceu que tais artistas mereciam não só ser descritos por mim com diligência, mas também louvados com o amor e a franqueza que pus em meus escritos. E acredito que os artistas que os lerem não acharão enfadonha a leitura dessas vidas e a consideração acerca dos diversos estilos e maneiras: talvez não seja pequena a utilidade que disso extrairão, o que muito me alegra e se me afigura já boa recompensa por este trabalho, no qual só busquei propiciarlhes utilidade e prazer, na medida do possível.

Agora que – poderíamos dizer – tiramos essas artes dos cueiros e da infância, chega a segunda época, quando tudo passa por grandíssima melhoria; nela a inventividade é mais abundante em figuras, mais rica em ornamentos; o desenho é mais profundo, natural e vivo; ademais, há uma finalidade nas obras feitas com menos perícia, mas com reflexão e diligência[12]; o estilo é mais airoso, as cores são mais bonitas, de tal modo que pouco faltará para se atingir a perfeição, e as obras imitam a verdade da natureza. Porque, antes, com o estudo e a diligência do grande Filippo Brunelleschi[13], a arquitetura reencontrou as medidas e as proporções dos antigos tanto nas colunas redondas quanto nos pilares quadrados e nos ângulos ásperos e lisos, distinguindo-se então uma ordem da outra e mostrando-se a diferença que havia entre elas. Determinou-se que as coisas seguissem uma regra, avançassem com mais ordem e fossem distribuídas com boas medidas. Cresceram a força e o fundamento do desenho, as coisas ganharam graça, passando-se a conhecer a excelência da arte. Foram redescobertas a beleza e a variedade de capitéis e cornijas, de tal modo que as plantas das igrejas e dos outros edifícios passaram a ser muito bem entendidas, as construções ganharam ornamentos e se tornaram magníficas e bem proporcionadas, como se vê na imponência da estupenda cúpula de Santa Maria del Fiore de Florença, na beleza e graça de sua lanterna, na ornamentada, variada e graciosa igreja de Santo Spirito, e no não menos belo edifício de San

---

[11] A vitória de Lúcio Márcio na Espanha ocorreu em 212 a.C.

[12] "Diligência" é termo vasariano muito importante, usado especificamente para a arte do século XV.

[13] A Vida de Brunelleschi está nas pp. 225-51.

Lorenzo, na originalíssima invenção da igreja de oito faces dos Agnoli, na graciosa igreja com convento da Badia di Fiesole e no magnífico e imenso palácio dos Pitti, em suas primeiras fases. No cômodo e grande edifício que Francesco di Giorgio[14] fez no palácio e na igreja da Catedral de Urbino, no forte e rico castelo de Nápoles e no inexpugnável castelo de Milão, para não citar muitas outras edificações notáveis daquele tempo, ainda que não houvesse fineza e graça requintada nas cornijas, limpeza e elegância no talhe das folhas e na realização das extremidades da folhagem ornamental, nem outras perfeições que vieram depois – como se verá na terceira parte, que tratará daqueles que na graça, na finura, na exuberância e na presteza atingiram uma perfeição que os arquitetos velhos não tiveram –, apesar de tudo isso, tais obras podem ser seguramente consideradas belas e boas. Não direi que são perfeitas, porque, como depois se viu coisa melhor nessa arte, parece-me possível afirmar, em sã consciência, que lhes faltava algo. É bem verdade que nessa época há algo de miraculoso que em nossos tempos ainda não foi nem será superado pelos que ainda virão, como, por exemplo, a lanterna da cúpula de Santa Maria del Fiore e, pela grandiosidade, a própria cúpula, na qual Filippo não só teve coragem de equiparar-se aos antigos nos corpos dos edifícios, como também de vencê-los na altura das paredes; no entanto, falamos de modo universal e genérico, e, em vista da perfeição e da qualidade de uma única coisa, não devemos afirmar a excelência do todo. Digo o mesmo sobre a pintura e a escultura, nas quais ainda hoje se veem coisas ótimas dos mestres dessa segunda época, como as de Masaccio, que no Carmino fez um nu a tremer de frio e em outras pinturas conseguiu vivacidade e espírito; mas em geral não é atingida a perfeição dos da terceira época, dos quais falaremos a seu tempo, já que aqui precisamos discorrer sobre os da segunda. Estes, a começar dos escultores, afastaram-se muito do estilo dos primeiros e tanto o melhoraram, que pouco deixaram para os da terceira. Tiveram maneira mais graciosa, natural e ordenada, com desenho e proporção melhores, a tal ponto que suas estátuas começaram a parecer pessoas vivas, e não mais estátuas como as primeiras. Testemunho disso são as obras feitas quando o estilo começou a renovar-se, como se verá nesta segunda parte: as figuras do senês Iacopo della Quercia têm mais movimento, graça, desenho e diligência; as de Filippo, mais requinte nos músculos, melhor proporção e mais tino, podendo-se dizer o mesmo de seus discípulos. Mais qualidade atingiu Lorenzo Ghiberti[15] na feitura das portas, onde mostrou inventividade, ordem, maneira e desenho, parecendo que suas figuras se movimentam e têm alma. Mas não me sinto determinado, ainda que naqueles tempos houvesse Donato, a inseri--lo entre os da terceira época, embora sua obra seja comparável à dos bons antigos; direi que nessa parte ele pode ser visto como padrão para os outros, por ter em si só reunido tudo aquilo estava distribuído entre muitos; porque ele movimentou suas figuras, dando-lhes certa vivacidade e agilidade, pelo que elas podem ser postas entre as obras modernas e, como eu disse, também entre as antigas. E o mesmo progresso ocorreu então na pintura, quando o excelente Masaccio reproduziu em tudo o estilo de Giotto: nas cabeças, no panejamento, na representação de edifícios, nos nus, no colorido, nos escorços, que foram por ele renovados; trouxe a lume o estilo moderno, que foi seguido naquele tempo e até hoje é observado por todos os nossos artistas, sempre com mais

---

[14] A Vida de Francesco di Giorgio está nas pp. 337-8.

[15] Cf. a Vida de Masaccio nas pp. 218-24 ss. A de Jacopo della Quercia, nas pp. 177-80. A de Filippo Lippi, nas pp. 302-9. A de Ghiberti, nas pp. 199-212. A de Donatello, nas pp. 252-64.

graça, inventividade, ornamentação, riqueza e beleza; como se verá na vida de cada um, passará a ser conhecida uma nova maneira de colorir, fazer escorços, criar atitudes naturais para as figuras; os estados da alma e os gestos do corpo foram muito mais bem expressos, buscando-se maior proximidade da verdade das coisas naturais no desenho; a expressão do rosto passa a assemelhar-se inteiramente à dos seres humanos, de tal modo que todos soubessem por que haviam sido feitos. Os artistas de então procuravam fazer o que viam ao natural, e não mais; por isso, o que faziam ganhava mais consideração e melhor entendimento, o que lhes deu mais coragem para criar as regras da perspectiva e as do escorço, que faziam em relevo, ao natural e com forma apropriada; para isso, observavam sombras e luzes, esbatimentos e as outras coisas difíceis, compondo cenas com mais verossimilhança, tentando fazer paisagens mais próximas das naturais, bem como árvores, relva, flores, ar, nuvens e outras coisas da natureza; a tal ponto, que não será ousado dizer que essas artes não só cresceram, como também atingiram a flor da juventude, sendo então de esperar o fruto que surgiu depois e de prever que em breve elas atingiriam o amadurecimento.

Portanto, com a ajuda de Deus começaremos com a vida do senês Iacopo della Quercia, continuando com outros arquitetos e escultores, até chegarmos a Masaccio; por ter sido este o primeiro aprimorador do desenho na pintura, ficará claro em que medida esse renascimento lhe é devedor. E, visto que escolhi o acima referido Iacopo para o honroso exórdio desta segunda parte, dando prosseguimento à ordem dos estilos, passarei a revelar, sempre com o relato das vidas, a dificuldade de artes tão belas, difíceis e honorabilíssimas.

FIM

Jacopo della Quercia, escultor senês

Realmente deve ser grande a felicidade de todo aquele que, graças aos trabalhos criados com virtude, venha a ser dignificado e recompensado entre as outras pessoas de sua pátria ou de fora, virtude que, com os louvores e as honras recebidas, cresce infinitamente. Foi o que ocorreu a Iacopo, filho de mestre Piero di Filippo della Quercia[1], escultor senês, que, por seus raríssimos dotes de bondade, modéstia e cortesia, mereceu a dignidade de ser feito cavaleiro. E tal título foi por ele honrado durante toda a vida, honrando assim também a pátria e a si mesmo. Assim, aqueles que são dotados pela natureza de egrégia e excelente virtude, quando aliam a modéstia dos costumes honrados ao grau em que se encontram, dão testemunho ao mundo de que subiram ao ápice da dignidade recebida graças ao mérito, e não à sorte; e isso foi de fato mostrado com grande dignidade por Iacopo, que, dedicando-se à escultura, sempre mostrou em suas obras a perfeição que atingiu em tal arte: entre estas, as primeiras foram duas figuras esculpidas em madeira, feitas em Siena, com muita graça no desenho e no entalhe. Em Lucca, na igreja de San Martino, fez para a mulher de Paolo Guinigi, senhor daquela cidade, uma sepultura[2] que ficou para a capela da comunidade;

---

[1] Filho de mestre Pietro d'Angelo di Guarnieri (e não di Filippo), ourives, talvez originário de Quercia Grossa, castelo situado a poucas milhas de Siena, hoje destruído. Jacopo nasceu por volta de 1374 e morreu em 1438. Sua vida é marcada por conflitos com as autoridades e com os clientes. Depois de um início claramente protorrenascentista (túmulo de Ilaria del Carretto, Fonte Gaia), um aprofundamento da tradição artística senesa levou-o a uma crise gótica (altar Trenta na igreja de San Frediano, Lucca); o portal da igreja de San Petronio é o originalíssimo resultado de um plasticismo pleno, mas continuamente perturbado por uma carga de mau humor e seduzido pelas cadências góticas. Cf. I. B. Supino, *Jacopo della Quercia*, Bolonha, 1926; L. Biagi, *Jacopo della Quercia*, Florença, 1946; O. Morisani, *Tutta la scultura di Jacopo della Quercia*, Milão, 1962; G. Nicco Fasola, "Della Quercia, Jacopo", em *Enciclopedia universale dell'Arte*, vol. IV cit., col. 243-51; Ch. Seymour, *Jacopo della Quercia*, New Haven-Londres, 1973; id., *Jacopo della Quercia nell' arte del suo tempo*, catálogo da exposição, Florença, 1975; id., *Jacopo della Quercia fra Gotico e Rinascimento. Atti del convegno di studi, Siena, 2-5 ottobre 1975*, org. G. Chelazzi Dini, Florença, 1977.

[2] Ainda na Catedral de Lucca (San Martino), no transepto esquerdo. Em fevereiro de 1403 Paolo Guinigi casou-se em segundas núpcias com Maria Ilaria, filha do marquês Carlo del Carretto dos senhores de Finale. Ilaria morreu em 8 de dezembro de 1405 e, em abril de 1407, Guinigi casou-se outra vez. A realização do túmulo deve ter ocorrido entre essas duas datas; a presença de Francesco di Valdambrino em Lucca no ano de 1406 levaria a acreditar numa provável colaboração. Milanesi, porém, dizia conhecer um documento do qual se infere que a data do sepulcro seria 1413. Por Vasari parece possível entender que não só a localização como também a instalação atual do túmulo não são as originais. Longhi, por sua vez (E. Caratti [Roberto Longhi], "Un'osservazione circa il monumento d'Ilaria", em *Vita artistica*, I [1926], pp. 94-6), observava que um dos dois lados do sarcófago, com friso dos *putti*, não se coaduna estilisticamente com Jacopo, enquanto o lado que com ele condiz deve ter sido executado em época posterior à figura jacente de Ilaria, provavelmente concebida na origem como laje tumular. Mais recentemente: R. Krautheimer, "Quesiti sul sepolcro di Ilaria", em id., *Jacopo della Quercia*, cit., pp. 91-8.

lá mesmo fez alguns meninos num friso com festões de mármore, bem como o féretro e a figura da morta na entrada da sacristia: tudo foi feito com muita diligência, e a seus pés fez, da mesma pedra, a escultura de um cão, para representar sua fidelidade ao marido. Depois se mudou para Bolonha, onde os construtores da igreja de San Petronio lhe encomendaram a porta principal da igreja[3], feita de mármore e trabalhada com figuras, cenas e folhagens; nos pilares que sustentam a cornija e o arco, há cinco cenas por pilar, feitas em baixo-relevo. E na arquitrave fez outras cinco, que foram e continuam sendo consideradas muito louváveis. E por dentro delas entalhou cenas que vão desde a criação do mundo até Noé. E no arco fez três figuras em vulto: Nossa Senhora com o menino e dois santos, um de cada lado; tal obra foi elaborada com grande amor e suprema diligência; graças a ela os bolonheses deixaram de laborar em erro, pois não acreditavam que seria possível fazer algo melhor que um painel realizado por antigos mestres, que estava no altar-mor da igreja de San Francesco daquela cidade, obra de lavra de alguns alemães[4], que depois dos godos criaram no velho estilo mais obras do que os outros daqueles tempos. Desses artistas há ainda muitas obras na Itália, como a fachada de Orvieto, o painel de mármore do Episcopado de Arezzo, a Catedral de Pisa, a de Milão, e, nesta cidade, diversas outras obras[5].

---

[3] Foi encomendada a Jacopo em 26 de março de 1425 por Ludovico, arcebispo de Arles e legado de Bolonha. Indo e vindo entre Bolonha e Siena, Jacopo ali trabalhou até 1438. Além dos quinze baixos-relevos aqui mencionados, o escultor senês também fez os dezoito *Profetas* em meio busto no capialço do portal. Na luneta, uma das três figuras em vulto, *Santo Ambrósio*, foi realizada em 1510 por Domenico Aimo da Verignana, no "estilo" de Jacopo. J. H. Beck, *Jacopo della Quercia e il portale di San Petronio a Bologna*, Bolonha, 1970; L. Bellosi, *La "'Porta Magna' di Jacopo della Quercia"*, em *La Basilica di San Petronio a Bologna*, Bolonha, 1983, pp. 163-212.

[4] É o políptico de mármore, ainda no local, que em 16 de novembro de 1388 foi encomendado aos irmãos venezianos Jacobello e Pietropaolo Dalle Masegne (ativos já em 1383, falecidos no início do século XV). Trabalharam nessa obra até 1392. Na edição de 1568, Vasari atribuirá esse políptico de mármore aos seneses Agostino e Agnolo.

[5] Essa pequena digressão sobre a escultura "alemã" (ou seja, gótica) na Itália depois servirá a Vasari para a vida dos escultores trecentistas Agostino e Agnolo, de Siena, que ele inserirá na segunda edição da sua obra, logo depois da Vida de Giotto.

Quanto à fachada da Catedral de Orvieto, além de Agostino e Agnolo, Vasari lembrará Nicola Pisano e "alguns alemães" que haviam trabalhado com Giovanni Pisano. Mas essas atribuições já não são aceitáveis. Pode-se dar mais precisão a um dado cronológico da fachada da Catedral de Orvieto, situando-a nos primeiros trinta anos do século XIV; no entanto, não há fundamentos seguros nem mesmo nas tentativas feitas pela crítica moderna para esclarecer sua autoria, sugerindo-se ora Nicola di Nuto (W. R. Valentiner, "Observations on Sienese and Pisan Trecento sculpture", em *The Art Bulletin*, 1927, pp. 2-11), ora Lorenzo Maitani (G. De Francovich, "Lorenzo Maitani scultore e i bassorilievi della facciata del Duomo di Orvieto", em *Bollettino d'Arte*, VII [1927-28], pp. 339-72). Contudo, é possível identificar dois artistas, um mais antigo, que realizou a parte inferior dos dois pilares centrais (frei Bevignate, segundo P. Cellini, "Fra' Bevignate e le origini del Duomo di Orvieto", em *Paragone*, n. 99 [1958], pp. 3 ss.), um mais gótico e sutil, que realizou o resto (cf. também J. White, "The reliefs on the facade of the Duomo at Orvieto", em *Journal of the Warburg and Courtauld Institutes*, XXII (1959), pp. 254-73; G. Previtali, "Sulle tracce di una scultura umbra del Trecento", em *Paragone*, n. 582 (1965), pp. 16-25; id., "Secondo studio sulla scultura umbra del Trecento", ibid, n. 241 [1970], pp. 9 ss.).

Vasari atribuirá o altar-mor da Catedral de Arezzo a Giovanni Pisano. "Seus mármores foram trabalhados (c. 1369) por certo Betto di Francesco, da Firenze, e por certo Giovanni di Francesco, de Arezzo. Obra medíocre na maneira de Orcagna" (Toesca, 1951, p. 347).

Com "trabalhos na Catedral de Pisa", decerto se alude ao púlpito de Giovanni Pisano.

A decoração escultórica da Catedral de Milão, que começou a ser construída em 1386, ultrapassa os limites cronológicos das obras "alemãs" vistas acima. No entanto, a menção a outras esculturas em diversos locais daquela cidade decerto também alude a toda a produção trecentista local do grupo lombardo dos grandes mestres campioneses e a do toscano Giovanni di Balduccio e seu círculo.

E enquanto sua fama aumentava, Iacopo veio a Florença, onde, acima da porta lateral da igreja Santa Maria del Fiore, que conduz à Anunciação, fez uma Assunção[6] de mármore, realizada com tanta graça e perícia, que hoje essa obra é vista por nossos artistas como algo maravilhoso; e assim foi considerada em todas as épocas. Suas figuras têm um movimento que revela graça e perícia, é belíssimo o caimento das pregas de seus panejamentos, que circundam com maestria os corpos e apresentam um acabamento perfeito e admirável. Nessa obra Iacopo representou um São Tomé a receber o cíngulo e, do outro lado, um urso subindo numa pereira. Como seu significado é entendido de várias maneiras, direi também qual é minha opinião, dando, porém, liberdade a quem quer que de tal imagem extraia melhor conceito. A mim parece ser sua intenção dizer que o diabo, representado pelo urso, embora esteja subindo até o topo das árvores, ou seja, à altura de qualquer santo, porque em cada um deles encontra algo de seu, não reconhece naquela gloriosíssima Virgem nem sequer vestígio ou sinal de algo que seja seu porque, apesar de ter subido na árvore, fica embaixo, enquanto ela sobe até as estrelas. E quem com isso não se satisfizer, que se satisfaça pelo menos com a resposta que Homero deu a Luciano sobre o princípio de seu poema, ou seja, pareceu-lhe proposital assim fazer. Segundo opinião de muitos, essa obra teria sido feita pelo florentino Nanni d'Antonio di Banco[7]; mas isso é impossível: primeiro, porque Nanni não trabalhou com tanta perfeição; segundo, a maneira da obra é muito diferente da sua e se assemelha muito à das obras de Iacopo. Na encomenda das portas de San Giovanni, consta que Iacopo competiu com os mestres que haviam sido escolhidos para tal trabalho[8]; sabe-se que viera a Florença quatro anos antes da encomenda dessa obra. Por isso, não havendo outra obra sua além dessa, é forçoso acreditar ser mais provável que ela tenha sido realizada por Iacopo do que por Nanni.

Depois, voltando a Siena e lá ficando, foi-lhe encomendada pela Senhoria da referida cidade a soberba fonte de mármore feita em praça pública defronte ao palácio[9]; essa obra custou dois mil e duzentos ducados; nela empregou tanto artifício e perícia, que dela recebeu o nome com que sempre foi chamado, vivo ou morto, qual seja:

---

[6] O relevo com a *Ascensão* no frontão da Porta della Mandorla (última porta do lado esquerdo, em direção à abside, da Catedral de Florença) foi encomendado em 1414 a Nanni di Banco, que recebeu pagamentos até o ano de sua morte, 1421. Vasari justifica abaixo a sua atribuição a Jacopo, que contrariava as afirmações de Albertini, do Anônimo Magliabechiano e do Livro de Antonio Billi, todos concordes na referência a Nanni di Banco. Para G. Brunetti ("Jacopo della Quercia a Firenze", em *Belle Arti*, 1951, pp. 3-17; e "Jacopo della Quercia and the Porta della Mandorla", em *The Art Quarterly*, XV [1952], pp. 119-31), a atividade de Jacopo na Porta della Mandorla não seria mera invenção de Vasari, mas deveria referir-se a outras partes da porta, como os dois primeiros anjos (a começar de baixo) no capialço esquerdo, havendo de permeio a estatueta de Hércules, e o último anjo abaixo do qual há a estatueta de Apolo; ou como a *Anunciação* que estava na luneta, agora no Museu da Obra da Catedral, onde a rampante forma gótica se reveste e recobre de romanidade clássica. Para opinião contrária, cf.: Ch. Seymour, "The Younger Masters of the first compaign of the Porta della Mandorla", em *The Art Bulletin* (1959), pp. 1-17. Os vários pareceres acerca do problema da Porta della Mandorla são bem sintetizados por S. Grazzini, em id., *Jacopo della Quercia nell'arte*, cit., pp. 48-50.

[7] Cf. sua Vida nas pp. 187-9.

[8] Famoso concurso de 1401, vencido por Ghiberti. A almofada de Jacopo não ficou.

[9] Os primeiros trabalhos em torno da Fonte Gaia ainda são do século XIV: em 1334 foram encomendados a certo Giacomo di Vanni e a partir de 1340 foram continuados por Lando di Pietro, Agostino di Giovanni e mestre Giacomo. A fonte começou a jorrar em 5 de janeiro de 1343. A encomenda definitiva da decoração a Jacopo della Quercia é de 22 de janeiro de 1409; foi terminada em outubro de 1419, talvez com a colaboração de Francesco di Valdambrino. Em 1904 foi transferida para a *loggia* do Palácio Público. Cf. ensaio de A. Coffin Hanson, *Jacopo della Quercia's Fonte Gaia*, Oxford, 1965.

Iacopo de la Fonte Sanese. Nela entalhou com maneira suave e delicada as virtudes teológicas, com belas expressões, e cenas do Antigo Testamento: a criação de Adão e Eva e o pecado da maçã, em que a mulher tem rosto tão belo, irradia graça tão benigna e está voltada para Adão, a entregar-lhe a maçã, numa atitude tão suave, que sua recusa parece totalmente impossível. Toda a obra está cheia de belíssimas reflexões, com infinitos outros ornamentos feitos com perfeição, amor e perícia pela delicada mão de Iacopo. Por essa obra a Senhoria da referida cidade o fez cavaleiro; em pouco tempo ele se tornou construtor público da Catedral de Siena[10], sendo encarregado da direção geral da construção. Exerceu esse encargo durante três anos, para grande gratidão da cidade, porque foi muito útil para aquela igreja e aquela construção, que nunca foi antes tão bem dirigida por ninguém, pois ele era pessoa gentilíssima. Então, cansado pelo muito que trabalhara, ficando velho, passou desta para a outra vida, sendo honrado com lágrimas amargas pelos cidadãos de Siena; mereceu ser sepultado na Catedral em MCDXVIII[11], e, com epigramas latinos e rimas feitas em língua vulgar, os seneses nunca deixaram de exaltar devidamente suas belas obras, sua vida e seus honestos costumes. O mesmo também foi feito por estrangeiros, como se ve neste epitáfio:

IACOBO QVERCIO SENENSI CLARISSIMO STATVARIAQVE ARTIS PERITISS(IMO) AMANTISSIMOQVE VTPOTE QVI ILLAM PRIMVS ILLVSTRAVERIT TENEBRISQVE ANTEA IMMERSAM IN LVCEM ERVERIT AMICI PIETATIS ERGO NON SINE LACHRYMIS P(OSVERVNT)*.

Iacopo exerceu a arte da escultura com belíssimo estilo e a livrou em grande parte do velho estilo que havia sido empregado pelos escultores anteriores, fazendo as figuras majestosas, sem distorcer e desviar suas posturas, elaborando com suavidade corpos de homens e mulheres, que pareciam de carne, procurando sempre dar ao mármore acabamento limpo e diligente.

---

[10] Em 1435. O título de cavaleiro era conferido a quem ocupava tal cargo, costume este que vinha desde o início do século XV.

[11] Jacopo della Quercia morreu em 20 de outubro de 1438.

* "Em memória de Jacopo della Quercia de Siena, cavaleiro insigne e exímio amante da escultura, o primeiro que lhe deu brilho e a trouxe à luz, achando-se ela antes sepultada nas trevas, seus amigos, com piedade e pesar, mandaram fazer este epitáfio." [N. da T.]

Niccolò d'Arezzo (Nicola aretino), escultor

Nem sempre é verdadeiro nosso antigo provérbio toscano "pobre do pássaro que nasce em vale ruim", porque, se bem que a maioria das pessoas costume preferir ficar na terra onde nasceu, é frequente vermos muitas outras que vão para outros lugares, a fim de aprender fora as coisas que não puderam fazer em casa, visto que em geral (com exceção das cidades grandes, que não são muitas) todas as localidades são mal servidas das coisas mais necessárias, sobretudo em relação às ciências e às artes excelsas e egrégias, que propiciam recursos e fama a quem queira nelas se empenhar. Então, ajudadas não já pela natureza, mas pelo influxo celeste que as quer conduzir ao ápice, são retiradas de suas miseráveis terras e levadas para os lugares onde possam facilmente tornar-se imortais. Porque o céu, quando quer fazer algo, adota caminhos tão diferentes, que não é possível traçar-lhes regra: quando se trata de deixar a pátria, induz alguns por meio de amizades ou parentescos; a outros, por via do exílio ou de traições cometidas até pelos seus; a outros, ainda, por meio da pobreza e por um sem-número de motivos estranhos. É verdade que, se nunca tivesse sido alvo dessas facécias do mundo, o aretino Niccolò di Pietro[1] jamais teria saído de Arezzo, jamais teria conquistado glória e fama, assim como, aliás, um cartucho de excelentes sementes, esquecido nalguma reentrância de parede, estaria perdido para sempre. Mas o céu e sua boa sorte o queriam grande, e, visto que sua cidade não estava apta a fazê-lo, por não ter mestres que o ensinassem a atingir suas metas, por tê-lo feito pobre e, ademais, por haver ali parentes que o injuriavam, foi ele obrigado a sair. E assim, chegando a Florença e seguindo o instinto da natureza, passou a dedicar-se à arte da escultura e, exercendo-a com afinco e realizando trabalhos nada medíocres, tanto para vencer a pobreza que o maltratava, quanto a concorrência de outros jovens da mesma qualidade, Niccolò se tornou tão excelente, que deu motivos de glória à pátria e a si mesmo, obtendo grandes recursos para si e para os seus.

---

[1] Nesta Vida, Vasari confunde dois escultores chamados Niccolò: um é o florentino Niccolò di Pietro Lamberti, cognominado Pela, que nasceu por volta de 1370 e morreu em 25 de junho de 1451 (sobre ele, cf. G. Fiocco, "I Lamberti a Venezia, I. Niccolò di Pietro", em *Dedalo*, VIII (1927-28), pp. 287-314; M. Wundram, "Niccolò di Pietro Lamberti und die florentinische Plastik in 1400", em *Jahrbuch der Berliner Museen*, IV (1962), pp. 78-115; G. Goldner, "Niccolò di Pietro Lamberti and the Gothic sculpture of San Marco in Venice", em *Gazette des Beaux-Arts*, LXXXIX (1977), pp. 41-50; id., *Lorenzo Ghiberti, materia e ragionamenti*, Florença, 1978, pp. 174-9); o outro é o aretino Niccolò di Luca Spinelli, que nasceu entre 1350 e 1352, inscrito como ourives em 1399 e falecido entre 1420 e 1427 (sobre ele, cf. U. Procacci, "Niccolò di Pietro Lamberti detto il Pela di Firenze e Niccolò di Luca Spinelli d'Arezzo", em *Il Vasari*, I [1927-28], n. 4, pp. 300-16; e G. Fiocco, em *Enciclopedia Italiana*, vol. XX, Roma, 1949, pp. 411-2).

Seus primeiros trabalhos em Florença foram feitos na obra de Santa Maria del Fiore[2], notabilizando-se uma estátua de mármore com quatro braços de altura, que foi posta ao lado da porta principal da referida igreja, do lado esquerdo de quem entra; trata-se de um Evangelista sentado[3], no qual Niccolò demonstrou todo o seu valor. E foi ele muito louvado sobretudo porque de vulto nada de melhor se vira até então, como depois se viu por obra dos mestres que se dedicaram à maneira moderna e por obra do próprio Niccolò, que mudou totalmente seu trabalho. A partir de então trabalhou em companhia de Iacopo della Fonte[4] em muitas de suas obras. Em Arezzo fez três figuras de terracota sobre a porta do episcopado[5] e um São Lucas de granito num nicho da fachada[6]. Na fraternidade de Santa Maria della Misericordia esculpiu toda a fachada de pedra[7]; fez também com graça e bom estilo uma Nossa Senhora a proteger o povo sob seu manto, ladeada por duas figuras postas em nichos: uma de São Gregório, o papa, e outra de São Donato, o bispo, protetor daquela cidade. Na capela da paróquia de San Biagio fez de terracota uma figura belíssima do referido santo. E na igreja de Santo Antônio, na mesma cidade, fez um tabernáculo com uma escultura de Santo Antônio em terracota e outro Santo Antônio sentado acima da porta da albergaria[8]. Voltou a Florença e, acima da estátua de bronze de São Mateus, em San Michele in Orto, fez algumas estatuetas de mármore no nicho de cima[9], obra louvadíssima, que lhe deu tanto crédito e reputação, que, quando foi preciso encomendar as portas de bronze de San Giovanni, ele foi escolhido entre os mestres que para tal obra deveriam

---

[2] Em 1393 Niccolò di Pietro Lamberti trabalhava na parte inferior da Porta della Mandorla, em Santa Maria del Fiore. Entre 1404 e 1409 colaborou com Giovanni d'Ambrogio, Antonio di Banco e Nanni di Banco na construção da luneta acima da mesma porta.

[3] A estátua do evangelista Marcos, hoje no Museu da Obra da Catedral de Florença, foi encomendada a Niccolò di Pietro Lamberti em 19 de dezembro de 1408 e terminada em 1415. Cf. nota 5 na p. 108.

[4] Ou seja, Jacopo della Quercia; sobre ele, cf. a Vida nas pp. 177-80.

[5] Na luneta da porta lateral da Catedral de Arezzo existe ainda um grupo feito de argila que representa *Nossa Senhora com o Menino Jesus entre dois anjos, São Donato e São Gregório*, já associado ao aretino Niccolò di Luca Spinelli (Procacci, Fiocco); datação melhor seria em torno de 1330-40, sendo atribuível a um seguidor toscano de Giovanni di Balduccio, também ativo em Santa Maria del Fiore em Florença (cf. G. Kreytenberg, "L'Annunciazione sopra la porta del Campanile nel Duomo di Firenze", em *Prospettiva*, n. 27 (1981), pp. 52-62).

[6] Hoje na Pinacoteca de Arezzo, em péssimo estado. O autor parece ser o mesmo do grupo de argila, tratado na nota anterior (cf. id., ibid., p. 61).

[7] Na edição de 1568, Vasari fará a distinção entre uma parte "começada antes, na ordem alemã" (a parte inferior da fachada foi realmente feita em 1375-77 pelos florentinos Baldino di Cino e Niccolò di Francesco), e a parte feita no século XV, mas de Bernardo Rossellino (cf. nota 9 na p. 335, na Vida de Antonio Rossellino), a quem foi encomendada em 4 de abril de 1433. O relevo com a *Nossa Senhora da Misericórdia, São Laurentino e São Pergentino* e as estátuas de *São Donato e São Gregório* lhe foram encomendados em 21 de março de 1434. O último pagamento é de 26 de agosto de 1436.

[8] Essa estátua de *Santo Antônio* em terracota agora está na *villa* Vivarelli, nas cercanias de Arezzo. Salmi ("Spigolature d'arte toscana", em *L'Arte*, XVI (1913), pp. 226-7) a atribuía com dúvida a uma atividade tardia de Niccolò di Pietro Lamberti, mas, segundo Procacci, trata-se de obra plenamente renascentista, já com algum reflexo donatelliano.

[9] Representam o *Anjo anunciante* e a *Virgem Anunciada*. São atribuídas ora ao filho de Niccolò, Pietro Lamberti, nascido por volta de 1393 e ativo em Orsanmichele em 1410 (C. von Fabriczy, "Neues zum Leben und Werke des Niccolò d'Arezzo, III", em *Repertorium für Kunstwissenschaft*, XXV [1902], p. 166), ora a Nanni di Bartolo, vulgo il Rosso (Venturi, VI, p. 228; L. Planiscig, *Lorenzo Ghiberti*, Florença, 1949, p. 46). Mas a atribuição mais convincente é a Michelozzo (W. R. Valentiner, *Studies of Italian Renaissance Sculpture*, Londres, 1950, p. 63; R. Krautheimer, *Lorenzo Ghiberti*, Princeton, 1956, reed. 1970, pp. 87-8). Para Orsanmichele Niccolò di Pietro, Lamberti fez, entre 1403 e 1406, um *São Lucas* que agora está em Bargello.

concorrer[10]. Mas, não vencendo a concorrência, partiu[11] e, mudando-se para Milão, fez algumas lindas peças de mármore na Catedral. Depois, estava Niccolò já velho, quando os aretinos a ele recorreram, pois queriam encomendar a sepultura de Guido Pietramalesco, falecido Senhor e Bispo de Arezzo. Assim, mudando-se de Milão para Bolonha, ali morreu em poucos dias[12], e a sepultura foi encomendada aos mestres seneses Agostino e Agnolo[13], que a terminaram e instalaram no episcopado, na capela do Corpus Domini; tal sepultura hoje se encontra esfrangalhada, em virtude das guerras e das vendetas contra aquele bispo. Niccolò viveu LXVI anos, e suas obras datam de MCCCXIX. Depois de morto recebeu este epitáfio:

NICOLAVS ARETINVS SCVLPTOR

NIL FACIS IMPIA MORS CVM PERDIS CORPORA MILLE
SI MANIBVS VIVVNT SAECLA REFECTA MEIS*.

---

[10] Sobre o concurso de 1401 para a segunda porta do Batistério, do qual participaram Niccolò di Pietro Lamberti e Niccolò d'Arezzo, cf. a Vida de Ghiberti, p. 201 e nota 8.

[11] Realmente, em 1416 e nos anos seguintes encontramos Niccolò di Pietro Lamberti em Veneza, onde realizou a maior parte das estátuas da coroação de São Marcos. Essa atividade veneziana de Niccolò é uma redescoberta de Fiocco.

[12] Em Bolonha, Niccolò di Pietro Lamberti é mencionado quatro vezes entre 1428 e 1439. Morreu em 1451. Procacci transcreve um trecho do Livro de óbitos da Corporação dos Médicos e Boticários: "Em 25 de junho de (1451), Nicholo, chamado Il Pela, de S. Lorenzo, enterrado em Santo Barnaba."

[13] Na edição de 1568, Vasari acrescentará uma Vida para esses dois escultores, situando-os em posição cronológica mais correta, logo depois da Vida de Giotto. A atividade de Agostino di Giovanni é realmente documentada entre 1310 e 1347; a de Agnolo Ventura, entre 1312 e 1349. Esse sepulcro do bispo Guido Tarlati, na Catedral de Arezzo, foi realizado entre 1329 e 1332. Traz a inscrição: HOC . OP(V)S . FECIT . MAGISTE(R) . AVGVSTINV(S) . ET . MAGISTE(R). ANGELV(S) . DE . SEN(IS) . M . CCC . XXX. O sepulcro contém dezesseis relevos em quatro fileiras, que representam os fatos mais importantes da vida do famoso bispo aretino, desde que assumiu o episcopado, em 1313, até sua morte, em 1327.

* "Niccolò Aretino, escultor. Nada consegues, morte ímpia, quando destróis mil corpos, se por minhas mãos eles vivem resgatados durante séculos." [N. da T.]

Dello, pintor florentino

É impressionante como a maledicência da inveja sempre conseguiu manchar a virtude dos belos espíritos, criticando-lhes as obras; muito mais ofensivo, porém, é saber que as pessoas não podem suportar as honras e as dignidades daqueles que, partindo de baixo, ascenderam graças ao esforço e ao valor, pois antes os conheceram no mísero estado em que se encontravam. Assim, vivem a escarnecer covardemente do outro, a denegrir suas obras de viva voz ou em versos, a zombar dele sem parar, procurando abafar com críticas tudo o que deveriam tentar exaltar com louvores. No mais das vezes decorrem tais coisas não tanto da natureza das pessoas quanto das calúnias de alguns artistas que até mesmo exercem o mister, mas, pelo pouco talento que têm, acabam ficando para trás. E, como se a crítica feita a outrem aumentasse a glória de quem a faz, empenham-se tais pessoas em vituperar o outro com ditos e feitos, ainda que injustamente. Foi o que ocorreu ao pintor florentino Dello[1], que, dotado por natureza de engenho e tino, deixou isso bem claro quando foi escarnecido e motejado, ao ser feito cavaleiro; vingou-se mostrando as unhas e com elas calou a grita de quem o escarnecera e vituperara. Além disso, com o dinheiro que conquistara por meio do trabalho, deixava de estar à mercê da caridade alheia. Pois Dello deixou de passar necessidades e viu-se alvo de dignidades e honrarias, passando a ser abundantemente remunerado por aqueles que haviam utilizado seus serviços. E aqueles cuja riqueza são a inveja e a má-fé passaram a ser atormentados e afligidos pela inveja e pela vida miserável que continuavam levando. Por tais coisas os soberbos e arrogantes muitas vezes são castigados com o flagelo da pobreza. Dizem muitos que Dello se dedicou à escultura[2] e à

---

[1] Dello (Daniello) di Niccolò Delli nasceu em Florença em 1403; em 1425 estava em Siena e em 1427, em Veneza; em 1433 inscreveu-se na corporação dos pintores florentinos e pouco depois foi para a Espanha, onde viveu muito tempo. Em 27 de junho de 1446 a República Florentina reconhece os privilégios conquistados por Dello na Espanha.

A pessoa de Dello foi por muito tempo confundida com a do irmão Nicola, que nasceu em 1413 e também se mudou para a Espanha. Em 1445 Nicola faz em afresco a abside da Catedral de Salamanca e, em 1470-71, é documentado em Valência, onde atua no capítulo da catedral. Em 1471 morre pobre em Valência. Restituindo-se assim a Nicola, por via documental, o afresco com o *Juízo* na abside da Catedral de Salamanca, resta como obra de Dello na Espanha, mas sem prova irrefutável, o grande retábulo na mesma igreja. Trata-se de uma pintura na qual, com nível qualitativo bastante discutível, se reata o diálogo ítalo-espanhol de Starnina, mas agora com elementos culturais bem mais avançados, como o conhecimento da pintura veneziana entre Jacopo Bellini e Antonio Vivarini, lembranças de Masolino, Gentile da Fabriano e de Angelico. Sobre a distinção entre as duas personalidades documentadas de Dello e de Nicola, cf. a importante contribuição de A. Condorelli, "Precisazioni su Dello Delli e su Nicola fiorentino", em *Commentari*, XIX (1968), pp. 204-8.

[2] Na edição de 1568, Vasari lhe atribui a *Coroação da Virgem*, de terracota, acima da porta da igreja de Santa Maria Nuova em Florença, geralmente atribuída a Bicci di Lorenzo com base em documentos

pintura, porque num ângulo do primeiro claustro de Santa Maria Novella fez de terra verde a cena de Isaque abençoando Esaú[3]. E pouco depois dessa obra foi levado para a Espanha, onde entrou a serviço do rei e alcançou crédito tal, que nenhum artista poderia desejar mais. De maneira que o rei, vendo suas obras em ambas as artes, achou que estava em débito com ele. Assim, quando alguns anos depois Dello sentiu vontade de voltar a Florença, apenas para mostrar aos amigos como se havia elevado da tamanha pobreza que antes o atormentava a tão grande riqueza, o rei, dando mostras de gratidão pelos serviços prestados, tornou-o cavaleiro com esporas de ouro. E Dello voltou a Florença, mas, quando quis ter as bandeiras e a confirmação dos privilégios, estes lhe foram negados por instâncias de Filippo Spano degli Scolari[4], que então retornava vitorioso da campanha contra os turcos, tudo se fazendo para que ele não os recebesse. Dello escreveu imediatamente ao rei da Espanha, queixando-se da injúria, e o rei escreveu à Senhoria em sua defesa, fazendo-o com tanta veemência, que sem mais empecilhos lhe foi concedido aquilo que ele solicitava. Dizem que, ao voltar para casa a cavalo com bandeiras, roupa de brocado e as honras da Senhoria, passou por Vacchereccia, onde havia então inúmeras ourivesarias, e que, passando, foi motejado por muitos dos velhos amigos da juventude, que tal fizeram por desdém ou por divertimento. E que, voltando-se para o lado de onde vinha a assuada, fez figas com ambas as mãos e se foi, sem nada dizer, de tal modo que quase ninguém se apercebeu, a não ser os poucos que haviam escarnecido dele. Por isso, sentindo-se perseguido pela inveja dos artistas, que achavam ter ele sido ajudado mais pela sorte do que pelo talento, Dello escreveu de novo ao rei, dizendo que de bom grado voltaria aos serviços de Sua Majestade quando isso lhe aprouvesse. E, recebendo em breve a resposta de que poderia voltar quando quisesse, porque sempre seria recebido com muito prazer, Dello foi para a Espanha pela segunda vez. E, sendo ali recebido com benevolência, exerceu sua arte honrosamente, trabalhando desde então sempre com avental de brocado.

Assim, pois, Dello deu azo à inveja e, junto ao rei, viveu e morreu[5] com honra. Suas pinturas datam de MCDXXI, e ele passou desta vida para a outra com XLIX anos. Nem assim cessaram os favores do rei, porque a mesma honra que lhe foi dada em vida,

---

mencionados por Milanesi. Mas estes se referem apenas à douradura e à coloração, conforme demonstrou Fiocco ("Dello Delli scultore", em *Rivista d'Arte*, XI [1929], pp. 25-42), que defende a atribuição a Dello. O único obstáculo para essa referência de Vasari poderia eventualmente ser representado pelo fato de que em 1420, quando a igreja de Sant'Egidio foi consagrada, a escultura já existia. Naquela data Dello era ainda quase criança. Cf. L. Martini, no catálogo da exposição *Lorenzo Ghiberti*, cit., pp. 209-10.

[3] O Anônimo Magliabechiano e o Livro de Antonio Billi também mencionam Dello em relação a esse afresco, cujos restos atualmente são pouco legíveis. Mas, pelo que se pode depreender, parece pouco provável que o autor da pintura, que ainda contém traços trecentistas tardios, possa ser identificado num artista nascido no início do século XV em Florença. No entanto, testemunhos da atividade de Dello no Claustro verde de Santa Maria Novella poderiam ser os afrescos com as *Cenas dos progenitores* (até o Pecado original), segundo opinião de Longhi ("Ricerche su Giovanni di Francesco", em *Pinacoteca*, I (1928), pp. 34-8) e de Fiocco ("Dello", cit., p. 42), que não acreditam na atribuição feita por Vasari a Paolo Uccello, também nessas primeiras *Cenas da Gênese* (cf. Vida de Paolo Uccello, p. 196 e nota 11).

[4] É provável que Dello estivesse em Florença em 1446, visto que em 27 de junho daquele ano a República Florentina reconhece os privilégios conquistados na Espanha. Mas em 1448 ele está de novo na Espanha. Pippo Spano veio a Florença só uma vez, em 1410, e já estava morto em 1426.

[5] Filarete conheceu Dello na Espanha e o cita como ainda vivo naquele país no seu *Tratado de arquitetura*, escrito entre 1464 e 1466, ano em que Dello morava em Cantalapiedra, na província de Salamanca.

foi-lhe dada depois da morte, sendo ele suntuosamente acompanhado à sepultura, onde lhe foi dedicado o seguinte epitáfio:

DELLVS EQVES FLORENTINVS PICTVRAE ARTE PERCELEBRIS REGISQ(VE) HISPANIARVM LIBERALITATE ET ORNAMENTIS AMPLISSIMVS.

H(IC) S(EPVLTVS) E(ST)   S(IT) T(IBI) T(ERRA) L(EVIS)*.

---

* "Dello, cavaleiro florentino, célebre na arte da pintura, pela liberalidade e pelo reconhecimento do rei da Espanha. / Aqui foi enterrado. / Que a terra lhe seja leve." [N. da T.]

Nanni di Antonio di Banco

Nos difíceis tempos atuais parece considerar-se muito inconveniente o fato de uma pessoa abastada, que possa viver sem trabalhar, praticar as ciências ou as artes de engenho e beleza, que granjeiam fama a vivos e a mortos: como se virtude só conviesse aos pobres ou pelo menos àqueles que não nasceram de sangue ilustre. Opinião esta realmente errônea, que merece ser abominada por todos, visto ser muito mais honrosa e bela a virtude na nobreza e na riqueza do que na gente pobre e sem nobreza. Era o que se via claramente nos felicíssimos e santos tempos em que reis e príncipes filosofavam doutamente, e foi o que em tempos próximos ao nosso o florentino Nanni di Antonio di Banco[1] deixou bem claro. Pois este, sendo dono de bom patrimônio e tendo nas veias um sangue não totalmente plebeu, deleitava-se com a escultura e não só não se envergonhou de aprendê-la e exercê-la, como também com ela angariou glória nada desprezível, obtendo tais resultados, que sua fama perdurará para sempre, e mais será celebrada por se saber que ele se dedicou a tão bela arte não por necessidade, mas por verdadeiro amor à virtude. Foi ele um dos discípulos de Donato[2], e apresentou sua Vida antes da de seu mestre porque morreu muitos anos antes deste. Foi uma pessoa um tanto lerda, mas modesta, humilde e benevolente na conversação. De suas obras vê-se em Florença o São Filipe de mármore, num pilar em San Michele in Orto[3],

---

[1] Nanni di Antonio di Banco nasceu por volta de 1390 ou pouco antes, em Florença; inscreveu-se na Corporação dos Mestres de Pedra e Madeira em 2 de fevereiro de 1405; entre 1407 e 1408 está inscrito nos documentos relativos às obras para a Porta da Mandorla da Catedral de Florença. É de 1408 sua primeira obra que nos restou, *Isaías*, agora no interior da Catedral; mas as obras que o caracterizam melhor como primeiro e convincente evocador de idealidades pacatas e de caráter antigo são o *São Lucas* do Museu da Obra da Catedral (1408-13) e as estátuas de Orsanmichele, nas quais é evidente a inspiração no classicismo da época de Adriano. Essa tendência antiguizante ocorre, ademais, num momento em que ainda não se realizou o esforço de profunda racionalização renascentista, demonstrando a existência de uma corrente paralela e independente, de origem literária e proto-humanística, que desembocará no classicismo de Luca della Robbia. Cf. L. Planiscig, *Nanni di Banco*, Florença, 1946; P. Vaccarino, *Nanni*, Florença, 1950; C. Volpe, resenha a P. Vaccarino, "Nanni", em *Paragone*, n. 17 (1951), pp. 62-4; L. Bellosi, *Nanni di Banco*, Milão, 1966; M. Wundram, *Donatello e Nanni di Banco negli anni 1408-1409*; id., *Donatello e il suo tempo. Atti dell'VIII convegno internazionale di studi sul Rinascimento, Firenze-Padova 1966*, Florença, 1968, pp. 69-77 (cujas conclusões, porém, são discutíveis); por fim, id., *Lorenzo Ghiberti*, cit., pp. 180-6.

[2] A dependência de Nanni em relação Donatello é exagerada por Vasari. Os dois escultores tinham quase a mesma idade, e suas relações devem ter sido mais de amizade e de colaboração. Também são exageradas as origens nobres e abastadas de Nanni, que na verdade era filho do modesto escultor Antonio di Banco Falco, pois Vasari tem a preocupação de conferir blasões à atividade artística em geral.

[3] Também são mencionados como de Nanni pelo Anônimo Magliabechiano e pelo Livro de Antonio Billi. Conservada no lugar.

encomendado pelo Mester dos Sapateiros a Donato e, depois, repassado a Nanni por despeito, porque houvera uma controvérsia com Donato em torno do preço, e Nanni prometera aceitar o pagamento que referidos representantes lhe oferecessem. Terminada a estátua, estava já ela em seu lugar, Nanni pediu como pagamento um preço maior do que o cobrado por Donato. Buscando uma conciliação, os representantes do mester pediram uma avaliação da estátua a Donato, crentes de que este, movido pela mágoa de não tê-la feito, faria uma estimativa menor do que se fosse obra sua. Mas ele a avaliou por preço muito maior do que o pedido por Nanni e até do que os representantes pensavam em pagar-lhe. Estes, escandalizados, gritavam a Donato: "Tu pedias preço menor e agora avalias esta obra por preço muito superior ao teu mesmo e àquele que o próprio Nanni nos pede? No entanto, sabes que ela não é tão boa quanto teria sido se a tivesses feito." Donato respondeu, rindo: "Este pobre homem não se iguala a mim na arte e demora-se a trabalhar muito mais que eu: se quiserdes satisfazê-lo, como homens justos que me pareceis ser, deveis pagá-lo pelo tempo despendido." E o litígio terminou com vitória de Donato e prejuízo para eles. Além desse nicho, há quatro santos de mármore[4] feitos por Nanni d'Antonio para o Mester dos Ferreiros, Marceneiros e Alvanéis. Consta que terminou as figuras todas separadamente e que, feito o nicho na parede, a muito custo nele cabiam apenas três delas, visto que algumas tinham os braços abertos. Desesperado e descontente, foi falar com Donato e contou-lhe sua desventura e pouca argúcia. Donato então lhe disse, rindo: "Se me pagares um jantar com todos os meus aprendizes da oficina, terei ânimo para fazê-las caber no nicho sem nenhum incômodo." E, assim acertados, Donato o mandou a Prato, tomar algumas medidas em seu lugar. Depois que Nanni partiu, Donato chamou os discípulos e, pondo mãos à obra, desbastou as estátuas, umas nos ombros, outras nos braços, de tal modo que uma abria espaço para outra, e assim as encostou e juntou, fazendo que a mão de uma delas aparecesse sobre o ombro de outra. E as encaixou tão bem, que com grande tino encobriu os erros de Nanni, de tal maneira que, inseridas no nicho, dão mostras de concórdia e fraternidade; e quem não sabe disso não se apercebe do erro. Nanni, voltando e vendo que Donato havia corrigido tudo e organizado os desacertos, ficou muitíssimo agradecido e pagou a Donato e seus discípulos um jantar que se encerrou em meio a grande alegria e muitas risadas. Na fachada de Santa Maria del Fiore, é de sua lavra um Evangelista[5] que está ao lado esquerdo de quem entra na igreja pela porta do meio. Acredita-se ser também seu o Santo Elói[6] do Mester dos Alveitares, nas cercanias de Or' San Michele. Nanni teria feito muitas obras, se não tivesse morrido tão cedo. Mesmo assim, pelas poucas que fez, foi sempre considerado artista razoável e capaz;

---

[4] Os *Quatro santos coroados* provavelmente foram feitos entre 1408 e 1413. Também são mencionados como de Nanni pelas fontes anteriores a Vasari. Ainda estão no local. A história aí contada não tem nenhum fundamento histórico.

[5] É o *São Lucas* também mencionado pelo Livro de Antonio Billi e pelo Anônimo Magliabechiano. Nanni, Donatello e Niccolò di Pietro Lamberti receberam a encomenda de esculpir, cada um, um evangelista para a fachada de Santa Maria del Fiore em 19 de dezembro de 1408. O quarto *Evangelista* foi encomendado a Bernardo Ciuffagni em 21 de maio de 1410. Nanni recebeu pagamentos em 1410, 1412 e, finalmente, em 16 de fevereiro de 1413, enquanto o pagamento final de Donatello e de Ciuffagni é de 8 de outubro de 1415. As quatro estátuas ficaram na fachada de Santa Maria del Fiore, ao lado da porta do meio, até 1587, quando a fachada foi destruída. Depois foram postos na Catedral, na capela de São Zenóbio, e agora estão no Museu da Obra da Catedral.

[6] De fato, o Anônimo Magliabechiano menciona como sendo de Nanni o tabernáculo dos Ourives e Alveitares com a estátua de *Santo Elói*, protetor dos ourives. Conserva-se no local.

como cidadão florentino, exerceu na cidade cargos que lhe foram dados por ser bom e justo. Sofria muito de dor nos flancos, que certa noite se agravou de tal modo, que ele passou desta vida para a outra com a idade de XLVII anos, em MCLXXX[7], sendo honrosamente sepultado na igreja de Santa Croce. Dizem alguns que o frontispício acima da porta de Santa Maria del Fiore, em direção aos Servi[8], é de sua lavra; e isto o faria muito mais digno de louvor, visto ser realmente excelente tal obra. Mas outros o atribuem a Iacopo della Fonte, em vista da maneira como é feito, que muito mais parece ser de Iacopo que de Nanni. E a este, depois da morte, foi feito o seguinte epitáfio:

SCVLPTOR ERAM EXCELLENS, CLARIS NATALIBVS ORTVS.
ME PROHIBET DE ME DICERE PLVRA PVDOR*.

---

[7] Mas Nanni fez testamento em 9 de fevereiro de 1421 e morreu logo depois. Sua morte está registrada num documento da Obra da Catedral de 12 de fevereiro.

[8] O relevo com a *Assunção* no frontão da Porta della Mandorla é, na verdade, uma obra documentada de Nanni di Banco (1414-21). A respeito, cf. nota 6 da p. 179 e o trecho da p. 220.

* "Era eu escultor excelente, nascido de nobre estirpe. Impede-me a modéstia de mais falar sobre mim." [N. da T.]

Luca della Robbia, escultor

Quantos escultores trabalharam tanto, criando obras maravilhosas de mármore e bronze, e depois, sentindo-se cansados dos trabalhos de sua arte e dos seus incômodos, passaram a fazer outra coisa bem diferente. Isso acontece na maioria das vezes porque, quando ficam ociosos, seus ossos começam a endurecer na indolência, para não dizer na preguiça, e assim eles preferem passar o tempo a tagarelar e beber junto ao fogo a passá-lo em torno do mármore; desse modo perdem totalmente o vigor intelectual e pospõem o nome e a fama que poderiam conseguir às facilidades e aos prazeres do mundo. Essas coisas já foram vistas várias vezes nos cérebros cavilosos de alguns artistas que, imaginando continuamente, chegaram a coisas belíssimas e invenções fantasiosas apenas para ganhar dinheiro. Não foi o que ocorreu com Luca della Robbia, escultor florentino[1] que trabalhou mármores com afinco durante muitos anos. E, como tinha maravilhosa habilidade no trabalho das terras, encontrou o modo de vitrificá-las no fogo, de tal maneira que o material não fosse afetado pela água nem pelo vento. E, depois de alcançar sucesso com tal invenção, legou aos filhos o seu segredo. Assim, até nossos dias, seus descendentes trabalharam em tal ofício, e suas obras não só se espalharam por toda a Itália, com também foram mandadas para diferentes partes do mundo. E por essa invenção ele certamente merece não menos louvor do que merecia na escultura, na qual foi muito celebrado. Dizem muitos que Luca della Robbia era concorrente de Donatello e considerado um grande talento na sua época. Por isso, foi digno de receber dos construtores de Santa Maria del Fiore uma encomenda para realizar algumas cenas de mármore, que foram postas no cam-

---

[1] O maior e mais puro classicista do século XV nasceu em 1399-1400 em Florença, conforme se vê no Cadastro da cidade; era filho de Simone di Marco della Robbia. Em 1º de setembro de 1432 inscreveu-se na Corporação dos Mestres de Pedra e Madeira. Seu comportamento artístico, desde o coro e os caixotões do Campanário de Giotto até a decoração da capela do cardeal de Portugal e as portas de bronze da sacristia da Catedral de Florença, é bastante uniforme, marcado por uma plenitude plástica e por uma integridade formal que, aliadas às estupendas modulações rítmicas, à naturalidade e à compostura das poses e dos gestos, fazem dele o herdeiro mais direto de Nanni di Banco e o mais adequado decorador das arquiteturas de Brunelleschi. A invenção da terracota vidrada sugeriu o uso de cromatismos delicadíssimos, que se tornaram mais pesados no artesanato de sua oficina e de seus herdeiros. Sobre Luca della Robbia, cf. A. Marquand, *Luca della Robbia*, Princeton, 1914; L. Planiscig, *Luca della Robbia*, Florença, 1948; G. Brunetti, "Della Robbia, Luca", em *Enciclopedia universale dell'Arte*, vol. IV, cit., col. 251-8. Cf. em particular a recente monografia de J. Pope-Hennessy, *Luca della Robbia*, Oxford, 1980. Sobre a atividade da juventude do escultor: L. Bellosi, "Per Luca della Robbia", em *Prospettiva*, nº 27 (1981), pp. 62--72. Nestes últimos estudos tende-se a identificar as raízes da linguagem de Luca na atividade mais tardia de Nanni di Banco.

panário[2], onde estão as personificações da música, da filosofia e das artes liberais. Com tais cenas conquistou grande fama, dando ensejo a que os referidos construtores lhe encomendassem os ornamentos de mármore do órgão, acima da sacristia nova de Santa Maria del Fiore[3]; também fez os coros com diligência e sutil maestria, nos quais algumas figuras estão cantando e, apesar de situadas num plano mais alto, é possível perceber a garganta cheia de ar dos cantores e as batidas do regente nos ombros dos menores. Nessas mesmas cenas, imitou sons e danças, com todos os efeitos semelhantes, coisa por coisa, tudo com um acabamento muito mais limpo do que o do próprio Donato[4]. Porque na obra de Donato percebe-se uma fatura mais resoluta e excelente vivacidade, mas não a perfeição e a qualidade de acabamento que se vê em Luca. E vê-se nos grandes artistas que os esboços têm mais força e vivacidade do que a obra acabada. Porque o entusiasmo da arte no improviso expressa o conceito da alma, o que não ocorre com a diligência e o esmero das coisas arrematadas. Desse modo, Luca conseguiu com essa obra uma grande reputação, obtendo o trabalho da porta de bronze que convinha a essa sacristia[5], que merece grande louvor pelo trabalho de fundição e pela grande maestria com que foi executada. E, dando asas à imaginação com os lavores de barro vidrado, sobre os quais falamos acima, fez nas duas portas médios-relevos representando uma Ressurreição e uma Ascensão de Cristo com os Apóstolos[6]. Como se tratava de uma novidade, foi grande o agrado das pessoas diante de sua beleza. Também trabalhou na igreja de San Piero Buonconsiglio, no Mercato Vecchio, fazendo acima da porta um arquete no qual se vê uma Nossa Senhora com anjos ao redor[7]; também acima da porta de uma igrejinha próxima a San Piero Maggiore, em médio-relevo vidrado, fez uma Nossa Senhora com anjos ao redor[8]; todos os artistas consideram tais coisas belíssimas em seu gênero. No capítulo dos Pazzi em Santa Croce, por ordem de Pippo di Ser Brunellesco, fez todas as

---

[2] Os caixotões de Luca, no lado norte do Campanário de Santa Maria del Fiore (voltado para a igreja), são cinco. Em 1964 foram transportados para o Museu da Obra da Catedral e substituídos por réplicas. Foram encomendados a Luca em 30 de maio de 1437 e pagos em 10 de março de 1439.

[3] Pelo coro, Luca recebeu pagamentos de 4 de outubro de 1431 a agosto de 1438, mas nesta última data o "ornamento de mármore" já estava "colocado e chumbado sobre a porta da sacristia voltada para os Servi". Todos sabiam da autoria de Luca, desde Manetti a Albertini, pelo Livro de Antonio Billi e pelo Anônimo Magliabechiano. Atualmente está no Museu da Obra da Catedral, exceto dois anjos de bronze que estão no Museu Jacquemart-André de Paris e uma parte da decoração que se perdeu.

[4] Sobre o coro de Donatello, cf. nota 11 da p. 255.

[5] Manetti, Albertini, o Livro de Antonio Billi e o Anônimo Magliabechiano já mencionam a porta de bronze da sacristia de Santa Maria del Fiore como obra de Luca della Robbia. Na verdade, em 28 de fevereiro de 1446 ela lhe foi encomendada e também a Michelozzo (sobre ele, cf. Vida nas pp. 266-8) e a Maso di Bartolomeo (1406-57). Depois da morte de Maso, o trabalho ficou interrompido até 1461. Finalmente, em agosto de 1464, Luca recebeu a incumbência de terminar a porta sozinho. Os últimos pagamentos são de 1468 e 1469.

[6] A *Ressurreição* e a *Ascensão* ainda estão, respectivamente, na luneta acima da porta da sacristia da esquerda e na luneta acima da porta da sacristia da direita. A primeira foi encomendada a Luca em 21 de julho de 1442, e o término de seu pagamento ocorreu em 26 de fevereiro de 1445; a segunda lhe foi encomendada em 11 de outubro de 1446 e estava terminada em 5 de julho de 1451, porque Bernardo Rossellino e Pagno di Lapo Portigiani estavam fazendo sua avaliação. Ambas eram reconhecidas como de Luca já por Manetti, pelo Livro de Antonio Billi e pelo Anônimo Magliabechiano.

[7] Agora está no Palácio do Partido Guelfo. Marquand a considera uma obra da juventude, ao contrário de Pope-Hennessy (*Luca*, cit., p. 63).

[8] Agora em Bargello, a referida *Lunetta de via dell'Agnolo* recebe o nome da rua em que se situava uma casa na qual foi colocada depois de retirada da igreja.

figuras vidradas e outras coisas[9] que podem ser vistas dentro e fora do referido edifício. E na capela de São Tiago em San Miniato, fora dos muros de Florença, no alto de um monte, trabalhou na sepultura do Cardeal de Portugal, criando uma abóbada com o mesmo tipo de figuras vidradas[10]; mandou ao Rei da Espanha obras realizadas com essa mistura, figuras esculpidas e outros lavores de mármore. Em Nápoles fez a sepultura do Infante, irmão do Rei Afonso e Duque da Calábria, grande parte da qual foi elaborada em Florença. Dizem que Luca foi pessoa muito cortês e sensata, grande devoto da religião cristã.

Deixou o sobrinho Andrea[11], exímio e excelente nos trabalhos de terracota, que durante toda a vida trabalhou vidrados. Fez uma capela de mármore fora dos muros de Arezzo, em Santa Maria delle Grazie[12], para ornamento daquela ordem. Andrea viveu LXXXIII anos e teve muitos filhos[13], que trabalhavam os vidrados tão bem quanto ele. O mais novo, chamado Gerolamo[14], fez obras de mármore muito apreciadas e viveu muito tempo na França, para onde levou também seu irmão Luca[15].

E, voltando a falar do Luca velho, diremos que, estando ele com LXXV anos, agravou-se muito um mal dos rins de que sofria e, não podendo resistir à dor provocada por tal doença, passou desta vida para melhor; foi sepultado em San Piero Maggiore pelos filhos pesarosos no ano de MCDXXX[16]. Com o tempo, foi honrado com os seguintes versos:

---

[9] Os relevos vidrados da capela dos Pazzi representam um *Santo André*, os *Quatro Evangelistas* e os *Doze Apóstolos*. Não estão documentados, e os *Evangelistas* do penacho são frequentemente atribuídos ao próprio Brunelleschi.

[10] O cardeal Jacopo de Portugal morreu muito jovem, em 27 de agosto de 1459; a capela começou a ser trabalhada em 1460 com base num modelo de Antonio Manetti (pagamento de 7 de junho de 1460). Foi consagrada em 1466. A abóbada é decorada com ladrilhos pintados e cinco grandes esculturas com o *Espírito Santo* e as *Quatro virtudes cardeais*; é atribuída a Luca della Robbia também por Albertini, pelo Livro de Antonio Billi e pelo Anônimo Magliabechiano. Foi-lhe encomendada em 14 de abril de 1461 (sobre a capela, cf. F. Hartt, G. Corti e C. Kennedy, *The Chapel of the Cardinal of Portugal*, Filadélfia, 1964; cf. também nota 3 da p. 334, na Vida de Antonio Rossellino).

[11] Andrea era filho de Marco di Simone, irmão de Luca; nasceu em 20 de outubro de 1435 e morreu em 4 de agosto de 1525. Com ele, a produção robbiana tornou-se mais corrente; mas, em vez de ser um puro epígono de Luca, ele modernizou a sua arte conforme as novas modalidades da escultura florentina a partir de Desiderio da Settignano e Antonio Rossellino. Sobre o artista, cf. A. Marquand, *Andrea della Robbia and His Atelier*, Princeton, 1922.

[12] Trata-se efetivamente de uma obra de mármore, a única que restou de Andrea della Robbia. Está em torno de uma *Nossa Senhora da Misericórdia*, afresco de Parri Spinelli (sobre ele, cf. Vida nas pp. 216-7); é composta por uma luneta com *Nossa Senhora e anjos*, por pilares com *Santos* e *Profetas*, por uma *Piedade* no frontal do altar. Pode ser datada de 1500-10 (Marquand).

[13] Na verdade, Andrea viveu noventa anos. O próprio Vasari lembra, na edição de 1568, cinco filhos seus: dois foram frades em San Marco (um, provavelmente, é o frei Ambrogio della Robbia, autor de um *Presépio* na Capela dos Espanhóis em Santo Spirito em Siena, que Milanesi supõe ter sido Paolo d'Andrea, nascido em 2 de novembro de 1470; o outro é Marco d'Andrea, nascido em 6 de abril de 1468, que se chamou frei Luca); Giovanni, nascido em 19 de maio de 1469, morreu por volta de 1530 (sobre ele, cf. H. Utz, "Una 'Pietà' sconosciuta di Giovanni della Robbia", em *Paragone*, n. 245 (1970), pp. 26-30).

[14] Girolamo Domenico di Andrea di Marco della Robbia nasceu em 9 de março de 1487; em fins de 1527 ou no início de 1528 foi para a França. Trabalhou como arquiteto no Château de Madrid, até que foi substituído em 1550 por Philibert Delorme. Em 1553 voltou para Florença. Novamente na França, morreu em 4 de agosto de 1566.

[15] Luca di Andrea di Marco della Robbia nasceu em 25 de agosto de 1475. É autor do piso da *loggia* de Rafael no Vaticano, pelo que recebeu pagamentos em 1518. Morreu provavelmente na França por volta de 1550.

[16] Morreu em 20 de fevereiro de 1482 e foi sepultado realmente em San Pier Maggiore.

Terra vivi per me cara e gradita
Che alle acque e a' ghiacci come il marmo induri;
Perché quanto men cedi o ti matturi
Tanto piú la mia fama in terra ha vita*.

Embora não muito prezadas, as figuras de terracota vidrada são úteis, resistentes e necessárias, visto que, ao contrário das pinturas, resistem ao gelo, à umidade e à água, tal como se viu em Sasso della Vernia, em Casentino[17], que, se não subsistiram, não foi por culpa dos vidrados; portanto, Luca della Robbia merece grande louvor, por ter dado à escultura essa contribuição, graças à qual é possível ornamentar lugares aquáticos e úmidos com grande beleza e pouco custo.

---

* "Terra querida e dileta, vive por mim, / Resiste à água e ao gelo como o mármore; / Porque, quanto menos cederes ou te abrandares, / Mais vida terá a minha fama na terra." [N. da T.]

[17] Encontram-se muitas obras de Andrea e de sua oficina na Chiesa Maggiore (Marquand, nᵒˢ 35, 37, 38, 39, 92 e, da oficina, nᵒ 291), em Santa Maria degli Angeli (Marquand, nᵒ 55 e, da oficina, nᵒˢ 226 e 227), na capela dos Estigmas (Marquand, nᵒˢ 65 e 66) e no Refeitório (Marquand, nᵒ 399 da oficina).

Paolo Uccello, pintor florentino

Raramente nasce um grande talento que na criação de suas obras não seja excêntrico e caprichoso, e é raríssimo que a natureza crie uma pessoa dotada de alma e intelecto sem que, como contrapeso, lhe dê a arrogância. Aliás, sobre essas pessoas é tamanho o poder da solidão e do pouco prazer de servir o próximo e de agradar com suas obras, que muitas vezes a pobreza as tolhe de tal modo que elas, por mais que queiram, não conseguem alçar-se. E parece-lhes que em trabalhar continuamente e desenhar à noite nos estúdios está a vida correta e a verdadeira virtude. Não percebem que o talento quer ser exercitado quando a vontade, cheia de amor e de desejo de fazer, exprime certas coisas divinas, e não quando, cansada e exaurida, começa a gerar coisas estéreis e secas, para sua dor e desgosto de quem a esforça. Foi o que se viu em Paolo Uccello, excelente pintor florentino[1] que, sendo dotado de soberbo engenho, sempre se deleitou em estudos cansativos e em estranhas obras na arte da perspectiva; e nisso tanto tempo consumiu, que, tivesse feito o mesmo nas figuras, que eram muito boas, ter-se-ia tornado mais excelente e admirável. Mas, agindo de modo contrário, passou a vida dando asas à imaginação e viveu tão pobre quanto famoso. Por isso Donato[2], que o conheceu e foi seu grande amigo, disse-lhe muitas vezes: "Paolo, essa tua perspectiva te faz deixar o certo pelo incerto." E isso ocorria porque Paolo mostrava todos os dias a Donato *mazzocchi*[3] com faces em perspectiva, bem como os de ponta de diamante, executados com suma diligência e vistas extravagantes. Extraía

---

[1] Nasceu em Florença em 1397, filho de Dono di Paolo (barbeiro e cirurgião de Pratovecchio, que se tornou cidadão florentino a partir de 1373). As notícias sobre Paolo Uccello começam bem cedo: já de 1407 a 1412, aproximadamente, ele foi um "aprendiz de oficina" de Ghiberti; sua inscrição na Corporação dos Médicos e dos Boticários ocorreu em 15 de outubro de 1415. Entre 1425 e 1430, ou seja, exatamente nos anos em que surgem as grandes criações de Masaccio, ele está em Veneza. Suas obras mais significativas e famosas apresentam complexas especulações de perspectiva e enigmáticas presenças humanas, o que levou a falarem de "surrealismo", como o *Dilúvio universal* do Claustro Verde ou os três grandes quadros da *Batalha de San Romano*. Nessas pinturas se observa uma meticulosa elegância neogótica que autoriza a atribuição a Paolo Uccello, em fase mais juvenil, de alguns grupos de obras que às vezes são conhecidas com os nomes convencionais de "Mestre de Prato", "Mestre de Karlsruhe" etc.; aliás, estão bastante próximas dos vitrais e do mostrador do *Relógio* da catedral florentina (1443-45). Sobre o intricado problema de Paolo Uccello, cf. J. Pope-Hennessy, *Paolo Uccello*, Londres, 1950 (segunda ed., Londres, 1969); C. Volpe, "Paolo Uccello a Bologna", em *Paragone*, n. 365 (1980), pp. 3-28.

[2] Donato di Betto Bardi, conhecido como Donatello: cf. sua Vida nas pp. 252-65.

[3] A palavra *mazzocchio*, que normalmente designa um tipo de chapéu usado na Idade Média, aqui significa um círculo facetado, como o que se vê no *Dilúvio universal*, no Claustro Verde de Santa Maria Novella.

aparas espiraladas[4] de troncos para representá-las em escorço, para mostrar suas diversas espessuras de dentro e de fora; também representava dificílimas esferas de setenta e duas faces. Também trabalhava em pintura. Suas primeiras figuras foram feitas na albergaria de Lelmo em Florença: um Santo Antônio, um São Cosme e um São Damião em afresco; e em Annalena, mosteiro de mulheres, fez duas figuras[5]. E na igreja de Santa Trinita, acima da porta esquerda, por dentro, pintou algumas cenas de São Francisco[6]. Também trabalhou em Santa Maria Maggiore, numa capela ao lado da porta do flanco que vai para San Giovanni, onde estão o quadro e a predela de Masaccio[7], fazendo uma Anunciação na qual quis mostrar algumas colunas que, com escorço em perspectiva, rompem a aresta da abóbada; nela, fez os quatro Evangelistas[8], obra considerada bela e difícil. Porque Paulo, nesse tipo de trabalho, foi considerado talentoso e exímio. Em San Miniato in Monte, fora dos muros de Florença, fez um claustro de terra verde e em parte colorido, com a vida dos Santos Padres[9]; nele não observou uniformidade e uso de uma única cor, como convém a esse tipo de cena, mas fez fundos azuis e as cidade vermelhas, misturando à vontade as cores nos edifícios; porém as coisas imitadas na pedra não podem nem devem ser coloridas. Conta-se que, enquanto Paulo trabalhava nessa obra, um abade que havia no lugar dava-lhe muito queijo para comer. Como enjoasse de queijo e fosse muito tímido, Paolo decidiu deixar de ir trabalhar naquela obra. O abade então mandava chamá-lo, e Paolo, sabendo que estava sendo procurado pelo frade, não parava em casa; e, se porventura encontrasse duplas de frades daquela ordem caminhando por Florença, corria o mais depressa que podia para fugir. Por isso, dois deles, mais curiosos e jovens que ele, alcançaram-no um dia e lhe perguntaram por que ele não voltava para terminar a obra do mosteiro e por que fugia quando via frades. Paolo respondeu: "Os senhores me arruinaram, e eu não só fujo dos senhores, como também não posso praticar minha arte nem passar perto de carpinteiros; e o culpado disso tudo foi aquele abade que, entre doces e sopas, me enfiou no corpo tanto queijo, que estou morrendo de medo de ter virado queijo e de ser confundido com massa de vidraceiro. E, se continuasse lá, eu talvez já nem fosse Paolo, mas Queijo." Os frades saíram rindo muito, conta-

---

[4] Que ele chama de *brucciolo*, forma atual, *truciolo*. Um longo *truciolo* forma uma espiral que, vista em escorço, podia prestar-se às complicadas decomposições de perspectiva de Paolo Uccello.

[5] Mencionadas também pelo Livro de Antonio Billi e pelo Anônimo Magliabechiano, hoje perdidas. De qualquer modo, devem ter sido pintadas bem depois de meados do século, uma vez que o convento não foi fundado antes de 1455 (W. e E. Paatz, *Die Kirchen von Florenz*, V, Frankfurt, 1953, pp. 407 ss.).

[6] Dessas *Cenas de São Francisco*, mencionadas como de Paolo Uccello por Manetti e também por Albertini, só resta um Serafim muito danificado, que fazia parte da *Estigmatização de São Francisco*.

[7] Mas esse painel é de Masolino: cf. Vida de Masaccio, p. 220 e nota 7.

[8] Essa *Anunciação* com os quatro *Evangelistas*, que na edição de 1568 é definida como afresco, já é mencionada por Albertini. Hoje já não existe; as tentativas de Parronchi de encontrar essa obra ou de reconstruir sua organização original causam perplexidade (cf. A. Parronchi, *Studi su la "dolce" prospettiva*, Milão, 1964, pp. 182 ss.).

[9] Albertini já menciona, "no primeiro claustro de cima", "XII quadros de Paolo Uccello". Obra mencionada também pelo Livro de Antonio Billi e pelo Anônimo Magliabechiano, hoje restam apenas algumas partes em mau estado de conservação, trazidas a lume em 1925 e 1942. Mas apenas os afrescos do lado leste do Claustro são de Paolo Uccello: datados costumeiramente por volta de 1440 (M. Marangoni, "Gli affreschi di Paolo Uccello a San Miniato al Monte a Firenze", em *Rivista d'Arte*, XII [1930], pp. 403-17; G. Pudelko, "The early works of Paolo Uccello", em *The Art Bulletin*, XVI [1934], pp. 231-59), na realidade não podem ter sido feitos antes de 1447, porque até essa data não haviam terminado os trabalhos de alvenaria (H. Saalman, "Paolo Uccello at San Miniato", em *The Burlington Magazine*, CVI [1964], pp. 558-63).

195

ram tudo ao abade e, querendo que Paolo voltasse ao trabalho, ordenaram-lhe que da comida tirasse o queijo.

Depois, na igreja do Carmine, na capela de São Jerônimo, ele pintou o cimbre de São Cosme e São Damião; na casa dos Medici, pintou algumas belíssimas cenas de cavalos e outros animais[10]. Em seguida, encomendaram-lhe algumas cenas no claustro de Santa Maria Novella[11]; as primeiras estão próximas à entrada do claustro quando se vem da igreja; trata-se da Criação dos Animais, com um número infinito deles, entre aquáticos, terrestres e voadores. Nessa obra, ele, que era muito caprichoso e tinha grande prazer em desenhar bem animais, mostrou a soberba dos leões enfurecidos, a velocidade e o temor em cervos e gamos; mais que vivazes são os pássaros e os peixes com escamas variegadas. Fez também a criação do homem e da mulher e o pecado deles, esmerada obra de belo estilo e boa fatura. Nessa obra deleitou-se a fazer árvores coloridas, algo que então não era costume fazer muito bem; assim, na região, ele foi o primeiro entre os mestres modernos mais antigos que angariou reputação de fazer bem esse gênero de trabalho. Mais além de duas cenas de outra lavra fez o Dilúvio com a arca de Noé[12], trabalhando com grande esmero, arte e diligência os mortos, a tempestade, o furor dos ventos, os raios, a vergadura das árvores, o pavor dos homens, os escorços das figuras em perspectiva, como uma morta cujos olhos são devorados por um corvo, um menino afogado, cujo corpo arqueia por estar cheio de água. Criou também vários efeitos cênicos, como o pouco temor da água em dois homens que combatem a cavalo e o extremo medo da morte numa mulher e num homem sobre uma búfala, que, afundando na água toda a parte traseira, os faz perder a esperança de salvar-se. Trata-se de uma obra de grande qualidade e infinita beleza que lhe granjeou muita fama. Nessa obra ele diminuiu figuras por meio das linhas em perspectiva, criando *mazzocchi* e outras coisas belíssimas. Abaixo dessas cenas pintou também a Embriaguez de Noé, o desprezo de seu filho Cam e a piedade de Sem e Jafé, que o cobrem, quando ele mostra suas vergonhas. Fez em perspectiva um barril girando para todos os lados, algo que foi considerado muito belo, e o sacrifício de Noé com a arca aberta e infinitos animais; dotou essa cena de tanta suavidade, que, sem dúvida, ela se tornou superior a todas as outras que fez, ganhando na época grande reputação e recebendo

---

[10] Um inventário de 1492 das propriedades de Lourenço de' Medici, no Arquivo de Estado em Florença, menciona: "No grande quarto do térreo, chamado de quarto de Lourenço [...] Seis quadros com cornijas [...] Ou seja, três da derrota de S. Romano, um de batalhas, dragões e leões, um da história de Paris da lavra de Pagholo Ucello e um da lavra de Francesco Pesello que retrata uma caçada." Quadros de "justas" também são mencionados no Palácio Medici pelo Anônimo Magliabechiano. Os três quadros da *Batalha de San Romano* estão hoje divididos entre a National Gallery de Londres (n.º 583), os Uffizi (n.º 52) e o Louvre (n.º 1273): datáveis entre 1435 e 1440. Cf., a propósito da datação dos três quadros da Batalha, a contribuição bem documentada de L. G. Boccia, "Le armature di Paolo Uccello", em *L'Arte*, 11/12 (1970), pp. 59-91.

[11] O primeiro grupo desses afrescos, com a *Criação dos animais*, a *Criação de Adão*, a *Criação de Eva* e o *Pecado original*, foi destacado em 1940, com recuperação de suas sinoples; novamente restaurados em 1957, estão em péssimo estado de conservação. Embora já mencionados como de Paolo por Manetti, Albertini, pelo Livro de Antonio Billi e pelo Anônimo Magliabechiano, nem todos aceitam essa autoria. Longhi ("Ricerche su Giovanni di Francesco", cit., pp. 34-48) e o Fiocco ("Dello Delli", cit., pp. 25-42) pensam em Dello Delli (cf. nota 3 na p. 185).

[12] Esse grupo com as *Cenas de Noé* (o *Dilúvio*, na luneta; o *Sacrifício de Noé* e a *Embriaguez de Noé*, abaixo) foi destacado em 1909 e restaurado novamente em 1957. Estão em mau estado de conservação; também são mencionados como de Paolo Uccello pelos mesmos autores da nota anterior. Datáveis em torno de 1445-50.

muitos louvores. Em Santa Maria del Fiore, em memória do inglês Giovanni Aucuto[13], capitão dos florentinos, fez um cavalo de terra verde, considerado belíssimo, de tamanho extraordinário, onde pôs o seu nome com letras grandes: PAVLI VCELLI OPVS.

Trabalhou no claustro do horto do mosteiro dos Angeli[14], fez muitas perspectivas e quadros que ainda podem ser vistos nas casas de seus concidadãos, entre os quais há quatro com cenas de claro-escuro de porte considerável, contendo muitas figuras, cavalos, animais e paisagens; hoje estão no horto dos Bartolini[15]. Mais tarde, quem quis reavivar as suas cores, que estavam um tanto apagadas, mais prejudicou do que favoreceu essas obras. Consta que lhe foi encomendada, acima da porta de San Tommaso do Mercato Vecchio, um São Tomé buscando a chaga de Cristo[16]; nessa obra empenhou-se muito; ela foi terminada em sua velhice. Desse modo, quis demonstrar tudo o que valia e sabia. Mandou fazer um tapume de madeira para que ninguém pudesse ver sua obra antes de terminada. Um dia, Donato o encontrou sozinho e disse: "Que obra é essa que manténs tão fechada?" E Paulo respondeu: "Verás, é o que basta." Donato não quis constrangê-lo, acreditando (como era costume) que, no momento certo, veria algum milagre. Ocorre que Donato, indo certa manhã ao Mercado comprar frutas para desenhar, viu que Paolo descobria sua obra. Aproximou-se dele e cumprimentou-o cortesmente. Paulo então disse que estava curioso para ouvir seu julgamento, sua apreciação sobre aquela pintura. Donato, depois de olhar bem a obra, respondeu: "Paulo, agora que estaria na hora de cobri-la, tu a descobres." Paulo então ficou muito triste e, percebendo que por aquela sua última obra receberia mais críticas do que louvores, fechou-se em casa, não ousando mais sair por se sentir humilhado. E dedicou-se à perspectiva, que o manteve pobre e obscuro até a morte. Ficou muito velho e, sentindo-se pouco feliz na velhice, morreu com LXXXIII anos, em MCDXXXII[17], sendo sepultado em Santa Maria Novella. Em sua morte foram feitos muitos epigramas em língua latina e vulgar, dos quais basta citar apenas este:

ZEVSI E PARRASIO CEDA, E POLIGNOTO,
CH'IO FÉ L'ARTE VNA TACITA NATVRA:
DIEI AFFETTO E FORZA AD OGNI MIA FIGVRA,
VOLO A GLI VCCELLI, A' PESCI IL CORO E 'L NVOTO*.

---

[13] Giovanni Acuto é o nome italianizado do *condottiero* inglês John Hawkwood, morto em 1394, que combateu a soldo dos florentinos, levando-os à vitória na batalha de Cascina (18 de julho de 1364). O afresco de terra verde foi encomendado a Paolo em 30 de maio de 1436, mas em 29 de junho ele recebeu a ordem de destruí-lo "quia non est pictus ut decet"; em 6 de julho foi encarregado de refazer o afresco que lhe foi pago (por ambas as versões) em 31 de agosto. Em 17 de dezembro de 1436 ele precisou corrigir a inscrição do sarcófago.

[14] Na edição de 1568, Vasari descreve com muitos detalhes esse trabalho, que consistia em afrescos de terra verde que representavam *Cenas de São Bento* (mencionados também pelo Livro de Antonio Billi e pelo Anônimo Magliabechiano), hoje perdidos.

[15] Milanesi acredita que devam ser identificadas com a *Batalha de San Romano*. Mas essa hipótese é insustentável devido à proveniência diferente (cf. acima, nota 10) e à ausência de grandes estragos e novas pinturas de Bugiardini (de que Vasari falará na edição de 1568) nos três painéis de Londres, Paris e Florença.

[16] Também mencionado pelo Livro de Antonio Billi e pelo Anônimo Magliabechiano, hoje perdido.

[17] Num registro do cadastro de 8 de agosto de 1469, Paolo declara: "Estou velho, sem encomendas, não posso trabalhar na minha arte, e minha mulher está doente"; em 11 de novembro de 1475, fez testamento; "morreu no Asilo" (Anônimo Magliabechiano) em 10 de dezembro de 1475; foi sepultado no túmulo do pai em Santo Spirito.

* "Zêuxis, Parrásio e Polignoto cedam, / Pois fiz da arte uma natureza muda: / Dei sentimento e força a cada uma de minhas figuras, / Voo aos pássaros, movimento e nado aos peixes." [N. da T.]

Deixou uma filha que sabia desenhar; a mulher[18] costumava dizer que todas as noites Paulo ficava no estúdio, buscando as melhores formas da perspectiva, e que, quando o chamava para dormir, ele dizia: "Oh! Que coisa linda essa perspectiva!" Ele realmente soube usá-la muito bem, como ainda comprovam suas obras.

---

[18] Em 1456 nasceu uma filha de Paolo, Antonia, que foi freira carmelita, chamada de "pintora" no Livro dos óbitos de Florença, onde está registrada em 9 de fevereiro de 1490. Sobre ela, cf. A. Parronchi, "Due note para-uccellesche", em *Arte antica e moderna*, 1965, pp. 69 ss.

Lorenzo Ghiberti, pintor florentino

Não há dúvida de que em todas as cidades aqueles que nascem com raro engenho e alcançam alguma fama entre os homens na maioria das vezes são um exemplo sagrado para muitos dos que nascem depois deles ou vivem em sua época, sem contar os infinitos louvores e as extraordinárias recompensas que recebem em vida. E não há nada que mais desperte o ânimo das pessoas e torne menos cansativa a disciplina do trabalho do que as honras e os recursos obtidos com o exercício do engenho, tornando fácil todo e qualquer empreendimento difícil, dando maior ímpeto ao engenho, que com os louvores do mundo se alçam. Porque muitos, sentindo e percebendo tais coisas, aprendem o que é bom e entregam-se ao trabalho para fazer jus àquilo que algum compatriota mereceu. Assim, na Antiguidade, as cidades se mantinham belas porque com justiça eram dados galardões àqueles que, honrando a pátria, se honravam; por isso, todos os artistas que tomaram esse rumo cedo ou tarde foram reconhecidos: isso ocorreu com Lorenzo di Cione Ghiberti, conhecido também como Bartoluccio[1]. Este, por mostrar o amor que tinha a si mesmo e à pátria, mereceu ocupar o lugar[2] do escultor Donato e do arquiteto e escultor Filippo Brunelleschi, excelentes artistas que, contrariando aquilo a que os sentimentos talvez impelissem, reconheceram que Lorenzo era melhor mestre que eles na arte da fundição. Tal fato representou glória para eles e embaraço para muitos que, com presunção, se põem a trabalhar e ocupam o lugar dos outros engenhos e não obtêm fruto algum, mas, penando mil anos para conseguir fazer alguma coisa, prejudicam e enleiam os conhecimentos dos outros com

---

[1] Provavelmente nasceu em 1381, filho do ourives florentino Bartolo di Michele e de Monna Fiore, mulher de Cione di ser Buonaccorso Ghiberti, de quem Lorenzo ganhou o sobrenome. Relevou-se com a vitória no concurso de 1401 para a porta do Batistério florentino (atual porta norte), que só foi completamente terminada em 1424. Entre essa porta e a Porta do Paraíso (1425-52) subdividem-se os dois quartos de século da atividade de Ghiberti, marcada por duas fases bem distintas. A porta norte condiz perfeitamente com a linguagem do gótico extremado, segundo uma acepção controladíssima, comedida e rica em simetrias estudadas. Na Porta do Paraíso, o artista envida um esforço de atualização com a nova visão renascentista, esquivando-se ao perigo de parecer ultrapassado. Mas sua adesão às novas ideias é mais aparente que real; as dez *Cenas* são ricas e espetaculares, aptas a agradar ainda os homens do século XV já avançado. Sobre Ghiberti, cf. J. von Schlosser, *Leben und Meinungen des florentinischen Bildners Lorenzo Ghiberti*, Basileia, 1941; Planiscig, *Lorenzo Ghiberti*, cit.; Krautheimer, *Lorenzo Ghiberti*, cit.; A. Parronchi, "Le 'misure dell'occhio' secondo il Ghiberti", em *Paragone*, XII (1961), n. 133, pp. 18-48; R. Krautheimer, "Ghiberti, Lorenzo", em *Enciclopedia universale dell'Arte*, vol. VI, Roma, 1962, col. 16-24; G. Brunetti, *Ghiberti*, Florença, 1966; id., *Lorenzo Ghiberti*, cit.; *Lorenzo Ghiberti nel suo tempo. Atti del convegno internazionale di studi*, Florença, 18-21 de outubro de 1978, 2 vol., Florença, 1980.

[2] Alude-se ao concurso para a porta do Batistério, sobre o qual, cf. adiante, nota 8, inclusive com referência à improvável participação de Donatello nesse concurso.

maldade e enorme inveja. Portanto, Lorenzo teve a sorte de contar em casa com homens dotados de inteligência para reconhecer o valor de seu engenho e, com gratidão e como recompensa pelo seu trabalho, dar-lhe o apreço que lhe cabia merecidamente; foi muito feliz por conviver com artistas desprovidos de inveja e por encontrar no povo disposição para deleitar-se com seu engenho, legando à sua pátria a mais bela obra do mundo. Lorenzo foi filho de Bartoluccio Ghiberti[3] e nos primeiros anos da vida aprendeu o ofício de ouvires com o pai[4], que lhe ensinou a arte na qual era grande mestre; Lorenzo aprendeu-a tão bem que a exercia bem melhor do que seu pai. E, como se deleitasse muito mais com a arte da escultura e do desenho, às vezes manipulava cores e fundia estatuetas de bronze, que recebiam acabamento gracioso. Gostava muito de imitar os cunhos das medalhas antigas e chegou a retratar muitos amigos seus em tamanho natural. No tempo em que ele trabalhava com Bartoluccio, procurando progredir naquela profissão, Florença foi atingida no ano de MCD por uma corrupção pestilencial do ar; não podendo trabalhar em sua oficina, partiu com um pintor que trouxera da Romagna obras para Pandolfo Malatesta, então Senhor de Arimino e Pesaro. Desse modo, Lorenzo o ajudou a pintar um aposento e a realizar muitos outros trabalhos[5] com grande diligência. Por tais obras ele conquistou, em idade tão juvenil, a mais alta reputação possível. Nem por isso deixou de continuar a dedicar-se ao estudo do desenho e a trabalhar pequenos relevos de cera e gesso.

Também não ficou muito tempo longe de sua pátria, pois, terminada a peste, a Senhoria de Florença e o Mester dos Mercadores decidiram (havendo na época escultores excelentes, tanto florentinos quanto estrangeiros) que, como tantas vezes haviam deliberado, era preciso terminar as duas portas da antiquíssima igreja de San Giovanni, a principal da cidade. Ordenaram então que os melhores mestres da Itália fossem convidados a comparecer em Florença para uma prova que seria feita numa amostra de cena de bronze, semelhante à que Andrea Pisano já fizera na primeira porta[6]; Bartoluccio comunicou essa deliberação a Lorenzo, que trabalhava em Pesaro, estimulando-o a voltar a Florença e a submeter-se à prova; dizia ele que aquela era a ocasião de tornar-se conhecido e de mostrar seu talento, além de poder obter recursos tais, que nenhum dos dois teria mais necessidade de trabalhos. As palavras de Bartoluccio tocaram Lorenzo, que, apesar da grande estima que lhe era dedicada pelo senhor Pandolfo, pelo pintor e por toda a sua corte, pediu licença a ambos, que, a custo e a contragosto,

---

[3] Ghiberti esforçou-se muito para encobrir seu nascimento ilegítimo (cf. acima, nota 1), e o resultado desse estratagema é essa paternidade fictícia (primeiro nome do pai natural e sobrenome do marido legítimo da mãe).

[4] Lorenzo estava inscrito na Corporação dos Ourives em 3 de agosto de 1409; em 1423, na Companhia dos Pintores; em 1427, na dos escultores.

[5] O senhor de Rimini e Pesaro já não era Pandolfo, mas seu filho Malatesta. A tentativa de M. Salmi ("Lorenzo Ghiberti et Mariotto di Nardo", em *Rivista d'Arte*, XXX [1955], pp. 147-52) de identificar o pintor companheiro de Ghiberti com Mariotto di Nardo permanece como hipótese discutível; o nome desse pintor não aparece nem mesmo nos *Comentários* de Ghiberti, aos quais Vasari recorre no que se refere a esses dados e a toda essa Vida, sem citá-los (pelo menos nessa edição). Foram escritos pelo escultor em idade avançada (depois de 1447); na segunda parte, também contém dados importantíssimos sobre os artistas do século XIV e uma verdadeira autobiografia. A melhor edição é a de J. von Schlosser, *Lorenzo Ghibertis Denkwürdigkeiten*, Berlim, 1912; cf. também a edição de O. Morisani, Nápoles, 1947. Do aposento pintado em Pesaro nada restou. Também é citada pelo Livro de Antonio Billi (como em Pesaro) e pelo Anônimo Magliabechiano (como em Rimini).

[6] Cf. p. 111 e nota 9. Esse concurso para a segunda porta do Batistério florentino foi anunciado em 1401 pela Corporação de Calimala.

o deixaram partir, de nada valendo promessas ou aumento de pagamentos, pois Lorenzo não via a hora de voltar a Florença[7]. Assim, partiu e voltou feliz para a pátria. Já lá estavam muitos forasteiros que haviam se apresentado aos Cônsules do Mester, e estes haviam escolhido entre eles sete mestres, três florentinos e os outros toscanos, ordenando que lhes fosse paga uma provisão em dinheiro, para que, como prova, em um ano terminassem uma cena de bronze do mesmo tamanho da que havia na primeira porta. E decidiram que também deveria ser feita a cena de Abraão a sacrificar o filho Isaque, pois acreditavam haver nela muito o que mostrar das dificuldades da arte, visto ser preciso incluir paisagens, pessoas nuas e vestidas, além de animais, podendo-se fazer as primeiras figuras em alto-relevo, as segundas em médio-relevo e as terceiras em baixo-relevo. Os concorrentes eram os florentinos Filippo di Brunellesco, Donato e Lorenzo di Bartoluccio; o senês Iacopo della Quercia, além de Niccolò d'Arezzo, seu discípulo, Francesco di Vandabrina e Simone da Colle, conhecido como dos bronzes[8]; estes, diante dos Cônsules, prometeram concluir a cena no prazo determinado e começaram a trabalhar com afinco e diligência, esforçando-se cada um ao máximo para superar o outro e escondendo sigilosamente o que estava sendo feito, para que não houvesse cópia. Só Lorenzo, orientado por Bartoluccio, que o obrigava a trabalhar muito e a fazer muitos modelos antes de pôr em prática qualquer um deles, continuamente levava os cidadãos a ver sua obra; às vezes também convidava os forasteiros que entendessem do ofício, tudo para ouvir a opinião alheia; e, graças a tais opiniões, ele resolveu pôr em prática um modelo que estava muito bem trabalhado e não apresentava nenhum defeito. Depois de feitas as formas e vazado o bronze, o resultado foi ótimo, e Lorenzo começou a polir as peças com Bartoluccio, seu pai, o que foi feito com tanto amor e paciência, que execução e acabamento melhores seriam impossíveis. E assim continuaram até o final do prazo para o cotejo, quando sua obra e as dos outros mestres foram terminadas. Chegado o momento do julgamento pelo Mester dos Mercadores, os Cônsules e muitos outros cidadãos emitiram diversos pareceres. Haviam ido a Florença muitos forasteiros, pintores e escultores, além de ourives, que foram chamados pelos Cônsules para julgar aquelas obras juntamente com os outros praticantes do ofício que moravam em Florença. Seu número foi de trinta e quatro, e cada participante era exímio em sua arte. E, embora fossem bem diferentes os pareceres, pois a alguns agradava o estilo deste, e a outros, o daquele, todos estavam concordes em que Filippo di Ser Brunellesco e Lorenzo di Bartoluccio tinham feito

---

[7] O próprio Ghiberti, nos seus *Comentários* (ed. Schlosser, cit., pp. 45-6), conta da seguinte maneira esse acontecimento: "No entanto, naquele momento, alguns amigos me escreveram que os diretores da igreja de San Giovanni Batista estavam procurando mestres exímios, que queriam se submeter à prova. De todas as regiões da Itália, vieram muitos mestres exímios para submeter-se a essa prova e a esse concurso. Pedi licença ao senhor e ao companheiro. Ouvindo o caso, o senhor logo me deu licença."

[8] Vejamos o que escreve o próprio Ghiberti (ibid., p. 46): "[...] com outros escultores, apresentamo-nos aos construtores da igreja. Cada um recebeu quatro lâminas de latão. Como demonstração, os referidos construtores e diretores da referida igreja queriam que cada um fizesse uma cena para a porta, escolhendo como história a imolação de Isaque; cada um dos concorrentes fez a mesma história. As referidas provas foram feitas em um ano, e a quem vencesse devia ser feita a encomenda. Concorreram: Filippo di Ser Brunellesco, Simone da Colle, Nicolò d'Arezzo, Jacopo della Quercia, de Siena, Francesco di Valdambrina, Nicolò Lamberti." Donatello, portanto (com 15 anos então), não participou do concurso; isso também é demonstrado pelo fato de que ele aparece nos documentos como ajudante de Ghiberti (cf. nota 1 da p. 253).

201

figuras melhores e mais abundantes, com cenas mais bem compostas e acabadas[9], melhores ainda que as de Donato, apesar do excelente desenho deste, e do que as de Iacopo della Quercia, que não se aproximavam das de Donato; as outras três cenas, de Francesco di Valdanbrina, Simone da Colle e Niccolò d'Arezzo, não eram tão boas. Donato e Filippo, percebendo a diligência e o amor com que Lorenzo fizera seu trabalho, afastaram-se para um canto e, conversando, resolveram que a obra devia ser dada a Lorenzo, pois lhes parecia que desse modo os poderes público e privado seriam mais bem servidos; além disso, sendo jovem, pois não passava dos 20 anos, Lorenzo, exercitando-se naquela profissão, obteria os excelentes frutos que seriam de esperar daquela bela história; achavam eles que o seu trabalho era melhor que o dos outros, e que privá-lo daquela incumbência teria sido um ato de inveja, sendo, ao contrário, virtuoso o ato de conceder-lha. Assim, Filippo e Donato entraram na audiência dos Cônsules, e Filippo falou da seguinte forma: "A prova a que submetestes tão excelentes mestres, senhores Cônsules, foi muito oportuna, pois assim pudemos ver as diferentes maneiras e conhecer aquele que está mais apto a honrar nossa cidade. E, felizmente, como desconfiávamos Donato e eu, os forasteiros não superam os mestres de nossa cidade; aliás, vendo que suas obras são inferiores às nossas em inventividade, desenho, técnica de fundição e acabamento, decidimos que Lorenzo Ghiberti deve ser o agraciado com essa honra, recebendo o trabalho das portas. Pois ele, sendo jovem e cheio de vontade de conquistar fama, na execução de tal obra se superará a cada dia, assim como superou todos esses artistas. E, embora seja alvitre dos julgadores que eu o acompanhe nessa empreitada, renuncio a essa companhia porque ou sou o principal e trabalho sozinho, ou sou excluído da obra, coisa que agora faço. Porque, se não consegui mostrar-me excelente nesse trabalho, o defeito é meu e procurarei corrigir-me, para ser o principal de outra obra. Concluo, portanto, que em nossa opinião a obra deve ser sem dúvida de Lorenzo."[10] Os Cônsules já haviam ouvido os juízes e concluíram que o trabalho de Filippo era equiparável ao de Lorenzo; gostariam de vê-los unidos, recebendo a meias pela obra. Mas, por mais que pedissem ou oferecessem a Filippo, não conseguiram demovê-lo da teima, pois ele havia decidido que, se quisessem que ele executasse a obra, esta lhe devia ser dada por inteiro, pois não queria dividir a glória de seu trabalho. Então os Cônsules, vencidos pelas razões alegadas por Filippo e Donato, finalmente incumbiram Lorenzo da execução da obra[11]. Foi realmente um ato muito honroso o de Filippo e Donato, que demonstraram isenção de ânimo e claro juízo acerca de si mesmos;

---

[9] Os relevos de Brunelleschi e de Ghiberti para o concurso, com o *Sacrifício de Isaque*, estão no Museu Nacional de Bargello, em Florença.

[10] Todo esse suposto discurso de Brunelleschi não aparece na edição de 1568.

[11] A comissão do concurso, no fim de 1402 ou no início de 1403, designou Ghiberti como vencedor. O contrato de encomenda da obra a Lorenzo e ao pai Bartolo foi estipulado em 23 de novembro de 1403. Em 1º. de junho de 1407 é feita uma revisão do contrato, na qual a obra fica a cargo apenas de Lorenzo, e seu pai fica em segundo plano; provavelmente se tratou de uma pressão da Corporação de Calimala, pouco satisfeita com a lentidão dos trabalhos. A partir de 1407, a obra prosseguiria com mais rapidez até 1415, quando grande parte dos relevos já devia estar pronta. Entre março de 1423 e abril de 1424, os relevos foram dourados e montados. Em 19 de abril, a porta foi instalada no portal leste, de frente para a Catedral. Entre os ajudantes, Ghiberti contou com certo Maso di Cristofano, costumeiramente identificado como Masolino (mas cf. nota 2 da p. 213), Bernardo Ciuffagni (mais ou menos a partir de 1407 até 1415), Pagolo di Dono (ou seja, Paolo Uccello, depois de 1407, como simples aprendiz), Donatello (só até 1407, com um salário muito alto, o triplo do de Paolo Uccello), Michelozzo (aproximadamente a partir de 1417 até 1424; segundo Krautheimer, só como especialista no trabalho em bronze). As portas foram polidas logo depois da guerra. Ostentam os dizeres OPVS LAVRENTII FLORENTINI.

202

sem dúvida, é um grande exemplo de amor à arte, pois assim deram mais valor ao talentoso trabalho alheio do que ao interesse e à utilidade pessoal. Tal generosidade não só contribuiu para aumentar a fama e suas virtuosas ações como também tornou maior a vitória de Lorenzo por conseguir tão grande obra em sua pátria, com tão pouca idade.

Lorenzo começou a obra com grande diligência; era ela a porta que está voltada para a construção da igreja de San Giovanni[12]; nela ele fez divisões semelhantes às já feitas por Andrea Pisano na primeira porta[13] desenhada por Giotto, criando vinte cenas do Novo Testamento. E em oito vãos semelhantes a esses, progrediam as cenas; embaixo fez os quatro Evangelistas, dois por porta, bem como os quatro Doutores da Igreja, com poses e panejamentos diferentes entre si: um escreve, outro lê, outro pensa, mostrando-se diferentes uns dos outros, ostentando excelente execução. No contorno do ornamento quadrangular que há em torno das cenas, existe uma ornamentação de folhas de hera e outros motivos, entremeados por cornijas; em cada canto encontra-se uma cabeça de homem ou mulher em vulto, com a representação de profetas e sibilas, que são muito belas e, em sua variedade, mostram a grande qualidade e o talento de Lorenzo na elaboração de efígies. Organizou a composição das cenas de tal modo que elas seguem a vida de Cristo desde o nascimento até a Morte e a Ressurreição, o que é visto quando a porta se fecha, pois, quando aberta, as cenas não têm seguimento por ficarem em cada uma de suas folhas. Portanto, minha exposição seguirá a ordem das cenas quando a porta está fechada, para que não haja confusão. Acima dos Doutores e dos Evangelistas já mencionados, na parte inferior, segue-se, a partir do lado de Santa Maria del Fiore, o princípio, cujo primeiro quadro é a Anunciação de Nossa Senhora, em que ele representou, na atitude da Virgem, o susto e o súbito temor, numa inflexão graciosa diante da chegada do anjo. Ao lado dessa cena está o nascimento de Cristo: Nossa Senhora, depois do parto, está deitada, descansando, enquanto José contempla os pastores e os anjos que cantam. Na outra, ao lado destas, que fica na outra folha da porta, na mesma altura, segue-se a história da chegada dos Reis Magos, a adoração e os presentes dados a Cristo; ali também está todo o seu séquito, com cavalos e outros petrechos, tudo feito com grande talento. Assim, ao lado desta, está a discussão de Jesus com os Doutores no templo, na qual se expressam a admiração e a atenção que os Doutores dão a Cristo, bem como a alegria de Maria e José por reencontrá-lo. Em seguida, acima destas, recomeçando acima da Anunciação, a história do Batismo de Cristo por João no rio Jordão, percebendo-se em seus atos a reverência de um e a fé do outro. Ao lado desta, está a cena do Diabo tentando Cristo; aquele, assustado com as palavras de Jesus, mostra-se em atitude de pavor, revelando assim que sabe ser Ele o Filho de Deus. Ao lado desta, na outra folha, está a cena em que Ele expulsa os vendilhões do Templo, revirando pratarias, vítimas, pombas e outras mercadorias; nela, as figuras caem umas sobre as outras, num movimento gracioso que revela grande beleza e estudo. Ao lado desta, Lorenzo pôs o naufrágio dos Apóstolos: São Pedro sai da embarcação que está afundando e Cristo o ergue; trata-se de uma cena cheia de gestos variados dos Apóstolos que tentam salvar a embarcação, sendo visível a fé com que São Pedro se dirige a Cristo. Recomeçando, acima da história do Batismo, na outra folha, está a Transfiguração no monte Tabor, em

---

[12] Em 1452 essa porta foi transportada para o lado norte, para dar lugar à nova porta de Ghiberti, a chamada Porta do Paraíso.

[13] Mas as cabeças de leão usadas por Andrea como elementos decorativos foram substituídas por cabeças humanas, 48 ao todo.

que a atitude dos três Apóstolos expressa o deslumbramento que as coisas celestiais provocam nos mortais; também é possível perceber a divindade de Cristo, que se mantém com a cabeça alta e os braços abertos, entre Elias e Moisés. Ao lado dessa cena está a Ressurreição de Lázaro, que sai do sepulcro com pés e mãos atados e permanece em pé, para grande admiração dos circundantes; ali estão Marta e Maria Madalena beijando os pés do Senhor com humildade e grande reverência. Ao lado desta, na outra folha da porta, está a cena em que Ele entra em Jerusalém montado num asno, e os filhos dos hebreus, em várias atitudes, atiram as vestes no chão e brandem folhas de oliveira e palmeira, enquanto os Apóstolos seguem o Salvador. Ao lado desta está a Ceia dos Apóstolos, belíssima e bem distribuída, representados junto a uma mesa comprida, metade dentro e metade fora. Acima da cena da Transfiguração recomeça a Adoração no Jardim das Oliveiras, em que o sono é representado em três atitudes diferentes dos Apóstolos. Ao lado desta, segue a cena em que Ele é preso e recebe o beijo de Judas; nesta, várias coisas devem ser consideradas extraordinárias, pois, enquanto os Apóstolos fogem, os judeus prendem Cristo com atitudes que demonstram muita força. Na outra folha, ao lado dessa cena, vê-se Cristo amarrado à coluna; nela, Jesus Cristo, sofrendo a dor das agressões, apresenta leves torções, numa atitude compassiva, vendo-se raiva e vingança nos gestos dos judeus que o flagelam. Ao lado desta, segue-se a cena em que Ele é levado a Pilatos, que lava as mãos e o sentencia à cruz. Acima da Adoração do Jardim das Oliveiras, na outra folha, está a última fileira de cenas, que começa quando Ele carrega a cruz a caminho da morte, conduzido pela fúria de soldados que, com suas atitudes, parecem puxá-Lo à força; vale lembrar que até hoje nada vi que fosse mais bem feito do que o pranto e os gestos das Marias. Ao lado desta, está Cristo crucificado; no chão, sentados, em atitude dolorosa e cheia de indignação, estão Nossa Senhora e São João Evangelista. Em seguida, ao lado desta, na outra folha, está a Ressurreição; nela, os guardas, desmaiados por ação do trovão, parecem mortos, enquanto Cristo ascende numa atitude que revela glorificação na perfeição dos membros, elaborados pela engenhosa fatura de Lorenzo. No último vão está a vinda do Espírito Santo, em que se veem a solicitude e a brandura dos que o recebem. Esse trabalho foi feito e terminado sem economia do esforço e do tempo exigidos por toda obra elaborada em metal, sendo de se observar que os membros dos nus são muito belos em sua integridade; os panejamentos, embora ostentem algo do velho estilo do tempo de Giotto, têm algo que tende para o estilo dos modernos, conferindo às figuras daquele porte certa graça harmoniosa. Na verdade, as composições de cada cena estão tão bem organizadas e distribuídas, que Lorenzo mereceu os louvores que no início recebeu de Filippo e de outros maiores ainda. Porque foi honrosamente reconhecido por seus concidadãos, sendo sumamente louvado pelos artistas da terra e por forasteiros. Essa obra, contando com os ornamentos de fora, que também são de metal e entalhados com festões de frutos e animais, custou vinte e dois mil florins; a porta de metal pesa trinta e quatro mil libras. Terminada essa obra, os Cônsules do Mester dos Mercadores consideraram-se muito bem servidos e, diante dos louvores que todos fizeram, deliberaram que Lorenzo faria, num pilar de fora de Or San Michele, num de seus nichos, o que se encontra entre os tosadores, uma estátua de bronze de quatro braços e meio de altura de São João Batista[14], obra que ele começou e não parou enquanto não terminou; foi ela muito louvada; no manto, há um friso com-

---

[14] A mesma Corporação de Calimala encomendou a estátua de bronze de João Batista para Orsanmichele, transgredindo a cláusula dos contratos de 1403 e 1407, que vedava a Ghiberti incumbir-se de ou-

posto de letras em que se lê seu nome. E no frontispício do tabernáculo ele fez um profeta de mosaico em meio-corpo.

A fama de Lorenzo crescera já por toda a Itália e fora dela, em virtude de sua sofisticada maestria na fundição, de tal maneira que, quando Iacopo della Fonte, o senês Vecchietto[15] e Donato fizeram para a igreja de San Giovanni, a pedido da Senhoria de Siena, algumas cenas e estátuas de bronze que deveriam ornamentar o batistério daquele templo, como os seneses tivessem visto as obras de Lorenzo em Florença, decidiu-se que seriam feitas duas cenas da vida de São João Batista[16]. Em uma delas, seria retratado o batismo de Cristo, com muitas figuras, nuas e vestidas ricamente; na outra, seria representada a cena em que São João é preso e levado a Herodes; Lorenzo as fez e assim superou e venceu os outros que haviam feito as outras, motivo pelo qual foi sumamente louvado pelos seneses e por todos quantos as viam. Em Florença, os Mestres da Moeda precisavam fazer uma estátua num dos nichos que ficam em torno de Or San Michele, em frente ao Mester da Lã; essa estátua seria de São Mateus e teria a altura do São João acima referido. Encomendaram-na a Lorenzo, que a fez com perfeição[17], o que lhe valeu louvores muito maiores que os recebidos pelo São João, pois nela ele se valeu de um estilo mais moderno. Graças a essa estátua, os cônsules do Mester da Lã decidiram encomendar para o mesmo lugar, no nicho ao lado, uma outra estátua de metal que tivesse altura proporcional às outras duas, representando Santo Estêvão[18], padroeiro do referido Mester. Lorenzo a fez com um acabamento de verniz

---

tros trabalhos antes de terminar a porta. Em 1º. de dezembro de 1414 o artista já começava o trabalho de fundição, mas a estátua foi posta no nicho onde ainda se encontra apenas em 1416 e só foi completamente terminada em 1417. Na bainha do manto há a inscrição OPVS LAVRENTII. É citada por todas as fontes anteriores a Vasari.

[15] Lorenzo di Pietro Vecchietta (1412-80) não trabalhou no batistério de Siena (cf. sua Vida nas pp. 330-1).

[16] A construção do batistério de Siena foi iniciada em 1416 e logo Ghiberti assumiu sua direção. Em 1417 os relevos de bronze do *Nascimento de João Batista* e da *Pregação de João Batista* foram encomendados aos seneses Turino di Sano e Giovanni Turini; *Zacarias no templo* e o *Banquete de Herodes*, a Jacopo della Quercia; o *Batismo de Cristo* e a *Pregação de João Batista a Herodes*, a Ghiberti. O *Banquete de Herodes* depois foi encomendado a Donatello em 1423 por inadimplência de Jacopo della Quercia. Depois de várias solicitações, em 15 de novembro de 1427, Ghiberti entregou os dois relevos prontos (na *Pregação de João Batista*, foi muito ajudado por Giuliano di Ser Andrea, já na época trabalhando na oficina de Ghiberti). No mesmo ano, Turino di Sano, Giovanni Turini e Donatello entregaram seus relevos; para o *Zacarias no templo*, de Jacopo della Quercia, constam pagamentos até 1430. Subsequentemente, as seis estatuetas de bronze das *Virtudes* para os nichos dos cantos da pia foram confiadas a Donatello (*Esperança* e *Fé*: 1427-29), a Goro di ser Neroccio (*Força*: 1428--31) e a Giovanni Turini (*Caridade, Justiça* e *Prudência*: 1429-31). Em 1427 teve início a parte superior, de mármore (excluindo-se a porta do tabernáculo de Giovanni Turini e os *putti* dos cantos: três também de Turini, três de Donatello, um dos quais atualmente no Museu de Berlim), sob a direção de Jacopo della Quercia, que fez os cinco baixos-relevos com *Profetas* (1428-30) e a estatueta de *João Batista* a coroar a pia. O próprio Ghiberti lembra seus dois relevos nos *Comentários*. Também eram conhecidos pelo Anônimo Magliabechiano.

[17] Em agosto de 1419 foi assinado o contrato, quando Ghiberti já estava trabalhando no modelo de cera terminado em 1420. A fundição de julho de 1421 não ficou boa e foi corrigida em janeiro de 1422. Ainda no local, apresenta a inscrição: "OPVS VNIVERSITATIS CANSORVM FLORENTIAE ANNO MCCCCXX". A estátua também é mencionada por Albertini, enquanto o Livro de Antonio Billi e o Anônimo Magliabechiano a atribuem a Michelozzo, que naqueles anos efetivamente estava na oficina de Ghiberti, mas apenas na qualidade de especialista no polimento do bronze, segundo hipótese de Krautheimer. De qualquer modo, num registro do Cadastro de 1427, Michelozzo declara-se credor da Corporação dos Banqueiros "pelo que resta da figura de São Mateus, quando era companheiro de Lorenzo di Bartoluccio".

[18] Ghiberti recebeu a incumbência da Corporação da Lã na primavera e no verão de 1425; no início de 1429 o *Santo Estêvão* já estava terminado e colocado no nicho preexistente, do século XIV, onde ainda está. Também é mencionado por Albertini, pelo Livro de Antonio Billi e pelo Anônimo Magliabechiano.

sobre o bronze, o que a tornou muito bela. Tal estátua não satisfez menos do que as outras obras já realizadas por ele. Naquela época, o geral dos frades predicantes era Messer Lionardo Dati, que, para deixar memória em Santa Maria Novella, onde fizera seus votos, e em sua pátria, encomendou a Lorenzo uma sepultura de bronze, sobre a qual haveria uma estátua jacente dele[19], em tamanho natural; essa estátua, que muito agradou e foi louvada, deu origem a outra, feita em Santa Croce, representando Lodovico de gl'Albizi e Niccolò Valori[20]. No Convento dos Angeli, eram venerados os corpos de três mártires, Proto, Jacinto e Nemésio; contudo, para que mais venerados fossem, encomendou-se a Lorenzo um ataúde de metal[21], no qual ele fez alguns anjos em baixo-relevo a segurarem uma guirlanda de oliveira, em cujo interior estão escritos os nomes dos mártires. Em vista dessa obra, muito honrosa, os construtores de Santa Maria del Fiore tiveram vontade de encomendar ataúde e sepulcro de metal para o corpo de São Zenóbio[22], Bispo de Florença; o ataúde tinha três braços e meio de comprimento e dois de altura. Além de ser dotado de belas linhas e de vários ornamentos, na parte da frente do corpo do ataúde foi feita uma cena na qual São Zenóbio ressuscita o menino que morrera sob seus cuidados enquanto a mãe peregrinava. Em outra cena, São Zenóbio ressuscita outro menino morto por uma carroça; em outra ainda, ele é representado com os dois servidores enviados por Santo Ambrósio: um deles morrera nos Alpes e o outro se lamenta diante de São Zenóbio que, compadecendo-se, lhe diz: "Vai até lá, ele está dormindo, e o encontrarás vivo." Na parte de dentro

---

[19] Foi iniciada logo depois da morte de Dati (16 de março de 1425), e, no registro do Cadastro de 9 de julho de 1427, Ghiberti declara precisar ainda receber dez florins. Ostenta a inscrição: "CELEBRIS . HIC . MEMORIA . COLITVR . CLARI . RELIGIOSI . FRATRIS . LEONARDI . STATII . DE . FLORENTIA . SACRI . THEOLOGII . AC . TOTIVS . ORDINIS . PREDICADORVM . MAGISTRI . GENERALIS". O próprio Ghiberti a descreve em seus *Comentários* (ed. Schlosser, cit., p. 47): "Fiz de latão a sepultura de Messer Leonardo Dati, geral dos frades predicantes: foi ele homem doutíssimo; fi-lo em tamanho natural: a sepultura é de pouco relevo, tem um epitáfio aos pés." É mencionada também pelo Anônimo Magliabechiano. Outrora no coro dos monges, está agora em péssimas condições, no transepto de Santa Maria Novella.

[20] Ludovico degli Obizi morreu em 1424 na batalha de Zagonara, e Bartolomeo Valori, em 11 de setembro de 1427. O próprio Ghiberti escreve (ibid.): "[...] dirigi a produção da sepultura de Ludovico degli Obizi e Bartolomeo Valori, feitas de mármore [...]"; ou seja: ele fez os desenhos. A lápide de Ludovico foi feita por Filippo di Cristofano. As estátuas jacentes, mencionadas também pelo Anônimo Magliabechiano, continuam *in loco* muito deterioradas.

[21] A transferência das relíquias dos três santos ocorreu em 1427; no registro do Cadastro de julho de 1427, Ghiberti declarava ter o cofre ainda na oficina, mas já devia ter terminado. Na edição de 1568, Vasari relata uma inscrição da qual se depreende que as relíquias dos três santos tinham sido colocadas em 1428. Restaurado em 1427, o cofre agora se encontra em Bargello. O próprio Ghiberti escreve (ibid.): "Ainda se vê um ataúde de bronze em Santa Maria degli Agnoli, onde moram frades de São Bento; no referido ataúde estão os ossos dos três mártires, Proto, Jacinto e Nemésio. Na face frontal estão esculpidos dois anjinhos segurando uma guirlanda de oliveira na qual estão escritos os nomes deles." Mencionada também pelo Anônimo Magliabechiano.

[22] Em fevereiro de 1432 foi proclamado um concurso para o novo sepulcro de São Zenóbio; em 18 de março de 1432 a parte arquitetônica foi confiada a Brunelleschi, e a parte escultural a Ghiberti. Depois de alguns pagamentos iniciais, os construtores da Catedral rescindiram o contrato em abril de 1437 por falta de cumprimento de Ghiberti, mas em 18 de abril de 1439 o trabalho lhe foi novamente confiado, com uma cláusula que estipulava o prazo de entrega para dez meses (ou seja, para janeiro de 1440); os últimos pagamentos, porém, são de agosto de 1442. Pelos documentos, fica-se sabendo que os relevos dos lados mais curtos foram modelados entre 1432 e 1434; o principal, antes de 1437, e o que tem seis anjos, entre 1439 e 1440. As "letras entalhadas em memória e louvor daquele santo" são de Leonardo Bruni: "CAPVT BEATI ZENOBII FLORENTINI EPISCOPI IN CVIVS HONOREM HEC ARCA INSIGNI ORNATV FABRICATA FVIT". A arca, ainda sob o altar da capela central na tribuna do meio de Santa Maria del Fiore, foi dourada no fim do século XVI. É mencionada também por Manetti e pelo Anônimo Magliabechiano.

há seis anjinhos segurando uma guirlanda de folhas de olmo, na qual há uma inscrição talhada em memória e louvor do santo. Essa obra foi feita e acabada por ele com engenho e arte, tendo sido louvada extraordinariamente por ser muito bela. Enquanto as obras de Lorenzo lhe granjeavam fama e nomeada, e ele trabalhava servindo grande número de pessoas, na realização de lavores de metal, como prata e ouro, foi ter às mãos de Giovanni, filho de Cosimo de' Medici, uma grande cornalina, na qual se representava em entalhe cavado a cena em que Apolo escorcha Mársias; segundo se diz, já era usada pelo imperador Nero como sinete. Como se tratasse de uma coisa muito extraordinária, tanto pelo tamanho da pedra, que era grande, quanto pela maravilha do entalhe cavado, Giovanni a deu a Lorenzo para que este fizesse uma moldura de ouro entalhado[23]; ele, trabalhando com afinco muitos meses, terminou o lavor, fazendo uma obra de entalhe em torno da pedra que nada ficou a dever-lhe em qualidade e perfeição. Tal obra deu ensejo a muitas outras de ouro e prata, que hoje estão perdidas, segundo consta, destruídas pela cobiça ou pela necessidade de tais metais. Para o papa Martinho, fez um broche de ouro que ele usava na capa de asperges; exibia figuras em relevo e era joia de grande valor, coisa excelente. Também fez uma mitra[24] maravilhosa com folhas de ouro vazadas e, entre elas, muitas figuras pequenas que foram consideradas belíssimas. Com isso, Lorenzo, além de fama, obteve grandes compensações pecuniárias, graças à liberalidade daquele pontífice. No ano MCDXXXIX o papa Eugênio veio a Florença, para dirimir a discórdia entre a Igreja grega e a romana, realizando-se um Concílio. Vendo as obras de Lorenzo, o papa as apreciou muito, assim como apreciou sua presença, e pediu que ele lhe fizesse uma mitra de ouro[25] que pesava quinze libras. Além das cinco libras e meia das pérolas, de valor total estimado em torno de trinta mil ducados de ouro. Diz-se que nessa obra havia seis pérolas do tamanho de avelãs, e que não é possível imaginar, pelo que se viu depois em um desenho que a representa, as belíssimas invenções de engastes nem a variedade dos *putti* e de outras figuras, que serviam de variados e graciosos ornamentos. Por essa obra ele recebeu infinitas graças do pontífice, tanto para si quanto para seus amigos, além do pagamento. Florença recebera tantos louvores pelas excelentes obras desse talentoso artista, que os Cônsules do Mester dos Mercadores decidiram encomendar-lhe

---

23 Obra perdida, mencionada também pelo Anônimo Magliabechiano, assim descrita por Ghiberti (ed. Schlosser, cit., p. 47): "Naquele tempo (aproximadamente 1428) engastei de ouro uma cornalina do tamanho de uma noz com casca, na qual estavam esculpidas três figuras magnificamente feitas pelas mãos de algum excelente mestre antigo. No pecíolo pus um dragão com as asas um pouco abertas e a cabeça abaixada, e o pescoço alteado no meio, e as asas funcionavam como cabo do sinete; o dragão, ou melhor, a serpente, estava entre folhas de hera, e de meu punho, em torno das referidas figuras, entalhei letras antigas com o nome de Nero, coisa que fiz com grande diligência [...]"

24 Tanto o broche quanto a mitra de Martinho V se perderam. São mencionados também pelo Anônimo Magliabechiano, e Ghiberti (ibid.) escreve: "O papa Martinho veio a Florença (em 1419) e me encomendou uma mitra de ouro e o broche de uma capa de asperges; nela fiz oito meias figuras de ouro e, no broche, a figura de um Nosso Senhor abençoando."

25 Obra perdida, mencionada também pelo Anônimo Magliabechiano, assim descrita por Ghiberti (ibid., pp. 47-8): "O papa Eugênio veio morar na cidade de Florença (em 1438) e me encomendou uma mitra cujo ouro pesava quinze libras e cujas pedras pesavam cinco libras e meia. O material foi avaliado pelos joalheiros da nossa terra em trinta e oito mil florins, entre espinélios, safiras, esmeraldas e pérolas. Na referida mitra havia seis pérolas do tamanho de avelãs. Recebeu como ornamento muitas figuras e grande número de adornos; na parte da frente havia um trono com muitos anjos em volta e um Nosso Senhor no meio; na parte de trás, uma Nossa Senhora também como anjos em volta do trono; o contorno era de ouro, com os quatro evangelistas e muitos anjinhos no friso de baixo; foi feita com muita magnificência."

a terceira porta de metal da igreja de San Giovanni[26]. Sabe-se que a primeira porta fora feita por encomenda deles, com ornamentos em torno das figuras e cobrindo os caixilhos de todas as portas, de modo semelhante ao executado por Andrea Pisano; mas, visto que Lorenzo o superara, os Cônsules resolveram transferir a porta do meio, onde estava a obra de Andrea, e colocá-la em outro lugar, em frente à Misericórdia. Lorenzo deveria fazer de novo a porta que seria colocada no meio, considerando que ele se esforçaria ao máximo e conseguiria fazer o melhor naquela arte. E assim o incumbiram da obra, dizendo que lhe davam toda a liberdade, e que ele podia fazer o que quisesse, da maneira como quisesse, para que o resultado fosse o trabalho mais ornamentado, rico, perfeito e belo que se pudesse ou soubesse imaginar. Tampouco deveria preocupar-se com o tempo e com os gastos, pois, assim como superara os outros escultores até então, deveria superar e sobrepujar todas as suas próprias obras.

Lorenzo começou a referida obra pondo em prática todo o seu saber; assim, dividiu a porta em dez quadrados, cinco por folha, de tal forma que o espaço das cenas era de um braço e um terço; ao redor da moldura que circunda as cenas, há um ornamento formado por nichos cheios de figuras em semivulto, vinte ao todo, todas belíssimas; há um Sansão nu que, abraçado a uma coluna, empunhando uma mandíbula de asno, mostra a maior perfeição que os antigos conseguiram atingir em sua época com seus Hércules de bronze ou de mármore. É o que também se vê num Josué que, discursando para o exército, parece falar de verdade; também em muitos profetas e sibilas, adornados de várias maneiras com panejamentos e toucados, com chapéus e outros ornamentos, nas outras doze figuras, postas nos nichos que circundam as cenas na largura da porta, criando sobre os cruzeiros dos cantos trinta e quatro relevos com cabeças de mulheres, jovens e velhos[27]. Entre tais cabeças, no meio da porta, perto de seu nome entalhado, está o retrato de Bartoluccio, seu pai, mestre de toda a obra; seu pai é o mais velho, pois o mais jovem é Lorenzo, seu filho. Também há um número infinito de folhas e cornijas, bem como outros ornamentos feitos com grande maestria. As cenas que estão na referida porta são do Antigo Testamento; na primeira está a Criação de Adão e Eva, trabalho perfeitíssimo em que Lorenzo representou os membros com a máxima beleza possível, pois, levando em conta que se tratava de uma criação de Deus, e que nunca houvera figuras mais belas, ele achava que elas deveriam superar todas as outras nas obras de sua lavra até então, ponderação certamente grandiosa. Assim, representou Adão comendo a maçã e a expulsão do Paraíso, em que as figuras

---

[26] A encomenda é de 2 de janeiro de 1425, mas provavelmente o trabalho não começou antes do fim de 1428. Parece que inicialmente, segundo um programa de Leonardo Bruni, tinham sido previstas 24 cenas. As dez grandes *Cenas* do projeto final já estavam fundidas em 4 de abril de 1436 (ou, mais provavelmente, 1437) e devem ter sido polidas por Lorenzo, Vittorio Ghiberti e Michelozzo. Seis cenas estavam terminadas em junho de 1443, e o contrato foi renovado com uma cláusula que estipulava que o trabalho deveria ser terminado em dezoito meses. Mas o polimento das outras cenas continuou até agosto de 1447; trabalhou-se na moldduragem de 1439 a janeiro de 1448; o polimento do friso (fundido em 1437) continuou até 1452. Nesse ano, entre março e junho, foi feita a douradura, e em julho os cônsules decidiram colocar essa porta no portal principal de frente para a Catedral, transferindo a outra de Ghiberti para o lado norte. São mencionadas por todas as fontes anteriores a Vasari e chamadas popularmente de Portas do Paraíso em virtude da anedota contada por Vasari que tem Michelangelo como protagonista; atualmente estão sendo submetidas a uma operação gradual de limpeza. Sobre elas, cf. também M. Cardoso Mendes Atanasio, "Documenti inediti riguardanti la 'Porta del Paradiso' e Tommaso di Lorenzo Ghiberti", em *Commentari*, XIV (1963), pp. 92-103; cf. também o discutível ensaio de M. G. Ciardi Dupré, "Sulla collaborazione di Benozzo Gozzoli alla porta di Paradiso", em Antichità viva", VI (1967), n, 6, pp. 60-83.

[27] As estátuas jacentes são quatro e as cabeças (entre as quais o autorretrato), vinte e quatro.

reagem aos efeitos do pecado, primeiramente tomando consciência de sua vergonha e cobrindo-a com as mãos, e depois com a penitência de submeter-se ao Anjo que os expulsou do Paraíso. No segundo quadro estão Adão e Eva com as crianças Caim e Abel; vê-se Abel fazendo o sacrifício das primícias, enquanto Caim faz o sacrifício das menos boas, percebendo-se nas atitudes de Caim a inveja do próximo, e em Abel, o amor a Deus. O que há de mais belo é ver Caim arar a terra com dois bois que, na labuta de puxar o arado sob o jugo, parecem verdadeiros e naturais; como, aliás, também parece verdadeiro e natural o próprio Abel que, enquanto cuida dos animais, é morto por Caim; este é visto em atitude impiedosa e cruel, matando o irmão com um pedaço de pau; e o próprio bronze mostra a languidez dos membros mortos da belíssima pessoa de Abel, enquanto à distância, em baixo-relevo, Deus pergunta a Caim o que foi feito de Abel; em cada um dos quadros encontram-se representações de quatro episódios da mesma cena. No terceiro quadro Lorenzo representou Noé saindo da arca com a mulher, os filhos, as filhas, as noras e todos os animais, voadores ou terrestres; estes, cada um em seu gênero, são entalhados pelas excelentes mãos de Lorenzo com a perfeição que a arte pode imitar da natureza. A arca está aberta, e as baias, em perspectiva de baixíssimo-relevo, são de uma graça sem par. Além das figuras de Noé e de outros fazendo sacrifício, vê-se o arco-íris, sinal de paz entre Deus e Noé; porém, muito mais excelente do que todas as figuras é a cena em que ele, depois de plantar a vinha, embriaga-se e mostra as vergonhas, sendo escarnecido pelo filho Cam; não é possível sonhar com imitação mais perfeita do abandono dos membros na embriaguez, da consideração e do amor dos outros dois filhos, que o cobrem com belíssimas atitudes. Também é possível ver o navio, os pâmpanos e os outros petrechos da vindima, elaborados com discernimento e acomodados em lugares que não enleiam a cena; ao contrário, servem-lhe de belíssimo ornamento.

Lorenzo gostou muito de fazer na quarta cena desse quadro a aparição dos três anjos no vale Mambré; os três são semelhantes, e o santíssimo velho os adora com uma atitude das mãos e do rosto característica e vivaz; os seus servidores são talhados com grande expressividade: ao pé do monte, com um asno, estão à espera de Abraão, que está sacrificando o filho. Este está nu sobre o altar, enquanto o pai, com o braço erguido, procura obedecer e é impedido pelo Anjo, que o retém com uma das mãos enquanto, com a outra, acena para o carneiro sacrifical e livra Isaque da morte; trata-se de uma história realmente viva pela beleza de cada um de seus detalhes, vendo-se a máxima perfeição nos membros rústicos dos servidores, em oposição às formas delicadas de Isaque, parecendo não haver nada que não tenha sido feito com discernimento e muita arte. Nessa obra, Lorenzo mostrou que foi se superando progressivamente, sobretudo nas dificuldades apresentadas pelos fundos; como quando nascem Esaú e Jacó, ou quando Esaú caça para fazer a vontade do pai; e Jacó, instruído por Rebeca, está segurando o cabrito cozido e, com a pele em torno do pescoço, é procurado por Isaque, que lhe dá a bênção. Nessa cena há cães belíssimos e naturais, além das figuras que têm a mesma expressão que Jacó, Isaque e Rebeca deviam ter quando eram vivos. Animado pelos progressos na arte, que se tornava cada dia mais fácil, Lorenzo exercitava seu talento em coisas mais elaboradas e difíceis; no sexto quadro ele mostra José posto na cisterna pelos irmãos, sendo vendido pelos mercadores e entregue ao Faraó[28], que ouve dele a interpretação do sonho da fome e a apresentação da provisão como solução; também são retratadas as honras que o Faraó presta a José. Jacó manda os filhos bus-

---

[28] José foi vendido a Putífar, capitão das milícias do Faraó.

carem grão no Egito, e estes são reconhecidos por José, que os manda de volta ao pai. Nessa cena Lorenzo fez um templo em alto-relevo em perspectiva, trabalho de grande dificuldade; dentro dele há figuras em diversas posições a carregarem grãos e farinha, além de asnos extraordinários. Também representou a cena do banquete, quando a taça de ouro é escondida no saco de Benjamim, quando é encontrada e quando José abraça e reconhece os irmãos; pela expressividade e pela variedade, essa cena é considerada a mais digna, difícil e bela de todas as obras.

Lorenzo, sendo dotado de tão grande talento e engenho para criar essas estátuas, ao receber a encomenda para compor belas histórias, só podia criar belíssimas figuras; como quando, no sétimo quadro, ele representa o monte Sinai e, no alto, Moisés recebendo a lei de Deus; e as toma em atitude reverente, ajoelhado; a meia altura do monte, Josué o espera com todo o povo amedrontado com os trovões, os raios e os tremores, mostrando em atitudes diversas seus estados de espírito, com grande vivacidade. Empregou diligência e muito amor no oitavo quadro, no qual representou Josué a caminho de Jericó, atravessando o Jordão e pondo os doze pavilhões com as doze tribos, figuras muito vivazes; muito belas são algumas em baixo-relevo que giram com a arca em torno dos muros da referida cidade e derrubam seus muros com sons de trombeta, para que os hebreus tomem Jericó; nessa cena, a paisagem é diminuída e baixada gradualmente, sempre com observância da perspectiva desde as primeiras figuras até os montes e desde os montes até a cidade e desta até a paisagem em baixíssimo-relevo, vista ao longe, o que é feito com graça e perfeição. Realmente, Lorenzo a cada dia adquiria mais prática naquela arte, como se viu no nono quadro, que representa a morte do gigante Golias, no qual Davi decepa Golias com uma atitude pueril e altiva, e o exército dos filisteus é posto em debandada pelo exército de Deus; nessa cena Lorenzo fez cavalos, carros e outras coisas de guerra com grande diligência. E também fez Davi voltando com a cabeça de Golias na mão, enquanto o povo vai ao seu encontro tocando e cantando. Tais ações são apropriadas e vivazes. Na décima e última história Lorenzo deu o melhor de si: a rainha de Sabá visita Salomão com grande corte; nessa cena, ele fez construções belíssimas em perspectiva; e todas as outras figuras, bem como os ornamentos das arquitraves que circundam as portas, com frutos e festões, são feitas com perfeição, assim como nas cenas acima citadas. Nessa obra, de per si e no conjunto, percebe-se até que ponto podem obrar com inventividade o valor e o esforço de um escultor, nas figuras quase em semivulto, bem como nos médios, baixos e baixíssimos-relevos, na composição das figuras, no capricho das atitudes de homens e mulheres, na variedade das construções, nas perspectivas e no ar gracioso em ambos os sexos, observando-se o decoro em toda a obra: nos velhos, a gravidade; nos jovens, a beleza e a graça. Realmente, pela perfeição de todas as coisas e pela segurança da fundição, vazada com limpeza, pode-se dizer que essa é a mais bela obra do mundo, superando tudo o que já se viu entre antigos e modernos. Lorenzo deve de fato ser louvado, principalmente porque um dia Michelagnolo Buonarroti, detendo-se para ver esse trabalho, foi abordado por um amigo, que lhe perguntou o que achava daquelas portas, se eram belas. Michelagnolo respondeu: "São tão belas, que ficariam bem nas portas do Paraíso." Louvor realmente apropriado e feito por quem podia julgá-las. Lorenzo pôde fazê-las bem porque as começou com 20 anos e trabalhou nelas durante quarenta anos[29], com um afinco mais que extremo,

---

[29] Ghiberti trabalhou na primeira porta durante vinte e um anos (de 1403 a 1424) e, na segunda, durante vinte e sete anos (de 1425 a 1452): ao todo, quarenta e oito anos.

razão pela qual os Senhores daquela cidade, além do pagamento feito pelos Cônsules, deram-lhe uma propriedade próxima à Abadia de Settimo[30]. E mais fizeram os Senhores[31] como reconhecimento de seu talento, prestando-lhe todas as honras que podiam. Defronte à Misericórdia, ele continuou o ornamento de bronze[32], com aquele folhame maravilhoso, obra que não terminou por ter falecido; também deixou inacabado um modelo da outra porta, a de Andrea Pisano, que queria refazer; hoje ela está em mau estado.

Deixou um filho chamado Buonaccorso[33], que terminou aquele ornamento com grande diligência. Buonaccorso fez muitas obras e morreu jovem; dominava todos os segredos de fundir coisas finíssimas, que a longa experiência ensinara a Bartoluccio e a Lorenzo, bem como o modo de vazar o metal, tal como se vê naquilo que ele talhou em relevo; também deixou antiguidades de mármore e bronze, como o leito de Policleto, coisa raríssima, além de uma perna antiga de bronze, cabeças de mulheres e vasos trazidos da Grécia sem economia de despesas. Sem falar dos torsos e de outras coisas raras que ele se deleitou a estudar e a imitar em suas obras; a maioria dessas coisas e grande parte das riquezas se estragaram; uma parte foi vendida a Messer Giovanni Gaddi, clérigo da Câmara Apostólica[34], tal como o leito de Policleto e outras coisas melhores.

Em vida Lorenzo dedicou-se a várias coisas, comprazendo-se a pintar e a trabalhar janelas de vidro, como se vê nos óculos da igreja de Santa Maria del Fiore, em torno da cúpula; excetuando o que foi feito por Donato, que representa Cristo coroando Nossa Senhora, fez o que está acima da porta principal de Santa Maria del Fiore, em que a virgem vai para o Céu[35]; também fez o que fica acima da porta de

---

[30] Ghiberti adquiriu a propriedade rural de Settimo em 15 de janeiro de 1442.

[31] Foi eleito para o Ofício dos Doze em dezembro de 1443.

[32] Em fins de 1452, foi firmado o contrato para a molduragem da porta de Andrea Pisano com Lorenzo e Vittorio Ghiberti; o primeiro pagamento é de 3 de abril de 1456, quando Ghiberti já estava morto (1455). O trabalho continuou até 1463, aproximadamente, e Albertini o menciona como obra de Vittorio.

[33] O filho de Lorenzo que terminou o friso em torno da porta de Andrea Pisano foi Vittorio (1418--96). Buonaccorso (1451-1516) era filho de Vittorio, portanto neto de Lorenzo; é autor de um *Zibaldone*, hoje na Biblioteca Nacional de Florença (Banco Rari, 228), cheio de notas para um tratado de arquitetura.

[34] Giovanni Gaddi estava em Roma em 1525, em Nápoles em 1538. Morreu em 1542. Um torso de *Sátiro*, agora na Galeria dos Uffizi, mas proveniente justamente da coleção Gaddi, provavelmente era uma das estátuas antigas possuídas por Ghiberti (Schlosser).

[35] O próprio Ghiberti fala de seus vitrais para a Catedral de Florença (ed. Schlosser, cit., p. 51): "Desenhei na fachada de Santa Maria del Fiore, no óculo do meio, a assunção de Nossa Senhora e desenhei os outros que estão ao lado. Desenhei na referida igreja muitas janelas de vidro. Na tribuna há três óculos desenhados por mim. Em um deles, Cristo se eleva ao céu; no outro, adora no Jardim das Oliveiras; no terceiro, é levado ao templo." Para o óculo com a *Coroação* Ghiberti também fizera um desenho, mas deu-se preferência ao de Donatello (dezembro de 1433). O óculo com a *Ascensão* foi feito de 13 de julho de 1442 a 11 de setembro de 1443, quando lhe foi pago também o *Cristo no Jardim das Oliveiras*; a *Apresentação ao templo* lhe foi paga em 7 de dezembro de 1443. Outras janelas desenhadas por Ghiberti estão documentadas entre 1434 e 1442. A execução ficava a cargo dos mestres especializados no trabalho do vidro. No entanto, mesmo documentados, os desenhos poucas vezes são efetivamente de Ghiberti (R. Longhi, comunicação oral); por exemplo, o desenho para o óculo central da fachada, com a *Assunção*, feito em 1404, deve ser atribuído a Mariotto di Nardo (Longhi, retomado por M. Boskovits, "Mariotto di Nardo e la formazione del linguaggo tardogotico a Firenze negli anni intorno al 1400", em *Antichità viva*, VII [1968], n. 6, p. 24); provavelmente o *São Lourenço* em um dos óculos laterais também, embora ambos sejam atribuídos a Ghiberti, em 1414, pelos documentos (cf. Poggi, *Il Duomo*, cit., doc. LXXXI, e também G. Marchini, *Le vetrate italiane*, Milão, 1956). Os vitrais de Ghiberti para a Catedral também são mencionados pelo Livro de Antonio Billi e pelo Anônimo Magliabechiano.

Santa Croce[36], belíssimo cartão em que Cristo está sendo deposto da cruz. No início da obra da cúpula foi escolhido como companheiro e assistente de Filippo di Ser Brunellesco, embora logo depois tenha saído, como se diz na vida de Filippo[37]; e assim, prosseguindo em sua arte, viveu com honra e deixou muitos recursos; chegou à idade de LXIV anos, morrendo de um mal de febre[38] e deixando fama imortal para todos quantos vejam suas obras e ouçam suas ações; e os seus lhe deram honrosa sepultura em Santa Croce de Florença, sendo feitos em seu louvor versos em língua latina e vulgar, dos quais se perderam todos, exceto estes abaixo:

DVM CERNIT VALVAS VRATO EX AERE NITENTES
IN TEMPLO MICHAEL ANGELVS OBSTVPVIT.
ATTONITVSQVE DIV, SIC ALTA SILENTIA RVPIT:
"O DIVINVM OPVS, O IANVA DIGNA POLO!*"

LORENZO IACE QVI, QVEL BVON GHIBERTO
CH'A' CONSIGLI DEL PADRE E DELLO AMICO,
FVOR DE L'VSO MODERNO E FORSE ANTICO
GIOVINETTO MOSTRÒ QVANT'VOMO ESPERTO**.

---

[36] O óculo de Santa Croce não é mencionado por Ghiberti e é obra de Giovanni del Ponte (P. Toesca, "Vetrate dipinte fiorentine", em *Bollettino d'Arte*, XIV (1920), n. 1, pp. 3-6).

[37] Doveva scrivere "come si dirà". Cfr. infatti piú avanti [Devia escrever "como se dirá". Cf. adiante], p. 284 e nota 29.

[38] Lorenzo Ghiberti fez testamento em novembro de 1455 e morreu em 1º de dezembro; foi sepultado em Santa Croce.

* "Ao ver as resplandecentes portas de bronze dourado / No templo, Michelangelo ficou calado. / Atônito durante muito tempo, rompeu o profundo silêncio: / 'Ó obra divina, ó porta digna do céu!'." [N. da T.]

** "Aqui jaz Lorenzo, o bom Ghiberti / Que, a conselho do pai do amigo, / Fora do uso moderno e talvez antigo / Jovem já mostrou habilidade." [N. da T.]

Masolino, pintor

É certamente de se crer ser enorme a satisfação das almas que se aproximam do supremo grau das ciências nas quais laboram e daqueles que, impelidos pelo prazer e pela amenidade das virtudes, sentindo que extraem bons frutos do trabalho, vivem vida tanto mais doce e bem-aventurada quanto mais amarga e triste é a vida daqueles que, por mais que se esforcem para chegar à perfeição, só têm como resultado maior rudeza do engenho e diminuição do apreço. Também é certo que o céu, ao formar os primeiros, forma um vaso capaz de muitas coisas, uma memória que as retenha e uma mão que com graça e tino saiba expressá-las, como expressá-las soube em seu tempo Masolino da Panicale[1] di Valdelsa, que foi discípulo de Lorenzo di Bartoluccio Ghiberti e, na meninice, excelente ourives; ademais, na obra das portas, foi o melhor polidor que Lorenzo já teve[2]; nos panejamentos das figuras era destro e talentoso, demons-

---

[1] Tommaso di Cristofano di Fino, chamado de Masolino, nasceu em Panicale em Valdelsa em 1383. A *Nossa Senhora*, outrora *Contini-Bonacossi*, agora no Palazzo Vecchio de Florença, com gama cromática vívida e chamejante, mas harmonizada com surpreendente delicadeza (decerto a maior contribuição da pintura florentina para o "gótico internacional"), já devia estar pronta alguns anos antes da inscrição do pintor na Corporação dos Médicos e Boticários, o que ocorreu somente em 1423, no mesmo ano de que data a *Nossa Senhora da Humildade*, agora na Kunsthalle de Bremen: resultado magnífico que não pode ser considerado na linha da pintura tardo-gótica florentina, mas parece uma retomada de fatos anteriores, como a arte de Giovanni da Milano (Longhi). Em novembro de 1424, Masolino terminara um afresco para a capela da Companhia da Cruz em Sant'Agostino em Empoli, do qual restam os sinoples e alguns fragmentos. Logo depois deve apresentar-se o primeiro resultado de colaboração com Masaccio em *Sant'Ana Metterza* dos Uffizi; colaboração que continua na capela Brancacci, no políptico de Santa Maria Maggiore em Roma e, provavelmente, nos afrescos da igreja de San Clemente, nem sempre com resultados vantajosos para a arte de Masolino. Depois do afresco de San Fortunato em Todi (1432), sua atividade encerrou-se com a decoração do Batistério e da Collegiata de Castiglione Olona, onde todas as experiências passadas são reelaboradas como ingredientes fabulosos e um espetáculo feliz e colorido. Sobre o pintor, cf. P. Toesca, *Masolino da Panicale*, Bergamo, 1908; Longhi, "Fatti di Masolino e Masaccio", cit.; E. Micheletti, *Masolino da Panicale*, Milão, 1959; U. Procacci, "Sulla cronologia delle opere di Masaccio e di Masolino tra il 1425 e il 1428", em *Rivista d'Arte*, XXVIII (1953), pp. 3-55; U. Baldini, "Masolino", em *Enciclopedia universale dell'Arte*, vol. VIII, Roma, 1962, col. 920-24; F. Zeri, "Opere maggiori di Arcangelo di Cola", em *Antichità viva*, VIII (1969), n. 6, pp. 5-15; F. Rossi, *Masolino da Panicale*, Bergamo, 1975; L. Bellosi, "A proposito del disegno dell'Albertina (dal Ghiberti a Masolino)", em *Lorenzo Ghiberti nel suo tempo*, cit.; J. Manca, "La 'natura morta' di Masolino a palazzo Branda di Castiglione Olona", em *Prospettiva*, n. 25 (1981), pp. 45-6. Sobre a relação entre Masolino e Gentile da Fabriano, cf. K. Christiansen, *Gentile da Fabriano*, Londres, 1982, pp. 37-9.

[2] No primeiro (1403) e no segundo contrato (1407) para a porta norte do Batistério, consta efetivamente entre os ajudantes de Ghiberti certo Maso di Cristofano, em geral identificado com Masolino. Milanesi (II, p. 264, nota 1), porém, acreditava tratar-se de certo Tommaso di Cristofano di Braccio, inscrito como ourives em 30 de setembro de 1409 e morto em 13 de janeiro de 1430.

trando habilidade e inteligência no polimento. Ao cinzelar, fazia com mais destreza algumas suaves ondulações nos membros humanos e nos panos. Dedicou-se à pintura com XIX anos, exercendo-a como arte para sempre; aprendeu o colorir com Gherardo dello Starnina[3]. Foi para Roma estudar e, enquanto ficou lá, fez a sala da casa Orsina Vecchia, no monte Giordano[4]; por causa de uma dor de cabeça que aqueles ares lhe davam, voltou para Florença e no Carmino, ao lado da capela do Crucifixo, fez a figura de São Pedro[5] que ainda lá está. Em vista dos louvores que ela lhe valeu, foi-lhe encomendada na referida igreja a capela dos Brancacci com as cenas de São Pedro, obra que ele realizou em parte[6] com a máxima dedicação, como a abóbada onde estão os quatro evangelistas e Cristo tirando André e Pedro das redes; fez Pedro a chorar o seu pecado de negar Cristo e, depois, a sua pregação para converter os povos. Fez o tempestuoso naufrágio dos Apóstolos e a cena em que São Pedro livra sua filha Petronella[7] do mal; na mesma cena, ele vai ao templo com João e, diante do pórtico, está aquele pobre doente que lhe pede esmola; Pedro, não podendo dar ouro nem prata, liberta-o com o sinal da cruz; Masolino fez as figuras para toda essa obra com muita graça, grandeza de estilo, suavidade e uniformidade de colorido e relevo, bem como força de desenho. Essa obra foi muito apreciada pela novidade e pelas regras observadas, que em muitos pontos estavam totalmente distanciadas do estilo de Giotto. Ceifado pela morte, deixou tais cenas inacabadas[8]. Masolino foi pessoa de grande talento, demonstrando grande uniformidade e facilidade na pintura, que ele executava com diligência e grande amor. O afinco e a vontade de trabalhar, que ele demonstrava incessantemente, foram a causa da fragilidade do seu corpo, que antes do tempo lhe pôs fim à vida, levando-o do mundo acerbamente. Masolino morreu com XXXVII

---

3 Starnina (cf. Vida nas pp. 156-8) morrera entre 1409 e 1413.

4 "E em casa dos Orsini uma sala cheia de homens famosos" também é citada como de Giottino na edição de 1568 na Vida desse pintor. Obra perdida.

5 Foi demolido com o *São Paulo* de Masaccio em 1675 para a construção da capela de Santo André Corsini (Milanesi, II, p. 264, nota 4).

6 A capela foi encomendada por Felice Brancacci depois de seu retorno de uma embaixada no Egito em fevereiro de 1423. Masolino já estava trabalhando nela em 1424, fazendo na abóbada os quatro *Evangelistas* e, nas lunetas, a *Vocação de Pedro e André*, a *Navicella* e a *Negação de Pedro*. Todos esses afrescos se perderam quando a abóbada e as lunetas foram repintadas para a "modernização" da capela em 1746-48. Da *Vocação de Pedro e André* foi feita uma cópia que se encontrava na coleção Giovanelli de Veneza, publicada por Longhi; um desenho do mesmo afresco feito no século XVI, na Albertina de Viena, foi publicado por M. Meiss ("The altered program of the Santa Maria Maggiore altarpiece", em id., *Studien zur toskanischen Kunst. Festschrift für L. H. Heydenreich*, Munique, 1964, p. 189). A colaboração com Masaccio deve ter começado bem cedo, visto estar clara já nos afrescos da face inferior, por sorte conservados. Entre eles, são atribuíveis a Masolino: *Adão e Eva no Paraíso terrestre*; *Pregação de São Pedro* (exceto três cabeças de jovens acima e à esquerda e a parte inferior do santo); *Cura do aleijado* e *Ressurreição de Tabita*, com os dois jovens elegantes que passeiam (menos o casario e as figurinhas do fundo); cabeça de Cristo no *Tributo* (Longhi). Também cabem a Masolino as duas cabeças de mulheres em medalhões, pintadas na linha oblíqua da janela, descobertas durante recente restauração (U. Baldini, "Nuovi affreschi nella cappella Brancacci. Masaccio e Masolino", em *Critica d'Arte*, XLIX [1984], n. 1, pp. 65-72).

7 A *Ressurreição de Tabita* está no mesmo afresco em que também se encontra a *Cura do aleijado*, descrito abaixo. Essas duas cenas, com suas arquiteturas e com os dois jovenzinhos passeando no centro, são de Masolino, mas o casario do fundo e suas figuras são de Masaccio (Longhi).

8 Masolino é documentado em Florença ainda em maio e julho de 1425. Em 1º de setembro daquele ano foi chamado à Hungria por Pippo Spano, ali ficando até agosto de 1427 (Procacci). Provavelmente os afrescos do Carmine foram interrompidos ainda antes, para que Masolino fosse a Roma com Masaccio para realizar os primeiros afrescos na capela de San Clemente e o políptico de Santa Maria Maggiore.

anos[9], frustrando a expectativa que todos tinham sobre ele. E em sua memória foi feito o seguinte dístico:

Hunc puerum rapuit Mors improba: sed tamen omnes
Pingendo senes vicerat ille prius*.

Suas pinturas datam aproximadamente do ano MCDXL. E Paulo Schiavo, no canto dos Gori, em Florença, pintou uma Nossa Senhora[10] com figuras em escorço na cornija, esforçando-se muito para seguir seu estilo e o de Masaccio.

---

[9] Em maio de 1428 partiu para Roma a serviço do cardeal Branda da Castiglione. Em 1º de novembro de 1432 está em Todi. Os afrescos do Batistério (1435) e da Collegiata de Castiglione Olona são posteriores a essa data. Tudo leva a crer que ele tenha morrido por volta de 1440, longe de Florença. O Tommaso di Cristofano que se encontra no Registro de Óbitos de Santa Maria del Fiore na data 1447 na realidade é certo Tommaso di Cristofano di Francesco Masi, sapateiro (Procacci).

* "A morte cruel ceifou este jovem: no entanto / Antes vencera os mais velhos com sua pintura." [N. da T.]

[10] Paolo Schiavo é Paolo di Stefano Badaloni, nascido em Florença em 1397 e morto em Pisa em 1478. Está inscrito na Corporação dos Médicos e Boticários em 8 de dezembro de 1429. Sua formação ocorreu no ambiente florentino por volta de 1420, junto a Lorenzo Monaco. Mas sua produção mais interessante é a que reflete uma aproximação com Masolino, de quem foi colaborador, ao lado de Vecchietta, nas obras de Castiglione Olona. O tabernáculo no canto dos Gori ainda existe, em mau estado de conservação.

Parri Spinelli, aretino

Ainda que muitas províncias do mundo contem com pessoas excelentes, herdeiras de alguma arte ou de algum talento, a natureza às vezes, como mãe benigna, põe em alguma pátria um engenho extraordinário que a honra e a ilustra, fazendo que ela seja lembrada graças à fama desses seus filhos, sem os quais não seria lembrada. Por isso, várias vezes se vê que espíritos egrégios e honrados engenhos dão nome à sua pátria; foi o que ocorreu com Parri di Spinello, pintor aretino[1], que no desenho superou seu pai Spinello, fazendo jus à fama e à reputação que granjeou. Parri imitou até certo ponto Masolino, mas fez figuras mais delgadas e esbeltas. Suas pinturas foram feitas em Arezzo, de onde nunca quis sair, em virtude do amor que tinha pelos filhos e por sua terra. Na Albergaria da Nunziata fez a capela de São Cristóvão e de São Tiago[2] com outras figuras; e no mosteiro de San Bernardo, no Monte Oliveto, fez duas capelas na entrada da igreja, uma dos Reis Magos e outra da Trindade, com outras cenas e figuras. Na Catedral velha fora dos muros de Arezzo fez uma capelinha, ou melhor, uma *maestà*, com uma Anunciação[3] na qual, assustada com o Anjo, Maria se retorce como a fugir. E no céu da abóbada um coro de anjos toca e canta com tanta eficácia, que é como se ouvíssemos suas vozes. Ali também há uma Caridade afetuosamente preocupada com três filhos: amamenta um, faz festa ao outro e segura o terceiro pela mão. Também pintou uma Fé que, além da costumeira cruz e do cálice, se apresenta em

---

[1] Parri (de Guasparri), nasceu em Arezzo em 1387, filho de Spinello Aretino (cf. Vida nas pp. 152-5). Seu trabalho sempre mostrou alguma semelhança com o do pai, mesmo nas obras tardias. Apesar de ativo essencialmente na área de Arezzo, também deve ter passado por alguma experiência em Florença, na juventude, no círculo de Lorenzo Monaco, como demonstram suas obras mais antigas. Mais tarde, a chegada a Arezzo do floridíssimo escultor ghibertiano Michele da Firenze deve ter contribuído consideravelmente para acentuar os seus estilemas de dilatação e enovelamento anormal dos panejamentos, com a desfiguração das silhuetas extremamente esguias das personagens; tais modalidades também caracterizam uma alentada série de desenhos. Sobre esse delicioso representante do gótico florido na Toscana, cf. P. P. Donati, "Notizie e appunti su Pala Spinelli", em *Antichità viva*, III (1964), n. 1, pp. 15-23; id., "Sull'attività giovanile dei due Spinello", em *Commentari*, XVII (1966), pp. 56-72. Um exaustivo perfil artístico de Parri Spinelli pode ser encontrado, mais recentemente, em A. M. Maetzke, *Arte nell'Aretino, seconda mostra di restauri* (catálogo), Florença, 1980, pp. 42-3. Sobre a atividade gráfica do pintor, cf. F. Bellini, em L. Bellosi, F. Bellini e G. Brunetti, *I disegni antichi degli Uffizi, i tempi del Ghiberti*, catálogo da exposição, Florença, 1978, pp. 36-47.

[2] Veja-se a descrição pormenorizada na edição de 1568. Resta um afresco com a *Crucificação entre as Marias, São Tiago e São Cristóvão* no altar-mor na capela do convento de Santa Caterina (outrora oratório de San Cristoforo), com a inscrição: "HOC OPVS FACTVM FVIT ANNO DOMINI MCCCCXLIV, DIE MENSIS DECEMBRIS."

[3] Na Pinacoteca de Arezzo subsistem em péssimo estado alguns restos desses afrescos: *Cristo e um anjo, Anjos músicos*, dois a dois, *São Domingos* e *São Miguel* em meio-corpo.

nova atitude, por estar batizando um menino dentro de uma concha, entornando uma taça de água sobre sua cabeça. Em Santo Agostino, no coro dos frades, pintou algumas figuras, e, no *tramezzo* da igreja de San Giustino, pintou um São Martinho. No Episcopado de Arezzo, debaixo da janela de São João a batizar Cristo, pintou uma Anunciação que hoje está um tanto deteriorada; na paróquia pintou uma capela junto à porta, próximo às dependências da fábrica, fazendo numa das colunas um belíssimo São Vicente; na igreja de San Francesco fez a capela dos Viviani e a dos quatro Coroados[4], com muitas cenas e também um afresco. Também em afresco, na sala de audiências da confraria de Santa Maria della Misericordia, pintou uma Nossa Senhora e uma multidão, com o papa São Gregório e o bispo São Donato[5]. Para os referidos reitores fez a têmpera um elogiadíssimo e belíssimo painel para São Laurentino e São Pergentino[6]. Na igreja de San Domenico fez junto à porta de entrada[7] uma capela na qual muito se notabilizou. Um dia, enquanto trabalhava nessa obra, foi assaltado por inimigos e parentes com os quais tinha uma pendência judiciária por algum dote; apesar de estarem eles armados para assustá-lo, Parri foi socorrido por várias pessoas que para ali acorreram. Mas, em razão do medo que sentiu diante de tal assalto, daí por diante sempre pintou figuras tortas de um lado. Para justificar as muitas obras assim feitas e em virtude das mordidas que recebeu da língua daquela gente, pintou uma cena com línguas ardendo e amaldiçoadas por Cristo, escrevendo abaixo: *A lingua dolosa*. Parri era solitário e melancólico; por ser muito esforçado, encurtou a vida nas labutas da arte. Morreu aos LVI anos e foi sepultado na igreja de Santo Agostinho, no sepulcro de seu pai Spinello[8]; os que o conheciam sentiram muito sua morte. E, assim como vivera sempre com virtude e boa fama, com boa fama sobreviveu à morte. Suas pinturas foram feitas em torno de MCDXL. Recebeu o seguinte epitáfio:

PROGENVIT PARIDEM PICTOR SPINELLVS ET ARTEM
SECTARI PATRIAM MAXIMA CVRAFVIT
VT PATREM INGENIO ET MANIBVS SVPERARIT AB ILLO
EXTANT QVAE MIRE PLVRIMA PICTA DOCENT*.

---

[4] No oratório dos Legnaioli e Scalpellini ainda existe, em fragmentos, uma *Nossa Senhora com o Menino Jesus entre os quatro santos coroados*, sem dúvida de Parri (Salmi).

[5] O afresco ainda existe. Foi pago a Parri em 11 de outubro de 1448.

[6] Esse painel, que representa *Nossa Senhora da Misericórdia com o Menino Jesus nos braços, São Laurentino e São Pergentino*, foi encomendado a Parri em 16 de junho de 1435 e terminado no ano de 1437 (em 5 de abril desse ano, porém, ainda não tinha sido entregue). Encontra-se na Pinacoteca de Arezzo.

[7] O afresco ainda existe, em boas condições. Representa a *Crucificação entre São Nicolau, a Virgem, São João Evangelista e São Domingos*. Na luneta, duas *Cenas de São Nicolau*. O afresco foi restaurado e destacado em 1965; cf. *I secoli d'oro dell'affresco italiano*, catálogo da exposição, Florença, 1970, pp. 108-11.

[8] Morreu com 66 anos em 1453. Em 9 de janeiro desse ano foi sepultado, mas não na igreja de Santo Agostino, e sim na de San Marco de Morello, como todos os Spinelli e como seu pai.

* "Também o pintor Spinelli se dedicou à arte / E preocupou-se em exaltar a pátria. / Superou o pai em engenho e habilidade, / Como mostram as muito admiráveis pinturas que deixou." [N. da T.]

Masaccio, pintor florentino

A benigna mãe natureza, quando faz uma pessoa muito excelente em alguma profissão, não costuma fazê-la sozinha, mas, na mesma época e nas proximidades, frequentemente faz outra que com ela concorra, para que na emulação uma possa tirar proveito da virtude da outra e impelir com excelência as artes nas quais laborem, para benefício do universo. Tais coisas, além do singular proveito para aqueles que delas participam, estimulam sobremaneira os espíritos dos que vêm depois desse tempo a esforçar-se com todo o empenho e toda a dedicação para granjear a mesma honra e a mesma gloriosa reputação cujos altos louvores ouve. Tanto é verdade, que Florença produziu na mesma época Filippo, Donato, Lorenzo, Paulo Uccello[1] e Masaccio, excelentes todos, cada um em seu gênero, que não só aboliram os estilos rústicos e canhestros que se mantinham até aquele momento, como também, com suas belas obras, incitaram e estimularam a tal ponto os espíritos dos que vieram depois, que os trabalhos naquela arte chegaram à grandeza e perfeição que vemos em nosso tempo. Por isso, na verdade, temos uma dívida para com os primeiros que, com seu trabalho, nos mostraram o verdadeiro caminho para chegarmos a tal grau supremo. E, no que se refere ao bom estilo em pintura, maior é nossa dívida para com Masaccio, que antes de qualquer outro soube fazer o escorço dos pés no plano, abolindo assim o desazo de fazer figuras nas pontas dos pés, uso geral de todos os pintores até aquele momento; além disso, somos-lhe devedores por ter ele dado tanta vivacidade e relevo às suas pinturas, merecendo não menor reconhecimento do que mereceria se fosse inventor da arte. Assim, tudo o que foi feito antes dele era realmente pintado e pintura, ao passo que as suas obras, em comparação com as de seus concorrentes e com as daqueles que quiseram imitá-lo, parecem vivas e verdadeiras, e não imitações da natureza.

Masaccio nasceu em Castello San Giovanni di Valdarno[2], e dizem que ali ainda se

---

[1] Sobre Filippo Brunelleschi, Donatello, Ghiberti, Paolo Uccello, cf. respectivas Vidas.

[2] Tommaso, conhecido como Masaccio, grande inovador da pintura italiana do século XV, era filho de Giovanni di Mone, notário, e de Monna Jacopa di Martinozzo; nasceu em San Giovanni Valdarno em 21 de dezembro de 1401; com 20 anos, em 7 de janeiro de 1422, inscreveu-se na Corporação dos Médicos e Boticários, dois anos depois, na Companhia de São Lucas. É citado por Alberti em 1436, no *Tratado da pintura* (embora já estivesse morto havia quase dez anos), ao lado de Brunelleschi, Donatello, Ghiberti e Luca della Robbia; seus contatos não eram com os pintores da época, mas com homens como Brunelleschi e Donatello (veja-se, por exemplo, que os três estão trabalhando em Pisa em 1426), num momento em que suas pesquisas estão amadurecendo como novidades conscientes. A solução científica da perspectiva e o racionalismo de Brunelleschi são fatos que serviram de base para a formação de Masaccio mais do que os exemplos pictóricos dos contemporâneos. Talvez envergando a roupagem de um novo Giotto, da *Sant'Ana Metterza*, dos Uffizi, à *Nossa Senhora Casini* de Palazzo Vecchio, ao políptico pisano de 1426, aos

encontram algumas figuras feitas por ele na meninice[3]. Era uma pessoa muito contemplativa e distraída, como se tivesse alma e vontade voltadas apenas para as coisas da arte, preocupando-se pouco consigo e muito menos com os outros. E, como não quisesse jamais pensar de maneira alguma nas preocupações do mundo, nem mesmo em sua própria indumentária, e como não costumasse cobrar seus devedores, a não ser quando a necessidade era extrema, deixou de ser chamado de Tommaso, que era seu nome, e passou a ser chamado de Masaccio. Não por ser dado a vícios, pois era dotado de bondade natural, mas em virtude de seu grande desleixo, que, no entanto, não o impedia de prestar serviços e favores com tanta afeição, que mais não se podia pedir. Começou a trabalhar na arte quando Masolino da Panicale fazia no Carmino de Florença[4] a capela dos Brancacci, seguindo sempre que podia as pegadas de Filippo e de Donato, ainda que sua arte fosse diferente, e procurando o tempo todo fazer figuras viíssimas e com belos movimentos que as tornassem verazes. E distinguiu-se dos outros por ser tão moderno nos traços e na pintura, que suas obras podem sem dúvida resistir à comparação com qualquer desenho e colorido moderno. Sempre trabalhou com grande empenho, sendo exímio e admirável nas dificuldades da perspectiva, como se vê em uma de suas cenas feitas com figuras pequenas, hoje em casa de Ridolfo del Ghirlandaio; nela, além do Cristo a libertar o endemoninhado, há belíssimas construções em perspectiva[5], feitas de tal maneira que ao mesmo tempo se veem a parte de dentro e a de fora, por ter ele como ponto de vista não a fachada, mas os ângulos, o que aumenta a dificuldade. Mais do que os outros mestres, procurou fazer nus e escorços, pouco usados antes dele. Tinha uma fatura fácil e panejamento simples.

Em Florença são obras suas: em Santa Maria Novella, uma Trindade[6] com figuras de perfil na capela de Santo Inácio; uma predela de um painel em Santa Maria Mag-

---

afrescos Brancacci, à *Trindade* de Santa Maria Novella etc., Masaccio realizou em sua brevíssima vida uma visão pictórica sem precedentes que parece virar uma página na história da pintura e dar-lhe uma nova dimensão. O mundo tem estruturas reais, os céus têm nuvens (e não o fundo abstrato de ouro ou lazulita), as figuras têm corpo, os seus pés estão apoiados no chão, caminhando num espaço firme, projetando sombra; e o claro-escuro reconstrói plasticamente suas estruturas, extraindo delas a verdade terrena e individual, que não teme apresentar-se também com aspectos desagradáveis, a tal ponto se confia na grandeza interna e profunda. Ainda é fundamental o ensaio de Longhi, "Fatti di Masolino e Masaccio", cit.; cf. também monografia de M. Salmi, *Masaccio*, Milão, 1947; R. Longhi, "Recupero di un Masaccio", em *Paragone*, I (1950), n. 5, pp. 3-5 (reed. em Longhi, VIII, pp. 71-3); U. Procacci, *Tutta la pittura di Masaccio*, Milão, 1951; id., "Sulla cronologia", cit.; L. Berti, *Masaccio*, Milão, 1964; U. Baldini, "Masaccio", em *Enciclopedia universale dell'Arte*, vol. VIII, Roma, 1962, col. 865-77; P. Volponi e L. Berti, *L'opera completa di Masaccio*, Milão, 1968; F. Bologna, *Masaccio, la capella Brancacci*, Milão, 1969; J. Beck, *Masaccio, the Documents*, Locust Valley, 1978.

[3] Essa frase dá a entender certa incredulidade por parte de Vasari. No entanto, sempre se esperou recuperar alguma pintura feita pelo jovem Masaccio na terra natal. Por muito tempo lhe foi atribuído um afresco no oratório de Montemarciano, que hoje todos reconhecem ser de Francesco d'Antonio. O tríptico da igreja de San Giovenale em Cascia di Reggello, datado de 1422 e atribuído a Masaccio por L. Berti ("Masaccio 1422", em *Commentari*, XII [1961], pp. 84-107), deixa muitos perplexos, devido à escassa qualidade da pintura, que parece ser mais atribuível ao ajudante que fez o verso do *Desco da parto*, hoje em Berlim, com o menino nu amestrando um cão. Sobre o início de Masaccio, v. Volpe, "Il lungo percorso", cit., p. 255.

[4] Cf. Vida de Masolino da Panicale na p. 213.

[5] Identificado com um painel que representa a *Libertação de um endemoninhado* na coleção Johnson de Filadélfia, em geral atribuída a Andrea di Giusto, mas que é claramente atribuível a Francesco d'Antonio (cf., Shell, "Francesco d'Antonio", cit.). Quanto à importância do problema da perspectiva em tal pintura, cf. A. Parronchi, "Le due tavole prospettiche del Brunelleschi", em *Paragone*, n. 109 (1959), pp. 3-31.

[6] O afresco, mencionado também por Albertini, pelo Livro de Antonio Billi e pelo Anônimo Magliabechiano, foi descoberto e destacado em 1861. Seu estado de conservação é bom; a restauração de 1951

giore junto à porta do lado de quem vai a San Giovanni, com figuras pequenas da história de Santa Catarina e São Juliano[7]; uma Natividade de Cristo feita com grande diligência. Em Pisa, na igreja do Carmino, numa capela do *tramezzo*, fez um painel com um número infinito de figuras[8], pequenas e grandes, tão bem acomodadas e perfeitas, que algumas delas parecem moderníssimas. No mesmo local, numa parede pintou um Apóstolo que foi muito elogiado. Voltando de Pisa, fez em Florença um painel com um homem e uma mulher nus, de tamanho natural, obra que hoje se encontra em casa de Palla Rucellai. Logo depois, não se sentindo à vontade em Florença e estimulado pela afeição e pelo amor à arte, decidiu ir a Roma para aprender e superar os outros; foi o que fez[9]. Ali, granjeando imensa fama, trabalhou para o cardeal de São Clemente na igreja de San Clemente, fazendo numa capela um afresco com a Paixão de Cristo ao lado dos ladrões na cruz[10] e as cenas da mártir Santa Catarina. Também

---

trouxe à luz um esqueleto deitado num sarcófago, pintado sob a representação principal da *Trindade entre Maria e João e os dois encomendantes.*

[7] Evidentemente, Vasari se refere à predela do tríptico, do qual resta apenas uma lateral com *São Juliano*, no Museu Diocesano de Florença, enquanto o painel central com a *Nossa Senhora e o Menino Jesus no trono*, conhecida apenas por uma fotografia, há muito tempo foi roubado. Esses dois painéis são obra de Masolino. Mas no Museu Horne de Florença conserva-se um painel com uma *Cena de São Juliano*, muito danificado, que toda crítica concorda em atribuir a Masaccio; poderia tratar-se de uma parte da predela do políptico em questão. Suas medidas seriam mais confiáveis do que as do painel com a cena, obra de Masolino, no Museu de Montauban. Em geral se acredita que o tríptico foi feito em 1426; agora se sabe que ele já existia no altar da capela Carnesecchi em Santa Maria Maggiore, em Florença, em janeiro de 1427; se Masolino voltou da Hungria em agosto desse ano, segue-se que o tríptico já devia ter sido feito antes de sua partida, que ocorreu em 1º de setembro de 1425. Sobre esses dados, cf. Procacci, "Sulla cronologia", cit., p. 37, nota 51. Portanto, tratar-se-ia de outro caso de colaboração entre Masolino e Masaccio.

[8] Em 19 de fevereiro de 1426 Masaccio inicia o políptico para uma capela da igreja do Carmine de Pisa, preparado na carpintaria do senês Antonio di Biagio. Donatello é testemunha de alguns pagamentos. O saldo do total de oitenta florins é de 26 de dezembro de 1426, quando a obra ainda estava "por entregar". Na edição de 1568, Vasari descreve o políptico com mais pormenores, como um painel em que "há uma Nossa Senhora com o filho e, aos pés, anjinhos tocando [...]. Põem no meio Nossa Senhora, São Pedro, São João Batista, São Juliano e São Nicolau [...] Debaixo, na predela, há figuras pequenas com cenas da vida daqueles santos; e no meio os três Reis Magos, fazendo oferendas a Cristo [...] E acima, como acabamento do referido painel, em vários quadros há muitos santos em torno de um Crucifixo". Restam o painel central (Londres, National Gallery, nº 3046); a cúspide central com a *Crucificação* (Nápoles, Museu Nacional de Capodimonte); duas cúspides laterais com *São Paulo* (Nápoles, Museu Nacional de Capodimonte) e *Santo André* (outrora Viena, coleção Lanckoronscki, agora Malibu, Paul Getty Museum); toda a predela com a *Adoração dos Magos*, a *Crucificação de São Pedro* e a *Decapitação de João Batista*, uma *Cena de São Juliano* e uma de *São Nicolau* (Berlim, Staatliche Museen); quatro santinhos dos pilares (no mesmo Museu). Na parte da predela com *Cenas de São Juliano* e *São Nicolau* são perceptíveis intervenções de um pintor mais modesto, provavelmente Andrea di Giusto, documentado como "aprendiz" de Masaccio nos documentos do políptico pisano. Uma reconstrução do aspecto original dos polípticos foi tentada por J. Shearman, "Masaccio's Pisa altarpiece: an alternative reconstruction", em *The Burlington Magazine*, CVIII (1966), pp. 449-55.

[9] A hipótese de Longhi, de que Masaccio teria passado uma primeira temporada em Roma (com Masolino), antes da temporada de 1428, durante a qual morreu, foi motivada por esse trecho de Vasari, que nessa edição da Vida de Masaccio é muito mais confiável do que na edição de 1568. Considerações estilísticas levavam Longhi a supor uma intervenção de Masaccio por volta de 1425 na *Crucificação* da igreja de San Clemente em Roma e na estruturação do políptico de Santa Maria Maggiore, da qual uma das laterais (do próprio Masaccio) foi depois descoberta no *São Jerônimo e São João Batista* da National Gallery de Londres. No entanto, as pesquisas de Procacci, que provam a presença de Masolino em Florença ainda em 8 de julho de 1425 e sua partida em 1º de setembro seguinte para a Hungria, tornam muito problemática a hipótese da permanência de Masolino e Masaccio em Roma naquele ano.

[10] Cf. nota anterior. A presença de Masaccio é apenas marginal, limitada a uma colaboração nos guerreiros da esquerda da *Crucificação*, realizada por Masolino talvez antes de sua viagem para a Hungria.

fez muitos painéis a têmpera, que se perderam ou desapareceram em meio às vicissitudes pelas quais passou Roma[11]. Entrementes, Masolino[12] morreu, deixando inacabada a capela dos Brancacci, motivo pelo qual Masaccio foi chamado de volta a Florença por Filippo di Ser Brunellesco, seu grande amigo; por meio deste, encomendaram-lhe o acabamento da referida capela. Então, Masaccio, como prova, fez São Paulo perto das cordas dos sinos[13], apenas para mostrar os progressos que alcançara na arte. E, realmente, demonstrou grande qualidade nessa pintura; na cabeça do santo se reconhecem as feições de Bartolo di Angiolino Angiolini[14], retratado ao natural, e é tão forte a sua expressão, que só lhe falta falar. E quem não conheceu São Paulo, ao olhá-lo, verá a honestidade da civilização romana aliada à indômita fortaleza de diviníssima alma inteiramente dedicada ao afã da fé. Nessa pintura Masaccio mostrou a mesma capacidade de fazer escorços de baixo para cima, coisa realmente maravilhosa que ainda se vê nos próprios pés do referido Apóstolo, em que a dificuldade se transforma em facilidade, se compararmos essa obra ao estilo canhestro da velha maneira, que (como disse acima) fazia todas as figuras nas pontas dos pés. E essa maneira perdurou até ele, sem que ninguém a corrigisse; foi só ele, antes de qualquer outro, que a aperfeiçoou tal qual se vê hoje.

Enquanto ele trabalhava nessa obra, a igreja do Carmine foi consagrada por três bispos, e Masaccio, em memória, pintou essa sagração de terra verde em claro-escuro, acima da porta que leva ao convento, dentro do claustro[15]. Nela retratou infinito número de cidadãos de manto e capuz, acompanhando a procissão; entre eles, está Filippo di Ser Brunellesco de tamancos, o escultor Donato e outros grandes amigos seus. Depois disso, voltando ao trabalho da capela, continuou as cenas de São Pedro iniciadas por Masolino e terminou uma parte delas[16], ou seja, a cena do púlpito, o liber-

---

Os afrescos devem ter sido retomados por Masolino na época de sua ida a Roma, em maio de 1428, a serviço do cardeal Branda da Castiglione, patrono da capela, e terminados antes de 1431, ano em que o cardeal mudou o nome São Clemente para Porta Santa Rufina.

[11] Na edição de 1568, Vasari menciona o painel de *Santa Maria da Neve* em Santa Maria Maggiore em Roma, citando uma alusão de Michelangelo a Masaccio, a quem se atribui com segurança uma lateral com *São Jerônimo e São João Batista*, da National Gallery de Londres (nº 5963), descoberta logo depois da guerra (cf. K. Clark, "An early Quattrocento triptych from Santa Maria Maggiore, Roma", em *The Burlington Magazine*, MCIII (1951), pp. 339-47; R. Longhi, "Presenza di Masaccio nel trittico della Neve", em *Paragone*, n. 25 (1952), pp. 8-16, reed. em Longhi, VIII, pp. 77-84). De Masolino são: *São Libério e São Matias* (nº 5962 do mesmo museu); *Fundação de Santa Maria Maggiore* e *Assunção* do Museu Nacional de Capodimonte em Nápoles; *São Pedro e São Paulo* da coleção Johnson de Filadélfia; o outro painel da mesma coleção com *São João Evangelista e São Martinho* é de atribuição mais incerta. Exatamente nesse painel Meiss ("The altered program", cit.) revelou os sinais de curiosas e radicais mudanças iconográficas, que nos parecem confirmar a hipótese de Longhi de que o painel foi pintado em dois momentos diferentes (cf. notas anteriores). Tem duas faces.

[12] Masolino morreu muito depois de Masaccio, por volta de 1440 (cf. nota 9 na p. 215).

[13] Mencionado também por Manetti, Albertini, pelo Livro de Antonio Billi e pelo Anônimo Magliabechiano; esse afresco foi destruído em 1675, quando foi construída a capela de Santo André Corsini.

[14] Nasceu em 1373, e de 1406 a 1432 obteve várias magistraturas na República Florentina.

[15] A consagração da igreja ocorreu em 19 de abril de 1422. O afresco de Masaccio foi perdido em 1598-1600; é mencionado também por Manetti, por Albertini, pelo Livro de Antonio Billi e pelo Anônimo Magliabechiano. São conservados vários desenhos da *Sagração* de Masaccio: nos Uffizi, na Casa Buonarroti, na Albertina de Viena etc. (cf. E. Berti Toesca, "Per la 'Sagra' di Masaccio", em *Arti figurative*, I [1945], n. 3, pp. 148-50). Encontra-se uma citação dessa obra num afresco de Ghirlandaio na igreja de Santa Trinita de Florença (cf. M. Chiarini, "Una citazione della 'Sagra' di Masaccio nel Ghirlandaio", em *Paragone*, n. 149 [1962], p. 53).

[16] Os afrescos da capela Brancacci na igreja do Carmine de Florença devem ter sido iniciados por Masolino depois de fevereiro de 1423, quando Felice Brancacci, que os encomendou, voltou de uma em-

tar possessos, ressuscitar mortos e curar aleijados, quando São Pedro projeta sua sombra a caminho do templo com São João[17]. Mas, entre as outras notabilíssimas cenas, está aquela em que São Pedro, para pagar o tributo, obedecendo a Cristo, extrai o dinheiro do ventre de um peixe; porque nela, além de se ver um Apóstolo que é o viríssimo retrato do próprio Masaccio feito com um espelho, percebe-se a ousadia de São Pedro no pedido e a atenção dos Apóstolos nas várias atitudes em torno de Cristo, esperando a resolução com gestos tão vivazes, que realmente parecem vivos. São Pedro principalmente, que, no afã de retirar o dinheiro do ventre do peixe, está com a cabeça afogueada por se encontrar agachado. Muito mais ainda quando ele paga o tributo, quando se veem a cobiça e a sede com que o cobrador conta o dinheiro e o prazer com que o segura. Masaccio pintou aí também a ressurreição do filho do rei por São Pedro e São Paulo, mas, como morreu, não acabou essa obra, que foi terminada por Filippino[18]. Na cena em que São Pedro está batizando, é muito valorizado um nu a tremer de frio entre os outros batizados, figura feita com belíssimo relevo e maneira suave, sempre reverenciada e admirada por artistas antigos e modernos, razão pela qual a referida capela sempre foi frequentada por um número infinito de desenhistas e mestres, até hoje. Nela ainda se encontram algumas cabeças tão belas e vivas, que se pode dizer que nenhum mestre daquela época se aproximou tanto dos modernos como ele. Por isso, seus trabalhos merecem infinitos louvores, sobretudo por ter ele dado ensejo ao belo estilo que vigora em nossos tempos. Prova disso é que todos os mais celebrados escultores e pintores que viveram a partir de então, exercitando-se e estudando nessa capela, tornaram-se excelentes e insignes, como frei Giovanni da Fiesole[19], frei Filippo, Filippino que a terminou, Alesso Baldovinetti, Andrea da 'l Castagno, Andrea del Verrocchio, Domenico del Grillandaio, Sandro di Botticello, Lionardo da Vinci, Pietro Perugino, frei Bartolomeo di San Marco, Mariotto Albertinelli e o diviníssimo Mi-

---

baixada no Egito. As primeiras intervenções de Masaccio devem ter ocorrido na função de colaborador do colega mais velho (cf. nota 6 na p. 214), provavelmente por volta de 1424 (cabe lembrar que a colaboração Masolino-Masaccio começa precocemente na *Sant'Ana Metterza* dos Uffizi, datável por volta de 1424, justamente). A tese de Procacci de deslocar essa colaboração para 1427-28, depois do retorno de Masolino da Hungria, é pouco defensável. A distinção de Vasari entre as partes pintadas por Masolino e as pintadas por Masaccio é muito precisa e corresponde à distinção sobre a qual a crítica, na esteira de Longhi, só recentemente se pôs de acordo. Longhi identificou a intervenção de Masaccio já no fundo da *Cura do aleijado* e da *Ressurreição de Tabita*, que de resto é de Masolino. Na parede do altar, Masolino realizou a *Pregação de São Pedro* (menos as cabeças de três jovens na extremidade esquerda), e Masaccio, o *Batismo dos neófitos*. A primeira interrupção deve ter ocorrido durante a elaboração do *Tributo*, em que Masolino ainda teve tempo de pintar a cabeça de Cristo (Longhi). Os trabalhos foram retomados apenas por Masaccio, provavelmente depois da execução do políptico pisano; ele deve ter terminado o *Tributo* e realizado a *Expulsão de Adão e Eva* e, no plano de baixo, a *Distribuição das esmolas* e *São Pedro curando com a própria sombra*. Antes de terminar a *Ressurreição do filho de Teófilo*, os trabalhos foram novamente interrompidos, sem dúvida por causa da partida do pintor para Roma durante o ano de 1428. Nessa última cena, ele teve tempo de pintar toda a representação de *São Pedro no púlpito*, ao passo que, na cena principal, as cinco personagens da extremidade esquerda e as oito da direita, mais a parte inferior do menino ressuscitado foram pintadas depois por Filippino Lippi.

[17] Na indicação dos motivos pode-se ter a impressão de alguma incerteza por parte de Vasari. A "cena do púlpito" é a cena pintada completamente por Masaccio na extremidade direita da *Ressurreição do filho de Teófilo*; "o libertar possessos, ressuscitar mortos" provavelmente indica uma única cena (de fato, Vasari não põe artigo diante de "suscitare"), precisamente a *Distribuição das esmolas* (Procacci).

[18] Cf. sua Vida, p. 405 e nota 7.

[19] Angelico figura em primeiro lugar nessa lista de artistas que peregrinam para a capela Brancacci. A todos eles (exceto Alonso Spagnolo, ou seja, Alonso Berruguete, e Toto del Nunziata) Vasari dedicou uma Vida nesta edição ou na de 1568.

chelagnolo Buonarroti; também Raffaello da Urbino, que dali extraiu o princípio de seu belo estilo; Granaccio, Lorenzo di Credi, Ridolfo del Grillandaio, Andrea del Sarto, Rosso, Francia Bigio, Baccio Bandinelli, Alonso Spagnuolo, Iacopo da Pontormo, Pierino del Vaga e Toto del Nunziata; em suma, todos os que procuraram aprender a arte, foram àquela capela aprendê-la e captar os preceitos e as regras de Masaccio para a boa feitura das figuras. E, se não citei muitos estrangeiros e muitos florentinos que foram estudar naquela capela, será suficiente dizer que para onde convergem as cabeças da arte também convergem os membros. Porém, apesar da reputação de suas obras, é opinião geral, aliás, crença indubitável de muitos que Masaccio teria extraído muito mais frutos de sua arte se a morte, que o levou aos XXVI anos, o tivesse deixado aqui mais tempo. Mas, fosse por inveja, fosse porque as coisas boas não costumam durar muito, ele morreu na flor da idade e tão repentinamente que não faltou quem desconfiasse de envenenamento, por achá-lo mais provável que qualquer outro acidente.

Como se pressentisse sua morte, Filippo di Ser Brunellesco disse: "Masaccio foi para nós uma imensa perda"[20]; perda que foi muito dolorosa para aquele que se empenhou durante muito tempo a ensinar-lhe muitos princípios de perspectiva e arquitetura. Masaccio foi sepultado na própria igreja do Carmino no ano de MCDXLIII[21]. E, embora então não lhe tenha sido feito nenhum sepulcro, por não ter sido grande a sua fama em vida, depois da morte não faltou quem o honrasse com estes epitáfios:

MASACCIO NEL CARMINE

S'ALCVN CERCASSE IL MARMO O 'L NOME MIO
LA CHIESA È IL MARMO VNA CAPPELLA È IL NOME.
MORII CHE NATVRA EBBE INVIDIA COME
L'ARTE DE 'L MIO PENNELLO VOPO E DESIO*.

MASACCIO

PINSI E LA MIA PITTVRA AL VER FV PARI;
L'ATTEGIAI L'AVVIVAI LE DIEDI IL MOTO
LE DIEDI AFFETTO; INSEGNI IL BVONARROTO
A TVTTI GLI ALTRI E DA ME SOLO IMPARI[22].

MASACCI FLORENTINI OSSA TOTO HOC
TEGVNTVR TEMPLO QVEM NATVRA FOR
TASSIS INVIDIA MOTA NE QVANDOQVE

---

[20] Essa frase de Brunelleschi já estava no Livro de Antonio Billi.

[21] A última notícia sobre Masaccio vivo é o registro do Cadastro de 29 de julho de 1427. Em novembro de 1429 já se anota nos documentos: "consta que morreu em Roma". As fontes estão concordes em fixar sua morte aos 26 anos, costumando-se aceitar como data o outono de 1428, quando Masaccio (nascido em dezembro de 1401) ainda não tinha completado 27 anos.

* "Se alguém procurasse o mármore ou meu nome, / A igreja é o mármore, uma capela é o nome. / Morri porque a natureza teve inveja, / E a arte, necessidade e desejo de meu pincel." [N. da T.]

[22] ["Pintei, e minha pintura igualou-se à verdade; / Dei-lhe forma, vida e movimento / Dei-lhe afeto; que Buonarroti ensine / Todos os outros e só de mim aprenda."] Na edição de 1568 Vasari indicou ser Annibal Caro o autor dessa estrofe.

223

SVPERARETVR AB ARTE ANNO AETATIS
SVAE XXVI, PROH DOLOR!, INIQVISSIME
RAPVIT. QVOD INOPIA FACTVM FORTE FVIT
ID HONORI SIBI VERTIT VIRTVS.

INVIDA CVR LACHESIS PRIMO SVB FLORE IVVENTAE
POLLICE DISCINDIS STAMINA FVNEREO?
HOC VNO OCCISO INNVMEROS OCCIDIS APELLES;
PICTVRAE OMNIS OBIT, HOC OBEVNTE, LEPOS.
HOC SOLE EXTINCTO, EXTINGVVNTVR SYDERA CVNCTA.
HEV DECVS OMNE PERIT, HOC PEREVNTE, SIMVL[23].

E os melhores artistas, conhecendo muito bem o seu talento, gabaram-no por ter enriquecido a pintura com a vivacidade das cores, a expressividade do desenho, o volume das figuras e a sequência dos pontos de vista dos escorços; todos afirmam que, desde Giotto, entre todos os antigos mestres, Masaccio é o mais moderno já visto; diz-se que ele, com seu tino, mostrou numa espécie de testamento, em cinco cabeças, os retratos daqueles que mais contribuíram para o progresso das artes: num painel de sua lavra, hoje em casa de Giuliano da San Gallo, em Florença, encontram-se os vivíssimos retratos de: Giotto, ponto de partida da pintura; Donato, da escultura; Filippo Brunellesco, da arquitetura; Paulo Uccello, da arte de retratar animais e da perspectiva; e entre estes, Antonio Manetti, excelente matemático da sua época[24].

---

[23] ["Os ossos do florentino Masaccio / Estão protegidos por este templo; a natureza, movida talvez / Pelo temor de ser superada por sua arte, com a idade de / Vinte e seis anos – ó dor! – iniquamente / No-lo arrebatou. O que ele pôde fazer em sua curta existência / Seu talento reverteu em sua honra. // Por que, invejosa Láquesis, com teu funesto polegar, / Cortas os fios na flor da juventude? / Matando-o, matas inúmeros Apeles; / Morto ele, morre toda a graça da pintura. / Extinto esse sol, extinguem-se todos os astros. / Toda a honra perece quando ele perece."] O autor desses dísticos é Fabio Segni, como diz Vasari na edição de 1568.

[24] Esse painel, hoje no Louvre, com escritas do século XVI sob as cinco cabeças, atribuído pelo próprio Vasari a Paolo Uccello na edição de 1568, provavelmente é uma cópia de cópia da perdida *Sagração* de Masaccio.

Filippo Brunelleschi, escultor e arquiteto

A natureza cria muitas pessoas pequenas no corpo e nas feições, mas com alma cheia de tamanha grandeza e coração repleto de tão desmedida força, que tais pessoas, se não empreenderem coisas difíceis e impossíveis, terminando-as e entregando-as ao mundo, para admiração de quem as vê, nunca terão descanso na vida. E todas as coisas que a ocasião lhes põe nas mãos, por mais humildes e modestas que sejam, são por elas engrandecidas e exaltadas. Por isso, nunca deveríamos torcer o nariz quando encontramos pessoas cujo aspecto não tem a graciosidade ou a formosura que a natureza deveria dar a quem vem ao mundo para exercer algum talento, porque não há dúvida de que debaixo da terra se escondem os veios de ouro. E muitas vezes naqueles que nascem com formas débeis há tanta generosidade na alma e sinceridade no coração que, com o acréscimo da nobreza, de tais pessoas não se pode esperar senão imensas maravilhas; isto porque elas se esforçam por aformosear a fealdade do corpo com a virtude do engenho, tal como se viu claramente em Filippo di Ser Brunellesco[1], de minguada corporatura, mas de tão elevado engenho, que podemos dizer ter ele nos sido dado pelo céu para conferir nova forma à arquitetura, desgarrada havia centenas de anos, arte na qual os homens daquele tempo haviam desbaratado tesouros, construindo sem ordem, mal, com péssimo desenho, estranhíssimas invenções, desenxabida graça

---

[1] Filippo nasceu em Florença em 1377, filho de ser Brunellesco Lippi e de Giuliana Spini; inscreveu-se na Corporação da Seda em 1398 e na dos Ourives em 2 de julho de 1404. Sua genialidade inovadora só foi reconhecida mais tarde; era resultante de uma espantosa clareza racional, diante da qual a perplexidade e as incertezas dos contemporâneos (vejam-se as oposições que precisou superar para impor seu projeto de construção da cúpula da Catedral) mostram-se como resquícios de invencível ilogicidade medieval. O painel com o *Sacrifício de Isaque* ainda fala uma linguagem completamente gótica; a primeira obra reveladora parece ter sido a colunata dos Inocentes, cujo projeto brunelleschiano parece ter sido alterado, conforme informação das fontes; assim como foram alteradas as igrejas de San Lorenzo e de Santo Spirito; nem na própria capela dos Pazzi se tem certeza de que o projeto de Brunelleschi tenha sido respeitado. Sua única obra "autógrafa" continua sendo a cúpula de Santa Maria del Fiore, que, por outro lado, representava principalmente a solução de um tremendo problema técnico. Apesar disso, a obra arquitetônica de Brunelleschi tem uma fisionomia bem definida e, obviamente, marca nítida ruptura em relação às edificações góticas. Não está totalmente claro até que ponto essa ruptura é devida ao estudo da Antiguidade (as fontes enfatizam as duas temporadas que Brunelleschi passou em Roma e seu interesse pelas proporções dos edifícios antigos) – inclusive das construções paleocristãs – e até que ponto ela foi ajudada pela interpretação racionalista dos edifícios florentinos, desde o Batistério até o interior da Catedral. Sobre Brunelleschi, cf. C. von Fabriczy, *Filippo Brunelleschi*, Stuttgart, 1892; P. Sanpaolesi, *Brunelleschi*, Milão, 1962; E. Luporini, *Brunelleschi, Forma e Ragione*, Milão, 1964; A. Cadei, "Coscienza storica e architettonica in Brunelleschi", em *Rivista dell'Istituto Nazionale di Archeologia e Storia dell'Arte*, 1973, pp. 181-240; C. L. Ragghianti, *Filippo Brunelleschi, un uomo un universo*, Florença, 1977; obra coletiva, *Filippo Brunelleschi, la sua opera e il suo tempo. Atti del convegno di studi*, Florença, 1980; E. Battisti, *Brunelleschi*, Londres-Milão, 1981.

e pior ornamento. E o céu, vendo que a terra passava tantos anos sem uma alma egrégia e um espírito divino, quis que Filippo desse ao mundo as maiores e melhores construções entre todas as outras feitas no tempo dos modernos e no dos antigos, mostrando que o valor dos artistas toscanos, conquanto perdido, não estava morto[2]. Outrossim, adornou-o com ótimas virtudes, entre as quais a da amizade, não havendo ninguém mais benigno e amoroso que ele. Nos julgamentos era isento de paixão; e, sempre que visse o valor e os méritos alheios, renunciava ao proveito pessoal e ao interesse dos amigos. Conhecia-se bem e comunicava sua virtude a muitos, sempre acudindo o próximo nos momentos de necessidade, declarando-se inimigo mortal dos vícios e fervoroso admirador daqueles que praticassem as virtudes. Nunca despendeu o tempo em vão, quer consigo, quer com os outros, mas sempre se empenhou para suprir as necessidades alheias e nunca deixou de visitar os amigos para socorrê-los.

Conta-se que em Florença havia um homem de ótima fama, louváveis costumes e grande laboriosidade; seu nome era Ser Brunellesco de Lippo Lapi; seu avô chamava-se Cambio e fora também pessoa de letras, nascido de um médico muito famoso naquele tempo, chamado mestre Ventura Bacherini[3]; as virtudes de tais ancestrais não deixaram de enriquecer o engenho de Ser Brunellesco na profissão de notário, aumentando suas faculdades e elevando sua posição social. A reputação de Ser Brunellesco crescera graças às suas boas aptidões, postas a serviço de cidadãos de grande benevolência; não demorou para que se tornasse aprovisionador dos Dez da Guerra, que na época mantinham muitos *condottieri* e capitães de cavalaria e infantaria, para atender às necessidades daquela cidade. Ser Brunellesco foi encarregado pelos dirigentes de administrar os recebimentos dos diversos distritos; e todos os pagamentos e lançamentos contábeis nas relações de serviço com aquele Estado; com suprema diligência adquiria roupas, panos, armaduras, cavalos, víveres e tudo o que era necessário, por ter grande conhecimento e prática nessas coisas, sempre dando provas de probidade. Tomou por mulher uma jovem de excelentes costumes, da nobre família dos Spini, por cujo dote recebeu uma casa onde eles e os seus filhos moraram até a morte. A referida casa fica defronte a San Michele Berteldi[4], de esquina, depois da praça dos Alhos. Dedicava-se ele a tais afazeres, vivendo alegremente, quando, no ano MCCCLXXVII[5] nasceu-lhe um filho a quem deu o nome de Filippo, em homenagem a seu falecido pai, nascimento que lhe proporcionou enorme felicidade. E, com grande desvelo, ensinou ao filho já na infância os princípios das letras, quando demonstrava tamanho talento e espírito tão elevado, que frequentemente se distraía, como se não se preocupasse em aperfeiçoar-se nas letras. Aliás, parecia andar com o pensamento em coisas de maior utilidade, motivo pelo qual Ser Brunellesco, que aspirava para ele a profissão de notário ou a do trisavô[6], muito se desagradou. No entanto, vendo que ele estava sempre à procura de coisas que exigissem engenho e arte manuais, passou a ensinar-lhe o manejo

---

[2] Cf. F. Petrarca, *Rerum Vulgarium Fragmenta*, CXXVIII, "ché l'antiquo valore / ne l'italici cor non è ancor morto".

[3] Essas informações são extraídas da importantíssima *Vita di Brunellesco*, atribuída a Antonio di Tuccio Manetti (nascido em 6 de julho de 1423, morto em 26 de maio de 1497), que Vasari aproveitou amplamente. Cf. A. Manetti, *Vita di Filippo Brunelleschi preceduta da la novella del Grasso*, org. de D. De Robertis e G. Tanturli, Milão, 1976.

[4] Depois chamado San Michele degli Antinori, no lugar onde está a atual igreja de San Gaetano.

[5] A data está correta.

[6] O trisavô Cambio era médico.

do ábaco e a escrita, mandando-o depois aprender a arte da ourivesaria e o desenho com um amigo seu. E isso deu muita satisfação a Filippo que, começando a aprender e a praticar essa arte, não demorou muitos anos para engastar pedras preciosas melhor que o artista veterano naquele mister. Trabalhou em nigelo e grotescos, como algumas figuras de prata que ficavam no altar da igreja de Santo Iacopo de Pistoia[7] e eram consideradas belíssimas, feitas para a administração daquela cidade; também fez obras em baixo-relevo, nas quais demonstrou entender tanto quanto no outro tipo de trabalho, pois era forçoso que o seu engenho excedesse os limites daquela arte. Assim, passando a privar da convivência de algumas pessoas estudiosas, começou a sentir vontade de estudar tudo o que se referisse a tempo e movimento, pesos e rodas, para saber como e por que giram e se movem, construindo pessoalmente relógios lindos e excelentes. Não contente com isso, em sua alma nasceu o desejo pela escultura; ocorre que, sendo Donatello um jovem considerado talentoso e promissor nessa arte, Filippo começou a frequentá-lo com grande assiduidade e, pelas virtudes mútuas, nasceu entre os dois tanta afeição, que um não conseguia viver sem o outro. Assim Filippo, habilidoso em muitas coisas, praticando vários ofícios, não precisou exercitar-se muito tempo para passar a ser visto entre os entendidos como excelente arquiteto, conforme mostrou em muitas reformas que fez em casas; é o que se vê na casa de seu parente Apollonio Lapi, na esquina de Ciai, na direção de Mercato Vecchio[8], casa em cuja construção se empenhou com afinco. Fez coisa semelhante fora de Florença, na torre e na casa da Petraia em Castello[9]. No palácio da Senhoria organizou e distribuiu os locais dos escritórios dos funcionários do montepio, criando todas aquelas salas, com portas e janelas inspiradas nos antigos[10], que então não eram muito usadas, visto que a arquitetura na Toscana era muito rústica.

---

[7] Em 1399-1400 Brunelleschi fez para o ourives Lunardo di Matteo Ducci, de Pistoia, dois bustos de *Profetas*, uma estatueta de *Santo Ambrósio* e uma de *Santo Agostinho* (ambas ainda no local) e duas meias--figuras de *Evangelistas*, não identificadas, para o altar de prata de San Jacopo na Catedral de Pistoia. Manetti também menciona "importantes figuras de prata no altar de Santo Jacopo de Pistoia", que Brunelleschi "fez com suas próprias mãos", "muito jovem".

[8] Diz Manetti: "Visto que nele se mostrava um maravilhoso engenho, como se diz, pediam-lhe muitos conselhos sobre construção; e como Apollonio Lapi, seu parente, quisesse construir a casa que hoje é de seu filho Bartolomeo, nas proximidades da esquina dos Ricci, pelos lados de Mercato Vecchio, Filippo empenhou-se na obra; e vê-se que ela por dentro é boa, cômoda e agradável; mas, naqueles tempos, era muito tosco o modo de construir, como se pode ver nas construções feitas antigamente." Dessa casa (hoje via del Corso, n.º 3) ainda existe o átrio, "habilmente desenhado na exiguidade do espaço e prolongado através de um quintalzinho preexistente, fechando-se a partir daí no térreo" (Sanpaolesi).

[9] Diz Manetti: "Conta-se que, sendo preciso construir Petraia, pediu-se conselho a Filippo, a quem ela pertencia; a torre ali existente foi feita segundo sua orientação; torre que é louvada por todos, mas que eu nunca vi, a não ser de longe; a muralha não foi feita, por reveses da sorte." Segundo Sanpaolesi, na torre da Petraia seriam de Brunelleschi "a parte superior, com as bíforas quadradas e os arcos que as encimam, ou seja, todo o coroamento, inclusive os cachorros; nela, embora esteja clara uma inspiração direta do Palazzo Vecchio, revela-se uma notável originalidade de estrutura e proporções". Esses trabalhos seriam datáveis de 1409, aproximadamente, mas não estão documentados.

[10] Da atividade de Brunelleschi no palácio da Senhoria nada resta. Manetti escreve: "Quando ele era jovem, foi necessário construir no Palácio dos Priores o gabinete e a residência dos funcionários do Montepio, bem como a sala de seus ministros, que fica naquele lugar, onde havia, na maior parte, uma colunata pomposa e bela, muito valorizada naquele tempo e que ainda pode ser vista. Pediram-lhe que trabalhasse como arquiteto, na feitura dos desenhos e na direção: foi o que ocorreu. Também ali se pode ver que certos ornamentos usados então não lhe agradavam, ele não podia suportá-los; por isso não os fez; mas ele ainda não adotava a maneira artística que adquiriu depois, após ter visto as construções antigas dos romanos". Portanto, não "na maneira inspirada nos antigos", como dá a entender Vasari.

Ocorre que em Florença os frades de Santo Spirito queriam mandar fazer, de madeira de tília, uma estátua de Santa Maria Madalena em penitência, que deveria ser colocada numa capela, e Filippo, que fizera muitas coisas pequenas em escultura, desejando mostrar que também nas grandes tinha valor, começou a fazer a referida figura[11] que, terminada e instalada, foi considerada belíssima; mas, depois, no incêndio daquela igreja, no ano MCDLXXI, ela ardeu juntamente com outras pinturas notáveis. Filippo dedicou-se muito à perspectiva, então grandemente prejudicada pelos muitos erros que eram cometidos. Nisso perdeu muito tempo, até encontrar sozinho uma maneira de corrigi-la e aperfeiçoá-la, que consistiu em elevá-la com planta e perfil, por meio da intersecção, coisa realmente engenhosa e útil à arte do desenho. Teve tanto prazer em fazê-lo, que traçou de próprio punho a praça de San Giovanni[12], com toda aquela distribuição de mármores pretos e brancos incrustados nas paredes, que iam diminuindo com graça singular; também desenhou a casa da Misericórdia, com as lojas dos fabricantes de obreia e a abóbada dos Pecori, tendo do outro lado a coluna de São Zenóbio. Essa obra, muito louvada pelos artistas e por quem conhecesse aquela arte, deu-lhe tanto ânimo que em breve ele iniciou a outra, desenhando o palácio, a praça e a colunata dos Senhores, juntamente com o teto dos Pisani e tudo aquilo que se vê construído ao redor[13]. Essas obras acabaram por animar outros artistas, que passaram a dedicar-se a essa atividade com grande empenho. Ele, particularmente, a en-

---

[11] Mencionada também por Manetti ("Esculpiu em madeira e coloriu uma Santa Maria Madalena em vulto, de tamanho um pouco menor que o natural, muito bela, que se incendiou na igreja de Santo Spirito em 1471, quando esta pegou fogo"), pelo Livro de Antonio Billi e pelo Anônimo Magliabechiano.

[12] A pequena pintura com Batistério está perdida; mas Manetti, que a "tivera em mãos e a vira várias vezes", pôde "dar testemunho" dela: "essa questão da perspectiva ele mostrou entre as primeiras coisas, num quadrinho de cerca de meio braço [ou seja, cerca de 30 × 30 cm], no qual fez uma pintura da igreja de San Giovanni de Florença, retratando-a, pelo que se vê, de um ponto de vista externo; parece que a retratou de dentro da porta do meio de Santa Maria del Fiore, cerca de três braços, e a fez com tanta diligência e delicadeza, com tanta precisão das cores dos mármores brancos e pretos, que não há miniaturista que o fizesse melhor". O fundo, por trás das construções, era "pintado de prata abronzeada, para que o ar e os céus naturais nele se espelhassem; também as nuvens eram vistas naquela prata, levadas pelo vento". Para que coincidissem perfeitamente o ponto de vista do espectador e o "ponto principal" da construção perspéctica, Brunelleschi recorreu a um expediente engenhoso: fez na tábua um pequeno furo que correspondia ao "ponto principal". O observador devia virar a tábua, encostá-la ao olho com uma das mãos e com a outra segurar um espelho no qual, através do furo, via a pintura refletida. Além do mais, a largura do furo – que na parte de trás, onde o olho seria encostado, se alargava em forma de cone na espessura da tábua – era calculada de tal modo, que a distância na qual se devia manter o espelho para ver a imagem inteiramente refletida devia ser proporcional à distância real existente "do lugar onde ele mostrava ter feito o retrato até a igreja de San Giovanni".

[13] O segundo quadrinho em perspectiva de Brunelleschi representava a praça da Senhoria vista da atual via Calzaioli (conforme se depreende de Manetti), "poucos braços em direção ao Orto San Michele, de onde se olha para o palácio dos Senhores, de tal modo que duas faces são vistas por inteiro, a que dá para o poente e a que dá para o norte". Esse quadro era razoavelmente grande, tanto que Brunelleschi não conseguiu aplicar-lhe aquele expediente do "furo para olhar", fosse porque não era possível segurá-lo com comodidade, fosse porque o espelho deveria ser posto a uma distância tal, que o comprimento de um braço humano não seria suficiente. Quanto ao ponto de vista exato, "deixou-o à discrição de quem olha, como ocorre com todas as outras pinturas dos outros pintores [...] E em vez de pôr a prata abronzeada, como no quadro de San Giovanni, neste deixou o campo limpo [scampò l'assi] [...] da construção para cima"; "e percebe-se, olhando o lugar, que o ar natural se mostrava da construção para cima". Sobre os dois quadros em perspectiva de Brunelleschi, cf. A. Parronchi, "Le due tavole prospettiche del Brunelleschi", em Paragone, n. 107 (1958), pp. 1-32; R. Beltrame, "Gli esperimenti prospettici del Brunelleschi", em R. Accad., XXVIII (1977), pp. 417-68; M. Boskovits, "Quello ch'è dipintori oggi dicono della prospettiva, Contributions to Fifteenth Century Italian Art Theory", em Acta Historiae Artium Academiae Scientiarium, 1962, pp. 241-60; 1963, pp. 139-62.

sinou a Masaccio, pintor então jovem[14], muito seu amigo, que fez por merecer seus ensinamentos pelo que mostrou, como se vê em suas obras; não deixou de ensiná-la a todos aqueles que trabalhavam com tauxia, que é a arte de incrustar madeira colorida, estimulando-os tanto, que deu ensejo ao bom uso que depois se fez dessa arte e, daí por diante, às excelentes coisas que trouxeram fama e recursos a Florença durante muitos anos. Quando Messer Paolo dal Pozzo Toscanelli[15] voltou de seus estudos, certa noite ofereceu um jantar no jardim a alguns amigos e, para prestigiá-los, convidou Filippo, que, ouvindo-o discorrer sobre a arte da matemática, acabou tomando-se de amizade por ele e com ele aprendeu geometria. E Filippo, embora não fosse um homem de letras, argumentava tão bem sobre as coisas, com a naturalidade da prática e experiência, que muitas vezes o confundia. E, assim continuando, dedicou-se às coisas da escritura cristã, não deixando de intervir continuamente nas discussões e nas pregações dos doutos, coisas nas quais adquiriu tanto cabedal, graças à sua admirável memória, que Messer Paolo, acima referido, para elogiá-lo costumava dizer que, ouvindo Filippo, sentia-se um novo São Paulo[16]. Também nessa época dedicou-se muito às coisas de Dante, que ele entendeu muito bem nas citações dos locais e nas medidas, citando-o com frequência nas comparações e usando-o em seus arrazoados. E em pensamento só fazia maquinar e imaginar coisas engenhosas e difíceis. E nunca conseguiu encontrar engenho que mais o satisfizesse do que Donato, com quem confabulava amigavelmente, pois era grande o prazer que sentiam na companhia um do outro e na troca de ideias sobre as dificuldades do ofício. Donato, que naquela época terminara um Crucifixo de madeira[17], que foi posto na igreja de Santa Croce de Florença, sob a cena do menino ressuscitado por São Francisco, pintado por Taddeo Gaddi, pediu o parecer de Filippo sobre a obra, e este respondeu que ele pusera um camponês na cruz, donde nasceu a expressão: "Tira-o do lenho e fá-lo tu", como em geral se conta na vida de Donato. Por isso Filippo, que, mesmo quando provocado, nunca se irava com coisa alguma que lhe dissessem, ficou silencioso durante muitos meses, até que terminou um Crucifixo de madeira do mesmo tamanho, feito com tanta qualidade, arte, desenho e diligência, que Donato, chamado à sua casa, como que enganado (pois não sabia que Filippo fizera aquela obra), soltou um avental que ele enchera de ovos e outras coisas para almoçarem juntos, caindo-lhe tudo enquanto ele olhava a obra, sem dar conta de si, tão admirado estava com a engenhosa e exímia maneira como Filippo esculpira as pernas, o torso e os braços da referida figura, disposta e unificada de tal modo, que Donato, além de se reconhecer vencido, dizia ser aquilo um milagre. Essa obra hoje está em Santa Maria Novella, entre a capela dos Strozzi e dos Bardi de Vernia[18], sendo ainda louvada pelos modernos pelas mesmas ra-

---

[14] Cf. Vida de Masaccio na p. 218: "Começou a trabalhar na arte quando Masolino da Panicale fazia no Carmino de Florença a capela dos Brancacci, seguindo sempre que podia as pegadas de Filippo e de Donato". E supunha-se (Sanpaolesi) que a estrutura arquitetônica da *Trindade* de Santa Maria Novella era de Brunelleschi.

[15] Paolo del Pozzo Toscanelli (1397-1482), grande físico e matemático, voltara de Pádua para Florença mais ou menos em 1424.

[16] Cf. A. Parronchi, "Brunelleschi, un nuovo San Paolo", em *Paragone*, n. 143 (1965), pp. 47-58.

[17] Cf. Vida de Donatello, p. 253.

[18] Hoje na capela Gondi, à esquerda do altar-mor; mencionado também por Manetti, por Albertini, pelo Livro de Antonio Billi e pelo Anônimo Magliabechiano; datável de 1400-10, segundo Paatz; 1410--15, segundo Fabriczy. A autenticidade do episódio narrado por Vasari é bastante duvidosa; não é relatado por Manetti, apesar de ser honroso para Brunelleschi.

zões. Conhecido o talento desses mestres realmente excelentes, o Mester dos Magarefes e o dos Linheiros lhes encomendaram duas figuras de mármore para serem postas em nichos que ficam em torno de Ort San Michele[19], obra que Filippo deixou para Donato, por estar com outros trabalhos, e Donato a executou perfeitamente. Estava-se no ano MCDI e, vendo-se que a escultura atingira grande altura, decidiu-se refazer as duas portas de bronze da igreja e do batistério de San Giovanni, pois desde a morte de Andrea Pisano não se encontrara mestre que o soubesse fazer. E, assim, essa intenção foi comunicada aos escultores que viviam então na Toscana que, convidados, receberam recursos e um ano de prazo para a composição de uma cena cada um; entre eles foram chamados Filippo e Donato, e a cada um deles foi solicitada uma cena, sendo os outros concorrentes Lorenzo Ghiberti, Iacopo della Fonte, Simone da Colle, Francesco di Valdambrina e Niccolò d'Arezzo[20]. As referidas cenas foram terminadas naquele ano mesmo e cotejadas; todas eram belíssimas e diferentes entre si; havia as bem desenhadas e mal trabalhadas, como a de Donato; as de excelente desenho e diligente trabalho, mas sem boa distribuição da história e perspectiva das figuras, como a de Iacopo della Quercia; e as feitas com pobre invenção e minguadas figuras, como a de Francesco di Valdambrina; as piores de todas eram as de Niccolò d'Arezzo e de Simone da Colle. A melhor, porém, era a de Lorenzo di Cione Ghiberti, que continha desenho, diligência, invenção, arte e figuras muito bem elaboradas. No entanto, não lhe era muito inferior a história de Filippo[21], na qual se representava um Abraão a sacrificar Isaque; nessa história há um servidor que, enquanto espera Abraão ao lado de um asno que pasta, tira um espinho do pé, coisa que merece muito louvor. Assim, quando as cenas foram expostas, Filippo e Donato, satisfeitos apenas com a de Lorenzo, julgaram-na mais adequada do que as suas próprias[22]. Por isso, com boas razões convenceram os Cônsules de que deviam encomendar a obra a Lorenzo, mostrando

---

[19] Segundo o Livro de Antonio Billi e o Anônimo Magliabechiano, trata-se das figuras de *São Marcos* e de *São Pedro*. Somente a primeira pode ser atribuída com certeza a Donatello.

[20] Sobre o concurso de 1401 para a porta do Batistério, cf. Vida do Ghiberti, p. 201 e nota 8; cf. também nota seguinte.

[21] Donatello não participou do concurso. A versão dos fatos, segundo o clã brunelleschiano, expressa por Manetti, é um pouco diferente: "Filippo fez sua cena na forma que se vê ainda hoje; e a fez depressa, pois era muito expedito naquela arte. Depois de a fazer, limpar e polir, não teve vontade de confrontá-la com a de ninguém, pois, como eu disse, não era vaidoso e ficou à espera do momento do cotejo." Ghiberti, ao contrário, enquanto fazia a sua, usava a política de "pedir a opinião de todos aqueles que ele estimava, aqueles que, sendo entendidos, haveriam de julgá-lo". E, de fato, "os Construtores e os administradores da obra seguiram o conselho daqueles que Lorenzo tinha designado, que eram de fato mais entendidos"; estes, tendo visto o surgimento do painel de Ghiberti segundo seus próprios conselhos, "não acreditavam que Filippo, mas apenas Policleto, fizesse algo melhor, porque a fama de Filippo ainda não havia corrido, sendo ele jovem e mais disposto ao fazer do que ao parecer. Mas todos se surpreenderam e admiraram as dificuldades que se propusera quando viram seu painel, com a atitude de Abrão, a posição daquele dedo sob o queixo, a rapidez da execução, o panejamento, o modo como fora feito todo o corpo do filho, os panos da roupa do anjo, seu comportamento, a maneira como retém sua mão, a atitude e a posição daquele que tira o espinho do pé e daquele que bebe inclinado, o esmero com que se fizera seu trabalho, pois não há elemento que não tenha vida, tal como se vê nas condições dos animais e em todas as coisas, enfim, na cena em seu conjunto. E aqueles que deviam julgar, vendo tudo isso, mudaram de parecer".

[22] Segundo Manetti, a atitude de Brunelleschi foi bem diferente: quando os Construtores fizeram a proposta de incumbir os dois da execução da porta, "Lorenzo calou-se, e Filippo nunca quis consentir, visto que a obra não seria de sua inteira responsabilidade; e sempre se manteve nessa posição", a tal ponto que deixou a obra ser encomendada apenas a Ghiberti.

230

que tanto o poder público quanto os cidadãos seriam assim mais bem servidos; foi essa realmente uma verdadeira bondade de amigos, virtude sem inveja, juízo são sobre si mesmos, atitude pela qual merecem mais louvor do que se tivessem realizado a obra. Felizes espíritos aqueles que, favorecendo-se mutuamente, sentiam prazer em louvar os trabalhos alheios. Assim como são infelizes agora os nossos que, não satisfeitos em prejudicar os outros, morrem de inveja enquanto mordem. Os Cônsules pediram a Filippo que fizesse a obra com Lorenzo, mas ele não quis, apesar de estar pronto a atender a qualquer sinal, pois preferia ser primeiro numa única arte a ser parceiro ou ajudante naquela obra. Por isso, doou sua cena, feita em bronze, a Cosimo de' Medici, que com o tempo mandou colocá-la na sacristia antiga da igreja de San Lorenzo, na frontaleira do altar, onde ainda se encontra[23]; a de Donato foi posta no Mester dos Banqueiros. Feita a encomenda a Lorenzo Ghiberti, Filippo e Donato resolveram partir juntos para Roma e ali ficar alguns anos, para que Filippo estudasse arquitetura, e Donato, escultura. Filippo foi por querer ser superior a Lorenzo e a Donato, assim como a arquitetura é mais nobre que a escultura e a pintura. Depois de vender uma pequena propriedade rural que tinha em Settignano, saíram de Florença e foram para Roma[24], onde, vendo a magnificência dos edifícios e a perfeição arquitetônica dos templos, ficou absorto, parecendo fora de si. E assim, enquanto estiveram lá, ele e Donato mediam cornijas e traçavam as plantas daqueles edifícios, sem economia de tempo e dinheiro. E, quer em Roma, quer no campo, não deixavam de medir tudo o que considerassem bom. Filippo estava livre de encargos familiares, inteiramente dedicado aos estudos, não se preocupando em comer ou dormir[25], atento apenas à arquitetura já extinta, ou seja, às boas ordens antigas, e não à alemã e bárbara, muito usada em seu tempo. Tinha para si dois importantes conceitos: um era trazer de volta a boa arquitetura, pois acreditava que, renovando-a, não deixaria de si memória menos digna do que a deixada por Cimabue e Giotto; o outro era encontrar o modo, se possível, de abobadar a cúpula de Santa Maria del Fiore de Florença. Eram tais as dificuldades desse intento que, depois da morte de Arnolfo Todesco[26], não aparecera ninguém com ânimo suficiente para fazê-lo sem enormes gastos com armações de madeira. No entanto, nunca revelou essa sua ideia a Donato nem a ninguém; em Roma, estudou todas as dificuldades existentes na Rotunda[27], para descobrir como construir a abóbada. Anotava e desenhava todas as abóbadas antigas, estudando-as continuamente. E, se porventura encontrassem pedaços enterrados de capitéis, colunas, cornijas e alicerces, providenciavam para que fossem feitas escavações até tocar o fundo. A notícia dessas coisas correu Roma e, quando eles passavam pelas ruas, malvestidos, o povo dizia que eles eram os tais do tesouro, acreditando que fossem pessoas dedicadas à geomancia, no intuito de encontrar tesouros. Por isso, certo dia encontraram uma antiga jarra de barro cheia de medalhas. Mas Filippo ficou sem dinheiro e arranjava-se engastando joias para ourives amigos; por isso ficou sozinho em Roma, pois Donato voltou a Florença e, com

---

[23] Encontra-se hoje no Museu Nacional de Bargello, com a de Ghiberti.

[24] Cf. Vida de Donatello, p. 253. A viagem – ou viagens – de Brunelleschi a Roma (sobre as quais Manetti se estende bastante) são situáveis de 1402 a 1406 ou mais (Sanpaolesi).

[25] Cf. Manetti: "Não pesavam a nenhum dos dois as preocupações familiares, pois não tinham mulher e filhos, nem lá nem em lugar algum: e pouco preocupava a qualquer um dos dois como comer ou beber ou como manter-se ou vestir-se, desde que se saciassem daquelas coisas, de vê-las e de medi-las."

[26] Cf. Vida de Cimabue, pp. 81-3.

[27] Ou seja, o Panteão.

maior empenho e esforço do que antes, passou a praticar observando as ruínas daquelas construções. Não deixou de desenhar um único tipo de construção: templos redondos e quadrados, de oito faces, basílicas, aquedutos, termas, arcos, coliseus, anfiteatros e todos os templos de tijolos, dos quais extraiu os métodos de assentamento e amarração, bem como o modo de girá-los criando abóbadas, a forma de interligar pedras, sua fixação com pinos e dentilhões; e, descobrindo um buraco no meio de todas as pedras grandes esquadriadas, chegou àquele ferro que chamamos de *ulivella**, com o qual se puxam as pedras, coisa que ele renovou e pôs em uso depois. Foi ele, portanto, que separou todas as ordens: dórica, jônica e coríntia[28], e foi tal o seu estudo, que ele conseguia imaginar Roma tal qual era antes de arruinar-se. Os ares daquela cidade não foram muito salutares para Filippo no ano de 1407, motivo pelo qual, aconselhado por amigos, voltou para Florença. Nessa cidade, durante sua ausência, muitas muralhas tinham sido danificadas, e para restabelecê-las ele fez muitos desenhos e deu vários conselhos. No mesmo ano houve um encontro de arquitetos e engenheiros da região, para estudarem o modo de abobadar a cúpula; também participaram os construtores de Santa Maria del Fiore e os Cônsules do Mester da Lã, entre os quais estava Filippo[29]. Este aconselhou a puxar o edifício a partir do teto, deixando de observar o desenho de Arnolfo, fazer um friso de quinze braços de altura, pondo no meio de cada face um grande óculo que, além de aliviar o peso sobre as tribunas, facilitaria a construção da abóbada. E assim iniciou a execução dos modelos.

Recuperado economicamente depois de alguns meses, Filippo estava certa manhã na praça da igreja de Santa Maria del Fiore com Donato e outros artistas a discorrer sobre a arte escultórica dos antigos, quando Donato contou que, voltando de Roma pela estrada de Orvieto para ver aquela fachada da Catedral de mármore criada por diversos mestres, obra tão celebrada e considerada notável naqueles tempos[30], passou por Cortona e entrou numa paróquia, onde viu um belíssimo sarcófago antigo com

---

* Instrumento de ferro constituído por três cunhas inseridas numa campânula, usado para erguer grandes pedras sem cordas. [N. da T.]

[28] Cf. Manetti: "e, como encontrou nos edifícios [...] bastantes diferenças [...] com a sutileza de seu olhar percebeu bem a distinção de cada espécie, quer fosse jônica, dórica, toscana, coríntia ou ática".

[29] Toda a narrativa de Vasari sobre as peripécias da construção da cúpula é um pouco romanesca. Brunelleschi fora consultado, juntamente com outros, em 10 de novembro de 1404, a propósito de um contraforte da Catedral. Os fatos aqui narrados são relatados de maneira mais precisa por Manetti, no ano de 1417; este cita um documento de um pagamento a Brunelleschi de 26 de maio de 1417, "por trabalho executado no edifício da cúpula maior". Em 18 de agosto de 1418 foi proclamado o concurso para os modelos da cúpula; Brunelleschi terminou o seu em 29 de dezembro de 1419. "Filippo di ser Brunellesco, Giovanni d'Antonio di Bancho e Donato di Nicholò di Betto Bardi, pelo trabalho realizado num modelo de tijolos e argamassa, sem nenhuma armação, para servir de exemplo à construção da Cúpula grande, devem receber quarenta e cinco florins de ouro." Um modelo definitivo foi pago a Brunelleschi e a Ghiberti em 24 de abril de 1420, a dez florins cada um; a incumbência da construção da cúpula foi dada com igualdade de pagamento a Brunelleschi, Ghiberti e Battista d'Antonio em 16 de abril de 1420. Mas a hipótese de Sanpaolesi ("La cupola di S. Maria del Fiore", em *Rivista dell'Istituto Nazionale d'Archeologia e Storia dell'arte*, XI, 1941) deve ser descartada, e a afirmação dos *Comentários* ("na edificação da tribuna concorremos Filippo e eu, em 1418, pelo mesmo pagamento") é uma verdadeira mentira; porque os documentos subsequentes dão a perceber que Brunelleschi foi assumindo cada vez mais a função de dirigente das obras: já em 1424 é chamado de "inventor et ghubernator maior cupolae", e a partir de 1426 passa a receber uma remuneração que é quase o triplo da recebida por Ghiberti (Krautheimer, *Lorenzo Ghiberti*, cit.). Sobre as polêmicas para a construção da cúpula, cf. também W. Braunfelds, "Drei Bemerkungen zur Geschichte und Konstrution der Florentiner Domkuppel", em *Mitteilungen des Kunsthistorischen Institutes in Florenz*, XIII (1965), pp. 203-26.

[30] Cf. p. 234.

uma cena de mármore[31], coisa rara então, pois não havia sido desenterrados tudo o que conhecemos em nossos tempos. E Donato, descrevendo o modo como aquele mestre construíra a obra, seu belo acabamento, a perfeição e a boa qualidade da fatura, provocou em Filippo tamanha vontade de vê-la, que este, tal como estava, de manto, capuz e tamancos, sem dizer aonde ia, partiu a pé e foi dar em Cortona, movido pela vontade e pelo amor que tinha pela arte. E, vendo e apreciando o sarcófago, traçou o seu desenho à pena e com ele voltou a Florença, sem que Donato ou qualquer outra pessoa se apercebesse de sua partida, acreditando que ele estivesse desenhando ou imaginando alguma coisa.

Voltando a Florença, mostrou a Donato o desenho do sarcófago, que fizera com tanta paciência, e este muito se admirou com o amor que Filippo tinha pela arte. Filippo ficou muitos meses em Florença, onde fazia sigilosamente modelos e engenhos, todos para a construção da cúpula, sem deixar de folgar com os outros artistas, fazendo então aquela brincadeira do Gordo e de Matteo[32], e de ir frequentemente ajudar Lorenzo Ghiberti a dar acabamento a alguma obra, para passar o tempo. Mas, ouvindo dizer que se estava pensando em chamar alguns engenheiros para construir a abóbada da cúpula, certa manhã lhe deu na veneta voltar a Roma, acreditando que seria maior a sua reputação se o mandassem chamar do que se fizesse em Florença aquilo que lhe pedissem. Por isso, estava ele em Roma quando em Florença todos reconheceram seu agudíssimo engenho, pois ele demonstrara com argumentos a segurança e o ânimo que não se encontravam nos outros mestres, perdidos tanto quanto os seus operários, sem forças e acreditando que nunca encontrariam modo de construir aquela abóbada nem a madeira para fazer travas que fossem suficientemente fortes para suportar a armação e o peso de tão grande edifício. Decididos a encontrar uma solução, escreveram a Filippo, pedindo-lhe que viesse a Florença. E ele, que outra coisa não queria, atendeu cortesmente ao pedido. E, reunidos em gabinete, os construtores de Santa Maria del Fiore e os Cônsules do Mester da Lã contaram a Filippo todas as dificuldades, grandes e pequenas, enfrentadas pelos mestres, que estavam ali presentes. Ouvindo tudo, Filippo disse as seguintes palavras: "Senhores construtores, não há dúvida de que, para resolver as grandes dificuldades, surgem muitas dúvidas; e, embora eu saiba que essa obra é trabalhosa e difícil, considerando-se que conheço mais dificuldades do que os operários, Vossas Senhorias e todos estes engenheiros e arquitetos juntos, e embora nenhum de nós, nem talvez os antigos, consiga fazer uma abóbada tão terrível quanto esta, pensei diversas vezes nas armações de fora e de dentro e no modo como trabalhar com segurança, pois sei do risco inevitável de morrer a que se expõem os que têm mais medo da altura do edifício do que da largura da abóbada; porque, se ela pudesse subir girando, poderíamos adotar o modo como os romanos construíram a abóbada do Panteão de Roma, ou seja, a Rotunda, mas aqui é preciso dar prosseguimento às oito faces, amarrando as pedras e construindo dentilhões, o que

---

[31] Encontra-se hoje no Museu Diocesano de Cortona. É um sarcófago do século II d.C., com um Dioniso rechaçando as Amazonas ajudadas pelos léleges e pelos cários em Éfeso: única representação figurada que conhecemos desse motivo (cf. A. Minto, "Il sarcofago romano del duomo di Cortona", em *Rivista d'Arte*, XXIV (1950), pp. 1-22).

[32] A "brincadeira do Gordo que virou Matteo", diz com mais precisão Manetti, que a situa em 1409 e quase certamente é também autor da *Novella del Grasso legnaiuolo* [Novela do carpinteiro gordo]. O "Carpinteiro gordo" era Manetto Ammannatini. [Segundo essa novela, Brunelleschi teria levado Manetto a acreditar que era Matteo.]

será muito difícil. Contudo, considerando que este é templo consagrado a Deus e foi construído para sua grandeza, confio que Ele não deixará de infundir saber onde não haja e de dar forças, sabedoria e engenho a quem for autor de tal obra. Mas em que posso ajudar-vos, se a obra não é minha? Digo que, se ela me coubesse, eu encontraria o ânimo e a resolução de descobrir o modo como se deve construir essa abóbada sem tantas dificuldades. Nem sequer pensei nada a respeito até agora, e quereis que vos diga como fazê-lo? Mas, quando decidirdes que é preciso construir a abóbada, devereis submeter-me à prova, a mim que não acredito ser capaz de aconselhar coisa tão grandiosa; e não só isso, pois também devereis gastar muito dinheiro e ordenar que no prazo de um ano, em dia fixado, venham a Florença arquitetos não só toscanos e italianos, mas também alemães e franceses e de outras nações, aos quais será proposto esse trabalho, discutido entre tantos mestres, para que ele seja começado por aquele que der mais mostras de método e tino para executá-lo. Não poderia dar-vos outro conselho, nem orientação melhor que esta."

A orientação e o conselho de Filippo agradaram aos Cônsules e aos construtores, mas eles ficariam mais felizes se naquele entretempo ele tivesse feito um modelo e pensado a respeito. E ele mostrava que não estava preocupado com aquilo; aliás, pedindo licença, disse que havia recebido algumas cartas e que precisava voltar a Roma. Os Cônsules, percebendo que seus pedidos e os dos construtores não bastavam para detê-lo, solicitaram a alguns amigos seus que tentassem convencê-lo, mas ele não se dobrava. Assim, certa manhã do dia XXVI de maio de MCDXVII, os construtores lhe destinaram uma dotação em dinheiro, que nos livros da construção se encontra como saída para Filippo[33], tudo para animá-lo. Mas ele, firme em seu propósito, saiu de Florença e voltou para Roma[34], onde fez rigorosos exames e estudou ininterruptamente aquele trabalho, organizando-se e preparando-se para realizá-lo, pois acreditava – o que era verdade – que nenhum outro poderia fazê-lo. E o conselho de chamar outros arquitetos não havia sido dado por Filippo por outra razão senão para que todos fossem testemunha de seu grande engenho, e não para que eles achassem que receberiam a incumbência de construir aquela abóbada e de assumir um encargo demasiadamente difícil. E assim se passou muito tempo, antes que chegassem aqueles arquitetos dos países distantes de onde tinham sido chamados, por ordem dada aos mercadores florentinos que morassem na França, na Alemanha, na Inglaterra e na Espanha; estes estavam incumbidos de gastar qualquer soma para obter junto aos príncipes os mais experientes e talentosos engenhos que houvesse naquelas regiões[35]. Começava o ano de MCDXX quando se reuniram em Florença todos esses mestres ultramontanos, bem como os da Toscana e todos os engenhosos artistas do desenho de Florença, e então Filippo voltou de Roma. Reunindo-se todos na obra de Santa Maria del Fiore, com a presença dos Cônsules, dos construtores e de alguns dos mais engenhosos cidadãos, deliberou-se que seria ouvida a opinião de cada um para resolver de que modo seria

---

[33] Nessa data Manetti cita um pagamento a Brunelleschi (cf. acima, nota 29); mas o texto de Vasari parece referir-se mais a outro documento do mesmo ano: "Ano 1417, 19 de maio. A Filippo di Ser Brunellesco, por seu trabalho de fazer desenhos como prova para a Obra da Cúpula maior, dez florins de ouro".

[34] Manetti já situava nesses anos uma estada em Roma, interrompida por uma viagem a Florença em 1419.

[35] Manetti dá a mesma data para essa reunião de arquitetos estrangeiros: "Filippo veio de Roma."

construída aquela abóbada. Deu-se início à chamada e foram ouvidos todos, um a um, relatando cada arquiteto o que havia pensado a respeito. E foi muito bonito ouvir as estranhas e diferentes opiniões acerca do assunto, pois uns diziam ser preciso construir pilares de alvenaria desde o chão, para sobre eles assentar os arcos e obter o travejamento capaz de suportar o peso; outros diziam que a abóbada deveria ser construída de pedra-pomes, para ser mais leve; e muitos estavam concordes em erguer um pilar no meio e dar-lhe a forma de pavilhão, como a de San Giovanni de Florença. E houve quem propusesse enchê-la de terra misturada a moedas para que, depois de terminada a abóbada, se desse licença a quem quisesse para ir retirar a terra, pois assim o povo a retiraria rapidamente, sem nenhum gasto[36]. Somente Filippo disse que era possível fazer a abóbada sem tanta madeira, pilares ou terra, sem os gastos de tantos arcos e sem armações.

Os Cônsules, os construtores e todos aqueles cidadãos, que esperavam alguma bela invenção, acharam que Filippo estava dizendo asneiras e, fazendo chistes e rindo dele, disseram-lhe que devia mudar de ideia, que aquele era um método de loucos, como ele. Com isso, sentindo-se ofendido, Filippo disse: "Senhores, considerai que não é possível construir esta abóbada de outra maneira; podeis rir de mim, mas sabereis (se não fordes obstinados) que não se deve nem se pode obrar de outro modo. E a quem quiser fazê-la da maneira como proponho, digo ser necessário que seja usado o arco agudo de quatro pontos, e que haja duas abóbadas, uma por dentro e outra por fora, de tal modo que seja possível caminhar entre as duas. E, nas arestas dos ângulos das oito faces, com dentilhões de pedra, será possível amarrar a edificação em toda a sua espessura, circundando-se suas faces com tirantes de madeira de carvalho. E é preciso pensar na iluminação, nas escadas e nos condutos, por onde a água da chuva possa sair. E nenhum de vós pensou que é preciso cuidar para que por dentro haja andaimes que possibilitem fazer os mosaicos e uma infinidade de coisas difíceis, mas eu, que já vejo a abóbada construída, sei que não há outro modo nem outro caminho para construí-la, senão este que expus." E, exaltado com a exposição, quanto mais procurava facilitar a compreensão de seus conceitos, para que eles lhe dessem ouvidos, mais dúvidas suscitava[37], fazendo-os acreditar menos e considerá-lo besta e charlatão. Por isso, não querendo sair depois de ser dispensado várias vezes, foi carregado para fora do recinto pelos serviçais e passou a ser visto como doido varrido. Por esse vexame, Filippo tinha motivos para não ousar andar pela cidade, temendo que lhe dissessem: "Lá vai o louco."[38] Os Cônsules continuaram na audiência, mas estavam confusos, pois achavam difíceis os métodos apresentados pelos primeiros mestres e insensatos os de Filippo, pois lhes parecia que ele complicava a obra com duas coisas: uma era a construção dupla, o que acarretaria um peso monstruoso; a outra era a falta de armação. Por outro lado, Filippo, que tantos anos dedicara ao estudo dessa obra, não sabia o que fazer, e foi tentado a sair de Florença várias vezes. No entanto, se quisesse vencer, precisaria armar-se de paciência, pois pelo muito que vira sabia que naquela cidade nunca eram muito firmes os propósitos. Então começou a conversar em particular com Cônsules,

---

[36] Cf. Manetti: "havia quem dissesse que queria fazê-la por dentro de terra para que esta servisse de armação à abóbada; havia quem dissesse que se devia fazer uma torre no meio e nela apoiar as cambotas; e havia quem dissesse coisas bem diferentes".

[37] Segundo Manetti, esses problemas relativos à funcionalidade secundária da cúpula foram postos em discussão preliminarmente, antes de se tratar do problema central.

[38] Todo esse episódio é narrado de maneira mais concisa e fidedigna por Manetti.

construtores e muitos cidadãos, e, mostrando-lhes parte de seu desenho, convenceu-os a encomendar aquela obra a ele ou a um dos estrangeiros. Assim, animados, Cônsules, construtores e cidadãos decidiram reunir-se com os arquitetos para discutir o assunto. Na reunião, diante das razões expostas, foram todos vencidos e convencidos por Filippo. Consta que ali surgiu a discussão sobre o ovo da seguinte forma: eles gostariam que Filippo expusesse suas ideias com minúcias e que mostrasse seu modelo, tal como haviam mostrado modelos e desenhos; mas ele não quis fazê-lo e disse àqueles mestres, estrangeiros e concidadãos que quem pusesse um ovo em pé sobre um mármore deveria fazer a cúpula, pois assim daria a conhecer o seu engenho. Tomou-se um ovo, e todos aqueles mestres tentaram deixá-lo em pé, mas nenhum conseguiu. Pediram então a Filippo que o fizesse, e ele, com muita graça, pegou o ovo, bateu uma de suas pontas no plano do mármore, deixando-o em pé[39]. Como os artistas ali presentes começassem a murmurar que isso eles também poderiam fazer, Filippo disse, rindo, que eles também saberiam construir a abóbada da cúpula, caso vissem o modelo ou o desenho. E assim se decidiu que ele ficaria encarregado da obra e sobre ela informaria melhor os Cônsules e os construtores.

Indo para casa, escreveu numa folha quais eram seus planos da maneira mais aberta possível, para dá-los a conhecer ao magistrado[40]: "Considerando as dificuldades dessa construção, magníficos senhores construtores, acredito que não seja possível fazê-la de um redondo perfeito, pois seria excessivo o peso do plano de cima, onde vai a lanterna, e, quando esta fosse posta, tudo logo desabaria. E acredito que os arquitetos que deixam de considerar a eternidade da construção não têm amor à memória, àquele para quem ela é feita. Por isso, decido levantar essa abóbada com panos, obedecendo às oito faces e dando-lhes as medidas e as formas do arco de quatro pontos*[41]: porque essa é uma arcadura que, subindo, sempre empuxa para cima e, quando sobre ela for posta a lanterna, esta e aquela, juntas, darão durabilidade ao todo. Sua espessura no arranque deverá ser de três braços e três quartos, devendo subir piramidalmente e estreitar-se de fora para dentro até fechar-se onde deverá estar a lanterna. Nesse ponto deverá ter a espessura de um braço e um quarto[42], fazendo-se por fora uma outra abóbada, cuja base tenha dois braços e meio[43], para proteger a de dentro da chuva; esta segunda deverá diminuir proporcionalmente em forma de pirâmide, até que encontre a borda da lanterna, como a outra, tendo em cima a espessura de dois terços[44]. Em cada ângulo deverá haver um contraforte, oito ao todo; e no centro de cada face mais dois, ou seja, dezesseis; por dentro e por fora, no meio dos referidos ângulos, em cada face, deve haver dois contrafortes, cada um com quatro braços de espessura na base. E ambas as abóbadas devem elevar-se piramidalmente, até o vértice da abertura que será fechada

---

[39] A história do "ovo de Colombo" não é contada por Manetti.

[40] Manetti também atribui a Brunelleschi o texto desse projeto, que na realidade aparece na forma de uma deliberação oficial de 13 de julho de 1420, descoberta por Doren ("Zur Bau der Florentiner Domkuppel", em *Repertorium für Kunstwissenschaft*, XXII [1899], pp. 220-1) em um Livro da Corporação da Lã, por obra dos Cônsules da Corporação da Arte, dos Construtores de Santa Maria del Fiore e dos quatro funcionários encarregados da construção da cúpula pela própria corporação. Do modo como está transcrito por Vasari, trata-se de uma paráfrase do documento, que é transcrito integralmente por Manetti.

* Ou seja: produzida por meio de raios que partem de quatro pontos sobre a corda. [N. da T.]

[41] Segundo o livro da Corporação da Lã e segundo Manetti, "de cinco pontos".

[42] Os textos citados acima dizem: "dois braços e meio".

[43] Os textos citados acima dizem: "um braço e um quarto".

[44] Subentendido "de braço".

pela lanterna, tudo em igual proporção. Devem ser feitos vinte e quatro contrafortes nas referidas abóbadas e seis arcos[45] de pedras fortes e longas, bem esteadas com barras de ferro estanhado e, acima dessas pedras, tirantes de ferro, que circundem a abóbada com seus contrafortes. A base deve ser construída sem vãos, com altura de cinco braços e um quarto, continuando-se depois os contrafortes e dividindo-se as abóbadas. O primeiro e o segundo círculos a partir da base devem ser reforçados na totalidade com pedras longas de través, de tal modo que ambas as abóbadas da cúpula assentem sobre as referidas pedras. A cada nove braços de altura[46] das referidas abóbadas, deve haver pequenos arcos entre os contrafortes, com grossos tirantes de madeira de carvalho, interligando os contrafortes que sustentam a abóbada de dentro: referidos tirantes de carvalho devem ser cobertos com placas de ferro para possibilitar as subidas. Todos os contrafortes devem feitos de *pietraforte*, e as faces da cúpula, também de pedra, devem ser ligadas aos contrafortes até a altura de vinte e quatro braços; daí para cima, as paredes devem ser de tijolos ou de pedra-pomes, segundo deliberação de quem executar a obra; deverá ser o mais leve possível[47]. Acima dos óculos, por fora, deverá ser feito um corredor com um balcão por baixo e parapeitos vazados com dois braços de altura, como é feito nas pequenas tribunas de baixo; ou então podem ser feitos dois corredores sobrepostos acima de uma cornija bem adornada, sendo o corredor de cima descoberto. A água que escorre da cúpula deve dar numa placa de mármore com a largura de um terço de braço, que a lançará sobre uma construção de pedra situada abaixo[48]; nos ângulos da superfície da cúpula de fora, devem ser feitas oito nervuras[49] de mármore, com a espessura recomendada e um braço acima da cúpula, com uma cornija de dois braços de largura para que haja cumeeiras e goteiras dos dois lados; devem ser piramidais desde o arranque até o fim. As cúpulas devem ser construídas da maneira descrita acima, sem armação, até a altura de trinta braços e, a partir daí, da maneira como será indicada aos mestres que a construírem; porque a prática ensina aquilo que se deve seguir."

Depois que Filippo terminou de escrever o comunicado acima, certa manhã foi procurar os magistrados e entregou-lhes a carta, que foi examinada por eles; e os Cônsules, embora não tivessem capacidade de entendê-la, viam a firmeza de vontade de Filippo, percebiam que nenhum dos outros arquitetos tinha proposta melhor, e que Filippo mostrava tão clara segurança no que dizia, replicando continuamente a mesma coisa e parecendo que aplicara suas ideias dez vezes, em vez de nenhuma; por isso, deliberando em particular, resolveram dar-lhe a obra; mas disseram que gostariam de ver alguma demonstração de como seria possível construir aquela abóbada sem armação, embora aprovassem todas as outras coisas. Na época, Bartolomeo Barbadori queria mandar fazer uma capela em Santa Filicita e já havia falado a respeito com Filippo; este, então, realizou a obra com uma abóbada sem armação; trata-se daquela capela que

---

[45] Os textos citados acima falam em "círculos".

[46] Os textos citados acima dizem "doze".

[47] Os textos citados acima dizem: "mais leves que pedra". Na realidade, já em março de 1421, decidira-se construir de pedra apenas um trecho "de aproximadamente doze braços de altura a partir do arranque das cúpulas, e daí por diante de tijolos". Também a medida das nervuras ("contrafortes") foi reduzida de quatro braços para três.

[48] Segundo os textos citados acima, o texto deve ser entendido da seguinte forma: "a água cairá em algumas calhas de pedra construídas sob um plano inclinado".

[49] Os textos citados acima dizem "cristas".

237

fica à direita da entrada da igreja[50], onde está a pia de água benta, também de sua lavra; também naquela época fez uma outra abóbada na igreja de Santo Iacopo sopr'Arno, para Stiatta Ridolfi, ao lado da capela do altar-mor[51]. Tais obras lhe granjearam mais crédito do que suas palavras. E assim os Cônsules e os construtores, tranquilizados pelo texto e pelas obras que tinham visto, incumbiram-no da cúpula, nomeando-o grão--mestre pelo procedimento das favas[52]. Mas firmaram um contrato para a execução de apenas doze braços de altura, dizendo-lhe que queriam ver como ficava a obra; que, se tivesse os bons resultados que prometia, não deixariam de encomendar-lhe o resto[53]. Filippo estranhou tanta dureza e desconfiança dos Cônsules e dos construtores; e, se não soubesse ser o único capaz de executar a obra, não a teria começado; no entanto, ávido de obter aquela glória, deu-lhe início e comprometeu-se a terminá-la totalmente. Sua carta foi copiada num livro no qual o fornecedor anotava os débitos e os créditos de madeiras e mármores, juntando-se o compromisso acima referido; Filippo recebeu o mesmo pagamento recebido até então pelos outros grão-mestres. Os artistas e os cidadãos, sabendo da incumbência de Filippo, tinham diversas opiniões, pois uns achavam bom, e outros, ruim, como sempre ocorre com a opinião do povo e dos despreocupados, mas a maior parte era composta de invejosos. Enquanto eram feitas as provisões para o início da construção, surgiu uma facção de artesãos e cidadãos que procurou os Cônsules e os construtores para dizer que tudo fora apressado, que trabalho semelhante não deveria ser guiado pela opinião de uma única pessoa, que isso só seria perdoável se eles não contassem com homens excelentes, o que não era o caso, pois os tinham em abundância; ademais, o que seria da honra da cidade, se, ocorrendo alguma desgraça, como é comum na construção, fosse preciso atribuir a culpa a uma única pessoa, para a vergonha e o prejuízo de todos? Diziam também que, para abrandar o excessivo entusiasmo de Filippo, convinha dar-lhe um companheiro.

Lorenzo Ghiberti havia granjeado muito crédito, por já ter dado mostras de seu engenho nas portas da igreja de San Giovanni. Ficou claro que ele era muito benquisto por alguns poderosos do governo que, ao verem tão exaltada a glória de Filippo, sob a aparência de amor e afeição por aquela construção, atuaram junto aos Cônsules e aos construtores até conseguirem que ele fosse nomeado companheiro de Filippo na obra. É fácil imaginar o desespero e o amargor de Filippo, ao saber o que os construtores haviam feito, quando se pensa que ele esteve para fugir de Florença; e, não fosse o conforto dado por Donato e Luca della Robbia, ele teria perdido o controle. Realmente impiedosa e cruel é a sanha daqueles que, deixando-se cegar pela inveja, põem em risco honras e boas obras apenas por ambição. Por pouco Filippo não despedaçou os modelos e queimou os desenhos, destruindo em menos de meia hora todo o tra-

---

[50] A capela Barbadori em Santa Felicita, mencionada também por Manetti e pelo Anônimo Magliabechiano, costuma ser considerada uma das primeiras obras de Brunelleschi (Paatz: aproximadamente 1420); essa autoria é refutada por U. Schlegel, "La Cappella Barbadori e l'architettura fiorentina del primo Rinascimento", em *Rivista d'Arte*, VII (1957), pp. 77-106. A capela está conservada até metade da calota da cúpula, que foi truncada nas reformas feitas na igreja durante o século XVIII.

[51] Destruída em 1709, teria sido iniciada em 1418 (P. Sanpaolesi, "Il Concorso del 1418-20 per la Cupola di Santa Maria del Fiore", em *Rivista d'Arte*, VIII (1936), pp. 321-44). Segundo Manetti, essa cúpula de teste foi "a primeira construída em Florença daquela forma, segundo se diz, 'com cristas e panos'".

[52] Ou seja, mediante votação com favas.

[53] Manetti também fala de uma encomenda limitada ("só lhe encomendaram doze braços de altura"); mas os documentos não mencionam essa limitação.

balho que levara tantos anos para fazer. Os construtores, desculpando-se primeiramente com Filippo, incentivaram-no a continuar, pois ele era criador e autor daquela construção, e ninguém mais; mas, de qualquer modo, deram a Lorenzo o mesmo salário de Filippo. A obra foi prosseguida com pouca vontade por parte dele, por saber que a labuta seria prolongada, mas que ele precisaria dividir honras e fama com Lorenzo. No entanto, animando-se ao pensar que encontraria algum modo de fazer que Lorenzo não ficasse muito tempo na obra, continuava com ele, observando tudo o que fora estipulado pelos construtores. Entrementes, Filippo concebeu o plano de criar um modelo que ainda não fora criado por ninguém; e assim pôs mãos à obra e incumbiu dos trabalhos certo carpinteiro chamado Bartolomeo, que era da sua oficina[54]. Nesse modelo, com medidas proporcionais, ele fez todas as coisas difíceis, como escadas iluminadas e escuras, todas as espécies de iluminação, portas, tirantes e contrafortes; fez também um trecho do balcão. Lorenzo queria vê-lo, mas Filippo negou, e Lorenzo, encolerizado, resolveu fazer um modelo também, para não parecer que seu salário era ganho sem trabalho. Pagaram ao modelo de Filippo cinquenta liras e quinze soldos; encontra-se um registro disso no livro de Migliore di Tommaso, em três de outubro de MCDXIX; para Lorenzo Ghiberti, pagaram trezentas liras, pelo trabalho e pelas despesas incorridas na feitura de seu modelo[55], tudo graças à amizade e ao favor de que gozava, mais do que pela utilidade ou necessidade do trabalho.

Esse tormento de Filippo durou até MCDXXVI, tempo em que Lorenzo era considerado inventor[56] tanto quanto Filippo; essa perturbação era tão forte no espírito de Filippo, que ele vivia muito atormentado. Depois de dar mais tratos à bola, decidiu livrar-se dele de uma vez, sabendo que ele era de pouca valia naquela obra. Em torno da cúpula, entre as duas abóbadas, Filippo já construíra doze braços, e era preciso então instalar os contrafortes de pedra e madeira: por ser algo difícil, quis falar com Lorenzo a respeito, para saber se ele havia pensado naquela dificuldade. Este, que não havia sequer pensado no caso, respondeu que deixava tudo a cargo de Filippo, que era o inventor da coisa. Filippo gostou da resposta, por lhe parecer que essa seria a maneira de afastar Lorenzo da obra e de revelar que ele não tinha toda a capacidade que os amigos lhe atribuíam, favorecendo-o a ponto de colocá-lo naquele posto. Os operários estavam todos parados, à espera do início da construção acima dos doze braços de altura, da elaboração dos contrafortes para as abóbadas; e, para começar a estreitar a cúpula de cima, eram obrigados a fazer andaimes, para que os trabalhos transcorressem sem riscos, uma vez que a altura era tanta, que olhar para baixo era coisa que apavorava e assustava os mais firmes ânimos. Os operários e os outros mestres estavam à espera das instruções para a construção dos contrafortes e dos andaimes: como nada fosse resolvido nem por Lorenzo nem por Filippo, aqueles começaram a reclamar, por não

---

[54] "Acreditamos que esse carpinteiro Bartolomeo, chamado *dallo Studio* por ter uma oficina ali perto, era Bartolomeo di Marco; mas ele trabalhou no modelo de Ghiberti. Quem ajudou Brunellesco em seu modelo foi Bartolomeo di Francesco (ver Guasti, *La cupola di Santa Maria del Fiore*, pp. 21 e 28)" (Milanesi).

[55] "No *Livro* de Migliorino di Tommaso Guidotti, camerlengo substituto da Obra, as verbas de cinquenta liras e quinze soldos destinadas a Brunelleschi para reembolso das despesas em que incorrera para fazer o modelo da cúpula são de 11 de julho e de 12 de agosto de 1419; a de trezentas liras para Ghiberti, porém, são de 11 de agosto. A diferença no valor destinado aos dois devia-se ao fato de que Brunellesco era reembolsado apenas pelo trabalho da lanterna e do ândito acrescentado ao seu modelo, ao passo que Ghiberti recebia pelo trabalho e pelas despesas incorridas durante toda a construção de seu modelo da cúpula" (Milanesi). Toda essa narrativa, com as respectivas datas, já estava em Manetti.

[56] Cf. nota 29, pp. 232.

serem solicitados como antes; e, sendo pobres e vivendo do trabalho de seus braços, começaram a desconfiar que a ambos faltava ânimo para continuar aquela obra; entrementes, ocupavam-se na construção do melhor modo que sabiam e podiam, vedando e polindo tudo aquilo que já tinha sido construído até então. Uma bela manhã, Filippo não foi ao trabalho, enfaixou a cabeça, enfiou-se na cama e, gritando sem parar, mandava esquentar vasilhas e panos com grande aflição, fingindo estar com dor nas costas. Ao saberem disso, os mestres, que estavam esperando instruções para os trabalhos, perguntaram a Lorenzo o que deveriam fazer: ele respondeu que as ordens eram de Filippo, e que seria preciso esperá-lo. Alguém disse: "E tu não sabes o que ele quer?" "Sim – disse Lorenzo –, mas eu não faria nada sem ele." Disse isso para desculpar-se, pois, não tendo visto o modelo de Filippo e nunca lhe tendo perguntado suas intenções para não parecer ignorante, evitava falar dessas coisas e sempre respondia com evasivas, sobretudo por saber que estava naquela construção contra a vontade de Filippo. Como durasse já dois dias aquela dor, o administrador da obra e vários mestres foram visitá-lo, perguntando-lhe sempre o que deviam fazer. E ele respondia: "Lorenzo está lá, ele que faça alguma coisa." E mais não se arrancava dele. Em vista disso, começou-se a comentar e a tecer grandes críticas àquela obra; alguns diziam que o mal que levara Filippo a cair de cama era a falta de coragem de fazer a abóbada, que ele estava arrependido de ter entrado na dança. Os amigos o defendiam, dizendo que, se ele tinha algum desgosto, era pela ofensa de terem posto Lorenzo como seu companheiro; que seu mal era mesmo a dor nas costas, causada pelo muito trabalho na obra.

Assim, portanto, entre rumores o trabalho fora paralisado, e quase todo o serviço dos operários e dos marmoristas estava parado; e estes, reclamando de Lorenzo, diziam: "Ele é bom para ir buscar o seu salário, mas para dirigir os trabalhos, não. Se Filippo faltar ou se a doença dele durar muito, o que ele vai fazer? Que culpa tem ele, se está doente?" Os construtores, sentindo-se envergonhados com essas coisas, decidiram ir visitar Filippo; lá chegando, depois de lhe dizerem palavras de alívio, contaram-lhe a desordem em que se encontrava a construção e falaram dos transtornos causados pela sua doença. Então Filippo, com palavras apaixonadas, tanto pelo fingimento da dor quanto pelo amor à obra, disse: "Oh! Ele, Lorenzo, não está lá? Por que não faz nada? Muito me espantam os senhores." Então os construtores responderam: "Ele não quer fazer nada sem ti." Filippo respondeu: "Mas eu faria tudo muito bem sem ele." Essa resposta, argutíssima e dúplice, foi o que lhes bastou; saíram de lá sabendo que a dor dele era querer fazer tudo sozinho. Então mandaram alguns amigos seus tirá-lo da cama, com a intenção de tirarem Lorenzo da obra; Filippo, voltando à construção, vendo a força do favorecimento de Lorenzo e sabendo que ele receberia o salário sem fazer nada, começou a pensar em outro modo de ridicularizá-lo e de tornar público e notório o pouco que ele entendia daquele assunto; e, na frente de Lorenzo, disse aos construtores: "Senhores construtores, se o tempo que nos é dado viver fosse tão certo quanto a hora da morte, não há dúvida de que muitas coisas iniciadas seriam terminadas, ao passo que ficam inacabadas; é certo que o mal imprevisto que me acometeu poderia ter-me tirado a vida e interrompido esta obra; por isso, caso eu fique doente ou Lorenzo – que Deus o livre e guarde –, para que um ou outro possa continuar sua parte do trabalho, acredito que Vossas Senhorias, assim como dividiram nosso salário, poderiam também dividir o trabalho, pois assim cada um de nós, estimulado a mostrar o que sabe, poderá conquistar fama e proveito junto a essa república e também alcançar nomeada e honra perante o mundo. Há duas coisas difíceis que no mo-

240

mento precisam ser feitas: os andaimes, para que os operários possam levantar os muros, que hão de servir dentro e fora da construção, sustentando homens, pedras, argamassa, o cabrestante para puxar pesos e outros instrumentos semelhantes; e o tirante de união, que deve ser montado acima dos doze braços já construídos, para unir as oito faces da cúpula e servir de tirante à construção, para cingir e apertar todo o peso que for colocado sobre ela, de tal maneira que não haja esforço nem frouxidão, mas, ao contrário, todo o edifício se mantenha em pé. Lorenzo então pode ficar com uma dessas duas tarefas, a que lhe pareça mais fácil de executar, pois eu cuidarei de realizar a outra sem dificuldade, para que não se perca mais tempo." Lorenzo foi obrigado a não recusar nenhum desses trabalhos por uma questão de honra e, mesmo a contragosto, resolveu incumbir-se do tirante, por achar que era mais fácil, confiando nos conselhos dos operários e lembrando-se de que na abóbada da igreja San Giovanni de Florença havia um tirante de pedra que poderia servir-lhe de modelo em parte, se não no todo. E assim um deu início aos andaimes, e o outro, ao tirante; ambos terminaram o trabalho. Os andaimes de Filippo tinham sido feitos com tanto engenho e indústria, que muitos dos que tinham duvidado dele pelas costas precisaram admitir o contrário, pois os mestres trabalhavam neles com muita segurança, puxando pesos e mantendo-se firmes, como se estivessem no chão; os modelos desses andaimes ficaram na obra. Lorenzo, numa das oito faces, fez o tirante com grande dificuldade; terminado esse trabalho, Filippo foi chamado pelos construtores para vê-lo: não comentou nada, mas conversou a respeito com alguns amigos, dizendo que era preciso uma amarração diferente daquela, e que era preciso fazê-la do outro lado em que não haviam feito, não sendo ela suficiente para o peso que deveria suportar, pois não apertava tanto quanto era preciso, e o salário pago a Lorenzo, assim como o tirante que ele havia construído, estavam sendo jogados fora. Quando a opinião de Filippo ficou conhecida, pediram-lhe que mostrasse como o tirante deveria ser feito. Ele, que já tinha desenhos e modelos, mostrou-os logo; os construtores e os outros mestres, vendo-os, perceberam o erro em que tinham incorrido para favorecer Lorenzo; e, querendo compensar esse erro e mostrar que sabiam o que era bom, nomearam Filippo como diretor e chefe vitalício de toda a construção[57], ordenando que nada se fizesse que não fosse de sua vontade; e, para mostrar-lhe reconhecimento, deram-lhe cem florins, estipulados pelos Cônsules e pelos construtores no dia 13 de agosto de 1423[58], registrado por Lorenzo Pauli, notário da obra, que seriam pagos por Gherardo di Messer Filippo Corsini; além disso, foi-lhe estipulado um pagamento anual de cem florins durante toda a vida[59]. Assim, dando-se ordem para que a construção continuasse, as obras prosseguiram com tanta obediência e precisão, que não se assentava uma só pedra sem que ele soubesse. Lorenzo, por sua vez, vencido e como que desmascarado, foi favorecido e ajudado a tal ponto pelos amigos, que continuou ganhando o salário por mais três anos, pois aqueles mostravam que ele não podia ser privado desse pagamento. Filippo, para as menores coisas, fazia desenhos e modelos de andaimes e máquinas para puxar pesos[60]. Nem por isso deixava de haver pessoas malignas, amigas de Lorenzo, que, para levá-lo a desistir, faziam modelos contrários, para competir com os seus; foi o que fizeram

---

[57] Isso ocorreu apenas em 12 de abril de 1443. Todo o episódio é contado por Manetti.
[58] Na realidade, 27 de agosto de 1423.
[59] Foram destinados apenas em dezembro de 1445.
[60] A primeira máquina para elevar pesos lhe foi encomendada e paga em 15 de abril de 1423.

241

algumas pessoas, como certo mestre Antonio da Verzelli[61] e outros, que apresentavam seus modelos a este ou àquele cidadão, mostrando sua leviandade, seu pouco conhecimento e falta de entendimento, pois, tendo em mãos coisas perfeitas, preconizavam as imperfeitas e inúteis. Os tirantes já estavam terminados em torno das oito faces, e os operários, animados, trabalhavam com energia; mas, sendo solicitados por Filippo mais do que estavam habituados, por algumas repreensões recebidas durante os trabalhos e por coisas que ocorriam diariamente, foram tomados pelo enfado. Por esse motivo e movidos pela inveja, os capatazes uniram-se facciosamente, dizendo que o trabalho era árduo e perigoso, que não queriam fazê-lo sem um bom pagamento, embora sua remuneração tivesse sido aumentada mais do que era costume; faziam tais coisas por quererem vingar-se de Filippo e, ao mesmo tempo, para obter vantagens. Os construtores e Filippo não gostaram e, pensando no caso, certo sábado decidiu-se que todos seriam demitidos. Eles, vendo-se despedidos, não sabiam como terminaria aquilo, mas, na segunda-feira seguinte, Filippo empregou dez lombardos e, sempre ali presente a dizer "Faça isto, faça aquilo", em um dia instruiu-os tanto, que eles trabalharam muitas semanas. Os operários, por sua vez, vendo-se demitidos, sem trabalho e humilhados, não encontrando trabalho tão vantajoso quanto aquele, mandaram alguns mediadores dizer a Filippo que voltariam ao trabalho e que se punham em suas mãos. Filippo os manteve na incerteza, dando a impressão de não querer aceitá-los, e depois os aceitou com salário menor do que tinham antes; e assim, pensando ganhar, perderam e, querendo vingar-se de Filippo, causaram prejuízos inconvenientes a si mesmos[62].

Os rumores se calaram, e, em vista da rapidez com que prosseguia a construção, os espíritos isentos de paixão consideravam o engenho de Filippo e admitiam que ele tinha demonstrado uma coragem que nenhum arquiteto antigo ou moderno talvez jamais tivesse demonstrado; isto porque ele tornou público um modelo que mostrou até que ponto fora útil todo o seu estudo no tempo em que permanecera em Roma. Pois eram visíveis todos os pormenores por ele considerados, como as escadas, a iluminação interna e externa, para que ninguém se ferisse no escuro, os muitos e diversos apoios de ferro dispostos com discernimento para a subida pelas superfícies mais íngremes; sem falar que ele tinha pensado até mesmo nos apoios de ferro para os andaimes de dentro, caso fosse necessário fazer mosaicos ou pinturas; pôs também nos lugares menos perigosos saídas de água, algumas cobertas e outras descobertas, seguindo-se em ordem furos e diversas aberturas, para que a força do vento se dissipasse e para que os vapores e os tremores não causassem estragos. Assim, quem considerasse tudo o que ele havia criado em termos de tirantes de união, encaixes, junções e ligações de pedras ficaria estarrecido ao pensar que um só engenho era capaz de tanto. Filippo continuou crescendo tanto, que não havia coisa humana, por mais difícil e árdua que fosse, que ele não tornasse fácil e plana; mostrou essa capacidade quando, para elevar pesos, usou contrapesos e rodas, empregando um único boi para movimentar uma carga que costumava exigir seis parelhas.

A construção já estava tão elevada, que era muito incômodo subir e descer; e os mestres perdiam muito tempo indo comer e beber, pois passavam muito calor o dia todo. Filippo então descobriu um modo de abrir cantinas com cozinhas na cúpula, onde se ven-

---

[61] "Antonio da Verzelli era carpinteiro a serviço da Obra da Catedral, e sabe-se que em 15 de abril de 1423 recebeu um florim por seu trabalho e pagamento por ter descoberto um engenho para construir o andaime e levantar pesos nos trabalhos da cúpula" (Milanesi).

[62] O episódio é contado de maneira bem mais simples por Manetti.

dia vinho, para que ninguém saísse do trabalho, a não ser à noite. Essa medida foi muito cômoda para os operários e utilíssima para a obra. O ânimo de Filippo tinha melhorado tanto por ver que a obra caminhava a todo vapor e tudo dava certo, que trabalhava sem descanso; ia pessoalmente ver as fornalhas onde eram cozidos os tijolos, queria ver o barro e amassá-lo e, depois que estavam cozidos, queria escolhê-los com o máximo cuidado. Falava com os marmoristas e examinava as pedras, para ver se não tinham impurezas, se eram duras; para as junções e encaixes, dava-lhes modelos feitos de madeira, cera e até de nabo[63]; fazia o mesmo com os ferreiros, para a construção das ferramentas. Inventou dobradiças com pinos e chumbadores, facilitando muito a arquitetura, que certamente graças a ele atingiu a perfeição que talvez nunca tivesse atingido entre os toscanos.

Estava-se no ano MCDXXIII e reinava a maior felicidade e alegria que poderia haver, quando Filippo foi eleito representante dos Senhores no distrito da igreja de San Giovanni durante os meses de maio e junho; no distrito da igreja de Santa Croce Lapo Niccolini fora eleito gonfaloneiro. No priorado Filippo está registrado como Filippo di Ser Brunellesco Lippi, devido ao nome Lippo de seu avô, tendo-se esquecido a casa dos Lapi; exerceu esse ofício com honradez, assim como exerceu outras magistraturas, nas quais se portou sempre com seriedade e discernimento. Começavam já a ser fechadas as duas abóbadas do lado da abertura pela qual deveria ser iniciada a lanterna, e, embora em Roma e em Florença Filippo tivesse feito vários modelos de barro e madeira, que não tinham sido vistos, era preciso resolver finalmente qual deles seria usado. Decidido a terminar o balcão, fez vários desenhos que ficaram na obra depois de sua morte, mas, em virtude do descaso daqueles administradores, hoje estão perdidos. Como em nossa época surgiu a vontade de terminá-lo, foi feito um trecho em uma das oito faces, mas, como destoara da primeira construção, os trabalhos foram interrompidos a conselho de Michelagnolo Bonarruoti[64]. De sua lavra, Filippo fez de madeira um modelo da lanterna, com oito faces[65], com medidas proporcionais à cúpula; foi seu último desenho, e, realmente, em termos de inventividade, variedade e ornamentos, foi muito bem-sucedido; fez no modelo, para se subir à esfera, uma escada que era uma coisa divina, mas tapou sua entrada com um pedacinho de madeira encaixado, de tal modo que ninguém, a não ser ele, sabia onde era a subida. E, embora ele já fosse bastante elogiado e tivesse vencido a inveja e a arrogância de muitos, foi inevitável que, diante daquele modelo, todos os mestres que havia em Florença começassem a fazer outros; até uma mulher da casa Gaddi ousou concorrer[66] com o modelo feito por Filippo. No entanto, ele ria da presunção alheia, e muitos amigos o

---

[63] Cf. Manetti: "E ora (fazia modelos) com barro mole, ora com cera, ora com madeira; na verdade, eram-lhe muito úteis aqueles nabos grandes, que no inverno chegam aos mercados e são chamados *calicioni*, para fazer modelos pequenos e mostrar-lhes."

[64] Cf. Vida de Baccio d'Agnolo, p. 657 e nota 17.

[65] No Museu da Obra da Catedral conserva-se um modelo de madeira da lanterna, que foi arrastado pela enchente de 4 de novembro de 1966, mas salvo por uma restauração oportuna (cf. *Mostra di culture e oggetti d'arte minore*, Florença, 1967-68, nº 34). A encomenda de um modelo da lanterna foi feita a Brunelleschi em 30 de novembro de 1432; Ghiberti, Antonio Manetti, Bruno di ser Lapo Mazzei e o estanhador Domenico apresentaram seus próprios modelos, mas o escolhido foi o de Brunelleschi, pelo decreto de 31 de dezembro de 1436. Os mármores e a terra começaram a ser trabalhados em 1436, e só em 1438 foi abençoado o início da construção, terminada apenas em 1461 (L. H. Heydenreich, "Spätwerke Brunelleschis", em *Jahrbuch der Preusischen Kunstsammlungen*, 1931, pp. 1-28).

[66] Nem os documentos nem Manetti falam de mulher; essa notícia está somente no livro de Antonio Billi.

repreenderam, dizendo que ele não deveria ter mostrado seu modelo a nenhum artista, para que eles não o copiassem. Ele respondia que era um só o verdadeiro modelo, que os outros eram falsos. Alguns dos outros mestres tinham posto em seus modelos partes do modelo de Filippo, e este, ao vê-los, dizia: "O próximo modelo que ele fizer será o meu."[67] Os trabalhos eram infinitamente elogiados por todos, mas, como não viam modo de subir até a esfera, diziam que lá havia um defeito. Os construtores disseram que deixariam aquela obra a seu cargo, desde que ele mostrasse o modo de subir; assim, Filippo, tirando o pedaço de madeira que, no modelo, escondia a entrada, mostrou em um dos pilares a subida que hoje se vê na forma de uma zarabatana vazia; em um dos lados, havia um canal com estribos de bronze pelo qual se sobe pondo um pé e depois outro. E, por já estar velho, não teve tempo de ver a lanterna terminada; por isso, deixou testamento no qual declarava que ela fosse construída tal como estava no modelo e como ele mesmo descrevera; afirmava que, caso contrário, a construção desabaria, pois, tendo sido construída como uma abóbada de quatro pontos, era preciso esse peso para tornar-se mais forte. Não pôde ver esse edifício pronto antes de morrer; só viu alguns braços de construção. Exigiu que fossem muito bem trabalhados e dispostos quase todos os mármores ali usados. As pessoas, quando assistiam ao seu içamento, admiravam-se, achando impossível que pudesse haver tanto peso sobre aquela abóbada. E era opinião de muita gente engenhosa que ela não aguentaria, parecendo-lhes muita sorte ter chegado ela até aquele ponto; diziam que sobrecarregá-la tanto era tentar Deus. Filippo sempre riu dessas coisas e, preparando todas as máquinas e todos os petrechos que serviram para construí-la, nunca perdeu tempo, preocupado que estava em prever, preparar e prover todas as minúcias, verificando até se os mármores trabalhados não eram lascados durante o içamento. Conseguiu construir todos os arcos dos tabernáculos com andaimes de madeira; sobre o resto, como dissemos, havia textos e modelos. Quanto à beleza, a obra fala por si: do plano do chão ao plano da lanterna, mede duzentos e quatro braços; a igreja da lanterna mede trinta e seis braços; a esfera de cobre, quatro braços e meio[68]. Pode-se dizer com certeza que os antigos não fizeram construções tão altas, nem correram risco tão grande de desafiar o céu, como ela de fato parece desafiar, pois se ergue a tamanha altura, que se equipara aos montes que rodeiam Florença. E, de fato, parece que o céu tem inveja dela, pois continuamente lhe desfere raios durante todo o dia, por lhe parecer que sua fama quase venceu as alturas aéreas.

Enquanto essa obra ia sendo executada, Filippo fez muitas outras construções, sobre as quais falaremos a seguir.

Fez o modelo do capítulo da capela dos Pazzi na igreja de Santa Croce de Florença[69], obra de grande variedade e beleza; o modelo da casa dos Busini para moradia

---

[67] Diz Manetti: "(o carpinteiro Antonio di Manetto Ciaccheri) também fez um, de acordo com o seu modo de ver e levou-o aos Construtores, como haviam feito todos os outros [...] e, examinando-o, chamaram Filippo, que, examinando-o, rejeitou-o como aos outros: por isso, o carpinteiro pediu licença aos Construtores para fazer outro, no qual se aproximou mais do de Filippo, acreditando que assim ganharia. No entanto, quando Filippo examinou, rejeitou-o como ao outro: e, pensando o carpinteiro em pedir licença para fazer outro, Filippo antecipou-se e disse: se o mandarem fazer outro, ele fará o meu."

[68] A esfera de cobre foi encomendada a Verrocchio em 29 de junho de 1468. Em 1601 caiu, atingida por um raio; no ano seguinte foi refeita, um pouco maior. Em 1776 foi novamente atingida por um raio e danificada com uma das nervuras.

[69] Andrea Pazzi empenhou-se na construção da capela dos Pazzi em 1429 (incluída no cadastro em 1433). Em 1442 fala-se do "capítulo recém-construído", mas em 1446 ainda "estão sendo levantadas as

de duas famílias[70]; o modelo da casa e da colunata dos Inocentes[71], cuja abóbada foi feita sem armação, modalidade que ainda hoje é observada. Consta que Filippo foi levado a Milão para fazer o modelo de uma fortaleza para o duque Filippo Maria[72], deixando Francesco della Luna, grande amigo seu, encarregado da construção dos Inocentes[73]. Francesco cingiu por cima uma arquitrave que corria por baixo, o que, segundo a arquitetura, é incorreto; quando Filippo voltou e o repreendeu por ter feito aquilo, ele respondeu que copiara o que havia na igreja de Santo Giovanni, que é antiga. Filippo disse: "Naquele edifício só há um erro, e tu o copiaste."[74] O modelo daquele edifício, feito por Filippo, ficou vários anos no Mester da Porta Santa Maria, que foi levado muito em conta para o restante da construção que devia ainda ser feito: hoje está perdido. Fez para Cosimo de' Medici[75] o modelo da abadia dos cônegos regulares de Fiesole, obra arquitetônica muito ornamentada, cômoda e alegre, com uma igreja bem espaçosa e magnífica. Também desenhou o palácio de São Jerônimo de Fiesole e o modelo da fortaleza de Vico Pisano[76]; em Pisa desenhou a cidadela velha. Fortificou Ponte a Mare, fazendo também o desenho da cidadela nova[77], fechando a ponte

---

paredes, trabalho previsto para "vários anos ainda"; em 1451 ainda estava por terminar. Recentemente foram descobertas (Sanpaolesi) duas datas designadas na construção: uma no reboco externo da base da cúpula ("A dí 11 ottobre 1459 se forní"), e outra no reboco do extradorso da pequena cúpula do pórtico ("1461 A. di 10 di Giugno"). Portanto, a construção foi terminada vários anos depois da morte de Brunelleschi, que ocorreu em 1446.

[70] O modelo do palácio Bardi-Gerzelli, outrora Busini, na via dei Benci, é atribuído a Brunelleschi também pelo Livro de Antonio Bili e pelo Anônimo Magliabechiano. Foi danificado durante a enchente de 4 de novembro de 1966.

[71] Em 1419 a Corporação da Seda comprou o terreno para a construção; o nome de Brunelleschi aparece nos documentos da Albergaria de 1421 a 1427, ano em que estava quase terminado o edifício em forma de ferradura que compreendia a igreja, a colunata e a residência das crianças, porque se fala de sua cobertura (cf. G. Morozzi, "Ricerche sull'aspetto originale dello Spedale degli Innocenti di Firenze", em *Commentari*, XV (1964), pp. 186-201). O prospecto da Albergaria dos Inocentes na praça Santissima Annunziata nessa data era constituído por um pórtico com dez colunas, três portas grandes sob a colunata, cinco esculturas em vulto (ocas) entre os nove arcos, dois pilares em cada uma das duas extremidades com uma porta no meio; a arquitrave e a cornija são mais baixas do que as situadas sob a colunata e logo acima delas está o teto, além do qual surgem os frontões triangulares da igreja e da residência das crianças. Ainda não existiam a escadaria defronte ao pórtico nem o plano das janelas, acrescentados na segunda metade do século XV (cf. M. A. Cardoso Mendes e G. Dallai, "Nuove indagini sullo Spedale degli Innocenti di Firenze", em *Commentari*, XV (1956), pp. 83-106). O modelo da casa e da colunata dos Inocentes é atribuído a Brunelleschi também pelo Livro de Antonio Billi e pelo Anônimo Magliabechiano, ao passo que Manetti lhe atribui "apenas o desenho sem o modelo de madeira" da colunata.

[72] A fortaleza para Filippo Maria Visconti é mencionada pelo Anônimo Magliabechiano; a ida a Milão é mencionada pelo Livro de Antonio Billi, mas não registrada em documentos.

[73] Francesco della Luna já é mencionado em relação com a Albergaria em 1421; aparece como Construtor da Albergaria em 1427 (logo depois que Brunelleschi é mencionado pela última vez) e continuará acompanhando seus trabalhos até 1445.

[74] Frase repetida pelo Livro de Antonio Billi. Manetti fala mais demoradamente sobre os erros ocorridos na execução do projeto de Brunelleschi.

[75] Na realidade, a Abadia de Fiesole foi iniciada pelo menos dez anos depois da morte de Brunelleschi.

[76] Em 14 de agosto de 1436 apresenta o modelo da fortaleza, e em 22 de março de 1439 é enviado a Vico Pisano para uma perícia relativa à construção de um muro na Porta del Soccorso; em 29 de março apresenta o laudo. As fortificações ainda são visíveis.

[77] Também segundo Manetti, o Livro de Antonio Billi e o Anônimo Maghabechiano, Brunelleschi trabalhou para Pisa. Em 1415 estava trabalhando em Ponte a Mare (talvez em sua consolidação), que foi destruído por uma cheia no fim do século passado. Talvez tenha voltado a Pisa já em 1425, mas o certo é que lá estava em 1426, trabalhando para os agentes do mar; em 1435 e depois trabalhou no Bastião da

com duas torres. Fez também o modelo da fortaleza do porto de Pesaro[78]. Voltando a Milão, desenhou muitas coisas para o duque, bem como engenhos para a Catedral da referida cidade[79] e para seus mestres.

Naquela época tinha sido iniciada a igreja de Santo Lorenzo de Florença por encomenda dos cidadãos do povo, que para grão-mestre daquela obra haviam nomeado o prior, considerado pessoa entendida, que dava mostras de dominar o assunto e dedicava-se à arquitetura por passatempo. A construção já estava com pilares de tijolos erguidos e não muita coisa mais. Giovanni di Bicci de' Medici, que gozava então de muita reputação, prometera aos cidadãos do povo e ao prior que mandaria fazer às suas expensas a sacristia e uma capela; sendo pessoa de engenho e tendo visto tantas belas iniciativas de Filippo, convidou-o certa manhã para comer e, depois de muita conversa, perguntou-lhe a opinião sobre as obras iniciadas na igreja de Santo Lorenzo. Filippo, diante da insistência de Giovanni, foi obrigado a dizer o que pensava; e, falando a verdade, criticou-as em muitas coisas, dizendo que haviam sido empreendidas por pessoa que talvez tivesse mais letras do que experiência em construção, e coisas do gênero. Giovanni então perguntou a Filippo se ele poderia fazer algo melhor, com mais beleza, e ele disse: "Sem dúvida, e muito me admira que vós, sendo o chefe, não tenhais feito editais para levantar alguns milhares de escudos, a fim de se construir um corpo de igreja com as partes convenientes e lugar para tantas nobres sepulturas, pois, quando estas forem iniciadas, seguir-se-ão suas capelas, com tudo o que se possa imaginar; principalmente porque de nós não resta outra recordação, a não ser as muralhas que dão testemunho daquele que foi seu autor, durante centenas e milhares de anos." Animado com as palavras de Filippo, Giovanni decidiu fazer a sacristia e a capela-mor, com todo o corpo da igreja; contribuíram apenas sete famílias, justamente porque as outras não tinham como. Foram elas: Rondinelli, Ginori, dalla Stufa, Neroni, Ciai, Marignolli, Martelli e Marco di Luca; tais capelas deveriam ser feitas no cruzeiro. A sacristia foi a primeira obra iniciada, e depois a igreja foi sendo construída aos poucos[80]. E, como a igreja era longa, começou-se a pensar nas outras capelas para os cidadãos do povo, e constantemente algumas pessoas, tanto da cidade como de fora, iam lá ver o içamento das colunas e a chegada das pedras, o que causava muito transtorno e aborrecimento para os mestres que ali trabalhavam. Antes do término da cobertura da sacristia, Giovanni de' Medici faleceu[81] e em seu lugar ficou seu filho Cosimo. Este era mais animado que o pai e amante de memórias. Foi essa a primeira construção a que se dedicou, e gostou tanto, que daí por diante nunca deixou de construir, até morrer. Cosimo animava mais os trabalhos, e, enquanto uma coisa era iniciada, outra já estava sendo acabada. E, considerando-a um passatempo, estava sempre na obra. Graças

---

Porta al Palascio, que ainda se conserva, "o primeiro tipo de bastião com cortina fortificada" (Sanpaolesi); em 1440 trabalhava na Cidadela.

[78] Brunelleschi estava em Rimini em 1438, mas nada se sabe sobre esse modelo, mencionado também pelo Livro de Antonio Billi e pelo Anônimo Magliabechiano.

[79] Cf. acima, nota 74. Manetti também alude a trabalhos de Brunelleschi para a Catedral de Milão.

[80] Em 1418 já devia estar pronto o projeto da igreja de San Lorenzo, cuja sacristia antiga constituía a capela gentílica. Esta foi terminada em 1428, data indicada no coroamento da lanterna. Os trabalhos em San Lorenzo demoraram: quando Brunelleschi morreu, segundo Manetti, ainda não "havia sido entregue a cruz da igreja nem levantada a Tribuna do meio". Essa obra também é mencionada por Albertini, pelo Livro de Antonio Billi e pelo Anônimo Magliabechiano.

[81] Giovanni d'Averardo, conhecido como Bicci de' Medici, morreu em 1428.

ao seu entusiasmo, Filippo fez a sacristia, e Donato fez os estuques, bem como o ornamento de pedra daquelas portinholas e os portões de bronze[82]. Giovanni e os outros tinham decidido fazer o coro no meio, debaixo da tribuna; Cosimo mudou a sua localização com a concordância de Filippo, que aumentou muito a capela-mor, que antes estava prevista como um nicho menor, para poder fazer o coro tal como se vê hoje; terminada a capela-mor, faltava fazer a tribuna do meio e o restante da igreja. Suas abóbadas só foram feitas depois da morte de Filippo. Essa igreja tem 144 braços de comprimento, e nela houve muitos erros, entre os quais o das colunas postas no plano do chão, sem a colocação de um dado sob elas, com a altura do plano das bases dos pilares postos sobre as escadas; assim, quem vê o pilar mais curto que a coluna tem a impressão de que toda a obra está claudicando. A causa disso foram os conselhos das pessoas que lhe sucederam[83], pois elas invejavam sua reputação e, enquanto ele vivia, haviam feito modelos contrários aos seus, não se envergonhando deles nem mesmo depois dos sonetos que ele fizera; depois que ele morreu, vingaram-se desse modo não só nessa obra, mas em todas as que ficaram e das quais foram incumbidas. Filippo deixou o modelo e parte da residência paroquial de Santo Lorenzo já terminada; ali fez um claustro de 144 braços de comprimento[84].

Enquanto os trabalhos dessa obra seguiam, Cosimo de' Medici quis construir seu palácio e falou de suas intenções a Filippo; este, deixando de lado qualquer outra preocupação, fez-lhe um grande e belo modelo para o palácio, que ele desejava situar defronte à igreja de Santo Lorenzo, na praça, isolado ao redor. Filippo dera asas à imaginação, e Cosimo, achando que a construção era suntuosa e grande demais, deixou de executá-la, mais para fugir à inveja do que às despesas. Enquanto trabalhava no modelo, Filippo costumava dizer que agradecia à sorte aquela oportunidade, pois deveria fazer a casa que sempre desejara durante muitos anos e encontrara a pessoa que a queria e podia fazer. Mas, ao saber depois da resolução de Cosimo de não executar a obra, indignado rasgou o desenho em mil pedaços[85]. Mas bem que Cosimo se arrependeu de não ter executado o desenho de Filippo, depois de pôr em prática aquele outro[86]. Segundo consta, Cosimo costumava dizer que nunca tinha falado com ninguém mais inteligente e destemido do que Filippo.

Este também fez o modelo para uma igreja muito extravagante, que fica próxima à igreja delli Agnoli; não foi terminada, ficou pela metade; era um edifício de oito faces[87]; sua planta e as especificações de acabamento estão em poder dos referidos frades. Foi iniciada por ordem de Messer Matteo Scolari e de outros nobres daquela casa, em memória das virtudes e dos feitos de Filippo Spano degli Scolari, que impôs fragorosa derrota aos turcos. Planejou um palácio para Messer Luca Pitti, fora das portas,

---

[82] Cf. Vida de Donatello, pp. 261-2.

[83] Manetti já relatava as infelizes alterações do continuador da obra de Brunelleschi.

[84] Segundo Albertini, 104 braços. Os claustros foram iniciados em 1457, onze anos depois da morte de Brunelleschi.

[85] O Livro de Antonio Billi e o Anônimo Magliabechiano também mencionam esse desenho, que para Sanpaolesi deveria ser relacionado com o Palácio Pitti.

[86] Ou seja, o Palácio Medici-Riccardi, de Michelozzo (cf. sua Vida na p. 267).

[87] A "Rotunda de Brunelleschi" (ou "Templo dos Anjos") foi iniciada em 1434 no jardim do convento camaldulense de Santa Maria degli Angeli, mas, como o legado de Pippo Spano foi dilapidado, os trabalhos foram interrompidos quando os capitéis ainda não haviam sido postos sobre os pilares (Manetti). A obra completa é moderna. Mencionada também pelo Livro de Antonio Billi e pelo Anônimo Magliabechiano.

em São Nicolau de Florença, no lugar chamado Ruciano[88]; na cidade, deu início a um altíssimo e grande palácio, que chegou até as janelas do segundo andar[89]; era tão extraordinário, que nunca se viu obra toscana mais rara e magnífica. Suas portas são duplas, com dezesseis braços de altura e oito de largura; as primeiras e as segundas janelas têm a altura e a largura das portas. Há abóbadas duplas, coisa cheia de artifício e engenho; impossível imaginar coisa melhor em arquitetura, em vista de sua magnificência.

Consta que as máquinas para a representação do Paraíso de Santo Felice, na praça da referida cidade, foram inventadas por ele; coisa muito engenhosa, um céu a mover-se cheio de figuras vivas, com contrapesos de ferro a girar e a movimentar-se, com luzes cobertas que, sendo descobertas, se acendem: coisas que valeram muitos louvores a Filippo. Sua fama crescera tanto, que de longe lhe chegavam encomendas de desenhos e modelos para construções; desse modo, granjeava grandes amizades e muitos recursos. Entre outros, o marquês de Mântua, que escreveu à Senhoria de Florença solicitando insistentemente seus serviços; e assim foi enviado àquele príncipe, para quem desenhou as barragens do rio Pó em MCDXLVI[90]. Foi bastante lisonjeado e reconhecido por aquele príncipe, que muito louvou seu valor, dizendo que Florença era tão digna de ter Filippo por cidadão quanto ele era digno de ter cidade tão bela e nobre por pátria. Doutra feita, em Pisa, o conde Francesco Sforza e Niccolò da Pisa[91], vencidos por suas fortificações, elogiaram-no em sua presença, dizendo que o Estado que tivesse homem semelhante estaria seguro sem armas. Ele, devolvendo o elogio, prestou todas as homenagens às armas por eles, e à sua república por eles e por si. Fez muitos outros desenhos, sobretudo para a defesa contra inimigos, na guerra entre Florença e Lucca; e em Florença fez o desenho da casa dos Barbadori, ao lado da torre dos Rossi em Borgo Santo Iacopo, que não foi executado[92]; tal como o da casa dos Giuntini na praça Ogni Santi às margens do Arno. Os dirigentes do Partido Guelfo de Florença decidiram fazer um edifício no qual houvesse uma sala e um salão de audiências; recorreram a Francesco della Luna, e o referido edifício foi começado; quando os mestres já tinham chegado a dez braços de altura, como fossem muitos os erros, Filippo assumiu a obra, dando-lhe a forma e a magnificência que hoje se vê, com salão de au-

---

[88] A *villa* Pitti em Rusciano, onde Brunelleschi provavelmente reelaborou um edifício anterior, foi reformada no século passado.

[89] Somente o Anônimo Magliabechiano atribui o modelo do Palácio Pitti a Brunelleschi. Os poucos documentos relativos pareceriam excluir a possibilidade de que a construção tivesse sido iniciada antes de 1458; por outro lado, parece difícil que tenham sido suficientes dez anos um pouco mais (o palácio já estava terminado em 1470) para construir algo tão grande; por isso, não se pode excluir a possibilidade de que o edifício tenha sido iniciado quando Brunelleschi ainda estava vivo (Sanpaolesi). O palácio brunelleschiano constitui a parte central do atual Palácio Pitti, compreendendo três andares na largura de sete janelas. Foi ampliado por Bartolomeo Ammannati após 1550 e, depois disso, por vários outros. Sobre o Palácio Pitti, sua construção e as subsequentes ampliações, cf. F. Morandini, "Palazzo Pitti e la sua costruzione e i successivi ingrandimenti", em *Commentari*, XVI (1965), pp. 35-46; P. Sanpaolesi, "Il Palazzo Pitti e gli architetti fiorentini della discendenza brunelleschiana", em *Festschrift U. Middeldorf*, Berlim, 1968, pp. 124 ss.

[90] Em 1432 Brunelleschi teve permissão para ficar nas cortes de Ferrara e de Mântua durante quarenta e cinco dias; esteve de novo em Mântua durante vinte dias em abril de 1436. Mas não se sabe que lá tenha estado também em 1446 (Milanesi).

[91] Niccolò, da família pisana dos Gambacorta.

[92] Também segundo Manetti, a casa dos Barbadori foi encomendada a Bruneleschi; mas "ficou atrasada porque quem dava dinheiro falhou com seus credores e também consigo".

248

diências, corredor e sala[93]. Para suas muralhas, precisou competir com Francesco, chamado de Favorito por alguns amigos; a verdade é que sempre foi obrigado a competir; e os outros lhe faziam guerra com seus próprios desenhos, a tal ponto que no fim, sem esperanças, acabou por não mostrar nada. Mas levantava as paredes esparsamente, um pedaço aqui e outro acolá, deixando dentilhões, para confundir os outros e evitar problemas.

Na quaresma, na igreja de Santo Spirito de Florença, Francesco Zoppo, então bastante grato àquele povo, recomendou muito a construção do convento, da escola dos jovens e, particularmente, da igreja que se incendiara fazia pouco tempo; Lorenzo Ridolfi, Bartolomeo Corbinelli, Neri di Gino Capponi e Goro di Stagio Dati, dirigentes daquele distrito, e outros cidadãos, obtiveram da Senhoria licença para encomendar a construção, incumbindo Stoldo Frescobardi de administrá-la. Este, pelo interesse que tinha na igreja velha, pois a capela e o altar-mor eram de sua família, empenhou-se com grande afinco. E já de início, antes mesmo da arrecadação dos fundos, pois eram taxados os donos de sepulturas e capelas, ele desembolsou muitos milhares de escudos, que depois lhe foram reembolsados. Reunido o conselho, decidiu-se chamar Filippo, para que ele fizesse um modelo[94] com todas aquelas belas, úteis e honrosas dependências convenientes a um templo cristão; e ele se esforçou muito para convencê-los de que a planta deveria ser invertida, pois ele desejava muito que a praça da igreja chegasse até as margens do Arno, para que todos os que por lá passassem, vindos das regiões de Gênova, Rivera, Luni, Pisa e Lucca, vissem a magnificência da construção. Mas alguns, defendendo os interesses de suas casas, quiseram que ela ficasse voltada para o lado oposto. E assim ele fez o modelo da moradia dos frades, que, tal como o da igreja, foi considerado admirável. Planejou-a com o comprimento de 161 braços; na ordem das colunas, não há obra mais rica, formosa e airosa que essa, e, na verdade, não fosse a maldição daqueles que, dando a impressão de entender mais que os outros, terminam mal as coisas iniciadas pelos já falecidos e estragam o que foi bem começado, hoje esse seria o mais perfeito templo dos cristãos, assim como durante tanto tempo foi o mais gracioso e bem dividido entre outros; isso apesar de o modelo não ter sido observado, como se vê em alguns princípios adotados nas portas e nos caixilhos das janelas, que no exterior não acompanharam o que havia no interior, embora o modelo indicasse que tudo o que fosse feito dentro deveria ser feito de maneira análoga fora. Omitirei aqui alguns erros atribuídos a ele; acredita-se que ele, caso tivesse continuado a construção, não os teria permitido, visto ter feito tudo sempre com tino, discrição, engenho e arte. Também por essa obra ele foi considerado um engenho realmente divino, que mereceu ser amado por quem o conheceu e admirado por todos quantos contemplem suas belíssimas obras.

Era espirituoso no falar e arguto nas respostas, como quando quis espicaçar Lorenzo Ghiberti, que comprara uma propriedade rural em Monte Morello, chamada

---

[93] O palácio do Partido Guelfo, também mencionado por Manetti, foi iniciado em 1418, continuado em 1422, confiado a Brunelleschi a partir de 1425. Os trabalhos ficaram suspensos de 1438 a 1442, parando definitivamente em 1461. Foi restaurado no início do século XX.

[94] Brunelleschi recebeu essa incumbência em 1436 e preparou o modelo de madeira. A igreja foi iniciada em 1444, com a mesma orientação da anterior, e não segundo o conselho de Brunelleschi. Quando o artista morreu, para ali tinham sido levadas as colunas e deviam ter sido construídas as capelas perimetrais e talvez algumas abóbadas de vela da nave central. Os trabalhos foram acelerados quando a igreja anterior pegou fogo em 1470. Na construção, as intenções de Brunelleschi foram deturpadas e modificadas; por exemplo, as paredes perimetrais externas deveriam acompanhar a curvatura das capelas, e não ser retilíneas.

Lepriano, que lhe dava mais gastos do que rendimentos, motivo pelo qual a vendeu. Quando lhe perguntaram o que Lorenzo faria de melhor, acreditando-se talvez que, por inimizade, ele o incriminaria, Filippo respondeu: "Vender Lepriano." Quando já se tornara muito velho, ou seja, com LXIX anos, no dia 16 de abril de MCDXLVI, esse nobre espírito partiu desta vida[95]; pelo muito que trabalhou como que para deixar grande memória, mereceu nome honroso neste mundo, e é de acreditar que no céu lhe tenha sido designado um lugar sereno. Foi grande o pesar de sua pátria, que o reconheceu e valorizou muito mais depois de morto do que em vida; foi sepultado com honras em Santa Maria del Fiore, ainda que sua sepultura fosse em San Marco, sob o púlpito, do lado da porta, onde há um brasão com duas folhas de figo e ondas verdes em campo de ouro, uma vez que sua família era de Ferrarese, Ficaruolo, castelo às margens do Pó: as folhas representam o nome do castelo, e as ondas, o rio. Foi muito pranteado por seus amigos artistas, sobretudo os mais pobres, que ele sempre beneficiou. E, vivendo como cristão, deixou no mundo odores de sua bondade e das suas grandes virtudes. Acredito que se pode dizer que desde os antigos gregos e os romanos até agora não houve ninguém mais extraordinário e excelente do que ele; e maior é seu mérito porque, na sua época, o estilo alemão era venerado em toda a Itália e praticado pelos artistas velhos, como se vê em infinitos edifícios: San Petronio de Bolonha, Santa Maria del Fiore, em Florença, a igreja de Santa Croce e o Orto S. Michele, assim como no palácio e na colunata dos Senhores; a Cartuxa de Pavia, a Catedral de Siena e a de Pisa, além de muitos outros edifícios que não cabe mencionar. Pôs em uso as cornijas antigas e restabeleceu as primeiras formas das ordens toscana, coríntia, dórica e jônica. Teve um discípulo de Borgo a Buggiano, chamado Buggiano[96], que fez a fonte da sacristia de Santa Reparata[97], com alguns meninos lançando água; também esculpiu em mármore a cabeça do mestre copiada do natural, que depois de sua morte foi posta na igreja de Santa Maria del Fiore, na porta da direita de quem entra na igreja[98], onde ainda está o epitáfio abaixo[99], gravado pelo poder público para honrá-lo depois da morte, assim como em vida ele honrara sua pátria:

D(EVS) S(ANCTVS)
QVANTVM PHILIPPVS ARCHITECTVS ARTE DAEDALEA VALVERIT CVM HVIVS
CELEBERRIMI TEMPLI MIRA TESTVDO TVM PLVRES ALIAE DIVINO INGENIO AB EO
ADINVENTAE MACHINAE DOCVMENTO ELAS POSSVNT. QVAPROPTER OB EXIMIAS
SVI ANIMI DOTES SINGVLARESQVE VIRTVTES EIVS B(ONAE) M(EMORIAE) CORPVS
XV CALEND(AS) MAIAS ANO MCCCCXLVI HAC HVMO SVPPOSITA GRATA PATRIA
SEPELIRI IVSSIT*.

---

[95] De fato, Brunelleschi morreu na noite de 15 para 16 de abril de 1446.

[96] Andrea di Lazzaro Cavalcanti del Borgo a Buggiano, Valdinievole, nascido em 1412, foi adotado por Brunelleschi em 1417; morreu em Florença em 21 de fevereiro de 1462. Sobre Cavalcanti, cf., em particular, *Atti del convegno su Andrea Cavalcanti detto il Buggiano*, obra coletiva, Bolonha, 1980.

[97] Ainda no local, na sacristia de Santa Maria del Fiore, foi pago a Buggiano em 1440 por 80 florins. Mencionado também pelo Livro de Antonio Billi e pelo Anônimo Magliabechiano.

[98] Ainda no local, na nave direita, realizada em 1447; mencionado também pelo Livro de Antonio Billi e pelo Anônimo Magliabechiano.

[99] Esse epitáfio foi composto por Carlo Marsuppini (1398-1453) por encomenda da obra da Catedral.

* "Deus santo, / O grande significado do arquiteto Filippo na arte de Dédalo é demonstrado pela maravilhosa abóbada deste celebérrimo templo e pelas muitas construções criadas por esse divino

Outros, para honrá-lo ainda mais, acrescentaram estes outros dois:

PHILIPPO BRVNELLESCO ANTIQVE ARCHITECTVRAE INSTAVRATORI S(ENATVS)
P(OPVLVS) Q(VE) F(LORENTINVS) CIVI SVO BENEMERENTI POSVERVNT*.

PIPPO
TAL SOPRA SASSO, SASSO
DE GIRO IN GIRO ETERNAMENTE IO STRVSSI:
QUE COSÍ PASSO PASSO
ALTO GIRANDO A 'L CIEL MI RICONDVSSI**.

---

engenho. Além disso, por seus grandes dotes e pelas virtudes singulares de sua alma, sua pátria agrade-
cida ordenou que seu corpo fosse sepultado neste lugar em 17 de abril de 1446 para que seja recordado."
[N. da T.]

    * "Em memória de Filippo Brunelleschi, que restabeleceu a arquitetura antiga, o povo e o Senado
de Florença mandaram fazer este epitáfio para seu benemérito." [N. da T.]

    ** "Pippo, / Assim como, pedra sobre pedra, / De giro em giro eternamente me consumi / Passo a
passo / Girando aos céus eu subi." [N. da T.]

Donato (Donatello),
escultor florentino

Os escultores que chamamos de velhos, mas não antigos, assustados com as muitas dificuldade da arte, faziam suas figuras tão desprovidas de competência e beleza, que, fossem elas de metal ou de mármore, eram sempre toscas, assim como eram toscos os engenhos e os espíritos estúpidos e grosseiros. A origem disso era que eles se retratavam, expressando-se e refletindo-se em tudo o que faziam. E assim as suas pobres obras eram totalmente desprovidas da perfeição do desenho e de vivacidade, pois é impossível que alguém possa dar o que não tem. Por isso, a natureza, indignada com razão, por se ver como que escarnecida pelas estranhas figuras que eles deixavam no mundo, decidiu trazer à vida pessoas que em seu trabalho conferissem ótima forma, graça e proporção aos maltratados bronzes e aos pobres mármores que ela, como mãe benigna, amava e prezava como coisas por ela produzidas com demorado esforço e grande cuidado. Dessa forma, para melhor cumprir sua vontade e deliberação, dotou Donato de maravilhosos dotes de nascença; e como que pessoalmente o enviou cheio de bondade, tino e amor a este mundo dos mortais. Pois ele, considerando dignos todos os que trabalhassem ou que com prazer se empenhassem no trabalho alheio, permitiu que de seu labor gozassem não só os amigos, mas até mesmo quem não o conhecesse. E não reinou a tirania nas virtudes que o céu lhe deu, pois ele não se encerrava nos recessos para trabalhar e, assim, evitar que tudo o que estivesse fazendo de belo fosse visto pelos outros; ao contrário, sempre fez tudo abertamente, para que todos pudessem ver. Foi tão agradável, amável e honesto em todas as suas ações, que, se hoje o apreciamos e veneramos depois de morto, muito mais o adoraríamos em vida. Porque, assim como os artistas modernos, em sua maioria, são cheios de inveja e soberba misturada à vã ambição insolente, Donato era benigno, cortês, humilde e sem presunção; e enquanto estes prejudicam o próximo, ele sempre se esforçava por favorecê-lo, louvando com modéstia e judicioso respeito aquilo que os artistas faziam. Felizes os dias e bem-aventurados os séculos que contaram com tanta virtude e bondade, quando os bons artistas eram pais, amigos, mestres e companheiros de quem quisesse aprender! Diziam, ou seja, mostravam os erros a quem trabalhasse, porém com brandura e quando os erros ainda podiam ser corrigidos; mas, se não coubesse correção, não divulgavam a vergonha alheia. Comportavam-se como irmãos, com afeição caridosa, e em todas as circunstâncias favoreciam-se mutuamente. Por isso o céu, naquele século cheio de bondade, houve por bem mandar Donato trabalhar na terra, para que, conhecendo os bons artistas, também conhecesse homens desejosos de vê-lo trabalhar. Donato nasceu no ano de MCCCLXXXIII na cidade de Florença[1], tendo sido chamado de Donatello por seus concidadãos e pelos artistas da época, nome com que subscreveu muitas obras. Foi escultor extraordinário e maravilhoso estatuário, exímio nos estuques, perfeito na perspectiva e estimado na arquitetura também. Mas naquilo que fez mostrou graça, qualidade de desenho e execução; e, observando os remanescentes da antiga maneira dos excelentes gregos e romanos, mostrou-se tão semelhante a estes, que sem dúvida é admirado como um dos maiores engenhos, um dos que mais se empenhou nas verdadeiras dificuldades, entre aqueles que as resolveram com perfeição, como se vê em todas as suas obras. Por isso, é considerado um dos primeiros que fizeram bom uso da invenção das cenas em baixos-relevos, nos quais à perfeita facilidade e maestria ele aliava inteligência e beleza fora do comum. Porque não só não foi superado por nenhum artista do seu tempo, como também ainda hoje não há quem se lhe equipare. Na infância foi criado em casa de Ruberto Martelli[2] e, por suas boas qualidades, pelo empenho e pelas virtudes que tinha, não só mereceu ser amado por ele, como também se tornou o favorito de toda a parentela. Durante a juventude fez muitas coisas que, por abundantes, não são tidas em grande conta. Mas o que lhe deu grande nome e o tornou conhecido foi uma Anunciação de *macigno* que está na igreja de Santa Croce de Florença, no altar da capela dos Cavalcanti[3], obra na qual fez um ornamento de composição à grotesca, com pedestal diversificado e acabamento de um quarto de relevo, com seis *putti* que, segurando festões, fingem ter medo da altura e, por isso, abraçam-se para segurar-se. Muito mais engenho e arte mostrou na figura da Virgem, que, amedrontada com a repentina aparição do Anjo, move o corpo com timidez, mas com suavidade, como que a fugir, ao mesmo tempo que, com graça e modéstia, dá atenção a quem a saúda. Dessa maneira, percebe-se no seu rosto humildade e gratidão suprema, pois tanto mais se deve a quem dá algo inesperadamente quanto maior for a dádiva. Além disso, no panejamento de Nossa Senhora e do Anjo, muito bem desenhados e

---

[1] Donato di Niccolò di Bardi, conhecido como Donatello, nasceu em Florença por volta de 1386 (essa data é calculada com base em declarações sobre a idade, constantes em registros do Cadastro, que nem sempre são concordantes). Em 1403 é mencionado como ajudante de Lorenzo Ghiberti; a partir de 1406 surgem os documentos relativos às estátuas para a Catedral de Florença; a partir de 1411, os documentos relativos às estátuas para Orsanmichele; é fundamental o *São Jorge* que, realizado por volta de 1417, já não tem simplesmente um cunho antigo, como as estátuas de Nanni di Banco, mas constitui a primeira figura "renascentista"; na predela, tem-se o primeiro céu "atmosférico" da arte italiana, céu percorrido por nuvens; tem-se também a primeira tentativa de sistematização perspéctica. Quase toda a produção de Donatello caracteriza-se pela expressividade, pelo "verismo", pela extrapolação dos motivos formais, por desenfreada mutabilidade e desesperada sensibilidade: sinais estes de uma visão profundamente anticlassicista que sugerirá as interpretações "românticas" do Renascimento, preparadas pelos artistas setentrionais que assistiram durante cerca de dez anos (1443-54) ao trabalho do escultor florentino em Pádua. Ainda hoje é ilimitada a nossa admiração por um artista que teve uma concepção de arte tão livre de rótulos e purismos, que usou pedaços de tecido para obter panejamento. Sobre Donatello, cf. H. Kauffmann, *Donatello*, Berlim, 1936; L. Planiscig, *Donatello*, Florença, 1947; H. W. Janson, *The Sculpture of Donatello*, Princeton, 1957 e 1963; L. Grassi, *Tutta la scultura di Donatello*, Milão, 1958 e 1963; G. Castelfranco, *Donatello*, Milão, 1963; B. A. Bennet e D. G. Wilkins, *Donatello*, Oxford, 1984. Sobre a formação de Donatello: A. Rosenauer, *Studien zum frühen Donatello*, Viena, 1974; L. Bellosi, *Ipotesi sull'origine delle terracotte quattrocentesche*, obra coletiva; *Jacopo della Quercia fra Gotico*, cit., pp. 180-8.

[2] Roberto Martelli (1408-69 aproximadamente) foi membro influente do partido dos Medici.

[3] Ainda na localização original, é mencionada também por Albertini, pelo Livro de Antonio Billi e pelo Anônimo Magliabechiano. O relevo é de *macigno*, enquanto os seis *putti* do alto são de terracota. Costuma ser datada dos anos 30; Janson aventa 1428-30 para o relevo, 1430-32 para o tabernáculo e depois de 1433 para os *putti*. Decerto a colaboração de Michelozzo não foi tão determinante como acredita V. Martinelli, "Donatello e Michelozzo a Roma", em *Commentari*, VIII (1957), pp. 167-94.

magistralmente pregueados, Donato demonstrou buscar a carnação das figuras como quem procurasse descobrir a beleza dos antigos, que ficara escondida durante tantos anos. E mostrou tanta facilidade e maestria nessa obra, que, ao vê-la, não menos admirados ficamos com o pouco tempo empregado na sua execução do que com o conhecimento da arte e da ciência que é preciso ter para saber fazê-la. Na mesma igreja, sob o *tramezzo*, ao lado da cena de Taddeo Gaddi, fez um Crucifixo de madeira[4] no qual trabalhou com extraordinário afinco. E, parecendo-lhe ter feito uma obra digna de apreço, chamou para vê-la, em primeiro lugar, Filippo di Ser Brunellesco, íntimo amigo seu. E, a caminho de casa em sua companhia, Donato começou a falar das dificuldades enfrentadas por todos aqueles que fazem alguma obra digna de louvor e do número daqueles que fogem ao trabalho. Quando entraram em casa, Filippo viu a obra de Donato e, como esperasse coisa melhor, calou-se e sorriu um pouco. Diante disso, Donato rogou-lhe que, em nome da amizade, dissesse qual era sua opinião, pois, como estavam sós, ele podia falar abertamente. Então Filippo, que era liberalíssimo, não poupou comentários e disse-lhe que, na sua opinião, Donato tinha posto na cruz um camponês, e não o corpo de Cristo, que era de compleição delicadíssima e aspecto gentil. Donato, acreditando que ouviria coisas bem diferentes, sentiu-se mais ofendido do que imaginava e respondeu: "Se fazer fosse tão fácil quanto julgar, meu Cristo te pareceria Cristo, e não um camponês; por isso, pega madeira e tenta fazê-lo tu." Filippo calou-se e, nada mais dizendo a Donato, voltou para casa e decidiu fazer um Cristo de madeira com as mesmas medidas do Cristo de Donato; e, sem dizê-lo a ninguém, nessa tarefa levou muitos meses, procurando superar Donato, para que o julgamento que fizera pudesse continuar íntegro e perfeito. Terminado o trabalho, Filippo foi ter com Donato e, como que por acaso, convidou-o para almoçar, como tantas vezes tinham feito. Passando por Mercato Vecchio, Filippo comprou queijo, ovos e frutas e, dando a chave de sua casa a Donato, disse-lhe que para lá levasse tais coisas; nesse ínterim, fingindo deter-se para comprar pão, demorou tempo suficiente para que Donato chegasse ao destino. Este, chegando à casa de Brunelleschi, abriu a porta e, ao entrar, viu o Crucifixo de Filippo em lugar bem iluminado. A obra era de tamanha perfeição e estava tão maravilhosamente acabada, que ele, tomado de estupor e assombro, sentiu-se totalmente vencido, e eram tamanhas a delicadeza da arte e a qualidade da obra, que suas mãos soltaram o avental cheio de frutas, ovos e queijo, e tudo caiu, perdendo-se. Filippo chegou e, encontrando-o imóvel, imaginou que o espanto, assim como lhe abrira as mãos, deveria também ter-lhe aberto o coração e a alma. Então, disse-lhe rindo: "Que fazes, estragando e derrubando o que temos para comer?" Donato respondeu: "Já tive minha parte esta manhã, o que esperas para recolher a tua? Reconheço e admito que, de fato, a ti é dado fazer Cristos, a mim, camponeses."

---

[4] Também mencionado por Albertini, pelo Livro de Antonio Billi e pelo Anônimo Magliabechiano, costuma ser identificado como o crucifixo conservado na capela, na parte inicial do transepto esquerdo. A datação é bastante discutida; alguns (A. Venturi) o situam entre as primeiríssimas obras, e outros (Grassi), já nos anos 20; em geral, porém, considera-se que foi feito entre 1410 e 1420. J. Lányi ("Zur Pragmatik der florentiner Quattrocento Plastik", em *Kritische Berichte zur kunstgeschichtlichen Literatur*, Leipzig, 1936) põe em dúvida a autoria donatelliana, atribuindo-o a Nanni di Banco, enquanto A. Parronchi ("Il Crocifisso del Bosco", em *Scritti in onore di Mario Salmi*, II, Roma, 1962, pp. 233-62; e em *Studi su la "dolce" prospettiva*, cit.) propõe identificar o *Crucifixo* citado por Vasari como o que se encontra na igreja del Bosco, dos Frades de São Pedro em Sieve.

Na igreja de San Giovanni de Florença ele fez a sepultura do papa João Coscia, destituído pelo Concílio de Constança[5]; essa sepultura foi encomendada por Cosimo de' Medici, amicíssimo do referido Coscia. Nela Donato fez de bronze a estátua do morto e de mármore a Esperança e a Caridade; Michelozzo, seu discípulo, fez a Fé. Na mesma igreja, em frente a essa obra, também de Donato é uma Santa Maria Madalena de madeira, penitenciando-se[6]; é muito bonita e bem feita. Em Mercato Vecchio, sobre uma coluna de granito, há uma Abundância de *macigno*, isolada[7], obra muitíssimo louvada por todos os artistas. Ainda jovem, na fachada de Santa Maria del Fiore, fez um profeta Daniel de mármore[8]; também de mármore fez uma estátua de quatro braços de altura, de São João Evangelista[9] sentado, que foi muito louvada; seus trajes são simples. Naquele mesmo lugar, a um canto, na face voltada para a via del Cocomero, há um velho entre duas colunas[10], que é sua obra mais semelhante à maneira antiga; em sua fronte percebem-se os pensamentos de uma velhice atormentada pelo tempo e pelo cansaço. Dentro da igreja fez o ornamento da sacristia antiga, acima do órgão[11], com figuras em bossagem que, do chão, dão a impressão de ter vida e movimento; por isso se pode dizer que ele trabalhava tanto com a mente quanto com as mãos.

---

[5] Baldassare Cossa, papa com o nome de João XXIII a partir de 1410, concordou em depor a tiara em 1415 acatando disposição do Concílio de Constança; morreu em Florença em dezembro de 1419. Seu sepulcro foi construído de acordo com suas disposições testamentárias. Provavelmente foi iniciado no começo de 1425 e terminado em 1428 (no verão de 1427 as obras ainda estavam em andamento). Os documentos comprovam a participação de Michelozzo e de Pagno di Lapo Portigiani, além da de Donatello. Todos são concordes em atribuir a Donatello a figura jacente de bronze. Quanto à participação atribuível aos outros dois artistas, as opiniões são discordantes. A obra é mencionada por Albertini, pelo Livro de Antonio Billi e pelo Anônimo Magliabechiano. Sobre a colaboração de Donatello com Michelozzo, é fundamental R. W. Lightbown, *Donatello and Michelozzo, an Artistic Partnership and its Patrons in Early Renaissance*, 2 vol., Londres, 1980.

[6] Mencionada também por Albertini, pelo Livro de Antonio Billi e pelo Anônimo Magliabechiano. Foi executada depois que Donatello voltou de Pádua (1454), provavelmente em 1455. Foi devolvida à igreja de San Giovanni em 1735 e danificada pela enchente de 4 de novembro de 1966. A restauração subsequente recuperou parte do cromatismo original (cf. *Firenze restaura, il laboratorio nel suo quarantennio*, guia da exposição, org. U. Baldini e P. Dal Poggetto, Florença, 1972, pp. 63-4).

[7] Também mencionada por Albertini, pelo Livro de Antonio Billi e pelo Anônimo Magliabechiano, quebrou-se numa queda e foi substituída por outra de Foggini em 1721.

[8] Também mencionado pelo livro de Antonio Billi; Lányi ("Il profeta Isaia di Nanni di Banco", em *Rivista d'Arte*, XVIII [1936], pp. 137-81) acredita tratar-se do *Isaías* de Nanni di Banco.

[9] Hoje no Museu da Obra da Catedral, é mencionado também por Albertini, pelo livro de Antonio Billi ("Na fachada de Santa Maria del Fiore [...] no tabernáculo ao lado da porta do meio") e pelo Anônimo Magliabechiano. Foi encomendado em 1408, e os pagamentos relativos vão de 12 de agosto de 1412 a 3 de junho de 1415; foi instalado na fachada em 8 de setembro de 1415. Cf. também Vida de Nanni di Banco, pp. 188-9 e nota 5. Cf. L. Becherucci, em *Il museo dell'Opera del Duomo a Firenze*, Milão, 1970, pp. 262-4.

[10] Trata-se provavelmente do chamado "Poggio Bracciolini", ou seja, o *Josué* que agora está na Catedral, atribuído a Donatello também por Albertini. Foi encomendado a Bernardo di Piero Ciuffagni em outubro de 1415 (pagamentos até 11 de março de 1416); ficou inacabado, e o acabamento foi confiado a Donatello em 29 de abril de 1418 e a Nanni di Bartolo, vulgo *il Rosso*, em 30 de abril de 1420. Em 26 de abril de 1421, data do último pagamento, a estátua já estava acabada. Deve ser atribuída substancialmente a Nanni di Bartolo (Janson).

[11] Trata-se do famoso coro, desmontado em 1688 e agora no Museu da Obra da Catedral; mencionado também por Manetti, pelo Livro de Antonio Billi, por Albertini e pelo Anônimo Magliabechiano. O contrato para a obra foi firmado em 14 de novembro de 1433, depois da viagem de Donatello a Roma (1430-33); em 30 de outubro de 1438 estava quase pronta. Cf. Becherucci, em *Il museo dell'Opera*, cit., pp. 280-2.

Na sacristia nova, realizou o desenho daqueles meninos a segurarem os festões que rodeiam o friso[12]. E costuma-se dizer que o desenho das figuras que seriam feitas de vidro no óculo que fica sob a cúpula, onde está a Coroação de Nossa Senhora[13], tem em si maior força que os outros desenhos feitos por diversos mestres. Em San Michele in Orto, na referida cidade, fez de mármore para o Mester dos Magarefes uma estátua de São Pedro[14], figura com sabedoria e arte admirável; e para o Mester dos Linheiros fez o São Marcos Evangelista[15], obra iniciada com Filippo Brunelleschi, que deixou a seu cargo o acabamento. E ele trabalhou com muito tino e amor. Mas, como era de barro, coisa que os Cônsules daquele Mester não queriam, esteve para não ser feita. Então Donato pediu que deixassem tudo por conta dele, pois, trabalhando nela, mostraria outra figura, e não mais aquela. E foi o que fez, escondendo-a por quinze dias, até que, sem sequer a tocar, descobriu-a, causando muita admiração em todos, pois a obra era magnífica e foi muito louvada.

Fez para o Mester dos Couraceiros uma figura de São Jorge[16] com armadura, que é muito vivaz e soberba. Em suas feições percebe-se a beleza da juventude; nas armas, o brio e o valor; a figura é dotada de uma vivacidade e de uma altivez terríveis, que dão à pedra um movimento maravilhoso. Sem dúvida, nas figuras modernas não se vê a vivacidade e no mármore não se vê o espírito que a natureza e a arte operaram pelas mãos de Donato nessa obra. E no pedestal que se sustenta sobre o tabernáculo representou num baixo-relevo de mármore a cena em que ele matou a serpente, pondo entre tais coisas um cavalo muito apreciado e louvado. No frontispício fez um Deus Pai em médio-relevo e no oratório, em frente à igreja de San Michele, esculpiu em mármore o tabernáculo para o Mester dos Mercadores, segundo a antiga ordem chamada coríntia, fugindo à maneira alemã; nele seriam postas duas estátuas que ele não quis fazer porque não houve acerto em relação ao preço. Depois de sua morte, Andrea del Verrocchio[17] fez essas figuras de bronze. Na fachada diante do campanário da igreja

---

[12] Os *putti* de madeira segurando festões, acima dos armários da sacristia antiga (e não da nova), são obra de Giuliano da Maiano. Cf. explanações de M. Haines, *La Sacrestia delle Messe del Duomo di Firenze*, Florença, 1983.

[13] Em 14 de abril de 1434 foram apresentados um desenho de Ghiberti e um de Donatello para esse vitral. O de Donatello foi escolhido. O vitral foi executado por Domenico di Pietro da Pisa; foi montado em 1438 (Marchini, *Le vetrate*, cit., p. 40).

[14] Mencionado em *São Marcos* (cf. nota seguinte) como obra de Donatello por Manetti, por Albertini, pelo Livro de Antonio Billi e pelo Anônimo Magliabechiano; às vezes também é atribuído a Nanni di Banco; a crítica moderna o atribui a Donatello (Grassi) ou a Bernardo Ciuffagni (Lányi, Janson).

[15] Ainda no local, foi encomendado a Donatello em 3 de abril de 1411; a estátua e o tabernáculo ainda não estavam totalmente acabados em 29 de abril de 1413 (cf. também a nota anterior e a Vida de Brunelleschi, p. 281 e nota 19).

[16] A estátua hoje está no Museu Nacional de Bargello, tendo sido substituída por uma réplica de bronze; no local ainda estão o tabernáculo, com o *Eterno a abençoar*, e a predela, com *São Jorge matando o dragão*. Atribuído a Donatello também por Filarete, Manetti, Albertini, pelo Livro de Antonio Billi e pelo Anônimo Magliabechiano; é datável por volta de 1417.

[17] Vasari não sabe que o tabernáculo de Donatello, no qual está a *Incredulidade de São Tomé*, de Verrocchio, continha originalmente o *São Luís de Toulouse*, agora no Museu da Obra de Santa Croce, pelo qual Donatello recebeu um resto de pagamento em maio de 1423; foi instalado no fim de 1425. O tabernáculo pertencia então ao Partido Guelfo, mas quando a importância deste decaiu, o *São Luís* foi retirado, e o tabernáculo foi posto à venda (1459-60), passando para a Corporação dos Mercadores, que decidiu colocar ali uma *Incredulidade de São Tomé*, confiando sua execução a Verrocchio (cf. Vida de Verrocchio, p. 364 e nota 8). O tabernáculo é citado como de Donatello também por Albertini, pelo Livro de Antonio Billi e pelo Anônimo Magliabechiano.

de Santa Maria del Fiore, fez de mármore quatro figuras medindo cinco braços[18]; copiadas de modelo natural, no centro encontram-se o jovem Francesco Soderini e Giovanni di Barduccio Cherichini, hoje denominado Zuccone*. Sabendo que era a obra mais rara e bela que já fizera, Donato, quando queria jurar e fazer que todos lhe acreditassem, costumava dizer: "Juro pelo meu Zuccone"; enquanto trabalhava nele, olhava-o e dizia: "Fala, fala, raios te partam!" E pelos lados da residência paroquial, acima da porta do campanário, fez um Abraão prestes a sacrificar Isaque e fez também outro profeta; essas figuras foram postas entre duas outras estátuas[19]. Para a Senhoria daquela cidade ele fez de metal uma Judite cortando a cabeça de Holofernes[20], que foi colocada na praça, em um dos arcos da arcada; trata-se de obra de grande excelência e maestria, e quem considerar a simplicidade de seu exterior, presente na roupagem e no aspecto de Judite, descobrirá por dentro o ânimo forte daquela mulher e a ajuda de Deus, assim como, nos membros frios e pendentes de Holofernes, a ação do vinho, do sono e da morte. Nessa obra, a fundição foi feita com sutileza por Donato, que trabalhou com paciência e muito amor; seu acabamento foi tão bem feito, que causa admiração. Também a base de granito, feita com simplicidade, mostra-se graciosa e de aspecto agradável. E Donato gostou tanto dessa obra, que, mais do que as outras, ela lhe pareceu digna de ostentar seu nome. Por isso escreveu: *Donatelli opus*. De bronze, no pátio do palácio dos referidos Senhores, há um Davi nu de tamanho natural que, depois de arrancar a cabeça[21] de Golias, ergue o pé e o pousa sobre o gigante, empunhando uma espada com a mão direita. Nessa figura há tanta naturalidade, vivacidade e suavidade, que parece impossível aos artistas que ela não tenha sido copiada de mo-

---

[18] As estátuas do lado oeste do Campanário, hoje no Museu da Obra da Catedral, eram as seguintes (da esquerda para a direita): o chamado *São João Batista*, com o qual, segundo Lányi e Janson, deveria ser relacionado um pagamento de dezembro de 1420 a Nanni di Bartolo, chamado *il Rosso*, mas que costuma ser considerado obra de Donatello; o profeta *Abacuque*, chamado "lo Zuccone", assinado OPVS DONATELLI, última das estátuas do Campanário, provavelmente executada por volta de 1430; o profeta Jeremias, chamado "Francesco Soderini", provavelmente executado por volta de 1425, também assinado OPVS DONATELLI; o *Abdias*, assinado por Nanni di Bartolo. Deve-se notar que essas estátuas estavam originalmente no lado norte do Campanário (na direção da Catedral) e só num segundo momento foram transportadas para o lado ocidental; assim se explica por que algumas bases registram textos não pertinentes.

* Tradução literal: abóbora grande. Em sentido figurado, cabeçorra ou mesmo cabeçudo, turrão. [N. da T.]

[19] No lado oriental do Campanário havia as seguintes estátuas (hoje no Museu da Obra da Catedral): um *Profeta com cártula*, geralmente considerado obra de Donatello, com o qual deveria ser relacionada uma encomenda de 1415; um *Profeta* identificado por Lányi como o encomendado a Giuliano da Poggibonsi em 30 de dezembro de 1422; o *Abraão e Isaque* encomendado em 10 de março de 1421 a Donatello e a Nanni di Bartolo: seus pagamentos terminaram em 6 de novembro do mesmo ano; o *Profeta bárbaro*, em geral considerado obra de Donatello e, juntamente com o primeiro, relacionado com um documento de 5 de dezembro de 1415 em que se diz que Donatello "possit facere duas figuras marmoris albi [...] pro mictendo et aptando in campanili".

[20] Contém a assinatura OPVS DONATELLI FLO. Originalmente no Palácio Medici, essa obra talvez tenha sido encomendada por Cosimo e deve ser situada entre 1455 e 1460; foi fundida em onze pedaços separados, e o panejamento foi feito com o uso de um pano de verdade. O grupo de *Judite*, instalado ao longo da praça da Senhoria, foi recentemente transferido para o Palazzo Vecchio; cf. A. Conti, em *Palazzo Vecchio: committenza e collezionismo medicei*, catálogo da exposição, Florença, 1980, p. 404. Quanto ao significado político-religioso da obra, cf. A. Parronchi, *Donatello e il potere*, Florença, 1980, pp. 237 ss.

[21] Esse bronze famoso, hoje no Museu Nacional de Bargello, também estava no Palácio Medici. Comumente datado de 1430 ou pouco depois (Johnson, Grassi), foi considerado algumas vezes como obra mais tardia. É mencionado já por Albertini, pelo Livro de Antonio Billi e pelo Anônimo Magliabechiano. Veja-se um exame cuidadoso da fortuna crítica do *Davi* de B. Paolozzi Strozzi, em *Omaggio a Donatello 1386-1986*, obra coletiva, catálogo da exposição, Florença, 1986, pp. 195-9.

delo vivo. Essa estátua antigamente estava no pátio da casa Medici, mas, com o exílio de Cosimo, foi levada para esse lugar. Na sala onde fica o relógio de Lorenzo della Volpaia, do lado esquerdo, há um Davi de mármore a segurar entre os pés a cabeça de Golias; a atiradeira com que o abateu está em sua mão[22]. No primeiro pátio da casa Medici há oito medalhões de mármore nos quais estão retratados camafeus antigos, versos de medalhas e algumas cenas feitas por ele[23], que são muito belas; trata-se de uma obra incrustada no friso, entre as janelas e a arquitrave, acima dos arcos da arcada. Também dele é a restauração de um Mársias de mármore branco antigo, posto na porta do jardim; uma infinidade de cabeças antigas postas acima das portas, restauradas e ornamentadas por ele com asas e diamantes, encomenda de Cosimo, feita de estuque muito bem trabalhado. Fez de granito um belíssimo vaso por onde saía água; e no jardim dos Pazzi em Florença fez outro semelhante que também lança água. Nesse mesmo lugar há Nossas Senhoras de mármore e bronze em baixo-relevo, além de outras cenas de mármore, com figuras belíssimas em baixíssimo-relevo. E foi tanta a afeição que Cosimo nutriu por Donato, que continuamente lhe fazia encomendas; e este correspondia a tal ponto a essa afeição, que, por mínimos que fossem os sinais de Cosimo, Donato adivinhava o que ele queria e sempre lhe obedecia. Conta-se que um mercador genovês pediu a Donato que fizesse um busto de bronze que fosse vivo e belo como o natural; como precisava levá-lo para longe, pediu-lhe que o metal fosse fino; tal obra foi encomendada por meio de Cosimo. Terminado o busto, quando o mercador quis pagar, achou que Donato estava pedindo demais; por isso, apelou-se para a intermediação de Cosimo, que levou o busto para o pátio de cima da referida casa e o pôs entre as ameias que dão para a rua, de tal modo que pudesse ser mais visto. Quando Cosimo quis dirimir a pendência, percebeu que o mercador estava muito distante do preço cobrado por Donato e, voltando, disse a este que de fato era pouco. O mercador, achando demais, dizia que Donato trabalhara um mês e pouco, e que receberia mais de meio florim por dia. Donato então encolerizou-se, sentiu-se muito ofendido e disse ao mercador que em um centésimo de hora ele estragara a labuta e o valor de um ano; e, com um empurrão, derrubou o busto que, caindo na rua, despedaçou-se. E Donato dizia ao mercador que ele sabia lidar com feijões, mas não com estátuas. Este, arrependido, quis pagar-lhe o dobro, pedindo a Donato que consertasse a obra, mas este não quis refazê-la, por mais que o mercador e o próprio Cosimo o pedissem.

Em casa dos Martelli há várias cenas de mármore e bronze, entre as quais um Davi com três braços de altura[24]; também há muitas coisas suas, feitas em nome da gratidão e da afeição que tinha por tal família, obras que ele deu liberalmente; cabe citar em es-

---

[22] Hoje no Museu Nacional de Bargello, geralmente é considerado como destinado aos contrafortes da Catedral de Florença, ao lado do *Isaías* de Nanni di Banco. Foi encomendado em 20 de fevereiro de 1408 e já estava terminado em 13 de junho de 1409. Não tendo sido usado na destinação inicial, foi transferido para o Palazzo Vecchio em 1416, e na ocasião Donatello recebeu pagamento pelas modificações feitas na estátua. Mais recentemente surgiram dúvidas quanto à identificação do *Davi* encomendado em 1408: cf. M. Wundram, *Donatello e Nanni di Banco*, cit. e G. Brunetti, em *Il Museo dell'Opera*, cit., p. 266.

[23] Os oito medalhões do pátio do Palácio Medici-Riccardi hoje são considerados obra de ateliê e devem ser posteriores a 1465. Castelfranco acredita que tenham saído do ateliê de Michelozzo.

[24] Hoje na National Gallery of Art de Washington, inacabado. Sua atribuição a Donatello (Janson, Grassi) não é unânime; por exemplo, J. Pope-Hennessy, "The Martelli David", em *The Burlington Magazine*, CI (1959), pp. 134 ss., a rejeita em favor de Antonio Rossellino.

pecial um São João de mármore em vulto[25], com três braços de altura, coisa raríssima, que hoje está em casa dos herdeiros de Ruberto Martelli. Este, que a recebera de presente, impôs-lhe um fideicomisso, exigindo que ela não fosse empenhada, vendida ou doada, coisas que não seriam feitas impunemente; foi esse um testemunho da afeição que nutriam por Donato e do amor que este tinha por essa família, ato de reconhecimento das virtudes que ele aprendera graças à proteção e à acolhida que ela lhe havia dado. Em Nápoles Donato fez uma sepultura de mármore para um arcebispo; tal sepultura foi enviada de Florença por mar e posta na igreja de Santo Angelo di Seggio di Nilo[26]; nessa obra, três figuras sustentam o ataúde com a cabeça e, no corpo do ataúde, há uma cena em baixo-relevo de fatura tão maravilhosa que obteve infinitos louvores. No Castello de Prato fez o púlpito de mármore onde se vê o cíngulo[27]; em um de seus compartimentos há uma dança de meninos entalhada com tanta beleza e de forma tão admirável, que se pode dizer que nessa obra ele mostrou a mesma perfeição que mostrou nas outras. Para sustentá-la, fez dois capitéis de bronze, um dos quais ainda está lá; o outro está com os espanhóis, que saquearam[28] aquela terra e o levaram embora.

Naquela época, a Senhoria de Veneza, tomando conhecimento de sua fama, mandou chamá-lo, para que ele fizesse uma obra em memória de Gattamelata na cidade de Pádua; trata-se do cavalo de bronze que está na praça de Santo Antônio[29], obra na qual se percebem o ofegar e o frêmito do cavalo, bem como a energia e a altivez expressas pela arte na figura que o cavalga. Nela Donato se mostrou tão admirável nas dimen-

---

[25] Hoje no Museu Nacional de Bargello. É mencionado como obra de Donatello também pelo Livro de Antonio Billi e pelo Anônimo Magliabechiano, mas hoje se tende a dar crédito a Lányi, que o atribui a Desiderio da Settignano, enquanto Janson voltou à autoria de Donatello; o mesmo faz Grassi, que no entanto não exclui alguma intervenção de Desiderio; G. Gaeta Dertelà, em *Omaggio a Donatello*, obra coletiva, cit., pp. 208-304.

[26] Na igreja de Sant'Angelo a Nilo, o túmulo de Rinaldo Brancacci, morto em 27 de março de 1427, está registrado no Cadastro em 1427, quando Michelozzo arrola as obras que está executando com Donatello. Ali consta que deveria ser feito em Pisa, onde Donatello e Michelozzo são documentados de abril a dezembro de 1426. Provavelmente apenas o relevo com a *Assunção* é obra completamente autógrafa. Donatello talvez tenha esculpido também a cabeça e as mãos do defunto, bem como a cabeça da cariátide central (Pope-Hennessy); o restante costuma ser atribuído a Michelozzo. Deve-se ter em mente que no monumento também colaboraram Pagno di Lapo Portigiani e Nanni di Miniato, vulgo Fora (este último talvez seja o autor da montagem, pois é documentado em Nápoles de 1428 a 1433). Sobre essa obra, cf. também V. Martinelli, "La 'compagnia' di Donatello e Michelozzo e la 'sepoltura' del Brancacci", em *Commentari*, XIV (1963), pp. 211-26, e principalmente Lightbown, *Donatello and Michelozzo*, cit., I, pp. 83-128.

[27] Para o púlpito da Catedral de Prato, Michelozzo firmou um contrato, também em nome de Donatello, em 14 de julho de 1429. O capitel de bronze é de 1433, ano em que já devia estar pronta a parte arquitetônica, porque então foi desfeito o velho púlpito. Essas partes da obra costumam ser atribuídas a Michelozzo. Em 1434 Donatello firmou novo contrato para si e para seus colaboradores, entre os quais Michelozzo e Pagno di Lapo Portigiani. Em 19 de junho do mesmo ano o primeiro relevo com *putti* dançando fora terminado por Donatello, e em 4 de abril de 1436 estavam prontos quatro. Foram montados em 1438 (cf. Lightbown, *Donatello and Michelozzo*, cit., pp. 230-55). Em 1970 o púlpito foi retirado de sua posição original para ser submetido a uma restauração conservadora. Depois foi instalado no anexo Museu da Obra da Catedral.

[28] O saque de Prato ocorreu em 1512.

[29] O monumento a Erasmo da Narni, vulgo Gattamelata, morto em Pádua em 16 de janeiro de 1443, ainda está no local. Em 24 de janeiro de 1444, Donatello estava em Pádua, onde trabalhava no *Crucifixo* de bronze para a igreja do Santo (hoje no altar-mor); o primeiro pagamento para o *Gattamelata* é de 16 de maio de 1447; a estátua provavelmente já estava terminada em 1450; de qualquer modo, foi avaliada em 3 de julho de 1453. Contém a inscrição OPVS DONATELLI FLO e é mencionada também pelo Livro de Antonio Bill e pelo Anônimo Magliabechiano.

sões da fundição e na sua qualidade, que realmente pôde igualar-se a qualquer artista antigo em movimento, desenho, arte, proporção e diligência. Pois ela deixou na época e deixa ainda hoje assombrados todos quantos a vejam. Por esse motivo, os paduanos fizeram de tudo para torná-lo seu cidadão e prendê-lo à cidade com todo tipo de lisonja. Para retê-lo, encomendaram-lhe na igreja dos Frades Menores a predela do altar-mor, com cenas de Santo Antônio de Pádua[30]; estas foram feitas em baixo-relevo e executadas com tanto discernimento, que diante delas todos os homens exímios nessa arte ficam admirados e assombrados, contemplando as belas e variadas composições, feitas com grande abundância de figuras extravagantes e boas perspectivas. Também no frontal do altar fez belíssimas Marias a prantearem Cristo morto. E em casa de um dos condes Capo di Lista fez o esqueleto de um cavalo de madeira que ainda hoje se pode ver sem pescoço[31]; os encaixes estão feitos com tanta precisão, que quem observar o modo como tal obra é feita perceberá o capricho de seu cérebro e a grandeza de seu ânimo.

Num mosteiro de freiras fez um São Sebastião de madeira a pedido de um capelão florentino que era amigo e serviçal das freiras. O capelão lhe entregara um São Sebastião velho e tosco, pedindo-lhe que lhe fizesse um igual. Donato esforçou-se por imitá-lo para contentar o capelão e as freiras, mas, por mais que copiasse aquele santo tosco, não conseguiu deixar de imprimir a costumeira qualidade à sua obra. Além dele, fez muitas outras figuras de barro e estuque; e de um pedaço de mármore velho que as freiras tinham em seu jardim extraiu uma belíssima Nossa Senhora. De tal modo que em toda aquela cidade há um número infinito de obras suas. Sendo considerado um prodígio e louvado por todos como muito inteligente, decidiu voltar para Florença, dizendo que, se ficasse lá por mais tempo, esqueceria tudo o que tinha aprendido, por ser tão louvado por todos; assim, voltava de bom grado para a sua pátria, porque lá era sempre criticado, e a crítica lhe dava motivo para estudar e, consequentemente, para obter maior glória. E, partindo de Pádua e voltando a Veneza, como lembrança de sua grande bondade, doou à nação florentina, para a capela dos Frades Menores, um São João Batista de madeira[32], por ele feito com diligência e grande esmero.

Na cidade de Faenza fez de madeira um São João e um São Jerônimo[33], não menos apreciado do que as suas outras obras. Depois, voltando para a Toscana, na paróquia de Monte Pulciano fez uma sepultura de mármore com uma belíssima cena[34]; e em Flo-

---

[30] O complexo altar do Santo ainda está no local, mas não na forma original; depois de ter sido remanejado várias vezes, foi recomposto por Camillo Boito em 1895, assumindo a aparência que tem hoje. O contrato relativo a essa obra é de 11 de fevereiro de 1447; em 13 de junho de 1448, na festa do Santo, o altar foi montado provisoriamente sobre uma estrutura de madeira; naquela data, já estavam prontas todas as esculturas, com exclusão da *Piedade*, de dois *Anjos* e do baixo-relevo de pedra, que são posteriores. O altar provavelmente foi consagrado em 13 de junho de 1450. Essa obra é mencionada também por Michiel, pelo Livro de Antonio Billi e pelo Anônimo Magliabechiano. Sobre a reconstrução do conjunto, cf. também G. Fiocco, A. Sartori, "L'altare grande di Donatello al Santo", em *Il Santo*, I (1961), pp. 21-36; A. Parronchi, "Per la ricostruzione dell'altare del Santo", em *Arte antica e moderna*, 1963, pp. 109-23.

[31] Hoje no Palácio della Ragione, não é obra de Donatello.

[32] Ainda no local (Veneza, Santa Maria dei Frari); depois de uma restauração foi encontrada na base da escultura a data 1438. Cf. W. Wolters, "Freilegung der Signatur an Donatellos Johannes-statue in S. Maria dei Frari", em *Kunstchronik*, XXVII (1974), p. 83.

[33] Hoje no Museu Cívico de Faenza, em 1940-41 o *São Jerônimo* foi desvencilhado de uma pintura branca feita em 1845; Janson não aceita a autoria como de Donatello. O *São João* é identificado com o de meio-busto que se encontra no mesmo museu, do ateliê de Antonio Rossellino.

[34] O sepulcro de Bartolomeo Aragazzi (morto em 1429) está desmembrado e ainda se encontra na Catedral de Montepulciano (com exceção de dois *Anjos*, que estão no Victoria and Albert Museum de

rença, na sacristia de San Lorenzo, fez um lavatório de mármore, no qual também trabalhou Andrea Verrocchio[35]. E em casa de Lorenzo della Stufa fez bustos e figuras[36] muito expressivas e vivazes. Depois saiu de Florença e mudou-se para Roma, no intuito de imitar ao máximo aquilo que os antigos faziam; e, estudando tais coisas, na época fez de pedra um tabernáculo do Sacramento que hoje está na Basílica de São Pedro[37]. Voltando a Florença, passou por Siena, onde começou a fazer uma porta de bronze para o batistério de San Giovanni[38]. Já havia feito o modelo de madeira, e os moldes de cera estavam quase todos acabados, prontos para receber o metal fundido, quando apareceu, voltando de Roma, o ourives florentino Bernardetto di Mona Papera, muito amigo seu e pessoa que entendia bastante de tal arte. Este, pouco amigo dos seneses, vendo que se preparava uma obra tão bela para a honra daquela cidade, movido pela inveja e pela maldade, valeu-se de muitas razões para tentar convencer Donato de que ele não só não deveria terminar a obra, como também danificá-la e desfazer tudo o que havia feito. E, como não passasse dia nem noite sem que ele tentasse essa ímpia persuasão, Donato, depois de longuíssima resistência, foi finalmente levado a macular sua ótima conduta com esse erro. Quando Bernardetto já o havia convencido de que danificar apenas aquilo que ainda não tinha sido executado não seria uma injúria para os seneses, mas apenas a si mesmo, e que aquilo era algo muito habitual, pois todo artista tinha o direito de modificar desenhos e conceitos, eles esperaram um feriado, em que os aprendizes ficavam de folga, e quebraram todos os moldes, para grande pesar de Donato. E, imediatamente, dando aos calcanhares, fugiram para Florença. Quando os aprendizes voltaram, encontraram tudo quebrado e despedaçado e, não vendo Donato, perceberam que ele tinha voltado para Florença; então puseram-se a caminho para encontrá-lo. Ficou também na obra da Catedral de Siena um São João Batista de metal, cujo braço direito do cotovelo para cima[39] ele deixou imperfeito, dizendo que, como não lhe haviam pago tudo, não o acabaria se não lhe dessem o dobro a mais do que já recebera. A razão de todas essas confusões foi a maldade de Bernardetto, que exerceu forte influência sobre a simplicidade de Donatello. E este, acreditando muito

---

Londres). É mencionado no registro do Cadastro de 1427 referente a Michelozzo (por ela "nenhum pagamento foi feito, o que só ocorrerá quando o trabalho for entregue, devendo haver uma avaliação por obra de amigos comuns"). Em 30 de dezembro de 1437 Michelozzo comprometeu-se com os herdeiros de Aragazzi a entregar a obra dentro de seis meses. Não há vestígio da intervenção de Donatello. (Cf. Lightbown, *Donatello and Michelozzo*, cit., pp. 167-200.)

[35] Ainda na sacristia de San Lorenzo, é obra de Verrocchio.

[36] Citadas também pelo Livro de Antonio Billi e pelo Anônimo Magliabechiano, não se conhece seu destino.

[37] Ainda em São Pedro, na Sacristia dos Beneficiados. Donatello estava em Roma em 1432-33, e o tabernáculo sem dúvida foi executado nesses anos. Sobre a hipotética reconstrução original e a participação de Michelozzo, cf. com a devida cautela Martinelli, *Donatello e Michelozzo*, cit., pp. 167-94 e, na ed. de 1958, pp. 3-24.

[38] De outubro de 1457 a março de 1461, Donatello estava em Siena e trabalhava nas portas da Catedral (primeiro pagamento, 10 de dezembro de 1457; em 1459 é indicado como Donatello de Florença que faz as portas de bronze). Delas deixou apenas os moldes de cera (mencionados num inventário de 1467). Considera-se (Kauffmann, Janson) que a *Lamentação sobre o Cristo morto* do Victoria and Albert Museum de Londres fazia parte desse trabalho. Cf. ensaio bem documentado de E. Carli, *Donatello a Siena*, Roma, 1967, p. 31.

[39] Ainda em Siena, na Catedral. A ele se referem dois documentos, um de 28 de setembro e outro de 24 de outubro de 1457. A estátua foi feita por Donatello em Florença e enviada a Siena em três pedaços separados, sem um dos braços. É mencionada com essa mutilação também pelo Livro de Antonio Billi e pelo Anônimo Magliabechiano. Cf. Carli, *Donatello*, cit., p. 33.

mais no amigo do que deveria, só tarde se apercebeu do erro. De volta, fez para Cosimo de' Medici a sacristia[40] de estuque da igreja de San Lorenzo, ou seja, na mísula da abóbada fez quatro medalhões com fundo em perspectiva, que em parte eram pintados e em parte tinham baixos-relevos de cenas dos Evangelistas. No mesmo lugar fez duas belíssimas portinholas de bronze em baixo-relevo, com Apóstolos, mártires e confessores; acima destas, fez alguns nichos planos: em um deles há um São Lourenço e um Santo Estêvão, e no outro, São Cosme e São Damião. No cruzeiro da igreja fez de estuque quatro santos com cinco braços de altura cada um, executados com grande perícia. Também começou os púlpitos de bronze, nos quais se representa a Paixão de Cristo[41]; trata-se de obra com ótimo desenho, força, inventividade e grande abundância de figuras e construções; mas, como não pudesse continuá-la por estar velho, quem a terminou foi seu discípulo Bertoldo[42]. Em Santa Maria del Fiore fez dois colossos de tijolos e estuque[43], que estão fora da igreja, ornamentando os ângulos das capelas. Acima da porta da igreja de Santa Croce ainda hoje se vê, feito por ele, um São Luís de bronze que mede cinco braços de altura[44]. Tal obra foi criticada: dizia-se que era canhestra e talvez a pior coisa que ele já houvesse feito. Donatello respondeu que assim a fizera de propósito, pois canhestro era quem deixava de ser rei para se tornar frade. Em suma, Donato foi tão admirável em tudo o que fez, que se pode dizer que em habilidade, tino e saber foi um dos primeiros que ilustraram a arte da escultura e do bom desenho entre os modernos; e maior é seu mérito porque na sua época as obras da Antiguidade não estavam desenterradas, com exceção de colunas, pilares e arcos triunfais. Foi ele que deu a Cosimo de' Medici forte motivação para introduzir em Florença obras da Antiguidade, coisas que ficaram e ainda estão com a família Medici, todas acomodadas por ele. Era ele liberalíssimo, afetuoso e cortês, sendo melhor para os amigos do que para si mesmo; nunca deu valor ao dinheiro, que ele guardava numa sacola dependurada a uma prateleira, de onde qualquer trabalhador seu ou amigo pegava o que precisava, sem lhe dizer nada. Passou a velhice alegremente e, quando se tornou decrépito, precisou ser socorrido por Cosimo e por outros amigos, pois já não podia

---

[40] Manetti menciona grandes discordâncias entre Brunelleschi e Donatello a respeito dessa decoração da sacristia antiga da igreja de San Lorenzo. Além dos trabalhos de estuque e bronze mencionados logo depois, ela também compreende quatro medalhões de estuque com *Cenas de São João Evangelista*. Foi executada entre o retorno de Roma (1433) e a partida para Pádua (1433); mencionada também por Albertini, pelo Livro de Antonio Billi e pelo Anônimo Magliabechiano. Os medalhões de estuque foram restaurados em 1911-12; as portas de bronze, em 1946-47. Em 1986 foi iniciada uma campanha mais sistemática de restaurações, com resultados muito interessantes, sobretudo do ponto de visa cromático.

[41] Em 1558-65 foram instalados nos pilares, segundo provável projeto do próprio Donatello. A disposição atual é do século XVII; também dessa época é a complementação da parte posterior com painéis de madeira em estilo quatrocentista. Executados entre o retorno de Donatello de Siena (1461) e sua morte (1466), foram terminados pelos alunos Bertoldo e Bellano. O painel com o *Martírio de São Lourenço*, no púlpito da direita, tem a inscrição: 1465 A DI 16 GIUGNO (cf. G. Previtali, "Una data per il problema dei pulpiti di San Lorenzo", em *Paragone*, 133 [1966], pp. 48 ss.); no friso encontra-se a assinatura OPVS DONATELLI FLO. Mais recentemente, L. Becherucci, *Donatello e i pergami di San Lorenzo*, Florença, 1979.

[42] O florentino Bertoldo di Giovanni, nascido por volta de 1420 e falecido em 1491, autor de pequenas peças de bronze, medalhas e placas, nas quais os turbulentos motivos de Donatello são congelados pela correção neoclássica.

[43] Sabe-se que entre 1410 e 1412 Donatello fizera uma estátua gigantesca de terracota, que representava *Josué*. Uma estátua semelhante foi iniciada por ele em 1456. Essas obras foram destruídas.

[44] Hoje no Museu da Obra da igreja de Santa Croce, mencionado também por Albertini. Instalado originalmente no tabernáculo do Partido Guelfo, foi transferido para o portal da igreja de Santa Croce antes de 1460 (cf. nota 17, p. 256).

trabalhar. Consta que Cosimo, antes de morrer, o recomendou a seu filho Piero, que, como solícito executante da vontade do pai, deu-lhe uma propriedade rural situada em Cafaggiuolo que lhe rendia o suficiente para viver com comodidade. Donato festejou muito esse presente, por lhe parecer que assim estaria mais que seguro de não morrer de fome. Mas não ficou com a propriedade sequer um ano, pois, procurando Piero, renunciou a ela por contrato público. Afirmava que não queria perder a tranquilidade pensando nos problemas familiares e incomodando-se com os camponeses, que a cada três dias o iam procurar, ora porque o vento tinha descoberto o pombal, ora porque a comuna requisitara os animais para cobrir os impostos, ora porque uma tempestade pusera a perder o vinho e as frutas. Dizia estar tão farto e enfadado com essas coisas, que preferia morrer de fome a ter de pensar nelas.

Piero riu da simplicidade de Donato e, para livrá-lo daquela preocupação, aceitou de volta a propriedade, pois era isso o que Donato mais queria, e ordenou ao banco que lhe fosse paga em dinheiro vivo uma quantia correspondente à renda daquelas terras, ou mais, e toda semana ele recebia a parcela que lhe cabia; essa medida o deixou contentíssimo. E, como servidor e amigo da casa dos Medici, viveu feliz e despreocupado pelo resto da vida, embora com a idade de LXXXIII anos já estivesse tão entrevado que não conseguia trabalhar de maneira alguma e ficava de cama o tempo todo, numa casinha modesta que ele tinha na via del Cocomero, próxima ao convento das freiras de São Nicolau[45]. Dizem alguns que, piorando dia a dia e consumindo-se aos poucos, não havia súplica, conselho ou admoestação de quem cuidava dele que conseguisse convencê-lo a confessar-se e a comungar-se como bom cristão. Não porque não fosse bom e crente, mas em virtude da enorme negligência que sempre demonstrara em tudo que não fosse a arte. Sabendo disso, seu grande amigo Filippo di Ser Brunellesco foi visitá-lo e, depois de alguma conversa, lhe disse: "Donato, queridíssimo irmão, vejo que tua velhice te conduziu bem perto do fim que chega para todos aqueles que nascem; por isso, como nós, mais do que os outros, devemos conhecer a bondade de Deus, tanto pelo engenho que nos deu quanto pelas honras que recebemos mais do que os outros homens, como recordação desta nossa grande amizade quero que me faças um favor antes de morreres, e não quero que ele me seja negado de maneira alguma." Donato, que sempre gostou de Filippo cordialmente e conhecia o seu valor, disse-lhe que fizesse o pedido com confiança, pois não deixaria de atendê-lo. Filippo então acrescentou que, por sua salvação e com o intuito de desmentir as numerosíssimas pessoas para as quais todos os engenhos elevados e belos eram hereges e não acreditavam em nada do teto para cima, ele lhe pedia que se confessasse e comungasse; e, que se não quisesse fazê-lo por amor a ele, que o fizesse ao menos pelo amor à arte, que nele ainda continuava vivo; assim, não seriam os outros acusados de não acreditar em Cristo por causa de seu exemplo. Donato achou estranho o pedido, mas, não podendo faltar à palavra, confessou-se e comungou-se, recebendo todos os sacramentos com grande devoção. É o que dizem alguns sobre a morte de Donatello, embora se saiba perfeitamente que tudo isso é ficção, tanto porque ele

---

[45] Tem-se notícia de uma casinha de Donatello por um contrato de locação de 1443, mencionado por Manni nas notas a Baldinucci, no qual se diz que Messer Manno di Giovanni Temporani "locat ad pensionem Donato, vocato Donatello, olim Nicholai Betti, sculptori populi Sancti Laurentii de Florentia, domum cum horto, apotheca et aliis edifitiis in populo Sancti Michaelis Vicedominorum, loco dictu: De Casa Bischeri" etc., ou seja, na esquina da via Buia, hoje dell'Oriuolo, onde está o Palácio Riccardi, outrora Guadagni (Milanesi).

foi realmente devoto e bom, quanto porque Filippo morreu XX anos antes, como se vê em seu epitáfio em Santa Maria del Fiore. Portanto, cabe dizer que tais coisas aconteceram por ocasião de alguma doença importante, e não na morte, ou que elas, mais provavelmente, são falsas, mera invenção de quem queria difamar os artistas.

Donato morreu no dia 13 de dezembro de MCDLXVI[46] e foi enterrado na igreja de San Lorenzo, perto da sepultura de Cosimo, conforme este havia ordenado, para que continuasse próximo após a morte o corpo que sempre estivera a seu lado durante a vida. Sua morte causou grande pesar a seus concidadãos, aos artistas e a quem o conheceu. Por isso, para honrá-lo mais na morte do que o haviam honrado em vida, fizeram-lhe exéquias solenes na referida igreja; seu corpo foi acompanhado por todos os pintores, arquitetos, escultores, ourives e quase todo o povo da cidade. E durante muito tempo os cidadãos não deixaram de compor em seu louvor vários tipos de versos em diferentes línguas, dos quais nos bastam os seguintes.

SCVLTVRA HOC MONVMENTVM A FLORENTINIS FIERI VOLVIT DONATELLO VTPOTE HOMINI QVI EI QVOD IAM DIV OPTIMIS ARTIFICIBVS MVLTISQVE SAECVLIS TVM NOBILITATIS TVM NOMINIS AQCVISIVM FVERAT INIVRIAVE TEMPOR(VM) PERDIDERAT IPSA IPSE VNVS VITA INFINITISQVE OPERIBVS CVMVLATISS(IMIS) RESTITVERIT ET PATRIAE BENEMERENTI HVIVS RESTITVTAE VIRTVTIS PALMAN REPORTARIT*.

Excudit nemo spirantia mollius aera:
Vera cano: cernes marmora viva loqui.
Graecorum sileat prisca admirabilis aetas
Compedibus statuas continuisse Rhodon.
Nectere namque magis fuerant haec vincula digna
*Istius egregias artificis statuas**.*

Quanto con dotta mano alla scultura
Già fecer molti, or sol Donato ha fatto:
Renduto ha vita a' marmi, affetto et atto.
*Che piú, se non parlar, può dar natura***?*

De suas obras o mundo ficou tão repleto, que não fugirá à verdade quem afirmar que nenhum artista trabalhou mais que ele. Isto porque, gostando de tudo, em tudo

---

[46] Segundo os *Anais* de B. Pontio, morreu em 10 de dezembro de 1466, com a idade de 76 anos (caso em que teria nascido em 1390).

* "Quis a escultura que os florentinos fizessem este monumento a Donatello. Com suas infinitas obras perfeitas, ele sozinho no curso de uma só vida restituiu aquilo que haviam logrado há muito tempo os melhores artistas nos muitos séculos de nobreza e fama, mas que as injúrias do tempo haviam posto a perder. Devolveu a palma da virtude recuperada à sua pátria benemérita." [N. da T.]

** "Ninguém fundiu com mais delicadeza bronzes que respiram; / eu celebro a verdade: verás mármores vivos a falar. / Que a admirável prisca época dos gregos deixe de dizer / que Rodes conteve suas estátuas com grilhões. / Pois aqueles vínculos teriam sido mais dignos de atar / as admiráveis estátuas deste artista." (Trad. Zelia de Almeida Cardoso) [N. da T.]

*** "Aquilo que com douta mão para a escultura / Muitos fizeram outrora, agora Donato fez sozinho: / Ao mármore devolveu vida, emoção e movimento. / Que mais a natureza pode dar, senão a fala?" [N. da T.]

punha as mãos, não se preocupando em saber se o que fazia era humilde ou valioso, confeccionando até armas de pedra e executando qualquer trabalho baixo e mecânico. No entanto, foi de máxima utilidade para a escultura a grande quantidade de obras que Donato fez em todas as modalidades: vultos, médios, baixos e baixíssimos-relevos. Porque, tal como ocorreu nos bons tempos dos antigos gregos e romanos, quando a grande quantidade acarretou a perfeição, ele sozinho, com sua infinidade de obras, fez que a arte voltasse a ser perfeita e maravilhosa em nosso século. Por isso, os artistas devem reconhecer a grandeza de sua arte, mais do que da arte de quem nasceu nos dias atuais, pois ele, além de solucionar as dificuldades da época, à grande quantidade de obras que executou somou inventividade, desenho, perícia, tino e muitas outras coisas que de um engenho divino podem ou devem ser esperadas. Donato foi decidido e ágil, executando tudo com grande facilidade e fazendo sempre bem mais do que prometia. Alguns lhe atribuem a cabeça de cavalo que está em Nápoles, em casa do conde de Matalone; mas não é verossímil essa atribuição, visto que essa obra é executada segundo a maneira antiga, e ele nunca esteve em Nápoles[47].

Bertoldo, seu discípulo, ficou com todo o seu trabalho; cabe citar mormente os púlpitos de bronze da igreja de San Lorenzo[48], sendo ele responsável pelo polimento de sua maior parte; foi ele que o deixou nas condições em que agora é visto naquela igreja.

---

[47] Aqui Vasari tem razão; Donatello nunca esteve em Nápoles, e a cabeça de cavalo, hoje no Museu Nacional de Nápoles, é obra helenística. A atribuição a Donatello, à qual o próprio Vasari aderirá na edição de 1568, já estava em Summonte (cf. Niccolini, *L'arte napoletana del Rinascimento*, cit.), no Livro de Antonio Billi e mencionada pelo Anônimo Magliabechiano.

[48] Cf. nota 42, p. 262.

Michelozzo Michelozzi,
escultor e arquiteto florentino

Se todos os que vivem cuidassem de ver terminada pelo menos uma parte das coisas que fazem, os intelectos humanos seriam muito mais aguçados e previdentes em seus atos; e, se acreditassem que teriam de continuar vivendo quando já não pudessem trabalhar, muitos não passariam a velhice a mendigar aquilo que sem nenhuma economia gastaram na juventude e nos tempos seguintes, quando os ganhos copiosos e liberais toldavam a verdade e os levavam a gastar além do que precisavam e muito mais do que convinha. E, sabendo de que modo são malvistos aqueles que do muito vão ao pouco, para não terminarem assim conteriam mais os apetites e conduziriam seus negócios com mais maturidade e discrição, como fez com grande prudência o florentino Michelozzo[1], discípulo de Donato. Porque, percebendo o erro de seu mestre, que abriu demais as mãos para gastar o que a elas chegava, foi muito econômico e de tal maneira se valeu de seus talentos e com tal prudência se conduziu, que sua família ganhou tanto com sua previdência e temperança quanto com o tino e a arte que em sua profissão ele pôs em prática.

Michelozzo muito aprendeu com Donato na arte do desenho e da escultura, coisas nas quais empregou grande destreza, ainda que não desse às suas obras a suprema

---

[1] Michelozzo nasceu em Florença em 1396, filho de certo Bartolomeo di Gherardo de origem borgonhesa, mas cidadão florentino a partir de 9 de abril de 1376. De 1417 a 1424 esteve no ateliê de Ghiberti como colaborador na primeira porta do Batistério e no *São Mateus* para Orsanmichele. De 1425 a 1433 tem ateliê em comum com Donatello. De 1437 a 1442, colabora de novo com Ghiberti na sua segunda porta. Sobre a escultura de Michelozzo é possível ter uma ideia precisa pelo *Monumento Aragazzi* na Catedral de Montepulciano. Os componentes donatellianos são evidentes, porém profundamente modificados por certa firmeza estatuária; daí decorre um classicismo riquíssimo com extraordinários achados formais, enquanto as figuras assumem expressão enigmática. Em arquitetura, o estilo bunelleschiano torna--se um fator de gosto, ligado a uma interpretação pessoal, como algo extremamente simples; daí decorrem a nudez de certos interiores de Michelozzo, o sabor de sobriedade conventual, a presença de elementos arcaicos como o aspecto torreado das casas campestres, a esbeltez de certas colunatas etc. Sobre o artista, cf. Morisani, *Michelozzo architetto*, Turim, 1951; L. Gori-Montanelli, *Brunelleschi e Michelozzo*, Florença, 1957; G. Previtali, Introdução e comentário à Vida de Michelozzo Michelozzi, nas *Vidas* de Vasari, Milão, ed. Club del Libro, 1962; V. Martinelli, "Donatello e Michelozzo", cit., em *Commentari*, VIII (1957), pp. 167-94 e IX (1958), pp. 3-24; id., "La 'compagnia' di Donatello e di Michelozzo", cit.; H. Saalman, "Michelozzo Studies", em *The Burlington Magazine*, CVIII (1966), pp. 242-52; H. M. Caplow, *Michelozzo*, 2 vol., Londres-Nova York, 1977; Lightbown, *Donatello and Michelozzo*, cit.; cf. também a parte que lhe é dedicada por M. Lisner, *Holzkruzifixe in Florenz und in der Toskana von der Zeit um 1300 bis zum frühen Cinquecento*, Munique, 1970; e, a respeito de sua atividade arquitetônica, M. Ferrara e F. Quinterio, *Michelozzo di Bartolomeo*, Florença, 1984.

graça que costumam dar aqueles que trabalham de modo tão extraordinário que são considerados quase divinos. Fez uma Fé de mármore que foi posta na sepultura do papa João Coscia na igreja San Giovanni de Florença[2], cujo molde foi feito por Donato. Na Nunziata, graças à amizade que travara com Cosimo de' Medici, o Velho, e em virtude do muito que servira à arquitetura, fez a capela da Virgem[3] em mármore; fez de bronze uma luminária que se vê defronte e a pia de mármore com um São João no alto e a Nossa Senhora de médio-relevo sobre a mesa das velas[4]. Com tais obras granjeou mais afeição de Cosimo que, considerando que ele o servia tão bem, encomendou-lhe o modelo de sua casa[5]; e ele o fez tal como o podemos ver em nossos dias. Acompanhou Cosimo em seu exílio em Veneza[6], deixando naquela cidade muitos modelos de sua lavra. Quando voltou a Florença, precisou colocar algumas colunas no pátio do palácio da Senhoria[7], coisa de que muitos quiseram incumbir-se, mas não o fizeram por temerem que com o peso a construção pudesse desmoronar. Então Michelozzo, querendo mostrar-se corajoso e entendido, instalou as colunas com tanta rapidez, que a obra somou fama à reputação que ele já tinha, de tal maneira que, sendo reconhecido pelo poder público, foi nomeado membro do Colegiado[8]. Depois foi chamado a Perúgia para fazer a cidadela velha[9]; e fez modelos de palácios para vários senhores da Itá-

---

[2] Cf. Vida de Donatello, p. 255 e nota 5. A *Fé*, a *Esperança* e a *Caridade* no monumento a João XXIII parecem ser de um mesmo autor, provavelmente Pagno di Lapo Portigiani. A Michelozzo pode ser atribuída a luneta do alto. A atribuição da *Fé* a Michelozzo já estava Livro de Antonio Billi e no Anônimo Magliabechiano.

[3] Em 1444 Michelozzo foi pago "pelo trabalho que fez e está fazendo no desenho da capela-mor, da Nunziata, da sacristia e por muitos outros trabalhos que executou para a referida construção". O tabernáculo estava completo em 1448 e foi consagrado em 1452. Sua execução deve ser atribuída a Pagno di Lapo Portigiani. Foi alterado no século XVII. Os candelabros de bronze e a cancela são obra do escultor e fundidor de metais Maso di Bartolomeo, vulgo Masaccio.

[4] O *São João* no alto da pia de mármore não pode ser identificado como o de Michelozzo que ainda está no transepto esquerdo da igreja, pois é de terracota e de tamanho natural. Um baixo-relevo de mármore que representa *Nossa Senhora com o Menino Jesus*, às vezes atribuído a Michelozzo, encontra-se na parede direita do pequeno Claustro dos Votos (1445-50). Foi encontrado em 1922 em algum local do convento (A. Lensi, "Una scultura sconosciuta di Michelozzo nell'Annunziata di Firenze", em *Dedalo*, II [1921-22], pp. 358-62). Também foi ligado à juventude de Luca della Robbia (Brunetti, "Della Robbia", cit., col. 254).

[5] O Palácio Medici-Riccardi foi iniciado em 1444 e terminado entre 1460 e 1467. A partir de 1670 foi ampliado, com o acréscimo da ala da galeria de Luca Giordano e com o prologamento da fachada que, na origem, estava distribuída simetricamente ao longo do eixo central que coincidia com a primeira porta de entrada. O Livro de Antonio Billi atribuía o palácio a Filarete.

[6] Não há notícia de viagem de Michelozzo a Veneza.

[7] Em 1454 há, efetivamente, uma deliberação de proceder a restaurações, ou melhor, a pequenos trabalhos de adaptação interna. A intervenção de Michelozzo é documentada apenas em 1470. Os trabalhos nas colunas e nos pilares do pátio são atribuídos a Michelozzo também pelo Livro de Antonio Billi e pelo Anônimo Magliabechiano.

[8] Em 1462, Michelozzo fez parte do Colegiado, constituído pelo conjunto dos dezesseis Gonfaloneiros das Companhias e dos doze *Buonomini*, as duas magistraturas mais prestigiosas depois da Senhoria, que só tinham possibilidade de deliberar em reunião com esta (Varchi).

[9] O Anônimo Magliabechiano também fala de uma fortaleza em "Perúgia", enquanto o Livro de Antonio Billi escreve "Raugia" (= Ragusa), onde efetivamente se documenta a presença de Michelozzo já em 4 de maio de 1462 como engenheiro encarregado da construção das muralhas. Em 1463 uma explosão danificou o palácio dos Reitores, e sua reconstrução foi decidida em fevereiro de 1464; em maio um documento apresentava o "Designum palatij factum per magistrum Michelocium". Mas nesse mesmo mês Michelozzo tinha assinado um contrato para ir a Quios, e a partir de junho os documentos contêm sempre a indicação de "maestro Giorgio da Sebenico prothomagistrum". Cf. H. M. Caplow, "Michelozzo at Ragusa new documents and reevaluations", em *Journal of the Society of Architectural Historians*, XXXI (1972), pp. 108-19.

lia[10], fazendo também muitas muralhas para cidades e um número infinito de defensas. Em Florença fez o modelo da casa de Giovanni Tornabuoni[11] com base no modelo da casa dos Medici. Para Cosimo também fez de mármore a capela de São Miniato, onde está o Crucifixo[12]; e em toda a Itália fez um número infinito de obras de mármore[13], bronze e madeira. Em San Miniato al Tedesco ele e Donato fizeram algumas figuras em relevo[14]; e em Lucca ele fez sozinho uma sepultura de mármore, na igreja de São Martino, em frente ao Sacramento[15]. Em Gênova fez algumas figuras, e de todo o seu trabalho amealhou recursos honestos, dando comodidade à sua família, além de fama e dinheiro a si mesmo. Finalmente, ficando velho e nada mais fazendo, a não ser para passatempo, foi repentinamente acometido por uma febre que em pouquíssimos dias lhe tirou a vida, com LXVIII anos[16]. Acompanhado dos seus entes mais queridos, desceu à sepultura em honrosas exéquias, cercado de muitas honras por tudo o que de substancial havia deixado.

---

[10] O próprio Vasari, na edição de 1568, menciona um trecho do *Tratado* de Filarete que atribui a Michelozzo o palácio do Banco Mediceo em Milão, doado a Cosimo, o Velho (1462), que o "reedificou quase que a partir dos alicerces, transformando-o na mais bela casa de Milão" (Michiel). Mas nos documentos é mencionado apenas certo "Antonio da Firenze, engenheiro", que C. Baroni ("Il problema di Michelozzo a Milano", em *Atti del IV Congresso Nazionale di Storia dell'Architettura, Milano, 18-25 giugno 1939*, Milão, 1939, pp. 123-40) identifica como o Filarete do qual resta um desenho para a fachada. O palácio foi completamente reconstruído no século XIX, e o portal e os medalhões de cerâmica estão hoje no Museu do Castello Sforzesco. O desenho para a capela Portinari na igreja de Sant'Eustorgio também costuma ser atribuído a Michelozzo.

[11] O atual palácio Corsi na via Tornabuoni. Construído em 1450, a fachada foi refeita no século XIX pelo arquiteto Telemaco Bonaiuti, para alargar a rua.

[12] Foi a Corporação de Calímala que, em 1447, decidiu construir o tabernáculo, mas concedeu a Piero di Cosimo de' Medici o direito de pôr seu brasão ao lado do da Corporação. As águias de bronze foram executadas por Maso di Bartolomeo em 1451. O *Crucifixo* foi levado para a igreja de Santa Trinita em 1671.

[13] Cabe mencionar sobretudo o monumento do poeta Aragazzi na Catedral de Montepulciano; sobre ele, cf. Vida de Donatello, pp. 260-1, nota 34.

[14] Na igreja de San Jacopo extramuros, em San Miniato al Tedesco, subsiste o monumento fúnebre ao médico florentino Giovanni Chellini (morto em 14 de fevereiro de 1461), obra de Michelozzo.

[15] A sepultura de Pietro da Noceto, atribuída na edição de 1568 a Pagno di Lapo, é obra de Matteo Civitali, assinada abaixo do epitáfio.

[16] Michelozzo morreu com 76 anos e foi sepultado na igreja de San Marco em Florença no dia 7 de outubro de 1472.

Giuliano da Maiano, escultor e arquiteto

Todos aqueles que constituem uma família, alçando-a do nada com seu nome e, começando pobres, tornam-se ricos e abastados, merecem a perpétua gratidão daqueles a que dão nascimento, de seus descendentes. Mas, na maioria das vezes, aqueles que conquistam riquezas e nome para suas famílias privam-se em vida e deixam de gozar o que têm para legar seus bens aos outros; por outro lado, seus descendentes são exatamente o contrário daquilo que eles esperariam que fossem. Por isso, a maior loucura que pode acometer os pais de família é não permitir o livre curso da natureza e a expansão dos talentos de seus filhos, que assim deixam de exercitar continuamente a faculdade que os satisfaz e alegra. Porque querer que eles se dediquem àquilo que não lhes vai na alma é o mesmo que querer que eles nunca sejam excelentes em coisa alguma. Pois, como sempre se vê, aqueles que não exercem as atividades de que gostam sempre alcançam resultados medíocres; ao contrário, aqueles que seguem os instintos da natureza e buscam as artes sempre obtêm excelentes resultados. Foi o que se viu claramente em Giuliano da Maiano[1], cujo pai, que viveu muito tempo em Poggio di Fiesole, numa *villa* chamada Maiano, exercendo a profissão da cantaria, mudou-se finalmente para Florença, onde abriu um negócio de pedras talhadas, sempre muito bem aprovisionado dos lavores de que vêm a necessitar imprevistamente todos os que constroem alguma coisa. Portanto, quando já tinha amealhado alguns recursos com seu artesanato, nasceu-lhe esse filho que desde a infância deu mostras de bom engenho. O pai, vendo isso e tendo sofrido muitos desgostos e provações em sua arte, decidiu que o filho deveria dedicar-se a outra atividade mais rentável e menos trabalhosa. Por isso, desejando que ele se tornasse notário, providenciou para que aprendesse os rudimentos das letras, mas Giuliano, que não gostava muito disso, fugiu várias vezes do pai e, afeiçoado que era à escultura e à arquitetura, finalmente dedicou-se a tais artes contrariando a vontade dos pais. Com o tempo, tornou-se excelente nelas e foi chamado

---

[1] Giuliano di Leonardo d'Antonio, arquiteto, escultor e tauxiador, nasceu em Maiano, nos arredores de Florença, em 1432. Irmão de Benedetto e Giovanni, depois de um período de atividade em Florença, trabalhou em Arezzo (1470: Mosteiro de Santa Flora e Lucila), em Siena (1473: Palácio Spannocchi), em Recanati, Loreto e Urbino; de 1484 até morrer (1490) ficou em Nápoles, onde trabalhou na Porta Capuana, no Palácio de Poggio Reale etc. Em geral se acredita que contribuiu para a difusão do gosto arquitetônico brunelleschiano na Itália, mas na realidade, sendo de uma geração mais jovem do que Brunelleschi e Michelozzo, também levou em conta a obra de Alberti e de Luciano Laurana. Suas arquiteturas não têm as proporções claras das de Brunelleschi; aliás, articulam-se de modo complexo em formas mais espessas e ornamentadas, com claras tendências pré-quinhentistas. Mais recentemente, sobre as várias atividades de Giuliano da Maiano, cf. L. Borgo, "Giuliano da Maiano's Santa Maria del Sasso", em *The Burlington Magazine*, CXII (1972), pp. 448-52; Haines, *La Sacrestia*, cit.

a Nápoles[2], onde fez muitas obras arquitetônicas e esculturas para o rei Afonso, então Duque da Calábria; por exemplo, as obras que se veem no salão do Castelo de Nápoles, acima de uma porta interna, e, do lado de fora, cenas em baixo-relevo, bem como a porta do castelo, feita de mármore[3] em ordem coríntia, com um número infinito de figuras. Conferiu a essa obra a forma de arco triunfal, esculpindo em mármore cenas e algumas vitórias daquele rei. Em Poggio Reale deu início à arquitetura daquele palácio, ainda considerado belíssimo; e para as suas pinturas ali levou o florentino Piero del Donzello e seu irmão[4] Polito, que naquele tempo era considerado bom mestre; este realizou pinturas externas e internas em todo o palácio, com cenas do referido rei.

Giuliano também fez de mármore o ornamento da Porta Capuana[5], com uma infinita variedade de troféus, com o que granjeou grande afeição do rei, que, remunerando largamente o seu trabalho, proveu seus descendentes. Ambos foram chamados a Loreto, onde fizeram o desenho para a edificação da igreja de Santa Maria[6]; e lá ficaram tanto tempo, que deixaram a tribuna da igreja abobadada e terminada. Depois voltaram a Nápoles para terminar as obras começadas, tendo-lhes sido encomendada pelo rei Afonso uma porta próxima ao castelo, na qual seriam feitas mais de 80 figuras, que Benedetto deveria executar em Florença[7], mas que, com a morte do rei, ficaram inacabadas. Então Giuliano, que já estava com 70 anos, disse adeus à vida[8], e para

---

[2] Giuliano estava em Nápoles em 1485 e lá ficou de 17 de fevereiro de 1488 até morrer. O rei é Afonso II da Calábria.

[3] Giuliano da Maiano não trabalhou no arco de Castelnuovo. Essa construção provavelmente foi concebida no dia da entrada triunfal de Afonso de Aragão em Nápoles, em 26 de fevereiro de 1443. O catalão Guillermo Sagrera, que foi "protomagister" de Castelnuovo de 1448 a 1454, parece ter projetado um portal de formas tardo-góticas. Em 1452 foram terminadas as torres laterais. Em 1453 Pietro da Milano, Francesco Laurana e Paolo Romano trabalhavam no arco com trinta e três ajudantes; em 1455 são mencionados também Isaía da Pisa e Andrea dell'Aquila; em 1457, Antonio di Chellino e Domenico Gagini. Em 1458 Afonso I morreu, e os trabalhos foram interrompidos até 1465, quando, no reinado de Ferrante I, foram retomados e continuaram sob a direção apenas de Pietro da Milano, até o término, em 9 de maio de 1466. Sobre a atividade referente ao Arco de Castelnuovo, cf. R. Causa, "Sagrera, Laurana e l'arco di Castelnuovo", em *Paragone*, n. 55 (1954), pp. 3-23; F. Bologna, *Napoli e le rotte mediterranee della pittura da Alfonso il Magnanimo a Ferdinando il Cattolico*, Nápoles, 1977, pp. 100-2; G. L. Hersey, *The Aragonese Arch of Napoli 1443-1475*, New Haven-Londres, 1973, pp. 6-7 (que também exclui a presença de Giuliano da Maiano nos trabalhos).

[4] Sobre esses dois pintores, só temos notícias documentárias. Piero trabalhou no ateliê do pintor florentino Giusto d'Andrea (1440-96). Morreram no início do século XVI. Foram chamados a Nápoles em 1488.

[5] A Porta Capuana foi construída no reinado de Fernando I, por volta de 1484. As esculturas decorativas, porém, foram executadas em 1535 por Giovanni Marliano da Nola, para a entrada triunfal do imperador Carlos V.

[6] Com esse imprevisível "ambos", Vasari provavelmente pretendeu incluir Polito, que, como diz depois, com a morte de Giuliano "deu prosseguimento aos trabalhos"; ou então se refere a Benedetto da Maiano, pelo que escreve na edição de 1568: "Giuliano foi [...] chamado à Nossa Senhora de Loreto, [...] para onde levou Benedetto [...]." De qualquer modo, algo parece ter escapado a Vasari. Giuliano trabalhou na igreja de Loreto de 1481 a 1487; Fabriczy lhe atribui algumas partes do edifício, como as capelas e talvez o tambor da cúpula; Benedetto da Maiano ali fez uma pia batismal e *Evangelistas* nas lunetas (pagamentos em 1484 e 1487).

[7] Benedetto da Maiano (1440-97: cf. sua Vida nas pp. 396-9) esculpiu a *Coroação de Fernando de Aragão* para a porta Capuana; um grupo de fragmentos dessa obra faz parte de um rol do conteúdo do ateliê quando de sua morte; um deles ("rei com bispo de dois braços e um terço de altura") está hoje no Museu Nacional de Bargello, em Florença. Cf. também A. Paolucci, "I musici di Benedetto da Maiano e il monumento di Ferdinando d'Aragona", em *Paragone*, n. 303 (1975), pp. 3-11.

[8] Em 3 de dezembro de 1490 Giuliano morreu em Nápoles, com 58 anos.

270

suas exéquias, o rei vestiu de luto cerca de cinquenta homens, que o acompanharam à sepultura, ordenando também que lhe fosse feito um sepulcro de mármore muito adornado.

Polito deu prosseguimento aos trabalhos, terminando os canais que levariam água de Poggio Reale a Nápoles; também fez Benedetto, irmão de Giuliano, aprender a arte da escultura. Este, que tinha grande prazer nessa atividade, superou em muito o tio Giuliano[9] e na juventude foi concorrente de um escultor que trabalhava com terracota e se chamava Modanino da Modena[10]; que, muitíssimo admirado pelo rei Afonso, fizera uma Piedade com infinitas figuras coloridas de terracota, que ostentam grande vivacidade e, por ordem do rei, foram postas na igreja de Monte Oliveto em Nápoles[11], mosteiro veneradíssimo naquele lugar. Entre essas estátuas, ele quis retratar o rei, que, adorando aquele mistério ajoelhado, parece mais que vivo. Por essa obra Modanino foi remunerado com grandes dádivas. Foi nessa época que o rei morreu, motivo pelo qual Polito e Benedetto voltaram a Florença; mas Polito gozou durante pouco tempo sua pátria, pois, chegando o dia em que terminariam seus afãs, ele foi ter com Giuliano para sempre. As esculturas e as pinturas desses artistas datam aproximadamente de MCDXLVII[12]. Com o tempo, Giuliano recebeu o seguinte epitáfio:

CHE NE CONSOLA AHIMÈ, POIS CHE CI LASSA
DI SÉ PRIVI IL MAIAN? QVELLO ARCHITETTO
IL CVI BELLO OPERARE, IL CVI CONCETTO
VITRVVIO AGGIVGNE, E DI GRAN LVNGA IL PASSA*.

---

[9] Outro trecho pouco coerente nesta Vida: "Benedetto, irmão de Giuliano [...], superou em muito o tio Giuliano." Benedetto era o irmão mais novo de Giuliano.

[10] Modanino (ou Paganino) é o escultor Guido Mazzoni, ativo já em 1473, que morreu em 12 de setembro de 1518; em 1495 acompanhou Carlos VIII à França, onde ficou (a não ser durante uma visita a Modena em 1507) até a morte de Luís XII (1515). Em 1516 estava de novo em Modena. É documentado em Nápoles a partir de 22 de outubro de 1489.

[11] É uma das obras mais importantes de Mazzoni, mencionada também por Summonte: "Em obras plásticas encontra-se em Monte Oliveto a Descensão de Nosso Senhor da cruz, com as figuras dos senhores rei Fernando I e rei Afonso II de feliz memória, bem expressas do natural, pela mão de Paganino di Modena, realizadas graças à generosa provisão do Senhor rei Afonso II." Em 27 de dezembro de 1492 o escultor recebia cinquenta ducados "a mando do Duque pelo sepulcro que fez para o referido Senhor".

[12] A crença errônea de Vasari numa data tão precoce para Giuliano da Maiano e companheiros explica a posição ocupada por esta Vida no conjunto, entre a de Michelozzo e a de Filarete, explicando também por que Vasari foi induzido a acreditar que Benedetto era sobrinho de Giuliano, e não irmão. Na segunda edição, Vasari pôs esta vida depois da de Filarete.

* "Quem nos consola, ai, pois Maiano nos deixa / Privados de si? Esse arquiteto / Que em seu belo trabalho e em suas ideias / Se iguala a Vitrúvio e o supera." [N. da T.]

Antonio Filarete e Simone,
escultores florentinos

Se, quando resolveu fazer a porta de bronze da basílica de São Pedro de Roma, o papa Eugênio IV[1] tivesse cuidado de buscar homens excelentes para tal trabalho, como naqueles tempos era fácil encontrar, uma vez que Filippo di Ser Brunellesco, Donatello e outros artistas extraordinários ainda estavam vivos, essa obra não teria sido feita da maneira tão calamitosa como hoje se vê. Mas talvez lhe tenha ocorrido aquilo que ocorre na maioria das vezes a boa parte dos príncipes, ou seja, ou não entendia do assunto ou nele tinha pouco interesse. No entanto, se pensassem na grande importância de dar valor às pessoas excelentes e extraordinárias nas coisas públicas, em vista da fama que assim se conquista, certamente não seriam tão descuidados, nem eles nem seus ministros. Porque quem se enleia com artistas medíocres e inaptos, além de dar pouco alento à sua própria fama, vitupera-se e, assim, causa grande dano ao poder público e ao seu século. Pois quem nasce nos séculos seguintes acredita firmemente que, se naquela época houvesse mestres melhores, tal príncipe teria escolhido os bons, e não os ruins. No entanto, conhecedores que somos da excelência dos raros engenhos daquele século, a bem da verdade diremos que Antonio Filarete[2], por saber melhor fundir o bronze do que inventar figuras e desenhá-las com perfeição, realizou a referida porta[3]

---

[1] Gabriel Condulmer, nascido em Veneza em 1383, eleito papa em 3 de março de 1431, morto em Roma em 23 de fevereiro de 1447.

[2] Antonio de Pietro Averulino, autodenominado Filarete (= amante da virtude), nasceu em Florença talvez por volta de 1400. Provavelmente foi aprendiz de Ghiberti; em 1445, assinou a porta de São Pedro (cf. nota seguinte), mas em 1447 foi obrigado a fugir de Roma e ir para Florença por uma acusação de furto sacrílego; em 1449 assinou e datou uma cruz de bronze que ainda está na Catedral de Bassano. Na edição giuntina, Vasari também menciona os trabalhos feitos para o Ospedale Maggiore de Milão, cuja primeira pedra foi lançada em 12 de abril de 1457; quando o corpo central do edifício já estava terminado, Filarete foi substituído como arquiteto por Guiniforte Solari, em 22 de novembro de 1465. Também foi autor da Catedral de Bergamo (reformada no fim do século XVII), por ele descrita no XVI livro de seu *Tratado de arquitetura*, em vinte e cinco livros, composto entre 1461 e 1464, que Vasari cita na edição giuntina exatamente a partir do melhor exemplar, o que hoje se encontra na Biblioteca Nacional de Florença (II, I, 140: editado parcialmente por W. Oettingen, Antonio Averlino Filarete, *Traktat über die Baukunst*, Viena, 1896, e depois, em edição crítica, por A. M. Finoli e L. Grassi, Milão, 1972). Sobre esse assunto, cf. também J. R. Spencer, "The Dome of Sforzinda Cathedral", em *The Art Bulletin*, 41 (1959), pp. 329-30. Morreu em Roma em 1469. M. Lazzaroni e A. Muñoz, *Filarete*, Roma, 1908; A. M. Romanini, "Averlino, Antonio", em *Dizionario biografico degli italiani*, vol. IV, cit., pp. 662-7; P. Tigler, *Die Architekturtheorie des Filarete*, Berlim, 1963; Ch. Seymour, "Some reflections on Filarete's use of antique visual sources", em *Arte Lombarda* (1973), 38-9, pp. 36-47.

[3] Ainda no portal central da basílica de São Pedro; para adaptá-la a esse portal, em 1620 Paulo V mandou acrescentar embaixo duas faixas decorativas. A porta foi instalada em 14 de agosto de 1445, original-

em companhia do escultor Simone, irmão de Donato[4]. Simone procurou com todas as suas forças imitar a maneira de Donato, ainda que a natureza não lhe tivesse concedido o privilégio de atingir tanta perfeição. Realmente, Simone esforçou-se muito nas duas cenas de São Pedro e São Paulo, e Antonio, na parte de baixo da face interna da porta, fez uma pequena cena, na qual se retratou com seus discípulos, passeando por um vinhedo com um burrico carregado de víveres. Consta que em Roma fez muitas outras coisas de metal, um número infinito de médios-relevos em sepulturas de papas na basílica de São Pedro; a maior parte dessas obras se perdeu no faz-e-desfaz daquela igreja. Na igreja de San Clemente fizeram juntos uma sepultura de mármore; e Simone, voltando a Florença, fez algumas peças fundidas de metal que foram para a França. Na igreja degli Ermini, no "canto alla Macine", fez também um Crucifixo[5] para procissões, em tamanho natural; para torná-lo mais leve, fê-lo de cortiça. Na igreja de Santa Felicita fez de barro uma Santa Maria Madalena em penitência, com três braços e meio de altura, que todos concordam ter ótima proporção e belíssima anatomia. Na Anunciação fez numa lápide de mármore uma figura de mosaico em claro-escuro, imitando a maneira de Duccio Sanese[6], que naquele tempo foi coisa muito louvada. Enviou para Arezzo uma capelinha de terracota com uma Nossa Senhora, que foi posta numa paróquia sobre uma coluna, por um cônego muito amante dessa arte. Finalmente, pela muita labuta, cansado e doente, com LV anos devolveu a vida àquele que lha dera. Antonio, que em Roma esperava suas obras, ao saber disso ficou muito pesaroso, pois sempre o conhecera fidelíssimo na amizade e prontíssimo a ajudar os amigos em qualquer circunstância. Nessa época chegou a Roma Giovanni Fochetta[7], pintor muito celebrado, que na Minerva fez o retrato do papa Eugênio, considerado belíssimo naquele tempo; travou amizade com Antonio. Mas não durou muito tal amizade, pois Antonio, ceando certa noite num vinhedo, teve um ataque impetuoso e cruel de catarro que, por encontrá-lo talvez debilitado, mandou-o desta vida para a outra aos LXIX[8] anos de idade. Suas esculturas datam aproximadamente de MCDLII.

---

mente dourada e esmaltada. Nela estão representados *Jesus no trono* (no alto, à esquerda); *Maria no trono* (no alto, à direita); *São Paulo* (no centro, à esquerda); *São Pedro dando as chaves a Eugênio IV* (no centro, à direita); *Condenação* e *Decapitação de São Paulo* e sua *Aparição a Plautila* (embaixo, à esquerda); *Condenação* e *Crucificação de São Pedro* (embaixo, à direita). Seis faixas com cenas do pontificado de Eugênio IV separam as cenas principais. Filarete escreveu seu nome quatro vezes: uma vez com a data (ANT(O)NIVS PETRI . DE . FLORENTIA . FECIT . MCCCCXLV). Também são dados os nomes dos sete ajudantes, da seguinte forma: AGNIOLVS . IACOBVS . IANNELLVS . PASSQVINVS . JOANNES . VARRVS . FLORENTIE.

[4] Ao que parece, Donatello só tinha uma irmã. Milanesi propõe identificar esse Simone com o ourives Simone di Giovanni Ghini, que, apesar de ter nascido em Florença em 1407, viveu em Roma a partir de 1427, quase até morrer, o que ocorreu em Florença no ano de 1491. Identificação pouco provável, porque (como observou Janson, *The Sculpture of Donatello*, cit., II, pp. 232-5) o sepulcro de Martinho revela um conhecimento dos feitos artísticos florentinos entre 1425 e 1435 que Ghini não podia ter, visto ter saído de Florença em 1427. Simone não aparece entre os nomes dos ajudantes de Filarete na porta de São Pedro (cf. nota anterior).

[5] Depois do desaparecimento da igreja de San Basilio dei Frati Ermini, o *Crucifixo* passou para mãos particulares, sendo depois doado à basílica de San Lorenzo, onde foi posto no altar-mor. É obra de Simone di Nanni Ferrucci da Fiesole.

[6] Cf. Vida de Duccio, p. 147 e nota 4.

[7] É o grande pintor e miniaturista francês Jean Fouquet (nascido em Tours por volta de 1420 e morto por volta de 1480), que viveu na Itália durante a juventude, sem dúvida em Roma, onde pintou um retrato do papa Eugênio IV, no qual imprimiu indelével impressão das conquistas perspécticas de tipo pierfrancesano, suscitando por sua vez o interesse dos italianos pela pintura "lenticular" flamenga.

[8] Morreu em Roma em 1469.

Piero della Francesca,
pintor de Borgo San Sepolcro

Muito infelizes são aqueles que se dedicam ao estudo, esperando dia e noite a ocasião de demonstrar e declarar as dificuldades das belas-artes, para que o mundo reconheça seu nome, mas são impedidos pela enfermidade de acabar e aperfeiçoar seus honrosos e supremos esforços, ou então, sobrevindo-lhes a morte, algum audacioso lhes rouba os penosos frutos do trabalho e, atribuindo-se o valor alheio, cobre a pele de asno com os gloriosíssimos despojos do leão. Mesmo que o tempo, pai da verdade, cedo ou tarde traga de volta tudo à luz, durante aquele período o espírito valoroso foi defraudado em sua devida glória; tal como durante dezenas de anos foi defraudado Pietro della Francesca de Borgo San Sepolcro[1]. Este, tendo sido considerado mestre raro e divino nas dificuldades dos corpos regulares, na aritmética e na geometria, na velhice foi impedido pela cegueira e pela morte de divulgar seus valiosos trabalhos e os muitos livros que escrevera, ainda conservados em Borgo, sua pátria[2]. E aquele que, com

---

[1] Nasceu em Borgo San Sepolcro provavelmente um pouco antes de 1420; em 7 de setembro de 1439 é mencionado em Florença como ajudante de Domenico Veneziano, mas sua atividade pictórica desenvolveu-se principalmente em sua pátria, Arezzo, e nas cortes da Itália central (Urbino, Rimini, Ferrara). Sua educação florentina junto a Domenico Veneziano, no clima pós-masacciano em que nasceu o *Tratado da pintura* de Alberti, foi fundamental para sua orientação para uma pintura que apresentasse o mundo construído dentro das seguras leis da perspectiva, mas ao mesmo tempo ornado e iluminado por uma cristalina luminosidade solar. Os corpos se mostram como que imobilizados pelo estudo rigoroso de suas estruturas, assemelhando-se a volumes geométricos regulares, com o resultado de uma solenidade nunca antes alcançada. Essa visão pictórica que, partindo da Itália central, fascinará a Itália meridional (Antonello da Messina), Veneza (Giovanni Bellini) e Ferrara (Francesco del Cossa, Ercole de' Roberti) e se refletirá até fora da Itália, na Provença de Charanton, na Flandres de Petrus Christus e na França de Jean Fouquet, mais tarde se refinará nas obras tardias (*Nossa Senhora de Senigallia*, Retábulo de Brera, *Natividade* de Londres), recebendo influências flamengas consistentes na atenção meticulosa às coisas, que prefigurará a experiência de Pedro Berruguete em Urbino. Sobre esse grande pintor, cf. R. Longhi, *Piero della Francesca*, Roma, 1927, Milão, 1942, Florença, 1963; K. Clark, *Piero della Francesca*, Londres, 1951 e 1969; P. Bianconi, *Tutta la pittura di Piero della Francesca*, Milão, 1957 e 1959; E. Battisti, *Piero della Francesca*, Milão, 1971; M. Salmi, *La pittura di Piero della Francesca*, Novara, 1979; C. Ginzburg, *Indagini su Piero*, Turim, 1981. Para uma rápida consulta, pode ser útil O. Del Buono e P. De Vecchi, *L'opera completa di Piero della Francesca*, Milão, 1967. Sobre uma primeira documentação de Piero della Francesca em Borgo San Sepolcro, cf., mais recentemente, F. Dabell, "Antonio d'Anghiari e gli inizi di Piero della Francesca", em *Paragone*, n. 417 (1984), pp. 73-94.

[2] Sem dúvida ainda se conservam três textos autógrafos de Piero: *De Perspectiva pingendi*, composto antes de 1482 (publicado por G. Nicco Fasola, *ll trattato "De Perspectiva pingendi" di Piero della Francesca*, Florença, 1942); *Libellus de quinque corporibus regularibus*, mais tardio (publicado por G. Mancini, em *Atti della R. Accademia dei Lincei – Memorie della classe di Scienze Morali Storiche e Filologiche*, série V, vol. XIV, pp. 446-87, Roma, 1915). Mais recentemente foi publicado o *Trattato d'Abaco*, org. G. Arrighi, Pisa, 1970.

todas as forças, deveria ter-se esforçado por preservar sua glória e exaltar-lhe o nome e a fama, também por ter com ele aprendido tudo o que sabia, não se comportou como grato e fiel discípulo, mas como ímpio e maligno inimigo, anulando o nome do preceptor, usurpando-lhe tudo e divulgando com seu nome, ou seja, frei Luca dal Borgo[3], todos os trabalhos daquele bom velho que, além de primar nas ciências acima referidas, foi excelente pintor, honradíssimo e amado por todos, tanto quanto qualquer outro de sua época.

Piero nasceu em Borgo[4], que em nossos dias já é cidade, e o nome della Francesca se deve à sua mãe, que estava grávida quando seu pai morreu; e, tendo sido por ela criado e sustentado com grande solicitude e diligência, para que pudesse chegar às alturas que sua boa sorte lhe reservava, já na juventude Piero dedicou-se à matemática, que nunca abandonou, apesar de aos XV anos já estar orientado para a pintura. Ao contrário, obtendo admiráveis frutos na matemática e na pintura, foi contratado por Guidobaldo Feltro, velho Duque de Urbino[5], para fazer muitos desenhos. Assim, conquistando crédito e nome naquela corte, quis também ser conhecido fora dela. E, trabalhando em Pesaro e Ancona, sua fama chegou aos ouvidos do duque Borso que, chamando-o a Ferrara, contratou pinturas para muitos dos aposentos de seu palácio, destruídos depois pelo velho duque Ercole, para em seu lugar pôr uma edificação feita segundo o uso moderno. Dessa maneira, da autoria de Piero ficou naquela cidade apenas uma capela na igreja de Santo Agostino, feita em afresco, ainda assim muito deteriorada por enorme umidade. Graças a tais obras ele passou a ser conhecido pelo papa Nicolau V que, levando-o a Roma[6], encarregou-o de pintar no palácio duas cenas nos aposentos de cima, em concorrência com Bramantino da Milano[7]; tais pinturas foram depois destruídas pelo papa Júlio II, para que Raffaello da Urbino ali pintasse a Prisão de São Pedro e o milagre do corporal de Bolsena*, ou seja, foram destruídas as pinturas de Piero della Francesca e as de Bramantino da Milano, pintor muito estimado em

---

[3] O matemático frei Luca Pacioli nasceu em San Sepolcro antes de 1450. Morreu depois de 1509. Produziu como obra própria uma tradução de *Libellus de quinque corporibus regularibus* (cf. nota anterior). Os limites do plágio (frequentemente negado: cf. C. Winterberg, "Der Traktat des Piero de' Franceschi", em *Repertorium für Kunstwissenschaft*, V [1882], pp. 33-42) foram definidos com precisão por M. Jordan, "Der vermisste Traktat des Piero della Francesca", em *Jahrbuch der Königlich-preussischen Kunstsammlungen*, VI (1880), pp. 112-9. Sobre toda essa questão, cf. J. von Schlosser, *La letteratura artistica*, Florença, 1956, pp. 123 ss.

[4] Provavelmente entre 1410 e 1420, primogênito de certo Benedetto sapateiro e curtidor e de certa Romana di Pierino da Monterchi.

[5] Guidobaldo da Montefeltro, filho do celebérrimo Federico, nasceu em 1472 e morreu em 1508. Vasari talvez quisesse referir-se a Guidantonio (senhor de Urbino de 1404 a 1443), ao qual sucedeu Oddantonio, assassinado em 22 de julho de 1444, e depois Federico.

[6] Estava efetivamente em Roma em 12 de abril de 1459, quando lhe foram pagos 150 florins "como parte de seu trabalho em algumas pinturas feitas na câmara da Santidade de Nosso Senhor", que, no entanto, era Pio II, e não Martinho V.

[7] Bartolomeo Suardi, vulgo Bramantino, era filho de Alberto Suardi e nasceu por volta de 1465; morreu entre 1531 e 1536. Cf. W. Suida, *Bramante Pittore e il Bramantino*, Milão, 1953. Sua presença em Roma em 1508 é documentada por um pagamento antecipado por pinturas que deveriam ser feitas "in cameris S.D.N."; mas supõe-se uma viagem sua para o centro da Itália antes disso (entre 1495 e 1503), embora atualmente lhe sejam negados tanto o octógono central da abóbada da Stanza della Segnatura (que lhe fora atribuído por Venturi), quanto os *Profetas* da capela Carafa na igreja de San Domenico Maggiore em Nápoles (que lhe fora atribuído por Fiocco).

* Corporal ou pano sagrado sobre o qual, em Bolsena, no século XIII, uma hóstia teria sangrado. [N. da T.]

seu tempo. Como a vida e as obras deste último não podem aqui ser descritas por mim, porque quis sua má sorte que estas não se conservassem, parece-me justo deixar dele pelo menos esta lembrança como testemunho de seu valor. Ouvi louvores extraordinários a algumas de suas figuras na referida cena, retratadas do natural, tão belas e bem-feitas, que só lhes faltava a fala para terem vida. Em Milão, acima da porta da igreja de San Sepolcro, vi dele um Cristo morto[8] em escorço, pintura que não mede mais de um braço de altura, mas em cuja exiguidade ele quis mostrar todo o tamanho do impossível com a facilidade e o valor do seu engenho. Também de sua lavra, na referida cidade, subsistem vários aposentos e arcadas em casa do marquês Ostanesia, com muitas cenas feitas por ele com grande habilidade e força nos escorços das figuras. As cenas representam feitos romanos acompanhados por diferentes alegorias poéticas[9]. E fora da Porta Versellina, perto do castelo, em uns estábulos hoje arruinados e deteriorados, pintou servidores a escovarem cavalos, dos quais havia um tão vivo e bem-feito, que outro cavalo, tomando-o por verdadeiro, desfechou-lhe vários pares de coices.

Mas, voltando a Piero della Francesca, depois que terminou sua obra em Roma, voltou a Borgo, para o enterro da mãe; e na paróquia, por dentro da porta do meio, fez em afresco dois santos que são considerados belíssimos. No convento dos frades de Santo Agostinho pintou o retábulo do altar-mor[10], coisa muito elogiada, e em afresco fez uma Nossa Senhora da Misericórdia numa de suas confrarias[11]; e, no Palácio dos Conservadores, uma Ressureição de Cristo[12] que é considerada a melhor entre todas as suas obras e as obras daquela cidade. Em Santa Maria de Loreto, pintou em companhia de Domenico de Veneza[13]. E foi levado a Arezzo por Luigi Bacci, cidadão aretino, e, na capela do altar-mor da igreja de S. Francesco, pintou a abóbada que fora

---

[8] A *Piedade* de San Sepolcro (Ambrosiana), deteriorada e fragmentária, ainda é visível. Por esse trecho ficamos sabendo de uma viagem de Vasari a Milão antes de 1550, que não tem outra documentação; segundo Kallab (*Vasaristudien*, Viena, 1908), ela provavelmente ocorreu entre a ida e a volta da viagem a Veneza em 1541-42.

[9] Esses afrescos se perderam.

[10] Encomendada a Piero em 4 de outubro de 1454 por Angiolo Giovanni di Simone Angeli; pagamento de 14 de novembro de 1469; dispersou-se em 1555; sua reconstrução atualmente está no seguinte estágio: identificadas as laterais no *Santo Agostinho* do Museu Nacional de Arte Antiga de Lisboa, no *São Miguel* da National Gallery de Londres (à esquerda), no *São João Evangelista* da Frick Collection de Nova York, no *São Nicolau de Tolentino* de Poldi Pezzoli de Milão (à direita); identificados também o centro da predela na *Crucificação* avariadíssima da coleção John D. Rockefeller de Nova York e dois Santinhos de outras repartições da predela ou dos pilares na provável *Santa Mônica* (à esquerda) e no *Santo Agostiniano* (à direita), ambas da Frick Collection; falta identificar: o centro (sem dúvida uma *Nossa Senhora no trono*: de um degrau seu restam vestígios evidentes no *São João* da Frick Collection) e pelo menos outros dois Santinhos (a *Santa Apolônia* da National Gallery de Washington não pode fazer parte do conjunto porque seria preciso inverter a fonte de luz).

[11] Sobre esse assunto é o painel que está hoje na Pinacoteca Comunal de Borgo San Sepolcro, encomendado a Piero em 11 de julho de 1445. Mas provavelmente Vasari se refere à "Madonna in muro", pela qual Piero recebeu um pagamento em 1478.

[12] O palácio hoje é sede da Pinacoteca Comunal, onde o afresco está conservado. Deve ser situado por volta do fim da atividade de Piero em Arezzo, ou seja, aproximadamente 1463 (Longhi, Clark). Foi transportado para sua atual localização em 1474; por isso, deve ter sido feito algum tempo antes.

[13] Esses afrescos se perderam. Mas, testemunho da responsabilidade direta de Domenico Veneziano (a respeito, cf. Vida de Andrea del Castagno e Domenico Veneziano, nas pp. 316-21) sobre a formação de Piero della Francesca, à parte as afinidades estilísticas, é um pagamento de setembro de 1439 pelos afrescos (hoje perdidos) de Domenico na igreja de Sant'Egidio, pertencente ao Ospedale di Santa Maria Nuova de Florença; no pagamento se diz: "Pietro di Benedetto del Borgo a San Sepolcro está com ele."

começada por Lorenzo di Bicci[14]. Nela se encontram as cenas da Cruz, desde quando os filhos de Adão, ao enterrá-lo, põem sob sua língua a semente da árvore da qual nascerá tal lenho, até a exaltação da Cruz, feita pelo imperador Heráclio, que entrou em Jerusalém descalço, carregando-a nos ombros; em tais cenas há belas observações e muitas atitudes dignas de louvor, tais como as vestes das mulheres da Rainha de Sabá, feitas segundo uma maneira suave e nova, os muitos retratos feitos do natural, antigos e vivazes, uma ordem de colunas coríntias divinamente dimensionadas, um camponês com as mãos apoiadas numa pá que, enquanto as três cruzes são desenterradas, ouve Santa Helena[15] com tanta solicitude que não é possível fazer algo melhor. Também vale mencionar o morto que ressuscita com o toque da Cruz, a alegria de Santa Helena e a admiração dos circunstantes que se ajoelham para adorar. Mas, acima de qualquer outra consideração de engenho e arte, está sua pintura do anjo em escorço que desce de cabeça para baixo a trazer o sinal da vitória para Constantino, adormecido num pavilhão guardado por um camareiro e alguns homens armados, todos obscurecidos pelas trevas da noite; e o anjo, com sua luz, ilumina o pavilhão, os homens armados e todos os que estão ao redor, com grande senso: porque Piero, com essa escuridão, mostra como é importante imitar as coisas verdadeiras e copiá-las da própria natureza. E, fazendo-o tão bem, deu ensejo a que os modernos o seguissem e atingissem o supremo grau em que estão hoje as coisas. Nessa mesma cena ele expressou eficazmente, em grande batalha, o medo, a coragem, a destreza, a força, os afetos e os acidentes, tudo considerado de maneira excelente nos que lutam, com uma carnificina quase inacreditável, entre feridos, tombados e mortos. Nela, Piero representou armas refulgentes em afresco, o que faz jus a grande louvor. E o mesmo se diga da outra face da capela, onde se vê a fuga e a submersão de Maxêncio, com um grupo de cavaleiros em escorço, tão admiravelmente feitos, que, considerando-se os tempos, podem ser chamados belíssimos e excelentes. Nessa mesma cena fez um homem seminu, em trajes sarracenos, sobre um cavalo esguio, de anatomia muito bem solucionada, pouco conhecida na sua época. Nessa obra estão Luigi Bacci, com Carlo e outros irmãos seus, além de muitos aretinos proeminentes nas letras, todos retratados do natural em torno da execução de um rei, motivo pelo qual tais pessoas recompensaram prodigamente Piero della Francesca, que a partir de então foi reverenciado e amado naquela cidade que ele tanto ilustrara. Piero sentia muito prazer em fazer modelos de barro cobertos de panos, para retratá-los com uma infinidade de pregas. No Episcopado da referida cidade fez uma Santa Maria Madalena em afresco[16], ao lado da porta da sacristia; e na paróquia fez um São Bernardino numa coluna[17], considerado belíssimo. Para a companhia da Anunciação, na referida cidade, fez o pendão para ser levado em

---

[14] Não por Lorenzo de Bicci (cf. sua *Vida* nas pp. 166-8), mas por seu filho Bicci di Lorenzo, que, antes de morrer (1452), teve tempo de pintar os *Evangelistas* na abóbada e dois dos quatro *Doutores* no intradorso. Piero della Francesca provavelmente entrou logo depois da morte de Bicci, mas não estão documentados os limites cronológicos de sua atuação. Parece também convincente, de qualquer modo, a tese de Longhi, segundo a qual o ciclo de afrescos já estava terminado antes de 1460. Segundo estudo recente de Ginzburg, Piero della Francesca teria continuado a decoração aretina também depois da viagem romana de 1458 (cf. Ginzburg, *Indagini*, cit., pp. 15-50). Em 1509 Luca Pacioli definia esse ciclo como "uma das digníssimas obras da Itália, elogiada por todos".

[15] Ou seja, a mãe do imperador Constantino.

[16] Ainda bem conservada na Catedral de Arezzo, é unanimemente datada por volta do fim do período aretino.

[17] Essa obra, da qual não se tem vestígio, não é mencionada na edição de 1568.

procissão[18]; e na igreja de Santa Maria delle Grazie, extramuros, à frente de um claustro, fez um São Donato sentado, em perspectiva; e, na igreja de San Bernardo dos monges de Monte Oliveto, fez uma figura de São Vicente num nicho em cima da muralha, coisa que é de ressaltar, por ser considerada belíssima pelos artistas. Em Sargiano, sede dos frades calçados da ordem de São Francisco, fora de Arezzo, pintou uma capela com um Cristo a orar no jardim à noite, obra considerada belíssima.

Foi um grande estudioso da arte, e era tamanho o seu valor na perspectiva, que ninguém mais que ele se destacou nos conhecimentos das coisas de Euclides, pois ele entendia mais que qualquer outro geômetra todos os melhores aspectos que podiam ser extraídos dos corpos regulares, e os maiores esclarecimentos existentes sobre tais coisas são de sua lavra; porque o mestre Luca dal Borgo, frade de San Francesco, que escreveu sobre os corpos regulares da geometria, foi seu discípulo. Este, sabedor dos muitos livros escritos por Piero, mandou publicá-los todos em seu nome, como dissemos acima[19], visto que eles lhe chegaram às mãos depois da morte do Mestre. Piero também trabalhou em Perúgia fazendo muitas coisas que ainda se veem naquela cidade[20]. Foi grande companheiro e amigo de Lazaro Vasari, aretino[21], que sempre imitou sua maneira e foi considerado excelente mestre nas pequenas figuras.

Foram discípulos de Pietro: Lorentino d'Angelo, aretino[22], que fez muitas pinturas em Arezzo à imitação do mestre; terminou as obras que haviam sido iniciadas por Piero; no claustro de Santa Maria delle Grazie, fora de Arezzo, ao lado do São Donato feito por Piero, encontram-se cenas de São Donato[23] feitas em afresco por Lorentino. Na igreja de Santo Agostino e na de San Francesco, em Arezzo, pintou capelas; dele também são muitas outras obras na cidade e fora dela, na zona rural, onde fez muitas figuras para ajudar sua família, que naqueles tempos era muito pobre. Conta-se que, às vésperas do Carnaval, seus filhos lhe pediram que matasse um porco, o que era costume na região. Mas Lorentino não tinha como, e os filhos insistiam, dizendo: "O senhor não tem dinheiro, papai, como vamos comprar o porco?" Lorentino respondia: "Algum santo nos ajudará." E essa foi a resposta que deu várias vezes, mas não se apresentava a solução e já ia passando a ocasião, quando, finalmente, apareceu um camponês de Pieve a Quarto, que, precisando cumprir uma promessa, queria uma imagem de São Martinho, mas para pagar só tinha um porco que valia cinco liras. Encontrando Lorentino, disse-lhe que precisava fazer aquela obra, e que não tinha outro recurso senão o porco; e assim se acertaram: Lorentino fez o trabalho, e levou o porco para

---

[18] Esse pendão com *a Anunciação* está perdido. Foi encomendado a Piero em 20 de dezembro de 1466, e em 7 de novembro de 1468 estava terminado.

[19] Cf. p. 274 e nota 2.

[20] Na edição de 1568 Vasari cita especialmente "na igreja das mulheres de Santo Antônio de Pádua um quadro a têmpera, uma Nossa Senhora com o filho no regaço, São Francisco, Santa Isabel, São João Batista e Santo Antônio de Pádua; e acima uma Anunciação belíssima, com um anjo que parece descido do céu; ademais, uma perspectiva de colunas que vão diminuindo, realmente bela. Na predela, em cenas de pequenas figuras, Santo Antônio ressuscita um menino; Santa Isabel salva um menino que caiu num poço e São Francisco recebe os estigmas (ed. Club del Libro, cit., II, pp. 381-2). O quadro ainda está na Galeria Nacional da Úmbria em Perúgia; é certamente posterior aos afrescos de Arezzo (Longhi, Clark). Em boas condições de conservação, foi restaurado recentemente pelo Istituto Centrale de Roma.

[21] Cf. sua Vida na p. 286.

[22] Têm-se notícias de Lorentino d'Andrea (e não d'Angelo) de 1465 até sua morte (23 de outubro de 1506): era um ajudante medíocre, seguidor de Piero; dele restam alguns afrescos, sobretudo na igreja de San Francesco em Arezzo.

[23] Esses afrescos foram destacados em 1958.

278

casa, dizendo aos filhos que São Martinho o ajudara. Também foi seu discípulo certo Piero da Castel della Pieve[24], que em Borgo fez um arco acima de Santo Agostino e em Arezzo pintou um papa Santo Urbano nas freiras de Santa Caterina, derrubado na reforma da igreja. Também foi seu discípulo Luca Signorelli da Cortona[25], que lhe deu mais honra que os outros. As pinturas de mestre Piero della Francesca datam das proximidades do ano MCDLVIII. Conta-se que ficou cego[26] por um mal de catarro que o acometeu aos LX anos, e que viveu zarolho até os LXXXVI anos de idade. Em Borgo Piero deixou bons recursos e casas por ele construídas, parte das quais se incendiou e foi destruída no ano MDXXXVI. Sua morte causou grande pesar em seus concidadãos[27], que o sepultaram com honras na paróquia, hoje episcopado daquela cidade; entre os artistas, mereceu o título de melhor geômetra do seu tempo, visto que suas perspectivas talvez sejam as mais modernas, com melhor desenho e mais airosidade que as outras. Piero investigou muitas modalidades de escorço e solucionou quase todas as dificuldades geométricas, o que se pode ver claramente nos livros que escreveu, a maior parte dos quais se conserva na biblioteca do duque Federigo II de Urbino; tais livros e a fama angariada com a pintura imortalizaram Piero. Por isso não faltou quem depois o honrasse com estes versos:

PIETRO DELLA FRANCESCA

Geometra e pittor, penna e pennello
Cosí ben misi in opra; che natura
Condannò le mie luci a notte scura
Mossa da invidia: e de le mie fatiche
Che le carte allumar dotte et antiche,
L'empio discepol mio fatto si è bello*.

---

[24] Para Vasari evidentemente é apenas um nome, mas com certeza se trata de Pietro Perugino, que ele acredita ter nascido em Perúgia, mas nasceu, justamente, em Città della Pieve (cf. sua Vida nas pp. 430-8).

[25] Cf. sua Vida nas pp. 410-3.

[26] A data 1458 pode ser considerada aproximativamente correta para os afrescos de Arezzo. A cegueira deve ter afetado Piero nos derradeiros anos de sua vida, porque pelo menos até 1486 estava em condições de acrescentar correções autógrafas aos seus manuscritos. Em 1556 ainda estava vivo certo Marco di Longaro que, "quando pequeno, guiava pela mão o mestre Piero della Francesca, pintor excelente, que estava cego", conforme contou a Berto degli Alberti.

[27] Piero della Francesca morreu em 12 de outubro de 1492; foi sepultado na igreja de Badia em Borgo San Sepolcro.

* "PIETRO DELLA FRANCESCA / Geômetra e pintor, pena e pincel / Foram por ele tão bem postos em ação; que a natureza / Condenou minha luz à noite escura / Movida pela inveja: e com minha labuta / Iluminada por papéis doutos e antigos / Meu ímpio discípulo se adornou." [N. da T.]

Frei Giovanni da Fiesole (Fra Angelico), pintor florentino

Quem executa obras eclesiásticas e santas sem dúvida deveria ser também eclesiástico e santo, pois se percebe que, quando executadas por pessoas de pouca crença e menor estima pela religião, tais obras frequentemente trazem à mente apetites indecorosos e desejos lascivos; daí decorrem a crítica à obra no que ela tenha de indecoroso e o louvor no que tenha de maestria e virtude. Mas desde já digo que não gostaria de que alguns se enganassem, interpretando o devoto como canhestro e inepto, como fazem alguns que, ao verem pinturas onde haja alguma figura de mulher ou rapariga um pouco mais graciosa, bonita e adornada que de ordinário, logo as julgam lascivas. Não se apercebem estes que não só anulam o bom tino do pintor, para quem santos e santas são celestiais e tanto mais belos do que a natureza mortal quanto mais acima da beleza terrena das nossas obras está o céu, como também revelam que têm sentimentos viciosos e corrompidos, ao verem no outro o mal e desejos indecorosos; porque, se fossem tão amantes do decoro como querem demonstrar com esse zelo tolo, veriam desejo de alcançar o céu e louvores ao Deus supremo, perfeitíssimo e belíssimo do qual nasce a beleza das suas criaturas. Frei Giovanni[1] foi de fato santo e simples nos costumes, e, para dar uma ideia de sua bondade, basta mencionar que certa manhã,

---

[1] Frei Giovanni da Fiesole, cujo nome secular era Guido di Pietro, mais tarde chamado de Beato Angelico [ou Fra Angelico], provavelmente nasceu em fins do século XIV (e não em 1387, como se acreditou até há pouco tempo); em 1418 ainda era laico; é mencionado pela primeira vez como frade em 1423. Sua atividade já se iniciara em 1418, mas sua fisionomia artística nessa data nos é desconhecida. Cabe a Longhi a descoberta da adesão juvenil de Angelico à poética de Masaccio, apesar de alguma oscilação para Gentile da Fabriano, em Florença, entre 1422 e 1425. Todas as suas obras mais masaccianas, inclusive a *Anunciação* de Cortona e a *Coroação da Virgem* do Louvre, são anteriores ao tabernáculo dos Linheiros, de 1433, que marca o início de uma involução "ideológica" que durou até os afrescos feitos no convento de San Marco (c. 1440). Mas as obras-primas finais (políptico de Perúgia, retábulo de San Marco, afrescos da capela Niccolina no Vaticano) marcam uma nova abertura para a visão humanística, formulada com uma fatura tão luminosa e cristalina, que constituiu uma grande alternativa para os contemporâneos Domenico Veneziano e Piero della Francesca e interessou o maior pintor e iluminador francês do século XV, Jean Fouquet. Entre as monografias sobre Angelico, é possível consultar com grande utilidade a de J. Pope-Hennessy, *Fra Angelico*, Londres, 1974; quanto às recentes descobertas documentais, a de S. Orlandi, *Beato Angelico*, Florença, 1964. Quanto à reconstrução da atividade juvenil do artista, é fundamental a parte a ele dedicada por Longhi, "Fatti di Masolino e Masaccio", cit. Entre os estudos mais recentes, cf. M. Boskovits, *Un'adorazione dei Magi e gli inizi dell'Angelico*, Berna, 1976; id., "Appunti sull Angelico", em *Paragone*, n. 313 (1980), pp. 30-54; id., "La fase tarda del Beato Angelico: una proposta d'interpretazione", em *Arte Cristiana*, LXXI (1983), n. 694, pp. 11-24. Para uma consulta mais rápida, E. Morante e U. Baldini, *L'opera completa dell'Angelico*, Milão, 1970.

quando o papa Nicolau V o convidou para almoçar, ele demonstrou escrúpulos em comer carne sem licença do prior, esquecido da autoridade do pontífice. Esquivou-se de todas as atividades do mundo e viveu com pureza e santidade; foi amigo dos pobres, convicto de que sua alma haveria de pertencer ao céu. Manteve o corpo continuamente ocupado no exercício da pintura e nunca quis executar obras que não representassem santos. Poderia ter sido rico, mas não se preocupou com isso; ao contrário, dizia que a verdadeira riqueza está em contentar-se com pouco. Poderia ter comandado muitos, mas furtou-se, dizendo haver menos trabalho e erro na obediência. Poderia ter sido dignitário entre frades e freiras, mas não deu valor a isso, dizendo que a maior dignidade é procurar escapar ao inferno e aproximar-se do paraíso. Era humaníssimo e sóbrio, e, vivendo castamente, desvencilhou-se dos laços do mundo; costumava dizer com frequência que quem pratica essa arte precisa viver em sossego e despreocupação, dedicado à alma, pois quem faz coisas de Cristo, com Cristo deve estar sempre. Conta-se que nunca ninguém o viu encolerizado entre os frades, o que realmente me parece incrível, e que sempre advertia os amigos sorrindo, com simplicidade. E aos que lhe encomendassem obras dizia com benevolência que procurassem contentar o prior, pois ele sempre faria aquilo que lhe desse gosto. Falava com humildade e simplicidade, e suas obras sempre foram consideradas belíssimas e excelentes. Seu nome secular era Guido, vulgo Guidolino; depois, tornando-se frade de San Marco em Florença, passou a chamar-se frei Giovanni Angelico[2] dos frades predicadores. Em suas obras era muito natural e devoto; e, de fato, pode-se dizer que os santos não têm expressão mais modesta e santa do que os santos que ele pintou. Antes de professar era pintor[3] e iluminador, havendo em San Marco de Florença alguns livros com iluminuras suas[4]; e, por ser consciencioso e quieto, para satisfação da sua alma fez-se religioso, a fim de viver com mais decoro e boas disposições espirituais, deixando o mundo em tudo e por tudo.

Fez muitos afrescos e quadros. Na capela da Nunziata, em Florença, pintou o armário da argentaria que ali há e fez um número infinito de cenas com pequenas figuras, com suma diligência[5]. Em San Domenico, em Fiesole, há alguns painéis de sua lavra, entre os quais uma Anunciação, que na predela do altar contém pequenas cenas de São Domingos e Nossa Senhora[6], feitas com diligência e grande beleza; o mesmo se diga do

---

[2] O cognome "Angelico" deriva do adjetivo usado para o pintor por frei Domenico da Corella e por Landino.

[3] Efetivamente, ele era mais ativo como pintor antes de se tornar frade: em 31 de outubro de 1417 inscreveu-se na Companhia de São Nicolau junto à igreja do Carmine de Florença como "guia de Pietro pintor"; ainda como laico é indicado em 1418 pelos pagamentos por um quadro para a capela Gherardini na igreja de Santo Stefano, que se perdeu.

[4] Apesar de algumas tentativas de atribuição, não ficaram miniaturas seguramente atribuíveis a Angelico.

[5] Os seis painéis com 35 figuras relativas às *Cenas de Cristo*, que outrora constituíam as portas do armário da prataria na igreja da Santissima Annunziata de Florença, agora estão no Museu de San Marco. Não é certo que tenham sido encomendados por Piero de' Medici em 1448; de qualquer modo, a execução deve ter-se prolongado para além da morte de Angelico (1455), e os últimos pagamentos foram de 1461--62. Três cenas (*Bodas de Caná, Batismo de Cristo* e *Transfiguração*) são obras de Alesso Baldovinetti. Somente as nove primeiras cenas são atribuíveis quase por inteiro a Angelico; nas restantes, a crítica em geral ressalta a presença de alunos. As portas são mencionadas por Manetti (que, no entanto, escreve: "quase todo o tabernáculo das pratas"), por Albertini, pelo Livro de Antonio Billi e pelo Anônimo Magliabechiano.

[6] Sobre os painéis da igreja de San Domenico de Fiesole, Vasari será muito mais preciso na edição de 1568, na qual, além da *Anunciação* (agora no Museu do Prado de Madri, n.º 15, com cinco *Cenas de*

arco acima da porta da igreja. Em Florença fez para Cosimo de' Medici o retábulo do altar-mor de San Marco[7] e, em afresco, o capítulo dos referidos frades[8]; acima de cada porta do claustro pintou figuras e um Crucifixo[9] e em cada cela dos frades pintou uma cena do Novo Testamento[10]. Na sacristia da igreja de Santa Trinita fez um painel com a Descensão da Cruz[11], no qual usou grande diligência, o que o torna uma das mais belas coisas que jamais fez; e na igreja de San Francesco, fora da porta de San Miniato, fez outro painel com uma Anunciação[12]. Em Santa Maria Novella pintou o círio pascal com cenas em miniatura e outros relicários com cenas[13] que seriam mantidas sobre o altar. E na Abadia, acima de uma porta do claustro, fez um São Bento acenando silêncio[14]. Para o

---

Maria na predela, recentemente atribuída também a Zanobi Strozzi, mas não indigna da produção de Angelico entre 1425 e 1430), menciona também o painel do altar-mor, remanejado por Lorenzo di Credi em 1501 (ainda no local, sem a predela, da qual provavelmente faziam parte os cinco painéis da National Gallery de Londres, n.º 663, que representam o *Redentor em glória entre anjos e santos*) e a *Coroação da Virgem* agora no Louvre (n.º 1290). Esses três painéis seguramente já existiam em 1435, quando foi consagrada a igreja de San Domenico com seus três altares (Orlandi).

[7] Já mencionado por Albertini, pelo Livro de Antonio Billi e pelo Anônimo Magliabechiano, está hoje no Museu de San Marco em mau estado de conservação. Foi realizado mais ou menos entre 1438 e 1440; sem dúvida já no altar em janeiro de 1443. Relacionam-se com a predela oito *Cenas de São Cosme e São Damião* (três na Pinacoteca de Munique, uma na National Gallery da Irlanda em Dublin, uma na National Gallery de Washington, uma no Louvre, duas no Museu de San Marco em Florença) e uma *Piedade* na Pinacoteca de Munique.

[8] Ainda hoje pode ser vista, numa grande luneta, uma *Crucificação* com muitos santos, de cujo fundo só restou a imprimadura vermelha. O capítulo ainda não estava terminado em 22 de agosto de 1441, ao passo que em 25 de agosto de 1442 já ocorre um ato capitular (Orlandi). O afresco deve ter sido pintado nesse intervalo de tempo. É mencionado já pela *Cronaca di San Marco* de G. Lapaccini (1444-57), por Manetti, por Albertini, pelo Livro de Antonio Billi e pelo Anônimo Magliabechiano.

[9] Esses afrescos ainda existem no primeiro claustro, bastante deteriorados.

[10] No dormitório do convento de San Marco, todas as celas têm afrescos, em parte de Angelico e em grande parte de colaboradores. Nos corredores também há afrescos, entre os quais duas obras-primas do pintor: *Nossa Senhora com o Menino Jesus entre São Domingos, São Cosme, São Damião, São João Evangelista, São Marcos, Santo Tomás de Aquino, São Lourenço e Pedro, o Mártir*. A decoração das celas deve ter-se prolongado até depois de janeiro de 1443, porque nessa data (consagração da igreja de San Marco) a construção do convento ainda não estava totalmente acabada, segundo a *Cronaca di San Marco*, cit. Sobre os afrescos de San Marco depois das recentes restaurações, cf. G. Bonsanti, "Preliminari per l'Angelico restaurato", em *Arte cristiana*, n. 694 (1983), pp. 25 ss.; L. Bellosi, "Il museo di San Marco", em *Prospettiva*, n. 37 (abril de 1984) pp. 87-8.

[11] A grande *Deposição* da igreja de Santa Trinita, hoje no Museu de San Marco, já é mencionada por Manetti, pelo Livro de Antonio Billi e pelo Anônimo Magliabechiano. As três cúspides são de Lorenzo Monaco, realizadas por volta de 1422, bem como a predela que agora está na Galeria da Academia de Florença, com a *Natividade*, uma *Cena de Santo Onofre* e uma *Cena de São Nicolau de Bari*. A época de execução da pintura deve estar bem próxima da época do tabernáculo dos Linheiros (1433); sobre a cronologia da obra de Angelico nesse período, cf. C. Volpe, "Paolo Uccello a Bologna", em *Paragone*, XXXI (1980), 365, pp. 9-10.

[12] Dessa igreja, hoje chamada de San Salvatore al Monte, provém a *Anunciação*, hoje na National Gallery de Londres, n.º 1406; é habitualmente atribuída a Domenico di Michelino, porém parece mais ser de um pintor do tipo de Zanobi Strozzi. L. Ragghianti Collobi, "Zanobi Strozzi pittore", em *La Critica d'Arte*, VIII (1950), p. 467, indicou um fragmento seu (proveniente da esquerda do painel, que foi retirado) na *Expulsão do Paraíso terrestre* da coleção Reber de Lausanne.

[13] Realizados para frei Giovanni Masi (morto em 27 de junho de 1434), segundo a *Cronaca* de Biliotti (1570-1600); eram quatro. Três estão agora no Museu de San Marco: o da *Nossa Senhora da estrela*, o da *Anunciação* e *Adoração dos Magos* e o da *Coroação da Virgem*. O quarto deve ser identificado com o *Sepultamento* e a *Assunção de Maria* no Museu Isabella Stewart Gardner de Boston.

[14] Acima da porta do refeitório, em péssimas condições, recentemente restaurado. Mas deve ser atribuído ao "Mestre do Claustro das Laranjeiras", ou seja, ao português Giovanni di Consalvo (cf. M. Chiarini, "Il Maestro del Chiostro degli Aranci, Giovanni di Consalvo portoghese", em *Proporzioni*, IV [1963], pp. 1-24).

Mester dos Linheiros fez um quadro[15] que está em sua sede. Em Cortona pintou um arquete acima da porta da igreja do convento[16] e também o retábulo da igreja[17]. Em Orvieto, na capela de Nossa Senhora[18], na Catedral, começou uma abóbada com profetas que depois foi terminada por Luca da Cortona[19]. Para a Companhia do Templo, em Florença, fez um painel com Cristo morto[20]; e na igreja de Santa Maria degli Agnoli, em Florença, fez um Paraíso e um Inferno com figuras pequenas[21]. E no *tramezzo* da igreja em Santa Maria Novella ainda se vê um quadro seu[22].

Por esses muitos trabalhos em toda a Itália correu alta a fama desse mestre, julgado por todos não só santo como excelente. Tinha o costume de não retocar nem consertar nenhuma pintura sua, deixando-a sempre tal como lhe tinha chegado pela primeira vez, por acreditar (segundo dizia) que aquela era a vontade de Deus. Dizem alguns que frei Giovanni nunca pegava os pincéis sem antes orar. Nunca fez Crucifixo sem que suas faces se banhassem de lágrimas. E isso se vê claramente nas atitudes de suas figuras, na bondade de sua grande disposição para a religião cristã. Por isso, o papa Nicolau V soube de sua fama e mandou chamá-lo a Roma[23], onde lhe encomendou a capela do palácio em que o papa assiste à missa; ali ele fez uma Descensão da Cruz com cenas

---

[15] Hoje no Museu de San Marco, o tabernáculo dos Linheiros é a primeira obra de Angelico que pode ser datada com segurança; foi-lhe atribuída em 11 de julho de 1433. Jacopo, vulgo *il Papero* (o marreco), provavelmente executou a parte de madeira (outubro de 1432-julho de 1433), enquanto a moldura de mármore, cujo desenho é de Ghiberti (outubro de 1432), foi encomendada em 11 de agosto de 1433 a Jacopo di Bartolomeo da Settignano e a Simone di Nanni da Fiesole.

[16] Na luneta da igreja de San Domenico em Cortona ainda existia em más condições o afresco de Angelico com a *Nossa Senhora e o Menino Jesus entre São Domingos, São Pedro Mártir e os quatro Evangelistas*, no intradorso. Restaurada em 1955, foi destacada com a consequente recuperação da sinople. Provavelmente foi pintada pouco depois de 1437; nesta data, realmente, a construção da igreja ainda não tinha terminado (Orlandi). Angelico estava em Cortona em março de 1438: B. Cole, "Fra Angelico: a new document", em *Mitteilungen des Kunsthistorischen Institutes in Florenz*, 1977, pp. 95-100.

[17] Provêm da igreja de San Domenico os dois painéis de Angelico hoje conservados e completos com suas predelas no Museu Diocesano de Cortona: a *Anunciação*, realizada por volta de 1430 ou pouco depois (Longhi), e a mais tardia *Nossa Senhora com o Menino Jesus no trono entre anjos e São Marcos, São João Batista, São João Evangelista e Maria Madalena*. Mas sobre o altar-mor foi posto em 1440 e lá permaneceu até hoje o velho painel que estava acima do altar-mor da igreja de San Marco, em Florença, pintado por Lorenzo di Niccolò em 1402 e doado em 1438 à igreja de San Domenico de Cortona por Cosimo e Lorenzo de' Medici.

[18] No verão de 1447 Angelico foi de Roma a Orvieto e, com os ajudantes Benozzo Gozzoli, Giovanni di Antonio della Checca, Giacomo da Poli e, depois, Pietro di Niccolò, deu início à decoração da capela de São Brício na Catedral, encomendada em 11 de julho, fazendo os afrescos de dois panos da abóbada com *Cristo Juiz* e os *Profetas*.

[19] Ou seja, Luca Signorelli: cf. nota 18, p. 412.

[20] É o quadro com a *Lamentação sobre Cristo*, hoje no Museu de San Marco, em Florença, n.º 58. Foi encomendado a Angelico em 13 de abril de 1436, e seu pagamento terminou em 2 de dezembro do mesmo ano (Orlandi). Já mencionado por Albertini, pelo Livro de Antonio Billi e pelo Anônimo Magliabechiano.

[21] É o famoso *Juízo Universal*, hoje no Museu de San Marco, já mencionado na igreja de Santa Maria degli Angeli por Manetti, por Albertini, pelo Livro de Antonio Billi e pelo Anônimo Magliabechiano.

[22] A *Coroação da Virgem*, proveniente da igreja do convento de Santa Maria Nuova (Sant'Egidio), conservada hoje nos Uffizi, n.º 1612, já é mencionada por Manetti, pelo Livro de Antonio Billi e pelo Anônimo Magliabechiano ("o Paraíso"). Collobi Ragghianti acreditou que fosse pintada por Zanobi Strozzi por volta de 1440; Sandberg-Vavalà e Salmi, com mais justeza, a atribuíram ao próprio Angelico por volta de 1430, mas talvez seja uma versão de cunho ultraterreno da *Coroação* do Louvre. Acredita-se que fizesse parte da predela das *Bodas* e da *Morte da Virgem* no Museu de San Marco.

[23] Tommaso Parentcelli da Sarzana foi papa com o nome de Nicolau V de 1447 a 1455. Mas Angelico já estava em Roma em maio de 1446, durante o pontificado de Eugênio IV (morto em 23 de fevereiro de 1447).

belíssimas de São Lourenço[24], nas quais retratou o papa Nicolau do natural. Na Minerva também fez o retábulo do altar-mor com uma Anunciação, que agora está ao lado da capela-mor, na parede. Fez também para o referido papa a capela do Sacramento, no Palácio[25], que foi derrubada no tempo do papa Paulo III para a construção das escadas; era coisa excelente em seu estilo. E o papa, que o achava pessoa de vida santíssima, quieta e modesta, nutrindo grande respeito e amor por sua bondade, quando o Arcebispado de Florença vagou, ordenou que frei Giovanni fosse investido daquela dignidade, por lhe parecer que ele fizesse jus a ela mais do que qualquer outro. Ao saber disso, o frade suplicou a Sua Santidade que nomeasse outro, pois ele não era bom para governar pessoas, mas, na sua ordem, seria um frade amigo dos pobres, pessoa santa, douta e de ótima conduta, que o amava tanto quanto a si mesmo. Por isso, se Sua Santidade houvesse por bem dar a outro o cargo, seria como se o tivesse confiado à sua própria pessoa. O papa, ouvindo essas palavras, lhe fez essa graça, e assim se tornou Arcebispo de Florença o frei Antonio da ordem dos predicadores[26], depois canonizado pelo papa Adriano VI em nosso tempo. Frei Giovanni era tão assíduo na prática da arte, que fez um número infinito de coisas; embora muitas se tenham extraviado, ainda se encontram algumas em diversos lugares. Sempre ajudou os pobres com seus trabalhos e nunca abandonou a religião. Morreu aos LXIX anos em MCDLV[27]. Deixou os discípulos Benozzo Fiorentino[28], que sempre imitou sua maneira; Zanobi Strozzi[29], que fez quadros e painéis por toda Florença para as casas dos cidadãos, especialmente um painel que hoje está no *tramezzo* de Santa Maria Novella, ao lado do painel de frei Giovanni; Gentile da Fabbriano[30] e Domenico di Michelino[31], que na

---

[24] Trata-se dos afrescos com *Cenas de Santo Estêvão e São Lourenço* na capela Niccolina, identificada apenas como "cappella secreta D. N. Pape" que, segundo os documentos, estava sendo pintada em 1448; não parece poder ser confundida com o "studio di N. S.", por cujas pinturas Angelico foi pago em 1449. Os afrescos passaram por novas pinturas; restaurados em 1947-50, não ficou vestígio de "deposição da Cruz". Já eram citados por Manetti, pelo Livro de Antonio Billi e pelo Anônimo Magliabechiano. Nessa obra, Angelico certamente foi ajudado por Benozzo Gozzoli. Sobre a fase romana de Angelico, cf. C. Gilbert, "Fra' Angelico's cycles in Rome: their number and date", em *Zeitschrift für Kunstchichte*, XXXVIII (1975), pp. 245-65; A. Greco, *La Cappella di Niccolò V del Beato Angelico*, Roma, 1980.

[25] Não parece poder ser confundida com a capela-mor de São Pedro, que foi destruída, decorada por Angelico em 1447.

[26] Santo Antonino foi consagrado arcebispo de Florença em março de 1445, quando Angelico ainda não tinha ido a Roma. Mas, pelos Autos de canonização de Santo Antonino depreende-se que a recomendação de Angelico é real (assim como o cargo oferecido num primeiro momento a Angelico: cf. S. Orlandi, *Beato Angelico*, cit., pp. 190-2).

[27] Angelico morreu em Roma em 18 de fevereiro de 1455 e foi sepultado em Santa Maria sopra Minerva.

[28] Cf. sua Vida nas pp. 326-9.

[29] Zanobi Strozzi (1412-68) conviveu de 1433 a 1438 com Battista di Biagio Sanguigni (o mesmo que em 1417 apresentara a Angelico, ainda laico, à Companhia de São Nicolau). Tornou-se um nome cômodo para todas as pinturas cuja qualidade não parecesse digna de Angelico; mas o ponto de partida para reconstruir a sua não grande personalidade artística foram os Antifonários 522, 517 e 518 do Museu de San Marco, documentados (cf. M. Levi D'Ancona, *Miniature e Miniatori a Firenze dal XIV al XVI secolo*, Florença, 1962, pp. 261-8).

[30] Gentile da Fabriano era bem mais velho que Angelico e tinha cultura muito diferente. Cf. sua Vida nas pp. 322-3.

[31] Domenico di Michelino (1417-91), mais influenciado que Angelico por Pesellino e Filippo Lippi, autor da pintura com *Dante e a Divina comédia* na Catedral de Florença (1465). Com base nessa obra foi possível reconstruir sua atividade pictórica; cf. A. M. Ciaranfi, "Domenico di Michelino", em *Dedalo*, VI (1925-26), pp. 522-38.

igreja de Santo Apolinare fez o retábulo do altar de São Zenóbio e, no convento de Santa Maria degli Agnoli, fez um Juízo com um número infinito de figuras. Frei Giovanni foi sepultado pelos frades de sua ordem na Minerva de Roma, ao longo da entrada lateral, junto à sacristia, num sepulcro de mármore redondo, onde se vê entalhado este epitáfio:

NON MIHI SIT LAVDI QVOD ERAM VELVT ALTER APELLES
SED QVOD LVCRA TVIS OMNIA CHRISTE DABAM
ALTERA NAM TERRIS OPERA EXTANT ALTER COELO.
VRBS ME IO ANNEM FLOS TVLIT AETHRVRIAE*.

---

* "Que não me louvem por ter sido outro Apeles, / Mas por ter beneficiado a ti, Cristo. / Umas obras são da terra; outras, do céu. / Fui trazido ao mundo pela flor da Etrúria." [N. da T.]

Lazzaro Vasari, pintor aretino

A imensa felicidade de qualquer artista que descubra que na arte por ele exercida algum de seus familiares já alcançou glória e honra é coisa que percebo claramente na alegria que sinto por ter encontrado, entre meus antepassados, Lazzaro Vasari, pintor famoso em seu tempo, não só na pátria, como em toda a Toscana. E não deixa de ter boas razões esse sentimento, como viria eu a demonstrar, caso me fosse dada a liberdade (a mesma empregada com todos os outros) de escrever também sobre ele. Mas como, em vista de ter eu nascido de seu sangue, alguns talvez julgassem mais do que devidos os meus louvores, deixarei de lado os seus méritos e os da família e direi pura e simplesmente aquilo que não posso calar de maneira alguma, caso não queira faltar à verdade da qual a história sempre pende.

Portanto, o pintor aretino[1] Lazzaro Vasari foi amigo e companheiro fiel de Piero della Francesca del Borgo a San Sepolcro, tendo sido grande o seu valor nas pequenas figuras. E, sendo habitual no seu tempo pintar bardas de cavalos, foi infinito o número de trabalhos que fez para Niccolò Piccinino[2], o que lhe propiciou bons ganhos e a possibilidade de levar para Arezzo uma parte dos seus irmãos, que moravam então em Cortona e se dedicavam às misturas de terras para confecção de vasos. Lazzaro, apaixonando-se pela pintura e pelo desenho, passava dia e noite a estudá-los. Aprendeu tão bem a maneira de Pietro del Borgo, que pouco se distinguia deste. Era pessoa cuja imaginação se mantinha firmemente presa às coisas naturais, como se vê numa capelinha no *tramezzo* da igreja de San Gimignano em Arezzo, onde pintou em afresco um Crucifixo, Nossa Senhora, São João e Madalena, estas chorando aos pés da Cruz com atitudes tão dispostas e atentas ao pranto, que, parecendo vivas e verazes, anga-

---

[1] Lazzaro di Niccolò de' Taldi da Cortona, nascido talvez em 1396, foi morar em Arezzo pouco antes de 1458, sendo o fundador da família que trocou o nome para Vasari por causa de Giorgio, filho de Lazzaro, que era oleiro, fazia vasos. Mas Lazzaro não foi pintor, e sim seleiro de cavalos, como ele mesmo declara no seu registro do cadastro de Estimo de Cortona em 1427 (Milanesi). Portanto, devem ser consideradas propostas sem compromisso tanto a de Longhi, de identificá-lo como o "Mestre da Arca Adimari" (identificável, ao contrário, com o irmão de Masaccio, Giovanni di ser Giovanni Scheggia), quanto a de F. Santi ("Gli affreschi di Lazzaro Vasari a Perugia", em *Bollettino d'Arte*, 1961, pp. 315 ss.), que, com base na edição de 1568 de Vasari, lhe atribui os restos de afrescos de Santa Maria Nuova em Perúgia, que, no entanto, cabem a um ótimo pintor úmbrio-camerte que pintou também o tríptico da sacristia da Catedral de Camerino e a *Crucificação* do Museu de Brno, habitualmente atribuídos a Girolamo di Giovanni. Sobre a figura de Lazzaro Vasari, cf. a documentada contribuição de F. Dabell, "Shorter Notice. Domenico Veneziano in Arezzo and the problem of Vasari's painter ancestor", em *The Burlington Magazine*, CXXVII (1985), pp. 29-32.

[2] O *condottiero* Niccolò Piccinino nasceu em Perúgia em 1386 e morreu em 1444.

riaram-lhe crédito e nome entre seus concidadãos. Em Monte Pulciano fez uma predela com figuras pequenas, que está na paróquia; e em Castiglione, em Arezzo, fez um painel a têmpera na igreja de San Francesco, além de muitos outros trabalhos com pequenas figuras que podem ser vistos por toda a cidade em várias casas dos cidadãos. E no Partido Guelfo, em Florença, ainda se veem bardas de sua lavra.

Lazzaro era agradável, espirituoso e argutíssimo no modo de falar; e, embora por gosto e comodidade fosse muito dado aos prazeres, nunca se afastou da vida honesta. Viveu LXXIII anos, deixando o filho Giorgio[3], que nunca deixou de se dedicar ao antigo trabalho de confecção de vasos aretinos; no tempo em que o bispo aretino Gentile de Urbino[4] estava em Arezzo, ele descobriu o modo de produzir o vermelho e o preto dos vasos de barro que os velhos aretinos fizeram até o tempo do rei Porsena. E ele, que era industrioso, fez no torno vasos da altura de um braço e meio, que ainda hoje se veem em sua casa, pois os guardou para conservar aquelas técnicas antigas. Dizem que, buscando vasos num lugar onde se acreditava que os antigos trabalhavam, Giorgio encontrou num campo de extração de barro perto de uma ponte de um lugar chamado Calciarella três arcos de fornalhas antigas, soterrados numa profundidade de três braços. E, buscando nas cercanias, encontrou, feitos com aquela mistura, um sem-número de vasos quebrados e quatro inteiros. Indo a Arezzo, o Magnífico Lorenzo de' Medici os recebeu como oferta de Giorgio, que lhe fora apresentado pelo bispo; aceitou-os, e tal dádiva deu início aos serviços que a família ainda hoje presta àquela venturosa casa. Fez ótimos trabalhos em relevo, como demonstram alguns bustos que ainda estão em sua casa. Teve cinco filhos homens[5], todos dedicados à mesma profissão, entre os quais foram bons artistas Lazzaro e Bernardo, que morreu muito jovem em Roma; era desenhista e pintor de vasos com figuras, considerado excelente mestre. É certo que, se a morte não o arrebatasse tão cedo à nossa família, pelo engenho destro e pronto que demonstrava teria elevado o prestígio e a honra de sua pátria. Lazzaro morreu velho em MCDLII[6], e Giorgio passou desta vida à outra com LXVIII anos de idade, em MCDLV[7]. Ambos foram sepultados na paróquia de Arezzo, ao pé de sua capela na igreja de San Giorgio, onde em louvor de Lazzaro foram postos os seguintes versos por quem o amava:

> *Aretii exultet tellus clarissima: namque est*
> *Rebus in angustis em tenuiq(ue) labor.*
> *Vix operum istius partes cognoscere possis,*
> *Myrmecides taceat, Callicrates sileat*.*

---

[3] É o avô do escritor.

[4] Messer Gentile de' Becchi, preceptor de Lourenço, o Magnífico, foi bispo de Arezzo de 1473 a 1497.

[5] Antonio, Cosimo (padre), Lazzaro (ourives), Antonio (pai do escritor) e Bernardo (ourives).

[6] "1468 die XXXI iulii Magister Lazarus sellarius de Cortona sepultus in Plebe" (cf. U. Pasqui, "Pittori aretini vissuti dalla seconda metà del sec. XII al 1527", em *Rivista d'Arte*, X [1917-18], pp. 32-87).

[7] Segundo a edição giuntina, Giorgio morreu em 1484.

* Que a ilustre terra de Arezzo se orgulhe, pois / Tudo está no trabalho pequeno e sutil. / É difícil ver todas as partes de sua obra, / Que Mirmécides se cale, que Calícrates silencie." [N. da T.]

Leonbatista Alberti, arquiteto florentino

Grande é a utilidade das letras para todos os que com elas se deleitam, porém sem dúvida muito maior é sua utilidade para escultores, pintores e arquitetos, pois embelezam e sutilizam as invenções a que naturalmente dão vida. Realmente, é isso o que de mais útil e necessário pode ocorrer aos prodigiosos engenhos desses artistas; ademais, não será perfeito o tino daquele que o tenha como dom natural mas seja desprovido do acidental, ou seja, da companhia das boas letras. Pois quem não sabe que, na localização dos edifícios, é preciso evitar filosoficamente a nocividade dos ventos pestíferos, a insalubridade do ar, os miasmas, os vapores das águas impuras e insalubres? Quem não sabe que, após madura reflexão, é preciso conhecer, rejeitar ou aprender pessoalmente tudo acerca daquilo que se procura fazer, sem ficar à mercê da teoria alheia que, separada da prática, é de bem pouca valia no mais das vezes? Mas, quando porventura teoria e prática se juntam, não há nada que possa ser mais conveniente à nossa vida; seja porque a arte por meio da ciência se torna muito mais perfeita e rica, seja porque os textos e os conselhos dos artistas doutos têm em si muito maior eficácia e granjeiam maior crédito que as palavras ou as obras daqueles que só conhecem a simples prática, que eles executam bem ou mal. Pois lendo as histórias e ouvindo as narrativas, um mestre caprichoso melhora continuamente e faz as coisas com mais qualidade e inteligência do que os iletrados. Clara prova disso está no florentino Leonbatista Alberti[1], que, conhecendo a língua latina e dedicando-se à arquitetura, à perspectiva e à pintura, deixou livros escritos de tal maneira que, não tendo surgido entre os artistas modernos

---

[1] Filho natural do florentino Lorenzo Alberti, exilado em 1402, Leon Battista nasceu em Gênova em 1404. Depois se mudou com o pai para Veneza e frequentou a escola paduana do humanista Barzizza e o estúdio de Bolonha, onde se diplomou em direito canônico em 1428. Ingressando na Cúria romana, seguiu a corte pontifícia quando Eugênio IV se transferiu para Florença em 1434, ficando ali até 1443. Sendo conselheiro de Nicolau V, a partir de 1460 está também em Mântua e na corte de Ludovico Gonzaga. Morreu em Roma em abril de 1472. Sendo principalmente escritor e humanista, sua atividade de arquiteto assumiu caráter literário e erudito; entendia o Renascimento como contínua citação do antigo; por isso, apesar das aparências, foi muito menos consequente e radical do que Brunelleschi. Para obter notas sobre essa Vida, que Vasari modificou amplamente na edição de 1568, cf. Brizio, *Vite scelte*, cit. Cf. também C. Grayson e G. C. Argan, "Alberti, Leon Battista", em *Dizionario biografico degli italiani*, vol. I, cit., pp. 702-3; J. Bialostocki, "The Power of Beauty: An Utopian idea of L. Battista Alberti", em *Studien zur toskanischen Kunst*, vários autores, cit., pp. 13-9; L. Mallé, "Appunti albertiani in margine al 'Della pittura'", em *Arte lombarda*, X (1965), pp. 211-30; G. Fiaccavento, "Sulla data del 'De statua' de Leon Battista Alberti", em *Commentari*, XVI (1965), pp. 216-21; G. B. Gadol, *Leon Battista Alberti*, Chicago-Londres, 1969; F. Borsi, *Alberti, Opera completa*, Milão, 1975; *Leon Battista Alberti, Atti del congresso internazionale*, Roma, 1977.

ninguém que soubesse escrever sobre tais coisas – ainda que muitíssimos deles tenham sido melhores que ele na prática –, é crença geral (tamanha é a força dos seus escritos para os doutos) que ele superou todos os que o superaram na prática. E assim se vê, realmente, que, entre todas as coisas que dão fama e reputação, são os escritos que têm mais força e vida, visto que os livros podem ser facilmente levados a todo lugar, e em todo lugar se lhes dá fé; desde que sejam verazes e não contenham mentiras. Desse modo, qualquer país pode conhecer o valor do engenho e as belas virtudes dos outros, muito mais do que por meio das obras manuais, que raras vezes podem sair do lugar onde foram postas. Portanto, não é de admirar que Leone Batista se tenha tornado mais famoso por aquilo que escreveu do que por aquilo que construiu. Nasceu ele na cidade de Florença[2] da nobilíssima família dos Alberti e, embora se tenha dedicado à construção e corrido mundo para estudar as antiguidades, na verdade foi muito mais dado à escrita do que à prática. E, como se pode ver pelo que escreveu, foi grande literato, excelente matemático e geômetra. Compôs sobre arquitetura dez livros em língua latina, por ele publicados em MCDLXXXI[3] e hoje traduzidos em língua florentina pelo reverendo messer Cosimo Bartoli[4], preboste de San Giovanni de Florença. Sobre pintura também escreveu três livros em latim[5], hoje traduzidos em língua toscana por messer Lodovico Domenichi[6]. Fez um tratado sobre tração[7] e regras para medir alturas[8], livros sobre a vida civil[9] e alguns outros livros de amor em prosa e versos[10]; foi quem primeiro tentou escrever versos em língua vulgar de acordo com a métrica latina, como se vê nesta sua epístola:

> *Questa per estrema miserabile epistola mando*
> *A te, che spregi miseramente noi*[11].

---

[2] Mas cf. nota anterior.

[3] O *De re aedificatoria*, escrito por volta de 1450, foi publicado postumamente em 1485 pelo primo em segundo grau e herdeiro de Leon Battista, Bernardo Alberti, com dedicatória a Lourenço, o Magnífico, e apresentação de Poliziano.

[4] A tradução de Cosimo Bartoli, que conta com figuras de sua própria criação, foi publicada em Florença exatamente em 1550, o mesmo ano dessa edição das Vidas. Outra tradução para o italiano, feita pelo modenense Pietro Lamo, já fora publicada em Veneza em 1546.

[5] O próprio Alberti compôs uma redação em latim do *Tratado da pintura*, terminada em 26 de setembro de 1435 e dedicada a Giovan Francesco de Mântua, e uma em língua vulgar, terminada em 17 de julho de 1436 e dedicada a Brunelleschi; o texto desta última foi descoberto e publicado pela primeira vez por H. Janitschek, Viena, 1887; a edição crítica foi organizada por L. Mallé, Florença, 1950; cf. também a edição sinóptica das duas redações, organizada por C. Grayson, Bari, 1973.

[6] A tradução de Domenichi da redação latina foi publicada em 1545 e também em 1565.

[7] Um *Trattato sui pondi, leve e tirari*, na Biblioteca Laurenziana de Florença (cod. Ashburn, nº 361), é atribuído a Alberti e foi publicado por G. Mancini (in G. Vasari, *Vite cinque annotate a cura di Girolamo Mancini*, Florença, 1917).

[8] Serão os *Ludi matematici* (sobre os quais cf. L. Vagnetti, "Considerazioni sui Ludi matematici", em *Studi e documenti di architettura*, I [1972], pp. 173-260) ou, como acredita Brizio, o *De punctis et lineis apud pictores* (org. G. Mancini, em *Opera inedita*, Florença, 1890)?

[9] Segundo Milanesi (II, p. 538, nota 1), seria alusão ao tratado *La famiglia*; segundo G. Mancini, a *Teogonio*, publicado no fim do século XV e, em Veneza, em 1543, com o título *De republica, de vita civile, et rusticana, et de fortuna*.

[10] Por exemplo, as prosas *Amator, Lettere amatorie, Deiphiram, Ecatonfilea*; os versos *Sonetti, Madrigale, Frottola, Egloghe*.

[11] "Por esta derradeira e miserável epístola mando / A ti, que nos desprezas miseravelmente." Com esse dístico encerra-se a epístola *Di Amiciziae. Versi exametri per la scena fatti et recitati publice per Baptista degli Alberti*, por ocasião do concurso poético ocorrido em Santa Maria del Fiore em 22 de outubro de 1441 (Brizio).

Mas em pintura não fez obras grandiosas nem muito belas; e aquilo que se conhece de seu, pouca coisa, aliás, não é muito perfeito; isto porque era ele muito mais dado aos estudos das letras do que aos dos exercícios manuais, por ter nascido de sangue nobilíssimo (como se disse). É obra sua a que está em Florença, no encontro da ponte Carraia, numa capelinha de Nossa Senhora; trata-se de uma predela de altar[12] com três pequenas cenas em perspectiva, muito mais bem descritas por sua pena do que pintadas por seu pincel. Na mesma cidade, em casa de Palla Rucellai, há um autorretrato feito com espelho e um painel bastante grande com figuras em claro-escuro. Também pintou uma vista de Veneza em perspectiva e São Marcos, mas as figuras ali presentes foram executadas por outros mestres, e é essa uma das melhores coisas suas em pintura. Entendeu perfeitamente Vitrúvio e fez o modelo das fachadas da igreja de San Francesco em Arimino para o senhor Sigismondo Malatesta[13], que por boas razões é um dos templos mais famosos da Itália: nele estão retratados do natural o referido senhor e o próprio Leonbatista. E no caminho de Pádua há, às margens do Brenta, algumas igrejas de pedra; e em Mântua, muitos desenhos de arquitetura[14], tudo feito por ele. Fez de madeira o desenho e o modelo de Santo Andrea de Mântua[15]; e não quis sair da cidade enquanto essa obra não estivesse terminada. Voltando a Florença, fez o modelo do palácio de Cosimo Rucellai, na rua chamada La Vigna[16]; também fez a arcada[17], em cujos cantos há alguns arcos não perfeitamente executados em razão da dificuldade da angulação do pilar. Esse erro foi causado pelo fato de que o edifício foi levantado até a imposta dos arcos e, criando-se um vão pequeno, não houve espaço para abrir o arco. Isso demonstra claramente que, além de ciência, é preciso ter muita prática e bom tino; mas não pode tê-los todos quem não se exercite manualmente com constância.

---

[12] Obra perdida. A. Parronchi ("Leon Battista Alberti as a painter", em *The Burlington Magazine*, CIV [1962], pp. 280-8; texto italiano em *Studi su la "dolce" prospettiva*, cit., pp. 437-67) acredita que dela faziam parte os dois painéis com a *Natividade da Virgem* (Nova York, Metropolitan Museum) e a *Apresentação de Maria no templo* (Boston, Museum of Fine Arts), que dão nome ao anônimo "Mestre dos Painéis Barberini", já identificado por F. Zeri (*Due dipinti, la filologia e un nome*, Turim, 1961) com certo Giovanni Angelo di Antonio da Camerino (not. conhecido de 1451 a 1460), mas que provavelmente deve ser considerado o urbinate Bartolomeo di Giovanni Corradini, conhecido como frei Carnevale, que fora colaborador de Filippo Lippi em Florença (cf. A. Conti, "Un libro antico della Sagrestia di Sant'Ambrogio", em *Annali della Escuola Normale Superiore di Pisa*, s. III, VI [1976], n. 1, pp. 103-9).

[13] Num primeiro momento Sigismondo (1417-68) fundou na igreja de San Francesco em Rimini uma capela para si mesmo (31 de outubro de 1447) e uma para Isotta degli Atti (1448). Evidentemente, 1450 é o ano no qual ele decidiu reformar toda a igreja, pois essa data aparece repetidamente nas inscrições do Templo e na medalha de Matteo de' Pasti, na qual é reproduzido o projeto original de Alberti, que inclui a cúpula. Alberti nunca supervisionou a construção, limitando-se ao projeto e a disposições e sugestões para o arquiteto Matteo de' Pasti, que era o verdadeiro responsável pelo Templo Malatestiano. A construção foi interrompida pela morte de Sigismondo; o campanário e o presbitério foram acrescentados mais tarde. Durante a última guerra, o Templo Malatestiano foi bombardeado duas vezes; desmontado pedra por pedra, foi montado de novo e restaurado (cf. C. Ricci, *Il Tempio Malatestiano*, Milão-Roma, 1925; C. Brandi, *Il Tempio Malatestiano*, Turim, 1956; P. G. Pasini, *I Malatesti e l'arte*, Bolonha, 1983).

[14] Entre estes, o projeto da igreja de San Sebastiano (que remonta a 1460, mas foi modificado em 1470), construída por Luca Fancelli.

[15] A igreja de Sant'Andrea foi idealizada em 1470, e Luca Fancelli começou a construí-la em 1472.

[16] Iniciado por volta de 1446-51 e terminado em 1455, o palácio Rucellai é atribuído pelo Livro de Antonio Billi a Bernardo Rossellino (atribuição energicamente defendida por J. von Schlosser, *Xenia*, Bari, 1938, pp. 34-6).

[17] O próprio Livro de Antonio Billi atribui a arcada a Antonio del Migliorino Guidotti.

Consta também que fez o desenho da casa dos Rucellai no jardim da via della Scala[18]; segundo dizem, é obra feita com muita elegância e suprema comodidade. Atribui-se a Leonbatista o desenho da porta da fachada de Santa Maria Novella[19] e da tribuna da igreja dos Servi, na cidade de Florença, feita a pedido do Marquês de Mântua[20], como demonstram os brasões e as divisas que lá se encontram. Leonbatista foi pessoa de louváveis costumes, grande amigo dos literatos e talentosos, tratando com grande cortesia quem o merecesse, mormente os estrangeiros, sempre que de valor. E, atingindo idade bem madura, passou-se a vida melhor contente e tranquilo[21], deixando nome honrado; e, em todos os que desejavam tornar-se eternos, deixou o desejo de imitá-lo, por ter sido ele realmente tal qual se descreve neste epitáfio:

LEONE BAPTISTAE ALBERTO VITRVVIO FLORENTINO
ALBERTVS IACET HIC LEO, LEONEM
QVEM FLORENTIA IVRE NVNCVPAVIT,
QVOD PRINCEPS FVITER UDITIONVM
PRINCEPS VT LEO SOLVS EST FERARVM*.

---

[18] Atualmente palácio Orloff, na via della Scala. Foi iniciado somente em 1498.

[19] A fachada de Santa Maria Novella, interrompida na época gótica, foi completada por iniciativa de Giovanni di Paolo Rucellai, a partir de 1456. Sobre a arquitrave do portal consta a data ANNO SAL. MCCCCLXX. Cf. a propósito M. Dezzi Bardeschi, *La facciata di Santa Maria Novella a Firenze*, Pisa, 1970.

[20] De fato, foi o marquês de Mântua, Ludovico Gonzaga, capitão geral da República Florentina, que quis a construção da Tribuna da Anunciação. De 1444 a 1455 os trabalhos foram feitos com base num projeto de Michelozzo, que, no entanto, foi severamente criticado. Então a construção foi confiada a Antonio Manetti (1460) e depois a seu filho Antonio Manetti, jovem que ali trabalhou de 1470 a 1477, seguindo os projetos de Alberti. Cf. a propósito P. Roselli, *Coro e cupola della SS. Annunziata a Firenze*, Pisa, 1971.

[21] Morreu em Roma em 20 de abril de 1472.

* "A Leon Battista Alberti, o Vitrúvio florentino. / Aqui jaz Alberto Leon, que a cidade de / Florença com razão chamou de Leão, / Porque foi o príncipe dos sábios, / Príncipe como só o leão o é entre as feras." [N. da T.]

Antonello da Messina, pintor

Pensando cá comigo nos diferentes tipos de benefícios e serviços prestados à arte da pintura pelos excelentes engenhos que se dedicam a esta, concluo de suas atividades que eles podem realmente ser considerados industriosos e valorosos, pois estão sempre procurando levar a arte ao máximo grau de perfeição, sem pensarem no desconforto nem nos gastos, por maiores que sejam, tamanha é sua vontade de estudar para poderem dar à pintura algo mais que perfeição do desenho, coisa que eles tanto melhoraram. E, visto que só trabalhavam painéis e telas a têmpera, técnica esta apreendida em MCCL por Cimabue na sua convivência com aqueles gregos e praticada por Giotto[1] e pelos outros mestres até aquele momento, era desejo deles encontrar algo melhor, pois lhes parecia que à têmpera faltavam certa impressão aveludada e certa vivacidade que só poderiam ser obtidas conferindo-se mais força ao desenho, mais beleza ao colorido e maior facilidade à união das cores; até então suas obras eram feitas apenas por meio do tracejado do pincel. No entanto, muitos haviam procurado arduamente tais efeitos, sem chegar aos resultados desejados, nem com o uso de verniz líquido, nem com qualquer tipo de óleo misturado à têmpera, como experimentaram Alesso Baldovinetti e Pesello[2], além de muitos outros; assim, nenhum deles conseguia conferir à sua obra a beleza e a qualidade que imaginavam. Além disso, faltava-lhes a técnica necessária para que as pinturas em painéis pudessem ser lavadas sem perder a cor, tal como ocorria com as pinturas murais, e para que resistissem a quaisquer choques durante o manejo. E várias vezes os artistas se reuniram para discutir tais coisas. Esse era o desejo não só dos mais elevados engenhos da pintura na Itália, mas também dos da França, da Espanha, da Alemanha e de outras províncias onde a arte fosse apreciada.

Naquela época, atuava em Flandres um pintor chamado João de Bruges[3], muito apreciado naquelas terras pela boa qualidade de seu trabalho, qualidade esta conquistada por meio do esforço, do estudo e do frequente empenho em enriquecer a arte de pintar. Pois vivia ele em busca de diferentes tipos de cor, gostava muito de alquimia e frequentemente destilava óleos para fazer vernizes e várias espécies de coisas, como sói ocorrer com as pessoas minuciosas. Assim, um dia, depois de trabalhar muito num painel e de tê-lo terminado com grande esforço e diligência, atingindo o fim que desejava, quis envernizá-lo à luz do sol, como se costuma fazer nas pinturas sobre madeira; e, deixando o quadro secar ao sol, foi tão violento o calor daquele dia, que a

---

[1] Cf. Vidas de Cimabue e de Giotto, respectivamente, nas pp. 79-83 e 91-101.
[2] A esses dois pintores Vasari dedica adiante duas Vidas, respectivamente nas pp. 297-9 e 324-5.
[3] Vasari já falou da pintura a óleo e de Jan van Eyck no capítulo XXI da Introdução (cf. pp. 50 ss.).

292

madeira, por estar mal aparelhada ou não ter sido devidamente amadurecida, abriu-se toda nos encaixes. João, vendo o estrago feito pelo calor do sol, jurou que nunca mais este lhe causaria tamanho prejuízo; e, desencantado com o verniz tanto quanto com a têmpera, começou a pensar no modo de encontrar alguma espécie de verniz que secasse à sombra, sem a necessidade de expor as pinturas ao sol. Assim, experimentando e misturando diferentes coisas, por fim descobriu que o óleo de linhaça e o de nogueira, entre os muitos que experimentou, eram os mais dessecativos. Tais óleos, fervidos com outras misturas, produziram o verniz que ele desejava. E, depois de muitas experiências, percebeu que, neles, a mistura das cores rendia uma têmpera muito forte que, depois de seca, resistia à água; além disso, tornava as cores muito vivazes e, mesmo sem verniz, dava-lhes lustro. E o que mais lhe pareceu admirável foi sua capacidade de união das cores, que era infinitamente melhor que a da têmpera. João, como era justo, ficou muito alegre e começou a pôr em prática tal descoberta. Assim, fazendo hoje uma coisa e amanhã outra, foi confirmando os resultados e passou a criar obras maiores. Estas foram muito louvadas por todos os artistas que as viram, tanto os de sua terra quanto os de fora. Desse modo, seu trabalho se disseminou por Flandres, pela Itália e por todas as outras partes do mundo, granjeando-lhe recompensas e fama imortal, sobretudo por parte daqueles que entendiam a novidade da invenção do colorido de João. Porque quem visse suas obras, não sabendo o que ele fazia, era obrigado não só a elogiá-lo, como também a celebrá-lo ao máximo. Isto porque, durante algum tempo, ele não se deixou ver a trabalhar e não ensinou o segredo a nenhum artista. Mas, depois que ficou velho, mesmo dando grande valor à sua descoberta, agraciou Rogério de Bruges com sua criação e a ensinou a seu discípulo Ausse[4], bem como a outros que já mencionei no capítulo XXI, quando falei do colorido a óleo em pintura. Muitos estrangeiros que comerciavam em Flandres mandavam as obras de João a diversos príncipes, em troca de dinheiro, e estes as apreciavam muito, não só em virtude do louvor que lhes era feito pelos outros artistas, porém muito mais pela beleza da invenção. Apesar disso, os pintores que viviam então na Itália nunca conseguiram descobrir que óleo ou que mistura era aquela, ainda que seu odor fosse tão pungente, que parecia impossível deixar de adivinhar. Mesmo assim, nada se descobriu, até que alguns mercadores florentinos que comerciavam em Nápoles e estavam em Flandres na época, mandaram ao rei Afonso I[5] um painel com muitas figuras, feito a óleo por João de Bruges. O rei, ao vê-lo, fez grandes elogios e demonstrou grande apreço tanto pela beleza das figuras quanto pela novidade da invenção do colorido. Assim, de todo o reino acorreram pessoas para ver aquela maravilha.

Antonello da Messina[6] durante muitos anos da juventude dedicara-se ao desenho em Roma. Sendo pessoa de bom engenho, arguto e muito sagaz no ofício, obtivera grande proveito no desenho; e, vivendo muitos anos naquela cidade, alcançara fama.

---

[4] Vasari também já falou de Rogier van der Weyden e de Hans Memling no capítulo XXI da Introdução (cf. pp. 50-62).

[5] Afonso V de Aragão (1396-1458), rei de Nápoles a partir de 1443.

[6] Antonello di maestro Giovanni d'Antonio, um dos maiores artistas do século XV italiano, nasceu por volta de 1430 em Messina, ou seja, numa região de influência flamenga, como ocorria com a Itália meridional no século XV, cujo centro mais importante era Nápoles com o pintor Colantonio. Mas as primeiras obras de Antonello, as mais flamengas, já refletem uma cultura italianizante, a cultura de Petrus Christus. Depois, o conhecimento direto de Piero della Francesca sugeriu ao pintor de construção de suas formas dentro de nítida e rigorosa organização espacial, exaltada sobretudo em numerosos retratos e no

Depois foi para Palermo, onde trabalhou muitos anos; também trabalhou em Messina, sua pátria, onde confirmou com suas obras a opinião favorável que seus conterrâneos tinham sobre seu talento na arte de bem pintar. Precisando um dia ir de Palermo a Nápoles, lá ficou sabendo que o rei Afonso recebera de Flandres o referido painel pintado por João de Bruges com óleos que podiam ser lavados e resistiam a batidas; que se tratava de trabalho de bom desenho, segundo a maneira daquele país, e de grande beleza de colorido; que o rei tinha grande apreço por aquela maneira de trabalhar. Por isso, sentiu muita vontade de vê-lo. E, envidando todos os esforços, finalmente conseguiu ver a obra, e foi tamanho o efeito que sobre ele exerceram a vivacidade das cores, a beleza e a uniformidade da pintura, que ele, deixando de lado todos os outros negócios e preocupações, partiu para Flandres[7]. Chegando a Bruges, tomou-se de grande amizade pelo referido João, presenteando-o com muitos desenhos feitos segundo a maneira italiana e com muitas outras coisas suas. Por essa razão e por já estar velho, João não se importou que Antonello conhecesse a sua técnica de pintar a óleo, e Antonello não saiu daquele lugar antes de aprendê-la perfeitamente, tal como desejava. Ora, enquanto decidia se partia ou não, João morreu[8], e Antonello, desejando voltar à Itália para rever a pátria e torná-la partícipe de segredo tão conveniente e útil, finalmente voltou; passando por Veneza[9], como era pessoa muito dada aos prazeres sensuais, gostou daquele modo de vida e resolveu fixar morada na cidade; ali fez muitos quadros, coloridos a óleo segundo a técnica trazida de Flandres, obras que, espalhadas pelas casas de muitos fidalgos do lugar, foram apreciadíssimas pela novidade do trabalho. Também fez outros tipos de trabalho, enviados para diversos lugares. Por fim, depois de ali granjear fama, foi-lhe encomendado um painel que seria posto na paróquia de San Cassano[10], naquela cidade; esse painel foi feito por Antonello com o máximo esmero e arte, sem economia de tempo, tendo sido muito comentado tanto pela

---

São Sebastião de Dresden, executado no período de sua permanência em Veneza (1475-76), onde sua obra produziu uma impressão duradoura sobre os artistas locais. Em 25 de fevereiro de 1479 seu filho Jacobello atestava sua morte. Sobre ele, cf. J. Lauts, *Antonello da Messina*, Viena, 1940; G. Vigni, *Tutta la pittura di Antonello da Messina*, Milão, 1952; S. Bottari, *Antonello*, Milão-Messina, 1953. Em especial, sobre a formação de Antonello da Messina no ambiente napolitano de Colantonio, cf. Bologna, *Napoli e le rotte mediterranee*, cit., pp. 93-117. Sobre os problemas da "conversão" de Antonello à forma italiana, é esclarecedora a recente contribuição de G. Previtali, "Da Antonello da Messina a Jacopo di Antonello, I. La data del Cristo Benedicente della National Gallery di Londra", em *Prospettiva*, n. 20 (1980), pp. 27-34. Para um perfil recente de Antonello em seu ambiente, cf. F. Sricchia Santoro, *Antonello da Messina*, vários autores, catálogo da exposição, Roma, 1981, pp. 61-105 e 161-92. De fácil consulta, L. Sciascia e G. Mandel, *L'opera completa di Antonello da Messina*, Milão, 1967.

[7] Essa viagem de Antonello a Flandres evidentemente é uma hipótese de Vasari, que tentava explicar de algum modo sua cultura pictórica. Para explicá-la, porém, a crítica moderna considera suficiente levar em conta o ambiente da Itália meridional (na prática, zona de influência flamenga) e o provável aprendizado com o napolitano Colantonio; esses são os dois componentes da formação de Antonello depreendidos já por Summonte, nas palavras de Colantonio.

[8] Jan van Eyck morreu em 1441, quando Antonello talvez nem tivesse 10 anos.

[9] Antonello é documentado em Veneza entre 1475 e 1476.

[10] Em 9 de março de 1476 o duque de Milão, Galeazzo Maria Sforza, escreveu ao seu embaixador em Veneza pedindo que mandasse Antonello a Milão para substituir o finado retratista de corte, Zanetto Bugatto. Em 16 de março, Pietro Bono, que encomendara o retábulo de San Cassiano, escreveu ao duque para que ele permitisse a ida de Antonello a Milão, mas pede que o envie a Veneza para ali ficar uns vinte dias e terminar o quadro. Este, porém, foi desmembrado no início do século XVII, restando apenas um fragmento no Kunsthistorisches Museum de Viena (n°. 89) com a *Nossa Senhora no trono entre São Nicolau, Maria Madalena, São Domingos e Santa Úrsula*.

novidade do colorido quanto pela beleza das figuras, traçadas com excelente desenho. E foi grande o seu apreço, sobretudo por conter tão precioso segredo. E assim, enquanto morou lá, foi agraciado e louvado pelo Senado.

Na cidade vivia então um dos mais excelentes pintores, certo messer Domenico Veneziano[11], que fez a Antonello as maiores lisonjas e cortesias, das que só se fazem a amigo muito amado; e, embora Antonello não quisesse deixar-se levar pelas cortesias de messer Domenico, depois de não muitos meses lhe ensinou o segredo da pintura a óleo, o que o deixou muito contente e lhe granjeou muitas honras em Veneza. Não demorou muito para que este fosse levado a Florença por aqueles que cuidavam dos negócios dos Portinari em Veneza, a fim de trabalhar na capela de Santa Maria Novella, por estes edificada, como diremos na vida de Andrea del Castagno; foi assim que messer Domenico ensinou a técnica a este último, e este, a todos os seus discípulos, de tal modo que ela se espalhou por toda a Itália. Mas, voltando a Antonello, que ficou em Veneza, diremos que, depois da obra de San Cassano, ele fez muitos retratos do natural para várias pessoas; e já lhe tinham sido encomendadas algumas cenas para a sala do conselho do palácio da Senhoria, cenas que não foram confiadas ao veronês Francesco di Monsignore[12], apesar das instâncias do velho marquês de Mântua, que o protegia e para quem ele fizera muitas obras em Mântua, tendo também trabalhado em Verona, sua pátria. É bem verdade que Antonello não conseguiu levar a cabo tais cenas, embora tivesse feito seus cartões, porque foi acometido por uma queixa de peito que o levou desta para vida melhor com XLIX anos[13]. Foi sumamente honrado nas exéquias pelos artistas do ramo, graças à dádiva da nova técnica de colorir, como demonstra este epitáfio:

D(ATVR) O(MNIBVS) M(ORI)
ANTONIVS PICTOR PRAECIPVVM MESSANE SVAE ET SICILIAE TOTIVS ORNAMENTVM HAC HVMO CONTEGITVR NON SOLVM SVIS PICTVRIS IN QVIBVS SINGVLARE ARTIFICIVM ET VENVSTAS FVIT SED ET QVOD COLORIBVS OLEO MISCENDIS SPLENDOREM ET PERPETVITATEM PRIMVS ITALICAE PICTVRAE CONTVLIT SVMNO SEMPER ARTIFICVM STVDIO CELEBRATVS*.

A morte de Antonello foi sentida por muitos amigos, especialmente pelo escultor Andrea Riccio, que fizera de mármore os dois nus, Adão e Eva[14], hoje vistos no palá-

---

[11] Vasari falará mais longamente de Domenico Veneziano na Vida de Andrea del Castagno nas pp. 316-21. Deve-se ter em mente, de qualquer maneira, que Domenico morreu em 1461 em Florença.

[12] Francesco Bonsignori (1453-1519), pintor veronês em contato com a cultura belliniana, em especial com o vicentino Bartolomeo Montagna, autor de quadros com a *Nossa Senhora com o Menino Jesus* no Museu de Castelvecchio em Verona (assinado e datado de 1473) ou a *Virgem com São Jerônimo e São Jorge* na igreja de San Bernardino, também em Verona (assinado e datado de 1488). A partir de 1483, passou vinte anos em Mântua, aonde foi chamado por Francisco II Gonzaga.

[13] Antonello voltou a Messina em 14 de setembro de 1476 e lá morreu em fevereiro de 1479.

* "A todos é dado morrer / Estas terras guardam o pintor Antonius, primeiro ornamento de Messina e de toda a Sicília, não só por suas pinturas, nas quais usou de singular artifício e beleza, mas também porque foi quem primeiro conferiu esplendor e perenidade à pintura, ao misturar as cores ao óleo. Será sempre sumamente celebrado pelos artistas." [N. da T.]

[14] As duas estátuas de *Adão* e *Eva* no Palácio Ducal são obra de Antonio Rizzo (lê-se ANTONIO RIZZO abaixo da *Eva*) e não de Andrea Riccio. Antonio foi "protomagister" do Palácio Ducal a partir de 1483, mas em 1498 fugiu de Veneza ao ser acusado de peculato; morreu em Foligno no fim do século. As duas estátuas são datadas por volta de 1476 (G. Mariacher, "Profilo di Antonio Rizzo", em *Arte veneta*, II [1948], pp. 67-85; ou em 1485-90, L. Planiscig, *Venezianische Bildhäuser*, Viena, 1921, p. 57).

cio da Senhoria em Veneza, obra considerada muito bela. Este não deixou de demonstrar grande afeição e de fazer-lhe encômios depois da morte, assim como não deixara de louvá-lo e celebrá-lo ao máximo em vida. Tal foi o fim de Antonello, a quem nossos artistas devem ser gratos, por ter trazido à Itália a técnica da pintura a óleo, assim como devem ser gratos a João de Bruges, por tê-la inventado em Flandres; ambos beneficiaram e enriqueceram essa arte. Pois, graças a essa invenção, depois surgiram artistas excelentes, que conseguiram criar figuras quase vivas e dar fama à pátria, honrando e ornando qualquer lugar onde estivessem. E maior deve ser o apreço dado a tais coisas quanto mais se sabe não haver escritor que atribua aos antigos essa maneira de pintar. E, caso se venha a saber com certeza que não a conheciam os antigos, seguir--se-á que este século superou o deles nesse aperfeiçoamento. Mas, assim como nada se diz que não tenha sido dito, talvez nada haja que não tenha havido; por isso, irei adiante sem mais falar; e, louvando aqueles que, além da excelência do desenho, sempre acrescentam algo à arte, passarei a escrever sobre os outros.

Alesso Baldovinetti, pintor florentino

É tão grande a nobreza da arte da pintura, que muitos nobres se inclinaram à arte, mas foram obrigados a afastar-se dela, conquanto pudessem ter auferido riquezas com tal vocação, caso a ela se tivessem dedicado. Mas, impelidos pelo desejo, esforçaram--se, mesmo contra a vontade paterna, por seguir sua inclinação natural, deixando o acidental. E não se preocuparam com a riqueza, dizendo que a verdadeira riqueza está nos frutos colhidos da árvore da virtude; árvore cujos ramos se expandem por toda parte e são facilmente levados por todos os caminhos, não havendo incêndio, devastação ou arma que afete a virtude; pois, na verdade, a fama ultrapassa os limites da morte. Sabendo disso, Alesso Baldovinetti[1], impelido por sua própria vontade, abandonou o comércio, praticado desde gerações por todos os seus, que assim conservavam os bens e a condição social recebidos de nobres cidadãos; e, ao fazê-lo, esforçou-se por honrar a família com o ornamento da pintura que tanto amava, esmerando-se na imitação das coisas da natureza, como se pode ver em suas obras. Já na infância Alesso tinha muita inclinação pela pintura, de tal modo que, contrariando a vontade do pai, que gostaria de vê-lo dedicado ao comércio, decidiu segui-la, dizendo ser essa a arte mais excelente e honrada entre todas as outras artes manuais e alegando que o nobilíssimo romano Fábio e muitos filósofos a tinham praticado. Assim, Alesso, perseverando em seu louvável intento, começou a capela de Santo Egídio[2] em Santa Maria Novella, ou seja, a fachada; também fez o retábulo e a capela-mor dos Gianfigliazzi da

---

[1] Apesar do escasso entusiasmo que transpira desta Vida, não se pode negar que Alesso Baldovinetti, nascido em Florença em 14 de outubro de 1425 e inscrito entre os pintores apenas em 1488, foi uma personalidade de grande relevo na pintura florentina do século XV. Seguindo os passos de Domenico Veneziano (mas em contato com Angelico), Alesso levou adiante as pesquisas realizadas por aquele no campo da perspectiva e da luminosidade, tirando proveito também da lição do jovem Piero della Francesca. Disso resultou um timbre de luminosidade opalescente e a adoção de blocos perspécticos que levou Vasari a falar de "maneira um tanto seca e severa", mas que deu ensejo a autênticas obras-primas, como a *Nossa Senhora* do Louvre e a *Natividade* no Claustro da Annunziata. Obra realmente exaustiva sobre o artista é o livro de R. W. Kennedy, *Alesso Baldovinetti*, New Haven, 1938. Da mesma autora cf. também o verbete "Baldovinetti, Alessio", em *Dizionario biografico degli italiani*, vol. V, Roma, 1963, pp. 512-3.

[2] A obra, mencionada por Manetti, por Albertini, pelo Livro de Antonio Billi e pelo Anônimo Magliabechiano, foi destruída. Em 1938-39 foram recuperados apenas alguns fragmentos insignificantes daquilo que deve ter sido um ciclo pictórico de importância capital para a arte florentina. Interrompido em 1445 por Domenico Veneziano (que tinha como ajudante o jovem Piero della Francesca), foi continuado por Andrea del Castagno de 1451 a 1453, sendo finalmente retomado por Baldovinetti em 17 de abril de 1461, com a promessa de terminar o trabalho em um ano.

igreja de Santa Trinita, com cenas do Antigo Testamento[3]. Foi diligentíssimo em suas obras e excelente imitador de toda e qualquer minúcia da natureza. Sua maneira era um tanto seca e severa, sobretudo nos panejamentos; tinha muito gosto em pintar paisagens, retratando-as ao vivo, tal como se encontravam, e imitando pontes, rios, rochas, relvados, frutas, caminhos, plantações, cidades, castelos, areia e seixos mínimos; tais coisas podem ser vistas numa cena em afresco, retocada a seco, que se encontra no pátio posterior da igreja da Nunziata de Florença, onde se vê a Anunciação com uma Natividade de Cristo[4]; nessa pintura foram tais o empenho, o labor e a diligência empregados numa cabana, que seria possível enumerar os fios e os nós da palha. Nela também imitou as ruínas de uma casa, cujas pedras se mostram mofadas pelo tempo e corroídas e consumidas pela chuva; uma parte da parede está coberta por grossa raiz de hera, em que a cor das duas faces das folhas foram imitadas com diligência e paciência. Retratou pastores vestidos segundo o uso do lugar e despendeu tempo infinito na pintura de uma serpente a caminhar pela parede. Sem dúvida, Alesso merece infinitos louvores pelo amor que nutriu pela arte.

Consta que durante muito tempo tentou trabalhar com mosaico, sem nunca obter os resultados desejados, até que por acaso conheceu um alemão que, indo a Roma em peregrinação, alojou-se em casa de Alesso durante alguns dias. Esse alemão ensinou-lhe tudo sobre o modo e o método de executar aquele tipo de obra, e foi assim que Alesso ousou trabalhar com mosaico. Na igreja de San Giovanni, acima das três portas de bronze, na face interna dos arcos, fez alguns anjos sustentando a cabeça de Cristo[5]. Em vista dessa obra, os Cônsules do Mester dos Mercadores lhe encomendaram a restauração de toda a abóbada daquela igreja, feita por Andrea Taffi[6]; ele deveria proceder ao polimento, à limpeza, ao arranjo e ao conserto de tudo quanto tivesse sido estragado pelo tempo[7]. Alesso executou o trabalho valendo-se de um andaime de madeira feito pelo arquiteto Cecca[8], artefato este considerado o que de melhor havia

---

[3] Dessas obras da igreja de Santa Trinita, mencionadas também por Lapaccini, por Manetti, por Albertini, pelo Livro de Antonio Billi e pelo Anônimo Magliabechiano, restam o painel com a *Trindade* na Galeria da Academia de Florença, bastante deteriorado (iniciado em 11 de abril de 1470 e terminado em 8 de fevereiro de 1472), e, no local, as figuras de Davi, Moisés, Abraão e Noé (na abóbada do presbitério) e um fragmento com dois ciprestes na parede. Esses afrescos foram caiados em 1760. Baldovinetti começara a pintá-los em 1471, e em 19 de janeiro de 1497 uma comissão composta por Benozzo Gozzoli, Filippino Lippi, Pietro Perugino e Cosimo Rosselli os avaliou em 1000 florins.

[4] O afresco, ainda no local, é mencionado também pelo Livro de Antonio Billi e pelo Anônimo Magliabechiano; foi destacado e restaurado em 1958 (*Seconda Mostra di affreschi staccati*, Florença, 1958, pp. 78-9), quando já estava muito deteriorado. Por ele Baldovinetti recebeu o primeiro pagamento em 28 de maio de 1460 e o último em 6 de setembro de 1462.

[5] Esse mosaico, com dois anjos a segurarem uma guirlanda dentro da qual está o busto do *Cristo imberbe*, acima da porta do Batistério, foi realizado em 1455. Em 1453, foi realizado o que está acima da porta norte, com o busto de *Cristo e dois serafins* entre florões de acantos.

[6] Andrea Taffi, ou Tafi: cf. sua Vida na p. 84, nota 4.

[7] Em 18 de novembro de 1481, Baldovinetti iniciou os trabalhos de restauração do mosaico da abside retangular do Batistério. Em 24 de agosto de 1483 combinou-se o "reparo e limpeza" também dos mosaicos da cúpula; no dia 27 decide-se que, "não havendo na jurisdição quem saiba fazer mosaico além de Alesso Baldovinetto Baldovinetti", devem "ser-lhe dados durante toda a vida tantos bens quantos rendam 30 florins ao ano, para que ele, enquanto viver, se incumba de reparar e limpar o mosaico de San Giovanni, bem como de fazer o que for necessário para mantê-lo". Nos *Ricordi* de Alesso (org. G. Poggi, Florença, 1909), também se fala de trabalhos com mosaicos entre 1487 e 1490.

[8] Vasari dedicou uma Vida a Cecca (cf. pp. 360-1). Esse trabalho de engenharia é citado num provimento dos Cônsules da Corporação dos Mercadores em 20 de fevereiro de 1482: "Francesco d'Angiolo,

naquela época. Alesso ensinou a arte dos mosaicos a Domenico Ghirlandaio, que depois o retratou a seu lado na capela dos Tornabuoni, como Joaquim expulso do templo, nas feições de um velho sem barba com capuz vermelho[9].

Viveu LXXX anos e foi admitido na albergaria de São Paulo com alguns bens[10]. Foi aceito com mais facilidade porque para ali enviou uma grande arca, onde supostamente haveria um tesouro, e só deu sua chave ao albergueiro com a condição de que a arca nunca fosse aberta, a não ser depois de sua morte. E, quando Alesso morreu, abriu-se a arca e nela só se encontrou um livrinho que ensinava a fazer as pedras do mosaico, o estuque e o método de trabalho; queria ele assim dar a entender que a fama e a virtude do artista são um tesouro.

Foi seu discípulo Graffione Florentino[11], que acima da porta dos Inocentes fez em afresco Deus Pai e os Anjos que ainda ali se veem[12].

Dizem que o Magnífico Lorenzo de' Medici, conversando certo dia com Graffione, que era um indivíduo estranho, disse-lhe: "Quero mandar fazer todas as faces internas da cúpula de mosaico e estuque." A isso Graffione respondeu: "Não tendes mestres para tanto." Lorenzo replicou: "Temos tanto dinheiro, que as faremos". E Graffione logo retrucou: "Lorenzo, dinheiro não faz mestres, são os mestres que fazem dinheiro." Era pessoa estranha e excêntrica, que só comia em mesa guarnecida com as folhas dos cartões que ele fazia e nunca dormiu em outro leito a não ser em uma arca cheia de palha e sem lençóis. Mas voltemos a Alesso. Este deixou arte e vida em MCDXLVIII[13], e, embora não tivesse então sido muito homenageado, não faltou depois quem lhe fizesse este epitáfio:

ALEXIO BALDOVINETTO GENERIS ET ARTIS NOBILITATE INSIGNI CVIVS NEQVE INGENIO NEQVE PICTVRIS QVICQVAM POTEST ESSE ILLVSTRIVS. PROPINQVI OPTIME MERITO PROPINQVO POS (VERVNT)*.

---

vulgo Cecca, fez o andaime para reparos do mosaico da Tribuna com grande ordem e delicadeza, sem atrapalhar o altar e o coro, motivo pelo qual, como remuneração, é eleito mestre de obras da igreja, não havendo ninguém igual em semelhantes coisas". Cf. Richa, *Chiese fiorentine*, tomo V, p. XXXIV (Milanesi).

[9] Mas Giovanni di Poggio Baldovinetti, que em 1747 apostilou um exemplar das *Vidas* de Vasari, demonstrou que o retrato não representa Alesso, mas Tommaso, pai de Domenico Ghirlandaio (Milanesi).

[10] Nos livros do Ospedale di San Paolo lê-se: "Alexo di Baldovineto fez no dia de hoje, 23 de março de 1499, uma doação a essa albergaria de todos os seus bens móveis e imóveis para depois de sua morte, com a incumbência por parte da albergaria de alimentar Mea, sua empregada, enquanto ela viver [...] Alexo morreu no último dia de agosto de 1499 e foi enterrado em sua sepultura em San Lorenzo, e a albergaria herdou seus bens [...]" (documento publicado por H. P. Horne, "A newly discovered 'Libro di Ricordi' of Alesso Baldovinetti", em *The Burlington Magazine*, V, 1903).

[11] Giovanni di Michele Scheggini (1455-1527) continua sendo um pintor misterioso, cuja única obra indubitável é a inserção (1485) da *Nossa Senhora adorando o Menino Jesus*, no centro do painel que Baldovinetti pintara para a igreja florentina de Sant'Ambrogio entre 1470 e 1473. Essa inserção revela que ele era um modesto seguidor de Cosimo Rosselli.

[12] É o afresco feito em 1458-59 por Giovanni di Francesco; afresco que permitiu identificar esse pintor (cf. P. Toesca, "Il pittore del trittico Carrand, Giovanni di Francesco", em *Rassegna d'Arte*, 1917, pp.1-4), com o anônimo autor conhecido pelo nome convencional de "Mestre do Tríptico Carrand", que morreu em 1459. O afresco, muito deteriorado, foi restaurado e destacado em 1957, sendo depois devolvido ao local de origem (*Seconda Mostra*, cit., p. 67).

[13] Cf. acima nota 10.

* "A Aleixo Baldovinetti, insigne pela nobreza do nascimento e da arte, a quem ninguém superou no engenho e na pintura, seus familiares mandaram fazer este epitáfio com todo merecimento." [N. da T.]

Vellano Padovano
(Bartolomeo Bellano), escultor

Tão grande é a força do imitar, que muitas vezes quem bem imita a maneira do imitado consegue aprendê-la a ponto de fazer coisas que são tidas pelas do mestre. É o que se vê nas obras do escultor Vellano da Padova[1], que tanto se esmerou em imitar a maneira e a fatura de Donato, na escultura e sobretudo nos bronzes, que em Pádua, sua pátria, foi considerado herdeiro da virtude de Donato. Disso ainda hoje dão fé suas obras do Santo, que muitíssimas pessoas acreditam ser de Donato; e, caso não sejam advertidas, tais pessoas continuarão laborando em erro. Vellano, incitado por todos os louvores que ouvia sobre Donato, escultor florentino que trabalhava então em Pádua, e pelos ganhos e proveitos de que tinha notícia, desejando já na juventude tornar-se excelente e famoso, acertou com Donato o aprendizado da arte da escultura. E, continuando os estudos com assiduidade junto a tal mestre, finalmente conseguiu seu intento. Porque Donato, em vista dos serviços e da ajuda que recebera de Vellano, ao retornar a Florença, deixou-lhe todos os petrechos, os desenhos e os modelos das cenas que deveriam ser feitas de bronze ao redor do coro do Santo da cidade. Por esse motivo, depois da partida de Donato, toda essa obra foi publicamente encomendada a Vellano, que em sua pátria granjeou nomeada e fama. Fez ele, portanto, todas as cenas de bronze que estão na parte externa do coro do Santo[2]; muitos creem que as invenções

---

[1] Ou seja, Bartolomeo Bellano, nascido por volta de 1438-39, filho de um ourives de Pádua, Bellano di Giovanni. Documentado em Florença em 1456, na oficina de Donatello, provavelmente seguiu o mestre no seu retorno à pátria em 1453, colaborando para adoçar os púlpitos da igreja de San Lorenzo. Em especial, o *Cristo diante de Pilatos e de Caifás* e *Pentecostes* mostram os sinais de seu duro martelo cubizante. Em 1467 está em Perúgia, onde faz uma estátua em bronze do papa Paulo II, que foi fundida em 1798. Entre 1469 e 1472 está em Pádua. Juntamente com o pintor Gentile Bellini, foi enviado pela República de Veneza, em 1479, para o sultão Maomé II; voltando em 1480 a Pádua, dedicou-se ininterruptamente à sua atividade até a morte, que ocorreu por volta de 1496-97. Sobre esse escultor, que simplifica e fixa os recursos de Donatello com resultados de rústica simplicidade, remete-se sobretudo ao amplo estudo de S. Bettini, "Bartolomeo Bellano", em *Rivista d'Arte*, XIII (1931), pp. 45 ss.; G. Previtali, em *Le vite*, ed. Club del Libro, cit., vol. II, pp. 457-8; M. G. Ciardi Duprè, "Brevi note sui 'bronzetti italiani del Rinascimento' esposti a Londra-Amsterdam-Firenze", em *Paragone*, n. 151 (1962), pp. 59 ss. Cf. sobretudo F. Negri Arnoldi, "Bellano e Bertoldo nella bottega di Donatello", em *Prospettiva*, 33-36 (abril de 1983-janeiro de 1984), *Studi in onore di Luigi Grassi*, pp. 93-101, onde se expõem alguns dados fundamentais do percurso de Bellano.

[2] Em 29 de novembro de 1484 Bellano foi pago por uma prova em relevo com *Sansão destruindo o templo*; esse relevo agradou mais do que o encomendado em 1485 por Bertoldo, a quem haviam sido encomendados dois em 1483. Bellano recebeu então a encomenda de outros nove, que foram terminados em 1488. Somente em 1507 foram feitos outros dois por Andrea Riccio.

são de autoria de Donato[3], como ocorre com a cena em que Sansão, abraçado à coluna, arrasa o templo dos filisteus; nela se veem a queda ordenada dos escombros e a morte de uma multidão, além da diversidade de atitudes dos que estão morrendo, uns de fato, outros de medo; tudo isso foi admiravelmente expresso por Vellano.

No mesmo lugar há algumas ceras e modelos de tais coisas, bem como alguns candelabros de bronze por ele esculpidos com cenas, tudo feito com bom gosto, trabalhos pelos quais recebeu infinitos louvores. Em tais obras percebe-se o grande desejo de atingir as alturas de Donatello, às quais, porém, não chegou, visto que este se encontrava muito elevado numa arte dificílima. Vellano foi valorizado e apreciado em Pádua, em toda a Lombardia e pela Senhoria de Veneza, ou porque lá não tivessem surgido artistas excelentes até então, ou porque sua grande experiência na fundição de metais o tornasse valioso. Quando já estava velho, a Senhoria de Veneza deliberou mandar fazer de bronze a estátua equestre de Bartolomeo da Bergamo[4]; o cavalo seria encomendado ao florentino Andrea del Verrocchio, e a figura humana, a Vellano. Disso não sabia Andrea que, recebendo a notícia depois de terminado o modelo do cavalo, foi tomado de tanta cólera e indignação, por se considerar mestre, como de fato era, que quebrou as pernas e o pescoço do modelo e, depois de despedaçá-lo, voltou para Florença. Mas foi chamado de volta pela Senhoria, que o incumbiu de todo o trabalho, e assim ele o terminou. Esse fato desgostou Vellano a tal ponto, que este voltou a Pádua incontinenti. Mas, mesmo não tendo executado essa obra, as outras tantas, quase infinitas, que fizera pela Lombardia foram suficientes para dar-lhe nomeada e reputação. Finalmente, morreu aos LXCII anos de idade[5]. Suas exéquias foram celebradas no Santo, onde seu corpo repousa honrosamente e onde se guarda sua memória, como digno e devido prêmio pelo árduo trabalho em que se empenhou para honrar e exaltar sua pessoa e sua cidade, que dele realmente pode gabar-se.

---

[3] De fato, o Livro de Antonio Billi e o Anônimo Magliabechiano mencionam os baixos-relevos como de Bellano com base em desenho de Donatello.

[4] Quanto às vicissitudes da estátua equestre de Bartolomeo Colleoni, remetemos à Vida de Andrea del Verrocchio, notas 13 e 14 na p. 365.

[5] Em 27 de outubro de 1495 ainda estava vivo (cf. A. Moschettini, "Un quadriennio di Pietro Lombardo a Padova e un'appendice sulle date di nascita e di morte di Bartolomeo Belano", em *Bollettino del Museo Civico di Padova*, XVII (1914, pp. 38 ss.), mas já devia estar morto em 1498, porque nessa data estava terminado o monumento Roccabonella na igreja de San Francesco em Pádua que, segundo Michiel, teria sido finalizado por Riccio depois da morte de Bellano.

Frei Filippo Lippi, pintor florentino

Se os homens considerassem seriamente quão importante para os bons engenhos é atingir excelência e raro valor nas profissões que exercem, por certo seriam mais solícitos, tenazes e assíduos na labuta a que cumpre submeter-se para aprender. Porque está claro que todos os que se aplicam à virtude nascem (tal como os outros) nus e abjetos, e que a aprendem com muito suor e trabalho; mas, quando suas virtudes se tornam conhecidas, em brevíssimo tempo eles granjeiam honrosa nomeada e riquezas quase excessivas, que eu, porém, julgo nada serem em comparação com a fama e o respeito dos homens, que por nenhuma outra razão lhes é devida senão por serem sabidamente virtuosos e por estarem ornados e repletos das altas ciências ou artes que a poucos o céu prodigaliza. E tão grande é a força da virtude, que extrai favores e cortesias daqueles que nunca os conheceram e que os virtuosos nunca viram. E que mais? O vício que porventura se encontrar naquele que realmente é virtuoso será encoberto pela virtude, por mais censurável e feio que seja, de tal modo que aquilo que no não virtuoso acarreta grave prejuízo e punição quase não parece pecado no virtuoso. E este não só não é punido, mas tolerado com compaixão, pois a própria justiça sempre presta alguma reverência a qualquer sombra de virtude. Virtude que, afora outros efeitos admiráveis, transforma em liberalidade a ganância dos príncipes, dissipa os ódios da alma, enterra a inveja dos homens e alça ao céu os mortais que pela fama se imortalizam, tal como em nossa terra foi mostrado pelo frade carmelita Filippo di Tommaso Lippi[1]. Este, segundo consta, nasceu em Florença, num bairro chamado Ardiglione, no *canto alla Cuculia*, atrás do convento dos frades carmelitas. Com a morte de seu pai, Tommaso, Filippo ficou órfão aos 2 anos, sem ninguém que lhe valesse, visto que a mãe

---

[1] Filippo, filho de Tommaso di Lippo, magarefe, e de Antonia di ser Bindo Sernigi, proferiu os votos no convento florentino do Carmine em junho de 1421, provavelmente com 15 anos de idade; portanto, deve ter nascido em 1406. Em 1434 é documentado em Pádua e em 1437 de novo em Florença. Também trabalhou em Prato e em Spoleto. Já nas primeiras obras, as que mais seguem a maneira de Masaccio (afresco da *Confirmação da regra*, luneta Trivulzio etc.), é evidente o interesse pelo "stiacciato" donateliano e, nas pinturas subsequentes (*Nossa Senhora* de Tarquinia, de 1437, *Nossa Senhora* da igreja do Santo Spirito, *Anunciação* da igreja de San Lorenzo), mostra-se sobretudo sensível aos baixos-relevos do tipo da *Entrega das chaves* do Victoria and Albert Museum de Londres; trata-se de uma tendência descompromissada à refinada e transparente estilização da complexidade formal de Donatello. Enquanto em alguns casos Lippi se aproximará da luminosidade de Domenico Veneziano, em obras tardias (como a famosíssima *Nossa Senhora* dos Uffizi e a belíssima *Nossa Senhora* de Munique) ele fica a um passo das elaborações botticellianas. Sobre Lippi, cf. G. Pudelko, "Per la datazione delle opere di Fra Filippo Lippi", em *Rivista d'Arte*, XVIII (1936), pp. 45-76; M. Pittaluga, *Fra Filippo Lippi*, Florença, 1949; C. Volpe, "In margine a un Filippo Lippi", em *Paragone*, n. 83 (1956), pp. 38-45; G. Marchini, *Filippo Lippi*, Milão, 1975.

lhe morrera não muito depois do parto. Ficou então sob os cuidados de sua tia Lapaccia, irmã de Tommaso, que o criou de maneira calamitosa, carente de tudo, até que aos VIII anos de idade, já não podendo sustentá-lo, fê-lo frade no referido convento do Carmine. Era um menino muito destro e engenhoso nas atividades manuais, mas grosseiro e inapto na erudição literária, coisa em que nunca quis aplicar o engenho nem depositar suas simpatias. O prior lhe deu o nome mesmo que tinha quando vestiu o hábito. E, como o noviço se deleitasse todos os dias a rabiscar as páginas dos livros dos frades estudiosos, deu-lhe também o prior meios para dedicar-se à pintura.

No Carmino havia então uma capela recém-pintada por Masaccio, que, por belíssima, era muito do agrado de frei Filippo; este a frequentava para distrair-se e, exercitando-se em companhia de muitos jovens que sempre ali desenhavam, superava os outros em destreza e saber, tendo-se por certo que, ao se tornar plenamente adulto, ele haveria de fazer alguma coisa admirável. Mas tanto no verdor dos anos quanto na maturidade fez obras tão louváveis, que foi considerado um prodígio. Porque dali a pouco tempo, no claustro próximo à consagração de Masaccio, fez algumas cenas de terra verde, em claro-escuro[2]; também pintou em afresco várias paredes da igreja; e, progredindo dia a dia, adquiriu a fatura de Masaccio, imitando-o com tanta similitude, que, segundo muitos, o espírito de Masaccio entrara no corpo de frei Filippo. Num pilar da igreja, junto ao órgão, fez a figura de São Marcial que lhe granjeou grande fama, obra que pode ser equiparada às coisas que Masaccio pintara. Por isso, ouvindo os tantos louvores que de todos os lados ecoavam, corajosamente largou o hábito com a idade de XVII[3] anos, ainda que já estivesse ordenado no Evangelho. Nada ou pouco preocupado, afastou-se da vida religiosa. Certa feita, estava ele em Marca d'Ancona[4] passeando de barco com amigos, quando foram abordados pelas fustas dos mouros que por lá praticavam guerra de corso; presos e levados à Berberia, foram acorrentados e escravizados, vivendo em meio a padecimentos durante XVIII meses. Mas, um dia, frei Filippo teve a ideia e os meios de pintar o senhor dos mouros, com o qual tinha muita convivência; e, tomando um tição, retratou-o de corpo inteiro numa parede branca, com seus trajes mourescos. Os outros escravos foram contar o feito ao senhor, pois a todos aquilo parecia um fato incrível, visto não serem de uso o desenho e a pintura naquelas paragens; e essa foi a razão de ter ele recebido como recompensa a libertação dos grilhões nos quais fora mantido durante tanto tempo. Realmente, a glória dessa imensa virtude é a força que ela exerce sobre uma pessoa que, tendo por lei o direito de condenar e punir, é assim induzida a fazer o contrário, concedendo lisonjas e liberdade em vez de dar suplício e morte. Em segredo, frei Filippo pintou em cores algumas coisas para aquele senhor, que o libertou e o mandou em segurança e com recompensas para Nápoles; ali, para o rei Afonso, então Duque da Calábria, ele pintou um painel a têm-

---

[2] "Um papa que confirma a regra dos carmelitas", explica Vasari na edição de 1568. Em 1860 foi descoberto sob o reboco um largo fragmento destacado na última guerra, que agora está no Museu do Carmine local. Em geral é feita uma relação com a bula papal de 11 de fevereiro de 1432, com a qual Eugênio IV mitigou a regra dos carmelitas. Parece ser sem fundamento a proposta (C. Shell, "The early style of Fra Filippo Lippi and the Prato Master", em *The Art Bulletin*, XLIII [1961], pp. 197-209) de negar a Lippi esse afresco e as outras obras atribuídas pela crítica à juventude do artista, para atribuí-las ao chamado "Mestre de Prato".

[3] Mencionado nos documentos do convento de 1421 a 1432; depois desse ano não há mais menção. No entanto, Lippi conservou o hábito religioso.

[4] Todo o episódio que segue evidentemente é pouco provável. Mas Lippi esteve efetivamente longe de Florença em 1434, quando é documentado em Pádua.

pera[5] na capela do castelo onde hoje fica a guarda. Depois, teve vontade de voltar a Florença, onde ficou alguns meses; para as freiras de S. Ambruogio, fez para o altar-mor um belíssimo retábulo[6], pelo qual Cosimo de' Medici lhe foi muito grato e se tornou seu grande amigo. No capítulo de Santa Croce também fez um painel[7] e, terminado este, fez outro com a Natividade de Cristo[8], que foi colocado na capela da casa Medici; para a mulher do referido Cosimo fez um quadro também com a Natividade de Cristo e São João Batista, para ser posto numa das celas da ermida dos camáldulos, por ela ofertada[9], com o título de São João Batista; também fez algumas pequenas cenas que Cosimo ofertou ao papa Eugênio IV, veneziano[10]. Por essa obra Frei Filippo recebeu muitas graças do papa. Segundo se conta, era tão sensual, que, ao ver mulher que lhe agradasse, se pudesse tê-la por meio de dinheiro, dava-lhe todos os seus bens; e, se não pudesse, por falta de meios, fazia-lhe o retrato e, com conversa, acendia-lhe a chama do amor. Perdia-se tanto na satisfação desse apetite, que, quando estava nesse estado de humor, pouco ou nada trabalhava nas obras encomendadas. Por isso, certa vez, entre outras, Cosimo de' Medici o trancou em sua casa, onde ele executava uma obra, para impedi-lo de sair e perder tempo; mas, depois de dois dias, sentiu-se aguilhoado pelo furor amoroso e, valendo-se de uma tesoura, cortou o lençol em tiras durante a noite e pulou por uma janela, passando vários dias entregue aos prazeres. Cosimo, não o encontrando, mandou gente à sua procura e afinal o fez voltar ao trabalho; mas daí por diante deu-lhe liberdade para sair em busca do prazer, arrependido de tê-lo aprisionado, pensando na loucura que cometera e no perigo a que poderia expor-se. Por isso, passou a tratá-lo com carinho e foi por ele servido com mais presteza, dizendo que a excelência dos engenhos raros são formas celestes, e não burros de

---

[5] Em julho de 1457 Lippi ainda estava trabalhando em Florença, fazendo para Afonso de Aragão o painel que já fora encomendado em maio de 1458. Uma carta do próprio Lippi, conservada no Arquivo de Estado de Florença, contém o desenho desse painel: no centro, a *Virgem adorando o Menino Jesus* (parte perdida ou dispersada); nas laterais, *Santo Antônio e São Miguel* (conservados na coleção Cook de Richmond). O conjunto media cerca de 1,75 x 1,55 m.

Sobre a carta de Lippi em relação ao quadro feito para Afonso de Aragão, cf. M. Baxandall, *Pittura ed esperienze sociali nell'Italia del Quattrocento*, Turim, 1978, pp. 6-8 (*Painting and Expenence in Fiftheenth Century in Italy*, Oxford, 1972).

[6] É a *Coroação de Maria*, hoje nos Uffizi (n⁰ 8352), mencionada já por Manetti, por Albertini, pelo Livro de Antonio Billi e pelo Anônimo Magliabechiano. Foi encomendado por Francesco di Antonio Maringhi, cônego da igreja de San Lorenzo e capelão do convento de Santo Ambrósio; em 28 de julho de 1441 já estava iniciado; o último pagamento relativo a essa obra data de 9 de junho de 1447. O *Milagre de Santo Ambrósio* nos Staatliche Museen de Berlim (n⁰ 95 B) fazia parte da predela.

Sobre o quadro *Santo Ambrósio*, encontra-se documentação atualizada em De Angelis e Conti, *Un libro antico*, cit., pp. 97-109.

[7] Hoje nos Uffizi (n°. 8354), representa a *Nossa Senhora com o Menino Jesus, São Francisco, São Damião, São Cosme e Santo Antônio*. Mencionado por Albertini, pelo Livro de Antonio Billi e pelo Anônimo Magliabechiano, costuma ser datado por volta de 1445 ou 1442 (Pudelko, Gronau, Pittaluga). A predela é obra de Pesellino.

[8] Mencionado já por Albertini, pelo Livro de Antonio Billi e pelo Anônimo Magliabechiano, hoje está nos Staatliche Museen de Berlim (Dahlem n⁰. 69); é assinado como FRATER PHILIPPVS P. Costuma ser datado por volta de 1459 porque nesse ano Benozzo Gozzoli trabalhava nos seus afrescos na capela do Palácio Medici, sobre cujo altar-mor estava o retábulo de Lippi, hoje substituído por uma réplica do chamado "Pseudo-Pier Francesco Fiorentino".

[9] O painel está hoje nos Uffizi (n⁰. 8353). Mas foi feito para Lucrezia Tornabuoni, que não era mulher de Cosimo, mas de Piero de' Medici, a cujo pedido foi construída em 1463 a cela na ermida dos camáldulos, agora chamada de Maria de' Medici.

[10] Gabriele Condulmer, papa de 1431 a 1447.

304

carga. Fez um painel na igreja de Santa Maria Primerana, na praça de Fiesole, com uma Nossa Senhora e a Anunciação do Anjo[11], trabalhada com grande diligência; na figura do anjo pôs tanta beleza, que ele parece realmente celestial. Para as freiras enclausuradas fez dois retábulos, um da Anunciação, posto no altar-mor[12], e mais um para outro altar da mesma igreja, com cenas de São Bento e São Bernardo[13]; no palácio da Senhoria pintou um painel com a Anunciação, acima de uma porta[14], e um São Bernardo, acima de outra porta[15]; e na sacristia da igreja do S. Spirito de Florença, um painel com uma Nossa Senhora rodeada de anjos e ladeada por santos[16]; obra rara, que sempre foi venerada pelos nossos mestres.

Na igreja de San Lorenzo, capela dos construtores, fez um painel com outra Anunciação[17]; e na Della Stufa, fez um que ficou inacabado[18]. Numa capela da igreja de Santo Apostolo, na referida cidade, pintou sobre madeira algumas figuras em torno de uma Nossa Senhora; e em Arezzo, para messer Carlo Marsupini, fez o retábulo da capela de San Bernardo nos monges do Monte Oliveto, com a Coroação de Nossa Senhora e muitos santos ao redor[19], obra que se mantém tão bem conservada que parece ter saído das mãos de Frei Filippo nos dias atuais. Foi quando o referido messer Carlo o aconselhou a prestar atenção às mãos que pintava, pois por causa delas suas obras eram muito criticadas. Por esse motivo, daí por diante frei Filippo passou a cobrir a maior parte delas com panejamentos ou outras invenções, para escapar às críti-

---

[11] Supôs-se (E. C. Strutt, *Fra Filippo Lippi*, Londres, 1911, p. 33) que deveria ser identificado com a *Anunciação* que está agora em Munique (nº 645), atribuída por Zeri, *Due dipinti*, cit., p. 21, ao chamado "Mestre dos Painéis Barberini".

[12] Hoje na Alte Pinakothek de Munique (nº 1072), mencionado por Manetti, pelo Livro de Antonio Billi e pelo Anônimo Magliabechiano. Na igreja do convento das enclausuradas começou-se a levantar no ano de 1443 "o grande altar da Anunciação, o do Crucifixo e o de São Bernardo" (cf. nota seguinte). O painel costuma ser datado entre 1443 e 1447.

[13] Sobre o início da construção deste e dos outros dois altares em 1443, cf. nota anterior; mas "o de São Bernardo despedaçou-se". O painel já era mencionado pelo Livro de Antonio Billi e pelo Anônimo Magliabechiano; Örtel (*Fra Filippo Lippi*, Viena, 1942) supõe que desse painel de Lippi fazia parte o painel de predela com *Cena de São Bento*, outrora na coleção Aynard em Lyon.

[14] Também mencionado pelo Anônimo Magliabechiano, segundo Giglioli ("Una pittura ignota di fra Filippo Lippi", em *Dedalo*, VI [1925-26], pp. 553-9) talvez deva ser identificado com a *Anunciação* que hoje está na National Gallery de Washington, nº 536.

[15] É a *Aparição da Virgem a São Bernardo*, agora na National Gallery de Londres, nº 248. Baldinucci (*Notizie dei professori*, cit., ed. 1768, I, p. 508) relaciona esse quadro com um pagamento de 16 de maio de 1447.

[16] *Nossa Senhora no trono entre anjos e santos* hoje está no Louvre, nº 1344; a predela com *São Frediano desviando o Serchio*, o *Anúncio da morte à Virgem* e *Santo Agostinho no estúdio* estão nos Uffizi, nº 8351. Foi encomendado a Lippi em 8 de março de 1437 pelos capitães de Orsanmichele para a capela Barbadori na igreja do Santo Spirito. Essa encomenda era conhecida também por Domenico Veneziano já em 1º de abril de 1438, quando, escrevendo de Perúgia a Piero de' Medici, menciona Filippo como "bom mestre" ao lado de Angelico, dizendo que, "mesmo que ele trabalhe noite e dia, não o fará em cinco anos, tamanho é o trabalho". A obra é mencionada por Manetti, pelo Livro de Antonio Billi e pelo Anônimo Magliabechiano.

[17] Mencionada já por Manetti, por Albertini, pelo Livro de Antonio Billi e pelo Anônimo Magliabechiano, ainda se encontra na igreja de San Lorenzo, provavelmente realizada para a capela da Anunciação, que existia na igreja antes da reconstrução de Brunelleschi (1442). A predela foi feita por um colaborador de Lippi, que Pudelko e Pittaluga consideram ser Giovanni di Francesco, mas provavelmente deve ser identificado com o "Mestre dos Painéis Barberini" em sua fase juvenil (Bellosi).

[18] Hoje desaparecida; Albertini e o Anônimo Magliabechiano também mencionam um painel de Lippi inacabado.

[19] Hoje na Pinacoteca Vaticana, nº 243, datável de aproximadamente 1445. Carlo Marsuppini, nascido em 1399, é retratado juntamente com um patrocinador mais velho, que talvez seja seu pai Gregorio.

305

cas. Em Florença fez para as freiras de Annalena um painel para um presépio[20], e em Pádua ainda hoje são vistas algumas de suas pinturas[21]. Mandou duas cenas com figuras pequenas ao cardeal Barbo, em Roma, obra excelentemente trabalhada e realizada com diligência. Não há dúvida de que ele imprimia admirável graça aos seus trabalhos e lhes dava ótimo acabamento, motivo pelo qual sempre foi prezado pelos artistas e sumamente celebrado pelos modernos mestres; e, enquanto a voracidade do tempo poupar a excelência de tantas de suas obras, ele será venerado por todos os séculos.

Mudou-se para Prato, castelo próximo a Florença, onde tinha parentes; lá, em companhia de Frei Diamante do Carmino[22], que fora seu companheiro de noviciado, ficou alguns meses pintando obras para diversos lugares do castelo. Nessa época, as freiras de Santa Margherita lhe encomendaram um painel para o altar da igreja[23]. Já o começara quando, no mosteiro, viu certo dia uma filha do cidadão florentino[24] Francesco Buti, que ali estava para ser educada ou para tornar-se freira. Frei Filippo, interessando-se por Lucrezia – pois assim se chamava a rapariga, que era graciosa e airosa –, tanto insistiu com as freiras que conseguiu permissão para lhe fazer um retrato, que seria usado numa figura de Nossa Senhora da obra encomendada; essa permissão lhe foi dada a muito custo. E ele, de tantos jeitos e modos se valeu, que conseguiu desgarrar Lucrezia das freiras justamente no dia em que ela ia ver a exposição do cíngulo de Nossa Senhora, venerada relíquia daquele castelo. Esse fato muito desonrou aquelas freiras e roubou a alegria[25] de Francesco, pai de Lucrezia, que se sentia envergonhadíssimo. Apesar disso, queria que ela voltasse, mas ela, por medo, nunca quis voltar. Porque frei Filippo, enamorado de suas qualidades, a engravidou, nascendo no devido momento um menino que também recebeu o nome de Filippo e, tal como o pai, foi pintor excelente e famoso[26]. Na igreja de San Domenico, em Prato, há dois

---

[20] Hoje nos Uffizi, n.º 8350, representa a *Natividade com São Jerônimo, Maria Madalena e Santo Hilário*. Não deve ser anterior a 1455, porque só nesse ano Anna Elena Malatesta, que fundara um convento em 1453, teve permissão para construir um oratório público. A obra já era mencionada por Albertini, pelo Livro de Antonio Billi e pelo Anônimo Magliabechiano.

[21] Lippi é documentado em Pádua em 1.º de julho e em 15 de outubro de 1434. Michiel lhe atribui algumas obras, hoje perdidas.

[22] Frei Diamante di Feo di Terranova Bracciolini, nascido por volta de 1430 e morto por volta de 1498. Inicialmente carmelita e depois vallombrosano, colaborou com Lippi em Prato e em Spoleto (cf. notas seguintes). A personalidade de frei Diamante foi objeto de várias pesquisas (cabe mencionar sobretudo a de Pittaluga), mas seu perfil ainda continua fugaz. Recentemente foi identificado um grupo estilisticamente coerente de pinturas, que compreende a *Natividade* do Louvre, algumas partes dos afrescos das Catedrais de Prato e Spoleto, que nos conduz mais diretamente à fatura do colaborador Lippi. Trata-se de um pintor naturalmente muito lippesco, mas caracterizado por uma aplicação cromática mais inteiriça e compacta, com efeitos pictóricos metálicos. Cf. L. Bellosi, "Tre note in margine a uno studio sull'arte a Prato", em *Prospettiva*, n. 33-36 (abril de 1983-janeiro de 1984), pp. 49-55.

[23] Existe no Museu de Prato (n.º 11) um painel com a *Nossa Senhora dando o cíngulo a São Tomé*, proveniente do convento de Santa Margherita, que Cavalcaselle propunha identificar com este que é citado por Vasari. No entanto, a crítica está inclinada a considerar que o painel foi executado por frei Diamante (Pittaluga).

[24] Lucrezia Buti, nascida em 1435, tendo professado votos no convento em 1454 com a irmã Spinetta, era realmente freira. Em 1.º de maio de 1456 foi raptada por Lippi, que era capelão do convento; depois deu à luz um filho, Filippino, e ao seu encontro foram a irmã Spinetta e outras três freiras. Em 1459 as cinco voltaram ao convento, mas em 1461 as irmãs Buti voltaram à casa de Lippi. Cosimo de' Medici obteve então do papa Pio II a dispensa dos votos de ambos. Em 1465 nasceu uma filha, Alessandria.

[25] Francesco já estava morto em 1450 (Ragghianti).

[26] Cf. Vida de Filippino Lippi nas pp. 404-9.

painéis[27]; e na igreja de San Francesco há uma Nossa Senhora, no *tramezzo*, que foi retirada de onde antes estava, para não estragar: cortada a parede em que estava, a pintura foi sustentada por madeira e levada para a parede da igreja onde ainda hoje é vista. E na Casa de Misericórdia de Francesco di Marco, à beira de um poço do pátio, há um quadrinho seu com o retrato do referido Francesco di Marco[28], ideador e fundador daquela casa. E na paróquia do castelo, num pequeno painel acima da porta ao lado das escadas, pintou a morte de São Bernardo[29]; muitos aleijados que tocaram o ataúde curaram-se. Nessa obra veem-se frades a prantear o mestre morto, coisa admirável pela expressão dos rostos e pela tristeza do pranto, tudo fielmente retratado com maestria e naturalidade. Veem-se panejamentos de sotainas com belíssimas pregas que merecem infinitos louvores em virtude do bom desenho e colorido, da composição, da graça e da proporção com que tudo foi feito e realizado pela delicadíssima mão de frei Filippo. Os construtores da paróquia, para terem memória dele, encomendaram-lhe a capela do altar-mor[30], onde ele deu mostras de seu valor na qualidade e na maestria com que foi feita a obra, pois nela há panejamentos e rostos admiráveis. Nesse trabalho fez figuras maiores que o natural, ensinando aos outros artistas modernos o modo de conseguir tamanho, à maneira de hoje. Nele se veem algumas figuras com roupas que no tempo eram pouco usadas, o que começou a despertar no espírito das pessoas o desejo de escapar à simplicidade que mais merece o nome de velha do que de antiga. Nessa obra estão cenas de Santo Estêvão, padroeiro da referida paróquia, distribuídas na parede direita, retratando a disputa, a lapidação e a morte desse protomártir; na cena da disputa com os judeus, pôs na expressão do santo um zelo e um fervor que é difícil imaginar e exprimir e, nos rostos e nas atitudes dos judeus, representou o ódio, o ressentimento e a cólera por se verem vencidos. Também mostrou, com mais clareza ainda, a bestialidade e a raiva daqueles que o matam a pedradas: uns agarram pedras grandes, e outros, pequenas, mas todos têm os dentes horrivelmente cerrados em gestos cruéis e raivosos. Em meio a assalto tão terrível, Santo Estêvão, porém, mantém-se seguro e, com o rosto erguido para o céu, demonstra caridade e fer-

---

[27] Uma é a *Adoração do Menino Jesus com São Jorge e São Vicente Ferrer*, hoje no Museu de Prato, n.º 20, considerada uma obra de colaboração. Do outro painel não há notícia.

[28] Hoje no Museu de Prato, n.º 19, é a chamada *Nossa Senhora do Ceppo, com Santo Estêvão, São João Batista e, ajoelhado, Francesco di Marco Datini*, famoso mercador de Prato, fundador do Ospedale del Ceppo, morto em 1410 e retratado em tamanho maior que os outros quatro patrocinadores, evidentemente diretores da albergaria que em 25 de maio de 1453 pagou a Lippi oito florins de ouro por esse painel.

[29] Hoje no transepto direito da Catedral, na realidade representa os *Funerais de São Jerônimo*. Segundo uma inscrição desaparecida, teria sido encomendada por Gemignano Inghirami. Mas, seja por razões estilísticas, seja porque Inghirami (ali representado muito velho) foi preboste da Catedral de 1451 a 1460, a tendência é de datar o painel posteriormente a 1450.

[30] Os afrescos do coro da Catedral de Prato representam os quatro *Evangelistas* e os *Feitos da vida de São João Batista e Santo Estêvão*; já são mencionados por Manetti, Albertini (como obra de "frate Johanni"), pelo Livro de Antonio Billi e pelo Anônimo Magliabechiano. Em 1452 já fora feito um convite a Angelico, que não o aceitou. Recorreu-se então a Lippi, que em maio daquele ano já tinha posto mãos à obra com seu aluno frei Diamante. As despesas foram pagas pela Obra Filantrópica do Ceppo. Os trabalhos duraram doze anos e talvez mais. À esquerda, embaixo, nas *Exéquias de Santo Estêvão*, se lê: FRATER PHILIPPVS OPVS 1460; mas em novembro de 1463 ainda era preciso pressionar o pintor para que ele terminasse os afrescos; em abril de 1464 é feita uma sugestão para se estabelecer agosto daquele ano como prazo de término da obra. Não se sabe se esse prazo foi respeitado; Lippi saiu de Prato somente em abril de 1467. Sobre os afrescos da Catedral de Prato, cf. E. Borsook, "Fra Filippo Lippi and the murals for Prato Cathedral", em *Mitteilungen des Kunsthistorischen Institutes in Florenz*, XIX (1975), pp. 1-180; Marchini, *Filippo*, cit., pp. 99-104.

vor, orando ao Pai Eterno por aqueles mesmos que o matavam. Tais concepções são belíssimas e mostram aos outros pintores o valor da inventividade e do conhecimento dos modos de expressar sentimentos nas pinturas. Coisas que ele observou perfeitamente, como quando retratou os que enterram Santo Estêvão, criando atitudes tão pesarosas e algumas expressões tão contristadas e chorosas, que não é possível olhá-las sem emoção. Do outro lado, fez a Natividade, a Pregação, o Batismo, o Banquete de Herodes e a Decapitação de São João Batista; na pregação, o espírito divino se expressa no rosto do pregador, e na multidão que ouve, percebem-se os diversos sentimentos, de alegria e aflição, tanto nas mulheres como nos homens, todos contemplativos e atentos aos ensinamentos de São João. No Batismo reconhecem-se a beleza e a bondade; e no Banquete de Herodes, a majestosidade do festim, a sagacidade de Herodíades, o assombro dos convivas e a enorme tristeza da apresentação da cabeça decepada na bandeja. Rodeando o banquete, vê-se um sem-número de figuras em belíssimas atitudes, todas muito bem-feitas nos panejamentos e nas expressões, entre as quais ele retratou a si mesmo, vestido de preto em hábito de prelado, e a seu discípulo, frei Diamante. E, de fato, essa obra foi o que de melhor ele fez, tanto pela concepção, como acima referido, quanto pelo tamanho das figuras, que são um tanto maiores que o natural. Tais coisas incentivaram os pósteros a aumentar as dimensões das obras.

Foi tão estimado pelas boas qualidades, que muitas coisas criticáveis em sua vida foram encobertas pelas tantas virtudes. Consta que messer Allessandro degli Alessandri, então cavaleiro, conhecido e amigo seu, pediu-lhe que fizesse para a igreja de sua *villa* em Vincigliata, no outeiro de Fiesole, um quadro com um São Lourenço e outros santos[31], no qual retratou Alessandro e seus filhos. Era muito amigo das pessoas e alegre; sempre viveu feliz. Ensinou a arte da pintura a Frei Diamante, que deixou muitas obras no Carmino de Prato[32]; e, imitando a maneira do mestre, granjeou grande reputação, por ter atingido a perfeição. Na juventude, conviveram com ele Sandro Botticello, Pisello[33], o florentino Iacopo del Sellaio[34], que fez dois painéis na igreja de San Friano e um a têmpera no Carmino, e um sem-número de outros mestres aos quais ele ensinou a arte com afeição. Sempre viveu com honra do trabalho e gastou enormemente, sobretudo nas coisas do amor, com as quais se deleitou até a morte. Por intermédio de Cosimo de' Medici, a comunidade de Spoleto lhe pediu que pintasse a capela da igreja principal de Nossa Senhora[35], o que ele fez muitíssimo bem, trabalhando com

---

[31] Hoje no Metropolitan Museum de Nova York, representa *São Lourenço entre São Cosme, São Damião e três patrocinadores* (Alessandro e os dois filhos); nas laterais, *Santo Antão e São Bento*. Datável entre 1443 e 1445 (Berenson, Pudelko, Pittaluga).

[32] Sobre frei Diamante, cf. acima, nota 22. Com base principalmente nessa informação de Vasari, Pittaluga considera obra indiscutível de frei Diamante um painel com *São Jerônimo, João Batista e um santo mártir* do Museu Fogg de Cambridge (Mass.), proveniente da capela Dragoni, anexa à igreja de Santa Maria del Carmine em Prato. É mais indicado atribuí-la ao próprio Lippi.

[33] Cf. Vida de Botticelli nas pp. 385-9 e Vida de Pesello e Francesco Peselli nas pp. 324-5.

[34] Jacopo del Sellaio nasceu em Florença em 1442 e morreu na mesma cidade em 1493. É um interessante paralelo entre Botticelli e Filippino Lippi.

[35] Sobre essa decoração, também mencionada por Manetti, já se fala de Lippi num documento de 8 de fevereiro de 1466, mas os afrescos foram iniciados apenas em setembro do ano seguinte. Representam *a Coroação de Maria*, na concha da abside (já terminada no outono de 1468), a *Anunciação*, a *Natividade* e a *Morte de Maria*. Dos documentos se depreende que Lippi foi ajudado por frei Diamante, que depois de sua morte (9 ou 10 de outubro de 1469) deve ter continuado o trabalho sozinho, mesmo que por pouco tempo; de fato, os andaimes foram retirados definitivamente em 23 de dezembro de 1469. Os afrescos foram restaurados em 1919-20.

frei Diamante; de todas as suas obras, é das mais belas, aliás considerada a mais bela; mas, surpreendido pela morte, não a terminou. Por isso dizem que, sendo ele tão inclinado aos prazeres do amor, alguns parentes da mulher por ele cortejada o envenenaram. Frei Filippo terminou o curso de sua vida com LXVII anos, em MCDXXXVIII[36], deixando por testamento frei Diamante encarregado da tutela de seu filho Filippo, que então tinha 10 anos e aprendia a arte da pintura com o referido frade. Ambos voltaram a Florença, e frei Diamante levou consigo os CCC ducados pagos pela comunidade pelo fim da obra, dos quais, depois da compra de alguns bens pessoais pelo frade, pouco restou para o menino. Filippo passou a ser discípulo de Sandro Botticello, então considerado excelente mestre. E o velho foi enterrado numa sepultura de mármore vermelho e branco, que os cidadãos de Spoleto mandaram construir na igreja que ele estava pintando. Sua morte causou grande pesar em muitos amigos, a Cosimo de' Medici e particularmente ao papa Eugênio[37], que em vida quis dispensá-lo dos votos, para que ele pudesse legitimar a união com Lucrezia, filha de Francesco Buti[38], mas ele, para poder fazer de si mesmo e de seus desejos o que bem entendesse, não quis aceitar a dispensa. Quando Sisto IV ainda estava vivo, Lorenzo de' Medici, que era embaixador dos florentinos, foi a Spoleto pedir à comunidade o corpo de frei Filippo para enterrá-lo em Santa Maria del Fiore, em Florença, mas ouviu como resposta que aquela comunidade era carente de artistas, sobretudo de homens excelentes, motivo pelo qual lhe foi solicitada a graça de mantê-lo ali; pois, visto que Florença tinha um número imenso, quase excessivo, de homens famosos, poderia ficar sem aquele. Assim, não houve como levá-lo a Florença. É verdade que, decidido a honrá-lo da melhor maneira possível, Lorenzo mandou seu filho Filippo a Roma, a fim de fazer uma capela para o cardeal de Nápoles. Filippo, de passagem por Spoleto, cumprindo incumbência de Lorenzo, mandou fazer-lhe uma sepultura de mármore sob o órgão, acima da sacristia[39], pelo valor de cem ducados de ouro, pagos por Nofri Tornabuoni, diretor do Banco dos Medici; e messer Agnolo Poliziano mandou fazer na sepultura o epigrama abaixo, em letras antigas:

CONDITVS HIC EGO SVM PICTVRAE FAMA PHILIPPVS;
NVLLI IGNOTA MEAE EST GRATIA MIRA MANVS.
ARTIFICES PTVI DIGITIS ANIMARE COLORES;
SPERATAQVE ANIMOS FALLERE VOCE DIV.
IPSA MEIS STVPVIT NATVRA EXPRESSA FIGVRIS;
MEQVE SVIS FASSA EST ARTIBVS ESSE PAREM.
MARMOREO TVMVLO MEDICES LAVRENTIVS HIC ME
CONDIDIT; ANTE HVMILI PVLVERE TECTVS ERAM*.

---

36 Segundo o necrológio do Carmine de Florença, Lippi morreu em 9 de outubro de 1469; segundo documento de Spoleto, em 10 de outubro. Nesse dia Filippino e frei Diamante receberam dois florins e quinze soldos para as exéquias de Lippi.

37 Mas Cosimo de' Medici já estava morto em 1464, e o papa Eugênio IV, em 1447.

38 Essa dispensa foi concedida por Pio II, papa de 1458 a 1464.

39 Ainda existente na própria Catedral de Spoleto. Depois de vários traslados, perderam-se os restos mortais do pintor (cf. B. Toscano, *Spoleto in pietre*, Spoleto, 1963, p. 148).

* "Eu, Filippo, glória da pintura, estou aqui enterrado; / Ninguém desconhece a admirável graça de minhas mãos; / Com meus dedos consegui dar alma cheia de arte às cores. / Frustrei os que esperavam voz nas minhas figuras. / E a própria natureza, que imitei, ficou atônita; / Confessou que eu igualava a sua arte. / Lourenço de' Medici sepultou-me aqui num túmulo de mármore; / Antes, era eu acolhido pelo povo humilde." [N. da T.]

Paolo Romano e mestre Mino, escultores

É presunção temerária, aliás, total e rematada loucura, a de certas pessoas que, por competição, querem ser superiores a outras que sabem mais e que, com maior esforço, se empenharam nas virtudes; tais seres degenerados, movidos por sua má índole e impelidos pelo ódio, querem ser os mais estimados por todos, não havendo respeito nem freio de vergonha que os retenha. E assim acabam por lhes escapar certas palavras que muitas vezes os prejudicam. Porque, inflados pelo veneno e pela obstinação que conceberam dentro de si, dão a entender e facilmente são levados a crer, sem discernimento (ainda que em parte reconheçam seu erro no íntimo), que a labareda das palavras pode encobrir sua ignorância e derrubar ou abafar os outros que, sendo humildes e mais sábios, seguem o caminho da verdadeira virtude labutando na pobreza. E, embora isto nunca aconteça, frequentemente se encontra um número infinito de pessoas que acreditam na chusma de suas palavras. E por estes meios muitas obras lhes são encomendadas, mas eles, por serem ruins e pouco animosos, as realizam só até certo ponto e, percebendo-as imperfeitas, as destroem e fogem do lugar, atribuindo tal feito à elevação de seu engenho, às fantasias da arte, à avareza dos príncipes ou a algum outro infortúnio. Desse modo, com o tempo, descobre-se a fraude de seu saber nas artes, tal como foi descoberta a de mestre Mino, escultor[1]. Pois era ele tão presunçoso que, não só com atos, mas com palavras, exaltava suas próprias obras, louvando-as; e, quando o papa Pio II[2] encomendou uma figura ao escultor Paulo Romano[3], Mino, por inveja, tanto o atormentou e molestou, que Paulo, apesar de ser pessoa bondosa e humilde, foi levado a ofender-se. Em vista disso, Mino desafiou Paulo: apostaria mil ducados e faria uma escultura com ele. E dizia isso com grande presunção e audácia, pois, conhecendo a natureza de Paulo e sabendo que ele não queria aborrecimentos, acreditava que não aceitaria o desafio. Mas Paulo aceitou

---

[1] A personalidade artística e até mesmo a existência desse escultor são bastante duvidosas; nunca mencionado em documentos, são-lhe atribuídas algumas obras romanas assinadas como OPVS MINI, que para alguns críticos não devem fazer parte do catálogo de Mino da Fiesole, a quem outros as atribuem. Sobre o problema, cf., na Vida de Mino da Fiesole, a nota 1 da p. 342.

[2] Pio II Piccolomini foi papa de 1458 a 1464.

[3] Paolo di Mariano di Tuccio Tacconi da Sezze, chamado de Paolo Romano, é mencionado pela primeira vez em relação a três janelas em cruz na fachada do Palácio Capitolino, em 1451; em 1458 trabalhava em Nápoles no arco de Afonso de Aragão. De 1460 a 1467 é documentado em Roma. Escultor sólido, a se julgar pelo *São Paulo* no encontro da Ponte Sant'Angelo em Roma (mais do que pelas duas estátuas improvisadas de que se fala na nota 5), é um dos casos de tendência mais categoricamente antiguizante da escultura italiana do século XV. Sobre ele, cf. Venturi, VI, pp. 1110-20; Causa, "Sagrera", cit.; Ch. Seymour Jr., *Sculpture in Italy 1400 to 1500*, Londres, 1966, pp. 155-8.

o convite, e Mino, meio arrependido, apostou os cem ducados só por uma questão de honra. Feita a escultura, Paulo ganhou a aposta, pois era um artista raro e excelente, enquanto Mino foi reconhecido como uma pessoa que em arte mais valia pelas palavras que pelas obras[4].

Em Monte Cassino, mosteiro dos frades negros no Reino de Nápoles, são da lavra de Mino algumas sepulturas, e, na cidade, algumas peças de mármore. Em Roma, fez o São Pedro e o São Paulo situados ao pé das escadas de São Pedro[5], e em São Pedro, a sepultura do papa Paulo II[6]. A figura feita por Paulo na competição com Mino foi o São Paulo que se vê na entrada da ponte Santo Angelo, sobre uma base de mármore[7], obra que durante muito tempo ficou incógnita, posta na frente da capela de Sisto IV. Ocorre que, certo dia, o pontífice Clemente VII[8] notou a escultura e, sendo ele judicioso entendedor de tal arte, muito se agradou dela. Por isso, decidiu mandar fazer um São Pedro do mesmo tamanho e colocar as duas estátuas na entrada da ponte Santo Angelo, no lugar de duas capelinhas de mármore dedicadas a esses apóstolos, que seriam retiradas porque impediam a vista do castelo. O próprio Paulo fez uma estátua equestre de um guerreiro, que hoje se vê em São Pedro, perto da capela de Santo André[9]. Depois de obter essa vitória, Paulo sempre foi apreciado e venerado em vida e depois de morrer. Mas, gostando de fazer coisas poucas e boas, afastou-se de tudo e passou a levar vida solitária e pacata. E, chegando aos LVII anos de idade, morreu em Roma, sua pátria[10], sendo sepultado com honras e merecendo depois o epigrama abaixo:

ROMANVS FECIT DE MARMORE PAVLVS AMOREM;
ATQVE ARCVM ADIVNXIT CVM PHARETRA ET FACIBVS.
ILLO PERDIDERAT VENVS AVREA TEMPORE NATVM,
QVEM SEDES QVAERENS LIQVERAT ILLA POLI.
HOC OPVS (VT ROMAN DIVERTERAT) ASPICIT, ATQVE
GAVDET, SE NATVM COMPERIISSE PVTANS.
SED PROPRIOR SENSIT CVM FRIGIDA MARMORA, CLAMAT:
AN NE HOMINVM POSSVNT FALLERE FACTA DEOS*?

---

[4] No tímpano da igreja de San Giacomo degli Spagnoli, na praça Navona, estão esculpidos dois anjos a sustentarem um escudo; num deles se lê OPVS PAVLI, e no outro, OPVS MINI. Esse provavelmente foi o ponto de partida da narrativa de Vasari.

[5] Hoje na sacristia de São Pedro, foram executadas por Paolo Romano entre 11 de março de 1461 e janeiro de 1462, por encomenda do papa Pio II.

[6] As esculturas da sepultura de Paulo II (morto em 1471) estão agora nas Grutas Vaticanas. São obra de colaboração entre Mino da Fiesole e Giovanni Dalmata (cf. nota 7 nas pp. 343-4).

[7] Paolo Romano foi pago em 1463 e 1464 por uma estátua de *São Paulo*; provavelmente é a da Ponte Sant'Angelo, da qual Vasari fala.

[8] Giulio de' Medici nasceu em Florença em 30 de maio de 1478, foi eleito papa em 1523 com o nome de Clemente VII; morreu em 25 de setembro de 1534.

[9] Hoje no Louvre, n.º 624, o alto-relevo representa *Roberto Malatesta*, capitão das tropas pontifícias; foi realizado em 1484, quando Paolo Romano já estava morto.

[10] Paolo Romano morreu pouco depois de 1470.

* "Paulo Romano fez de mármore o deus amor; / Deu-lhe arco, aljava e fogo. / Naquele tempo Vênus áurea perdera seu filho, / E, para procurá-lo, abandonara os céus. / Viu a obra (feita para deleite de Roma) e / Alegrou-se, acreditando ter encontrado o filho. / Mas, aproximando-se do mármore frio, exclamou: / 'Poderão as obras dos homens enganar os deuses?'." [N. da T.]

Discípulo de Paulo foi Giancristoforo Romano[11], que depois se revelou valoroso escultor.

---

[11] Giancristoforo Romano, ourives, medalhista, escultor, arquiteto, filho de Isaia da Pisa, nascido em Roma talvez em 1470, morreu em Loreto em 1512. Trabalhou para as cortes de Milão (busto de Beatrice d'Este no Louvre, de 1490; monumento de Gian Galeazzo Visconti na Cartuxa de Pavia, de 1491-97) e de Mântua (a serviço de Isabella Gonzaga); medalhista de Júlio II em Roma em 1505, a partir de 1509 trabalhou na Basílica de Loreto. Sobre ele, cf. A. Venturi, "Gian Cristoforo Romano", em *Archivio storico dell'arte*, I (1888), pp. 49-59, 107-18, 148-58, e G. Romano, "Verso la maniera moderna: da Mantegna a Raffaello", em *Storia dell'arte italiana*, vol. 6, 1, Turim, 1981, pp. 57-63.

Clemente Camicia,
arquiteto florentino

Quem justifica sua passagem pelo mundo, deixando obras de arquitetura que sejam boas, bem concebidas e muito bem realizadas, certamente merece louvores infinitos, não sem justa razão. Isto porque essa arte deve ser considerada mais digna e valiosa do que as outras, por propiciar comodidade e utilidade aos homens. Mas, embora não deva nem queira discutir ou falar sobre tais coisas, não pretendo deixar de dizer que a arquitetura não só é útil e cômoda para a vida humana, como também sumamente necessária. Porque sem ela – deixando de lado palácios, fortalezas, cidades, máquinas, dispositivos de tração – as simples moradas que nos defendem das intempéries e a própria agricultura que nos alimenta não existiriam ou seriam tão mal-arranjadas, que pouco proveito nos trariam. Por tais razões, quem nessa arte alcança fama deve merecidamente ganhar lugar de elevado apreço entre todos os artistas; foi o que ocorreu em sua época com Chimente Camicia[1], que, por seu valor, na Hungria, mereceu ser muito estimado pelo rei[2] e reconhecido com honra. Suas origens nos são inteiramente desconhecidas, pois sobre ele só sabemos dizer que sua pátria foi Florença, e que a serviço do Rei da Hungria fez palácios, jardins, fontes, templos, muralhas de fortalezas, com entalhes, ornamentos e palcos muito elogiados, terminados depois pelas mãos de Baccio Cellini[3] com infinita beleza e graça. Depois de tais obras, Clemente, que amava muito sua pátria, voltou para Florença, e Baccio ficou na Hungria. Em Florença, Clemente encomendou ao pintor florentino Berto Linaiuolo[4] alguns painéis que, levados para a Hungria, foram considerados belíssimos, com o que Berto conquistou grande reputação junto ao rei. Na cidade de Florença, sua pátria, fez também para as casas dos cidadãos alguns quadros de Nossa Senhora, elogiados por todos quantos os viram. Mas o destino, não querendo que ele avançasse mais na sua arte, ceifou-o aos XVIII anos de idade. Chimente, voltando para a Hungria, não ficou lá muito tempo, pois, subindo o Danúbio a fazer plantas para os moinhos, debilitou-se e contraiu uma doença que em breves dias o levou para a outra vida.

---

[1] Clemente di Leonardo Camicia, nascido em 1431, esteve na Hungria de 1470 a 1493; ainda estava vivo em 1505. Desconhecemos sua personalidade artística.

[2] Matias Corvino foi rei da Hungria de 1458 a 1490.

[3] Tio de Benvenuto, Baccio di Andrea Cellini estava na Hungria em 1480.

[4] É difícil que esse pintor possa ser identificado, como supõe Milanesi (II, p. 651, nota 4), com o Berto di Segna inscrito na Companhia de São Lucas em 1424, provavelmente o mesmo que, segundo Filarete, morreu em Lyon. Poderia tratar-se do Berto di Piero inscrito na Companhia de São Lucas em 1472 (D. E. Colnaghi, *A Dictionary of Florentine Painters*, Londres, 1928, p. 40).

As obras desses mestres datam aproximadamente de MCDLXX, quando ainda estava a serviço do papa Sisto IV[5] o florentino Baccio Pintelli[6] que, por seu engenho na arquitetura, mereceu que o pontífice o incumbisse de trabalhos em todos os seus empreendimentos. Assim, Baccio construiu Santa Maria del Popolo[7], a biblioteca do palácio[8], a albergaria de Santo Spirito in Sassia[9], e, com toda a magnificência que pôde, esforçou-se por servir honradamente o papa. Sisto construiu a ponte sobre o Tibre[10] e a capela do palácio que leva seu nome[11], com todas as igrejas por ele restauradas no Jubileu. Alguns afirmam que ele também fez o modelo da igreja de Santo Agostino de Roma[12], mas que morreu antes do término da igreja. Mas, voltando a Camicia, com o tempo lhe foi feito o seguinte epitáfio:

---

[5] Francesco della Rovere, nascido em 1414 em Celle Ligure, foi papa de 9 de agosto 1471 a 12 de agosto de 1484.

[6] Vasari afirma que Baccio Pontelli foi arquiteto de Sisto IV; mas isso está em contradição com as informações encontradas nos documentos. Pontelli (e não Pintelli) nasceu em Florença por volta de 1450 e morreu depois de 1494, provavelmente em Urbino. De 1471 a 1479 trabalhava com madeira em Pisa; depois se mudou para Urbino, de onde escreveu uma carta em 1481 a Lourenço de' Medici, qualificando--se como "ebanista discípulo de Francione" (o famoso ebanista e tauxiador Francesco di Giovanni, vulgo Francione). Em Urbino estava Francesco di Giorgio Martini, que provavelmente o encaminhou à arquitetura. A partir de 1483 está em Roma, e vários dados documentais contribuem para levar-nos a crer que sejam de sua lavra a fortaleza de Ostia e o pequeno quartel que há ao redor. Inocêncio VIII lhe confia a construção das fortalezas de Osimo, Jesi e Offida; Giovanni Sforza, a construção da fortaleza de Senigallia, onde em 1491 ele também teria construído a igreja de Santa Maria delle Grazie. Mas ainda não está claro até que ponto chegou a sua participação em tais complexos arquitetônicos. Sobre as obras romanas que lhe são atribuídas por Vasari, cf. P. Tomei, *L'architettura a Roma nel Quattrocento*, Roma, 1942, e T. Magnuson, *Studies in Roman Quattrocento Architecture*, Estocolmo, 1958. Cf. também, mas com a devida cautela, G. De Fiore, *Baccio Pontelli architetto fiorentino*, Roma, 1963 (sobre essa obra, cf. resenha de F. Negri Arnoldi, em *Palatino*, VIII [1964], p. 57).

[7] As portas laterais da fachada de Santa Maria del Popolo contêm as inscrições: SIXTVS PP. IIII PONT. MAX. 1477 e SIXTVS PP. IIII FVNDAVIT 1477. Em 1480, a igreja já estava terminada (cf. Jacopo da Volterra, "Diario", em L. A. Muratori, *Rerum Italicarum Scriptores*, tomo XXIII, p. 81). Milanesi (II, pp. 661-4) considera que a igreja é obra de Meo del Caprina (1430-1501), nascido em Settignano e autor da Catedral de Turim, mas tanto Tomei quanto De Fiore excluem essa hipótese. A parte absidal foi ampliada pouco tempo depois pelo papa Júlio II com base em desenho de Bramante.

[8] A Biblioteca Vaticana foi iniciada em 1471 e já devia estar terminada em 1475, quando Sisto IV nomeou Platina para ser seu bibliotecário. Seu autor é desconhecido.

[9] Na edição de 1568, Vasari diz que a albergaria fora atingida por um incêndio em 1471; sua reconstrução provavelmente foi iniciada em 1474; em 1477 o edifício estava terminado, ao passo que a decoração foi completada em 1482, data que está inscrita em uma das paredes. Na época de Bento XIV, por volta de 1745, a albergaria foi reformada; foi restaurada na época moderna (cf. G. De Angelis D'Ossat, "Roma. Il restauro degli edifici quattrocenteschi dell'Ospedale di S. Spirito", em *Palladio*, 1939, pp. 212-5). Da igreja, construída no tempo de Sisto IV, resta somente o campanário. O arquiteto deve ter sido Pontelli, como acredita De Fiore (cf. P. De Angelis, *L'arcispedale di Santo Spirito in Sassia nel passato e nel presente*, Roma, 1947; E. Lavagnino, *La Chiesa di Santo Spirito in Sassia*, Roma, 1962).

[10] Em 29 de abril de 1473 Sisto IV lançou a primeira pedra da reconstrução da velha ponte Gianicolese, da época imperial, arruinada na Idade Média. No Jubileu de 1475 a ponte já estava terminada. Os serviços de acabamento continuaram sendo pagos até fevereiro de 1476.

[11] A construção da Capela Sistina (a que tem os afrescos de Michelangelo) ocorreu entre 1473 e 1480. Os documentos parecem indicar que seu autor foi o florentino Giovanni de' Dolci (E. Müntz, *Les Arts à la cour des papes*, Paris, 1878-82).

[12] Em 1º de novembro de 1479 foi lançada a primeira pedra da construção da igreja de Sant'Agostino pelo cardeal d'Estouteville, cujo nome está inscrito na fachada: GVILERMVS DE ESTOVTEVILLA EPISC. OS-TIEN. CARD. ROTHOMAGENX. S.R.E. CAMERARIVS FECIT MCCCCLXXXIII. Seu arquiteto foi Jacopo da Pietrasanta, ativo em Roma de 1452 a 1490, aproximadamente.

CHIMENTI CAMICIA

STAGNI, ACQVIDOTTI, TERME E COLISEI
CHE FVRON DI VETRVVIO SEPOLTVRA
NELLA FAMA QVAGGIV́: L'ARCHITETTVRA
VIVE PER ME NELLE OPRE; ET IO PER LEI*.

---

* "Clemente Camicia. / Lagos, aquedutos, termas e coliseus / Que de Vitrúvio foram sepultura / Da fama neste mundo: a arquitetura / Vive por mim nas obras; e eu, por ela." [N. da T.]

Andrea del Castagno di Mugello, pintor

Quão censurável em pessoa excelente é o vício da inveja, que em ninguém deveria jamais alojar-se, e quão infame e horrível é o ato de procurar, sob aparência de falsa amizade, extinguir não só a fama e a glória alheia, mas também sua própria vida, são coisas que não acredito poderem ser expressas com palavras, pois a infâmia do fato suplanta toda virtude e força da língua, por mais eloquente que esta seja. Por isso, sem me delongar nesse assunto, direi apenas que as pessoas de tal feitio albergam um espírito que não qualificarei de desumano e feroz, mas de totalmente cruel e diabólico; estão elas tão distantes da virtude, que não podem ser consideradas humanas, nem animais, que são generosos ou dignos de viver. Portanto, assim como a emulação e a concorrência, que procuram honestamente vencer e sobrepujar os demais na busca da glória e da honra, são dignas de louvor e apreço, por necessárias e úteis ao mundo, também em contraposição e em maior grau merece censura e vitupério a infame inveja que, não suportando a honra e a estima alheia, se dispõe a tirar a vida daquele cuja glória ela não pôde arrebatar. Foi o que ocorreu com o infame Andrea del Castagno[1], que na pintura e no desenho era realmente excelente e grande, mas muito mais se sobressaía no rancor e na inveja que nutria pelos outros pintores: de tal maneira que, com as trevas do pecado, enterrou e ocultou todo o esplendor de sua virtude.

Andrea, tendo nascido num vilarejo não muito distante da Scarperia di Mugello, circunscrição de Florença, comumente chamado Castagno, adotou esse nome quando foi morar em Florença, fato que ocorreu da maneira como descreveremos. Ficando órfão de pai em tenra idade, foi recolhido por um tio que durante muitos anos o incumbiu de cuidar dos rebanhos; este logo percebeu que ele era ágil, esperto e tão ativo,

---

[1] Pesquisas recentes apuraram que Andrea del Castagno não pode ter nascido depois de 1419 (cf. F. Harrt, "Andrea del Castagno: three disputed dates", em *The Art Bulletin*, 1966, pp. 228-34), e que o lugar de nascimento é exatamente Castagno (A. M. Fortuna, *Andrea del Castagno*, Florença, 1957), que lhe serviu de apelativo. Inscreveu-se na Corporação dos Médicos e dos Boticários em 30 de maio de 1445, três anos depois de fazer os afrescos da capela de São Tarásio na igreja de San Zaccaria em Veneza. Sua obra pictórica surgiu no auge do momento da arte florentina que, depois da morte de Masaccio, estava dominado pela grande figura de Domenico Veneziano. Interessado sobretudo por uma apresentação monumental e celebrante da figura humana, só parcialmente Andrea se aproxima do refinamento do rival, como quando executa a *Assunção* de Berlim. Sobre o pintor, cf. G. M. Richter, *Andrea del Castagno*, Chicago, 1943; F. Russoli, *Andrea del Castagno*, Milão, 1957; F. Harrt, "The earliest works of Andrea del Castagno", em *The Art Bulletin*, 1959; M. Salmi, *Andrea del Castagno*, Novara, 1961; L. Bellosi, "Intorno ad Andrea del Castagno", em *Paragone*, n. 211 (1967). A monografia mais recente dedicada ao pintor florentino é a da Horster: M. Horster, *Andrea del Castagno*, Oxford, 1980.

que sabia cuidar não só dos animais, mas também das pastagens e de tudo o que fosse de seu interesse. Andrea continuou nesse trabalho até que um dia, para escapar da chuva, foi dar por acaso num lugar onde um daqueles pintores rurais, que trabalham por pouca remuneração, estava pintando um tabernáculo para um camponês, coisa de pouca monta. Andrea, que nunca vira coisa semelhante, tomado de súbita admiração, ficou olhando e considerando atentamente o modo como era feito aquele trabalho. E logo sentiu um desejo enorme, uma avidez tão apaixonada por aquela arte, que, sem perda de tempo, com carvão e ponta de faca, começou a riscar e a desenhar animais e figuras nos muros e nas pedras, fazendo-o de tal maneira que despertava admiração em quem os via. Assim, entre os camponeses começou a correr a fama daquela nova atividade de Andrea, e, para sua ventura, chegando tais fatos aos ouvidos de um fidalgo florentino chamado Bernardetto de' Medici[2], que ali tinha propriedades, quis este conhecer o menino. Ao vê-lo, finalmente, e ao ouvi-lo falar com muita argúcia, perguntou-lhe se gostaria de dedicar-se à arte da pintura. Andrea respondeu que nada lhe seria mais grato, e que nada lhe agradava mais do que a pintura, de tal modo que, para possibilitar-lhe o aperfeiçoamento na arte, Bernardetto de' Medici o levou consigo para Florença e lhe arranjou trabalho junto a um dos melhores mestres da época. Assim, cultivando a arte da pintura e dedicando-se totalmente ao seu estudo, Andrea demonstrou grande inteligência nas dificuldades da arte, sobretudo no desenho. Não se pode dizer o mesmo do seu colorido, pois, sendo suas obras um tanto cruas e rudes, aquele perdia grande parte da qualidade, da graça e, principalmente, da formosura. Era ele muito talentoso no movimento das figuras; fazia com vivacidade rostos de homens e mulheres, traçando os semblantes graves com bom desenho. Ainda muito jovem, fez várias obras no claustro de San Miniato al Monte, no caminho que leva da igreja ao convento; em afresco, fez uma cena de São Miniato e São Cresci[3], a se despedirem do pai e da mãe. Na igreja de San Benedetto, fora da porta Pinti, há obras suas num claustro e na igreja; e nos Angeli de Florença há também um Crucifixo no claustro, defronte da primeira porta[4]. Em Legnaia, numa sala em casa de Pandolfo Pandolfini, retratou muitos homens ilustres[5] ao natural. Para a companhia do Evangelista fez um belíssimo pendão de procissão; no convento dos servitas, na referida cidade, pintou em afresco três nichos planos em algumas capelas: uma é a de São Juliano, com cenas deste

---

[2] Bernardetto de' Medici (1395-1465), prior em 1436, comissário na Lombardia em 1438, gonfaloneiro de justiça em 1447 e em 1455.

[3] No local do convento indicado por Vasari existe um sinople muito sumário, que poderia ser o único remanescente dessa "cena".

[4] "Primeira" aí significa "principal", como se diz na edição de 1568. É a *Crucificação* com *Nossa Senhora, São João Evangelista, Maria Madalena, São Bento e São Romualdo*, afresco destacado em 1952-53, hoje no local, ou seja, na Albergaria de Santa Maria Nuova. A parte baixa, destruída por um incêndio durante a operação de retirada, foi reconstruída. Obra juvenil que, segundo Hartt, é anterior a 1440, foi também mencionada pelo Livro de Antonio Billi e pelo Anônimo Magliabechiano (não deve ser confundida com a obra proveniente do Convento degli Angeli, agora no Cenáculo de Sant'Apollonia, que tem os mesmos personagens, menos Madalena).

[5] Esses afrescos, já mencionados por Albertini, pelo Livro de Antonio Billi e pelo Anônimo Magliabechiano, decoravam uma sala da *villa* outrora denominada Carducci, depois Pandolfini e, finalmente, Rinuccini, em Legnaia. Destacados em parte em 1847 e depois em 1907 e 1910, foram expostos no Cenáculo de Sant'Apollonia. Os afrescos da parede menor foram descobertos e destacados mais tarde (1948--49), estando agora no local, enquanto os *Homens ilustres* hoje estão provisoriamente expostos nos Uffizi. Obra da maturidade do artista, é provável que tenham sido executados em dois períodos diferentes; não se deve excluir a colaboração de Giovanni di Francesco (Bellosi).

santo[6], nas quais, além da figura, há um cão em escorço que foi muito elogiado; para além dessa capela, fez a de São Jerônimo[7], na qual o santo se apresenta magro e imberbe, tendo sido feito com bom desenho e grande diligência; mais além, fez uma Trindade com um Crucifixo em escorço, obra pela qual Andrea mereceu muitos louvores, pois conformou os seus desenhos e executou os escorços com mais perfeição e modernidade do que os seus antecessores. Trabalhou também na outra capela aquém da capela do órgão, encomendada por messer Orlando de' Medici, na qual fez Lázaro, Marta e Madalena. E para as freiras de San Giuliano fez um Crucifixo em afresco acima da porta, com São Domingos, São Juliano, Nossa Senhora e São João em afresco, que ele executou com mais amor e empenho; essa foi considerada uma de suas melhores pinturas, universalmente louvada por todos os pintores. Na igreja de Santa Croce, na capela dos Cavalcanti, fez um São Francisco e um São João Batista[8], que são excelentes. Porém, o que causou mais pasmo e admiração nos artistas foi o claustro novo do referido convento: em sua cabeceira, defronte à porta, pintou em afresco a cena em que Cristo é surrado amarrado à coluna, onde se vê uma arcada com colunas em perspectiva, abóbadas de cruzaria com listéis diminutos e paredes incrustadas de mandorlas, coisas nas quais demonstrou entender não só as dificuldades da perspectiva como também o modo de fazer desenho artístico; nessa obra Andrea expressou atitudes vigorosas daqueles que flagelam Cristo, mostrando tanto a raiva e o ódio destes quanto a mansuetude e a paciência de Jesus Cristo. No corpo deste, flagelado e estreitamente amarrado à coluna, Andrea parece ter tentado mostrar o sofrimento da carne, enquanto a divindade oculta naquele corpo lhe dá certo esplendor de nobreza. Pilatos, sentado entre seus conselheiros, comovido, parece procurar um meio de libertá-lo. Essa pintura é de tal feição que, se não tivesse sido riscada e avariada pela ignorância dos que quiseram vingar-se dos judeus, sem dúvida seria a mais bela de todas as obras de Andrea. E se a natureza tivesse dado a este tanta delicadeza de colorido quanto lhe deu inventividade e talento no desenho, para a expressão dos sentimentos, ele teria sido considerado perfeito e maravilhoso.

Em Santa Maria del Fiore pintou a imagem de Niccolò da Tolentino a cavalo[9]; conta-se que, enquanto trabalhava nessa obra, um menino balançou sua escada, e ele,

---

[6] Afresco mencionado já por Albertini, pelo Livro de Antonio Billi e pelo Anônimo Magliabechiano. Restam as figuras de *São Juliano* (da metade para cima) e do *Eterno*. A data mais remota para a execução do afresco é 1451, quando o patronato da capela foi concedido aos De Gagliani.

[7] Esse afresco, assim como o afresco seguinte, hoje perdido, é já mencionado por Albertini, pelo Livro de Antonio Billi e pelo Anônimo Magliabechiano; também este tem como data mais remota 1451, quando o patronato da capela foi concedido a Girolamo Corboli. Nele estão representados *São Jerônimo com a Trindade e duas santas*. Sua base foi afetada pela enchente de 4 de novembro de 1966; ele foi destacado, recuperando-se o seu sinople, que apresenta uma figuração algo diferente da final.

[8] Mencionados como de Andrea del Castagno já pelo Livro de Antonio Billi e pelo Anônimo Magliabechiano, os dois santos devem ser atribuídos a Domenico Veneziano (a primeira atribuição nesse sentido é de Liphart). Longhi os atribuiu a uma fase juvenil de Antonio del Pollaiuolo. O afresco foi retirado da capela Cavalcanti em 1566 e está agora conservado no Museu da Obra da igreja de Santa Croce (cf. R. Longhi, "Un frammento della pala di Domenico Veneziano per Santa Lucia de' Magnoli", em *L'Arte*, XXVIII [1925], pp. 31-5).

[9] Niccolò Maurucchi da Tolentino foi capitão do exército florentino; aprisionado por Piccinino em 1434, morreu no cárcere em 20 de março de 1435, mas foi sepultado em Santa Maria del Fiore, onde, no mesmo ano, foi decretado um monumento de mármore para ele; depois se decidiu que esse monumento seria feito de terra verde, e em 25 de março de 1456 Andrea del Castagno começou a trabalhar nele. O afresco, mencionado já por Albertini, pelo Livro de Antonio Billi e pelo Anônimo Magliabechiano, foi restaurado em 1524 por Lorenzo di Credi e destacado em 1842. Ainda está no local.

muito enraivecido, correu atrás do menino até a esquina dos Pazzi. No cemitério de Santa Maria Novella fez um Santo André que deu ensejo à encomenda da pintura da Cena de Cristo com os Apóstolos[10] no refeitório dos serviçais e dos empregados da albergaria. Com isso, granjeando a simpatia dos Portinari, foi-lhe encomendada a capela do altar-mor de Santo Egídio na referida igreja, onde fez uma parede; uma das outras foi encomendada a Alesso Baldovinetti, e a outra, ao então celebérrimo pintor Domenico Veneziano[11]. Como os Portinari o haviam chamado de Veneza, de onde ele trouxe a técnica da pintura a óleo, Andrea sentiu-se muito enciumado e, mesmo se sabendo superior àquele, não deixou de invejá-lo; pois, vendo que o forasteiro era tratado com lisonjas por seus concidadãos, ficou despeitado e conjecturou um modo de livrar-se dele, perseguindo-o com ardis. Andrea era pessoa muito alegre e como simulador não era menos hábil do que como pintor, embora ninguém o soubesse; tinha língua ferina, alma altiva e sempre se mostrava resoluto em atos e pensamentos. Tinha por hábito marcar com um arranhão de unha os erros que visse nas obras de alguns artistas; além disso, atacava agressivamente aqueles que lhe haviam criticado as primeiras obras da juventude e nunca perdia a oportunidade de vingar-se de quem o ofendesse.

Domenico Veneziano[12], que tinha trabalhado na sacristia de Santa Maria del Loreto em companhia de Piero della Francesca, logo depois que chegou a Florença fez, na esquina dos Carnesecchi com as duas ruas que vão para Santa Maria Novella, um tabernáculo em afresco com uma Nossa Senhora e alguns santos ao lado[13], obra que muitos cidadãos e artistas elogiaram na época. Com isso, a inveja e a indignação de Andrea avultaram muito mais. Com a convivência, foi aumentando a familiaridade entre ele e mestre Domenico; este era bondoso e afável, amante da música, tocador de alaúde que passava a noite cantando e fazendo serenatas às bem-amadas. Andrea frequentemente saía em sua companhia, dando mostras de não ter outro amigo mais agradável e chegado; nessa época Domenico lhe ensinou a técnica da pintura a óleo, que ainda

---

[10] Andrea del Castagno trabalhava em maio de 1457 nessa pintura, que é também mencionada pelo Livro de Antonio Billi e pelo Anônimo Magliabechiano.

[11] Os afrescos, mencionados já por Albertini, pelo Livro de Antonio Billi e pelo Anônimo Magliabechiano, hoje estão perdidos, com exceção de alguns trechos pouco significativos de um sinople (cf. Baldini e Berti [org.], *Mostra di affreschi*, cit., pp. 65-6). Foram iniciados por Domenico Veneziano com a ajuda de Piero della Francesca (pagamentos de 7 de setembro de 1439 a 1445); Andrea del Castagno continuou a obra de janeiro de 1451 a setembro de 1453; Alessio Baldovinetti, em 17 de abril de 1461, prometia terminar "uma cena de Nossa Senhora iniciada pelo mestre Domenico da Vinegia" (cf. Vida de Baldovinetti, p. 365 e nota 2).

[12] Na geração de pintores que atuavam em Florença depois da morte de Masaccio, Domenico Veneziano era a personalidade dominante. Piero della Francesca formou-se na escola da sua poética luminoso-perspéctica, mas também se remetem a ele Paolo Uccello e Andrea del Castagno, para não falar de pintores como Giovanni di Francesco, o anônimo "Mestre de Pratovecchio" ou Baldovinetti. Em 1438 escreveu de Perúgia a Piero de' Medici, e em 1439 estava em Florença. Não se tem nenhuma informação sobre ele antes dessas datas. Morreu em Florença em 1461. Sua obra-prima é o retábulo da igreja de Santa Lucia dei Magnoli, hoje nos Uffizi, que Vasari, nesta edição das Vidas, atribui a Pesello (cf. sua Vida, p. 324 e nota 2). Sobre Domenico Veneziano, cf. G. Pudelko, "Studien über Domenico Veneziano", em *Mitteilungen des Kunsthistorischen Institutes in Florenz*, 1934, pp. 145-200; M. Salmi, *Paolo Uccello, Andrea del Castagno, Domenico Veneziano*, Roma, 1936; R. Longhi, "Il Maestro di Pratovecchio", em *Paragone*, n. 35 (1952), pp. 10-37; H. Wohl, *The Paintings of Domenico Veneziano, a Study in Florentine Art of the Early Renaissance*, Nova York, 1980.

[13] O afresco, destacado do tabernáculo dos Carnesecchi em 1851, hoje não está inteiro e encontra-se em mau estado de conservação na National Gallery de Londres (n.ºs 1215, 766, 767). Na base do trono de Nossa Senhora lê-se a assinatura: "DOMI(NI)CVS D. VENECIIS P".

não era usada na Toscana. Andrea tinha acabado de fazer um afresco na capela com uma cena da Anunciação de Nossa Senhora, obra considerada belíssima, por ter ele pintado o anjo suspenso no ar, algo que ainda não era costumeiro naquele tempo. Muito mais bela, porém, foi considerada outra cena de uma Nossa Senhora a subir as escadas do templo, onde representou muitos pobres, um dos quais em pleno ato de dar uma jarrada na cabeça do outro, trabalho muito bem acabado sob o aguilhão da concorrência com mestre Domenico, tudo feito com esmero, arte e amor. Por outro lado, na outra parede da mesma capela, mestre Domenico pintara a óleo a Natividade e as Núpcias da Virgem, enquanto Andrea começara a pintar a óleo a última cena da morte de Nossa Senhora. Nesta, para concorrer com mestre Domenico e estimulado pelo desejo de ser reconhecido pelo que era realmente, pintou em escorço um ataúde com o corpo da morta, que não chega a ter um braço e meio de comprimento, mas parece ter três. Ao redor dela, representou os Apóstolos de tal maneira que em seus rostos se percebe a expressão de alegria por estar aquela alma sendo levada ao céu por Jesus Cristo, mas também se reconhece a expressão de dor e amargor daqueles que ficarão na terra sem ela. Entre os Apóstolos pôs muitos anjos com luzes nas mãos; suas fisionomias são tão belas e tão bem feitas, que ele assim mostrou indubitavelmente saber manejar as tintas a óleo tão bem quanto seu concorrente, mestre Domenico. No entanto, depois de perfeitamente terminada essa obra, enceguecido pela inveja que nele despertavam os louvores a Domenico e querendo livrar-se totalmente dele, começou a imaginar várias maneiras de levá-lo à morte, pondo em execução uma delas, conforme relataremos. Certa noite de verão, conforme havia ocorrido outras vezes, mestre Domenico tomou o alaúde e saiu de Santa Maria Novella. Mas, daquela vez, Andrea ficou desenhando em seu quarto, depois de recusar o convite para o passeio, dizendo ter pressa de desenhar algumas coisas importantes. Domenico então se encaminhou para a cidade, a fim de desfrutar seus prazeres costumeiros, e Andrea, despercebido, foi esperá-lo numa esquina. Quando Domenico passou, retornando, Andrea o agrediu com uns pedaços de chumbo que lhe afundaram o estômago e o alaúde ao mesmo tempo; com eles também socou a cabeça do outro e fugiu, deixando-o ali ainda vivo. Voltou para seu quarto em Santa Maria Novella e, com a porta entreaberta, retomou o desenho que havia deixado. Pouco tempo depois, correu o rumor do crime, e alguns serviçais do lugar foram bater-lhe à porta do quarto para dar-lhe a notícia de que o amigo estava quase morto. Então ele correu para o local alarmado, gritando "Meu irmão" e chorando muito; pouco depois Domenico expirou nos seus braços. Nunca se soube quem o matara, e, caso Andrea não o confessasse às portas da morte, até hoje não se saberia[14]. Andrea terminou sua obra, e a do amigo ficou inacabada, tendo sido louvada por todos os artistas e pelos cidadãos.

Na igreja de S. Miniato, entre as torres de Florença, Andrea pintou um quadro com a Assunção de Nossa Senhora e duas figuras[15]; na Nave da Anchetta, atrás da

---

[14] O suposto crime de Andrea del Castagno é pura lenda, já narrada pelo Livro de Antonio Billi e pelo Anônimo Magliabechiano. Na verdade Domenico morreu quatro anos depois de Andrea; em 15 de maio de 1461 foi sepultado em San Pier Gattolini.

[15] A igreja de San Miniato entre as torres ficava na confluência das atuais via Porta Rossa e via Pellicceria. A pintura de Andrea del Castagno, mencionada já por Albertini, foi identificada por C. Gamba ("Una tavola di Andrea del Castagno", em *Rivista d'Arte*, VII [1910], pp. 25-8) como sendo o painel que representa a *Assunção entre São Juliano e São Miniato* no Museu de Berlim (Dahlem, n.º 47). Foi encomendado ao pintor em 20 de novembro de 1449 e posto sobre o altar em 20 de abril de 1450.

320

porta da Justiça, pintou um tabernáculo com uma Nossa Senhora. E em Perúgia Domenico pintou para os Baglioni[16] uma sala considerada linda; em muitos outros lugares fez algumas belíssimas obras. Era ótimo em perspectiva e de grande valor em muitas outras coisas da arte. Foi sepultado em Santa Maria Novella com a idade de LVI anos. Andrea continuou trabalhando em Florença. Em casa dos Carducci, hoje dos Pandolfini, pintou vários homens famosos, alguns retratados do natural e outros copiados de retratos. Entre eles estão Philippo Spano degli Scolari, Dante, Petrarca, Boccaccio e outros cavaleiros, entre bom número de literatos[17], tudo trabalhado com muito amor. Na Scarperia, castelo de Mugello, a caminho de Bolonha, acima da porta do palácio do vigário há uma belíssima Caridade nua; e em Florença, na fachada do Palácio do Podestade, pintou alguns dos rebeldes dependurados por um pé[18], fazendo-o com tão bom desenho, que conquistou ainda mais fama do que antes; por esse motivo, visto tratar-se de pintura famosa e pública, ele foi chamado de Andrea degli Impiccati*. Viveu em sua época com muitas honras e, por ser pródigo e gostar do bem vestir e do bem morar, deixou poucos bens ao morrer, o que ocorreu quando ele tinha LXXI anos[19]. Sabendo-se, depois de sua morte, da crueldade que havia cometido contra mestre Domenico, foi sepultado com ódio em Santa Maria Novella, recebendo o seguinte epitáfio:

CASTANEO ANDREAE MENSVRA INCOGNITA NVLLA
ATQVE COLOR NVLLVS LINEA NVLLA FVIT
INVIDIA EXARSIT FVITQVE PROCLIVIS AD IRAM
DOMITIVM HINC VENETVM SVBSTVLIT INSIDIIS
DOMITIVM ILLVSTREM PICTVRA TVRPAT ACTVM
SIC SAEPE INGENIVM VIS INIMICA MALI**.

Foram seus discípulos Iacopo del Corso, mestre razoável, Pisanello, que terminou suas obras, Marchino e Giovanni da Rovezzano[20], no ano MCDLXXVIII.

---

16 Na edição de 1568, Vasari diz que o aposento "hoje está em ruínas". Ali Domenico Veneziano pintara vinte e cinco figuras de homens ilustres na guerra, na filosofia e no direito; conserva-se o texto dos epitáfios que ficavam abaixo de cada figura e foram ditados por Francesco Maturanzio. Provavelmente foram realizados em 1438, quando o pintor estava em Perúgia. Um mísero remanescente desses afrescos foi publicado por F. Santi, "L'affresco baglionesco della Galleria Nazionale dell'Umbria", em *Commentari*, XXI (1970), pp. 51-5.

17 Cf. acima, nota 5. Os homens ilustres são exatamente Pippo Spano, Farinata degli Uberti, Niccolò Acciaiuoli, a Sibila de Cumes, a rainha Ester, a rainha Tomíris, Dante, Petrarca e Boccaccio.

18 Os Albizi e os Peruzzi foram declarados rebeldes em 1434; Andrea os pintou em 1440; o afresco perdeu-se em 1494; cf. G. Poggi, "Della data di nascita di Andrea del Castagno", em *Rivista d'Arte*, XI (1929), pp. 43-63.

* Andrea dos Dependurados. [N. da T.]

19 No Livro de óbitos da Corporação lê-se em 19 de agosto de 1457: "Andreino dipintore riposto a' Servi". Provavelmente morreu de peste, talvez antes dos 40 anos.

** "Andrea del Castagno nada desconhecia sobre medidas, / Cores e linhas. / Foi consumido pela inveja e propenso à ira. / Com insídias destruiu / Domenico Veneziano, ilustre pintor. / Assim, a força inimiga do mal frequentemente desfigura os altos engenhos." [N. da T.]

20 Sobre Iacopo di Antonio del Corso degli Adimari, nascido em 1427 e morto em 13 de dezembro de 1454, cf. U. Procacci, "Di Jacopo d'Antonio e delle compagnie di pittori nel Corso degli Adimari", em *Rivista d'Arte*, XXXV (1961), pp. 3-70. Sobre Pisanello, cf. Vida seguinte. Não se conhecem obras de Marco del Buono, vulgo Moschino (1402-89). Giovanni da Rovezzano é Giovanni di Francesco del Cervelliera (morto em 1459); sobre ele, cf. p. 319 e nota 12.

Gentile di Fabriano e Vittore Pisanello, pintores

Grande vantagem tem todo aquele que na vida encontra caminhos abertos por alguém que já morreu, deixando alguma obra digna, capaz de lhe granjear nomeada, porque sem muito trabalho, seguindo os passos do mestre e sob aquela proteção, tal pessoa atingirá os fins que por si mesma só atingiria depois de um tempo mais longo e de maior labuta. Tal fato, apesar de ter sido observado em muitos, no pintor Andrea Pisanello[1] pode ser tocado com a mão (como se costuma dizer); este, morando muitos anos em Florença com Andrea dal Castagno e terminando as obras deste depois de sua morte, conquistou tanto crédito graças ao nome de Andrea, que, quando o papa Martinho V[2] veio a Florença, na volta o levou consigo para Roma, pedindo-lhe que pintasse em afresco na igreja Santo Ianni Laterano algumas lindas cenas[3], as mais belas que se possam imaginar. Porque nelas usou abundantemente uma espécie de azul ultramarino que lhe foi dado pelo papa, tão belo e vivo, que ainda não surgiu nada igual. Para concorrer com esse trabalho, aquém dele mestre Gentile da Fabbriano[4] fez algu-

---

[1] Em Pisa, 22 de novembro de 1395, Puccio di Giovanni da Cereto, às portas da morte, nomeou seu herdeiro universal o filho Antonio Pisano. A educação de Pisanello, porém, foi totalmente feita no Norte da Itália, partindo sobretudo de Gentile da Fabriano, como mostra a mais antiga de suas obras incontestáveis, a *Anunciação* pintada sobre o monumento Brenzoni em San Fermo, Verona, do terceiro decênio do século. É um dos maiores expoentes da realidade cultural observada nas várias cortes senhoris italianas, realidade cujas raízes se inseriam no "gótico internacional", mas que ficou atônita diante do surgimento das primeiras novidades renascentistas, assumindo-as de modo parcial e divagante, não permitindo que elas prejudicassem a substância de uma concepção refinada e luxuosa, concentrada essencialmente na pele das coisas. Sobre Pisanello, cf. A. Venturi (org.), *Gentile da Fabriano e il Pisanello, di G. Vasari*, Florença, 1896; B. Degenhart, *Pisanello*, Turim, 1945; id., "Antonio di Puccio Pisano", em *Dizionario biografico degli italiani*, vol. III, cit., pp. 571-4; M. Fossi Todorow, *I disegni del Pisanello e della sua cerchia*, Florença, 1966; G. Paccagnini, *Il Pisanello e il ciclo cavalleresco di Mantova*, Milão, 1972; id. (org.), *Pisanello alla corte dei Gonzaga*, catálogo da exposição, Veneza, 1972; V. Juren, "Pisanello", em *Revue d'Art*, 1975, pp. 58-61; G. de Lorenzi, *Medaglie del Pisanello e della sua cerchia*, Florença, 1983.

[2] Martinho V esteve em Florença de 1418 a 1420; morreu em 1431; nesse período, Andrea del Castagno ainda era criança; Pisanello, sendo mais velho que ele cerca de vinte anos, não podia ser seu aluno. A relação entre os dois, provavelmente, é invenção de Vasari, que deve ser atribuída a seu nacionalismo.

[3] Existem pagamentos a Pisanello por pinturas na igreja de San Giovanni in Laterano a partir de 18 de abril de 1431. Em 26 de julho de 1432 o pintor partiu de Roma com um salvo-conduto do papa Eugênio IV. Facio (*De viris illustribus*, 1455-56) informa que essas pinturas completavam a decoração que Gentile da Fabriano deixara incompleta (cf. nota abaixo) e que já então estavam em mau estado de conservação por causa da umidade. Os afrescos hoje estão perdidos. A reconstrução dos motivos representados foi tentada por H. Gollob, "Pisanellos Freske im Lateran und der Codex Vallardi", em *Arte Lombarda, Studi in onore di G. Nicco Fasola*, 1965, pp. 51-60.

[4] Gentile di Niccolò di Giovanni di Massio nasceu em Fabriano por volta de 1370. Numa provável formação inicial em Orvieto (cf. Longhi, "Fatti di Masolino e Masaccio", cit., p. 189; reed. em Longhi,

mas cenas, devendo-se destacar entre as janelas alguns Profetas[5] pintados em claro-escuro com terras coloridas, considerados o que de melhor há em toda essa obra. Pisanello, cujo primeiro nome era Vittore, também pintou em outros lugares de Roma e no Campo Santo de Pisa, onde morou por muito tempo, como em amada pátria, e terminou seus dias em idade bem madura[6]. Além disso, Pisanello era excelente em baixos-relevos; fez medalhas para todos os príncipes da Itália e, sobretudo, para o rei Afonso I[7]. Mas Gentile, continuando a pintar com muita diligência, fez um sem-número de trabalhos em Marca, especialmente em Agobbio, onde ainda se veem alguns; o mesmo fez em toda a região de Urbino. Trabalhou na igreja de San Giovanni de Siena e, em Florença, fez para a sacristia da igreja de Santa Trinita um painel com a cena dos Magos[8]; fez muitas obras em Perúgia, especialmente na igreja de San Domenico, onde pintou um painel muito belo[9]. Também pintou em Città di Castello, até que finalmente voltou a Roma, onde trabalhava para sustentar-se, mas, ficando paralítico, deixou de fazer coisas boas. E assim viveu mais de seis anos sem produzir coisa alguma e, consumido pela velhice, morreu aos LXXX anos. As palavras abaixo lhe servem de memória:

HIC PVLCHRE NOVIT VARIOS MISCERE COLORES:
PINXIT ET IN VARIIS VRBIBVS ITALIAE*.

VIII, pp. 61-4, nota 29) logo se enxertaram contatos com o ambiente setentrional lombardo-vêneto. Sem um centro fixo de atividade (é documentado em Veneza em 1409, em Brescia entre 1414 e 1419, em Florença entre 1422 e 1425, em Siena e em Orvieto no mesmo ano de 1425, em Roma em 1427, onde morre), Gentile da Fabriano é o mais insigne representante na Itália do "gótico internacional". Sobre ele, cf. L. Grassi, *Tutta la pittura di Gentile da Fabriano*, Milão, 1953; P. Zampetti, *La pittura marchigiana da Gentile a Raffaello*, Milão, 1969; M. Ikuta, "Bibliografia su Gentile da Fabriano", em *Bulletin annuel du Musée National d'Art occidental. Tokio*, 1976, pp. 74-87; Christiansen, *Gentile da Fabriano*, cit.

Quanto aos afrescos de San Giovanni in Laterano, há pagamentos a Gentile de 28 de janeiro a julho de 1427. Os afrescos foram interrompidos por sua morte, que ocorreu no mesmo ano, e foram continuados por Pisanello (cf. nota acima); são mencionados por Facio e por Platina (*Opus de vitis ac gestis summorum pontificum*, 1479, Vida de Martinho V).

[5] Facio também menciona em particular esses "Prophetae quinque ita expressi, ut non picti, sed e marmore facti esse videantur". De um desses profetas resta um desenho de Borromini (cf. K. Cassirer, "Zu Borrominis Umbau der Lateransbasilika", em *Jahrbuch der Preussischen Kunstsammlungen*, XIII [1921], p. 55).

[6] Pisanello morreu em Nápoles, provavelmente em 1455 (cf. G. F. Hill, *Pisanello*, Londres, 1905, p. 212, e id., "New light on Pisanello", em *The Burlington Magazine*, XIII [1908], p. 228).

[7] Sobre as medalhas de Pisanello, cf. G. F. Hill, *A Corpus of Italian Medals of the Renaissance before Cellini*, Londres, 1930; G. de Lorenzi, *Medaglie*, cit. De Afonso de Aragão existem três medalhas assinadas pelo artista.

[8] Mencionado também por Facio e Albertini; é a famosa *Adoração dos Magos* hoje nos Uffizi, n.º 8364 (mas o painel direito da predela, com a *Apresentação ao templo*, está no Louvre, n.º 1278). Foi executado por Palla Strozzi e está assinado e datado como: OPVS GENTILIS DE FABRIANO MCCCCXXIII MENSIS MAIJ. Sobre essa obra, cf. C. Sterling, "Fighting animals in the Adoration of the Magi", em *The Bulletin of the Cleveland Museum of Art*, 1974, pp. 350-9.

[9] É a *Nossa Senhora com o Menino Jesus e anjos músicos*, conservado na Galeria Nacional da Úmbria, em Perúgia; talvez painel central de um políptico.

* "Ele soube misturar cores com beleza: / Também pintou em várias cidades da Itália." [N. da T.]

Pesello e Francesco Peselli,
pintores florentinos

Raras vezes os discípulos de mestres insignes, desde que observem os seus ensinamentos, deixam de tornar-se excelentes e, embora nem sempre sobrepujem os mestres, pelo menos com eles se ombreiam e se equiparam em tudo. Porque o solícito fervor da imitação, aliado à assiduidade do estudo, tem força para levar alguém a atingir o mesmo grau de valor daqueles que ensinam o verdadeiro modo de obrar em arte. Por isso, alguns discípulos atingem tal ponto que acabam concorrendo com os mestres, superando-os com facilidade, por sempre exigir pouco trabalho o esforço de somar algo àquilo que se encontrou feito. Prova disso foi Francesco di Pesello, que imitou a tal ponto a maneira de frei Filippo, que, não o tivesse a morte levado tão jovem, o discípulo teria superado em muito o mestre. Sabe-se que Pesello[1] imitou a maneira de Andrea dal Castagno e que sentia grande prazer em retratar animais; sempre os tinha em casa, de todas as espécies, e os pintava com tanta esperteza e vivacidade, que em seu tempo ninguém se lhe igualou nessa especialidade. Até a idade de XXX anos foi discípulo de Andrea; aprendendo com ele, tornou-se ótimo mestre. Na via de' Bardi fez o painel da capela de Santa Luzia[2], que lhe valeu tantos louvores, a ponto de a Senhoria de Florença lhe encomendar um quadro a têmpera que representava os Reis Magos a fazerem oferendas a Cristo, obra que foi colocada sobre a escadaria do palácio, pelo que Pesello granjeou muita fama. Na capela dos Cavalcanti, na igreja de Santa Croce, sob a Anunciação de Donato, fez uma predela com figuras pequenas, representando

---

[1] Giuliano di Arrigo, conhecido como Pesello, nasceu em Florença por volta de 1367 e inscreveu-se na Corporação dos Médicos e dos Boticários em 1385; inscreveu-se na Companhia de São Lucas em 1424 e morreu em 1446. Milanesi (III, pp. 41-2) dá sobre ele algumas informações documentais relativas também a obras que lhe foram encomendadas, mas sua personalidade artística hoje nos é completamente desconhecida (uma proposta para a identificação de Pesello foi feita por Zeri, "Opere maggiori", cit., p. 15; outra proposta foi feita por A. Parronchi, "L'emisfero della Sacristia Vecchia: Giuliano Pesello?", em *Scritti di Storia dell'Arte in onore di Federico Zeri*, Milão, 1984, pp. 134-46). Na verdade não é possível encontrar hoje as obras documentadas, enquanto quase todas as obras citadas por Vasari que chegaram até nós devem ser atribuídas a seu neto, Pesellino.

[2] Evidentemente, trata-se do retábulo, hoje nos Uffizi (n.º 894), que representa *Nossa Senhora com o Menino Jesus entre São João Batista, São Nicolau, São Francisco e Santa Luzia*, assinado por Domenico Veneziano: OPVS DOMINICI DE VENETIIS. HO MATER DEI MISERERE MEI. DATVM EST. Vasari corrigirá o erro na edição de 1568, quando deixará de mencionar a pintura na Vida de Pesello, para mencioná-la na de Domenico Veneziano. A predela do retábulo era composta pelo *Martírio de Santa Luzia*, hoje nos Museus de Berlim-Dahlem, pela *Anunciação* e pelo *Milagre de São Zenóbio*, do Fitzwilliam Museum de Cambridge, pelos *Estigmas de São Francisco*, da coleção de Nova York, e pelo *São João no deserto*, da coleção Kress, na National Gallery de Washington.

cenas de São Nicolau[3]; e em casa dos Medici fez belíssimo alizar com animais e alguns corpos de arcas com pequenas cenas de torneios de cavaleiros[4]. Na mesma casa veem-se até hoje, de sua lavra, algumas telas de leões a se mostrarem por um gradil, em que os animais parecem vivos; fez outros fora, como um em luta com uma serpente; em outra tela pintou um boi, uma raposa e outros animais, todos muito espertos e vivazes. Em Pistoia fez um painel na igreja de S. Iacopo[5] que tem acabamento muito diligente; e em sua cidade fez uma infinidade de medalhões que estão espalhados pelas casas dos cidadãos.

Foi pessoa muito modesta, moderada e gentil. Sempre que podia, ajudava os amigos com afeição e boa vontade. Casou-se cedo, e da união nasceu Francesco, conhecido como Pesellino[6], que se dedicou à pintura, seguindo ao máximo os passos de frei Filippo. Tivesse vivido mais tempo, pelo que se conhece dele, teria feito muito mais que o pai, porque era muito estudioso, passando dias e noites a desenhar. Dele se vê ainda na capela do noviciado da igreja de Santa Croce, abaixo do painel de frei Filippo, uma admirável predela com figuras pequenas[7], que até parecem da lavra de frei Filippo. Fez muitos quadrinhos com figuras pequenas em toda Florença e, assim conquistando fama, morreu aos XXXI anos, causando grande dor em Pesello; não demorou muito para que este o seguisse, deixando no mundo não só obras, mas também nomeada. Viveu LXXVII anos em Florença e, ao lado do filho, foi honrado com estes versos:

Se pari cigne il Cielo i duoi Gemelli;
Tal cigne il padre e 'l figlio la bella arte:
Che Appelle fa di sé fama in le carte
Come fan le rare opre a' duoi Peselli.

---

3 A predela com três *Cenas de São Nicolau de Bari* é obra de Giovanni di Francesco. Em 1620, passou para a Casa Buonarroti em Florença, onde ainda se conserva (cf. U. Procacci, *La casa Buonarroti a Firenze*, Florença, 1965, p. 192).

4 De Pesellino existem várias arcas: algumas com *Cenas de Davi e Absalão* estão divididas entre o Fogg Museum de Cambridge e os museus de Le Mans e Kansas City; outra, com os *Triunfos de Petrarca*, está no Gardner Museum de Boston; outras duas estão na coleção Lloyd, depositadas na National Gallery de Londres.

5 Hoje na National Gallery de Londres, foi encomendada a Pesellino em 10 de setembro de 1455 pela Companhia da Trindade de Pistoia; inacabada devido à morte do pintor (29 de julho de 1457), ficou sob a responsabilidade de Filippo Lippi, que a entregou terminada em junho de 1460. A pintura já era mencionada pelo Livro de Antonio Billi (como de Pesello) e pelo Anônimo Magliabechiano (como de Pesellino).

6 Na realidade Pesellino era filho de uma filha de Pesello, nascido por volta de 1422 e morto com 35 anos em 1457. Sua pintura, efetivamente, é muito próxima da de Filippo Lippi, com o qual Pesellino algumas vezes foi confundido (cf. G. Gronau, "In margine a Francesco Pesellino", em *Rivista d'Arte*, 1938, pp. 136-8; Bellosi, "Intorno ad Andrea del Castagno", cit., p. 6). Bem menos evidentes, embora não desprezíveis, são as relações com Angelico e com Domenico Veneziano.

7 O painel de Lippi está hoje nos Uffizi. A predela de Pesellino, já mencionada por Albertini e pelo Anônimo Magliabechiano, está dividida entre o Louvre (*São Francisco recebendo os estigmas*; um *Milagre de São Cosme e São Damião*) e os Uffizi (*Natividade*; *Decapitação de São Cosme e São Damião*; *Santo Antônio de Pádua e o coração do avaro*).

* "Tal como o Céu cinge os dois Gêmeos, / A bela arte cinge pai e filho: / Tal como Apeles tem fama nos papéis, / Os dois Peselli têm fama em suas grandes obras." [N. da T.]

Benozzo, pintor florentino

Quem com o trabalho trilha o caminho da virtude, caminho que (como dizem) é cheio de pedras e espinhos, no fim da subida acaba em ampla planície, com todas as felicidades almejadas. E, olhando para baixo, ao ver os árduos e perigosos passos que deu, agradece a Deus por tê-lo conduzido à salvação e com muita satisfação abençoa a labuta que outrora tanto desprazer lhe dava. E, restaurando assim os passados afãs com a alegria do bem presente, esforça-se incansavelmente para mostrar aos que o observam de que modo o calor, o frio, o suor, a fome, a sede e os incômodos todos que padece quem queira conquistar a virtude livram da pobreza e levam àquele estado seguro e tranquilo no qual, para sua grande alegria, Benozzo[1] encontrou repouso. Foi discípulo de frei Giovanni Angelico, com razão amado por ele, tendo sido considerado por todos quantos o conheceram um artista hábil e altamente inventivo, que pintou grande número de animais, perspectivas, paisagens e ornamentos. Realizou tantas obras em sua época, que assim mostrou não estar muito preocupado com outros prazeres; e, embora não fosse excelente se comparado a muitos outros que o superaram no desenho, pelo muito fazer sobrepujou todos os outros na sua época, pois em meio a tamanha multidão de obras forçoso seria haver as que fossem boas. Na juventude, em Florença, pintou o retábulo do altar[2] para a Companhia de São Marcos; e na igreja de San Friano pintou um Trânsito de São Jerônimo, logo avariado quando se reformou a fachada frontal da igreja. No palácio dos Medici fez em afresco a capela com a cena dos

---

[1] Nascido por volta de 1422 em Florença, Benozzo di Lese (não sabemos por que nas *Vidas* de 1568 Vasari lhe atribuiu o sobrenome Gozzoli) foi um fiel aluno do velho Fra Angelico, provavelmente seu colaborador já no tempo dos afrescos no Convento de San Marco em Florença (cf. A. Padoa, "Benozzo ante 1450", em *Commentari*, 1969, pp. 52-62). Em 1444, comprometeu-se a trabalhar com Ghiberti na Porta do Paraíso (cf. Milanesi, 1893, p. 90); em 1447, estava em Roma e em Orvieto como colaborador de Angelico. Sua produção foi vastíssima, porém encontrou mais receptividade na Itália central do que no ambiente florentino; lá, serviu de intermediário entre a arte solene e luminosa das fases finais de Angelico e os pintores mais despojados de Perúgia (como Bonfigli e Caporali) e do Lácio (como Antoniazzo Romano e Lorenzo da Viterbo). Sobre Benozzo Gozzoli, cf. R. Longhi, "Una crocifissione di Benozzo giovine", em *Paragone*, n. 123 (1960), pp. 3-7; A. Boschetto, *Benozzo Gozzoli nella chiesa di San Francesco a Montefalco*, Milão, 1961; A. Padoa Rizzo, *Benozzo Gozzoli pittore fiorentino*, Florença, 1972.

[2] Segundo o contrato de serviço de 23 de outubro de 1461, Benozzo deveria entregar o painel em 1º de novembro de 1462. Representando *Nossa Senhora com o Menino Jesus no trono entre anjos e santos*, está hoje na National Gallery de Londres, enquanto partes da predela estão em Milão, Brera (*Milagre de São Domingos*); Londres, Palácio de Buckingham (*Morte de Simão Mago*); Berlim-Dahlem (*Milagre de São Zenóbio*); Washington, National Gallery, coleção Kress (*Dança de Salomé* e *Decapitação de João Batista*); Filadélfia, coleção Johnson (*Apresentação ao templo*).

Reis Magos[3]; na capela dos Cesarini, em Araceli, Roma, pintou as cenas de Santo Antônio de Pádua[4] e, em Santo Apostolo, a capela do altar-mor[5]. Tais obras, que exigiram muito trabalho e têm algumas figuras feitas com ótimos escorços, valeram-lhe grande fama naquela cidade, tornando-o conhecido como artista hábil e diligente. No entanto, não falta quem atribua essa capela a Melozzo da Furlí[6], o que não nos parece verossímil, tanto porque nunca vimos nada de Melozzo, quanto porque é bem reconhecível a maneira de Benozzo; mas que se sintam livres os que entenderem mais do que nós. Nessa mesma capela pintou a Ascensão de Cristo, com vários ornamentos em perspectiva, segundo dizem a pedido do cardeal Riario, sobrinho do papa Sisto IV, pelo qual foi generosamente remunerado. Sempre incluía abundantes figuras e muitas outras coisas em seus trabalhos, tendo muito gosto em fazer escorços de baixo para cima: coisa difícil e trabalhosa em pintura. Foi chamado pelos construtores de Pisa e trabalhou no cemitério que fica ao lado da catedral, denominado Campo Santo, onde decorou uma parede que tinha o comprimento de todo o edifício, com cenas do Antigo Testamento[7] nas quais criou grande número de figuras. E de fato se pode dizer que essa é uma obra impressionante, pois nela se veem distintamente as cenas da criação do mundo dia a dia, todas as cenas da construção da arca por Noé, da chegada dos animais e da inundação do dilúvio, tudo expresso com belíssimas composições, abundantes figuras e lindos ornamentos. Também merecem destaque a soberba edificação da torre planejada por Nebrot, o incêndio de Sodoma e das outras cidades vizinhas e as cenas de Abraão, nas quais se observam belíssimas expressões; porque Benozzo, apesar de não se singularizar pelo desenho das figuras, demonstrou eficácia artística no sacrifício de Isaque, pois situou de tal maneira um asno em escorço, que este parece estar voltado para todos os lados; efeito considerado belíssimo. Depois dessas cenas,

---

[3] O ciclo dos afrescos ainda existe na capela do Palácio Medici, depois Riccardi. No entanto, uma parte deles foi destruída no século XVII (quando os Riccardi adquiriram o palácio), para se construir a grande escadaria que leva ao primeiro andar. Os afrescos foram executados entre 1459 e 1461, aproximadamente, quando o palácio ainda estava em fase de acabamento (cf. E. Berti Toesca, *Benozzo Gozzoli: gli affreschi della Cappella Medicea*, Milão, 1970). Os afrescos já eram mencionados pelo Livro de Antonio Billi e pelo Anônimo Magliabechiano.

[4] Um afresco de Gozzoli com *Santo Antônio de Pádua* ainda hoje se conserva na igreja de Santa Maria in Aracoeli, na capela contígua à capela Cesarini, onde há afrescos de Gozzoli.

[5] Ainda existem fragmentos destacados desses afrescos no palácio Quirinale de Roma (*Cristo em glória*) e na Pinacoteca Vaticana (*Anjos músicos* e *Profetas*); são realmente obra de Melozzo da Forlí, como dirá Vasari, corrigindo-se, na edição de 1568. Sua data de execução é bastante discutida; a basílica dos Santi Apostoli foi solenemente inaugurada em 1480, sendo lógico acreditar que nessa ocasião os afrescos já deviam estar terminados; mas, segundo Gnudi (C. Gnudi, em *Catalogo della Mostra di Melozzo da Forlí e del Quattrocento Romagnolo*, Forlí, 1938, p. 10), talvez tenham sido terminados um pouco depois; segundo Toesca (P. Toesca, "Melozzo da Forlí", em *Nuova Antologia*, 1938, p. 316), em 1489, no período de uma permanência tardia de Melozzo em Roma.

[6] Melozzo nasceu em Forlí em 8 de junho de 1438 e morreu em 8 de novembro de 1494. É uma figura artística extremamente problemática e discutida, uma vez que sua obra pictórica se entrelaça estreitamente com a de Antoniazzo Romano nas obras realizadas em Roma e com a de Palmezzano nas obras realizadas na sua pátria. Sobre ele, cf. o citado *Catalogo* da Exposição de 1938; Toesca, "Melozzo", cit.; E. Zocca, "Ambrosi, Melozzo degli", em *Dizionario biografico degli italiani*, vol. II, Roma, 1960, pp. 722-6.

[7] Os afrescos do *Antigo Testamento*, iniciados pelo orvietano Piero di Puccio no fim do século XIV, foram realizados por Benozzo entre 1468 e 1484. Já mencionados pelo Livro de Antonio Billi e pelo Anônimo Magliabechiano, sofreram grandes avarias no bombardeio de 1944. Foram destacados no pós-guerra, com a recuperação de seus sinoples (cf. A. Caleca, G. Nencini e G. Piancastelli, *Pisa, Museo delle Sinopie*, Pisa, 1979, pp. 99-112).

vem a do nascimento de Moisés, com todos aqueles sinais e prodígios, até quando ele tira seu povo do Egito e o sustenta durante tantos anos no deserto. A estas ele acrescentou as histórias dos hebreus até Davi, seu filho Salomão e a chegada da Rainha de Sabá. E nesse trabalho Benozzo mostrou que de fato era dotado de um ânimo mais do que tenaz, porque sozinho conseguiu levar a bom termo uma empresa tão imensa, que com razão teria amedrontado uma legião de pintores. Dessa maneira, depois de conquistar grande fama, mereceu que no meio daquele trabalho fosse escrito o seguinte epigrama:

QVID SPECTAS VOLVCRES, PISCES ET MONSTRA FERARVM
ET VIRIDES SILVAS AETHEREASQVE DOMOS?
ET PVEROS, IVVENES, MATRES, CANOSQVE PARENTES
QVEIS SEMPER VIVVM SPIRAT IN ORE DECVS?
NON HAEC TAM VARIIS FINXIT SIMVLACRA FIGVRIS
NATVRA, INGENIO FOETIBVS APTA SVO:
EST OPVS ARTIFICIS; PINXIT VIVA ORA BENOXVS.
O SVPERI, VIVOS FVNDITE IN ORA SONOS*.

Também na cidade de Pisa, para as freiras de São Bento, às margens do Arno, pintou toda a cena da vida monástica do referido santo[8], que não é pequena. Além disso, muitas obras suas, a têmpera, em afresco e sobre madeira, são vistas por todas aquelas terras, tudo trabalhado por ele com grande facilidade, como a que se vê na Companhia dos Florentinos defronte a San Girolamo e em muitíssimos outros lugares, que seria muito demorado enumerar. Em San Gimignano[9] e em Volterra[10] pintou tanto, que, com a saúde abalada pelo trabalho, aos LXXVIII anos de idade partiu para o verdadeiro repouso em Pisa[11] mesmo, numa casinha que comprara no caminho de San Francesco, visto que naquela cidade havia permanecido durante tanto tempo. Tal casa ficou para sua filha, e ele, pranteado por toda a cidade, foi sepultado com honras em Campo Santo com o seguinte epitáfio:

HIC TVMVLVS EST BENOTII FLORENTINI QVI PROXIME HAS PINXIT HISTORIAS. HVNC
SIBI PISANORVM DONAVIT HVMANITAS. MCCCCLXXVIII**.

---

* "Por que contemplas as aves, os peixes e as feras, / As virentes selvas e as mansões celestes? / Crianças, jovens, mães e pais idosos, / Em cujo rosto sempre se irradia viva beleza? / Quem pintou estas formas de linhas tão variadas não foi a natureza, / Por si só propensa a criar. / É obra de um artista; esses rostos vivos foi Benozzo quem pintou. / Ó deuses, pondes sons vivos em suas bocas." [N. da T.]

[8] Perdida essa decoração, resta hoje no Museu Nacional de Pisa uma *Nossa Senhora com o Menino Jesus e santos*, que Benozzo pintou para o mosteiro de São Bento, às margens do Arno.

[9] Benozzo esteve em San Gimignano de 1463 a 1467 e lá pintou muitas obras. Entre elas, as dezessete *Cenas de Santo Agostinho* na igreja colegiada, assinadas e datadas de 1465, e o belo painel de *Nossa Senhora com o Menino Jesus entre anjos e santos*, também assinado e datado de 1466.

[10] Em Volterra, executou o afresco com a *Chegada dos Magos*, na capela do Santo Nome na Catedral.

[11] Benozzo morreu em 4 de outubro de 1497 em Pistoia, como se lê no Obituário do Convento de San Domenico naquela cidade (cf. A. Chiappelli, "In quale anno e in quale luogo morì Benozzo Gozzoli?", em *Archivio Storico Italiano*, XXXIV [1904], p. 150).

** "Este é o túmulo do florentino Benozzo, que pintou as cenas que nos circundam. Esta é uma doação dos cidadãos de Pisa, 1478." [N. da T.]

Benozzo sempre viveu honestamente e como verdadeiro cristão, passando toda a vida em trabalho honrado; por isso e pela boa qualidade de seu trabalho, ele foi sempre muito benquisto e apreciado naquela cidade. Deixou como discípulos o florentino Zanobi Machiavegli[12] e alguns outros cuja memória não vem ao caso aqui.

---

[12] A dependência de Zanobi Machiavelli (documentado entre 1418 e 1479) em relação a Benozzo é irrelevante; ele se move mais na órbita de Filippo Lippi e de Pesellino, e seu melhor momento ocorreu mais ou menos em meados do século XV, com as pinturas que hoje se encontram na National Gallery de Londres, bem próximas do chamado "Mestre de Pratovecchio" (cf. R. Longhi, "Il Maestro", cit.).

Lorenzo Vecchietta de Siena, escultor e pintor

Percebe-se com clareza, por tudo o que se viu em épocas passadas, que em dado lugar nunca floresce artista algum sem que para tanto tenham concorrido muitos outros, menores ou iguais, por menor que seja essa contribuição. Porque, graças à virtude destes, os que vêm depois têm ocasião de aprender a fazer obras louváveis e os que atuam em sua época podem abster-se de errar, pois é mais do que certo que os julgamentos humanos põem às claras a qualidade e a excelência das coisas e discernem a verdade que há nelas; assim, tanto eles podem criticar os erros, quanto gabar os acertos. Isso decorre da concorrência, sobre cuja utilidade não pretendo falar mais: direi somente que os seneses tiveram em certa época, concorrendo entre si, artistas muito bons, entre os quais estava Lorenzo di Piero Vecchietti[1], escultor muito apreciado em seu tempo, pois, ao fazer o tabernáculo de bronze com os ornamentos de mármore sobre o altar-mor da Catedral de Siena[2], sua pátria, granjeou reputação e grande nomeada, graças ao admirável trabalho de fundição e às proporções obtidas; e quem bem olhar verá também bom desenho e boa concepção, aliados à graça e à elegância. Tal obra lhe valeu remuneração da Senhoria de Siena. Era ele afeiçoado e cortês, nutrindo grande amor por sua arte e por todos os artistas. Na capela dos pintores seneses, na

---

[1] Lorenzo di Pietro, vulgo Vecchietta, nasceu em Castiglione d'Orcia, por volta de 1412, e morreu em 1480. Era pintor e parece que só num segundo momento se dedicou à escultura, recebendo encomendas da Comuna de Siena também como arquiteto e engenheiro militar. Já inscrito na Companhia dos Pintores seneses em 1428, sua iniciação artística deve ter sido baseada em Sassetta; entrando em contato mais direto com o ambiente florentino, continuou a obra de Masolino em Castiglione Olona, junto com Paolo Schiavo (cf. Longhi, "Fatti di Masolino e Masaccio", cit., pp. 187-8, nota 25; reed. em Longhi, VIII/I, pp. 58-60). Ali já mostra uma tendência deformadora à criação de tipos que lhe é peculiar e constituirá sua constante reserva mental diante das revolucionárias novidades florentinas, que de qualquer modo foram consideradas por ele como dados de fato que não podiam ser ignorados; quando se voltou para a escultura, sempre teve em mente o exemplo de Donatello. Sobre ele, cf. G. Vigni, *Lorenzo di Pietro detto il Vecchietta*, Florença, 1937; C. Del Bravo, *Scultura Senese del Quattrocento*, Florença, 1970, pp. 60-89. E. Carli, *Gli Scultori Senesi*, Milão, 1980, pp. 42-4; J. Pope-Hennessy, *Italian Renaissance Sculpture*, edição atualizada, Nova York, 1985³, pp. 306-7, 359-60. Deve-se ressaltar que um grande grupo de esculturas atribuídas à juventude de Vecchietta pela crítica na realidade deve ser atribuído a Domenico di Niccolò dei Cori (cf. G. Previtali, "Domenico 'dei Cori' e Lorenzo Vecchietta: necessità di una revisione", em *Storia dell'Arte*, 1980, pp. 141-4).

[2] Foi transferido em 1506 para o altar-mor da Catedral. Fora encomendado a Vecchietta para o altar-mor da igreja de Santa Maria della Scala em Siena, em 26 de abril de 1467; foi terminado antes de 29 de novembro de 1472. Na base se lê: OPVS LAVRENTII PETRI PICTORIS AL. VECHIETA DE SENIS | MCCCCLXXII. Um desenho preliminar encontra-se na Pinacoteca de Siena. Talvez também deva ser relacionado com essa encomenda o relevo de bronze com a *Ressurreição* que se encontra na Frick Collection de Nova York e contém a inscrição: OPVS LAVRENTII PETRI | PICTORIS AL. VECHIETTA | DE SENIS M|CCCCLXXII.

grande albergaria da Scala, fez um Cristo nu com a Cruz nas mãos[3], de altura natural, em que a fundição do metal foi muito bem feita, e o adoçamento, executado com graça e amor, pelo que, além da remuneração, recebeu o louvor de todos os artistas. Na mesma casa, na albergaria dos romeiros, há uma cena por ele pintada com cores[4], e acima da porta de San Giovanni há um arco com figuras em afresco[5]. E, quando o batistério ainda estava inacabado, fez ali algumas figurinhas de mármore e terminou em bronze uma cena começada outrora por Donato; naquele lugar, duas cenas de bronze haviam sido executadas por Iacopo della Fonte[6], cuja maneira Lorenzo sempre imitou ao máximo. E assim ele levou o referido batistério a bom termo, acrescentando algumas belíssimas figuras que haviam sido fundidas em bronze outrora por Donato, mas que só foram acabadas por ele, Lorenzo. Na arcada dos Uficiali, em Banchi, fez um São Pedro e um São Paulo[7] de mármore, de tamanho natural, executados com suprema elegância e grande amor. Empregou de tal modo tudo o que fez, que merece infinito louvor, tanto depois da morte quanto em vida. Era bastante melancólico e solitário, sempre meditativo, o que talvez tenha sido razão de sua curta vida. E, assim, já com LVIII anos passou-se para a outra vida[8]. Suas obras se encerraram no ano MCDLXXXII. E recebeu o seguinte epitáfio:

SENENSIS LAVRENS, VIVOS DE MARMORE VVLTVS
DVXIT, ET EXCVSSIT MOLLIVS AERA MANV*.

---

[3] Hoje no altar-mor da igreja de Santa Maria della Scala em Siena, foi realizado por Vecchietta para sua própria capela naquela igreja. Quando o artista pediu a concessão da capela, em 26 de dezembro de 1476, o *Cristo* "ainda não está acabado"; o requerimento foi deferido em 20 de fevereiro de 1477. Na base se lê a inscrição: OPVS LAVRENTII PETRI PICTORIS AL. VECCHIETTA DE SENIS MCCCCLXXVI PRO SVI DEVOTIONE FECIT HOC. Da mesma pintura deve ser o painel do altar feito para a mesma capela, que representa *Nossa Senhora com o Menino Jesus e quatro santos*, hoje em mau estado de conservação na Pinacoteca de Siena, n.º 210, assinado: OPVS LAVRENTII PETRI VECHIETA OB SVAM DEVOTIONEM.

[4] O Anônimo Magliabechiano também menciona a atividade de Vecchietta no Ospedale della Scala. O afresco é o primeiro da esquerda (*Fundação de um asilo para órfãos*); a ele se refere um documento de 30 de novembro de 1441. Contém a inscrição (interrompida pela moldura de uma porta situada abaixo): LAVRENTIVS... D... SENIS...

Sobre esses afrescos, que foram objeto de recente restauração, cf. D. Gallavotti, "Gli affreschi quattrocenteschi della Sala del Pellegrinaio nello Spedale di Santa Maria della Scala in Siena", em *Storia dell'Arte*, 1972, pp. 16-22.

[5] No Batistério senês Vecchietta fez em afresco a abóbada e a abside, por volta de 1450-53 (Vigne). O Anônimo Magliabechiano já se referira à atividade de Vecchietta para o Batistério de Siena.

[6] Sobre Jacopo della Quercia, cf. Vida nas pp. 177-80.

[7] O *São Pedro* é mencionado também pelo Anônimo Magliabechiano. As duas estátuas, ainda na parte externa da Arcada de San Paolo em Siena, foram encomendadas a Vecchietta em 2 de março de 1460 e terminadas em 1462. Estão assinadas.

[8] Testamento feito em 10 de maio de 1479; Vecchietta morreu em 6 de junho de 1480.

* "O senês Lorenzo extraiu rostos vivos do mármore / e lavrou o bronze com mão delicada." [N. da T.]

Galasso Ferrarese, pintor

Quando alguma cidade que não tenha excelentes artistas recebe forasteiros para a execução de obras de arte, sempre é despertado o talento de alguém que, aprendendo aquela arte, esforça-se para que sua cidade daí por diante não precise mais chamar estrangeiros que venham embelezá-la e levar embora seus recursos; assim, empenha-se em merecê-los com seu talento e em conquistar as riquezas que lhe pareceram belas demais para os forasteiros. Foi o que nos mostrou claramente Galasso Ferrarese[1], pois, ao ver este que Pietro dal Borgo era remunerado pelo duque de Ferrara pelas obras que executara em San Sepolcro e, ademais, estava sendo tratado com todas as honras na cidade, sentiu-se estimulado por tal exemplo e, depois da partida daquele, dedicou-se à pintura de tal modo, que granjeou fama de bom e excelente mestre. Com isso, tornou-se muito benquisto no lugar, e mais ainda porque, indo a Veneza, aprendeu a pintar a óleo e voltou a Ferrara levando aquela técnica, com a qual pintou infinitas figuras que se encontram distribuídas por muitas igrejas de Ferrara. Depois, indo para Bolonha, levado por alguns frades de San Domenico, pintou a óleo uma capela da referida igreja; e assim, cresceram-lhe a fama e o crédito. Depois disso, trabalhou em Santa Maria del Monte, fora de Bolonha[2], para os frades negros e, fora da porta de San Mammolo, fez muitas pinturas em afresco; assim, na Casa di Mezzo, naquela mesma estrada, a igreja foi toda pintada por ele em afresco, com cenas do Antigo Testamento[3]. Viveu sempre honestamente, mostrando-se muito cortês e agradável, o que decorreu do fato de ter

---

[1] Galasso (corruptela de Galeazzo), filho de um sapateiro, Matteo Piva, está documentado nos livros de despesas da casa D'Este de 1450 a 1453, para a decoração do palácio de Belriguardo; em 1455 fez o retrato do cardeal Bessarione e pintou-lhe um quadro com a *Assunção* para a igreja de Santa Maria in Monte de Bolonha. Sua personalidade artística nos é desconhecida; com base numa menção de Vasari à sua dependência de Piero della Francesca (que foi a Ferrara em 1449 para pintar um ciclo de afrescos) tende-se a atribuir-lhe as duas *Musas* do Museu de Budapeste e o *Outono* dos Museus de Berlim, que se distinguem justamente pela solene inflexão à Piero della Francesca (essa atribuição foi contestada por M. Boskovits, "Ferrarese painting about 1450: new arguments", em *The Burlington Magazine*, CXX [1978], vol. II, p. 377). Sobre Galasso, cf. Venturi, VII, 3, pp. 495-500; Longhi, *Officina*, cit., pp. 18-9; C. Bacchelli De Maria, "Galaso di Matteo di Piva", em *Dizionario Bolaffi*, Turim, 1974, pp. 202-4.

[2] Cf. P. Lamo, *Graticola di Bologna* (manuscrito de 1560, editado em Bolonha em 1844), p. 16: "Ali, num altar à direita, está pintado em afresco mural o trânsito de Nossa Senhora. A carnação é pintada a óleo. Acima estão os doze apóstolos em várias atitudes [...] Seu pintor chamava-se *Galaso Ferareso*, muito talentoso em seu tempo. Morreu de doença no ano de 1488." Essas pinturas já estavam perdidas no tempo de F. Cavazzoni, que fala delas em sua *Corona di Gratie* (manuscrito de 1608 na Biblioteca Comunal de Bolonha), p. 15.

[3] Em Mezzaratta não há afrescos que possam ser atribuídos a Galasso. No máximo, algumas *Cenas de José* cabem a um pintor bolonhês, Cristoforo, que deixou vestígios em Ferrara, mas um século antes.

sido maior o tempo que passou fora da pátria do que o que viveu e morou nela. Verdade é que, não tendo vida muito regrada, não viveu muito, e com cerca de 50 anos partiu para aquela vida que não tem fim[4]. Foi homenageado depois da morte por um amigo com este epitáfio:

GALASSVS FERRARIEN(SIS)
SVM TANTO STVDIO NATVRAM IMITATVS ET ARTE
DVM PINGO, RERVM QVAE CREAT ILLA PARENS,
HAEC VT SAEPE QVIDEM, NON PICTA PVTAVERIT A ME,
A SE CREDITERIT SED GENERATA MAGIS[*].

Naquela época também vivia Cosmè da Ferrara[5]. Na igreja de San Domenico, na mesma cidade, veem-se de sua lavra uma capela[6] e, na catedral, duas portas que fecham o órgão[7]. Foi melhor desenhista que pintor e, pelo que pude depreender, não deve ter pintado muito.

---

[4] Certo "Magister Galasius" morreu em Ferrara em 1473. Segundo Lamo, *Graticola*, cit., p. 16, Galasso morreu em 1488.

[*] "Galasso Ferrarese / Imitei a natureza com tanto empenho e arte, / pintando as coisas que ela cria, como mãe, / que até se pode pensar que não foram pintadas por mim, / mas sim criadas por ela." [N. da T.]

[5] Cosmè Tura, o grande pintor que "estabelece na arte do Norte da Itália a fisionomia específica da arte de Ferrara", ainda era criança em 1431; sua formação ocorreu em Pádua, no círculo de Squarcione, enquanto Donatello trabalhava no altar do Santo, em paralelo com Mantegna, Crivelli, Marco Zoppo etc. Em 1457 estabeleceu-se em Ferrara, a serviço de Borso d'Este. Morreu em 1495.

Sobre ele, cf. além de Longhi, *Officina*, cit., pp. 23-6, M. Salmi, *Cosmè Tura*, Milão, 1957; P. Bianconi, *Tutta la pittura di Cosmè Tura*, Milão, 1963; E. Ruhmer, "Cosmè Tura", em *Enciclopedia universale dell'Arte*, vol. XIV, Roma, 1966, col. 148-55.

[6] Afrescos e painel da capela Sacrati na igreja de San Domenico, cujo pagamento final é de 1468, estão hoje perdidos.

[7] As duas portas do órgão com *São Jorge matando o dragão* e a *Anunciação*, documentadas e datadas de 1469, estão hoje no Museu da Obra da Catedral de Ferrara. Sobre elas, cf. J. Bentini, *San Giorgio e la Principessa di Cosmè Tura, Dipinti restaurati per l'Officina Ferrarese*, Bolonha, 1985.

Antonio Rossellino, escultor florentino

De fato, sempre foram admiráveis todos aqueles que, além da virtuosa modéstia, se ornam da gentileza e das raras virtudes facilmente reconhecíveis nas honradas ações do escultor Antonio Rossellino[1]. Este praticava sua arte com tanta virtude, que todos os seus conhecidos o consideravam mais que um ser humano e quase o adoravam como santo, em vista das ótimas qualidades que ele aliava ao talento. Foi chamado de Antonio il Rossellino dal Proconsolo, porque sempre teve oficina num lugar assim denominado em Florença. Era mestre excelente, aliás maravilhoso, em escultura, gozando de grande apreço em vida e sendo celebradíssimo depois da morte. Foi tão suave e delicado em seus trabalhos, dotado de fineza e esmero tão perfeitos, que com justiça sua maneira pode ser chamada de verdadeira e realmente moderna. No palácio dos Medici fez a fonte de mármore que fica no segundo pátio, na qual alguns meninos seguram golfinhos que lançam água, feita com suprema graça e diligência. Na igreja de Santa Croce fez a pia da água benta, a sepultura de Francesco Nori e, acima dela, uma Nossa Senhora em baixo-relevo[2]; fez outra Nossa Senhora em casa dos Tornabuoni, além de muitas outras coisas que foram mandadas para diferentes regiões, tal como uma sepultura de mármore enviada a Lyon, na França. Em San Miniato al Monte, mosteiro dos frades brancos, fora dos muros de Florença, foi-lhe encomendada a sepultura do Cardeal de Portugal[3], tão admiravelmente executada por ele, feita com tamanha dili-

---

[1] Antonio di Matteo di Domenico Gamberelli nasceu em 1427. Irmão de Bernardo (sobre este, cf. abaixo, nota 9), porém mais jovem que ele quase uma geração, reflete a mudança de gosto ocorrida em Florença em meados do século XV, cujo protagonista foi Desiderio da Settignano, de quem Antonio era coetâneo. A superfície do mármore passava a ser tratada com virtuosismo, até se obter uma espécie de pele acetinada; as figuras eram frequentemente expressas com sorrisos graciosos e mostravam-se com uma elegância um tanto rígida; todos os ingredientes do Renascimento florentino passaram a ser adelgaçados e afilados, ao mesmo tempo que eram separados de seu contexto estrutural originário (compare-se o túmulo do cardeal de Portugal com o de Leonardo Bruni, feito cerca de vinte anos antes pelo irmão Bernardo). Sobre os Rossellino, cf. L. Planiscig, *Bernardo und Antonio Rossellino*, Viena, 1942; A. M. Schulz, *The Sculpture of Bernardo Rossellino and His Workshop*, Princeton, 1977; Pope-Hennessy, *Italian*, cit., pp. 277-83, 253-4 (com bibliografia completa).

[2] Esse túmulo, ainda na igreja de Santa Croce, no primeiro pilar da direita, já é citado pelo Livro de Antonio Billi (que, no entanto, atribui a Bernardo a *Nossa Senhora* que está sobre ele), por Albertini e pelo Anônimo Magliabechiano. Numa cártula lê-se a inscrição: ANTONIO PATRI | SIBI | POSTERISQVE | FRANCISCVS | NORVS| POS. Francesco Nori morreu na Conspiração dos Pazzi (1478).

[3] O cardeal Jacopo de Portugal morreu em 27 de agosto de 1459; em 7 de junho de 1460 foi expedida a permissão para a construção da capela e do túmulo. É de 1º de dezembro de 1462 um contrato firmado com Antonio Rossellino, cujo documento relativo se perdeu; resta o de 23 de dezembro, no qual aparece o nome do irmão Bernardo; também estão documentados pagamentos aos dois irmãos, até a

gência e arte, que não se pode imaginar artista capaz de superá-lo em esmero, finura e graça. E, certamente, a quem bem considerar parecerá impossível, ou pelo menos difícil, o modo como foi feita essa obra; nela se veem alguns anjos que têm tanta graça e beleza nas expressões, nos panejamentos e na inventividade, que não parecem de mármore, e sim de carne e osso. Um deles segura a coroa da virgindade do cardeal, que, como se diz, morreu virgem; outro, a palma da vitória que ele conquistou contra o mundo. E, entre as muitas coisas inventivas que ali há, vê-se um arco de pedra chamada *macigno* a sustentar uma cortina de mármore tão correta, que, entre o branco do mármore e o cinzento do *macigno*, ela se assemelha muito mais a pano verdadeiro do que a mármore. Sobre o ataúde veem-se alguns meninos realmente belíssimos e o próprio defunto, com uma Nossa Senhora num medalhão, muito bem trabalhada. O ataúde tem as mesmas linhas do ataúde de pórfiro que fica em Roma, na praça da Rotunda[4]. Essa sepultura do cardeal foi montada em MCDLIX. Sua forma e a arquitetura da capela agradaram tanto ao Duque de Malfi, sobrinho do papa Pio II, que ele encomendou ao próprio mestre uma outra em Nápoles para sua mulher[5], sepultura que só não era semelhante a esta no defunto. Também fez um quadro com uma Natividade de Cristo no Presépio[6], com anjos que, sobre a cabana, dançam e cantam com a boca aberta, de tal maneira que tudo neles, não faltasse a voz, parece ter movimento e sentimento, e é tanta a sua graça e o seu esmero, que o mármore, o ferro e o engenho não poderiam atingir mais. Por tais razões suas obras foram muito apreciadas por Michelagnolo e por todo o restante dos artistas mais que excelentes. Na paróquia de Empoli ele fez um São Sebastião[7] de mármore que é considerado coisa belíssima. Morreu em Florença com a idade de XLVI anos[8], deixando um irmão arquiteto e escultor, chamado Bernardo[9], que

---

morte de Bernardo (1464). Antonio recebeu pagamentos até 15 de setembro de 1466 (F. Hartt, G. Corti e C. Kennedy, *The Chapel of the Cardinal of Portugal*, Filadélfia, [1964]. Mas nesse livro as tentativas de distinguir as atividades de Bernardo e as de Antonio – que prevalecem – não são satisfatórias). O sarcófago contém a inscrição: REGIA STIRPS. IACOBVS NOMEN. LVSITANA PROPAGO | INSIGNIS FORMA . SVMMA PVDICITIA | CARDINEVS TITVLVS . MORVM NITOR . OPTIMA VITA | ISTA FVERE MIHI . MORS IVVENEM RAPVIT | VIX . AN . XXV . M . XI . D . X . OBIIT AN . SALVTIS . MCCCCLIX.

[4] A Rotunda é o Panteão; o sarcófago de pórfiro a que Vasari alude com uma justa observação está hoje em San Giovanni in Laterano (túmulo de Clemente XII).

[5] O monumento fúnebre de Maria de Aragão, na capela Piccolomini, na igreja de Sant'Anna dei Lombardi em Nápoles, é efetivamente quase uma réplica do monumento fúnebre do cardeal de Portugal. Foi encomendado a Antonio em 1470 e ficou inacabado devido à morte do artista (1479). Foi completado por Benedetto da Maiano em 1485-88.

[6] Esse relevo de mármore está na própria capela e já é mencionado pelo Livro de Antonio Billi e pelo Anônimo Magliabechiano; foi feito provavelmente por volta de 1470-75.

[7] Já mencionado como de Antonio Rossellino pelo Livro de Antonio Billi e pelo Anônimo Magliabechiano, o *São Sebastião* está hoje no Museu da Collegiata de Empoli, com seu altar de madeira encimado lateralmente por dois *Anjos* da oficina de Antonio e pintado nas laterais e na predela por Francesco Botticini. Supõe-se que foi executado por volta de 1460 (M. Weinberger e U. Middeldorf, "Unbeachtete Werke der Brüder Rossellino", em *Münchener Jahrbuch*, 1928, pp. 85-100; Pope-Hennessy, *Italian*, cit., pp. 299-301) ou por volta de 1470 (Planiscig, *Bernardo*, cit., p. 56).

[8] Em 1478 Antonio pagava pela última vez a taxa dos Mestres de Pedra e Madeira; em 1481 já tinha morrido, porque o duque de Amalfi, que encomendara o túmulo de Maria de Aragão, dialoga com seus herdeiros.

[9] Na edição de 1568 Vasari dá ênfase muito maior a Bernardo di Matteo di Domenico Gamberelli, que nasceu em Settignano em 1409 e era irmão mais velho de Antonio. Sua obra indubitável é o término da fachada da Misericordia de Arezzo (1433-35), onde mostra bastante afinidade com Luca della Robbia, porém com características mais ghibertianas. A *Anunciação* da igreja de Santo Stefano em Empoli (1447) e o túmulo de Leonardo Bruni na igreja de Santa Croce em Florença (cf. nota abaixo), porém, têm um sen-

na igreja de Santa Croce fez de mármore a sepultura de messer Leonardo Bruni da Arezzo[10], que escreveu a história florentina. Bernardo dedicou-se toda a vida à arquitetura, mas, por não ter sido tão excelente quanto o irmão, não deixou grande memória. Antonio Rossellino terminou suas esculturas por volta de MCDLX. E, visto que a diligência e a dificuldade nas obras de arte sempre causam admiração, estando essas duas qualidades sempre presentes nas suas obras, esse artista merece fama e honras, como fomentador da arte e como exemplo para que os modernos escultores aprendessem como devem ser feitas as estátuas e, vencendo as dificuldades, granjeassem louvor e fama. Foi ele quem, depois de Donatello, deu à arte da escultura mais esmero e finura, procurando talhar e arredondar suas figuras de tal maneira, que elas se mostrassem bem torneadas e acabadas de todos os pontos de vista. E, pela infinita graça que ele sempre pôs no que fez, não faltou quem o honrasse com este epitáfio:

EN VIATOR POTIN EST PRAETEREVNTEM NON COMPATI NOBIS? CHARITES QVAE MANVI ANTONII ROSSELLINI DVM VIXIT SEMPER ADFVIMVS HILARES, EADEM EIVSDEM MANIBVS HOC MONVMENTO CONDITIS CONTINVO NVNC ADSVMVS DERIMVSQVE LVGENTES*.

---

tido bem mais renascentista, tendendo a uma monumentalidade ornada e refinada, que leva a pensar em contatos com Alberti, aliás comprovados pela colaboração de Bernardo em obras arquitetônicas do próprio Alberti, como o Palácio Rucellai. Como arquiteto, trabalhou para Nicolau V em Roma, onde ficou empregado de 1451 a 1453; em 1462-63 trabalhava em Pienza, cidade de Pio II, onde programou uma organização urbanística para suas construções de cunho albertiano: Palácio Piccolomini, Palácio Público, Palácio Episcopal, Catedral. Morreu em Florença em 23 de setembro de 1464.

[10] Mencionado como de Bernardo já pelo Livro de Antonio Billi e pelo Anônimo Magliabechiano. Leonardo Bruni morreu em 9 de março de 1444; o túmulo provavelmente foi terminado em 1450 e representa uma inovação no tipo do monumento fúnebre florentino. A partir de Vasari, que atribuía ao jovem Verrocchio a *Nossa Senhora com o Menino Jesus* na luneta, a crítica não está concorde quanto à completa autografia do monumento. Cf. sobre essa questão Pope-Hennessy, *Italian*, cit., pp. 278-9, 153-4.

* "Ó caminhante, como não te compadeces de nós ao passares? Nós, as graças, feitas pelas mãos de Antonio Rosselino, que sempre fomos alegres enquanto ele vivia, agora que suas mãos estão enterradas neste sepulcro estamos e sempre estaremos chorosas." [N. da T.]

Francesco di Giorgio Martini,
escultor e arquiteto senês

O ornamento da virtude do nascimento não pode ser no mundo maior do que o ornamento da nobreza e dos bons costumes, que tem força para tirar do fundo e elevar ao ápice qualquer engenho extraviado e qualquer nobre intelecto. Por isso, quem convive com tais pessoas não só se afeiçoa às boas qualidades que nelas vê, além da virtude, como também se rende à beleza de ver enxertados num único ramo tantos frutos saborosos, de bom odor e gosto, que fazem tais pessoas ser lembradas depois da morte, sendo sua vida sempre registrada em memórias; é o que ocorre com o escultor senês Francesco di Giorgio[1], cujas ações merecem realmente ser louvadas e descritas. Este não só foi escultor excelente e raro, como também foi arquiteto, o que é claramente mostrado pelas obras que deixou em Siena, sua pátria. São elas constituídas por dois anjos de bronze, belíssimo trabalho de fundição que hoje pode ser visto sobre o altar-mor da catedral daquela cidade[2]; tais anjos foram feitos e adoçados por ele com grande habilidade. Francesco era pessoa que praticava a arte mais por lazer e prazer, por ser bem-nascido e dotado de recursos suficientes, do que por ganância ou outra utilidade que da arte pudesse extrair. Assim, procurou também dedicar-se à pintura e fez algumas obras não tão perfeitas quanto as que realizou em escultura e arquitetura. Tendo contato com o duque Federigo de Urbino, entrou para seus serviços e fez o admirável palácio de Urbino, cujo modelo também era seu, tal qual pode ser visto

---

[1] "Franciescho Maurizio di Giorgio, filho de Martino, criador de galinhas, batizou-se no dia 23 de setembro [1439]", segundo o Registro dos Batismos de Siena. Nos documentos ele costuma ser indicado como "pintor". Ao estudo de Vecchietta, que já fazia interpretações um tanto patéticas e confusas da arte florentina, ele deve ter somado a incitante presença de Donatello em Siena, entre 1457 e 1460, cujas elaborações no relevo plano (*stiacciato*) de bronze, em sua tragicidade tardia e explosiva, ele leva ao refinamento extremo nos trabalhos em bronze, como a *Piedade* da igreja de Santa Maria del Carmine em Veneza ou a *Flagelação* da Galeria de Perúgia. Nas suas obras de pintura estão claras as relações com o "expressionista" Liberale da Verona, em Siena a partir de 1466. Mas também deve ter ficado a par da atividade gráfica de Antonio Pollaiolo e mesmo de Botticelli e Filippino Lippi. Sua obra-prima arquitetônica é a igreja de Santa Maria del Calcinaio em Cortona, onde as formas esguias, desenvolvidas em altura, e uma espécie de marchetaria interna das faixas de pedra criam um efeito claro e refinado ao mesmo tempo, com entonações "urbinates". Sobre o artista, cf. A. S. Weller, *Francesco di Giorgio*, Chicago, 1943; R. Papini, *Francesco di Giorgio architetto*, Florença, 1946; Del Bravo, *Scultura Senese*, cit., pp. 93-104; Carli, *Gli Scultori*, cit., pp. 45-6; Pope-Hennessy, *Italian*, cit., pp. 307-9, 360.

[2] Os dois *Anjos*, feitos em colaboração com o aluno Cozzarelli nos anos 1489-90 (cf. F. Fumi, "Nuovi documenti per gli angeli dell'altare maggiore del Duomo di Siena", em *Prospettiva*, n. 26 [1981], pp. 9-24), ainda estão no local e constituem as únicas obras de bronze documentadas de Francesco di Giorgio.

hoje[3]. E Francesco se mantém vivo na memória dos homens não só por essa obra, como também por sua escultura. E, caso se tivesse dedicado a essa arte, não há dúvida de que teria conquistado fama eterna. Visto que aquele edifício foi sobremaneira celebrado por um sem-número de escritores da Academia que no tempo ali existia, é bem possível que Francesco se tenha dado por satisfeito com aquela obra, tal como ocorreria a qualquer outro artista. Foi muito lisonjeado por aquele príncipe, que era grande admirador de tais pessoas. Voltando a Siena premiado, mereceu grandes honras e, como recompensa dos bens que conquistara para sua pátria, foi eleito um dos Senhores da cidade[4]. Mas, chegando à idade de XLVII anos, foi acometido por um mal das pernas e debilitou-se a tal ponto, que pouco tempo durou[5]; de nada valeram banhos ou outros remédios para conservar-lhe a vida. Suas estátuas e arquitetura foram feitas no ano de MCDLXX. Granjearam-lhe este epitáfio:

QVAE STRVXI VRBINI AEQVATA PALATIA COELO
QVAE SCVLPSI ET MANIBVS PLVRIMA SIGNA MEIS
ILLA FIDEM FACIVNT VT NOVI CONDERE TECTA
AFFABRE ET SCIVI SCVLPERE SIGNA BENE*.

Deixou o companheiro e querido amigo Iacopo Cozzerello[6], que também se dedicou à escultura e à arquitetura, fazendo algumas figuras de madeira que se encontram em Siena; deu início à arquitetura de Santa Maria Maddalena extramuros, em Tufi, que ficou inacabada em decorrência de sua morte.

---

[3] Francesco di Giorgio já estava "a serviço do Excelentíssimo duque de Urbino" em 8 de novembro de 1477 e depois da morte de Federico da Montefeltro, ocorrida em 1482, continuou como arquiteto da corte junto ao seu filho Guidobaldo, até 1488. Os trabalhos do Palácio Ducal tinham sido começados em 1468 sob a direção de Luciano Laurana, que deixou Urbino em 1472. A atribuição do palácio a Francesco di Giorgio, sustentada por Vasari e retomada por Papini, *Francesco di Giorgio*, cit., pp. 7-29, depois foi rejeitada a favor de Laurana. Francesco di Giorgio deve ter realizado algumas partes acrescentadas às estruturas principais do palácio e dirigido as obras de decoração arquitetônica (cf. P. Rotondi, *Appunti e ipotesi sulle vicende costruttive del Palazzo Ducale di Urbino*, vários autores, *Studi artistici urbinati*, Urbino, 1949, pp. 189-235; M. Salmi, *Il Palazzo Ducale di Urbino e Francesco di Giorgio*, ibid., pp. 11-55; C. Maltese, *Opere e soggiorni urbinati di Francesco di Giorgio*, ibid., pp. 59-83).

[4] Francesco di Giorgio foi agregado ao Conselho do povo em 1480, por recomendação de Federico da Montefeltro. O Conselho do Povo era a maior magistratura da cidade de Siena. Também foi prior em janeiro-fevereiro de 1486 e em setembro-outubro de 1493.

[5] Morreu provavelmente em 1501; foi sepultado em 29 de novembro.

* "Os palácios que construí em Urbino se igualam ao céu / E as muitas esculturas que fiz com minhas mãos / Dão fé de que eu soube construir com técnica / E fui bom escultor." [N. da T.]

[6] O escultor Giacomo Cozzarelli (que não deve ser confundido com o pintor Guidoccio) nasceu em Siena em 1453 e morreu nessa mesma cidade em 1515. Sua fisionomia artística não é comprovada por documentos, mas é atestada pelo historiador Sigismondo Tizio (*Historiarum Senensium ab initio Urbis Senarum usque ad annum MDXXVIII*, ms B.III. 12, Biblioteca Comunale di Siena, c. 563), que o conheceu pessoalmente e foi seu amigo; Tizio lhe atribui, entre outras coisas, a *Piedade* da igreja dell'Osservanza de Siena. Sobre ele, cf. G. De Nicola, "La Pietà del Cozzarelli all'Osservanza", em *Rassegna d'Arte senese*, 1910, pp. 6-54; Del Bravo, *Scultura Senese*, cit., pp. 98-100, 107; Carli, *Gli Scultori*, cit., pp. 48-50.

Desiderio da Settignano, escultor

Devem ser muito gratos ao céu e à natureza aqueles que criam sem grande labuta e com uma graça que outros não atingem, nem com estudo nem com imitação; pois é realmente um dom celeste que se derrama sobre tais obras, e elas sempre trazem em si tanta harmonia e delicadeza, que atraem não só os que entendem do ofício, como também muitos outros que não praticam aquele mister. Daí decorre que a facilidade daquilo que é bom não se mostra áspera aos olhos de quem observa nem difícil de entender, mas admirável e prazerosa na suavidade para ser facilmente entendida[1]. E isso ocorreu com Desiderio[2] que, em sua simplicidade, criou obras dotadas da graça divina. Dizem alguns que Desiderio era de Settignano, lugar distante duas milhas de Florença, mas outros o consideram florentino, o que pouco importa, em vista da pequena distância entre os lugares. Desiderio foi imitador da maneira de Donato[3], embora por natureza criasse rostos graciosos e harmoniosos. E as expressões de mulheres e crianças são por ele elaboradas com delicadeza, suavidade e graça, tanto em virtude da natureza que o inclinou a tais coisas, quanto do exercício do engenho e da arte. Na juventude fez o pedestal do Davi de Donato, que está no palácio dos Senhores de Florença; nele Desiderio fez algumas belíssimas harpias de mármore e gavinhas de bronze muito graciosas e bem concebidas; na fachada da casa dos Gianfigliazzi fez um grande brasão com um leão[4], coisa belíssima, além de outras obras de pedra, que se encontram na referida cidade. Na capela dos Brancacci da igreja do Carmine, fez um anjo de madeira; e na igreja de San Lorenzo terminou com mármore a capela do Sacramento[5], o que foi

---

[1] Esse período está realmente confuso, mas pode ser esclarecido pelo que se lê na edição de 1568: "Decorre isso da facilidade do que é bom e não se mostra áspero e duro ao olhar, tal como muitas vezes se mostram as coisas feitas a custo e com dificuldade."

[2] Desiderio di Meo di Francesco, nascido em Settignano entre 1428 e 1432, inscreveu-se na Corporação dos Mestres de Pedra e Madeira em 1453. Morreu com pouco mais de 30 anos, em 1464, depois ter produzido um grupo de esculturas que determinam uma guinada crucial na arte florentina em direção à elegância extremada e à expressividade ambígua que durarão até Leonardo. Sobre ele, cf. L. Planiscig, *Desiderio da Settignano*, Viena, 1942; I. Cardellini, *Desiderio da Settignano*, Milão, 1962. A propósito dessa monografia e para outras contribuições sobre Desiderio, cf. A. Markham, "Desiderio da Settignano and the workshop of Bernardo Rossellino", em *The Art Bulletin*, 1963, pp. 35-45; id., "Desiderio da Settignano", ibid., 1964, pp. 239-47. Cf. finalmente Pope-Hennessy, *Italian*, cit., pp. 283-7, 355-6 (com bibliografia completa sobre o artista).

[3] O "donatellismo" de Desiderio é muitas vezes evidente, mas não se deve esquecer que Donatello esteve distante de Florença de 1443 a 1453, exatamente nos anos da formação de Desiderio.

[4] Já mencionado pelo Livro de Antonio Billi e pelo Anônimo Magliabechiano; no início do século XIX passou para uma coleção privada e hoje está desaparecido.

[5] O tabernáculo de Desiderio, com *Menino Jesus adorado por dois anjinhos* na luneta, uma *Piedade* e dois *Anjos segurando um candelabro*, foi colocado na capela do Sacramento, ao lado da Sacristia Velha, em 1º de

por ele executado com muita diligência e perfeição. Nela havia uma criança de mármore, em vulto, que foi retirada e hoje se encontra no altar das festas da Natividade de Cristo, coisa admirável e delicada; para substituí-la, Baccio da Monte Lupo fez outra, também de mármore, que ainda está sobre o tabernáculo do Sacramento[6]. Em Santa Maria Novella fez de mármore a sepultura da Beata Villana[7], coisa muito bem--feita; e para as freiras enclausuradas, sobre uma coluna de um tabernáculo, fez uma Nossa Senhora de pequeno tamanho, muito formosa e graciosa; ambas as obras são muito estimadas e valorizadas. Na igreja de San Pietro Maggiore fez o tabernáculo do Sacramento, também de mármore[8] e com a costumeira diligência. Este, embora não contenha figuras, foi executado segundo ótima maneira e com infinita graça, como tudo o que ele fez. Também de mármore é o busto de Marietta degli Strozzi[9] que, por ser belíssima, proporcionou um trabalho excelente. Fez a sepultura de messer Carlo Marsupini, aretino, na igreja de Santa Croce[10], o que não só causou admiração nos artistas e nas pessoas inteligentes da época, como também em todos os que hoje a veem; no ataúde ele pôs folhagens que, embora um tanto espinhosas e secas – por não terem ainda sido descobertas muitas antiguidades –, foram consideradas belíssimas. Entre outras coisas que se encontram nessa obra, merecem menção algumas asas numa concha, à guisa de ornamento ao pé do ataúde, pois não parecem ser de mármore, e sim de plumas: coisa difícil de imitar no mármore, pois o escopro não chega às penas e aos pelos. É também de mármore uma concha grande, mais viva do que se fosse feita de osso. Há igualmente algumas crianças e anjos, tudo feito com beleza e vivacidade; de ótima qualidade e arte são a estátua jacente e um medalhão de Nossa Senhora em baixo-relevo, trabalhado à maneira de Donato, com discernimento e admirável graça. Por isso, não tivesse a morte roubado ao mundo esse espírito que trabalhou com tanta sublimidade, no futuro, com a experiência e o estudo, ele teria sobrepujado em arte todos aqueles que já superara em graça. A morte cortou-lhe o fio da vida aos XXVIII anos[11]; tal fato causou grande pesar em todos aqueles que o estimavam e, esperando

---

agosto de 1461. Mencionado também por Albertini, pelo Livro de Antonio Billi e pelo Anônimo Magliabechiano, foi subsequentemente retirado e alterado; hoje é visto na parede direita, logo antes do transepto.

[6] Hoje reposto na luneta do tabernáculo, o *Menino Jesus* de Desiderio tem algumas mutilações, evidentemente devidas à utilização que, segundo Vasari, se fazia dele. Sobre Baccio da Montelupo, cf. Vida nas pp. 546-8. No século XV já existiam réplicas e cópias da estátua. Recentemente, Parronchi ("Un tabernacolo brunelleschiano", autores diversos, *Filippo Brunelleschi*, cit., pp. 239-55) propôs a hipótese de que a estátua original seria a que está conservada no Cleveland Museum of Art, e que a que se encontra atualmente no tabernáculo é uma réplica executada por Baccio da Montelupo.

[7] Apesar de mencionado como obra de Desiderio já pelo Livro de Antonio Billi e pelo Anônimo Magliabechiano, o túmulo da Beata Villana foi encomendado a Bernardo Rossellino em 12 de julho de 1451. Hoje é visto na parede da nave direita. Supôs-se que Desiderio colaborou na juventude com o anjo que segura a cortina, à direita (L. Becherucci, "Un angelo di Desiderio da Settignano", em *L'Arte*, 1932, pp. 152-60).

[8] Mencionado já por Albertini, o tabernáculo de San Pier Maggiore provavelmente é o que se encontra hoje na National Gallery de Washington, em que falta uma parte da base.

[9] Visto que a mulher, nascida em 1448, não podia ter mais de 16 anos para ser retratada por Desiderio (morto em 1464), os bustos femininos disponíveis para essa identificação são apenas os dos Museus de Berlim (que Pope-Hennessy, *Italian*, cit., p. 282, atribui a Antonio Rossellino) e o outro, danificado, da coleção J. Pierpont Morgan de Nova York (Planiscig, *Desiderio*, cit., p. 36). O busto de Marietta Strozzi também é mencionado pelo Livro de Antonio Billi e pelo Anônimo Magliabechiano.

[10] A morte de Carlo Marsuppini ocorreu em 24 de abril de 1453; essa data serve como ponto de referência cronológico para a execução do monumento, mencionado como obra de Desiderio já por Albertini, pelo Livro de Antonio Billi e pelo Anônimo Magliabechiano.

[11] Foi sepultado em San Pier Maggiore (igreja hoje destruída) em 16 de janeiro de 1464.

340

ver a perfeição de tanto engenho na velhice, ficaram mais do que estupefatos com tamanha perda. Foi acompanhado por muitos parentes e amigos na Igreja de' Servi, e durante muito tempo à sua sepultura foram postos inúmeros epigramas e sonetos. Entre eles, basta mencionar este:

DESIDERI SETTINIANI VENVSTISS(IMI) SCVLPTORIS QVOD MORTALE ERAT HAC SERVATVR VRNA PARCAE N(ON) INIQVISS(IMI) FACTI POENITENTIA DVCTAE ID LACHRIMIS NON ARABVM SED CHARITVM SVI INCOMPARABILIS ALVMNI DESIDERIO CERBISS(IMA) FATA DEFLENTIVM AETERNITATID(ANT) DEDIC(ANT)*.

> *Come vide natura*
> *Dar Desiderio a' freddi marmi vita;*
> *E poter la scultura*
> *Agguagliar sua bellezza alma e infinita,*
> *Si fermò sbigottita;*
> *E disse: "Ormai sarà mia gloria oscura."*
> *E piena d'alto sdegno*
> *Troncò la vita a quel felice ingegno.*
> *Ma in van; perché i suoi marmi*
> *Viveran sempre, e viveranno i carmi**.*

Suas esculturas datam de MCDLXXXV. Deixou um esboço de Santa Maria Maddalena penitente, que depois foi terminada por Benedetto da Maiano e hoje está na igreja de Santa Trinita de Florença[12], à direita de quem entra, obra cuja beleza é inexprimível.

---

* "A parte mortal de Desiderio da Settignano, escultor cheio de encanto, repousa nesta urna; as parcas, comovidas não pelo arrependimento por um ato tão injusto, mas pelas lágrimas das graças e não dos árabes, chorando pelo cruel destino de seu incomparável discípulo Desiderio, dão e dedicam este epitáfio à sua eternidade." [N. da T.]

** "Quando a natureza viu / Desiderio dar vida ao frio mármore; / E poder a escultura / Igualar sua beleza gloriosa e infinita, / Ficou admirada; / E disse: 'Agora minha glória se obscurecerá.' / E cheia de indignação / Truncou a vida àquele feliz engenho. / Mas em vão; porque seus mármores / Viverão sempre, e viverão os versos." [N. da T.]

[12] Ainda na igreja de Santa Trinita, mas em outra localização; é mencionada como iniciada por Desiderio já por Albertini. Cf. Vida de Benedetto da Maiano, p. 399 e nota 15.

Mino, escultor de Fiesole

Os nossos artistas que nas obras que criam nada mais buscam do que imitar a maneira de seu mestre ou de outro excelente artista que lhes agrade no modo de trabalhar a atitude das figuras, a expressão dos rostos ou os panejamentos, dedicando-se somente a estes em seu estudo, de tal modo que com o tempo e com o estudo passam a imitá-los, esses artistas, apenas com isso, não conseguem chegar à perfeição da arte; pois está mais do que claro que raras vezes alguém supera aquele atrás do qual caminha, porque a imitação da natureza só é sólida na maneira do artista que transformou a longa prática em maneira. Isto porque a imitação é a arte de fazer exatamente o que fazes, da forma como está aquilo que é mais belo nas coisas da natureza, tomando-a com simplicidade, sem lhe impores a maneira de teu mestre ou de outros; porque estes também transformaram em maneira as coisas que extraíram da natureza. E, embora pareça que as coisas dos artistas excelentes são coisas naturais ou verossimilhantes, nunca é possível usar diligência suficiente para fazer algo que seja igual ao que está na natureza; e, mesmo que se escolham as melhores coisas, não é possível fazer composições de corpo tão perfeitas a ponto de a arte ultrapassar a natureza. Portanto, se as coisas extraídas da natureza para a criação perfeita de pinturas e esculturas, ao passarem pela fatura artística, se tornam imperfeitas, alguém que estude estritamente a fatura dos outros artistas, e não os corpos e as coisas naturais, só pode criar obras que não sejam tão boas quanto as naturais nem quanto as daqueles cuja maneira copiou. Já se viu que muitos de nossos artistas não quiseram estudar nada além das obras de seus mestres, deixando de lado a natureza; destes, alguns nada aprenderam e não superaram seu mestre, mas, ao contrário, causaram grande prejuízo ao engenho que receberam, e, se tivessem estudado a maneira e as coisas da natureza, teriam obtido melhores frutos em suas obras. Foi o que ocorreu com as obras de Mino, escultor de Fiesole[1], que tinha talento para

---

[1] Mino di Giovanni di Mino nasceu em 1429, mas não em Fiesole, e sim em Papiano, localidade de Montemignano nas proximidades de Poppi in Casentino (cf. E. Marucchi, "Dove nacque Mino da Fiesole", em *Rivista d'Arte*, 1939, pp. 324-6); inscreveu-se no Mester da Arte dos Mestres da Pedra e da Madeira em 28 de julho de 1464. Antes dessa data já estivera em Nápoles e em Roma, fazendo uma série de retratos de mármore que mostram relações com a corrente albertiana mais do que com Desiderio da Settignano; em Florença tal corrente era representada, tanto em escultura quanto em arquitetura, por Bernardo Rossellino. Com a atividade juvenil de Mino coincide o grupo de obras assinadas como OPVS MINI, às vezes atribuído, sem fundamento, ao fantasioso Mino del Reame, mencionado apenas por Vasari (cf. p. 382). A partir do monumento Salviati na Catedral de Fiesole (1466), tanto nas obras florentinas quanto nas romanas, a atividade de Mino passa a ter uma fisionomia artística unívoca, caracterizada por traços estilísticos um tanto enrijecidos e pela busca de sutileza extrema no tratamento do mármore, reduzido quase à fragilidade do vidro. Sobre Mino da Fiesole e o problema de Mino del Reame, cf. R. L. Douglas,

fazer aquilo que quisesse, e ficou fascinado pela maneira de Desiderio da Settignano, seu mestre, pela graça que ele conferia às expressões das mulheres e das crianças em todas as suas figuras. E Mino, julgando serem tais coisas melhores que a natureza, nelas se exercitou e as seguiu, abandonando as naturais, que considerava inúteis, motivo pelo qual se pode dizer que tinha mais graciosidade do que profundidade artística.

No monte de Fiesole, outrora cidade antiquíssima nas proximidades de Florença, nasceu o escultor Mino di Giovanni[2], que, iniciando-se como aprendiz da arte de lavrar pedras com Desiderio da Settignano, já na juventude distinguiu-se na escultura; tendo grande inclinação para esta arte, enquanto trabalhava as pedras, aprendeu a fazer figuras de barro e fez em baixo-relevo algumas réplicas de obras de mármore feitas por Desiderio. Havia tal semelhança entre elas, que Desiderio, vendo-as, quis tirar proveito daquela arte e o incentivou, pondo-o a trabalhar com o mármore, com base em esboços seus, que Mino se esmerava por conservar fielmente; não demorou muito para que ele adquirisse bastante prática naquele trabalho, o que deixava Desiderio infinitamente satisfeito, porém muito mais se satisfazia Mino com a afeição daquele, que o ensinava e instruía ininterruptamente para que evitasse os erros que podem ser cometidos nessa arte; e, quando ele estava para tornar-se excelente naquela profissão, para sua desgraça Desiderio se foi para a outra vida[3]; tal perda foi muito maléfica para Mino, que, como que desesperado, saiu de Florença e foi para Roma[4], onde se tornou ajudante dos mestres que então faziam obras de mármore e sepulturas de cardeais para a igreja de São Pedro de Roma, obras que depois foram derrubadas para dar lugar à nova construção. Assim, ficou ele conhecido como mestre exímio e competente, de tal modo que lhe foi encomendado por um cardeal que apreciava a sua maneira o altar de mármore onde estão os restos mortais de São Jerônimo, na igreja de Santa Maria Maggiore[5], com cenas de baixo-relevo que representam sua vida, tudo feito com perfeição. Naquela época o papa Paulo II, veneziano, estava construindo seu palácio em São Marcos[6], obra na qual Mino muito se empenhou, mas, como o papa morresse naquela época, estando Mino a seu serviço, foi-lhe encomendada a sua sepultura[7], trabalho no qual ele penou dois

---

"Mino del Reame", em *The Burlington Magazine*, LXXXVII, 1945), pp. 217-24; Valentiner, *Studies*, cit., pp. 70 ss.; L. Carrara, "Note sulla formazione di Mino da Fiesole", em *La Critica d'Arte*, 1956, pp. 76-83; G. Previtali, em Vasari, 1963, III, pp. 49 ss.; Seymour, *Sculpture in Italy*, cit., pp. 155 e 244; G. C. Sciolla, *Mino da Fiesole*, Turim, 1970; Pope-Hennessy, *Italian*, cit., pp. 287-9, 321-2, 356 (com bibliografia completa).

[2] Cf. nota anterior.

[3] Desiderio da Settignano morreu em janeiro de 1464.

[4] Esteve em Roma várias vezes: 1454, 1463, e de 1474 a 1480.

[5] O cardeal que encomendou o altar de São Jerônimo, do qual restam quatro relevos com *Cenas* daquele santo no Museu de Arte Industrial de Roma, foi Guglielmo d'Estouteville, nascido em 1403, arcebispo de Rouen a partir de 1453, bispo de Ostia a partir de 1461, morto em Roma em 1483.

[6] Pietro Barbo, nascido em Veneza em 1417, morto em Roma em 1471, foi o papa Paulo II a partir de 1464. Quando ainda era cardeal deu início à construção do Palácio Venezia, anexo à igreja de São Marcos.

[7] Obra de colaboração entre Mino e Giovanni Dalmata (nascido por volta de 1440 e morto depois de 1509), o monumento fúnebre de Paulo II (morto em 1471) era composto pelos seguintes relevos, hoje nas Grutas Vaticanas: embaixo, a *Fé* (Mino), a *Criação de Eva* (G. Dalmata), a *Caridade* (Mino), o *Pecado original* (Mino; mas as duas figuras protagonistas foram retiradas da laje de mármore) e a *Esperança* (assinada JOHANNIS DALMATAE OPVS); em cima, o *Sarcófago* com a efígie do defunto (G. Dalmata), encimado pela *Ressurreição de Cristo* (G. Dalmata); lateralmente, os quatro *Evangelistas* e duas insígnias (Mino); no alto, a luneta com o *Juízo Universal* (oficina de Mino). Talvez fizessem parte do conjunto o relevo de Giovanni Dalmata com o *Eterno entre anjos voando* (cf. F. Burger, "Neuaufgefundene Skulptur- und Architekturfragmente vom Grabmal Paulus II", em *Jahrbuch der preussischen Kunstsammlungen*, 1906, pp. 129-41), oito anjos segurando a cortina (quatro de Mino e quatro do Dalmata), ao passo que algumas cabeças de querubins

anos, levando-a finalmente à igreja de São Pedro; tal obra foi então considerada a mais ornamentada sepultura que já se fizera para qualquer pontífice. Essa sepultura foi desfeita por Bramante quando da derrubada da igreja de São Pedro[8], ficando soterrada vários anos pelo entulho, até que em MDXLVII foi reconstruída por iniciativa de alguns venezianos na antiga São Pedro, localizando-se numa parede próxima à capela do papa Inocêncio. E, a despeito de alguns acreditarem ser ela da lavra de Mino del Reame[9], embora ambos tenham vivido quase na mesma época, a mim sua maneira parece ser de Mino da Fiesole.

Mas, voltando a tratar dele, depois que granjeou nomeada em Roma, graças a tal sepultura e às obras que já fizera, não demorou muito para que voltasse a Fiesole com boas economias e ali se casasse[10]. Pouco tempo depois, trabalhando para as freiras enclausuradas, fez um tabernáculo de mármore em médio-relevo[11], destinado a conter o Sacramento, obra que ele executou com diligência e perfeição. Ainda não o havia terminado quando ficou sabendo que as freiras de Santo Ambruogio desejavam mandar fazer um ornamento semelhante na concepção, porém mais rico em ornamentos, que usariam para guardar a relíquia do milagre do Sacramento, ocorrido naquele lugar, com fragmentos que, deixados inadvertidamente no cálice pelo capelão que rezava a missa, transformaram-se em carne. Mino fez uma obra[12] muito bem-acabada e elaborada com diligência, de tal modo que as freiras, satisfeitas com ele, pagaram todo o preço que ele pediu pelo trabalho. Assim, pouco depois, começou a fazer um painel com a figura de Nossa Senhora com o menino nos braços, entre São Lourenço e São Leonardo; o trabalho foi feito em médio-relevo e deveria servir aos padres do capítulo de San Lorenzo, por encomenda de messer Dietesalvi Neroni, mas acabou ficando na sacristia da abadia de Florença[13]. Para tais padres ele fez um medalhão de mármore em relevo com uma Nossa Senhora e o filho nos braços, que foi posto sobre a principal porta de entrada da igreja; sendo ela do agrado de todos, Mino recebeu a encomenda de uma sepultura para o magnífico messer Bernardo, cavaleiro de Giugni[14], que, tendo sido pessoa honrada e muito estimada, mereceu esse memorial de seus confrades.

(obra de Mino) talvez fizessem parte da arquitrave. Uma parte do pedestal com crianças, guirlandas e máscaras leoninas, obra de Dalmata, conserva-se no Louvre. Sobre esse monumento, cf. M. L. Casanova Uccella (org.), *Palazzo Venezia: Paolo II e le fabbriche di San Marco*, Roma, 1980, n. 12. Sobre Giovanni Dalmata, cf. K. Prijatelj, "Profilo di Giovanni Dalmata", em *Arte antica e moderna*, 1959, pp. 283-97; Pope-Hennessy, *Italian*, cit., pp. 65-6, 320-1, 363.

[8] Cf. Vida de Donato Bramante, p. 469 e nota 20.

[9] Sobre essa figura misteriosa artista, cf. nota 1 na p. 310 e nota 1 na p. 342.

[10] A primeira mulher de Mino foi Francesca d'Angelo, filha do ebanista Barone; a segunda foi Giana di Giuliano d'Antonio. Teve seis filhos e uma filha.

[11] Transportado para a igreja Santa Croce em 1815, tem a assinatura OPVS MINI.

[12] Ainda no local, assinado OPVS MINI. Em 22 de agosto de 1481 o escultor empenhava-se para terminá-lo em oito meses (cf. C. von Fabriczy, "Appunti d'Archivio. Alcuni documenti su Mino da Fiesole", em *Rivista d'Arte*, 1904, pp. 40 ss.).

[13] Ainda na igreja da abadia, esse retábulo de mármore já estava terminado em 13 de setembro de 1470, quando os frades foram autorizados a tomar em consignação "unam tabulam petre albe, in qua sunt sculpte figuras Virginia Marie cum filio in brachio, S. Leonardi et S. Laurenti cum duobus angelettis; que tabula fatta per Minum Johannis sculptorem ad instantiam domini Dietisalvi de Dietisalvis". Numa *Ricordanza* desses mesmos frades, na mesma data, lê-se novamente a respeito do retábulo de mármore que Mino "havea tolto affare [...] piú anni sono da mescer Dietisalvi di Neroni". Em 1464 o escultor fez para Diotisalvi Neroni um retrato que hoje está no Louvre.

[14] Ainda na igreja da abadia. Bernardo Giugni morreu em 1466.

Nessa sepultura, além do ataúde e da estátua jacente, que são muito belos, Mino fez uma Justiça, imitando muito a maneira de Desiderio, não fosse o seu panejamento, um tanto esmiuçado pelo entalhe. Em vista dessa obra, o abade local e seus frades, que guardavam os restos mortais do Conde Ugo, filho do marquês Uberto di Madeborgo, que deixara para a abadia grandes recursos e privilégios, desejando honrá-lo ao máximo, encomendaram a Mino uma sepultura de mármore de Carrara[15] que foi a obra mais bela já feita por ele; porque nela algumas crianças seguram o brasão do conde com um ar brejeiro e muita graça infantil; além da figura do conde falecido com sua efígie sobre o ataúde, no centro da face deste há uma figura da Caridade com crianças, tudo trabalhado com muita diligência e perfeitamente harmonizado; vê-se também uma Nossa Senhora em meio vulto com o Menino Jesus no regaço, que imita ao máximo a maneira de Desiderio; se Mino tivesse somado às suas obras a observação das coisas vivas, não há dúvida de que teria alcançado grande progresso na arte. Essa sepultura, somando-se todas as despesas, custou 1600 liras e foi terminada em MCDLXXXI; granjeou-lhe muitas honras, e, graças a ela, foi-lhe encomendada no Episcopado de Fiesole, numa capela próxima à capela-mor, à direita de quem sobe, acredito que onde está o Sacramento, outra sepultura para o bispo Lionardo Salutato da Pescia[16], bispo do referido lugar, onde esculpiu o retrato deste em vestes pontificais, fazendo-o com tamanha semelhança, que obteve os mesmos louvores que obtivera nas outras obras. Um dia, querendo mover algumas pedras, Mino cansou-se mais que de costume, pois não tinha muitos ajudantes, e assim foi acometido por uma febre que, não sendo remediada pela sangria, levou-o desta para a outra vida[17], causando grande pesar aos amigos que deixou; estes ficaram desconsolados durante muitos meses, uma vez que ele era muito agradável na conversação. E, assim, deram-lhe sepultura na igreja da Calonaca de Fiesole, no ano MCDLXXXVI. Em sua memória, depois de não muito tempo, foi-lhe feito o seguinte epitáfio:

DESIDERANDO A 'L PARI
DI DESIDERIO ANDAR NELLA BELLA ARTE,
MI TROVAI TRA QVE' RARI
A CVI VOGLIE SÍ BELLE IL CIEL COMPARTE*.

---

[15] Ainda no local, o monumento ao conde Ugo de Toscana, fundador da Abadia Florentina, morto em 1001, foi encomendado a Mino em 1469; o contrato foi renovado em 25 de junho de 1471. Mino esforçava-se por terminar a obra em dezoito meses. Seu pagamento terminou em 4 de junho de 1481.

[16] Ainda no local, contém a inscrição: LEONARDVS SALVTATVS CIVILIS | PONTIFICIIQVE JVRIS CONSVLTVS EPISCOPVS | FESVL. VIVENS SIBI POSVIT. VALE LECTOR | ET ME PRAECIBVS ADIVVA. M. CCCCLXVI. Sob o busto-retrato está a assinatura OPVS MINI.

[17] Mino da Fiesole morreu em 11 de julho de 1484.

* "Desejando ser igual / A Desiderio na bela arte, / Vi-me entre aqueles raros / A cujos belos desejos o céu atende." [N. da T.]

Ercole Ferrarese (Ercole de' Roberti), pintor

Embora em todos os tempos florescessem na Toscana maravilhosos talentos para a pintura, nas outras províncias da Itália, que os ficavam conhecendo, sempre surgia alguma pessoa que levava à excelência a arte de tais lugares. E é certo que onde não há estudo nem homens inclinados a aprender por força do costume, os artistas não podem tornar-se louváveis no mesmo grau nem no mesmo tempo. Mas os que venham a tornar-se excelentes em tais cidades logo passam a ser admirados e estimados pelo seu povo, em vista da pouca quantidade produzida pelo lugar; e assim foi realmente admirado e considerado excelente o pintor Ercole de Ferrara[1], discípulo de Lorenzo Cossa[2], muito apreciado no seu tempo, autor de um número infinito de obras em Ferrara, em toda a Lombardia e mormente em Bolonha, aonde foi chamado por messer Giovanni Bentivogli para pintar muitas salas no seu palácio, obra sobre as quais não compete dizer mais, visto terem sido destruídas. A capela que ainda está na igreja de San Iacopo[3],

---

[1] Ercole de' Roberti, um dos três grandes pintores do século XV em Ferrara, talvez o mais inspirado e disposto a novas experiências, nasceu em Ferrara em 1456 ou pouco antes; muito precoce, deu prosseguimento à decoração de Villa Schifanoia, que fora interrompida por Cossa em 1470; por volta de 1475 colaborava com o próprio Cossa no altar Griffoni, fazendo a predela que hoje está na Pinacoteca Vaticana; mais tarde, depois de meditar sobre a arte de Piero della Francesca e dos venezianos, terminou sua obra-prima, o *Retábulo portuense* (1481), hoje em Brera. Os afrescos Garganelli (cf. nota 6, p. 317), hoje destruídos, devem ter representado o seu ápice, a ponto de despertar a admiração do exigente Michelangelo. Sobre Ercole de' Roberti, cf. sobretudo Longhi, *Officina*, cit., pp. 36-49; cf. também M. Salmi, *Ercole de' Roberti*, Milão, 1960; F. Zeri, "Appunti per Ercole de' Roberti", em *Bollettino d'Arte*, 1965, pp. 72-9.

[2] Vasari confunde os dois pintores de Ferrara, Francesco del Cossa e Lorenzo Costa. Essa confusão continuou na edição de 1568, na qual se dedica uma Vida a Lorenzo Costa. Cossa (1436-78?) é outro grande pintor de Ferrara no século XV: em 1470 interrompeu a decoração da Villa Schifanoia, onde fizera alguns afrescos no Salão dos Meses; em 1472 estava em Bolonha. Ali fez o *Políptico Griffoni* (c. 1475), o *Retábulo* do Fórum dos Mercadores, hoje na Pinacoteca de Bolonha etc. Obras como os afrescos de Schifanoia ou a *Anunciação* de Dresden põem Cossa entre os maiores estilistas italianos. Sobre ele cf., além de Longhi, *Officina*, cit., pp. 28-36; A. Neppi, *Francesco del Cossa*, Milão, 1958; E. Ruhmer, *Francesco del Cossa*, Munique, 1959. Costa (1460-1535), ainda nitidamente ferrarês na decoração da capela Bentivoglio na igreja de San Giacomo Maggiore de Bolonha (1488-90), a partir do *Retábulo Rossi* na igreja de San Petronio (1492) acolhe sem reservas o "peruginismo" de Francia, ainda que o filtrando com extrema elegância. A partir de 1506 torna-se pintor de corte dos Gonzaga em Mântua. Sobre ele, cf., além de Longhi, *Officina*, cit., pp. 51-5, R. Varese, *Lorenzo Costa*, Milão, 1967.

[3] A capela Bentivoglio na igreja de San Giacomo Maggiore de Bolonha consiste numa *Nossa Senhora no trono com o Menino Jesus e membros da família Bentivoglio* na parede direita (contém a inscrição: ME | PATRIAM ET DVLCES | CARA CVM CONIVGE | NATOS | COMMENDO PRECIBVS | VIRGO BEATA | TVIS | MCCCCLXXXVIII | AVGVSTI | LAVRENTIVS COSTA FACIEBAT) e no *Triunfo da Fama* e *Triunfo da Morte* (1490) na parede esquerda. Outras partes da decoração estão muito alteradas pelas reformas de Carlo Cignani. A capela foi consagrada em 1499.

com dois triunfos, foi então considerada coisa excelente naquela cidade. Também trabalhou em Ravena, na igreja de San Domenico, fazendo o retábulo a têmpera e a capela de São Sebastião em afresco; em Ferrara, sua pátria, fez o coro de San Domenico também em afresco, além de muitas outras obras a têmpera que não ficaram na memória. Fez algumas pinturas na igreja da Misericordia de Bolonha, mas é de ressaltar, na igreja de San Giovanni in Monte daquela cidade, um retábulo com uma Nossa Senhora e alguns santos ao redor[4], terminada no ano de MCDXCVII. Assim, numa capela da igreja de San Petronio, fez a têmpera um retábulo com inconfundível maneira, em que a predela de baixo contém pequenas figuras[5] feitas com grande diligência. Portanto, Cossa, gozando então de tamanho crédito, foi incumbido por alguns habitantes de Ferrara de ensinar os segredos da arte ao referido Ercole, que era muito jovem, dotado de modéstia e de engenho aguçado; este, para chegar ao ponto que mais desejava, estudava ininterruptamente dia e noite, superando o mestre em pouco tempo no desenho; mas, por reverenciá-lo muito, não quis separar-se dele e continuou a seu serviço até a morte de Cossa, com esforços e privações quase incríveis. Quando morreu, seu mestre ainda estava trabalhando na capela dos Garganelli na igreja de San Pietro de Bolonha, e aquele que encomendara o trabalho procurou Ercole e lhe perguntou se tinha ânimo bastante para terminar com perfeição aquilo que Cossa projetara. Ercole aceitou a incumbência com muito ânimo[6], avençando-se o pagamento em quatro ducados por mês, mais suas despesas e as de seu aprendiz, além das tintas que em tal obra haveriam de ser usadas. Ercole, emulando a obra que Cossa fizera na abóbada, superou-a imensamente no desenho, no colorido e na criatividade. Numa parede, representou a Crucificação de Cristo, obra muito plena e bela, onde se vê, além do Cristo já morto, o tumulto dos judeus chegados para ver o Messias na Cruz; entre estes, há grande diversidade de expressões, pois ele se esmerou em fazê-las diferentes entre si, de tal modo que não se assemelham em coisa alguma. Uma há que, desfeita na dor do pranto, mostra com clareza que ele procurou imitar a realidade. Vê-se o desmaio de

---

[4] Ainda em San Giovanni in Monte, no sétimo altar da direita, essa *Nossa Senhora com quatro santos e dois anjos* está assinada e datada: LAVRENTIVS COSTA F. 1497. Cossa trabalhava para a mesma igreja, fazendo os vitrais. Sobre estes, cf. F. Varignana, *Francesco del Cossa. Le vetrate di San Giovanni in Monte*, Bolonha, 1985.

[5] Certamente alude ao políptico da capela Griffoni, que Cossa fez em colaboração com o jovem Ercole de' Roberti. A moldura do políptico foi paga ao marcheteiro de Cremona, Agostino de' Marchi, em 1473. O políptico atualmente está desmembrado: o centro, com *São Vincente Ferrer*, está na National Gallery de Londres (n.º 597); as laterais, com *São Pedro* e *São João Batista*, na Pinacoteca de Brera (n.º 449). A parte superior, que tinha no centro um medalhão com a *Crucificação* e, lateralmente, *São Liberal* e *Santa Luzia*, está na National Gallery de Washington; essas partes são obras de Cossa. A predela com os *Milagres de São Vicente Ferrer*, hoje na Pinacoteca Vaticana, é obra de Ercole de' Roberti, conforme já sabia Vasari na edição de 1568. Também de Ercole são os oito santinhos (hoje só conhecemos sete) que estavam nos pilares laterais: *Apolônio* e *Miguel* no Louvre, *Jerônimo*, *Catarina* e *Jorge* na coleção Cini em Veneza; *Santo Antão* no Museu Boijmans Van Beuningen de Roterdã; *Petrônio* na coleção Vandeghini de Ferrara.

[6] Cossa morreu provavelmente na peste de 1478. A decoração da capela Garganelli foi continuada por Ercole. Destruída a capela em 1605, conservou-se um pequeno fragmento dos afrescos de Ercole, a cabeça de uma das Marias da *Crucificação*, publicado por G. Zucchini, "Un frammento degli affreschi di Ercole da Ferrara per la Cappella Garganelli", em *Proporzioni*, 1943, pp. 81-4. Quanto à *Crucificação*, em Berlim se conserva um desenho original. Foi graças à admiração de Michelangelo por esses afrescos que Vasari dedicou essa Vida a Ercole. Restam várias cópias parciais na sacristia de San Pietro em Bolonha, no Museu do Louvre e no Museu Ringling de Sarasota. Sobre os afrescos da capela, cf. L. Ciammitti, *Ercole Roberti. La Cappella Garganelli*, Bolonha, 1985.

Nossa Senhora, que é comovente, porém muito mais tocante é a ajuda que as Marias lhe dão, vendo-se em seus semblantes uma dor que só é possível imaginar quando se perde o ser mais querido e se está na iminência de perder outro. Mas, entre as suas outras coisas notáveis, há um Longino montado num cavalo esbelto em escorço, coisa de grande relevo, no qual se percebe a impiedade de quem transpassou o flanco de Cristo, mas também a penitência e a conversão de quem se torna iluminado. Também em estranha atitude ele representou alguns soldados que jogam para ver quem fica com a túnica de Cristo, com expressões e roupagens singulares. Há infinitas figuras, como os ladrões crucificados e os soldados que lhes quebram as pernas, nos quais há atitudes e uma força que é quase impossível fazer melhor, o que mostra a inteligência de Ercole nas dificuldades da arte. Na parede fronteiriça fez o Trânsito de Nossa Senhora, circundada pelos Apóstolos em atitudes belíssimas; entre estes fez seis pessoas retratadas do natural com tanta perfeição, que quem as conheceu afirma que parecem vivas. Nessa obra, retratou-se a si mesmo e ao patrono da capela[7]; este, pela afeição que lhe tinha e pela fama que tal obra lhe granjeou, terminados os trabalhos, pagou a Ercole mil liras bolonhesas. Dizem que Ercole demorou XII anos para terminar essa obra: sete para fazer o afresco e cinco para os retoques a seco.

Dizem que Ercole era muito supersticioso quando trabalhava, pois tomava o cuidado de não deixar nenhum pintor nem outra pessoa ver o que estava fazendo. Era detestado pelos pintores bolonheses que, pela inveja que tinham dos forasteiros, sempre nutriram por ele um ódio aumentado pela concorrência. Assim, alguns pintores, aliados a um marceneiro, esconderam-se na igreja perto da capela em que ele trabalhava e a arrombaram durante a noite; lá dentro, viram a obra que estava sendo executada e roubaram todos os cartões, os esboços e os desenhos. Esse fato deixou Ercole tão indignado, que, terminada a obra, ele decidiu sair de Bolonha e levar consigo o escultor Duca Tagliapietra[8], conforme era chamado, que entalhara belíssimas folhagens em mármore no parapeito diante da capela pintada por Ercole; em Ferrara, fez todas as janelas de pedra no palácio do duque, que são belíssimas. Então, cansado de ficar fora de casa, voltou a Ferrara em companhia deste. E para essa cidade fez um sem-número de obras. Ercole gostava muito de vinho e pelo muito embriagar-se encurtou a vida, que ele viveu sem doenças até os XL anos. Até que um dia teve uma apoplexia fulminante que em poucas horas lhe tirou a vida[9]. Não muito tempo depois um amigo lhe deu o seguinte epitáfio:

HERCVLES FERRARIENSIS

INGENIVM FVIT ACRE MIHI SIMILESQVE FIGVRAS
NATVRAE EFFINXIT NEMO COLORE MAGIS*.

---

[7] O patrono da capela Garganelli, que encomendara os afrescos a Ercole, era Bartolomeo, filho de Domenico, que na verdade os encomendara a Cossa e também morrera na peste de 1478.

[8] Ou seja, duque Talha-pedra (escultor) é o ferrarês Domenico Frisoni, documentado de 1474 a 1482.

[9] Morreu em junho de 1496.

* "Hércules de Ferrara / Meu engenho foi agudo, e ninguém pintou figuras mais parecidas com as da natureza." [N. da T.]

Deixou o discípulo Guido de Bolonha[10], que, sob o pórtico da igreja de S. Piero de Bolonha, fez em afresco um Crucifixo com ladrões, cavalos, soldados e as Marias. E, desejando ser tão estimado naquela cidade quanto seu mestre, estudou tanto e submeteu-se a tantos esforços, que morreu aos XXXV anos. E, caso tivesse começado a aprender a arte na infância, e não aos XVIII anos, como começou, não só se teria equiparado a ele sem muito esforço, como também o teria superado.

---

[10] Irmão mais velho de Amico Aspertini, sua personalidade artística não foi identificada.

Jacopo, Giovanni e Gentile Bellini, pintores venezianos

As coisas radicadas na virtude, ainda que tenham fundamentos baixos e vis, aos poucos sempre acabam ganhando altura, até atingirem a mais alta sublimidade e nunca param nem repousam; é o que se pode ver claramente nas origens frágeis e humildes da casa dos Bellini e na robusta e excelsa excelência que atingiram com a pintura. Iacopo Bellini, pintor veneziano[1], concorrente daquele Domenico que ensinou Andrea dal Castagno[2] a pintar a óleo, por mais que se esforçasse para tornar-se excelente na arte, não angariou fama artística antes da partida de Domenico. Mas depois, ao se tornar único, ou seja, sem ninguém que se lhe equiparasse, conquistando crédito e fama, desejou tornar-se ainda maior. E, dedicando-se a esse mister com empenho e aplicação, começou a distinguir-se, enquanto a fortuna o favorecia e lhe dava uma grande ajuda, mandando-lhe dois filhos, Giovanni[3] e Gentile[4]. Estes, depois de crescerem e atingirem

---

[1] Jacopo di Niccolò Bellini nasceu em Veneza por volta de 1400; até mais ou menos meados do século sua arte permaneceu na órbita de Gentile da Fabriano, de quem se declarava discípulo ao firmar uma obra de 1436 e com quem sem dúvida estava em Florença entre 1422 e 1425. De resto, essa dependência mostra-se bem clara nas *Madonnas* da juventude (na Academia Carrara de Bergamo, no Louvre etc.), perdurando ainda na época da *Anunciação* de Sant'Alessandro em Brescia (1444?). Um grupo de obras evidentemente mais tardias (*Crucifixo* do Museu Cívico de Verona, *Crucificação* do Museu Correr de Veneza etc.) e talvez já tocadas pelas novidades do filho Giovanni, ao contrário, é mais declaradamente renascentista. De Jacopo restam também dois importantíssimos livros de desenhos, conservados no British Museum de Londres e no Louvre. Morreu em Veneza entre 1470 e 1471. Sobre ele, cf. R. Longhi, *Viatico per cinque secoli di pittura veneziana*, Florença, 1946, reed. Longhi, X, pp. 6 ss.; M. Röthlisberger, *Studi su Jacopo Bellini*, Veneza, 1960; V. Schmitt, "Bellini, Jacopo", em *Dizionario biografico degli italiani*, vol. VII, Roma, 1965; G. Mariani Canova, "Riflessioni su Jacopo Bellini e sul Libro dei disegni del Louvre", em *Arte Veneta*, 1972, pp. 7-30; E. Billanovich, "Nota per la storia della pittura nel Veneto", em *Italia medioevale e umanistica*, 1973, pp. 359-89; C. L. Joost-Gaugier, "The tuscanization of Jacopo Bellini", em *Acta Historiae Artium*, 1977, pp. 95-112, 291-313; B. Degenhart, *Jacopo Bellini; l'album dei disegni del Louvre*, Milão, 1984.

[2] Sobre Domenico Veneziano e Andrea del Castagno, cf. respectivas Vidas nas pp. 316-21.

[3] O filho de Jacopo, Giovanni Bellini, um dos luminares da pintura italiana, provavelmente nasceu por volta de 1430. Dotado de prodigiosa elasticidade mental imaginativa, que lhe possibilitava renovar-se e enriquecer-se continuamente, teve como ponto de partida a experiência paduana, mas, diluindo logo a aspereza dos "*squarcioneschi*" e de Mantegna num calor mais humano e patético (*Transfiguração* do Museu Correr de Veneza, *Pietà* de Brera, políptico de *São Vicente Ferrer* na igreja de San Giovanni e Paolo em Veneza etc.), compreendeu profundamente a colorida luminosidade e a visão prospéctica de Piero della Francesca (cuja maior penetração em Veneza é marcada pela permanência de Antonello da Messina em 1475-76), renovando tudo com sua pessoalíssima e sublime serenidade (*Retábulo* dos Museus Cívicos de Pesaro, *Ressurreição* dos Museus de Berlim, *Transfiguração* do Museu de Capodimonte em Nápoles etc.). Mais tarde, seu senso da natureza ampliou-se (*Alegoria* dos Uffizi, *Madonna del Prato* da National Gallery

idade conveniente, aprenderam os princípios do desenho com o próprio pai, que os ensinou com grande minúcia. E não demorou para que ambos superassem em muito o pai, que com grande empenho os incentivava, para que, assim como os toscanos se superavam uns aos outros, à medida que se dedicavam à arte, Giovanni superasse o pai e, mais tarde, Gentile superasse os dois. A primeira obra que deu fama a Iacopo graças à ajuda dos filhos foi uma cena que, segundo alguns, está na Escola de São João Evangelista[5], onde se encontram as cenas da Cruz[6]. Elas foram pintadas em tela, porque naquela cidade sempre houve o costume de trabalhar dessa maneira. Iacopo preferia trabalhar sozinho dentro e fora de Veneza, para que Giovanni e Gentile continuassem a dedicar-se ao estudo das dificuldades do colorido em pintura; foi o que os dois fizeram, de tal maneira que, depois da morte do pai, pintaram juntos muitas coisas dignas de louvor. O mais feliz na arte foi Giovanni, que, sendo dotado pela natureza de maior engenho e melhor memória, tornou-se mais exímio, inteligente e judicioso que Gentile; conquistou crédito e nomeada por ter retratado muitas pessoas do natural, entre as quais um doge daquela cidade que, segundo dizem, pertencia à família Loredano[7]. Graças à amizade criada em virtude desse retrato, Gentile fez para a igreja de San Gio-

---

de Londres etc.) e prepara o advento de Giorgione e Ticiano; assim, no momento em que eles começaram a publicar suas obras, Bellini ainda pôde confrontá-los com pinturas de um nível vertiginoso, como o *Festim dos deuses* da National Gallery de Washington. Sobre Bellini, cf. L. Dussler, *Giovanni Bellini*, Frankfurt, 1935 (e Viena, 1949); C. Gamba, *Giovanni Bellini*, Milão, 1937; Ph. Hendy e L. Goldscheider, *Giovanni Bellini*, Oxford-Londres, 1945; Longhi, *Viatico*, cit., pp. 6 ss.; B. Berenson, *Italian Pictures of the Renaissance, Venetian School*, Londres, 1957; R. Pallucchini, *Giovanni Bellini*, Milão, 1959; S. Bottari, *Tutta la pittura di Giovanni Bellini*, Milão, 1963; F. Heinemann, *Giovanni Bellini e i belliniani*, Veneza, 1962 (bastante criticável: cf. R. Pallucchini, "Un libro su Giovanni Bellini e i Belliniani", em *Paragone*, n. 167 (1963), pp. 71-80); T. Pignatti, "Bellini, Giovanni", em *Dizionario biografico degli italiani*, vol. VII, cit., pp. 699-708; G. Robertson, *Giovanni Bellini*, Oxford, 1968; T. Pignatti, *L'opera completa di Giovanni Bellini*, Milão, 1969; N. Huse, *Studien zu Giovanni Bellini*, Berlim-Nova York, 1972; Billanovich, "Nota", cit.; C. Volpe, "Per gli inizi di Giovanni Bellini", em *Arte Veneta*, 1978, pp. 56-60.

4 Gentile Bellini, irmão de Giovanni, porém bem mais modesto do que ele, provavelmente nasceu em 1429. Os dados documentais sobre ele e sobre suas obras são muito mais circunstanciados do que sobre Giovanni. As portas do órgão de São Marcos (1464?), o *Beato Lorenzo Giustiniani* da Academia de Veneza (1465), obras assinadas, mostram-no como um hábil criador de perfis, mas os resultados de conjunto são um tanto crus e hesitantes. Muito arcaizante, pertencente a uma cultura da primeira parte do *Quattrocento* veneziano, é a *Nossa Senhora* da National Gallery de Londres (depois de 1469), assinada. Retratista oficial da República, é lembrado sobretudo por ter traduzido, em imagens, costumes, rostos, cerimônias e monumentos venezianos do fim do século XV (três grandes telas com *Cenas da Cruz* na Academia de Veneza) e pelo que de oriental afluía para a laguna veneziana (*Pregação de São Marcos em Alexandria*, na Pinacoteca de Brera). Sobre o pintor, cf. Longhi, *Viatico*, cit., pp. 8 ss.; Schmitt, *Bellini*, cit.; Billanovich, "Nota", cit.; J. Meyer zur Capellen, *Gentile Bellini*, Stuttgart, 1985.

5 Jacopo foi deão da Escola de São João Evangelista de 1441 a 1454. Quadros com *Cenas de Jesus e Maria* foram pagos a Jacopo em 31 de janeiro de 1465. Da igreja de San Giovanni Evangelista provêm duas telas a têmpera da Pinacoteca de Turim com a *Anunciação* e a *Natividade de Maria*, que, segundo Longhi (*Viatico*, cit., pp. 48-9), foram executadas em conjunto por Gentile e Giovanni por volta de 1465; e duas com o *Presépio* e a *Adoração dos Magos* na coleção Chapman em Tornyton-on-Hudson, apenas de Gentile (Longhi, *Viatico*, cit., p. 48).

6 As *Cenas da Cruz* são muito mais tardias. Conservam-se sete delas na Galeria da Academia de Veneza; três são de Gentile: *Procissão da Cruz na praça São Marcos* (assinada e datada de 1496), o *Milagre da Cruz que caiu no canal* (assinado e datado de 1500) e a *Cura de Pietro dei Ludovici* (datável de c. 1501). Das outras cenas, duas são de Giovanni Mansueti (nos. 562 e 564), uma de Lazzaro Bastiani (n°. 561) e uma de Benedetto Diana (n°. 565, fragmentária).

7 O retrato de Leonardo Loredan (nascido em "1436, doge de 1501 a 1521"), obra-prima da rica atividade retratística de Giovanni Bellini, é uma das pérolas da National Gallery de Londres (n°. 189). Assinado, é datável de c. 1501.

351

vanni e Pavolo a capela de Santo Tomás de Aquino[8]; por essa obra, considerada belíssima, ele ganhou a máxima reputação possível nessa profissão. Não demorou, foi procurado para fazer um painel em Canaregio, na igreja de San Giobbo[9], onde representou uma Nossa Senhora com muitos santos, que sempre confirmou a celebridade que ele conquistou naquela cidade. Depois que seu nome se difundiu por aquela região, suas obras passaram a ser muito procuradas e bem pagas, como ocorreu com o painel que hoje está em Pesaro, na igreja de San Francesco[10], durante muito tempo considerado coisa excelente, por ter sido feita com um esmero e uma diligência extraordinária. Na igreja de San Zacaria, onde ficam as freiras, na capela de São Jerônimo, fez um painel com vários santos em torno de Nossa Senhora[11], no qual empregou grande engenho e discernimento na representação de um casario, bem como na composição das figuras; essa obra foi muito louvada pelos artistas e fidalgos da cidade. Na sacristia dos frades menores, chamada de Ca' Grande, fez outro[12] painel, elaborado com bela maneira e ótimo desenho. Na igreja de San Michele, depois de Murano, fez outro painel[13], e na antiga igreja de S. Francesco della Vigna, onde estão os frades descalços, fez um quadro de um Cristo morto; a fama desta obra foi tão divulgada, que o Rei da França Luís XI, impressionado com sua celebridade, a pediu à cidade; esta anuiu com grande dificuldade, mas, em vez de mandar essa obra, mandou outra com o nome de Giovan Bellino, que não era tão bonita nem tão bem feita quanto aquela. Por isso se acredita que tenha sido realizada por certo Girolamo Mocetto, seu discípulo[14], tão grande era a diferença em relação à primeira.

---

[8] Não devendo ser confundido com o políptico de *São Vicente Ferrer* da mesma igreja, o retábulo de *Santo Tomás de Aquino* foi perdido em um incêndio em agosto de 1867. Sua composição é lembrada por uma cópia (reproduzida em Venturi, VII, 4, fig. 200). Sobre o políptico de *São Vicente Ferrer*, cf. G. Goffen, "Giovanni Bellini and the Altarpiece of St. Vincent Ferrer", em vários autores, *Renaissance Studies in Honour of Craigh Hugh Smyth*, Florença, 1985, vol. II, pp. 277-85.

[9] Hoje na Galeria da Academia de Veneza (n°. 38), assinado IOANNES BELLINVS, representa, dentro de uma abside renascentista, *Nossa Senhora no trono com Menino Jesus, São Francisco, São João Batista, Jó, São Domingos, São Sebastião e São Ludovico*, mais três anjos músicos. Obra capital no percurso do artista, com data anterior a 1487 (quando é mencionada em *De Urbis situ* em Sabellico).

[10] A *Coroação da Virgem entre quatro santos*, oito santinhos nos pilares e sete cenas na predela, hoje nos Museus Cívicos di Pesaro (com exclusão da cúspide com a *Pietà*, na Pinacoteca Vaticana, n°. 232), representa a "guinada capital" (Longhi, *Viatico*, cit., p. 10) na arte de Giovanni Bellini em direção à síntese perspectiva-luminosidade-cor de origem pierfranceschiana. Costuma ser datada de c. 1473-75 (ibid.; Berenson; V. Moschini, *Giambellino*, Bergamo, 1943, p. 20). Baseado numa particularidade iconográfica, E. E. P. Fahy ("New evidente for dating Giovanni Bellini's Coronation of the Virgin", em *The Art Bulletin*, 1964, pp. 216-8) argumenta que o retábulo de Pesaro não pode ter sido executado antes de 1475.

[11] Ainda no local, está assinado e datado como IOANNES BELLINVS MCCCCCV. Um ano depois da execução dessa obra, embora Giorgione e o jovem Ticiano já atuassem, Dürer escreveu sobre Bellini ao amigo Pirkheimer: "nenhum pintor de Veneza pode gabar-se de ser tão vigoroso quanto ele". O quadro foi restaurado em 1835 e passou por uma limpeza em 1939.

[12] O tríptico dos Frades Menores, ainda na sacristia, representa *Nossa Senhora no trono com Menino Jesus, dois anjinhos, São Nicolau, São Pedro, São Bento e São Marcos*. Assinado e datado como IOANNES BELLINVS | F. | 1488. No verso, há uma frase que explicita a data 15 de fevereiro de 1488, que, segundo o calendário moderno, deve ser lida como 19 de fevereiro de 1489.

[13] Hoje na igreja de San Pietro Martire em Murano, representa *Nossa Senhora com o Menino Jesus, São Marcos apresentando o doge Barbarigo, Santo Agostinho e anjos*. Apresenta a assinatura e a data: IOANNES BELLINVS 1488. Foi ofuscada por numerosas restaurações feitas no século XIX.

[14] Girolamo Mocetto, aluno de Alvise Vivarini, ainda era criança em 1458; fez um testamento em 21 de agosto de 1531. Em 1507 colaborava com Giovanni Bellini nos quadros para a Sala do Conselho (cf. nota 16, p. 353).

Na confraria de São Jerônimo também fez uma obra que continha figuras pequenas[15] e foi muito louvada. Assim, sendo elevada a consideração de que gozavam as obras de Giovanni entre os fidalgos naquela cidade, estes, desejando embelezá-la, propuseram ao Senado que Giovanni fosse incumbido de pintar a sala do Grande Conselho, proposta que, em vista de sua grande qualidade, venceu sem contestação. E assim ordenaram que ele começasse a obra, na qual deveria retratar os feitos mais notáveis da República de Veneza. Nela ele elaborou muitas cenas em companhia de Gentile[16], mais novo que ele, nas quais pintou uma armada de galeras desembarcando na praça São Marcos, fazendo em perspectiva a igreja, as casas, o palácio e a praça, com um número infinito de pessoas em procissão, tudo feito com muita graça e boa maneira, o que lhe angariou honra e grandes recursos. Ali pintou também outra cena, com grande diligência, na qual havia uma frota de galeras em batalha intrincada e luta entre os soldados; nela, por meio da perspectiva, diminuiu os barcos e as figuras, fazendo tudo com grande ordem e boa maneira. Ali se veem o furor, a força, a defesa, os ferimentos dos soldados e as diferentes mortes por ele concebidas; não menos impressionantes são a luta intrincada das galeras, os remos quebrando a água e a confusão das ondas e dos outros armamentos marítimos, tudo feito com imensa arte. No mesmo lugar há outra cena que representa o momento da descoberta do papa, que fugira para Veneza e fora escondido por um cozinheiro no mosteiro da Caridade[17]; ali há muitas figuras retratadas do natural, assim como nas mencionadas acima. Representou com tanta vivacidade e propriedade o casario, a praça e o palácio de São Marcos, a pescaria e o abate de animais, que mereceu uma pensão vitalícia concedida pela Senhoria. Nessa época, terminou um quadro não muito grande, no qual pareciam vivas algumas pessoas retratadas do natural; esse quadro foi levado para a Turquia por um embaixador de Maomé, então Grão-Turco. E, embora isso fosse proibido pela lei maometana, sua apresentação causou muita admiração naquele senhor, que, não estando acostumado a ver coisas semelhantes, considerou que ali havia uma grande maestria. E assim ele não só aceitou o quadro, como também perguntou que mestre o havia feito. Dessa forma, voltando a Veneza, o embaixador expôs ao Senado que o seu senhor solicitava o envio de Giovan Bellino. Mas os senadores, que muito o amavam, sabendo que ele já estava numa idade que mal podia suportar desconfortos, decidiram mandar-lhe seu irmão Gentile[18], que faria as mesmas coisas que Giovanni. Além disso, desse modo evitavam perdê-lo, sobretudo porque ele continuava pintando no palácio as cenas que começara na sala do Grande Conselho. Assim, Gentile se aprestou, embarcou nas galeras com honrosas provisões e chegou a Constantinopla são e salvo. Lá, apresentado pelo bailio da Senhoria a Maomé, foi muito bem recebido e

---

[15] Vasari talvez se refira às duas *Cenas de São Jerônimo*, hoje na Galeria da Academia de Veneza (nos 823 e 824), que provêm da Escola de São Jerônimo, mas são de Lazzaro Bastiani.

[16] Em 1488 Alvise Vivarini (1445-46-1503-05) ofereceu ao doge a execução gratuita de um quadro para a Sala do Grande Conselho; em 1492 deu início à pintura, mas das três que deveria fazer, não terminou nem mesmo uma. Depois de sua morte, Giovanni Bellini concluiu os três painéis com ajudantes. Obras perdidas.

[17] Tratava-se do doge Sebastiano Zani encontrando-se com Alexandre III disfarçado de monge, o mesmo motivo do quadro que está no mesmo lugar, pintado por Benedetto e Carletto Caliari.

[18] M. Sanudo (*Diarii*, Veneza, 1879-1903) e Malipiero em seus *Annali Veneti* relatam que em 1479, como o "senhor Turco" solicitasse um bom pintor, a Senhoria de Veneza enviou-lhe Gentile Bellini, que partiu em 3 de setembro. Gentile estava a serviço da Senhoria de Veneza a partir de 1474; permaneceu em Constantinopla até novembro de 1480.

lisonjeado como novidade. E, depois que apresentou uma bela pintura ao príncipe, aquele senhor demonstrou admiração pelo fato de um mortal ter em si tanta divindade, a ponto de exprimir com tanta vividez e naturalidade as coisas da natureza. Não demorou muito e Gentile fez um retrato de Maomé[19] que parecia vivo, fato este que, sendo inusitado, dava a impressão de ser um milagre, em vez de arte. Por fim, depois de ver muitas experiências naquela arte, aquele príncipe lhe perguntou se ele era capaz de retratar a si mesmo, e Gentile respondeu que, para satisfazê-lo, o faria com grande facilidade. Não se passaram muitos dias, e Gentile apresentou àquele senhor um autorretrato feito com um espelho, no qual logrou grande semelhança. Este, vendo o que Gentile fazia em pintura, ficou ainda mais admirado e estupefato do que antes; e, assim, de si para si só podia imaginar que Gentile abrigasse algum espírito divino. E, não fosse pelo fato de que aquele exercício era proibido por lei, e de incorrer na pena de morte quem adorasse estátuas, Maomé nunca teria dispensado Gentile, ao contrário, tê-lo-ia tratado com muitas honras, mantendo-o junto de si a fazer suas obras. Um dia ele o chamou e, depois de agradecer as cortesias de louvá-lo sobejamente pelas obras que fizera, disse-lhe que ele poderia pedir-lhe o que quisesse, pois lhe seria concedida qualquer graça. Mas Gentile, que era modesto, nada pediu, a não ser uma carta de recomendação para o Sereníssimo Senado de sua cidade. Assim, Maomé ordenou que se escrevesse uma carta de recomendação muito calorosa; além disso, deu-lhe grande número de presentes e o fez cavaleiro com muitos privilégios, pondo-lhe no pescoço uma corrente trabalhada à moda turca, que pesava 250 escudos de ouro, corrente que ainda está com seus herdeiros em Veneza; ademais, concedeu-lhe imunidade para todos os lugares de seu império. Gentile partiu de Constantinopla com muita alegria e fez uma ótima viagem por mar. Chegando a Veneza, foi visitado por seu irmão Giovanni, por quase toda a cidade e por quem quer que se alegrasse com a grande honra que lhe fora prestada por Maomé. Apresentou-se à Senhoria, que já era grata pela forma como Giovanni honrava o Senado com suas obras e com mais razão o seria a Gentile, que tanto honrara sua pátria no Levante. Apresentada a carta, foi atendido o seu pedido de uma renda de 200 escudos por ano, que durou por toda a vida. Depois que voltou, Gentile fez muitas obras, mas especialmente uma cena na Escola de São Marcos, com o referido Evangelista[20]; nela representou o edifício de Santa Sofia em Constantinopla, hoje mesquita dos turcos; é feito em perspectiva, trabalho realmente difícil e bonito pelas muitas partes que ele conseguiu revelar no edifício. Além disso, retratou do natural todas as mulheres que fazem parte daquelas cenas, com trajes turcos que ele trouxera de Constantinopla e toucados considerados muito belos. E assim continuando, fez muitas obras para aquela cidade e, além das riquezas já obtidas, granjeou fama imortal, graças aos bons costumes e à vida digna que sempre teve. Finalmente, já próximo dos LXXX anos, passou para a outra vida[21], e seu irmão Giovanni lhe deu hon-

---

[19] Um retrato do sultão Maomé II (1430-81), com a assinatura de Gentile Bellini e a data MCCCCLXXX | DIE XV ME | NSIS NOVEM | BRIS, está na National Gallery de Londres (n.º 3099), em péssimo estado de conservação e com grande número de repinturas.

[20] É a *Pregação de São Marcos em Alexandria*, hoje na Pinacoteca de Brera. Em 1.º de maio de 1504, Gentile foi encarregado da decoração da Escola de São Marcos. A tela acima referida deve ter sido a primeira do ciclo, mas, quando o pintor morreu, ainda não estava completamente acabada; no testamento de 18 de fevereiro de 1507, ele encarregava de seu término o irmão Giovanni, que em 17 de março se declarava pronto para assumir o trabalho.

[21] Gentile morreu em 23 de fevereiro de 1507.

roso sepulcro na igreja de San Giovanni e Paulo, no ano de MDI. Giovanni, ficando viúvo de Gentile, a quem sempre amara ternamente, continuou trabalhando, enquanto o tempo passava, ainda que já fosse velho; e, visto que era dado a fazer retratos do natural, introduziu na cidade o seguinte costume: qualquer pessoa, fosse qual fosse a sua categoria, seria retratada por ele ou por outros; é o que se vê em todas as casas de Veneza, que estão cheias de tais retratos, até a quarta geração os descendentes dos primeiros retratados. Para Messer Pietro Bembo, que ainda não estava com Leão X, Giovanni fez o retrato de sua bem-amada, recebendo, além do pagamento, um belíssimo soneto que começa assim:

*O imagine mia celeste e pura
Che splendi più che il sole a gli occhi miei.*[22]

Giovanni fez um imenso número de obras e quadros que se encontram nas casas de fidalgos de Veneza, e é tão grande a sua quantidade, que não cabe mencioná-los, já que informei onde estão as coisas mais notáveis e belas que ele fez. Também não descreverei tudo o que ele mandou para os domínios de Veneza e os muitos retratos de príncipes que fez; tampouco descreverei as outras coisas que foram destacadas de alguns grandes quadros feitos para eles, tal como, em Rimini, uma Piedade pintada para o senhor Sigismondo Malatesta, sustentada por dois *putti*[23], que hoje está na igreja de San Francesco daquela cidade.

Giovanni teve muitos discípulos, aos quais ensinou a arte com muita afeição, entre os quais Iacopo da Montagna[24], que trabalhou em Pádua há 60 anos e imitou muito a sua maneira, pelo que se vê de suas obras que estão em Pádua e Veneza. Porém, quem mais o imitou e lhe deu mais glória foi Rondinello da Ravenna[25], que sempre o ajudou em todas as suas obras. Em Ravena ele fez muitas coisas, como o retábulo em San Domenico[26] e o da catedral, considerado este belíssimo. Porém, o que superou a todos foi o retábulo feito para os frades Carmelitas na igreja de San Giovan Batista, onde há uma Nossa Senhora com dois santos belíssimos[27]. Mas, entre todas as coisas que ali há,

---

[22] P. Bembo, *Rime*, 19 (cf. M. Marti [org.], *Opere in volgare*, Florença, 1961). A amante de Bembo era Morosina, que morreu em 1535. O retrato foi perdido. ["Ó imagem minha celeste e pura / Que esplendes mais que o sol aos olhos meus."]

[23] Trata-se provavelmente da *Piedade com quatro anjos* que hoje está no Museu de Rimini, proveniente da igreja de San Francesco. Mas não pode ter sido executada por Sigismondo Malatesta, que morreu em 1468, pois, por razões estilísticas, não pode ser datada de antes de 1475. Sobre o quadro, que faz parte de um conjunto mais amplo e ostenta o texto em grafite IOANNES BELLINVS PINGEBAT, certamente contemporâneo, ainda que não seguramente autógrafo, cf. A. Campana, "Notizie sulla 'Pietà' riminese di Giovanni Bellini", em vários autores, *Scritti in onore di Mario Salmi*, Roma, 1962, vol. II, pp. 402-27.

[24] Jacopo de' Parisati, chamado da Montagnana, nome do lugar das cercanias de Pádua onde nasceu por volta de 1440-43; inscrito na *Fraglia* dos pintores paduanos em 1469, fez testamento em 1499. Ligado sobretudo a Mantegna, também tem relações com Bellini jovem. Cf. A. Moschetti, *Di Jacopo da Montegnana e delle opere sue*, Pádua, 1940.

[25] Niccolò Rondinelli da Ravenna (c. 1460-c. 1515). Sobre um fundo de cultura emiliana, tipo Lorenzo Costa, enxerta fortes influências bellinianas. Cf. A. Martini, *La Galeria da Academia di Ravenna*, Veneza, 1959, pp. 153-61.

[26] Hoje na Galeria da Academia de Ravena (n.º 3), representa *Nossa Senhora com o Menino Jesus e anjos entre São Domingos, Maria Madalena, Santa Catarina e São João Batista*. Datável de c. 1495.

[27] Também na Galeria da Academia de Ravena. Solto no início do século XVII por remanejamentos, está bastante avariado. Datável de pouco depois de 1490 (Martini, *La Galleria*, cit., pp. 153-6).

destaca-se um Santo Alberto, daquela confraria, figura belíssima na expressão e nos panejamentos. Também trabalhou com ele, embora com poucos frutos, Benedetto Coda da Ferrara[28], que morou em Rimini, onde pintou muitos quadros, deixando o filho[29] Bartolomeo, que fez o mesmo. Consta que Giorgione da Castelfranco[30] iniciou-se com ele na arte, dizendo-se o mesmo de muitos outros da região de Treviso e da Lombardia, que não cabe mencionar.

Mas, voltando a Giovanni, diremos que, já chegado à idade de LXC anos, tendo granjeado fama por suas obras feitas em Veneza e fora dela, foi levado para a outra vida pela doença da velhice[31]; foi sepultado com honras na mesma igreja e na mesma sepultura que dera a Gentile. Em Veneza nunca faltou quem se valesse de sonetos em língua vulgar e de epigramas latinos para homenageá-lo depois da morte, tal como ele sempre procurara homenagear a sua pátria em vida. E muitos o recompensaram com versos que ele já fizera na juventude, quando se deleitava com a poesia, e o que mais importa é que foi louvado pelo louvadíssimo Ariosto que, ao fazer menção aos excelentes pintores modernos, diz na segunda estrofe do canto XXXIII[32]:

> *Que' ch'a' nostri dí furo e sono ancora,*
> *Leonardo, Andrea Mantegnia e Gian Bellino*.*

---

[28] Benedetto Coda da Ferrara (ou da Verona) atuou em Rimini de 1495 até morrer (1515).

[29] Ferrarese, filho de Benedetto: há notícias dele de 1528 a 1563.

[30] Cf. Vida de Giorgione nas pp. 453-6.

[31] Giovanni Bellini morreu em 29 de novembro de 1516, em Veneza.

[32] Do *Orlando Furioso*, naturalmente.

* "Aqueles que em nossos dias foram e ainda são, / Leonardo, Andrea Mantegna e Giovanni Bellini." [N. da T.]

Cosimo Rosselli, pintor florentino

Muitas pessoas, zombando e escarnecendo dos outros, comprazem-se em injusto deleite, que no mais das vezes reverte em seu próprio dano, da mesma maneira como Cosimo Rosselli[1] fez o escárnio recair sobre quem procurou menoscabar suas obras. Em seu tempo, Cosimo foi considerado pintor bastante bom, mas não excelente e raro, embora seu valor não fosse pouco em alguns aspectos da arte. Na juventude, fez um painel[2] na igreja de Santo Ambruogio de Florença e três figuras no arco das monjas de São Tiago das Enclausuradas. Na igreja de Servi fez o painel da capela de Santa Bárbara[3] e, no primeiro pátio, compôs em afresco a cena em que o beato Felipe toma o hábito de Nossa Senhora[4]. Para os frades de Cestello fez o retábulo do altar-mor[5] e mais um painel numa capela[6]; também numa capela antes da entrada de uma igrejinha, além da Companhia de Bernardino, fez um painel com muitas figuras. Pintou o estandarte para as crianças da Companhia de São Jorge, no qual há uma Anunciação, além de muitos

---

[1] Cosimo di Lorenzo Rosselli nasceu em Florença em 1439. Até 4 de outubro de 1456 estava na oficina de Neri di Bicci (conforme se vê nos *Ricordi* deste: cf. R. Musatti, *Catalogo giovanile di Cosimo Rosselli*, em *Rivista d'Arte*, 1950, pp. 103-30), aprendendo arte. Já em 1459 recebia importantes encomendas, mas só o conhecemos em sua fase "verrocchiesca", já nos anos 70, fase essa representada por um grupo de obras entre as quais se destaca a *Adoração dos Magos*, nos depósitos dos Uffizi. Pintor de não muita relevância, também teve contato com a arte de Filippo Lippi e Gozzoli. Mais tarde, foi condicionado pelo pseudonaturalismo de Ghirlandaio e de Lorenzo di Credi. Sobre ele, cf. A. Lorenzoni, *Cosimo Rosselli*, Florença, 1921; A. Padoa Rizzo, "La Capella Salutati nel Duomo di Fiesole e l'attività giovanile di Cosimo Rosselli", em *Antichità viva*, 1977, pp. 3-12.

[2] Ainda no terceiro altar à esquerda da igreja Sant'Ambrogio. Não é obra juvenil: foi encomendada em 1498, como se lê no *Libro di Ricordi* de Santo Ambrósio de 1475 a 1533, c. 41*v*.: "Lembro que no dia 3 de novembro de 1498 encomendamos a Cosimo a pintura do retábulo do altar de São Francisco [...] e a fazer no referido retábulo, no centro, Nossa Senhora sentada em meio a uma nuvem de querubins e anjos e, acima dela, um Deus Pai; abaixo, um Santo Ambrósio e um São Francisco, de acordo com um desenho que nos deixou; na predela do referido retábulo, três pequenas cenas de São Francisco." Restaurado em 1946, foi danificado pela enchente de 4 de novembro de 1966.

[3] Hoje na Galeria da Academia de Florença, n.º 8635, representa *Santa Bárbara entre São João Batista e São Mateus*. Datável entre 1470 e 1475.

[4] É o afresco com a *Visão* e a *Vestidura de São Felipe Benizi*; em junho de 1475 Cosimo era pago "para fazer aqueles mármores sob a cena do beato Felipe" (cf. Lorenzoni, *Cosimo Rosselli*, cit., p. 91, nota 85).

[5] A igreja hoje se chama Santa Maria Maddalena de' Pazzi. Tratava-se de uma obra tardia, encomendada pelos Salviati em 1492, provavelmente o painel que representa *Nossa Senhora com o Menino Jesus e o pequeno São João entre São Tiago e São Pedro*, hoje na Galeria da Academia de Florença (n.º 1562).

[6] Ainda na igreja de Santa Maria Maddalena de' Pazzi, capela de Giglio; essa capela foi terminada em 20 de dezembro de 1505 por Cosimo Rosselli e Francesco di Giovanni Arditi, executores testamentários de Tommaso del Giglio. O painel, que representa a *Coroação de Maria com anjos e santos*, provavelmente foi executado nessa ocasião.

quadros e medalhões de Nossa Senhora para os cidadãos. Para as freiras de Santo Ambruogio fez a capela do milagre do Sacramento[7], obra que é bastante boa, considerada a melhor das que ele fez em Florença. Nela fez em tamanho natural o senhor Pico della Mirandola, coisa tão excelente, que ele não parece retratado, porém vivo. Graças a isso, ele, que com sua boa conversação angariara amigos, foi chamado a trabalhar com os outros pintores na obra encomendada pelo pontífice Sisto IV para a capela do palácio. E assim, em companhia de Sandro Botticello, Domenico Ghirlandaio, do Abade de São Clemente, de Luca da Cortona e de Pietro Perugino[8], ali pintou três cenas, nas quais representou a submersão do Faraó no mar Vermelho, a pregação de Cristo ao povo às margens do mar de Tiberíades e a Ceia dos Apóstolos com Cristo[9]; nesta fez um painel com oito faces, executadas em boa perspectiva, e sobre ele o plano de oito faces com repartições, que gira em oito ângulos; neles, fazendo bons escorços, mostrou que conhecia a arte tal qual os outros. Segundo se conta, o papa ordenara que, além do pagamento, deveria ser dado um prêmio a quem trabalhasse melhor, prêmio que seria entregue com louvor e mérito àquele que o pontífice mais apreciasse. Terminadas as cenas, Sua Santidade foi ver a obra, e cada um dos mestres se havia esmerado em trabalhar de tal modo que o prêmio e as honrarias lhe coubessem. Cosimo, sentindo-se mais fraco em inventividade e desenho, procurou ocultar seus defeitos. Para tanto, cobriu toda essa obra com finíssimos azuis ultramarinos e cores vivazes, iluminando a cena com muito ouro: não havia árvore, relva, pano ou nuvem sem iluminuras, acreditando ele que o papa, pouco entendendo daquela arte, lhe daria a vitória. Chegou o dia em que cada mestre deveria descobrir sua obra; ele também mostrou a sua, sendo ridicularizado e escarnecido pelos outros mestres, que, diante da fraqueza alheia, preferem a zombaria à compaixão. O papa foi ver a obra da capela terminada e, lá chegando, seus olhos logo foram deslumbrados pelo azul, pelo ouro e pelas outras belas cores de Cosimo, pois elas lhe agradaram muito mais do que as outras, por ser ele pessoa que tinha pouco conhecimento de tal profissão. Desse modo, julgou que o trabalho de Cosimo fora mais satisfatório do que o dos outros pintores mais excelentes. E assim ordenou que o prêmio fosse dado a Cosimo, por achá-lo mais valoroso e melhor artista que os outros. Também pediu aos outros que ornassem de ouro suas cenas e as cobrissem com azuis melhores, para que ficassem semelhantes às de Cosimo no colorido e na riqueza. Então os pobres pintores, descontentes, aliás, até desesperados, para satisfazerem o pouco conhecimento do Santo Padre, entregaram-se à

---

[7] A decoração com afresco consiste numa cena da *Procissão do Sacramento*, com um grupo de anjos em torno do tabernáculo de Mino da Fiesole (cf. nota 12, p. 344), com *Quatro Pais da Igreja* na abóbada. Os afrescos foram executados entre 1484 e 1486. Sobre esses afrescos, cf. E. Borsook, "Cults and imagery at Sant'Ambrogio in Florence", em *Mitteilungen des Kunsthistorischen Institutes in Florenz*, XXV (1981), pp. 175-83.

[8] Sobre a atividade desses pintores na Capela Sistina, cf. respectivas Vidas.

[9] O Anônimo Magliabechiano mencionava os trabalhos de Rosselli na Capela Sistina. A decoração foi encomendada em 27 de outubro de 1481; a capela foi consagrada em 15 de agosto de 1483. Ali Cosimo Rosselli fez três afrescos: *Moisés e as tábuas da lei*, o *Sermão da Montanha* (e *Cura do leproso*) e *A Última Ceia*. A *Passagem do mar Vermelho* não é de Cosimo Rosselli, mas de um outro prolífico pintor florentino, Biagio d'Antonio Tucci (cf. C. Grigioni, *La pittura faentina dalle origini*, Faenza, 1935, pp. 194-219, 721-5; Longhi, *Officina*, cit., pp. 101, 115; L. Becherucci, in *Catalogo della Mostra di Melozzo*, cit., pp. 85-94), nascido em Florença em 1446, mencionado em documentos de Faenza entre 1476 e 1504, morto em 1515. Também se supôs tratar-se do faentino G. B. Utili. Do mesmo pintor também são duas das três pequenas cenas que se veem das janelas da sala com a *Última Ceia*: a *Captura de Cristo* e a *Crucificação*. Sobre esses afrescos, cf. D. Redig de Campos, "I 'tituli' degli affreschi del Quattrocento nella Cappella Sistina", em vários autores, *Studi di Storia dell'Arte in onore di V. Mariani*, Nápoles, 1972, pp. 113-21.

obra de estragar tudo o que de bom haviam feito. E Cosimo riu deles mais do que eles haviam rido de Cosimo quando escarneciam do seu excesso de ouro. Voltando a Florença honrado e bem remunerado, passou a dedicar-se a seu trabalho costumeiro, tendo sempre em sua companhia para tudo seu discípulo Piero di Cosimo[10], que o ajudou em Roma e em todos os lugares. Tal Piero trabalhou na capela de Sisto, onde fez muitas coisas, especialmente uma paisagem na pregação de Cristo[11] que é considerada a melhor coisa que lá existe. Também trabalhou com ele Andrea di Cosimo[12], que se dedicou aos grotescos. Cosimo viveu LXVIII anos e morreu no ano MCDLXXXIV[13] consumido e debilitado por longa enfermidade. Foi sepultado pela Companhia de Bernardino na igreja de Santa Croce. Gostava muito de alquimia, que em vida sempre o consumiu, fazendo-o morrer em grande pobreza. Depois de sua morte, em memória do escárnio recebido dos concorrentes na capela, foi-lhe feito o seguinte epitáfio:

PINSI, E PINGENDO FEI
CONOSCER QVANTO IL BEL COLORE INGANNA;
ET A' COMPAGNI MIEI,
COME TAL BIASMA ALTRVI, CHE SÉ CONDANNA*.

---

[10] Cf. sua Vida nas pp. 461-5.

[11] Não se costuma acreditar nas intervenções de Piero di Cosimo nos afrescos sistinos de Rosselli; mas, em contrário, cf. M. Bacci, *Piero di Cosimo*, Milão, 1966.

[12] Sobre Andrea di Cosimo Vasari fala mais longamente na Vida de Morto da Feltre, p. 639.

[13] Cosimo Rosselli morreu em 7 de janeiro de 1507.

* "Pintei e, pintando, / Mostrei quanto enganam as belas cores; / E aos meus companheiros [mostrei] / Que se condena quem os outros critica." [N. da T.]

Cecca, engenheiro florentino

Se a dura necessidade não tivesse forçado os homens a ser engenhosos para maior utilidade e comodidade, a arquitetura não teria se tornado tão excelente e admirável nas mentes e nas obras daqueles que, para conquistar ganhos e fama, a ela se aplicaram com a mesma honra que diariamente lhes é prestada por quem conhece o melhor daquilo que é bom. Essa necessidade primeiramente produziu as construções; depois, seus ornamentos, as ordens, as estátuas, os jardins, as termas e todas as outras comodidades suntuosas que todos desejam e poucos possuem. Tem sido ela, na mente dos homens, o aguilhão que incita à competição e à concorrência não só nas construções, mas também em suas comodidades; por esse motivo, os artistas foram obrigados a tornar-se industriosos nos dispositivos de tração, nas máquinas de guerra, nas construções hidráulicas e em todos aqueles inventos e descobertas que, com o nome de engenharia e arquitetura, desbaratando os adversários e acomodando os amigos, tornam o mundo bonito e confortável. E todos aqueles que souberam fazer tais coisas melhor que os outros, além de resolverem problemas, foram sumamente louvados e apreciados por todos os outros. Foi o que ocorreu, no tempo de nossos pais, com o florentino Cecca[1], de cujas mãos saíram muitas coisas louváveis; e, ao fazê-las, trouxe ele tantos benefícios à sua pátria, ao trabalhar com economia para a satisfação e gratidão de seus concidadãos, que seus engenhos e seu industrioso trabalho o tornaram famoso e insigne entre os outros egrégios e louvados espíritos. Conta-se que Cecca na juventude foi ótimo marceneiro[2]; e, como ele havia aplicado toda a sua atenção na busca de conhecer as dificuldades dos engenhos, o modo de conduzir nos campos de batalha máquinas para o ataque a muralhas, escadas para expugnar cidades, aríetes para derrubar muralhas, defesas para proteger os soldados nos combates e todas as coisas que pudessem prejudicar os inimigos e favorecer os amigos, sendo ele pessoa de grande utilidade à pátria, mereceu que a Senhoria de Florença lhe desse pensão vitalícia[3]. Por isso, quando não havia combates, ele andava pelos domínios a examinar fortalezas e

---

[1] Francesco d'Angelo di Giovanni, vulgo Il Cecca, nasceu em 1447. Apesar de ser mais "engenheiro" (como o próprio Vasari o chamava) do que artista, desempenhou "papel relevante, como herdeiro do lado puramente técnico da sucessão brunelleschiana [...], naquele processo (não menos prático do que teórico) pelo qual se caminhou do artífice do *Quattrocento* ao artista em sentido moderno, por um lado, e ao cientista, por outro, quando a figura do mestre de obras medieval se cindiu em duas personagens distintas, o arquiteto projetista e o engenheiro especializado" (Previtali, em Vasari, 1963, III, p. 113).

[2] Foi na oficina do famoso Francione.

[3] Em 17 de abril de 1488, Cecca e Francione foram eleitos engenheiros da República Florentina com a remuneração de 6 florins por mês.

360

muros de cidades e castelos que estivessem fracos, encontrando a maneira de repará-los e de fazer tudo o que fosse preciso. Conta-se que as nuvens existentes na procissão da festa de São João em Florença foram obra sua, coisa considerada belíssima. Também construiu um andaime para limpar e reparar o mosaico do púlpito da igreja de San Giovanni, andaime que se elevava, abaixava e encostava, de tal modo que duas pessoas podiam manejá-lo[4], obra que deu enorme reputação a Cecca. Naquela época, quando o exército dos senhores florentinos cercava Piancaldoli, ele, com seu engenho, fez que os soldados ali entrassem pelas minas, sem nenhum uso de armas. Depois, seguindo adiante com o mesmo exército para outros castelos, quis a má sorte que ele, querendo medir a altura de um lugar difícil, fosse morto. Porque, tendo posto a cabeça fora do muro a fim de jogar um fio para baixo, um padre que estava entre os inimigos que mais temiam o engenho de Cecca do que as forças de todos os soldados juntos descarregou-lhe uma besta e lhe enfiou de tal modo um quadrelo na cabeça, que o pobre Cecca morreu na hora[5]. Foi grande a dor do exército e de seus concidadãos com o prejuízo e a perda que sua morte causou, mas, como não houvesse solução, mandaram seu corpo para Florença, e suas irmãs lhe deram honrosa sepultura na igreja de S. Pietro Scheraggio; sob seu retrato de mármore mandaram apor o seguinte epitáfio:

FABRVM MAGISTER CICCA NATVS OPPIDIS VEL OBSIDENDIS VEL TVENDIS HIC IACET. VIXIT ANNOS XXXXI, MENSES IV, DIES XIIII. OBIIT PRO PATRIA TELO ICTVS. PIAE SORORES MONIMENTVM FECERVNT MCCCCLXXXVIII*.

---

[4] Na Vida de Alesso Baldovinetti, cf. nota 7, p. 298. Sobre os admiráveis artefatos de Cecca, cf. H. Damisch, *Théorie du nuage pour une histoire de la peinture*, Paris, 1972, pp. 104-5.

[5] Cecca foi efetivamente ferido na cabeça no assédio de Piancaldoli (ocupado pelo conte Girolamo Riario, senhor de Forlí) em 26 de abril de 1488. Transportado para Florença, ali morreu em 4 de maio.

* "Aqui jaz Cecca, mestre engenheiro, nascido para sitiar e defender cidades. Viveu quarenta e um anos, quatro meses e catorze dias. Morreu ferido por uma lança quando defendia a pátria. Suas irmãs, apiedadas, mandaram levantar este monumento. 1478." [N. da T.]

Andrea Verrocchio, escultor florentino

Muitos que aprendem uma arte com estudo, se fossem ajudados pela natureza, somando o natural ao acidental, superariam não tanto os que lhes antecederam, quanto aqueles que lhes sucederiam depois da morte. E grande importância para as pessoas excelentes tem essa conjunção, coisa que todos os dias se vê no exemplo de muitos que em seu estudo obtêm infinitos milagres; pois, falhando tal estudo por não ser acompanhado pela natureza, se tais pessoas ficarem três dias, que seja, sem trabalhar, tudo lhes escapará do espírito. São tais artistas marcados por um estilo rude e sem suavidade, o que é ocasionado pela aspereza do trabalho a que se submetem ao contrariarem a natureza. Percebe-se que quem força a natureza produz efeitos opostos aos que deseja; e assim, inversamente, quem a segue com prazer, produz coisas admiráveis. Por isso, decerto não deve causar estranheza o fato de que Andrea del Verrocchio[1], apesar de ter atingido o sumo grau entre os escultores e de entender de arte perfeitamente, por ser mais ajudado pelo estudo do que pela natureza, foi considerado duro e um tanto áspero na maneira como realizava seus trabalhos. E foram sempre vistas desse modo as coisas que fez, ainda que estas sejam admiradas por quem as conheça. Verrocchio era natural de Florença e em sua época foi escultor, entalhador, pintor e músico excelente; muito bem-dotado pela natureza em todas as coisas, dedicou-se às ciências, sentindo grande prazer no estudo da geometria na juventude. Jovem, trabalhando com ourivesaria, lavrou em prata duas cenas postas na cabeceira do altar de San Giovanni[2], cenas

---

[1] Andrea di Michele de' Cioni, vulgo Verrocchio, nasceu em Florença no ano de 1435, segundo os registros cadastrais de seu pai. A fisionomia de experimentador que lhe é atribuída por Vasari prefigura o ideal do artista intelectual que Alberti já fora, mas que será posto em prática apenas no século XVI. Ele e Pollaiuolo representam os dois polos em torno dos quais gravita a arte florentina da segunda metade do século XV, com seus ideais de aristocrática refinação. Herdeiro de Desiderio da Settignano, Verrocchio chega a resultados extremamente refinados, com uma elegância enxuta e acutângula no *Davi* de Bargello, passando depois a fazer experimentos de maior monumentalidade na *Incredulidade de São Tomé* e no *Monumento a Colleoni*. O problema espinhoso de sua atividade pictórica se concentra no *Batismo de Cristo* dos Uffizi e implica a formação não só de Leonardo e do bem mais modesto Lorenzo di Credi, como também de Perugino, Bartolomeo della Gatta, Ghirlandaio e até Botticelli, para só falar dos artistas maiores. Sobre Verrocchio, cf. L. Planiscig, *Andrea del Verrocchio*, Viena, 1941; L. Grassi, "Andrea di Michele", em *Dizionario biografico degli italiani*, vol. III, cit., pp. 105-7; G. Passavant, *Verrocchio als Maler*, Düsseldorf, 1959; id., *Verrocchio*, Londres, 1969 (tenha-se em mente que, no que se refere ao problema de Verrocchio pintor, encontram-se elementos esclarecedores no estudo de K. Oberhuber, "Le problème des premières œuvres de Verrocchio", em *Revue de l'Art*, 1978, pp. 63-76); Ch. Seymour, *The Sculpture of Verrocchio*, Nova York, 1975; Pope-Hennessy, *Italian*, cit., pp. 293-9, 357-8 (com bibliografia completa).

[2] Mencionadas também pelo Livro de Antonio Billi e pelo Anônimo Magliabechiano; trata-se na realidade de uma única cena executada por Verrocchio: a *Decapitação de João Batista*; encomendada em 13 de

que, uma vez instaladas, lhe angariaram louvores e nomeada. Nessa época, faltavam em Roma alguns daqueles Apóstolos de grande porte que costumavam ser colocados sobre o altar da capela do papa, com algumas outras pratarias que tinham sido perdidas. Por esse motivo, Sisto IV mandou chamar Andrea que, com grande prestígio, foi levado a Roma; ali, sendo-lhe encomendado tudo o que o papa desejava, Andrea executou seu trabalho com perfeição, arte, diligência e admirável engenho. Mas, vendo em Roma muitas estátuas de diferentes tipos, especialmente aquele cavalo de bronze que o papa mandara colocar em Santo Ioanni Laterano[3], e vindo a conhecer os fragmentos e as peças íntegras que todos os dias eram descobertos, sentiu-se muito atraído por tais coisas e decidiu dedicar-se à escultura. Assim, abandonando totalmente a ourivesaria, começou a fundir em bronze estatuetas que ganharam muitos louvores; em vista disso, animou-se e começou a trabalhar com o mármore. Naqueles dias, morreu de parto em Roma a mulher de Francesco Tornabuoni, e este, que muito a amava, desejando homenagear seus restos mortais, encomendou a Andrea a sua sepultura[4]. Este entalhou na lápide do ataúde de mármore a figura da mulher, a cena do parto e a sua passagem para a outra vida, com muitas outras figurinhas tão belas e bem arranjadas, que essa sua primeira obra de mármore foi considerada excelente. Voltando a Florença com dinheiro, fama e honrarias, logo recebeu a encomenda de uma estátua de Davi com dois braços e meio de altura, que deveria ser feita de bronze[5], obra que ele executou com perfeição; posta no palácio Ducal, no topo da escada onde está a corrente, ainda hoje ali se encontra, tendo sido sumamente louvada por todos. Enquanto executava a referida estátua, fez também aquela Nossa Senhora de mármore que está sobre a sepultura de messer Lionardo Bruni, de Arezzo, na igreja de Santa Croce, obra que, sendo ele ainda jovem, foi feita para o escultor Bernardo Rossellini[6], que realizou todo aquele conjunto de mármore. Com tais trabalhos Andrea conquistou a fama de excelente mestre, mormente nas obras de metal, de que ele gostava muito. Na igreja de San Lorenzo, fez de bronze e em formato redondo a sepultura de Giovanni e Piero di Cosimo de' Medici[7]; nela, há um ataúde de pórfiro sustentado por quatro cantoneiras de bronze que ostentam páteras de folhas perfeitamente trabalhadas, com sutil e diligente acabamento; essa sepultura está entre a capela do Sacramento e a sacristia, e nada pode haver de melhor em bronze e em fundição. A magistratura dos Seis da Corporação

---

janeiro de 1478, terminada em 1480 (mas note-se que em 1477 Verrocchio fora encarregado de compor duas cenas, fornecendo também seus modelos de barro). Todo o altar está hoje no Museo dell'Opera del Duomo di Firenze (cf. Becherucci e Brunetti, *Museo dell'Opera*, cit., vol. II, pp. 225-9).

[3] É a famosa estátua equestre de *Marco Aurélio* (121-80 d.C.), que Michelangelo colocará no centro da praça do Capitólio, onde ainda se encontra.

[4] O sepulcro de Francesca Tornabuoni (que não é mulher de Francesco, mas de seu filho, Giovanni), morta em 1477, foi desmembrado. Deviam fazer parte dele o baixo-relevo de mármore que representa a *Morte de Francesca Tornabuoni*, hoje no Museu Nacional de Bargello, e as quatro *Virtudes* do Museu Jacquemart-André de Paris. Sobre essa obra, cf. P. V. Chiaroni, "Il Vasari e il monumento sepolcrale del Verrocchio per Francesca Tornabuoni", em vários autores, *Studi Vasariani*, Florença, 1952, pp. 144-5.

[5] Hoje no Museu Nacional de Bargello em Florença, o *Davi* de Verrocchio era mencionado já por Albertini, pelo Anônimo Magliabechiano e pelo Livro de Antonio Billi. Foi realmente executado algum tempo antes de 1476, quando a Senhoria de Florença o adquiriu de Lourenço de' Medici para colocá-lo no Palazzo Vecchio, diante da entrada da Sala dos Gigli.

[6] Sobre a sepultura de Leonardo Bruni na igreja de Santa Croce, executada quando Verrocchio ainda era criança, cf. Vida de Antonio Rossellino, p. 336, nota 10.

[7] Terminada em 1472, ainda está na Sacristia antiga da igreja de San Lorenzo; já mencionada por Albertini, pelo Livro de Antonio Billi e pelo Anônimo Magliabechiano.

dos Mercadores de Florença, quando Donato ainda estava vivo, havia lhe encomendado um tabernáculo de mármore que hoje está diante de São Miguel, no oratório de fora do Ort San Michele, e, desejando acrescentar-lhe a estátua de São Tomé pondo o dedo na chaga de Cristo, discordaram quanto ao preço, pois uns queriam que Donato fosse favorecido, enquanto outros desejavam que a obra fosse feita por Lorenzo Ghiberti. Essa teima dos cidadãos prosseguiu até que Donato e Lorenzo morreram, sem terem posto em execução aquilo que lhes era proposto[8]. Como Andrea já era conhecido não só pela sutileza de sua maestria, como também pela universalidade de sua boa convivência, tanto na conversação quanto no trabalho, seus amigos propuseram que ele fizesse as estátuas de Cristo e de São Tomé[9]. Estas lhe foram encomendadas e ele, com empenho e muito esmero, fez os modelos e as formas, de tal modo que sua fundição foi muito bem-sucedida, pois ambas saíram igualmente boas, sólidas e íntegras. Com o polimento e o acabamento, elas chegaram à perfeição que hoje se vê; percebem-se na atitude de São Tomé certa incredulidade e o grande desejo de tocá-lo por inteiro, mas a persistência da dúvida tornava-o obstinado; percebe-se também o amor com que ele toca as cicatrizes de Cristo, enquanto este, em generosa atitude, levanta o braço e abre a túnica, para dirimir a dúvida de seu discípulo. Ambas as figuras, envoltas em belíssimo panejamento, deram a conhecer que Andrea naquela arte em nada ficava a perder para Donato, Lorenzo e os outros escultores que haviam atuado antes dele. Essa obra foi posta no tabernáculo feito outrora por Donato e desde então foi muito valorizada. Como sua fama não podia crescer mais naquela profissão, Andrea, que gostava de estudar e de dedicar-se a tudo o que exigisse esforço, não lhe bastando ser considerado bom em uma atividade apenas, quis aprender outras coisas que ainda desconhecia, para atingir a mesma perfeição. Assim, desejando deixar obras de pintura, fez cartões e quadros com cenas, começando a trabalhar com cores. E, enquanto se dedicava à pintura, não deixava de dedicar-se também à geometria, tendo em mente voltar-se algum dia para a arquitetura. E, prosseguindo desse modo, passava o tempo a trabalhar com virtuosismo. Naquela época fora terminada a lanterna da cúpula de Santa Maria del Fiore, e seus construtores, reunidos, entre muitas discussões e arrazoados resolveram fazer a esfera que deveria encimar aquela construção, dando-lhe acabamento, segundo disposição de Filippo, que já morrera. Assim, mandaram chamar Andrea antes que ele partisse e lhe encomendaram aquela esfera, com a devida medida em braços[10], devendo esta ser posta sobre um botão e acorrentada de tal maneira que

---

[8] Como foi dito oportunamente, na Vida de Donatello, p. 256, nota 17, Vasari não sabia que o tabernáculo de Donatello continha desde o início a estátua de bronze de *São Luís de Toulouse*, obra-prima de Donatello, agora no Museu de Santa Croce.

[9] Em 29 de março de 1463 decidiu-se colocar uma nova escultura no tabernáculo adquirido pelo Tribunal da Corporação dos Mercadores. Em 14 de maio de 1466, a estátua ainda não tinha sido encomendada a ninguém (cf. D. Covi, "The date of the commission of Verrocchio's 'Christ and St. Thomas'", em *The Burlington Magazine*, CX [1968], p. 37); em 15 de janeiro de 1467 consta o primeiro pagamento a Verrocchio; em 2 de agosto de 1470 o bronze devia ser pesado para fundição; mas as duas estátuas foram colocadas no tabernáculo apenas em 1483, para a festa de São João (24 de junho). Já mencionadas por Albertini, pelo Livro de Antonio Billi e pelo Anônimo Magliabechiano.

[10] Tinha "quatro braços de altura", segundo Vasari, edição de 1568. O Livro de Antonio Billi e o Anônimo Magliabechiano também dizem tratar-se de obra de Verrocchio. Encomendada em 19 de janeiro de 1467, foi erigida em 27 de maio de 1471; mas em 1600 foi destruída por um raio. Sobre essa obra, cf. B. Boni, "La palla di rame di Santa Maria del Fiore", em *Notiziario Vinciano*, 1978, pp. 35-44, e D. Covi, "Verrocchio and the 'Palla' of the Duomo", em vários autores, *Studies in Honour of H. W. Janson*, Nova York, 1981, pp. 151-69.

fosse capaz de sustentar a cruz que sobre ela seria depois colocada. Andrea terminou essa obra e a ergueu em meio a grande festa do povo, que comemorou com fogos e muitos outros folguedos. Mas foi preciso empregar indústria e engenho para fazê-la entrar e armá-la com solidez, a fim de que o vento não a prejudicasse. Na referida cidade ainda há muitas outras coisas feitas por ele. Para os padres de Valle Ombrosa pintou um painel em San Salvi, fora da porta Croce, em que representa São João batizando Cristo[11]; e Lionardo da Vinci, que então era seu discípulo e ainda jovem, coloriu um de seus anjos, que é muito melhor do que todas as outras coisas.

Cosimo de' Médici já havia trazido algumas antiguidades de Roma, entre as quais uma que fora posta em seu jardim, na porta que dá para a via de' Ginori: um Mársias de mármore branco, pendurado a um tronco para ser esfolado, coisa considerada admirável. Depois da morte de Cosimo, Lorenzo também recebera um torso com a cabeça de outro Mársias, antiquíssimo e muito mais bonito do que o primeiro. Quem fez essa escultura, considerando que Mársias, ao ser esfolado, deixaria à mostra os músculos vermelhos e algumas nervuras, usou um mármore vermelho com alguns finos veios brancos, de tal modo que Mársias, depois do polimento, parecia um ser vivo; até agora, quem o contempla, sente admiração pelo artista que com técnica tão apropriada levou a cabo aquela obra. Lorenzo de' Médici queria que essa estátua acompanhasse a outra, de tal modo que fossem colocadas no centro daquela porta, mas, como lhe faltassem os braços, as coxas e as pernas, chamou Andrea, e ele, com o engenho que tinha, colocou-a em pé e acrescentou-lhe os pedaços de mármore vermelho[12] com tanta diligência, que Lorenzo ficou satisfeitíssimo.

Nesse ínterim, a Senhoria de Veneza, que alcançara muitas vitórias graças ao valor de Bartolomeo da Bergamo[13], querendo homenagear suas virtudes e estimular os outros capitães, deliberou em Senado que lhe fosse feita uma estátua equestre de bronze dourado, que seria colocada na praça San Giovanni e Polo. Como a fama de Andrea se espalhara por toda a Itália e no exterior, foi ele chamado de Florença a Veneza e, mediante a oferta de elevada remuneração, encomendaram-lhe um modelo de barro[14], exatamente do tamanho que a estátua deveria ter depois de acabada. Já tinha ele terminado o modelo de barro e começado os trabalhos da fundição quando muitos fidalgos manifestaram o desejo de que Vellano da Padova fizesse a figura humana, e Andrea, o cavalo. Ofendido, ele voltou a Florença, não sem antes arrancar do cavalo

---

[11] Hoje nos Uffizi, nº 8358, o *Batismo* já era mencionado como obra de Verrocchio pelo Livro de Antonio Billi e pelo Anônimo Magliabechiano, enquanto Albertini menciona em San Salvi um anjo de Leonardo. A crítica é concorde em atribuir a Leonardo pelo menos a cabeça do anjo de perfil; muitos consideram que ele também pintou o panejamento e a paisagem de fundo; de fato, todas essas partes dão mostras de uma sutileza e de uma vibração pictórica ausentes no restante do quadro. São indefensáveis as hipóteses de C. L. Ragghianti, "Inizio di Leonardo", em *La Critica d'Arte*, 1954, pp. 102-18.

[12] Valentiner (*Studies*, cit., pp. 97-192) demonstrou que as duas estátuas aqui mencionadas são as que se encontram hoje nos Uffizi. A restauração de Verrocchio compreende três dedos do pé direito, os braços e a cabeça.

[13] Bartolomeo Colleoni (1400-76), capitão de ventura, esteve a serviço da República de Veneza e legou-lhe parte das suas riquezas.

[14] O modelo de barro do monumento a Bartolomeo Colleoni é mencionado também pelo Livro de Antonio Billi e pelo Anônimo Magliabechiano. Como em 30 de julho de 1479 se decidiu erigir o monumento, na data da morte de Verrocchio (7 de outubro de 1488) o bronze ainda não fora fundido, e ele desejava que a obra fosse terminada por seu aluno Lorenzo di Credi. No entanto, em 1490, o encarregado dessa tarefa foi o veneziano Alessandro Leopardi, que nela escreveu seu nome: ALEXANDER LEOPARDVS V. F. OPVS. O monumento foi descoberto em 21 de março de 1496 (segundo Sanudo, *Diarii*, cit., col. 96).

as pernas e a cabeça. Aqueles senhores, sabendo disso, comunicaram-lhe que ele deveria cuidar de não cair em suas mãos para não ficar sem a cabeça. Ele então lhes escreveu dizendo que sabia refazer a cabeça de um cavalo, mas que eles não saberiam recolocar sobre o pescoço a cabeça de um homem, nem mesmo uma como a de Andrea. Essa pronta resposta agradou àqueles senhores, que, dobrando a remuneração, chamaram--no de volta. Em pouco tempo, ele reparou o modelo, fundiu, aqueceu e resfriou o bronze, de tal maneira que terminou a vida em Veneza[15], deixando inacabada não só essa obra, mas também outra que estava fazendo em Pistoia, ou seja, a sepultura do cardeal Forteguerra[16], com três Virtudes Teológicas e um Deus Pai em cima, obra que foi terminada pelo escultor florentino Lorenzetto[17]. Quando morreu, Andrea tinha LVI anos. Sua morte contristou infinitamente amigos e discípulos, que não eram poucos, mas sobretudo o escultor Nanni Grosso[18], pessoa muito extravagante na arte e na vida. Conta-se que ele não trabalhava fora de sua oficina, em igrejas ou mosteiros, se não lhe fosse facultada a saída para a adega, a fim de beber quando quisesse e sem pedir licença. Trabalhava de má vontade e, por qualquer pequeno achaque, fazia-se transportar ao hospital, onde ficava até que se sentisse totalmente curado. Numa das vezes em que voltara são de uma enfermidade, foi visitado pelos amigos, que lhe perguntaram como estava, e ele respondeu: "Mal." Os outros disseram: "Mas você está curado", ao que ele replicou: "Estou mal, porque precisaria de um pouco de febre para poder manter-me aqui com conforto e bem servido." Às portas da morte no hospital, quando lhe puseram nas mãos um Crucifixo de madeira bastante malfeito, ele pediu que o levassem embora e lhe trouxessem um de Donato, afirmando que, se não o fizessem, ele morreria desesperado, tamanho era o amor que tinha pela arte.

Mas, voltando a Andrea, suas obras inacabadas ficaram por conta de Lorenzo di Credi[19], amigo e discípulo diletíssimo, e seus ossos foram levados para Veneza e enterrados na igreja de Santo Ambruogio, na sepultura do senhor Michele di Cione, em cuja lápide estão entalhadas as seguintes palavras:

SER MICHAELIS DE CIONIS ET SVORVM. HIC OSSA IACENT NADREAE VERROCCHII, QVI OBIIT VENETIIS MCCCCLXXXVIII*.

---

[15] Verrocchio morreu em Veneza em 7 de outubro de 1488.

[16] Em 2 de janeiro de 1474, dez dias depois da morte do cardeal Niccolò Forteguerri, decidiu-se erigir-lhe um cenotáfio na Catedral de Pistoia; entre os modelos apresentados, foi escolhido o de Verrocchio em 25 de maio de 1476, mas no ano seguinte ainda não se havia determinado se seria executado este ou o de Pollaiuolo. Em 9 de abril de 1483, consta que a sepultura "já está começada": em 14 de novembro, estava quase terminada. Na realidade, Verrocchio morreu sem terminar o trabalho, que foi delegado a Lorenzo di Credi em 5 de maio de 1489; as esculturas foram transportadas para Pistoia em abril de 1493. Um modelo do túmulo encontra-se no Victoria and Albert Museum de Londres e outros dois incompletos estão no Louvre. Sobre esse assunto, cf. C. Kennedy, E. Wilder e P. Bacci, *Studies in the History and Criticism of Sculpture, VII. The Unfinished Monument by Andrea del Verrocchio to the Cardinal Forteguerri at Pistoia*, Northampton, 1932.

[17] Sobre Lorenzetto, cf. Vida a ele dedicada nas pp. 681-3. Ele recebeu a tarefa de montar o túmulo em 17 de junho de 1514 e executou a figura da Caridade; mais tarde, Giovan Francesco Rustici reelaborou a figura do cardeal ajoelhado, que hoje está no Museu Cívico de Pistoia. O sepulcro foi reformado mais uma vez em 1753 por Gaetano Masoni.

[18] Sobre esse escultor não temos notícias.

[19] De Lorenzo di Credi, cf. Vida nas pp. 549-50.

* "Senhor Michelle di Cione e família. Aqui jazem os ossos de Andrea Verrocchio, falecido em Veneza em 1488." [N. da T.]

Foi também honrado depois com este epitáfio:

IL VERROCCHIO

SE IL MONDO ADORNO RESI
MERCÉ DELLE BELLE OPRE ALTE E SVPERNE,
SON DI ME LVMI ACCESI
FABRICHE, BRONZI MARMI IN STATVE ETERNE*.

---

* "Verrocchio. Se o mundo adornei / Com belas obras elevadas e supernas, / por mim foram acesas as luzes / Em construções, bronzes, mármores e estátuas eternas." [N. da T.]

Abade de São Clemente
(Bartolomeo della Gatta), miniaturista

É raro que o homem de boa vontade e vida exemplar deixe de ser agraciado pelo céu com amigos excelentes e habitações honrosas, assim como é raro que ele, em vida, deixe de ser venerado por ter bons costumes e, depois de morto, deixe de despertar saudades em todos os que o conheceram. Foi o que ocorreu em data pouco anterior à nossa com dom Piero della Gatta, abade de São Clemente de Arezzo[1], excelente em diferentes coisas e morigerado entre todos os outros. Foi ele frade da ordem dos Anjos e, na juventude, miniaturista singular, dotado de ótimo desenho, como dão fé as iluminuras por ele executadas para os monges de Santa Flora e Santa Lucila, na Abadia de Arezzo, e em S. Martino, Catedral de Lucca[2]. Foi muito amado em seu tempo pelo Geral dos Camáldulos, o aretino Mariotto Maldoli[3], que, reconhecendo os méritos de

---

[1] Piero d'Antonio Dei nasceu em Florença em 1448 de uma família de ourives. Foi inscrito na Companhia dos Ourives com a idade de 5 anos, em 1453. Em 1470 era monge no convento camaldulense de Santa Maria in Gradi, Arezzo. Uma pintura como a *Assunção* da igreja de San Domenico em Cortona, que deve estar entre as primeiras obras que nos restaram, denuncia uma formação na oficina de Verrocchio, em paralelo com a fase juvenil de Perugino ou Ghirlandaio, em vista da proximidade de algumas das *Pequenas cenas de São Bernardino* da Pinacoteca de Perúgia, pintadas em 1473 por Perugino e companheiros. A primeira obra datada é o *São Lourenço* da Abadia de Arezzo (1476), com um cromatismo vivo e transparente ao mesmo tempo. Depois vêm as duas extraordinárias pinturas com *São Roque*, a de 1479 (Arezzo, Pinacoteca), provavelmente contemporânea da *Crucificação* da Catedral de San Sepolcro, e a outra, não datada (também na Pinacoteca de Arezzo), com formas límpidas como cristais. A seguir ele renova os seus contatos com Perugino, na época dos afrescos da Capela Sistina, onde colaborou com ele na execução de quase todas as cenas dos *Últimos dias de Moisés* e em algumas cabeças de apóstolos na *Entrega das chaves*. As últimas obras pictóricas que nos restam, o *São Jerônimo* da Catedral de Arezzo, o grande painel da Collegiata di Castiglion Fiorentino (1486) e os *Estigmas de São Francisco* no Museu Cívico do mesmo centro (1486-87), indicam, com tonalidades pictóricas mais densas e profundas, um amálgama excepcional de verdade e excentricidade, excepcional também em relação aos trabalhos contemporâneos de Perugino e Ghirlandaio. Sobre Bartolomeo della Gatta, cf. M. Salmi, "G. Vasari, La Vita di Bartolomeo della Gatta", em *Atti e memorie dell'Accademia Petrarca*, Arezzo, IX (1930), pp. 215-40; R. Longhi, "La Mostra di Arezzo", em *Paragone*, n. 15 (1951), p. 59; A. Martini, "The early work of Bartolomeo della Gatta", em *The Art Bulletin*, 1960, pp. 133-41; L. Bellosi, em L. Bellosi, G. Cantelli e M. Lenzini Moriondo (org.), *Catalogo della Mostra Arte in Valdichiana dal XIII al XVIII secolo*, Cortona, 1970, pp. 30-4; A. M. Maetzke, em *Arte nell'Aretino, Catalogo della Mostra di dipinti e sculture restaurati dal XIII al XVII secolo*, Florença, 1979, pp. 49-59.

[2] Essas iluminuras não foram encontradas, e não temos nenhuma ideia precisa de Bartolomeo della Gatta como iluminador. M. Salmi (*La miniatura italiana*, Milão, 1955, p. 43) lhe atribui uma capitular iluminada em Corale 6, c. 40*v.*, do Archivio Capitolare del Duomo di Urbino. Sobre outras atribuições de iluminuras, cf. Levi D'Ancona, *Miniatura e miniatori*, cit., pp. 226-8.

[3] Segundo A. Fortunio, *Historiarum Camaldulensium*, Florença, 1575, dom Mariotto foi da família aretina dos Allegri e Geral dos Camáldulos de 1454 a 1478.

dom Piero, outorgou-lhe generosamente tal benefício[4], pelo que este se mostrou grato e executou obras para aquela ordem.

Quando da peste de MCDLXVIII[5], não podendo conviver com muitas pessoas, o Abade dedicou-se a pintar figuras de grande porte; a primeira foi um São Roque, feito sobre madeira[6] para a sala de reuniões dos reitores da Confraria de Arezzo, em que se recomenda o povo aretino a Nossa Senhora. E em pouquíssimos meses aprendeu muito bem a trabalhar sobre muros em afresco e sobre madeira, de tal modo que, trabalhando bastante, tornou-se pintor excelente e raro. Em Arezzo fez um painel para a igreja de San Pietro, onde ficam os frades servitas, com um anjo Rafael; também executou o retrato do beato Iacopo Filippo da Piacenza[7]. Foi levado a Roma e, na capela de Sisto IV, trabalhou em uma cena[8] em companhia de Luca da Cortona e de Pietro Perugino. Voltando para Arezzo, fez na capela dos Gozzari, no episcopado, um São Jerônimo em penitência[9] que, magro e calvo, olhando atentamente para o Crucifixo, bate-se no peito, dando a conhecer com que intensidade o ardor amoroso pode atormentar a virgindade naquelas carnes consumidas. Nessa obra, fez uma grande pedra com algumas grutas, em cujas cavidades, como paisagem, pintou as cenas da vida do referido São Jerônimo. Depois, na igreja de Santo Agostino da referida cidade, fez uma capela para as freiras da terceira ordem, na qual está pintada em afresco uma Coroação de Nossa Senhora, muito louvada e bem-feita; em outra capela, fez uma Assunção com alguns anjos num grande painel[10], com belos trajes e panejamento sutil, pintura que foi realmente muito louvada, por ser trabalhada a têmpera, com bom desenho e execução extraordinariamente diligente. Na abadia de Santa Fiore, da referida cidade, há uma capela na entrada principal da igreja, com São Bento e outros santos[11], com gracioso acabamento, boa execução e suavidade. E naquela cidade ele era sem dúvida adorado e reverenciado por suas virtudes não só em pintura, mas também em muitas

---

[4] O texto não está claro, nem na edição de 1568. O "benefício" do qual se fala, sem especificar em que consistia, evidentemente é a nomeação como "abade de São Clemente", que podia estar subentendida por ser evidente no título desta Vida. Bartolomeo foi efetivamente abade de San Clemente em Arezzo, mas em 1479, ou seja, depois da morte de dom Mariotto, ele ainda é mencionado como simples monge.

[5] A peste, porém, foi em 1478-79.

[6] Hoje na Pinacoteca de Arezzo (sala II, n.º 36), ostenta a data 1479, também encontrada em documentos. Sobre essa obra, cf. Maetzke, em *Catalogo della Mostra di dipinti*, cit., pp. 56-7.

[7] Beato Iacopo Filippo da Faenza, e não da Piacenza. A pintura ainda existe, mas muito avariada, na sacristia da igreja de San Piero Piccolo em Arezzo (Salmi, *G. Vasari*, cit., p. 225).

[8] Sobre a decoração da Capela Sistina, executada entre 1481 e 1483, já falamos nas notas 8 e 9 da p. 441. Bartolomeo della Gatta é responsável por quase todo o afresco com os *Últimos dias de Moisés*, realizado sob a orientação de Perugino (e não de Signorelli, como é costume acreditar), que o iniciara na parte esquerda. A colaboração de Bartolomeo com Perugino também está evidente em três figuras de apóstolos na *Entrega das chaves*, como já observava Venturi, VII, 2, p. 423.

[9] Destacado em 1796, foi transportado para a sacristia, onde ainda é visto.

[10] Frequentemente identificado com a grande tela da *Assunção*, hoje na igreja de San Domenico em Cortona, outrora na igreja do convento das Condessas, também em Cortona. Datado de c. 1470 por Ragghianti ("La Mostra di Luca Signorelli", em *La Critica d'Arte*, 1954, pp. 94-8) a c. 1485 por Salmi (*G. Vasari*, cit., p. 230), provavelmente deve ser situado entre 1473 e 1475 (Martini, "The early work", cit., p. 136). A tela foi ampliada no fim do século XVIII, quando também foram refeitos os dois *Santos ajoelhados*, sob cuja repintura reapareceram em recente restauração as pinturas realizadas por Bartolomeo della Gatta. Sobre essa obra, cf. Bellosi, *Catalogo*, cit., pp. 31-2, e Maetzke, *Catalogo della Mostra di dipinti*, cit., pp. 49-54.

[11] Dessa decoração resta na Abadia de Arezzo uma figura de *São Lourenço* que ostenta a data 1476. Cf. Maetzke, *Catalogo della Mostra di dipinti*, cit., pp. 54-5.

daquelas artes que exigem indústria e engenho. Naquela época, morava em Arezzo o bispo aretino[12] Gentile de Urbino, que admirava muito seu valor. Ambos tinham convivência frequente, e o bispo, que sempre se deleitou com a virtude, pediu-lhe que pintasse em seu palácio uma capela com um Cristo morto e, numa *loggia*, o retrato do bispo e do próprio Clemente e alguns cônegos da cidade. Pediu-lhe que fizesse na velha catedral extramuros uma capela, da qual o bispo pagou uma parte e os construtores, outra; ali foi feita uma Misericórdia com alguns anjos no alto, em que se vê um belíssimo e sutil panejamento branco a circundar o corpo. Também fez um São Sebastião e um São Roque com alguns medalhões em claro-escuro que contêm cenas da vida de ambos. Além disso, trabalhou em diversos lugares da cidade, como no Carmino, onde fez três figuras, e na capela das freiras de Santa Ursina, realizando numerosas obras que atualmente são vistas por toda a cidade. Em Castiglione Aretino, na freguesia de São Juliano, fez um painel a têmpera para a capela do altar-mor, onde há uma belíssima Nossa Senhora, um São Juliano e um São Miguel[13], figuras muito bem trabalhadas e executadas, mormente São Juliano que, com o olhar fixo no Cristo que está nos braços de Nossa Senhora, parece sobremodo aflito por ter matado o pai e a mãe. Numa capela situada um pouco antes, é de sua lavra uma porta que costumava ficar num órgão velho; nela está pintado um São Miguel[14], que é considerado maravilhoso, vendo-se nos braços de uma mulher uma criança enfaixada que parece viva.

Para as freiras enclausuradas de Arezzo, fez na capela do altar-mor uma pintura muito louvada, e no monte San Savino fez um tabernáculo em frente ao palácio do cardeal di Monte, obra considerada belíssima. No episcopado de Borgo San Sepolcro fez uma capela[15] que lhe valeu muitos louvores e bons proventos. Foi pessoa de bom trato e verdadeiro amante de todas as virtudes; tinha engenho tão versátil que, entre os seus tantos dotes, contava-se o de ser músico perfeito, capaz de construir tubos de órgão de chumbo. Na igreja de San Domenico ainda se vê um órgão com tubos de cartão de sua lavra, que sempre se manteve suave. Em San Clemente havia outro de sua lavra, cujos tubos ficavam no alto e cujo teclado ficava embaixo, no plano do coro; teve essa ideia porque poucos eram os frades que cantavam no coro, sendo necessário que o organista cantasse e tocasse. Esse artista muito adornou aquele lugar com afrescos e pinturas, havendo reformado a capela-mor da igreja dentro da qual estava o órgão; para a mesma igreja fez muitas outras pinturas que, para grande tristeza, se arruinaram juntamente com a igreja e o convento. Mas tal era necessário, porque o ilustríssimo duque Cosimo de' Medici, querendo ornar e fortificar aquela cidade, para reparar as novas muralhas precisou circunscrever um terço da cidade entre a referida igreja e a porta de Santo Spirito, derrubar muitas casas, uma quarta parte de um coliseu antigo

---

[12] Gentile de' Becchi, primeiro mestre de Lourenço de' Medici, que ordenou a sua nomeação como bispo de Arezzo em 1473.

[13] O quadro, no qual estão representados também São Pedro e São Paulo, atualmente está na Collegiata di Castiglion Fiorentino. Ostenta o texto: CRISTIANO DI PIERO DICE | CCHO MANISCHALCO DA | CASTIGLIONI RETINO | MCCCCLXXXVI. Dois dos quatro painéis que formavam a predela foram roubados por volta de 1910 (Salmi, *G. Vasari*, cit., pp. 229-30).

[14] Hoje na Pinacoteca Cívica de Castiglion Fiorentino; atrás de San Michele se vê a pessoa que encomendou a obra, Lorenza Visconti Guiducci, com um menino nos braços. Sobre essa obra, cf. Maetzke, *Catalogo della Mostra di dipinti*, cit., pp. 57-8.

[15] Na Catedral de Borgo San Sepolcro ainda se vê um afresco com a *Crucificação e santos*, atribuído com razão a Bartolomeo della Gatta.

e deteriorado, que ficava atrás do convento de San Bernardo, e os últimos remanescentes de um teatro debaixo da cidadela.

Mas, voltando ao Abade, teve ele vida frugal e morigerada, deixando como discípulo na pintura o aretino Matteo di Ser Iacopo Lappoli[16], muito exímio, que, imitando sua maneira, mereceu louvores, conforme dão fé várias pinturas de sua lavra, como a que fez na ermida, sob o púlpito, na qual se vê um Cristo na cruz. Também foi seu discípulo Domenico Pecori[17], que terminou muitas das suas obras, como na igreja de S. Pietro daquela cidade, o painel com São Fabiano e São Sebastião dos Bonucci[18], bem como o de Santo Antônio[19] e a capela de São Justino, pintada de acordo com seus desenhos. Domenico era abastado e dedicou-se à pintura mais por passatempo do que por necessidade; sempre trabalhava acompanhado. Na igreja da Trinità de Arezzo fez um painel[20] colorido por um espanhol; na capela de Nossa Senhora da ermida fez outro, o último, para messer Donato da Chiari, no episcopado[21], terminado por Capanna Sanese[22], obra louvada. Depois se dedicou aos vitrais, fazendo três para o episcopado[23], um dos quais foi destruído pela artilharia na guerra. Também foi seu discípulo o pintor Angelo di Lorentino[24], que tinha bom engenho e trabalhou no arco de cima da porta de San Domenico[25]; este, caso tivesse recebido ajuda, teria vindo a se tornar ótimo mestre. Dom Piero morreu com LXXXIII anos de um mal do peito[26], causando grande tristeza na cidade, deixando inacabada uma igreja de Nostra Donna dalle Lagrime[27], cujo modelo fizera, depois terminada por diversos outros. Merece ele muitos louvores, portanto, por ter entendido da arte da miniatura, de arquitetura, pintura e música. Seus confrades o sepultaram na igreja San Clemente. Tão estimados foram seus trabalhos na referida cidade, que ele recebeu o seguinte epitáfio:

PINGEBAT DOCTE ZEVSIS CONDEBAT ET AEDES
NICON PAN CAPRIPES FISTVLA PRIMA TVA EST.

---

[16] Morto em 1504, Matteo di Ser Jacopo di Bernardo Lappoli foi o pai do mais conhecido Giovanni Antonio Lappoli, seguidor de Rosso e de Vasari.

[17] Pintor aretino, talvez nascido por volta de 1480, mencionado pela primeira vez em 1497, Domenico Pecori morreu em 1527.

[18] Encontrava-se até há algum tempo, parcialmente repintada, na igrejinha de Campriano, de onde foi retirada para ser exposta no Museu Diocesano de Arezzo.

[19] O painel para a igreja de Sant'Antonio hoje está na sacristia da Catedral de Arezzo. Representa *Nossa Senhora com o Menino Jesus, anjos e santos*.

[20] Trata-se de uma *Circuncisão*, hoje na igreja de Sant'Agostino. Foi encomendada a Pecori em 15 de maio de 1506.

[21] Hoje na Pinacoteca Comunal de Arezzo (n°. 42), representa a *Nossa Senhora com o Menino Jesus, anjos e santos*.

[22] Sobre esse pintor não há notícias; tampouco conhecemos sua personalidade artística.

[23] Entre 1513 e 1519 foram feitos três vitrais para a Catedral de Arezzo com base no desenho de Pecori; ainda restam dois na abside, com muitas restaurações.

[24] Nascido por volta de 1480, tal como Pecori morreu na peste de 1527. Sobre ele, cf. M. Salmi, "Un umile pittore dei primi del Cinquecento. Angelo di Lorentino d'Arezzo", em *L'Arte*, 1911, pp. 122-8; Pasqui, "Pittori aretini", cit., pp. 85-6; I. Belli Barsali, "Angelo di Lorentino", em *Dizionario biografico degli italiani*, vol. III, cit., pp. 229-30.

[25] O afresco ainda está no local, muito avariado e repintado.

[26] Bartolomeo della Gatta morreu em 1502 (ainda estava vivo em 15 de fevereiro e já estava morto em 17 de dezembro).

[27] A igreja da Madonna delle Lacrime, ou da Santissima Annunziata, em Arezzo, foi iniciada em 1491. Bartolomeo della Gatta dirigiu sua edificação por pelo menos uns dez anos. Sucedeu-lhe Antonio da Sangallo, que modificou sua planta, substituindo uma nave por três.

NON TAMEN EX VOBIS MECVM CERTA VERIT VLLVS
QVAE TRES FECISTIS VNICVS HAEC FACIO*.

Morreu em MCDLXI[28]. À arte da pintura em miniatura conferiu a mesma beleza que, afora a que se via na antiga maneira, foi vista depois nos livros iluminados por Gerolamo Padovano[29] na igreja de Santa Maria Nuova de Florença, nas obras do miniaturista Gherardo, seu discípulo[30], nas do miniaturista florentino Vante[31] e nas de Gerolamo Milanese[32], que fez admirabilíssimas em sua pátria, Milão.

---

* "Zêuxis pintava com maestria, / Nicão construía templos, Pã Caprípede fez a primeira flauta. / Mas nenhum de vós competirá comigo, / porque o que fizestes os três faço eu sozinho." [N. da T.]

[28] Cf. acima nota 26.

[29] Provavelmente Vasari queria referir-se a Girolamo da Cremona, e não a Girolamo Campagnola. No Museu Nacional de Florença, há um coral iluminado em parte por Girolamo da Cremona, obra proveniente de Santa Maria Nuova (Salmi, *La miniatura*, cit., p. 43).

[30] Sobre Gherardo di Giovanni, cf. Vida, p. 383.

[31] Attavante di Gabriello di Vante nasceu em 1452; trabalhou em códices iluminados para Matias Corvino, rei da Hungria de 1483 a 1492; morreu por volta de 1517.

[32] A identificação desse iluminador parece problemática. Tratar-se-ia do veronense Girolamo dai Libri?

Domenico Ghirlandaio, pintor florentino

Muitas vezes se encontram engenhos elevados e sutis que de bom grado se dedicariam às artes e às ciências, exercendo-as de modo excelente, se seus pais os encaminhassem desde o princípio àquilo a que são naturalmente inclinados; mas frequentemente quem os orienta, talvez não conhecendo muitas coisas, descura-se daquilo que mais deveria preocupá-lo; essa é a razão pela qual os engenhos produzidos pela natureza para ornamento e proveito do mundo acabam sendo desaproveitados. E muitos houve que exerceram uma profissão por longo tempo, apenas por temor a seus orientadores, e, chegados à maturidade, a largaram por outra que mais lhes agradava. E é tamanha a força da natureza, que quem tem inclinação para uma profissão colhe muito mais frutos em um mês do que qualquer outro em muitos anos de estudo e trabalho. E amiúde, com o passar do tempo, tais pessoas, graças ao instinto com que são movidas, causam admiração e espanto à arte e à natureza; como causou Domenico di Tommaso Ghirlandaio[1], que, exercendo a arte da ourivesaria[2] e não se agradando dela, sempre se deu ao desenho. Porque, sendo ele dotado pela natureza de espírito perfeito e gosto admirável e judicioso na pintura, conquanto fosse ourives na adolescência, seu desenho se desenvolveu de modo pronto, rápido e fácil; por isso, afirmam muitos que, ainda como ourives, sempre retratava fielmente os camponeses e quaisquer outras pessoas que por sua oficina passassem. Disso dão fé em suas obras os infinitos retratos de vívida fidelidade. Suas primeiras pinturas foram feitas na ca-

---

[1] Domenico di Tommaso Bigordi, vulgo Ghirlandaio, nasceu em Florença em 1449, segundo um registro cadastral de seu pai. A julgar-se pelas obras mais antigas que dele se conhecem (afrescos na igreja de Cercina, nas proximidades de Florença; afrescos do altar Sassetti em Ognissanti, de 1473), ele também – tal como Perugino, Bartolomeo della Gatta etc. – frequentou a escola de Verrocchio por volta de 1470 e, ao lado de seus condiscípulos, pintou afrescos na Capela Sistina cerca de dez anos depois. Daí por diante, sua ativíssima oficina florentina ficou sobrecarregada de encomendas, e as obras que de lá saíram foram frequentemente produzidas de maneira rotineira. Dessa oficina, da qual também saiu Michelangelo, faziam parte os irmãos David e Benedetto, o cunhado Bastiano Mainardi e outros. Menos sofisticado e literário que muitos artistas florentinos contemporâneos, Ghirlandaio remete-se com frequência a Masaccio, mas o seu realismo muitas vezes é genérico, e sua solidez também é falta de fantasia. Hoje apreciamos esse pintor não tanto por seu "talento", e mais por tudo aquilo que ele nos transmite sobre personagens, costumes, ambientes urbanos da Florença do fim do século XV, sendo ele o seu mais fiel retratista. Sobre ele, cf. J. Lauts, *Ghirlandaio*, Viena, 1943; A. Sabatini, *Domenico Ghirlandaio*, Florença, 1944; G. Marchiasi, "Ghirlandaio", em *Enciclopedia universale dell'Arte*, vol. VI, cit., col. 24-29; M. Chiarini, "Bigordi, Domenico", em *Dizionario biografico degli italiani*, vol. X, Roma, 1968, pp. 448-53; A. Angelini, "Domenico Ghirlandaio 1470-1480", em vários autores, *Restauro e storia di un dipinto*, Florença, 1983, pp. 8-23.

[2] Essa informação é confirmada pelo Livro dos mortos da Companhia de São Paulo (Levi D'Ancona, *Miniatura e miniatori*, cit., p. 90).

pela dos Vespucci[3] na igreja de Ogni Santi, onde se vê um Cristo morto e alguns santos; também sobre um arco, uma Misericórdia e, no refeitório, um Cenáculo em afresco[4]. Na igreja de Santa Croce, à direita da entrada, pintou cenas de São Paulino. E, conquistando grande fama, ganhou crédito e para Francesco Sassetti pintou na igreja de Santa Trinita uma capela com cenas de São Francisco[5], admiravelmente bem-feita, trabalhada com graça, limpeza e amor. Nessa obra reproduziu a ponte de Santa Trindade, com o palácio Spini, pondo em sua fachada a cena da aparição de São Francisco nos ares e da ressuscitação do menino. Nas mulheres que o veem ressuscitar, percebem-se a dor da morte à beira da sepultura e a alegria e admiração diante de sua ressurreição. Também representou os frades saindo da igreja e, atrás da cruz, os coveiros que iam enterrá-lo, pintados com grande naturalidade, tal como outras figuras que se admiram daquele feito e causam grande prazer em quem as contempla. Em outra cena representou São Francisco diante do vigário, renegando a herança de seu pai Pietro Bernardone e tomando o hábito de aniagem cingido com corda. No centro da fachada, representa-o em Roma com o papa Honório, apresentando-lhe rosas em janeiro e obtendo a confirmação de sua ordem. Nessa cena, representou a sala do Consistório com cardeais sentados ao seu redor e algumas escadas, nas quais delineou algumas meias-figuras retratadas do natural e incluiu apoios para a sua subida. Entre tais figuras está o Magnífico Lorenzo de' Medici, o Velho. Pintou também uma cena em que São Francisco recebe os estigmas. E, na última, representou-o morto e pranteado pelos frades, entre os quais um a beijar-lhe as mãos; e de fato é impossível exprimir melhor essa ação em pintura, sem falar do bispo que, com as lentes sobre o nariz, lhes canta a vigília, e somente porque não o ouvimos é que acreditamos ser uma pintura. Fez, no meio, dois retratos: num, Francesco Sassetti de joelhos e, no outro, sua mulher. Na abóbada, pintou quatro Sibilas e fora da capela fez um ornamento acima do arco da fachada, com uma cena em que a sibila Tiburtina faz o imperador Otaviano[6] adorar Cristo, obra em afresco realizada com muito esmero e cores belas e alegres. Esse trabalho é acompanhado por um painel também de sua lavra, trabalhado a têmpera, que representa uma Natividade de Cristo[7] capaz de causar grande admiração nas pessoas entendidas, na qual retratou a si mesmo e fez alguns rostos de pastores, considerados

---

[3] Está representada uma *Nossa Senhora da Misericórdia* com os membros da família Vespucci ajoelhados ao seu redor, na luneta; abaixo, a *Deposição*. A capela Vespucci foi terminada em 1473, e é quase certo que os afrescos também fizessem parte dela. Foram restaurados e destacados depois da enchente de 4 de novembro de 1966.

[4] Contém a data MCCCCLXXX. Foi destacado, restaurado e recolocado depois da enchente de 4 de novembro de 1966; na ocasião, a sinople também foi recuperada. O rosto do Cristo fora repintado por Gherardini.

[5] O contrato para a decoração da Capela Sassetti é de 1483. Os afrescos contêm uma data incompleta, mas que deve ser lida como A.D.M. CCCCLXXXV | XV DECEMBRIS (cf. Ch. de Tolnay, "Two frescoes by Domenico and David Ghirlandaio in Santa Trinita", em *Wallraf Richardtz Jahrbuch*, 1961, pp. 237-50). De fato, a capela foi consagrada em 25 de dezembro de 1483. Afrescos já mencionados pelo Livro de Antonio Billi e pelo Anônimo Magliabechiano. Sobre eles, cf. M. Chiarini, *Il Ghirlandaio alla Cappella Sassetti in Santa Trinita*, Milão, 1961; E. Borsook e J. Offerhaus, "Storia e leggende nella Cappella Sassetti in Santa Trinita", em vários autores, *Scritti di Storia dell'arte in onore di Ugo Procacci*, Milão, 1977, pp. 289-310; e, dos mesmos autores, *Francesco Sassetti and Ghirlandaio at Santa Trinita, Florence*, Doornspijk, 1981.

[6] Além de Augusto e da Sibila acima do arco da capela, também se vê ao lado desse afresco uma figura de Davi.

[7] Hoje pode ser visto *in loco*, depois de ter sido exposto durante muito tempo na Galeria da Academia de Florença. Está datado como MCCCCLXXXV.

divinos. Para os frades jesuatos pintou um retábulo do altar-mor com alguns santos em companhia de uma belíssima Nossa Senhora[8]. E na igreja de Cistello fez um quadro que foi acabado por seus irmãos David e Benedetto, que representa a Visitação de Nossa Senhora[9], com alguns rostos femininos graciosos e belos. Na igreja dos Inocentes fez, a têmpera, um painel com os Reis Magos[10], obra muito louvada e apreciada. Nela há rostos belíssimos com várias expressões e fisionomias, tanto de jovens como de velhos; merece menção o rosto de Nossa Senhora, no qual se expressam a honestidade, a beleza e a graça da mãe do verdadeiro Deus que podem ser reproduzidas por mão humana. No *tramezzo* da igreja de San Marco fez outro painel e, no aposento de hóspedes, um Cenáculo[11]; ambos, com muita diligência. Em casa de Giovanni Tornabuoni fez um medalhão com a cena dos Reis Magos[12], também esmerado. Para Lorenzo de' Medici, o Velho, amado e estimado por ele, pintou a cena de Vulcano[13], no qual se veem muitos nus a trabalhar, produzindo com os martelos raios ou setas para Júpiter. Em Florença, na igreja de Ogni Santi, concorrendo com Sandro di Botticello, pintou em afresco um São Jerônimo[14] que hoje está ao lado da porta que leva ao claustro; em torno dele pôs uma infinidade de instrumentos de livros, usados por estudiosos.

Pintou também o arco sobre a porta de Santa Maria Ughi e um pequeno tabernáculo atrás do Mister dos Linheiros, bem como um lindo São Jorge[15] matando o dragão. Sem dúvida ele conhecia muito bem a técnica da pintura mural, fazendo-a com grande facilidade, não obstante ser muito afetado na composição. Foi chamado a Roma pelo papa Sisto IV para pintar sua capela com outros mestres, e lá pintou a cena em que Cristo convida Pedro e André a largar a rede e segui-lo; também pintou a Ressurreição de Jesus Cristo[16], que hoje se encontra danificada em sua maior parte, por estar acima da porta na qual foi preciso repor uma arquitrave avariada. Naquele tempo estava em Roma Francesco Tornabuoni, honrado e rico mercador, amicíssimo de Domenico, cuja mulher morrera de parto. Tornabuoni, querendo homenageá-la como convinha à sua nobreza, mandou fazer-lhe uma sepultura na igreja de Santa Maria sopra Minerva, com algumas cenas de mármore, e quis que Domenico pintasse toda

---

[8] Mencionado já por Albertini, hoje está nos Uffizi, n? 881, datável em 1480. Parte da predela está na National Gallery de Londres (n? 2902), parte no Museu de Detroit (n? 86) e parte no Metropolitan Museum de Nova York (n?s 13, 119, 1, 2, 3).

[9] Mencionado já por Albertini, hoje está no Louvre (n? 1321); contém a data MCCCCLXXXXI.

[10] Hoje no Museu do Ospedale degli Innocenti, em alguns locais do Hospital. Mencionada já por Albertini, foi encomendada a Domenico em 23 de outubro de 1485: devia ser "totalmente de sua lavra". Contém a data MCCCCLXXXVIII. A predela foi encomendada a Bartolomeo di Giovanni em 30 de julho de 1488. Cf. L. Bellosi, *Il Museo dello Spedale degli Innocenti*, Milão-Florença, 1977, pp. 234-6.

[11] Muito semelhante ao de Ognissanti (cf. acima, nota 4), está no refeitório pequeno do convento.

[12] Costuma ser identificado com o medalhão dos Uffizi, n? 1619, com a data MCCCCLXXXVIII.

[13] Sobre os afrescos do Spedaletto, cf. Vida de Botticelli, p. 389, nota 22.

[14] Mencionado já pelo Anônimo Magliabechiano, está hoje no pequeno Museu anexo à igreja do convento de Ognissanti; contém a data MCCCCLXXX. Cf. Vida de Botticelli, p. 386, nota 8.

[15] Mencionado também pelo Livro de Antonio Billi; para o Anônimo Magliabechiano, deve ter sido obra de Botticelli. Hoje está perdido.

[16] Os trabalhos de Ghirlandaio na Capela Sistina vão de 1481 a 1482 (sobre os afrescos feitos no século XV naquela capela, cf. nota 19, p. 388 da Vida de Botticelli). A *Vocação de Pedro e André* ainda é vista, ao passo que a *Ressurreição* foi refeita no tempo de Gregório XIII (1572-85). Da série dos papas, são atribuíveis à oficina de Ghirlandaio *Vitor, Pio I, Anacleto, Clemente, Higino, Félix, Eutiquiano, Dalmácio* (Lauts, *Ghirlandaio*, cit., pp. 17-8). A atividade do pintor na Capela Sistina já era mencionada pelo Livro de Antonio Billi e pelo Anônimo Magliabechiano. Sobre eles, cf. F. Stastny, "A note on two frescoes in the Sistine Chapel", em *The Burlington Magazine*, CXXI (1979), pp. 777-82.

a fachada de sua sepultura[17] e que também lhe fizesse um pequeno quadro a têmpera. Então, naquela parede, pintou quatro cenas: duas de São João Batista e duas de Nossa Senhora, que então foram muito louvadas. E foi tão agradável a convivência dos dois que, quando Domenico voltou a Florença com honras e dinheiro, Tornabuoni o recomendou a seu parente Giovanni, escrevendo-lhe que havia sido muito bem servido naquela obra e que o papa estava satisfeito com suas pinturas. Giovanni, ao saber disso, começou a planejar empregá-lo em algum trabalho magnífico a fim de honrar sua própria memória e granjear fama e ganhos para Domenico. Por acaso em Santa Maria Novella, convento dos frades predicadores, a capela-mor, outrora pintada por Andrea Orgagna[18], tinha sofrido infiltração de água e estava avariada em vários locais, por ter sido mal feito o teto da abóbada. Por esse motivo, muitos cidadãos já tinham desejado consertá-la ou mesmo pintá-la de novo; mas seus proprietários, que eram da família dos Ricci, nunca se tinham sentido satisfeitos, pois não queriam gastar muito e não se decidiam a cedê-la a quem pudesse fazê-lo, para não perderem a jurisdição do padroado e o brasão herdado dos ancestrais. Giovanni, portanto, desejando que Domenico fizesse essa obra para sua memória, começou a tomar providências por diferentes vias. Por fim, prometeu aos Ricci arcar com todas as despesas e recompensá-los com algo; também faria que o brasão deles ficasse no local mais evidente e honroso daquela capela. E desse modo os convenceu. Deu-lhes uma gratificação para demonstrar boa vontade e mandou lavrar ata pública pormenorizada de tudo quanto fora acertado, incumbindo Domenico de executar a obra, com as mesmas cenas que estavam pintadas antes. E acertou-se que o preço seria de mil e duzentos ducados de ouro e, caso a obra agradasse, mais duzentos. Assim, Domenico pôs mãos à obra e em menos de quatro anos a terminou, o que se deu em MCDLXXXV[19], para grande satisfação e alegria de Giovanni. Este, considerando-se bem servido e confessando francamente que Domenico ganhara os duzentos ducados a mais, disse, porém, que preferiria que ele se contentasse com o primeiro preço. Domenico, que apreciava muito mais a glória e a honra do que as riquezas, logo abriu mão do restante, afirmando que prezava mais satisfazê-lo com seu trabalho do que se sentir contente com o pagamento. Em seguida, Giovanni encomendou dois grandes brasões de pedra, um dos Tornaquinci e outro dos Tornabuoni, para colocar nos pilares externos da capela. E, quando Domenico fez o retábulo do altar[20] com ornamentos dourados, sob um arco que lhe era destinado, mandou ali pôr um belíssimo tabernáculo do Sacramento; e em seu frontispício fez um escudete de um quarto de braço, com as armas dos referidos proprietários. Interessante foi que na inauguração da capela estes procuraram seu brasão com grande estardalhaço e, quando finalmente o viram, foram procurar o magistrado dos Oito, empunhando o contrato. Giovanni já morrera então, mas seus herdeiros, cumprindo incumbência

---

[17] Esses afrescos já não são vistos. Sobre o túmulo de Francesca Tornabuoni, cf. Vida de Verrocchio, p. 363, nota 4. O Tornabuoni não era Francesco, mas seu filho Giovanni.

[18] Cf. Vida de Andrea Orcagna, p. 132, nota 4.

[19] É de 1485, 1º de setembro, o contrato de encomenda (Milanesi, 1893-1901, pp. 134-6, n. 158). A capela foi inaugurada em 22 de dezembro de 1490 (cf. L. Landucci, *Diario (1480-1516)*, p. 60). Na cena do anjo que aparece a Zacarias lê-se: ANNO MCCCCLXXXX QVO PVL | CHERRIMA CIVITAS OPIBUS VICTO | RIIS ARTIBVS AEDIFICIISQVE NO | BILIS COPIA SALVBRITATE PACE | PERFRVEBATUR. A crítica não está concorde no estabelecimento das partes que cabem aos membros da oficina de Domenico na vasta decoração do afresco, ou seja, Francesco Granacci, David e Benedetto del Ghirlandaio, Bastiano Mainardi.

[20] Cf. nota 29, p. 379.

que ele lhes dera, mostraram que o brasão fora posto no lugar mais evidente e honroso daquela obra, e, embora os proprietários protestassem, dizendo que o brasão não era visto, ouviram que estavam errados e que deviam dar-se por satisfeitos, uma vez que Giovanni o pusera acima de Jesus Cristo. E o magistrado decidiu que assim deviam permanecer as coisas, como o que hoje se vê. Mas, se alguém achar que me afastei demais da vida que tenho de escrever, que não se agaste, porque tudo isso estava na ponta de minha pena e serve, no mínimo, para mostrar até que ponto a pobreza é vítima da riqueza, e que a riqueza acompanhada de tino leva a honroso termo tudo o que se queira.

Mas, voltando às belas obras de Domenico, na abóbada dessa capela encontram-se os quatro Evangelistas, maiores que o natural, e na parede da janela há cenas de São Domingos e São Pedro mártir, bem como de São João a caminho do deserto e Nossa Senhora recebendo a anunciação do Anjo, além de muitos santos padroeiros de Florença ajoelhados nas janelas; embaixo, em tamanho natural e de joelhos, estão Giovanni Tornabuoni à direita e sua mulher à esquerda; segundo dizem, muito naturais. Na fachada direita há sete cenas: seis quadros na parte inferior, tomando todo o comprimento, e um acima, com a não largura de dois quadros de baixo, circundado pelo arco da abóbada; na fachada esquerda, há outras tantas cenas de São João Batista. A primeira da fachada direita representa Joaquim sendo expulso do templo; seu rosto expressa paciência; os dos outros, o desprezo e o ódio que os judeus nutriam por aqueles que, não sendo dos seus, iam ao templo. Nessa cena, na parte que fica perto da janela, há quatro homens retratados do natural, um dos quais, o mais velho e imberbe, com capuz vermelho, é Alesso Baldovinetti, mestre de Domenico na pintura e no mosaico[21]. O outro, que tem a cabeça descoberta, está com uma das mãos na cintura e porta uma capa vermelha sobre um tuniquete azul, é o próprio Domenico, mestre da obra, que fez seu autorretrato com espelho. Aquele que tem cabeleira preta e lábios grossos é Bastiano da San Gimignano[22], seu discípulo e cunhado; e o outro, que se vira de costas e usa barrete, é o pintor David Ghirlandaio, seu irmão[23]; e quem os conheceu diz que todos eles são vivos e naturais. Na segunda cena tem-se a Natividade da Nossa Senhora, feita com grande diligência; entre tudo o que de notável ali foi feito, em construções ou perspectiva, merece menção uma janela que ilumina o aposento e é capaz de enganar quem a olhe. Além disso, na cena em que Sant'Ana está de cama e é visitada por mulheres, enquanto algumas destas lavam Nossa Senhora com muito tento, outras preparam a água e as faixas, esta faz um serviço e aquela, outro, cada qual cuidando de seu trabalho, uma delas, com graciosos trejeitos femininos, provoca o riso de uma menina que traz no regaço, coisa digna realmente de uma obra como essa, sem mencionar as muitas outras expressões vistas em cada figura. Na terceira, que é a primeira de cima, na qual Nossa Senhora está subindo os degraus do templo, há um casario com uma perspectiva bastante adequada; ademais, há um nu que foi louvado porque então não eram muito comuns, embora sua perfeição não seja tão cabal como a dos que se fazem em nossos dias, por não serem aqueles artistas tão excelentes quanto os de hoje. Ao lado, estão as núpcias de Nossa Senhora, onde se veem homens e mulheres despedaçando com raiva as varas que não floriram como a de José; nessa cena é grande o número de figuras em construções bem arranjadas. Na quinta os Reis Magos

---

[21] Sobre Baldovinetti, cf. Vida nas pp. 297-9.
[22] Cf. nota 9, p. 381.
[23] Sobre David Ghirlandaio, cf. respectiva Vida nas pp. 530-1.

chegam a Belém com grande número de homens, cavalos e dromedários, além de outras várias coisas; cena certamente bem-composta. E, ao lado desta, está a sexta, que representa a cruel impiedade cometida por Herodes contra os inocentes, na qual se vê um belíssimo entrevero entre mulheres, soldados e cavalos, que as golpeiam e empurram; na verdade, de todas as cenas suas, essa é a melhor, por ser executada com tino, engenho e muita arte. Percebe-se nela a ímpia vontade dos comandados de Herodes que, sem contemplação pelas mães, matam as pobres criancinhas; entre estas, vê-se uma que, ainda presa ao peito da mãe, morre em decorrência dos ferimentos que um soldado lhe inflige na garganta, e o faz sugando, para não dizer bebendo, no peito mais sangue que leite; coisa realmente de sua natureza que, por ser feita como é, consegue ressuscitar a piedade onde quer que ela esteja, mesmo que morta[24]. Para sorte de Herodes um caso como esse não foi levado em consideração. Há também um soldado que, tendo arrebatado um menino à força, corre levando-o apertado contra o peito no intuito de matá-lo, enquanto a mãe lhe vai agarrada aos cabelos com uma expressão de suma raiva. Nesse gesto, o dorso do soldado se arqueia, criando-se três belíssimos efeitos: um deles é a morte da criança; o outro, a impiedade do soldado que, sentindo-se agarrado com tamanho empenho, mostra o intuito de vingar-se da criança; o terceiro está no ato da mãe que, vendo a morte do filho, com fúria, dor e indignação não quer permitir que aquele traidor parta sem vingança; obra que mais parece coisa de filósofo dotado de admirável discernimento do que de pintor. Nessa obra estão expressos muitos outros sentimentos, e quem os vir sem dúvida reconhecerá que esse mestre foi excelente em seu tempo. Acima desta, na sétima, que abrange as duas cenas e é cingida pelo arco da abóbada, encontra-se o Trânsito de Nossa Senhora e sua Assunção com um número infinito de anjos, figuras, paisagens e outros ornamentos, em que ele costumava abundar, naquela sua maneira fácil e prática. Na outra face estão as cenas de São João: na primeira, Zacarias faz sacrifícios no templo, o anjo lhe aparece, e ele, não crendo, emudece. Nessa cena, considerando que aos sacrifícios dos templos sempre afluem as pessoas mais notáveis, Domenico quis torná-la mais solene retratando um bom número de cidadãos florentinos que governavam então aquele estado, especialmente os da casa Tornabuoni, jovens, velhos e outros. Além disso, para mostrar que naquela época floresciam todos os tipos de talentos, mormente nas letras, ele representou em círculo um colóquio de quatro figuras em meio-corpo, na parte de baixo da cena; eram os quatro maiores cientistas que naqueles tempos viviam em Florença: o primeiro é messer Marsilio Ficino[25], que usa vestes de cônego; o segundo, com um manto vermelho e lenço preto no pescoço, é Cristofano Landino[26]; Demetrio Greco[27] está voltado para ele e, no meio dos dois, levantando um pouco a mão, está messer Angelo Poliziano[28], todos dotados de vivacidade e movimento. Na cena que está ao lado desta, representa-se a Visita de Nossa Senhora a Santa Isabel; nela muitas mulheres a acompanham com vestes daqueles tempos, e entre elas foi retratada Ginevra de' Benci, então jovem belíssima. Na terceira cena, acima da primeira, está representado o Nas-

---

[24] Reminiscência de Dante: "Qui vive la piedade quand'è ben morta" (Inferno, XX, v. 28).

[25] O famoso filósofo neoplatônico florentino (1433-99).

[26] Cristoforo Landino (1424-92), humanista neoplatônico, autor de um famoso *Comentário* a Dante (1481), que foi ilustrado com gravuras extraídas de desenhos de Botticelli.

[27] Demetrio Calcondila, nascido em Atenas em 1424, veio para Florença em 1472 ensinar grego, a chamado de Lourenço, o Magnífico. Morreu em Milão em 1511.

[28] O famoso poeta e humanista (1454-94), autor das *Stanze per la giostra*.

cimento de São João, tudo feito com muito tino: ao receber a visita de algumas vizinhas, Santa Isabel está na cama, e a ama de leite, sentada, amamenta o menino, enquanto uma mulher lho pede com grande alegria, para mostrar às mulheres a novidade que na velhice ocorrera à dona da casa. Finalmente, há uma bela mulher que, seguindo os usos florentinos, traz frutas e frascos da cidade. Na quarta, ao lado desta, o intrépido Zacarias, ainda mudo, assombra-se com o fato de aquele menino ter nascido dele; e, quando lhe perguntam seu nome, ele fixa o olhar no filho que uma mulher segura com reverência, ajoelhada diante dele, e, mantendo a pena sobre uma folha, escreve: "João será o seu nome", não sem admiração de muitas outras figuras, que parecem se perguntar se aquilo é verdade ou não. Segue-se a quinta cena, que representa João pregando para a multidão; nela se vê a atenção do povo às coisas novas, sobretudo na expressão dos escribas, que, ouvindo João, parecem de certo modo escarnecer daquela lei, ou melhor, odiá-la; há homens e mulheres, sentados e em pé, com diferentes aspectos. Na sexta São João batiza Cristo, e na sua reverência mostra-se inteiramente a fé que merece tal sacramento. E, como tal ato produziu muitos frutos, também estão representadas muitas figuras nuas e descalças, à espera do batismo, com fé e vontade a transparecer no rosto. Uma delas está tirando a sandália, ato em que se representa a própria solicitude. Na última, ou seja, no arco ao lado da abóbada, encontra-se a suntuosíssima cena de Herodes com a dança de Herodíade, em que uma infinidade de servos executa diversos serviços, observando-se a grandeza da construção em perspectiva, o que, tal como todo o resto, mostra o talento de Domenico. Este fez a têmpera todo o painel isolado e as outras figuras que estão nos seis quadros[29]; neles, além de Nossa Senhora a pairar no ar com o Filho no colo e os outros santos ao seu redor, além de São Lourenço e de Santo Estêvão, que parecem vivos, há um São Vicente e um São Pedro Mártir aos quais só falta a palavra. É verdade que uma parte desse painel ficou inacabada, em decorrência de sua morte. Ao morrer, a obra já estava adiantada, faltando apenas terminar algumas figuras da parte de trás da representação da Ressurreição de Cristo, além de três figuras que estão nos quadros, e isso foi feito por seus irmãos Benedetto Ghirlandaio e Davitte Ghirlandaio. Essa capela foi considerada belíssima, grandiosa, harmoniosa e delicada, pela vivacidade das cores, pela maestria e pela limpeza com que se manejou o muro, pouco retocado a seco, bem como pela inventividade e pela composição de todas as coisas. Sem dúvida Domenico merece muitos louvores por todos esses motivos e em especial pela vivacidade dos semblantes que, por terem sido retratados do natural, representam expressões fisionômicas vivíssimas de muitas pessoas notáveis. No palácio da Senhoria, na sala onde fica o admirável relógio de Lorenzo della Volpaia[30], Domenico pintou muitas figuras de san-

---

[29] O conjunto hoje está desmembrado: o painel central com a *Nossa Senhora e santos*, mais duas laterais com *Santa Catarina* e *São Lourenço*, está na Pinacoteca de Munique; o painel com a *Ressurreição*, que ficava atrás, está nos Staatliche Museen de Berlim, onde também estavam duas laterais com *São Vicente e Santo Antônio*, destruídos na última guerra. Uma lateral com *Santo Estêvão* está na Galeria Nacional de Budapeste; uma outra com *São Pedro Mártir* apareceu em 1969 numa venda da coleção Ruspoli em Florença. Sobre a reconstrução do conjunto do altar, cf. Ch. von Holst, "Domenico Ghirlandaio: l'altare maggiore di Santa Maria Novella a Firenze ricostruito", em *Antichità viva*, n. 3 (1969), pp. 36-44.

[30] Lorenzo della Volpaia, nascido em Florença em 1446, morreu em 1512; Vasari diz que ele é "excelente mestre relojoeiro e ótimo astrólogo", na Vida de Baldovinetti, edição 1568, ao falar desse relógio "no qual [...] todas as rodas dos planetas andam ininterruptamente, coisa rara e a primeira realizada dessa maneira" (cf. Vasari, II, ed. 1962, pp. 450-1. Cf. também *Il codice di Benvenuto di Lorenzo della Golpaia...*, org. Carlo Pedretti, Bolonha, 1953).

tos florentinos[31] com belíssimos ornamentos. Gostava tanto de trabalhar e de satisfazer a todos, que recomendara aos aprendizes que aceitassem todo e qualquer trabalho que aparecesse na oficina, ainda que fossem armações para anquinhas de mulheres, porque aquilo que ele não quisesse fazer seria feito pelos aprendizes, para que ninguém saísse descontente da oficina. Entristecia-se quando tinha preocupações familiares; por isso, incumbiu o irmão David das despesas, dizendo-lhe: "Deixa que eu cuido do trabalho e tu das provisões, pois agora que comecei a conhecer o modo de executar esta arte, lamento que não me tenham encarregado de pintar cenas em todo o circuito das muralhas da cidade de Florença", demonstrando assim um ânimo indômito em tudo o que fazia e grande resolução em todas as suas ações. Trabalhou na igreja de San Martino de Lucca, onde fez um painel com São Pedro e São Paulo[32]; pintou na igreja de San Gimignano[33]. Em Florença, também fez muitos medalhões, quadros e pinturas diversas, que não é possível ver por estarem em casas particulares. Em Pisa fez o nicho do altar-mor da catedral[34] e trabalhou em muitos lugares da cidade, tal como a fachada da referida catedral, em que representa o rei Carlos recomendando Pisa[35]; na igreja de San Girolamo, fez um painel para os frades jesuatos[36]. Dizem que, ao retratar as antiguidades de Roma[37] – arcos, termas, colunas, coliseus, agulhas, anfiteatros, aquedutos –, era tão certeiro no desenho que fazia tudo a olho nu, sem régua, compasso e medidas; e que, ao serem estas conferidas, verificava-se que estavam corretas, como se tudo tivesse sido medido. Ao retratar assim o Coliseu, fez a seu pé uma figura ereta, de tal modo que quem medisse essa figura media todo o edifício; e quando alguns mestres fizeram a experiência depois de sua morte, verificou-se que as medidas eram exatas. Em Santa Maria Nuova, acima de uma das portas do cemitério, fez em afresco um belíssimo São Miguel armado, com reverberações da armadura que eram pouco usadas antes dele; e na Abadia de Passignano, dos monges de Valle Ombrosa, trabalhou em companhia de seu irmão David e de Bastiano da San Gimignano[38]. Estes,

---

[31] A incumbência de decorar a Sala dos Lírios coube a Ghirlandaio em 5 de outubro de 1482. Trata-se de uma parede pintada em afresco com *São Zenóbio no trono entre dois Santos Diáconos*; na luneta, *Nossa Senhora com o Menino Jesus e anjos*; no arco da esquerda, *Bruto, Múcio Cévola e Camilo*; no da direita, *Décio, Cipião e Cícero*. Atribuídos por Van Marle (XIII, pp. 119-20) a Benedetto Ghirlandaio; sua colaboração também é suposta por Lauts, *Ghirlandaio*, cit., p. 19, mas restrita ao compartimento central e ao da esquerda: no compartimento da direita o colaborador seria David.

[32] Ainda no local, na sacristia: *São Pedro e São Paulo* estão em torno de uma *Nossa Senhora no trono com Menino Jesus*, junto com *São Clemente e São Sebastião*. A luneta com a *Piedade* e a predela não são de Ghirlandaio.

[33] Cf. também nota 45.

[34] Em 1492 Ghirlandaio começou a pintar na Catedral de Pisa. Restam somente alguns grupos de anjos no arco do púlpito, que no século XIX, "estando muito danificados, foram reformados pelo professor Marini" (Milanesi, III, p. 271).

[35] Milanesi, ibid., via ainda alguns restos dessa pintura "muito avariada pela inclemência das estações".

[36] Hoje no Museu Nacional de San Matteo em Pisa; segundo Lauts, é datável de c. 1479; representa *Nossa Senhora com o Menino Jesus no trono entre Santa Catarina, Santo Estêvão, São Lourenço e Santa Doroteia*. O outro painel proveniente da mesma igreja é mencionado por Vasari na edição de 1568; está no mesmo museu e é de Ghirlandaio apenas em parte (Berenson).

[37] Em virtude desse trecho de Vasari, foram relacionados com Ghirlandaio os desenhos do *Codex Excurialensis* (cf. H. Egger, C. Hulsen e A. Michaelis [orgs.], *Codex Excurialensis*, Viena, 1906), que talvez sejam cópias dos eventualmente executados por Ghirlandaio (cf. N. Dacos, "Ghirlandaio et l'antique", em *Bulletin de l'Institut Historique belge de Rome*, 1962, pp. 419-55).

[38] No refeitório do Mosteiro de Passignano perto de Tavarnelle ainda se conserva um *Cenáculo* pintado em afresco por Domenico e David em 1476-77, por encomenda do abade dom Isidoro del Sera.

380

não recebendo um bom sustento dos monges antes da chegada de Domenico, queixaram-se ao abade, pedindo-lhe que tomasse medidas para que fossem mais bem servidos, pois não era justo que fossem tratados como trabalhadores braçais. O abade prometeu que o faria e desculpou-se, dizendo que aquilo ocorria mais por ignorância do que por maldade. Com a chegada de Domenico, porém, nada mudou. Então David, indo novamente falar com o abade, escusou-se, dizendo que não fazia aquilo por si mesmo, mas pelos méritos e pelo valor de seu irmão. Mas o abade, ignorante como era, não deu outra resposta. À noite, chegada a hora do jantar, aproximou-se o hospedeiro dos monges com uma bandeja cheia de tigelas e tortinhas de condenados, exatamente como tinha feito todas as outras vezes. David, enfurecido, entornou as tigelas de sopa em cima do frade e, pegando o pão que estava sobre a mesa, arremessou-o contra este e deu-lhe tamanha surra, que ele foi levado para a cela quase morto. O abade, que já estava deitado, levantou-se correndo para acudir àquele barulho, acreditando que o mosteiro estivesse vindo abaixo; e, encontrando o frade arrebentado, começou a discutir com David. Este, enfurecido, respondeu-lhe que saísse de sua frente, pois o talento de Domenico valia mais do que todos os abades porcos como ele que houvesse naquele mosteiro. O abade, reconhecendo, a partir daí passou a esmerar-se no trato de homens talentosos como aqueles. Terminada a obra, Domenico voltou a Florença e pintou um painel para o senhor di Carpi, enviou outro a Rimini, ao senhor Carlo Malatesta, que mandou colocá-lo em sua capela na igreja de San Domenico[39]. Esse painel foi feito a têmpera, com três figuras belíssimas e cenas na parte de baixo; no fundo, fez simulações de figuras de bronze, com ótimo desenho e muita arte. Fez outro painel para a Abadia de Volterra[40] e, indo para Siena por intervenção do Magnífico Lorenzo de' Medici, que lhe afiançou vinte mil ducados pela obra, começou a fazer de mosaico a fachada da catedral[41]. Iniciou o trabalho com ânimo e maestria, mas, surpreendido pela morte, deixou a obra inacabada. Também com a morte do referido Lorenzo ficou inacabada em Florença a capela de São Zenóbio, que Domenico começara a fazer de mosaico em companhia do iluminador Gherardo[42]. Da lavra de Domenico, acima da porta lateral da igreja Santa Maria del Fiore, em direção aos Servi, há uma belíssima Anunciação de mosaico[43], que não foi superada pelos modernos mestres dessa arte. Domenico costumava dizer que pintura é desenho, e que a verdadeira pintura para a eternidade é o mosaico. Em sua companhia trabalhou como aprendiz Bastiano Mainardi da San Gimignano[44], que, tornando-se exímio na arte

---

[39] Hoje no Museu Cívico de Rimini, representa *São Sebastião, São Vicente Ferrer e São Roque com quatro membros da família Malatesta*; na luneta, *Deus Pai* e, na predela, *Três cenas de santos*. Os Malatesta retratados foram acrescentados pelo jovem frei Bartolomeo, conforme demonstrou E. Fahy, "The beginnings of Fra Bartolomeo", em *The Burlington Magazine*, CVIII (1966), pp. 456-63. Sobre estes, cf. também *Pittura a Rimini tra Gotico e Manierismo*, catálogo da exposição, Rimini, 1979, pp. 48-63.

[40] Na edição de 1568, Vasari menciona dois painéis "na Abadia de São Justo fora de Volterra da ordem dos Camáldulos". Um deles, encomendado em 1492, hoje está no Museu de Volterra; representa *Cristo em glória entre anjos e querubins, com São Bento, São Romualdo, Santa Atínia e Santa Greciniana, o cliente e dom Justo Buonvicini*. Obra só parcialmente de Domenico (Berenson).

[41] Realmente o mosaico da fachada da Catedral de Siena foi encomendado a David, e não a Domenico, em 24 de abril de 1493; naquele ano, Domenico estava comprometido com a restauração dos mosaicos da abside da Catedral de Pistoia.

[42] Cf. Vida de Gherardo Miniatore, p. 383, nota 3.

[43] Ainda na luneta da Porta della Mandorla, está datado MCCCCLXXXX. Domenico o executou com o irmão David, que recebeu um saldo do pagamento ainda em janeiro de 1491.

[44] Sebastiano Mainardi nasceu por volta de 1450 e é mencionado pela primeira vez em 1474. Colaborador e fiel seguidor de Ghirlandaio, morreu em Florença em 1513.

do afresco, foi com Domenico para San Gimignano e em sua companhia pintou a capela de Santa Serafina[45], obra belíssima. Por achar Bastiano solícito, gentil e de boa aparência, Domenico considerou que ele seria digno de casar-se com uma de suas irmãs[46], e assim a amizade de ambos se converteu em parentesco; liberalidade esta de um mestre afetuoso, que recompensa as virtudes do discípulo, conquistadas com o trabalho artístico. Depois, Domenico adoeceu, contraindo gravíssima febre, a peste que em cinco dias lhe ceifou a vida. Já estava enfermo quando Giovanni Tornabuoni lhe enviou cem ducados de ouro, o que demonstra a amizade, a familiaridade e a solicitude que sempre uniram os dois. Domenico viveu XLIV anos, e com muitas lágrimas e grande pesar seus irmãos David e Benedetto e o filho Ridolfo lhe deram belas exéquias na igreja de Santa Maria Novella; tal perda causou muita dor aos seus amigos. Ao saberem de sua morte, muitos excelentes pintores estrangeiros escreveram a seus parentes demonstrando-lhes seu pesar. Foram seus discípulos David Ghirlandaio, Benedetto Ghirlandai, Bastiano Mainardi da San Gimignano e o florentino Michele Agnolo Buonarotti, bem como Francesco Granaccio, Niccolò Cieco, Iacopo del Tedesco, Iacopo dall'Indaco, Baldino Baldinelli[47] e outros mestres, todos florentinos. Morreu em MCDXCIII[48].

Depois foi honrado com os seguintes versos:

DOMENICO GHIRLANDAIO

TROPPO PRESTO LA MORTE
TRONCÒ IL VOLO ALLA FAMA; CHE A LE STELLE
PENSAI CORRENDO FORTE
PASSAR ZEVSI E PARRASIO E SCOPA E APELLE[*].

Domenico enriqueceu a arte da pintura do mosaico, trabalhando de uma maneira mais moderna do que qualquer um dos muitos toscanos que a exerceram, como mostram as obras dele, por poucas que sejam. Por essa riqueza e essa memória, ele merece reconhecimento e honra, sendo celebrado com extraordinário louvor depois da morte.

---

45 Na capela de Santa Serafina, na Collegiata di San Gimignano, ainda são vistos os dois célebres afrescos com *Visão* e *Funerais de Santa Serafina*, obra de Ghirlandaio. Os santos e os profetas das lunetas e os quatro evangelistas da abóbada (em mal estado de conservação até recente restauração) às vezes são atribuídos a Mainardi. Para a datação, costuma-se fazer referência à inscrição de 1475 que se lê no túmulo da santa, feito por Benedetto da Maiano; mas é preciso ter em mente que em 1477 constam gastos para o ouro e a lazulita usados na capela. Sobre esses afrescos, cf. ficha de S. Francolini, vários autores, *Mostra delle Opere d'arte restaurate nelle Province di Siena e Grosseto*, Gênova, 1981, n.º 34, pp. 102-6.

46 A irmã de Domenico que se casou com Mainardi era Alessandra, nascida em 1475.

47 Sobre David e Benedetto Ghirlandaio, Michelangelo, Granacci e Indaco, remetemos às Vidas escritas por Vasari sobre esses artistas, respectivamente nas pp. 530-1, 713-40, 654-5, 418. Sobre Mainardi, cf. nota 44, p. 381 e outros trechos dessa Vida. Jacopo del Tedesco estava inscrito na Companhia de São Lucas em 1503; uma tentativa de reconstruir sua personalidade artística foi feita por G. de Francovich, "Appunti su alcuni minori pittori fiorentini della seconda metà del XV secolo", em *Bollettino d'Arte*, 1926-27, pp. 535-44. Saldino Baldinelli, nascido em 1476, ainda estava vivo em 1515. Sobre Niccolò Cieco não há outras informações.

48 A data está correta. Domenico morreu em 11 de janeiro de 1494, mas, se for considerado o calendário antigo, o ano é 1493, como diz Vasari. A informação de que Domenico morreu de peste em poucos dias e foi sepultado em Santa Maria Novella é confirmada pelo *Registro de' fratelli morti* da Companhia de São Paulo.

* "Cedo demais a morte / Truncou o voo para a fama; para as estrelas / Acreditei que correndo muito / Superaria Zêuxis, Parrásio, Escopas e Apeles." [N. da T.]

Gherardo, iluminador florentino

Realmente, entre todas as coisas perpétuas que se fazem com cores, nenhuma resiste mais às agressões dos ventos e das águas do que o mosaico. Em Florença bem o soube, em seu tempo, Lorenzo de' Medici, o Velho[1], que, sendo dotado de espírito e apreciando explorar as memórias antigas, procurou pôr de novo em uso aquilo que durante muitos anos se mantivera oculto; e, como encontrava grande deleite na pintura e na escultura, não poderia deixar de deleitar-se também com o mosaico. Assim, ao saber que o iluminador Gherardo[2], pessoa dotada de mente inquieta, procurava deslindar as dificuldades de tal mister, Lorenzo de' Medici, que sempre ajudou quem precisava, favoreceu-o muito e levou-o a fazer parte da oficina de Domenico del Ghirlandaio, obtendo para ele dos construtores de Santa Maria del Fiore a incumbência de decorar as capelas dos cruzeiros; a primeira encomendada foi a do Sacramento, onde está o corpo de São Zenóbio[3]. Desse modo, Gherardo, refinando o engenho, teria feito coisas admiráveis com Domenico, caso a morte não o tivesse impedido. Gherardo era refinado iluminador e também fez algumas figuras grandes em murais; fora da porta Croce, fez um tabernáculo em afresco[4]. Fez outro tabernáculo em Florença, no alto da via Larga[5], obra muito louvada; na fachada da igreja de San Gilio em

---

[1] Ou seja, Lourenço, o Magnífico.

[2] Gherardo, filho do escultor Giovanni di Miniato, vulgo Fora, provavelmente nasceu em 1446 e morreu em 1497. Iluminador refinado e culto, é representante daquele "renascimento livresco e filosofante" ligado a Lourenço, o Magnífico, "com seu entusiasmo erudito e sua cultura aristocrática": deve-se ter em mente que todos aqueles códices iluminados foram "executados depois de 1470, época em que a difusão da imprensa já preconizava o seu desaparecimento" (Previtali, em Vasari, 1963 cit., p. 141). Vasari identifica Gherardo com seu irmão menor Monte, que frequentemente atuou com ele, mas que devia ser o menos dotado dos dois. Sobre as obras documentadas, cf. as notas abaixo. Sobre ele, cf. P. D'Ancona e E. Aeschlimann, *Dictionnaire des Miniaturistes*, Milão, 1949[2], pp. 75-6; Salmi, *La miniatura*, cit., pp. 34-5; Levi D'Ancona, *Miniatura e miniatori*, cit.; E. P. Fahy, "Some early Italian pictures in the Gambier-Parry Collection", em *The Burlington Magazine*, CIX (1967), pp. 133-4; Previtali, in Vasari, 1963, pp. 141-7. Na segunda edição, Vasari põe a Vida de Gherardo antes da de Ghirlandaio.

[3] Em 18 de maio de 1491 o mosaico da capela de São Zenóbio foi encomendado a Domenico e David Ghirlandaio, Botticelli e Gherardo, aos quais se uniu em 23 de dezembro o irmão deste, Monte (1448-1532 ou 1533). Em 31 de dezembro de 1493 foi encomendado a Gherardo e Monte o mosaico de um dos penachos da capela. Hoje não resta mais nada.

[4] A denominada *Madonna del Garullo* foi encomendada a Gherardo e a Monte em 1487 pelos Capitães de Bigallo. Um fragmento com a Nossa Senhora ainda subsiste, transportado para o alto da casa de esquina entre a via Aretina e a via Settignanese.

[5] Ainda existente na construção de esquina, entre a via Cavour e a praça San Marco, em frente à catedral, a mesma casa onde Gherardo morava. É representada a *Nossa Senhora com o Menino Jesus no trono entre quatro santos*.

Santa Maria Nuova pintou a consagração daquela igreja pelo papa[6]. Ali iluminou uma infinidade de livros[7], ao quais é preciso somar os que iluminou para Santa Maria del Fiore de Florença[8] e, no exterior, para o rei Matias da Hungria[9]. Dessa forma, criando coragem, de iluminador passou a pintor. No mosaico foi concorrente e companheiro de Domenico Ghirlandaio, trabalhando muito bem. Fez um busto de São Lourenço em concorrência com Domenico[10] e assim começou a trabalhar com mosaico, cujos segredos demorou muito tempo para descobrir; por isso, Lorenzo ordenou que lhes fosse destinada uma renda ininterrupta, para que sempre trabalhasse naquele lugar. Mas a morte de Lorenzo impediu a que obra continuasse, de tal modo que o trabalho ficou inacabado; e Gherardo, como que atingido pela dor, passou desta vida para a outra com a idade de LXIII anos[11]. Suas obras datam do ano MCDLXVIII.

---

[6] A pintura subsiste em mau estado. Foi repintada por Francesco Brini, como informa Vasari na edição de 1568.

[7] Para Sant'Egidio Gherardo iluminou entre 1474 e 1476 um *Missal*, hoje no Museu Nacional de Bargello. O *Breviário* da Biblioteca Nacional de Florença, cod. II, I. 165, ostenta o brasão de Santa Maria Nuova.

[8] Na Biblioteca Laurenziana (cod. Edili 109) conserva-se um dos quatro *Missais* encomendados em 17 de maio e em 14 de dezembro de 1492 a Gherardo e Monte pela Obra da Catedral de Florença. É de 1493.

[9] Os códices ilustrados por Gherardo e Monte di Giovanni para o rei da Hungria Matias Corvino (1443-90) são: códice S. Didymus de 1488 de Nova York (Pierpont Morgan Library, ms 496); corvina Hieronymus de Viena (Biblioteca Nacional, cod. lat. 930); corvina Aristoteles de Praga (cod. lat. 1656); corvina Gregorius de Modena (cod. lat. 488); Bíblia da Biblioteca Laurenziana di Firenze (Plut, 15, cod. 15-17); corvina Hieronymus de Budapeste, também de 1488 (E. Berkovits, *Le miniature del Rinascimento nella Biblioteca di Mattia Corvino*, Milão, 1964, pp. 56-8).

[10] Na edição de 1568, Vasari fala com mais correção de um busto de *São Zenóbio*. De fato, em 30 de dezembro de 1504 os construtores da catedral proclamaram uma concorrência entre David Ghirlandaio e Monte (não Gherardo) para que um dos dois fosse encarregado da continuação dos trabalhos, conforme nota 3 da p. 383. A concorrência consistia na execução de um busco em mosaico de São Zenóbio; a comissão julgadora era composta por Perugino, Lorenzo di Credi e Giovanni delle Corniole, e em junho de 1505 Monte foi considerado vencedor; para ele, constam pagamentos em 1508 e 1509, bem como uma nova encomenda em 1510. Resta somente a prova com o busto de São Zenóbio no Museu da Obra da Catedral.

[11] Morreu aos 53 anos no início de 1497, conforme se depreende do testamento feito por seu irmão Monte em julho daquele ano.

Sandro Botticello (Botticelli), pintor florentino

A natureza esforça-se por dar o talento a muitos e, em contraposição, lhes dá a negligência, porque eles, não pensando no fim da vida, muitas vezes adornam os asilos com sua morte assim como em vida adornaram o mundo com suas obras. Estes, no auge da felicidade, vivem cobertos pelos bens da fortuna, mas nos momentos de necessidade mostram-se desprovidos deles a tal ponto que a ajuda humana foge da insensatez de seu desgoverno, e eles, com a morte, vituperam toda a honra e a glória que tiveram em vida. Por isso, seria prudente que os talentosos, em especial nossos artistas, guardassem para a velhice e para a doença uma parte dos bens que lhes foram concedidos pela sorte, a fim de não serem afetados pela necessidade que a todo momento aparece; tal como foi afetado Sandro Botticello[1], assim chamado pelas razões que adiante veremos. Foi ele filho de Mariano Filipepi, cidadão florentino, que o criou e instruiu diligentemente em todas as coisas que costumam ser ensinadas aos meninos naquela cidade, antes de serem enviados às oficinas. Mas, embora aprendesse tudo o que queria, ele estava sempre inquieto, não se satisfazia com escola alguma, com a leitura, a escrita e os exercícios do ábaco, de tal modo que o pai, cansado daquele cérebro extravagante, por desespero o enviou à oficina de ourivesaria de um compadre seu chamado Botticello[2], mestre bastante competente então nessa arte. Havia na época grande familiaridade e uma convivência quase contínua entre ourives e pintores, motivo pelo qual Sandro, que era esperto e muito interessado por desenho, enamorou-se da pintura e dispôs-se a dedicar-se a esta. Assim, confessou abertamente suas intenções ao pai que, percebendo a inclinação daquele espírito, levou-o a frei Filippo

---

[1] Sandro di Mariano di Sandro Filipepi, nascido em Florença em 1445 (em dados cadastrais de 1447, o pai declarava que ele tinha 2 anos), talvez seja o produto mais representativo do ambiente artístico florentino da segunda metade do século xv, cujas pesquisas, marcadas por uma elegância aguda e refinada, se afastavam da solene e humaníssima concepção do "renascimento" oriunda de Masaccio. Voltado já, num ambiente lippesco, para a valorização de ritmos lineares sutis e reiterados, por volta de 1470 entrou em contato com Pollaiuolo e Verrocchio (*Fortaleza* e *Judite e Holofernes* nos Uffizi) e depois com a sofistica concepção desses artistas sobre o visível. As obras paradigmáticas de Botticelli são *Primavera* e *Nascimento de Vênus* (Florença, Uffizi), em que os sofismas e as elegâncias das linhas de contorno flutuam levemente sobre fundos estampados, com um lirismo que se carrega de misticismo nas obras tardias do fim da Idade Média (*Natividade* de Londres, *Crucificação* de Cambridge), realizadas sob a impressão da restauração religiosa de Savonarola. Sobre Botticelli, cf. H. P. Horne, *Alessandro Filipepi*, Londres, 1908; C. Gamba, *Botticelli*, Milão, 1936; A. Chastel, *Botticelli*, Milão, 1957; R. Salvini, *Tutta la pittura del Botticelli*, Milão, 1958; L. D. e H. S. Ettlinger, *Botticelli*, Londres, 1976; R. Lightbown, *Botticelli*, Berkeley-Los Angeles, 1978.

[2] Na realidade, era o irmão mais velho de Sandro que se chamava Botticello.

del Carmine[3], excelente pintor da época, combinando-se que Sandro aprenderia com ele, conforme desejava. Este, dedicando-se totalmente a essa arte, seguiu e imitou tão perfeitamente seu mestre, que frei Filippo se lhe afeiçoou e lhe ensinou tudo tão bem, que ele logo chegou a um grau que ninguém teria imaginado. Ainda jovem, pintou para o Mister dos Mercadores de Florença uma Fortaleza entre as representações das Virtudes em que trabalhavam Antonio e Piero del Pollaiuolo[4]. Na igreja do S. Spirito de Florença fez para a capela dos Bardi[5] um painel elaborado com muita diligência e bom acabamento, onde se veem algumas olivas e palmas trabalhadas com amor. Fez um painel para as freiras Convertidas[6] e um para as freiras de San Barnaba[7]. No *tramezzo* da igreja de Ogni Santi, na porta que leva ao coro, pintou em afresco para os Vespucci um Santo Agostinho[8] no qual muito se esmerou, buscando superar todos aqueles que pintavam em seu tempo. Essa obra foi louvadíssima por ter ele mostrado na expressão do santo a profunda meditação e a aguda sutileza que costuma haver nas pessoas sensatas e constantemente concentradas na investigação de coisas elevadíssimas e muito difíceis. Por essa obra, crescendo seu crédito e sua reputação, o Mister da Porta Santa Maria lhe encomendou na igreja de San Marco um painel com a Coroação de Nossa Senhora e um coro de anjos[9], o que foi muito bem desenhado e realizado por ele. Em casa dos Medici, fez muitas coisas para Lorenzo, o Velho, mormente uma Palas num brasão com sarça ardente[10], de tamanho natural, e um São Sebastião para a igreja de Santa Maria Maggiore de Florença[11]. Em diferentes casas da cidade fez medalhões e

---

[3] Cf. sua Vida nas pp. 302-9. A marca forte de Lippi em algumas obras juvenis de Botticelli (*Nossa Senhora* da Albergaria dos Inocentes em Florença, *Nossa Senhora da Humildade* no Louvre etc.) de fato corrobora essas informações de Vasari. Botticelli pode ter convivido com Lippi entre 1465 e 1467, aproximadamente, antes da partida deste para Spoleto.

[4] Cf. Vida de Antonio e Piero Pollaiuoli, p. 392, nota 13. O quadro de Botticelli agora está nos Uffizi (nº 1606); era citado já por Albertini, pelo Livro de Antonio Billi e pelo Anônimo Magliabechiano. Em maio de 1470 Tommaso Soderini, novo Cônsul da Corporação dos Mercadores, encomendou a Botticelli duas das *Virtudes* já encomendadas a Piero del Pollaiuolo. Em 18 de agosto daquele ano Sandro foi pago pela *Fortaleza*, enquanto a encomenda da outra *Virtude* voltou a ser feita a Piero.

[5] Hoje nos Staatliche Museen de Berlim, mencionada também pelo Livro de Antonio Billi e pelo Anônimo Magliabechiano, representa *Nossa Senhora com o Menino Jesus e os dois São João*. Um pagamento a Botticelli relativo a essa pintura é de agosto de 1485.

[6] Mencionado também pelo Livro de Antonio Bili e pelo Anônimo Magliabechiano, esse quadro é identificado por uma parte da crítica (Lightbown, *Botticelli*, cit., pp. 75-7) com a *Trindade entre Santa Maria Madalena e São João Batista* na coleção Lee do Courtauld Institute de Londres; por outra parte da crítica (Gamba, *Botticelli*, cit., pp. 131-2; Salvini, *Tutta la pittura*, cit., p. 68), com a *Nossa Senhora e o Menino Jesus entre Santa Maria Madalena, São João Batista, São Cosme, São Damião, São Francisco e Santa Catarina*, hoje nos Uffizi, nº 8657 (as cabeças de Nossa Senhora e do Menino Jesus foram repintadas por Perugino). De qualquer modo, todos são concordes em considerar que as quatro *Pequenas cenas de Madalena* da coleção Johnson de Filadélfia constituem a predela do retábulo das Convertidas.

[7] Hoje nos Uffizi, nº 8361; mencionado também por Albertini e pelo Livro de Antonio Billi, representa *Nossa Senhora com o Menino Jesus no trono, quatro anjos, Santa Catarina, Santo Agostinho, São Barnabé, São João Batista, Santo Inácio e São Miguel*. Também foram conservados quatro dos sete painéis da predela. Obra dos anos 80.

[8] O Anônimo Magliabechiano, que menciona esse afresco (como também Albertini e o Livro de Antonio Billi), diz que ele foi realizado na mesma época em que Ghirlandaio pintou na mesma igreja o seu *São Jerônimo*, que ostenta a data 1480.

[9] Hoje nos Uffizi, nº 8362, junto com a predela, nº 8389. O painel, mencionado por Albertini, pelo Livro de Antonio Billi e pelo Anônimo Magliabechiano, representa a *Coroação da Virgem* e, embaixo, *São João Evangelista, Santo Agostinho, São Jerônimo e Santo Elói*; por indução documental, é datável de c. 1488.

[10] Portanto, não é identificável com *Palas e o Centauro*, dos Uffizi.

[11] Hoje nos Staatliche Museen de Berlim, também é mencionado pelo Anônimo Magliabechiano:

numerosos nus femininos; destes, ainda hoje, há dois quadros em Castello, domínio do duque Cosimo fora de Florença: um que representa o nascimento de Vênus[12], com os zéfiros e os ventos que a trazem para a terra com os amores, e outro com Vênus adornada pelas Graças com flores, numa representação da Primavera[13]; tudo expresso com muita beleza. Na via dei Servi, em casa de Giovanni Vespucci, hoje de Piero Salviati, pintou vários quadros nas paredes de um aposento, com ornamentos de nogueira servindo de moldura e respaldo, nos quais se veem muitas figuras[14] vivas e belas. Numa capela dos monges de Cestello fez um painel com uma Anunciação[15]. Na igreja de San Pietro Maggiore, porta lateral, fez um painel para Matteo Palmieri[16] com um número infinito de figuras, a Assunção de Nossa Senhora com as divisões dos céus tal como são representadas, Patriarcas, Profetas, Apóstolos, Evangelistas, Mártires, Confessores, Doutores, Virgens e Hierarquias, com base em desenho que lhe foi dado por Matteo, que era literato. Pintou essa obra com maestria e perfeita diligência. Na parte de baixo, retratou Matteo ajoelhado e também sua mulher. Mas, embora essa obra seja belíssima e apta a vencer a inveja, houve alguns malevolentes e detratores que, não podendo condená-la de outro modo, disseram que Matteo e Sandro haviam cometido grave pecado de heresia[17]. Se isso é ou não verdade, não me cabe julgar; o que importa é que as figuras pintadas por Sandro são realmente louváveis, em virtude do trabalho que teve para desenhar os círculos dos céus e entremear as várias figuras com anjos, escorços e vistas, tudo composto de diversos modos e com bom desenho. Nessa época Sandro recebeu a encomenda de fazer um quadro pequeno, com figuras de três quartos de braço de altura cada uma; essa obra foi posta na fachada principal da igreja de Santa Maria Novella, entre as duas portas, à esquerda da porta do meio; nela se representa a Adoração dos Magos[18], percebendo-se muito afeto no primeiro velho que, beijando o pé de Nosso Senhor e irradiando ternura, dá mostras de ter conseguido atingir

---

"Na igreja de Santa Maria Maggiore é de sua lavra um São Sebastião sobre madeira, posto numa coluna; foi feito em janeiro de 1473", ou seja, em 1474, segundo o calendário moderno. A data talvez estivesse na moldura, que se perdeu.

[12] A tela com o *Nascimento de Vênus* hoje está nos Uffizi, n?. 878, datável de c. 1485.

[13] A *Primavera* também está nos Uffizi, n?. 8360, datável de c. 1478, como propôs Cavalcaselle (J. B. Cavalcaselle e J. A. Crowe, *Storia della Pittura in Italia*, Florença, 1893-1901, VI, pp. 215-8). Cf. sobre essa obra M. Levi D'Ancona, *Botticelli's Primavera*, Florença, 1983; U. Baldini, *La Primavera del Botticelli: storia di un quadro e di un restauro*, Milão, 1984.

[14] Provavelmente faziam parte desse conjunto o painel com *Cenas de Virgínia* na Academia Carrara de Bergamo e o painel com *Cenas de Lucrécia* no Museu Gardner de Boston. Como a casa da via dei Servi foi comprada pelos Vespucci em 1499, supõe-se que os dois painéis sejam datáveis de pouco depois, o que está de acordo com as características estilísticas das últimas obras de Botticelli.

[15] Hoje nos Uffizi, n?. 1608. Um documento de 19 de março de 1489 (estilo moderno), ao arrolar as despesas incorridas na construção da capela, também cita o painel "de lavra de Sandro Botticelli". No entanto, a qualidade da pintura levou eventualmente a pensar numa obra de oficina (Berenson; Gamba, *Botticelli*, cit., pp. 161-6).

[16] É o n?. 1126 da National Gallery de Londres, obra do grupo Botticini jovem. O painel deve ter sido realizado por volta de 1470; de qualquer modo, deve ser anterior a 1475, ano da morte de Matteo Palmieri, político e escritor nascido em Florença em 13 de janeiro de 1406, frequentemente investido de cargos públicos.

[17] De fato, o painel alude à teoria dos Palmieri, de que a alma dos homens seriam os anjos que ficaram neutros quando Lúcifer se rebelou. O poema *La Città di Vita* (1451-65), em que Palmieri expunha essa teoria, foi condenado pela Igreja.

[18] Hoje nos Uffizi, n?. 882, é mencionado por Albertini, pelo Livro de Antonio Billi e pelo Anônimo Magliabechiano. Datável em c. 1475. Sobre essa obra, cf. R. Hartfield, *Botticelli's Uffizi "Adoration"*, Princeton, 1976.

o fim de sua longa viagem. A figura desse rei é o próprio retrato de Cosimo de' Medici, o Velho, o mais vivo e natural de todos os retratos que temos hoje. O segundo, que é Giuliano de' Medici, pai do papa Clemente VII, demonstrando grande atenção e devotamento, reverencia o menino e lhe entrega o seu presente. O terceiro, também ajoelhado, parece adorá-lo, prestar-lhe homenagem e acatá-lo como o verdadeiro Messias. Impossível descrever a beleza que Sandro mostrou nas expressões dessas figuras, apresentadas em diferentes posições: de frente, de perfil, em três quartos, inclinadas e em diversas outras atitudes, com vários aspectos, jovens e velhos, enfim, com todas as extravagâncias que possam demonstrar a perfeição do seu mister; também distinguiu os séquitos dos três reis, de tal maneira que é possível perceber quais são os servidores de cada um. Trata-se de obra sem dúvida admirável, no colorido, no desenho e na composição, de tal modo que qualquer artista de hoje fica maravilhado diante dela. Granjeou-lhe tal obra tanta fama em Florença e fora da cidade, que o papa Sisto IV, que mandara construir sua capela no palácio de Roma, desejando pintá-la, ordenou que Sandro comandasse os trabalhos; e assim ele ali pintou as cenas que abaixo descrevemos. São elas: a tentação de Cristo pelo Diabo; Moisés matando o egípcio e recebendo bebida das filhas do medianita Jetro. Também há uma que representa o sacrifício dos filhos de Aarão, quando desce fogo do céu; nela se veem alguns santos papas nos nichos de cima[19]. Com esses trabalhos Sandro conquistou muita fama e nomeada entre os vários concorrentes, florentinos ou não, de tal modo que o papa o remunerou com boa soma de dinheiro. Após malbaratar e gastar todo esse dinheiro durante sua estada em Roma na vida desregrada que lhe era costumeira, voltou para Florença imediatamente depois de terminada a parte do trabalho que lhe fora encomendada. Sendo pessoa dada à especulação, comentou um trecho de Dante e representou o Inferno numa gravura[20], atividade na qual consumiu muito tempo, o que o impediu de trabalhar e ocasionou inúmeros transtornos em sua vida. Também fez gravuras para o Triunfo da Fé de frei Girolamo Savonarola da Ferrara[21], sendo grande defensor dessa seita. Assim, abandonada a pintura e faltando-lhe o suficiente para o sustento, sua vida se desordenou. Pois ele se obstinou naquela seita e passou a viver continuamente como *piagnone**, desviando-se do trabalho, envelhecendo e tornando-se esquecido, o que

---

[19] Em 27 de outubro de 1481, Cosimo Rosselli, Ghirlandaio, Perugino e Botticelli tinham realizado, cada um, uma cena e dedicavam-se à execução das outras dez até 15 de março de 1482. Mesmo que esse prazo não tenha sido respeitado, em 5 de outubro de 1482 Ghirlandaio, Perugino e Botticelli sem dúvida tinham terminado os trabalhos na Capela Sistina, porque estavam em Florença, onde assumiam um compromisso com outro trabalho. Botticelli pintou *As provas de Moisés*, *As provas de Cristo*, *Moisés pune os rebeldes*, mais algumas figuras dos *Santos papas*, no alto (Evaristo, Cornélio, Sisto, Marcelino, Estêvão, Sotero e Lúcio).

[20] Os primeiros dezenove cantos do Inferno, na *Divina comédia* editada em 1481, com comentário de C. Landino, são ilustrados com gravuras de Botticelli. Além disso, conservam-se 93 desenhos relativos a um "Dante em pergaminho a Lorenzo di Pierfrancesco de' Medici" (Anônimo Magliabechiano), divididos entre a Biblioteca Vaticana e o Gabinete de Desenhos e Estampas de Berlim, onde restaram apenas dois após a última guerra (os outros estariam na Rússia). Sobre esses desenhos, cf. K. Clark, *The Drawings by Sandro Botticelli for Dante's Divine Comedy*, Londres, 1976.

[21] Essa gravura não foi identificada com absoluta certeza. A influência de Girolamo Savonarola (1452-98) sobre a cidade de Florença e suas instituições civis durou desde o advento de Carlos VIII (1494) até a morte do frade. Formaram-se então as duas facções, a dos *Piagnoni* [lamurientos], favoráveis ao dominicano, e a dos *Arrabbiati* [raivosos], contrários a ele.

* Eram assim chamados os seguidores de Savonarola, porque viviam conclamando à necessidade de penitência e à prática de mortificações. Ver nota acima. [N. da T.]

piorou muito a sua vida. Havia feito muitas obras em Volterra e para Lorenzo de' Medici[22], o Velho, e este sempre o ajudou enquanto viveu. Na igreja de San Francesco, fora da porta San Miniato, fez um medalhão com uma Nossa Senhora e anjos em tamanho natural[23], obra que foi considerada belíssima. Conta-se que Sandro era muito agradável e brincalhão e que em sua oficina sempre se faziam facécias e gracejos; entre os numerosos jovens aprendizes que ali havia era costumeira a prática de intrigas e chalaças, e o próprio Sandro, por brincadeira, acusou um amigo seu de heresia perante os Oito. O amigo, comparecendo ao tribunal, perguntou quem o havia acusado e do quê, e, quando lhe disseram que Sandro o acusara de defender a opinião dos epicuristas, de que a alma morria com o corpo, ele respondeu: "É verdade que tenho essa opinião sobre a alma dele, que é um animal, e o herege é ele, que sem ter letras comenta Dante e proclama o seu nome em vão." Conta-se também que ele gostava muito de quem se dedicasse à arte, e que ganhou muito, mas pôs tudo a perder por desleixo e atividades infrutíferas. Foi muito amado por Lorenzo, o Velho, bem como por um número infinito de cidadãos talentosos e honrados. Por fim, ficando velho e sem serventia, arrastava-se com duas muletas; não podendo fazer nada, doente e decrépito, morreu na miséria com LXXVIII anos, sendo sepultado na igreja de Ogni Santi de Florença no ano MDXV[24].

Sandro realmente mereceu grandes louvores por todas as pinturas que fez com amor e afeição, e embora, como dissemos, ele se tenha inclinado para as coisas que, devido à hipocrisia, tornam tediosas as belas reflexões da arte, não se pode negar que suas obras são belas e louváveis, sobretudo o quadro dos Magos da igreja de Santa Maria Novella. Da mesma grandeza é a obra que hoje se vê em casa de Fabio Segni, com a Calúnia de Apeles[25], presenteada por Sandro a seu grande amigo Antonio Segni, na qual ele imitou divinamente os caprichos daquele pintor antigo. É tão belo esse quadro que, em virtude da invenção de Apeles e da pintura de Sandro, foi honrado com o seguinte epigrama:

INDICIO QVEMQVAM NE FALSO LAEDERE TENTENT
TERRARVM REGES, PARVA TABELLA MONET.
HVIC SIMILEM AEGYPTI REGI DONAVIT APELLES:
REX FVIT ET DIGNVS MVNERE MVNVS EO*.

---

[22] Na edição de 1568 Vasari diz que Botticelli "havia trabalhado bastante no *spedaletto* de Volterra para Lourenço de' Medici". Sua atividade nesse lugar, ao lado de Filippino Lippi, Ghirlandaio e Perugino, também é mencionada numa carta de um agente anônimo a Ludovico, o Mouro, em c. 1485: "Todos esses referidos mestres deram mostras de sua arte na capela do papa Sisto, exceto Philippino. Mas todos depois trabalharam no Spedaletto do Magnífico Lourenço, e é difícil dizer quem é o melhor." Mas esses trabalhos foram perdidos.

[23] Costumeiramente identificado com a *Nossa Senhora do Magnificat* (Uffizi, nº 1609), datável em c. 1482 (Horne, *Alessandro*, cit., p. 123; Gamba, *Botticelli*, cit., p. 148; Lightbown, *Botticelli*, cit., pp. 42-4), mas também poderia tratar-se do *Tondo Raczinsky* nos Staatliche Museen de Berlim (Salvini, *Tutta la pittura*, cit., pp. 52-3). "São Francisco fora da porta San Miniato" é San Salvatore al Monte.

[24] Consta que Botticelli foi sepultado em 17 de maio de 1510 no cemitério da igreja Ognissanti.

[25] Antonio Segni nasceu em 1460; seu filho Fabio, em 1502. O quadro hoje está nos Uffizi, nº 1496. Deve-se ter em mente que o assunto foi descrito por Alberti, mas algumas particularidades mais precisas que recorrem em Botticelli estão em Luciano; dele foi publicada em Florença uma tradução em 1496. Essa data poderia ser um ponto de referência para a cronologia do painel, que em todo caso é uma obra tardia do artista.

* "Que os reis da terra não tentem lesar ninguém com falso testemunho é o que este quadro adverte. Apeles presenteou o rei do Egito com um semelhante a este: o rei foi digno do presente, e o presente, do rei." [N. da T.]

Antonio Pollaiuolo e Piero Pollaiuolo, pintores e escultores florentinos

Muitos que têm disposições humildes começam fazendo coisas modestas, mas, depois, com a elevação de tais disposições por obra da virtude, crescem sua força e seu valor. Assim, engrandecendo-se na consecução de feitos maiores, tais artistas aproximam-se do céu em seus belíssimos pensamentos. E, soerguidos pela fortuna, muitas vezes acabam por encontrar um príncipe bom e santo que dá tanta fé às suas palavras e confia tanto neles que, vendo-se bem servido em seus desenhos, é obrigado a remunerar tão bem seus trabalhos, que os descendentes desses artistas, até a quinta geração, vivem com largueza, recursos e comodidade. Assim, tais pessoas caminham nesta vida com tamanha glória, que deixam sinais admiráveis no mundo. Foi o que ocorreu com Antonio e Piero del Pollaiolo[1], muito estimados em sua época pelas raras virtudes conquistadas com o próprio suor. Nasceram eles na cidade de Florença, com poucos anos de diferença, de um pai humilde e não muito endinheirado. Este, percebendo por muitos indícios o talento bom e sutil de seus filhos, como não tivesse meios para encaminhá-los às letras, pôs Antonio a aprender a arte da ourivesaria com Bartoluccio Ghiberti[2], que então era um excelente mestre nesse ofício; Piero foi encaminhado ao aprendizado da pintura com Andrea del Castagno[3], que era o melhor então em Florença. Antonio, incentivado por Bartoluccio, além de trabalhar ligas e fundir esmaltes de prata, era considerado o mais talentoso no manejo dos instrumentos daquela arte.

---

[1] Antonio di Jacopo d'Antonio Benci nasceu em Florença em 1432; Piero, talvez em 1441 ou pouco depois. O cognome dos dois deriva da profissão do pai, que "vendia frangos [*pollo*] no *mercato vecchio*". Antonio é lembrado sobretudo como ourives e escultor, e Piero, como pintor. A distinção entre as duas personalidades ainda é muito discutível, de tal modo que o mais sensato será considerar os dois irmãos artistas como uma tendência estilística substancialmente unitária, perfeitamente paralela à de Verrocchio, portanto protagonista da mudança de rota verificada na arte florentina depois da metade do século XV, em virtude da qual a tradição figurativa se torna preciosista e mais sutil, submetendo-se a uma elegância minuciosa e a atitudes rebuscadas que encontraram sublimação em Botticelli. Em confronto com os outros artistas contemporâneos, os Pollaiuolo se caracterizam por contornos mais repentinos e bruscos e pela paixão anatômica. Sobre as obras indubitáveis de Antonio, cf. as notas 8-9, 11-12, 14, 20-21, 23; sobre as de Piero, as notas 11-14, 20. Sobre os dois artistas, cf. A. Sabatini, *Antonio e Piero del Pollaiolo*, Florença, 1944; S. Ortolani, *Il Pollaiuolo*, Milão, 1948; A. Busignani, *Pollaiuolo*, Florença, 1970; L. D. Ettlinger, *Antonio and Piero Pollaiuolo*, Londres, 1978; Pope-Hennessy, *Italian*, cit., pp. 299-302, 358.

[2] Bartoluccio di Michele Ghiberti, pai de Lorenzo, morreu dois anos antes do nascimento de Antonio, em 1422.

[3] Andrea del Castagno (sobre ele, cf. Vida nas pp. 316-21) morreu em 1457, quando Piero estava com mais ou menos 15 anos; por isso, sua formação junto a esse pintor não seria impossível, porém é mais provável que ele tenha sido formado pelo irmão mais velho.

Assim, quando Lorenzo Ghiberti trabalhava nas portas da igreja de San Giovanni, observando a atividade de Antonio, chamou-o para trabalhar em sua companhia com muitos outros jovens. E, incumbido de um daqueles festões que Ghiberti então elaborava, Antonio fez ali uma codorna[4] que subsiste até hoje, ave tão bonita e perfeita, que só falta voar. Poucas semanas passou Antonio nesse exercício e logo foi reconhecido como o melhor de todos os que ali trabalhavam, quer no desenho, quer na paciência, sendo também o mais engenhoso e diligente. Desse modo, crescendo-lhe o valor e a fama, abandonou Bartoluccio e Lorenzo, abrindo uma magnífica e prestigiosa oficina de ourives[5] em Mercato Nuovo, naquela mesma cidade. Durante muitos anos exerceu tal ofício, mas sempre desenhando, esculpindo em cera e fazendo outros trabalhos artísticos que em breve lhe granjearam a reputação de melhor naquela atividade (o que de fato ele era).

Naquela época havia outro ourives chamado Maso Finiguerra[6], que gozava de fama extraordinária e merecida, pois no trabalho do buril e no nigelo nunca se vira alguém que fizesse um número tão grande de figuras em pequenos ou grandes espaços, como ainda hoje demonstram alguns porta-pazes que ele elaborou na igreja de San Giovanni de Florença, representando cenas pequeníssimas da Paixão de Cristo[7]. Concorrendo com ele, Antonio elaborou algumas cenas, nas quais se lhe equiparou na diligência e o superou no desenho. Assim, os Cônsules do Mister dos Mercadores, observando a excelência de Antonio, decidiram que algumas cenas do altar de San Giovanni, que deveriam ser feitas de prata, fossem confiadas a Antonio, visto que sempre fora costume incumbir vários mestres em diversos momentos[8]. E assim foi feito. Todas as coisas que ele fez foram tão excelentes, que é possível distingui-las entre todas as outras, por melhores. Por esse motivo, os referidos Cônsules lhe encomendaram os candelabros de prata, de três braços cada um, com as proporções da cruz[9], nos quais ele fez tantos entalhes e foi tal a perfeição atingida, que tanto os forasteiros quanto a gente do lugar sem-

---

[4] O Anônimo Magliabechiano também fala da codorna na moldura da terceira porta do Batistério de Florença (terminada depois da morte de Lorenzo Ghiberti por seu filho Vittorio: cf. Vida de Ghiberti, p. 211, nota 32), enquanto o Livro de Antonio Bili menciona apenas genericamente a participação de Antonio nos trabalhos da porta.

[5] Nos registros cadastrais de 1480, Antonio declara que foi emancipado em 11 de maio de 1459, e é possível que a oficina tenha sido aberta nessa época.

[6] O ourives, desenhista, gravurista e nigelador Maso Finiguerra nasceu em Florença em 1426 e morreu em 1464 na mesma cidade. Sobre ele, cf. J. G. Phillips, *Early Florentine Designers and Engravers*, Cambridge (Mass.), 1955; K. Oberhuber, "Il Mito di Maso Finiguerra", em *Il Vasari storiografo e artista. Atti del Congresso*, Florença, 1976, pp. 383-93; Angelini, *Disegni italiani*, cit., pp. 72 ss.

[7] Um documento datável de 1452-55 refere-se a uma "Pace di argento dorata, smaltata e nielata", feita por Tommaso Finiguerra para o Batistério florentino. Provavelmente deve ser identificada com a *Crucificação* que hoje está no Museu Nacional de Bargello.

[8] O Livro de Antonio Billi e o Anônimo Magliabechiano também mencionam a colaboração no altar de prata do Batistério, que agora está no Museu da Obra da Catedral. Em 2 de agosto de 1477 Pollaiuolo e Verrocchio apresentaram três modelos para um frontal do altar. Em 13 de janeiro de 1478 foram encomendados: a Bernardo di Bartolomeo di Cenni, a *Anunciação*; a Verrocchio, a *Decapitação de João Batista*; a Pollaiuolo, a *Natividade*; e a Antonio di Salvi e Francesco di Giovanni, o *Festim de Herodes*. Em 1480 tem-se o pagamento final, e em 26 de abril de 1483, os relevos foram instalados no altar.

[9] A Cruz de prata para o altar do Batistério florentino também se encontra hoje no Museu da Obra da Catedral. A encomenda de 30 de abril de 1457 confiava a parte inferior (base e tabernáculo-relicário) a Pollaiuolo e a Miliano Dei, e a Cruz a Betto di Francesco Betti. A obra foi restaurada e remanejada em 1702 pelo ourives alemão Bernardo Holzmann. Na parte inferior são sem dúvida de Pollaiuolo as estatuetas e as figuras em baixo-relevo (na origem, estas estavam cobertas por esmaltes translúcidos). Sobre essa obra, cf. Becherucci e Brunetti, *Il Museo dell'Opera*, cit., vol. II, pp. 229-36.

pre os consideraram admiráveis. Nesse ofício Antonio labutou muito, fazendo trabalhos de ouro, de esmalte e de prata. Grande parte dessas obras foi desfeita e avariada pelo fogo, para atender às necessidades da cidade em tempos de guerra. Assim, percebendo que aquela arte não permitia vida longa às obras de seus artistas, desejando memória mais duradoura para o que fizesse, decidiu deixar de praticá-la. E, vendo que seu irmão Piero se dedicava à pintura, aproximou-se dele para aprender a manejar e usar as tintas. Pareceu-lhe também que a pintura era uma arte tão diferente da ourivesaria, que, se ele não tivesse decidido afastar-se desta com tanta rapidez, talvez em algum momento tivesse desejado voltar atrás. No entanto, aguilhoado pela vergonha mais do que pela utilidade, em não muitos meses tornou-se prático no colorido e transformou-se em excelente mestre. E, sempre unido a Piero, fizeram muitas obras juntos. Como gostavam muito do colorido, fizeram um painel a óleo para o Cardeal de Portugal[10] que foi posto no altar de sua capela na igreja de San Miniato al Monte, fora de Florença; nele pintaram o apóstolo São Tiago, Santo Eustáquio e São Vicente[11], que foram muito louvados. Em Orsanmichele, fizeram sobre um pilar uma tela a óleo em que se representa o anjo Rafael com Tobias[12]; no Mister dos Mercadores de Florença fizeram algumas Virtudes[13], no mesmo lugar em que tem assento o magistrado que preside o tribunal. Para o Proconsulado fez um retrato de Poggio ao natural e uma outra figura, e na capela dos Pucci, na igreja de San Sebastiano da' Servi, fez um retábulo[14] que é obra excelente e rara, no qual há cavalos admiráveis, nus e belíssimas figuras em escorço, sendo o São Sebastião retratado de um modelo vivo, ou seja, de Gino di Lodovico Capponi; essa obra foi a mais louvada de todas as que Antonio fez. Por imitar a natureza ao máximo, conferiu a um dos seteiros, o que apoia a besta no peito e se inclina para carregá-la, toda a força que pode ser exercida por alguém de braços fortes no ato de carregar a arma, pois nele se percebe a dilatação de veias e músculos e a retenção da respiração, para aumentar a força. E não só este foi feito com tino, mas também todos os outros que, em diferentes atitudes, mostram com clareza o engenho e o

---

[10] É assim chamado Jacopo di Lusitania, sobrinho do rei de Portugal, arcebispo de Lisboa e cardeal de Sant'Eustachio, morto aos 25 anos em Florença em 1459.

[11] Hoje nos Uffizi, substituído no local por uma réplica. Em 11 de outubro de 1466 o altar da capela foi ofertado a São Tiago, São Vicente e Santo Eustáquio. É de 20 de outubro o pagamento integral a Antonio e Piero por "um trabalho que devem fazer [...] na capela do cardeal em San Miniato in Monte". Em 1º de outubro de 1467 devia ser rebocado "o arco do altar [...] ou seja, recortar a engra [...] onde deve ficar o painel"; em 20 de outubro de 1468 tem-se um pagamento parcial a certo Piero di Lorenzo pela douradura do painel. Albertini, o Livro de Antonio Billi e o Anônimo Magliabechiano falam disso como obra de Piero, enquanto os documentos (Hartt, Corti e Kennedy, *The Chapel*, cit.) confirmam as hipóteses de Ortolani, *Il Pollaiolo*, cit., pp. 194-5, e de Sabatini, *Antonio e Piero*, cit., p. 96, que aí viam a colaboração de Antonio. Dos dois irmãos também são os dois anjos segurando a cortina, pintura mural.

[12] Hoje na Galeria Sabauda de Turim, nº 117, sobre madeira. Costuma ser considerada obra de colaboração entre os dois irmãos e datada de c. 1465.

[13] A encomenda dos sete painéis a óleo com as Virtudes foi feita somente a Piero em 18 de agosto de 1469 pela Corporação dos Mercadores. A *Temperança*, a *Fé* e a *Caridade* (Uffizi, nºs 497, 498 e 499) estavam terminadas em 2 de agosto de 1470; a *Justiça*, a *Esperança* e a *Prudência* (Uffizi, nºs 496, 495 e 1610), provavelmente pouco depois. A *Fortaleza*, porém, foi feita por Botticelli (cf. sua Vida, p. 386, nota 4). São mencionadas como obra de Piero também por Albertini, pelo Livro de Antonio Bílli e pelo Anônimo Magliabechiano.

[14] É o *Martírio de São Sebastião*, nº 292 da National Gallery de Londres, mencionado como de Piero por Albertini, pelo Livro de Antonio Billi e pelo Anônimo Magliabechiano; deve ter sido obra de colaboração entre os dois irmãos. A crítica moderna aceita a datação de 1475 dada por Vasari na edição de 1568.

discernimento que ele empregou nessa obra, mérito certamente reconhecido por Antonio Pucci, que lhe pagou por ela trezentos escudos, afirmando que não estava pagando apenas as tintas. Por tais motivos, cresceu-lhe a coragem, e na igreja de San Miniato entre as torres extramuros pintou um São Cristóvão de dez braços[15] de altura, obra belíssima, feita com um lavor moderno. Fez em tela um Crucifixo com Santo Antonino, que está em sua capela na igreja de S. Marco[16]. No palácio da Senhoria de Florença, na porta da corrente, fez um São João Batista. Em casa dos Medici pintou para Lorenzo, o Velho, três Hércules em três quadros[17] de cinco braços de altura; num deles, Hércules esmaga Anteu, figura belíssima na qual se distingue a força que Hércules imprime no aperto, de tal modo que todos os seus músculos e nervos se contraem no ato de esmagar Anteu. Na cabeça de Hércules percebem-se os dentes cerrados, em harmonia com as outras partes, pois até os dedos dos pés se erguem no esforço. Não foi menor o tino com que compôs Anteu que, estreitado pelos braços de Hércules, se sente sem forças e entrega a alma com a boca aberta. No outro quadro, Hércules, matando o leão, finca-lhe o joelho esquerdo no peito, agarra-lhe a boca com ambas as mãos e, cerrando os dentes e estendendo os braços, escancara as mandíbulas do animal com viva força, enquanto a fera, para defender-se, arranha-lhe os braços com suas garras. No terceiro, Hércules mata a Hidra, coisa realmente admirável, sobretudo a serpente, cujo colorido é tão vivaz e apropriado, que é impossível imaginar algo mais vivo. Nela se vê o veneno, o fogo, a ferocidade e a ira, com tanto movimento, que a obra merece ser celebrada e imitada pelos bons artistas.

Pintou a óleo no estandarte da Companhia de São Miguel Arcanjo, em Arezzo, um São Miguel combatendo o dragão[18], obra tão bela quanto tudo que é de sua lavra, pois nela se vê a figura de São Miguel a enfrentar o dragão com destreza, cerrando os dentes e franzindo a testa, de tal modo que realmente parece ter descido do céu para cumprir a vingança de Deus contra a soberba de Lúcifer; é realmente uma obra admirável. Do outro lado, fez um Crucifixo. Seus nus têm cunho moderno, diferente de tudo o que foi feito pelos mestres anteriores a ele; sabe-se que escorchou muitos cadáveres para ver a anatomia sob a pele. Foi quem primeiro mostrou o modo de conformar e organizar os músculos nas figuras. Entalhou em cobre uma batalha daqueles que se cingiam com uma corrente[19] e fez outras gravuras com um entalhe melhor do que tudo

---

[15] Mencionado como de Piero por Albertini e pelo Anônimo Magliabechiano, e como de Piero com base em desenho de Antonio pelo Livro de Antonio Billi. Acredita-se que esteja perdido. Foi conservada uma pequena cópia no Metropolitan Museum de Nova York.

[16] Hoje no Museu de San Marco, é mencionado como obra de Piero por Albertini. É frequentemente atribuído pela crítica moderna a Baldovinetti, mas faz parte de um grupo homogêneo de pinturas que deveriam representar a atividade juvenil de Francesco Botticini (cf. Bellosi, "Intorno ad Andrea", cit., pp. 13-4).

[17] O próprio Antonio, numa carta de 13 de julho de 1494 a Gentil Virginio Orsini, diz que pintou essas três telas trinta anos antes com o irmão Piero; também são citadas no Inventario Mediceo, de 1494--95; Albertini as menciona como de Verrocchio. Foram perdidas, mas do *Hércules e Anteu* e do *Hércules e a Hidra* conservam-se réplicas pintadas por Antonio em pequeno formato; subtraídas pelos alemães durante a última guerra, foram encontradas nos Estados Unidos e restituídas aos Uffizi (nº.s 1478 e 8268) em fevereiro de 1963.

[18] O lado com *São Miguel* costuma ser identificado com uma tela muito restaurada do Museu Bardini de Florença, que alguns (Busignani, *Pollaiuolo*, cit., prancha XX) consideram de Antonio, e outros (Sabatini, *Antonio e Piero*, cit., p. 77; Ortolani, *Il Pollaiolo*, cit., p. 190), de Piero.

[19] A famosa gravura com a *Batalha dos nus* ainda existe (Uffizi, Gabinetto dei Disegni e delle Stampe; Nova York, Metropolitan Museum etc.); está assinada como OPVS ANTONII POLLAIOLI FLORENTINI; datável de c. 1460-62 (Phillips, *Early Florentine*, cit.).

o que já havia sido feito. Após a morte de Sisto IV, o papa Inocêncio o levou para Roma, onde ele fez de metal a sepultura deste pontífice[20], bem como a sepultura de seu antecessor Sisto[21], toda cercada de bronze, em sua própria capela de São Pedro. Essa obra deu-lhe ensejo de tratar com príncipes, de tal modo que seu valor foi reconhecido e cada vez mais enaltecido, o que o tornou riquíssimo. É bem verdade que, não muito tempo depois do fim dessa obra, ambos se foram com poucos meses de diferença, no ano MCDLXCVIII[22]. Deixaram muitos recursos e foram sepultados pelos parentes em San Pietro in Vincula, em Roma. Em sua memória, à esquerda da porta central da igreja, encontram-se os retratos deles em dois medalhões de mármore com o seguinte epitáfio:

ANTONIVS PVLLARIVS, PATRIA FLORENTINVS, PICTOR INSIGN(IS)
QVI DVOR(VM) PONT(IFICVM) XISTI ET INNOCENTII
AEREA MONIMENT(A) MIRO OPIFIC(IO)
EXPRESSIT. RE FAMILIAL(IARI) COMPOSITA EX
TEST(AMENTO) HIC SE CVM PETRO FRATRE CONDI VOLVIT.
VIX(IT) ANN(OS) LXXII.
OBIIT ANNO SAL(VTIS) MIID*.

E não faltou quem o homenageasse com este outro:

ANTONIO POLLAIOLO

Aere magis solers, liquidi sve coloribus alter
Non fuit heroas ponere sive deos.
Argento aut auro nunquam prestantius alter
Divina potuit fingere signa manu
Thusca igitur tellus magis hoc se iactet alumno,
*Graecia quam quondam Parrhasio aut Phidia**.*

Quando morreu, Antonio tinha LXXII anos e Pietro, LXV. Deixou muitos discípulos, entre os quais Andrea Sansovino. Enquanto viveu foi muito feliz, pois conheceu

---

[20] O túmulo de Inocêncio VIII, mencionado também pelo Anônimo Magliabechiano como obra dos dois irmãos, ainda está em São Pedro, embora sua composição original não tenha sido respeitada na recomposição de 1621. Foi encomendada a Antonio pelo cardeal Lorenzo Cybo; os despojos do papa foram ali colocados em 30 de janeiro de 1498. Pope-Hennessy, *Italian*, cit., pp. 301-2, também acredita numa colaboração entre os dois irmãos.

[21] Mencionado como obra de Antonio pelo Livro de Antonio Billi e como obra de colaboração entre os dois irmãos pelo Anônimo Magliabechiano, o túmulo de Sisto IV está hoje nas Grutas Vaticanas. Assinado e datado como OPVS ANTONI POLAIOLI FLORENTINI ARG. AVR. PICT. AERE CLARI AN. DOM. MCCCCLXXXXIII. Foi encomendado pelo sobrinho do papa, o cardeal Giuliano della Rovere, futuro Júlio II.

[22] No testamento de Antonio, de 4 de novembro de 1496, consta que o irmão Piero estava moribundo. Antonio morreu um pouco mais tarde, em 3 de fevereiro de 1498.

* "Antonio Pollaiolo, nascido em Florença, pintor insigne, realizou para os pontífices Sisto e Inocêncio admiráveis obras de bronze. Ordenados os assuntos familiares por via de testamento, quis ele ser enterrado com o irmão Piero. Viveu 72 anos. Morreu no ano da graça de 1498." [N. da T.]

** "Não houve ninguém mais exímio em dar forma a heróis e deuses em bronze fundido ou em cores. Ninguém superior a ele soube modelar formas em ouro e prata com mão tão divina. Por isso, a terra Toscana deve gabar-se mais deste seu filho do que a Grécia de Parrásio ou Fídias." [N. da T.]

pontífices ricos, e sua cidade estava no auge e deleitava-se com a virtude. Foi muito estimado, mas, caso tivesse vivido em tempos adversos, talvez não tivesse obtido os frutos que obteve, pois as aflições são inimigas das ciências que constituem a profissão e o deleite dos homens. Por isso, naqueles tempos de paz, com base em seus desenhos foram confeccionados na igreja de San Giovanni de Florença duas tunicelas, uma casula e um pluvial, tudo inteiriço, sem nenhuma costura; suas orlas e ornamentos são compostos por cenas da vida de São João[23], bordadas com maestria e arte sutil por Paulo da Verona[24], mestre divino nesse mister, dono de engenho raríssimo. Suas figuras eram tão bem compostas com a agulha quanto as de Antonio com o pincel. Por isso, não deve ser pouco o reconhecimento devido a este no desenho e à paciência daquele no bordado. Essa obra demorou 26 anos para ser feita.

---

[23] As *Cenas da vida de João Batista*, bordadas com trama de ouro, estão no Museu da Obra da Catedral; das trinta que havia, restam 27. Mencionadas como de Antonio também pelo Anônimo Magliabechiano e pelo Livro de Antonio Billi, foram executadas por encomenda da Corporação da Lã a partir de 1466. Os pagamentos a Antonio pelos cartões duraram de 1469 a 1487. Sobre o assunto, cf. A. Busignani, *Il paramento di San Giovanni*, Florença, 1965; A. R. Garzelli, *Il ricamo nella attività artistica di Pollaiuolo, Botticelli, Bartolomeo di Giovanni*, Florença, 1973.

[24] Paolo di Bartolomeo Manfredi da Verona realmente é mencionado com outros bordadores nos documentos relativos às *Cenas de João Batista*. Esse bordador chegou a Florença pouco depois de 1465; fez testamento em 18 de janeiro de 1516.

Benedetto da Maiano, escultor

Grande é o dote recebido dos céus por aquele que se mostra prudente, intrépido e sábio não só em virtude de sua índole, mas também nas ações e em todas as coisas que faz; porque disso lhe advém superioridade sobre todos os artistas além de recursos para toda a vida. Mas aqueles que, movidos pela genialidade, depois de aprenderem uma ciência, nela se tornam perfeitos, angariam fama e glória encorajadora, estes se elevam da ciência imperfeita à perfeita, da mortal à eterna; e certamente é maravilhoso nesta vida conhecer a fama mais imortal que os mortais podem deixar; pois tais pessoas, em seu trabalho, dão vida eterna às coisas do mundo. Foi o que sem dúvida conheceu e fez o não menos sábio que virtuoso Benedetto da Maiano, escultor florentino[1]. Este, tornando-se aprendiz de um entalhador de madeira ainda na infância, fez entalhes tão excelentes, que mereceu louvores do mais belo engenho que naquela época empunhava as ferramentas desse mister. Pois então, graças à atividade de Paolo Uccello e Filippo Brunelleschi, ganhavam proeminência em Florença obras de marchetaria com perspectiva, feitas de madeiras brancas e escuras, bem como peças de madeira branca com incrustações de nogueira, preenchimento de serragem de nogueira e contorno de cola, técnica na qual Benedetto da Maiano foi o mais excelente mestre em seu tempo, como dão fé as obras que fez para as casas de muitos cidadãos de Florença, em especial os armários da sacristia de Santa Maria del Fiore[2]. Porque, visto que essa arte ganhou grande preferência, por sua novidade, teve ele a incumbência de fazer di-

---

[1] Nascido em 1442 em Maiano, perto de Fiesole, Benedetto di Lorenzo inscreveu-se na Corporação dos Mestres da Pedra e da Madeira em 1473. Os relevos da arca de San Savino em Faenza, sua primeira obra, revelam claramente a influência de Desiderio da Settignano, mas suas obras seguintes (púlpito da igreja de Santa Croce, portal da Sala dos Lírios no Palazzo Vecchio, monumento Strozzi em Santa Maria Novella etc.) demonstram tendência a uma amplificação genérica e classicista, em perfeito paralelo com pintores da época, como Lorenzo di Credi, Perugino e Ghirlandaio. Sobre Benedetto da Maiano, cf. L. Dussler, *Benedetto da Maiano*, Munique, 1923; L. Cendali, *Giuliano e Benedetto da Maiano*, Florença, 1926; M. L. Gengaro, "Rapporti tra pittura e scultura nella seconda metà del Quattrocento. Benedetto da Maiano", em *Bolletino d'Arte*, XXX (1937), pp. 460-6; G. Brunetti, "Benedetto di Leonardo", em *Dizionario biografico degli italiani*, vol. VIII, Roma, 1966, pp. 433-7; A. S. Tessari, "Benedetto da Maiano tra il 1490 e il 1497", em *La Critica d'Arte*, 1975, pp. 39-52; id., "Benedetto da Maiano tra il 1490 e il 1497", em *La Critica d'Arte*, 1976, pp. 20-30; Pope-Hennessy, *Italian*, cit., pp. 289-92, 356.

[2] Na realidade, os armários da sacristia da Catedral de Florença, depois de terem sido iniciados por Angelo di Lazzaro d'Arezzo, Bernardo di Tommaso di Ghigo, Giovanni di Ser Giovanni, vulgo Scheggia ou Scheggione (irmão de Masaccio) e Antonio Manetti, foram continuados pelo irmão de Benedetto, Giuliano da Maiano, por incumbência dos Construtores de Santa Maria del Fiore em 20 de julho de 1463 e 19 de abril de 1465. Cf. Vida de Giuliano da Maiano, pp. 269-71. Sobre esses trabalhos, cf. estudo de Haines, *La sacrestia*, cit., pp. 163 ss.

versos lavores em arcas de madeira e outras peças enviadas a príncipes italianos e estrangeiros. Naquela época Matias Corvino, rei da Hungria[3], ainda estava vivo, e os florentinos que trabalhavam em sua corte louvaram infinitamente as obras e o engenho de Benedetto. Por esse motivo, quis o rei uma amostra daquilo que ele fazia; vendo-a, gostou e mandou-lhe um emissário. Então Benedetto lhe fez um par de arcas usando uma técnica dificílima e incrivelmente trabalhosa de incrustações de madeira. Como o rei ordenasse que ele e suas obras fossem para a Hungria, estas foram devidamente acondicionadas com madeira e com ele chegaram à Hungria por mar. Primeiramente, Benedetto reverenciou o rei e depois foi recepcionado com as honrarias régias possíveis a pessoa talentosa e célebre. Depois de trazida a obra, o rei quis assistir à retirada de sua embalagem e com trombetas e outros instrumentos ordenou uma grande festa. Quando as arcas começaram a ser desembaladas, e os oleados, rasgados, Benedetto viu que a umidade da água e a maresia haviam amolecido a cola, de tal modo que, quando os oleados foram abertos, quase todos os pedaços que estavam pregados às arcas caíram. Benedetto e o rei emudeceram e ficaram muito vexados tanto pela presença dos muitos nobres insignes quanto pela fama das obras. No entanto, Benedetto remontou o seu trabalho da melhor maneira possível, e de tal modo que o rei ficasse satisfeito; mas ele mesmo não ficou satisfeito e enfadou-se a tal ponto daquele ofício, que não o suportava mais, pela vergonha que o havia feito passar. Assim, desesperado, renegou aquela arte e imbuiu-se da intenção de não mais praticá-la. Então, animando-se e vencendo a timidez, passou a dedicar-se à escultura. Mas não saiu da Hungria sem dar a conhecer àquele rei que a culpa era da baixeza do mister, e não de seu engenho, que era elevado e original. Pondo-se a trabalhar, fez modelos de cerâmica e algumas peças de mármore. Voltando a Florença, sempre com o desejo de esculpir, fez várias obras de cerâmica e madeira.

Nessa época, quis a Senhoria de Florença que se fizesse a porta dupla de mármore do salão de audiências de seu palácio, e ela foi encomendada a Benedetto[4]. Ali, além da ornamentação belíssima com algumas crianças sustentando festões e de um São João jovem, com dois braços e meio de altura, considerado de uma suavidade e uma beleza singular, fez de mármore acima do arco[5] da sala interior de audiência uma Justiça sentada que é muito louvável. Ali também é de sua lavra a porta incrustada de madeira com a figura de Dante Alighieri de um lado e a de Francesco Petrarca do outro[6]. Em Santa Maria Novella de Florença, onde Filippino pintou a capela[7], fez uma sepultura de mármore preto e um medalhão com Nossa Senhora e anjos de mármore para Filippo Strozzi[8], o Velho, obra elaborada com suprema diligência. O Magnífico Lo-

---

[3] Matias Corvino (1440-90), rei da Hungria a partir de 1458.

[4] Em 12 de junho de 1473 decidiu-se redecorar a porta que separava a Sala do Relógio (agora Sala dos Lírios) da Sala de Audiências do Palácio da Senhoria; constam pagamentos a Giuliano da Maiano em 29 de fevereiro de 1475, 28 de fevereiro de 1476, 21 de dezembro de 1480; um pagamento de 27 de novembro de 1481 incluía o irmão Benedetto.

[5] Os dois grupos de crianças que sustentam festões, o *São João* e a *Justiça* foram recolocados no lugar de origem em 1909.

[6] A tauxia das portas foi feita por Francesco di Giovanni, vulgo Francione (1428-95), com a ajuda de Giuliano da Maiano, seu discípulo, com base em desenho de Botticelli (F. Arcangeli, *Tarsie*, Roma, 1942, pp. 12-3).

[7] Cf. Vida de Filippino Lippi, p. 407.

[8] Ainda no local, o sepulcro não estava terminado quando Filippo Strozzi morreu, em 15 de maio de 1491. O retrato de *Filippo*, que fazia parte dele, agora está no Louvre, nº 693, assinado. Um modelo de

renzo, o Velho, quis prestar um tributo em Santa Maria del Fiore ao pintor florentino Giotto, e o seu retrato foi encomendado a Benedetto, que acima do epitáfio fez de mármore a figura de Giotto pintando[9], obra muito louvável. Seu tio Giuliano realizara em sua companhia muitas obras em Nápoles para o rei Afonso. Morto tal tio a serviço desse rei, pareceu conveniente a Benedetto, por questões de herança e negócios, mudar-se para Nápoles[10]. Ali começou a trabalhar para o rei e fez também para o Conde de Terra Nuova um quadro de mármore, que foi posto no mosteiro dos monges de Monte Oliveto, com uma Anunciação e alguns santos rodeados de belíssimas crianças que sustentam festões; em sua predela fez muitos baixos-relevos[11].

Chamado a Faenza, realizou na catedral aquela belíssima sepultura de mármore para o corpo de São Savino; nela fez um baixo-relevo com seis cenas da vida desse santo[12], tudo com muita diligência, arte e desenho, tanto nas construções quanto nas figuras. Assim, quer por esta obra, quer por outras, foi reconhecido como homem de excelente e grande engenho. Voltando a Florença, fez para Pietro Mellini, na igreja de Santa Croce, o púlpito de mármore[13], coisa requintada e considerada a obra mais bela entre todas as de seu gênero, pois as figuras de mármore das cenas de São Francisco são elaboradas com o maior esmero e diligência que se possa desejar do mármore. Entalhou com maestria e boa maneira árvores, pedras, construções, perspectivas e algumas outras coisas que se destacam pela beleza; além disso, rebateu o referido púlpito no pavimento para a sepultura, tudo feito com tão bom desenho, que é impossível louvá-lo tanto quanto merece. Conta-se que Benedetto teve dificuldades com os construtores de Santa Croce porque pretendia furar a coluna na qual o púlpito se apoiava para construir a escada de acesso deste, mas, como essa coluna sustinha os arcos de sustentação do teto do edifício, os construtores não quiseram dar-lhe consentimento para tanto, por temerem enfraquecê-la com o vão e sobrecarregá-la com o

---

terracota encontra-se nos Staatliche Museen de Berlim. Problemas relativos a essa obra são tratados por D. Friedman, "The Burial Chapel of Filippo Strozzi, in Santa Maria Novella in Florence", em *L'Arte*, 1970, pp. 109-31, e por E. Borsook, "Documenti relativi alle Cappelle di Lecceto e delle Selve di Filippo Strozzi", em *Antichità viva*, 1970, pp. 3-20.

[9] Ainda no local, já mencionado por Albertini; o pagamento final por essa obra é de 1490, ano em que Benedetto também fez, para o mesmo lugar, um medalhão semelhante com busto de Squarcialupi, famoso construtor de órgãos. "Duas cabeças de Giotto sem busto", evidentemente modelos para o relevo, são mencionadas no inventário dos bens deixados por Benedetto ao morrer; inventário publicado por C. Baroni, *La parrocchia di San Martino a Maiano*, Florença, 1875, pp. 77 ss.; reeditado com anotações por C. Gilbert, *Italian Art 1400-1500: Sources and Documents*, Englewood Cliff (N.J.) 1980, pp. 42-7.

[10] Benedetto trabalhou para Nápoles, mas não consta que tenha estado lá. De qualquer modo, é indubitável que não foi a Nápoles quando da morte do irmão Giuliano, ocorrida em 3 de dezembro de 1490.

[11] Ainda na igreja napolitana de Sant'Anna dei Lombardi, é um tríptico de mármore com a *Anunciação, São João Batista e São Jerônimo*; na predela estão a *Natividade*, a *Adoração dos Magos*, a *Ressurreição*, a *Deposição*, a *Ascensão*, o *Descenso do Espírito Santo* e a *Morte da Virgem*. No fastígio, dois anjos sustentam uma cortina. A obra foi executada em Florença; em 1489 já estava terminada, conforme se depreende de um pagamento daquele ano. Quem encomendou foi Mariano Curiali de Sorrento, conde de Terranuova.

[12] A obra, ainda *in loco*, mas não no lugar de origem, parece ter sido mal recomposta numa mudança de posição ocorrida no século XVIII. Foi encomendada por testamento de Giovanna Manfredi (1468) e executada por Benedetto em 1471-72: é sua primeira obra conhecida.

[13] Mencionado como de Benedetto também por Albertini, contém cinco baixos-relevos com *Cenas de São Francisco* e, na base, cinco estatuetas de *Virtudes*. A obra não é documentada, mas tem como ponto de referência cronológico o busto de Pietro Mellini em Bargello, datado de 1474. "Seis cenas do modelo do púlpito de Santa Croce" estão registradas no citado inventário dos bens de Benedetto; três destes, de terracota, estão hoje no Victoria and Albert Museum de Londres; um, com a *Visão de Inocêncio III*, não utilizado no púlpito, estava no Kaiser-Friedrich-Museum de Berlim.

peso, fazendo a igreja ruir. Ele então lhes assegurou que terminaria a obra sem nenhum dano para a igreja. Com esse fim, reforçou o exterior da coluna com chapas de bronze e a revestiu de *pietraforte* do púlpito para baixo; e todo o material retirado para abrir os vãos necessários à construção da escada foi compensado com a referida pedra. Esse trabalho causa admiração a quem o veja hoje, pois na pequenez das figuras ele mostrou a perfeição, o esmero e a vivacidade que raros mostram nas figuras de tamanho grande. Conta-se que Filippo Strozzi, o Velho, querendo construir seu palácio, pediu um parecer a Benedetto, e que ele lhe fez um modelo a partir do qual se começou o edifício, terminado por Cronaca[14] depois da morte de Benedetto. Este, que já havia adquirido recursos suficientes para viver, não quis realizar muitas outras obras; tampouco trabalhou com mármore, mas na igreja de Santa Trinita levou a termo uma Santa Maria Madalena, iniciada por Desiderio da Settignano[15]; fez ainda o Crucifixo que fica sobre o altar de Santa Maria del Fiore[16], bem como algumas outras coisas para a cidade. Chegado aos LIV anos, morreu em MCDIIC[17] e foi sepultado com honrosas exéquias na igreja de San Lorenzo.

---

[14] O modelo ainda está no Palácio Strozzi. A primeira pedra do edifício foi lançada em 16 de julho de 1489, mas o palácio só foi terminado em 1533. Na cornija (inacabada) e no pátio interno estão obra de Simone del Pollaiuolo, vulgo Cronaca (cf. sua Vida, pp. 527-8).

[15] Ainda *in loco*, essa estátua de madeira da *Madalena* também é mencionada por Albertini como obra iniciada por Desiderio da Settignano; este morreu em 1464, e Benedetto pode ter terminado a estátua mesmo que vários anos depois: Tessari, "Benedetto", cit., pp. 20-30, propôs o período entre 1496 e 1497.

[16] O *Crucifixo* de madeira, pintado em 1507 por Lorenzo di Credi, é mencionado também por Albertini e ainda está no lugar de origem. Segundo Dussler (*Benedetto*, cit., p. 57), é datável de c. 1490; segundo Tessari ("Benedetto", cit.), entre 1496 e 1497.

[17] Benedetto morreu em 24 de maio de 1497.

Andrea Mantegna, mantuano

O poder da recompensa pela virtude é bem conhecido por aquele que age com virtude. Este não se ressente do frio, dos inconvenientes, do desconforto e das privações para atingir a recompensa, e tamanha é a força da aspiração à honra e aos galhardões, que a virtude se lhe mostra a cada dia mais bela, resplandecente, clara e divina. Por isso, quem pretenda sem ela angariar bom crédito entre os homens, consome-se em vão na labuta e enche alma e mente de amargura, sem obter fruto algum. Porque, ao ver que são mais recompensados aqueles que não merecem, tal pessoa tem a mente e o espírito assaltados por pensamentos tão malignos, que em uma hora esquece tudo aquilo que em muitos anos e com muita labuta recebeu do céu e da natureza. E desse modo o valor torna-se presa do desespero, de tal maneira que esse ser se afasta daquilo que era e abandona os bons princípios do início. Daí resulta que os espíritos excelentes se envenenam e deixam de produzir os frutos que mantêm vivos os seus nomes depois da morte. Por isso, observemos o que ocorreu com a fortuna e a sorte de Andrea Mantegna[1], que, sendo estimado, honrado e premiado, não é de surpreender que se engrandecesse a cada dia em suas virtudes. Foi grande a sua ventura, pois, nascendo de estirpe humílima no interior, onde pastoreava, acabou elevando-se a tal ponto, graças ao valor da sorte e da virtude, que mereceu a honra de tornar-se cavaleiro.

Segundo a opinião de muitos, Andrea nasceu num burgo próximo a Mântua e com o tempo foi levado a esta cidade, onde aprendeu a arte da pintura. Na juventude foram muitas as obras que lhe deram nomeada e o tornaram conhecido; quem viu suas obras as apreciou muito, sobretudo na Lombardia, e desse modo Mantegna passou a ser muito apreciado pelos nobres dessa província, bem como de outras. Tor-

---

[1] Andrea Mantegna provavelmente nasceu em 1431 em Isola di Carturo, nas proximidades de Piazzola, sobre o Brenta, entre Vicenza e Mântua, a julgar-se por uma inscrição constante em uma obra sua perdida: em 1448 dizia-se que o pintor tinha 17 anos. Depois de uma série de obras precoces (afrescos da capela Ovetari nos Eremitani de Pádua, políptico de São Lucas em Brera, políptico de São Zenão em Verona), na qual a curiosidade pelas coisas antigas é animada por uma paixão romântica, na observação do desenvolvimento da atividade paduana de Donatello, Mantegna muda-se para a corte dos Gonzaga em Mântua (1460), onde sua atividade se desenvolve em limites mais formais e áulicos (*Quarto dos noivos, Triunfo de César, Nossa Senhora da Vitória* etc.). Sobre Mantegna, cf. E. Tietze-Conrat, *Andrea Mantegna*, Londres, 1955 (trad. it., Florença, 1955); R. Cipriani, *Tutta la pittura del Mantegna*, Milão, 1956; G. Fiocco, *L'arte di Andrea Mantegna*, Veneza, 1959; G. Paccagnini (org.), *Catalogo della Mostra di Andrea Mantegna*, Mântua, 1961; E. Camesasca, *Mantegna*, Milão, 1964; id., *Mantegna*, Florença, 1981. Sobre o problema das relações de Mantegna com o grupo dos *squarcioneschi* e com Giovanni Bellini, cf. R. Longhi, "Crivelli e Mantegna: due mostre interferenti e la cultura artistica nel 1961", em *Paragone*, n. 145 (1962), pp. 7-21; A. Smith, *Andrea Mantegna and Giovanni Bellini*, Banboury (Oxon), 1975.

nando-se muito amigo do marquês Lodovico de Mântua[2], na juventude angariou fama, graça e favores junto a ele. Esse nobre em várias ocasiões demonstrou apreciar e ter em alta estima e consideração o talento de Mantegna. Este pintou para ele na capela do castelo de Mântua um pequeno quadro[3] com cenas nas quais mostrou com figuras não muito grandes que merecia as homenagens que lhe eram feitas, pois essa obra é muito valorizada até hoje por todos os eminentes engenhos. Também naquele castelo há um recinto com uma abóbada trabalhada em afresco[4], com muitas figuras em escorço de baixo para cima, obra sem dúvida muito louvada e por ele muito bem concebida. Embora seu panejamento fosse um tanto imaturo e delgado, e a maneira, um tanto seca, há coisas feitas com muita maestria, boa fatura e boa consecução. Em Verona, na igreja de Santa Maria, no Órgão dos frades de Monte Oliveto, fez o retábulo do altar-mor[5] que ainda hoje é considerado digno de grandes louvores; há várias outras pinturas de sua lavra naquela cidade. No mosteiro dos cônegos regulares da abadia de Fiesole, fora de Florença, há um quadro de uma Nossa Senhora em meio-corpo acima da porta da biblioteca[6], feito com diligência por ele. Em Veneza também fez algumas coisas dignas de louvor. Para o referido marquês, pintou nas paredes de uma sala do palácio de São Sebastião, em Mântua, o triunfo de César[7], para memória de ambos, obra que pode ser considerada a melhor de todas que fez. Nela, situou em boa ordem o triunfo, a beleza e os ornamentos do carro; aquele que vitupera o vitorioso, parentes, perfumes, incensos, sacrifícios, sacerdotes, prisioneiros, presas feitas pelos soldados, formação das esquadras, despojos e vitórias; representou cidades e fortalezas tomadas em vários carros, com uma infinidade de troféus sobre as lanças, vários distintivos nas cabeças e nos ombros, capacetes, ornamentos e vasos numerosos; e entre a multidão de espectadores, uma mulher conduzindo pela mão um menino que chora, mostrando à mãe o pé ferido por um espinho, coisa belíssima e natural. O certo é que em toda essa obra Mantegna usou de grande diligência e não pouco trabalho, não se preocupando com o tempo nem com o esforço; continuamente demonstrou a grande afeição que tinha por aquele príncipe, que prestava homenagens extraordinárias a seu

---

[2] Ludovico Gonzaga foi marquês de Mântua de 1444 a 1478.

[3] Costuma ser identificado, mas não unanimemente, com o tríptico n.º 910 dos Uffizi, que representa a *Adoração dos Magos*, a *Ascensão* e a *Circuncisão*.

[4] É o chamado "Quarto dos noivos" do Palácio Ducal de Mântua, decorado com cenas da vida da corte de Ludovico Gonzaga nas paredes e com falsos relevos de bustos e cenas clássicas na abóbada, que tem no centro um falso balcão circular no qual assomam cupidos e outras figuras. Trata-se de têmpera sobre muro, submetida a retoques e restaurações em várias épocas. Em uma placa se lê: ILL. LODOVICO II M.M. | PRINCIPI OPTIMO AC | FIDE INVICTISSIMO | ET ILL. BARBARAE EIVS | CONIVGI MVLIERVM GLOR. | INCOMPARABILI | SVVS ANDREA MANTINIA | PATAVVS OPVS HOC TENVE | AD EORV. DECVS ABSOLVIT | ANNO MCCCCLXXIIII. Sobre essa obra de Mantegna, cf. o estudo aprofundado de R. Signorini, *Opus hoc tenue, La camera dipinta di Andrea Mantegna*, Mântua, 1985 (com respectiva bibliografia).

[5] Hoje no Museu do Castello Sforzesco em Milão, representa *Nossa Senhora com o Menino Jesus, querubins, anjos, São João Batista, São Gregório, São Bento e São Jerónimo*. O anjo embaixo segura um livro com a inscrição: A. MANTINIA PI. A. GRACIE 1497, 15 AVGVSTI.

[6] Na edição de 1568 Vasari fala de "uma Nossa Senhora da metade para cima, com o filho no colo e algumas cabeças de anjos cantando". Essa descrição levaria a pensar em um quadro do tipo daquele que está na Pinacoteca de Brera.

[7] São nove têmperas sobre tela, hoje em mau estado de conservação em Hampton Court. Mantegna trabalhava nelas já em 1486; em 1488 escreve de Roma dizendo que continuará a obra quando voltar a Mântua, mas em 1492 ainda trabalhava nela. As telas foram repintadas por Laguerre no início do século XVIII e restauradas entre 1931 e 1934. Cf. A. Martindale, *Andrea Mantegna. Il trionfi di Cesare nella collezione della regina d'Inghilterra ad Hampton Court*, Milão, 1980.

talento, sempre muito entusiasmado com ele. Terminada essa obra, na igreja de San Zeno em Verona fez o retábulo do altar-mor[8]; segundo dizem, elaborou como prova uma figura belíssima, pois tinha muita vontade de realizar aquele trabalho. As obras que realizou em Mântua, especialmente naquela sala, lhe granjearam tanta fama em toda a Itália, que não se ouvia outro nome em pintura senão o de Mantegna.

Como suas virtudes eram acompanhadas por bons costumes e boas atitudes, o papa Inocêncio VIII ficou sabendo de suas maravilhas e, como mandara construir em Roma a muralha de Belvedere, desejando adorná-la com paisagens e belas pinturas, mandou chamar Mantegna em Mântua; este logo foi a Roma com as graças do marquês que, para seu maior engrandecimento e exaltação, o fez cavaleiro com espora de ouro[9]. O papa o recebeu com demonstrações de benevolência e alegria, pedindo-lhe que trabalhasse numa pequena capela do referido lugar[10]. Essa obra foi feita com diligência e amor, num trabalho tão minucioso, que a abóbada e as paredes mais parecem conter iluminuras do que pinturas; as figuras maiores estão sobre o altar, em afresco tanto quanto as outras. Representou o Batismo de Cristo por São João Batista, com anjos e outras figuras, bem como com gente do povo a despir-se, fazendo o sinal da cruz, desejando batizar-se. Entre outras, teve o capricho de fazer uma figura no ato de despir uma meia colada à perna pelo suor, puxando-a pelo avesso, apoiado ao outro tornozelo, com a força e o desconforto do ato transparecendo no rosto, coisa que na época foi considerada admirável e digna de veneração. Conta-se que o papa Inocêncio, por ser muito ocupado, não pagava Mantegna com a frequência que ele desejaria. Por isso, este decidiu pintar com terras, nessa obra, algumas Virtudes e entre elas pôs a Discrição. Quando certo dia o papa foi ver a obra e lhe perguntou que figura era aquela, e ele respondeu que era a Discrição, o papa disse: "Se quiseres que ela fique melhor, faze-a ao lado da Paciência." Por essa razão, Andrea calou-se e esperou o fim da obra. Terminada esta, o papa o mandou de volta ao duque com honrosas recompensas[11]. Pouco depois, em Pádua, sobre a porta do Santo, fez um pequeno arco onde está escrito o seu nome[12]; e na igreja dos Servi, na mesma cidade, fez na capela de São Cristóvão[13] pinturas muito graciosas. Logo depois voltou a Mântua, onde construiu e pin-

---

[8] O tríptico, que representa a *Nossa Senhora com o Menino Jesus no trono entre anjos, São Pedro, São Paulo, São João Evangelista, São Bento, São Lourenço, São Gregório e São João Batista*, ainda está *in loco*, restaurado em 1947. A predela está dividida entre o Louvre (n.º 1373: *Crucificação*) e o Museu de Tours (*Oração no Jardim das Oliveiras, Ressurreição*). Por encomenda do protonotário Gregorio Correr, abade de San Zeno, Mantegna trabalhava nessa obra já em janeiro de 1457, mas a terminou apenas no fim de 1459. Cf. L. Puppi, *Il trittico di Andrea Mantegna per la Basilica di San Zeno Maggiore in Verona*, Verona, 1972.

[9] Francesco Gonzaga, então marquês de Mântua, apresentou Mantegna a Inocêncio VIII com uma carta de 10 de junho de 1488. Tanto na inscrição constante na obra de que tratamos na próxima nota, quanto num breve papal de 6 de setembro de 1490, o pintor era qualificado como "eques".

[10] Os afrescos continham a inscrição ANDREAS MANTINEA CIVIS PATAVINVS EQVES AVRATAE MILITIAE PINXIT; a capela foi demolida por Pio V (papa de 1775 a 1799), apesar das instâncias que lhe vinham de todos os lados para impedir tamanha barbárie (Milanesi, III, p. 387).

[11] Em 5 de outubro de 1491 Mantegna estava de novo em Mântua. Numa carta ao marquês Francesco de 5 de junho de 1489 o pintor se queixava do excesso de trabalho que precisava suportar em Roma e da pouca recompensa recebida.

[12] Hoje no Museu Antoniano, representa o monograma de Cristo com Santo Antônio e São Bernardino, bastante retocado. Tem a inscrição: ANDREAS MANTEGNA OPTVMO FAVENTE NVMINE PERFECIT MCCCCLII. KAL. SEXTIL.

[13] A famosa capela Ovetari nos Eremitani, destruída por um bombardeio em 11 de março de 1944; somente a *Assunção* e a dupla cena do *Martírio de São Sebastião*, obras de Mantegna, escaparam, porque tinham sido destacadas em 1865. Em 1443 e 1446 Antonio Ovetari dispusera que depois de sua morte a

tou para seu uso uma belíssima casa[14], que desfrutou enquanto viveu. Também se deleitou com a arquitetura, acomodando muitos amigos seus. E quando pelo mundo corria a sua fama e eram muitas as suas obras, ele morreu com a idade de LXVI anos em MDXVII[15] para grande pesar de quem o amava. Foi sepultado com honras na igreja de Santo Andrea, sendo-lhe feito o seguinte epitáfio:

ESSE PAREM HVNC NORIS, SI NON PRAEPONIS, APELLI,
AENEA MANTINEAE QVI SIMVLACRA VIDES*.

Ainda guardamos viva memória de sua vida honrada e dos costumes louváveis que ele observava, bem como do amor com que ensinava a arte aos outros pintores. Legou à pintura a dificuldade dos escorços das figuras vistas de baixo para cima, invenção difícil e caprichosa; também legou o entalhe em cobre de estampas das figuras, realmente uma grande comodidade, graças à qual o mundo pôde conhecer não só a bacanal, a batalha dos monstros marinhos, a Deposição da cruz, o Sepultamento de Cristo, a Ressurreição com Longino e Santo André, obras de Mantegna[16], mas também a fatura de todos os artistas que existiram.

---

capela deveria ser decorada com cenas de São Cristóvão e São Tiago. Em 16 de maio de 1448 a viúva Imperia Ovetari encomenda metade da decoração da capela a Giovanni d'Alemagna e Antonio Vivarini e metade a Niccolò Pizzolo e Andrea Mantegna. Estes últimos também deveriam fazer o altar de terracota revestida de bronze, que foi executado em 1449 por Pizzolo com a ajuda do escultor Giovanni da Pisa. Os quatro evangelistas da abóbada foram pintados por Antonio Vivarini, provavelmente com a ajuda do irmão Bartolomeo, porque Giovanni d'Alemagna morreu em 9 de junho de 1450. As figuras do Pai Eterno e dos quatro Doutores da Igreja, mais uma das duas cabeças gigantescas sobre o arco de ingresso, foram pintadas por Niccolò Pizzolo, que morreu em 1453. Cf. S. Bettini e L. Puppi, *La Chiesa degli Eremitani di Padova*, Vicenza, 1970, pp. 71-93. Com exceção da *Pregação* e das cenas com *São Cristóvão diante do rei, São Cristóvão encontra o rei a cavalo*, que são obra de Ansuino da Forlí (mas o *São Cristóvão diante do rei* também é atribuído a Girolamo di Giovanni por Longhi, "Crivelli e Mantegna", cit., p. 20; por Zeri, *Due dipinti*, cit., pp. 75-6; e por A. Paolucci, "Per Girolamo di Giovanni da Camerino", em *Paragone*, n. 239 [1970], pp. 20-41), bem como da cena com *São Cristóvão transportando o Menino Jesus*, obra de Bono da Ferrara, todo o restante foi pintado por Mantegna, que em 14 de fevereiro de 1457 terminara completamente a obra. Sobre os afrescos, cf. *Catalogo della Mostra da Giotto a Mantegna (Padova)*, Veneza, 1974, n.ºˢ 83-84; sobre Niccolò Pizzolo, cf. G. Mariani Canova, ibid., pp. 75-80.

[14] A casa de Mantegna é mencionada por Ridolfi, *Meraviglie dell'arte*, Veneza, 1648 ("situada ao lado de San Sebastiano, onde está entalhado seu nome numa pedra, mas as pinturas foram desfeitas pelos alemães"). Cf. E. Rosenthal, "The house of Mantegna", em *Gazette des Beaux-Arts*, 1962, pp. 327-48.

[15] Uma carta de 15 de setembro de 1506, escrita pelo filho Francesco ao marquês Gonzaga, anunciava a morte de Andrea Mantegna.

* "Tu o considerarias igual a Apeles, se não melhor, se visses as estátuas de bronze de Mantegna." [N. da T.]

[16] Sobre as gravuras de Mantegna, provavelmente extraídas de desenhos seus, e não feitas por ele mesmo, cf. E. Tietze-Conrat, "Was Mantegna an engraver?", em *Gazette des Beaux-Arts*, 1943, pp. 217-9; M. Vickers, "The intended setting of Mantegna's 'Triumphs of Cesar', 'Battle of the Sea Gods' and 'Bacchanals'", em *The Burlington Magazine*, CXX (1978), pp. 365-70. Sobre todas essas obras lembradas por Vasari e algumas outras, conservaram-se exemplares. Em geral são consideradas autógrafas as duas folhas com o *Bacanal*, as duas folhas com a *Batalha dos monstros marinhos*, o *Sepultamento de Cristo* (com a seguinte inscrição no sarcófago: HVMANI GENERIS REDEMPTORI), o *Cristo ressurgindo entre Santo André e São Longino*; enquanto a *Deposição da cruz* é considerada obra de oficina.

Filippo Lippi (Filippino Lippi), pintor florentino

Aqueles que vêm ao mundo com qualquer mácula (seja ela qual for) legada pelos antepassados, se a cobrem com a modéstia do modo de vida, com a gratidão das palavras e com os feitos mais egrégios que possam realizar em todas a suas ações e em todas as suas obras, merecem não só louvor pela primitiva virtude, como também infinitas recompensas pelas ações decorrentes, demonstrando que o vínculo da virtude infundida na alma, quando forte e excelente, é o maior ornamento que se possa ter, e que a cortesia, entre todas as virtudes, na maioria das vezes é aquilo que quebranta, despedaça e rompe as almas endurecidas na inveja e na maledicência. Só esta virtude abranda e facilita os pensamentos ignorantes; porque quem se vale de todos os meios para não causar dano a ninguém e em todo o seu procedimento sempre se esmera em servir os outros, esse seguramente chega ao túmulo cativando o mundo, mesmo contra a vontade deste, e triunfa da malícia e da inveja dos homens, tal como fez Filippo[1]. Este, perseverando nas atitudes acima descritas, foi pranteado ao morrer não só por quem o conheceu, mas também por muitas outras pessoas, aliás por toda a Florença, porque mesmo aqueles que apenas ouviram falar de suas virtudes, ainda que não o conhecessem em vida, lastimam o seu fim. Filippo foi filho de frei Filippo del Carmino[2]. Seguindo na pintura os passos do falecido pai, quando ainda era bem jovem, foi orientado e ensinado por Sandro di Botticello[3]. Ao morrer, frei Filippo recomendou-o a frei Diamante[4] e entregou-o aos seus cuidados, pedindo-lhe que lhe ensinasse as boas técnicas da arte, e Filippo demonstrou ser dotado de tanto engenho e de tão copiosa inventividade na pintura, sendo tão extraordinário e original nos ornamentos, que foi o primeiro a mostrar aos modernos a nova maneira de variar a indumentária e a embe-

---

[1] Filippino Lippi nasceu provavelmente em Prato, em 1457, filho de frei Filippo e Lucrezia Buti. Inicialmente esteve muito próximo de Botticelli, a tal ponto que um grupo de pinturas na qual hoje é identificada a sua atividade juvenil era conhecido pela denominação convencional "Amigo de Sandro", cunhada por Berenson. Nesse grupo de pinturas, a elegância e os ritmos de Botticelli são evocados com um lirismo mais delicado e pungente. Em suas obras da maturidade (sobretudo nos afrescos da capela Carafa em Santa Maria sopra Minerva, em Roma, e na capela Strozzi em Santa Maria Novella, Florença), porém, Filippino libera um ímpeto de humor fantástico e bizarro, melancólico e quase romântico, mas introduzindo às vezes elementos de uma verdade tão fresca e imediata como em Piero di Cosimo. Sobre Filippino, cf. A. Scharf, *Filippino Lippi*, Viena, 1935 e 1950; K. B. Neilson, *Filippino Lippi, A Critical Study*, Cambridge (Mass.) 1938; L. Berti e U. Baldini, *Filippino Lippi*, Florença, 1957.

[2] Cf. sua Vida nas pp. 302-9.

[3] A atividade juvenil de Filippino é, de fato, fortemente influenciada por Botticelli.

[4] Cf. Vida de Filippo Lippi, p. 306, nota 22.

lezar e ornar com roupagem antiga e vestes despojadas as figuras que pintava. Foi quem primeiro se valeu de um estilo grotesco[5] semelhante ao antigo, realizando essas obras com terras e frisos coloridos, elaborando-as com bom desenho e graça, como ninguém antes dele. Era admirável ver os estranhos caprichos que surgiam durante o seu trabalho, tendo-se em mente que ele nunca realizou obra alguma sem estudar muito bem as coisas antigas de Roma: vasilhas, calçados, troféus, estandartes, elmos, ornamentos de templos, vestuário das figuras. Por isso deve ser imenso e eterno o nosso reconhecimento, visto ter sido ele quem deu início à beleza e ao ornamento dessa arte que, graças à sua maestria, atingiu a perfeição em que se encontra agora.

Quando era bem jovem terminou a capela dos Brancacci na igreja do Carmino de Florença, iniciada por Masolino e interrompida pela morte de Masaccio[6]. Assim, Filippo deu-lhe perfeito acabamento e fez o restante das cenas, em que São Pedro e São Paulo ressuscitam o neto do imperador[7], em que São Paulo visita São Pedro na prisão, bem como a disputa de Mago Simão com São Pedro diante de Nero e sua crucificação. Nessa cena fez um autorretrato e o retrato de Pollaiuolo[8], pelo que granjeou glória e fama na juventude. Depois fez a têmpera em Campora, na capela de Francesco del Pugliese, um painel em que se representa São Bernardo escrevendo[9] num bosque quando lhe aparece Nossa Senhora com anjos, obra considerada admirável em algumas coisas, como pedras, livros, relva e figuras, além de ter retratado Francesco com tanta naturalidade que só lhe falta a palavra; durante o sítio de Florença, esse painel foi retirado da capela e levado à sacristia da Abadia, para ser preservado. Nos frades da igreja do Santo Spirito fez um painel com Nossa Senhora, São Martinho e São Nicolau para Tanai de' Nerli[10]; fez um painel[11] para a capela dos Rucellai na igreja de San Bangrazio, e na igreja de San Ruffello fez um Crucifixo e duas figuras com fundo de

---

[5] Sobre os grotescos de Filippino, cf. N. Dacos, *La Découverte de la Domus Aurea et la formation des grotesques à la Renaissance*, Londres, 1969, pp. 69-72.

[6] Cf. p. 214, notas 6-7; pp. 221-2, nota 16. Além dos afrescos citados abaixo, Filippino fez a *Libertação de São Pedro do Cárcere*. Scharf, *Filippino*, cit., pp. 33-8, acredita numa datação entre 1484 e 1488, que, segundo Berti e Baldini, *Filippino*, cit., p. 23, deveria ser recuada para 1481-83, aproximadamente. Os trabalhos de Filippino na capela Brancacci também são mencionados por Albertini, pelo Livro de Antonio Billi e pelo Anônimo Magliabechiano.

[7] Na parede esquerda embaixo; a faixa da direita, com São Pedro no púlpito, é inteiramente de Masaccio. Filippino interveio na cena de São Pedro ressuscitando o filho de Teófilo, onde são suas as figuras em pé à esquerda, as últimas oito em círculo à direita, o menino ressuscitado e a criança ao lado, São Paulo ajoelhado, parte do panejamento de São Pedro e alguns outros detalhes. Cf. L. B. Watkins, "Technical observations on the frescoes of the Brancacci Chapel", em *Mitteilungen des Kunsthistorischen Institutes in Florenz*, 1973, pp. 65-74.

[8] Cf. sua Vida na p. 390.

[9] Mencionado na igreja de Campora em Marignolle por Albertini, pelo Livro de Antonio Billi e pelo Anônimo Magliabechiano; durante o assédio de Florença (1529) foi transportado para a sacristia da Abadia florentina e depois exposto na igreja, onde ainda se encontra. Segundo P. Puccinelli, *Cronica dell'Abbadia de Fiorenza*, Milão, 1664, p. 9, seria de 1480, mas Berenson o data de 1487-88; Scharf, *Filippino*, cit., p. 53, de 1486. Berti e Baldini, *Filippino*, cit., p. 11, de 1484, aproximadamente.

[10] Ainda no local, representa *Nossa Senhora com o Menino Jesus e São João menino, São Martinho, Santa Catarina e os dois clientes ajoelhados*. Geralmente é datado de c. 1488, mas Berenson retarda sua data para 1493-94. Também mencionado pelo Livro de Antonio Billi e pelo Anônimo Magliabechiano.

[11] Hoje na National Gallery de Londres, n.º 293, representa *Nossa Senhora com o Menino Jesus, São Jerônimo e São Domingos*. Costuma ser datado posteriormente a 1485, que é o ano da consagração da igreja de San Pancrazio e consta numa inscrição sobre um túmulo na capela de São Jerônimo, onde estava o painel; mencionado também por Albertini.

ouro[12]. Diante da sacristia da igreja de San Francesco, na colina de São Miniato, fez um Deus Pai com muitas crianças, e no Palco dos frades Descalços, fora de Prato, castelo que dista dez milhas de Florença, fez outro painel[13]. Dentro de Prato, na sala de audiências dos Priores, fez um pequeno quadro com três figuras que foi muito louvado: Santo Estêvão, São João Batista e Nossa Senhora[14]. Na esquina do Mercatale, próximo a algumas casas, em frente às freiras de Santa Margarida, fez um belo tabernáculo em afresco[15] que foi muito louvado por representar uma Nossa Senhora belíssima e recatada, com um coro de Serafins sobre fundo esplendoroso, numa demonstração de que, com seu engenho, ele procurava penetrar no mundo celeste. Também nesse trabalho demonstrou sua arte e seu tino numa serpente que está abaixo de Santa Margarida, animal tão estranho e pavoroso, que nos mostra onde mora o veneno, o fogo e a morte; o restante de toda a obra é colorido com tanto frescor e vivacidade, que merece infinitos louvores. Em Lucca, na igreja de San Michele, fez um painel também com três figuras[16]. Em San Ponziano, nos frades de Monte Oliveto, há um painel numa capela de Santo Antônio em cujo centro há um nicho, representando um belíssimo Santo Antônio em relevo, da lavra de Andrea Sansovino[17], obra vivaz e belíssima. Foi instado a ir para a Hungria pelo rei Matias[18] e recusou-se a ir; no entanto, fez dois painéis em Florença[19] e os enviou ao rei, obra louvada e digna de Filippo; neles mostrou o seu valor naquela arte. Mandou seus trabalhos para Gênova[20], e em Bolonha, na igreja de San Domenico, do lado esquerdo da capela do altar-mor, fez um painel com São Sebastião[21],

---

[12] O *Crucifixo entre Nossa Senhora e São Francisco*, sobre fundo de ouro, destruído no incêndio dos Staatliche Museen de Berlim em 1945, é descrito por Borghini (R. Borghini, *Il Riposo*, Florença, 1584) na igreja de San Procolo, e não de San Raffaello). Na Academia de Florença estão as laterais com *São João Batista e Santa Maria Madalena*. Scharf, *Filippino*, cit., p. 52, data essa obra de 1497; Neilson, *Filippino*, cit., p. 146, e Berti e Baldini, *Filippino*, cit., p. 48, de 1500, aproximadamente.

[13] Hoje na Alte Pinakothek de Munique, representa *Nossa Senhora e Cristo intercedendo junto ao Pai Eterno* e, na predela, *Piedade e seis santos*. Datável de c. 1495, deve ter sido realizada por alunos.

[14] Hoje em mau estado na Galeria Comunal de Prato. Foi encomendada em 1501 (documentos publicados por G. Guasti, *Il quadri della Galleria di Prato*, Prato, 1888, p. 119) e ostenta a data A.D. MCCCCCII.

[15] Hoje na Galeria Comunal de Prato, o afresco, recomposto depois da destruição de 1944, representa *Nossa Senhora com o menino Jesus em pé, Santo Antônio Abade, Santa Margarida, Santo Estêvão e Santa Catarina*. Ostenta a data A.D. MCCCCLXXXXVIII.

[16] Na realidade, são quatro os santos representados no painel da igreja de San Michele em Lucca: São Roque, São Sebastião, São Jerônimo e Santa Helena. A datação proposta pela crítica oscila entre 1480 e 1485. Deve-se notar que, como Vasari não menciona essa obra na edição de 1568, costuma-se acreditar que ele não a cita em absoluto.

[17] Essa estátua de madeira policromática hoje está na igreja de Sant'Andrea (I. Belli Barsali, *Guida di Lucca*, Lucca, 1970², edição inteiramente refeita, p. 212). As obras de arte da igreja de San Ponziano, hoje desconsagrada, perderam-se.

[18] Matias Corvino (1440-90), rei da Hungria a partir de 1458.

[19] Num testamento de 1488, Filippino fala de dois painéis com *Nossa Senhora e santos* pintados para Matias Corvino (G. Milanesi, 1901, pp. 148-50). Teria também pintado para o mesmo rei uma *Última Ceia* (cf. H. Brockhaus, "Lob der Florentiner Kunstwelt", em vários autores, *Festschrift zu Ehren des Kunsthistorischen Institutes in Florenz*, Leipzig, 1897, p. 4).

[20] Da igreja genovesa de San Teodoro provém o painel de Filippino que agora está na Galeria do Palazzo Bianco, que representa *São Sebastião entre São João Batista e São Francisco* e, no alto, *Nossa Senhora com o Menino Jesus e santos*. Contém a inscrição: A.D. MCCCCCIII PHILIPPINVS FLORENTINVS FACIEBAT | NAPOLEONIS LOMELLINIS PROPRIETAS. A atividade de Filippino em Gênova também é confirmada pelo Livro de Antonio Billi e pelo Anônimo Magliabechiano.

[21] Ainda *in loco*, representa as *Núpcias de Santa Catarina de Alexandria, São Paulo, São Sebastião, São João Batista e São Pedro*. Ostenta a inscrição: OPVS PHILIPPINI FLOR. PICT. A. S. MCCCCCI. Uma obra de Filippino para Bolonha é também mencionada pelo Livro de Antonio Billi e pelo Anônimo Magliabechiano.

obra muito bela e considerada excelente. Para Tanai de' Nerli fez outro painel na igreja de San Salvatore, fora de Florença[22]. E para seu amigo Pietro del Pugliese elaborou uma cena com figuras pequenas[23], feitas com tanta arte e diligência que, quando outro cidadão lhe pediu uma obra semelhante, ele se negou a fazê-la, dizendo que era impossível. Era amigo íntimo de Lorenzo de' Medici, o Velho, e este lhe pediu insistentemente que fosse realizar uma grande obra em Roma, para Olivieri Caraffa, cardeal napolitano[24] amigo de Lorenzo. Assim, por incumbência daquele, foi para Roma servir o referido senhor, passando antes por Spoleto, a pedido do próprio Lorenzo, a fim de fazer uma sepultura de mármore para frei Filippo[25], seu pai, coisa que Lorenzo já havia pedido sem sucesso aos habitantes da cidade, conforme narramos em outro lugar. Filippo então fez um desenho belo e gracioso, com base no qual Lorenzo mandou fazer uma sepultura suntuosa. Depois, indo para Roma, fez para o cardeal, na igreja da Minerva, uma capela com belas cenas de Santo Tomás de Aquino[26] e algumas poesias cristãs muito louvadas, compostas por ele, que sempre teve talento natural para tanto.

Voltou a Florença e em Santa Maria Novella começou com muito ardor a capela de Filippo Strozzi[27], terminando-a depois sem pressa; feito o céu, voltou para Roma, onde, além da capela da Minerva, fez de estuque e gesso a sepultura do cardeal, com um compartimento ao lado para uma capelinha, bem como outras figuras das quais muitas foram feitas por seu discípulo Rafaellin del Garbo[28]. A referida capela foi avaliada pelo mestre Lanzilago Padovano[29] e por Antonio, conhecido por Antoniasso Romano[30], pintores dos melhores existentes então em Roma, em dois mil ducados de

---

[22] Uma *Nossa Senhora com o Menino Jesus e anjos entre São João Batista, São João Evangelista, São Jerônimo e São Francisco* ainda está na capela de Tanai de' Nerli em San Miniato al Monte. Não é de Filippino, mas pode ser que Vasari (e, antes dele, o Livro de Antonio Billi e o Anônimo Magliabechiano) quisesse citar exatamente essa.

[23] Mencionada também pelo Livro de Antonio Billi e pelo Anônimo Magliabechiano, foi algumas vezes identificada com a *Cena de Lucrécia* na Galeria Palatina de Florença, nº 388.

[24] Olivieri Carafa (1430-1511), arcebispo de Nápoles a partir de 1458, foi cardeal a partir de 1467. Comandou a frota cristã contra os turcos em Esmirna.

[25] Cf. Vida de Filippo Lippi, p. 309, nota 39.

[26] Esses afrescos (*Sibilas* na abóbada, *Assunção* e *Anunciação* na parede do fundo, *Vocação* e *Triunfo de Santo Tomás de Aquino* na parede direita) já são mencionados pelo Livro de Antonio Billi e pelo Anônimo Magliabechiano. Em 2 de setembro de 1488, o cardeal Carafa escreve uma carta ao abade de Montescalari, dizendo que fez um acordo com Filippino, recomendado por Lourenço de' Medici, para a execução dos afrescos da Minerva (Carteggio Mediceo dell'Archivio di Stato di Firenze, maço XLVI, c. 556). O artista fez testamento nesse ano e dirigiu-se a Roma para iniciar os trabalhos, que deveriam estar terminados em 1493, conforme se infere do breve de Alexandre VI, esculpido em mármore na capela, onde se diz que, terminados os trabalhos, o cardeal pediu ao papa que visitasse a capela. Os afrescos da parede esquerda foram destruídos quando Pirro Ligorio erigiu o monumento fúnebre ao papa Paulo IV Carafa, em 1559.

[27] No contrato de 21 de abril de 1487, Filippino comprometia-se a terminar os afrescos em 1º de março de 1490, mas na inscrição no edifício da direita da Ressurreição de Drusiana consta: M.CCCC.II | PHILLIPINVS DE LIPPIS FACIEBAT. Os afrescos também são mencionados por Albertini, pelo Livro de Antonio Billi e pelo Anônimo Magliabechiano. Cf. E. Borsook, "Documents for Filippo Strozzi's Chapel in Santa Maria Novella and other related papers", em *The Burlington Magazine*, CXII (1970), pp. 737-46, 800-4; Friedman, "The burial", cit., pp. 109-31.

[28] Sobre a presença de Raffaellino del Garbo (sobre ele, cf. Vida nas pp. 480-1) na Minerva e sobre a capelinha sepulcral ao lado da capela Carafa, cf. C. Bertelli, "Filippino Lippi riscoperto", em *Il Veltro*, 1963, pp. 55-65, e "Appunti sugli affreschi nella cappella Carafa alla Minerva", em *Archivium Fratrum Praedicatorum*, 1965, pp. 115 ss.

[29] Niccolò Lenzilago (ou Lancilao), inscrito em 1472 no Livro Vermelho dos pintores florentinos.

[30] Antonio Aquili, vulgo Antoniazzo Romano, é o maior artista romano do século XV. Suas informações documentais vão de 1461 a 1508; sua primeira obra datada é a *Nossa Senhora* de Rieti, de 1464.

ouro, fora o custo da lazulita e dos aprendizes. Terminada a obra, após receber o dinheiro e pagar aprendizes e outras despesas, Filippo voltou a Florença e terminou com esmero a capela dos Strozzi, obra feita com arte e bom desenho, capaz de causar admiração em todos os artistas pela variedade das invenções: soldados, templos, vasos, elmos, armaduras, troféus, lanças, estandartes, vestuário, calçados, toucados, vestes sacerdotais, tudo feito com boa maneira, digno de grande recomendação. As cenas nela representadas são da ressurreição de Drusiana por São João Evangelista, sendo admirável a expressão de espanto dos circundantes ao verem a morta ressuscitar com um simples sinal da cruz, em especial um sacerdote ou filósofo com um vaso na mão, vestido à antiga, que, atônito, considera com grande atenção a origem daquilo. Nessa mesma cena, entre muitas mulheres vestidas de modos diversos, vê-se um menino que, assustado com um cãozinho de malhas avermelhadas que lhe abocanha a fralda, corre em torno da mãe tentando ocultar-se entre os panos de sua saia, e o temor ou medo que demonstra sentir da mordida não é menor do que a admiração e o horror que a mãe demonstra entre todas aquelas mulheres diante da ressurreição de Drusiana. Há também a cena do santo no óleo fervente, na qual se veem a cólera do juiz que ordena o avivamento do fogo e as reverberações das chamas no rosto daqueles que sopram, com admiráveis atitudes em todas as figuras, à imitação do antigo. Na outra parede está São Felipe no templo de Marte, tirando de baixo do altar a serpente que mata o filho do rei com o seu mau cheiro. Filippo pintou um orifício em uma escada com uma abertura numa pedra tão semelhante à realidade, que certa noite um dos aprendizes, querendo esconder alguma coisa quando bateram à porta, correu até lá para enfiá-la no buraco e só então percebeu o engano. A arte de Filippo também se mostrou a tal ponto numa serpente, que a peçonha, o fedor e o fogo parecem reais, e não pintados. Muito louvada é sua inventividade na outra cena, da Crucificação. Porque, de acordo com o que se conhece, ele imagina que o crucificado foi estendido sobre a cruz posta no chão, e que depois o conjunto foi levantado e puxado por meio de cordas e estacas. Nela há um número infinito de grotescos e trabalhos em claro-escuro muito semelhantes ao mármore, tudo feito com extraordinária inventividade e belíssimo desenho. Para os frades *Scopetini* de San Donato fora de Florença, local chamado Scopetto, atualmente em ruínas, fez um painel com os Magos oferecendo presentes a Cristo[31], obra muito louvada e feita com muita diligência. Nela aparecem mouros e indianos, roupas estranhas e uma cabana esquisitíssima. No palácio da Senhoria fez um painel para a sala de reuniões dos Oito[32]; também fez o desenho para o painel grande

---

Nascido de uma cultura pierfranceschiana, com base na cultura de Lorenzo da Viterbo, e atento também às obras romanas de Angelico e Benozzo Gozzoli jovem, depois sofreu as influências de Melozzo da Forlí, Perugino e Ghirlandaio jovem. Sobre o pintor, cf. L. Mortari, "Aquili, Antonio", em *Dizionario biografico degli italiani*, vol. III cit., pp. 659-60; id., "Una tavola di Antoniazzo Romano a San Paolo", em *Paragone*, n. 173 (1964), pp. 41-5; F. Negri Arnoldi, *Madonne giovanili di Antoniazzo Romano*, in "Commentari",1964, pp. 202-15; id., "Maturità di Antoniazzo", ibid., 1965, pp. 225-44; A. Paolucci, "Un trittichetto giovanile di Antoniazzo Romano", em *Paragone*, n. 257 (1968), pp. 55-7; I. Toesca, "Una scheda per Antoniazzo", ibid., n. 223 (1968), pp. 64-6; G. Noehles, *Antoniazzo Romano*, Königsberg, 1973.

[31] Hoje nos Uffizi (n? 1566), assinado e datado no verso: PHILLIPVS ME PINSIT DE LIPPIS FLORENTINVS ADDI XXIX DI MARZO MCCCCLXXXXVI. O painel, mencionado já por Albertini, pelo Livro de Antonio Billi e pelo Anônimo Magliabechiano, substituía o painel inacabado de Leonardo, que também está nos Uffizi. Sobre os documentos relativos, cf. J. Mesnil, "Notes sur Filippino Lippi", em *Rivista d'Arte*, 1906, pp. 100-2; G. Poggi, "Note su Filippino Lippi", ibid., 1909, pp. 305-8.

[32] Hoje nos Uffizi (n? 1568), está datado como ANNO SALVTIS MCCCCLXXXV DIE XX FEBRVARI (ou seja,

com ornamentos para a sala do Conselho; por motivo de sua morte, essa pintura não foi começada, embora os ornamentos tenham sido entalhados. Na igreja da Abadia fez um São Jerônimo[33], e em todas as casas daqueles cidadãos há obras suas. Para os frades servitas começou o retábulo do altar-mor, com uma Deposição da cruz; terminou as figuras do meio para cima, as que depõem Cristo[34], mas, sendo acometido por fortíssima febre, nenhum remédio impediu que, com a idade de XLV anos, por um cruel estreitamento da garganta, chamado de esquinência pelo vulgo, a morte acerba o arrebatasse de sua pátria[35]. E ele, que sempre fora amável, afável, generoso e gentil, foi pranteado por todos os que o conheceram e muito mais pelos cidadãos que dele se serviam nas festas de máscaras. Estes costumavam dizer que nada lhes agradava mais do que as invenções de Filippo. A fama desse mestre gentil permaneceu de tal modo nos corações daqueles que privaram de sua convivência, que a graça de sua virtude conseguiu encobrir a infâmia de seu nascimento. Sempre viveu com grandeza e boa reputação. Seus filhos lhe deram honrosa sepultura na igreja de S. Michele Bisdomini, em Florença, e no dia 13 de abril de MDV[36], enquanto seu corpo era levado para a sepultura, fechavam-se as portas de todas as oficinas da via de' Servi, tal como soi acontecer nas dores universais. Não faltou quem depois o homenageasse com este epitáfio:

MORTO È IL DISEGNO OR CHE FILIPPO PARTE
DA NOI: STRACCIATI IL CRIN FLORA, PIANGI ARNO;
NON LAVORAR PITTVRA, TV FAI INDARNO
CHE IL STIL HAI PERSO, E L'ENVENZIONE, E L'ARTE*.

---

20 de fevereiro de 1486, segundo o nosso calendário); mencionado também por Albertini e pelo Anônimo Magliabechiano, representa *Nossa Senhora com o Menino Jesus entre São João Batista, São Vítor, São Bernardo e São Zenóbio*.

[33] Hoje também nos Uffizi (n.º 8652). A *Cronaca* de Puccinelli data-o de 1480; Scharf, *Filippino*, cit., p. 53, propõe uma datação em torno de 1485, e Neilson, *Filippino*, cit., p. 125, por volta de 1496.

[34] Albertini, o Livro de Antonio Billi e o Anônimo Magliabechiano também mencionam a colaboração de Filippino nessa obra, hoje na Galeria da Academia de Florença, terminada por Perugino. A parte alta da *Deposição*, movimentada demais para o comportadíssimo Perugino, deve ter sido implantada efetivamente por Lippi, que executou apenas uma pequena faixa.

[35] Filippino morreu em 18 de abril de 1504 com 47 anos. Esquinência é angina.

[36] Foi sepultado na igreja de San Michele Visdomini em 20 de abril.

* "Morto está o desenho agora que Filippo partiu: / Descabela-te, Flora; chora, Arno; não trabalhes em vão, Pintura, agora que perdeste o estilo, a invenção e a arte." [N. da T.]

Luca Signorelli da Cortona, pintor

Quem nasce com boa índole não precisa de artifícios para viver, porque os desprazeres do mundo são tolerados com paciência, e as graças recebidas são sempre reconhecidas como vindas do céu. Mas naqueles que têm má índole é tão grande o poder da inveja, razão da ruína de quem assim obra, que as coisas alheias, ainda que menores, sempre parecem maiores e melhores que as próprias. Assim, é grande a infelicidade daqueles que por competição fazem tudo mais para sobrepujar soberbamente a virtude alheia do que para extrair do que fazem utilidade ou benefício. Esse pecado não prevaleceu em Luca Cortonese, que sempre amou os artistas e sempre ensinou a quem quisesse aprender, acreditando assim ser útil à profissão. E foi tamanha a bondade de sua natureza, que nunca se inclinou a coisa alguma que não fosse justa e santa. Por essa razão o Céu, que o reconheceu como verdadeiro homem de bem, foi-lhe muito pródigo em suas graças. Luca Signorelli foi um pintor excelente[1], em seu tempo muito famoso na Itália, onde suas obras tinham um apreço que ninguém em tempo algum tivera. Porque nas obras que fez na arte da pintura mostrou o modo de trabalhar os nus que, graças ao grande esforço e à boa fatura, pareciam vivos. Foi aprendiz e discípulo de Pietro del Borgo em San Sepolcro[2], a quem seguiu muito na juventude, empenhado não só em se lhe equiparar, mas também em superá-lo. Por esse motivo, começou a trabalhar e a pintar à maneira de mestre Pietro, de tal forma que era quase impossível distinguir um do outro. Suas primeiras obras em Arezzo foram a capela de Santa Bárbara na igreja de San Lorenzo, que ele pintou em afresco, e, para a Companhia de Santa Catarina, o pendão da procissão, tela a óleo, com a cena da Santa na roda; também fez o pendão da Trinità, embora este não pareça de sua lavra, e sim de Pietro dal Borgo. Na igreja de Santo Agostino daquela cidade fez um painel com São Nicolau de Tolentino, contendo belíssimas cenas feitas por ele com ótimo desenho e inventivi-

---

[1] Luca Signorelli nasceu em Cortona por volta de 1445-50. Desde o fragmentário afresco de Città di Castello, de 1474, intensamente pierfranceschiano, até as primeiras obras dos anos 1480 (afrescos da sacristia da Cura di Loreto, *Flagelação* de Brera), a discrepância parece enorme e provavelmente pode ser preenchida com a influência de Bartolomeo della Gatta, ativo já nos anos 1470 entre Arezzo e Cortona. De fato, os afrescos de Loreto estão muito próximos desse pintor, e tudo leva a pensar que num primeiro momento a cultura pictórica florentina (entre Verrocchio e Botticelli) de Signorelli tenha sido mediada por ele. No retábulo de Perúgia, de 1484, já está definida sua fisionomia de excêntrico (e às vezes até surreal e grotesco) manipulador de tais experiências culturais. Sobre ele, cf. L. Dussler, *Signorelli, des Meisters Gemälde*, Stuttgart, 1927; M. Salmi, *Luca Signorelli*, Novara, 1953; P. Scarpellini, *Luca Signorelli*, Milão, 1964.

[2] Piero della Francesca, cf. Vida nas pp. 274-9. A formação pierfranceschiana de Signorelli é evidente no afresco fragmentário da Pinacoteca de Città di Castello (São Paulo, cabeça do Menino Jesus, restos de candelabro) de 1474.

dade; no mesmo lugar, na capela do Sacramento, fez dois anjos em afresco. E, para messer Francesco Accolti[3], doutor em leis aretino, fez o painel de sua capela, onde retratou algumas de suas parentes e o próprio messer Francesco. Nessa obra há um São Miguel pesando as almas, e é admirável a arte de Luca na representação do brilho das armas, dos bruxuleios, das reverberações e dos reflexos daquilo que São Miguel tem nas mãos, enfim de toda a obra, na qual mostrou tudo o que sabia com graciosidade e bom desenho. Nas mãos de São Miguel há duas balanças: num dos pratos um nu sobe e no outro uma mulher desce indo ao seu encontro, tudo em belíssimo escorço. E entre outras coisas engenhosas, sob os pés desse São Miguel, há o escorço de uma figura nua perfeitamente transformada em diabo, com uma ferida cujo sangue é lambido por um sardão.

Em Perúgia fez painéis e outras obras[4]; em Volterra[5] e na Marca[6], até Norcia, fez muitos trabalhos que não cabe aqui mencionar em especial. Pintou para os senhores de Monte Santa Maria um painel com um Cristo morto, e na Città di Castello, na igreja de San Francesco, ainda há um painel seu com a Natividade de Cristo[7], obra que ele fez com amor e bom desenho; há um outro de São Sebastião na igreja de San Domenico[8]. Também em Cortona, sua pátria, há muitas obras suas, mas entre outras merece menção um Cristo morto[9] na igreja de Santa Margherita perto da cidadela, onde vivem os frades descalços, obra que é considerada belíssima e digna de louvor, não só para os habitantes da cidade, mas também para os artistas. Na Companhia de Jesus, fraternidade de seculares em Cortona, fez um painel em que Cristo comunga os Apóstolos[10], no qual se vê um Judas a enfiar a hóstia na escarcela; essa obra ainda hoje é muito estimada. Fez muitas outras coisas naquela cidade[11]; em Castiglione Aretino, acima da capela do Sacramento, fez em afresco um Cristo morto com as Marias[12]; e em Lucignano di Valdichiana pintou para a igreja de San Francesco as portas de um armário[13] com uma árvore de corais e uma cruz no topo. Na igreja de Santo Agostino em Siena fez um painel para a capela de São Cristóvão com alguns

---

3 Francesco Accolti, nascido em 1416, morto em 5 de maio de 1488.

4 No Museu da Catedral de Perúgia conserva-se o painel com *Nossa Senhora e o Menino Jesus entre Santo Onofre, São Herculano, São João Batista e Santo Estêvão e dois anjos*, que continha uma inscrição com a data 1484 (C. Crispolti, *Perugia Augusta*, Perúgia, 1648, p. 63).

5 Em Volterra conservam-se dois painéis de Signorelli, ambos assinados e datados de 1491: uma *Anunciação* na catedral e uma *Nossa Senhora com o Menino Jesus, seis santos e dois anjos* na Galeria Comunal.

6 Em Arcevia, San Medardo, existe um grande políptico de Signorelli, com estrutura complexa, típica da região de Marcas, assinado e datado de 1507. Algumas partes das margens do políptico, porém, cabem a outros pintores da região, entre os quais Francesco di Gentile (Berenson).

7 Parece tratar-se do n.º 1133 da National Gallery de Londres, provavelmente realizado em 1496 e assinado como LUCE DECORTONA P.O.

8 Hoje na Pinacoteca Comunal local. Uma inscrição perdida é citada por G. Mancini (*Vita di Luca Signorelli*, Florença, 1903, p. 95): THOMAS DE BRONZIIS ET FRANCESCA VXOR FIERI FEC. 1498.

9 Hoje no Museu Diocesano local, junto com a predela, representa a *Prece no Jardim das Oliveiras*, a *Prisão*, a *Flagelação*. Contina a inscrição: LVCAS AEGIDI SIGNORELLI CORTHONENSIS MDII.

10 Também no Museu Diocesano de Cortona, assinado e datado: LVCAS SIGNORELLIVS CORYTHONENSIS PINGEBAT. MDXII.

11 Na edição de 1568 Vasari lembra diversas outras obras de Signorelli em Cortona.

12 Ainda *in loco*, em estado fragmentário, datável de pouco depois de 1502 para Salmi, *Luca*, cit., p. 60.

13 Obra desaparecida, encomendada a Signorelli em 16 de outubro de 1482. Pode ser que fizesse parte da luneta com *São Francisco recebendo os estigmas*, outrora na igreja de San Francesco e agora no Museu Cívico local (cf. Bellosi, Cantelli e Lenzini Moriondo [org.], *Catalogo della Mostra Arte in Valdichiana*, cit., p. 35).

santos[14], entre os quais está São Cristóvão em relevo[15], graças ao qual granjeou riquezas e honras naquela cidade. Veio a Florença para ver como trabalhavam os mestres modernos e, requisitado por Lorenzo, o Velho, pintou uma tela[16] onde há alguns deuses
nus; era grande a expectativa dos que desejavam ver seu trabalho, e por essa obra Luca
passou a ser muito recomendado. Também fez um quadro com uma Nossa Senhora e
dois profetas pequenos, pintado com terras[17], que está hoje em Castello, domínio do
duque Cosimo. Sendo ele dotado de destreza no desenho e agilidade no colorido,
tanto quanto de cortesia no trato, deu tela e quadro de presente a Lorenzo, que nada
lhe ficou a dever em cortesia. Em Chiusuri, sede senesa dos monges de Monte Oliveto,
pintou uma faixa do claustro com afrescos, onde fez onze cenas de São Bento[18]; de
Cortona mandou obras suas para Monte Pulciano[19] e para toda a Valdichiana[20]. Foi levado a Orvieto pelos construtores da Catedral de Santa Maria e terminou inteiramente
a capela de Nossa Senhora, já iniciada por frei Giovanni da Fiesole[21]; nela fez todas as
cenas do fim do mundo: concepção belíssima, estranha e caprichosa, pela variedade e
quantidade de anjos, demônios, terremotos, fogo, ruínas e parte dos prodígios do An-
ticristo; mostrou a inventividade e a prática que tinha com os nus, fazendo muitos escorços e figuras com belas formas, imaginando estranhamente o terror daqueles dias.
Com ela despertou no espírito de todos os que lhe sucederam o desejo de vencer as dificuldades de pintar daquela maneira.

---

[14] As duas portas com Santa Catarina de Siena, Maria Madalena e São Jerônimo, à esquerda, e Santo
Agostinho, Santa Catarina de Alexandria e Santo Antônio, à direita, estão hoje nos Museus de Berlim (n?
79). Foram executadas em 1498 (Tizio, *Historiarum Senensium*, cit., ms B.III., 10, tomo VII, p. 460). Da predela, a *Cena em casa de Levi* está na National Gallery de Dublim; a *Piedade*, na coleção John Stirling Maxwell, Pollock House, Escócia; o *Martírio de Santa Catarina*, no Stirling and Francine Clark Art Institute em
Williamstown (Mass.). Sobre o conjunto, cf. T. Borenius, "The reconstruction of a polyptych by Signorelli", em *The Burlington Magazine*, XXIV (1913-14), pp. 32-6, que também o liga aos dois painéis que agora
estão no Museu de Toledo (Ohio) com três banhistas e uma mulher com o Menino Jesus nos ombros. O
problema relativo à recomposição da pintura e à sua colocação na capela Bichi da igreja de Sant'Agostino
em Siena foi recentemente tratado por M. Ingendaay, "Rekonstruktionversuch der 'Pala Bichi' in
Sant'Agostino in Siena", em *Mitteilungen des Kunsthistorischen Institutes in Florenz*, 1979, pp. 109-26.
[15] A estátua de madeira hoje está no Louvre (n? 814), identificada por P. Schubring (*Die Plastik Sie-
nas im Quattrocento*, Berlim, 1907, p. 210) e restituída a Francesco di Giorgio por C. von Frabriczy ("Una
statua senese nel Louvre", em *L'Arte*, 1907, pp. 222-5).
[16] A tela com a *Escola de Pã*, obra-prima de Signorelli, foi destruída no incêndio dos Museus de Berlim em 1945. Estava assinada como LVCA CORTON, datável de 1488 segundo Mancini, *Vita di Luca*, cit., p.
68; de 1490 segundo Dussler, *Signorelli*, cit., p. XXIII; de 1497 segundo A. Venturi, *Luca Signorelli*, Florença,
1921-22, p. 29. Sobre a iconografia da pintura, cf. G. Pochat, "Luca Signorelli's Pan and the so-called 'Ta-
rocchi di Mantegna'", em *Konsthistorisk Tidskrift*, 1967, pp. 92-105.
[17] Hoje nos Uffizi, n? 502. Quanto à datação, costuma ser relacionado com a tela de que trata a
nota anterior.
[18] Signorelli foi encarregado de pintar as *Cenas de São Bento* no verão de 1497 pelo abade Domenico
da Lecco. Até 1498, executou apenas dez com a participação de ajudantes. A complementação do ciclo
de afrescos foi em seguida confiada a Sodoma que, entre 1505 e 1508, realizou uma série de 28 cenas do
Santo.
[19] Por exemplo, *Nossa Senhora da Misericórdia* ainda na igreja local de Santa Lucia. A predela n? 1613
dos Uffizi (*Anunciação, Adoração dos Pastores, Adoração dos Magos*) também provém da mesma igreja.
[20] O próprio Vasari, na edição de 1568, cita o painel da igreja de Foiano della Chiana, uma *Coroação da Virgem* documentada em 1522-23.
[21] Em 5 de abril de 1499 Signorelli foi encarregado de terminar a abóbada da capela de São Brício,
que Fra Angelico deixara inacabada (cf. nota 18, p. 283); em 27 de abril de 1500 também lhe foram encomendados os afrescos das paredes, que com certeza já estavam prontos em 14 de abril de 1504. Cf. M.
Carrà, *Gli affreschi del Signorelli ad Orvieto*, Milão, 1965.

Conta-se que, ao voltar para Cortona, morreu-lhe um filho muito amado, belíssimo de rosto e de corpo; esse fato foi doloroso por se tratar de um assassinato. Sofrendo muito, Luca o despiu e, com grande perseverança, retratou-o sem chorar. Espalhou-se de tal modo a fama da obra de Orvieto e das outras tantas que ele fizera, que o papa Sisto[22] mandou alguém a Cortona convidá-lo para trabalhar com os outros, de tal modo que na capela do palácio, onde tantos raros e belos engenhos trabalhavam[23], também houvesse obras de Luca. Fez ele então duas cenas, consideradas as melhores entre todos os outros artistas: uma é o testamento de Moisés ao povo hebreu ao ver a terra da promissão, e a outra é a cena de sua morte[24]. Também fez muitas obras para diversos príncipes na Itália e fora dela. Já velho, de volta a Cortona, fazia obras para diversos lugares. Por último, na velhice, fez para as freiras da igreja de Santa Margherita em Arezzo um painel[25] que foi muito apreciado. Fez outro para a Companhia de São Jerônimo da referida cidade[26], parte do qual foi pago por messer Niccolò Gamurrini, aretino, magistrado da Rota Romana, retratado na obra. Finalmente, chegado aos LXXXII anos, morreu[27] em Cortona entre seus parentes, recebendo honrosa sepultura na paróquia, porque foi honrado pelos cortoneses em vida e após a morte, por bem o merecer, visto ter contribuído tanto para o proveito e a honra de sua pátria.

Conta-se que Luca foi pessoa muito amável e cordial nas amizades, e que tinha modos tão gentis no trato e nas palavras, que mesmo quem não precisasse de seus trabalhos nem os quisesse acabava por pedi-los. Sempre foi cortês com quem lhe encomendasse algum serviço, sendo também muito amável no ensino a seus discípulos. Viveu esplendidamente e sempre se vestiu de seda; foi venerado por todas as grandes personalidades, e seu nome se tornou conhecido tanto na Itália como fora. Morreu em MDXXI. Foi homenageado pelos poetas com muitos versos, dos quais bastam estes:

> *Pianga Cortona omai, vestasi oscura*
> *Che estinti son del Signorello i lumi,*
> *E tu pittura, fa de gli occhi fiumi*
> *Che resti senza lui debile e scura*.*

---

[22] Francesco della Rovere, nascido em Celle Ligure em 1414, foi eleito papa em 9 de agosto de 1471 com o nome de Sisto IV; morreu em 12 de agosto de 1484.

[23] Nos afrescos da Capela Sistina trabalharam entre 1481 e 1482 Perugino, Ghirlandaio, Botticelli, Cosimo Rosselli, Bartolomeo della Gatta (remetemos às respectivas Vidas) e outros.

[24] A *Morte de Moisés* (ou melhor, a *Luta entre os anjos e os demônios em torno dos despojos de Moisés*), na entrada da Capela Sistina, foi completamente refeita por Matteo da Lecce. Sobre o *Testamento de Moisés* (também indicado como os *Últimos dias de Moisés*), ainda visível no início da parede esquerda, cf. nota 8 da p. 369. Tal afresco cabe apenas a Bartolomeo della Gatta, com exclusão de uma parte da extremidade esquerda, que é de Perugino.

[25] Hoje na Pinacoteca de Arezzo (mas a predela com *Cenas de Maria* está na sacristia da Catedral), foi encomendada a Signorelli em 25 de março de 1518.

[26] Hoje na Pinacoteca Comunal de Arezzo (mas a predela com *Ester e Assuero* e três *Aparições de São Jerônimo* está na National Gallery de Londres, nº 3946); foi encomendada em 19 de setembro de 1519, mas sua entrega não se deu antes de 16 de setembro de 1522.

[27] Morreu em 16 de outubro de 1523.

* "Chore, Cortona, agora, vista-se de luto / Pois com Signorello apagaram-se as luzes, / E tu, pintura, tornem-se rios os teus olhos, / Pois sem ele és débil e escura." [N. da T.]

Bernardino Pinturicchio, pintor

Muita gente que não tem talento é ajudada pela fortuna, enquanto é infinito o número dos talentosos perseguidos pela má sorte, o que demonstra claramente que a fortuna reconhece como filho todo aquele que depende inteiramente dela e não tem ajuda alguma do talento, agradando-lhe sumamente enaltecer a mediocridade de alguns que sem o seu favor nem sequer seriam conhecidos. Foi o que ocorreu com Pinturicchio[1], que, embora fizesse muitos trabalhos ajudado por diversas pessoas, sem dúvida teve mais fama do que as suas obras teriam merecido. No entanto, era uma pessoa que demonstrava muita prática nos trabalhos de grande porte e sempre mantinha muitos ajudantes em suas obras. Na juventude executou vários trabalhos em companhia de seu mestre Pietro[2], por cuja benevolência recebia um terço dos ganhos. Em Siena trabalhou na igreja de San Francesco, fazendo para o cardeal Piccoluomini, sobrinho do papa Pio III[3], um retábulo com o Parto de Nossa Senhora[4]; em Roma fez pinturas em alguns aposentos para o referido pontífice. Mandado para Siena, começou a realizar pinturas na biblioteca construída pelo papa Pio II[5] na catedral daquela cidade[6]. Na época o pintor Raffaello da Urbino ainda era jovem e trabalhava em sua companhia com Pietro.

---

[1] Bernardino di Betto di Biagio nasceu em Perúgia por volta de 1454. É conhecido sobretudo pelas suas qualidades de alegre decorador, nos ciclos de afrescos de Roma (Santa Maria in Aracoeli, Santa Maria del Popolo, apartamentos Borgia), de Spello e de Siena, em que as formas peruginescas são estendidas sobre a superfície da parede como sobre tapetes risonhos e ornamentados. Ainda não está resolvido o problema de sua atividade por volta de 1480, que se entrelaça tão estreitamente com a de Perugino, o que torna dificílima qualquer distinção. Sobre ele, cf. C. Ricci, *Pinturicchio*, Perúgia, 1915; E. Carli, *Il Pinturicchio*, Milão, 1960; J. Schulz, "Pinturicchio and the revival of Antiquity", em *Journal of the Warburg and Courtauld Institutes*, 1962, pp. 35-55.

[2] Pietro Perugino, sobre o qual cf. Vida, p. 430. Deve-se ter em mente que os dois pintores eram quase coetâneos.

[3] Na realidade, Pio III era o próprio cardeal Francesco Todeschini Piccolomini, sobrinho de Pio II. Foi eleito papa em 1503, mas morreu com poucos dias de pontificado.

[4] Ou seja, uma *Natividade da Virgem*, destruída no incêndio da igreja de San Francesco em 24 de agosto de 1655.

[5] Enea Silvio Piccolomini, nascido em Corsignano (depois Pienza) em 1405, eleito papa em 1458 e morreu em Ancona em 1464.

[6] O contrato relativo à decoração da Biblioteca Piccolomini foi estipulado em 29 de junho de 1502 entre Pinturicchio e o cardeal Francesco Piccolomini; morto este em outubro de 1503, os trabalhos foram interrompidos quando só estava terminado o forro. Mas no ano seguinte foi assinado um outro contrato com o irmão de Francesco, Andrea Piccolomini. A Biblioteca tem na abóbada *Alegorias* e *Mitos clássicos*; nas paredes, dez *Cenas do papa Pio II*, e na fachada, a *Coroação de Pio III* (cf. F. Santi, *La Libreria Piccolomini nel Duomo di Siena*, Siena, 1951²; P. Scarpellini, *Pinturicchio alla Libreria Piccolomini*, Milão, 1965).

Foi levado por este a Siena, onde Raffaello[7] fez todos os cartões com os esboços das cenas da biblioteca, pois aprendera muito bem a maneira de Piero. Ainda se encontra um desses cartões em Siena. Nesse trabalho Pinturicchio empregou muitos ajudantes, todos da escola de Pietro[8]. A plebe tinha grande veneração por ele, de maneira que o papa Alexandre VI[9] o chamou a Roma, onde ele executou pinturas nos aposentos do referido papa[10] e em toda a Torre Borgia. Em uma de suas salas pintou cenas das artes liberais, recobrindo de ouro o estuque das abóbadas em relevo, obra muito custosa por ele terminada. Acima da porta de uma das salas fez o retrato da senhora Giulia Farnese[11] na representação de uma Nossa Senhora e, no mesmo quadro, a cabeça do papa Alexandre[12]. Tinha o costume de ornamentar com relevos de ouro as figuras que pintava, procurando contentar as pessoas pouco entendidas nessa arte com um maior brilho e vistosidade, o que é muito tolo em pintura. Ao pintar uma cena de Santa Catarina[13], representou em relevo tanto os arcos de Roma quanto as figuras, de tal modo que, estando as figuras em primeiro plano, e as construções, em segundo, ressalta mais aquilo que diminui em perspectiva do que aquilo que cresce segundo o olhar, heresia enorme nessa arte. Em Castel Sant'Angelo fez muitos aposentos com grotescos, mas no torreão de baixo, no jardim, pintou cenas do papa Alexandre[14]. Mandou a Monte Oliveto em Nápoles, para Paolo Tolosa, um painel com a Assunção[15]. Fez

---

[7] No contrato de 1502 Pinturicchio comprometia-se a fazer "todos os desenhos das cenas de próprio punho em cartões e muros". Vários desenhos para esses afrescos se encontram nos Uffizi, na Pinacoteca de Brera, em Chatsworth, em Perúgia: são todos de Pinturicchio. Mas não é de excluir a possibilidade de ele ter utilizado desenhos de Rafael (cf. M. Gregori, "Raffaello fino a Firenze ed oltre", em *Catalogo della Mostra di Raffaello a Firenze*, Florença, 1984, pp. 22-3).

[8] Entre os ajudantes na decoração da Biblioteca Piccolomini estavam Giovanni di Francesco Ciambella, vulgo Fantasia, Matteo Balducci da Fontignano, Eusebio da San Giorgio e um misterioso "Bimbo", às vezes identificado com certo Bembo de Roma. F. Sricchia Santoro ("Ricerche senesi, I. Pacchiarotto e Pacchia", em *Prospettiva*, n. 29 [1982], pp. 15-8) propôs a hipótese de que os grotescos da abóbada tenham sido executados pelos seneses Girolamo del Pacchia e Giacomo Pacchiarotto.

[9] Dom Rodrigo de Borja y Doms (1431-1503), ordenado cardeal em 1456 por Calisto III, foi eleito papa em 1492.

[10] Uma carta de Alexandre VI, de 29 de março de 1493, pede aos orvietanos que Pinturicchio possa terminar os trabalhos iniciados havia vários meses no Vaticano. Pinturicchio interrompera o trabalho na Catedral de Orvieto (quatro grandes figuras de *Evangelistas e Doutores da Igreja*, no coro) a partir de novembro de 1492, quando estava em Roma. A decoração dos apartamentos Borgia deve ter ocorrido entre essa data e fevereiro de 1495, quando Pinturicchio, em Perúgia, comprometeu-se a pintar o grande políptico de Santa Maria dei Fossi. Os apartamentos compreendem a Sala das Sibilas, a Sala do Credo, a Sala das Artes Liberais, a Sala dos Santos e a Sala dos Mistérios.

[11] Giulia Farnese, conhecida como a Bela, mulher de Orsino Orsini, amante de Alexandre VI, irmã do futuro papa Paulo III.

[12] Na realidade, o afresco em que se representa Alexandre VI adorando Cristo ressurgido está na sala anterior àquela onde se representa Nossa Senhora com o Menino Jesus.

[13] É o debate de Santa Catarina de Alexandria diante do imperador Maximino, representado num grande afresco da Sala dos Santos.

[14] O "torreão de baixo", no encontro da Ponte Sant'Angelo, foi construído por Antonio da Sangallo a mando de Alexandre VI e depois foi destruído. Os afrescos de Pinturicchio já deviam estar terminados em 1º de dezembro de 1495, quando foram concedidas ao pintor duas propriedades "ex [...] artificio picturarum [...] in Arce S. Angeli ac in palatio apostolico factarum". Na National Bibliothek de Munique conserva-se um códice com os epigramas que ficavam abaixo de seis das cenas pintadas por Pinturicchio (F. Gregorovius, *Lucrezia Borgia*, Florença, 1874), com base nos quais é possível reconstruir os motivos, todos relativos à submissão "espiritual" de Carlos VIII a Alexandre VI.

[15] Hoje no Museu de Capodimonte, provavelmente realizado por volta de 1510 com a colaboração de Eusebio da San Giorgio e outros da oficina (B. Molajoli, *Il Museo di Capodimonte*, Nápoles, 1965, p. 48, prancha 10).

um número infinito de obras por toda a Itália[16], mas, como não são excelentes, e sim resultado da prática, silenciarei sobre elas. Viveu honradamente e, quando era criticado por não se esforçar muito na arte, dizia que o maior relevo que um pintor podia dar à sua obra era extraí-la de si mesmo, sem ficar devendo a príncipes ou a outros. Também trabalhou em Perúgia, e em Araceli pintou a capela de São Bernardino[17]. Para a igreja de Santa Maria del Popolo fez duas capelas[18] e a abóbada da capela-mor[19].

Quando já tinha LIX anos de idade, foi-lhe encomendada uma obra na igreja de San Francesco de Siena, onde os frades lhe deram um quarto para moradia; deram-no como ele queria, livre e totalmente vazio, com exceção de uma grande arca antiga que lhes desagradava retirar de lá. Mas Pinturicchio, que era estranho e excêntrico, fez tanto barulho por causa disso, que os frades, desesperados, finalmente começaram a retirá-la de lá; e foi tanta a sorte deles, que, no movimento, rompeu-se uma tábua que ocultava quinhentos ducados de ouro. Pinturicchio ficou tão aborrecido com esse fato, maldizendo a tal ponto a ventura daqueles frades, que enquanto executava aquela obra foi acometido pela dor e, não pensando em outra coisa, dela morreu[20].

Suas obras datam de MDXIII, aproximadamente. Foi companheiro e amigo de Benedetto Buonfiglio, pintor perugino[21] que fez muitas coisas no palácio papal[22] de Roma para aqueles mestres; em Perúgia, sua pátria, fez a capela da Senhoria[23]. Teve também como companheiro e amigo íntimo Gerino Pistolese[24], que com ele trabalhou e também foi discípulo de Piero Perugino, sendo considerado diligente colorista e imitador

---

[16] Devem ser recordados sobretudo os afrescos da capela Baglioni em Santa Maria Maggiore, Spello (*Anunciação*, datada de MLCCCCCI) e os da capela Eroli na Catedral de Spoleto, com a data MCCCCLXXXXIIIX.

[17] Por encomenda de Niccolò di Manno Bufalini de Città di Castello, morto em 1506, "em memória da paz estabelecida por São Bernardino entre seus antepassados e os Baglioni" de Perúgia. Os afrescos são unanimemente datados pela crítica como de 1486, aproximadamente.

[18] A capela Cybo foi construída por Lorenzo, eleito cardeal em 1489, data que serve como ponto de referência para a cronologia dos afrescos. Estes foram destruídos no século XVIII; salvou-se apenas *Nossa Senhora com o Menino Jesus no trono*, que, tendo sido destacada com todo o muro, foi enviada a Alberico I, duque de Massa, e colocada na capela da família da igreja local de San Francesco. A capela de Domenico della Rovere (na qual é considerado autógrafo apenas o afresco com o *Presépio*) certamente foi pintada depois de 1478, data da morte de Cristoforo della Rovere, cujo monumento sepulcral preexistia às pinturas.

[19] Estão representados os *Doutores da Igreja*, os *Evangelistas*, quatro *Sibilas* e a *Coroação de Maria*. Diz Albertini que foram executados para Júlio II. Seu período de execução deve transcorrer entre setembro de 1508 e maio de 1509 (cf. Ricci, *Pinturicchio*, cit., pp. 79-81; Carli, *Il Pintoricchio*, cit., pp. 31-5).

[20] Fez testamento em 5 de maio de 1513 e morreu em 11 de dezembro.

[21] Bem mais velho que Pinturicchio, Benedetto Bonfigli (1420-96) fez parte da geração de artistas úmbrio-marquesanos (Boccati, Caporali, "Mestre dos Painéis Barberini" etc.) que antes de meados do século XV conheceram em Perúgia a obra de Domenico Veneziano (além da obra de Angelico) e receberam suas marcas indeléveis. Cf. sobre ele M. Pepe, em *Dizionario biografico degli italiani*, vol. XII, Roma, 1970, pp. 13-5.

[22] Em 1450, "mestre Benedetto da Perúgia pintor" é documentado para trabalhos executados no Vaticano (Müntz, *Les arts*, cit., p. 93).

[23] Os belíssimos afrescos com as *Cenas de São Luís de Toulouse*, pintados em frente às mais extraordinárias vistas urbanas do século XV, agora fazem parte da Galeria Nacional da Úmbria. É de 1454 o contrato com que se encomenda a Bonfigli uma parte dos afrescos, cuja avaliação foi feita por Filippo Lippi em 1461, quando foi encomendada a Bonfigli a decoração de toda a capela. Os pagamentos perduraram até a morte do artista.

[24] Gerino d'Antonio Gerini, nascido em 1480, morreu em 1547. Sua primeira obra conhecida é *Nossa Senhora do Socorro* na igreja de Sant'Agostino de Borgo San Sepolcro. Inicialmente influenciado por Perugino, depois se tornou fiel repetidor das ideias figurativas de frei Bartolomeo. Sobre ele, cf. M. Salmi, "Un problema da risolvere", em *Commentari*, 1970, pp. 298-305.

da maneira de seu mestre Pietro; trabalhou com este praticamente até a morte e fez muitas coisas com Pinturicchio. Em Pistoia, sua pátria, fez várias obras[25], mas não muitas, por ter ido a Borgo San Sepolcro fazer um painel a óleo para uma Confraria do bom Jesus na referida cidade; nesse painel representou a Circuncisão, na qual se empenhou com muito amor e diligência. Na paróquia da mesma cidade pintou uma capela em afresco e às margens do Tibre, na estrada que leva a Anghiari, fez outra capela em afresco para a comunidade; naquele mesmo lugar, na abadia dos monges Camáldulos, consagrada a São Lourenço, fez outra capela. Ali ficou tanto tempo, que quase elegeu o lugar como pátria. Foi pessoa muito infeliz nas coisas da arte, trabalhava demais nas obras e tinha o costume de penar tanto para fazer alguma coisa, que a grande custo chegava ao fim. Suas pinturas datam de aproximadamente MDVIII.

---

[25] Na Galeria de Pistoia se conserva uma *Nossa Senhora no trono com quatro santos*, ainda estritamente peruginiana, encomendada a Gerino para a igreja de San Pietro em 1505, assinada e datada de 1509. Na mesma Galeria há uma *Nossa Senhora no trono com seis santos* executada para o convento da Sala e datada de 1529. Duas figuras de *Santas* estão na igreja de San Paolo.

Iacopo, vulgo Indaco

Iacopo, vulgo Indaco[1], foi discípulo de Domenico del Ghirlandaio e exímio mestre em seu tempo. Embora não fizesse muitas coisas, o que fez é muito recomendável. Foi pessoa alegre e amável, que gostava de viver com poucas preocupações e de passar o tempo. Permanecia frequentemente em Roma em companhia do divino Michele Agnolo[2], que tinha muita satisfação em conviver com ele. Trabalhou em Roma vários anos e lá, por ser muito dado a prazeres, realizou poucos trabalhos importantes. À direita de quem entra pela porta da fachada da igreja de Santo Agostino de Roma, a primeira capela é sua; em sua abóbada estão representados os Apóstolos recebendo o Espírito Santo; abaixo há duas cenas de Cristo: uma é a cena em que Ele afasta André e Pedro das redes, e a outra, a cena de Simão e Madalena, na qual há um estrado de traves de madeira feito com muito realismo; isso foi feito em pintura mural. A óleo, há na referida capela o painel de sua lavra, muito bem-feito, obra que merece recomendação, em que se representa Cristo morto. Na igreja da Trinità em Roma é de sua lavra um pequeno painel com a Coroação de Nossa Senhora. E assim passou ele o tempo comprazendo-se mais em dizer do que em muito fazer. Como entretinha Michele Agnolo, os dois quase sempre comiam juntos, mas certo dia este se fartou da inoportunidade de sua tagarelice e, mandando-o comprar figos certa manhã para desenhá-los, fechou a porta por dentro antes que Iacopo voltasse. Embora este batesse com força, Michele Agnolo não respondia. Encolerizado, estendeu os figos na soleira da porta e partiu, passando muitos meses sem falar com Michele Agnolo. Fez muitas burlas, que não cabe contar. Já velho, morreu em Roma com a idade de LXVIII anos[3].

---

[1] Jacopo di Lazzaro Torni, pintor, escultor e arquiteto, nasceu em Florença em 1476. É mencionado por Vasari também na Vida de Michelangelo, mas não temos condições de identificar sua personalidade artística. Somente Venturi, VII, 2, p. 617, com base na afirmação das *Vidas* de 1568, segundo a qual ele teria trabalhado em Roma com Pinturicchio, pensou em atribuir-lhe a *Dialética* no castelo Borgia no Vaticano, com as *Artes Liberais* e a *Adoração dos Magos* na sala que contém as *Cenas de Maria e Cristo*. Depois de 1520, Indaco estava na Espanha; sobre sua atividade espanhola, cf. J. Hernandez Perera, *Escultores florentinos en España*, Madri, 1957, pp. 24-32.

[2] Em 1508 Michelangelo chamou-o de Florença a Roma, junto com outros, como ajudante para a abóbada da Capela Sistina.

[3] Morreu na Espanha, em Villena, perto de Murcia. Na edição de 1568 Vasari também fala de seu irmão Francesco.

Francesco Francia, pintor bolonhês

Em qualquer ciência sempre foi muito danosa a presunção; não acredita o presunçoso que os trabalhos alheios possam superar em muito os seus e acha ter recebido do céu, pela natureza e pela arte, não só dotes excelentes e raros, mas também prerrogativas de graça, agilidade e destreza no trabalho muito maiores que as dos outros. Mas às vezes depara com obras alheias que nunca imaginaria existirem, obras tão belas e bem-feitas, que ele, desiludido de sua insensata crença, enrubesce de vergonha e embaraço. E quantos não houve que, diante das obras alheias, sentindo a dor de serem sobrepujados, tiveram triste fim? Segundo a opinião de muitos, foi o que ocorreu com o bolonhês Francia[1]. Esse pintor, em sua época considerado tão famoso, não acreditou na possibilidade de outro não só se lhe equiparar, como também de se aproximar muito de sua glória. E, vendo as obras de Raffaello da Urbino, enxergando finalmente seu erro, abandonou a arte e a vida.

Conta-se que em Bolonha, cidade magnífica, nasceu Francesco Francia no ano de MCCCCL, filho de artesãos honrados. Na infância, foi posto numa oficina de ourivesaria, em virtude do engenho que demonstrava e da agudez e bondade de suas ações. Cresceu com aspecto e compleição tão bem-proporcionados e expressava-se de maneira tão suave e agradável, que conseguia alegrar e despreocupar qualquer melancólico sempre que falasse. Era tão humano na conversação, que foi amado não só por muitos príncipes italianos, mas por todos aqueles que o conheceram. Enquanto aprendia a arte da ourivesaria, dedicou-se tanto ao desenho, e este tanto lhe agradou, que seu engenho despertou, mostrando-se capaz de muitas coisas, de tal modo que disso Francesco tirou grande proveito, tal como se vê em Bolonha, sua pátria, nos muitos objetos de prata trabalhados de nigelo[2], com cenas de figuras pequenas, tão sutilmente lavradas, que muitas vezes vinte delas cabiam num espaço de dois dedos de altura e pouco mais de largura, sendo elas sempre muito bem-proporcionadas e belas. Também fez tra-

---

[1] Francesco di Marco di Giacomo Raibolini, vulgo Francia (diminutivo do primeiro nome? Transferência do cognome do seu mestre, o ourives Duc, vulgo Francia?), nasceu em Bolonha depois de 1450. Em 1482 inscreve-se na Corporação dos Ourives, ao passo que sua primeira obra datada é a *Madonna Mond*, de 1492. Mais do que elementos de cultura setentrional, em Francia são evidentes os componentes do classicismo toscano, que constituem um paralelo emiliano de Perugino e de Lorenzo di Credi, em vez de herança dos ferrareses (Longhi, *Officina*, cit., pp. 58-9). Para um estudo sobre Francia, é possível remeter-se a Venturi, VII, 3, pp. 852-952; cf. também G. Lipparini, *Francesco Francia*, Bergamo, 1913.

[2] Na Pinacoteca de Bolonha conservam-se duas "*pazes*" de prata nigelada (chamadas de "maestadi nunziali" por serem oferecidas nas núpcias). Na primeira estão as divisas dos Ringhieri e dos Felicini; na segunda, as dos Sforza e dos Bentivoglio (E. Mauceri, *La Pinacoteca di Bologna*, Roma, 1935, pp. 52-3).

balhos de esmalte sobre prata, avariados pela ruína dos Bentivoglio e roubados quando estes partiram. Engastou muitas joias com perfeição, e todas as coisas difíceis de tal ofício foram por ele mais bem trabalhadas do que seriam por qualquer ourives excelente. Porém, o que mais lhe agradava era fazer cunhos para medalhas, coisa que em seu tempo ninguém fazia melhor que ele, como ainda se vê em algumas medalhas por ele elaboradas com grande naturalidade, que ostentam a cabeça do papa Júlio II[3] e são comparáveis às de Caradosso[4]. Além disso, fez as medalhas do Senhor Giovanni Bentivoglio[5], que nelas parece estar vivo, e de numerosos príncipes que se detinham ao passarem por Bolonha; ele fazia os retratos em cera, e, depois de terminadas, as matrizes dos cunhos eram enviadas a tais príncipes. Com isso, além da imortalidade da fama, obteve valiosos presentes. Enquanto viveu, dirigiu a Casa da Moeda de Bolonha, fazendo as estampas de todos os seus cunhos, na época em que os Bentivoglio comandavam[6]. Depois que estes se foram, dirigiu a referida Casa enquanto o papa Júlio viveu, como demonstram as moedas que o papa emitiu ao ser eleito, nas quais se vê em uma das faces a sua cabeça e, na outra, a seguinte inscrição: *Bononia per Iulium a tyranno liberata*. Foi considerado tão bom nesse ofício, que continuou fazendo as estampas das moedas até o tempo do papa Leão[7]. E são tão apreciadas as marcas de seus cunhos, que quem os tem lhes dá grande valor, e nem em troca de dinheiro é possível obtê-los. Ocorre que Francia, desejando maior glória, depois de conhecer Andrea Mantegna[8] e muitos outros pintores que haviam obtido recompensas e honrarias com sua arte, decidiu verificar se seria bem-sucedido no colorido da pintura, visto ser tão capaz no desenho, que podia equiparar-se àqueles. E, determinado a experimentar, fez alguns retratos e outras coisas pequenas, mantendo em casa durante muitos meses pessoas afeitas ao ofício, que lhe ensinavam as maneiras e as técnicas de colorir; ele, que tinha muito bom tino, em breve adquiriu prática. A primeira obra que fez foi um painel não muito grande para messer Bartolomeo Felisini[9], que o colocou na igreja da Mise-

---

[3] Giuliano della Rovere, nascido em Albissola em 5 de dezembro de 1445, foi ordenado cardeal por Sisto IV em 1471 e eleito papa em 1º de outubro de 1503; morreu em 20 de fevereiro de 1513. Medalhas com o busto de Júlio II, tendo no verso um palácio da Justiça cuja primeira pedra foi lançada pelo papa em 20 de fevereiro de 1507, ainda são conservadas (Hill, *A Corpus*, cit., n. 224b e 225a). Milanesi, III, p. 536, publicou um documento em 21 de novembro de 1508 com o pagamento feito a Francia por dois cunhos com imagens do papa e da Comuna de Bolonha.

[4] O famoso medalhista e ourives Cristoforo Caradosso nasceu em Mondonico em Brianza por volta de 1452 e morreu em 1527, aproximadamente. De 1480 até trabalhar em Milão para Ludovico, o Mouro, compôs, entre outras coisas, as portas de bronze do relicário da Sacra Catena (Roma, San Pietro in Vincoli, c. 1478).

[5] Giovanni II Bentivoglio, filho de Annibale, nasceu em Bolonha em 13 de fevereiro de 1443; nomeado gonfaloneiro de Bolonha, comandou a senhoria até 1506; morreu no exílio em Milão em 1508 (cf. nota abaixo). Conservam-se várias moedas com a efígie do Senhor de Bolonha, atribuídas a Francia.

[6] Ou seja, até 1506, quando Júlio II, expulsando Giovanni Bentivoglio, pôs fim à senhoria da família, que durava ininterruptamente desde 1443.

[7] Ou seja, Leão X, Giovanni de' Medici, filho de Lourenço, o Magnífico, nascido em Florença em 1475, cardeal em 1489, papa em 11 de março de 1513, morto em 1º de dezembro de 1521.

[8] Cf. sua Vida na p. 400.

[9] Hoje na Pinacoteca de Bolonha (cat. 78, inv. 583); representa *Nossa Senhora com o Menino Jesus entre São João Batista, Santa Mônica, Santo Agostinho, São Francisco, São Próculo e São Sebastião, com Bartolomeo Felicini ajoelhado*. Está assinado e datado como OPVS FRANCIAE AVRIFICIS MCCCCLXXXXIIII. Duas cenas da predela foram identificadas por D. von Halden ("The Predella of Francia's Felicini Madonna", em *The Burlington Magazine*, LI [1927], pp. 113-4) num *Batismo de Cristo* na coleção Keller de Nova York e num *Presépio* da Galeria de Glasgow.

ricórdia, fora de Bolonha; nesse painel há uma Nossa Senhora sentada numa cadeira com duas figuras de cada lado, tendo o referido messer Bartolomeo sido retratado do natural. É pintado a óleo com muita diligência e foi iniciado por ele no ano de MCDXC. Esse trabalho agradou tanto em Bolonha, que messer Giovanni Bentivoglio, desejando ornamentar com obras desse novo pintor sua capela na igreja de San Iacopo daquela cidade, encomendou-lhe um painel com Nossa Senhora no ar e duas figuras ao lado e dois anjos embaixo, tocando[10]. Essa obra foi tão bem-feita por Francia, que mereceu de messer Giovanni não só louvores, mas também honrosa recompensa. Estimulado por essa obra, monsenhor Bentivoglio encomendou-lhe um retábulo para o altar-mor da igreja da Misericórdia, obra que foi muito louvada; nessa obra, sem contar que o desenho é belo, e que a concepção e o colorido são diligentes e bem melhores que os outros, representa-se a Natividade de Cristo[11], e o monsenhor é retratado do natural com grande fidelidade, segundo disseram os que o conheciam, envergando o mesmo hábito de peregrino com que voltou de Jerusalém. Francia também fez um painel para a igreja da Nunziata fora da porta de San Mammolo, em que se representa uma Nossa Senhora recebendo o anúncio do Anjo com duas figuras de cada lado[12], obra considerada muito bem-feita. Portanto, vendo que a pintura a óleo lhe dera fama e recursos, Francia decidiu verificar se obtinha o mesmo sucesso nos trabalhos em afresco.

Messer Giovanni chamara diversos mestres para executar pinturas em seu palácio. Vinham eles de Ferrara e Bolonha e alguns de Modena, mas, ao ver as provas de Francia, messer Giovanni quis que este pintasse uma cena em uma das paredes de um aposento destinado a seu uso particular. Ali Francia fez o acampamento de Holofernes com diferentes guardas, a pé e a cavalo, vigiando os pavilhões; mas, enquanto estes atentam para outras coisas, vê-se o sonolento Holofernes dominado por uma mulher vestida como viúva, que com a mão esquerda lhe segura os cabelos empapados pelo suor provocado pelo calor do vinho e do sono e com a direita desfere o golpe que matará o inimigo; enquanto isso, uma velha criada de pele encarquilhada e semblante de empregada fidelíssima, olhando fixamente para Judite no intuito de incentivá-la e inclinando o corpo, segura embaixo um cesto que deverá receber a cabeça do sonolento amante Holofernes. Essa, que era uma das cenas mais belas e bem-feitas jamais realizadas por Francia, desmoronou com as ruínas daquele edifício quando da partida dos Bentivoglio[13]. Com ela também desmoronou outra cena pintada naquele aposento à imitação da cor do bronze, na qual se representa um debate de filósofos com exce-

---

[10] Ainda no local, tem a inscrição: IOHANNI BENTIVOLO II FRANCIA AVRIFEX PINXIT. G. C. Williamson, *Francesco Raibolini Called Francia*, Londres, 1907, p. 45, acredita que sua data seja 1499, erro repetido por outros autores, enquanto I. B. Supino, *L'arte nelle chiese di Bologna*, Bolonha, 1938, p. 322, antecipa a datação para o período entre 1488 e 1494. Sobre essa obra, cf. A. Ottani Cavina, "La Cappella Bentivoglio", vários autores, *Il Tempio di San Giacomo Maggiore*, Bolonha, 1967, pp. 117-31.

[11] Hoje na Pinacoteca de Bolonha (cat. 81, inv. 584), representa *Nossa Senhora adorando o Menino Jesus, dois anjos, São José, Santo Agostinho e um franciscano, Anton Galeazzo Bentivoglio com hábito de peregrino hierosolimitano e um pastor*, costumeiramente identificado com o poeta Girolamo Pandolfi di Casio, amigo do pintor (A. Emiliani, *La Pinacoteca Nazionale di Bologna*, Bolonha, 1967, p. 199). A pintura é de 1499, conforme se depreende da inscrição da predela, que é obra de Lorenzo Costa, agora na Pinacoteca de Brera: LAURENTIUS COSTA F. 1499.

[12] Hoje na Pinacoteca de Bolonha (cat. 371, inv. 575); os santos ao lado são João Batista, Francisco, Bernardino de Siena e Jorge. Embaixo, um lagarto sustenta uma cártula com os dizeres: FRANCIA AVRIFEX PINXIT MCCCCC.

[13] Um estudo para *Judite* se encontra na Albertina de Viena.

421

lente lavor e boa expressão de seus conceitos. Por tais obras messer Giovanni e todos os integrantes de sua casa passaram a amá-lo e honrá-lo, no que foram secundados por toda a cidade. Na capela de Santa Cecília, anexa à igreja de San Iacopo, fez duas cenas em afresco; em uma delas pintou as núpcias de Nossa Senhora com José e, na outra, a morte de Santa Cecília[14], obras consideradas muito louváveis pelos bolonheses. Na verdade, Francia adquiriu tanta prática e imbuiu-se de tanto ânimo ao ver a perfeição de suas obras, que executou muitas outras coisas que aqui não mencionarei, parecendo-me suficiente mostrar a quem quiser ver somente suas obras melhores e mais notáveis. Apesar disso, a pintura nunca o impediu de continuar seu trabalho na Casa da Moeda e na feitura de medalhas, tal como fazia desde o princípio. Segundo consta, foi grande o desgosto de Francia com a partida de messer Giovanni Bentivoglio, pois este lhe propiciara muitos benefícios; mas, sendo ele sensato e morigerado, continuou tratando de seu trabalho. Depois da partida daquele, fez três painéis enviados a Modena; num deles São João batiza Cristo[15], no outro há uma Anunciação belíssima[16] e no último se vê uma Nossa Senhora no ar com muitas figuras[17], obra esta que foi posta na igreja dos frades da Observância. Espalhando-se assim a fama de tão excelente mestre por via de tantas obras, as cidades competiam para ter seus trabalhos. Em Parma, Francia fez para os frades de San Giovanni um painel com um Cristo morto nos braços de Nossa Senhora, tendo ao redor muitas figuras[18]; essa obra foi unanimemente considerada belíssima. Achando-se bem servidos, os mesmos frades pediram-lhe que fizesse outra para um convento seu em Reggio di Lombardia, onde ele pintou uma Nossa Senhora com muitas figuras. Em Cesena fez outro painel também para a igreja dos mesmos frades, no qual pintou a Circuncisão de Cristo[19] com um belo colorido. Os ferrareses e os outros vizinhos não foram invejosos, ao contrário, decidindo ornamentar sua catedral com os trabalhos de Francia, encomendaram-lhe um painel que ele fez com grande número de figuras; foi ele intitulado Todos os Santos[20]. Em Bolonha fez um painel para a igreja de San Lorenzo, com uma Nossa Senhora e duas figuras de cada lado, mais dois

---

[14] A decoração em afresco do oratório de Santa Cecília, com *Cenas de Santa Cecília e Valeriano*, está disposta da seguinte maneira: *Núpcias de Cecília e Valeriano* (que Vasari acredita serem as *Núpcias de Nossa Senhora*), de Francia; *Conversão de Valeriano*, de Costa; *Batismo de Valeriano, Martírio de Valeriano, Sepultura de Valeriano, Cecília diante do prefeito, Martírio de Cecília*, obra de Aspertini e ajudantes; *Cecília distribuindo as riquezas aos pobres*, de Costa; *Sepultura de Cecília*, de Francia. Sobre o afresco de Costa com a *Conversão de Valeriano* consta a data 1506, ponto de referência cronológico para todo o ciclo. Cf. M. Calvesi, *Gli affreschi di Santa Cecilia in Bologna*, Bolonha, 1960; D. Scaglietti, "La Cappella di Santa Cecilia", vários autores, *Il Tempio di San Giacomo Maggiore*, cit., pp. 133-46.

[15] Hoje na Pinacoteca de Dresden (n.º 48), assinado e datado como: FRANCIA AVRIFEX BON. F. MDVIIII.

[16] Com a atribuição a Francia, entrou na Galeria Estense de Modena (n.º 9) uma *Anunciação* que na realidade foi encomendada em 1506 pelos confrades da Santissima Annunziata di Modena a Francesco Bianchi Ferrari e terminada, depois da morte deste em 1510, por Giovanni Antonio Scaccieri ou Scazeri em 1512 (R. Pallucchini, *I dipinti della Galleria Estense di Modena*, Roma, 1945, p. 45, n. 9).

[17] Provavelmente é o n.º 122 dos Staatliche Museen de Berlim, que representa *Nossa Senhora com o Menino Jesus em glória* e, embaixo, *São Geminiano, São Bernardo, Santa Doroteia, Santa Catarina, São Jerônimo e São Luís de Toulouse*; provém da igreja de Santa Cecília em Modena. Contém a inscrição: FRANCIA AVRIFABER BONON. 1502.

[18] É o n.º 123 da Galeria de Parma, assinado como FRANCIA AVRIFEX BONON. Obra tardia (Berenson).

[19] Hoje na Pinacoteca de Cesena, assinada como FRANCIA AVRIFEX BON. F. Obra tardia (Berenson).

[20] Ainda no local, representa a *Coroação da Virgem* na parte de cima e uma fileira de santos na parte de baixo. Assinada como FRANCISCVS FRANCIA AVRIFEX FACIEBAT; é obra tardia, com grande intervenção da oficina (Berenson).

putti abaixo[21], obra muito louvada. Mal terminara esta última, precisou fazer outra para a igreja de San Iobbe, com um Crucifixo e São Jó ajoelhado ao pé da cruz, mais duas figuras ao lado[22]. Eram tão disseminadas a fama e as obras desse artista em toda a Lombardia, que a Toscana também quis algo de seu, em particular Lucca, para onde foi um painel com uma Sant'Ana e Nossa Senhora, rodeadas por muitas outras figuras, tendo acima um Cristo morto nos braços da mãe[23]. Essa obra está na igreja de San Fidriano, e os habitantes de Lucca a têm por muito digna. Em Bolonha, para a igreja da Nunziata, fez outros dois painéis[24] trabalhados com grande diligência; fora da porta de Stra' Castione, na Misericórdia, fez outro a pedido de uma fidalga dos Manzuoli[25]. Também fez um painel[26] para a Companhia de São Francisco, na mesma cidade, e outro[27] para a Companhia de São Jerônimo.

Tinha muita familiaridade com messer Polo Zambeccaro, e este, em nome dessa amizade, encomendou-lhe um quadro bem grande com uma Natividade de Cristo[28], obra muito celebrada entre todas as coisas que ele fez. Por essa razão, messer Polo pediu-lhe que pintasse em sua *villa* duas figuras em afresco que são muito belas. Também fez em afresco uma cena muito graciosa em casa de messer Ieronimo Bolognino, com variadas e belíssimas figuras. Todas essas obras lhe haviam granjeado a reverência daquela cidade, que o via como um deus. E o que aumentou muito essa reverência foi o fato de o Duque de Urbino[29] lhe ter encomendado a pintura de um par de bardas, nas quais ele fez uma enorme floresta com árvores em chamas, das quais saía grande quantidade de animais aéreos e terrestres, além de algumas figuras humanas, coisa terrível, assustadora e realmente bela; foi alto o valor atribuído a essa obra, em vista do tempo consumido nas plumas dos pássaros e nas outras espécies de animais terrestres, bem como na diversidade de frondes e ramos, além da variedade do arvoredo. Essa obra foi remunerada com presentes de grande valor, para recompensar o trabalho de Francia; além disso, o duque sempre se lhe mostrou grato em virtude dos louvores que

---

[21] Provavelmente é o n.º 69 do Museu Ermitage de Leningrado, representando *Nossa Senhora com o Menino Jesus no trono, São Lourenço, São Jerônimo e dois anjos músicos*. Contém a inscrição: D. LVDOVICVS DE CALCINA DECRETORVM DOCTOR CANONICVS S. P. BON. RAEDIFICATOR AVCTORQVE DOMVS ET RESTAVRATOR HVIVS ECCLESIAE FECIT FIERI. P. ME FRANCIAM AVRIFICEM BON. ANNO MCCCCC.

[22] Hoje no Louvre, n.º 1436; as duas figuras ao lado são Maria e João. Contém a inscrição: MAIORA SVSTINVIT IPSE, e a assinatura: FRANCIA AVRIFABER.

[23] O quadro descrito por Vasari está hoje na National Gallery de Londres (n.ºs 179 e 180), assinado como FRANCIA AVRIFEX BONONIENSIS P. Foi pintado para a capela Buonvisi, terminada em 1511. Na igreja de San Frediano de Lucca resta outra pintura de Francia, que representa a *Coroação da Virgem*.

[24] Ambos hoje na Pinacoteca de Bolonha. São uma *Nossa Senhora e santos* (cat. 372, inv. 571), obra da juventude, com a inscrição IOANNES SCAPPVS OB IMMATVRVM LACTANTII FILII OBITVM PIENTISSIME AFFECTVS HOC VIRGINI DIVOQVE PAVLO DICAVIT; e uma *Crucificação com Santa Maria Madalena, São João Evangelista, São Jerônimo, São Francisco e Nossa Senhora*, com a assinatura FRANCIA AVRIFEX, que se suspeita ser apócrifa (Venturi, VII, 3, p. 967, atribui a pintura ao filho de Francia, Giacomo, enquanto Berenson a considera apenas parcialmente autógrafa).

[25] Hoje na Pinacoteca de Bolonha (cat. 80, inv. 589), representa *Nossa Senhora com o Menino Jesus no trono, Santo Agostinho, São Jorge, São João Batista, Santo Estêvão e um anjo*. Obra da juventude.

[26] Do hospital bolonhês de São Francisco provém o painel com *Nossa Senhora no trono entre São Francisco e Santo Antônio de Pádua*, hoje nos Uffizi (n.º 8398), que Berenson considera apenas parcialmente autógrafo.

[27] Da Companhia de São Jerônimo em Miramonte provém a *Anunciação entre São João Batista e São Jerônimo*, hoje na Pinacoteca de Bolonha (cat. 79, inv. 587), datada por Berenson de c. 1508.

[28] O n.º 92 da Pinacoteca de Forlí, datável de c. 1515.

[29] Guidobaldo da Montefeltro, filho de Federico e de Battista Sforza, nascido em 1472, duque de 1482 a 1508.

recebeu por ela. Depois disso fez um painel para o altar de Nossa Senhora da igreja de San Vitale et Agricola, no qual há dois belos anjos tocando alaúde[30]. Não mencionarei os quadros espalhados pelas casas fidalgas de Bolonha, muito menos a infinidade de retratos que ele fez, para não ser excessivamente prolixo. Basta dizer que, enquanto ele vivia em tamanha glória e gozava em paz o fruto de seu trabalho, Raffaello da Urbino achava-se em Roma. Todos os dias este era cercado por muitos estrangeiros, entre os quais diversos fidalgos bolonheses, que procuravam ver suas obras. E, como é costume cada um louvar de preferência o engenho de seus conterrâneos, tais bolonheses começaram a louvar para Raffaello[31] as obras, a vida e a excelência de Francia, de tal modo que tais palavras criaram tanta amizade entre Francia e Raffaello, que estes se cumprimentaram por cartas. Francia, sabedor da grande fama das divinas pinturas de Raffaello, quis ver suas obras, quando, já velho e abastado, gozava a vida em Bolonha. Pouco depois disso, Raffaello fez em Roma, para o Cardeal dos Quatro Santos[32], um painel com Santa Cecília[33] que deveria ser mandado para Bolonha e colocado numa capela em San Giovanni in Monte, onde está a sepultura da Beata Elena dall'Olio. Raffaello encaixotou a obra e mandou-a a Francia que, como amigo, deveria colocá-la sobre o altar da capela, com o ornamento devidamente arranjado. Francia ficou muito feliz por ter a oportunidade de ver as obras de Raffaello, conforme tanto desejava. Depois de abrir a carta enviada por Raffaello, na qual este lhe pedia que, caso encontrasse algum arranhão, o consertasse e, identificando algum erro, o corrigisse como amigo, Francia, com muita alegria e munido de boa luz, pediu que o quadro fosse tirado da caixa. Mas foi tamanho o assombro e tão grande a admiração, que ele, reconhecendo seu erro e a tola presunção de sua crença insensata, foi afligido por uma dor que em brevíssimo tempo o matou. O quadro de Raffaello era divino, não parecia pintado, mas vivo; estava tão bem desenhado e colorido que, mesmo entre as belas obras que ele pintou em vida, todas elas miraculosas, bem poderia ser chamado de raro. Francia, meio morto pelo terror e pela beleza da pintura que tinha diante dos olhos, comparando-a às de sua lavra que eram vistas nas redondezas, muito perturbado ordenou que ela fosse diligentemente posta em San Giovanni in Monte, na capela onde deveria ficar. Caiu de cama poucos dias depois e ficou fora de si, parecendo-lhe que passara a ser quase nulo em arte, diante daquilo que acreditava ser e daquilo que pensavam dele, vindo a morrer de dor e de melancolia. Portanto, ao contemplar tão fixamente a viríssima pintura de Rafael, ocorreu-lhe o mesmo que a Fiviziano ao contemplar sua bela Morte, havendo a propósito o seguinte epigrama:

---

[30] Ainda no local, na primeira capela da esquerda. O painel serve de moldura para uma *Nossa Senhora* mais antiga, de Sano di Pietro. Somente os dois anjos de baixo, que estão tocando alaúde, podem ser considerados de Francia, num período tardio de sua atividade (C. Ricci e G. Zucchini, *Guida di Bologna*, reed., Bolonha, 1968, p. 89).

[31] Cf. sua Vida nas pp. 495-519.

[32] O cardeal dos Quatro Santos Coroados (*Santi Quattro Coronati*) é o florentino Lorenzo Pucci. A capela de Santa Cecília da qual se fala logo abaixo foi construída às suas expensas, a pedido da beata Elena Duglioli Dall'Olio.

[33] É o famoso painel que hoje está na Pinacoteca de Bolonha e representa *São Paulo, São João Evangelista, Santa Cecília, Santo Agostinho e Maria Madalena*. O painel foi solicitado em 1514 por Elena, mulher de Benedetto Dall'Olio, conforme nos dá a saber um documento do convento de San Giovanni in Monte de Bolonha, publicado por F. Filippini, "Raffaello a Bologna", em *La Critica d'Arte*, 1925, p. 227. Cf. o catálogo da exposição, *L'Estasi di Santa Cecilia di Raffaello da Urbino nella Pinacoteca Nazionale di Bologna*, Bolonha, 1983.

ME VERAM PICTOR DIVINVS MENTE RECEPIT;
ADMOTA EST OPERI, DEINDE PERITA MANVS.
DVMQVE OPERE IN FACTO DEFIGIT LVMINA PICTOR,
INTENTVS NIMIVM, PALLVIT ET MORITVR.
VIVA IGITVR SVM MORS, NON MORTVA MORTIS IMAGO,
SI FVNGOR QVO MORS FVNGITVR OFFICIO*.

Segundo alguns, sua morte foi tão súbita, que por muitos sinais pareceu obra de veneno. Francia foi homem sensato, levou vida regular e tinha boa saúde. Recebeu honrosa sepultura dos filhos em Bolonha no ano de MDXVIII[34]. Por suas virtudes, depois foi honrado com o seguinte epitáfio:

CHE PVÒ PIV FAR NATVRA
SE IL BEL DI LEI PIV BELLO HO MESSO IN ATTO?
E QVEL CHE AVEA DISFATTO
LA MORTE E IL TEMPO, VIVE E PER ME DVRA**.

---

* "Ganhei forma na mente de um divino pintor; / Depois sua mão exímia se pôs a trabalhar. / E, quando o pintor fixou o olhar na obra acabada, / Pelo muito trabalho empalideceu e morreu. / Portanto, eu, Morte, estou viva, não sou a imagem morta da Morte, / Se desempenho a função que a Morte executa." [N. da T.]

[34] Francia morreu em 5 de janeiro de 1518, segundo o calendário moderno.

** "Que mais pode fazer a natureza / Se aquilo que há de mais belo nela eu levei a efeito? / E aquilo que foi desfeito / Pela morte e pelo tempo graças a mim vive e perdura." [N. da T.]

Vittore Scarpaccia (Vittore Carpaccio)
e outros pintores venezianos

Todos sabem perfeitamente que, quando começam a surgir em dada província, nossos artistas são seguidos por muitos outros, aparecendo na mesma época um número infinito deles que, exercendo a profissão em concorrência, imitam-se mutuamente; ademais, pelo fato de terem mestres excelentes, cada um defende o seu de todos os modos que conhece e consegue. Mas, considerando-se que muitos estão ligados a um mestre apenas, assim que se separam deste em decorrência do tempo ou da morte, separam-se também as vontades; e assim, cada um, querendo parecer senhor de si, procura mostrar seu valor, como em Veneza ocorreu com Vittore Scarpaccia, Vincenzio Catena, Giovan Battista da Conigliano, Giovannetto Cordelliaghi, Marco Basarini, o Montagnana, que eram venezianos[1] e foram discípulos de Giovan Bellino[2]. Destes, Vittore[3] foi o mais feliz, tendo sido incumbido de fazer para a escola de Santa Úrsula, de San Giovanni e Paolo de Veneza, várias cenas a têmpera em tela com os atos da santa até a sua morte[4]. Soube executar esses trabalhos com tanto valor, que conquistou nomeada, se não de alto e elevado engenho, pelo menos de mestre apto e exímio. Por essa razão, segundo dizem muitos, a nação milanesa o incumbiu de fazer para a capela dos Frades Menores um painel com Santo Ambrósio e outras numerosas figuras[5].

---

[1] Na realidade, esta Vida é um conjunto de breves informações sobre todo um grupo de pintores setentrionais (venezianos, lombardos, brescianos, veroneses), sobre os quais Vasari tinha apenas um vago conhecimento. Foi profundamente modificado na edição de 1568.

[2] Cf. Vida de Jacopo Bellini nas pp. 350-6. Sobre pintores venezianos mais ou menos ligados à arte de Giovanni Bellini, cf. Longhi, *Viatico*, cit., pp. 1-63; Berenson, ed. 1958; Heinemann, *Giovanni Bellini*, cit., com abundante material, mas frequentemente pouco confiável.

[3] Vittore Scarpazza ou Carpaccio, nascido em torno de 1465, provavelmente morreu no fim de 1525. Ao lado de Bellini, é o maior pintor veneziano do fim do século XV, que se dedicou a extrair jogos sutis e mágicos da ciência da perspectiva. Sobre ele, cf. R. Lunghi, "Per un catalogo delle opere di Vittore Carpaccio", em *Vita Artistica*, 1932, pp. 14-113; G. Fiocco, *Carpaccio*, Novara, 1958; J. Lauts, *Carpaccio*, Londres, 1962; P. Zampetti, *Vittore Carpaccio*, Veneza, 1966; M. Muraro, *Carpaccio*, Florença, 1966; V. Sgarbi, *Carpaccio*, Bolonha, 1979. Em Veneza foi dedicada uma exposição a Carpaccio: cf. P. Zampetti (org.), *Vittore Carpaccio*, catálogo da exposição, Veneza, 1963.

[4] As oito telas e o retábulo do altar executados por Carpaccio para a Escola de Santa Úrsula hoje estão na Galeria da Academia de Veneza (n.ºs 95-103). A *Chegada de Santa Úrsula a Colônia* (n.º 101) tem a data MCCCC.LXXXX M. SEPTEMBRIS. O *Martírio dos peregrinos* e *Funeral de Santa Úrsula em Erio* (n.º 98) e o *Sonho de Santa Úrsula* ostentam a data MCCCCLXXXXV. O retábulo do altar com a *Apoteose de Santa Úrsula e companheiras* (n.º 103) ostenta a data MCCCCLXXXXI, mas certamente foi feito ou retocado pelo artista em período posterior, durante a primeira década do século XVI, como mostram os traços estilísticos.

[5] Ainda no local, não é obra de Carpaccio; foi iniciado por Alvise Vivarini em 1503 e terminado por

Enquanto ele viveu, foi grande sua concorrência com Vincenzio Catena[6], que, além das pinturas que fez em seu tempo, dedicou-se muito aos retratos e, entre outros, fez um de um alemão[7], pessoa insigne na sua época que morava no Fondaco; trata-se de uma pintura muito viva que lhe granjeou grande consideração, pois ninguém acreditaria poder ver tanta qualidade.

Desse modo, Giovan Batista da Conigliano[8], discípulo de Giovan Bellino, incentivado por tais exemplos e não querendo parecer menor que estes, fez muitas obras de pintura em Veneza, difundiu seu nome e fez-se conhecer por artista talentoso. Em especial, cabe mencionar de sua lavra um São Bento e outros santos com um menino a pôr cordas num alaúde[9], para o convento das freiras de Corpus Domini de Veneza.

Marco Bassarini[10] também teve fama de bom pintor naquele tempo. Em San Francesco della Vigna, Veneza, fez um painel com uma Deposição da cruz[11]. Embora tivesse nascido em Veneza, seus pais eram gregos que tinham ido morar ali.

Na mesma época, Giannetto Cordelliaghi[12] também era considerado bom pintor, dotado de suavidade e delicadeza. Fez muitos quadros para aposentos particulares, além de muitas outras pinturas. Foi emulado por Montagnana[13], que pintou em Veneza; em Pádua fez um painel para a igreja[14] de Santa Maria di Monte Artone. Também entre eles se conta o escultor florentino Simon Bianco[15] que, optando por morar em Veneza, ali fez algumas coisas, como certos bustos de mármore que foram envia-

---

Marco Basaiti (cf. G. Lorenzetti, *Venezia e il suo estuario*, Roma, 1956, p. 556). Representa *Santo Ambrósio no trono entre santos e anjos* e, no alto, a *Coroação da Virgem*.

[6] Vincenzo di Biagio Catena, provavelmente nascido por volta de 1480, foi fortemente influenciado por Bellini e Giorgione. Morreu em 1531. Cf. G. Robertson, *Vincenzo Catena*, Edimburgo, 1954.

[7] "Un Tedesco de Fucheri", como esclarece Vasari na edição de 1568; o retrato de Raimond Fugger, obra tardia de Catena, foi destruído em 1945 no incêndio dos Museus de Berlim, onde levava o n.º 32.

[8] Giovanni Battista Cima da Conegliano (c. 1459-c. 1517) deriva de Antonello da Messina e de Giovanni Bellini. Depois de Bellini e Carpaccio, certamente foi o artista mais autêntico de Veneza no fim do século XV, com seu pessoal "classicismo rústico" e seu senso de nítido torneamento das coisas. Sobre ele, cf. L. Menegazzi, *Cima da Conegliano*, Treviso, 1981; P. Humfrey, *Cima da Conegliano*, Cambridge, 1983.

[9] É o n.º 176 da Pinacoteca de Brera em Milão, que representa *São Pedro Mártir entre São Nicolau e São Bento e um anjo músico*. O retábulo, assinado JOANIS BAPTISTA CIMA | CONEGLIANIS, foi pintado depois de 1504. A moldura foi paga em abril de 1506.

[10] Esse pintor reaparece na edição de 1568, na qual é acrescentado certo Marco Bassiti. Mas ambos os nomes devem ser atribuídos ao pintor Marco Basaiti, cuja primeira obra datada é de 1496. Ativo até 1530, aproximadamente, pautou-se sobretudo por Bellini e Carpaccio, mas foi depois influenciado também por Giorgione. Sobre ele, cf. E. Bassi, "Basaiti, Marco", em *Dizionario biografico degli italiani*, vol. VII, cit., pp. 53-5; M. Lucco, "Basaiti: un dipinto ritrovato e un consuntivo", em *Paragone*, n. 297 (1974), pp. 41-55.

[11] G. Moschini, *Itinéraire de Venise*, 1819, p. 27, que ainda o viu no local, descreve-o como um Cristo morto soerguido pelas Marias e por São João, motivo que, entre as muitas *Piedades* pintadas por Basaiti, corresponde sobretudo à do Museu Dobrée de Nantes.

[12] Andrea Previtali assinava-se ANDREAS CORDELLE AGI IOANIS BELLINI DISCIPVLVS, donde o nome Giannetto (pequeno Giovanni), citado por Vasari. Sua primeira obra data de 1502; morreu em 7 de novembro de 1528. Foi influenciado tanto por seu mestre quanto por Lorenzo Lotto.

[13] Jacopo Parisetti da Montagnana (c. 1440-43-1499) é documentado em Pádua desde 1458-61: seguidor de Mantegna e dos Bellini. Vasari confunde-o com o vicentino Bartolomeo Montagna (sobre ele, cf. L. Puppi, *Bartolomeo Montagna*, Veneza, 1962), como se vê claramente na edição de 1568. Sobre esse artista, cf. Moschetti, *Di Jacopo da Montagnana*, cit.; P. Sambin, "Nuovi documenti per la storia della pittura in Padova dal XIV al XVI secolo", em *Bollettino del Museo Civico di Padova*, 1962, pp. 99-126.

[14] De Jacopo Montagnana existe em Santa Maria di Monte Ortone, nas proximidades de Pádua, um ciclo de afrescos assinado, de 1494-96.

[15] Temos informações dele de 1512 a 1553.

dos à França por mercadores venezianos[16]. Também cabe mencionar Talio Lombardo[17], exímio entalhador.

Nessa província e na Lombardia houve muitos pintores e escultores, mas, como não vi muitas coisas importantes de sua lavra, não me estenderei em suas vidas; contudo, para mostrar que não os esqueci, tratarei sucintamente deles. E assim faço não por deixar de conhecer o princípio, o meio e o fim do que fizeram, tal como sei dos outros, mas porque não me parece valer a pena tratar de quem ainda não morreu ou de quem não tenha beneficiado e honrado especialmente as artes. Direi, pois, que na Lombardia foram excelentes os escultores Bartolomeo Clemento da Reggio[18] e Agostino Busto[19]; no entalhe, o milanês Iacopo d'Avanzo[20] e Gasparo e Girolamo Misuroni[21]. Cabe mencionar que em Brescia a arte foi exercida por Vincenzio Verchio[22], exímio e talentoso nos afrescos; graças às suas belas obras, granjeou nomeada em Brescia, sua pátria. O mesmo ocorreu com Girolamo Romanino[23], muito exímio na pintura e bom desenhista, como se vê claramente nas obras que fez em Brescia e em muitas milhas ao redor. Não fica atrás destes, aliás até os supera, Alessandro Moretto[24], delicadíssimo nas cores e diligente pintor, como se vê nas obras limpas e merecidamente louvadas que executou. Em Verona a pintura também floresceu por muito tempo; já

---

[16] Desses bustos restam dois no Louvre (nºˢ 694 e 695) e um no castelo de Compiègne, assinados em grego "Simon Leukos Venetos Epoiei" (cf. E. Camesasca [org.], *Lettere sull'arte di Pietro Aretino*, vol. III, tomo II, Milão, 1960, pp. 299-300).

[17] Ou seja, Tullio Lombardo, o mais importante escultor veneziano entre os séculos XV e XVI. Filho de Pietro di Martino da família dos Solari, chamados de Lombardi por sua origem de Carona, nasceu por volta de 1455 e foi aluno e colaborador do pai. Entre outras coisas, fez em Pádua os altos-relevos da capela da Arca do Santo (1500-02). Morreu em 17 de novembro de 1532. Sobre ele, cf. Pope-Hennessy, *Italian*, cit., pp. 340-3, que também contém uma bibliografia completa sobre o artista.

[18] Bartolomeo di Clemente Spani, ourives, escultor e arquiteto, mencionado pela primeira vez em 1494 e morto talvez em 1525, realizou entre outras coisas os bustos de prata de São Prosdócimo e Santa Justina na igreja de Pádua a eles consagrada (Milanesi, 1878, III, p. 652).

[19] É o escultor milanês Agostino Busti ou de Busto (nascido, de fato, em Busto Arsizio), também chamado Bambaia (1483-1548), mencionado pela primeira vez em 13 de janeiro de 1512. Sobre ele, cf. G. Nicodemi, *Agostino Busti detto il Bambaia*, Milão, 1945.

[20] "Não se conhecendo nenhum entalhador milanês chamado Jacopo Davanzo, Bottari (*Raccolte di lettere sulla Pittura, Scultura e Architettura*, Roma, 1754-83) acreditou que caberia ler Jacopo da Trezzo. Mas Vasari talvez quisesse mencionar Niccolò Davanzo, ou Avanzi, célebre entalhador veronês" (Milanesi, III, p. 652).

[21] O sobrenome deles era Messeroni. Vasari voltará a falar deles na Vida de Valerio Vicentino, p. 600, nota 13.

[22] Vincenzo Civerchio, nascido em Crema por volta de 1470, mas ativo sobretudo em Brescia, morreu em 1544. Aluno de Foppa, também foi influenciado por Butinone, Zenale e depois por Leonardo e Romanino (cf. M. L. Ferrari, "Lo pseudo Civerchio e Bernardo Zenale", em *Paragone*, n. 127 [1960], pp. 34-69; id., "Ritorno a Bernardo Zenale", ibid., n. 157 [1963], pp. 14-29; A. Peroni, "Vincenzo Civerchio e la scultura lignea lombarda", em *Arte Lombarda*, 1962, pp. 60-9).

[23] Girolamo di Romano, vulgo Romanino, nasceu por volta de 1485 em Brescia. Sua primeira obra datada é de 1510; formou-se na linha de Giorgione e Ticiano jovem, mas depois também foi influenciado por Aspertini e Pordenone. Morreu entre 1559 e 1561 (M. L. Ferrari, *Il Romanino*, Milão, 1961; G. Panazza [org.], *Mostra di Girolamo Romanino, Catalogo*, Brescia, 1965).

[24] Alessandro Bonvicino, vulgo Moretto da Brescia (1498-1554), é um dos maiores pintores "provinciais" do século XVI. Sua figuração, situada entre a cultura veneziana e o classicismo centro-italiano, é continuamente permeada pela humilde atenção aos dados naturalísticos das coisas que, em conjunto com a arte de Savoldo, abre caminho para o naturalismo caravaggiano (R. Longhi, "Cose bresciane del '500", em *L'Arte*, 1917, pp. 99-114, reeditado em Longhi I/I, pp. 327-43; G. Gombosi, *Moretto da Brescia*, Basileia, 1943; C. Boselli, *Il Moretto*, Brescia, 1954).

fiz menção a Stefano na vida de Agnolo Gaddi[25], mas tal fato pode ser verificado pelas belíssimas pinturas feitas para os Senhores da Scala por Aldigieri da Zevio[26], pintor exímio e esmerado; de sua lavra também se vê a sala do Palácio do Podestade, executada com grande brio. Nos nossos tempos coloriram bem Francesco Caroto[27] e Mestre Zeno Veronese[28]; este fez um painel de São Marinho[29] em Arimini, além de outros dois painéis, tudo muito diligente. Mas quem fez figuras mais admiráveis do que todos os outros de qualquer outro lugar foi o mouro veronês chamado Francesco Turbido[30], como se vê hoje em Veneza em casa de Monsenhor dos Martini, num retrato de um fidalgo de Ca' Badovaro, representado por ele num pastor[31] que parece mais que vivo e resiste à comparação com tudo o que foi feito naquela região, além das outras obras que ali se veem. É seguido por Batista d'Angelo, seu genro[32], que o supera em muito no colorido, no desenho e na diligência. Mas, como uma parte destes ainda está viva e talvez ainda venha a produzir coisas muito melhores, é possível que outro punho e tino mais firme venha a render-lhes os louvores que eu não lhes soube dar, tratando suas vidas desta maneira. Também não me preocupa dizer onde ou quando morreram os que já partiram, nem quanto ganharam, visto que eles naquela província se contentaram em trabalhar, viver e morrer com comodidade.

---

[25] Cf. nota 9, p. 142.

[26] O famoso Altichiero, mencionado nos documentos veroneses de 1369 a 1384, é autor da *Crucificação* da capela de São Tiago na igreja do Santo em Pádua (saldo do pagamento em 1379) e dos afrescos do oratório de San Giorgio também em Pádua (1384). Estes últimos suscitam uma questão sobre a colaboração de um pintor de nome Avanzo. Sobre ele, cf. E. Sandberg-Vavalà, *La pittura veronese del Trecento e del primo Quattrocento*, Verona, 1926, pp. 145-55, 156-89; catálogo da exposição veronesa *Da Altichiero a Pisanello*, Veneza, 1958; G. Fiocco, "La rivincita di Altichiero", em *Il Santo*, 1963, pp. 283-326; G. L. Mellini, *Altichiero e Jacopo Avanzi*, Milão, 1965; id., *Altichiero (Verona 1335-1397)*, Verona, 1974; R. Simon, "Altichiero versus Avanzo", em *Papers of the British School at Rome*, 1977, pp. 252-71.

[27] Giovanni Francesco Caroto, veronês, nascido por volta de 1480 e morto em 1555, foi aluno de Liberale e depois, em Mântua, de Mantegna; foi influenciado também por Bonsignori, Catena, Francia, Costa e, no último período, Rafael. Sobre ele, cf. M. T. Franco Fiorio, *Giovan Francesco Caroto*, Verona, 1971.

[28] Zenone, nascido em 1484 em Beverara di Verona, ativo em Salò, Rimini, Padenghe, Cavriana etc., morreu entre 1552 e 1554. "Esse pintor formou-se no ambiente veronês do fim do século XV e orientou-se mais tarde em direção a Palma, Ticiano, Giorgione, talvez mediados por seus seguidores em terra firme" (F. Zeri, "Note su quadri italiani all'estero", em *Bollettino d'Arte*, 1949, pp. 21-30).

[29] Zenone esteve em Rimini de 1521 a 1524. Uma pintura sua, representando *São Marinho*, outrora na igreja de San Bartolomeo daquela cidade, agora se encontra em Spoleto, na capela de Leão XII.

[30] Francesco Torbido, vulgo o Mouro, nascido em Veneza em 1486 e morto em Verona em 1562, foi aluno de Liberale, sendo depois influenciado por Giorgione, Ticiano e Giulio Romano. Um estudo aprofundado sobre ele foi feito por M. Repetto Contaldo, "Francesco Torbido detto il Moro", em *Saggi e Memorie di Storia dell'Arte*, 1984, pp. 43-76.

[31] Costumeiramente identificado com o n.º 93 do Museu Cívico de Pádua (cf. L. Grossato, *Il Museo Cívico di Padova*, Veneza, 1957, pp. 166-68).

[32] Battista d'Angelo, vulgo Battista del Moro, pintor e gravador veronês, atuou na segunda metade do século XVI.

Pietro Perugino, pintor

O benefício que a pobreza representa para os engenhos de qualquer espécie e a força que ela tem para torná-los perfeitos e atingir os mais elevados graus da excelência são coisas que se mostram claramente nas ações de Pietro Perugino[1]. Este, fugindo das calamidades de Perúgia e indo para Florença com o desejo de elevar-se por meio de seus talentos, passou muitos meses a dormir numa arca por não ter outro leito. Da noite fez dia e com enorme fervor dedicou-se ininterruptamente ao estudo de seu mister. Habituando-se a este, não conhecia outro prazer senão o de sempre labutar na arte e sempre pintar. Tendo incessantemente diante dos olhos o terror da pobreza, fazia para ganhar o sustento coisas que talvez não aceitasse caso tivesse com o que se manter. A riqueza ter-lhe-ia fechado os caminhos para a excelência por meio do talento tanto quanto a pobreza os abriu por meio do aguilhão da necessidade, pois ele desejava sair de posição tão mísera e baixa e, caso não pudesse atingir um grau supremo, que pelo menos tivesse com o que se sustentar. Por isso, nunca se preocupou com frio, fome, desconforto, incômodos, canseira ou vergonha para poder viver algum dia com larguza e repouso, dizendo sempre e quase que proverbialmente que, depois dos tempos ruins, só podem vir tempos bons, e que, quando o tempo é bom, construímos casas para podermos ficar abrigados na necessidade. Mas, para que seja mais bem conhecida a evolução desse artista, começarei do princípio, dizendo que, segundo é público e notório, na cidade de Perúgia nasceu de gente pobre um filho que foi batizado com o nome de Pietro[2]. Este, criado em meio à miséria e à carência, foi dado pelo pai a um pintor de Perúgia[3] para trabalhar como contínuo; esse pintor não era muito ta-

---

[1] "Da mesma idade" de Leonardo da Vinci (nascido em 1452), segundo Giovanni Santi, Pietro Perugino nasceu em Città della Pieve, filho de Cristoforo di Pietro di Giovanni (Vanni, Vannuccio) e Lucia Berti. Em 1472 está documentado em Florença, onde se concentrou sua atividade pelo menos até o fim do século, com viagens à Úmbria e a Roma. Depois dirigiu-se a Perúgia, e sua atividade tardia é dedicada a regiões periféricas da Úmbria. Morreu em Fontignano em 1523. A crítica moderna atribuiu à sua atividade juvenil um grupo de belíssimas pinturas de cunho verrocchiano, que se coadunam com algumas das *Pequenas cenas de São Bernardino* da Pinacoteca de Perúgia (1473). Mas a fama de Perugino está ligada sobretudo à sua fórmula de classicismo "pré-rafaeliano", constituído por simetrias e cadências rítmicas extremamente simples e elementares, a tal ponto que às vezes correm o risco de incidir na repetição mecânica. Sobre Perugino, cf. W. Bombe, *Perugino*, Stuttgart-Berlim, 1914; U. Gnoli, *Pietro Perugino*, Spoleto, 1923; C. Gamba, *Pittura Umbra del Rinascimento*, Novara, 1949, pp. 30-1; E. Camesasca, *Tutta la pittura del Perugino*, Milão, 1959; F. Zeri, "Il Maestro dell'Annunciazion Gardner", em *Bollettino d'Arte*, 1953, pp. 31 ss.; F. Santi, "Perugino", em *Enciclopedia universale dell'Arte*, vol. X, cit., col. 559-65; P. Scarpellini, *Perugino*, Milão, 1984.

[2] Cf. nota anterior.

[3] "Pertus Cristoferi Vannuccioli" é mencionado em Perúgia em 1469, mas considera-se que ali tenha morado desde 1466.

lentoso, mas sentia grande veneração pela arte e pelos homens que nela primavam, dizendo sempre a Pietro que quem sobressai na pintura sempre recebe bons ganhos e muitas honrarias. E, descrevendo-lhe as recompensas obtidas tanto pelos antigos quanto pelos modernos, incentivava Pietro ao estudo, animando-o de tal maneira, que ele se persuadiu de que, caso a sorte o ajudasse, seria um deles. Por isso, tinha o costume de perguntar com frequência a quem tivesse viajado pelo mundo em que lugar estavam os melhores daquela arte. Perguntava-o em especial a seu mestre, e este lhe respondia sempre da mesma maneira, ou seja, que em Florença, mais do que em qualquer outro lugar, havia homens perfeitos em todas as artes, especialmente na pintura. Isto porque em tal cidade são eles incentivados por três coisas: uma delas é a crítica, praticada amiúde e por muitos, pois aquele clima cria engenhos naturalmente livres, que não se contentam com obras medíocres, porém cada vez mais as consideram em termos de bom e de belo, sem levar em conta quem as fez; em segundo lugar, quem quiser sobreviver precisa ser industrioso, o que significa aplicar continuamente o engenho e o tino, sendo hábil e expedito no que faz, e saber ganhar dinheiro, pois Florença não tem território vasto e abundante, capaz de sustentar seus habitantes com pouco, como ocorre nos lugares onde se encontram coisas boas em quantidade; a terceira coisa, talvez não menos importante que as outras, é a ambição gerada naqueles climas, pois em virtude dela os homens de espírito não querem ver-se em pé de igualdade (muito menos em condição de inferioridade) com os que são homens como eles, ainda que os reconheçam por mestres; assim, é tamanha a força com que desejam engrandecer-se, que, se não forem benévolos ou sensatos por natureza, acabarão por tornar-se maledicentes, ingratos e desagradecidos dos benefícios que recebem. É bem verdade que quem ali aprende o suficiente, se não quiser viver o dia a dia como os animais e desejar ficar rico, precisará sair de lá e vender fora a boa qualidade de suas obras e a reputação da cidade, como fazem os doutores de nosso estudo. Porque Florença faz com seus artistas aquilo que o tempo faz com todas as coisas, ou seja, desfaz o que está feito e tudo consome pouco a pouco. Portanto, movido por tais advertências e pela persuasão de muitos, Pietro partiu para Florença[4] com a ambição de tornar-se excelente; e conseguiu, visto que em seu tempo tudo o que fez foi sumamente apreciado.

Estudou sob a disciplina de Andrea Verrocchio[5], e pintou as primeiras figuras fora da Porta al Prato na igreja de San Martino, convento de freiras hoje arruinado pelas guerras; para os Camáldulos fez um São Jerônimo em afresco, então muito estimado pelos florentinos e mencionado com louvor. Em poucos anos adquiriu tanto crédito, que suas obras se espalharam não só por Florença, mas por toda a Itália, a França, a Espanha e por muitos outros países para onde foram mandadas. Assim, visto que suas obras ganhavam reputação e valor, os mercadores começaram a tirar proveito delas e a mandá-las para diversos países, com lucros e ganhos excessivos. Para as freiras de Santa Chiara fez um painel com um Cristo morto[6], que ostenta um colorido tão bonito e novo, de tons tão vivazes, que se confirmou a opinião dos artistas, de que ele era admirável e excelente. Porém muito mais célebre e admirado tornou-se entre os

---

[4] Pietro Perugino inscreveu-se em 1472 na Companhia de São Lucas em Florença, e tudo indica que morava nessa cidade havia pelo menos um ano.

[5] Cf. sua Vida na p. 362.

[6] Obra mencionada também por Albertini, está hoje na Galeria do Palácio Pitti, nº 164. Está assinada e datada como PETRVS PERVSINVS PINXIT A. D. M. CCCC. | LXXXXV.

outros povos, que, vendo a novidade de sua maneira quase moderna, exaltaram-no com infinitos louvores. Nessa obra veem-se algumas belíssimas cabeças de velhos e também belas Marias que, parando de chorar, contemplam o morto com espanto e extraordinário amor; também a paisagem foi considerada excelente. Conta-se que Francesco del Pugliese quis dar às freiras o triplo de dinheiro que elas haviam pago a Pietro, para que elas lhe encomendassem outra obra semelhante, mas que elas não concordaram, pois Pietro teria dito que não acreditava poder fazer outra equiparável. Fora da Porta a Pinti, no convento dos frades Jesuatos – arrasado durante o cerco de Florença –, fez muitas obras[7] para um prior seu amigo; delas restaram apenas as que foram feitas sobre madeira: um Cristo no Jardim das Oliveiras com os Apóstolos adormecidos[8], obra na qual Pietro mostrou como o sono é valioso contra as preocupações e os desgostos, pois os representou dormindo à vontade, num estilo fresco e gracioso; e um painel com uma Piedade rodeada de quatro figuras[9], tão boa quanto as outras que fez: nos braços de Nossa Senhora pintou um Cristo morto, transido como se, tendo ficado muito tempo na Cruz, tivesse sofrido os efeitos da posição e do frio; o Cristo é amparado e sustentado por São João e por Madalena que, muito aflitos, pranteiam a morte do Senhor. Fez outro painel que contém um Crucifixo com Madalena e, embaixo, São Jerônimo, São João Batista e o beato João Colombino[10], fundador de tal Ordem[11], tudo com infinita diligência. Assim, sendo suas obras muito recomendadas pelos florentinos, Perugino fez para um prior daquele convento, pessoa que se deleitava com a arte, um afresco no primeiro claustro com uma Natividade e os Magos, tudo com muitos pormenores, grande beleza, asseio e perfeito acabamento, em que se vê um número infinito e variado de semblantes retratados do natural, entre os quais está Andrea del Verrocchio, seu mestre. No referido pátio fez um friso sobre os arcos das colunas com cabeças que parecem vivas, uma das quais a do prior, trabalhada com tanta vivacidade e boa fatura, que os mais exímios artistas a consideraram a melhor coisa que Pietro jamais fez. Em seguida, em outro claustro, acima da porta que levava ao refeitório, pintou uma cena em que o papa Bonifácio confirma o hábito do beato João Colombino, com uma belíssima perspectiva, ciência em que Pietro se deleitou sobremodo, estudando-a ininterruptamente. Além dessa cena começou uma outra com a Natividade de Cristo, alguns anjos e pastores, cujo colorido é muito natural; acima da porta de um oratório, num convento, fez um arco com três meias-figuras: Nossa Senhora, São Jerônimo e o beato João, tudo com tão boa maneira, que, entre todas as obras que fez em afresco, essa era considerada a de mais indubitável excelência. Ficou tão famoso o nome de Pietro, que ele foi obrigado a pintar na igreja de San Francesco em Siena um grande painel[12] considerado muito louvável; na mesma cidade, na igreja

---

[7] Na edição de 1568, Vasari dedica, neste ponto, uma longa digressão à igreja e ao convento de San Giusto alle Mura, que em 1529 foi abandonado pelos Jesuatos, que se mudaram em 1531 para o convento de San Giovanni Battista della Calza. As obras de Perugino são mencionadas também por Albertini.

[8] Hoje na Galleria degli Uffizi, n.º 8367, datável em torno de meados da última década do século XV.

[9] Hoje nos Uffizi, n.º 8365, depois de várias vicissitudes, em virtude das quais sofreu danos e más restaurações. Datável de pouco antes da pintura tratada na nota anterior.

[10] Hoje nos Uffizi, n.º 3254; provavelmente obra dos anos 80 (cf. Bombe, *Perugino*, cit., p. 23; Gamba, *Pittura*, cit., pp. 30-1). Não tem fundamento a hipótese de uma colaboração de Signorelli.

[11] O beato Giovanni Colombini fundou mais ou menos em 1360 a ordem dos frades Jesuatos, ou clérigos apostólicos de São Jerônimo, reconhecidos por Urbano V em 1367.

[12] Era uma *Nossa Senhora e santos* pintada por Perugino em torno de 1506-08, destruída no incêndio de 1665.

de Santo Agostino, pintou outro painel com um Crucifixo e alguns Santos[13]. Pouco depois, na igreja de San Gallo em Florença, fez um painel com São Jerônimo em penitência, que hoje está em San Iacopo tra' Fossi, lugar onde residem os referidos frades, próximo do Canto degli Alberti. Foi-lhe encomendado um Cristo morto com São João e Nossa Senhora no alto da escada da porta que dá para San Pier Maggiore[14], e o fez de tal maneira que, ainda que exposto à água e ao vento, conservou-se com o mesmo frescor que teria se tivesse sido recém-terminado por Pietro. Sem dúvida, Pietro conheceu profundamente as cores, tanto as de afresco quanto as da pintura a óleo; isso lhe devem todos os bons artistas que, por meio dele, passaram a conhecer a luminosidade que se vê em suas obras. Na igreja de Santa Croce, da referida cidade, pintou uma Piedade com o Cristo morto nos braços, mais duas figuras que causam grande admiração, não só por sua qualidade, mas também pelo fato de se manter vivo e novo o colorido do afresco. O cidadão florentino Bernardino de' Rossi encomendou-lhe um São Sebastião para enviar à França, pelo preço de cem escudos de ouro; essa obra foi vendida por Bernardino ao rei da França por quatrocentos ducados de ouro. Pintou um retábulo de altar-mor[15] em Valle Ombrosa e outro para a Cartuxa de Pavia[16]. Para o cardeal Caraffa de Nápoles pintou um retábulo para o altar-mor do episcopado, com uma assunção de Nossa Senhora e os Apóstolos admirados ao redor do sepulcro[17]. E, para o abade Simone de' Graziani, em Borgo San Sepolcro, fez um grande painel[18], que foi levado de Florença para San Gilio del Borgo sobre os ombros de carregadores, com enorme despesa. Mandou para San Giovanni in Monte, em Bolonha, um painel com algumas figuras em pé e uma Nossa Senhora nos ares[19]. E, como a fama de Pietro se espalhasse por toda a Itália e fora dela, ele foi levado gloriosamente a Roma pelo pontífice Sisto IV, a fim de trabalhar na sua capela em companhia dos outros excelentes artistas[20]; ali pintou a cena em que Cristo dá as chaves a São Pedro, em com-

---

[13] Ainda na igreja de Sant'Agostino de Siena, esse painel foi encomendado a Perugino em 4 de agosto de 1502; o primeiro pagamento é de 6 de agosto de 1503; foi terminado em junho de 1506.

[14] Transferido com o muro para o Palácio Albizi em 1785; em 1880 foi transportado para tela e vendido a um estrangeiro, perdendo-se. Dele existe uma gravura ("Johannes Ottaviani sculpsit 1787 – Petrus Peruginus pinxit") e uma fotografia reproduzida por Berenson (fig. 1103).

[15] Hoje na Galeria da Academia de Florença, n°. 8366, representa a *Assunção com São João Gualberto, São Bernardo dos Uberti, São Bento e São Miguel*. O quadro está assinado e datado: PETRVS . PERVSINVS . PINXIT . A. D. MCCCCC.

[16] Em 1496 os cartuxos, aconselhados por Ludovico, o Mouro, incumbem Perugino (a quem o duque de Milão solicitara a realização da obra em maio de 1499) da execução de um políptico, do qual subsiste no local *Eterno em Glória*, enquanto *Nossa Senhora adorando o Menino Jesus, São Miguel, o Arcanjo Rafael com Tobiolo* estão na National Gallery de Londres, n°. 288. Dois painéis com as figuras da *Anunciação* se perderam em decorrência das pilhagens de Napoleão.

[17] Ainda na Catedral de Nápoles, datável de aproximadamente 1506, com grandes intervenções de ajudantes.

[18] Ainda na Catedral de Borgo San Sepolcro, representa a *Assunção*, obra de oficina. Considera-se que foi executado antes de 1509 porque naquele ano morreu o abade Simone Graziani, reitor da abadia dos camáldulos.

[19] Ou seja, *Nossa Senhora com o Menino Jesus em glória, São Miguel Arcanjo, Santa Catarina de Alexandria, Santa Apolônia e São João Evangelista*, hoje na Pinacoteca de Bolonha (cf. Emiliani, *La Pinacoteca*, cit., n°. 114). Assinado na roda de Santa Catarina como PETRVS PERVSINVS PINXIT; é datável de aproximadamente 1495-96.

[20] A atividade de Perugino na Capela Sistina, mencionada também pelo Anônimo Magliabechiano, deve ser situada entre 27 de outubro de 1481 e 5 de outubro de 1482 (sobre os afrescos quatrocentistas da Capela Sistina, cf., na Vida de Cosimo Rosselli, a nota 9 da p. 358).

panhia de dom Pietro della Gatta, abade de San Clemente em Arezzo[21]; também pintou a natividade, o batismo de Cristo e o nascimento de Moisés, quando este é recolhido no cesto pela filha do Faraó. Na mesma parede do altar fez um painel com a assunção de Nossa Senhora, retratando o papa Sisto de joelhos[22]. Mas essas obras foram derrubadas para a construção da parede com o Juízo Final, do divino Michele Agnolo, no tempo do papa Paulo III[23]. Fez pinturas numa abóbada da torre Borgia, no palácio do Papa, executando alguns medalhões com cenas de Cristo e folhagens em claro-escuro[24], que em seu tempo tinham fama de ser excelentes. Também em Roma, na igreja de San Marco, fez uma cena com dois Mártires ao lado do Sacramento. Visto que essas obras lhe renderam enorme quantidade de dinheiro, decidiu não permanecer em Roma e partiu com os favores de toda a Cúria, voltando para Perúgia, sua pátria; lá, fez muitos painéis e afrescos em toda a cidade. Depois, voltando a Florença, fez para os Monges de Cestello um painel com São Bernardo[25] e, no capítulo, um Crucifixo com São Bento e São Bernardo, Nossa Senhora e São João[26]. Na igreja de San Domenico de Fiesole fez um painel com uma Nossa Senhora e três figuras, entre as quais há um São Sebastião que foi louvadíssimo[27]. Pietro trabalhara tanto e tinha tantas encomendas, que sempre fazia as mesmas coisas; e o ensinamento de sua arte se reduzia tanto a uma só maneira, que todas as figuras por ele compostas tinham as mesmas feições. Estando já Michele Agnolo Buonarroti em atividade, Pietro desejava muito ver as figuras por ele pintadas, em decorrência da fama que ele tinha entre os artistas; e, vendo-se ocultado pela grandeza daquele nome que já desde o princípio fora conquistado, Pietro procurava ofender todos os artistas com palavras mordazes. Com isso, além de ser alvo de algumas indignidades por parte de certos artistas, acabou merecendo de Michele Agnolo a acusação pública de ser ruim em arte. Mas Pietro, não conseguindo suportar tanta infâmia, recorreu à magistratura dos Oito, perante a qual compareceram os dois. Michele Agnolo, vituperando-o para sua desonra, pois era soberbo, foi-se embora dali. Ocorre que os frades da igreja dos Servi de Florença desejavam que o retábulo de seu

---

[21] A colaboração de Bartolomeo della Gatta (sobre ele, cf. Vida na p. 368) nesse célebre afresco provavelmente ocorreu nos dois apóstolos que estão imediatamente atrás de Cristo (cf. Venturi, VII, 2, p. 422).

[22] Do contexto depreende-se que Perugino pintara a parede do altar, nela representando a *Assunção* no centro (da qual existem remanescentes num desenho que se encontra na Albertina de Viena) e, ao lado, a *Natividade de Cristo* e o *Achamento de Moisés*. O *Batismo de Cristo*, ainda existente no começo da parede direita, é citado também logo depois da *Natividade*, por conveniência de redação. Esse afresco, juntamente com o que está à sua frente, com a *Viagem de Moisés*, na realidade é obra mais ou menos autógrafa de Perugino, a quem cabe atribuir, além da *Entrega das chaves* e algumas figuras de papas existentes nos nichos do alto, também a parte da extremidade esquerda do afresco com os *Últimos dias de Moisés*; sobre ele, cf. Vida de Bartolomeo della Gatta, nota 8, p. 369.

[23] Michelangelo começou o *Juízo Universal* em maio de 1536 (cf. sua Vida, p. 733, nota 118).

[24] A "torre Borgia" é a atual Sala do Incêndio de Borgo, ou seja, uma das Salas de Rafael no Vaticano, em cuja abóbada ainda existem os afrescos que Perugino fez provavelmente em 1508, já citados em 1510 por Albertini.

[25] Um painel com a *Aparição da Virgem a São Bernardo* encontra-se na Alte Pinakothek de Munique (W.A.F. 764): foi realizada em 1489 por Perugino para uma capela da igreja de Santa Maria di Cestello (atualmente Santa Maria Maddalena dei Pazzi). Cf. A. Luchs, *Cestello a Cistercian Church of the Florentine Renaissance*, Nova York, 1977, p. 345.

[26] O afresco ainda existe no ex-convento de Santa Maria Maddalena dei Pazzi. Também mencionado por Albertini, foi encomendado a Perugino em 20 de novembro de 1493; terminado antes de 20 de abril de 1499.

[27] Hoje nos Uffizi, n.º 1435. É uma Nossa Senhora com o Menino Jesus entre São João Batista e São Sebastião, com a inscrição: PETRVS PERVSINVS | PINXIT AN(NO) M. CCCC / LXXXXIII.

altar-mor fosse feito por pessoa famosa, mas, visto que Lionardo da Vinci fora para a França, o trabalho foi entregue a Filippino. Este, depois de ter feito a metade de um dos dois painéis que o compunham, passou desta vida para a outra, motivo pelo qual os frades, que confiavam em Pietro, encomendaram-lhe a totalidade do trabalho[28]. No painel que representava Cristo deposto da Cruz, Filippino terminara a parte em que os Nicodemos O tiram da cruz, e Pietro deu prosseguimento, abaixo, com o desmaio de Nossa Senhora e algumas outras figuras. Nessa obra havia dois painéis, um que ficaria voltado para o coro dos frades e outro, para o corpo da igreja; atrás do coro deveria ser colocada a Deposição da Cruz e, na frente, a assunção de Nossa Senhora. Mas Pietro fez um trabalho tão ordinário nesta última, que a Deposição de Cristo foi colocada na frente, e a Assunção, voltada para o coro. Depois, para darem lugar ao tabernáculo do Sacramento, ambos foram retirados e hoje estão sobre alguns altares da igreja: de tal obra restaram apenas seis quadros, constituídos por alguns Santos pintados por Pietro em alguns nichos. Conta-se que, quando inaugurada, a referida obra foi muito criticada por todos os novos artistas. Pietro utilizara as mesmas figuras usadas outras vezes; seus amigos, para provocá-lo, diziam que ele não tinha trabalhado, que havia negligenciado as boas normas da atividade, e que incorrera nesse erro por ganância e para não perder tempo. A eles Pietro respondia: "Usei as figuras que de outras vezes foram louvadas por eles, de que eles gostaram muitíssimo; se agora não gostam e não louvam, que posso fazer?". Mas os outros o dardejavam com sonetos e injúrias públicas. Então ele, já velho, partindo de Florença e voltando a Perúgia, fez em afresco alguns trabalhos no Collegio del Cambio daquela cidade[29] e começou também em afresco um trabalho de não pouca importância em Castello della Pieve[30]. Pietro, que não confiava em ninguém, em suas idas e vindas do Castello della Pieve a Perúgia, costumava carregar consigo muito dinheiro, aliás, todo o dinheiro que tinha. Assim, certo dia foi emboscado e roubado, e os ladrões só lhe pouparam a vida atendendo às suas muitas súplicas. Desse modo, pondo em ação os meios de que dispunha, e que não eram poucos, depois de libertado conseguiu reaver grande parte do que perdera, mas esteve perto de morrer de desgosto.

Pietro era pessoa de pouca religião, e nunca ninguém conseguiu fazê-lo crer na imortalidade da alma; ao contrário, com palavras dignas de sua cabeça-dura, recusava

---

[28] Em 15 de setembro de 1503 Filippino recebia o encargo de pintar o complexo altar da Anunciação. Morto em abril de 1504, em 5 de agosto de 1505 Perugino recebeu o encargo de continuar sua obra, cujos pagamentos prosseguiram até outubro de 1507. O retábulo de dupla face era constituído na parte central pela *Deposição*, agora na Galeria da Academia de Florença, e, na parte voltada para o coro, pela *Assunção da Virgem*, ainda no local. Ao lado dos dois painéis havia numerosos santos, dois dos quais estão agora no Metropolitan Museum de Nova York, outros dois no Museu Lindenau de Altenburg (n.ºs 114 e 115) e outro na Galeria Nacional de Roma (n.º 1212); o sexto já estava em Paris na coleção Bonaffè (cf. F. Zeri, "Appunti nel Lindenau Museum di Altenburg", em *Bollettino d'Arte*, 1964, pp. 51-2), agora na África do Sul, numa coleção particular.

[29] Em 26 de janeiro de 1496 ficou decidido que seria encomendada a Perugino a decoração da Sala do Collegio del Cambio. O saldo do pagamento é de 1507. A complexa série de figurações ostenta a data ANNO SALVT. | MD.; deve ter sido executada, em sua maior parte, entre 1497 e 1499. Na parede esquerda está o autorretrato do pintor com a inscrição: PETRVS PERVSINVS EGREGIVS | PICTOR | PERDITA SIFVERAT PINGENDI | HIC RETTVLIT ARTEM | SI NVSQUAM INVENTA EST | HACTENVS IPSE DEDIT.

[30] Em Città della Pieve subsistem afrescos de Perugino no Oratório de Santa Maria dei Bianchi (*Epifania*, 1504), na igreja de Sant'Antonio Abate e de San Pietro (*Santo Antônio Abade entre São Paulo, São Marcelo e o Eterno abençoando*; transportado para tela) e na igreja de Santa Maria dei Servi (*Cenas da Paixão*, fragmentárias, assinadas e datadas de 1517).

obstinadamente o bom caminho. Depositava todas as suas esperanças nos bens da fortuna, e por dinheiro teria feito qualquer mau pacto. Amealhou grandes riquezas, construiu e comprou casas em Florença, também adquiriu muitos bens imóveis em Perúgia e Castello della Pieve. Tomou por esposa uma mulher belíssima e teve filhos[31], gostando muito que ela usasse belos adornos em casa e fora. Chegado à velhice, morreu em Castello della Pieve com LXXVIII anos de uma febre renitente, sendo honrosamente sepultado por parentes e filhos, com pompa e pesar, no ano de MDXXIV[32]. Não faltou depois quem lhe fizesse o seguinte epitáfio:

GRATIA SI QVA FVIT PICTVRAE SI QVA VENVSTAS,
SI VIVAX, ARDENS CONSPICVVSQVE COLOR,
OMNIA SVB PETRI (FVIT HIC PERVSINVS APELLES)
DIVINA REFERVNT EMICVISSE MANV.
PERPVLCHRE HIC PINXIT, MIRAQVE EBVR ARTE POLIVIT,
ORBIS QVAE TOTVS VIDIT ET OBSTVPVIT*.

Formou muitos mestres, mas entre todos aquele que superaram em muito o próprio mestre, graças à dedicação aos mais honrosos estudos, estava o prodigioso Raffaello Sanzio da Urbino, que trabalhou durante muito tempo com Pietro em companhia de seu pai Giovanni de' Santi[33]. Também formou Pinturicchio, pintor perugino que sempre observou a maneira de Pietro[34]; o florentino Rocco Zoppo[35], o pintor Montevarchi[36], os florentinos Baccio Ubertini e seu irmão[37], o pintor Gerino Pistolese[38] e o florentino Niccolò Soggi[39], que em Roma fez o quadro de Santa Prassedia e em Prato fez o painel de Nossa Senhora do Cárcere[40]. Passando a morar em

---

[31] Em 1º de setembro de 1493 Perugino casou-se em Fiesole com a filha do arquiteto Luca Fancelli, Chiara (morta em 1541), que lhe deu sete filhos.

[32] Perugino morreu de peste por volta de fevereiro de 1523 em Fontignano, provavelmente enquanto estava pintando em afresco a *Natividade* da igreja paroquial, hoje nº 1141 da National Gallery de Londres.

* "Se a pintura teve alguma graça, algum encanto, / Alguma cor viva, ardente e brilhante, / Conta-se que tudo isso resplandeceu na divina mão de Pedro (que foi o Apeles perugino). / Ele pintou com esmero e esculpiu o marfim com admirável arte. / O mundo todo viu e admirou-se." [N. da T.]

[33] Sobre Rafael de Urbino, cf. Vida nas pp. 495-519. Giovanni Santi di Coldorbolo, pai de Rafael, foi educado no ambiente artístico de Urbino, com Melozzo, Pedro Berruguete e os florentinos verrocchianos. Também esteve em contato com o romanholo Marco Palmezzano. Morreu em Urbino em 1º de agosto de 1494.

[34] Cf. sua Vida nas pp. 414-7.

[35] Giovanni Maria di Bartolomeo, sepultado em Florença em 17 de agosto de 1508.

[36] Certo Lamberto (Roberto) da Montevarchi é citado em documentos relativos aos afrescos do Collegio del Cambio. Na igreja de Sant'Andrea a Cennano existem afrescos fragmentários de um pintor peruginiano fraco, para os quais Salmi propõe o nome de Montevarchi (cf. *Mostra di affreschi staccati*, Florença, 1957, nºˢ 67-71).

[37] Bartolomeo (vulgo Baccio) Ubertini nasceu em 1484. Seu irmão é Francesco di Ubertino di Bartolomeo, vulgo Bachiacca, nascido em Florença em 1495 e morto em 5 de outubro de 1557. Sobre ele, cf. L. Marcucci, "Contributo al Bachiacca", em *Bollettino d'Arte*, 1958, pp. 26-39; F. Abbate, "L'attività giovanile del Bachiacca", em *Paragone*, 1965, n. 189, pp. 26-49.

[38] Sobre Gerino d'Antonio Gerini, cf., na Vida de Pinturicchio, as notas 24 e 25 das pp. 416 e 417, respectivamente.

[39] A esse pintor Vasari dedicou em 1568 uma Vida à parte. Nascido em Arezzo em 1479, filho de certo Jacopo Fiorentino, inscrito na Corporação dos Médicos e Boticários em 9 de janeiro de 1506, morto em Arezzo por volta de 1551. Cf. sua Vida, org. de G. Previtali, em Vasari, 1963, vol. V, pp. 419-35.

[40] O ato de encomenda dessa pintura, hoje perdida, é de 24 de agosto de 1522.

Arezzo, ali fez uma cena de Nossa Senhora das Lágrimas perto da abóbada do púlpito menor. No mesmo lugar fez um painel com a Natividade[41] e numerosas outras obras, tanto naquela cidade quanto em outras; sempre praticou a perspectiva, e em Arezzo viveu e morreu. Pietro legou à pintura um estilo de cores graciosas e dignas, tanto no afresco quanto no óleo; foi ele imitado na Itália até o advento de Michele Agnolo Buonarroti. Mostrou aos outros artistas que quem trabalha continuamente e não se entrega aos próprios caprichos deixa obras, fama, recursos e amigos.

FIM DA PARTE II

---

[41] Esse painel, encomendado por Francesco de' Ricciardi, encontra-se ainda no local sob a tribuna do coro. Foi terminado em 1522 (cf. F. Coradini, "La chiesa Monumentale della SS. Annunziata in Arezzo", em *Rivista d'Arte*, 1960, pp. 107-42).

Proêmio da terceira parte das *Vidas*

Realmente muito contribuíram para as artes, quer na arquitetura, na pintura ou na escultura, os excelentes mestres de que falamos até aqui, na segunda parte destas *Vidas*; os primeiros contribuíram com regra, ordem, proporção, desenho e maneira; todos eles, se não de todo perfeitos, pelo menos próximos da verdade, de tal modo que os terceiros, dos quais trataremos daqui por diante, tirando proveito de suas luzes, conseguiram elevar-se e atingir a perfeição em que se encontram as coisas mais valorizadas e celebradas atualmente. Mas, para que se torne mais clara a qualidade dos progressos propiciados pelos artistas acima referidos, com certeza não será despropositado declarar em poucas palavras as cinco colaborações que citei e discorrer de forma sucinta sobre a origem daquilo que foi realmente bom, capaz de superar os tempos antigos e tornar tão gloriosos os modernos. Portanto, regra em arquitetura consistiu no exame das proporções dos antigos, observando-se as plantas dos seus edifícios nas construções modernas; a ordem consistiu na separação entre os gêneros, de tal modo que a cada corpo coubessem seus membros e não mais se confundissem dórico, jônico, coríntio e toscano; a proporção foi universal, tanto na arquitetura como na escultura, de tal modo que os corpos das figuras passaram a ser corretos e direitos, e os membros passaram a organizar-se de maneira semelhante; o mesmo ocorreu na pintura. O desenho passou a imitar o que de mais belo havia na natureza em todas as figuras, tanto esculpidas quanto pintadas, o que foi feito pela capacidade da mão e do engenho em transferir tudo o que o olho vê para o plano, seja para desenhos, folhas, madeiras ou outros, tudo de maneira exata e precisa; isso também no relevo da escultura. A maneira tornou-se mais bela, graças ao costume frequente de retratar as coisas mais formosas e de reunir o que houvesse de mais belo, fossem mãos, cabeças, corpos ou pernas, para criar uma figura com o máximo de beleza possível; e isso passou a ser feito em todas as obras com todas as figuras, e seu nome é bela maneira.

Tais coisas não foram feitas por Giotto nem pelos primeiros artistas, ainda que estes tivessem descoberto os princípios de todas essas dificuldades, tocando-as superficialmente, como ocorreu no desenho, que se tornou mais verdadeiro do que era antes e mais semelhante à natureza, e com a união das cores e a composição das figuras nas cenas, além de muitas outras coisas, das quais já se falou bastante. Mas os segundos, embora tenham contribuído muito com tudo aquilo de que falamos acima, não produziram obras tão perfeitas que fossem capazes de atingir plena perfeição. Pois ainda faltava na regra uma licença que, não sendo de regra, se coadunasse com a regra e pudesse permanecer sem criar confusão ou estragar a ordem, que precisava de copiosa invenção em tudo e de certa beleza contínua nas mínimas coisas, beleza capaz de mostrar toda aquela ordem com mais formosura. Nas proporções faltava o reto juízo, de tal modo que, sem que fossem medidas, as figuras tivessem nos diversos tamanhos em que eram feitas uma graça que excedesse a medida[1]. O desenho ainda não atingira sua finalidade última, porque, ainda que se fizessem braços redondos e pernas retas, os músculos que os revestiam não tinham a facilidade graciosa e suave que se mostra entre o que se vê e o que não se vê, tal como ocorre na carne e nas coisas vivas: ao contrário, eram rudes e descorticados, o que causava estranheza aos olhos e endurecia a fatura, à qual faltava a leveza das figuras esbeltas e graciosas, sobretudo das mulheres e das crianças, que têm membros naturais como os homens, mas revestidos de gordura e carnosidade não deselegantes como as naturais, porém tratadas com os artifícios do desenho e do tino.

Faltava também a imitação das belas vestes, a variedade da fantasia, a beleza das cores, o conhecimento geral dos edifícios e a perspectiva e variedade das paisagens. Muitos deles, tal como Andrea Verrocchio, Antonio del Pollaiuolo[2] e vários outros mais modernos, começaram a procurar criar figuras mais estudadas, que se mostrassem com melhor desenho, imitando com mais fidelidade e exatidão as coisas naturais. Mas isso não bastava, ainda que se tivesse plena segurança de estar no caminho daquilo que era bom e da feitura de obras que estivessem à altura das antigas, como se viu quando Verrocchio refez as pernas e os braços de mármore de Mársias em casa dos Medici em Florença[3], por lhes faltarem boa definição e extrema perfeição nos pés, ainda que todos os membros estivessem condizentes com o antigo e houvesse certa correspondência justa nas medidas. Pois, se tivessem chegado ao minucioso acabamento que constitui a perfeição e o ápice da arte, teriam também atingido vigor resoluto em suas obras e conseguido a elegância, o refinamento e a graça que, apesar de laboriosos e diligentes, não tiveram; essas são coisas que levam ao limite supremo da arte nas belas figuras, em relevo ou pintadas. Aquele refinamento e o certo quê que lhes faltavam não podiam ser atingidos tão depressa, uma vez que a extrema diligência torna estéril a maneira quando empregada daquele modo para atingir os fins. Tais descobertas foram feitas pelos outros, quando da terra foram arrancadas antiguidades citadas por Plínio, entre as mais famosas: Laocoonte, Hércules, o grande Torso do Belvedere, Vênus, Cleópatra, Apolo e infinitas outras peças, suaves ou ásperas, bem torneadas, extraídas das maiores belezas vivas, em atitudes que não são contorções, mas movimentos de suas partes, todas ostentando uma graciosíssima graça. Com isso, aboliu-se aquela maneira seca, crua e cortante, que com excessivo zelo tinha sido legada nessa arte por Pietro della Francesca, Lazzaro Vasari, Alesso Baldovinetti, Andrea del Castagno, Pesello, Ercole Ferrarese, Giovan Bellini, Cosimo Rosselli, o Abade de São Clemente, Domenico del Ghirlandaio, Sandro Botticello, Andrea Mantegna, Filippo e Luca Signorello[4]. Estes, com grande esforço, procuraram fazer o impossível em arte, sempre trabalhando muito, sobretudo nos escorços e nas vistas desagradáveis que, por serem feitas com tanta dificuldade, mostravam-se ásperas e difíceis aos olhares de quem as contemplava. E, ainda que em sua maior parte as obras fossem bem desenhadas e não tivessem erros, faltava-lhes um

---

[1] Trata-se de um trecho célebre e importantíssimo para a concepção artística do século XVI italiano. Sobre a "graça", conceito fundamental dessa concepção, é possível ler, entre outras coisas: A. Blunt, *Artistic Theory in Italy 1450-1600*, Oxford, 1940, 1959[2], pp. 93 ss.

[2] Sobre Verrocchio e os irmãos Antonio e Pietro Pollaiuolo, cf. respectivas Vidas nas pp. 362-7 e 390-5.

[3] Cf. Vida de Verrocchio, p. 365, nota 12.

[4] De todos esses artistas, há Vidas escritas por Vasari na segunda parte. Filippo provavelmente é Filippino Lippi, visto ter sido citado ao lado de pintores da segunda metade do século XV.

espírito de agilidade que nelas nunca se vê, além da suavidade da combinação de cores, que o bolonhês Francia e Pietro Perugino[5] começaram a usar naquilo que faziam. E, vendo-a, as pessoas acorriam desvairadas para essa beleza nova e mais viva, parecendo-lhes que absolutamente era impossível fazer coisa melhor.

Mas os erros deles foram demonstrados depois com clareza pelas obras de Lionardo da Vinci[6], que, dando início à terceira maneira, que optamos por chamar moderna, imprimiu realmente movimento e alento às suas figuras, além do vigor e da habilidade no desenho, da sutilíssima e fiel imitação de todas as minúcias da natureza, da boa regra, da melhor ordem, da correta proporção, do desenho perfeito e da graça divina, mostrando-se abundante na cópia e profundo na arte. Foi seguido, ainda que com certa distância, por Giorgione da Castelfranco[7], que atenuou suas pinturas e imprimiu um movimento impressionante a certas coisas, como se vê numa cena da escola de São Marcos em Veneza, na qual a atmosfera agitada e troante faz a pintura vibrar e as figuras mover-se e destacar-se do painel, graças a certa obscuridade de sombras bem concebidas. Não foram menores a força, o relevo, a suavidade e a graça das cores que frei Bartolomeo de San Marco[8] imprimiu às suas pinturas. Porém, acima de todos está o encantador Raffaello da Urbino[9], que, estudando os trabalhos dos velhos mestres e dos modernos, adotou e reuniu o que havia de melhor em todos, enriquecendo a arte da pintura com a cabal perfeição que antigamente tiveram as figuras de Apeles, Zêuxis e outros, caso fosse possível descrever ou mostrar as obras daqueles para comparação. Assim, a natureza foi vencida por suas cores, e a invenção nele era tão fácil e apropriada quanto se pode julgar vendo as cenas que pintou, que em tudo se assemelham ao que está escrito, nas quais nos mostra fielmente locais e edifícios, nossa gente e a gente estranha, semblantes e vestes, tudo segundo sua vontade: a graciosidade das expressões em jovens, velhos e mulheres, reservando às pudicas o pudor, às lascivas a lascívia, e às crianças, ora o capricho no olhar, ora os folguedos nas atitudes. Seu panejamento se mostra de um modo que não é excessivamente simples nem intricado, mas tem uma aparência verdadeira. Foi seguido por Andrea del Sarto[10], que, no entanto, tinha um colorido mais suave e menos exuberância; pode-se dizer que era um artista raro, pois suas obras são isentas de erros. Não é possível expressar a elegantíssima vivacidade que Antonio da Correggio[11] pôs em suas obras, ao representar os cabelos de um modo minucioso, não com a finura dos que lhe antecederam, trabalho difícil, duro e seco, mas com uma maciez plumosa, de tal modo que era possível perceber os fios na facilidade da fatura, fios que pareciam de ouro e eram mais belos que os naturais, sobrepujados por seus coloridos.

Coisa semelhante fez Francesco Parmigiano[12], seu discípulo, que em muitos aspectos o superou na graça, nos ornamentos e na beleza, como se vê em muitas de suas pinturas, em que os rostos riem e os olhos enxergam, percebendo-se a pulsação das artérias, como bem quis o seu pincel. Mas quem observar as obras das fachadas de Poli-

---

[5] Sobre Francia e Perugino, cf. respectivas Vidas nas pp. 419-25 e 430-8.
[6] A Vida de Leonardo da Vinci está nas pp. 443-51.
[7] A Vida de Giorgione está nas pp. 453-61.
[8] A Vida de frei Bartolomeo está nas pp. 471-6.
[9] A Vida de Rafael está nas pp. 495-519.
[10] A Vida de Andrea del Sarto está nas pp. 566-91.
[11] A Vida de Correggio está nas pp. 457-60.
[12] A Vida de Parmigianino está nas pp. 346-51.

doro e Maturino[13] verá que as figuras têm nos gestos o que o impossível não pode fazer e não entenderá como alguém pode não falar com a língua, que é fácil, mas exprimir com o pincel as impressionantes invenções realizadas com tanta perícia e destreza, na representação dos feitos dos romanos, tal como ocorreram. E, entre os artistas já mortos, quantos não houve que com as cores deram vida às figuras, como Rosso, frei Sebastiano, Giulio Romano, Perin del Vaga[14]? Porque sobre os vivos, que por si mesmos são conhecidíssimos, não cabe aqui discorrer. Mas aquele que, entre os mortos e os vivos, sobrepuja, transcende e encobre todos os outros é o divino Michel Agnolo Buonarroti[15], que não tem a supremacia em apenas uma dessas artes, mas nas três em conjunto. Ele supera e vence não só todos os outros, que quase venceram a natureza, mas até mesmo os famosíssimos antigos, que com tanto louvor, sem dúvida alguma, a superaram. É o único que com justiça triunfa daqueles, destes e da natureza, não se podendo imaginar coisa alguma, por mais estranha e difícil que seja, na qual ele não a ultrapasse com a virtude de seu diviníssimo engenho, por meio da indústria, do desenho, da arte, do tino e da graça. E assim é não só na pintura e nas cores, gênero sob o qual se incluem todas as formas e todos os corpos retos e não retos, palpáveis e impalpáveis, visíveis e invisíveis, mas também na extrema rotundidade dos corpos: com a ponta de seu cinzel e com o seu trabalho, ele fez que de tão bela e produtiva planta se estendessem numerosos e honrosos ramos que, além de encherem o mundo com uma inusitada forma de frutos saborosíssimos, também levaram ao auge essas três nobres artes, atingindo perfeição tão grande e admirável, que se pode dizer com segurança que suas estátuas, seja qual for a parte considerada, são bem mais belas que as antigas. Comparando-se cabeças, mãos, braços e pés compostos por ele e por aqueles, percebe-se que nele tais coisas têm certo fundamento mais sólido, uma graça mais inteiramente graciosa e uma perfeição muito mais absoluta, atingida com uma dificuldade tão fácil na sua maneira, que é impossível ver algo melhor. Por conseguinte, pode-se dizer o mesmo de suas pinturas. Se, porventura, tivéssemos aquelas famosíssimas obras gregas ou romanas para poder compará-las frente a frente com as dele, estas seriam mais apreciadas e honradas, pois suas esculturas se mostram superiores a todas as antigas. Mas, se ficamos tão assombrados com aqueles artistas famosos que, incentivados por tão grandes prêmios e tamanha felicidade, deram vida às suas obras, muito mais deveríamos celebrar e enaltecer estes raríssimos engenhos que, sem prêmios e em meio a uma pobreza miserável, produzem frutos tão preciosos. Portanto, é de crer e afirmar que, se em nosso tempo fosse justa a remuneração, sem dúvida seriam feitas coisas maiores e melhores do que as feitas pelos antigos. Mas a necessidade de lutar mais com a fome do que com a fama mantém abafados os míseros engenhos e não permite que eles sejam conhecidos (culpa e vergonha de quem poderia exaltá--los e não o faz). Pondo fim a tal assunto, por já ser tempo de voltar às *Vidas* e de tratar de cada um daqueles que criaram obras celebradas nessa terceira maneira, começarei por aquele que lhe deu início, Lionardo da Vinci.

FIM DO PROÊMIO

---

[13] A Vida de Polidoro da Caravaggio e de Maturino está nas pp. 624-31.

[14] As Vidas de Rosso Fiorentino, Sebastiano del Piombo, Giulio Romano e Pierin del Vaga estão, respectivamente, nas pp. 610-7, 681-8, 673-80, 689-712.

[15] A Vida de Micheangelo, único artista vivo que foi admitido na edição de 1550, está nas pp. 713-40.

Leonardo da Vinci, pintor e escultor florentino

Muitas vezes são imensos os dons que, por influxos celestes, chovem naturalmente sobre alguns corpos humanos; outras vezes, de modo sobrenatural, num só corpo se aglomeram superabundantemente beleza, graça e virtude, de tal maneira que, para onde quer que ele se volte, todas as suas ações são tão divinas, que, deixando para trás todos os outros homens, se dão a conhecer como coisas (que de fato são) prodigalizadas por Deus, e não conquistadas pela arte humana. Isso foi visto pela humanidade em Lionardo da Vinci, em quem a beleza do corpo, nunca suficientemente louvada, era acompanhada por uma graça mais que infinita em qualquer de suas ações; era tamanha e de tal índole a sua virtude, que todas as dificuldades para as quais ele voltasse sua atenção se tornavam facilidades absolutas. Nele, foi grande a força unida à destreza, grande o ânimo, sempre nobre e magnânimo o valor. A fama de seu nome espalhou-se tanto, que ele não só foi prezado em sua época, mas conhecido pelos pósteros muito tempo ainda depois de sua morte. De fato, o céu às vezes nos manda algumas pessoas que não representam apenas a humanidade, mas a própria divindade, de tal modo que, sendo tais pessoas modelo desta, possamos imitá-las para, em espírito e por meio da excelência do intelecto, aproximarmo-nos das partes mais elevadas do céu. Mostra a experiência que quem, por meio de algum estudo acidental, decida seguir os passos desses admiráveis espíritos, caso receba alguma ajuda da natureza, mesmo que não se lhes equipare, pelo menos se aproxima de suas divinas obras, que participam daquela divindade.

Portanto, admirável e celestial foi Lionardo, sobrinho de Ser Piero da Vinci[1], que para ele foi realmente um ótimo tio e parente, ajudando-o na juventude, sobretudo na erudição e nos princípios das letras, das quais ele poderia ter tirado grande proveito, caso não fosse tão volúvel e instável. Porque começava a aprender muitas coisas e depois as abandonava. Por exemplo, nos poucos meses que se dedicou à arte de calcular, fez tantos progressos que, apresentando continuamente dúvidas e dificuldades ao mestre, com frequência o confundia. Dedicou-se algum tempo à música, mas logo decidiu

---

[1] Leonardo nasceu em 15 de abril de 1452 nas proximidades de Vinci e morreu em Amboise (no castelo de Cloux) em 2 de maio de 1519. Seu nome aparece pela primeira vez nos registros do Cadastro de Antonio Vinci, seu avô, em 1457: ali figurava como "filho não legítimo", e não como sobrinho de Ser Piero; aliás, na própria edição giuntina, se diz que é seu "filho". A mãe Caterina parece ter-se casado em seguida com certo Attaccabriga di Pietro del Vacca da Vinci, e a partir de então Leonardo passou a viver em casa do pai. Além de A. Ottino della Chiesa, *L'opera completa di Leonardo pittore*, Milão, 1967, cabe lembrar os recentes trabalhos de C. Pedretti, *Leonardo architetto*, Milão, 1978; *Leonardo*, Bolonha, 1979; *Catalogue of the Codex Atlanticus*, Nova York, 1979; e o mais recente M. Kemp, *Leonardo da Vinci*, Milão, 1982.

aprender a tocar lira e, sendo por natureza dotado de espírito elevadíssimo e cheio de harmonia, cantou ao som dela divinamente de improviso. No entanto, apesar de dedicar-se a tão variadas coisas[2], nunca deixou o desenho e o relevo, por serem coisas que despertavam seu interesse mais que qualquer outra. Ser Piero, vendo tais fatos e considerando a elevação daquele engenho, certo dia tomou alguns de seus desenhos e os levou a Andrea del Verrocchio, que era muito amigo seu, solicitando-lhe que dissesse se Lionardo, caso se dedicasse ao desenho, faria algum progresso. Andrea espantou-se ao ver a ótima qualidade das primeiras tentativas de Lionardo e incentivou Ser Piero a encaminhá-lo ao desenho, de tal modo que este acertou com Lionardo a sua ida à oficina de Andrea[3], coisa que Lionardo fez com imenso prazer. E ele não exerceu uma profissão apenas, mas todas aquelas em que o desenho intervinha. Tendo um intelecto tão divino e maravilhoso e sendo ótimo em geometria, não só trabalhou em escultura e arquitetura, mas desejou também atuar na pintura. A natureza mostrou tanto engenho nas ações de Lionardo, que ele, em seus raciocínios, calava os doutos alegando razões naturais. Era brilhante e arguto, e com perfeita arte de persuasão mostrava a dificuldade de vencer seu engenho, que com números movia montanhas e puxava pesos. Entre outras coisas, Lionardo demonstrava desejar elevar a igreja de San Giovanni de Florença e construir escadas debaixo dela, sem destruí-la. E eram tão fortes as razões aduzidas, que aquilo parecia possível, embora, depois que ele se afastava, todos reconhecessem a impossibilidade de tamanho empreendimento. Era tão agradável a sua conversação, que ele atraía a boa vontade das pessoas. Pode-se dizer que nada tinha e que, apesar de trabalhar pouco, sempre teve servidores e cavalos, com os quais se deleitava muito; gostava especialmente de todos os outros animais[4], que ele criava e alimentava com grande amor e paciência. Muitas vezes, passando por lugares onde se vendiam pássaros, tirava-os pessoalmente da gaiola, pagava o preço solicitado a quem os vendia e os soltava no ar, restituindo-lhes a liberdade perdida. Quis a natureza favorecê-lo tanto, que para onde quer que ele voltasse o pensamento, o intelecto e a mente mostrava-se a divindade das coisas que fazia, a tal ponto que em perfeição, habilidade, vivacidade, qualidade, beleza e graça ninguém foi igual a ele.

Consta que Leonardo, por dominar a arte, começou muitas coisas e não terminou nenhuma, parecendo-lhe que a mão não conseguiria atingir a perfeição das coisas na arte, tal como ele as imaginava, de tal modo que ideava algumas dificuldades tão admiráveis, que seria impossível expressá-las com as mãos, por mais excelentes que estas fossem. E tantos foram os seus caprichos, que, filosofando sobre as coisas naturais, passou a entender as propriedades das ervas e, observando continuamente o movimento do céu, compreendeu o curso da Lua e a trajetória do Sol. Desse modo, em

---

[2] Insigne e conspícua foi a atividade de Leonardo em todos os campos do conhecimento humano: da matemática à física, das ciências naturais à biologia, da engenharia à anatomia. Quanto à música, tal atividade já era mencionada por Paolo Giovio e pelo Anônimo Magliabechiano ("foi enviado ao duque de Milão para apresentar-lhe [...] uma lira, pois era inigualável na execução de tal instrumento") e, adiante, pelo próprio Vasari.

[3] Sobre Andrea del Verrocchio, cf. Vida nas pp. 362-7. No que se refere à data do ingresso de Leonardo na oficina de Verrocchio, Ser Piero da Vinci, no registro do Cadastro de 1469, declara estar em Florença, "no Palácio do Podestade", e que em 1472 o jovem Leonardo se inscreveu oficialmente no Livro vermelho dos devedores e credores da Companhia dos pintores.

[4] São inúmeros os desenhos feitos por Leonardo com os animais nas mais diversas atitudes, sendo numerosos os textos a respeito. Sobre os desenhos, cf. K. Clark e C. Pedretti, *The Drawings of Leonardo da Vinci in the Collection of Her Majesty the Queen at Windsor Castle*, Londres, 1969.

seu espírito nasceu um conceito tão herético, que ele não se ligava a nenhuma religião, considerando mais estimável ser filósofo que cristão.

Por meio de seu tio Ser Piero[5], na infância foi aprender arte com Andrea del Verocchio que, ao fazer um painel com o batismo de Cristo por São João[6], incumbiu Lionardo de pintar um anjo a segurar algumas vestes. Leonardo, apesar de bem jovem, trabalhou de tal maneira, que ao fim o seu anjo ficou muito melhor do que as figuras de Andrea. Por isso, Andrea nunca mais quis tocar nas cores, inconformado pelo fato de um menino saber mais que ele. Para um reposteiro, que seria feito em Flandres com ouro e seda e enviado ao Rei de Portugal, foi incumbido de fazer um cartão com Adão e Eva a pecar no Paraíso terrestre: com o pincel Lionardo fez em claro-escuro realçado com alvaiade um prado relvado com alguns animais, podendo-se dizer que em vista de tamanha diligência e naturalidade nenhum engenho poderia fazer algo tão fiel ao mundo divino.

Havia uma figueira em que os escorços das folhas e a apresentação dos ramos eram feitos com tanto amor, que nosso espírito se deslumbra só em imaginar como alguém pode ter tanta paciência. Havia também uma tamareira cujo arredondado da fronde era feito com tanta e admirável arte, que só a paciência e o engenho de Lionardo poderiam tê-lo produzido. De qualquer modo, essa obra não foi executada, e por isso o cartão está hoje em Florença[7], na feliz casa do Magnífico Ottaviano de' Medici, presenteado há não muito tempo pelo tio de Lionardo. Conta-se que Ser Piero da Vinci, tio de Leonardo, estando certo dia em sua casa de campo, foi procurado por um de seus camponeses, que de uma figueira existente na propriedade recortara uma rodela e lhe pedia que a mandasse a Florença para ser pintada. Ser Piero anuiu com gosto e prazer, visto que o aldeão era muito competente na caça aos pássaros e na pesca, sendo-lhe muito útil nessas atividades. Assim, mandou-a para Florença e, sem dizer a Lionardo a quem ela pertencia, pediu-lhe que pintasse algo sobre ela. Quando essa rodela chegou às mãos de Lionardo, ele, percebendo-a torta, mal trabalhada e tosca, endireitou-a no fogo e entregou-a a um torneiro, de tal modo que ela, deixando de ser grosseira e tosca, passou a ser delicada e aparelhada. Depois de revesti-la com gesso e prepará-la a seu modo, começou a pensar em algo que, pintado na rodela, assustasse quem investisse contra ela, produzindo o mesmo efeito da cabeça de Medusa. Para tal fim, Lionardo levou para um quarto onde só ele entrava lagartixas, lagartos, grilos, serpentes, borboletas, gafanhotos, morcegos e outras espécies estranhas de animais semelhantes, de cuja multidão, arranjada de modos variados, extraiu um animalaço horrível e pavoroso, que envenenava com o hálito e incendiava os ares. Representou-o a sair de uma pedra escura e despedaçada, exalando veneno pela goela aberta, fogo pelos olhos e fumaça pelo nariz, de um modo tão estranho que parecia coisa monstruosa e horrível. Sofreu muito para fazê-lo, pois naquele quarto era cruel o fedor dos animais mortos, que Lionardo, porém, não sentia, tão grande era o amor que tinha pela arte. Terminada essa obra, que nunca mais fora procurada pelo aldeão nem pelo tio, Lionardo disse a este que,

---

[5] Já mencionamos que Ser Piero não era tio, mas pai de Leonardo: de resto, neste ponto, como em outros, a edição giuntina diverge desta edição torrentiniana sobre a posição familiar de Ser Piero.

[6] O *Batismo de Cristo* de Verrocchio está conservado na Galleria degli Uffizi com o n.º 8358; Albertini dizia que era obra de Leonardo o anjo da esquerda, enquanto a crítica moderna tende a ver a intervenção de Leonardo também na paisagem do fundo.

[7] O cartão, citato também pelo Anônimo Magliabechiano, perdeu-se.

quando lhe parecesse cômodo, poderia mandar buscar a rodela que, por ele, já estava acabada. Certa manhã Ser Piero foi até aquele aposento para buscá-la e bateu à porta; Lionardo a abriu, dizendo que esperasse um pouco, e, voltando para dentro, arrumou a rodela sobre uma estante, junto à janela, que ele dispôs de tal modo que a luz fosse difusa. Depois, convidou o tio a entrar para vê-la. Este, à primeira vista, sem refletir na coisa, levou um susto por não acreditar que se tratasse da rodela, e que fosse pintada a figura que via. Quando retrocedia, Lionardo o deteve, dizendo: "Esta obra serve para o que foi feita: pegue-a e leve-a, pois essa é a finalidade que dela se espera." Ser Piero achou aquilo miraculoso e louvou imensamente o original discurso de Lionardo; depois, comprando sigilosamente de um merceeiro outra rodela com um coração transpassado por uma flecha, deu-a ao aldeão, que lhe ficou grato para sempre, enquanto viveu. Depois Ser Piero vendeu secretamente a de Lionardo a alguns mercadores de Florença, por cem ducados. E em breve ela chegou às mãos de Francesco, Duque de Milão[8], comprada por trezentos ducados aos referidos mercadores.

Depois Lionardo fez uma Nossa Senhora num quadro[9] pertencente ao papa Clemente VII, obra excelente. Entre outras coisas, pintou uma jarra cheia de água com algumas flores dentro, na qual, além da admirável vivacidade, observa-se a orvalhada sobre a flor, de tal modo que ela parece mais viva que as vivas. Para seu grande amigo Antonio Segni fez sobre uma folha um Netuno[10] com tão bom desenho e tamanha diligência, que parecia vivo. Via-se o mar agitado e seu carro puxado por cavalos-marinhos, com seres fantásticos, orcas, austros e algumas belíssimas cabeças de deuses marinhos. Esse desenho foi dado por seu filho Fabio a messer Giovanni Gaddi, com o seguinte epigrama:

PINXIT VIRGILIVS NEPTVNVM, PINXIT HOMERVS
DVM MARIS VNDISONI PER VADA FLECTIT EQVOS.
MENTE QVIDEM VATES ILLVM CONSPEXIT VTERQVE
VINCIVS AST OCVLIS, IVREQVE VINCIT EOS*.

Lionardo foi levado a Milão com grande reputação pelo duque Francesco[11] a fim de tocar para ele, pois o Duque muito se deleitava com o som da lira: Lionardo levou esse instrumento, feito por ele mesmo de prata, em grande parte, para que sua harmonia tivesse mais ressonância e seu timbre fosse mais sonoro. Superou todos os músicos que ali tinham ido para tocar; além disso, foi o melhor declamador de versos improvisados em seu tempo. O duque, ouvindo o admirável falar de Lionardo, tornou-

---

[8] Evidente erro de Vasari, que na edição giuntina omite o nome do duque. Provavelmente, Vasari queria aludir a Gian Galeazzo, que foi duque até morrer em 1494, sobrinho legítimo de Francesco, que morreu em 1466.

[9] Talvez seja o quadrinho que se conserva na Alte Pinakothek de Munique, n.º 7779.

[10] Identificável com o desenho n.º 12.570 da Royal Library de Windsor que representa *Netuno com quatro cavalos-marinhos*.

* "Virgílio pintou Netuno, Homero também / Enquanto conduzia seus cavalos pelas ondas do mar. / Ambos os poetas o contemplaram com os olhos da mente, / Mas da Vinci, com os do corpo, venceu-os com justiça." [N. da T.]

[11] Na edição giuntina é mencionado o duque Ludovico, o Mouro, sucessor de Gian Galeazzo em 1494. Na realidade, porém, Leonardo foi a Milão antes de 25 de abril de 1483, data na qual assinou, em conjunto com os irmãos De Predis, o contrato para a *Virgem do Rochedo*, portanto sob o ducado de Gian Galeazzo.

-se grande apreciador de suas virtudes, coisa incrível de se ver. Pediu-lhe então que pintasse um retábulo de altar com uma Natividade, enviada pelo duque ao imperador[12]. Também em Milão, na igreja de Santa Maria de le Grazie dos frades de São Domingos, fez um Cenáculo[13] que era coisa belíssima e maravilhosa; pôs muita majestade e beleza no semblante dos Apóstolos, deixando o de Cristo imperfeito, por achar que não conseguiria transmitir a divindade celeste exigida pela imagem de Cristo. Essa obra, que foi assim dada por terminada, sempre foi muito venerada pelos milaneses e também pelos outros estrangeiros, pois Lionardo imaginou e expressou com sucesso a suspeita que medrava nos Apóstolos, desejosos de saber quem traía o Mestre. Assim, distingue-se no rosto de todos amor, medo e indignação, quando não dor, por não poderem entender o que ia na alma de Cristo. Não menos admiração, por outro lado, causa o reconhecimento da obstinação, do ódio e da traição em Judas, sem contar que todas as mínimas partes da obra demonstram incrível diligência. Até mesmo na toalha é reproduzido o lavor do tecido, de uma maneira que nem o linho verdadeiro é melhor.

A nobreza dessa pintura, seja pela composição, seja pelo acabamento incomparavelmente diligente, provocou no Rei da França o desejo de levá-la ao reino[14], coisa que ele tentou por todos os meios, pensando em recorrer a arquitetos que com vigas de madeira e ferros a sustentassem de tal maneira que ela pudesse ser levada incólume, sem consideração dos custos em que incorreria, tanto a desejava. Mas, por se tratar de uma pintura mural, Sua Majestade precisou desistir, e ela ficou com os milaneses. Enquanto executava essa obra, Lionardo propôs ao duque a feitura de um cavalo de bronze de considerável tamanho[15], com a imagem daquele nobre, para servir-lhe de memória. Começou a fazê-lo tão grande, que não conseguiu continuar. É opinião geral que Lionardo, como ocorrera com outras coisas, começou-o para não terminar; porque, sendo a obra muito grande e devendo ser fundida numa só peça, Lionardo a iniciou, apesar da grande dificuldade para terminá-la perfeitamente. Naquela época foi a Milão o Rei da França, que pediu a Lionardo uma obra extravagante; este lhe fez um leão que, depois de caminhar alguns passos, teve seu peito aberto, mostrando-se cheio de flores-de-lis. Em Milão foi seu discípulo o milanês Salaí[16], dotado de muita graciosidade e beleza, com belos cabelos crespos e encaracolados, com os quais Lionardo muito se deleitou; ensinou-lhe muitas coisas da arte, e certas obras que em Milão são atribuídas a Salaí foram retocadas por Lionardo.

---

[12] Talvez identificável com a própria *Virgem do Rochedo* do Louvre e com um provável cartão que serviu de protótipo para a série das Nossas Senhoras leonardianas. É mencionada pelo Livro de Antonio Billi e pelo Anônimo Magliabechiano.

[13] Entre 1495 e 1497 Leonardo executava no Cenáculo de Santa Maria delle Grazie o celebérrimo afresco com a *Última Ceia*, que, embora gravemente avariado, ainda se conserva no local. Está sendo restaurado.

[14] Luís XII (1462-1514) depois da morte de Carlos VIII tornou-se rei da França em 1498; até 1512 foi senhor do Ducado de Milão e o perdeu depois da derrota que lhe foi infligida em Novara pela liga criada pelo papa Júlio II.

[15] O cavalo de bronze do monumento em honra a Francesco Sforza nunca foi fundido: o modelo em cera feito por Leonardo em grandiosas proporções entre 1490 e 1493 foi danificado e destruído durante a ocupação francesa de Luís XII.

[16] Andrea Salaí foi o apelido do pintor Gian G. Caprotti que, nascido por volta de 1480, trabalhou durante muito tempo na órbita de Leonardo, com quem ficou até aproximadamente 1515. A ele é atribuído, ainda que com dúvidas, o painel nº 316 da Pinacoteca de Brera com a *Virgem entre São Pedro e São Paulo*.

Este voltou a Florença, onde, sabendo que os frades servitas haviam encomendado a Filippino[17] a obra do retábulo do altar-mor da Nunziata, disse que teria grande prazer em executá-la. Filippino, ao saber disso, sendo pessoa muito gentil, deu-lhe primazia, e os frades, para possibilitarem o trabalho de Lionardo, receberam-no em casa e arcaram com as suas despesas e de toda a sua família. Assim, Lionardo conviveu com os frades durante muito tempo, mas não começou nada[18]. Entrementes, fez um cartão com uma Nossa Senhora, uma Sant'Ana e um Cristo[19]; terminado, esse cartão não só causou admiração a todos os artistas, como também durante dois dias foi visitado por homens, mulheres, jovens e velhos, que iam vê-lo como se vai a festas solenes, a fim de contemplarem as maravilhas de Lionardo que encantaram todo aquele povo. No rosto daquela Nossa Senhora via-se tudo o que de simples e belo pode, com simplicidade e beleza, dar graça à mãe de Cristo, mostrando-se a modéstia e a humildade de uma virgem que, cheia de alegria, admira a beleza do filho, segurando-o ternamente nos braços, enquanto, com digno olhar, observa embaixo um São João pequenino a brincar com um carneirinho, não sem um sorriso de Sant'Ana que, irradiando felicidade, vê sua progênie terrena tornar-se celeste. Criações realmente dignas do intelecto e do engenho de Lionardo. Fez também um retrato de Ginevra, esposa de Amerigo Benci[20], coisa belíssima, e deixou o trabalho por conta dos frades, que o devolveram a Filippino; este, surpreendido pela morte, não conseguiu acabá-lo. Lionardo fez para Francesco del Giocondo o retrato de Mona Lisa, sua esposa[21]; trabalhou quatro anos nele e deixou-o inacabado; essa obra hoje está com o rei Francisco da França em Fontainebleau; quem quiser ver até que ponto a arte consegue imitar a natureza, poderá compreendê-lo facilmente observando aquele semblante, pois nele estão reproduzidas todas as minúcias que é possível pintar com sutileza. Os olhos têm o brilho e a umidade que se costumam ver nos seres vivos, e em torno deles percebem-se zonas lívidas e rosadas, assim como pelos, coisas que não é possível fazer sem muita sutileza. Os cílios, representados no modo como nascem na carne, ora mais densos, ora mais ralos, obedecendo ao giro dos poros, não poderiam ser mais naturais. O nariz, com aquelas belas narinas róseas e tenras, parece estar vivo. A boca, cuja fenda termina em cantos de um vermelho que se une à carnação do rosto, na verdade não parece feita de tintas, mas de carne. Na base de seu pescoço, quem olhar atentamente verá a pulsação das artérias: na verdade, pode-se dizer que essa pintura foi feita de uma maneira capaz de causar medo e temor a qualquer artista valente, fosse ele qual fosse. Lionardo valeu-se do seguinte artifício: enquanto retratava a Mona Lisa, que era belíssima, por perto sempre havia pessoas a tocar ou a cantar, bem como bufões que a mantinham alegre, para eliminar aquela melancolia tão frequente na pintura e nos retratos que se fazem. E nesse retrato feito por Lionardo há um sorriso tão agradável, que mais parece coisa divina que humana, tão admirável por não ser diferente do natural.

Portanto, graças à excelência de suas obras, a fama desse diviníssimo artista se espalhara tanto, que todas as pessoas amantes da arte, aliás a cidade inteira, desejavam que ele lhes deixasse alguma lembrança. E todos propunham que lhe fosse encomen-

---

[17] Cf. Vida dedicada a Filippino Lippi nas pp. 408-9.

[18] Cf. Vida dedicada a Perugino na p. 434 e, adiante, nesta Vida.

[19] O cartão em questão está na Royal Academy de Londres; sua datação oscila entre 1498 e 1504.

[20] Esse quadro a que faz menção o Livro de Antonio Billi e o Anônimo Magliabechiano foi adquirido em 1967 pela National Gallery de Washington. É costumeiramente considerado obra juvenil.

[21] A celebérrima *Gioconda* está no Louvre com o nº 1061.

448

dada alguma obra notável e grande, para que o espaço público se adornasse e honrasse com o engenho, a graça e o tino que nas obras de Lionardo todos viam. Então, entre os gonfaloneiros e os cidadãos insignes combinou-se que, sendo necessário reformar a grande sala do Conselho, ele fosse incumbido da pintura de alguma bela obra; assim, Piero Soderini, então gonfaloneiro de justiça, encarregou-o da referida sala. Leonardo, desejando executá-la, deu início a um cartão na sala do papa, situada em Santa Maria Novella; nele representou uma cena com Niccolò Piccinino, capitão do duque Filippo de Milão[22], em que um grupo de cavaleiros defende uma bandeira, coisa considerada excelente e de grande maestria, em virtude das admiráveis ideias que teve na representação daquela batalha. Porque nela não se distingue nos homens menos raiva, indignação e desejo de vingança do que nos cavalos; entre estes, há dois com as patas dianteiras entrelaçadas, em cujos dentes não se percebe menor desejo de vingança do que o transmitido por seus cavaleiros no combate pela referida bandeira; um soldado a agarra enquanto, com a força dos músculos, põe o cavalo em fuga e, girando o corpo, segura a haste do estandarte para arrancá-lo à força das mãos de outros quatro: dois deles o defendem com uma das mãos e com a outra empunham uma espada com que tentam cortar a haste; enquanto isso, um velho soldado de barrete vermelho, gritando, segura a haste com uma das mãos e, com a outra, enrista um alfanje, vibrando com ira um golpe destinado a decepar as mãos daqueles, mas estes, com força e arreganhando os dentes, tentam defender sua bandeira com grande determinação; no chão, entre as patas dos cavalos, dois homens em escorço combatem corpo a corpo: o que está no chão tem sobre si um soldado com o braço levantado ao máximo, para com a maior força possível cravar-lhe o punhal na garganta e arrancar-lhe a vida; enquanto isso, o de baixo, debatendo pernas e braços, faz o que pode para não morrer. Não é possível expressar o desenho que Lionardo usou nas vestes dos soldados, apresentados de modos tão diversos e variados; o mesmo se diga dos elmos e de outros ornamentos, bem como da incrível maestria demonstrada nas formas e nos contornos dos cavalos, que Lionardo representou melhor que qualquer outro mestre, com bravura, músculos e harmoniosa beleza. Desenhou a anatomia descorticada desses animais juntamente com a dos homens, lançando sobre ambas verdadeiras luzes modernas. Conta-se que, para desenhar o referido cartão, ele construiu um dispositivo muito complicado que, quando estreitado, elevava-se e, quando alargado, descia. E, imaginando pintar murais a óleo, criou um composto em que fez uma mistura tão grossa para colar na parede, que, à medida que a pintura avançava na referida sala, ela começou a escorrer, de tal maneira que em breve ele precisou abandoná-la. Lionardo era magnânimo e generosíssimo em todas as suas ações. Conta-se que certo dia foi ao banco retirar a remuneração que todos os meses lhe era paga por Piero Soderini e, quando o tesoureiro quis dar-lhe uns cartuchos com moedas de quatro soldos, ele não os quis, dizendo: "Não sou pintor de vinténs." Foi acusado de logro, e Piero Soderini falou mal dele;

---

[22] Niccolò Piccinino (1386-1444), comandante das tropas milanesas de Filippo Maria Visconti, foi derrotado em Anghiari pelas tropas florentinas de Michele Attendolo em 1440. O cartão para *A batalha de Anghiari* deveria estar terminado já em 1505, visto que Leonardo tratou de transferi-lo para o afresco. Devia constituir a decoração da Sala do Conselho Maior, juntamente com um de Michelangelo, *A batalha de Cascina* (cf., na Vida de Michelangelo, nota 38, p. 720); no entanto, assim que iniciado, foi abandonado e depois destruído, tal como os cartões preparatórios. Restam alguns desenhos conservados em Budapeste, Veneza e Windsor. A obra é mencionada também por Albertini, pelo Livro de Antonio Bili e pelo Anônimo Magliabechiano.

449

então, Lionardo recorreu a seus amigos e, juntando o dinheiro necessário, foi devolvê-
-lo, mas Pietro não quis aceitar.

Lionardo foi para Roma com o duque Giuliano de' Medici[23] no advento do papa Leão, que era muito dado às coisas filosóficas, mormente à alquimia. Ali, compondo uma pasta feita de certa cera, com ela criava animais muito delicados e, enquanto caminhava, inflava-os com seu sopro, fazendo-os voar pelos ares; mas, terminado o vento, eles caíam. Ao dorso de um estranhíssimo lagarto encontrado por um vinhateiro de Belvedere ele prendeu asas feitas com as escamas de outros lagartos, usando uma mistura de azougue, de tal forma que, quando o animal caminhava, as asas tremiam; e, pondo-lhe olhos, chifres e barba, Lionardo o domesticou e guardou numa caixa, mostrando-o a todos os amigos, que fugiam de medo. Frequentemente desengordurava e limpava muito bem as tripas de carneiros castrados, afinando-as a tal ponto, que caberiam na palma da mão. Pusera em uma sala um par de foles de ferreiro, nos quais prendia uma das pontas das referidas tripas; acionando os foles, inflava as tripas e assim elas enchiam a sala, que era enorme, de tal modo que quem ali entrasse precisava ficar a um canto; desse modo ele mostrava que aquelas coisas transparentes e cheias de vento, que no início ocupavam tão pouco espaço, depois tinham passado a ocupar muito espaço, equiparando-se à virtude. Fez infinitas loucuras como estas[24]; também trabalhou com espelhos e experimentou os modos mais estranhos de encontrar óleos para a pintura e vernizes para conservar as obras terminadas. Conta-se que, quando o papa lhe encomendou uma obra, ele logo começou a destilar óleos e ervas para fazer o verniz, motivo pelo qual o papa Leão disse: "Ai de mim, esse aí nunca vai fazer nada, porque começa a pensar no fim antes do início da obra." Havia uma grande animosidade entre Michele Agnolo Buonaruoti e ele; Michelagnolo saiu de Florença com a permissão do duque Giuliano ao ser chamado pelo papa para a concorrência da fachada da igreja de San Lorenzo[25]. Lionardo, sabendo disso, também partiu e foi para a França, cujo rei, que adquirira obras suas e lhe tinha grande afeição, desejava que ele colorisse o cartão de Sant'Ana[26]; mas ele, como era costume, durante muito tempo o entreteve com palavras. Finalmente, ficando velho, passou muitos meses doente e, vendo-se próximo da morte, passou a discorrer sobre os dogmas católicos, voltou ao bom caminho e abraçou a fé cristã com muita emoção. Confessando-se, em contrição, mesmo não conseguindo ficar em pé e sendo sustentado pelos braços de amigos e criados, quis devotamente receber o Santíssimo Sacramento fora da cama. O rei, que costumava fazer-
-lhe visitas frequentes e amáveis, foi vê-lo, e ele, sentando-se no leito por reverência, passou a falar de seu mal e de suas ocorrências, mostrando que havia ofendido a Deus e aos homens do mundo por não ter exercido a arte como convinha. Então, sobreveio-
-lhe um paroxismo prenunciador da morte. O rei, levantando-se, amparou-lhe a

---

[23] Em dezembro de 1513 Leonardo estava em Roma, a serviço de Giuliano de' Medici, irmão do papa Leão X; ficou na cúria pontifícia até 1516.

[24] O interesse de Leonardo pela ciência e por tudo o que fosse estranho certamente foi considerado como extrema extravagância pelos seus contemporâneos.

[25] A encomenda da fachada de San Lorenzo a Michelangelo ocorreu em 1518: esse foi um dos motivos que levaram Leonardo a sair da cúria pontifícia e ir para a França.

[26] Além do cartão da Royal Academy de Londres, Leonardo fez com o mesmo motivo outra obra que atualmente se encontra no Museu do Louvre com o nº 1598. É essa a obra de que Vasari fala: de fato, iniciada na Itália, foi terminada durante sua permanência na França; depois da morte de Leonardo, voltou para a Itália, onde mais tarde foi adquirida por incumbência de Richelieu.

cabeça para ajudá-lo e fazer-lhe um favor, procurando aliviar seu mal; nesse momento, seu diviníssimo espírito, reconhecendo que não poderia receber honra maior, expirou nos braços do rei com a idade de LXXV anos[27]. A perda de Lionardo abalou sobremodo todos aqueles que o haviam conhecido, porque nunca houve ninguém que honrasse tanto a pintura. Com o esplendor de seu semblante, que era belíssimo, ele serenava as almas aflitas e com suas palavras fazia que qualquer intenção renitente pendesse para o sim ou para o não. Com suas forças continha fúrias violentas; com a destra era capaz de torcer uma aldrava de muralha e uma ferradura, como se fosse de chumbo. Com sua liberalidade acolhia e alimentava qualquer amigo, pobre ou rico, desde que tivesse engenho e virtude.

Ornava e prestigiava com seus atos qualquer aposento desprestigiado e despojado; por tudo isso, Florença foi privilegiada quando Lionardo ali nasceu, sofrendo uma perda irremediável com sua morte. Na arte do colorido a óleo em pintura ele contribuiu com certos tons mais escuros, o que levou os modernos a obter mais força e relevo em suas figuras. Na estatuária fez experimentos nas três figuras de bronze que estão acima da porta norte da igreja de San Giovanni, executadas por Giovan Francesco Rustici[28], mas segundo orientação de Lionardo, obra que constitui a mais bela fundição e o melhor de desenho que já se viu modernamente. De Lionardo recebemos a perfeita anatomia dos cavalos[29] e dos homens. Assim, por tudo o que fez de tão divino, ainda que trabalhasse mais com as palavras do que com os feitos, seu nome e sua fama não se extinguirão nunca. Por isso, diz seu epitáfio:

VINCE COSTVI PVR SOLO
TVTTI ALTRI; E VINCE FIDIA, E VINCE APELLE,
E TVTTO IL LOR VITTORIOSO STVOLO*.

E outro houve que, para realmente o honrar, disse:

LEONARDVS VINCIVS. QVID PLVRA?
DIVINIVM INGENIVM, DIVINA MANVS,
EMORI IN SINV REGIO MERVERE.
VIRTVS ET FORTVNA HOC MONVMENTVM
CONTINGERE GRAVISS(IMIS) IMPENSIS CVRAVERVNT.

ET GENTEM ET PARTIAM NOSCIS; TIBI GLORIA ET INGENS
NOTA EST: HAC TEGITVR NAM LEONARDVS HVMO.
PERSPICVAS PICTVRAE VMBRAS OELOQVE COLORES

---

[27] Cf. acima, nota 1; embora tivesse demonstrado grande admiração por Leonardo, é difícil acreditar que Francisco I tenha assistido à morte do artista.

[28] Giovan Francesco Rustici (Florença, 1475-Tours, 1554) em 1511 executou o grupo com a *Pregação de João Batista* na porta setentrional do Batistério florentino. Sobre ele, cf. M. G. Ciardi Dupré, "Giovan Francesco Rustici", em *Paragone*, n. 157 (1963), pp. 29-50.

[29] A atividade científica de Leonardo e sua propensão ao estudo das ciências naturais, em particular aos estudos anatômicos, humanos e animais, estão amplamente documentadas em desenhos, especialmente os de Windsor. Sobre o assunto ainda é válido o livro de J. P. McMurrich, *Leonardo da Vinci the Anatomist*, Baltimore, 1930.

* "Ele sozinho venceu / todos os outros; venceu Fídias, venceu Apeles, / e todo o seu vitorioso exército." [N. da T.]

ILLIVS ANTE ALIOS DOCTA MANVS POSVIT.
IMPREMERE ILLE HOMINVM, DIVVM QVOQVE CORPORA IN AERE
ET PICTIS ANIMAM FINGERE NOVIT EQVIS*.

Foi seu discípulo o milanês Giovanantonio Boltraffio[30], pessoa prática e conhecedora; também o foi Marco Uggioni[31], que na igreja de Santa Maria della Pace fez o Trânsito de Nossa Senhora e as Bodas de Caná.

---

* "Leonardo da Vinci. Que mais dizer? / Seu divino engenho, sua divina mão / mereceram morrer em braços régios. / Sua virtude e sua fortuna / cuidaram de erigir este monumento de elevadíssimo valor. // Conheceste a gente e a pátria; conheces / a imensa glória: pois nesta terra repousa Leonardo. / Sua douta mão mais do que a de qualquer outro / introduziu sombras diáfanas na pintura e nas cores a óleo. / Soube com maestria moldar em bronze os corpos de homens e de deuses / e dar alma aos cavalos que pintou." [N. da T.]

[30] Giovannantonio Boltraffio (1467-1516) foi um dos principais e mais fiéis seguidores de Leonardo. Cf. C. Pirovano, *La pittura in Lombardia*, Milão, 1973, pp. 96-8.

[31] Sobre Marco d'Oggiono (c. 1475-1530), cf. C. Marcora, *Marco d'Oggiono*, Oggiono-Lecco, 1976.

Giorgione da Castel Franco, pintor veneziano

Aqueles que labutam em busca da virtude, depois que a encontram, consideram-na um verdadeiro tesouro e tornam-se seus amigos, nunca mais se separando dela. Pois procurar as coisas nada é, e a grande dificuldade está em saber conservá-las e aumentá-las depois de encontradas. Porque muitas vezes vemos os esforços admiráveis da natureza para dar provas de nossos artistas, mas estes, depois que louvados, se ensoberbecem e não só deixam de conservar a primitiva virtude que demonstraram e com dificuldade puseram em ação, como também, assim que começam a ganhar dinheiro, alijam a massa de estudos com que se iniciaram na arte; assim, passam a ser qualificados de negligentes, tal como antes o eram de extraordinários, raros e dotados de belo engenho. Mas não foi o que fez o nosso Giorgione[1], que, não conhecendo a maneira moderna em seu aprendizado, no tempo que permaneceu em Veneza[2] com Bellini e mesmo sozinho, procurou imitar sempre a natureza o máximo que podia. Ademais, por mais louvores que granjeasse, nunca interrompeu seus estudos; ao contrário, quanto mais excelente era julgado pelos outros, menos achava que sabia, sempre que examinava suas pinturas em comparação com as coisas vivas; e, não achando nelas a vida do espírito, considerava-as quase nulas. E tanta força teve nele esse temor, que, trabalhando em Veneza, causou admiração não somente naqueles que viviam em seu tempo, como também nos que vieram depois. Mas, para que se conheçam melhor a origem e o progresso de mestre tão excelente, começando pelo princípio, direi que em Castel Franco, na região de Treviso, no ano de MCDLXXVII[3], nasceu Giorgio que, pela compleição física e pela magnanimidade, passou com o tempo a ser chamado de Giorgione. Embora nascido de humílima estirpe, em toda a sua vida sempre foi gentil e de bons costumes. Criou-se em Veneza e sempre se deleitou com as coisas do amor, agradando-lhe sobremaneira, aliás, por demais, o som do alaúde, tocando e cantando tão divinamente, que com frequência lhe pediam diferentes músicas em solenidades e reuniões de pessoas nobres.

---

[1] Paolo Pino no *Dialogo di Pittura*, Veneza, 1584, foi quem primeiro usou o aumentativo para o nome de Zorzi da Castelfranco: "[...] Georgione da Castel Franco, nosso pintor celebérrimo [...]." Giorgione, nascido em Castelfranco em 1478 e morto em 1510, foi o grande inovador da pintura veneziana. Sobre a recente literatura, cf. P. Zampetti, *Giorgione*, Milão, 1968; ver também: *Quinto centenario della nascita di Giorgione. I tempi di Giorgione*, Florença, 1978; *Giorgione: Atti del Convegno Internazionale di studi per il V centenario della nascita*, Castelfranco Veneto, 1978; *Giorgione e la cultura veneta tra '400 e '500: Mito, Allegoria, Analisi iconologica* (Atti del Convegno, Roma, 1978), Roma, 1981, e *Giorgione e l'umanesimo veneziano*, org. R. Pallucchini, Florença, 1981.

[2] Sobre eles, cf. Vidas, pp. 350-6.

[3] Na edição giuntina a data está corretamente deslocada para 1478.

Dedicou-se ao desenho e gostou muito; neste, a natureza o favoreceu tanto, que ele, enamorando-se dela, não queria executar coisa alguma que não fosse retratada do natural. E a tal ponto foi seu súdito e imitador, que não só conquistou a fama de sobrepujar Gentile e Giovanni Bellini, mas também de competir com aqueles que trabalhavam na Toscana e eram autores da maneira moderna. Deu-lhe a natureza um espírito tão benéfico, que na pintura a óleo e em afresco ele fez figuras muito reais e outras coisas suaves, de cores uniformes e esfumadas nos escuros, razão pela qual muitos daqueles que então eram considerados excelentes admitiram que ele nascera para pôr alma nas figuras e imitar o frescor da carne viva mais do que qualquer outro pintor não só de Veneza, como de todos os lugares. Quando iniciava, fez em Veneza muitos quadros de Nossas Senhoras e outros retratos do natural, muito vivos e belos, como se pode ver em um que está em Faenza, em casa de Giovanni da Castel Bolognese[4], excelente entalhador, quadro feito para seu sogro; trata-se de um trabalho realmente divino, no qual há uma uniformidade esfumada de cores, mais parecendo um relevo do que uma pintura. Gostava muito de pintar em afresco, e entre as muitas coisas que fez, pintou toda uma fachada da casa Soranzo[5] na praça de San Polo. Ali, além de muitos quadros, cenas e outras invenções, há um quadro a óleo sobre argamassa, coisa que tem resistido à água, ao sol e ao vento, conservando-se até hoje. Cresceu tanto a fama de Giorgione naquela cidade, que quando o Senado resolveu construir o palácio que é chamado de Fondaco de' Todeschi[6] na ponte de Rialto, Giorgione foi incumbido de pintar em afresco a fachada principal. Pondo mãos à obra, foi tamanho o seu entusiasmo, que compôs cabeças e pedaços de figuras muito bem-feitas e coloridas com grande vivacidade, procurando imprimir em tudo o que fez o sinal das coisas vivas, e não a imitação de alguma das maneiras existentes. Essa obra é celebrada em Veneza[7] e famosa tanto por aquilo que nela há quanto pela comodidade da atividade mercantil e pela utilidade pública. Giorgione foi incumbido do painel de São João Crisóstomo de Veneza[8], que é muito louvado, visto ter ele em alguns lugares imitado muito bem a natureza viva e ter feito as sombras das figuras perder-se suavemente na escuridão. Também foi encarregado de pintar uma cena que, depois de terminada, foi posta na escola de São Marcos, na praça de San Giovanni e Paulo, nos aposentos onde se reúne o Ofício; está ao lado de diferentes cenas pintadas por outros mestres. Nela há uma tempestade no mar[9], com barcos agitados pela borrasca, vendo-se um grupo de figuras

---

[4] Giovanni di Bernardo dei Bernardi, nascido em Castelbolognese em 1496 e morto em Faenza em 1553; cf., na Vida de Valerio Vicentino, nota 1, p. 659. Cf. também monsenhor F. Liverani, *Maestro Giovanni Bernardi intagliatore di gemme*, Faenza, 1870.

[5] Já em 1648 Ridolfi, em *Meraviglie dell'Arte*, Veneza, fala do péssimo estado de conservação dos afrescos, hoje completamente desaparecidos.

[6] Depois do incêndio de 1504, que destruíra o antigo Fondaco, o Senado decretara sua reconstrução, confiando sua decoração a Giorgione em 1508. Terminada a execução, Giorgione foi pago só depois de parecer favorável de uma comissão formada por Lazzaro Bastiani, Vittore Carpaccio e Vittorio de Matio. Cf. M. Muraro, "The political interpretation of Giorgione's frescoes on the Fondaco dei Tedeschi", em *Gazette des Beaux-Arts*, dezembro de 1975, pp. 177-84.

[7] Desse ciclo de afrescos restam hoje apenas um fragmento que representa um *Nu de mulher jovem*, conservado na Academia de Veneza, e resquícios de outros nas gravuras de Zanetti (*Varie pitture a fresco de' principali maestri veneziani*, Veneza, 1760).

[8] Na edição de 1568 Vasari atribui a obra a Sebastiano del Piombo, atribuição hoje comumente aceita.

[9] Na edição giuntina Vasari atribui a Palma il Vecchio a obra que atualmente está na Academia de Veneza, nº 516. Unanimemente atribuída a Palma com eventuais intervenções e integrações de Paris Bor-

454

no ar e diferentes formas de diabos, uns soprando os ventos e outros remando os barcos. Essa cena está realmente tão bem-feita, que não há pincel, cor ou imaginação capaz de expressar mais horrenda e amedrontadora representação em pintura, pois ele coloriu tão vivamente a fúria das ondas do mar, a oscilação dos barcos, a ineficácia dos remos e a aflição em toda aquela ação, na escuridão da tormenta, sob os relâmpagos, com todas as outras minúcias reproduzidas, que vemos a madeira tremer e sacudir-se toda a obra, como se fosse de verdade. Por esse motivo, sem dúvida eu o incluo entre aqueles raros que conseguem exprimir na pintura aquilo que lhes vai no pensamento. Porque, aplacado o entusiasmo, o pensamento costuma adormecer, visto durar tanto tempo a feitura de uma obra grande. Essa pintura tem tanta qualidade, por ter expressado uma concepção difícil, que ele mereceu ser muito considerado em Veneza e homenageado por nós entre os bons artistas. Pintou um quadro no qual um Cristo carrega a cruz e é puxado por um judeu[10]; esse quadro com o tempo foi posto na igreja de Santo Rocco e hoje, em virtude da devoção que muitos têm nele, realiza milagres, como se vê. Trabalhou em diversos lugares, como em Castel Franco[11] e na região de Treviso, fazendo muitos retratos para vários príncipes italianos; para fora da Itália foram enviadas muitas de suas obras, coisas dignas realmente de dar testemunho de que, embora a Toscana sempre tenha abundado em artistas, aquela região montanhosa não fora abandonada nem esquecida pelo céu. Enquanto Giorgione se esmerava em granjear honra para si e para a sua pátria, nos muitos colóquios que mantinha para entreter os amigos com música, enamorou-se de uma dama, e ambos se entregaram com prazer a seus amores. Ocorre que no ano MDXI ela contraiu a peste e, desconhecendo o contágio, continuou a privar com Giorgione como de costume, transmitindo-lhe a peste de uma tal maneira, que em breve tempo, com a idade de XXXIV anos, ele se foi desta vida[12], não sem grande pesar dos muitos amigos que o amavam por suas virtudes. Toda aquela cidade sofreu muito com isso, e o prejuízo dessa perda só foi suportado porque lhe restaram dois excelentes discípulos seus, Sebastiano Viniziano[13], que depois foi frade em Roma, e Tiziano da Cador[14], que não só se equiparou a ele, como também o superou em muito. Disso dão fé as raríssimas pinturas de sua lavra e o grande

---

done. Obra de Giorgione, ao contrário, é a celebradíssima *Tempestade*, n.º 915, da Academia de Veneza; sobre ela, cf. S. Settis, *La "Tempesta" interpretata*, Turim, 1978.

[10] Obra de controversa atribuição na crítica do século XX, embora se tenda a considerá-la da lavra de Ticiano, a quem ela era atribuída também por Ridolfi (1648), Boschini (1660) e Sansovino (1581). O próprio Vasari, na edição giuntina, a atribui ora a Giorgione, ora a Ticiano nas respectivas Vidas.

[11] Na casa Pellizzari di Castelfranco existe uma faixa monocromática de terra amarela com realces de branco e bistre, representando instrumentos musicais e científicos reunidos em troféus. Alguns fragmentos do conjunto foram destacados em fins do século XIX. Na igreja de San Liberale de Castelfranco está o famoso retábulo com a *Nossa Senhora no trono entre São Liberal e São Francisco*, unanimemente considerada autógrafa depois da referência de Ridolfi (1648) a Giorgione e datada posteriormente a 1504, ano da morte de Matteo, filho de Tuzio Costanzo, que encomendou a obra, a quem se refere a divisa ao pé do trono.

[12] Giorgione parece ter morrido em 1510, conforme se depreende da correspondência entre Isabella d'Este, marquesa de Mântua, e Taddeo Albano, entre 25 de outubro e 7 de novembro do mesmo ano (A. Luzio, *Archivio storico dell'Arte*, 1888, I, p. 47).

[13] Sobre Sebastiano del Piombo, cf. Vida nas pp. 681-8.

[14] Na segunda edição, Vasari, depois do encontro que teve com o mestre em 1556, dedicou-lhe uma Vida, compensando a absoluta falta de informações desta. Sobre Tiziano Vecellio [Ticiano], nascido em Pieve di Cadore por volta de 1488 e morto em Veneza em 27 de agosto de 1576, o maior e mais famoso pintor veneziano do século XVI, cf. R. Pallucchini, *Tiziano*, Florença, 1969.

número de belíssimos retratos que fez, não só de todos os príncipes cristãos, como também de todos os mais belos engenhos que viveram em nosso tempo. Este, vivendo, dá vida às figuras que traz à vida, assim como, vivo ou morto, dará fama à sua Veneza e à nossa terceira maneira. Mas, como está vivo e suas obras podem ser vistas, não cabe aqui falar sobre ele.

.

Antonio da Correggio, pintor

Frequentemente a natureza benigna se esforça muito para infundir graça em nossos artistas, dotados de um manejo tão divino das cores, que se tal dom fosse acompanhado por um desenho profundo, sem dúvida causariam espanto no céu, assim como enchem a terra de admiração. Mas sempre se viu que, entre nossos pintores, os que bem desenharam tiveram alguma imperfeição no colorido, e muitos que fazem algo perfeitamente deixam mais imperfeita do que perfeita a maior parte das coisas que produzem. Na verdade, isso advém da dificuldade da arte, que precisa imitar tantas coisas, que um artista apenas não pode fazê-las todas perfeitas. Por isso, pode-se dizer que não é de considerar admirável, e sim miraculoso, o fato de os espíritos engenhosos fazerem aquilo que fazem. E os toscanos, por acaso, certamente em maior número que os outros. Por isso, a mãe do universo, sendo criticada pelos inúmeros que acreditaram não ter recebido o que lhes era devido nessa divisão, agraciou a Lombardia com o belíssimo engenho de Antonio da Correggio, pintor singularíssimo[1]. Este praticou a maneira moderna com tanta perfeição, que em poucos anos, graças aos dotes recebidos da natureza e ao exercício da arte, tornou-se artista raro e maravilhoso. Era ele muito tímido e exerceu a arte em meio a muita incomodidade e a um trabalho ininterrupto, onerado que era pela família: e, embora movido por uma bondade natural, afligia-se mais do que o devido, ao arcar com o peso das paixões que ordinariamente oprimem os homens. Na arte, era muito melancólico, sujeito às suas labutas e capaz de resolver qualquer de suas dificuldades, conforme demonstra uma enorme multidão de figuras na Catedral de Parma[2], feitas em afresco e bem-acabadas, localizadas no púlpito maior da referida igreja, nas quais se veem escorços de baixo para cima, feitos de maneira estupenda. Foi quem primeiro observou a maneira moderna

---

[1] Antonio Allegri, chamado de Correggio devido ao lugar de origem, era filho de Pellegrino de Allegris e Bernardina Ormani; nasceu por volta de 1489 e morreu em 1534. A influência de Mantegna sobre ele foi superada por influxos lombardos e ferrareses, e sua fatura depois se enriqueceu com elementos maneiristas, resolvendo-se por fim num estilo de mestre seguro da pintura moderna na Itália setentrional, depois de uma viagem a Roma. Sobre ele, cf. A. E. Popham, *Correggio's Drawings*, Londres, 1957; A. Bevilacqua e A. G. Quintavalle, *L'opera completa del Correggio*, Milão, 1970; C. Gould, *The Paintings of Correggio*, Londres, 1976; D. A. Brown, *The Young Correggio and his Leonardesque Sources*, Nova York, 1981; G. Ercoli, *Arte e fortuna del Correggio*, Modena, 1982; *Correggio e il suo lascito*, catálogo da exposição, Parma, 1984.

[2] Os afrescos da abside e da cúpula da Catedral de Parma foram encomendados a Correggio em novembro de 1522; no entanto, são atribuídos a ele apenas os afrescos da cúpula com a *Assunção da Virgem*, sobre os quais há documentos dos pagamentos de 29 de setembro de 1526 e de 17 de novembro de 1530, e os penachos.

na Lombardia. Costuma-se dizer que, se tivesse saído da Lombardia e ido para Roma[3], o engenho de Antonio teria feito milagres e preocupado muitos que em seu tempo foram considerados grandes. Porque, fazendo ele o que fazia sem ter visto as coisas antigas ou as boas coisas modernas, será cabível concluir que, caso as tivesse visto, teria melhorado infinitamente suas obras e, progredindo do bom para o melhor, teria atingido o ápice.

De qualquer modo, deve-se ter como certo que ninguém mais do que ele tratou as cores com qualidade, beleza e relevo, e que nenhum artista pintou melhor que ele, tal era a suavidade que imprimia na carnação e tão grande a graça com que terminava seus trabalhos. Também na Lombardia pintou dois quadros grandes a óleo, em um dos quais, entre outras coisas, se vê um Cristo morto[4] que foi louvadíssimo. A igreja de San Giovanni daquela cidade[5] pintou uma tribuna em afresco, na qual representou uma Nossa Senhora ascendendo ao céu, entre uma multidão de anjos e outros santos: parece menos impossível expressar tais coisas com as mãos do que imaginá-las com a fantasia, pois são belíssimos os caimentos dos panos e admiráveis os semblantes que pôs naquelas figuras. Também na igreja de Santo Antônio daquela cidade pintou um painel no qual há uma Nossa Senhora e Santa Catarina com São Jerônimo[6], tudo colorido de um modo tão maravilhoso e estupendo, que os pintores se encantam com o seu colorido admirável, parecendo-lhes ser quase impossível pintar melhor. Também fez quadros e outras pinturas para muitos senhores da Lombardia; entre outras coisas suas, há dois quadros em Mântua feitos a pedido do duque Federigo II[7] para serem enviados ao imperador, coisa realmente digna de tão elevado príncipe. Giulio Romano, diante dessas obras, disse que nunca vira colorido nenhum que chegasse perto do seu. Num dos quadros havia uma Leda nua e no outro, uma Vênus[8], executadas com cores e sombras tão suaves e uma carnação tão bem-feita, que não pareciam pintadas, mas de carne e osso. Em um deles a paisagem era admirável, e nunca houve lombardo que fizesse tais coisas melhor que ele; além disso, os cabelos tinham uma cor tão bonita, seus fios eram tão bem delineados e acabados com tanto esmero, que é impossível ver algo melhor. Havia alguns cupidos a experimentarem suas setas sobre uma pedra, setas

---

[3] Apesar das afirmações de Vasari, aliás confirmadas na edição giuntina, a crítica moderna tende a ver na mudança ocorrida no estilo do artista depois de 1517 a influência de sua viagem a Roma. R. Longhi, "La fasi del Correggio giovine e l'esigenza del suo viaggio romano", em *Paragone*, n. 101 (1958), pp. 34--53; C. Gould, "Correggio and Rome", em *Apollo*, 51 (1966), pp. 328-37.

[4] A *Deposição* (n°. 352 da Pinacoteca de Parma) fora pintada para a igreja de San Giovanni, e não para a Catedral de Parma, assim como o grande painel com *Martírio de São Plácido, Santa Flávia, Santo Eutíquio e São Vitorino*, também atualmente na Pinacoteca de Parma com o n°. 353.

[5] Sobre o afresco com a *Assunção da Virgem*, cf. acima, nota 2. Correggio pintou para a igreja de San Giovanni, entre 1520 e 1525, a *Visão de Patmos*, na abóbada absidal, os *Evangelistas* nos penachos e a *Ascensão de Cristo* na cúpula. Os fragmentos n°s 3920, 3921, 4067 com *Cabeças de anjos* da National Gallery de Londres e a *Coroação da Virgem* da Pinacoteca de Parma fazem parte da antiga decoração absidal da igreja, que foi retirada em 1587, quando o coro foi ampliado.

[6] Na edição de 1568, Vasari corrigia-se, citando Madalena em lugar de Santa Catarina: esse painel, atualmente na Pinacoteca de Parma com o n°. 351, encomendado para uma capela de Sant'Antonio, é conhecido justamente como *Nossa Senhora do São Jerônimo*.

[7] Federigo Gonzaga nasceu em 1500; tornou-se duque de Mântua em 1530 e morreu em 1540: foi um mecenas inteligente e brilhante.

[8] As duas obras identificáveis, respectivamente, com a *Leda* (n°. 218 dos Staatliche Museen de Berlim) e com as *Danaides* (n°. 125 da Galeria Borghese de Roma) faziam parte da série *Amores de Júpiter*, pintados por volta de 1531 por encomenda do duque Federigo, para presentear o imperador Carlos V. Delas, ainda se conservam em Viena o *Rapto de Ganimedes* (n°. 59) e *Io e Júpiter* (n°. 64).

de ouro e chumbo, tudo elaborado com primor. O que mais graça dava a Vênus era a água claríssima e límpida a correr entre algumas rochas, banhando seus pés, sem quase os cobrir. A percepção de sua candura e delicadeza enchia os olhos de compaixão. Porque sem dúvida Antonio mereceu máxima consideração em vida e glória depois da morte, por meio de ditos e escritos.

Antonio, responsável que era pela família, sempre desejava economizar, vindo a tornar-se extremamente avaro. Conta-se que, depois de receber em Parma um pagamento de sessenta escudos, quis levar esse valor a Correggio, para atender a algumas necessidades e, carregando tal peso, pôs-se a caminho a pé; era grande o calor, e Antonio, fustigado pelo sol, bebeu água para refrescar-se e caiu de cama com febre altíssima; não mais se levantou, deixando a vida com a idade de aproximadamente XL anos. Deixou o discípulo Francesco Mazzola[9], de Parma, que o imitou muito. Suas obras datam de MDXII, mais ou menos. Contribuiu grandemente para a pintura com as cores que manejava como verdadeiro mestre; graças a ele a Lombardia abriu os olhos e lá se viram tantos belos engenhos na pintura, que o seguiram, criando obras louváveis e dignas de memória. Porque, mostrando-nos cabelos feitos com tanta facilidade, a despeito das dificuldades para fazê-los, ensinou-nos o modo de executá-los. Essa é a dívida eterna que todos os pintores têm para com ele. E a pedido deles lhe foi feito o seguinte epigrama:

ANTONIO A COREGIO

HVIVS CVM REGERET MORTALES SPIRITVS ARTVS
PICTORIS, CHARITES SVPPLICVERE IOVI:
"NON ALIA PINGI DEXTRA, PATER ALME, ROGAMVS;
HVNC PRAETER, NVLLI PINGERE NOS LICEAT".
ANNVIT HIS VOTIS SVMMI REGINATOR OLYMPI
ET IVVENEM SVBITO SYDERA AD ALTA TVLIT,
VT POSSET MELIVS CHARITVM SIMVLACRA REFERRE
PRAESENS ET NVDAS CERNERET INDE DEAS*.

Há também este outro:

DISTINCTOS HOMINI QVANTVM NATVRA CAPILLOS
EFFICIT, ANTONI DEXTRA LEVIS DOCVIT.
EFFIGIES ILLI VARIAS TERRAEQVE MARISQVE
NOBILE AD ORNANDAS INGENIVM FVERAT.
COREGIVM PATRIA, ERIDANVS MIRANTVR ET ALPES,
MOESTAQVE PICTORVM TVRBA DOLET TVMVLO**.

---

[9] Cf. Vida nas pp. 646-51.

* "Antonio de Coregio / Quando o espírito governava os membros mortais / desse pintor, as Graças suplicaram a Júpiter: / "Rogamos que nenhuma outra mão nos retrate, ó pai bondoso; que ninguém tenha permissão para nos pintar, exceto ele." / O grande soberano no Olimpo anuiu a esse desejo / e levou-o ainda jovem para as altas esferas, / a fim de que ele pudesse melhor retratar as Graças / de perto e ali as contemplar nuas." [N. da T.]

** "Assim como a natureza criou nos homens cabelos separados, / a leve destra de Antonio ensinou-nos a fazê-los. / Teve talento para ornar as formas / nobres e diversas da terra e do mar. / O pintor Coregio é admirado por sua pátria, pelo rio Eridano e pelos Alpes, / é pranteado em seu túmulo pelo triste grupo de pintores." [N. da T.]

Naquele tempo viveu o milanês Andrea del Gobbo[10], pintor e colorista muito bom, de cujas mãos saíram muitas obras que adornam as casas de Milão, sua pátria; para a Cartuxa de Pavia fez um grande painel com a Assunção de Nossa Senhora[11], que ficou inacabado por ter sido ele surpreendido pela morte; essa obra mostra como ele era excelente e amante das coisas da arte.

---

[10] Andrea Solario, nascido em c. 1470, viveu até 1524, aproximadamente: sofreu muita influência de Leonardo. Sobre ele, cf. L. Cogliati-Arano, *Andrea Solario*, Milão, 1965.

[11] Na velha sacristia da Cartuxa de Pavia ainda existe o grande painel com *Assunção e santos*, terminado por Bernardino Campi por volta de 1576.

Piero di Cosimo, pintor florentino

Quem pensasse nos perigos enfrentados pelos talentosos e nos incômodos que eles suportam na vida ficaria bem distante dessa virtude, pois consideraria, sobretudo, que ela, embora produza belíssimos engenhos, também cria alguns que se alheiam e diferem dos outros e, fugindo ao convívio humano, buscam somente a solidão. Estes, procurando satisfazer apenas a si mesmos, incorrem em maior insatisfação com a vida e, deixando-se deformar pela névoa da inépcia, mostram aos outros que fazem o que fazem por amor à filosofia, ou melhor, à patifaria, a que realmente se dão. Por certo não é que não gostem do bem e do bom, e que os tendo não os usem, mas, transformando a necessidade em virtude, não querem que os outros visitem suas moradas, para que não vejam a infelicidade que encobrem sob o manto da fantasia ou de outro espírito filosófico. Sentem eles tamanho amargor ao verem as ações dos estudiosos e excelentes, ao considerarem que estes têm mais do que eles, que sob uma aparência branda dão mordidas terríveis, coisa que na maioria das vezes se volta contra eles, visto que a própria vida lunática que levam os conduz a um fim miserável. Foi o que se viu claramente em todas as ações de Piero di Cosimo[1]. Este, com o talento que teve, se tivesse sido mais afável e amável com os amigos, não teria sido tão infeliz na velhice, e o trabalho exercido durante a juventude lhe teria fornecido o alimento até a morte; mas, não prestando serviço a ninguém, não pôde ser ajudado por ninguém enquanto viveu.

Mas, entrando em mais pormenores, direi que, enquanto Cosimo Rosselli[2] trabalhava em Florença, foi-lhe recomendado um jovem que deveria aprender a arte da pintura; tinha XII anos e seu nome era Piero. Tinha por natureza um espírito elevado e muita imaginação, distinguindo-se dos outros jovens que aprendiam a mesma arte com Cosimo. Às vezes se concentrava tanto no que fazia, que, se começasse a falar de alguma coisa, como costuma acontecer, no fim do raciocínio precisava recomeçar o assunto, porque seu cérebro havia caminhado para outra de suas fantasias. Gostava tanto da solidão, que só tinha prazer quando pensava sozinho; conseguia ficar muito tempo

---

[1] Piero nasceu em Florença no ano de 1462, filho do ourives Lorenzo di Piero Chimenti, que em 1469 o registrava no Cadastro. Sobre esse pintor, que representa um dos resultados mais originais da arte florentina entre o fim do século XV e o início do XVI, tanto pela clareza e pelo frescor dos efeitos pictóricos quanto pela extravagância dos motivos, cf. M. Bacci, *Piero di Cosimo*, Milão, 1966; id., *L'opera completa di Piero di Cosimo*, Milão, 1976; J. Craven, "Three dates for Piero di Cosimo", em *The Burlington Magazine*, 870 (1975), pp. 572-6; A. Jouffroy, *Piero di Cosimo ou la forêt sacrilège*, Paris, 1982.

[2] Cf. Vida de Cosimo nas pp. 357-9. No registro do Cadastro de 1480 o pai de Piero declara depois da relação dos familiares: "[...] Piero [...] trabalha como pintor e não é assalariado; foi acolhido na oficina de Cosimo em S. Maria in Campo."

cismando e construindo castelos no ar. Seu mestre Cosimo gostava muito dele e achava-o tão útil em seus trabalhos, que com grande frequência lhe pedia que executasse obras importantes, reconhecendo que Piero tinha uma fatura mais bela e um tino melhor que o dele. Por isso, levou-o consigo para Roma, quando chamado pelo papa Sisto para pintar as cenas de sua capela[3]; em uma delas, Piero fez uma paisagem belíssima, conforme dissemos na Vida de Cosimo.

Em Florença fez muitos quadros para vários cidadãos, obras que se espalharam por suas casas; vi alguns muito bons. Assim, fez diferentes coisas para muitas outras pessoas. Na igreja do Santo Spirito de Florença fez para a capela de Gino Capponi[4] um painel em que se representa a Visitação de Nossa Senhora, com São Nicolau e um Santo Antônio a ler com um par de lentes sobre o nariz, coisa muito brilhante. Essa obra imitou um livro de pergaminho envelhecido que parece de verdade. São Nicolau tem duas esferas cujas cintilações e reflexos reverberam de uma para a outra; já então era conhecida a extravagância de seu cérebro e o seu gosto pelas coisas difíceis. Deu disso maiores demonstrações depois da morte de Cosimo, pois continuamente ficava recluso e não permitia que o vissem trabalhar, levando uma vida mais animalesca que humana. Não queria que seus aposentos fossem varridos, só queria comer quando sentisse fome e não permitia que seu jardim fosse carpido e que as árvores frutíferas fossem podadas; ao contrário, deixava que as videiras crescessem e as gavinhas se espalhassem pelo chão; as figueiras nunca eram podadas, nem as outras árvores; ao contrário, sua satisfação era ver as coisas selvagens, como sua índole, sob a alegação de que as coisas da natureza precisam ser cuidadas por esta, sem interferências. Ia com frequência ver animais, plantas ou outras coisas que a natureza cria por extravagância e a esmo, sentindo nisso uma alegria e uma satisfação que o deixavam fora de si. E falava tantas vezes do assunto que cansava mesmo as pessoas às quais tais coisas agradassem. Às vezes se detinha a examinar algum muro no qual pessoas doentes tivessem escarrado durante muito tempo e de tais formas extraía combates de cavalaria, cidades fantásticas e paisagens grandiosas jamais vistas; o mesmo fazia com as nuvens do céu. Dedicou-se à pintura a óleo depois de ter visto algumas obras esfumadas de Leonardo, coisas terminadas com a extrema diligência que era habitual neste último, quando queria mostrar sua arte. Piero, apreciando muito essa técnica, procurava imitá-lo, embora depois se tivesse afastado muito de Leonardo e das outras maneiras, tornando-se bastante extravagante. Pode-se muito bem dizer que depois mudou seu estilo em quase tudo o que fez. Se Piero não tivesse sido tão arisco, se tivesse cuidado mais de si na vida, teria dado a conhecer o grande engenho de que era dotado e assim teria sido adorado. Mas, em vista de sua brutalidade, foi considerado uma espécie de louco, embora, afinal, só tivesse feito mal a si mesmo, tendo sido benéfico e útil para a arte com as obras que criou. Por isso, todo bom engenho e todo excelente artista, aprendendo com esses exemplos, deveriam ter os olhos sempre voltados para o fim da vida.

---

[3] Remonta a 1481 o contrato para a decoração da Capela Sistina, construída a pedido do papa Sisto IV por Giovannino de' Dolci. A Cosimo Rosselli são atribuídos quatro dos doze afrescos que restaram: destes, dois são considerados obra de colaboração de Rosselli com Biagio d'Antonio de Florença (informações de 1476 a 1504).

[4] O painel hoje está na National Gallery de Washington (S. H. Kress, col. 1939, n.º 454, k. 1086); foi retirado do local de origem em 1713 para ser substituído por um quadro de Sagrestani. Datável em c. 1490 por referências a Filippino Lippi na Abadia em 1485 e à *Adoração dos Magos* de Ghirlandaio nos Inocentes em 1488. Um desenho preparatório que representa a *Virgem e Santa Isabel* está nos Uffizi (n.º 286E).

Piero foi incumbido de fazer um painel para a capela dos Tedaldi na igreja dos servitas[5], onde estes guardam as vestes e o travesseiro de seu confrade Filippo; nele representou Nossa Senhora em pé, sem o Filho, sendo elevada do chão sobre um pedestal, com um livro nas mãos, olhando para o céu; acima dela está o Espírito Santo a iluminá-la. A única luz existente é a produzida pela pomba, capaz de alumiar Nossa Senhora e as figuras ao seu redor, como uma Santa Margarida e uma Santa Catarina que a adoram de joelhos; em pé, olhando-a, estão São Pedro e São João Evangelista, juntamente com São Felipe, frade servita, e Santo Antonino, arcebispo de Florença. Além de ter feito uma paisagem extravagante, com árvores estranhas e algumas grutas, na verdade há partes belíssimas, como alguns semblantes que demonstram desenho e graça, além de cores bem unidas. Sem dúvida Piero dominava a técnica do colorido a óleo. Ali compôs a predela com algumas pequenas cenas muito bem-feitas; entre elas há uma em que Santa Margarida sai do ventre da serpente, animal feiíssimo que, segundo penso, é o melhor em seu gênero, mostrando o veneno a sair-lhe pelos olhos, o fogo e a morte num aspecto realmente apavorante. De fato, acredito que ninguém fazia tais coisas melhor do que ele, e que ninguém as imaginava por tanto tempo, como dá testemunho um monstro marinho que ele compôs e deu ao Magnífico Giuliano de' Medici; tal monstro, por sua deformidade, é tão extravagante, esquisito e fantástico, que parece impossível à natureza valer-se de tanta deformidade e estranheza em suas coisas. Esse monstro hoje está no vestuário do duque Cosimo de' Medici, assim como com Sua Excelência se encontra, também da lavra de Piero, um livro de animais do mesmo tipo, bichos belíssimos e estranhos, desenhados com bico de pena, tudo feito com muita diligência e com uma paciência inestimável. Esse livro lhe foi dado por messer Cosimo Bartoli, preboste de San Giovanni, muito amigo meu e de todos os nossos artistas, pessoa que sempre se deleitou e ainda se deleita com esse mister.

Em casa de Francesco del Pugliese[6], pintou nas paredes de um aposento diferentes cenas com pequenas figuras; impossível exprimir a diversidade das coisas fantásticas que ele se deleitou em pintar, desde casario e animais até vestes e instrumentos diversos, além de outras fantasias que lhe acudiram, visto tratar-se de cenas de fábulas, como um quadro de Marte e Vênus com os seus cupidos e Vulcano, tudo feito com muita arte e com uma paciência incrível. Para Filippo Strozzi, o Velho[7], Piero pintou um quadro de figuras pequenas, em que Perseu liberta Andrômeda do monstro, que contém algumas coisas muito belas. Hoje esse quadro está no quarto de seu filho Lorenzo[8].

Piero era muito amigo do diretor da Albergaria dos Inocentes. Este, querendo um quadro para pôr à esquerda da entrada da igreja, encomendou-o a Piero, que com muita

---

[5] O painel originalmente executado para a Santissima Annunziata, onde ficou até 1670, está hoje na Galeria dos Uffizi (nº 506) e é datável entre 1490 e 1505. Não há vestígios da predela, e um desenho outrora na Kunsthalle de Bremen foi destruído durante a Segunda Guerra Mundial.

[6] Talvez identificável com a série de *Cenas da humanidade primitiva*, que Bacci data dos últimos anos do século XV: consideradas de modos diversos pela crítica do início do século XX, estão espalhadas pelos Museus de Oxford, Hartford, Ottawa e Nova York.

[7] A obra é o nº 1536 da Galeria dos Uffizi, já mencionada como obra de Piero nos Inventari medicei de 1589. Os outros três painéis com *Cenas de Perseu*, outrora conservados nos depósitos dos Uffizi (nºs 509, 510, 514) e agora no Museu do Palácio Davanzati, são atribuídos ao chamado Mestre de Serumido.

[8] Em 1568 o quadro já mudara de proprietário, pois Vasari diz que pertence a Sforza Almeni, primeiro camareiro de Cosimo I, a quem fora dado por Giovan Battista Strozzi, filho de Lorenzo.

calma o fez até o fim[9], não sem antes levar ao desespero o amigo, que não teve permissão de vê-lo antes de terminado. Em virtude da amizade que havia entre os dois e pelo fato de todos os dias precisar dar dinheiro a Piero sem ver o que estava sendo feito, o diretor da Albergaria demonstrou sua estranheza recusando-se a fazer o último pagamento antes de ver a obra. Mas, diante da ameaça de Piero de destruir tudo o que fora feito, foi obrigado a pagar-lhe o que faltava e, mais aflito que antes, esperar com paciência até que a obra ficasse pronta; e nela realmente há muitas coisas boas.

Encarregou-se de um painel para uma capela da igreja de San Piero Gattolini[10], no qual fez uma Nossa Senhora sentada com quatro figuras ao redor e dois anjos no ar, a coroá-la. Obra feita com tanta diligência, que granjeou louvor e honra. Fez um quadrinho da Concepção no *tramezzo* da igreja de S. Francesco de Fiesole[11], coisinha bastante boa, não sendo muito grandes as suas figuras. Para Giovan Vespucci, cuja casa ficava defronte a San Michele na via de' Servi, onde mora hoje Pier Salviati, pintou algumas cenas báquicas[12] nas paredes de um aposento, nas quais há estranhos faunos, sátiros, silvanos, *putti* e bacantes, sendo admirável a diversidade da pelagem dos animais, das vestes humanas e a variedade dos aspectos caprinos, tudo feito com graça e imitação veraz. Numa das cenas, Sileno monta um asno com muitas crianças: umas o conduzem, outras lhe dão de beber, percebendo-se viva alegria naquilo que é feito com grande engenho. E, realmente, percebe-se nas suas obras um espírito versátil e distinto dos outros, além de certa finura no exame de algumas sutilezas da natureza que ele penetra sem preocupação com o tempo ou com o trabalho, apenas por deleite e pelo prazer que lhe dá a arte. E não podia ser de outro modo porque, apaixonado pela arte como era, não se preocupava com comodidades e limitava-se a comer ovos duros que, para economia de fogo, eram cozidos enquanto a cola fervia. Piero não comia seis ou oito ovos por vez, mas bem uns cinquenta, retirando-os aos poucos de um cesto. Gostava tanto dessa vida, que a dos outros, comparada à sua, parecia-lhe servidão. Aborrecia-se com choro de crianças, tosse de adultos, som de sinos, canto de frades; quando chovia a cântaros, seu prazer era ver a chuva precipitar-se dos telhados e espalhar-se pelo chão. Tinha pavor de raios e, quando trovejava muito, envolvia-se num manto, fechava as janelas e a porta do quarto, indo meter-se a um canto até que passasse a fúria dos elementos.

No seu falar, era tão diversificado e variado, que às vezes dizia belas coisas e arrancava gargalhadas dos outros. Mas, na velhice, perto dos 80 anos[13], tornara-se tão estranho e excêntrico, que ninguém aguentava conviver com ele. Não queria os aprendizes por perto, de tal maneira que, por sua rudeza, faltavam-lhe ajudantes. Tinha vontade de trabalhar, mas a tremedeira não o permitia. Dava-lhe então uma aflição, ele

---

[9] A obra se encontra com o n.º 23 no Museu do Hospital dos Inocentes, aonde chegou em 1786 proveniente do local de origem; representa *Nossa Senhora no trono com o Menino Jesus e santos*.

[10] A igreja, situada na circunscrição de San Frediano, foi destruída em 1529, e o painel foi levado para San Frediano; no entanto, ainda não foi identificado.

[11] O painel com a *Imaculada Conceição e santos* ainda está na igreja de Fiesole e representa um exemplo um tanto raro da iconografia de tal "mistério". No Gabinete de Desenhos e Gravuras dos Uffizi os desenhos n.ºs 552E e 555E são relativos a ele.

[12] Alude-se aos dois quadrinhos com a *Descoberta do mel* (no Art Museum de Worcester, n.º 40.85) e com as *Desventuras de Sileno* (no Fogg Museum de Cambridge, n.º 37.76). Datáveis, como propõe Bacci, de c. 1505-10.

[13] Piero morrerá depois em 1521, como dirá mais tarde Vasari, portanto com 59 anos.

queria subjugar as mãos, fazê-las ficar firmes e, enquanto resmungava, caía-lhe a bengala ou até mesmo os pincéis, coisa de dar dó. Irava-se com as moscas, e até sua própria sombra o incomodava. Assim, velho e doente, era, apesar de tudo, visitado por alguns amigos que lhe pediam que se aproximasse de Deus, mas ele achava que não morreria e distraía os outros, deixando tudo para o dia seguinte; não que não fosse bom ou não tivesse fé, pois era devotíssimo, ainda que na vida fosse muito rude. Às vezes falava dos tormentos com que os males destroem os corpos e dos sofrimentos daqueles que morrem aos poucos pela consunção do sopro vital, o que é uma grande miséria. Falava mal dos médicos, dos boticários e dos que cuidam dos doentes e os deixam morrer de fome; do tormento dos xaropes, dos remédios, dos clisteres e de outros martírios, como não o deixarem dormir quando tinha sono, fazer testamento, ver os parentes chorando, ficar no escuro. Louvava a justiça, dizendo que era bonito morrer, ver tanto ar e tanto povo, ser confortado por confeitos e boas palavras, ter o padre e o povo a rezar por nós, ir ao Paraíso com os anjos, tendo muita sorte quem daqui saísse de vez. Assim arrazoava, dando às coisas os mais estranhos sentidos que se possa ouvir. Com tão estranhas fantasias e vivendo tão estranhamente, chegou a tal ponto que certa manhã foi encontrado morto ao pé de uma escada no ano de MDXXI. Foi sepultado em San Pier Maggiore, e não faltou quem, em memória de suas ações, lhe tenha feito epitáfios, dos quais transcrevo aqui apenas este:

PIERO DI COSIMO PITTOR FIORENTINO

S'IO STRANO, E STRANE FVR LE MIE FIGVRE,
DIEDI IN TALE STRANEZZA E GRAZIA ET ARTE;
E CHI STRANA IL DISEGNO A PARTE A PARTE
DÀ MOTO, FORZA E SPIRTO ALLE PITTVRE*.

Muitos foram seus discípulos, não cabendo fazer-lhes menção, a não ser a Andrea del Sarto[14], que na verdade foi mais extraordinário e excelente que Piero, como demonstram suas obras. Em seu devido lugar faremos a Vida dele.

---

* "Piero di Cosimo, pintor florentino / Se estranho fui e se estranhas foram minhas figuras / dei em tal estranheza graça e arte; / e quem desenha estranhamente cada parte / dá movimento, força, espírito à sua pintura." [N. da T.]

[14] Cf. sua Vida nas pp. 566-90.

Bramante de Urbino, arquiteto

De enorme proveito para a arquitetura foi o modo moderno como Filippo Brunellesco trabalhou, ao reproduzir as obras egrégias dos antigos mais doutos e admiráveis, que ele tomou como exemplo, para a nova imitação do que é bom e a conservação do belo, coisas que ele trouxe à luz em suas edificações. Mas não foi menos necessário que nosso século criasse Júlio II[1], pontífice corajoso e ávido de deixar memória, porque, para atender a esse seu desejo ardente, era necessário que Bramante[2] nascesse nessa época e, seguindo os passos de Filippo, abrisse para os outros que viessem depois um caminho seguro na profissão da arquitetura, visto que nessa arte ele tinha ânimo, valor, engenho e ciência, sendo não só teórico, mas também prático e sumamente experimentado. Não poderia a natureza formar um engenho mais expedito, que exercitasse e praticasse as coisas da arte com maior invenção e medida, nem com tanto fundamento quanto ele. Seu talento ganhou muito com o encontro de um príncipe – o que ocorre raras vezes aos grandes engenhos – a cujas expensas ele pôde demonstrar seu valor e os difíceis artifícios que pôs em prática na arquitetura. Sua virtude estendeu-se por todos os edifícios que construiu, a tal ponto que molduras de cornijas, fustes de colunas, capitéis graciosos, fundações, mísulas e arestas, abóbadas, escadas, ressaltos e todas as ordens arquitetônicas inspiradas nos conselhos ou nos modelos desse artista sempre se mostraram maravilhosos a quem os visse. Por isso, a eterna gratidão dos engenhos estudiosos aos trabalhos antigos parece-me também ser devida ao labor de Bramante. Porque, enquanto os gregos foram inventores da arquitetura, e os romanos, seus imitadores, Bramante, imitando-os, não só nos ensinou com invenções novas, como também acrescentou beleza e grande dificuldade a essa arte que hoje vemos, embelezada por ele.

Nasceu ele em Castello Durante nos domínios de Urbino[3], filho de gente pobre, mas dotada de boas qualidades. Na infância, além de aprender a ler e a escrever, exer-

---

[1] Giuliano della Rovere, nascido em Albissola (Savona) em 5 de dezembro de 1443, foi eleito pontífice em 1º de outubro de 1503, depois de ter obtido o cardinalato de seu tio Sisto IV em 1471. Foi papa muito enérgico e belicoso: morreu em 20 de fevereiro de 1513.

[2] Donato, filho de Angelo di Pascuccio, vulgo Bramante, nasceu em 1444; num documento do Cadastro de Urbino lê-se: "Pascuccius pater Angeli cognomento Bramantis." Em outro documento do Arquivo de Estado lombardo (seç. IV, vol. 14, p. 104) lê-se: "[...] Donatus de Barbantis de Urbino filius Domini Angeli." Sobre ele, cf. B. Molajoli, *La fortuna del Bramante*, Veneza-Milão, 1971; *Bramante tra Umanesimo e Manierismo*, catálogo da exposição, Milão, 1970; *Studi Bramanteschi: Atti del Congresso Internazionale, 1970* (catálogo), Roma, 1974; A. Bruschi, *Bramante architetto*, Bari, 1969; id., *Bramante*, Bari, 1973; sobre sua atividade pictórica, G. Mulazzani, *Bramantino e Bramante pittore*, Milão, 1978.

[3] Na realidade, nasceu em Asdrualdo, hoje Fermignano, perto de Urbino.

citou-se muito na aritmética. Mas o pai, que precisava de sua ajuda pecuniária, vendo que ele gostava muito de desenhar, encaminhou-o ainda menino para a arte da pintura, na qual ele estudou muito as obras de frei Bartolomeo, também chamado de frei Carnovale da Urbino[4], que pintou o painel de Santa Maria della Bella em Urbino. Mas, como sempre gostou de arquitetura e perspectiva, saiu de Castel Durante e foi para a Lombardia, onde ora vivia numa cidade, ora noutra[5], trabalhando o melhor que pudesse. Mas não fazia coisas caras nem muito prestigiosas, pois ainda não tinha nome nem crédito. Por isso, decidido a ver pelo menos alguma coisa notável, mudou-se para Milão a fim de ver a catedral, onde então se encontrava certo Cesare Cesariano[6], considerado bom geômetra e bom arquiteto, que comentou o Vitrúvio e, desesperado por não ter recebido a remuneração que dava por certa, tornou-se tão estranho, que não quis mais trabalhar e, tornando-se arredio, morreu mais como animal do que como gente. Ali também estava certo Bernardino da Triviglio[7], milanês, engenheiro e arquiteto da catedral, além de grande desenhista, considerado um mestre raro por Lionardo da Vinci, ainda que dono de uma fatura um tanto crua e seca na pintura. Na entrada do claustro das Grazie[8] é de sua lavra uma Ressurreição de Cristo, com alguns belíssimos escorços; em San Francesco pintou uma capela com afrescos que representam a morte de São Pedro e São Paulo.

Mas voltemos a Bramante. Depois de avaliar aquela construção e de conhecer aqueles engenheiros, ganhou coragem e decidiu dedicar-se inteiramente à arquitetura. Assim, saindo de Milão foi para Roma antes do Ano Santo de MD[9], onde era conhecido por alguns amigos e conterrâneos da Lombardia, recebendo o encargo de pintar em afresco, na igreja de San Giovanni Laterano, acima da porta santa que se abre para o Jubileu, um brasão do papa Alexandre VI[10], sustentado por anjos e figuras. Bramante

---

[4] Ignora-se a data de nascimento de Bartolomeo Corradini, chamado de frei Carnevale. Documentado em Urbino a partir de 1451, em 1467 pintou o painel indicado por Vasari; esse painel, que passou depois aos Barberini, acabou perdido. Morreu em Urbino em 1484. M. J. Strauss, em *The Master of Barberini Panels: fra Carnevale*, Nova York, 1981, identifica frei Carnevale com o autor dos painéis Barberini, ou seja, a *Apresentação da Virgem ao templo*, do Museum of Fine Arts de Boston (n.º 37.108), e a *Natividade da Virgem*, do Metropolitan de Nova York (n.º 35.121). Sobre o "Mestre dos Painéis Barberini", cf. Zeri, *Due dipinti*, cit., que propõe uma identificação com Giovanni Angelo da Camerino.

[5] A presença de Bramante na Lombardia é indicada a partir de 1477, data que Sanudo (*Itinerario in terraferma*, 1483) indica como início dos afrescos do Palácio do Podestade de Bergamo.

[6] Arquiteto, pintor e escritor de arte, Cesare Cesariano nasceu em Milão em 1483 e ali morreu em 1543. Trabalhou em Reggio Emilia (V. Nironi, "L'artista Cesare Cesariano e il suo soggiorno reggiano, 1503-07", em *Bollettino Storico Reggiano*, n. 21 [1973]), e em Parma, onde em 1508 pintava em afresco a sacristia de San Giovanni Evangelista. Em 1512 estava em Milão como engenheiro ducal; em 1521, em Como, organizou a impressão do seu *Commento a Vitruvio*; em 1528, foi nomeado arquiteto de Carlos V e, em 1553, arquiteto da cidade de Milão.

[7] Pintor e arquiteto, Bernardino Zenale nasceu em Treviglio em meados do século XV e morreu em 10 de fevereiro de 1526. Em 1519 fez um modelo da cúpula da Catedral de Milão e em 1522 sucedeu a Amadeo na direção dos trabalhos da construção meneghina. Sua atividade pictórica desenvolveu-se ao lado da de Bernardino Butinone, com o qual executou a decoração da capela Grifi de San Pietro in Gessate, Milão (1489-93), e o *Retábulo de São Martinho* em Treviglio, encomendado em 1485, mas cujo pagamento ainda não terminara em 1507. Sobre ele, cf. *Zenale e Leonardo*, catálogo da exposição, Milão, 1982.

[8] O claustro da igreja de Santa Maria delle Grazie foi destruído durante a última guerra mundial; também não existem mais as pinturas da igreja de San Francesco em Brescia, demolida em 1688.

[9] Bramante chegou a Roma em 1499, quando Ludovico, o Mouro, abandonou Milão.

[10] Do afresco, hoje destruído, subsiste um desenho de Borromini na Albertina de Viena (n.º 388), com dizeres que indicam a autoria de Bramante.

trouxera algum dinheiro da Lombardia e ganhara mais em Roma, fazendo algumas coisas; gastava-o parcimoniosamente, por desejar viver do que era seu e ao mesmo tempo, sem precisar trabalhar, conseguir estudar tranquilamente todas as construções antigas de Roma. E começou a fazê-lo, andando sempre solitário e meditabundo. Em não muito tempo estudou todos os edifícios que havia naquela cidade e nos campos circunvizinhos. O Cardeal de Nápoles[11], descobrindo desse modo as intenções de Bramante, tão logo o viu resolveu ajudá-lo. Assim, Bramante continuou a estudar, e o cardeal, desejando reformar o claustro[12] de travertino dos frades da Paz, encarregou-o do trabalho. Bramante, desejando conquistar o cardeal e prestar-lhe um favor, pôs mãos à obra com indústria e diligência, terminando o trabalho depressa e com perfeição. Ainda que não fosse obra plenamente bela, deu-lhe reputação, por não haver em Roma muita gente que se dedicasse à arquitetura com tanto amor, estudo e rapidez quanto ele.

A fama dessa rapidez chegou aos ouvidos de Júlio II, que por esse motivo o incumbiu da obra dos corredores do Belvedere[13], feitos por ele com grande presteza. E era tanta a pressa de Bramante ao trabalhar e a do papa, que não parecia querer que as paredes fossem erguidas, mas brotassem do chão, que os construtores das fundações traziam durante a noite a areia e a terra compactada, fazendo as escavações durante o dia em presença de Bramante que, sem muito exame, mandava pôr as fundações. Por essa inadvertência, todo o seu trabalho apresenta rachaduras e corre o risco de ruir, como ocorreu com esse mesmo corredor, que teve um trecho de oitenta braços desmoronado no tempo de Clemente VII[14] e foi reconstruído depois pelo papa Paulo III, que mandou refazer suas fundações e reforçá-lo.

São suas em Belvedere muitas escadarias que variam segundo a altura, coisa belíssima, na ordem dórica, jônica e coríntia, obra feita com muita graça. De tudo isso ele fizera um modelo que, segundo dizem, era maravilhoso, como ainda se vê pelo princípio dessa obra assim inacabada. Além disso, fez uma escada em caracol[15] sobre colunas, de tal modo que é possível andar sobre ela a cavalo; nela, passa-se do dórico ao jônico e ao coríntio, subindo de um para o outro, tudo feito com extrema graça e excelente técnica; essa obra não é menos honrosa para ele do que qualquer outra coisa de sua lavra. Por isso, o papa, que o amava muito por suas virtudes, considerou-o digno do ofício do Piombo, ocasião em que fez um dispositivo para cunhar as bulas com belíssima videira. O papa resolveu instalar na via Giulia, construída por Bramante, todas as agências públicas e os tribunais de Roma, tudo num único lugar para maior comodidade dos negociantes em seus negócios, atividade que até então fora muito incô-

---

[11] Nascido em 1430 em Nápoles, Oliviero Carafa, governador pontifical e depois bispo de Nápoles em 1458, tornou-se cardeal em 1467. Mandou construir o palácio Quirinale e, em Nápoles, a capela Carafa da Catedral. Morreu em Roma em 1511.

[12] O claustro foi construído entre 1500 e 1504.

[13] O grandioso projeto de Bramante para a reorganização dos edifícios vaticanos não pôde ser terminado devido à morte de Júlio II (1513). No entanto, ele preparou a edificação do pátio de San Damaso, construindo os primeiros dois andares e projetando o terceiro, depois executado por Rafael.

[14] Em 1531, durante o papado de Clemente VII, depois de elevações e acréscimos, uma parte da construção de Bramante desmoronou, de tal modo que durante o pontificado de Paulo III (papa de 1534 a 1549) Antonio da Sangallo, encarregado desde 1520 dos edifícios vaticanos, foi incumbido de reerguer e reforçar as partes desmoronadas.

[15] Em 1512 Bramante fez a famosa escada em caracol do Belvedere, que leva do palacete de Inocêncio VIII aos jardins.

468

moda. Então Bramante começou o edifício que se vê em San Biagio às margens do Tibre[16], no qual também há um templo coríntio inacabado, coisa muito preciosa, e o resto do princípio de uma belíssima obra rústica.

No primeiro claustro de San Pietro a Montorio fez de travertino um templo redondo[17]; em termos de proporção, ordem e variedade não é possível imaginar nada mais gracioso, harmonioso e estudado; muito mais bonito ficaria se toda a construção do claustro, que não está terminada, tivesse sido feita como se vê em um de seus desenhos. Em Borgo construiu o palácio que depois pertenceu a Raffaello da Urbino[18], feito de tijolos e argamassa moldada em caixas; as colunas e os silhares são da ordem dórica e rústica, obra belíssima, criação nova na feitura de coisas com forma. Fez também o desenho e organizou a ornamentação de Santa Maria da Loreto[19], trabalho que foi continuado por Andrea Sansovino; fez também inúmeros modelos de palácios e templos situados em Roma e no Estado da Igreja. Era tão impressionante o engenho desse maravilhoso artista, que ele refez um desenho enorme para restaurar e reconstruir o palácio do papa. Sentia-se tão encorajado ao ver as forças do papa e sua vontade corresponder ao engenho e à vontade que tinha, que, tendo desejos de demolir a igreja de São Pedro para reconstruí-la[20], fez-lhe um número infinito de desenhos. Entre outros, fez um que era admirável, no qual demonstrou o máximo de inteligência que se poderia atingir. Assim, tendo o papa tomado a resolução de dar início à imensa e impressionante edificação de São Pedro, mandou-se demolir metade da igreja, e Bramante pôs mãos à obra com a intenção de que, em beleza, arte, invenção e ordem, assim como em tamanho, riqueza e ornamentação, aquela construção superasse todas as outras que na referida cidade tivessem sido erigidas pelo poder daquela república e pela arte e engenho de tantos valorosos mestres. Fez suas fundações com a costumeira rapidez, e, antes da morte do papa e da sua própria morte, ergueu-a até a cornija, onde estão os arcos dos quatro pilares, e fez suas abóbadas com suprema presteza e arte. Fez também a abóbada da capela-mor, onde está o nicho, cuidando também de levar adiante a chamada capela do Rei da França.

Durante esse trabalho, valeu-se de caixas de madeira com entalhes para a construção das abóbadas que já saem com frisos e folhagens feitos de uma mistura de cal; nos arcos existentes nesse edifício, ele mostrou o modo de montar as abóbadas com bai-

---

[16] No Gabinete de Desenhos e Gravuras dos Uffizi há desenhos e plantas relativos à igreja de San Biagio, que foi apenas iniciada, e ao palácio dos Tribunais na via Giulia, no qual ainda hoje é possível ver uma parte do antigo alicerce.

[17] O pequeno templo de San Pietro in Montorio, iniciado em 1502, foi uma das primeiras obras executadas em Roma por Bramante. Cf. P. Murray, *Bramante's tempietto*, Westerham, 1972.

[18] Em 1517 Rafael comprou dos Caprini uma casa edificada em 1499. É bastante incerta a localização dessa antiga habitação construída por Bramante.

[19] Convidado para ir a Loreto em 1507, Bramante ali chegou em 1509-10 e fez projetos para o revestimento de mármore da Santa Casa, executado depois por Cristoforo Romano e Andrea Sansovino, e também da residência paroquial, construída por Sansovino e Sangallo, o Jovem, em apenas um dos três braços previstos pelo projeto.

[20] O projeto de Bramante para São Pedro é conhecido por um desenho planimétrico de Antonio da Sangallo (Uffizi, Gabinete de Desenhos e Gravuras n°. 1A), pelos desenhos da cúpula transcritos por Serlio e pela medalha de Caradosso (Cristoforo Foppa, vulgo Caradosso, 1452-1527), em cuja face se encontra a inscrição IVLIVS LIGVR PAPA SECVNDVS MCCCCCVI, e no verso TEMPLI PETRI INSTAVRACIO VATICANVS M. Os trabalhos tiveram início em abril de 1506 e continuaram quase ininterruptamente até 1513, ano da morte de Júlio II, quando já estavam construídos os pilares e os grandes arcos da cúpula com os penachos e o coro poligonal. Cf. também F. Wolff Metternich, *Bramante und St. Peter*, Munique, 1975.

léus, no que foi depois seguido por Anton da San Gallo[21]. Na parte que ele terminou, a cornija percorre o interior com tal graça, que em seu desenho nada há para tirar nem pôr. Nos capitéis, ornados com folhas de oliveira por dentro, e em todas as belíssimas obras dóricas de fora percebe-se como era impressionante o ânimo de Bramante. Se suas forças tivessem sido iguais ao engenho que lhe adornava o espírito, sem dúvida ele teria feito coisas mais inauditas do que fez.

Foi pessoa muito alegre e agradável; sempre gostou de ajudar o próximo. Consta que não foi muito inclinado à religião, mas muito amigo das pessoas talentosas, ajudando-as sempre que pudesse. É bem o que se vê no que fez ao maravilhoso Raffaello Sanzio da Urbino, pintor celebradíssimo, por ele levado a Roma. Sempre viveu com largueza e honra, e no grau em que os méritos de sua vida o puseram era nada o que tinha em comparação com o que poderia gastar. Gostava de poesia e tinha prazer em ouvir a lira e em recitar de improviso ao seu som; compunha sonetos, se não tão delicados como os que se fazem agora, pelo menos sérios e sem defeitos. Foi muito estimado pelos prelados e acolhido por inúmeros nobres que o conheceram. Foi grande sua fama em vida e maior ainda depois da morte, porque a construção da igreja de São Pedro durou ainda muitos anos. Viveu até os LXX[22] anos, sendo sepultado em Roma com honrosas exéquias pela corte do papa e por todos os escultores, arquitetos e pintores. Foi sepultado na igreja de São Pedro no ano MDXIV[23] e depois honrado com o seguinte epitáfio:

MAGNVS ALEXANDER, MAGNAM CVM CONDERET VRBEM
NILIACIS ORIS, DINOCRATEN HABVIT.
SED SI BRAMANTEM TELLVS ANTIQVA TVLISSET,
HIC MACEDVM REGI GRATIOR ESSET EO*.

A morte de Bramante representou uma grande perda para a arquitetura, pois foi ele estudioso de ótimas técnicas com as quais a enriqueceu, como a invenção de montar as abóbadas com moldes e estuque, ambos usados pelos antigos, mas perdidos com suas ruínas até que surgisse Bramante. Pois quem estuda a arquitetura antiga não vê na obra de Bramante menos ciência e desenho do que se viam naquela. Por isso, os que conhecem tal perfeição podem considerá-lo um dos engenhos raros que marcaram o nosso século. Deixou como discípulo e amigo Giulian Leno[24], de grande valor na construção em seu tempo.

---

[21] Depois da morte de Bramante a direção dos trabalhos foi assumida por Rafael (de 1514 a 1520), com a colaboração de frei Giocondo e de Giuliano da Sangallo. Depois da morte de Rafael, o cargo foi entregue a Antonio da Sangallo, o Jovem, que já a partir de 1516 se tornara assistente de Rafael; manteve-se no cargo até 1546 com a colaboração de Baldassarre Peruzzi, afastando-se bastante do antigo projeto bramantiano.

[22] Morreu entre março e abril de 1514.

[23] Seu túmulo nunca foi encontrado.

* "Alexandre Magno, ao fundar a grande cidade / às margens do Nilo, tinha Dinócrates. / Mas, se as terras antigas tivessem produzido Bramante, / muito mais grato teria sido o rei macedônio." [N. da T.]

[24] Esteve durante muito tempo na cúria pontifícia entre 1502 e 1525, primeiro acompanhando Bramante e depois junto à artilharia papal e como colaborador nas obras de São Pedro.

Frei Bartolomeo de San Marco (Fra Bartolomeo), pintor florentino

Raras vezes a natureza reúne bom engenho e mansuetude nos artistas, munindo-os em algum tempo de pacatez e bondade, como fez em San Pietro Gattolini de Florença com Baccio dalla Porta[1], assim conhecido secularmente, pintor considerado excelente, colorista gracioso e raro. Na juventude, foi encaminhado a Cosimo Roselli[2] para iniciar-se na pintura, arte na qual contribuiu com muitas obras na mocidade, aguilhoado pela concorrência dos outros artistas e movido pela honra; perseverando, chegou ao ápice do prestígio que se atinge com obras e estudo. Saiu da companhia de Cosimo e trabalhou nas casas da porta San Pietro Gattolini, onde pintou muitos quadros. Graças a isso, sua fama divulgou-se tanto, que Gerozzo di Monna Venna Dini lhe encomendou uma capela do cemitério na qual estão os ossos dos que morrem no hospital de Santa Maria Nuova; ali também começou um Juízo em afresco[3], demonstrando tanta diligência e boa fatura na parte terminada, que granjeou grande fama, além daquela que já tinha, sendo muito celebrado por ter expressado com ótima concepção a glória do Paraíso e Cristo com os doze Apóstolos a julgar as doze tribos, estas suavemente coloridas com belíssimo panejamento. Além disso, é possível ver no desenho, inacabado, das figuras arrastadas ao Inferno o desespero, a dor e a vergonha da morte eterna, bem como a alegria e a felicidade dos que se salvam. Tudo isso, não obstante a obra ter ficado inacabada, pois tinha ele mais vontade de dedicar-se à religião do que à pintura. Naquela época estava em San Marco o frei Girolamo Savonarola de Ferrara[4], da ordem dos Pre-

---

[1] Bartolomeo di Paolo di Jacopo del Fattorino nasceu em Florença em 1475, e não em 1469, como afirma Vasari, segundo o qual ele morreu com 48 anos, em 1517; no Cadastro de 1481 (Quartiere Santo Spirito, Gonfalone Ferza) existe um registro de Paolo que declara que Bartolomeo tem 6 anos. Na edição giuntina Vasari especifica que Bartolomeo, por morar junto à porta de San Pier Gattolini (atual Porta Romana), recebeu o cognome "dalla Porta".

[2] Baccio entrou para a oficina de Cosimo Rosselli em 1485, dois anos antes da morte do pai. Sobre a atividade inicial de Baccio, cf. E. Fahy, "The beginnings", cit., e "The earliest works of fra Bartolommeo", em *The Art Bulletin*, 1969, pp. 142-54.

[3] Os documentos encontrados por Milanesi (Archivio dello Spedale di Santa Maria Nuova, Quaderno di Cassa, 1497-1500, carte 82, primo e secondo) mostram que a obra deve ser datada de 1499, ano em que recomeçaram os pagamentos. A pintura, transportada para tela no século XIX, encontra-se atualmente no Museu de San Marco. A obra foi terminada por Mariotto Albertinelli em 1501, devido ao ingresso de Baccio na Ordem dos Dominicanos.

[4] Nascido em Ferrara em 1452, foi executado em Florença em 23 de maio de 1498; morara em Florença quase ininterruptamente desde 1482, mas o período de sua maior influência ocorreu entre 1494 e o ano de sua morte.

dicadores, teólogo famosíssimo, e Baccio, assistindo com frequência às suas pregações, nas quais percebia muita devoção, passou a conviver de perto com ele e a quase morar no convento, unindo-se também de amizade com os outros frades.

Até que, certo dia, surgiram facções contrárias a frei Girolamo; estas queriam prendê-lo e entregá-lo às forças da justiça, em vista das sedições que praticara naquela cidade. Diante disso, os amigos do frade reuniram-se e encerraram-se na igreja de San Marco; contavam mais de quinhentos, e entre eles estava Baccio, movido pela imensa afeição que nutria por aquele partido. A verdade é que, sendo pouco audaz, aliás, sendo tímido e covarde demais e percebendo-se próximo de uma batalha na qual precisaria ferir e matar alguns, começou a ter fortes dúvidas sobre si mesmo. Por isso, fez uma promessa: se escapasse daquele furor, vestiria o hábito daquela religião; e a cumpriu inteiramente. Por esse motivo, terminada a conturbação e tendo o frade sido preso e condenado à morte, Baccio ingressou naquele mesmo convento, para grande desgosto de todos os amigos, que lamentaram infinitamente perdê-lo, sobretudo ao saberem que ele tinha a intenção de largar a pintura. Foi quando Mariotto Albertinelli, fiel amigo e companheiro, atendendo a pedido de Gerozzo Dini, assumiu as incumbências de frei Bartolomeo (nome este que lhe foi dado pelo prior ao vestir-lhe o hábito) e terminou a obra do cemitério de Santa Maria Nuova[5]. Frei Bartolomeo permaneceu no convento, dedicando-se tão somente aos ofícios divinos e aos compromissos da regra, a despeito dos pedidos do prior e dos seus amigos mais caros, para que fizesse alguma coisa em pintura. Passaram-se assim quatro anos sem que ele tivesse desejo de pintar, até que, instado por Bernardo del Bianco, amigo dele e do prior, ele finalmente começou a pintar um painel a óleo na abadia de Florença; neste, São Bernardo, escrevendo[6], vê Nossa Senhora com o Menino Jesus nos braços, carregada por muitos anjos e *putti*, tudo lindamente colorido; está ele tão contemplativo, que quem observar a obra atentamente perceberá um não sei quê de celestial a resplandecer nela; frei Bartolomeo usou de grande diligência e amor na criação desse painel e nos afrescos de um arco que lhe fica acima. Também fez alguns quadros para Giovanni, Cardeal dos Medici[7]; para Agnolo Doni pintou um quadro de Nossa Senhora[8].

Nessa época, Raffaello da Urbino foi aprender a arte da pintura em Florença[9] e ensinou a boa técnica da perspectiva a frei Bartolomeo; porque Rafael, desejando colorir como o frade e agradando-se do seu manejo das tintas e da sua união das cores, passava muito tempo com ele. Fez então um painel com inúmeras figuras para a igreja de San Marco de Florença; esse painel hoje está com o Rei da França[10], que o recebeu de presente, depois de vários meses de exposição em San Marco. Em seguida, pintou outro com inúmeras figuras, para ficar naquele lugar em troca do que foi enviado à

---

[5] Cf. acima, nota 3 e a Vida de Mariotto Albertinelli nas pp. 477-8.

[6] Está no nº 8455 das Galerias da Academia de Florença: encomendado em 1504, foi executado apenas entre 1506 e 1507.

[7] Desses quadros para o futuro papa Leão X (1513-21) não há vestígios.

[8] O quadro, mencionado pelo Anônimo Magliabechiano em casa dos Doni, está na Galeria Nacional de Roma (nº 116, F. N. 579); no lado esquerdo contém a inscrição F B OR PR 1516.

[9] Rafael esteve em Florença em 1504.

[10] As *Bodas místicas de Santa Catarina*, com São Pedro, São Bartolomeu e outros, obra datada de 1511, está no Louvre, nº 1154. Contém a inscrição ORATE PRO PICTORE MDXI BARTHOLOM FLOREN OR PRAE; o quadro fora doado em 1512 pela República Florentina ao bispo de Autun, Jacopus Harnult, quando este era embaixador do rei Luís XII. Cf. C. Fischer, "Remarques sur 'Les marriage mystique de Sainte Catherine de Sienne' par fra Bartolomeo", em *La Revue du Louvre et des Musées de France*, junho de 1982, pp. 167-80.

França[11]; nele há algumas crianças nos ares, segurando um pavilhão aberto, tudo feito com arte, bom desenho e relevo tão perfeito, que as figuras parecem ressaltar do painel com o colorido da cútis, mostrando a qualidade e a beleza que todo artista valoroso procura conferir ao que faz; essa obra se conserva ainda hoje, por excelente que é. São muitas as figuras em torno de Nossa Senhora, todas louvadíssimas, mas, entre elas, merecem muitos louvores um São Bartolomeu em pé e dois meninos, um que toca alaúde, e outro, lira. Um destes tem uma das pernas dobrada e o instrumento pousado sobre ela, as mãos postas sobre as cordas no ato de acompanhar-se, os ouvidos atentos à harmonia e a cabeça voltada para cima, com a boca um tanto aberta, de tal maneira que quem o olha não pode furtar-se a imaginar o som de sua voz. Coisa semelhante faz o outro, que, acomodado ao seu lado, com um dos ouvidos apoiado à lira, parece estar ouvindo a afinação de seu instrumento com o alaúde e com a voz, enquanto executa a parte do tenor, com os olhos baixos, os ouvidos atentos ao companheiro que toca e canta, tudo feito com perspicácia e engenho. Ambos estão sentados e vestidos com panos leves, numa composição maravilhosa e industriosa de frei Bartolomeu; toda a obra é executada em sombras escuras e esfumadas.

Pouco tempo depois fez outro painel posto à frente deste, obra considerada boa; nele há uma Nossa Senhora com outros santos ao redor[12]. Mereceu louvores extraordinários, por ter introduzido um modo de esfumar as figuras que à ótima técnica acrescenta maravilhosa integração das cores, de tal modo que parecem vivas e em relevo, trabalhadas com ótima fatura e perfeição. Ouvindo menção às obras egrégias de Michele Agnolo em Roma e aos admiráveis trabalhos de Raffaello, incentivado pelos comentários que continuamente ouvia sobre as maravilhas feitas pelos dois artistas divinos, obtendo licença do prior mudou-se para Roma[13], onde, hospedado pelo frei Mariano Fetti, frade do Piombo, pintou dois quadros de São Pedro e São Paulo na igreja de San Salvestro em Monte Cavallo[14]. E, não alcançando naquele clima os bons resultados que alcançara em Florença, aturdido em meio a tanta abundância de obras antigas e modernas que via, embotaram-se o valor e a excelência que parecia ter, e ele decidiu partir. Deixou que Raffaello da Urbino terminasse um dos quadros que ficara inacabado, o de São Pedro; este, totalmente retocado pela mão do admirável Raffaello[15], foi entregue a frei Mariano. E assim frei Bartolomeo voltou a Florença, onde fora criticado várias vezes por não saber fazer nus. Quis então pôr-se à prova e com esforço mostrar que era capaz de fazer todo e qualquer trabalho excelente naquela arte. Para demonstrá-lo, fez um quadro em que representou um São Sebastião nu com um colorido muito semelhante ao da cútis, suave semblante e beleza correspondente, com acabamento também esmerado, obtendo grandes louvores dos artistas. Conta-se que, quando esse quadro foi exposto na igreja, os frades confessores ficaram sabendo de

---

[11] O painel, que ostenta a inscrição 1512 ORATE PRO PICTORE, encontra-se na Academia de Florença (n.º 8397); cedido em 1588 ao bispo Milanesi, foi transferido para o apartamento do filho de Cosimo III, Ferdinando, ficando depois no Palácio Pitti, donde sua denominação *Pala Pitti*, até recente colocação.

[12] O painel foi pintado no ano de 1509 e atualmente está no segundo altar, à direita, da igreja de San Marco de Florença.

[13] Em 1514 foi para Roma, mas, contraindo febre malárica, saiu de lá rapidamente.

[14] Mariano Fetti que, como frade do "*piombo*", tinha o encargo de selar os diplomas pontifícios, obtivera de Júlio II para os Dominicanos congregados de San Marco de Florença a igreja de San Silvestro a Montecavallo. As duas pinturas, datáveis de 1514, encontram-se nos Museus Vaticanos (n.ºs 356, 362); os desenhos preparatórios estão no Gabinete de Desenhos e Gravuras dos Uffizi.

[15] As mãos e a cabeça de *São Pedro* depois foram repintadas por Rafael.

473

mulheres que, olhando-o, haviam pecado, movidas pela graciosa e lasciva imitação da realidade obtida pelo talento de frei Bartolomeo; por isso, o quadro foi tirado da igreja e posto no capítulo, onde não ficou muito tempo, pois, comprado por Giovan Battista della Palla, foi enviado ao Rei da França[16]. Sobre o arco de uma das portas de acesso à sacristia, frei Bartolomeo pintou a óleo sobre madeira um São Vicente daquela ordem; representado a pregar o Juízo Final, expressa nos gestos e no semblante o terror e a fúria que costumam estar nos semblantes dos pregadores, quando estes se afligem com as ameaças da justiça de Deus, de conduzir para a vida perfeita os homens obstinados no pecado; de tal maneira que essa figura não parece pintada, mas verdadeira e viva, a quem a considerar atentamente[17]; tudo é feito com grande realce.

Como lhe dissessem que só fazia figuras pequenas, para mostrar que sabia fazer figuras grandes tomou a capricho pintar na parede da porta do coro o Evangelista São Marcos com cinco braços de altura, painel executado com ótimo desenho e excelente qualidade[18]. O mercador florentino Salvador Billi voltara de Nápoles e, sabendo da fama de frei Bartolomeo e vendo suas obras, pediu-lhe que fizesse um painel com um Cristo Salvador, alusão ao seu nome, e os quatro Evangelistas ao redor; também foram pintados dois *putti* em pé, segurando a esfera do mundo, feitos com uma carnação tenra e fresca, muito bons, como toda a obra; nela também há dois profetas bastante louvados. Esse painel está na igreja da Nunziata de Florença[19], sob o grande órgão, pois assim o quis Salvador; trata-se de coisa muito bonita, terminada pelo frade com muito amor e infinita qualidade; ao seu redor há ornamentos de mármore entalhados. Como ele precisasse de novos ares, o prior, seu amigo, mandou-o a um mosteiro, e, enquanto ali esteve, uniu ultimamente[20] para a alma e para a casa a operação das mãos à contemplação da morte. Na igreja de San Martino de Lucca[21] fez um painel em que representou uma Nossa Senhora com um anjinho a seus pés, tocando alaúde, mais Santo Estêvão e São João, tudo com ótimo desenho e colorido, mostrando o seu valor. Na igreja de San Romano também pintou sobre tela[22] uma Nossa Senhora da Misericórdia sobre um plinto de pedra com alguns anjos a segurar-lhe o manto; com ela representou a multidão numa escadaria, algumas pessoas em pé, outras sentadas, outras ainda ajoelhadas, todas olhando para um Cristo que, do alto, emite raios e fulgores para o povo. Sem dúvida frei Bartolomeo mostrou nessa obra que dominava a arte de harmonizar as sombras e os escuros da pintura, trabalhando com grande relevo, vencendo dificuldades da arte com rara e excelente maestria e colorido, desenho e invenção.

---

16 Datável de 1514-15, conserva-se em Bézenas, perto de Toulouse, na coleção Alaffre.

17 É o painel n.º 8644 da Academia de Florença.

18 Datável de c. 1514, encontra-se na Galeria do Palácio Pitti (n.º 225). Por ordem do grão-príncipe Ferdinando, fora retirado do lugar de origem em 1692 para ser substituído por uma cópia de Antonio Franchi.

19 A parte central desse painel está na Galeria Palatina de Florença com o n.º 159, enquanto as laterais com os profetas *Jó* e *Isaías* estão nos Uffizi (n.ºs 1448, 1449). Tem a inscrição F. BARTOLOMEVS O.P. MDXVI. O cardeal Carlo de' Medici ordenou que ele fosse substituído no lugar de origem por uma cópia feita por Empoli.

20 Apesar de esse termo reaparecer na edição giuntina, Milanesi propunha a correção "utilmente".

21 A obra está na Catedral de Lucca, no altar da esquerda do coro; no ressalto tem a inscrição FRIS BARTHOL FLORENTINI OPVS 1509 ORIS PREDICADOR. Há desenhos preparatórios no Gabinete de Desenhos e Gravuras dos Uffizi.

22 A obra se encontra na Pinacoteca de Lucca (n.º 91); contém a inscrição MDXV F. BARTHOLOMEVS OR PRAE PICTOR FLORENTINVS. Milanesi já indicara o equívoco de Vasari, que não entendeu o significado do aspecto de Cristo, considerando-o vingativo, e não misericordioso.

Na mesma igreja pintou outro quadro em tela com um Cristo e Santa Catarina e a mártir Santa Catarina de Siena[23] arrebatada da terra em espírito, figura que é impossível fazer melhor. Voltando para Florença, passou a dedicar-se à música, com a qual se deleitava muito, e às vezes cantava para passar o tempo. Em Prato, em frente à prisão, pintou um quadro com uma Assunção[24] e para os Medici fez alguns quadros de Nossa Senhora; fez também outras pinturas para diferentes pessoas. Em Arezzo, na abadia dos monges negros, pintou a cabeça de um Cristo em cores escuras, coisa belíssima, e o painel da Companhia dos Contemplantes, que se conservou em casa do Magnífico Messer Ottaviano de' Medici[25]. Na capela do noviciado de San Marco fez um painel com a Purificação, obra muito bonita[26], levada a bom termo com excelente desenho. Em Santa Maria Maddalena, propriedade que os frades mantinham fora de Florença, onde ficou por prazer, fez um Cristo e uma Madalena; para o convento, pintou algumas coisas em afresco[27]; também em afresco pintou um arco nos aposentos dos hóspedes de San Marco, com Cristo, Cleofas e Lucas[28], onde retratou frei Nicolau da Alemanha[29], quando jovem, que depois foi arcebispo de Cápua e, por fim, cardeal. Em San Gallo começou um painel que depois foi terminado por Giuliano Bugiardini[30]. Também fez um quadro com o rapto de Dina[31], que hoje está com Messer Cristoforo Rinieri, amigo e admirador de todos os nossos artistas; foi colorido pelo referido Giuliano, e nele há um casario e invenções muito louvadas.

Piero Soderini encomendou-lhe o painel da sala do Conselho[32], que ele desenhou e pintou em claro-escuro, de uma maneira que merecia grandes homenagens. Esse quadro está hoje na sacristia de San Lorenzo, em posição honrosa, assim mesmo inacabado. Porque já o havia começado e desenhado por inteiro, quando, por trabalhar continuamente sob uma janela e ser atingido pela luz que dela entrava e incidia sobre ele, ficou entrevado daquele lado, não podendo mover-se. Por isso, foi aconselhado a ir para as termas de San Filippo, sendo-lhe isso ordenado pelos médicos. Ali ficou muito

---

[23] O quadro hoje se encontra na Pinacoteca de Lucca (n.º 92), mas ao lado de Santa Catarina há na realidade uma Madalena. Encomendado em 1509 pelos Dominicanos do convento de San Pietro Martire em Murano, por questões de pagamento nunca chegou lá; ao contrário, foi desviado para Lucca. No Gabinete de Desenhos e Gravuras dos Uffizi há desenhos preparatórios para as figuras das santas.

[24] Executada em 1516, está no Museu de Capodimonte de Nápoles (n.º 100); o desenho preparatório está na Graphische Sammlung de Munique (n.ºs 2158, 2159).

[25] O quadro, uma *Assunção*, datável de c. 1508, estava com o n.º 249 nos Museus de Berlim, mas foi destruído na última guerra.

[26] O quadro tem a inscrição 1516 ORATE PRO PICTORE OLIM SACELLI HVIVS NOVITIO e se encontra no Kunsthistorisches Museum de Viena (n.º 430), aonde chegou em 1792 em troca da *Sagrada Família* de Dürer, hoje nos Uffizi.

[27] Em 4 de outubro de 1514, terminara o afresco com a *Anunciação* na igreja de Santa Maria Maddalena em Pian di Mugnone e, no asilo da própria igreja, terminara o afresco com *Noli Me tangere* em 1517. Outros fragmentos provenientes do mesmo lugar, alguns santos e uma *Nossa Senhora com o Menino Jesus* estão no convento de San Marco.

[28] O afresco ainda está no convento de San Marco.

[29] Nicolau Schönberg, morto em 1537, durante o papado de Clemente VII, foi o mais prestigioso defensor de uma política pró-Império.

[30] É a *Piedade* da Galeria Palatina (n.º 64), completada por Bugiardini.

[31] O quadro se conserva em Viena e é considerado obra de Bugiardini, que em 1531 está documentado justamente trabalhando nele.

[32] O painel, encomendado a Fra Bartolomeo por deliberação de 26 de novembro de 1510, foi parcialmente executado entre 1513 e 1515; da igreja de San Lorenzo foi transportado para as galerias florentinas e, por fim, para o Museu de San Marco, onde hoje se encontra na chamada Sala do Lavabo.

475

tempo, mas pouquíssimo melhorou. Frei Bartolomeo adorava frutas, que lhe pareciam agradabilíssimas ao paladar, embora lhe fossem prejudiciais à saúde. Certa manhã, comendo um número infinito de figos, ao mal que ele já tinha somou-se altíssima febre que em quatro dias lhe deu cabo da vida com a idade de XLVIII anos[33]; entregou a alma a Deus com bom discernimento. Os amigos e os frades sentiam grande pesar com sua morte; estes lhe deram honroso sepulcro nas sepulturas de San Marco, no ano de MDXVII, no dia 8 de outubro[34]. Estava dispensado de ir ao ofício do coro, e o que ganhava com suas obras revertia para o convento, ficando ele com o dinheiro para as cores e para as coisas necessárias à pintura. Deixou como discípulos Cecchino del Frate[35], Benedetto Ciampanini[36], Gabriel Rustici[37] e frei Paolo Pistolese[38], com quem ficaram todas as suas coisas; este, com os desenhos, fez muitos painéis e quadros. Frei Bartolomeo deu tanta graça às cores de suas figuras e contribuiu com tão modernas novidades, que merece ser arrolado entre os benfeitores da arte. Fez jus ao seguinte epitáfio:

FRA' BARTOLOMEO PITTORE

APELLE NEL COLORE, E 'L BVONARROTO
IMITAI NEL DISEGNO; E LA NATVRA
VINSI, DANDO VIGOR 'N OGNI FIGVRA
E CARNE ET OSSA E PELLE E SPIRTI E MOTO*.

---

[33] Na realidade, tendo nascido em 1475, morreu com 42 anos.

[34] No necrológio (fol. 231 dos anais do Convento de San Marco) está escrito que ele morreu em 6 de outubro de 1517, o que seria condizente com o desenrolar dos funerais em 8 de outubro.

[35] Filho de certo Gerolamo di Marco di Bartolomeo, morreu em 7 de dezembro de 1562.

[36] Na edição giuntina, ele é chamado mais apropriadamente de Cianfanini, ainda que o pintor não fosse Benedetto, mas seu filho Giovanni que, nascido em 1462, esteve na oficina de Botticelli e morreu em 1542.

[37] Filho de Girolamo, sobre ele só se sabe que morreu em 1562.

[38] Filho de Bernardino di Antonio del Signoraccio e de Antonia di Paolo Maconi, nasceu em Pistoia em 1490 e morreu em 3 de agosto de 1547. Conhecido como frei Paolino, a partir de 1513 foi discípulo de Fra Bartolomeo, interpretando de um modo popularesco alguns de seus aspectos mais grandiosos e áulicos. Cf. P. Dal Poggetto, *Arte in Valdelsa*, catálogo da exposição, Florença, 1963, pp. 81-3.

* "Frei Bartolomeo, pintor. / Imitei Apeles na cor e Buonarroti / no desenho; a natureza / venci, dando a cada figura / vigor, carne, osso, pele, espírito e movimento." [N. da T.]

Mariotto Albertinelli, pintor florentino

Têm grande poder o trato agradável da amizade, os costumes e as maneiras cativantes, observando-se por prazer não só os gestos e as ações, mas também o caráter, as linhas e os semblantes das figuras. Sem dúvida, as pessoas seguem os estilos que mais se harmonizam com o seu coração e sempre se esforçam por reproduzi-los tão bem, que muitas vezes eles parecem fruto da mesma mão, de tal modo que quem julga os artistas mal consegue distinguir original e imitação. É o que se pode ver nas obras pintadas por Mariotto Albertinelli[1], que teve tanta amizade com Baccio della Porta[2], antes que este se tornasse frade em San Marco, que, com a continuação da amizade, mesmo não desejando dedicar-se à pintura, foi levado a ela pela amenidade da companhia. E não só se tornou um grande pintor, como também imitou a tal ponto a maneira do frade, que era impossível distinguir uma da outra.

Começou a pintar com XX anos; antes fora bate-folha[3], atividade que abandonou totalmente. Sentiu grande ânimo ao ver o bom resultado do que fazia, e imitava tanto a maneira e o comportamento do companheiro, que muitos confundiam suas obras com as do frade. Quando Baccio decidiu tornar-se frade de San Marco, Mariotto, ficando sem o companheiro, muitas vezes se sentia como que perdido e fora de si. E tão estranha lhe pareceu a notícia, que ele, desesperançado de tudo, com nada se alegrava. Naquele momento, caso não desgostasse tanto da companhia dos frades, de quem estava sempre a falar mal, além de pertencer à facção contrária ao frei Girolamo de Ferrara[4], levado pela afeição que sentia por Baccio, Mariotto sem dúvida se teria encapuchado no mesmo convento com o companheiro, tornando-se frade também. Mas Gerozzo Dini, que encomendara para o cemitério o Juízo Final deixado inacabado por Baccio, pediu-lhe que terminasse a obra, visto que os dois pintavam da mesma maneira[5]. Assim, por estar de posse do cartão e de outros desenhos feitos por Baccio

---

[1] Mariotto, filho de Biagio di Bindo, bate-folha, e de Valeria di Biagio Rosani, nasceu em 13 de outubro de 1474 e morreu em 1515. Na oficina de Cosimo Rosselli conheceu Piero di Cosimo e Fra Bartolomeo, com quem pintou até 1513, com uma pausa decorrente da disparidade de opiniões sobre Savonarola. Cf. L. Borgo, *The Works of Mariotto Albertinelli*, Nova York, 1976.

[2] Cf. sua Vida nas pp. 471-6.

[3] Na segunda edição o próprio Vasari esclarecia: "[…] com 20 anos deixou de ser bate-folha, atividade à qual se dedicara até aquele momento, e recebeu as primeiras noções de pintura na oficina de Cosimo Rossegli […]."

[4] Albertinelli, que foi protegido por Piero dei Medici e por sua mulher Alfonsina Orsini, fazia parte da facção pró-Medici dos *Arrabbiati*, quando esta estava em luta com a facção savonaroliana dos *Piagnoni*. Cf. acima, nota 1.

[5] Cf. Vida de Fra Bartolomeo na p. 471.

e por ser instado por frei Bartolomeo, que já recebera pela obra e tinha a consciência pesada por não ter cumprido a promessa, Mariotto terminou o trabalho. Fez tudo o que faltava com diligência e amor, de tal modo que muitos, não sabendo do ocorrido, acreditaram que uma única mão ali tivesse obrado. Com isso granjeou grande crédito na arte. No capítulo da Cartuxa de Florença fez um Crucifixo com Nossa Senhora e Madalena ao pé da Cruz e alguns anjos no ar, a recolherem o sangue de Cristo, obra executada em afresco, muito bem realizada, com diligência e amor[6]. Mas parece que os frades não o tratavam como se deve em matéria de refeições, motivo pelo qual alguns jovens aprendizes de Mariotto, sem que este o soubesse, fazendo uma cópia da chave daquelas janelas que dão para os quartos dos frades, onde lhes são postas as iguarias, surripiavam o repasto ora a este, ora àquele. O sumiço causou grande celeuma entre os frades, pois em matéria de gula eles se ressentem tanto quanto os outros. Os moços agiam com muita destreza e, como eram considerados boas pessoas, os frades se acusavam entre si, dizendo uns que outros o faziam por ódio. Mesmo assim, a coisa um dia foi descoberta. Porque os frades, querendo que o trabalho fosse acabado, duplicaram a comida de Mariotto e dos aprendizes, que, alegres e risonhos, terminaram a obra.

Fez o retábulo do altar-mor[7] para as freiras de San Giuliano de Florença; em Gualfonda trabalhou em um aposento, juntamente com outro da mesma igreja, fazendo um Crucifixo a óleo, com anjos e Deus Pai, representando a Trindade em fundo de ouro[8]. Mariotto era muito inquieto e carnal nas coisas do amor, além de despreocupado com a vida. Porque, sentindo ódio dos sofismas e das sutilezas intelectuais do mundo da pintura e sendo frequentemente alvo da má língua dos pintores – usança esta constante entre eles e mantida por hereditariedade –, Mariotto resolveu dedicar-se a uma arte mais humilde, menos trabalhosa e mais alegre. Assim, abrindo uma belíssima hospedaria fora da porta San Gallo, na ponte Vecchio al Drago, acabou por dar-lhe feição mais de taberna e a manteve por muitos meses, dizendo que passara a praticar uma arte sem músculos, escorços, perspectivas e – o mais importante – sem críticas. Dizia que a arte abandonada era o contrário da atual: aquela imitava a carne e o sangue, enquanto esta produzia sangue e carne; nesta, tendo ele bom vinho, era sempre louvado, ao passo que naquela todos os dias era criticado.

Mas, vindo a sentir-se enfadado e mordido pela baixeza do ofício, voltou à pintura, fazendo quadros e pinturas em casa de cidadãos de Florença. Para Giovan Maria Benintendi pintou três pequenas cenas. Em casa dos Medici, por ocasião da eleição de Leão X, pintou a óleo um medalhão de suas armas com a Fé, a Esperança e a Caridade, que ficou muito tempo sobre a porta daquele palácio. Na Companhia de São Zenóbio, ao lado da casa paroquial de Santa Maria del Fiore, fez um painel com a Anunciação[9], obra que lhe deu muito trabalho. Pusera uma iluminação expressamente

---

[6] É a *Crucificação* em afresco da Cartuxa de Florença, à qual o Anônimo Magliabechiano também faz menção; tem a inscrição MARIOTTI FLORENTINI OPVS PRO QVO PATRES DEUS ORANDVS EST A.D. MCCCCCVI MENS SPT.

[7] O painel com *Nossa Senhora no trono, São Domingos, São Nicolau de Bari, São Juliano e São Jerônimo* tem a inscrição OPVS MARIOCTI e está na Academia de Florença (nº 8645).

[8] Datável, como o da nota 7, de c. 1510 e está na Academia de Florença (nº 8660). Nos Uffizi está o seu desenho preparatório (nº 556E).

[9] Conserva-se na Academia de Florença (nº 8643) com a data 1510 e a inscrição MARIOTTI FLORENTINI OPVS; as partes laterais, executadas por Ridolfo del Ghirlandaio mais tarde, também estão na Academia (nºs 1584, 1589).

preparada sobre a obra, para poder fazer as vistas altas e distantes, que diminuíam ou cresciam de acordo com a luz. Acrescentou alguns anjos a voar e belíssimas crianças. Mas houve uma discórdia entre os haviam encomendado a pintura e Mariotto, e então Pietro Perugino, já velho, Ridolfo Ghirlandaio e Francesco Granacci a avaliaram e acordaram seu preço em conjunto.

Na igreja de San Brancazio, em Florença[10], num meio medalhão fez a Visitação de Nossa Senhora; em Santa Trinita[11] também fez diligentemente um painel com Nossa Senhora, São Jerônimo e São Zenóbio. E na igreja da Congregação dos Padres de São Martinho[12] fez um painel muito louvado com a Visitação. Foi levado ao convento de Quercia, fora das portas de Viterbo, e ali, depois de começar um painel[13], teve vontade de conhecer Roma. Lá, para a capela do frade Mariano Fetti, na igreja de San Salvestro di Monte Cavallo[14], fez inteiramente um painel a óleo representando São Domingos, Santa Catarina de Siena em suas núpcias com Cristo e Nossa Senhora, lavor muito delicado. Voltou a Quercia, onde tinha alguns amores dos quais se sentia muito saudoso depois da estada em Roma e, querendo mostrar que era bom na peleja, fez o derradeiro esforço. E como não era nem muito jovem nem muito valoroso em tais empresas, foi obrigado a pôr-se de cama. Então, culpando os ares do lugar, fez-se carregar a Florença. Mas não lhe valeram ajuda nem revigorantes, e ele morreu daquele mal em poucos dias com a idade de XLV anos, sendo sepultado em San Pier Maggiore, naquela cidade[15]. Depois de não muito tempo, foi honrado com este epitáfio:

MENTE PARVM (FATEOR) CONSTABAM: MENTIS ACVMEN
SED TAMEN OSTENDVNT PICTA, FVISSE*.

Suas pinturas datam de aproximadamente MDXII.

---

[10] A igreja de San Pancrazio, na via della Spada, foi destruída, perdendo-se os rastros do painel.

[11] Assinada e datada como MARIOCTI DE BARTINELLI OPVS A.D. MDVI, a obra foi para a França em 1813; hoje está no Louvre (nº 1114).

[12] O painel, hoje nos Uffizi (nºs 1586-87), ali chegou em 1786 vindo da Academia de Belas-Artes. Datado de MDIII. Um desenho de Fra Bartolomeo que está nos Uffizi (465E) é inspirador da predela.

[13] Na Vida de Pontormo da edição giuntina alude-se ao fato de que o painel fora começado por Fra Bartolomeo; na realidade, foi terminado por frei Paolino e posto sobre o altar da igreja de Viterbo em 1543.

[14] Cf. nota 14 da p. 473 na Vida de Fra Bartolomeo.

[15] Mariotto morreu em 5 de novembro de 1515; portanto, como nascera em 1474, tinha apenas 41 anos.

* "Eu era considerado pouco inteligente (confesso), mas, como demonstram minhas pinturas, tive agudeza de espírito." [N. da T.]

Rafaellin del Garbo, pintor florentino

É interessante que a natureza às vezes se esforça para criar um engenho que no começo faz coisas tão admiráveis, que os homens lhe predizem a ascensão às alturas do céu; e tanta expectativa têm em relação a ele, que, seja pelo vigor da natureza, seja por caprichos da sorte, o elevam até meia altura e, de repente, o trazem de volta ao chão, de onde o tinham tirado. Desse modo, quem depositara toda a sua fé naquela pessoa corta os ramos da esperança e não só cala as suas impossibilidades, como também maldiz o primeiro impulso de colocá-la a ponto de se tornar mais que mortal, pouco faltando para enterrá-la com desonra bastante para que ela nunca mais se erga da terra. E mesmo que, entre muitas coisas ruins, tal pessoa faça algo que seja bom, é tanta a força do desdém na alma daqueles que esperavam milagres, que estes nem sequer desejam olhá-la ou considerá-la de maneira alguma, fechando os olhos na maioria das vezes para não precisarem ver a verdade. Desse modo, perplexo, o artista em questão é tomado pelo desânimo, entra em decadência e vai perdendo as forças. São muitos os casos semelhantes nessa arte e infinitos nas outras ciências. Pois quem começa bem, mantendo-se com meios honestos, raramente deixa de levar suas obras a muito bom termo. Não foi o que fez Rafaellin del Garbo[1], pintor ajudado pela natureza na juventude, dotado de ótimo e admirável engenho, que, no auge das melhores expectativas, chegou ao fim. Na juventude, Rafaellin foi discípulo de Filippo de frei Filippo, mostrando-se muito estudioso e desejoso de atingir o ápice da perfeição nessa arte, dando sinais claríssimos disso. Quando jovem, trabalhou na Minerva com Filippo[2]. E parece que, embora a natureza se esforçasse para que ele atingisse certas coisas no começo da vida, no meio ele foi menos que medíocre e no fim, quase nada.

As primeiras obras de Rafaellin foram louvadas na capela dos Capponi, na igreja de San Bartolomeo de Monte Oliveto[3], fora da porta São Frediano, sobre o monte, onde ele pintou um painel com a Ressurreição de Cristo, entre cujas figuras estão alguns soldados. Por tais obras ele parecia ser capaz de ainda fazer coisas extraordinárias. Sobre a porta da

---

[1] Raffaello del Garbo, ou dei Carli ou Capponi, nasceu por volta de 1470 e morreu em c. 1524. Matriculou-se na Corporação dos Médicos e Boticários com o nome de *Raphael Bartolomei Nicolai Capponi, pictor del Garbo*. Durante muito tempo discutiu-se o desdobramento das duas personalidades, mas hoje em dia não resta nenhuma dúvida sobre a unicidade do pintor. Sobre ele, cf. os dois artigos de M. G. Carpaneto, "Raffaellino del Garbo", em *Antichità viva*, parte I (1970), 4, pp. 3-23, e parte II (1971), 4, pp. 3-19.

[2] Os afrescos da capela Carafa na igreja de Santa Maria sopra Minerva foram realizados entre 1489 e 1493 por Filippino Lippi, em cuja Vida (cf. nota 28, p. 407) Vasari menciona a colaboração de Raffaellino. Cf. também Bertelli, "Appunti sugli affreschi", cit.

[3] O painel com a *Ressurreição de Cristo* está na Galeria da Academia de Florença (nº. 8363).

480

igreja das freiras de San Giorgio fez em mural uma Piedade com as Marias ao redor e abaixo dele fez um outro arco com uma Nossa Senhora em MDIV[4]. Na igreja do Santo Spirito em Florença, num painel acima do painel dos Nerli, de seu mestre Filippo[5], pintou uma Piedade[6] considerada ótima e louvável; também pintou um painel com São Bernardo[7] menos perfeito que aquele. Tinha em mente continuar a dedicar-se à arte, mas piorava a cada dia. Na igreja do Santo Spirito, junto às portas da sacristia, fez dois outros painéis[8] nos quais decaiu tanto da qualidade inicial, que essas obras não pareciam ser de sua lavra. E, esquecendo-se da arte cada dia mais, reduziu-se a pintar coisas muito medíocres, além dos painéis e dos quadros que fazia. Tanto se rebaixou por causa do fardo representado por sua família, que transmudou todos os valores artísticos em inépcia. Assaltado por uma doença e empobrecido, terminou miseravelmente a vida com LVIII anos de idade. Foi sepultado pela Companhia da Misericórdia na igreja de San Simone de Florença em MDXXIV[9]. Deixou como sucessores muitas pessoas que se tornaram exímios pintores. Quem aprendeu com ele as primeiras noções da arte na infância foi o pintor florentino Bronzino[10], que se portou tão bem sob a proteção do pintor florentino Iacopo da Puntormo[11], que obteve os mesmos frutos obtidos por seu mestre, conforme dão fé alguns retratos e obras de sua lavra[12], de propriedade do ilustríssimo e excelentíssimo senhor duque Cosimo, e a capela feita em afresco[13] para a ilustríssima senhora duquesa; vivendo e trabalhando, merece os infinitos louvores que lhe rendem.

---

[4] Os afrescos da igreja de San Giorgio alla Costa perderam-se durante as reformas de 1705.

[5] Sobre o painel de Filippino com *Nossa Senhora, santos e doadores*, ainda hoje na igreja do Santo Spirito, cf. Vida de Filippino, p. 405, nota 10.

[6] A *Piedade*, hoje conservada na Alte Pinakothek de Munique (W.A.F. 801), foi adquirida em Florença em 1808 pela casa Capponi.

[7] Na igreja do Santo Spirito há um painel com a *Visão de São Bernardo*, cópia de Felice Ficherelli (1605- -69) de um original de Pietro Perugino, hoje em Munique (W.A.F. 764), mas proveniente da casa Capponi em 1829-30. É quase certo que Vasari incidiu em erro, pois não menciona o original na Vida de Perugino.

[8] Na edição de 1568, Vasari especifica que o quadro representa a *Missa de São Gregório*; ele se encontra no Museu Ringling de Sarasota (nº. 23) com a subscrição RAPHAEL KARLI PINXIT A.D. MCCCCCI. O outro com *Nossa Senhora, São Bartolomeu e São João Evangelista*, outrora na Galeria Corsini de Florença, está hoje, com o nº. 61-44-12, no De Young Memorial Museum de São Francisco: está assinado RAPHAEL DE KROLIS PIXIT A.D. MCCCCCII.

[9] Como não existe outra documentação relativa à morte do pintor, a crítica tem acolhido essa data.

[10] Agnolo di Cosimo di Mariano Tori, vulgo Bronzino, nascido em Monticelli em 1503, morreu em Florença em 1572. Depois da primeira formação na escola de Raffaellino, juntou-se a Pontormo, recebendo sua estimulante influência e aderindo ao modo de pintar do novo estilo, que ele soube desenvolver com uma linguagem elegante, ainda que menos atormentada do que a de seu mestre. Foi para Pesaro em 1530- -32, aproximadamente, mas depois, voltando a Florença, pintou em afresco entre 1540 e 1546 a capela de Eleonora da Toledo no Palazzo Vecchio; depois se tornou retratista preferido da corte e da nobreza florentina. Sobre ele, cf. A. Emiliani, *Bronzino*, Busto Arsizio, 1960; E. Baccheschi, *L'opera completa del Bronzino*, Milão, 1973; sobre a atividade retratística, cf. as partes que lhe dizem respeito em K. Langedijk, *The Portraits of the Medici*, Florença, 1981-83.

[11] Jacopo Carrucci nasceu em Pontorme, perto de Empoli, em 25 ou 26 de maio de 1494 e morreu em Florença em 31 de dezembro de 1556 ou em 1º. de janeiro de 1557. Em 1512 está com o florentino Rosso na oficina de Andrea del Sarto, de quem se afastará no ano seguinte para iniciar com Rosso e Beccafumi aquela atividade que o levará a ser o pintor de maior importância da primeira fase do maneirismo. Sobre ele, cf. L. Berti, *Pontormo*, Florença, 1964, e *L'opera completa di Pontormo*, Milão, 1973.

[12] Nos Uffizi ainda há muitos retratos da família ducal. Cf. acima, nota 10.

[13] Os afrescos ainda estão otimamente conservados e, além do teto, cobrem as paredes laterais e a de entrada, enquanto a parede principal está decorada com grande painel da *Piedade* circundada pela *Anunciação*, por *Davi* e pela *Sibila Eritreia*. Quanto aos desenhos preparatórios, bastante numerosos, cf. J. Cox-Rearick, "Les Dessins de Bronzino pour la chapelle d'Eleonora au Palazzo Vecchio", em *Revue de l'Art*, 14 (1971), pp. 6-22.

Torrigiano, escultor florentino

É grande o poder do desdém para quem espera ser considerado excelente numa profissão valendo-se da inveja, da altivez e da soberba e, de um momento para outro, se vê diante de algum novo e belo engenho na mesma arte, engenho que com o tempo não só se lhe compara, mas também acaba por superá-lo em muito. Para esses certamente não há ferro que por raiva não roessem, nem mal que, podendo, não fizessem. Pois se ressentem de horrível humilhação ao assistirem ao nascimento de crianças que parecem atingir a virtude tão logo nascidas; não sabem eles que nos dias todos dos acerbos anos da juventude a vontade cresce ao infinito, impelida pelo estudo e exercitada na frequentação dos mestres; e que os velhos, por medo, soberba e ambição, tornam-se ineptos e, acreditando fazer coisas cada vez melhores, fazem-nas cada vez piores, acreditando avançar, retrocedem. Assim, sendo invejosos e obstinados, nunca dão crédito à perfeição dos jovens naquilo que estes fazem, muito embora a vejam. E nas competições percebe-se que, quanto mais se esforçam para mostrar o que sabem, muitas vezes o que mostram é ridículo e digno de zombaria. Na verdade, quando passam da idade, quando os olhos não se fixam e as mãos lhes tremem, os artistas, desde que tenham avançado em algo, podem dar conselhos aos que trabalham, visto que a arte da pintura e da escultura exige espíritos nos quais o sangue ferva, a vontade seja briosa e ardente, mas para os quais os prazeres do mundo sejam inimigos mortais. Quem não for continente diante dos desejos do mundo deve fugir dos estudos. E, sendo tantos os fardos que tais virtudes devem carregar, poucos e raros são os que atingem alturas supremas. Dessa maneira, os que dão a largada com ardor são bem mais numerosos do que aqueles que conquistam o galardão por mérito na corrida.

Mais soberba que arte – apesar de seu grande valor – foi o que se viu no escultor florentino Torrigiano[1], que na juventude trabalhou nos jardins de Lorenzo de' Medici, o Velho. E, visto que era muito bom nos lavores de terracota, fez ali algumas esculturas. Assim, quando jovem, concorria com Michele Agnolo, de tal modo que, granjeando fama de bom artista, foi levado à Inglaterra[2], onde fez numerosas obras de

---

[1] Pietro Torrigiano nasceu em Florença em 24 de novembro de 1472 e morreu em Sevilha em 1528.

[2] Na edição de 1568, Vasari acrescenta outros detalhes à Vida de Torrigiano, além da famosa anedota do soco que ele deu em Michelangelo (cf., na Vida de Michelangelo, nota 16, p. 716). Torrigiano, na realidade, saiu de Florença em 1492, trabalhando em 1493-94, aproximadamente, para Alexandre VI e depois alternando feitos bélicos e artísticos em várias regiões da Itália. Torrigiano é documentado na Inglaterra em 1511, quando estabeleceu contrato para o túmulo de Margareth Beaufort; em 1512, para o contrato da sepultura de bronze de Henrique VII e da rainha Elisabeth na Abadia de Westminster; em 1518, para o monumento de Henrique VIII e da rainha Catarina, obra que nunca foi executada. A pro-

mármore, bronze e madeira a serviço daquele rei e, concorrendo com os mestres daquele país ou com suas obras, sempre venceu. Fez muitas coisas, das quais extraiu boas recompensas e, não tivesse ele sido pessoa soberba, seu fim teria sido bom, e não o contrário, como ocorreu. Conta-se que da Inglaterra foi levado à Espanha, onde fez um Crucifixo de terracota, das coisas mais admiráveis que há em toda a Espanha. Fora da cidade de Sevilha, num mosteiro dos frades de São Jerônimo, fez outro Crucifixo e São Jerônimo em penitência, acompanhado de seu leão. Retratou um velho, despenseiro dos mercadores florentinos Botti na Espanha, e esculpiu uma Nossa Senhora com o filho[3], cuja beleza foi motivo de fazer outra para o Duque de Arcus. Este, para obtê-la, fizera tantas promessas a Torrigiano, que este acreditou que ficaria rico para sempre. Terminada a peça, o duque lhe deu tantos daqueles seus maravedis – moeda que vale pouco ou nada –, que Torrigiano precisou de duas pessoas para carregá-los, motivo pelo qual acreditou ter ficado riquíssimo. Mas depois, pedindo a um amigo florentino que contasse a tal moeda e a convertesse na italiana, percebeu que tamanha soma nem sequer atingia trinta ducados. Assim, considerando-se logrado, saiu enraivecido para o lugar onde estava a estátua e a destruiu. O espanhol, por sua vez, considerando-se vituperado, acusou Torrigiano de herege. Este foi preso e todos os dias era interrogado e enviado a diversos inquisidores por motivo de heresia, pois estes julgavam que ele merecia ser punido por tamanho excesso. Com isso, Torrigiano mergulhou em tão profunda melancolia, que passou vários dias sem comer; e assim, ficando fraquíssimo, aos poucos terminou a sua vida. E ganhou o seguinte epitáfio:

VIRGINIS INTACTAE HIC STATVAM QVQM FECERAT, IRA
QVOD FREGIT VICTVS, CARCERE CLAVSVS OBIT*.

Desse modo, deixando de comer, livrou-se da vergonha, por lhe parecer que mereceria ser condenado à morte. Suas obras datam de aproximadamente MDXVIII. Morreu em MDXXII[4].

---

pósito, cf. estudos de A. P. Darr, *Pietro Torrigiano and his Sculptures for the Henry VII Chapel Westminster Abbey*, Nova York, 1980; em parte repetido com o mesmo título in "Marsyas", 1984, pp. 79-80; e os estudos de M. G. Ciardi Dupré Dal Poggetto, "Pietro Torrigiano e le sue opere italiane", em *Commentari*, 1971, pp. 305-25; e *Pietro Torrigiano nelle Marche in Urbino e le Marche prima e dopo Raffaello*, Florença, 1983, pp. 273-8.

[3] No Museu provincial de Belas-Artes de Sevilha há uma estátua com *Nossa Senhora e o Menino Jesus* (nº 830), provavelmente aquela a que Vasari se refere. Quanto ao *São Jerônimo*, também está no Museu de Sevilha (nº 228), proveniente da igreja dos jeronimitas.

* "Vencido pela ira, destruiu a estátua da virgem imaculada que fizera. Morreu no cárcere." [N. da T.]

[4] A data indicada por Vasari não parece corresponder à realidade, pois em 5 de novembro de 1528 a Rota de Florença promulgou uma sentença sobre a viúva de Torrigiano que reclamara a restituição de seu dote, pois Pietro "mortuus est et decessit jam sunt tres menses et ultra", o que pareceria indicar precisamente 1528 como data de morte do artista.

Giuliano e Antonio da Sangallo,
arquitetos florentinos

O ânimo e o valor num corpo capaz de virtude produz efeitos infinitos e admiráveis. Com isso, todas as pessoas que são envilecidas pelas cortes ou por chefes, mesmo que possam privar de homens valorosos, ainda estão distantes do modo como estes obram na virtude, que é representada por uma luz neste mundo cego, o que a faz resplandecer com infinita grandeza e a torna mais digna de louvores. Por isso, indo além de suas obras, seu nome cresce infinitamente e deixa eterna memória entre os pósteros, infundindo coragem nos tímidos, que então arrostam as canseiras e o trabalho. É assim, pois, que o mundo se adorna, que os príncipes se animam a continuamente encomendar obras, que nas virtudes se mostram os dotes recebidos do céu aos descendentes, vivendo estes comodamente, graças ao suor dos pais. Por tal razão compreenderemos o valor que nesta vida teve a disposição para a arte demonstrada pelo arquiteto florentino Giuliano di Francesco di Bartolo Giamberti[1] em difíceis empresas. Este se iniciou com o pai, Francesco, que em seu tempo foi um daqueles arquitetos que viviam sob o governo de Cosimo de' Medici, encarregado de seus edifícios e remunerado por tais atividades e pela música, a que se dedicava, tocando diversos instrumentos. Teve dois filhos, Giuliano e Antonio[2], e os encaminhou para o aprendizado da arte de entalhar madeira. Estes, desenhando, mantiveram-se nessa arte. No tempo de Lorenzo de' Medici, o Velho, estava vivo o marceneiro Francione[3], com quem eles viviam a fazer facécias e caçoadas. Francione dedicava-se ao entalhe de madeira e à perspectiva, bem como a projetos de obras de arquitetura, que ele fez em número infinito

---

[1] É incerta a data de nascimento de Giuliano: da data de morte indicada por Vasari como 1517 se presumiria que ele nasceu em 1443; pelo Registro do Cadastro, feito pelo pai Francesco em 1460, Giuliano parece ter nascido em 1452; no registro do Cadastro de 1487 Giuliano, afirmando ter 42 anos, indicaria ter nascido em 1445. Por outro lado, um documento referente ao pagamento dos frades da Annunziata a Francesco em 1454 diz em certo ponto: "[...] levou seu filho Giuliano [...]", o que tornaria plausível, como data de nascimento, 1443, aproximadamente, porque Giuliano, presente a um ato público, devia ter cerca de 10 anos. É o que defende G. Marchini no fundamental *Giuliano da Sangallo*, Florença, 1942; mas veja-se também S. Borsi, *Giuliano da Sangallo, i disegni di architettura e dall'antico*, Roma, 1985, que parece pender para a data 1452.

[2] Pelo registro do Cadastro de 1487, que, como vimos no caso de Giuliano, corresponderia mais ou menos à data de Vasari, poderíamos considerar razoável como data de nascimento de Antonio o ano de 1455, aproximadamente.

[3] Nascido em Florença em 1428 e morto na mesma cidade em 1495, Francesco di Giovanni di Francesco foi mestre marceneiro e arquiteto; até 1472 foi engenheiro militar da República Florentina, depois arquiteto militar em Pietrasanta (1485), Colle Val d'Elsa (1479), Sarzana (1487) e Sarzanello (1492).

484

para aquele magnífico cidadão. Por isso, Francesco pôs Giuliano sob sua custódia, por ter este espírito mais agudo e engenho mais destro; nessa arte ele fez coisas dignas de louvor, e disso pode dar verdadeiro testemunho o coro da Catedral de Pisa, todo feito de belíssimos entalhes[4] e lindas perspectivas, obra que ainda hoje, entre muitas perspectivas novas, não deixa de causar admiração a quem a vê. Naquele tempo em que Giuliano se dedicava ao desenho e fervia-lhe o sangue da juventude, o exército do Duque da Calábria acampou-se autoritariamente em Castellina, pois, por ódio ao Magnífico Lorenzo, aquele senhor desejava ocupar o domínio da Senhoria[5] de Florença, para concretizar (se pudesse) algum desígnio maior. Como ele estivesse cercando Castellina, o Magnífico Lorenzo foi forçado a mandar ali um engenheiro para construir moinhos e paliçadas, bem como para cuidar da artilharia, que então se usava pouco manejar. E, entre os inúmeros que acorreram, o escolhido foi Giuliano, por ter mais engenho, aptidão, destreza e expeditismo, e lhe foi fácil chegar a tanto, uma vez que seu pai mantinha fortes vínculos com Cosimo, o Velho. Assim, com a autoridade conveniente à sua missão, ele foi expedido para aquele empreendimento.

Chegando a Castellina, Giuliano muniu-a de fortificações por dentro das muralhas e providenciou moinhos e outras coisas necessárias à sua defesa. E, visto que os homens se mantinham distantes da artilharia, Giuliano voltou-se para ela, carregou-a de munição e usou-a com grande destreza, preparando-a de tal maneira que, daí por diante, ninguém mais se feriu ao atirar; antes, a artilharia matara muitas pessoas que com pouco tino não souberam precaver-se, pois no recuo das bocas de fogo sempre havia alguém a dar-se mal. E foi tanta a argúcia com que Giuliano atirou, que os soldados do duque se apavoraram de tal maneira, que, por esse e por outros impedimentos, custou-lhes organizar-se e bater em retirada. Foram gerais os louvores a Giuliano em Florença, e o Magnífico Lorenzo daí por diante sempre o viu com bons olhos. Então, voltando às construções, ele fez o claustro de Cestello em composição jônica[6], claustro que ficou inacabado por falta de dinheiro dos frades. Entretanto, crescia a consideração de Lorenzo pelo espírito de Giuliano. E quando quis fazer edificações em Poggio a Caiano, localidade situada entre Florença e Pistoia, depois de incumbir Francione várias vezes de elaborar modelos e desenhos junto com outros arquitetos, ocorreu a Lorenzo que Giuliano poderia também apresentar o seu, o que ele fez de bom grado[7]. E traçou um desenho tão diferente da forma habitual e costumeira, que Lorenzo logo o quis adotar, por ser o melhor de todos. Crescendo o seu prestígio por isso, a partir de então passou a receber remuneração. Ocorre que Lorenzo queria fazer no salão do referido palácio uma abóbada que chamamos de berço, mas não acreditava que isso fosse possível em vista do vão existente. Giuliano, que em Florença estava construindo uma de

---

[4] Francione trabalhou para a Catedral de Pisa por volta de 1467, fazendo os assentos parcialmente destruídos pelo incêndio de 1595.

[5] Castellina foi sitiada de junho de 1478 a agosto do mesmo ano, quando, ao contrário do que Vasari afirma, o duque da Calábria, aliado do duque de Urbino, obrigou os assediados a render-se. De resto, Giuliano não é citado entre os que socorreram o castelo.

[6] A obra de Giuliano para a igreja de Santa Maria Maddalena dei Pazzi teve início em 1492, embora em 1479 tenham sido iniciados os trabalhos de reforma, que talvez tivessem um projeto comum. Depois de um primeiro pagamento de 400 ducados feito pelos Salviati, o encargo passou a ser da responsabilidade direta dos frades.

[7] A construção da *villa* de Poggio a Caiano deve ter ocorrido entre 1480-85, ano em que Poliziano escreveu a opereta *Ambra* em louvor à vila, e o período do pontificado de Leão X (1513-21), em vista da presença de seus numerosos emblemas.

suas casas[8], fez na sala uma abóbada semelhante àquela, para mostrar que a vontade do Magnífico Lorenzo podia ser atendida; e assim ele pôde construir a de Poggio com bons resultados. Por esse motivo, sua fama cresceu a tal ponto, que, a pedido do duque da Calábria, ele desenhou o modelo de um palácio que, conforme encomendado pelo Magnífico Lorenzo, deveria ser construído em Nápoles[9]; demorou muito tempo na execução desse desenho. Enquanto ali trabalhava, o castelão de Ostia, então bispo Della Rovere, que depois foi papa Júlio II, querendo reformar e pôr em boa ordem aquela fortaleza[10], sabedor da fama de Giuliano, mandou chamá-lo em Florença e, dando-lhe boa remuneração, reteve-o por dois anos, durante os quais ele fez todas as instalações, munindo-a de todas as comodidades possíveis em sua arte. E, para que o modelo do Duque da Calábria fosse terminado sem atrasos, deixou ordem para que seu irmão Antonio o acabasse, e este elaborou tudo com diligência até o fim, pois Antonio se igualara a Giuliano em bons dotes. Giuliano então foi aconselhado pelo velho Lorenzo a apresentar pessoalmente o projeto, a fim de mostrar as dificuldades que fora preciso vencer para fazê-lo. Assim, Giuliano partiu para Nápoles e, apresentando o trabalho, foi recebido com todas as honras, despertando admiração tanto por ter sido enviado pelo Magnífico Lorenzo com tamanha solenidade, quanto pela maestria da execução do modelo. O trabalho agradou a tal ponto, que com a máxima rapidez se deu início à sua construção perto de Castel Nuovo.

Depois de passar certo tempo em Nápoles, quando pediu licença ao duque para voltar a Florença, Giuliano foi presenteado pelo rei com cavalos e vestes, além de uma taça de prata com algumas centenas de ducados, que Giuliano não quis aceitar, dizendo que estava a serviço de um senhor que não precisava de ouro nem de prata. E se, mesmo assim, ele quisesse presenteá-lo ou recompensá-lo de alguma maneira, para mostrar que ali estivera, que lhe desse alguns de seus objetos antigos, à sua escolha. O rei, liberalmente, por amor ao Magnífico Lorenzo e pelas virtudes de Giuliano, concordou e deu-lhe o seguinte: uma cabeça do imperador Adriano, que hoje está acima da porta do jardim da casa Medici, uma mulher nua de tamanho maior que o natural e um Cupido adormecido, escultura de mármore. Giuliano mandou apresentar tais objetos ao Magnífico Lorenzo, que demonstrou alegria infinita, não se cansando de louvar o ato do magnânimo artista, que trocara ouro e prata por arte, coisa que pouquíssimos teriam feito.

Giuliano voltou a Florença e foi acolhido com gratidão pelo Magnífico Lorenzo, que, para atender ao frei Mariano da Ghinazzano, grande literato da ordem dos frades Eremitas de Santo Agostino, tomou a peito construir-lhe fora da porta S. Gallo um convento com a capacidade para cem frades, cujo modelo foi confiado a muitos arquitetos, aprovando-se afinal para a construção o de Giuliano. Por esse motivo, Lorenzo passou a chamá-lo de Giuliano da S. Gallo[11]. Por isso, Giuliano, que era chamado por

---

[8] Nos anos 1490, 1491 e 1497 Giuliano e Antonio compraram terreno no atual Borgo Pinti para construir uma casa. Em 1603 a casa foi comprada pelos marqueses Ximenes e completamente modificada. A planta da casa, porém, revela analogias com a da *villa* de Poggio.

[9] A folha 309v. do Códice Barberiniano 4424 da Biblioteca Vaticana contém o desenho para o palácio de Nápoles com uma inscrição "[...] uma vez que o terminei, fui com o mestre acima referido, no ano de 1488".

[10] Giuliano della Rovere tornou-se bispo de Ostia em 1483. Quanto à fortaleza de Ostia, visto ostentar a inscrição BACCIO PONTELLI FLORENT ARCHITECTO, acredita-se que sua execução, se não exatamente o projeto, deva ser atribuída a Baccio Pontelli; sobre ele, cf. Vida nas pp. 313-5.

[11] Por volta de 1488 Giuliano começou a construção do convento e da igreja, que ficaram inacabados com a morte do Magnífico. Nos Uffizi conserva-se um desenho (n°. 1574) com o esboço preparató-

todos "da San Gallo", disse certo dia brincando ao Magnífico Lorenzo: "É culpa sua se me chamam 'da San Gallo', o que me faz perder o nome antigo de família, e eu, acreditando progredir por antiguidade, retrocedo." A isso Lorenzo respondeu que melhor seria se, por sua virtude, ele desse origem a uma nova estirpe, em vez de depender dos outros. Com isso Giuliano ficou contente. Ocorre que, com a morte de Lorenzo, a obra de San Gallo e as outras que estavam sendo feitas concomitantemente ficaram inacabadas. Pouco tempo aquela construção ficou em pé, pois em MDXXX, com o assédio de Florença, ela foi destruída e arrasada[12], juntamente com o burgo, cuja praça era cheia de belíssimas edificações; atualmente não se vê vestígio algum de casa, igreja ou convento. Naquela época ocorreu a morte do Rei de Nápoles[13], e Giuliano Gondi, riquíssimo mercador florentino, voltou a Florença e pediu a Giuliano que lhe construísse um palácio[14] de composição rústica defronte à Santa Firenze, onde ficam os leões; travara amizade com Giuliano durante sua estada em Nápoles. Esse palácio deveria ficar no cruzamento, voltado para a Mercatanzia Velha, mas sua construção foi interrompida pela morte de Giuliano Gondi.

Para um veneziano fez um palácio[15] fora da porta a' Pinti em Camerata, além de muitas casas para vários cidadãos, que não cabe mencionar. O Magnífico Lorenzo, movido pelo bem público e pelo ornamento do século, querendo deixar fama e memória de si, além das infinitas que já obtivera em vida, teve a bela ideia de construir a fortificação de Poggio Imperiale nas proximidades de Poggibonzi, à beira da estrada que leva a Roma, com o fim de edificar ali uma cidade. Não foi feito o seu desenho sem que antes se pedisse conselho a Giuliano[16]; e por ele foi iniciada aquela construção famosíssima, na qual elaborou aquela bem concebida e bela ordem de fortificações que hoje vemos. Tal obra lhe deu tanta fama, que o Duque de Milão[17] o levou por meio de Lorenzo a Milão, para que lhe fizesse o modelo de um palácio; ali Giuliano não foi menos honrado pelo duque do que o fora antes pelo rei quando o chamou a Nápoles. Porque, quando ele lhe apresentou o modelo da parte do Magnífico Lorenzo, o duque se encheu de admiração e assombro ao ver a ordem e a distribuição de tantos e belos ornamentos, todos acomodados em seus lugares com arte e graça. Por isso, obtidas todas as coisas necessárias, deu-se início à construção. Giuliano conheceu Lionardo da Vinci, que trabalhava para o duque, e conversaram sobre o molde que ele queria fazer para o cavalo daquele, trocando ideias sobre sua impossibilidade, donde surgiram ótimos documentos. Essa obra foi despedaçada quando os franceses[18] chegaram, e assim o cavalo não foi terminado, o mesmo ocorrendo com o palácio.

---

rio. Quanto ao cognome, Giuliano já era chamado "da San Gallo" antes de 1486, talvez pelo fato de morar com o irmão fora da porta San Gallo.

[12] A igreja e o convento foram destruídos em 1529, no assédio de Florença pelas tropas imperiais.

[13] Fernando I de Aragão, nascido em Catalunha em 1431, tornou-se rei de Nápoles em 1458 e morreu em 25 de janeiro de 1494.

[14] O Palácio Gondi, ainda existente, com restaurações de Poggi feitas no século XIX, foi iniciado por volta de 1490, ficando inacabado em 1501 com a morte de seu financiador.

[15] É a antiga *villa ex Pisa* em San Domenico perto de Fiesole, ampliada e transformada por Poggi em 1845.

[16] Dois provimentos da Comuna florentina falam dessa atividade em data de 20 de dezembro de 1488 e 5 de setembro de 1490; no entanto, a partir de 1495 Giuliano fora sucedido na direção das obras pelo irmão Antonio. Da fortaleza hoje só restam ruínas.

[17] Ludovico, o Mouro, a quem Giuliano se juntou em fins de 1492.

[18] Cf., na Vida de Leonardo, nota 15, p. 477.

487

Giuliano voltou a Florença, onde descobriu que o irmão Antonio, seu ajudante nos modelos, se tornara tão exímio, que em seu tempo não havia quem trabalhasse e entalhasse melhor que ele, sobretudo grandes crucifixos de madeira, como aquele que está sobre o altar-mor da Nunziata de Florença, outro que está com os frades de San Gallo, na igreja de San Iacopo tra' Fossi, e mais um da Companhia do Descalço, todos considerados ótimos[19]. Mas Giuliano quis que ele fosse trabalhar com arquitetura em sua companhia, visto ter muito que fazer para o poder público e para os cidadãos particulares. Ocorreu, como sempre ocorre, que a fortuna, inimiga da virtude, arrebatou o apoio das esperanças dos virtuosos com a morte de Lorenzo de' Medici, o que não só prejudicou os artistas talentosos e sua pátria, mas toda a Itália; por isso até o céu sentiu essa perda. Giuliano e os outros espíritos engenhosos ficaram perdidos e desolados; pela dor que sentia, Giuliano mudou-se para Prato, perto de Florença, a fim de lá construir a igreja de Nostra Donna della Carcere[20], visto que estavam paradas em Florença todas as construções públicas e privadas. Ficou em Prato três anos seguidos, suportando como podia despesas, desconforto e dor. Na época, a igreja de Santa Maria di Loreto estava descoberta, e era preciso fazer a abóbada da cúpula, já começada e não terminada por Giuliano da Maiano. Mas despertava dúvida a fraqueza dos pilares, que talvez não sustentassem tanto peso. Por isso, escreveram a Giuliano, dizendo que, se aceitasse o trabalho, fosse ver a igreja. Ele, corajoso e talentoso como era, mostrou que aquela abóbada podia ser feita com facilidade, e que para tanto bastava coragem; e alegou tantas e tais razões, que a obra lhe foi confiada[21]. Depois dessa encomenda, apressou a obra de Prato e partiu para Loreto com os mesmos mestres alvanéis e marmoristas que lá trabalhavam. E, para que a obra tivesse firmeza e solidez nas pedras, boa forma, estabilidade e boa liga, mandou buscar terra pozolana em Roma; não usou cal, pois não quis com ela temperar e assentar as pedras. Assim, ao cabo de três anos a cúpula estava terminada e, retirados os apoios, ficou perfeita.

Em seguida foi para Roma, onde o papa Alexandre VI restaurou o teto de Santa Maria Maggiore, que estava desmoronando; ali fez os andaimes que atualmente se veem[22], com a orientação do engenho e do valor de Giuliano. Frequentando a corte do bispo Della Rovere, que se tornara Cardeal de San Pietro in Vincola e já tinha amizade com Giuliano desde quando era castelão de Ostia, recebeu a incumbência de desenhar o modelo do palácio de San Pietro in Vincola[23]. Depois de algum tempo, o bispo Della Rovere quis edificar em Savona, sua pátria, outro palácio também com o desenho e a presença de Giuliano[24]. A ida deste a Savona era difícil, pois, como os andaimes não es-

---

[19] O *Crucifixo* da Annunziata foi executado na maior parte por Giuliano, ainda que existam pagamentos a Antonio em 1481 e ao próprio Giuliano em 1483. O *Crucifixo* de San Jacopo tra' Fossi, depois da interdição da igreja, foi posto na capela dos Pintores na própria igreja da Santissima Annunziata. Do *Crucifixo* do claustro do descalço (Chiostro dello Scalzo), feito por Antonio em 1514, não há notícias desde a eliminação do oratório em 1785.

[20] A igreja de Santa Maria delle Carceri foi iniciada antes da morte de Lourenço de' Medici e construída entre 1484 e 1492. A planta autógrafa encontra-se nas folhas 19 do Taccuino Senese (Siena, Biblioteca Comunale, S.IV.8).

[21] Giuliano acabou de construir a abóbada da cúpula (cujo contrato fora firmado no ano anterior) em 1500, como se lê nas folhas 51 do Taccuino Senese.

[22] As obras em Santa Maria Maggiore foram executadas entre 1493 e 1498.

[23] O palácio talvez estivesse no lado sul do claustro, que hoje faz parte de um edifício moderno.

[24] O palácio dos Della Rovere em Savona foi iniciado em 1496, mas ficou inacabado e posteriormente sofreu notáveis transformações.

tavam prontos, o papa Alexandre não queria que ele partisse. Por isso, Giuliano pediu que Antonio os terminasse; este, por ter engenho bom e versátil e ser pessoa de bom trato, criou vínculos de trabalho com o papa, que se tomou de afeição por ele e demonstrou-lhe vontade de fazer novas fundações e reformar as defesas usadas no castelo da Mole de Adriano, hoje chamado Castelo Sant'Angelo[25]; Antonio ficou encarregado desse empreendimento. Assim, foram feitos os torreões de baixo, os fossos e outras fortificações que hoje vemos. Graças a essa obra ele ganhou muito crédito junto ao papa e ao duque Valentino, seu filho, dando-lhe ocasião de construir a cidadela que hoje se vê em Civita Castellana[26]. Assim, enquanto aquele pontífice viveu, Antonio construiu ininterruptamente, sendo por isso recompensado e estimado por aquele.

Giuliano já havia avançado a obra de Savona, quando o cardeal precisou voltar a Roma, deixando no local vários construtores com a incumbência de terminar a construção segundo o projeto e o desenho de Giuliano; este seguiu com o cardeal para Roma, viagem que fez de bom grado para rever Antonio e seus trabalhos, ficando ali alguns meses. Ocorreu então que o cardeal caiu em desgraça com o papa e precisou sair de Roma para não ser preso; Giuliano continuava em sua companhia. Chegados a Savona, aumentaram o número de mestres alvanéis e outros artífices na obra. Mas, como crescia a animosidade do papa contra o cardeal, depois de não muito tempo este foi para Avignon e, com um modelo que Giuliano fizera, mandou construir um palácio[27] que presenteou ao rei; o modelo era maravilhoso, com ordens arquitetônicas belíssimas e ornamentos de linhas variadas, tendo capacidade para alojar toda a corte. A corte real estava em Lyon quando Giuliano apresentou o modelo, que foi tão apreciado e bem-vindo pelo rei, que este o recompensou generosamente e lhe dispensou infinitos louvores, agradecendo de forma efusiva o cardeal, que estava em Avignon. Entrementes, chegaram notícias de que o palácio de Savona estava perto do término, motivo pelo qual o cardeal deliberou que Giuliano fosse rever a obra; assim, este foi a Savona, mas pouco ficou lá, pois a construção estava realmente terminada. Entretanto, Giuliano, desejando voltar a Florença, de onde estava ausente havia muito, pôs-se a caminho com os mestres daquela obra. Naquela época o Rei da França já havia devolvido a liberdade a Pisa, mas perdurava a guerra entre florentinos e pisanos. Como Giuliano queria passar por lá, chegando a Lucca obteve salvo-conduto para todos, apesar da não pouca suspeição que despertaram nos soldados pisanos. Assim, quando passavam perto de Altopascio, foram aprisionados pelos pisanos, que não deram importância a salvo-condutos nem a coisa alguma que tivessem. E por seis meses foram retidos em Pisa, que exigia um resgate de trezentos ducados; pago este valor, voltaram a Florença[28].

Antonio soubera de tais coisas e, desejando rever a pátria e o irmão, obteve licença para sair de Roma; em caminho, desenhou para o duque Valentino a cidadela de Monte

---

[25] Entre 1492 e 1495 Alexandre VI mandou restaurar os propugnáculos e as portas que levam do Vaticano à fortaleza, bem como o castelo. As inscrições JVLIVS II PONT. MAX. e JVLIVS LIGVR. PP II nas folhas 50*v.* do Taccuino Senese, assim como a inscrição JJVLII PONT. MAX. ANO II no friso do entablamento do pórtico indicam a data do segundo ano do pontificado de Júlio II, ou seja, 1505.

[26] Da fortaleza, executada entre 1494 e 1497, existe um desenho de Antonio nos Uffizi (vol. 216, n.º 82) que representa o pátio interno.

[27] Giuliano esteve na França em 1496; no Códice *Barberiniano* lê-se que de 26 de abril de 1496 a 4 de maio do mesmo ano ele percorreu a Provença para voltar à Itália.

[28] Giuliano foi capturado pelos pisanos perto do castelo de Monte Carlo. A jurisdição de Florença instou junto à de Lucca para obter a soltura de Giuliano, que estava na cidade em novembro de 1497.

Fiascone[29]. Chegou a Florença em MDIII e, para a alegria de todos, os irmãos voltaram a conviver[30]. Logo em seguida morreu Alexandre VI, e seu sucessor, Pio III, pouco viveu, sendo eleito pontífice o Cardeal de San Pietro in Vincola, com o nome de papa Júlio II[31], o que deu grande alegria a Giuliano, pelos prolongados vínculos que mantinha com ele. Por isso, decidiu ir beijar-lhe os pés e, chegando a Roma, foi recebido com alegria e acolhido com afeição, tornando-se imediatamente responsável pela execução das primeiras obras daquele papa antes da chegada de Bramante. Antonio ficara em Florença e, sendo gonfaloneiro Pier Soderini[32], na ausência de Giuliano, continuou a construção do Poggio Imperiale, na qual eram postos a trabalhar todos os prisioneiros pisanos, para que a edificação fosse logo terminada. Começou então a tratar do caso da fortaleza arruinada de Arezzo, e Antonio fez um modelo com o consentimento de Giuliano, que por isso saiu de Roma e logo voltou. Essa obra deu a Antonio a oportunidade de se tornar arquiteto da Comuna de Florença, tratando de todas as fortificações[33]. Quando Giuliano voltou a Roma, falava-se da possibilidade de o divino Michele Agnolo Buonarroti fazer a sepultura de Júlio, empreendimento no qual este foi incentivado por Giuliano; tal sepultura deveria ser colocada numa capela só a ela destinada, e não no velho São Pedro, onde não havia lugar; a capela tornaria aquela obra mais perfeita e majestosa[34]. Para tanto, muitos foram os arquitetos que fizeram desenhos, de tal maneira que, do exame destes, aos poucos se foi deixando de lado a capela e passando à construção do novo São Pedro. Chegara a Roma o arquiteto Bramante da Urbino[35], de regresso da Lombardia e, com recursos extraordinários e muitas extravagâncias, apoiado por Baldassar Perucci[36] e Raffael da Urbino[37], além de outros arquitetos, criou certa confusão em torno da obra, passando-se muito tempo em discussões; finalmente, a obra foi dada a Bramante. Com isso, Giuliano ficou indignado, pois tinha vínculos com o papa quando este ainda era cardeal e aquela obra lhe fora prometida, motivo pelo qual pediu licença. E, embora o papa quisesse que ele trabalhasse em companhia de Bramante, Giuliano voltou a Florença[38] com muitos presentes. Tal fato não desgostou nem um pouco Pier Soderini, que logo o empregou.

Não haviam se passado ainda seis meses, o papa pediu a messer Bartolomeo della Rovere, seu sobrinho, compadre e amigo de Giuliano, que lhe escrevesse e dissesse que, para seu proveito, deveria voltar a Roma. Mas Giuliano não se deixava demover por acordos nem promessas, pois achava que tinha sido escarnecido pelo papa. Por isso, escreveu-se a Pier Soderini com o pedido de enviá-lo a Roma, porque Sua Santi-

---

[29] A fortaleza está quase completamente em ruínas.

[30] Já antes de 1503 Antonio devia estar em Florença, uma vez que em 1498 ele e Giuliano faziam declarações ao Cadastro.

[31] Giuliano della Rovere foi eleito papa em 26 de novembro de 1503 e reinou até 1513.

[32] Nascido em Florença em 18 de maio de 1452 e morto em Roma em 13 de junho de 1522, tornou-se gonfaloneiro de Justiça em 1501 e, no ano seguinte, gonfaloneiro vitalício.

[33] A partir de 1495, Antonio foi mestre de obras de todos os edifícios sob responsabilidade dos Construtores do Palácio da Senhoria, conforme se depreende de um lançamento dos referidos Construtores em 8 de maio de 1497.

[34] Sobre o túmulo de Júlio II e os episódios de sua construção, cf. Vida de Michelangelo nas pp. 720-2.

[35] Cf. Vida nas pp. 466-70.

[36] Cf. Vida nas pp. 556-60.

[37] Cf. Vida nas pp. 495-520.

[38] Mais ou menos em meados de 1507.

dade queria terminar o empreendimento iniciado pelo papa Nicolau V, ou seja, a fortificação do torreão redondo e cingir de muralhas Borgo, Belvedere e São Pedro. Como se tratava de empreendimento prestigioso, Giuliano deixou-se persuadir por Pietro e foi. Chegando a Roma, foi bem acolhido pelo papa e recebeu muitos presentes. O papa tinha a intenção de expulsar os franceses da Itália e, quando foi a Bolonha, levou Giuliano consigo; com a expulsão dos Bentivoglio, a conselho de Giuliano ele decidiu mandar Michele Agnolo Buonarroti fazer-lhe uma estátua de bronze. Assim, em nome do papa, Giuliano escreveu a Michele Agnolo, que foi até lá e fez a estátua do papa; esta foi colocada na fachada da igreja de S. Petronio. Giuliano partiu com o papa para Mirandola, que foi tomada, e depois voltou a contragosto para Roma com a corte. A sanha de expulsar os franceses ainda não saíra da mente do papa, quando este de novo tentou arrebatar o governo de Florença a Pier Soderini, porque este constituía um grave impedimento e embaraço às suas intenções. Assim, visto que o papa se desviara de seus primeiros projetos de construção e se emaranhara em guerras, Giuliano, já cansado, decidiu pedir-lhe licença, pois só se dava atenção à construção de São Pedro que, mesmo assim, avançava muito devagar. O papa, ao ouvi-lo, respondeu encolerizado: "Achas que não se encontram outros Giuliano da S. Gallo?" Ele então disse que não se encontrariam fidelidade e dedicação semelhantes às suas, mas que ele certamente encontraria nos príncipes mais integridade no cumprimento das promessas do que no papa. Assim, o papa não quis dar-lhe a licença; ao contrário, disse que falariam sobre o assunto de outra feita.

Bramante da Urbino levara Raffaello, que estava pintando os aposentos papais[39], para grande agrado do pontífice. Como prosseguiam os trabalhos da capela de seu tio Sisto, pareceu-lhe interessante mandar pintar a sua abóbada. Giuliano, sabendo que Michelagnolo terminara o papa de bronze em Bolonha, falou sobre ele com Sua Santidade, aconselhando a chamá-lo a Roma e a incumbi-lo daquele trabalho. O papa Júlio anuiu de bom grado, e assim a abóbada da capela foi confiada a Michele Agnolo[40]. Pouco depois, Giuliano voltou a pedir licença para voltar a Florença, e o papa, percebendo-o decidido, com boa vontade o abençoou e numa bolsa de cetim vermelho deu-lhe 500 escudos, dizendo-lhe que fosse descansar em casa, e que em qualquer eventualidade teria o seu afeto. Giuliano, depois de lhe beijar os pés, voltou a Florença. Na época de seu retorno Pisa estava cercada e sitiada pelo exército florentino. Por isso, Pier Soderini, depois de dar as boas-vindas a Giuliano, enviou-o ao acampamento para falar com os comissários, que não conseguiam impedir que os pisanos introduzissem víveres em Pisa através do Arno. E, confabulando, deliberaram que seria preciso construir uma ponte capaz de impedir a passagem dos barcos. Quando Giuliano voltou a Florença, ficou decidido que isso seria feito na primavera. Entrementes, foram feitas as devidas provisões, e, no momento aprazado, Giuliano foi para Pisa[41], levando consigo seu irmão Antonio. Lá, trabalhando juntos, construíram uma ponte, coisa engenhosa e bela, capaz de defender das cheias e de outros impedimen-

---

[39] Cf. Vida de Rafael nas pp. 499 ss.

[40] Em 10 de maio de 1509 Michelangelo começava a trabalhar na Capela Sistina.

[41] Soderini empregou Giuliano e Antonio contra os pisanos em 1509, quando eles construíram uma ponte provisória sobre o rio Arno e a fortaleza na porta San Marco, cujas obras de recuperação foram iniciadas no mesmo ano, logo depois da queda de Pisa. Giuliano também executou a construção da porta San Marco; nas folhas 3*v*. do Taccuino Senese existem desenhos dela e da fortaleza, que hoje está bastante danificada, pelo menos no circuito de muralhas.

tos. A ponte foi presa de tal maneira que, além de produzir o efeito desejado, também demonstrou o valor da costumeira virtude de Giuliano. Assim, apertando-se o cerco aos pisanos graças à referida ponte, aqueles, percebendo que não haveria solução para seu mal, fizeram acordo com os florentinos e renderam-se. Não demorou muito para que Pier Soderini ali enviasse Giuliano de novo, e este, com um número infinito de mestres e extraordinária rapidez, construiu a fortaleza que hoje se vê na porta San Marco, sendo a porta elaborada em composição dórica; tal obra durou até o ano de MDXII[42]. Enquanto Giuliano cuidava desse trabalho, Antonio tratava da continuação de todas as outras construções públicas daquele domínio. Ocorreu então que o papa Júlio, favorecendo os Medici no seu esforço de voltar a Florença[43], de onde tinham sido expulsos pelos franceses, acabou por expulsar estes últimos da Itália. Para restabelecer o antigo status e governo da casa dos Medici em Florença, as armas do papa tiraram Piero Soderini do poder. Quando os Medici voltaram a Florença, os vínculos de Giuliano e Antonio com o Magnífico Lorenzo de' Medici foram reconhecidos pelo cardeal Giovanni, filho deste; e não muito tempo se passou até que, com a morte de Júlio II, Giovanni se tornasse pontífice[44], e assim Giuliano precisou mudar-se de novo para Roma. Pouco depois Bramante morreu, motivo pelo qual desejou-se incumbir Giuliano das construções, que depois foram confiadas ao gracioso Rafaello da Urbino[45]. Mas Giuliano, vencido pelo cansaço e abatido pela velhice e por um mal de pedras que o torturava, com a licença de Sua Santidade voltou a Florença. E, no espaço de dois anos, não suportando a enfermidade que se agravara, morreu com LXXIV anos em MDXVII[46], deixando o nome no mundo, o corpo na terra e a alma com Deus.

Com sua partida, deixou pesarosos o irmão Antonio, que o amava muito, e um filho chamado Francesco, que se dedicava à escultura[47] e era muito novo quando o pai morreu. Portanto, houve uma pausa nas construções, mas nesse meio-tempo Antonio, que não conseguia ficar sem trabalhar, fez dois Crucifixos grandes de madeira, um dos quais foi enviado à Espanha, e o outro à França, por intermédio de Domenico Boninsegni, para o cardeal Giulio de' Medici, vice-chanceler. Então a casa dos Medici decidiu construir a fortaleza de Livorno, e para isso o cardeal De' Medici ali enviou Antonio, para a feitura do desenho[48], que foi aproveitado, ainda que não se tivesse posto inteiramente em prática tudo o que ele projetara. Naquela mesma época os homens de Monte Pulciano, em vista dos milagres operados por uma imagem de Nossa Senhora, decidiram construir um templo caríssimo, cujo modelo[49] foi feito por Antonio, que co-

---

[42] Cf. nota anterior.

[43] Em 1512 Giuliano e Giovanni, futuro Leão X, filhos de Lourenço, o Magnífico, assumiram novamente o poder em Florença.

[44] Giovanni de' Medici tornou-se papa com o nome de Leão X em 11 de março de 1513 e reinou até 1º de dezembro de 1521.

[45] Bramante morreu em 11 de março de 1514, mas a partir de janeiro do mesmo ano Giuliano já colaborava com ele e com frei Giocondo, atuando na construção da igreja de São Pedro de fevereiro de 1511 a julho de 1515. A partir de 1º de abril de 1514, com nomeação em 1º de agosto do mesmo ano, Rafael é chamado para atuar como arquiteto, tornando-se o único responsável a partir de julho de 1515 até sua morte (cf., na Vida de Bramante, nota 21, p. 470).

[46] Giuliano morreu em 20 de outubro de 1516.

[47] Francesco nasceu em 1494 e morreu em 17 de fevereiro de 1576.

[48] Os desenhos para a fortaleza de Livorno foram feitos em março de 1506.

[49] A construção da igreja de San Biagio em Montepulciano, iniciada em 1518, continuou com a colaboração de Francesco, filho de Giuliano, até 1537.

mandou a obra. Duas vezes por ano ele visitava a construção, que hoje se vê perfeitamente acabada, na verdade com uma composição belíssima e variada, que o engenho de Antonio executou com suprema graça. Todas as pedras são de um tipo que tendem ao branco, como o travertino. Essa obra situa-se fora da porta San Biagio, à direita, na metade da subida do outeiro. Nessa época, deu início ao palácio de Antonio di Monte, Cardeal de Santa Prassedia, no castelo do Monte San Savino[50]; para ele também fez outro em Monte Pulciano, obra muito graciosa e bem-acabada[51]. Fez as casas dos frades servitas na praça deles, seguindo a ordem do pórtico dos Inocentes[52]. E em Arezzo fez modelos para as naves da igreja de Nostra Donna delle Lagrime[53]. Também fez um modelo para Madonna di Cortona, que, segundo acredito, não foi executado[54].

Durante o assédio, trabalhou nas fortificações e nos bastiões de dentro da cidade, empresa na qual teve a companhia de seu sobrinho Francesco[55]. Como o gigante da praça já fora feito por Michelagnolo no tempo de seu irmão Giuliano, e como era preciso levar para lá o outro, feito por Baccio Bandinelli[56], Antonio foi encarregado do seu transporte; tomando como companheiro Baccio d'Agnolo[57], com engenhos muito sólidos carregou-o e pousou-o são e salvo na base que tinha sido construída para tal efeito. Como já estava velho, só encontrava prazer na agricultura, da qual era muito entendido. Assim, quando a velhice já não lhe permitia suportar os incômodos do mundo, entregou a alma a Deus em MDXXXIV[58] e foi enterrado na sepultura dos Giamberti na igreja de Santa Maria Novella, ao lado de seu irmão Giuliano.

As maravilhosas obras desses dois irmãos servirão de testemunho do engenho admirável que tinham, bem como da vida, dos costumes e das ações honrosas que observaram e foram apreciadas por todo o mundo. Giuliano e Antonio legaram à arte da arquitetura os modos toscanos, com melhor forma que a de Pippo[59] e de outros; a ordem dórica com medidas e proporções melhores do que todas as usadas até então segundo a linha vitruviana e a regra primeira. Levaram para suas casas de Florença uma infinidade de belíssimas antiguidades de mármore que honram e adornam a cidade tanto quanto eles honraram e adornaram a arte. Giuliano trouxe de Roma a técnica de moldar as abóbadas de tal maneira que já saíssem entalhadas, como se vê em um dos quartos de sua casa e na grande abóbada de uma sala em Poggio a Caiano. Por esse motivo é mister reconhecer seus trabalhos, visto terem eles fortificado os domínios florentinos e ornamentado a cidade, levando o nome de Florença e os engenhos toscanos aos muitos lugares onde trabalharam. E em sua memória foram feitos os seguintes versos:

---

[50] O castelo do cardeal Del Monte, que foi papa com o nome de Juliano III (1550-55), hoje é sede do Palácio Comunal.

[51] O castelo de Montepulciano, hoje Palácio Contucci, foi iniciado depois de dezembro de 1519.

[52] Em 1517 foi completado o pórtico de praça Santissima Annunziata com a colaboração de Baccio d'Agnolo.

[53] A igreja da Santissima Annunziata foi transformada em três naves por Antonio.

[54] A igreja de Santa Maria del Calcinaio na verdade foi construída com base no desenho de Francesco di Giorgio Martini.

[55] Francesco foi mestre de obras geral das fortificações da cidade a partir de 1529.

[56] Em 1º de maio de 1534 o grupo *Hércules e Caco* foi levado para o pódio do Palácio da Senhoria, onde ainda se encontra.

[57] Cf. sua Vida nas pp. 656-8.

[58] Antonio morreu em 27 de dezembro de 1534.

[59] Ou seja, de Brunelleschi. Sobre ele, cf. Vida nas pp. 225-51.

Cedite Romani structores, cedite Graii,
Artis, Vitruvi, tu quoque cede, parens.
Hetruscos celebrate viros: testudinis arcus,
Urna, tholus, statuae, templa domusque petunt*.

---

* "Rendei-vos, construtores romanos e gregos. / Rende-te tu também, Vitrúvio, pai da arte. / Celebrai os varões etruscos: quem o pede são as abóbadas, os sarcófagos, as cúpulas, as estátuas, os templos e as casas." [N. da T.]

Rafael de Urbino, pintor e arquiteto

A prodigalidade e a benevolência que o céu às vezes demonstra, ao colocar, ou melhor, ao pôr e repor numa única pessoa as infinitas riquezas de suas amplas graças ou tesouros, além de todos os raros dons que a grandes intervalos de tempo costuma conceder a muitos indivíduos, são coisas que podemos ver claramente no tão excelente quanto gracioso Rafael Sanzio da Urbino[1]. Com toda a modéstia e a bondade que costumam encontrar-se nos que têm natureza gentil, ornada e graciosamente afável, natureza que em tudo sempre se mostra, Rafaello exibiu honrosamente os referidos dons com quaisquer classes de pessoas e em quaisquer circunstâncias, dando-se a conhecer universalmente como um ser único ou pelo menos muito raro. Foi ele um presente que a natureza nos deu quando, já resignada por ser vencida pela arte da mão de Michele Agnolo Buonarroti, também quis ser vencida pela arte e pelos costumes de Rafaello. Pois quase a maioria dos artistas passados sempre nasceu com certa dose de loucura e selvageria que, além de os tornar arredios e fantasiosos, acabou dando ensejo, no mais das vezes, a que mais se mostrassem e demonstrassem a sombra e a escuridão de seus vícios do que a clareza e o esplendor daquelas virtudes que, justamente, tornam imortais os seus seguidores. Em Rafaello, ao contrário, resplendiam claramente todas as egrégias virtudes da alma, e a graça, o estudo, a beleza, a modéstia e os bons costumes que as acompanhavam eram tamanhos, que teriam encoberto e escondido qualquer vício, por mais feio, e qualquer mácula, por maior que fosse. Por esse motivo, pode-se dizer com segurança que aqueles que possuem os dotes de Rafaello não são homens simplesmente, mas deuses mortais. E aqueles que, com a memória de sua fama, deixam entre nós um nome honroso, construído pelas obras, podem esperar também no

---

[1] Rafael nasceu em Urbino no dia 6 de abril de 1483. Atuando na oficina de Perugino desde 1495, a partir de 1504 estava em Florença, cuja importância na formação de um jovem pode ser entendida se pensarmos na presença simultânea de Leonardo e Michelangelo na cidade toscana. Também sofreu certa influência de Fra Bartolomeo, mas com uma troca recíproca e contínua de ideias. A partir de 1508 estará em Roma, prestigiado e famoso, onde atuará não só no campo pictórico, mas também em empreendimentos arquitetônicos, marcando com sua personalidade a pintura do século XVI. Morreu em 1520. A bibliografia sobre Rafael é enorme; entre as mais recentes, as obras do centenário: vários autores, *I luoghi di Raffaello a Roma*, catálogo da exposição, Roma, 1983; *Raffaello a Firenze*, cit.; *Raffaello e l'architettura a Firenze nella prima metà del '500*, Florença, 1984; *Urbino e le Marche prima e dopo Raffaello*, Florença, 1983; vários autores, *Raffaello a Roma. Il Convegno del 1983*, Roma, 1986; além dos catálogos das exposições em vários países europeus. Mas cf. também: vários autores, *Raffaello. L'opera, le fonti e la fortuna*, Novara, 1979; J. Beck, *Raphael*, Nova York, 1976; K. Oberhuber, *Raffaello*, Milão, 1982; sobre os desenhos: S. Ferino Pagden, *Disegni umbri del Rinascimento da Perugino a Raffaello*, G.D.U. LXI, Florença, 1982; E. Knab, E. Mitsch e K. Oberhuber, *Raffaello, i Disegni*, Stuttgart-Florença, 1983; A. Forlani Tempesti, *Raffaello Disegni*, Florença, 1983.

céu o galardão merecido por seu trabalho, assim como na terra foi reconhecida a virtude e agora e sempre será honrada a memória do graciosíssimo Rafaello.

Rafaello nasceu em Urbino, conhecida cidade, em MCDLXXXIII, numa Sexta-Feira Santa, às três horas da madrugada, filho de certo Giovanni de' Santi, pintor não muito excelente[2], mas também não muito medíocre. Tratava-se de homem de bom engenho e dotado de espírito, mais capaz de encaminhar os filhos para o bom caminho do que, por infortúnio, o tinham sido aqueles que na juventude deveriam tê-lo ajudado. E, visto que esse filho lhe nascera com bom augúrio, batizou-o com o nome de Rafaello. Tão logo nasceu o filho, Giovanni, agradecido a Deus, destinou-o à pintura. Nem sequer quis confiá-lo à ama de leite, e sua própria mãe o amamentou sempre. Crescendo, Rafaello foi educado pelos pais com a única coisa que tinham: ótimos costumes. Giovanni, começando a exercitá-lo na pintura e percebendo-o capaz de fazer as coisas todas segundo os seus desejos, não o deixava perder tempo nem se dedicar a outras coisas, para que com mais facilidade e rapidez atingisse na arte o grau que ele desejava. Giovanni pintara muitas obras em Urbino e em todos os domínios daquele duque, sempre ajudado por Rafaello[3], que, embora menino, fazia tudo com mais perfeição que ele. Nem por isso Giovanni deixava de buscar saber por todos os meios quem tinha a primazia em pintura e, descobrindo que a maioria louvava Pietro Perugino[4], dispôs-se a tornar Rafaello seu aprendiz, caso pudesse. Para tanto, foi a Perúgia, mas, como Pietro não se encontrasse na cidade, dispôs-se a esperar sua volta, pintando entrementes algumas coisas para a igreja de San Francesco. Quando Pietro voltou de Roma, Giovanni tomou algumas lições com ele e, apresentando-se a ocasião propícia aos seus desejos, disse-lhe tudo com toda a afeição que pode nascer de um coração honrado de pai. Pietro, que era benévolo por natureza, não podendo deixar de atender a tamanha vontade, aceitou Rafaello. Assim, Giovanni voltou a Urbino com a maior alegria do mundo e, apesar das lágrimas e do pranto copioso da mãe, levou o filho para Perúgia. Pietro, observando o desenho, os modos e os costumes de Rafaello, fez sobre ele o juízo que o tempo mostrou ser verdadeiro. E é notável que Rafaello, estudando a maneira de Pietro, que mostrava desejar seu aprendizado, em poucos meses já o imitava tanto em todas as coisas, que seus retratos não se distinguiam dos originais do mestre, sendo difícil discernir suas obras e as de Pietro, como mostram claramente algumas figuras que fez entre outras do seu mestre na igreja de San Francesco de Perúgia[5]. Assim, quando Pietro precisou voltar a Florença, Rafaello saiu de Perúgia com alguns amigos e foi para Città di Castello, onde fez um painel na igreja de Santo Agostino[6] e outro

---

[2] Ignora-se o ano de nascimento do pai de Rafael, originário de Colbordolo (Urbino); supõe-se que seja em torno de 1440. É de 1484 o *Retábulo* do Município de Gradara; são de 1489 o *Retábulo* do convento de Montefiorentino em Piandimeleto e o *Retábulo Buffi* de Urbino. Também é autor de uma crônica rimada sobre a vida de Federico da Montefeltro (1492); morreu em 1º de agosto de 1494. Sobre Giovanni Santi, cf. R. Dubos, *Giovanni Santi. Peintre et Croniqueur à Urbin au XVe siècle*, Bordeaux, 1971.

[3] Em nenhuma das obras de Giovanni se pode supor a intervenção de Rafael; considere-se que este só tinha 11 anos quando o pai morreu.

[4] Cf. sua Vida nas pp. 430-8. A permanência de Rafael em Perúgia, portanto, ocorre na transição para o novo século; cf. acima, nota 1.

[5] Encomendado em 1502 por Maddalena degli Oddi, o painel, que representa a *Coroação da Virgem e santos* e tem uma predela em três divisões, foi levado para a França depois de 1797. Ao voltar à Itália em 1815, o quadro foi transportado para tela e colocado na Pinacoteca Vaticana, onde ainda tem os n.ºs 225-6.

[6] É o chamado *Retábulo do Beato Nicolau de Tolentino*; foi executado por Rafael juntamente com Evangelista di Pian di Meleto para a capela Baronci em Sant'Agostino em Città di Castello entre 10 de dezem-

com um Crucifixo[7] na igreja S. Domenico, tudo de uma maneira que, não estivesse ali o seu nome escrito, ninguém acreditaria tratar-se de obra de Rafaello, e sim de Pietro. Na igreja de San Francesco daquela cidade fez um pequeno painel com as núpcias de Nossa Senhora[8], no qual se percebe claramente que seu valor crescia e se tornava mais sutil, superando a fatura de Pietro. Nessa obra há um templo em perspectiva feito com tanto amor, que causa admiração observar as dificuldades que nesse exercício ele buscava vencer.

Naquela época, quando já tinha conquistado muita fama seguindo aquela maneira de pintar, o papa Pio II encarregou Pinturicchio[9] de pintar a biblioteca da Catedral de Siena. Este, tendo amizade com Rafaello, demonstrou o desejo de levá-lo a Siena por ser bom desenhista, querendo que lhe fizesse os desenhos e os cartões para aquela obra. Rafaello, atendendo a esse pedido, mudou-se para lá e fez alguns desenhos. Não continuou porque chegaram a Siena alguns pintores que, com grandes louvações, celebravam o cartão feito por Lionardo da Vinci para a pintura da sala do papa em Florença, com um grupo de cavalos, e também os nus de Michele Agnolo que, concorrendo com aquele, se mostravam mais admiráveis e divinos[10]. Diante disso, Rafaello, aguilhoado pelo amor à arte mais do que pelo ganho, deixou aquela obra e veio a Florença. Aqui chegando[11], gostou de tais obras e ficou morando na cidade durante algum tempo, travando amizade com jovens pintores, entre os quais Ridolfo Ghirlandaio[12] e Aristotile San Gallo[13]. Foi recebido em casa de Taddeo Taddei[14] com grande honra, visto que Taddeo era inclinado por natureza a lisonjear tais engenhos. Sua gentileza foi recompensada por Rafaello com dois quadros nos quais ele segue a primeira

---

bro de 1500 e 13 de setembro de 1501. Seriamente danificado, foi desmembrado depois de 1789. São conhecidos apenas fragmentos: um anjo da Pinacoteca Tosio Martinengo de Brescia, inteiramente autógrafo; a parte superior, com *Maria, o Eterno e anjos*, no museu de Capodimonte em Nápoles, cuja execução em geral se atribuiu a Evangelista di Pian de Meleto; um terceiro fragmento com um anjo foi descoberto recentemente por S. Béguin e adquirido pelo Louvre (RF 1981-55); veja-se, a propósito, o catálogo da exposição *Raphael dans les collections françaises*, Paris 1983, pp. 69-72. Dois pequenos quadros em Detroit poderiam fazer parte dessa predela; mas neles se reconhece a mão de Evangelista.

[7] A *Crucificação* hoje está na National Gallery de Londres (nº 3943), vinda da coleção Mond. Tem a inscrição RAPHAEL VRBINAS P.; é geralmente datada de 1503. Foi pintada para a capela Gavari. Uma das divisões da predela está em Lisboa e outra em Richmond.

[8] O painel, pintado por encomenda da família Albizzini para a capela de São José, está hoje na Pinacoteca de Brera (nº 472); tem a inscrição RAPHAEL VRBINAS MD IIII.

[9] Em 29 de junho de 1502 os afrescos Piccolomini foram encomendados a Pinturicchio pelo cardeal Francesco, que depois se tornou papa em 1503 com o nome de Pio III. A crítica rejeita a pretensa colaboração de Rafael com Pinturicchio, mas suas relações com esse ciclo são confirmadas por alguns desenhos, dos quais o mais importante é o desenho feito para a *Partida de Enea Silvio Piccolomini para o Concílio de Basileia*, nº 520E dos Uffizi (cf. Vida de Pinturicchio, p. 414).

[10] Alude-se aqui aos cartões para *A batalha de Anghiari* de Leonardo e para *A batalha de Cascina* de Michelangelo, que devem ter decorado a sala do Conselho no Palazzo Vecchio (cf. nota 22, p. 449, e nota 38, p. 720).

[11] Em 1504, segundo a carta de recomendação de Giovanna della Rovere a Pier Soderini.

[12] Cf., na Vida de David e Benedetto Ghirlandaio, nota 10, p. 531.

[13] Cf., na Vida de Andrea del Sarto, nota 55, p. 575.

[14] Taddei foi muito amigo de Pietro Bembo, com quem manteve correspondência epistolar. Um dos dois quadros é identificado com a chamada *Nossa Senhora do Belvedere* que está no Kunsthistorisches Museum de Viena (nº 682), do qual existe um desenho a bico de pena no Museu Ashmolean de Oxford, enquanto persiste alguma incerteza quanto à identificação do segundo, às vezes considerado a chamada *Sagrada Família da Palma*, da coleção Ellesmere de Londres, às vezes a *Sagrada Família* com São José imberbe do Ermitage de Leningrado.

fatura, aprendida com Pietro, e outra a que chegou pelo estudo; tais quadros ainda são vistos em sua casa. Rafaello travara forte amizade com Lorenzo Nasi que, tendo-se casado por aqueles dias, pediu-lhe que lhe pintasse um quadro de Nossa Senhora[15], que seria posto em seu quarto. Rafaello a pintou tendo aos pés um menino a quem um São João criança oferta um pássaro, tudo com muita alegria e folguedo de ambos. Na atitude dos dois percebe-se uma simplicidade pueril e afetuosa, além do esmerado colorido e da perfeita diligência com que tudo foi feito, a tal ponto que parecem de carne e osso, e não elaborados com cores e desenho; o mesmo se diga de Nossa Senhora, que tem uma expressão realmente cheia de graça e de divindade, tanto quanto a paisagem, as vestes e todo o restante da obra. Lorenzo Nasi teve grande veneração por esse quadro enquanto viveu, em memória da diligência e da arte com que Rafaello se esforçou por fazê-la. Mas essa obra teve um triste fim no dia 9 de agosto de MDXLVIII, quando sua casa, a dos herdeiros de Marco del Nero (que, além de ser uma edificação muito bela, estava cheia de muitos móveis e ornamentos como qualquer outra casa de Florença) e as casas vizinhas ruíram em decorrência de um deslizamento de terras do monte San Giorgio. Os pedaços do quadro, encontrados depois entre os escombros, foram reunidos do melhor modo possível por seu filho Batista, grande amante de tal arte[16]. Para Domenico Canigiani, Rafaello fez outro quadro[17] do mesmo tamanho, no qual há uma Nossa Senhora com o Menino Jesus fazendo festa a um pequeno São João que lhe é levado por Santa Isabel, enquanto ela, com vivacidade espontânea, segura o filho a olhar para São José; este, apoiado com ambas as mãos a um cajado, inclina a cabeça para a anciã, e os dois parecem admirados ao verem o juízo com que os primos, em tão tenra idade, se festejam e se reverenciam. Cada porção de cor depositada nas cabeças, nas mãos e nos pés é uma pincelada de carne, e não das tintas de um mestre daquela arte; tal obra hoje está com os herdeiros de Domenico, sendo alvo de grande veneração.

Em Florença, Rafaello estudou as velhas obras de Masaccio, e nos trabalhos de Lionardo e Michele Agnolo viu coisas que o incentivaram a estudar mais, de tal modo que sua arte melhorou muito e ganhou maior graça. Naquele tempo frei Bartolomeo de San Marco[18] era considerado excelente colorista naquelas terras, e Rafaello, que se tomara de amizade e afeição por ele, visitava-o todos os dias e procurava imitá-lo. E, para que o frade tivesse menos motivos de queixar-se de sua companhia, Rafaello ensinou-lhe perspectiva, coisa que o frade nunca aprendera. Mas, quando era mais amiudada a convivência dos dois, Rafaello foi chamado a Perúgia e para lá se transferiu, pintando na igreja de San Francesco um painel com um Cristo morto a caminho do sepultamento, obra que foi considerada divina[19]. Realizou esse trabalho com tanto frescor e

---

[15] É a chamada *Madonna del Cardellino* (*Nossa Senhora do Pintassilgo*) da Galeria dos Uffizi, cuja data de execução é calculada entre 1506 e 1507.

[16] O desmoronamento da casa dos Nasi realmente ocorreu em 12 de novembro de 1547; sua restauração foi obra de Michele di Ridolfo del Ghirlandaio.

[17] É a *Sagrada Família com Santa Isabel e São João menino*, conhecida como *Sagrada Família Canigiani*, na Alte Pinakothek de Munique (nº 476). Contém a inscrição RAPHAEL VRBINAS. O próprio Vasari, nos "erros corrigidos", retifica o nome da pessoa que fez a encomenda.

[18] Cf. sua Vida nas pp. 471-6.

[19] É a *Deposição*, atualmente na Galeria Borghese, com a inscrição RAPHAEL VRBINAS MDVII; encomendado por Atalanta Baglioni para a igreja de San Francesco em Prato, Perúgia. A predela com as *Virtudes teologais*, com três divisões, está na Pinacoteca Vaticana, enquanto vários desenhos preparatórios estão em Londres, Paris, Viena e Florença.

amor, que a quem o vê parece ter sido acabado naquela hora; ao compor essa obra, imaginou a dor dos parentes próximos ao sepultarem o corpo de uma pessoa querida, na qual resida o bem, a honra e o apoio da família. E quem considera a diligência, o amor, a arte e a graça dessa obra admira-se com razão, pois são de deslumbrar a suavidade dos semblantes, a beleza do panejamento e a qualidade do conjunto. Terminado esse trabalho, voltou a Florença, reconhecendo a utilidade do estudo que lá fizera e sendo para ali atraído pela amizade. De fato, para quem aprende tais artes Florença é um lugar admirável, onde há concorrência, competição e inveja, coisas que sempre existiram, muito mais naqueles tempos. Os Dèi, cidadãos florentinos, encomendaram-lhe um painel que seria posto na capela de seu altar na igreja do Santo Spirito[20]; ele o começou e levou a bom termo o seu esboço. Fez também um quadro que foi enviado a Siena[21]; este, com a partida de Rafaello, ficou a cargo de Ridolfo del Ghirlandaio[22], para o término de um panejamento azul que faltava. E isso ocorreu porque Bramante da Urbino[23], que estava a serviço de Júlio II, por ter algum parentesco com Rafaello e ser da mesma terra, escreveu-lhe dizendo que o papa queria pintar alguns aposentos e que, conforme acertado com este, Rafaello poderia mostrar ali o seu valor. A ideia agradou a Rafaello, que largou as obras de Florença e mudou-se para Roma, deixando inacabado o painel dos Dèi; depois de sua morte, esse painel ficou com messer Baldassarre da Pescia, que o mandou pôr numa capela sua em Pescia. Quando chegou a Roma, Rafaello viu que grande parte dos aposentos do palácio já estava pintada e que vários mestres ainda trabalhavam. Assim, Pietro della Francesca[24] terminara uma cena em um dos aposentos, Luca da Cortona[25] levara a bom termo uma fachada e Don Pietro della Gatta[26], Abade de San Clemente de Arezzo, começara algumas coisas; do mesmo modo, Bramantino da Milano[27] pintara muitas figuras, na maioria retratos, considerados belíssimos.

Rafaello, que ao chegar fora recebido calorosamente pelo papa Júlio, começou na Sala da Assinatura uma cena em que os teólogos conciliam a filosofia e a astrologia com a teologia[28], na qual são retratados todos os sábios do mundo, tudo adornado por figuras, entre as quais alguns astrólogos a gravarem caracteres de geomancia e astrologia em tábuas que enviam aos Evangelistas. Entre eles há um Diógenes com sua taça recostado na escada, figura reflexiva e absorta, digna de louvores pela beleza e pelas vestes. Semelhantes a este, veem-se Aristóteles e Platão, um com o Timeu nas mãos,

---

[20] O painel, com o n.º 165, está hoje na Galeria Palatina de Florença e é conhecido como *Nossa Senhora do Baldaquim*. Inacabado no momento da partida de Rafael para Roma (1508), foi ampliado superiormente por Giovanni Agostino Cassana, por incumbência de Ferdinando de' Medici, que o adquirira em 1697 da Paróquia de Pescia.

[21] Comumente o quadro é identificado com o n.º 1496 do Louvre, a chamada *Bela jardineira*, adquirido por Francisco I do senês Filippo Sergardi, quem supostamente o encomendou: contém a assinatura RAPHAELLO VRB. MDVII.

[22] Cf. acima, nota 12.

[23] Cf. sua Vida nas pp. 466-70.

[24] Cf. sua Vida nas pp. 274-9.

[25] Cf. sua Vida nas pp. 410-3.

[26] Cf. sua Vida nas pp. 368-72.

[27] Bartolomeo di Alberto Suardi, nascido por volta de 1465 e já morto em 1536; sobre ele, cf. Mulazzani, *Bramantino e Bramante*, cit.

[28] O afresco com a *Escola de Atenas* foi terminado entre 1509 e 1510; a figura de Heráclito em primeiro plano foi acrescentada mais tarde como homenagem a Michelangelo e não está presente no cartão do desenho da *Escola* que está na Pinacoteca Ambrosiana de Milão.

o outro com a Ética, ambos rodeados por uma grande escola de filósofos. Não é possível expressar a beleza daqueles astrólogos e geômetras que, usando compassos, desenham figuras e caracteres sobre tábuas.

Entre estes se vê um jovem de formosa beleza, com os braços abertos de admiração e a cabeça inclinada; trata-se do retrato de Frederico II, Duque de Mântua, que então estava em Roma.

Também há uma figura agachada, a girar um compasso sobre as tábuas; dizem que se trata do arquiteto Bramante, e que não se pareceria mais com ele se estivesse vivo, tão bem retratado está.

Ao lado de uma figura de costas, com uma esfera do céu na mão, está o retrato de Zoroastro e, ao lado deste, Rafaello, mestre dessa obra, que se retratou no espelho. Seu semblante é jovem e de aspecto modesto, agradável e gracioso, com um barrete preto na cabeça. Nem é possível expressar a beleza e a qualidade dos semblantes e das figuras dos Evangelistas, cujas fisionomias expressam atenção e empenho, máxime naquilo que escrevem. Assim, enquanto São Mateus extrai das tábuas as figuras e os caracteres que lhe são mostrados por um anjo e os transcreve num livro, atrás dele um velho, com um papel sobre os joelhos, copia tudo o que São Mateus escreve. E, atento naquela posição desconfortável, parece torcer a mandíbula e a testa, à medida que inclina e endireita a pena.

Além das minúcias, que são muitas, é de notar a composição de toda a cena, dividida com tanta ordem e medida, que ali se encontra uma amostra de sua capacidade, provando que, no campo dos que manejavam os pincéis, ele pretendia reinar sem rivais.

Também adornou essa obra com uma perspectiva e muitas figuras acabadas com tanta delicadeza e suavidade, que o papa Júlio mandou derrubar todas as cenas pintadas pelos outros mestres, fossem velhos ou modernos[29], para que só a Rafaello coubesse o mérito de todo o trabalho que naquelas obras se tivesse posto até então. Ocorre que Giovan Antonio Soddoma da Vercelli[30] compusera uma obra acima da cena pintada por Rafaello; apesar de incumbido pelo papa de derrubá-la, Rafaello quis utilizar suas divisões e seus grotescos, e em cada um dos quatro medalhões que havia fez uma figura relacionada com as cenas de baixo, voltadas para o lado da cena que lhes correspondia. Na primeira, onde pintara a conciliação da Filosofia, da Astrologia, da Geometria e da Poesia com a Teologia, havia uma mulher a representar o conhecimento das coisas; estava sentada numa cadeira sustentada em cada lado por uma deusa Cibele, com os mesmos seios que os antigos atribuíam a Diana Polimastes; suas vestes eram de quatro cores, representantes dos elementos: abaixo da cabeça, a cor era do fogo; abaixo da cintura, do ar; da virilha aos joelhos, da terra; e até os pés, da água.

Tudo era completado por alguns *putti* da maior beleza que se possa imaginar.

Em outro medalhão, voltado para a janela que dá para o Belvedere, representa-se a Poesia na pessoa de Polímnia coroada de louro, com um instrumento antigo em uma das mãos e um livro na outra; tendo as pernas cruzadas e ostentando um semblante

---

[29] Os grotescos da abóbada geralmente são atribuídos a Sodoma, enquanto o octógono central às vezes é atribuído a Bramantino.

[30] Giovanni Antonio Bazzi, chamado de Sodoma, nascido em Vercelli em 1477 e morto em Siena em 15 de fevereiro de 1549. Entre 1505 e 1508 pintou as vinte e oito *Cenas da vida de São Bento* e dois afrescos com *Cenas de Cristo* no claustro do mosteiro de Monte Oliveto, como complemento das cenas iniciadas, mas não terminadas, por Luca Signorelli. Sobre ele, cf. E. Carli, *Il Sodoma*, Vercelli, 1979. Cf. também nota 15 na p. 619.

de beleza imortal, seu rosto está voltado para o céu; é acompanhada por dois *putti* vivazes e naturais, que com ela e com as outras figuras produzem várias composições. Desse lado, acima da referida janela, pintou o monte Parnaso[31]. No outro medalhão, acima da cena em que os santos doutores ordenam a missa, há uma Teologia com livros e outras coisas ao redor, com os mesmos *putti*, que não é menos bela que as outras.

E acima da outra janela, que dá para o pátio, fez no outro medalhão uma Justiça com suas balanças e a espada elevada, com os mesmos *putti* das outras, tudo de extrema beleza, porque na cena de baixo da parede ele representou o modo como são feitas as leis civis e as canônicas, conforme será dito em seu devido lugar.

Na mesma abóbada, nos ângulos dos tímpanos, pintou quatro cenas desenhadas e coloridas com grande diligência, com figuras não muito grandes. Em uma delas, do lado onde ficava a Teologia, representou o pecado de Adão ao comer a maçã, tudo elaborado com muita harmonia; do lado onde estava a Astrologia, foi esta representada a pôr as estrelas fixas e as errantes em seus devidos lugares.

Na outra, do lado do monte Parnaso, pintou Mársias sendo esfolado junto a uma árvore a mando de Apolo; e do lado da cena em que são dadas as decretais estava a sentença em que Salomão propõe a divisão do menino. Essas quatro cenas estão cheias de sensibilidade e afeto, foram elaboradas com ótimo desenho e colorido lindo e gracioso.

Mas, terminada a abóbada, ou seja, o céu daquele aposento, falta descrever o que ele fez em cada uma das paredes ao pé das cenas acima referidas.

Na parede do lado do Belvedere, onde está o monte Parnaso e a fonte do Hélicon, fez em torno do monte uma sombrosa selva de loureiros, em cujo verdor é como se víssemos o tremular das folhas na suavidade da brisa; pelo ar, há uma infinidade de cupidos nus com belíssimos semblantes, a colherem ramos de louro para fazer grinaldas, que são por eles espalhadas pelo monte. Ali parece realmente correr um sopro de divindade, pela beleza das figuras e pela nobreza da pintura, causando admiração a quem examinar a obra com atenção, o modo como o engenho humano, valendo-se da imperfeição de simples tintas, consegue pintar coisas que parecem vivas, graças à excelência do desenho. É o que se vê nos poetas espalhados pelo monte, uns em pé, outros sentados, estes escrevendo, aqueles discorrendo ou cantando, enquanto confabulam grupos de quatro, seis ou outros.

Há ali retratos de todos os mais famosos poetas antigos e modernos, dos que tinham vivido e dos que viviam até o seu tempo: alguns reproduzidos a partir de estátuas, alguns de medalhas, muitos de pinturas antigas, enquanto outros, ainda vivos, foram retratados do natural por ele mesmo.

E, começando de uma extremidade, veem-se Ovídio, Virgílio, Ênio, Tibulo, Catulo, Propércio e Homero; formando um grupo, as nove Musas e Apolo têm semblantes tão belos e divinos, que seu alento nos irradia graça e vida. Ali estão a douta Safo e o diviníssimo Dante, o harmonioso Petrarca e o amoroso Boccaccio, que parecem vivos; também lá estão Tibaldeo e numerosos outros modernos. Essa cena é composta com muita graça e acabada com diligência.

---

[31] É o afresco que contorna a janela nordeste da sala, acima de duas pinturas monocromáticas geralmente atribuídas a Perin del Vaga. Representa *Apolo* cercado pelas Musas e por dezoito poetas; na jamba da janela está escrito JVLIVS II LIGVR. PONT. MAX. CHRIST. MDXI. PONTIFICAT. SVI. VIII, que certamente alude ao ano de término do afresco. Existem desenhos preparatórios desse afresco em Londres, Lille, Windsor, Oxford etc.

Em outra parede fez um céu com Cristo e Nossa Senhora, São João Batista, os Apóstolos e os Evangelistas, os Mártires nas nuvens com Deus Pai acima de todos, enviando o Espírito Santo a um número infinito de santos que, abaixo, escrevem a Missa e discutem sobre a Hóstia, que está no altar[32]. Entre eles estão os quatro Doutores da Igreja e, ao redor, numerosos santos. Ali estão Domingos, Francisco, Tomás de Aquino, São Boaventura, Escoto, Nicolau de Lira, Dante, frei Girolamo da Ferrara e todos os teólogos cristãos, além de numerosos retratos do natural; no ar há quatro crianças a segurar os Evangelhos abertos. Não há pintor que pudesse compor figuras mais harmoniosas nem mais perfeitas, pois no ar e ao redor foram representados santos sentados que, além de parecerem vivos graças às cores, apresentam escorços e perspectivas tais, que não seriam diferentes se fossem em relevo.

Além disso, estão vestidos de formas variadas, com belíssimos panejamentos; seus semblantes são mais celestiais que humanos, como se vê no de Cristo, que mostra toda a clemência e piedade que uma divindade pintada pode mostrar aos homens mortais. Porque Rafael recebeu da natureza o dom de compor semblantes suaves e graciosos, como se vê na Nossa Senhora que, com as mãos no peito, olhando e contemplando o Filho, parece não poder denegar graça; sem falar que ele deu provas de uma coerência realmente bela, ao mostrar a antiguidade no semblante dos santos Patriarcas, a simplicidade nos Apóstolos e a fé nos Mártires.

Muito mais arte e engenho demonstrou no grupo de santos e Doutores cristãos; aqueles discutem em grupos de seis, três ou dois, e suas fisionomias irradiam curiosidade e afã de elucidar aquilo que lhes desperta a dúvida, enquanto os sinais da discussão são mostrados por meio de gesticulações e posturas, da atenção de quem ouve, dos cenhos franzidos, da expressão de assombro, tudo composto de muitas e diversas maneiras, sem dúvida variadas e apropriadas; é diferente do que se vê nos quatro Doutores da Igreja que, iluminados pelo Espírito Santo, deslindam e resolvem com as Sagradas Escrituras todas as dúvidas dos Evangelhos, sustentados pelos *putti* que voam pelos ares.

Na outra parede, onde está a outra janela[33], fez de um lado Justiniano dando as leis aos doutores que as corrigem; acima, a Temperança, a Fortaleza e a Prudência.

Do outro lado fez o papa dando as decretais canônicas; ali retratou o papa Júlio do natural; a isso assistem o cardeal Giovanni de' Medici, o cardeal Antonio di Monte e o cardeal Alessandro Farnese, atual (Deo gratia) Sumo Pontífice, além de outros retratos.

O papa ficou muito satisfeito com essa obra e, para ter um alizar tão precioso quanto a pintura, mandou chamar de Monte Oliveto di Chiusuri, localidade de Siena, frei Giovanni da Verona[34], então grande mestre da marchetaria da madeira em perspectiva; este fez não só o alizar ao redor da pintura, como também belíssimas portas

---

[32] O afresco com a *Discussão sobre o Sacramento* geralmente é datado de 1509 e é considerado a primeira pintura depois da abóbada.

[33] A partir do lado oposto ao afresco do *Parnaso* há dois painéis com *Triboniano ensinando as pandectas a Justiniano* e *São Gregório IX aprovando as Decretais*, ambos bastante deteriorados e unanimemente atribuídos a alunos; sua data (pelo menos a do segundo) deve ser posterior a 1511, porque a personagem do papa tem a fisionomia de Júlio II, que só depois de 1511 deixou a barba crescer.

[34] Nascido em Verona em 1456, morreu nessa mesma cidade em 1525. Atuou em Siena, Roma e Verona, onde trabalhou de 1491 a 1502 nos alizares da sacristia de Santa Maria in Organo. No convento de Monteoliveto Maggiore ainda existem almofadas de espaldares com incrustações de sua lavra.

e cadeiras com lavores em perspectiva, trabalho com o qual granjeou altos favores, recompensas e honras junto ao papa[35]. Sem dúvida nesse mister nunca houve ninguém mais talentoso no desenho e na execução do que frei Giovanni, como bem o demonstram uma belíssima sacristia feita de madeira em perspectiva na igreja de Santa Maria in Organo, em Verona, sua pátria, o coro de Monte Oliveto di Chiusuri, o da igreja de San Benedetto em Siena, a sacristia de Monte Oliveto de Nápoles e, no mesmo lugar, o coro por ele elaborado na capela de Paolo da Tolosa. Por tudo isso mereceu grande estima e consideração por parte de sua ordem; morreu com LXVIII anos de idade em MDXXXVII.

Quis aqui fazer menção a ele como pessoa realmente excelente e rara, por me parecer que o seu valor o merecesse. Mas, voltando a Rafaello, suas virtudes cresceram de tal maneira, que, por incumbência do papa, ele pintou a segunda sala próxima ao salão principal. E ele, que havia granjeado grande fama, nessa época retratou o papa Júlio num quadro a óleo[36], com tanta vivacidade e veracidade, que o retrato causava temor a quem o olhasse, como se ali estivesse o papa vivo. Essa obra hoje está na igreja de Santa Maria del Popolo, com um belíssimo quadro de Nossa Senhora, também feito nessa época; nele se vê a Natividade de Jesus Cristo[37], em que a Virgem cobre o Filho com um véu, sendo este tão belo, que na expressão do rosto e em todos os seus membros se distingue o verdadeiro filho de Deus. No semblante e na expressão de Nossa Senhora, a beleza, não menor que a de seu filho, é acompanhada pela alegria e pela piedade. Há também um São José que, apoiando ambas as mãos num cajado, está pensativo a contemplar o Rei e a Rainha do Céu com uma admiração de velho santíssimo. Em ambos os quadros mostram-se as festas solenes. Por essa época Rafael conquistara muita fama em Roma, mas, embora dotado de uma fatura gentil e considerada belíssima por todos e apesar de ter visto tantas antiguidades naquela cidade e de tê-las estudado ininterruptamente, ainda não dera às suas figuras a grandeza e a majestade que lhes deu depois. Ocorreu então que Michele Agnolo fez todo aquele escarcéu com o papa na capela, conforme contaremos em sua vida, e foi obrigado a fugir para Florença. Bramante, que tinha a chave da capela, mostrou-a a Rafaello, que era seu amigo, para que ele pudesse compreender a maneira como Michele Agnolo pintava. Em decorrência dessa visita, Rafaello logo refez, acima da Sant'Ana de Andrea Sansovino[38], o profeta Isaías[39] que se vê na igreja de Santo Agostino em Roma, embora já o tivesse terminado. Graças àquilo que Rafaello viu de Michele Agnolo, essa obra melhorou muito, ganhando grandiosidade e majestade. De tal modo que Michele Agnolo, quando viu a obra de Rafaello, acreditou que Bramante lhe fizera aquele mal com a finalidade de favorecer Rafaello e dar-lhe fama, o que era verdade.

---

[35] Os assentos foram destruídos durante o Saque de Roma de 1527 e substituídos por assentos monocromáticos de Perin del Vaga.

[36] Nos Uffizi conserva-se uma réplica bastante fiel do quadro que Rafael pintou entre 1511 e 1512. O original é o da National Gallery de Londres.

[37] Existem numerosas réplicas em várias partes do mundo da chamada *Nossa Senhora do Véu*, ou *Nossa Senhora de Loreto*, datável de aproximadamente 1511-12 e mencionada também pelo Anônimo Magliabechiano; o original provavelmente é o do Musée Condé de Chantilly.

[38] Cf. sua Vida, p. 541, nota 16.

[39] O afresco, datável de 1511-12, está no terceiro pilar da esquerda da nave principal; foi encomendado pelo protonotário apostólico Giovanni Garitz, cujo nome se lê na inscrição sustentada por dois *putti* acima do profeta. Conhecem-se réplicas em Viena, Dresden e na Pinacoteca Ambrosiana de Milão.

Naquela época estava em Roma Agostino Chisi, mercador senês riquíssimo e poderoso que, além de se dedicar aos negócios, convivia com todas as pessoas talentosas, sobretudo arquitetos, pintores e escultores; entre outros, tomara-se de forte amizade por Rafaello e, para deixar seu nome na memória da arte tal como deixaria riquezas no ofício de mercador, encomendou a ele uma capela na igreja de Santa Maria della Pace[40], à direita da entrada pela porta principal. Terminados os andaimes e os cartões, Rafaello pintou a capela em afresco segundo a nova maneira mais magnífica e grandiosa que aprendera pouco antes. Nessa pintura, antes da revelação ao público da capela de Michelagnolo, Rafaello representou alguns profetas e sibilas numa obra que é considerada a melhor de todas as que fez, entre as belas, a mais bela; porque nas mulheres e nas crianças é grande a vivacidade e perfeito o colorido. Por essa obra ele foi muito estimado em vida e após a morte. Depois, estimulado pelas solicitações de um camareiro do papa Júlio, pintou o retábulo do altar-mor de Araceli[41], no qual fez uma Nossa Senhora no ar, uma belíssima paisagem, um São João, um São Francisco e um São Jerônimo retratado como cardeal; Nossa Senhora tem uma humildade e uma modéstia dignas da Mãe de Cristo, e o Menino Jesus, em bela atitude, está brincando com o manto de Nossa Senhora; na figura de São João percebe-se a penitência que costuma representar o jejum, e em seu semblante discernem-se a sinceridade e a determinação daqueles que, distantes do mundo, o desdenham e, no convívio com o poder público, odeiam a mentira e dizem a verdade. Coisa semelhante ocorre com São Jerônimo, que está com a cabeça elevada e os olhos voltados para Nossa Senhora, em contemplação, parecendo aludir a toda aquela doutrina e sabedoria que mostrou ao escrever suas cartas; com as mãos estendidas, indica o camareiro, que parece vivo e não pintado, recomendando-o a Nossa Senhora. Rafael fez coisa semelhante na figura de São Francisco, que, ajoelhado no chão, com um braço estendido e a cabeça elevada, olha para Nossa Senhora com o ardor da caridade no afeto da pintura: no seu delineamento e no colorido mostra-se que ele é dominado pela afeição, extraindo conforto e vida da mansueta visão da beleza de Nossa Senhora e da vivacidade do Filho. No centro do painel, abaixo de Nossa Senhora, há uma criança em pé que, com a cabeça voltada para ela, segura um epitáfio; em termos de beleza do rosto e de proporção do corpo, não é possível fazer coisa melhor nem mais graciosa. Além disso, a paisagem é perfeita, singular e belíssima. Em seguida, continuando os aposentos do palácio, fez uma cena do Milagre do Sacramento do corporal de Orvieto ou de Bolsena, seja qual for o nome[42]. Nessa cena vê-se o padre rezando missa e, em seu rosto afogueado de rubor, nota-se a vergonha de perceber que, com sua incredulidade, fizera a hóstia liquefazer-se sobre o corporal; com o olhar assustado, fora de si e perdido diante dos presentes, parece irresoluto. Pela posição de suas mãos é quase possível perceber o tremor e o medo da punição que lhe cabe por aquela culpa. Ao redor Rafaello pintou várias e diferentes

---

[40] Os afrescos com sibilas e anjos da parte inferior e quatro santos e anjos da parte superior são datados de 1514. A parte inferior é considerada autógrafa; a superior é atribuída a Rafael apenas no que tange à concepção, enquanto a execução geralmente é atribuída a Timoteo Viti.

[41] O painel, conhecido como *Nossa Senhora de Foligno*, com o n.º 228, está na Pinacoteca Vaticana: foi realizado por volta de 1511-12 por encomenda de Sigismondo de' Conti. O fundo, porém, foi atribuído a Dosso Dossi.

[42] O afresco com a *Missa de Bolsena* está na ann. CHRIST. MDXII. PONTIFICAT SVI. VIII. A obra relembra o milagre de 1263, quando brotaram gotas de sangue da hóstia que um sacerdote incrédulo tinha nas mãos. O aspecto "veneziano" da pintura na parte direita levou a pensar numa intervenção de Sebastiano del Piombo ou mesmo de Lorenzo Lotto.

figuras, umas no serviço da missa, outras ajoelhadas numa escada, nas quais a novidade da alternância ao acaso constrói belíssimas atitudes em diversos gestos, expressando-se em muitas delas o sentimento de perceber-se em culpa, isso tanto em homens quanto em mulheres; entre estas, há uma sentada no chão, ao pé da cena, que, com uma criança nos braços, ouvindo o que lhe é narrado por outra sobre o que ocorreu ao padre, volta-se num gesto admirável, com uma graça feminina muito apropriada e vivaz.

Do outro lado, Rafaello representou o papa Júlio assistindo àquela missa, coisa muito admirável, onde retratou o Cardeal de São Jorge[43] e numerosos outros; no vão da janela acomodou uma escadaria que é vista por inteiro; aliás, parece que, não houvesse aquele vão de janela, a cena não seria tão boa.

Por isso, pode-se dizer com justiça que, na inventividade da composição de quaisquer cenas em pintura, ninguém foi mais habilidoso, livre e talentoso do que ele. Foi o que mostrou também, naquele mesmo lugar, em outra cena defronte a essa, em que São Pedro está prisioneiro em poder de Herodes e é guardado por homens armados[44], cena em que demonstrou tanto conhecimento de arquitetura e da construção da prisão, que, em comparação com ele, os outros têm de confusão o que ele tem de beleza. Nessa cena ele procurou representar as histórias como estão escritas, pintando coisas perfeitas e excelentes, como o horror da prisão, a visão de um velho atado com cadeias de ferro entre dois soldados e o sono pesado dos guardas, enquanto o claríssimo esplendor do anjo nas trevas escuras da noite permite discernir todas as minúcias do cárcere, fazendo que as armas resplendam a tal ponto, que o brilho parece mais real do que pintado.

Não há menos arte e engenho na representação do momento em que ele, liberto das cadeias, sai da prisão acompanhado pelo anjo, expressando no rosto a ideia de estar vivendo um sonho, e não a realidade; também há terror e espanto nos outros guardas de fora da prisão que, armados, ouvem o ruído da porta de ferro, enquanto uma sentinela, com tocha na mão, desperta os outros; à medida que os ilumina, a luz se reflete em todas as armas e, onde esta não incide, a cena é iluminada pela lua. Como essa pintura foi feita acima da janela, ou seja, na parede menos iluminada, quando a olhamos damos com a luz no rosto, e é tão interessante a competição entre a luz viva e a pintada, com as diversas fontes luminosas noturnas, que parece estarmos vendo a fumaça da tocha, o esplendor do anjo nas trevas da noite, tão naturais e verdadeiras, que não diríamos tratar-se de pintura, tamanhas são a propriedade e a qualidade da expressão de concepção tão difícil. É possível perceber nas armas as sombras, os esbatimentos, os reflexos e os vapores do calor das tochas, tudo trabalhado com sombra tão profunda, que se pode dizer que ele era o mestre de todos. E, por imitar a noite com uma fidelidade inigualável em tudo o que a pintura já fez, essa é a obra considerada mais divina e rara.

Em uma das paredes livres, ele fez o culto divino, a arca dos hebreus, o candelabro e o papa Júlio expulsando a avareza da Igreja, cena esta dotada de beleza e qualidade semelhantes às da noite acima descrita[45].

---

[43] Ou seja, o cardeal Raffaello Riario.

[44] O afresco com a *Libertação de Pedro* tem a inscrição LEO. X. PONT. MAX. ANN. CHRIST. MDXIIII. PONTIFICAT. SVI. II. É possível a colaboração de Giulio Romano; o desenho preparatório está nos Uffizi (nº 95G).

[45] O afresco com a *Expulsão de Heliodoro do templo* é datável de c. 1511-12. Em sua execução intervieram Giulio Romano e Giovanni da Udine; mais tarde foram feitas restaurações de qualidade duvidosa por vários artistas, entre os quais Maratta.

Nela se veem alguns retratos de palafreneiros que viviam na época, carregando em sua cadeira o papa Júlio, que parece vivo.

E enquanto algumas pessoas abrem alas para sua passagem, vê-se o furor com que um soldado a cavalo, acompanhado por outros dois a pé, vai empurrando e golpeando o soberbo Heliodoro, que a mando de Antíoco quer despojar o templo de todos os depósitos feitos para as viúvas e os órfãos; e já se vê o amontoamento das roupas e dos tesouros que seriam retirados, porque, amedrontados diante do revés sofrido por Heliodoro (que é derrubado e duramente golpeado pelos três homens acima referidos, vistos e ouvidos somente por ele), aqueles que os carregavam derrubam tudo e caem no chão, em decorrência do súbito terror e do espanto de que são tomados os homens de Heliodoro.

Afastado destes, vê-se o Santíssimo Pontífice Onias, com hábitos pontificais, as mãos e os olhos voltados para o céu, orando com fervor, afligido pela compaixão para com os pobrezinhos que perdiam as coisas e alegre com o socorro que lhe chegava do céu. Além disso, graças ao capricho de Rafaello, veem-se muitas pessoas sobre os soclos dos pedestais, abraçadas às colunas, em posições desconfortáveis, para poderem enxergar; também há muitas pessoas atônitas, representadas de maneiras diferentes e variadas, à espera do resultado daquilo. Na abóbada superior a essas cenas há quatro outras[46]: o aparecimento de Deus a Abraão, prometendo-lhe a multiplicação de sua semente, o sacrifício de Isaque, a escada de Jacó e a sarça ardente de Moisés, nas quais não se encontram menos arte, inventividade, desenho e graça do que nas outras coisas que ele fez.

Enquanto a felicidade desse artista produzia tantas maravilhas, a inveja da fortuna ceifou a vida de Júlio II, que alimentava tal virtude e amava todas as coisas boas. Em seguida foi eleito o papa Leão X[47], que quis o prosseguimento da obra, e a virtude de Rafaello atingiu o céu, do qual ele recebeu infinitos favores ao encontrar tão grandioso príncipe, que por hereditariedade era muito inclinado a tal arte. Por esse motivo, Rafaello sentiu-se encorajado a dar prosseguimento àquela obra e na outra parede pintou a chegada de Átila a Roma e seu encontro ao pé do Monte Mario com o papa Leão III, que o expulsou apenas com bênçãos[48].

Nessa cena Rafaello representou São Pedro e São Paulo no ar com espadas em punho, vindos para defender a Igreja.

E, embora a história de Leão III não o diga, talvez por capricho Rafaello quis representá-la desse modo, como ocorre muitas vezes na pintura e na poesia, em que se divaga para maior ornamento da obra, mas sem se afastar de maneira inconveniente do primeiro entendimento.

Veem-se naqueles Apóstolos o brio e a audácia celeste que o juízo divino frequentemente põe no rosto dos seus servos para defesa da santíssima religião.

Disso se vê sinal em Átila que, montando um cavalo manalvo com estrela na testa, impossível mais belo, em atitude que revela medo levanta a cabeça e gira o corpo para pôr-se em fuga. Há cavalos belíssimos, sobretudo um ginete malhado, montado por

---

[46] A abóbada, datável de 1511, está dividida em quatro partes – *Sarça Ardente, Escada de Jacó, Aparição de Deus a Moisés* e *Sacrifício de Isaque* – por decorações talvez executadas por Peruzzi ou por Penni.

[47] Giovanni, filho de Lourenço, o Magnífico, reinou de 1513 a 1521.

[48] O afresco, iniciado antes da morte de Júlio II, foi terminado depois da ascensão de Leão X, que é representado duas vezes, com vestes de um cardeal e como Leão I. Considera-se em grande parte obra de oficina.

uma figura que tem todo o corpo coberto de escamas, à guisa de peixe, copiado da Coluna de Trajano, cujos soldados usavam armaduras como aquela. Considera-se que tais armaduras eram feitas de pele de crocodilo. Vê-se o Monte Mario em chamas, mostrando que depois da partida dos soldados os alojamentos são assim atacados. Retratou também do natural alguns maceiros que acompanham o papa, figuras tão vivas quanto os cavalos que montam, podendo-se dizer o mesmo do séquito de cardeais e de alguns palafreneiros que conduzem a hacaneia na qual está montado o papa em vestes pontificais, retrato não menos vivo do que os dos outros, esse de Leão X e de muitos cortesãos; tudo isso constitui um espetáculo muito bonito e apropriado, sendo tal obra utilíssima para nossa arte, sobretudo para aqueles que carecem de tais coisas. Naquela mesma época fez em Nápoles um painel[49] que foi posto na igreja de San Domenico, na capela onde está o Crucifixo que falou com Santo Tomás de Aquino; nesse painel estão Nossa Senhora, São Jerônimo vestido de cardeal e um anjo Rafael que acompanha Tobias.

Fez um quadro para o senhor Leonello da Carpi[50], de maravilhoso colorido e singular beleza, sendo feito com uma força e uma formosura tão harmoniosa, que acredito não ser possível fazer nada melhor; há tanta divindade no rosto de Nossa Senhora e tanta modéstia na sua atitude que é impossível aperfeiçoá-la.

Com as mãos juntas, ela dá a impressão de adorar o Filho que está sentado sobre suas pernas a acariciar São João menino, que o adora juntamente com Santa Isabel e São José.

Esse quadro hoje está com o reverendíssimo Cardeal de Carpi, grande amante da pintura e da escultura. Quando Lorenzo Pucci, Cardeal dos Quatro Santos, se tornou sumo penitencieiro, Rafaello recebeu dele a incumbência de fazer um painel[51] para a igreja de San Giovanni in Monte, em Bolonha; esse painel hoje está na capela na qual repousa o corpo da beata Elena da l'Olio, obra na qual mostrou o poder na união da graça e da arte nas delicadíssimas mãos de Rafaello.

Nele há uma Santa Cecília que, ouvindo um coro de anjos esplendentes no céu, mostra-se atenta ao som e entregue à harmonia, percebendo-se em seu semblante a abstração que se vê nos semblantes daqueles que estão em êxtase; além disso, espalhados pelo chão há vários instrumentos musicais que não parecem pintados, mas verdadeiros; o mesmo se diga de alguns panos, de vestes de tecido de ouro e seda e, debaixo deles, um cilício maravilhoso.

Há um São Paulo que, com o braço direito pousado na espada desembainhada e a cabeça apoiada na mão, expressa a meditação em sua ciência tanto quanto a sua bravura convertida em gravidade; vestido com um pano vermelho simples à guisa de manto e com uma túnica verde ao modo apostólico debaixo deste, está descalço. Há também uma Santa Maria Madalena que, segurando um vaso de pedra finíssima, em pose graciosa e girando a cabeça, parece demonstrar toda a viva alegria de sua conversão; acredito que nesse gênero não seja possível fazer coisa melhor; o mesmo se diga dos semblantes de Santo Agostinho e de São João Evangelista.

---

[49] É a chamada *Nossa Senhora do Peixe* (n.º 297 do Museu do Prado); até 1638 esteve na igreja de San Domenico em Nápoles; depois disso foi levada para a Espanha. Realizada com a intervenção de ajudantes, é datada de aproximadamente 1514. Existem réplicas em Nápoles e na Espanha.

[50] É a *Nossa Senhora do Divino Amor* (n.º 146 do Museu de Capodimonte), datada de 1558, unanimemente atribuída à escola.

[51] É a *Santa Cecília* da Pinacoteca de Bolonha (n.º 152) datável de 1514, executada em colaboração com alunos; cf. *L'Estasi di Santa Cecilia di Raffaello*, cit.

E é verdade que todas as outras pinturas que o representam podem ser chamadas de pinturas, mas as de Rafaello vivem, porque a carne treme, o espírito é visível, os sentidos pulsam em suas figuras, percebendo-se nelas uma vivacidade viva; por tudo isso, além dos louvores que já recebera, Rafaello ganhou muita fama.

Em sua honra foram feitos muitos versos em latim e em língua vulgar; aqui transcreverei apenas estes, para não tornar esta história mais longa do que eu pretenderia:

Pingant sola alii referantque coloribus ora;
Caeciliae os Raphael atque animum explicui*.

Depois disso, fez um quadrinho com figuras pequenas, que hoje está em Bolonha, em casa do conde Vincenzio Arcolano[52]; nele há um Cristo no céu ao modo de Júpiter, tendo ao redor os quatro Evangelistas, conforme descritos por Ezequiel: um em forma de homem; outro de leão; e os outros dois, de águia e boi; vê-se uma pequena paisagem embaixo, representada no chão, que não é menos rara e bela em sua pequenez do que as outras o são em sua grandeza. Mandou para Verona, com a mesma qualidade, um quadro para a casa dos condes de Canossa[53]; para Bindo Altoviti[54] fez um retrato seu na juventude, considerado estupendo.

Também fez um quadro de Nossa Senhora e o mandou para sua casa[55] em Florença, coisa belíssima. Nele representou uma Sant'Ana muito velha que, sentada, estende seu Filho para Nossa Senhora, sendo a criança representada com tanta beleza de corpo e de traços fisionômicos, que seu sorriso alegra qualquer um que a olhe. É de notar que Rafaello mostrou na pintura de Nossa Senhora toda a beleza que é possível pôr na expressão de uma virgem, pois no seu olhar há modéstia, na testa, honra, no nariz, graça, e na boca, virtude; além do mais, suas vestes mostram infinita simplicidade e honestidade. Na verdade, não acredito que seja possível ver algo melhor. Há também um São João nu, sentado, e outra santa também belíssima. No fundo vê-se a construção, em que ele representou uma janela velada que ilumina o aposento onde estão as figuras.

Em Roma fez um quadro de bom tamanho, no qual retratou o papa Leão, o cardeal Giulio de' Medici e o cardeal de' Rossi[56]; suas figuras não parecem pintadas, mas

---

* "Que os outros pintem e retratem apenas os rostos com suas cores; / Rafael mostrou o rosto e a alma de Cecília." [N. da T.]

[52] O pequeno painel com a *Visão de Ezequiel* está na Galeria Palatina de Florença (nº 174). Datável de 1518, apesar de uma relação feita por Malvasia (1674) a um documento de 1510, é considerada obra inteiramente autógrafa, embora houvesse quem a considerasse obra de oficina, atribuindo-a a Giulio Romano ou a G. F. Penni.

[53] É o quadro nº 301 do Museu do Prado, a chamada *Pérola*, considerada pela crítica moderna obra de Giulio Romano com data que oscila entre 1518 e 1522.

[54] Está na National Gallery de Washington, proveniente da coleção Kress; datável de c. 1512-14, supõe-se que tenha havido participação de Giulio Romano.

[55] O painel, conhecido como *Madonna dell'Impannata* (*Nossa Senhora da janela velada*), é o nº 94 da Galeria Palatina: datável de 1514 ou imediatamente depois, a tendência é acreditar que foi executado na oficina sob a orientação do mestre; no entanto, recentes tentativas de limpeza (1984) levam a pensar numa intervenção de Rafael mais ampla do que até então se acreditava.

[56] É o nº 40 da Galleria degli Uffizi, seguramente datável de c. de 1518, porque Luigi de' Rossi, ali representado, foi eleito cardeal em 1517 e morreu em 1519. Levantou-se a hipótese de que houvesse alguma intervenção de Giulio Romano, até porque aventada pelo próprio Vasari na Vida de Andrea del Sarto, edição giuntina (II, p. 164). Em Nápoles está a sua réplica executada por Andrea del Sarto (Pinacoteca Nazionale, nº 131), enquanto uma segunda réplica foi encomendada a Vasari em 1536.

esculpidas; o veludo parece ter pelos, e o damasco que cobre o papa parece rugitar e brilhar; o couro dos revestimentos é macio e vivo; o ouro e as sedas são imitados de tal maneira, que não parecem cores, mas ouro e seda.

Há um livro de pergaminho cheio de iluminuras que aparenta ser mais vivo que a vida, e uma sineta de prata lavrada que seria admirável descrever em todas as suas partes.

Mas, entre outras coisas, há na cadeira uma esfera brilhante de ouro na qual se refletem, à guisa de espelho (tamanha é sua nitidez), as luzes das janelas, as costas do papa e o entorno do aposento; e todas essas coisas são feitas com tanta diligência, que, acreditem, nenhum mestre o faz melhor nem o fará.

Por essa obra o papa o remunerou largamente; esse quadro ainda se encontra em Florença, no vestuário do duque. Rafaello também retratou o duque Lorenzo e o duque Giuliano[57] com perfeição, não havendo graça de colorido maior que a dele; tais quadros estão com os herdeiros de Ottaviano de' Medici em Florença.

E, como crescessem a glória e os recursos de Rafaello, para deixar memória de si, ele mandou construir um palácio em Borgo Nuovo[58], Roma, que Bramante ergueu segundo a técnica do molde.

Naquela época, a fama desse admirável artista chegara a Flandres e à França, e o alemão Alberto Durero[59], pintor admirabilíssimo e entalhador de belíssimas gravuras em cobre, prestando um tributo a Rafaello, enviou-lhe seu próprio retrato pintado em guache sobre um tecido de bisso. Era possível ver a imagem de ambos os lados graças à transparência do tecido; a pintura era feita sem alvaiade, apenas com aquarela; a própria transparência do tecido servia para os fundos claros. Rafaello achou esse trabalho maravilhoso e enviou a Alberto muitos papéis com desenhos de sua lavra, coisas que foram bastante apreciadas por aquele. A pintura de Alberto estava entre os pertences de Giulio Romano, herdeiro de Rafaello em Mântua. Rafaello, depois de ver as estampas de Alberto Durero e desejando também mostrar o que era capaz de fazer nessa arte, pôs Marco Antonio Bolognese[60] a estudar profundamente essa técnica, na qual ele se tornou tão excelente, que Rafaello mandou estampar em primeiro lugar seus próprios trabalhos: o desenho dos Inocentes, um Cenáculo, Netuno e Santa Cecília fervendo no óleo.

Depois Marco Antonio fez para Rafaello certo número de estampas, dadas a Baviera, seu assistente[61], encarregado de cuidar de uma mulher que Rafaello amou até morrer. Dela ele fez um retrato belíssimo em que parecia viva; hoje esse retrato está em Florença, guardado como relíquia pelo gentilíssimo Matteo Botti, mercador floren-

---

[57] Do *Retrato de Lourenço de' Medici*, citado na correspondência do duque em 1518, existem diversas réplicas em Montpellier, Florença, Colworth, absolutamente não autógrafas; hoje se considera válido identificá-lo com o quadro da coleção Spanierman de Nova York; cf. K. Oberhuber, "Raphael and the state portrait. II: The portrait of Lorenzo de' Medici", em *The Burlington Magazine*, 821 (1971), pp. 436-43. No Metropolitan Museum de Nova York há um retrato de Giuliano de' Medici datável de 1514-15, cuja autografia é muito discutida e mais recentemente excluída.

[58] Cf., na Vida de Bramante, nota 18, p. 469.

[59] Trata-se de Albrecht Dürer de Nuremberg (1471-1528), o maior pintor do Renascimento alemão e um dos maiores da história da arte; sobre ele, cf. A. Ottino della Chiesa, *L'opera completa di Dürer*, Milão, 1968, e M. Levey, "To honour Albrecht Dürer: some 1971 manifestations", em *The Burlington Magazine*, 872 (1972), pp. 63-71.

[60] Sobre Marcantonio Raimondi (Bolonha, 1480-Bolonha, 1533, aproximadamente), cf. número especial da *Gazette des Beaux-Arts*, "Marc-Antoine Raimondi", julho-agosto de 1978, pp. 1-52.

[61] Ou seja, Baviero Carocci da Parma, pintor que dourou a moldura da *Transfiguração* (cf. adiante, nota 89) e, em nome de Rafael, firmou o contrato para uma casa em Borgo San Pietro em novembro de 1515. Cf., na Vida de Rosso, nota 17, p. 613.

tino[62], amigo chegado de todas as pessoas talentosas, sobretudo dos pintores, que nutre grande amor pela arte e, em especial, por Rafaello.

Não é menor a estima que seu irmão Simon Botti sente pelas obras de arte e pelos artistas; este, além de ser considerado um dos favorecedores mais benévolos dos homens que se dedicam a tais profissões, é por mim estimado e tido como o maior e melhor amigo possível, aquele que a experiência pode pôr à prova por maior tempo, além de ser dotado de bom tino para as coisas da arte. Mas, voltando às estampas, o presente feito a Baviera despertou o interesse de Marco da Ravenna[63] e de muitos outros, de tal modo que as estampas de cobre, antes escassas, passaram a ser abundantes nos dias de hoje.

Foi assim que Ugo da Carpi[64], mente inventiva, engenhosa e imaginativa, descobriu uma maneira de gravar em madeira, de tal modo que com três estampas produzia os tons médios, os claros e as sombras em claro-escuro no papel; trata-se por certo de uma invenção bonita e caprichosa, que a partir de então se tornou abundante.

Para o mosteiro de Palermo, chamado de Santa Maria dello Spasimo, dos frades de Monte Oliveto, Rafaello fez um painel com um Cristo carregando a cruz[65], obra considerada maravilhosa, na qual se vê a impiedade dos crucificadores que o levavam para a morte no Monte Calvário, imbuídos de grande raiva, enquanto Cristo, sofrendo no tormento da proximidade da morte, é derrubado pelo peso da madeira da cruz e, banhado em suor e sangue, volta-se para as Marias, que se esvaem em copioso pranto. Entre elas está Verônica a lhe estender os braços para entregar-lhe um pano, numa demonstração de grande afeto e caridade. Além disso, a obra está cheia de cavaleiros e peões desembocando da porta de Jerusalém a empunharem os estandartes da justiça em atitudes variadas e belíssimas.

Essa obra já estava totalmente terminada e, antes de chegar a seu devido lugar, esteve prestes a ter um mau fim, pois, segundo dizem, quando estava em alto-mar, a caminho de Palermo, a embarcação que a levava foi atingida por horrível tempestade e atirada contra um escolho, de tal maneira que se fendeu, perdendo-se todos os homens e as mercadorias, com exceção apenas do painel que, encaixotado tal como estava, foi levado pelo mar até as costas de Gênova; ali, resgatado e puxado para terra firme, foi reconhecido como coisa divina que deveria ser bem guardada, pois se mantivera intacto, sem mancha nem defeito; portanto, até a fúria dos ventos e as ondas do mar respeitaram a beleza de tal obra. Correndo voz sobre tal acontecimento, os monges trataram de recuperar o painel e, graças ao favorecimento do papa, ele lhes foi entregue, não sem uma recompensa prévia àqueles que o tinham resgatado.

Foi ele então embarcado de novo e levado para a Sicília, sendo posto em Palermo, lugar onde tem mais fama e reputação que o próprio monte de Vulcano.

---

62 Trata-se do retrato denominado *La velata* (A velada), hoje na Galeria Palatina de Florença com o nº. 245. Sua datação varia entre 1512-13 e 1516; hoje sua autografia é considerada indiscutível.

63 Marco Dente, nascido em Ravena antes de 1493, morreu em Roma em 1527, vítima do Saqueio, conforme ressalta A. Chastel, *Il Sacco di Roma, 1527*, Turim, 1983. Sobre ele, cf. S. Ferrara e G. Gaeta Bertelà, *Incisori Bolognesi ed Emiliani del 500*, Bolonha, 1975.

64 Ugo da Carpi, nascido por volta de 1480, esteve em Roma de 1518 a 1527, de onde fugiu durante o Saqueio. Morreu por volta de 1532. Foi o grande especialista da técnica da gravura em claro-escuro. Sobre ele, além da bibliografia da nota anterior, cf. também L. Servolini, *Ugo da Carpi*, Florença, 1977.

65 É o chamado *Spasimo di Sicilia* (nº. 290 do Museu do Prado), geralmente datado de 1517. Tem a inscrição RAPHAEL VRBINAS, mas prevalece a opinião de que se trata de uma obra de escola. Em 1813 foi transportado para tela.

Enquanto Rafaello elaborava essas obras – que ele não podia deixar de executar, por ter de servir pessoas poderosas e insignes e por não poder recusá-las em nome de interesses particulares –, dava-se prosseguimento àquilo que ele começara nos aposentos papais e nos salões, onde mantinha continuamente várias pessoas na tarefa de realizar as obras com base em seus próprios desenhos, sob sua vigilância permanente, trabalho que ele supria com os melhores ajudantes que pudesse pôr a serviço de tamanha responsabilidade.

Portanto, não demorou para que ele desse ao conhecimento público a sala da Torre Borgia, na qual pintara em cada parede uma cena, duas acima das janelas e duas nas outras paredes.

Numa delas estava representado o Incêndio de Borgo Vecchio de Roma[66]: como ninguém conseguisse apagar o fogo, São Leão IV aparece no pórtico do palácio e com uma bênção o extingue inteiramente; nessa cena veem-se diversos perigos: em um dos lados, várias mulheres, enfrentando a ventania, carregam água para apagar o fogo, portando vasilhas nas mãos e na cabeça, com os cabelos e as vestes agitadas pela fúria da tempestade, e muitas delas, no esforço de atirar a água, enceguecidas pela fumaça, mal sabem onde estão.

Do outro lado, do mesmo modo como Virgílio descreve a cena em que Anquises carrega Eneias, representa-se um velho doente, aturdido pela enfermidade e pelas chamas, carregado por um jovem; na figura deste, vê-se o ânimo, a força e a resistência de todos os membros sob o peso do velho abandonado em suas costas.

São seguidos por uma velha que foge do fogo descalça e descomposta, sendo antecedidos por um menino nu. No auge do infortúnio, uma mulher nua e desgrenhada, tomando o filho nas mãos, atira-o a um familiar que, protegido das chamas na rua, põe-se nas pontas dos pés e estende os braços para acolher o bebê envolto em cueiros: nessa cena reconhece-se não só o sentimento de ver o filho salvo, mas também o sofrimento da exposição ao perigo das labaredas ardentes; não é menor o sofrimento percebido naquele que o recolhe, ao externar o temor da morte. Tampouco é possível expressar tudo o que foi imaginado por esse engenhoso e admirável artista ao retratar uma mãe descalça, descomposta, com os cabelos soltos e desgrenhados que, carregando parte das roupas nas mãos, vai tangendo os filhos que caminham adiante dela para que fujam do desastre e do fogaréu. Também há outras mulheres ajoelhadas diante do papa, parecendo suplicar que Sua Santidade ponha fim ao incêndio.

A outra cena[67] é também de Leão IV, na qual se representa o porto de Ostia ocupado por uma armada de turcos, que ali fora para aprisioná-lo.

Veem-se os cristãos lutando em alto-mar contra a armada e, no porto, a chegada de numerosos prisioneiros que saem de uma embarcação puxados pela barba por alguns soldados, tudo feito com belíssimas expressões e esmeradas atitudes; com diferentes vestes de galeotes, são levados diante de São Leão, representado pelo retrato do papa

---

[66] Os afrescos da Sala do Incêndio de Borgo foram feitos de 1514 a 1517 por Rafael e ajudantes, depois que Perugino pintou os medalhões da abóbada em 1507-08. O afresco com o *Incêndio de Borgo* foi executado em grande parte pelos alunos: toda a região esquerda e parte da direita, por Giulio Romano; a região central, por Penni ou Giovanni da Udine; Rafael teria intervindo em algumas figuras do fundo e em alguns outros detalhes. Costuma ser datado de 1514.

[67] É um afresco com a *Batalha de Ostia*, cuja execução se situa em fins de 1514. Atribuem-se a Giulio Romano as figuras do primeiro plano à direita, enquanto as arquiteturas e as naves são atribuídas a Giovanni da Udine. Talvez caibam a Rafael os retratos do papa e das personagens do séquito; as grandes repinturas são de Maratta.

Leão X. Sua Santidade aparece em hábito pontifical entre o Cardeal Santa Maria in Portico, ou seja, Bernardo Divizio da Bibbiena, e o Cardeal Giulio de' Medici, que depois se tornou papa Clemente.

Não é possível descrever com minúcias as boas ideias que teve esse engenhoso artista na composição dos semblantes dos prisioneiros, que sem palavras expressam a dor e o medo da morte, coisa de que dá fé tudo o que se vê nessa obra, pintada com arte e grande tino.

Nas outras duas cenas o papa Leão X sagra o rei cristianíssimo Francisco I da França[68]: rezando a missa em hábito pontifical, Sua Santidade abençoa os óleos para ungir o rei e a coroa real. Além do grande número de cardeais e bispos paramentados que ali ministram, estão retratados do natural muitos embaixadores e outras personalidades, além de algumas figuras com roupas à moda francesa, usadas naquele tempo. Na outra cena, representa-se a coroação do referido rei[69], em que o papa e Francisco I são retratados do natural, um com armadura, o outro com vestes pontificais. Além disso, todos os cardeais, bispos, camareiros, escudeiros e cubiculários estão vestindo hábitos solenes, sentados ordenadamente em seus lugares, como é costume na capela; foram todos retratados do natural, como Giannozzo Pandolfini, bispo de Troia[70], amicíssimo de Rafaello, e muitos outros assinalados naquele tempo.

Perto do rei há uma criança ajoelhada a segurar a coroa real, retrato de Ipolyto de' Medici, que depois foi cardeal e vice-chanceler, personalidade insigne e grande amiga não só dessa virtude como de todas as outras. Sou muito grato à sua abençoada memória, pois meus primeiros passos, fossem eles quais fossem, tiveram origem nele.

Não é possível descrever com minúcias tudo o que fez esse artista, pois na verdade todas as coisas parecem falar em seu silêncio; também cabe mencionar a parte inferior da cena, em que há várias figuras de defensores e remuneradores da Igreja, colocados entre as duas extremidades, tudo feito de tal maneira que todas as coisas mostram espírito, sentimento e consideração, com tal harmonia e integração de cores, que não se pode imaginar outra coisa senão imitá-las.

Como a abóbada dessa sala fora pintada por Pietro Perugino, seu mestre, Rafaello não quis destruí-la em virtude de sua memória e da afeição que tinha por ele, visto ter sido ele o ponto de partida de tudo o que Rafaello atingira em pintura. Era tal a grandeza daquele homem, que ele tinha desenhistas em toda a Itália, em Pozzuolo e até na Grécia; nunca deixou de obter o que fosse bom e de proveito para a arte.

Prosseguindo, fez outra sala, em que foram pintadas algumas figuras de Apóstolos, além de outros santos[71] em tabernáculos; pediu a seu discípulo Giovanni da Udine, inigualável na representação de animais, que pintasse todos os animais do papa Leão: camaleão, zibetas, macacos, papagaios, leões, elefantes e outros animais estranhos. Além disso, ornamentou o palácio com grotescos e vários pavimentos; também fez os desenhos para as escadas papais e para os pórticos começados pelo arquiteto Bramante,

---

[68] Apesar da ligeira confusão com a cena seguinte, Vasari parece querer aludir à chamada *Justificação de Leão III*, cuja realização se situa em 1517. Tem a inscrição LEO X PINT. MAX. ANNO. CHRISTI. MCCCCCVII. PONTIFICAT. SVI. ANNO IIII. Geralmente atribuído a Penni e a Giovanni da Udine.

[69] É o afresco com a *Coroação de Carlos Magno*, terminado antes de maio de 1517 por alunos: Giulio Romano, Penni e Raffaellino del Colle. A Rafael caberiam retratos de alguns bispos da direita.

[70] Cf. abaixo, nota 78.

[71] Dos afrescos destruídos na época de Paulo IV restam as gravuras de Raimondi; foram refeitas por Taddeo e Federico Zuccari.

que ficaram inacabados devido à morte deste e depois foram executados com base em novo desenho e na arquitetura de Rafaello, que construiu um modelo de madeira mais bem ordenado e ornamentado do que o de Bramante[72].

O papa Leão, desejando mostrar a grandeza de sua magnificência e generosidade, pediu a Rafaello que fizesse os desenhos dos ornamentos de estuque e das cenas que foram ali pintadas, bem como para as várias divisões; o estuque e os grotescos ficaram a cargo de Giovanni da Udine, e as figuras, de Giulio Romano, embora este trabalhasse pouco então; assim, também foram empregados Giovan Francesco, Bologna, Perin del Vaga, Pellegrino da Modena, Vincenzio da San Gimignano e Polidoro da Caravaggio[73], com muitos outros pintores que executaram cenas, figuras e outras coisas que se faziam necessárias em todo aquele trabalho.

Tudo isso foi terminado com tal perfeição, que Rafaello mandou buscar em Florença o pavimento feito por Luca della Robbia[74]. De tal forma que, no que se refere à pintura, aos estuques, às ordens arquitetônicas e à inventividade não é possível fazer coisas mais belas nem imaginá-las. E em razão da beleza desse trabalho, Rafaello ficou encarregado de toda a pintura e arquitetura daquele palácio[75].

Conta-se que era tanta a cortesia de Rafael, que, para acomodar melhor seus amigos, ele pediu aos alvanéis que não levantassem paredes maciças e inteiriças, mas que sobre os aposentos velhos de baixo deixassem algumas aberturas e vãos que possibilitassem guardar barris, odres e lenha, vãos que enfraqueceram a tal ponto os apoios da construção, que depois foi preciso preenchê-los, pois as paredes começaram a apresentar rachaduras. Pediu a Gian Barile[76] que fizesse com entalhes todas as portas e peças de madeira, coisas elaboradas e acabadas com muita graça.

Fez os desenhos arquitetônicos para a *villa* do papa[77]; também os fez em Borgo para várias casas, especialmente para o palácio de messer Giovan Batista da l'Aquila, coisa belíssima. Desenhou um também para o Bispo de Troia, que mandou construí-lo em Florença, na via de San Gallo[78]. Para os monges negros de San Sisto, em Piacenza, fez o painel do altar-mor com uma Nossa Senhora, São Sisto e Santa Bárbara, coisa realmente rara e singular[79]. Na França fez muitos quadros, especialmente para o rei, com

---

[72] O projeto do palácio de Nicolau III ficou inacabado com a morte de Bramante em 1514 e foi retomado por Rafael, que concebeu sua decoração em afresco. Esta se desenvolve ao longo de treze olhais, cada um dos quais compreende quatro cenas: as primeiras doze narram feitos do Antigo Testamento, e a última, do Novo; decorações em estuque e um plinto monocromático acompanham os afrescos. Nele trabalharam os ajudantes que Vasari cita mais adiante e talvez também Raffaellino del Colle. Consta que a conclusão dos trabalhos ocorreu em meados de 1519, com base numa ordem de pagamento do Arquivo Vaticano em data de 11 de junho de 1519 e em duas cartas de Michiel e Castiglione, também do mesmo ano. O início dos trabalhos é calculado em 1516-18.

[73] Vejam-se as respectivas Vidas adiante.

[74] Luca d'Andrea della Robbia, neto do mais famoso Luca di Simone della Robbia.

[75] Foi nomeado conservador das Antiguidades Romanas em 17 de agosto de 1515.

[76] Entalhador senês, morreu em 1529. É tratado por C. Gardner von Teuffel, "Sebastiano del Piombo, Raphael and Narbonne: new evidence", em *The Burlington Magazine*, 981 (1984), p. 765.

[77] A chamada Villa Madama, na encosta do Monte Mario, construída por encomenda de Giulio de' Medici, futuro Clemente VII. A participação de Rafael pode ter sido no projeto, ainda que Vasari, na Vida de Giulio Romano, leve a crer que o desenho foi seu.

[78] O palácio Pandolfini tem a inscrição com o nome do financiador, cardeal Pandolfini, e a data MDXX. No entanto, na Vida de Aristotile da Sangallo da edição giuntina, Vasari diz que o palácio foi iniciado por Gian Francesco da Sangallo com base em desenho de Rafael e terminado por Aristotile.

[79] É a *Madonna Sistina* na Gemälde Gallerie de Dresden (n° 93), pintada sobre tela e datada entre 1512-13 e 1516.

513

São Miguel combatendo com o Diabo, obra considerada maravilhosa[80]. Nela representou uma pedra ardente como centro da Terra, de cujas fissuras saem chamas e enxofre; em Lúcifer, cujos membros chamuscados e queimados são representados com diferentes cores, percebe-se todo tipo de cólera que a soberba envenenada e exacerbada lança contra quem apequena a grandeza daquele que está privado do reino da paz e condenado a sofrer perenemente. O contrário é o que se vê em São Miguel que, ainda que pintado com semblante celeste, ganha bravura, força e terror das armas de ferro e ouro que o acompanham; tendo já derrubado Lúcifer, golpeia-o com uma zagaia. Essa pintura é feita de tal maneira, que, quanto mais esplendor o anjo lança de si, mais crescem o medo e as trevas no olhar de Lúcifer; ambas as figuras foram executadas de tal modo, que Rafaello recebeu honrosas recompensas do rei. Retratou Beatrice de Ferrara e outras damas, especialmente a sua[81], além de muitas outras.

Rafaello era muito amoroso e afeiçoado às mulheres, sempre disposto a servi-las.

Por essa razão, continuando a dar-se aos prazeres carnais, era observado com respeito pelos grandes amigos, por ser pessoa muito segura. Quando seu grande amigo Agostino Ghigi, então riquíssimo mercador de Siena, lhe pediu que pintasse o primeiro pórtico do seu palácio[82], Rafaello não comparecia muito ao trabalho, por causa do amor que sentia por uma mulher. Agostino desesperou-se tanto, que, por intermédio de outros e por seus próprios esforços, valendo-se de vários meios, conseguiu que a referida mulher fosse ficar com Rafaello o tempo todo em sua casa, na parte em que ele trabalhava, motivo pelo qual o trabalho foi terminado.

Nessa obra ele fez todos os cartões e coloriu pessoalmente muitas figuras em afresco.

Na abóbada, pintou o concílio dos deuses no céu; em suas formas veem-se vestes e traços copiados da Antiguidade, tudo expresso com muita graça e bom desenho; representou as núpcias de Psiquê, com ministros de Júpiter e as Graças espargindo flores sobre a mesa; nos tímpanos da abóbada fez várias cenas, numa das quais Mercúrio, com uma flauta, parece descer voando do céu; em outra, Júpiter, com solenidade celeste, beija Ganimedes; em outra ainda, o carro de Vênus e das Graças, com Mercúrio, leva Pandora para o céu; há muitas outras cenas poéticas nos outros tímpanos. Nos panos da abóbada, acima dos arcos entre cada um dos tímpanos, há muitos *putti* com belíssimos escorços que, voando, portam todos os instrumentos dos deuses; de Júpiter, o raio e as flechas; de Marte, os elmos, as espadas e as adargas; de Vulcano, os martelos; de Hércules, a clava e a pele de leão; de Mercúrio, o caduceu; de Pã, a gaita; de Vertumno, os sulcadores da agricultura. Foram feitos todos os animais apropriados aos deuses: pintura e poesia realmente belíssimas.

Depois pediu que Giovanni da Udine cercasse as cenas com todos os tipos de flores, folhas e frutos, em festões divinos. Rafael fez os desenhos arquitetônicos dos

---

[80] É o nº 1504 do Museu do Louvre, que contém a inscrição RAPHAEL VRBINAS FACIEBAT MDXVIII e foi encomendada a Rafael em 1517, para ser enviada a Francisco I por Leão X em 1518. Várias restaurações e a transferência para tela alteraram seu aspecto original; é considerada notável a intervenção de Giulio Romano.

[81] Trata-se do chamado quadro *La fornarina*, da Galeria Nacional de Roma, com a inscrição RAPHAEL VRBINAS; sobre ela, v. vários autores, *Raphael Urbinas. Il mito della Fornarina*, Roma, 1983.

[82] A *Loggia* de Psiquê na Villa Farnesina foi executada entre 1515 e 1517, uma vez que Leonardo del Sellaio anunciou a Michelangelo sua inauguração em carta datada de 1º de janeiro de 1518. Embora a concepção seja atribuída a Rafael, as *Cenas de Psiquê* foram na maior parte executadas por Penni, Giulio Romano e Raffaellino del Colle, ao passo que Giovanni da Udine é o autor dos festões florais. Foi amplamente restaurada por Maratta.

estábulos dos Ghigi e, na igreja de Santa Maria del Popolo[83], o desenho da capela do referido Agostino. Além de realizar suas pinturas, dispôs tudo para que ela fosse adornada por uma maravilhosa sepultura; pediu a Lorenzetto, escultor florentino[84], que elaborasse duas figuras que ainda estão em sua casa no Macello de' Corbi, em Roma. Mas, em virtude da morte de Rafaello e, depois, da de Agostino, essa obra foi confiada a Sebastian Veniziano, que até o momento não a trouxe a público[85].

A fama de Rafaello tinha crescido tanto, que Leão X ordenou que ele começasse a grande sala de cima, onde estão as vitórias de Constantino[86], obra a que ele deu início. O papa também teve vontade de mandar fazer riquíssimas tapeçarias de ouro e seda em fiadilho, e assim Rafaello elaborou pessoalmente, em forma e tamanho apropriados, todos os cartões coloridos, que foram enviados a Flandres para serem tecidos; terminado esse trabalho, a tapeçaria foi enviada a Roma[87].

Essa obra foi realizada de maneira miraculosa, sendo admirável ver como é possível representar tão bem os fios dos cabelos e da barba e conferir tanta maciez às carnes; seus efeitos mais parecem obra de milagres que do artifício humano, pois nela há águas, animais e construções elaborados de tal modo que não parecem tecidos, e sim pintados com um pincel. Essa obra custou LXX mil escudos e ainda se conserva na capela papal.

Para o cardeal Collona fez em tela um São João[88] cuja beleza despertou grande afeição no cardeal; quando este ficou doente, o médico Iacopo da Carpi, que o curou, solicitou-lhe a obra; o cardeal, diante desse desejo, sentindo-se grato pelos serviços que ele lhe prestara, deu-lhe de presente o quadro que agora se encontra em Florença, de posse de Francesco Benintendi. Para o cardeal e vice-chanceler Giulio de' Medici Rafaello pintou um painel com a Transfiguração de Cristo[89] para enviar à França; fez tudo pessoalmente, trabalhou com assiduidade e atingiu a máxima perfeição. Nessa cena representou Cristo transfigurado no Monte Tabor e, aos seus pés, os onze discípulos remanescentes a esperá-lo; também é representado um jovem possesso sendo levado a Cristo, depois da descida do monte, para que este o livrasse; o jovem, com carnação pálida e gestos violentos e apavorados, contorce-se, grita e revolve os olhos, mostrando o sofrimento nas carnes, nas veias e nos pulsos contaminados pela malignidade do espí-

---

[83] Em 1516 Luigi del Pace da Venezia fazia os trabalhos de mosaico da cúpula da capela Chigi com base em cartões de Rafael. Em Oxford e Lille conservam-se desenhos preparatórios desse trabalho.

[84] Cf. sua Vida nas pp. 553-5.

[85] Cf. sua Vida na p. 554.

[86] Os afrescos da sala de Constantino representam: *Visão da Cruz, Batalha de Ponte Milvio, Batismo de Constantino* e *Doação de Roma*; ao lado, estão figurações alegóricas e cenas de pontífices. A encomenda foi de 1517, mas a execução só ocorreu em 1524, por parte de estudantes, com base em cartões de Rafael.

[87] Os cartões foram encomendados por Leão X para a Capela Sistina. Em 20 de dezembro de 1516, Rafael recebia um saldo de pagamento, depois de outro pagamento de 15 de janeiro de 1515. O cardeal de Aragão viu a primeira tapeçaria em Bruxelas, no tapeceiro Van Aelst, em julho de 1517; no dia de Santo Estêvão, em 1519, sete delas foram expostas em Roma. As dez tapeçarias estão hoje conservadas na Pinacoteca Vaticana: sete dos dez cartões estão no Victoria and Albert Museum, mas não há vestígios dos outros três. Foram executados principalmente por Rafael, com a participação de ajudantes.

[88] Datável posteriormente a 1517, quando Pompeo Colonna se tornou cardeal; considera-se unanimemente que esse quadro é o n? 1446 da Galleria degli Uffizi: é reconhecida a concepção de Rafael, mas discute-se a autoria da execução, oscilando-se entre Giulio Romano e Penni.

[89] Hoje na Pinacoteca Vaticana (n? 229), foi encomendado em 1517 por Giulio de' Medici para a catedral de Narbonne. Com a morte de Rafael, somente a parte superior estava quase terminada, enquanto a inferior estava apenas esboçada. Portanto, é notável a intervenção dos alunos. Em Londres, Paris e Oxford há desenhos preparatórios. O quadro, cuja moldura foi entalhada por Gian Barile (cf. acima, nota 76) e dourada por Baviera, durante muito tempo esteve na igreja de San Pietro a Montorio.

rito. Essa figura é sustentada por um velho que, abraçando o jovem e criando coragem, com os olhos arregalados para a luz que incide entre eles, elevando as sobrancelhas e franzindo a testa, mostra força e medo ao mesmo tempo. Olhando fixamente para os Apóstolos, parece depositar esperança neles e infundir coragem em si mesmo. Há uma mulher entre muitas outras, figura principal desse painel, que, ajoelhada diante daqueles, tem a cabeça voltada para eles e os braços estendidos para o possesso, mostrando a sua miséria. Os Apóstolos, alguns em pé, outros sentados, outros ainda de joelhos, demonstram grande compaixão por tanta desgraça. Na verdade, os semblantes, além da beleza extraordinária, apresentam tantas novidades e variações, que os artistas, unanimemente, consideram essa obra a mais celebrada, bonita e divina entre as tantas que ele fez.

Quem quiser saber como se mostra em pintura Cristo transformado em divindade só precisa olhar para essa obra; nela ele está sobre o monte em perspectiva, imerso numa aura resplandecente com Moisés e Elias; estes, iluminados pela claridade do esplendor, haurem vida de sua luz. No chão, Pedro, Tiago e João estão prostrados em atitudes diferentes e variadas: uns inclinam a cabeça até o chão; outros, com as mãos, defendem os olhos dos raios do sol e da imensa luz do esplendor de Cristo, que, vestido com a cor da neve e abrindo os braços, ao elevar a cabeça ao Pai, parece mostrar a essência da divindade das três Pessoas unificadas na perfeição da arte de Rafaello. E parece que este se fundiu tanto com a virtude de Cristo, para mostrar o esforço e o valor da arte em seu rosto, que, depois de terminá-lo, como se fosse a última coisa que tivesse de fazer, não tocou mais nos pincéis, sendo levado pela morte.

Rafaello tinha estreita amizade com Bernardo Divizio, Cardeal de Bibbiena, que por suas qualidades o amava muito e por isso o importunava, dizendo que deveria casar-se. Rafaello não se recusava ao casamento, mas disse que preferia adiá-lo por quatro anos. O cardeal deixou o tempo passar e o lembrou a Rafaello, que já não contava com isso, mas, sentindo-se obrigado, por ser cortês, não quis faltar à palavra e aceitou por mulher a sobrinha do cardeal. Como estava muitíssimo descontente com essa união, sempre a postergava, de tal modo que muitos meses se passaram sem que o matrimônio fosse consumado por Rafaello.

Assim agia não com propósitos desonrosos, mas porque durante muitos anos prestara serviços à cúria romana, e Leão devia-lhe boa soma. Tinham-lhe insinuado que, ao terminar a sala que estava fazendo, receberia um barrete vermelho do papa, como recompensa por seus trabalhos e suas virtudes, pois já era infinito o número daqueles menos dignos que ele a quem o papa decidira conferir o cardinalato. Por isso, Rafaello frequentava em segredo lugares importantes em busca de seus amores e, assim, entregando-se desbragadamente aos prazeres amorosos, certa vez desenfreou-se mais que de hábito e voltou para casa com febre altíssima, o que levou os médicos a acreditar que ele tivesse sofrido uma insolação. E, como ele não confessasse os excessos praticados, os médicos, por imprudência, fizeram-lhe uma sangria, de tal maneira que ele ficou fraco e sem forças, justamente quando mais precisava de fortificantes.

Assim, fez testamento; mas antes, como cristão, mandou que sua amada saísse de casa e deixou-lhe meios com que viver honestamente. Dividiu seus haveres entre os discípulos: Giulio Romano[90], de quem sempre gostou muito, Giovan Francesco Fiorentino[91], vulgo Fattore, e certo padre de Urbino, seu parente.

---

[90] Cf. sua Vida nas pp. 673-80.
[91] Giovan Francesco Penni, vulgo Fattore; cf. sua Vida na p. 563.

516

Depois deu ordens para que, usando-se seus recursos, fosse restaurado com pedras novas um tabernáculo dos antigos na igreja de Santa Maria Ritonda e construído um altar com uma estátua de Nossa Senhora em mármore[92], obra que depois foi escolhida para sua sepultura e lugar de repouso após a morte; todo o restante de seus haveres deixou para Giulio e Giovan Francesco, nomeando como executor de suas vontades messer Baldassarre da Pescia, então datário do papa.

Em seguida, confessando-se em contrição, terminou o curso de sua vida no mesmo dia em que nasceu, uma Sexta-feira Santa, com a idade de XXXVII anos[93]. É de crer que sua alma, assim como embelezou o mundo com suas virtudes, terá por sua simples presença adornado o céu.

Quando morreu, foi velado na sala onde trabalhava e à sua cabeceira foi colocado o painel da Transfiguração, que ele terminara para o cardeal De' Medici; a visão do seu corpo morto e daquela obra tão viva fazia explodir de dor a alma de quem o olhasse. Em memória de Rafaello esse painel foi colocado pelo cardeal no altar-mor de San Pietro a Montorio, sendo a partir de então considerado precioso em virtude da nobreza de todos os seus atos.

Foi dada ao seu corpo a honrosa sepultura que tão nobre espírito merecera, pois não houve artista que não se condoesse e chorasse ou que deixasse de acompanhá-lo à sepultura.

Toda a cúria papal também se condoeu muito com sua morte, em primeiro lugar por ter ele em vida exercido o ofício de cubiculário; em segundo lugar, por ter sido tão benquisto pelo papa, que sua morte o fez chorar amargamente.

Ó alma feliz e bem-aventurada, de ti todo homem se compraz em falar, todos celebram teus gestos e admiram as obras que deixaste! Bem podia a pintura morrer também quando morreu esse nobre artista, pois, quando este fechou os olhos, ela quase ficou cega.

A nós, que viemos depois dele, só resta imitar tudo o que ele deixou de bom, aliás, de ótimo, como exemplo, guardando na alma sua recordação e disseminando com a língua a sua memória, conforme merece sua virtude e dita o nosso reconhecimento. Porque graças a ele recebemos a arte, as cores e a invenção no ponto máximo de perfeição que se poderia esperar; e que nenhum espírito jamais espere superá-lo. Além desse benefício que prestou à arte, como pessoa que muito a amava, em vida nunca deixou de mostrar como se lida com homens grandes, medíocres e ínfimos.

Sem dúvida, entre seus dotes singulares, distingo um de tal valor que me causa surpresa: deu-lhe o céu forças para mostrar em nossa arte efeitos tão contrários à natureza de nossos pintores.

Isto porque nossos artistas – e não falo apenas dos pequenos, mas também daqueles que têm vocação para a grandeza (e destes a arte produz um número infinito) –, trabalhando em companhia de Rafaello, permaneciam unidos e viviam em tal concórdia, que diante dele todas as más disposições se atenuavam e todos os pensamentos vis e baixos eram expulsos das mentes. E essa união nunca mais existiu em outros tempos.

Isso ocorria porque todos eram vencidos por sua cortesia e sua arte, porém muito mais por sua boa índole.

---

[92] É a estátua de Lorenzetto, chamada de *Madonna del Sasso* (cf., na Vida de Lorenzetto, nota 7, p. 554).
[93] Rafael morreu em 6 de abril de 1520.

Tinha ele uma natureza gentil e caridosa, e se até os animais o respeitavam, que dizer dos homens? Conta-se que, para ajudar qualquer pintor conhecido ou mesmo desconhecido que lhe pedisse algum desenho de que precisasse, ele deixava sua obra e o atendia. E nas obras sempre manteve grande número de ajudantes e alunos, ensinando-os com um amor mais apropriado a filhos do que a artistas.

Por essa razão, não havia vez que saísse de casa para ir à corte sem ser acompanhado por cinquenta pintores, todos valorosos e bons, que lhe faziam companhia para honrá-lo. Em resumo, não viveu como pintor, mas como príncipe. Por isso, ó Arte da pintura, podes considerar-te felicíssima por teres um artista que, com sua virtude e seus costumes, te elevou ao céu!

Bem-aventurada podes chamar-te, porque teus discípulos, seguindo as pegadas de tal homem, entenderam como se vive e como é importante unir arte e virtudes. A união delas em Rafaello conseguiu conquistar a grandeza de Júlio II e a generosidade de Leão X, levando-o ao ápice da dignidade, quando estes o tornaram seu íntimo, dispensando-lhe todo tipo de liberalidade, de tal modo que, com os favores e os recursos que lhe deram, ele conseguiu grandes honras para si e para a arte. Bem-aventurado também se pode dizer todo aquele que trabalhou a seu serviço e sob suas ordens, pois vejo que todos aqueles que o imitaram adotaram a honestidade como porto, e todos aqueles que vierem a imitar o seu trabalho na arte serão honrados pelo mundo e, assemelhando-se a ele nos costumes, recompensados pelo céu. Bembo fez o seguinte epitáfio para Rafael:

D(ATVR) O(MNIBVS) M(ORI)

RAPHAELI SANCTIO IOAN(NIS) F(ILIO) VRBINAT(I) PICTORI EMINENTISS(IMO) VETERVMQVE EMVLO CVIVS SPIRANTEIS PROPE IMAGINEIS SI CONTEMPLERE NATVRAE ATQVE ARTIS FOEDVS FACILE INSPEXERIS. IVLII II ET LEONIS X PONT(IFICVM) MAX(IMORVM) PICTVRAE ET ARCHITECT(VRAE) OPERIBVS GLORIAM AVXIT. V(IXIT) A(NNOS) XXXVII INTEGER INTEGROS. QVO DIE NATVS EST, EO ESSE DESIIT VIII ID(VS) APRIL(ES) MDXX.

ILLE HIC EST RAPHAEL, TIMVIT QVO SOSPITE VINCI RERVM MAGNA PARENS, ET MORIENTE MORI*.

E o conde Baldassarre Castiglione escreveu da seguinte maneira sobre sua morte:

Quod lacerum corpus medica sanaverit arte,
Hippolytum Stigiis et revocarit aquis,
Ad Stygias ipse est raptus Epidaurius undas;
Sic precium vitae mors fuit artifici.

---

* "A todos cabe morrer / Em memória de Rafael, filho de Giovanni Santi de Urbino, pintor eminentíssimo e êmulo dos antigos; quando contemplas suas imagens quase vivas, facilmente te parece que a natureza e a arte fizeram um pacto. Com seus trabalhos de pintura e arquitetura, ele aumentou a glória dos pontífices Júlio II e Leão X. Viveu integralmente íntegros 37 anos. No mesmo dia em que nasceu, morreu, em 6 de abril de 1520. / Aqui jaz Rafael; a grande mãe de todas as coisas temeu ser vencida por ele em vida e morrer quando ele morresse." [N. da T.]

Tu quoque, dum toto laniatam corpore Romam
  Componis miro, Raphael, ingenio
Atque Urbis lacerum ferro, igni annisque cadaver
  Ad vitam antiquum iam revocasque decus,
Movisti superum, invidiam indignataque Mors est,
  Te dudum extinctis reddere posse animam
Et quod longa dies paulatim aboleverat, hoc te
  Mortali spreta lege parare iterum.
Sic miser heu prima cadis intercepte iuventa,
  Deberi et morti nostraque nosque mones*.

---

* "Por ter curado com a arte médica o corpo ferido de Hipólito e por tê-lo tirado das águas estígias, Epidauro foi arrebatado pelo Estige. Assim, o preço da vida foi a morte do artista. Tu também, Rafael, enquanto recompunhas com admirável engenho Roma dilacerada em todo o seu corpo e o cadáver da cidade rasgado pelo ferro, o fogo e os anos, enquanto devolvias à vida sua antiga dignidade, provocaste a inveja dos de cima, e a morte se indignou porque podias devolver a alma aos mortos e porque tu, desprezando sua lei, reparavas aquilo que o longo passar do tempo abolira. Assim, mísero, vencida tua primeira juventude, caíste, lembrando-nos de que todos nós e tudo o que é nosso haveremos de morrer." [N. da T.]

Guglielmo da Marcilla (Guillaume de Marcillat), prior e pintor aretino

O benefício que se extrai da virtude é de fato enorme, e ele não recai apenas em um lugar, mas se divide igualmente entre todos. Pois, por mais estranha e distante que seja a região, por mais bárbara e desconhecida que seja a nação, todo e qualquer homem que para ela se dirija, se tiver o espírito ornado de virtudes e as mãos ativas em algum exercício engenhoso, mostrará seu valor, e tanta é a força do obrar virtuoso, que o seu nome logo correrá de boca em boca, e o nome o tornará para sempre vivo, porque este será admirado graças à virtude do homem, e suas qualidades serão apreciadas e louvadas.

E muitas vezes aqueles que vêm de longe, deixando a pátria distante, topam com povos amigos das virtudes e dos forasteiros de bons costumes, vendo-se tão lisonjeados e reconhecidos, que acabam por se esquecer do ninho natal e elegem o novo como último repouso.

E como último ninho, o padre francês Guglielmo da Marcilla[1] elegeu Arezzo. Na juventude, ele aprendeu na França a arte do desenho e com ele realizou vários vitrais em que representou figuras de um colorido não menos integrado do que se as fizesse em belíssima e bem-composta pintura a óleo.

No lugar onde nasceu, convencido pelos pedidos de alguns amigos, envolveu-se na morte de um inimigo comum, motivo pelo qual foi forçado a ingressar na ordem de São Domingos na França e tomar o hábito de frade, ficando assim livre dos tribunais e da justiça.

E, mesmo permanecendo na religião, nunca abandonou os estudos da arte; ao contrário, persistindo neles, atingiu ótima perfeição. Por ordem do papa Júlio II, Bramante da Urbino fora encarregado de dotar o palácio de muitas janelas de vidro e, ao procurar saber quais eram os artistas mais excelentes em tal mister, recebeu informações sobre alguns que faziam coisas maravilhosas na França. Tendo uma demonstração no gabinete do embaixador francês que então atuava junto à Sua Santidade, pediu que escrevessem à França chamando seu autor a Roma, com oferta de boa remunera-

---

[1] Guglielmo di Pietro [Guillaume de Pierre] Marcillat nasceu em La Châtre Berry. Não se conhece sua data de nascimento, que poderia ser 1468, caso tivesse 62 anos ao morrer, como diz Vasari. No entanto, o biógrafo indica 1537 como o ano de sua morte, que, no entanto, ocorreu em 1529. Sobre esse artista, que foi um dos maiores artífices do vitral em sua época, cf. G. Mancini, *Guglielmo da Marcillat francese insuperato pittore di vetri*, Florença,1909; G. Sinibaldi, "Guglielmo da Marcillat", em *Atti dell'Accademia Petrarca*, n.ºs 1-2 (1937), pp. 45-62; Marchini, *Le vetrate*, cit., pp. 54-6; G. Previtali, in Vasari, vol. IV, Milão, 1963, pp. 115-6.

ção. Na janela que viu havia uma figura trabalhada sobre vidro branco com um número imenso de cores, tudo trabalhado a fogo.

Mestre Claudio Franzese[2], ao saber da notícia e conhecendo a excelência de Guglielmo, diante das boas promessas e da remuneração, interveio de tal modo que não lhe foi difícil tirá-lo da companhia dos frades, visto que, pelas descortesias sofridas e pela inveja de que era alvo – coisas costumeiras entre eles –, mais desejo tinha Guglielmo de partir do que mestre Claudio necessidade de trazê-lo.

Portanto, vieram para Roma, e o hábito de São Domingos foi trocado pelo de São Pedro[3].

Bramante mandara fazer então no palácio do papa duas janelas de travertino que ficavam na sala defronte à capela, hoje embelezada com uma construção abobadada por Antonio da San Gallo[4] e com admiráveis estuques do florentino Perino del Vaga[5]. Essas janelas foram trabalhadas por mestre Claudio e Guglielmo; eram certamente maravilhosas, embora tenham sido desmanchadas durante o saqueio[6] de Roma, para com seu chumbo fabricar balas de arcabuz. Além destas, foram feitas numerosas outras para os aposentos papais, que tiveram o mesmo fim daquelas duas.

Hoje ainda resta uma na sala do incêndio de Rafaello, na Torre Borgia, com anjos a sustentarem o brasão de Leão X.

Em Santa Maria del Popolo fizeram duas janelas na capela situada atrás de Nossa Senhora[7] com as cenas de sua vida; foram louvadíssimas. E essas obras lhes granjearam não só fama e nomeada quanto comodidade na vida. Mas mestre Claudio, muito descomedido no comer e no beber, como é costume em sua nação, coisa muito danosa nos climas de Roma, contraiu uma febre tão grave, que em seis dias passou desta para a outra vida. Guglielmo, ficando sozinho e como que perdido sem o companheiro, pintou uma janela em Santa Maria de Anima, igreja dos alemães em Roma[8], também de vidro; graças a essa obra, o cardeal Silvio de Cortona[9] fez-lhe várias ofertas, acordando-se entre os dois que Guglielmo iria a Cortona fazer-lhe algumas janelas e outras obras; e assim foi que o Cardeal o levou a morar em Cortona. Lá, a primeira obra que realizou foi a fachada de sua casa, que dá para a praça; pintou-a de claro-escuro, representando Cróton e os outros primeiros fundadores da cidade[10].

O cardeal, percebendo que Guglielmo era tão boa pessoa quanto ótimo mestre naquela arte, pediu-lhe que fizesse a janela da capela-mor[11] da paróquia de Cortona, bem como muitas outras janelinhas por aquela cidade.

---

[2] Não restam vestígios desse artista.

[3] A presença de Marcillat em Roma é documentada pelo Breve de Júlio II em 19 de outubro de 1509, no qual se dá permissão para a mudança de ordem monástica.

[4] Cf. sua Vida nas pp. 662-72.

[5] Cf. Vida de Perino nas pp. 689-712.

[6] O saqueio de Roma ocorreu em 1527. Sobre suas consequências, cf. Chastel, *Il Sacco*, cit.

[7] Cada uma das duas janelas da igreja de Santa Maria del Popolo tem seis divisões, nas quais estão representadas *Cenas de Cristo e Maria*. Realizadas por volta de 1509, antes da conclusão dos trabalhos de Pinturicchio, foram restauradas no século XIX.

[8] O vitral com *Nossa Senhora, Menino Jesus, santos e cliente* foi encomendado a Marcillat em 1º de janeiro de 1519; infelizmente, perdeu-se.

[9] Silvio Passerini, que viveu de 1459 a 1529.

[10] Pelos afrescos do cardeal Silvio, hoje desaparecidos, constam pagamentos até 1507. Talvez representassem o brasão da família e dos míticos fundadores Córito e Dárdano.

[11] As duas cenas com a *Natividade* e a *Adoração dos Magos*, encomendadas em 10 de fevereiro de 1516, foram transferidas para o coro e acabaram dispersando-se. Atualmente uma delas está nas coleções

Na época morreu em Arezzo Fabiano di Stagio Sassoli[12], grande mestre na arte de fazer janelas. Os construtores do episcopado haviam encomendado três janelas grandes a Stagio, filho de Fabiano[13], e ao pintor Domenico Pecori[14]; essas janelas estão na capela-mor e têm vinte braços de altura cada uma. Terminadas estas, foram postas em seu devido lugar, mas não satisfizeram muito os aretinos, embora o trabalho fosse honesto e até merecedor de louvores. Naqueles dias, mestre Lodovico Bellichini, médico exímio, pessoa talentosa e então um dos principais governantes de Arezzo, sendo chamado para atender a mãe do cardeal, dirigiu-se a Cortona pressuroso e lá ficou algumas semanas. Nos momentos de folga, tomou-se de amizade por Guglielmo, que então era chamado de prior, por ter naqueles dias recebido o benefício de um priorado. Quando Bellichini lhe perguntou se iria para Arezzo, com a boa graça do cardeal, fazer algumas janelas, Guglielmo prometeu-lhe ir e, obtendo licença do cardeal, para lá se dirigiu[15]. E Stagio, que compartilhara a amizade com Domenico, hospedou o prior em sua casa, e ele fez a janela de Santa Lucia na capela dos Albergotti, no episcopado de Arezzo, representando essa Santa e São Silvestre[16]. Pode-se dizer que essa obra não parece feita de vidros coloridos e transparentes, mas que se trata de figuras vivíssimas ou pelo menos de uma pintura realmente louvada e maravilhosa. Porque, além da maestria da carnação, os vidros são descamados, ou seja, em alguns lugares a primeira pele é retirada e tingida com outra cor, como se disséssemos que sobre o vermelho se trabalhou uma obra amarela e sobre o azul, uma branca e verde, coisa difícil e miraculosa nesse mister. Porque tingir o vidro pouco ou nada, para que ele fique diáfano ou transparente, não é coisa de grande importância, mas levá-lo ao fogo de tal modo que resista às agressões da água e do tempo sem jamais se desgastar, este é um trabalho digno de louvor e da admiração de todos. Sem dúvida esse egrégio espírito merece grandes loas, por não haver quem nessa profissão de desenho, invenção, cor e qualidade tenha jamais feito coisa igual.

Depois ele fez o grande óculo da referida igreja, com a Vinda do Espírito Santo[17], bem como o Batismo de Cristo, para a igreja de San Giovanni, no qual ele representou Cristo no Jordão esperando que São João pegue uma taça de água para batizá-lo[18], enquanto um velho nu se descalça e alguns anjos preparam as vestes de Cristo; acima, está o Pai, enviando o Espírito Santo ao Filho. Essa janela está sobre o batistério da referida igreja.

Trabalhou na janela da Ressurreição de Lázaro[19] no quarto dia depois de sua morte, parecendo impossível pôr em tão pouco espaço tantas figuras, nas quais se percebem a admiração e o espanto do povo com o fedor do corpo de Lázaro, bem como o pranto e a alegria das duas irmãs com a ressurreição.

---

do Detroit Institute of Art, e a outra, no Victoria and Albert Museum de Londres. Cf. S. Atherly, "Marcillat's Cortona Nativity", em *Detroit Institute Bulletin* (1980), 2, pp. 73-82.

[12] Filho de Stagio di ser Pietro Sassoli, Fabiano morreu em 1513.

[13] Entre 1513 e 1515 trabalhou nas janelas da Catedral de Arezzo.

[14] Nascido por volta de 1480, morreu em 28 de maio de 1527. Sua intervenção na Catedral de Arezzo data de 1511 a 1519. Os afrescos fragmentários que estão na capela do Beato Giovanni alla Verna são considerados suas obras mais antigas.

[15] Chegou a Arezzo em meados de 1520.

[16] O vitral do Episcopado de Arezzo foi encomendado em 1º de outubro de 1516.

[17] A encomenda dessa obra remonta a 4 de junho de 1518.

[18] O *Batismo* foi encomendado em 2 de novembro de 1518.

[19] Esse vitral foi encomendado em 14 de outubro de 1519.

Nessa obra há quinze *guagliamenti*[20] infinitos de cor sobre cor no vidro, parecendo vivíssima cada mínima coisa no seu gênero.

E quem quiser ver tudo o que essa arte pôde fazer pela mão do prior na janela de São Mateus, acima da capela desse Apóstolo, que olhe a admirável concepção dessa cena e verá Cristo[21] vivo a convidar Mateus a segui-lo, e este, abrindo os braços para recebê-lo em si, abandona as riquezas e os tesouros conquistados.

E, enquanto um apóstolo, adormecido ao pé de algumas escadas, é despertado por outro com grande agilidade, um São Pedro conversa com São João, sendo ambos tão belos, que realmente parecem divinos; nessa mesma janela há templos em perspectiva, escadas e figuras tão bem-compostas, além de paisagens tão apropriadamente feitas, que não se acredita tratar-se de vidro, mas de coisa enviada pelo céu para consolação dos homens.

No referido lugar fez a janela de Santo Antônio e de São Nicolau, coisas belíssimas[22], além de outras duas, uma com a cena em que Cristo expulsa os vendilhões do templo, e outra com a cena da adúltera, obras estas realmente consideradas egrégias e maravilhosas[23].

Os trabalhos e as virtudes do prior foram recompensados pelos aretinos com louvores, lisonjas e recompensas tantas, e ficou ele tão contente e satisfeito com tais coisas, que resolveu eleger aquela cidade por pátria e, de francês que era, tornou-se aretino.

Depois, considerando que a arte dos vidros dura pouco em vista do estrago que essas obras sofrem a todo momento, veio-lhe o desejo de dedicar-se à pintura, e assim foi incumbido pelos construtores daquele episcopado de fazer três grandes abóbadas em afresco[24], acreditando poder desse modo deixar memória de si. Os aretinos, como recompensa, deram-lhe uma propriedade, que era da Confraria de Santa Maria da Misericórdia, próxima à cidade, com boas casas e para seu usufruto por toda a vida: pois quiseram que, depois de terminada, a referida obra fosse avaliada por um artista reconhecido, que fixaria seu valor, para que os construtores lhe dessem um bônus. Por esse motivo, ele se esforçou ao máximo para mostrar seu talento e, à semelhança das coisas que havia na capela de Michele Agnolo, fez figuras de grande altura. E teve tal força sua vontade de tornar-se excelente nessa arte, que, embora tivesse L anos, melhorou em tudo, de tal modo que mostrou não só conhecer e entender o belo, como também deleitar-se no trabalho e imitar o que é bom, conforme demonstra uma última pequena abóbada trabalhada de baixo com grande perícia, desenho e inteligência[25]. Nela representou os princípios do Novo Testamento, assim como nas três grandes abóbadas havia representado o princípio do Antigo. Por esta razão, quero crer que todo engenho que tenha vontade de atingir a perfeição pode ultrapassar (desde que queira trabalhar) os limites de toda e qualquer ciência.

---

[20] Entende-se como um procedimento técnico no qual é possível retirar a primeira camada da superfície de um vidro colorido, para substituí-la com cores diversas e obter variações cromáticas. A edição giuntina, porém, diz: "há descamações infinitas". Para uma ampla discussão sobre essa variante, cf. Bettarini e Barocchi (org.), *Le Vite*, cit., vol. IV, texto, pp. 663-5.

[21] Essa também foi encomendada na mesma data.

[22] O vitral de *São Nicolau* também foi encomendado com o de *Lázaro*.

[23] Os dois vitrais foram encomendados em 1º de junho de 1522.

[24] O trabalho foi encomendado em 31 de dezembro de 1520. Entre junho de 1521 e abril de 1524 Marcillat já fizera dois dos três olhais que foram avaliados em maio do mesmo ano por Ridolfo del Ghirlandaio; o terceiro foi feito de 24 de julho de 1524 a 17 de maio de 1525.

[25] Os afrescos das abóbadas das naves laterais foram encomendados em fins de 1525. Só foi feita a decoração do primeiro olhal esquerdo.

É bem verdade que no começo ele se amedrontou com o tamanho das figuras, coisa que jamais fizera. Por esse motivo, mandou chamar em Roma mestre Giovanni Franzese, iluminador[26], que, chegando a Arezzo, fez em afresco acima de Santo Antônio um arco com um Cristo e o pendão que a companhia leva em procissão, cena que lhe foi encomendada pelo prior.

Tudo isso foi executado diligentemente por ele. Naquela mesma época fez para a igreja de San Francesco o óculo de sua fachada, obra de grandes dimensões, na qual representou o papa no Consistório e a residência dos cardeais, onde São Francisco leva as rosas de janeiro[27] e vai a Roma para a confirmação da regra. Nessa obra mostrou que entendia de composição, pois realmente se pode dizer que nasceu para aquela atividade. Por isso, que nenhum artista imagine poder igualar-se a ele em beleza, abundância de figuras e graça. São numerosíssimas as obras feitas nas janelas daquela cidade, todas belíssimas; na igreja de Madonna delle Lagrime fez o grande óculo com a Assunção da Nossa Senhora e Apóstolos[28], bem como uma belíssima Anunciação[29]. Também fez um óculo com as Núpcias[30] e outro com São Jerônimo para os Spadari[31]. Também naquela igreja fez outras três janelas[32]; fez um óculo belíssimo com a Natividade de Cristo[33] na igreja de San Girolamo e outro na igreja de San Rocco. Além disso, fez Nossas Senhoras em diversos lugares, como em Castilion del Lago e, em Florença, uma na igreja de Santa Felicita[34] para Lodovico Capponi, onde está o painel de Iacopo da Puntormo[35], pintor excelente, e outra na capela pintada por este mesmo pintor a óleo, em afresco mural e em painel; essa janela passou às mãos dos frades jesuatos, que em Florença se dedicam a tal mister, e estes a desmontaram inteiramente para ver de que modo estava trabalhada e usar os seus muitos pedaços como amostra; depois a remontaram e por fim acabaram modificando o que antes havia.

Guglielmo também quis pintar a óleo, e na capela da Concepção da igreja de San Francesco de Arezzo fez um painel[36] no qual há algumas vestes muito bem-compostas, além de vários semblantes vivíssimos e tão belos, que ele ganhou prestígio para sempre, sendo essa a primeira obra a óleo jamais feita por ele. Era o prior pessoa muito honrada que se comprazia em cultivar e cozinhar. Comprou uma belíssima casa e nela fez muitas melhorias.

Como homem religioso que era, sempre observou bons costumes, mas o peso na consciência por ter abandonado os frades deixava-o muito triste. Por isso, na igreja de San Domenico de Arezzo, convento da sua ordem, fez uma belíssima ja-

---

[26] Certo Giovanni Franzese é mencionado por Vasari na Vida de Michelangelo (edição giuntina, II, p. 765) como executante do modelo de madeira da cúpula de São Pedro.

[27] O óculo da igreja de San Francesco foi encomendado em 19 de janeiro de 1524.

[28] Salvatore di Bernardo Gamurrini encomendou esse vitral em 20 de outubro de 1524.

[29] Em 2 de junho de 1525 a *Anunciação* foi encomendada pela confraria homônima.

[30] A mesma confraria, em 29 de outubro de 1525, encomendou o vitral que foi executado em 1526.

[31] Foi o primeiro vitral para a igreja da Annunziata. Sua encomenda, feita por Gaspari Spadari, remonta a 4 de agosto de 1520.

[32] Tratar-se-ia dos vitrais com figuras de santos na nave central.

[33] O óculo, que já não existe, foi encomendado em 9 de março de 1521 pela confraria de San Girolamo.

[34] O vitral com *Transporte do corpo de Cristo*, que foi encomendado em 2 de setembro de 1526, está hoje no Museu Nacional de Bargello em Florença.

[35] Quanto a Jacopo Pontormo, cf., na Vida de Raffaellino del Garbo, nota 11, p. 481. A celebérrima *Deposição de Santa Felicidade* foi pintada entre 1526 e 1528.

[36] O painel, hoje perdido, foi encomendado em 10 de junho de 1528.

nela[37] na capela do altar-mor; nela representou uma videira saindo do corpo de São Domingos, com numerosos santos frades que compõem a árvore da religião, tendo no ápice Nossa Senhora e Cristo em suas núpcias com Santa Catarina de Siena, coisa muito louvada e de grande maestria, pela qual não quis recompensa, por lhe parecer que muito devia àquela ordem. Para a igreja de San Lorenzo em Perúgia mandou uma belíssima janela[38] e para muitos lugares ao redor de Arezzo mandou numerosas outras. E como gostasse muito de arquitetura, fez para os cidadãos daquela terra muitos desenhos de construções e de ornamentos para a cidade, as duas portas de pedra de San Roco e o ornamento de macinho que foi posto no painel de mestre Luca[39] na igreja de San Girolamo[40]. Fez um ornamento para Cipriano d'Anghiari na abadia e outro para a capela do Crucifixo na igreja da Trinità; fez um riquíssimo lavatório na sacristia, tudo perfeitamente executado por Santi Scarpellino. Nessa época, ele, que sempre gostara muito de trabalhar, dedicando-se no inverno e no verão ao trabalho do mural (que enferma mesmo quem é sadio), apanhou tanta umidade, que a bolsa dos grãos se lhe encheu de água e, sendo os médicos obrigados a furá-la, em poucos dias o prior entregou a alma a quem lha havia dado. E, como bom cristão que era, recebeu os Sacramentos da Igreja e fez testamento. Depois, tendo especial devoção pelos eremitas camáldulos, que têm uma congregação a vinte milhas de Arezzo, na crista do Apenino, deixou-lhes seu corpo. Para Pastorino da Siena[41], seu assistente, que ficara com ele muitos anos, deixou os vidros e os instrumentos de trabalho, embora este depois tenha feito poucas coisas nessa profissão.

Foi muito imitado por certo Maso Porro[42] de Cortona, que teve mais valor na montagem e no cozimento do vidro do que na sua pintura.

Foi seu discípulo o aretino Batista Borro[43], que o imita muito nas janelas e ensinou as primeiras noções a Benedetto Spadari e ao aretino Giorgio Vasari.

O prior viveu LXII anos e morreu em MDXXXVII[44].

Merece infinitos louvores, porque na Toscana praticou a arte de trabalhar os vidros com a maestria e a sutileza que se pode desejar. Por isso, por ter sido tão pródigo em benefícios, nunca nos cansaremos de honrá-lo com eternos e abundantes louvores, exaltando-o na vida e nas obras.

---

[37] Esse vitral também está perdido; foi encomendado pelos próprios frades do convento em 24 de dezembro de 1528.

[38] O vitral com *Anunciação e santos* foi feito para a capela de São Lourenço na igreja de San Domenico; encomendado em 16 de junho de 1526, perdeu-se.

[39] O modelo para a fachada e a escada do Episcopado de Arezzo são datados de 1524.

[40] Cf. sua Vida nas pp. 410-3.

[41] Nascido no território senês por volta de 1508, Pastorino Pastorini morreu em Florença em 6 de dezembro de 1592. A convite de Perino del Vaga, executou com base em cartões deste o óculo da Sala Regia do Vaticano entre 1541 e 1545; depois foi mestre da Casa da Moeda do duque de Ferrara de 1554 a 1559, passando em seguida a trabalhar para os Medici. Estucador e medalhista, tinha o costume de marcar suas obras com a letra P. Cf., na Vida de Perino, nota 82, p. 708.

[42] Participou da execução de vitrais em Spello e Cortona, reparando em 1533 os vitrais da Catedral de Arezzo.

[43] Battista di Lorenzo Borro, cuja data de nascimento se ignora, morreu em 14 de julho de 1553 em Florença. É citado por ter reparado em 1546 alguns vitrais da Abadia florentina.

[44] De fato, morreu em 1529.

Cronaca, arquiteto florentino

Perdem-se muitos dos engenhos que criariam obras raras e dignas de loas se tivessem encontrado, quando vieram ao mundo, pessoas que soubessem e quisessem pôr em prática tudo aquilo que eles têm de bom. Assim, é frequente ocorrer que, quem pode, não sabe e não quer, e, mesmo que porventura mande fazer alguma construção excelente, não se preocupa em procurar um ótimo arquiteto e um espírito muito elevado. Ao contrário, deposita sua honra e sua glória nas mãos de certos engenhos desonestos que muitas vezes vituperam o nome e a memória dos outros.

E, para exaltar seus próprios subalternos (tal é o poder da ambição), muitas vezes rejeita bons desenhos que lhe são oferecidos e põe em prática outros piores, ficando sua fama ligada à inépcia da obra, pois os judiciosos consideram ser da mesma índole o artista e aquele que lhe dá trabalho, união esta que se vê nas obras. E, em caso contrário, quantos não foram os príncipes pouco entendidos que, encontrando pessoas ilustres, depois da morte, graças à memória deixada em construções, angariaram fama não menor do que a obtida em vida no governo dos povos?

Mas, realmente, em sua época Cronaca[1] foi venturoso, pois, sabendo trabalhar, sempre encontrou quem lhe desse trabalho em obras grandiosas e magníficas.

Sobre ele se conta que, estando Antonio Pollaiuolo em Roma a trabalhar nas sepulturas de bronze da igreja de São Pedro[2], apareceu-lhe em casa um jovem parente chamado Simone que fugira de Florença por algumas dificuldades. Este, que tinha muita inclinação para a arte da arquitetura, por ter convivido com um mestre da madeira, começou a examinar as belíssimas antiguidades daquela cidade e, agradando-se delas, passava o tempo a estudá-las com muita diligência. E, assim prosseguindo, não muito tempo depois de sua chegada a Roma, mostrou ter feito grandes progressos, tanto nos estudos das obras antigas quanto na feitura de algumas coisas. Portanto, decidindo voltar, saiu de Roma e, chegado a Florença, por ter-se tornado bom falante, contava as maravilhas de Roma e de outros lugares com tanta precisão, que a partir de então passaram a chamá-lo de Cronaca, por parecer a todos que, do modo como falava, fazia uma verdadeira crônica sobre as coisas. Mas sua transformação fora tamanha, que ele passou a ser visto pelos modernos como o mais excelente arquiteto da cidade de Florença,

---

[1] Simone di Tommaso di Antonio Pollaiuolo nasceu em 1457 em Florença, onde, com breves intervalos, viveu e trabalhou durante toda a vida.

[2] Antonio del Pollaiuolo fez as sepulturas de Sisto IV e Inocêncio VIII, por volta de 1493, motivo pelo qual a presença de Simone "jovem" deve ser considerada anterior a essa data. De resto, entre Simone e Antonio não havia relações de parentesco.

por ser maior seu tino na percepção dos lugares e por demonstrar engenho mais elevado que o dos muitos outros companheiros de mister. Em suas obras via-se que ele era bom imitador das coisas antigas, capaz de observar as regras de Vitrúvio e as obras de Filippo di Ser Brunellesco[3].

Estava então em Florença aquele Filippo Strozzi que hoje todos chamam o Velho[4] para distingui-lo do filho; sendo muito rico, desejava deixar como memória, entre outras coisas, um belo palácio para a pátria e para os filhos. Para esse efeito, chamou Benedetto da Maiano[5], que lhe fez um modelo isolado ao redor; este não foi posto em prática, visto que alguns vizinhos não quiseram desfazer-se de suas casas.

Por isso, começou o palácio como pôde e executou as fachadas externas quase até o fim antes de morrer. O exterior foi feito em ordem rústica graduada, tal como se vê: a abossadura da primeira renque de janelas para baixo, juntamente com as portas, é rústica em grande parte, e entre a primeira renque e a segunda, bem menos rústica. Ocorre que, quando Benedetto saiu de Florença, Cronaca voltava de Roma, e chegou às mãos de Filippo Brunellesco algo que lhe agradou muito, ou seja, o modelo de Cronaca para o pátio e para a cornija que circunda o palácio exteriormente; assim, conhecendo a excelência daquele engenho, Brunellesco quis que tudo fosse dirigido por ele e a partir de então passou a utilizar seus serviços[6]. Portanto, além da bela ordem toscana de fora, Cronaca fez em cima uma magnífica cornija coríntia, que marca o fim do teto. Atualmente só metade dela está terminada, mas é tão singular sua graça e tamanha a sua elegância, que quem quiser pôr-lhe algum defeito não conseguirá fazê-lo. Também as pedras de todo o palácio têm tão bom acabamento e estão tão bem encaixadas, que é difícil distinguir seu modo de assentamento. O referido palácio foi ornamentado com admiráveis grades nas janelas, aldravas belíssimas e tocheiras de cantos, tudo feito com grande diligência por Niccolò Grosso Caparra[7], ferreiro florentino. Veem-se molduras, colunas, capitéis e mísulas soldadas com ferro, tudo feito segundo maravilhosa maestria. Não há ferreiro moderno que consiga fazer coisas tão grandes e difíceis com tamanha ciência e prática.

Niccolò Grosso era pessoa imaginativa e inventiva, judiciosa nas suas coisas e nas dos outros, nunca desejando o que era alheio.

Nunca quis trabalhar a crédito com ninguém, sempre exigindo arras, motivo pelo qual Lorenzo de' Medici chamava-o de Caparra, nome pelo qual era conhecido por muitas outras pessoas.

Pendurou em sua oficina uma tabuleta na qual estavam desenhados alguns livros em chamas; quando alguém lhe pedia fiado, dizia: "Não posso fiar, porque meus livros estão pegando fogo e não é possível lançar-lhes débitos."

Os senhores Capitães do Partido Guelfo, magistratura nada medíocre em Florença, encomendaram-lhe um par de trasfogueiros; terminados estes, várias vezes alguns de seus donzéis foram lá buscá-los.

---

[3] Cf. sua Vida nas pp. 225-5.

[4] Filippo di Matteo Strozzi, o Velho, também foi cliente de Filippino Lippi na capela de Santa Maria Novella (cf. nota 27, p. 407); morreu em 14 de maio de 1491, dois anos depois da fundação do palácio que leva seu nome. O filho Giovanbattista, vulgo Filippo, aprisionado em Montemurlo depois da tentativa dos exilados de derrubar Cosimo I, morreu na prisão em 1538.

[5] Cf. sua Vida nas pp. 396-9.

[6] Foi mestre de obras da construção a partir de 1491.

[7] Sabe-se apenas que em 16 de novembro de 1500 estava trabalhando nas ferragens, que ainda subsistem em grande parte.

E ele sempre costumava dizer: "Eu suo e me mato em cima dessa bigorna e quero que em cima dela me paguem o que me devem." Assim, aqueles enviaram novamente alguém para buscar o trabalho, dizendo-lhe que fosse pegar o dinheiro, pois logo seria pago. Ele, obstinado, respondia que antes deveriam levar-lhe o dinheiro, para receberem o trabalho. Então o chefe administrativo, enfurecido porque os capitães queriam ver as peças, mandou dizer-lhe que ele receberia a metade do dinheiro e que mandasse os trasfogueiros, recebendo depois o restante. Diante disso, Caparra, reconhecendo a verdade, deu ao donzel apenas um trasfogueiro, dizendo: "Tu levas este, que é deles, e, se gostarem, traze-me todo o pagamento e te darei este outro, que é meu."

Os oficiais, vendo o trabalho admirável que ele executara naquela peça, enviaram o dinheiro à oficina, e ele lhes mandou o outro trasfogueiro. Conta-se também que Lorenzo de' Medici quis mandar fazer ferragens de cavalos e enviá-las para fora, a fim de que a excelência de Caparra ficasse conhecida. Para isso, foi pessoalmente à sua oficina e encontrou-o a fazer algumas peças para pessoas pobres, pelas quais recebera parte do pagamento adiantado.

Por mais que Lorenzo insistisse, ele não quis prometer que o serviria antes de fazer o serviço dos outros, dizendo-lhe que aqueles tinham ido antes à oficina, e que valorizava tanto o dinheiro deles quanto o de Lorenzo.

Alguns jovens cidadãos levaram-lhe um desenho, para que ele fizesse uma ferramenta com uma rosca, capaz de quebrar outros ferros. Então ele os admoestou, dizendo: "Não faço esse tipo de coisa, que não passa de instrumento de ladrões para roubar casas alheias e envergonhar donzelas, e não é coisa para mim nem para os senhores, que me parecem homens de bem." Aqueles então lhe perguntaram quem mais naquele ofício poderia fazer o serviço, mas ele os enxotou com injúrias. Nunca quis trabalhar para os judeus, dizendo-lhes que seu dinheiro era podre e fedia. Foi pessoa bondosa e religiosa, dotada de cérebro fantasioso e obstinado; nunca quis sair de Florença, onde viveu e morreu. Por todas as suas qualidades, considerei-o digno de ser lembrado. Mas, voltando a Cronaca, direi que ele terminou o palácio, onde Caparra executou tantos trabalhos, e o adornou por dentro com a ordem coríntia e dórica, tudo com muita delicadeza em colunas, capitéis, cornijas, janelas e portas. As molduras das cornijas e de todas as coisas, belíssimas e graciosas, foram judiciosamente realizadas pelo espírito de Cronaca. As escadas internas também são muito boas e belas, e a divisão dos aposentos é tal que, considerando o todo, qualquer belo engenho descobrirá muita arte na distribuição dos aposentos, comodidade no uso, aspecto grandioso e majestoso, ordem bem regulada nas medidas e, acima de tudo, proporções agradabilíssimas ao olhar. Em suma, é um trabalho feito com muita diligência, tanto no que se refere à obra de buril quanto à de conjunto. Por isso Cronaca mereceu e merece recomendação de qualquer pessoa que conheça a qualidade de seu trabalho. E o palácio foi e será sempre louvado como uma das mais belas construções modernas de Florença.

Fez também a sacristia da igreja do Santo Spirito em Florença[8], templo com oito faces, construído segundo proporções elegantes, em que cada mínima pedra foi assentada com amor. Há ali também alguns capitéis feitos com grande arte por Andrea dal Monte San Savino[9], que os elaborou com suprema perfeição. Também fez o asilo da sacristia, considerado obra de belíssima invenção, se bem que a divisão sobre as co-

---

[8] Fundada em 1489, foi terminada em 1496. Parece que Sangallo também participou do projeto.
[9] Cf. sua Vida nas pp. 539-43.

lunas não seja muito boa. Simone fez a igreja de San Francesco dell'Osservanza no monte San Miniato[10] e todo o convento dos referidos frades, obra muito louvada, em que realizou com suprema elegância capelas, janelas e tudo o que ali se vê. Na sala do Grande Conselho do palácio da Senhoria de Florença fez os cavalos de madeira de abeto vermelho que sustentam o teto, obra considerada admirável e estupenda, graças à qual conquistou fama. Mas sua mente foi tomada pelos delírios de frei Girolamo Savonarola, ficando ele tão enlouquecido, que já não queria falar de outra coisa. Finalmente, atingindo a idade de LV anos, morreu de uma enfermidade bastante longa[11]. Foi honrosamente sepultado na igreja de Santo Ambruogio de Florença em MDIX. Depois de não muito tempo foi-lhe feito o seguinte epitáfio:

CRONACA

VIVO; E MILLE, E MILLE ANNI, E MILLE ANCORA
MERCÉ DE' VIVI MIEI PALAZZI, E TEMPI
BELLA ROMA VIVRÀ L'ALMA MIA FLORA*.

Cronaca teve um irmão escultor chamado Matteo[12], que aprendeu escultura com Antonio Rossellino[13]; tendo sido dotado pela natureza com agilidade no desenho e boa prática no lavor do mármore, todos esperavam que atingisse o ápice da perfeição. Mas a morte o levou aos XIX anos de idade, e de seu trabalho só foi possível ver os frutos verdes, se bem que, pela qualidade, já parecessem maduros.

---

[10] A igreja de San Salvatore al Monte, chamada "bella villanella", foi construída de 1500 a 1504 por iniciativa de Castello Quaratesi, que para essa finalidade constituiu como herdeira a Università dell'Arte di Calimala.

[11] Simone morreu com 51 anos em 21 de setembro de 1508.

* "Estou vivo; e mil anos, mais mil, mais mil ainda, / mercê de meus vivos palácios e templos, / bela Roma, viverá a minha alma em flor." [N. da T.]

[12] Matteo del Pollaiuolo nasceu em Florença em 1452; até 1469 há notícias dele na cidade natal. Albertini diz que ele é autor de um tabernáculo em São Pedro; dele conservam-se hoje os baixos-relevos e parte dos apóstolos nas Grutas Vaticanas.

[13] Cf. sua Vida nas pp. 334-6.

David e Benedetto Ghirlandaio,
pintores florentinos

Ainda que pareça estranho e impossível haver quem siga, em contínuo estudo, um mestre excelente em qualquer profissão sem tornar-se também excelente e raro, às vezes vemos que os parentes, os irmãos e até os filhos de pessoas singulares, por mais que se esforcem por segui-las, afastam-se muito delas e não só deixam de semelhá-las inteiramente, como também não as lembram nem de longe. Não acredito que isso ocorra por características do sangue e pela falta de agudeza do espírito, mas pelo excesso de comodidade e de recursos em que são criadas tais pessoas, que acabam por tornar-se o oposto daquilo que deveriam vir a ser. Pois, se tivessem exercitado o engenho que têm nos estudos necessários, como fez seu antepassado, não há dúvida de que se teriam tornado iguais àquele que imitam. E disso há tantos exemplos antigos e modernos, que não cabe prová-lo de outro modo. E quem ainda tiver dúvida, que olhe David e Benedetto Ghirlandai[1], que, apesar de dotados de ótimo engenho, não fizeram o que fez seu irmão Domenico, ainda que o pudessem. Porque, transviando-se os dois depois da morte daquele[2], Benedetto tornou-se errante, e o outro se deu a obras medíocres em mosaico.

David era muito amado por Domenico que, em contrapartida, amava-o muitíssimo também; sentiu tanto a morte do irmão, que sempre chorava quando falava dele. Em companhia do irmão Benedetto, terminou muitas coisas iniciadas por Domenico, entre as quais o painel de Santa Maria Novella para Giovanni Tornabuoni[3], na parte de trás, onde está a Ressurreição de Cristo; e os aprendizes de Domenico terminaram

---

[1] David e Benedetto eram irmãos de Domenico Ghirlandaio; o primeiro nasceu em 1452, e o segundo, em 1458.

[2] Domenico morreu em 11 de janeiro de 1494; cf. sua Vida nas pp. 373-82.

[3] O retábulo do altar-mor de Santa Maria Novella está hoje dividido entre os Museus de Munique e de Berlim. A parte central anterior com *Nossa Senhora, Menino Jesus, São Domingos, São Miguel e os dois Joões* (Alte Pinakothek de Munique, n.º 1078), porém, é considerada obra de Granacci (sobre ele, cf. Vida na p. 654) e de Sebastiano Mainardi, ainda que com base em desenho de Ghirlandaio. A parte central posterior com a *Ressurreição de Cristo* (Staatliche Museen de Berlim, n.º 75) é atribuída a David, com intervenção de Granacci, a quem também é atribuída a predela de Berlim. Dos painéis laterais, o *Santo Antônio* e o *São Vicente Ferrer*, de Granacci, outrora em Berlim (n.ºs 74, 76), perderam-se durante a Segunda Guerra Mundial; o *Santo Estêvão* do Szépmüvészeti Múzeum de Budapeste e o *São Lourenço* de Munique (n.º 1076 da Alte Pinakothek) são atribuídos a Mainardi, assim como a *Santa Catarina* (também em Munique, n.º 1077), que, juntamente com *São Pedro Mártir* da Fundação Magnani de Reggio Emilia, estava colocada num espaço situado entre as fachadas anterior e posterior do conjunto. Sobre ele, cf. C. Holst, "Domenico Ghirlandaio, l'altare maggiore di Santa Maria Novella a Firenze, riconstruito", em *Antichità viva* (1969), 3, pp. 36-41.

a predela que fica sob a figura do Santo Estêvão, na qual há uma disputa de pequenas figuras, pintura de Niccolaio[4], que ficou cego por muito estudar a arte; teria sido um mestre realmente excelente. Nessa obra também trabalharam Francesco Granaccio e Iacopo del Tedesco[5]. David pôs o irmão Benedetto a trabalhar na referida obra a figura de Santo Antonino, Arcebispo de Florença, e Santa Catarina de Siena; num painel da igreja, fez ele uma Santa Luzia a têmpera com a cabeça de um frade, perto do *tramezzo*[6].

Benedetto depois se mudou para a França, onde fez muitos retratos do natural e outras pinturas, com o que ganhou muito dinheiro; voltou a Florença, tendo recebido do rei o privilégio de ir e vir por toda a França sem pagar direitos alfandegários ou gabela, como mérito e testemunho de seu valor. Também se exercitou nas armas, por gostar muito da vida militar. Morreu com L anos[7] e foi enterrado ao lado de Domenico. Mas David preferiu trabalhar com mosaico. Num quadro grande de nogueira fez uma Nossa Senhora com alguns anjos ao redor, para enviar ao Rei da França[8]. E por ter abundância de vidros e madeira, ficou muito tempo em Monte Aione, onde fez muitas coisas e alguns vasos que depois foram dados a Lorenzo de' Medici, o Velho, bem como três cabeças, uma de seu irmão Giuliano, numa travessa de cobre, outra de São Pedro e outra de São Lourenço, para demonstração e testemunho de seu valor. Viveu honradamente como pessoa magnífica e deixou ótimos recursos. Passou desta vida para a outra com LXXIV anos por causa de uma febre no ano de MDXXV[9]. Seu irmão Ridolfo[10] deu-lhe honrosa sepultura em Santa Maria Novella, em companhia dos outros irmãos.

---

[4] Esse autor é totalmente ignorado.

[5] Sobre Granacci, cf. acima, nota 3; sobre Jacopo del Tedesco não há mais informações.

[6] O painel, que ainda hoje está no local de origem, é datado de 1494; sua execução, exceto a cabeça do doador, atribuída a David, é considerada obra de Benedetto.

[7] Benedetto morreu em 1497, portanto com 39 anos.

[8] O mosaico com *Nossa Senhora no trono e dois anjos*, que tinha assinatura e data de 1496, está com o n.º 4763 no Museu de Cluny, em Paris.

[9] David morreu em 10 de agosto de 1525.

[10] Ridolfo del Ghirlandaio, nascido em 1483 e morto em 1561, era filho de Domenico, portanto não era irmão de David, e sim sobrinho. Também ele pintor, formado na oficina da família, foi sensível às novidades da primeira década, mas depois sofreu a influência de Andrea del Sarto e, em seguida, as de Michelangelo e Bronzino. Na edição giuntina, Vasari compilou uma longa Vida de Ridolfo, acrescentada às dos tios.

Domenico Puligo, pintor florentino

Muitos dos nossos artistas me parecem extremamente admiráveis e estupendamente miraculosos, pois, dedicando-se ao exercício e à prática contínua das cores, quer por instinto natural, quer pelo uso da boa maneira aprendida sem desenho algum ou fundamento da arte, levam suas obras a tão bom termo, que estas muitas vezes acabam por ser consideradas boas, e, ainda que tais artistas não sejam excelentes, todos são forçados a levá-los em conta e a considerar o trabalho que despenderam em tal exercício. E na verdade é frequente ver-se, em muitos de nossos pintores, que quem tem naturalmente uma bela maneira, se quiser exercitar-se com labor e estudo contínuo, produzirá obras mais vivazes e perfeitas que os outros. Tem tanta força esse dom da natureza, que, embora essas pessoas deixem os estudos da arte e nada mais façam além de praticar a pintura e o manejo das cores com graça e bom esfumado, aquilo que de bom lhes foi infundido pela natureza aparece já no primeiro exame de suas obras, ficando evidentes todos os elementos excelentes e maravilhosos que costumam aparecer em minúcias nos trabalhos dos mestres que consideramos excelentes e raros. E quem quiser ter prova ou testemunho disso nos nossos tempos, que olhe para as obras do pintor florentino Domenico Puligo[1] e, se for informado sobre as coisas da arte, reconhecerá claramente o que estou dizendo. Domenico, dedicando-se à pintura com boa vontade, enquanto conviveu com Ridolfo Ghirlandaio[2] aprendeu a colorir com grande beleza e assim continuou, valendo-se de um estilo difuso, com perda da definição dos contornos nos escuros; gostando de conferir aspecto gentil às suas figuras, na juventude fez inúmeros quadros dotados de boa graça, tanto para Florença quanto para mercadores. De fatura elegante, passou a dedicar-se a retratos do natural. Destes, fez muitos retratos fiéis e vivos e, com eles, produziu boa pintura, como ainda dão fé algumas obras de sua lavra em casa de Giuliano Scali. Depois, passando a fazer obras de grande porte, pintou um painel para Francesco del Giocondo em uma de suas capelas, na tribuna do altar-mor da igreja dos servitas em Florença[3]; nele, representou São Francisco recebendo os estigmas, coisa de colorido muito suave e brando, um magnífico lavor. E no mosteiro de Cestello, num Sacramento, fez dois anjos[4] em afresco; numa capela,

---

[1] Domenico di Bartolomeo Ubaldini, vulgo Puligo, nasceu em 1492, conforme se depreende do registro feito no Estimo del Contado em 1504 por Bartolomeo. Cf. S. J. Freedberg, *Painting of the High Renaissance in Rome and Florence*, Cambridge (Mass.), 1961.

[2] Ridolfo, filho de Domenico Ghirlandaio; cf., na Vida dos Ghirlandaio, nota 10, p. 531.

[3] Milanesi cita a data de execução dessa obra desaparecida como 1526, data que aparece nas memórias manuscritas da Igreja dei Servi, do padre Eliseo Biffoli.

[4] O afresco com os anjos, na igreja de Santa Maria Maddalena dei Pazzi, é obra de Domenico Ghirlandaio.

fez um painel com muitos santos[5], que em colorido e suavidade é semelhante às outras coisas que fez. Os referidos monges o incumbiram de pintar em um claustro da Abadia de Settimo todas as cenas dos sonhos do conde Ugo delle Sette Badie. Não muito depois, na esquina da via Mozza da Santa Caterina, pintou um tabernáculo em afresco[6]. Em uma companhia de Anghiari fez uma Deposição da Cruz[7], considerada a melhor de suas obras. E, por ser dado a quadros com Nossa Senhora, a retratos e bustos, mais que a obras grandes, passou todo o tempo a fazê-los. Mas, caso se tivesse dedicado à labuta da arte, em vez de aos prazeres do mundo, Domenico sem dúvida teria feito grandes progressos nesse mister; pois se sabe que Andrea del Sarto, grande amigo[8] dele, socorreu-o no desenho em algumas obras, nas quais bem se percebe que há bom desenho e perfeito colorido, porque ele, eivado pelo mau costume de não se afadigar muito na arte, trabalhava mais para produzir obras do que para obter fama. Por esse motivo, cultivava o trato contínuo com pessoas alegres e com músicos, dando-se a mulheres e a certos amores. Costumava levar para casa algumas de suas namoradas e, quando da peste do ano MDXXVII, delas contraiu a doença e ganhou a morte[9]. É de um amigo seu o seguinte dístico:

> *Esse animum nobis coelesti e semine et aura,*
> *Hic pingens, passim credita, vera docet*.*

Terminou o curso da vida com LII anos. Manejou as cores de maneira tão integrada, que merece louvores mais por isso do que por outra coisa. Deixou muitos discípulos, entre os quais o florentino Domenico Beceri[10], que em suas obras usou cores limpas e boa maneira.

---

[5] O painel com *Nossa Senhora e seis santos*, restituído ao lugar de origem depois da enchente de 1966, foi executado por volta de 1525 por encomenda dos Da Romena.

[6] É o afresco com *Nossa Senhora, Santa Catarina e São Pedro Mártir*; executado em 1526 por encomenda dos Capitães de Bigallo, está hoje na esquina das ruas San Zanobi e delle Ruote.

[7] O painel está na igreja de San Bartolomeo em Anghiari.

[8] Veja-se sua Vida nas pp. 566-90.

[9] Domenico morreu poucos dias depois do testamento de 12 de setembro de 1527, com 35 anos de idade, mas não sabemos se em decorrência da peste.

* "Nossa alma é feita de semente e sopro celestes. / Este, pintando, ensina a verdade dessa crença." [N. da T.]

[10] Talvez o Domenico di Jacopo, vulgo Beco, que se inscreveu em 1525 na Compagnia di San Luca (Milanesi).

Andrea da Fiesole (Andrea Ferrucci), escultor

Aos escultores convém a prática das ferramentas tanto quanto aos pintores a das tintas, e essas duas artes andam juntas. Pois muitos, embora trabalhem bem o barro, no mármore não se saem bem, e há também os que trabalham bem o mármore, mas não dominam o desenho, embora sejam capazes de conceber sabe-se lá que boa maneira, à imitação de coisas que lhes agradam o espírito e que eles, ao realizarem algum trabalho, têm em mente exprimir. Tenho por admirável o fato de alguns escultores, que nada desenham em papel, serem capazes de produzir suas obras com ferramentas. Era o que fazia o escultor Andrea da Fiesole[1] em todas as suas obras, realizadas mais por prática e resolução no manejo das ferramentas do que pelo uso do desenho ou do conhecimento que jamais tivesse adquirido em tal mister. Foi aprendiz de Michele Maini da Fiesole[2], que na Minerva de Roma fez um São Sebastião de mármore tão louvado em seu tempo. Na mocidade, Andrea foi entalhador de folhagens e aos poucos passou a elaborar figuras em mármore, como dão testemunho as obras que fez em diversos lugares. Sobre elas não nos alongaremos muito, por serem produto mais da prática que da arte. No entanto, nelas se percebe uma resolução, um gosto e uma qualidade muito louváveis. Na verdade tais artistas, com a prática e o tino que têm, caso se pusessem a par dos fundamentos do desenho, superariam todos os outros que, embora sempre desenhem com perfeição, quando passam a trabalhar no mármore o riscam e a duras penas produzem más obras, simplesmente por não dominarem a prática.

As obras de Andrea foram criadas e colocadas na igreja principal da paróquia de Fiesole: um painel de mármore com três figuras em relevo[3], apoiado em meio às duas escadas que levam ao coro. Na igreja de San Girolamo de Fiesole fez outro pequeno painel de mármore, fixado no *tramezzo* da referida igreja[4]. No ano em que o cardeal e vice-chanceler Giulio de' Medici governava em Florença[5], havia escultores velhos e jo-

---

[1] Andrea Ferrucci nasceu em Fiesole em 1465, pois consta que tinha 22 anos no registro feito no Cadastro do pai Piero di Marco Ferrucci em 1487. Cf. C. von Fabriczy, "Die Bildhauerfamilie Ferrucci aus Fiesole", em *Jahrbuch der Königlich-preussischen Kunstsammlungen*, 1908, pp. 1-27.

[2] Michele di Luca Marini, nascido em Fiesole em 1459, que, além de ser autor da estátua de *São Sebastião*, ainda hoje na igreja de Santa Maria sopra Minerva, de que fala Vasari, também o foi de um friso com três baixos-relevos em uma das chaminés do palácio Minerva. Cf. E. Steinmann, "Michele Marini", em *Zeitschrift für bildende Kunst*, 1903, pp. 148-57.

[3] O altar com *São Mateus e São Rômulo*, a *Anunciação* e *Cenas da Eucaristia* foi esculpido em 1493.

[4] O altar com *Crucificação e santos*, datável de c. 1490-95, está em Londres, Victoria and Albert Museum (nº 6742-1859).

[5] Giulio de' Medici, futuro Clemente VII, tornou-se cardeal em 23 de setembro de 1513.

vens bastante bons. Quando os construtores de Santa Maria del Fiore decidiram mandar fazer esculturas de mármore dos Apóstolos, que tinham sido pintados por Lorenzo de' Bicci[6] para a consagração da igreja, foram encomendadas cinco figuras, uma a cada escultor: Benedetto da Maiano[7], Iacopo Sansovino[8], então jovem, Michele Agnolo Buonaroti[9], Baccio Bandinelli[10] e Andrea da Fiesole. A competição e a concorrência entre todos eles deveriam servir-lhes de aguilhão. Andrea começou sua figura, com quatro braços de altura[11], figura que ele levou a termo mais com boa prática e tino do que com bom desenho. Por isso, não conquistou tantos louvores quanto os outros, mas foi considerado mestre bom e exímio. Assim, trabalhou naquela construção enquanto viveu; ali fez o busto de Marsilio Ficino, que está na porta da casa paroquial[12], em Santa Maria del Fiore. Também fez uma louvadíssima fonte de mármore, que foi enviada ao Rei da Hungria[13], o que muito o honrou. Dedicou-se bastante ao trabalho em quadros. E, por ser pessoa muito modesta e de bem, contentava-se em viver sossegado, motivo pelo qual foi muito amado e estimado por quantos o conheceram. Começou os trabalhos da sepultura de messer Antonio Strozzi[14], que depois sua esposa, dona Antonia de' Vespucci, mandou terminar, porque, estando Andrea muito velho, dois dos anjos foram feitos por seu aluno Maso Boscoli da Fiesole[15], que realizou muitas obras em Roma e em outros lugares; também de aluno seu, Silvio da Fiesole[16], é a Nossa Senhora que ali se vê: esta estava para ser começada quando Andrea morreu, em MDXXII[17], motivo pelo qual Silvio a executou. Este, praticando a arte da escultura com um vigor extraordinário, fez muitas coisas de ótima execução e original acabamento. Sua prática e seu desenho no mármore pautam-se pela natureza, e tudo é feito com tanta beleza, que em valor sua maneira supera a de muitos, sobretudo no que se refere à originalidade dos trabalhos feitos ao modo grotesco, como ainda se vê em uma sepultura da capela dos Minerbetti[18] em Santa Maria Novella, na qual há timbres e pla-

---

[6] Os afrescos na realidade cabem a Bicci, filho de Lorenzo, e são de 1439.

[7] Não Benedetto da Maiano, morto em 1497, mas Benedetto da Rovezzano, cuja Vida está nas pp. 544-5.

[8] Cf., na Vida de Andrea Sansovino, nota 28, p. 543.

[9] Cf. sua Vida nas pp. 713-40.

[10] Nascido em Florença em 17 de outubro de 1488, morreu em 1560. Vasari dedicou uma Vida a esse prolífico artista na edição giuntina; cf. D. Heikamp, "In margine alla 'Vita' di Baccio Bandinelli del Vasari", em *Paragone*, 191 (1966), pp. 51-61; M. G. Ciardi Duprè, "Alcuni aspetti della tarda attività grafica del Bandinelli", em *Antichità viva* (1966), 1, pp. 22-30; J. H. Beck, "Precisions concerning Bandinelli 'pittore'", em ibid. (1973), 5, pp. 7-11; K. Langedijk, "Baccio Bandinelli's Orpheus: a political message", em *Mitteilungen des Kunsthistorischen Institutes in Florenz*, 1 (1976), pp. 33-52. A estátua de Bandinelli, que representa *São Pedro*, foi encomendada em janeiro de 1505 e estava pronta em 1517.

[11] A estátua de *Santo André*, ainda no local, foi encomendada em 13 de outubro de 1512 e quase certamente terminada em 1514.

[12] A *Cabeça de Ficino*, ainda no local de origem, foi terminada entre 1521, ano da encomenda, e 1522. Andrea trabalhou para a Catedral em 1508 e, depois, de 1512 a 1526, quando foi seu mestre de obras.

[13] Em 26 de maio de 1517 uma deliberação dos Construtores da Catedral dava licença a Andrea para realizar esse trabalho.

[14] A sepultura de Antonio di Vanni Strozzi, morto em 10 de janeiro de 1524, está em Santa Maria Novella, onde foi iniciada em 1527.

[15] Tommaso di Piero di Maso Boscoli da Settignano nasceu em 1503 e morreu em 1574.

[16] Silvio Cosini nasceu em Pisa por volta de 1485, filho do lenhador Giovanni di Neri Corsini, e morreu por volta de 1549. Cf. E. Ragoni, "Un rilievo di Silvio Cosini sulla facciata del Monte di Pietà di Padova", em *L'arte rinascimentale in Padova*, 1970, pp. 279-87.

[17] Andrea morreu poucos dias depois de fazer testamento, em 25 de outubro de 1526.

[18] Ainda na nave direita, tem uma inscrição com a data 1530.

cas de ótima execução. Em Pisa, no altar-mor, fez dois anjos de mármore[19], que estão sobre duas colunas; e em Monte Nero, perto de Livorno, fez um painel para os frades jesuatos[20]. Também fez a sepultura de messer Rafaello Volterrano em Volterra[21]; e em Milão[22], Genova[23] e Pádua, além de muitos outros lugares da Itália, encontram-se obras suas. Decerto, não tivesse a morte lhe ceifado a vida tão cedo, ele teria feito coisas maravilhosas, pois imprimia muito espírito nas obras que executava. Tivesse vivido mais, assim como superou mestre Andrea, teria superado muitos outros. Terminou o curso da vida com XXXVII anos, em MDXL[24]. Foi-lhe feito este epitáfio:

SÍ LA PRATICA E 'L STVDIO AI DVRI SASSI
CO IL FERRO VSAI, CHE DOLCI GLI RENDEI,
MA LO SPIRITO MAI DAR NON GLI POTEI
CHE BEM MOSSO CON QVELLO ARIANO I PASSI*.

Nos tempos de Andrea vicejou outro escultor de Fiesole, chamado Cicilia[25], que foi muito exímio; de sua lavra vê-se na igreja de S. Iacopo, em Campo Corbolini de Florença, a sepultura do cavaleiro Tornabuoni[26], que foi muito louvada; além deste, houve certo Antonio da Carrara[27], escultor excelente, que se mudou para Palermo e foi mantido pelo Duque de Monteleone da casa Pignatella, napolitano e vice-rei da Sicília; as estátuas que fez para esse nobre são três Nossas Senhoras em três diferentes atos, postas sobre três diferentes altares na Catedral de Monteleone, na Calábria[28], além de outras cenas em Palermo[29], tudo de mármore. Tomou mulher e teve filhos, dos quais um é hoje escultor não menos excelente que o pai[30].

---

19 Datáveis de 1528-30, os dois *Anjos portando círios* da Catedral de Pisa têm a assinatura de Silvio; no entanto, um dos dois tem perceptível reflexo dos modos de Tribolo: daí deriva certa perplexidade, reforçada também pelo fato de que na edição giuntina Vasari explicita: "[...] fez um anjo que faltava [...] para acompanhar o de Tribolo [...]".

20 Ainda existente no santuário de Montenero, o altar com *São Jerónimo, São João, São Guilherme e São Francisco* foi pago em 1530.

21 O túmulo de Raffaele Maffei (1455-1522), autor do *Commentarium rerum urbanarum libri XXXVIII*, está na igreja de San Lino em Volterra.

22 Em 1544 estava fazendo na Catedral de Milão um baixo-relevo com as *Núpcias da Virgem*, para a capela de Albero.

23 Por volta de 1532 foi para Gênova e no Palácio Doria participou dos trabalhos de ornamentação em estuque da sala dos Gigantes e da galeria dos Heróis.

24 Em 1549, porém, há notícias dele em Pietrasanta.

* "A prática e o estudo usei de tal modo nas duras pedras, que as amoleci, mas nunca pude dar-lhes tanto espírito que elas pudessem como ele caminhar." [N. da T.]

25 Não se conhece seu verdadeiro nome: há informações sobre ele de 1514 a 1520.

26 Túmulo ainda existente, foi executado em 1515, quando Tornabuoni ainda estava vivo.

27 Antonello Gagini (1478-1536), filho do escultor Domenico, nasceu e viveu a maior parte do tempo em Palermo, onde morreu. Cf. G. di Marzo, *I Gagini e la scultura in Sicilia*, Palermo, 1883; J. D. Draper, "A bronze Spinario ascribed to Antonello Gagini", em *The Burlington Magazine*, 872 (1972), pp. 55-8; H.-W. Kruft, "Figure giovanili di Madonne di Antonello Gagini", em *Antichità viva* (1975), 2, pp. 24-34.

28 Ainda hoje estão na Catedral de Monteleone (Vibo Valentia).

29 Além do *Monumento do bispo Paternò* e da decoração da tribuna da Catedral, muitas outras obras estão nas igrejas de Palermo e da província.

30 Os filhos de Gagini, Giovanni Domenico, Antoniuzzo, Giacomo, Fazio e Vincenzo, foram todos escultores e ajudantes do pai na decoração da tribuna da Catedral. Cf. H.-W. Kruft, *Antonello Gagini und sein Söhne*, Munique, 1980.

Vincenzo da San Gimignano
(Vincenzo Tamagni), pintor

Grande reconhecimento devem ter os escultores e os pintores pelos ares de Roma e pelas infelizmente poucas obras antigas que foram poupadas pela voracidade do tempo e pela gula do fogo, pois é outro o corpo em que Roma transforma o espírito e outro o gosto em que ela converte o apetite. E inúmeros são aqueles que se desiludem da vã loucura outrora adotada, pois, ao verem os admiráveis trabalhos de tantos artistas antigos e modernos que ali trabalharam, abandonam os erros passados e, seguindo os passos daqueles que encontraram o bom caminho, executam suas obras segundo uma bela maneira e, imitando o que veem de bom, acabam por levar os outros a fazer o mesmo. É o que vemos no pintor Vincenzio da San Gimignano[1], que, acompanhando o gracioso Rafaello da Urbino, esteve entre aqueles que trabalharam nos pórticos papais[2]. Foi quando, passando a gostar muito dos impressionantes claros-escuros elaborados por Maturino e Polidoro[3] nas fachadas das casas, decidiu seguir as pegadas desses dois. E assim, em Borgo, defronte ao palácio de messer Giovan Batista da l'Aquila, fez uma fachada com tintas de terras, representando em um de seus frisos as nove Musas ao redor de Apolo, pintando acima alguns leões, insígnia do papa, considerados belíssimos. Vincenzio era diligente no trabalho, agradável no aspecto das figuras e suave no colorido; sempre imitou a maneira do gracioso Rafaello, como ainda se vê em Borgo, defronte ao palácio do Cardeal de Ancona, na fachada de uma casa, em que representou Vulcano fabricando as setas de Cupido, com alguns ótimos nus, outras cenas e estátuas, que o tornaram muito estimado, na exata medida do seu talento. Na praça de San Luigi dei Francesi, em Roma, fez uma fachada na qual pintou inúmeras cenas: a morte de César e o triunfo da Justiça, com um friso no qual se representam batalhas entre cavaleiros, tudo feito pela douta mão de Vincenzio. Nessa obra, perto do teto, entre as janelas, pintou algumas Virtudes com ótima maneira. Também trabalhou na fachada dos Epifani atrás da Cúria de Pompeu; e perto de Campo di Fiore pintou a cena em que os Magos seguem a estrela, coisa louvadíssima; fez inú-

---

[1] Vincenzo Tamagni, nascido em San Gimignano em 10 de abril de 1492, esteve em Monteoliveto Maggiore em 1505 como ajudante de Sodoma nos afrescos com a *Vida de São Bento*.

[2] Não é possível reconhecer sua participação nos afrescos das *logge* vaticanas, assim como não está documentada a sua presença em Roma. De resto, em 1516, ele executava com Giovanni da Spoleto os afrescos com a *Vida da Virgem* no coro da igreja de Santa Maria delle Querce em Arrone (Terni).

[3] Cf. sua Vida nas pp. 624-31. Das obras em afresco de Tamagni, de que Vasari fala, nenhuma chegou até nós.

meros outros trabalhos para aquela cidade que, mercê do clima e da localização, sempre propiciou os trabalhos dos belos engenhos.

Assim, quando havia ele granjeado ótimo crédito naquela cidade, ocorreu o furioso e devastador saqueio no ano de MDXXVII. Por esse motivo, demasiado pesaroso, ele houve por bem voltar a San Gimignano, sua pátria[4]. Então, entre os desgostos sofridos e a falta da amorosa arte, não se encontrando mais entre tantos divinos engenhos e fora da atmosfera que alimenta os belos engenhos e os leva a criar coisas raras, naquela terra fez obras de fachada e outras que não descreverei por achar que encobririam todos os louvores que ele conquistou em Roma. Basta concluir que a violência desvia os peregrinos engenhos de sua primeira meta e os faz enveredar por caminhos contrários. Foi também o que ocorreu com seu companheiro chamado Schizzone[5], que fizera algumas coisas louvadas em Borgo, Campo Santo di Roma e Santo Stefano degli Indiani; também ele, pobrezinho, foi desviado da arte pelo pouco discernimento dos soldados e algum tempo depois perdeu também a vida. Mas, voltando a Vincenzio, quando atingiu os anos da velhice, morreu em San Gimignano de um mal de febre no ano MDXXXIII[6].

---

[4] Mas já em 1523 voltara a San Gimignano, visto que naquele ano assinava o retábulo com *Nossa Senhora, Menino Jesus e quatro santos* no mosteiro de São Jerônimo.

[5] Esse artista por enquanto é totalmente desconhecido.

[6] De fato morreu por volta de 1530. Sobre ele, cf. A. Hayum, "Two drawings by Vincenzo Tamagni", em *The Burlington Magazine*, 872 (1972), pp. 87-8.

Andrea dal Monte Sansovino,
escultor e arquiteto

Os bons engenhos e os dons que o céu confere às pessoas consideradas raras são sempre por nós descobertos de maneira extravagante e insólita e por elas praticados com modos bizarros e extraordinários; mas é tão grande a carga de saber que se mostra em suas ações, tanto em matéria de feitos quanto de estudo, que causam admiração em todos os intelectos conhecedores. Porque em todas as suas ações extravasam o superabundante saber que, sem o benigno influxo dos céus, ninguém conquista por si mesmo. Pois que com sua labuta crescem-lhes a graça e a qualidade de sua virtude que, ao lhes aguçarem e desenferrujarem o engenho, deixam-no tão refinado, que tais pessoas passam a ser vistas como perfeitas e maravilhosas entre todas as outras. É o que vemos hoje em Andrea di Domenico Contucci dal Monte San Savino[1] que, nascido de pai paupérrimo, lavrador rude em todas as sua ações, escapou do destino de pastorear rebanhos. E, apesar do humílimo nascimento, tinha tão elevados juízos, tão raro engenho e tanta presteza de ações, que em seu tempo não houve mente mais nova e sutil que a dele nas árduas questões da arquitetura e da perspectiva, nem quem desse às maiores dúvidas soluções mais claras e amplas. Por isso, foram tais os seus méritos, que todos os raros mestres o consideraram inigualável nos referidos misteres.

Dizem que Andrea nasceu em MCDLXXI[2] e que na infância, enquanto cuidava dos rebanhos, desenhava-os no areal e às vezes os esculpia no barro, retratando-os de forma excelente. No tempo em que Andrea fazia tais coisas, um cidadão florentino, que creio ter sido Simone Vespucci, tornou-se podestade de Monte e, ao conhecer o menino e saber de sua inclinação, acertou com seu pai Domenico Contucci que ele iria para Florença e ficaria em sua casa, pois decidira ver até onde a natureza e o estudo levariam aquele engenho. Então Andrea, que era muito vivaz, ficou contentíssimo e se entregou àquela atividade com muita felicidade. Simone colocou-o na oficina de Antonio del Pollaiuolo[3], e Andrea tanto perseverou, que em poucos anos se tornou excelente mestre. E isso ainda se vê em casa de Simone, em Ponte Vecchio, onde há um cartão de Cristo feito por ele, numa coluna, e dois bustos admiráveis de terracota copiados de

---

[1] Andrea di Nicolò di Domenico de' Mucci. Sobre ele ainda é válido o estudo de G. H. Huntley, *Andrea Sansovino Sculptor and Architect of the Italian Renaissance*, Cambridge, 1935.

[2] A data é incerta, mas pode ser situada entre 1465 e 1470.

[3] Andrea inscreveu-se na Corporação dos Mestres da Pedra e da Madeira em 13 de fevereiro de 1491; no entanto, fazia vários anos que Antonio del Pollaiuolo estava em Roma fazendo as sepulturas de Inocêncio VIII e de Sisto IV.

medalhas antigas, um de Nero e outro de Galba[4], que ornamentavam uma lareira. Em Florença fez um painel de terracota para a igreja de Santa Agata dal Monte San Savino, onde representou São Lourenço e outros santos, com pequenas cenas desse santo, tudo muito bem trabalhado[5]. E pouco tempo depois fez o painel de terracota com a Assunção de Nossa Senhora, Santa Ágata, Santa Luzia e São Romualdo[6], que foi vitrificado em Florença para os Della Robbia. Exerceu a arte da escultura com empenho e esforço. Na juventude, fez para Simon Pollaiuolo, conhecido como Cronaca[7], dois capitéis de pilares para a sacristia da igreja do Santo Spirito, angariando grande reputação[8]. Esse trabalho foi tão apreciado, que lhe encomendaram a capela do Sacramento da igreja do Santo Spirito para os Corbinelli[9], que ele executou com muita diligência; em seus baixos-relevos, imitou Donato[10] e os outros artistas excelentes, não se poupando a trabalho e dificuldades para obter prestígio, como de fato conseguiu. Quem observar o acabamento e o paciente refinamento de Andrea perceberá o amor que os belos engenhos têm pela qualidade e pelos méritos da virtude. Foi tanta a força dessa obra, em vista dos louvores obtidos, que o Magnífico Lorenzo de' Medici, o Velho, o enviou com extraordinárias recomendações ao Rei de Portugal[11], país onde ele fez muitas obras de escultura e de arquitetura, todas tão egrégias e louvadas, que aquele rei lhe outorgou recompensas honrosas, e o povo, louvores infinitos.

Voltou a Florença em MD. Lá, começou em mármore um São João a batizar Cristo, que seria colocado acima da porta da igreja de San Giovanni, no lado da Misericordia[12], mas não o terminou, pois foi levado a Gênova[13], onde fez duas figuras de mármore, um Cristo e uma Nossa Senhora, ou um São João, realmente dignos de louvor. Depois foi levado a Roma pelo papa Júlio II[14], onde foi incumbido de duas sepulturas de mármore postas na igreja de Santa Maria del Popolo, das quais uma foi feita para o cardeal Ascanio Sforza e a outra, para o cardeal Ricanati, parente próximo do papa[15]. Tais obras foram tão perfeitamente trabalhadas por Andrea, que seria impossível desejar mais, como se naturais fossem, e não elaboradas, a tal ponto são elas dotadas de limpeza, beleza, graça, bom acabamento e boa execução. Nelas se percebem as regras e as

---

[4] Esta última está em Arezzo, na casa Vasari, onde, segundo o biógrafo, encontrava-se já em 1568.

[5] Na Companhia de Santa Clara em Monte San Savino.

[6] Segundo Huntley, datável de c. 1480-85.

[7] Cf. sua Vida nas pp. 526-9.

[8] Andrea foi pago em 1490 pelo capítulo da igreja do Santo Spirito.

[9] O altar da capela Corbinelli é datável entre 1485 e 1490.

[10] Sobre Donatello, cf. Vida nas pp. 252-65.

[11] João II, nascido em 1455, foi rei de 1481 a outubro de 1495, quando morreu. Andrea esteve em Portugal de 1491 a 1500, conforme diz abaixo Vasari, com um provável intervalo de 1493 a 1496.

[12] O *Batismo de Cristo*, acima da porta leste do Batistério de Florença, foi encomendado em 28 de abril de 1502 a Andrea, que ainda trabalhava nele em 1505; foi terminado por Vincenzo Danti; o anjo é um acréscimo de Innocenzo Spinazzi. Cf. H. Keutner, "Andrea Sansovino e Vincenzo Danti: il gruppo del Battesimo di Cristo sopra la porta del Battistero", em vários autores, *Scritti in onore di Ugo Procacci*, cit., pp. 370-80.

[13] As estátuas de *Nossa Senhora* e de *São João Batista* para a catedral de Gênova foram feitas em Florença, como demonstra a autorização dada em 13 de janeiro de 1513 pelo magistrado da *Balìa*, para transportá-las acabadas a Gênova. Têm a inscrição SANSOVINVS FLORENTINVS FACIEBAT.

[14] Em 1504 Andrea estava fazendo o *Sepulcro Manzi* na igreja de Santa Maria in Aracoeli.

[15] As duas sepulturas, ainda na igreja de Santa Maria del Popolo, foram citadas por Albertini no *Opusculum de mirabilibus novae et veteris urbis Romae*, editado em 1510, mas terminado em 1509, ano que constitui o prazo final para sua execução. Ascanio Sforza, irmão de Ludovico, o Mouro, nascera em 1455 e morrera em 1505; Girolamo Basso della Rovere morreu em 1507.

medidas da arte, observando-se quão grande era o valor de Andrea nas figuras que elaborava com supremo amor. Entre elas há uma temperança a segurar uma ampulheta, coisa considerada divina, que, por sua qualidade, realmente parece obra antiga, e não moderna. E, embora outras haja, semelhantes, esta é muito mais bela pela atitude. Ademais, não se pode desejar ou imaginar coisa melhor que o véu que a envolve, elaborado com tanta beleza e graça, que mais parece um milagre. Na igreja de Santo Agostino de Roma, fez um pilar de mármore que fica no meio da igreja, com uma Sant'Ana a segurar no colo Nossa Senhora e Cristo[16], de tamanho pouco menor que o natural, obra de grande qualidade e fineza, que entre as figuras modernas pode ser considerada divina. Pois vemos uma velha que parece viva, irradiando alegria, e uma Nossa Senhora terminada com suprema graça e beleza; o mesmo se diga do Menino Jesus, pois nunca ninguém fez de mármore nada semelhante, tão perfeito e gracioso. Durante muitos anos, em louvor a essa obra foram feitos sonetos e versos latinos, e os frades daquele lugar podem mostrar um livro cheio deles, que eu vi. Na verdade, o mundo teve razão ao fazê-los, pois nunca são demasiados os louvores a essa obra, pois nela se vê um panejamento feito pela mão delicada de Andrea de um modo que não há coisa melhor no gênero, tal é o discernimento de sua fatura, o movimento de suas pregas e a suavidade das amolgaduras.

Assim sua fama cresceu muito, e, quando Leão X resolveu fazer o ornamento de mármores[17] da câmara de Nossa Senhora na igreja de Santa Maria di Loreto, Andrea deu prosseguimento à belíssima arquitetura que fora iniciada por Bramante, tendo sido nomeado chefe das obras pelo papa, cargo que exerceu enquanto viveu, deixando tudo pronto antes de morrer. Ali compôs duas cenas bem terminadas: em uma delas, a Anunciação, na qual esculpiu tão bem alguns meninos e anjos, que é maravilhoso observar o belo lavor de Andrea, capaz de vencer todas as dificuldades da escultura; na outra cena, representou a Natividade de Nossa Senhora, com figuras belíssimas e bem ornamentadas. Realizou inúmeros outros trabalhos e também fez inúmeros desenhos para toda aquela construção. Todo ano tirava quatro meses de descanso e os dedicava à agricultura em Monte, sua pátria, aos cuidados familiares e aos interesses pessoais e de amigos. Ali construiu para si uma casa cômoda[18] e comprou muitos bens imóveis, sendo tão prestigiado pelos conterrâneos, que enquanto viveu foi visto como a personalidade mais insigne de sua pátria. Para os frades de Santo Agostino, daquele lugar, mandou construir um claustro[19] que, embora pequeno, é muito bem concebido; não é quadrado, porque adaptado às muralhas do antigo claustro; mas o engenho de Andrea o projetou quadrado no meio e, com o espessamento dos pilares dos ângulos, foi possível chegar a uma boa e justa proporção. Para uma Companhia que existe nesse claustro, denominada de Santo Antônio, desenhou uma belíssima porta de composi-

---

[16] ANDREAS DE MONTE SANSOVINO é a inscrição que se encontra na base do grupo, que ainda hoje está no lugar de origem; Andrea o esculpiu em 1512 para Johann Goritz, chamado de Coricio.

[17] Andrea foi posto na direção das obras de escultura e arquitetura da construção de Loreto em junho de 1513 (cf., na Vida de Bramante, nota 19, p. 469). Das obras citadas a seguir, a *Anunciação* foi terminada por Sansovino em 1524, enquanto a *Natividade* foi feita por Bandinelli e terminada por Raffaello da Montelupo. Nas outras obras existentes, só a *Adoração dos pastores* é seguramente de Andrea, enquanto as *Núpcias da Virgem* foram iniciadas por ele e terminadas por Tribolo em 1533; a *Apresentação* foi feita por Francesco da Sangallo, a quem cabe atribuir metade da *Dormitio Virginis*.

[18] Datada de 1516, foi construída defronte à igreja de Sant'Agostino.

[19] A execução do claustro, porém, foi confiada a Domenico di Nanni a partir de 1533, dez anos depois do projeto de Andrea.

ção dórica[20]; também fez desenhos no *tramezzo* da igreja de Santo Agostino e o seu púlpito; no meio da descida para a fonte exterior a uma porta que dá para a paróquia antiga, mandou construir uma capelinha para os frades, mesmo contra a vontade deles. Fez inúmeros outros desenhos de palácios, casas e fortalezas, tal como em Arezzo, onde fez o desenho da casa[21] de messer Pietro, exímio astrólogo. Já tinha LXVIII anos, nunca fora pessoa de ficar parada e em sua casa começou a mudar algumas estacas de lugar; como consequência dessa canseira, apanhou uma febre e em breve tempo morreu, no ano MDXXIX[22]. Embora lhe tenham sido feitos muitos epitáfios em diferentes línguas, bastam estes dois:

SANSOVII AETERNVM NOMEN TRIA NOMINA PANDVNT:
ANNA, PARENS CHRISTI, CRHISTVS ET ORE SACRO*.

SI POSSNET SCVLPI MENTES VT CORPORA COELO,
HVMANVM POSSEM VEL REPARARE GEVNS.
HVMANAS ENIM SCVLPO QVASCVMQVE FIGVRAS
ESSE HOMINIS DICAS, PARS DATA SI ILLA FORET*.

Sua morte causou grande pesar, tanto pela glória que ele dava à pátria, quanto pela falta que fez a seus três filhos homens e também às mulheres. Não faz muito tempo, foi seguido por Muzio Camillo[23], um dos três filhos acima referidos, belíssimo engenho nos estudos das belas-letras; isso causou grande pesar à família e muita dor aos amigos. Andrea, além de se distinguir na arte, foi pessoa assinalada; era muito prudente no que dizia e falava bem sobre todas as coisas. Era previdente e morigerado em todas as ações, amicíssimo dos filósofos e filósofo por natureza. Interessava-se por cosmografia e ao morrer deixou alguns desenhos e escritos sobre distâncias e medidas[24]. Era um tanto pequeno de estatura, mas tinha boa compleição e era bem formado. Seus cabelos eram lisos e macios. Tinha os olhos claros, nariz aquilino, carnação branca e corada, mas sua língua era um tanto travada, não bem solta. Teve como discípulos o florentino Lionardo del Tasso[25], que sobre a sepultura existente na igreja de Santo Ambruogio fez um São Sebastião de madeira e para as monjas de Santa Clara fez um painel de mármore; e o florentino Iacopo Sansovino[26], assim designado em razão do nome do mes-

---

[20] Está ainda hoje na capela de São João Batista, embora restaurado.

[21] A casa, ainda existente, também foi habitada pelo célebre médico e botânico Andrea Cisalpino (1519-1603).

[22] Portanto, não podia ter 68 anos, mesmo se anteciparmos aproximadamente em cinco anos a data de nascimento indicada por Vasari.

* "Três nomes difundem o nome eterno de Sansovino: Ana, a mãe de Cristo e o próprio Cristo por sua sagrada boca." [N. da T.]

* "Se com o cinzel fosse possível esculpir os espíritos como os corpos, eu poderia refazer o gênero humano. Pois dirias que toda figura humana que esculpo é viva, se espírito lhe fosse dado." [N. da T.]

[23] Talvez Marcantonio, como proposto por Milanesi.

[24] Sobre os desenhos e textos de Sansovino, cf. U. Middeldorf, "Unknown drawings of the two Sansovinos", em *The Burlington Magazine*, 60 (1932), pp. 236 ss.

[25] Lionardo del Tasso é conhecido de 1466 a 1500, aproximadamente; das obras citadas por Vasari, o *São Sebastião* ainda está na igreja de Sant'Ambrogio, enquanto um desenho relativo a ele está no Louvre; a *Santa Clara* está no Victoria and Albert Museum de Londres. Cf. C. Acidini Luchinat, "Gli ornati del repertorio antiquario alla grottesca", em *Annali della Fondazione Roberto Longhi in Firenze*, pp. 55-69.

[26] Jacopo Tatti, vulgo Sansovino, nasceu em Florença em 1486 e morreu em Veneza em 1570. Na

tre, que em Florença fez para Giovan Bartolini um Baco de mármore[27], considerado prodigioso, belíssima obra jamais feita pelos modernos para tal efeito, tão grande é sua graça e tão boa a sua maneira. Na construção de Santa Maria del Fiore fez o Apóstolo São Tiago, figura admirável[28]; em Roma[29] e, ultimamente, em Veneza[30] equiparou-se a seu mestre Andrea e até mesmo o superou. Por seu admirável valor, mereceu que a senhoria de Veneza o honrasse com uma remuneração, para que com a beleza de seu engenho ele possa produzir obras honrosas e prestigiosas, como fez seu mestre Andrea. Este enriqueceu a arte da arquitetura com muitos elementos de medidas e formas de tração, fazendo tudo com uma diligência que antes dele jamais se havia usado; na escultura, trabalhou o mármore com perfeição, e ninguém melhor que ele resolveu suas dificuldades, de tal modo que, entre os artistas, granjeou a fama de admirável engenho e benfeitor dessa arte.

---

edição giuntina, Vasari lhe dedica uma Vida e, depois da morte do artista, mandou imprimir uma Vida ampliada. Grande artista, Sansovino inseriu na tradição da escultura veneziana os motivos e as novidades de gosto romano-florentino. Cf. G. Mariacher, *Il Sansovino*, Verona, 1962; A. Paolucci, *Jacopo Sansovino*, Milão, 1966; e os recentes estudos de B. Boucher, "Jacopo Sansovino and the Choir of St. Mark's: the Evangelist, the Sacristy door and the Altar of the Sacrament", em *The Burlington Magazine*, 912 (1979), pp. 155-68, e "An Annunciation by Jacopo Sansovino", em *Apollo*, 257 (1983), pp. 151-61.

[27] O *Baco*, hoje no Museu Nacional de Bargello de Florença, foi datado com base em documentos como de 1511-12. Cf. L. Ginori Lisci, *Gualfonda, un antico palazzo e un giardino scomparso*, Florença, 1953.

[28] O *São Tiago Maior*, encomendado em 2 de junho de 1511, foi terminado em 1518.

[29] Pela primeira vez entre 1506 e 1511 e depois de novo por volta de 1516 até 1527 (cf. Vida de Polidoro na p. 628).

[30] Refugiou-se em Veneza, onde morreu em 1527, depois do Saqueio de Roma.

Benedetto da Rovezzano, escultor florentino

Acredito que para todos aqueles que fazem coisas engenhosas, esperando gozar os frutos do trabalho na velhice e acreditando poder conhecer as demonstrações e as belezas dos engenhos que florescem na escultura e na pintura, para verem até que ponto chegou a perfeição nas artes que exerceram, é muito triste perder a luz dos olhos por percalços da idade, má compleição ou mesmo inclemência do clima, não podendo assim, como antes, conhecer as qualidades ou os defeitos daqueles que ainda vivem e praticam tais misteres. Também acredito que é muito mais triste para eles ouvir os louvores feitos aos mais novos, não já por inveja, mas por não poderem eles mesmos ser juízes e não saberem se aquela fama tem razão de ser. Pelo que digo é possível conjecturar tudo o que ocorreu com aquele que morreu para a arte estando ainda vivo, Benedetto da Rovezzano[1], que foi considerado escultor exímio e talentoso, conforme dão fé suas obras vistas em Florença, nas quais fez coisas maravilhosas e diligentes, trabalhando o mármore em relevo. Dizem que elaborou toda a folhagem que há em torno da sepultura de Piero Soderini[2], que fica na capela-mor da igreja do Carmino. Na igreja do Santo Apostolo de Florença, acima das duas capelas de messer Bindo Altoviti, onde o aretino Giorgio Vasari fez o painel da Concepção[3], Benedetto elaborou a sepultura de messer Oddo Altoviti[4], com um ataúde cheio de belíssima folhagem. Na construção da igreja de Santa Maria del Fiore fez um Apóstolo[5] em concorrência com Iacopo Sansovino, Andrea da Fiesole, Baccio Bandinelli e os outros, obra belíssima e elaborada com esmero, pela qual mereceu louvores e conquistou grande fama. Depois começou fazer uma sepultura para os restos mortais de São João Gualberto[6], coisa be-

---

[1] Benedetto di Bartolomeo di Piero Grazini nasceu perto de Pistoia em 1474. Sobre ele, cf. estudos de E. Luporini, *Benedetto da Rovezzano, scultura e decorazione a Firenze tra il 1490 e il 1520*, Milão, 1964; e "Battista Pandolfini e Benedetto da Rovezzano nella Badia fiorentina. Documenti per la datazione", em *Prospettiva*, 35-36 (1983-84), pp. 112-23.

[2] A sepultura de Soderini, que morreu em 1522 em Roma, está na capela do Coro.

[3] A *Alegoria da Concepção* foi iniciada por Vasari em 1540. A pequena réplica desse painel, que Vasari na biografia admite ter pintado para Bindo Altoviti, está hoje nos Uffizi (nº 1524).

[4] Ainda hoje na mesma igreja, embora na parede da frente. Altoviti morreu em 12 de novembro de 1507. Cf. p. 67 do ensaio de Ch. Avery, "Benvenuto Cellini's bronze bust of Bindo Altoviti", em *The Connoisseur*, 795 (1978), pp. 62-73.

[5] O *São João Evangelista*, ainda no lugar de origem, foi encomendado a Benedetto em 28 de setembro de 1512 e terminado antes de 30 de outubro de 1513.

[6] A obra, iniciada em 1505, foi terminada em 1513, mas durante o assédio de 1529 foi desmembrada: algumas partes estão no Museu Nacional de Bargello, outras no museu da Obra da Catedral e outras ainda no Cenacolo di San Salvi.

líssima, feita em Guarlone sopra San Salvi; nela compôs inúmeras cenas, tudo feito com muita paciência. Em seguida, esboçou certo número de figuras em relevo em tamanho natural, que ficaram inacabadas em decorrência das devastações da guerra e por decisão do geral dos frades. Foi para a Inglaterra[7], onde realizou grande número de obras em metal para aquele rei, sobretudo a sua sepultura[8]. Voltando a Florença, terminou muitas coisas, ainda que pequenas. Depois, sempre modelando o metal a fogo, perdeu a vista, de tal modo que não houve banhos ou outros remédios que o pudessem curar. Por isso, ficando velho e cego, para ele as obras terminaram no ano MDXL[9]. Por esse motivo se lê este epigrama:

IVDICIO MIRO STATVAS HIC SCVLPSIT ET ARTE
TECVM ET COLLATVS IVRE, LYSIPPE, FVIT.
ASPERA SED FVMI NVBES QVAM FVSA DEDERVNT
AERA, DIEM MISERIS ORBIBVS ERIPVIT*.

Foi-lhe muito oportuna a conservação dos frutos de seu trabalho na arte, pois estes atualmente o mantêm com tranquilidade, de tal modo que ele suporta com paciência todo o seu infortúnio. E quem vier a conhecer suas obras em escultura, o amor e o tempo que dedicou ao mármore, verá que ele, mais por prazer do que por recompensa, exerceu diligentemente essas artes, de tal modo que em vida e após a morte será posto entre os belos engenhos, sendo perpetuamente venerado. Também se deleitou com a poesia e, cantando, versejou com não menor beleza que a presente nas estátuas feitas por ele com o uso de macetes e escopros, de tal modo que é igualmente louvado nas duas artes.

---

[7] Benedetto esteve na Inglaterra de 1524 a 1535.

[8] Trata-se do túmulo já iniciado em 1524 para o cardeal Th. Wolsey, que Henrique VIII quis para si depois que o prelado caiu em desgraça e morreu (1530). Inacabado, foi desmembrado em 1646; desse túmulo, resta na igreja londrina de Saint Paul o *Sarcófago* de mármore preto, que conserva os restos mortais de Nelson, e, na igreja de Saint-Bavon em Gand, quatro monumentais candelabros de bronze.

[9] Na época em que fez testamento (1543) ainda não consta que estivesse cego; morreu por volta de 1554, depois de ingressar em 1552 no mosteiro de Vallombrosa.

* "Este esculpiu estátuas com admirável tino e arte / E com justiça foi comparado a ti, Lisipo. / Porém a rude nuvem de fumaça desprendida pelos bronzes / fundidos arrebatou a luz de seus míseros olhos." [N. da T.]

Baccio da Monte Lupo, escultor

Não pensem as pessoas que aqueles que se descuram das artes que pretendem praticar jamais poderão vir a exercê-las com perfeição, pois, contrariando o julgamento de muitos, Baccio da Monte Lupo[1] aprendeu a arte da escultura.

Isso ocorreu porque na juventude ele foi desencaminhado pelos prazeres e quase nunca estudava; apesar das repreensões e das solicitações de muitos, pouco ou nenhum apreço dava à arte. Mas, chegados os anos do discernimento, que trazem consigo o juízo, Baccio percebeu subitamente como estava distante do bom caminho. Assim, envergonhando-se diante dos outros que o ultrapassavam nessa arte, com muito bom ânimo se propôs seguir e observar com estudo aquilo que até então evitara por preguiça. Por essa decisão, ele colheu na escultura os frutos que a crença de muitos não esperariam dele.

Portanto, dedicou-se à arte com todas as forças e, exercitando-se nela, tornou-se excelente e raro.

Prova disso está numa obra de *pietraforte* trabalhada com cinzel, em Florença, num recanto do jardim anexo ao palácio dos Pucci, com o brasão do papa Leão X[2], sustentado por duas crianças, tudo feito com bela maneira e perícia.

Fez um Hércules para Pier Francesco de' Medici, e para a corporação da porta Santa Maria foi-lhe encomendada uma estátua de bronze de São João Evangelista; antes de fazê-la, porém, precisou enfrentar a concorrência dos muitos mestres que fizeram modelos para a obra.

A referida figura foi colocada na esquina de San Michele in Orto[3], de frente para o ofício.

Essa obra foi terminada com extrema diligência. Conta-se que, quando ele fez o modelo de barro, quem viu a disposição e as formas das armaduras considerou-as belíssimas, apreciando o belo engenho de Baccio em tais coisas. E quem o viu fundir o metal com tanta facilidade deu-lhe o título de grande mestre, por ter feito uma fundição tão sólida e bela.

---

[1] Filho de Giovanni Sinibaldi, Bartolomeo, chamado de Baccio, nasceu por volta de 1469. Sobre ele, cf. M. Lisner, "Zum Rahnnen von Michelangelos Madonna Doni", em *Studien zur Geschichte der Europaischen Plastik. Festehrift Theodôr Müller*, Munique, 1965, pp. 167-78; e P. Morselli, "Florentine sixteenth century artists in Prato: new documents for Baccio da Montelupo and Francesco da Sangallo", em *The Art Bulletin* (1982), 1, pp. 52-4, e *Una commissione a Baccio da Montelupo per il cancello di S. Maria delle Carceri a Prato*, Prato, Società Pratese di Storia Patria, 1982, pp. 153-60.

[2] Datado de 1513, ainda está no lugar de origem, na esquina da via dei Servi com via dei Pucci.

[3] Terminada em 1515, ainda hoje está no lado sul de Orsanmichele.

Os trabalhos que fez nesse mister deram-lhe fama de bom, aliás, de ótimo mestre, e hoje mais do que nunca todos os artistas consideram belíssima essa figura. Passou a trabalhar com madeira, entalhando crucifixos de tamanho natural, dos quais se vê um número infinito em toda a Itália, e entre eles fez um para os frades da igreja de San Marco em Florença[4] que fica sobre a porta do coro.

Todos eles são elaborados com muita graça, mas, mesmo assim, há alguns muito mais perfeitos que outros, como os das enclausuradas de Florença e o da igreja de S. Pietro Maggiore, não menos louvado que aquele. E para os monges de Santa Fiora e Lucilla fez outro crucifixo que foi colocado sobre o altar-mor de sua abadia em Arezzo[5], obra considerada muito mais bela que as outras.

Quando o papa Leão veio a Florença[6], Baccio fez para a abadia um arco triunfal belíssimo de madeira e cerâmica; fez também muitas outras coisas pequenas que se perderam nas casas dos cidadãos de Florença.

Mas, fartando-se de ficar em Florença, mudou-se para Lucca[7], onde fez muitas obras de escultura e arquitetura, dedicando-se muito mais a esta do que àquela. Entre tais obras, está a bela e bem-composta igreja de San Paolino[8], protetor de Lucca, ornada com inteligência por dentro e por fora.

Continuando naquela cidade até os LXXVIII[9] anos de idade, terminou o curso da vida, recebendo daqueles que glorificara em vida honrosa sepultura na igreja de San Paolino, acima referida.

Contemporâneo seu foi Agosto Milanese[10], escultor e entalhador muito apreciado, que na igreja de Santa Marta de Milão deu início à sepultura de Monsenhor de Foys, hoje inacabada[11]; nela ainda se veem muitas figuras grandes, umas acabadas, outras começadas e algumas esboçadas, com várias cenas de médio-relevo em pedaços, sem o trabalho de alvenaria, com grande abundância de folhagens e de troféus. Fez outra sepultura, esta acabada e com o devido trabalho de alvenaria, na igreja de San Francesco, para os Biraghi[12]; tem seis figuras grandes e a base lavrada com cenas, além de outros belíssimos ornamentos que dão fé do esmero e da maestria de um artista tão valoroso.

Ao morrer, Baccio deixou filhos, entre os quais Rafaello[13], que se dedicou à escultura como o pai, não só se lhe equiparando como também o superando de maneira admirável.

Sua morte causou muito pesar aos cidadãos de Lucca, que o tinham por justo, bom, respeitoso das pessoas nobres, muito afetuoso com os artistas e, sobretudo, capaz de honrar e adornar sua pátria; sua fama não está menos viva em Lucca agora, após seu

---

[4] Está no capítulo do Museu de San Marco.

[5] Ainda hoje na igreja da Abadia.

[6] Leão X foi a Florença em 1515. As festas e o aparato em sua honra foram descritos por Landucci no *Diario Fiorentino dal 1450 al 1516*.

[7] Baccio esteve em Lucca pelo menos a partir de 1522.

[8] Iniciada em 1522, foi terminada em 1539 por Bastiano Bertolani com base em desenhos de Baccio.

[9] Baccio já estava morto em 1536, quando sua mulher se declarou viúva.

[10] Agostino Busti, mais conhecido como Bambaia, nasceu em 1483 e morreu em 1548.

[11] Gaston de Foix morreu na grande Batalha de Ravena em 11 de abril de 1512. O túmulo, no qual Bambaja trabalhou até 1522, aproximadamente, está hoje dividido entre os museus de Turim, de Londres (Victoria and Albert Museum) e de Milão (Museu Cívico), onde se conserva a efígie do *condottiero*.

[12] A sepultura, que foi iniciada em 1522, está hoje espalhada pelos museus milaneses e por coleções particulares.

[13] Raffaello da Montelupo nasceu em Florença em 1505, aproximadamente, e morreu em Orvieto em 1566. Colaborador de Michelangelo nas capelas dos Medici, foi autor de uma *Autobiografia*.

falecimento, do que quando ele vivia e trabalhava. Suas obras datam de aproximadamente MDXXXIII. Zaccheria da Volterra[14] foi seu grande amigo e com ele aprendeu muitas coisas; em Bolonha fez muitas obras de terracota, algumas das quais estão na igreja de San Giuseppo.

---

[14] Zaccaria Zacchi nasceu em Volterra em 1473 e morreu em 1544 em Roma. Em Bolonha, onde estava em 1516, realizou trabalhos na igreja de San Petronio; na igreja de San Giuseppe conserva-se dele uma *Nossa Senhora* de terracota. Em 1531 mudou-se para Trento, a fim de trabalhar no castelo de Buonconsiglio, para o cardeal Cles; sobre este, cf., na Vida dos Dossi ferrareses, nota 8, p. 603.

Lorenzo di Credi, pintor florentino

Em alguns a natureza se esforça por imprimir o mesmo amor àquilo que fazem, tratando-os da mesma forma como costuma tratar as plantas e as outras criaturas que ela, com infinita diligência, diligentemente conduz ao fim desejado. E quem contempla os prodígios da relva, o artifício e a diligência com que a natureza as mantém, a arte e o amor com que as leva a florir e a dar frutos, não se espantará ao ver as obras a que o pintor Lorenzo di Credi[1] deu acabamento com infinita paciência. Em tudo o que fazia, era ele mais diligente e esmerado do que qualquer outro que vivera em Florença antes dele. Foi companheiro e amigo íntimo de Lionardo da Vinci[2], pois durante muito tempo aprenderam arte juntos, na oficina de Andrea del Verrocchio[3]. Percebe-se que o modo como Lorenzo trabalhava a óleo, a limpeza com que mantinha as cores e refinava os óleos que usava para pintar fazem que sua pintura pareça menos envelhecida que as dos outros mais práticos de seu tempo. Dessas coisas dá fé um painel feito em Cestello com Nossa Senhora, São Juliano e São Nicolau[4], pois é incrível o amor que Lorenzo mostra pela arte, na infinita diligência de que se valeu.

Na juventude fez um pilar em Orto San Michele com um São Bartolomeu[5]. Para as monjas de Santa Chiara[6], em Florença, pintou um painel da Natividade de Cristo com alguns pastores e anjos, em que dedicou muito tempo a representar plantas copiadas do natural; também nas outras figuras despendeu extraordinário tempo e trabalho. No mesmo lugar encontram-se uma Madalena em penitência e um outro quadro. Em casa de messer Ottaviano de' Medici fez um medalhão com uma Nossa Senhora; para muitas outras casas de cidadãos também fez medalhões de Nossa Senhora[7] e outros trabalhos. Fez um painel para a igreja de S. Friano e algumas figuras

---

[1] Lorenzo di Andrea Barducci nasceu em Florença por volta de 1459. O cognome "di Credi" derivou do nome de um avô. Cf. G. Dalli Regoli, *Lorenzo di Credi*, Milão, 1966; id., "Precisazioni sul Credi", em *La Critica d'Arte*, 116 (1971), pp. 67-80; F. W. Kent, "Lorenzo di Credi, his patron Iacopo Bongianni and Savonarola", em *The Burlington Magazine*, 966 (1983), pp. 539-41.

[2] Cf. sua Vida nas pp. 443-4.

[3] Cf. sua Vida nas pp. 362-7.

[4] Ainda hoje o painel se encontra com o n.º 1263 no Museu do Louvre, em Paris.

[5] Datado de antes de 1510, ainda hoje está num pilar à direita da entrada.

[6] Dos dois painéis para Santa Chiara, a *Natividade* está nos Uffizi (n.º 8399) e a *Madalena*, em Berlim, nos Staatliche Museen (n.º 80).

[7] Entre os tantos "medalhões" conservados de Lorenzo, Berenson cita bem uns cinco: nos Uffizi (n.º 833), no Metropolitan de Nova York (n.º 861), na coleção Mortimer de Nova York, na Galeria Borghese (n.º 433) e na Galeria Querini Stampalia.

na de S. Matteo, do asilo de Lemmo. Em Santa Reparata[8] fez um quadro do Anjo Miguel; para Florença, fez muitas outras pinturas, como o painel da Companhia do Descalço[9], com a costumeira diligência. Tendo obtido algum patrimônio e reservado algo do que havia amealhado, Lorenzo despreocupou-se de trabalhar e ingressou em Santa Maria Nuova de Florença[10], extraindo assim sustento e subsistência bastantes até o fim da vida. Ali, dedicando-se aos ensinamentos de frei Girolamo[11], continuou sempre sendo honesto e levando vida honrada. Era muito afetuoso com os artistas e, sempre que pudesse ajudá-los nas necessidades, fazia-o com muito boa vontade. Finalmente, chegando aos LXXVIII anos, morreu de velhice e foi sepultado na igreja de San Pier Maggiore no ano MDXXX[12]. Seus trabalhos são tão bem-acabados e esmerados, que, em comparação com eles, qualquer outra pintura sempre parecerá esboçada e pouco nítida. Por isso, mereceu o seguinte epigrama:

ASPICIS VT NITEANT INDVCTO PICTA COLORE
ET COMPLETA MANV PROTINVS ARTIFICIS.
QVICQVID IN EST OPERI INSIGNI CANDORIS ET ARTIS,
LAVRENTI EXCELLENS CONTVLIT INGENIVM*.

Deixou muitos discípulos, entre os quais os florentinos Giovanantonio Sogliani[13] e Tommaso di Stefano[14], que sempre o imitaram no esmero e na diligência.

---

[8] O quadro se encontra na Sacristia da Catedral; é datável de 1523, porque Giovanni di Benedetto Cianfanini foi pago para terminar a obra em 23 de maio daquele ano.

[9] É o quadro com *Batismo de Cristo*, que desde 1786 substitui, na igreja de San Domenico em Fiesole, o retábulo de Perugino, hoje nos Uffizi (n.º 1435).

[10] Em 1.º de abril de 1531, com o compromisso de receber 36 florins por ano.

[11] Girolamo Savonarola, cujo poder durou em Florença de 1494 a 1498.

[12] Lorenzo morreu em 12 de janeiro de 1536, segundo o calendário florentino, conforme consta no Livro D dos Devedores e Credores do Arquivo de Santa Maria Nuova, c. 209.

* "Vês como os quadros brilham graças ao uso da cor e à mão de um artista consumado? Tudo o que de esplendor e arte há nesta obra insigne foi dado pelo engenho excelente de Lorenzo." [N. da T.]

[13] Cf. sua Vida nas pp. 618-20.

[14] Tommaso di Stefano Lunetti: há informações sobre ele de 1495 a 1564, ano de sua morte. W. Stekhow, "Tommaso di Stefano", em *Pinacotheca*, 1928-29, pp. 132-6; Ph. Costamagna e A. Fabre, "Un ritratto di Tommaso di Stefano agli Uffizi", em *Prospettiva*, 40 (1985), pp. 72-4.

Boccaccino Cremonese
(Boccaccio Boccaccino), pintor

Quando o povo começa a enaltecer pessoas que se sobressaem mais no nome do que nos feitos, é difícil, mesmo com razão, derrubá-las com palavras, até que suas próprias obras, contrariando totalmente aquela crença, acabem por revelar o que tais pessoas são. Sem dúvida o maior prejuízo que se pode causar aos engenhos que se dedicam à arte é louvá-los cedo demais; porque os louvores, ensoberbecendo-os antes de amadurecerem, não permitem que avancem, e, quando as obras não se mostram com a qualidade esperada, tais pessoas ficam consternadas com as críticas e desesperam totalmente da arte. Por isso, quem é sensato deve temer mais o louvor que a crítica porque aquele, adulando, engana, enquanto esta, mostrando a verdade, ensina. Boccaccino Cremonese[1] não teve essa sensatez. Este granjeou fama de mestre raro e excelente em Cremona e em toda a Lombardia, até que seus louvores foram apregoados em Roma. Querendo ver as obras de Michele Agnolo, impelido pelo que lhe chegara aos ouvidos acerca desse artista, dirigiu-se a Roma[2]; vendo suas obras, menoscabou-as tanto com palavras, que lhe encomendaram a pintura da capela de Santa Maria Traspontina. Terminada e dada a público, a obra abriu os olhos de todos os que, acreditando que ela seria capaz de ir além do céu, viram que ela não atingia nem mesmo a soteia das casas. Porque, quando viram aquela Coroação de Nossa Senhora com algumas crianças voando, os pintores de Roma trocaram a admiração pelo riso. Assim, ele saiu de Roma e voltou a Cremona, onde continuou a dedicar-se à arte. Na catedral, acima dos arcos do meio, pintou todas as cenas de Nossa Senhora[3], obra muito estimada naquela cidade. Ensinou arte a um filho chamado Camillo[4], que sempre se esmerou em remediar

---

[1] Boccaccio Boccaccino nasceu por volta de 1465 em Ferrara, de uma família de origem cremonense; cf. A. Puerari, *Boccaccino*, Milão, 1957.

[2] Sua permanência em Roma ocorreu entre 1512 e 1514. A pintura de Santa Maria Traspontina perdeu-se em 1558.

[3] Os afrescos da Catedral de Cremona foram executados por Boccaccino em dois períodos: antes da viagem a Roma foram terminados os que representam o *Redentor e quatro santos* (na abóbada de concha da abside, datados como MDVI, citados também pelo Anônimo Magliabechiano) e a *Anunciação* (sobre o arco triunfal, com data MDVII). Ao voltar de Roma, Boccaccino pintou: *Cenas de Maria* na parede da nave central, com data de 1514-18; a *Aparição do anjo a Joaquim* (MDXV); o *Encontro de Ana e Joaquim*, com a inscrição BOCACINVS F.; a *Natividade de Maria*; as *Núpcias*, com duas datações: FA. BOCACINVS MDXIV e, em outro ponto do afresco, MDXV; a *Anunciação*, a *Visitação*, a *Natividade* e a *Circuncisão* (BOCACINVS); e, sobre o arco do presbitério, *Jesus entre os doutores* com a inscrição BOCACINVS FA. MDXVIII.

[4] Camillo nasceu em 1501 e morreu em 1546.

551

as carências da falsa glória de Boccaccino, como dão fé as obras que realizou na igreja de San Sigismondo[5], a uma milha de Cremona, pintura que os cremonenses consideram a mais bela entre todas as que têm. Fez outra obra na fachada de uma casa da praça e na igreja de Santa Agata[6] pintou todas as divisões das abóbadas e alguns painéis. Pintou também a fachada de S. Antonio, além de outras coisas que faz e fará enquanto viver.

Depois do regresso, Boccaccino procurou progredir, por ter visto as obras antigas e outras coisas dos mestres modernos; mas não conseguiu, em vista da idade avançada, e continuou a praticar a arte do mesmo modo que antes. Finalmente, já com LVIII[7] anos, dizem que após longa enfermidade passou desta vida para a outra. Em sua época viveu em Milão o iluminador Girolamo Milanese[8], que deixou muitas obras, lá e em toda a Lombardia. Também vivia o milanês Bernardino del Lupino[9], que foi delicadíssimo, gracioso e honesto nas figuras que fez, como se vê por toda aquela cidade e em Sarone, a doze milhas[10] dali, nas Núpcias de Nossa Senhora e em outras cenas da igreja de Santa Maria, tudo feito em afresco com perfeição. Também pintou bem a óleo e foi pessoa muito cortês e dedicada à arte; por isso, é justo que lhe sejam prestados os louvores merecidos por qualquer artista que, com o ornamento da cortesia, faz que resplandeçam tanto as obras da vida quanto as da arte.

---

[5] A *Ressurreição de Lázaro* e a *Cena da adúltera*, nas paredes do coro, e os *Evangelistas com o Senhor em glória*, na abside, foram terminados em 1537.

[6] As pinturas indicadas por Vasari não eram de Camillo, mas de Bernardino Cremonese, conforme indicava a inscrição BERNARDINVS FACIEBAT e a data 1510. Receberam nova camada de gesso em fins do século XIX.

[7] Boccaccino morreu entre 14 de janeiro de 1524, data do testamento, e 26 de dezembro de 1525, quando foi feito o inventário de seus bens.

[8] É provável a identificação com Girolamo da Cremona, iluminador que, entre 1467 e 1475, atuou em Siena, iluminando antifonários hoje conservados na Catedral.

[9] Bernardino Luini, ativo entre 1507 e 1531-32, depois de um início em Verona, inclinou-se para os modos lombardos dos fins do século XV, passando na maturidade para um estilo não isento de influências de Leonardo. Cf. *Sacro e profano nella pittura di Bernardino Luini*, catálogo da exposição de Luino (1975), Milão, 1975.

[10] Os afrescos da igreja de Santa Maria dei Miracoli em Saronno foram iniciados por volta de 1524 e terminados por volta de 1531-32. As *Núpcias da Virgem* aqui citadas datam de c. 1525.

Lorenzetto, escultor florentino

Depois de rebaixar a virtude por via da pobreza, a fortuna muitas vezes acaba por arrepender-se e, emendando-se, em momento inesperado propicia vários tipos de benefício, para ressarcir em um ano as contrariedades e os incômodos de muitos anos. Foi o que ocorreu com Lorenzo di Lodovico[1], sineiro florentino, que em parte trabalhou na escultura e em parte na arquitetura. Viveu no tempo do gracioso Raffaello da Urbino[2], por ele muito amado, com o qual trabalhou como ajudante, dando-lhe por mulher a irmã de Giulio Romano, seu discípulo[3]. Na juventude, terminou a sepultura do cardeal Forteguerri[4], que foi posta na igreja de S. Iacopo de Pistoia e fora começada por Andrea del Verrocchio[5]; nela Lorenzo fez uma Caridade. Fez para Giovanni Bartolini uma figura de jardim. Foi para Roma, onde fez várias coisas que não são dignas de memória.

Agostino Chigi, por ordem de Rafaello da Urbino, encomendou-lhe sua sepultura em Santa Maria del Popolo[6], onde construíra uma capela; Lorenzo aplicou-se com amor a um trabalho impossível, para obter resultados louváveis e agradar a Rafaello, que podia engrandecê-lo e ajudá-lo muito nesse trabalho, e também com a esperança de que Agostino, homem riquíssimo, o remunerasse prodigamente. A execução das figuras recebeu a ajuda contínua de Rafaello, sendo assim possível levá-las a bom termo. Em uma delas representa-se Jonas saindo nu do ventre do peixe, para a ressurreição dos mortos; na outra, Elias a viver sob o zimbreiro apenas de água e pão. Essas estátuas foram feitas por Lorenzo com o máximo de arte e suprema beleza, mas a recompensa esperada, que deveria aliviar-lhe o peso da família, chegou tarde; porque Agostino

---

[1] Lorenzo di Ludovico di Guglielmo Lotti nasceu em junho de 1490 em Florença, conforme se depreende da leitura do Livro dos Batizados em Santa Maria del Fiore: "Lorenzo di Lodovico di Guglielmo ourives, pop. San Simone, nascido no dia 23, às 7 horas." Sobre Lorenzetto, cf. N. W. Nobis, *Lorenzetto als Bildhauer*, Bonn, 1977.

[2] Cf. sua Vida nas pp. 495-519.

[3] O casamento foi proposto dois anos depois da morte de Rafael, como se vê numa carta de 7 de maio de 1522, escrita por Baldassarre Castiglione ao cardeal Giulio de' Medici.

[4] A execução dessa sepultura foi encomendada a Lorenzetto em 17 de junho de 1514. Lorenzetto também fez a estátua do cardeal Forteguerri, hoje no Museu Cívico de Pistoia.

[5] Cf. sua Vida nas pp. 362-71.

[6] Agostino Chigi, que morreu em 10 de abril de 1520, quatro dias depois de Rafael, encomendara a Lorenzetto, no testamento de 28 de agosto de 1519, a execução das estátuas de seu próprio túmulo, seguindo desenho de Rafael. Lorenzetto fez sozinho a estátua de *Jonas*; para *Elias*, recorreu à colaboração de Raffaello da Montelupo. O relevo de bronze para a base do túmulo, com *Cristo e a adúltera*, foi transferido para o altar durante os trabalhos de Bernini. Cf. M. Hesse, "Berininis Umgestaltung der Chigi Kapelle an S. Maria del Popolo in Rom", em *Pantheon*, II (1983), p. 115.

Chigi e o admirável Rafaello faleceram, e, em decorrência da pouca piedade dos seus, as figuras permaneceram na oficina. Em vista disso, Lorenzo, muito pesaroso, perdeu todas as esperanças. Ocorre que, como execução do testamento de Rafaello da Urbino, ele fez uma estátua de mármore de Nossa Senhora com quatro braços de altura para o sepulcro do referido Rafaello na igreja de Santa Maria Rotonda[7]; também por sua ordem foi restaurado o tabernáculo. Para um mercador dos Perini fez na igreja da Trinità de Roma[8] uma sepultura com duas crianças em médio-relevo; em arquitetura, fez o desenho para muitas casas e outras construções, como o palácio de messer Bernardino Caffarelli[9], e no Palácio della Valle fez a fachada de dentro, bem como os desenhos dos estábulos e o jardim de cima. Como o papa Clemente[10] quisesse pôr na ponte Santo Angelo o São Paulo de Paolo Romano[11], teve a ideia de acompanhá-lo de outra figura, um São Pedro, que foi encomendada a Lorenzo; este a fez[12], e ambas foram postas no local em que são vistas, na entrada da ponte. Com a morte de Clemente VII[13], Baccio Bandinelli recebeu a incumbência de fazer a sepultura deste e a de Minerva di Leone[14]. Assim, Lorenzo ficou encarregado do trabalho de molduragem e do acabamento de mármore, e desse modo se ocupou algum tempo.

Finalmente, quando Paulo III[15] foi eleito, Lorenzetto, que recebia poucas encomendas, estava em má situação: tinha de seu apenas uma casa que construíra no Macello dei Corbi, cinco filhos para sustentar e já se passara o tempo de esperar recompensas por seus trabalhos. Foi quando sua sorte virou e a fortuna quis engrandecê-lo por outros caminhos. Isto porque, quando o papa Paulo III quis dar prosseguimento à construção de São Pedro, como já não estavam vivos nem Baldassare Sanese[16] nem nenhum daqueles que cuidavam desse assunto, Antonio da San Gallo empregou Lorenzo na obra[17], em trabalho de empreitada, com preço fixo por vara. Foi posto nessa obra como arquiteto. Assim, naqueles poucos anos, sem muita canseira, ficou mais conhecido do que antes, quando exercia seu trabalho, pois naquele momento eram-lhe propícios Deus, os homens e a fortuna. Por isso, se tivesse vivido até agora, teria recuperado os prejuízos que a violência do destino indignamente lhe impingira quando ele trabalhava tão bem. Chegando à idade de XLVII anos, morreu de

---

[7] A chamada *Madonna del Sasso* foi realizada com a colaboração de Raffaello da Montelupo e ainda está sobre o túmulo de Rafael no Panteão (cf. Vida de Rafael, nota 92, p. 517).

[8] A sepultura está na capela Borghese.

[9] O Palácio Caffarelli, na via del Sudario, foi obra de Lorenzetto, com base em desenhos de Rafael, por volta de 1515, conforme se depreende de uma gravura do século XVI, na qual está marcada essa data, em que se mostra seu aspecto original, antes de ser modificado por acréscimos ulteriores.

[10] Clemente VII, ou seja, Giulio de' Medici, foi eleito pontífice em 1523.

[11] Paolo di Mariano Tacconi da Sezze, chamado de Paolo Romano, foi pago em 1463 e em 1464 por um *São Paulo* que provavelmente é o mesmo de que fala Vasari. Paolo, que já em 1451 trabalhava em Roma, depois de um intervalo em Nápoles, a partir de 1460 estava de novo em Roma, onde morreu depois de 1470. Cf., na Vida de Paolo Romano, nota 7, p. 311.

[12] Ainda está na ponte do Castel Sant'Angelo.

[13] Em 25 de setembro de 1534.

[14] Sobre Baccio Bandinelli, cf., na Vida de Andrea da Fiesole, nota 10, p. 535; as duas sepulturas lhe foram encomendadas em 25 de março de 1536. A Lorenzetto foi encomendada a execução da molduragem.

[15] Alessandro Farnese tornou-se papa em 13 de outubro de 1534.

[16] Sobre Peruzzi, cf. Vida nas pp. 556-60.

[17] Lorenzetto foi empregado na construção de São Pedro depois de 1518. Sobre Sangallo, cf. Vida nas pp. 662-72.

febre em MDXLI[18]. Sua morte causou grande pesar a muitos amigos, que sempre o conheceram como pessoa afetuosa e discreta. Tendo sempre vivido como homem bom e sensato, os representantes de São Pedro lhe deram honrosa sepultura, na qual foi colocado o epitáfio abaixo:

SCVLPTORI LAVRENTIO FLORENTINO

ROMA MIHI TRIBVIT TVMVLVM, FLORENTIA VITAM;
NEMO ALIO VELLET NASCI ET OBIRE LOCO.

MDXLI
VIXIT ANNOS XLVII MENSES II DIES XV*.

---

[18] Lorenzetto morreu realmente em 1541, portanto não com 47 anos, e sim com 51.

* "Em memória do escultor florentino Lorenzetto. Roma deu-me o túmulo, Florença, a vida; ninguém quereria nascer e morrer em outro lugar. 1541. Viveu quarenta e sete anos, dois meses e quinze dias." [N. da T.]

Baldassare Perucci (Baldassarre Tommaso), pintor e arquiteto senês

Entre todos os dons que o céu distribui prodigamente entre os mortais, nenhum pode ou deve, por justiça, ser considerado maior que a própria virtude e o sossego ou paz de espírito, pois aquela sempre nos torna imortais, e esta, felizes. Por isso, quem as tem, além de dever gratidão a Deus, mostra-se entre os outros quase como um facho entre as trevas, como em nosso tempo ocorreu com Baldassarre Perucci[1], arquiteto e pintor senês. Sobre ele podemos dizer com segurança que a modéstia e a bondade nele reconhecidas foram ramos nada medíocres da suprema tranquilidade a que sempre aspiram as mentes dos mortais, e que as obras que dele ficaram são honrosos frutos daquela verdadeira virtude que lhe foi infundida pelo céu. Baldassarre, não por si mesmo, mas pelo menos por via dos antepassados, segundo muitos era de Volterra[2], embora ele sempre quisesse ser identificado como de Siena, pois a amava ternamente como pátria. Na juventude foi para Roma, onde se ligou de grande amizade com o senês Agostino Chigi[3]. Como tivesse muita inclinação pela arquitetura, comprazia-se em estudar as antiguidades de Roma e em procurar entendê-las. Foi admirável na perspectiva, na qual se tornou tão exímio, que poucos vimos iguais a ele em todos os séculos, coisa de que dão fé todas as suas obras, pois jamais realizou nenhuma sem que procurasse introduzir esses seus conhecimentos.

Durante sua juventude, junto ao teto de um corredor do palácio, foi feito para o papa Júlio um aviário no qual ele pintou todos os meses em claro-escuro e, em todos eles, as atividades próprias de cada um durante todo o ano; nessa obra veem-se inúmeras construções, teatros, anfiteatros, palácios etc., com boa inventividade, tudo acomodado naquele espaço. No palácio de San Giorgio, para o cardeal Rafaello Riario, bispo de Ostia, fez pinturas em alguns aposentos[4] em companhia de outros artistas; fez

---

[1] Baldassarre Tommaso nasceu em 7 de março de 1481, filho de Giovanni di Salvestro Peruzzi. Sobre Baldassarre Peruzzi, cf. C. L. Frommel, *Baldassarre Peruzzi als Maier und Zeichner*, Viena-Munique, 1967- -68; R. N. Adams, *Baldassarre Peruzzi, Architect to the Repubblic of Siena, 1527-1535*, 1979; F. Sricchia Santoro, in *L'arte a Siena sotto i Medici*, catálogo da exposição, Siena, 1980, pp. 3-6; *Trattato di Architettura militare di Baldassarre Peruzzi*, org. Alessandro Parronchi, Florença, 1982.

[2] Baldassarre nasceu de fato em Siena, para onde o pai tecelão se mudara proveniente de Volterra depois do Saqueio de 1472.

[3] "[...] riquíssimo mercador e amicíssimo de todos os homens virtuosos" (Vasari, 1568, II, p. 73), nasceu por volta de 1465 e morreu em Roma em 10 de abril de 1520. Sobre seu túmulo, cf., na Vida de Lorenzetto, nota 6, p. 553.

[4] O palácio faz parte da Chancelaria Apostólica desde 1517; em alguns pequenos aposentos foram recentemente descobertas decorações atribuíveis a Peruzzi, mas parte delas cabe a Perin del Vaga.

pinturas numa fachada defronte a messer Ulisse da Fano e também na de messer Ulisse, na qual representou as cenas de Ulisses, que lhe granjearam nomeada e fama. Porém muito mais fama lhe deu o modelo do palácio de Agostino Chigi[5], feito com toda aquela graça que ali se vê, nem parecendo edificado, mas nascido do chão, tendo sido adornado por fora com tintas de terra em forma de cenas, todas de sua lavra, entre as quais algumas belíssimas. Também trabalhou na sala das colunas representadas em perspectiva[6], cujas aberturas dão a ilusão de espaço. E o que de mais estupendo e maravilhoso ali se vê é a *loggia* sobre o jardim, pintada por Baldassarre, com cenas de Medusa, em que ela converte os homens em pedra e Perseu lhe corta a cabeça, além de muitas outras cenas nos tímpanos da abóbada que constitui ornamento de toda a obra, tudo feito em perspectiva, com estuque de cores bem imitadas, nem parecendo cor, mas coisa viva e em relevo. E podeis acreditar que, quando levei o admirável Tiziano[7], pintor prestigiado e excelente, a ver referida obra, não queria ele acreditar que aquilo fosse pintura; por isso, fomos obrigados a mudar de ponto de vista, de tal modo que ele ficou maravilhado com aquilo. Naquele lugar há algumas coisas feitas por Sebastian Veniziano[8] à maneira antiga, e do divino Rafaello d'Urbino há uma Galateia[9] raptada por deuses marinhos. Depois de Campo di Fiore, a caminho da praça Giudea, ele fez uma fachada belíssima com tintas de terras, com perspectivas admiráveis; quem encomendou seu término foi um cubiculário do papa, e hoje é propriedade do florentino Iacopo Strozzi. Na igreja da Pace fez uma capela para messer Ferrando Ponzetti, que depois se tornou cardeal[10]; está na entrada da igreja à esquerda e tem pequenas cenas do Antigo Testamento, tudo trabalhado em afresco com muita diligência. Porém mostrou muito mais o valor da arte da pintura e da perspectiva naquela mesma igreja, perto do altar-mor, obra feita para messer Filippo da Siena[11], clérigo da Câmara Pontifícia, com uma cena em que Nossa Senhora sobe as escadas do templo. Nessa cena, há muitas figuras, todas dignas de louvor, como um fidalgo vestido à antiga e montado a cavalo, que, movido pela compaixão, enquanto os servidores o esperam dá esmola a um mendigo nu e mísero, que a pede com grande emoção. Também há várias construções com ornamentos belíssimos, tudo feito em afresco com adornos de estuque ao redor, dando a impressão de que se trata de um quadro a óleo preso à parede com argolas de ferro. Também fez a fachada de messer Francesco Buzio próximo à praça dos Altieri; em seu friso representou todos os cardeais romanos que havia então, retratados do natural, e pintou as cenas nas quais os tributos de todo o mundo são apresentados a César. Acima fez os doze imperadores apoiados em mísulas, com escorços de baixo para cima, tudo trabalhado com muita arte e discernimento; por essa obra mereceu muitas recomendações. Em Banchi fez um brasão do papa Leão com três meninos em afresco, que parecem vivos, feitos de carne tenra. Para o jardim de frei Mariano

---

5 A villa Farnesina foi iniciada por Baldassarre em 1509. No exterior, da antiga decoração em claro-escuro, restam apenas algumas figuras alegóricas.

6 A decoração da sala das Perspectivas, ou das Colunas, ocorre mais tarde, por volta de 1515-16; recentemente foi feita a sua restauração.

7 Cf., na Vida de Giorgione, nota 14, p. 455.

8 Cf. sua Vida, nota 8, p. 682.

9 Cf., na Vida de Rafael, nota 82 da p. 514, no que se refere a outras intervenções no mesmo palácio.

10 Os afrescos da capela Ponzetti apresentam na cornija a data ANO DOM MDXVI e consistem na *Nossa Senhora com Menino Jesus e duas santas com o doador* e nas nove divisões com *Cenas da vida de Cristo e do Antigo Testamento*, que decoram a semicúpula.

11 O afresco para Filippo Sergardi é datável de c. 1517.

Fetti, do Piombo[12] em Monte Cavallo, fez um belíssimo São Bernardo de tintas de terras; e para a Companhia de Santa Catarina de Siena[13], na via Giulia, fez algumas outras coisas. Por toda a Roma fez desenhos de arquitetura e inúmeras casas. Em Siena fez o desenho do órgão do Carmino, além de muitas outras coisas para a cidade. Foi levado a Bolonha pelos construtores da igreja de San Petronio[14], para fazer o desenho e o modelo da sua fachada; e para as novas construções da casa do conde Giovan Batista Bentivoglio fez vários desenhos, todos belíssimos; e nunca louvaríamos suficientemente seus ótimos achados na busca de não estragar o que lá já estava construído e feito, mas de uni-lo ao novo; sem dúvida, é um trabalho singular em beleza e ordem. Também para o acima referido conde Giovan Batista fez o desenho de uma Natividade com os Magos em claro-escuro[15], em que causam grande admiração os cavalos, os carros e o cortejo dos três reis, tudo imaginado com tanta graça por Baldassarre; há também muralhas de templos e ótimas invenções construtivas na cabana. Depois, o conde incumbiu Girolamo Trevigi[16] de colorir essa obra, que foi muito louvada. Fora de Bolonha, fez o desenho para a porta da igreja de San Michele in Bosco[17], bem como o desenho para a Catedral de Carpi[18], construção muito bela, feita segundo as regras de Vitrúvio. No mesmo lugar deu início à igreja de San Niccola[19], que não foi terminada na época porque ele voltou a Siena[20], onde fez os desenhos para as fortificações daquela cidade, que sob sua orientação foram construídas.

Depois, mudando-se para Roma, fez a casa defronte à Villa Farnese[21], além de outras, todas dentro da cidade. Na época, Leão X quis terminar a construção de São Pedro, iniciada por Júlio II sob a direção de Bramante[22], pois lhes parecia que o edifício era grande demais, mas com um conjunto pouco integrado; assim, Baldassarre fez um modelo muito engenhoso e magnífico[23], algumas partes do qual serviram depois aos outros arquitetos. Na verdade, Baldassarre era dotado de tanto tino, diligência e saber em tudo o que fazia, que nunca se viu na profissão da arquitetura ninguém que também fosse tão excelente em pintura. Fez o desenho da sepultura de Adriano VI[24] e pintou-a

---

[12] Cf., na Vida de Fra Bartolomeo, nota 14, p. 473.

[13] No entanto, atribuídos pelo próprio Vasari a Timoteo Viti na edição giuntina.

[14] Em 1522 Peruzzi foi para Bolonha. Há vários desenhos seus no Museu de San Petronio, e uma descrição deles está no Diário da Construção de San Petronio, 1520-27, c. 63, que também cita o relatório do mesmo ano 1522 feito pelo arquiteto Ercole Seccadenari, que, apesar de considerar os desenhos belíssimos em si, não os achava apropriados ao edifício.

[15] Hoje está na National Gallery de Londres (n.º 167); tem a inscrição BAL. SENEN. F. Foram feitas numerosas cópias e gravuras a partir desse desenho.

[16] Cf. sua Vida nas pp. 621-3.

[17] Em 30 de dezembro de 1522 é citado o pagamento pelos desenhos no Livro do Convento.

[18] O modelo e os desenhos da igreja foram enviados de Roma a Carpi em 1514; mas o autor não é conhecido.

[19] A intervenção de Peruzzi teria ocorrido no período 1517-20, quando a reconstrução da igreja foi retomada depois de certo intervalo.

[20] Esteve em Bolonha até 1522, mas em 1523 já estava em Roma.

[21] São reconhecidos como de sua autoria alguns palácios romanos: Altemps, Spada, Ossoli, este último de um período tardio.

[22] Cf., na Vida de Bramante, notas 13 e 14, p. 468.

[23] Os desenhos de Peruzzi estão reproduzidos no *Terzo libro di Sebastiano Serlio Bolognese etc.*, Veneza, 1540. Nos Uffizi há uma folha com estudos autógrafos. Peruzzi foi arquiteto de São Pedro de 1.º de agosto de 1520 a 6 de maio de 1527, também de 1530 a 1531 e, finalmente, de março de 1535 a 6 de janeiro de 1536, dia de sua morte.

[24] Em 1529 a sepultura em Santa Maria dell'Anima estava terminada: desenhos executados em 1524.

pessoalmente ao redor. No tempo de Leão, montou no Capitólio de Roma todo um aparato em perspectiva para uma representação teatral[25]; nesse trabalho ficaram evidentes a perfeição e a graça que o céu infundira no engenho de Baldassarre; não é possível imaginar que nos cenários modernos veríamos palácios, casas e templos iguais, toda a grandeza que o engenho de tão grande perspectivista mostrou na pequenez daquele lugar, as extravagantes invenções em vielas, esquinas e ruas, cujas casas, em parte construídas, em parte representadas pela pintura, enganavam os olhos de todos, de tal modo que não parecia haver lá uma praça pintada, mas uma verdadeira praça; também foram tão apropriadas as luzes e as roupas dos atores, tão semelhantes às verdadeiras, que ninguém diria estarem eles a recitar fábulas num teatro, mas sim que ali ocorria uma coisa verdadeira e viva. Desenhou a casa dos Massimi[26] em forma oval, fazendo com que sua construção fosse executada segundo uma técnica bela e nova; mas não pôde ver seu término, pois lhe sobreveio a morte[27].

Eram tais as virtudes desse artista maravilhoso, que seus trabalhos foram de grande proveito para os outros, mas de pequeno proveito para si mesmo, porque, embora sempre tivesse convivido com papas, grandes cardeais e riquíssimos mercadores, nunca foi beneficiado por nenhum deles, e isso tanto em decorrência da modéstia de seu caráter tímido e discreto, quanto da ingratidão e da avareza daqueles que sempre se serviram dele, sem jamais lhe darem prêmio algum. Ficando velho e com o encargo da família, com toda a modéstia que convém a uma pessoa religiosa, fez solicitações à igreja e, avançado em anos, adoeceu gravemente. Clemente VII, entendendo o mal que fizera e percebendo, ainda que tarde, a perda que representaria a morte daquele homem, enviou-lhe cinquenta escudos, oferecendo-lhe mais, em caso de necessidade. Ele então, que sempre se preocupou mais com a família do que consigo, ficou tão triste, que passou desta vida para a outra. Sendo muito pranteado pelos filhos, recebeu honroso sepulcro no Panteão, junto à sepultura de Raffaello da Urbino. Seu féretro foi acompanhado por artistas, escultores, arquitetos e pintores, que sempre chorando lhe fizeram companhia. Recebeu o seguinte epitáfio:

BALTHASARI PERVTIO SENENSI VIRO ET PICTVRA ET ARCHITECTVRA ALIISQVE INGENIORVM ARTIBVS ADEO EXCELLENTI VT SI PRISCORVM OCCVBVISSET TEMPORIBVS NOSTRA ILLVM FAELICIVS LEGERENT.
VIX(IT) ANN(OS) LV MENS(SES) XI DIES XX.
LVCRETIA ET IO(ANNES) SALVSTIOS OPTIMO CONIVGI ET PARENTI NON SINE LACHRIMIS SEMONIS HONORII CLAVDII AEMILIAE AC SVLPITIAE MINORVM FILIORVM DOLENTES POSVERVNT. DIE IIII IANVARII MDXXXVI*.

---

[25] Na edição giuntina Vasari especifica que se tratava de *Calandria*, comédia cuja encenação o cardeal Bibbiena promoveu pela primeira vez em Urbino em 1513 e, na presença de Leão X, em 1515. Na Biblioteca Comunale di Siena há uma folha de uma caderneta de Peruzzi com dois estudos cênicos (cód. S. II. 4).

[26] O Palácio Massimo alle Colonne foi terminado em 1532.

[27] Morreu em Roma em 6 de janeiro de 1536.

* "Em memória do varão senês Baltazar Perutio, excelente em pintura, arquitetura e outras artes do engenho. Tivesse ele morrido nos tempos antigos, os nossos o teriam reconhecido. Viveu cinquenta e cinco anos, onze meses e vinte dias. Ao melhor dos esposos e pai, não sem lágrimas, Lucrécia e João Salústio mandaram colocar este epitáfio. Pesarosos também seus filhos menores Simão, Honório, Emília e Sulpícia. 4 de janeiro de 1536." [N. da T.]

Por suas qualidades, depois de sua morte os príncipes reconheceram seu valor e sua fama cresceu. Isto porque, quando decidiu terminar São Pedro[28], Paulo III sentiu muita falta de sua ajuda, visto que Baldassarre teria sido muito útil naquela construção ao lado de Antonio da San Gallo[29]. E, embora Antonio tivesse feito depois aquilo que hoje se vê, sem dúvida as dificuldades da obra teriam sido mais bem resolvidas pelo trabalho conjunto dos dois. O bolonhês Sebastian Serlio[30] herdou muitas coisas suas; foi ele autor do terceiro livro das arquiteturas e do quarto livro das antiguidades de Roma, nos quais os trabalhos de Baldassarre foram anotados à margem e muitas vezes incluídos no texto, pois os escritos de Baldassarre ficaram em suas mãos e nas do ferrarês Iacopo Melighino[31], que depois se tornou arquiteto do papa Paulo III. Permaneceu vivo um discípulo seu chamado Cecco Sanese[32], que em Roma fez os brasões do cardeal de Trani, Navona, bem como outras obras. Portanto, basta dizer que ele foi tão virtuoso e bom, que todos os que o conheceram e precisaram dele sempre o encontraram cortês e benévolo. E isso se vê mesmo agora, depois de sua morte, pois todos os que falam dele lamentam sua má sorte. Foram seus amigos chegados Domenico Beccafumi[33], excelente pintor senês, e Capanna[34], do qual, entre muitas outras coisas em Siena, destacam-se a pintura da fachada dos turcos e outra na praça.

---

[28] Eleito papa em 1534, reinou até 1549.

[29] Cf. sua Vida nas pp. 662-72.

[30] Sebastiano Serlio, autor dos *Sette libri dell'architettura* (cf. acima, nota 23), nasceu em Bolonha em 1475 e morreu em Fontainebleau em 1555.

[31] Jacopo Meleghini nasceu em Ferrara e morreu em Roma em 1549. Tornou-se arquiteto da Construção de São Pedro em 1538.

[32] Francesco Pomerelli, do qual há informações em Roma por volta de 1550.

[33] Domenico di Giacomo, vulgo Beccafumi, nasceu por volta de 1486 nas proximidades de Montaperti e morreu em 18 de maio de 1551. Com Pontormo e Rosso Fiorentino, foi um dos grandes protagonistas do primeiro maneirismo. D. Samminiatelli, *Beccafumi*, Milão, 1967, e E. Baccheschi, *L'opera completa del Beccafumi*, Milão, 1977.

[34] Sabe-se apenas que atuou em Siena e em Roma.

Pellegrino da Modena, pintor

São diversos e estranhos os acidentes que estão continuamente a nascer dos perigos da vida e a atingir os corpos humanos todos os dias, mas os vemos em especial incidir sobre pessoas engenhosas. Pois quem exercita a memória no esforço do estudo, fazendo corpo e alma sofrer, dá ensejo à desunião dos membros, desvia-os de seu curso primordial e torna-os rebeldes ao sangue, de maneira que quem tem gênio de natureza alegre transforma-o em melancolia e em pouco tempo se aproxima da morte. É muito triste ver quem escapa disso ser atingido violentamente pela vingança, pelo furor e pela força de outro que, com espada, veneno ou qualquer outra nova desgraça, lhe trunca sem respeito o fio da vida no momento em que seu engenho prometia a colheita dos melhores e mais maduros frutos. E na verdade é grande o dano causado pela natureza quando ela nos dá um engenho para ornamento do seu século e proveito de quem nele vive e depois o tira tão cedo da terra, desonrando-se a si mesma e prejudicando os outros. Foi o que ocorreu com o pintor Pellegrino da Modona[1], que, desejando conquistar fama na arte da pintura pela força do trabalho, saiu de sua pátria ao ouvir as maravilhas do grande Raffaello da Urbino[2]; e tanto fez que conseguiu trabalhar com ele. Chegando a Roma, encontrou inúmeros jovens dedicados à pintura que, em recíproca emulação, procuravam superar-se uns aos outros no desenho e trabalhavam ininterruptamente para cair nas graças de Raffaello e granjear fama entre as pessoas. Pellegrino, dedicando-se ao extremo, acabou por tornar-se um mestre não só no desenho, como também na prática da arte. E, em companhia de outros jovens, trabalhou com Raffaello[3] enquanto este pintava as *logge* para Leão X. Por tais trabalhos, Raffaello o empregou em muitas outras coisas. Na igreja de Santo Eustachio de Roma, junto à entrada, Pellegrino pintou três figuras em afresco num altar; na igreja dos portugueses em Scrofa, pintou a capela do altar-mor em afresco, além de um painel. Na igreja de San Iacopo della Nazione Spagnuola em Roma[4], numa capela adornada de mármore na qual Iacopo Sansovino[5] fez um São Tiago de mármore com quatro braços e meio de altura, obra muito louvada, Pellegrino pintou

---

[1] Pellegrino Aretusi, ou Munari, nasceu por volta de 1463. "Jovem belo e digno na pintura", é o que se diz em *In commendazione di donzelle Modenesi viventi nell'anno 1483*, Modena, 1483. Sobre ele, cf. B. F. Davidson, "Pellegrino da Modena", em *The Burlington Magazine*, 803 (1970), pp. 78-86; F. Sricchia Santoro, "Intorno a Raffaello: un contributo per Pellegrino da Modena", em *Prospettiva*, 33-36 (1983-84), pp. 166--74; M. Ferretti, "Nota su Pellegrino da Modena", em *Bollettino d'Arte*, 24 (1984), pp. 55-8.

[2] Cf. sua Vida nas pp. 495-519.

[3] O ciclo das *logge* foi terminado em 1519 (cf. nota 72, p. 513).

[4] Os afrescos em San Giacomo degli Spagnoli, hoje um tanto deteriorados, foram executados entre 1515 e 1517, aproximadamente.

[5] Cf., na Vida de Andrea Sansovino, nota 26, pp. 542-3. A estátua foi encomendada em 1518-19, aproximadamente; hoje está na igreja de Santa Maria in Monserrato.

em afresco as cenas desse Apóstolo, nas quais se percebe a gentilíssima expressão imitada de seu mestre Raffaello, com boa força e composição, coisas pelas quais Pellegrino sempre foi conhecido como dotado de engenho agudo e elegante em pintura. Em muitos outros lugares de Roma executou obras sozinho ou em companhia e, depois da morte de Raffaello, voltou a Modena[6], onde assumiu o encargo de numerosas obras, entre as quais, para a Confraria dos Flagelantes, um painel a óleo com um São João a batizar Cristo[7]. Na igreja dos servitas fez outro painel[8] a têmpera com São Cosme e São Damião e muitas outras figuras; tais obras, somadas às outras, deram-lhe ensejo de tomar mulher em Modena, vindo a ter desse casamento um filho que depois deu ocasião à morte do pai. Conta-se que, em meio a uma discussão com outros companheiros, jovens modenenses, o filho de Pellegrino sacou a arma e matou um deles. Quando recebeu essa notícia, Pellegrino estava a trabalhar; assustado, querendo socorrer o filho e impedir que ele caísse nas mãos da justiça, saiu aflito para ajudá-lo a fugir, mas, não muito longe de casa, topou com os parentes armados do jovem morto, que estavam à procura de seu filho, para se vingarem com as próprias mãos. Dando com Pellegrino, empunharam as armas e com tamanho furor o assaltaram, que ele não teve oportunidade de fugir nem de se defender; e, assim, deixaram-no ali no chão, cheio de ferimentos e morto[9]. Os modenenses sentiram muito esse acontecimento tão inaudito de roubar a vida a quem lhes dava vida, nome e glória com suas obras. E, sobremodo pesarosos com tal perda, deram honroso sepulcro a Pellegrino. Vi para ele o seguinte epitáfio:

EXEGI MONVMENTA DVO, LONGINQVA VETVSTAS
QVAE MONVMENTA DVO NVLLA ABOLERE POTEST.
NAM QVO SERVAVI NATVM PER VVLNERA, NOMEN
PRAECLARVM VIVET TEMPVS IN OMNE MEVM.
FAMA ETIAM VOLITAT TOTVM VVLGATA PER ORBEM
PRIMAS PICTVRAE FERME MIHI DEDITAS*.

Foi seu contemporâneo Gaudenzio Milanese, pintor excelente[10], exímio e expedito, que fez muitos afrescos em Milão, em especial um belíssimo Cenáculo[11] para os frades da Passione, que ficou inacabado devido à sua morte. Trabalhou a óleo de modo excelente; em Vercelli e em Veralla[12] há várias obras suas, muito estimadas por quem as possui.

---

[6] Evidentemente, depois de 6 de abril de 1520, data da morte de Rafael.

[7] Em 1509 foi colocada na Confraria dos Flagelantes, depois chamada de Santa Maria da Neve; em seguida foi retirada e posta na igreja de San Giovanni.

[8] O painel com *São Cosme e São Damião*, que ostentava a data 1523, hoje está perdido.

[9] O fato ocorreu na noite de 20 para 21 de novembro de 1524, embora Pellegrino tenha morrido algumas horas depois.

* "Realizei dois monumentos que a velhice, por mais longa que seja, não poderá abolir. Pois defendi meu filho ferindo-me e meu nome preclaro viverá por todos os tempos. Além disso, minha fama difundida espalha pelo mundo que a primazia da pintura me cabe." [N. da T.]

[10] Gaudenzio Ferrari nasceu em Valduggia em Novarese, por volta de 1480, e morreu em 1546 em Milão. Cf. G. Testori, *Mostra di Gaudenzio Ferrari*, Vercelli, 1965; L. Malle, *Incontro con Gaudenzio*, Turim, 1969; G. Romano, *Gaudenzio Ferrari e la sua scuola*, Turim, 1982.

[11] No transepto esquerdo da igreja de Santa Maria delle Passione está o painel que Gaudenzio se comprometeu a executar em 18 de fevereiro de 1543.

[12] Em Varallo Sesia está conservada a obra mais insigne do pintor: o ciclo de afrescos da igreja de Santa Maria delle Grazie, que representa 21 cenas da *Vida de Cristo*, pintadas de 1507 a 1513. Nos arredores da pequena cidade, em Sacro Monte, também há outras pinturas que Gaudenzio fez por volta de 1523 nas "estações": na V, a *Adoração dos Magos*; na XI, a *Piedade*; na XXXVIII, a *Crucificação*.

Giovan Francesco, vulgo Fattore, pintor florentino

Pode ser considerado feliz aquele que, sem se preocupar com coisa alguma, é levado pelo destino a um fim que o engrandeça com louvores, honras e recursos e, em consideração aos conhecimentos que tem, lhe granjeie reverência, prêmios e galardão por todas as suas ações e seus trabalhos. Foi o que ocorreu com o pintor florentino Giovan Francesco, chamado de Fattore[1], que deveu reconhecimento não só à fortuna, como também à sua boa natureza e às labutas que suportou no estudo da pintura. Por tais qualidades, Raffaello da Urbino[2] empregou-o em sua casa e sempre o manteve com Giulio Romano[3] como se fossem seus próprios filhos. Disso deu penhor ao morrer, quando os deixou por herdeiros de seus recursos e de suas virtudes. Isso sempre se viu em Giovan Francesco, que Raffaello já em sua infância chamava de Fattore: nos seus desenhos, imitou a maneira do mestre e sempre o seguiu. E, visto que sempre gostou mais de desenhar que de colorir, dedicava seu tempo mais a isso do que a qualquer outra coisa. Seus primeiros trabalhos foram feitos nas *logge* do papa em Roma, em companhia de Giovanni da Udine, Perino e outros excelentes mestres[4]; nelas se vê a graça de um mestre que se esmerava para atingir a perfeição. Fez muitas coisas com base em cartões e orientações de Raffaello, como a abóbada de Agostino Chigi em Trastevere[5], Roma, além de quadros, painéis e outras obras diversas, nas quais se portou tão bem, que mereceu o infinito amor de Raffaello.

Em Monte Giordano de Roma fez uma fachada de claro-escuro e em Santa Maria di Anima, na porta do lado que dá para a Pace, fez em afresco um S. Cristóvão de oito braços de altura[6], considerado de ótimo desenho e boa execução. Ali há uma gruta com um eremita a segurar uma lanterna, tudo feito com bom desenho e graça. Indo a Florença, fez em propriedade de Lodovico Capponi, situada em Monte Ughi, lugar fora da porta S. Gallo, um tabernáculo com Nossa Senhora, coisa muito louvada. Deu-se

---

[1] Segundo o registro do Cadastro de 1504 feito pelo pai, Gian Francesco di Michele di Luca di Bartolomeo Penni, vulgo Fattore, nasceu em 1496.

[2] Cf. sua Vida nas pp. 495-519.

[3] Cf. sua Vida nas pp. 673-80.

[4] Os trabalhos nas *logge* estavam concluídos em 1519: seu início é situado em várias datas. Foram numerosos os ajudantes de Rafael: além de Giulio Romano, Penni, Giovanni da Udine e Perin del Vaga, é preciso acrescentar Pellegrino da Modena, Vincenzo Tamagni, Tommaso Vincida, Polidoro da Caravaggio e Raffaellino dal Colle. Cf. N. Dacos, *Le logge di Raffaello*, Roma, 1977. Cf., na Vida de Rafael, nota 72, p. 513.

[5] Cf. ibid., nota 82, p. 514.

[6] O afresco foi caiado no século XVIII.

então a morte de seu mestre Raffaello[7], razão pela qual Giulio Romano e Giovan Francesco trabalharam muito tempo juntos, terminando as obras que Raffaello deixara inacabadas[8], como ainda dão fé algumas coisas na vinha do papa e a grande sala do palácio, onde se veem as cenas de Constantino[9]; realmente, fizeram excelentes figuras com bela execução e maneira, ainda que as invenções e os esboços das cenas fossem de Raffaello. Naquele tempo Perino del Vaga[10], pintor excelente, casou-se com a irmã de Giovan Francesco, motivo pelo qual realizaram juntos muitos trabalhos. E, assim prosseguindo, Giulio e Giovan Francesco fizeram juntos um painel de dois pedaços, com a Assunção de Nossa Senhora, que foi para Monte Lucci em Perúgia[11]; fizeram outros numerosos trabalhos em vários lugares. Depois, receberam do papa Clemente a incumbência de fazerem um painel semelhante ao de Raffaello, que está em San Piero a Montorio[12], pois queria enviá-lo à França, destino daquele primeiro, que fora feito pelo mestre. Nessa época, os dois se separaram e dividiram tudo o que Raffaello lhes deixara, inclusive os desenhos. Assim, Giulio foi para Mântua[13], onde fez numerosas coisas para aquele marquês, e Giovan Francesco, ao saber disso, achando que deveria fazer o mesmo, dirigiu-se também a Mântua, onde não foi recebido por Giulio com muitas festas. Por esse motivo, Giovan Francesco foi embora e, depois de girar pela Lombardia, voltou a Roma. Em seguida, foi para Nápoles de galera, no séquito do Marquês de Vasto, levando o painel que estava em San Piero a Montorio, bem como algumas outras coisas, que mandou colocar em Ischia, ilha do marquês; hoje o painel está na igreja do Santo Spirito de gli Incurabili em Nápoles[14]. Ali ficando, desenhou ininterruptamente e foi muito apreciado por Tommaso Cambi, mercador florentino que cuidava dos negócios daquele nobre. Mas não passou ali muito tempo, pois, sendo de má compleição, adoentou-se e morreu[15], para enorme pesar do senhor marquês e de todos os amigos que ali fizera. Deixou o irmão Luca[16], que trabalhou com seu cunhado Perino em Gênova e em muitos outros lugares da Itália, como Lucca, até finalmente ir para a Inglaterra. As obras de Giovan Francesco datam de aproximadamente MDLXXVIII. O epitáfio feito para seu nome diz o seguinte:

OCCIDO SVRREPTVS PRIMAEVO FLORE IVVENTAE,
CVM CLARA INGENII IAM DOCVMENTA DAREM.
SI MEA VEL IVSTOS AETAS VENISSET AD ANNOS,
PICTVRA AETERNVM NOTVS ET IPSE FOREM*.

---

[7] Em 6 de abril de 1520.

[8] Como a famosa *Transfiguração*; cf., na Vida de Rafael, nota 89, p. 515.

[9] Os afrescos para a sala de Constantino foram feitos entre 1517 e 1524, principalmente por Giulio Romano e pelo próprio Penni, ao qual devem ser atribuídos o *Batismo de Constantino*, *Clemente I*, a *Verdade* e *Apolo e Diana*. Cf., na Vida de Rafael, nota 86, p. 515.

[10] Cf. sua Vida nas pp. 689-712.

[11] O painel, feito em colaboração com Giulio Romano, está hoje na Pinacoteca Vaticana (n? 230).

[12] Ou seja, a *Transfiguração*.

[13] Em 1526.

[14] Não há notícias sobre esse quadro.

[15] Talvez em 1528, como Vasari diz adiante; mas, se morreu com 40 anos, como se diz na edição giuntina, deve ter morrido em 1536, visto que nasceu em 1496.

[16] Luca, que não devia ter nascido ainda em 1504, pois não figura no registro do Cadastro do pai, morreu em Paris em 1556 depois de ter trabalhado em Fontainebleau com Primaticcio.

* "A morte me arrebatou na flor da juventude, quando eu já dava claras demonstrações de meu engenho. Se minha vida atingisse a idade a que fazia jus, a pintura me daria fama eterna." [N. da T.]

E há outro:

GIACE QVI GIOAN FRANCESCO IL GRAN FATTORE
ECCELLENTI PITTORE ORNATO E BELLO
CHE VINSE I PARI A SÉ; E RAFFAELLO
VINCEA: MA MORTE L'AMMAZÒ IN SVL FIORE*.

---

* "Aqui jaz Giovan Francesco, o grande Fattore, / excelente pintor ornado e belo / que sobrepujou seus pares; e já suplantaria / Rafael: mas a morte o arrebatou na flor da idade." [N. da T.]

Andrea del Sarto, pintor florentino

A fortuna é digna de lástima quando vem ao mundo um bom engenho, perfeito em pintura, que se dê a conhecer como pessoa excelente na arte, capaz de produzir obras dignas de louvor, mas é dado a modos de vida vis e se mostra incapaz de temperar por quaisquer meios o mau uso dos costumes. Sem dúvida aqueles que o amam são movidos por compaixão, aflição e dor ao verem-no perseverar nesse tipo de vida, muito mais quando se sabe que ele não teme os engenhos elevados e não tira proveito de seus estímulos no sentido de dar mais valor à honra que à vergonha. Pois quem não estima a virtude não a reveste com a nobreza dos costumes e com o esplendor de uma vida honesta e honrada e, se nasce em berço humilde, cobre com uma mancha a excelência de seus trabalhos, que mal e mal se distinguem dos outros. Pois aqueles que se pautam pelo talento deveriam dar valor ao grau em que se encontram, odiar a vergonha e fazer-se honrar ao máximo; e, assim como se resiste ao cansaço para produzir obras excelentes e sem defeito, também nas coisas da existência caberia deixar desta vida fama tão boa quanto a de qualquer outro talento. Porque não há dúvida de que quem negligencia a própria vida acaba por ajudar a truncar o caminho para a fama e para a boa fortuna, precipitando-se na satisfação de desejos e apetites que logo enfadam, de tal modo que afasta de si os que lhe são próximos e, com o tempo, acaba por fartar o mundo, convertendo todos os esperados louvores em prejuízo e desaprovação. Assim, percebe-se que aqueles que se queixam de não serem no todo ou em parte recompensados pela fortuna e pelos homens, acusando-a de ser inimiga da virtude, se quiserem reconhecer em sã consciência o que fazem, de tal maneira que a cada mérito caiba outro mérito, verão que não conseguiram mais em decorrência de seus próprios defeitos ou de sua má índole, e não por culpa daqueles. Porque pelo menos algumas vezes, se não sempre, foram recompensados e tiveram ocasião de valer-se deles. Mas o mal é daqueles que, enceguecidos pelos próprios desejos, não conseguem reconhecer a ocasião quando ela se apresenta, pois, se a aproveitassem e a valorizassem quando vem, não incorreriam nos transtornos em que se veem muitas vezes, mais por sua própria culpa do que por qualquer outra razão, dizendo-se por isso infelizes. Foi o que se viu mais na vida do que na arte do excelente pintor florentino Andrea del Sarto[1], grande devedor da natureza pelo raro engenho de que foi dotado na pintura. Caso ti-

---

[1] Andrea, filho de Agnolo di Francesco, recebeu o cognome Sarto (alfaiate), em decorrência da profissão do pai. Sem dúvida ele foi uma referência para os artistas desorientados pelo surgimento de novidades artísticas cada vez mais ousadas, com suas mediações entre o classicismo da tradição e as angústias do maneirismo. Sobre ele, cf. S. J. Freedberg, *Andrea del Sarto*, Cambridge, 1963; J. Shearman, *Andrea del Sarto*, Oxford, 1965; R. Monti, *Andrea del Sarto*, Milão, 1965; A. M. Petrioli Tofani, *Andrea del Sarto, Disegni*, Florença, 1985.

vesse levado uma vida mais digna e honrada, não sendo tão negligente consigo e com os próximos, por desejar tanto uma mulher que sempre o manteve pobre e rebaixado, Andrea del Sarto teria ficado para sempre na França, aonde foi chamado pelo rei[2], que adorava suas obras, o estimava muito e o teria remunerado largamente. Mas, para satisfazer aos desejos dela e aos próprios, voltou e viveu sempre miseramente. Seus trabalhos sempre lhe deram parcos recursos, e ela, único bem que ele via, abandonou-o no fim, quando a morte se aproximava. Mas comecemos do princípio.

Andrea del Sarto nasceu em MCDLXXVIII[3] na cidade de Florença, filho de um homem de bem, cognominado Sarto [alfaiate] pela arte que exercia. Dono de agudíssimo engenho e grande vivacidade, foi criado pobremente pelo pai, que só conhecia a arte da costura. Assim, com a idade de 7 anos, foi tirado da escola onde aprendia a ler e levado para a arte da ourivesaria. Nela, entregava-se com muito mais facilidade e boa vontade ao desenho do que aos outros lavores de prata da oficina. Ocorre que Gian Barile[4], influente pintor florentino, vendo os desenhos do menino, gostou muito e fez de tudo para levá-lo consigo, pois sabia que precisaria dele. E assim, fazendo-o abandonar a ourivesaria, levou-o para a arte da pintura. Andrea, gostando e percebendo que a natureza o criara para aquilo, em poucos meses começou a fazer com cores coisas que todos os dias causavam admiração a Gian Barile e a muitos outros que exerciam aquele mister. Passaram-se três anos, durante os quais ele praticou a arte com muita destreza, desenhando continuamente; Gian Barile, reconhecendo o engenho do menino e sabendo que ele teria sucesso caso decidisse prosseguir naquela arte, falou a respeito com Pier di Cosimo[5], que era considerado um dos melhores pintores de Florença, e colocou Andrea em sua oficina. Este, desejando aprender, não se cansava de exercitar-se na arte sem parar, percebendo que a natureza o fizera nascer pintor, pois, ao manejar as cores, fazia-o com tanta graça, que Piero se lhe afeiçoou muito. Assim, quando havia festas e lhe era possível, não deixava de ir desenhar em companhia de muitos jovens na sala do papa[6], onde estavam os cartões de Michel Agnolo Buonarroti e de Lionardo da Vinci. E, apesar de haver um grande número de desenhistas da cidade e de fora e de Andrea ser muito jovem, seus desenhos se equiparavam aos de muitos outros. Havia entre eles, naquele lugar, o pintor Francia Bigio, pessoa muito boa que, vendo o modo como Andrea desenhava, travou estreita amizade com ele. E assim, encorajando-se mutuamente, Andrea lhe disse que, por causa das esquisitices de Piero, que já estava velho, não o suportava mais e queria afastar-se de lá. Francia também precisava de alguém, visto que seu mestre Mariotto Albertinelli[7] abandonara a arte da pintura. E assim, diante da vontade comum de progredir no mister, ambos ocuparam uma sala na Piazza del Grano[8] e ali trabalhando fizeram muitas obras

---

[2] Francisco I (1494-1547) tornou-se rei em 1515.

[3] Andrea nasceu em 17 de julho de 1486, como se lê nos Registros de Batismos da cidade.

[4] Dos dois filhos de Salvi d'Andrea di Domenico Barili (1438-1503), o mais velho foi Andrea, nascido em 1468, enquanto Giovanni nasceu em 1486. É muito provável que Vasari aludisse a Andrea, e não a Giovanni, como mentor de Andrea del Sarto, que tinha a idade de Giovanni.

[5] Cf. sua Vida nas pp. 461-5.

[6] Os cartões para as batalhas de Anghiari e Cascina, de Leonardo e Michelangelo, foram levados da sala do Conselho do Palácio da Senhoria para a sala do convento de Santa Maria Novella, edificada por Martinho V. Cf. nota 22, p. 553, e nota 38, p. 889.

[7] Cf. sua Vida nas pp. 477-9.

[8] Andrea ainda estava na oficina da Piazza del Grano quando se inscreveu em 12 de dezembro de 1508.

juntos. Entre elas se contam as cortinas que cobrem o retábulo do altar-mor dos Servi[9], encomendadas por um sacristão que era parente próximo de Francia. Numa delas, a que está voltada para o coro, pintaram uma Nossa Senhora recebendo a Anunciação do Anjo; na outra, que fica em frente, uma Deposição de Cristo da cruz, semelhante à pintura que estava ali, feita por Filippo e Piero Perugino[10]; terminada essa obra, receberam muitos louvores dos frades e de todos os que se dedicavam à arte.

Em Florença, acima da casa do Magnífico Ottaviano de' Medici, de frente para o horto de San Marco, reunia-se uma Companhia chamada do Descalço, consagrada a São João Batista, numa construção na qual haviam colaborado muitos artistas florentinos. Entre outras coisas que tinham mandado construir, havia um pátio não muito grande cercado por colunas. Embora fossem pobres de dinheiro, eram ricos de ânimo, e alguns deles, vendo que Andrea progredia cada vez mais na arte da pintura, decidiram que ele faria ao redor do referido claustro doze quadros em claro-escuro, ou seja, em afresco de tintas de terras, com XII cenas da vida de São João Batista. Pondo mãos à obra, fez com grande diligência a primeira cena, na qual São João batiza Cristo[11]. Com essa cena, conquistou crédito e fama, de tal modo que muitas pessoas começaram a pedir-lhe obras, acreditando que ele, com o tempo, chegaria aos honrosos e afamados resultados que prometiam aqueles inícios. Naquela época, havia sido construída, fora da porta San Gallo, a igreja de San Gallo dos frades Eremitas Observantes da ordem de Santo Agostinho, e todos os dias havia encomendas de pinturas para as novas capelas da igreja. Assim, pediu-se a Andrea que desse início às pinturas, e ele fez uma cena em que Cristo aparece para Maria Madalena disfarçado de hortelão[12], colorindo-a com uma suavidade muito bem integrada. Por essa razão, em algum tempo ele fez outras duas. O referido painel está hoje no Canto agli Alberti, em San Iacopo fra' Fossi. Enquanto Andrea e Francia assim continuavam, com o aumento de sua fama crescia-lhes o ânimo, e eles passaram a ocupar novas salas perto do convento dos servitas na Sapienzia[13]. Não muito tempo depois, Iacopo Sansovino[14], então jovem aprendiz da arte da escultura com Andrea dal Monte Sansovino[15], tornou-se muito amigo de Andrea, a tal ponto que passavam juntos dia e noite, e foi a convivência dos dois tão proveitosa para a resolução das dificuldades da arte, que Iacopo produziu os frutos hoje vistos em Florença, Roma e Veneza, nas suas admiráveis e belas obras, tanto de mármore quanto de bronze, sem falar nas engenhosas arquiteturas por ele realizadas.

No convento dos servitas, encarregado do comércio de velas, havia um sacristão chamado frei Mariano dal canto alla Macine, que reunira algum dinheiro de esmolas. Este, considerando o desejo que Andrea tinha de progredir na arte, pensou em tentá-lo pelo lado da honra, mostrando-lhe, aparentemente por caridade, que gostaria de

---

[9] Consta que as cortinas do altar-mor, hoje perdidas, foram pagas entre 11 de março e 2 de agosto de 1509 a Cosimo Feltrini, que pode tê-las delegado a Andrea e a Franciabigio.

[10] Cf. nota 28 na p. 435.

[11] Os afrescos em grisalha com as *Cenas de Batista* foram iniciados em 1514, e seu pagamento terminou em junho de 1526. O *Batismo* foi o primeiro da série.

[12] O painel, até 1531 em San Gallo, passou para a igreja de San Jacopo tra i Fossi, onde ficou até 1849, quando a igreja foi interditada; da Academia de Belas-Artes foi para os Uffizi (nº 516). O desenho nº 270F dos Uffizi tem relação com ele; Freedberg e Shearman propunham datá-lo de 1510.

[13] Na atual via Battisti, entre as praças San Marco e Santissima Annunziata.

[14] Cf., na Vida de Andrea Sansovino, nota 26, pp. 542-3.

[15] Cf. sua Vida nas pp. 539-43.

ajudá-lo, que ele poderia obter recursos e fama, e que se lhe apresentaria a oportunidade de deixar de ser pobre, e assim foi. Muitos anos antes, Alesso Baldovinetti pintara na fachada do primeiro pátio dos servitas, cujos fundos dão para a Nunziata, uma
Natividade de Cristo[16], e Cosimo Rosselli começara do outro lado do referido pátio
uma cena em que São Filipe, protetor daquela ordem, enverga o hábito[17]; terminada
essa cena, Cosimo não pôde continuar o que faltava porque morreu. O frade, portanto, tinha muita vontade de dar prosseguimento ao restante e pensou em fazer Andrea e Francia (que de amigos já haviam passado a ser concorrentes na arte) competir
naquele trabalho, realizando cada um uma parte. Desse modo, o frade, além de ser
muito bem servido, pagaria menos, e cada um dos dois trabalharia mais. Assim, falando de suas intenções a Andrea, convenceu-o a assumir o encargo, mesmo porque,
tratando-se de lugar público, ele passaria a ser conhecido tanto por estrangeiros quanto
por florentinos, pois era sabido que à igreja afluíam muitos visitantes por causa dos milagres da Anunciação. Disse-lhe também que não se deveria falar em preço nenhum,
uma vez que ele ainda estava precisando tornar-se conhecido, e que, aliás, visto aquele
lugar ser tão frequentado, era mais cabível Andrea solicitar o trabalho ao frade do que
o contrário. E, se ele não quisesse aceitar, Francia o faria, pois, para tornar-se conhecido, já se oferecera para o trabalho, dizendo-lhe que aceitaria o preço que ele quisesse
pagar. Essas provocações foram muito eficazes para fazer que Andrea assumisse o encargo, sendo ele dotado de pouca audácia, mas o que determinou sua resolução foram
as últimas palavras sobre Francia, de tal modo que Andrea fez contrato para toda a
obra, a fim de que ninguém mais dela participasse. Depois de engodá-lo dessa forma,
o frade deu-lhe dinheiro e ficou combinado que ele daria prosseguimento à vida de São
Filipe[18], recebendo como pagamento apenas dez ducados por cena; alegava que o estava pagando com seu dinheiro, e que o fazia pelo bem de Andrea mais do que por
utilidade ou necessidade do convento. A obra foi então iniciada por este preço e continuada com grande diligência; as primeiras cenas terminadas e dadas ao público foram
as três descritas a seguir. Na primeira, São Filipe, já frade, veste o homem nu. Em outra,
no momento em que São Filipe admoesta alguns jogadores que blasfemam contra
Deus e caçoam dele, cai um raio do céu na árvore em cuja sombra eles estavam, matando dois deles, e, enquanto uns levam as mãos à cabeça e assustados se jogam para
a frente, outros fogem gritando; entre as muitas figuras há uma mulher a desmaiar de
medo do trovão e um cavalo que se solta ao ouvir o estrépito do raio, mostrando com
seus pinotes até que ponto os imprevistos assustadores causam medo e sobressalto a
quem não os espera. Nessa obra, o espectador percebe como Andrea concebia uma variedade de coisas numa única situação, percepção certamente muito boa a quem exerce
a pintura. Na terceira cena, São Filipe tira um espírito de cima de uma mulher. Quando
tais cenas foram reveladas, Andrea recebeu os louvores merecidos por uma obra semelhante àquela. E, encorajado por tais louvores, deu prosseguimento às outras duas
cenas no mesmo pátio. Em uma delas, São Filipe está morto no ataúde e, ao seu redor,

---

[16] Cf., na Vida de Baldovinetti, nota 4, p. 298.

[17] Cf., na Vida de Rosselli, nota 4, p. 357; no entanto, São Filipe Benizzi (1233-85) não foi fundador da ordem; foi seu geral em 1267.

[18] As cinco *Cenas de São Filipe* foram pintadas entre outubro de 1509 e o fim de 1510. A data MDX
de fato está no último afresco da série com *Beijo das relíquias*. Nos Uffizi (298F, 310F, 270F), no Louvre
(1689) e numa coleção particular milanesa existem desenhos relativos aos afrescos.

os frades o pranteiam, quando chega um menino morto que, aproximado do ataúde onde está São Filipe, ressuscita; na cena o menino é representado morto e também vivo, com uma arte muito vivaz e bela. Assim deu ele prosseguimento à última daquele lado, em que representou os frades pondo as vestes de São Filipe nas crianças; nela retratou o escultor Andrea della Robbia[19] como um velho encurvado, vestido de vermelho e com um cajado na mão, bem como seu filho Luca[20]; na cena em que São Filipe está morto, retratou Girolamo, filho do escultor Andrea[21], então amicíssimo seu, que está hoje na França e é considerado muito talentoso na escultura. Assim, terminado aquele lado do pátio, parecendo-lhe que o preço era pouco e a honra, demasiada, Andrea resolveu deixar o frade, para seu grande pesar. Este, mencionando a obrigação assumida, disse que só o liberaria se ele se comprometesse a fazer duas outras cenas[22], prometendo aumentar o pagamento; e assim entraram em acordo, mas Andrea queria trabalhar segundo sua comodidade e seu bel-prazer.

Desse modo, sendo conhecido a cada dia por mais pessoas, Andrea recebeu encomenda de muitos quadros e coisas importantes, entre as quais um arco de abóbada e a fachada com o Cenáculo para o Geral dos frades de Valle Ombrosa, no refeitório do convento de San Salvi[23], fora da porta alla Croce. Deu início a essa abóbada e nela fez em quatro medalhões quatro figuras: São Bento, São João Gualberto, São Salvi como bispo e São Bernardo dos Uberti de Florença, frade daquela ordem e cardeal; no meio, fez outro medalhão com três faces que são uma mesma figura, representando a Trindade, sem dúvida um afresco muito bem trabalhado. Andrea já era então muito conhecido e realmente visto pelo que de fato representava na pintura, motivo pelo qual, por intermédio de Baccio d'Agnolo[24], lhe foi encomendada uma pequena obra em afresco, num recanto da ladeira que leva de Or San Michele para o Mercato Nuovo; esforçou-se e fez uma Anunciação com muitas minúcias[25] que, apesar de bela, não foi muito louvada, porque Andrea costumava trabalhar muito bem sem demasiado esforço e sem forçar a natureza. Fez muitos quadros em Florença e fora; destes, só mencionarei os melhores. Entre eles há um que está hoje nos aposentos de Baccio Barbadori[26], em que se representa uma Nossa Senhora de corpo inteiro com um Menino Jesus nos braços, bem como Sant'Ana e São José, tudo elaborado com boa maneira. É uma obra muito estimada por Baccio, não só em virtude do amor que ele nutre pelo nome de Andrea, mas sobretudo pelo prazer que lhe dá a arte da pintura. Fez outro quadro para Lionardo del Giocondo com uma Nossa Senhora diferente daquele citado acima; hoje está com seu filho Piero. Para Carlo Ginori fez dois quadros não muito grandes, que depois foram comprados pelo Magnífico Ottaviano de' Me-

---

[19] Cf. nota 11, p. 192.

[20] Cf. nota 15, p. 192.

[21] Girolamo di Andrea di Marco della Robbia nasceu em 1488 e morreu em 1566 na França, onde morava desde 1528.

[22] Cf. adiante, notas 28 e 29.

[23] O afresco com a *Última Ceia*, encomendado em 1519, ainda está no lugar de origem, onde foi executado por volta de 1526-27. Encontram-se desenhos relativos a ele nos Uffizi (34F, 289F, 292F, 313F, 336F, 662E, 663E, 664E, 6424F) e no Louvre (1714B, E).

[24] Cf. sua Vida nas pp. 656-8.

[25] Fragmentos destacados desse afresco, que pode ser datado de 1509, aproximadamente, foram conservados no Museu de San Marco.

[26] Entre as numerosas réplicas dessa obra, o provável original é considerado o painel da catedral de Saint Patrick em Nova York. As obras citadas abaixo não foram localizadas.

570

dici quando aquele vendeu seus haveres: mandou um deles para sua *villa* de Campi (onde mandou construir uma casa grande e tem uma plantação que mais parece coisa de rei que de cidadão particular), e o outro está nos aposentos de seu filho Bernardetto em Florença, ao lado de muitas outras pinturas modernas, feitas por excelentes mestres; assim, Bernardetto mostra ser o verdadeiro filho de seu pai, que honra e estima as obras dos artistas famosos, tanto quanto se compraz em lisonjear, favorecer e agradar não só os engenhos raros, mas também todo espírito nobre e honrado. Naquela época o frade servita encomendara a Francia Bigio uma das cenas do pátio[27]; não havia este ainda terminado a parede que cercaria a obra, e Andrea, desconfiado de que Francia manejava melhor que ele as cores do afresco, por competição fez depressa os cartões das duas cenas que ficam no canto, entre a porta lateral de São Sebastião e a porta da direita que entra na igreja, pondo-se a colori-las com grande ardor. Em uma das cenas, fez a Natividade de Nossa Senhora[28], na qual se vê uma composição de figuras bem-proporcionadas num aposento, com a figuração de comadres ou parentes em visita à parturiente, todos envergando roupas da época. Além disso, fez junto ao fogo as mulheres que lavam Nossa Senhora, umas aprontando as faixas e outras em diversas tarefas. Entre todos, há um menino muito vivaz aquecendo-se ao fogo, sem falar de um velho a descansar num catre, tudo muito natural. Além disso, a cena está cheia de mulheres servindo comida, com *putti* no ar, despejando flores. Tudo é muito bem concebido, seja na representação das expressões, do panejamento e de todas as coisas, além de o colorido ser suave e delicado na carnação, de tal modo que as figuras mais parecem vivas que pintadas. Semelhante é a outra em que Andrea fez os três Magos caminhando a pé[29], com um pequeno trajeto por percorrer, pois ele dispunha apenas do espaço entre os vãos das portas, onde está representada a cena da Natividade de Cristo feita por Alesso Baldovinetti. Nessa cena Andrea representou o cortejo dos três reis a caminhar atrás deles, com carros, muitos petrechos e pessoas; entre estas, num canto, há três homens retratados do natural, vestidos à moda florentina: um é Iacopo Sansovino[30] de corpo inteiro, olhando para quem observa a cena; o outro, apoiado nele, com um braço em escorço e acenando, é Andrea, mestre da obra; e a outra cabeça de perfil atrás de Iacopo é do músico Aiolle[31]. Isso sem falar das crianças que ele representou sobre os muros, para terem vista da passagem das magnificências e dos animais extravagantes que os reis levam consigo. Essa cena se equipara à outra em qualidade, e nela Andrea superou a si mesmo e a Francia, que ali terminou a sua.

Naquela época, ele também fez um painel para a abadia de San Godenzio[32], benefício dos referidos frades, obra realmente muito boa. Para os frades de San Gallo, fez um painel com uma Nossa Senhora[33] recebendo o anúncio do Anjo, no qual se vê

---

[27] As *Núpcias da Virgem*, com data de 1513, são de Franciabigio; sobre essa obra, cf. nota 9, p. 642.

[28] Afresco ainda no local: com a inscrição ANDREAS FACIEBAT no revestimento da chaminé, sob cujo entablamento se lê A. D. MDXIIII com o monograma AV.

[29] O afresco com o *Cortejo dos Magos* foi terminado em dezembro de 1511; conserva-se um desenho relativo nos Uffizi (6435F).

[30] Cf. acima, nota 14.

[31] Nascido em 1492, Francesco di Agnolo di Piero Aiolle foi musicista famoso e prestigiado. Mestre de Cellini, morou na França de 1530 até morrer.

[32] A *Anunciação com São Miguel e São Gaudêncio*, considerada obra de oficina, está conservada na Galeria Palatina de Florença (n.º 97). É datável de c. 1517; um desenho preparatório está nos Uffizi (627E).

[33] É a *Anunciação* da Galeria Palatina (n.º 124), que contém uma longa inscrição com o nome do artista. Datável de c. 1514, mas, segundo Shearman, de 1512; é possível atribuir-lhe o desenho 273F dos Uffizi.

uma agradável integração de coloridos, com algumas cabeças de anjos a acompanha-rem Gabriel, tudo com um esfumado suave, com grande beleza na expressão das ca-beças, que são feitas com perfeição. Sob esse painel, Iacopo da Puntormo[34], então seu discípulo e muito jovem, fez uma predela na qual já dá uma amostra das belas obras que faria depois em Florença. Nessa mesma época Andrea fez um quadro para Zanobi Girolami com figuras não muito grandes, no qual há uma cena com José, filho de Jacó, executada por ele com uma diligência nunca desmentida, coisa considerada belíssima. Começou a fazer para os frades da Companhia de Santa Maria da Neve, atrás das mon-jas de Santo Ambruogio[35], um painelzinho com três figuras: Nossa Senhora, São João Batista e Santo Ambrósio; essa obra foi depois terminada por ele mesmo, sendo colo-cada sobre o altar da referida companhia. Graças ao seu talento, Andrea angariou a amizade de Giovanni Gaddi, que depois se tornou clérigo da câmara pontifícia; este, para se deleitar com a arte do desenho, frequentemente oferecia trabalhos a Iacopo Sansovino. Assim, apreciando a maneira de Andrea, pediu-lhe que lhe fizesse um be-líssimo quadro com uma Nossa Senhora; esse quadro, circundado por modelos e ou-tros lavores engenhosos, foi considerado a mais bela pintura até então feita por Andrea[36]. Depois deste, fez outro quadro de Nossa Senhora para o merceeiro Giovanni di Paulo, por quem foi bem servido e a quem ficou grato para sempre, pelos louvores que Giovanni fazia àquela obra ao mostrá-la a todas as pessoas, tanto às que entendiam do assunto, quanto àquelas que não entendiam. Para Andrea Sartini fez um quadro com Nossa Senhora, Cristo, São João e São José, obra trabalhada com diligência, que em Florença sempre foi considerada uma pintura muito louvável. Tais obras lhe haviam dado tanta fama, que em sua cidade ele era visto entre jovens e velhos pintores como um dos mais excelentes no manejo das cores e dos pincéis. Desse modo, Andrea sen-tia-se honrado, pois, mesmo cobrando pouco pelas obras, achava-se muito bem, pro-via a si e aos seus na miséria e defendia-se valentemente dos problemas enfrentados por quem assim vive.

Naquele tempo, na via S. Gallo morava uma belíssima jovem casada com um bar-reteiro, mulher dotada de não menos altivez e soberba, ainda que nascida de pai pobre e dissoluto, do que de beleza e de gosto por provocar o desejo dos outros. Entre estes, quem se apaixonou por ela foi o pobre Andrea, que, atormentado pelo excessivo amor, abandonara os estudos da arte e, em grande parte, a ajuda ao pai e à mãe. Ocorre que o marido foi acometido de súbita doença, caiu de cama e nunca mais se levantou, mor-rendo da referida doença. Andrea não esperou outra ocasião e, não acatando os con-selhos dos amigos, não considerando o valor da arte nem a beleza do engenho nem o prestígio que conquistara com tanto trabalho, sem comunicar nada a ninguém, des-posou Lucrezia di Baccio del Fede[37], pois assim se chamava a jovem, por achar que sua beleza o merecia e por levar mais em conta seus apetites do que a glória e a honra para as quais já trilhara tão longo caminho. Assim, quando a notícia correu por Florença, o amor dos amigos transformou-se em ódio, por lhes parecer que aquela mácula em-

---

[34] A predela, não identificada, foi pintada por Pontormo juntamente com Rosso.

[35] Desse painel, a que se referem os desenhos autógrafos de Berlim (5133), do Louvre (1726) e dos Uffizi (325F), conhece-se uma réplica de Jacopo Chimenti da Empoli na Stoke Poges Church, feita por ordem do cardeal Carlo de' Medici.

[36] Foi proposta uma identificação com o n.º 334 da Galeria Borghese; nos Uffizi conserva-se um de-senho relativo (304Fr).

[37] Com quem Andrea se casou em 1518.

572

panara por algum tempo a glória e a honra de tão grande virtude. E por essa razão não só se turvou o ânimo de outros conhecidos seus, como em breve também a sua paz, pois, enciumado, via-se nas mãos de uma pessoa sagaz, apta a vendê-lo mil vezes e a submetê-lo a todo tipo de coisa, pois ele, intoxicado pelas promessas amorosas, fazia tudo o que ela queria. E, abandonando totalmente seus pobres velhos, passou a ajudar as irmãs e o pai dela. Quem sabia dessas coisas tinha compaixão deles e culpava a ingenuidade de Andrea, em quem tanta virtude se reduzira a uma estultícia negligente e insensata; e os amigos, assim como antes o procuravam, depois passaram a evitá-lo. Entre todos os aprendizes que tentaram aprender alguma coisa em sua companhia, não houve nenhum, grande ou pequeno, que durante aquela permanência não tivesse sido desdenhosamente agredido por ela com palavras ou feitos; mesmo vivendo nesse tormento, Andrea parecia sentir supremo prazer. Naquela época era Governador das freiras de San Francesco da via Pentolini um frade de Santa Cruz da ordem menor, que gostava muito de pintura. Aquelas freiras precisavam de um painel para a sua igreja, e o frade, que conhecia Andrea, não precisou rogar-lhe muito para obter a promessa da feitura da obra, ainda por cima mediante preço bem módico, isto não só porque Andrea costumava pedir pouco, como também porque o frade não tencionava pagar muito. Nesse painel ele pintou uma Nossa Senhora em pé, elevada sobre uma base de oito faces, em cujos cantos há Harpias a adorá-la[38]. Essa figura sustenta ternamente o Filho em um dos braços com belíssima atitude, enquanto a outra mão segura um livro e ela olha para dois *putti* nus que, ajudando-a a sustentar-se, servem de ornamento. À sua direita, vê-se uma figura de São Francisco muito bem-feita, cuja expressão irradia bondade e simplicidade; são belíssimos os seus pés e o panejamento com que Andrea sempre contornava suas figuras, dispondo as pregas com grande profusão e criando suaves amolgaduras, deixando parte do corpo à mostra; a outra figura é um São João Evangelista jovem, a escrever o Evangelho, figura não menos bela que as outras. Além disso, há um esfumado de nuvens transparentes sobre a construção, e as figuras parecem mover-se. Entre todas as obras que ele fez, ainda hoje essa é considerada muito bela. Para o marceneiro Nizza, fez um quadro de Nossa Senhora que não foi menos louvado que todas as outras obras suas.

O Mester dos Mercadores decidira fazer de madeira alguns triunfos sobre carros, segundo o uso antigo; tais carros deveriam desfilar em procissão na manhã do dia de São João Batista, em lugar dos frontais de altar e dos círios que todos os anos iam à praça das cidades como tributo ao duque e a seus magistrados, a fim de que o dia fosse reconhecido pelos governantes. Entre tais coisas, Andrea pintou a óleo em claro-escuro várias pequenas cenas que foram muito louvadas; e combinou-se que todos os anos ele faria alguns, para que ao fim cada cidade tivesse o seu, o que, na verdade, teria sido uma enorme pompa. Enquanto as belíssimas obras de Andrea se somavam para servir de ornamento à pátria e para aumentar sua fama a cada dia, os dirigentes da Companhia do Descalço pediram-lhe que terminasse a obra do pátio onde ele já fizera aquela primeira cena do Batismo de Cristo[39]; não lhes custou muito convencê-lo, pois Andrea

---

[38] A denominada *Nossa Senhora das Harpias*, encomendada em 14 de maio de 1515, está hoje nos Uffizi (nº 1577); contém a inscrição AND. SAR. FLO. FAB e a data M. D. XVIII. Desenhos que lhe são atribuíveis são conservados em Colônia (Z. 2009), Düsseldorf (K.P. 17), Louvre (1678, 1679, 1732 e 5956) e Uffizi (628E). Cf. na série "Gli Uffizi. Studi e Ricerche", nº 1, *Restauri: La Pietà del Perugino e La Madonna delle Arpie di Andrea del Sarto*, Florença, 1984.

[39] Cf. acima, nota 11.

era pessoa acessível, que servia com mais gosto as pessoas humildes do que aquelas às quais se deve respeito. Assim, deu início à obra e prosseguiu na sua feitura, até que terminou duas cenas, primeiro aquela que ornamenta a porta de entrada da Companhia, com duas figuras, uma Caridade e uma Justiça[40] realmente dignas de sua mão. Nelas mostrou o progresso que fizera em arte, desde a primeira cena do Batismo. Em seguida, fez a cena do outro canto, em que São João prega à multidão[41], cena realmente bela, em virtude das muitas e várias figuras de fariseus que, admirados, prestam atenção às novas palavras do precursor de Cristo; representou São João como uma pessoa adusta, condizente com a vida que levou, dotado de uma expressão que mostra todo o espírito e discernimento. Porém muito maior foi o engenho de Andrea ao representá-lo a batizar na água todas aquelas pessoas, das quais umas se despem, enquanto outras, já despidas, esperam a sua vez[42]. Nessa cena mostrou emoção e desejo ardente nas atitudes daqueles que têm pressa em limpar-se do pecado; além disso, as figuras são elaboradas num claro-escuro que dá a impressão de mármore vivo e verdadeiro.

Naquele tempo, Baccio Bandinelli[43], considerado um grande desenhista, tinha muita vontade de aprender a pintar a óleo; sabendo que ninguém em Florença era melhor que Andrea para mostrar-lhe como fazê-lo, pediu-lhe que o retratasse, e Andrea lhe fez com gosto um retrato muito fiel naquela idade, obra que ainda hoje está com ele[44]. E assim ele viu de que modo se faz o colorido, embora depois, seja por dificuldades, seja por falta de interesse, não tivesse continuado nessa atividade, por se sentir mais apto à escultura. Fez um quadro para Alexandre Corsini cheio de *putti* ao redor, com uma Nossa Senhora sentada no chão tendo nos braços um menino[45], obra que foi realizada por ele com arte e agradável colorido. Também fez um belíssimo busto para um merceeiro domiciliado em Roma, que era muito seu amigo. A obra de Andrea agradou bastante a Giovan Batista Puccini, que, desejando muito ter algo de sua lavra, ganhando sua confiança, pediu-lhe um quadro de Nossa Senhora, que seria enviado à França[46]; mas, como a obra fosse belíssima, guardou-a para si e não a mandou; esse quadro ainda está com ele, conservado em lugar honroso, por não ser menos belo do que todas as outras obras de Andrea. Visto que tinha muitos negócios na França, Giovan Batista foi incumbido de mandar para lá pinturas excelentes; assim, ele encomendou a Andrea um quadro com um Cristo morto e diversos anjos ao redor a sustentá-lo, contemplando, em atitude piedosa e triste, a mísera situação em que seu criador estava por culpa dos pecados dos homens; depois de terminado, esse quadro foi considerado excelente em Florença[47]. Porém mais louvado foi pelo rei da França e por todos aqueles nobres que o viram. O rei, desejando ter suas obras, encomendou-lhe outras, motivo pelo qual Andrea, convencido aos poucos pelos amigos, decidiu ir logo depois para

---

[40] Quanto à *Justiça*, existe uma cobrança datada de 1º de novembro de 1515, enquanto a *Caridade* foi feita quando Andrea voltou da França, depois de 1520.

[41] A *Pregação de Batista* foi paga em 1515, juntamente com a *Justiça*.

[42] O *Batismo dos gentios*, para o qual há desenhos em Melbourne (351/4) e nos Uffizi (657E), foi terminado em 15 de março de 1517.

[43] Cf. nota 10, p. 535.

[44] Talvez identificável com o nº 690 da National Gallery de Londres, que representa um escultor, ou com o nº 1176 dos Uffizi (Shearman).

[45] Existem apenas cópias.

[46] Segundo Shearman, é o nº 501 da Alte Pinakothek de Munique.

[47] Nos Uffizi existem desenhos relativos (307F e 639E); na edição giuntina, Vasari especifica a existência de uma gravura datada de 1516, de Antonio Veneziano.

a França[48]. No ano MDXV chegou de Roma o papa Leão X[49], que no terceiro ano de seu pontificado, no dia 3 de setembro, quis dar a graça de sua presença em Florença, onde se preparou uma festa magnífica para recebê-lo. Na verdade, pode-se dizer que a cidade nunca esteve mais suntuosa e bela graças à pompa com que arcos, fachadas, templos, colossos e outras estátuas a ornamentavam. Porque naquela época vicejava na cidade a maior quantidade de engenhos belos e elevados que ela jamais tivera em tempo algum. Foi então que, na entrada da porta, San Pier Gattolini Iacopo di Sandro[50] e Baccio da Monte Lupo[51] fizeram um arco ornado de cenas. Giulian del Tasso[52] fez outro na praça San Felice, algumas estátuas na igreja de Santa Trinita e o obelisco de Rômulo; em Mercato Nuovo, a Coluna Trajana; na praça dos Senhores, Antonio, irmão de Giulian da Sangallo[53], fez um templo de oito faces e Baccio Bandinelli[54] fez um gigante sobre a *loggia*. Entre a abadia e o palácio do Podestade, Granaccio e Aristotile[55] fizeram um arco. Rosso[56] fez outro na esquina dos Bischeri, coisa belíssima na disposição e nas figuras.

Mas o que teve maior valor foi a fachada de Santa Maria del Fiore, feita de madeira, com cenas lavradas por Andrea em claro-escuro, pois, além dos louvores recebidos pela arquitetura de Iacopo Sansovino[57], com algumas cenas em baixo-relevo e várias figuras esculpidas em vulto, o papa disse que aquela obra não seria mais bela se fosse feita de mármore, e que as cenas não poderiam ser feitas senão com aquele desenho. Na praça de Santa Maria Novella Iacopo fez um cavalo semelhante ao de Roma, coisa excelente. Além disso, havia um número infinito de outros ornamentos feitos na sala do papa, e muitas cenas pintadas em metade da via della Scala por muitos artistas, grande parte delas desenhada por Baccio Bandinelli. Terminado este trabalho, Andrea foi de novo solicitado a fazer outro quadro para a França, e sem muita labuta o terminou. Nele fez uma Nossa Senhora belíssima[58], obra que foi imediatamente enviada, rendendo aos mercadores quatro vezes mais que o preço de custo. Pier Francesco Borgherini[59] pedira a Baccio d'Agnolo[60] que fizesse de madeira entalhada alizares, arcas, assentos e um leito nupcial, coisa belíssima para a decoração de um aposento, no qual Andrea foi incumbido de pintar parte das cenas, com figuras não muito grandes, con-

---

[48] Andrea partiu para a França em 1518.

[49] Giovanni de' Medici, que se tornou papa em 1513, voltou para Florença em 30 de novembro de 1515.

[50] Jacopo Foschi (1463-1530), inicialmente seguidor de Botticelli, depois teve relações estreitas com os artistas citados abaixo. O filho Pier Francesco também foi pintor. Veja-se seu *Retrato de Bartolomeo Compagni*, assinado e datado como 1549, em *The Burlington Magazine*, 973 (1984). Viveu de 1502 a 1567.

[51] Cf. sua Vida nas pp. 546-8.

[52] Da mesma família de Leonardo na nota 25 da p. 542.

[53] Cf. suas Vidas nas pp. 484-94.

[54] Cf. nota 10, p. 535.

[55] Cf. Vida de Granacci nas pp. 803-5. Aristotile, porém, é o cognome de Bastiano, sobrinho de Giuliano e Antonio da Sangallo, o Velho, que nasceu em 1481 em Florença, onde morreu em 31 de maio de 1551.

[56] Cf. sua Vida nas pp. 610-7.

[57] Cf. nota 26, pp. 542-3.

[58] Datável de 1515, está no Louvre (n.° 1515).

[59] As núpcias de Pier Francesco Borgherini com Margherita Acciaioli ocorreram em 1515: a encomenda do conjunto, portanto, data daquele ano. Cf. A. Braham, "The bed of Pierfrancesco Borgherini", em *The Burlington Magazine*, 921 (1979), pp. 754-65.

[60] Cf. sua Vida nas pp. 656-8.

tendo os feitos de José, filho de Jacó[61], para concorrer com outras feitas por Granaccio e Iacopo da Puntormo[62], que são muito belas. Nelas Andrea esforçou-se por trabalhar demoradamente, de tal modo que elas ficaram muito mais perfeitas que as outras, pois na variedade das coisas que acontecem nas cenas ele mostrou o seu valor na arte da pintura. Tais cenas eram tão boas, que durante o assédio Giovan Batista della Palla quis retirá-las do local onde estavam presas para enviá-las ao rei da França. Mas, como estavam muito firmes, e a tentativa de remoção podia avariá-las, a obra ficou no mesmo lugar com um quadro de Nossa Senhora, que é considerado excelente. Naquela época ele fez uma cabeça de Cristo que hoje os frades servitas mantêm sobre o altar da Nunziata[63]. Nas capelas da igreja fora da porta San Gallo, além dos dois painéis de Andrea, havia muitos outros que não se equiparavam aos seus; assim, quando foi preciso acrescentar outro, os frades combinaram com o dono da capela que ele seria encomendado a Andrea, que o iniciou prontamente; nele fez quatro figuras em pé a discutirem sobre a Trindade[64]. São elas: Santo Agostinho, de semblante africano que, com veemência, vestido de bispo, move-se em direção a um São Pedro Mártir que segura um livro aberto, com expressão severa e altiva, figura muito louvada tanto em virtude da cabeça quanto do corpo; ao lado dele está São Francisco que com uma das mãos segura um livro, enquanto a outra está pousada sobre o peito: sua boca aberta exprime certo fervor, de tal modo que ele parece consumir-se naquele raciocínio; ali também está um São Lourenço a ouvir, parecendo, por ser jovem, ceder à autoridade dos outros. De joelhos, há duas figuras. Uma é Maria Madalena, com belíssimo panejamento, em que retratou sua mulher, pois não fazia semblante de mulher em lugar nenhum que não fosse o retrato dela, e se, porventura, retratasse outras, acabava por dar-lhes o seu semblante, tão acostumado estava a vê-la e tantas vezes a desenhara, de tal modo que não conseguia fazer outra coisa. A outra figura era um São Sebastião nu com as costelas à mostra, que não parecem pintadas, mas de carne e osso. Sem dúvida, entre tantas obras, essa foi considerada pelos artistas o que de melhor ele fez a óleo. Isto porque nela se percebe a boa observância das proporções, sendo tudo muito bem-disposto nos semblantes, de tal modo que os jovens ganham suavidade, e os velhos, severidade, encontrando-se uma mescla das duas nas figuras de meia-idade; além disso, os panejamentos e as mãos eram belíssimos; esse painel se encontra com os outros na esquina dos Alberti, em San Iacopo fra' Fossi.

Andrea estava farto, não da beleza da mulher, mas do modo de vida que levava, e já reconhecia em parte seu erro, pois não alçava voo e, embora trabalhasse sem parar, não obtinha ganhos, porque o pai e as irmãs dela consumiam tudo o que era seu, mesmo sendo ele avesso a mantê-los; por tudo isso aquela vida o desgostava. Percebendo-o, um amigo que o amava, mais pelas virtudes do que pelo comportamento,

---

[61] As cenas da *Juventude de José* e do *Sonho do Faraó* apresentam ambas a inscrição ANDREA DEL SARTO FACIEBAT; para elas existem desenhos (Uffizi, 304F e Louvre, Lugt 5085). A datação de tais obras, conservadas na Galeria Palatina de Florença (nos 87, 88), oscila entre 1515-16 e 1517.

[62] Sobre os painéis de Granacci, cf. nota 8, p. 655, na respectiva Vida. Os painéis de Pontormo estão todos na National Gallery de Londres e são: *José revelando-se aos irmãos*, *O forneiro levado ao patíbulo*, *José vendido a Putifar* e *José com os irmãos no Egito*.

[63] Datável da primeira metade da segunda década do século, ainda está no lugar de origem.

[64] O painel, que contém a inscrição AND.SAR.FLO.FAC., está no nº 172 da Galeria Palatina. No Louvre (R.F. 76) e nos Uffizi (652E, 669E, 6918F) existem desenhos que lhe são atribuíveis; costuma ser datado da segunda metade da segunda década.

começou a tentá-lo, dizendo-lhe que seria melhor mudar de ninho, e que, se deixasse a mulher em algum lugar seguro para, com o tempo, levá-la aonde estivesse, poderia viver com mais prestígio e fazer mais progressos na arte, seguindo sua própria vontade. Assim, estava ele quase disposto a corrigir tal erro, quando não muitos dias depois surgiu a grande ocasião de mudar de vida e atingir altura maior que a atingida antes de se casar. Já tinham sido avaliados na França os dois quadros que Andrea ali mandara para julgamento do rei Francisco I, e muito mais considerados foram em vista de alguns outros que haviam sido apresentados a Sua Majestade, chegados da Lombardia, de Veneza e de Roma, pois estes não se comparavam aos de Andrea em colorido nem em desenho, visto que Andrea tinha uma maneira mais moderna. Foi dito ao rei que Andrea iria facilmente para a França, e que serviria Sua Majestade com muito gosto. O rei, satisfeito, fez uma encomenda, escreveu para Florença, e o dinheiro foi entregue a Andrea; assim, este partiu alegremente para a França[65] em companhia de seu discípulo Andrea Sguazzella. Chegados sãos e salvos à corte, foram recebidos pelo rei com agrado e alegria. Já no primeiro dia Andrea não deixou de apreciar a liberalíssima cortesia daquele príncipe, que lhe deu roupas, dinheiro e outros petrechos. Andrea começou a trabalhar e estava muito grato à corte, e tudo indicava que sua partida o levara da infelicidade à felicidade. E, quando todos viram sua obra e se surpreenderam com a sua facilidade nas cores, Andrea retratou do natural o Delfim, filho do rei, ainda em cueiros, pois nascera poucos dias antes; terminado o trabalho, apresentou-o ao rei, que lhe deu 300 escudos de ouro. E, assim prosseguindo, fez para o rei uma Caridade[66] que foi considerada coisa excelente; a essa obra ele se dedicou com grande empenho, o que foi reconhecido pelo rei, que sempre lhe deu muito valor enquanto viveu. Passando a pagar-lhe depois polpuda remuneração, incentivava-o a ficar ao seu lado, dizendo-lhe que não lhe faltaria nada do que desejasse, pois lhe agradava a presteza com que Andrea trabalhava e aquela sua humildade que se contentava com qualquer coisa que lhe fosse dada. Ademais, a corte também se sentia muito satisfeita, de tal modo que ele fez muitos quadros e outras obras; na verdade, tivesse ele considerado o lugar de onde saíra e aonde o destino o conduzira, não há dúvida de que não teria voltado, abandonando riquezas e alto prestígio. Certo dia, enquanto Andrea trabalhava num quadro de um São Jerônimo em penitência para a mãe do rei, chegou-lhe um punhado de cartas, entre muitas outras, enviadas por sua mulher Lucrezia, que, segundo afirmava, ficara em Florença desconsolada com a partida dele; pedia ela que Andrea não lhe faltasse, dizendo que ele mandara dinheiro e dera ordens de que fosse construída uma casa atrás da Nunziata[67], dando-lhe esperanças de que voltaria a cada dia; ela, não podendo ajudar os seus como fazia antes, escrevia com muito amargor, mostrando quão grande era a distância, e que, embora em suas cartas ele dissesse estar passando bem, ela não deixava de se afligir e de chorar continuamente. E, valendo-se de palavras ternas, capazes de conturbar a natureza daquele pobre homem que infelizmente a amava, ela procurava recordar-lhe algumas coisas muito perturbadoras, de tal modo que o coi-

---

[65] Andrea foi para a França em meados de 1518, ficando ali até outubro de 1519, aproximadamente. Andrea di Antonio di Bartolomeo, vulgo Chiazzella, atuou na França também mesmo depois do retorno de Andrea del Sarto, seguindo seu estilo.

[66] O quadro é o nº 1515 do Museu do Louvre, onde também existe um desenho preparatório com o nº 1717. O painel tem a inscrição ANDREAS SARTIVS FLORENTINVS ME PINXIT MDXVIII.

[67] Uma lápide lembra que, ao voltar da França, Andrea viveu na casa que hoje se localiza na via Gino Capponi nº 24, ao lado da igreja da Santissima Annunziata.

tado quase perdia a cabeça ao ouvi-las; dizia também que, se ele não voltasse, um dia a encontraria morta. Enternecido, pois que o martelo voltara a bater, ele preferiu a miséria aos recursos, à glória e à fama que obteria com a arte. Como, naquele tempo, já tinha algumas economias, além dos adornos das vestes dadas pelo rei e por outros barões da corte, cada hora à espera do retorno lhe parecia mil anos, pois queria rever a mulher. Por isso, pediu licença ao rei para ir a Florença acertar alguns negócios e tentar levar a mulher à França, prometendo-lhe que na volta traria pinturas, esculturas e outras coisas belas de sua terra. Para tais coisas tomou o dinheiro do rei, que nele se fiava, jurou sobre o Evangelho que retornaria em poucos meses e, chegando feliz a Florença, usufruiu a companhia da mulher durante alguns meses e fez muitos benefícios ao pai e às irmãs dela, mas não aos seus, que nunca mais quis ver; estes, depois de algum tempo, morreram na miséria. Já se passara o tempo de voltar e, entre a construção e os prazeres do ócio, havia sido gasto o seu dinheiro e o do rei. De tal modo que, quando quis voltar, foi mais coagido pelo pranto e pelas súplicas da mulher que pela palavra dada, pela necessidade e pelo mérito de tão grandioso rei. Este, ao saber disso, ficou tão indignado, que durante muito tempo deixou de ver os pintores florentinos com bons olhos, jurando que teria bem mais desprazer que prazer aquele que porventura lhe caísse nas mãos, e que não teria contemplação nenhuma por seu talento. Assim, Andrea ficou em Florença e, descendo de tanta grandeza a tão ínfima posição, ia vivendo e passando o tempo.

Depois de sua ida para a França, os frades da Companhia do Descalço, considerando que ele não voltaria, haviam encomendado todo o restante da obra do pátio a Francia Bigio, que já terminara duas cenas[68]; mas, vendo que Andrea estava em Florença, perguntaram-lhe se queria continuar. Ele retomou a obra com prazer e deu-lhe prosseguimento; nela fez quatro cenas, uma depois da outra. Uma delas é a prisão de São João diante de Herodes[69], muito bem concebida e louvada; a outra é a cena da dança de Herodíades[70], com figuras muito adequadas e apropriadas; também fez a decapitação[71], na qual há um carrasco seminu que cortou a cabeça a São João, figura desenhada de modo excelente, como todas as outras; representou Herodíades apresentando a cabeça[72], na qual algumas figuras são tomadas pelo assombro, tudo feito com apropriado discernimento. Durante muito tempo essas cenas serviram ao estudo e ao aprendizado de muitos jovens, hoje excelentes nessa arte. Na esquina do caminho que leva ao convento dos frades jesuatos, fora da porta Pinti, fez um tabernáculo que ficou em pé depois do assédio de Florença no ano MDXXX, não tendo sido arrasado como outras coisas graças à sua beleza; nele há uma Nossa Senhora sentada com um menino no regaço e um São João criança a sorrir[73], tudo feito com muita arte e trabalhado em afresco com perfeição, obra apreciada por sua vivacidade e beleza. A cabeça da Nossa Senhora é o

---

[68] Cf., na Vida de Franciabigio, as notas 13 e 14 da p. 643.

[69] A *Captura de Batista* foi realizada antes da partida de Andrea para a França. O afresco fora pago já em 19 de março de 1517. Na École des Beaux-Arts de Paris conserva-se um desenho preparatório com o n.º 365.

[70] Há desenhos preparatórios desses afrescos nos Uffizi (282F*r* e 14 425F), no Louvre (1681, 1690*v*), em Oxford (II. 693*v*) e em Berlim (12 924*v*). Andrea trabalhava neles em janeiro de 1522.

[71] O afresco estava terminado em 2 de maio de 1523.

[72] Também esse afresco foi terminado em 1523; há desenhos preparatórios nos Uffizi (664E*v*) e em Berlim (12 924*v*).

[73] Do original, hoje desaparecido, restam algumas cópias em coleções públicas e particulares. Há desenhos preparatórios em Florença (Uffizi, 305F, 6431F, 6455F) e em Melbourne (350/4).

retrato da sua mulher em tamanho natural. Na época Bartolomeo Panciatichi, o Velho, tinha muitos negócios na França e, desejando deixar memória de si em Lyon, pediu, por intermédio de Baccio d'Agnolo, que Andrea lhe pintasse um painel para enviar àquele país; queria uma Assunção de Nossa Senhora com os Apóstolos em torno do sepulcro[74]. Andrea quase terminou o painel, mas a madeira rachou diversas vezes, de tal modo que essa obra ficou inacabada com sua morte. Foi depois colocada em casa de Bartolomeo Panciatichi, o Jovem, filho daquele, como obra realmente digna de louvor pelas belíssimas figuras dos Apóstolos, além de Nossa Senhora, circundada de um coro de *putti* em pé, sem falar das outras crianças que a sustentam e carregam com singularíssima graça. No alto do painel Andrea se retratou entre os Apóstolos; parece vivo. No horto dos frades servitas, no alto de duas esquinas, fez duas cenas da Vinha de Cristo[75], representando os momentos em que ela é plantada, atada e emparreirada, com o pai de família empregando alguns operários ociosos, entre os quais há um sentado a coçar-se as mãos, enquanto lhe perguntam se quer entrar para o serviço, cena muito bem-feita. Porém muito mais bela é a outra, em que os operários pagos reclamam; entre eles há um que conta o dinheiro, atento ao que lhe cabe; é uma bela figura, assim como o administrador que os paga. São afrescos feitos em claro-escuro com grande destreza. Mal terminou esse trabalho, fez também em afresco uma Piedade colorida para um nicho do noviciado, que se situa no alto de uma escada; obra muito bela[76].

Zanobi Bracci se ligara de grande amizade com Andrea e, querendo ter uma pintura de sua lavra, pediu-lhe que fizesse um quadro para um aposento, e então Andrea lhe fez uma Nossa Senhora que, ajoelhada, se apoia num cajado e contempla Cristo, que está pousado num emaranhado de panos e olha para ela sorrindo[77]; em pé, há uma criança que representa São João; este, acenando para Nossa Senhora, mostra que aquele é o Filho de Deus. Atrás, está José com a cabeça apoiada nas mãos e encostado a uma rocha, parecendo embevecido ao ver que a geração humana, pelo nascimento, se tornou divina. O cardeal Giulio de' Medici[78], por ordem do papa Leão, mandara fazer de estuque e pintura a abóbada da grande sala de Poggio a Caiano, palácio e *villa* da casa dos Medici situado entre Pistoia e Florença, distante dez milhas de ambas; o pagamento em dinheiro, o fornecimento de provisões e a inspeção dos trabalhos ficaram a cargo do Magnífico Ottaviano de' Medici, por ser pessoa que entendia do assunto e tinha muita convivência e amizade com tais artistas, pois sempre gostou de ter pinturas de vários mestres, desde que fossem obras excelentes. Decidiu ele que, embora toda a obra tivesse ficado a cargo de Francia Bigio, Andrea se incumbiria de um terço, enquanto os outros dois terços seriam divididos entre Iacopo da Puntormo[79] e o pró-

---

[74] É o n.º 191 da Galeria Palatina. É datado por Shearman de c. 1524 e conservam-se desenhos preparatórios relativos a ele em Florença (Uffizi, 282F*r*, 303F, 314F*r*, 323F, 626E, 648E*r*, 14 860 Orn.*r*), em Roma (Farnesina, F.c. 106*r*), em Hamburgo (21 489), em Londres (British Museum, Fawkener, 5210.63*r*, 1910-2-12-37), em Paris (Louvre, 1685 e Lugt, 2537).

[75] Ambas conhecidas por meio de gravuras, foram destruídas: a *Chamada dos trabalhadores*, em 1724, e o *Pagamento dos trabalhadores*, em 1879.

[76] A *Piedade*, datável de c. 1520, conserva-se em San Salvi (n.º 8675).

[77] É o n.º 62 da Galeria Palatina, executado por volta de 1523. Nos Uffizi (299F, 15 826F) há desenhos preparatórios.

[78] Ou seja, o futuro Clemente VII.

[79] O afresco de Pontormo com *Vertumno e Pomona* foi pintado em 1521, tal como os de Franciabigio e de Andrea.

579

prio Francia[80]. Não houve solicitações nem dinheiro ofertado que tivessem a capacidade de fazê-los terminar aquela obra, sendo ainda necessário lembrar-lhes que lá fossem para receber. Andrea, com toda a diligência, terminou apenas uma cena de uma fachada, na qual César recebe todos os animais como tributos[81]. Nela, desejando superar Francia e Iacopo, Andrea entregou-se a um labor inusitado, criando uma perspectiva magnífica e uma difícil disposição de escadas que levam ao trono de César. Não deixou de adorná-las de estátuas, além de fazer grande variedade de figuras a levarem diversos animais nas costas, tal como um indiano vestido de túnica amarela, a carregar sobre os ombros uma gaiola em perspectiva, dentro e fora da qual há papagaios, coisa excelente; há também algumas figuras a guiarem cabras indianas, leões, girafas, leoas, linces, macacos, com mouros e outras belas invenções, tudo disposto com arte perfeita e divino colorido em afresco. Sem contar que a obra ostenta uma graça e uma harmonia realmente surpreendentes. Também representou sentado naquelas escadas um anão com uma caixa na qual se vê um camaleão, sendo impossível imaginar a bela proporção que Andrea deu ao animal em toda a deformidade de sua estranhíssima forma. Essa obra ficou inacabada, pela ocorrência da morte do papa Leão. E o duque Alessandro de' Medici[82], embora desejasse que Iacopo da Puntormo a terminasse, nunca conseguiu que ele pusesse mãos à obra; na verdade, foi um grande mal ter aquele trabalho ficado inacabado, pois aquela era a sala mais bela do mundo. Voltando a Florença, Andrea fez um quadro com uma meia-figura nua de São João Batista[83], coisa muito bela; a encomenda foi feita por Giovan Maria Benintendi, e a obra hoje está com ele. Enquanto as coisas sucediam dessa maneira, lembrando-se às vezes da França, Andrea suspirava e, se acreditasse poder ser perdoado pelo erro cometido, sem dúvida teria feito todo o esforço para voltar. Assim, para tentar a sorte, acreditando talvez que pudesse ser absolvido graças a seu talento, pôs-se a trabalhar e fez um quadro em que pintou um São João Batista seminu[84], com a intenção de enviá-lo ao Grão-Mestre de França, para que, por sua intervenção, o rei voltasse a ter Andrea em boas graças; mas, desaconselhado por mercadores, não enviou o quadro; ao contrário, vendeu-o ao Magnífico Ottaviano de' Medici, que sempre teve grande apreço pela obra, tanto quanto pelos dois quadros de Nossa Senhora feitos por Andrea segundo a mesma maneira, hoje em sua casa. Zanobi Bracci encomendou-lhe um quadro para ser ofertado ao Monsenhor de San Biause[85], e Andrea o fez com grande diligência, na esperança de recuperar as boas graças daquele rei, a quem ele desejava voltar a servir. Fez

---

[80] A Franciabigio é atribuível o afresco com o *Triunfo de César*.

[81] O afresco com César recebendo o tributo, que ficou inacabado, foi terminado por Alessandro Allori entre 1582 e 1588; ali se lê a inscrição: ANNO DNI MDXXI ANDREAS SARTIVS PINGEBAT ET A D MDLXXXII ALEXANDER ALLORIVS SEQVERBATVR. Há desenhos relativos ao afresco em Berlim (12 924), Darmstadt (AE 1373), Florença (Uffizi 295F, 648E, 10 897F), Londres (British Museum, Fawkener, 5210-33), Oxford (II. 693) e Paris (Louvre, 1673, 1684, 1687, 1690).

[82] Alessandro foi duque de Florença a partir de 4 de abril de 1532; foi morto pelo primo Lorenzo di Pierfrancesco em 6 de janeiro de 1537.

[83] Talvez a pintura da coleção Liechtenstein (n? 12) em Vaduz.

[84] Deveria ser o n? 272 da Galeria Palatina de Florença, datável de c. 1525, do qual se conserva um desenho em Locko-Park (coleção Drury).

[85] Jacques de Beaune, nascido em meados do século XV, desde o fim do reinado de Luís XI esteve em contato com a casa real da França; por volta de 1525 tornou-se barão de Semblançay e durante muito tempo foi responsável pelas finanças régias; no entanto, caindo em desgraça, foi enforcado em Montfaucon em 11 de agosto de 1527.

também para Lorenzo Iacopi[86] um quadro muito maior que o usual, no qual se representa uma Nossa Senhora sentada com uma criança nos braços, acompanhada por duas outras figuras sentadas em escadas; em desenho e colorido, essa obra se equipara às outras suas.

No ano MDXXIII houve uma peste em Florença e em todos os outros lugares da região, e Andrea, amedrontado, não sabia onde se refugiar. Fez um quadro belíssimo e muito louvado para Giovanni d'Agostino Dini, no qual se representa uma belíssima Nossa Senhora, que hoje é apreciada e valorizada pela sua beleza. Depois, para Cosimo Lapi, fez um retrato do natural, que foi muito louvado pela vivacidade. Andrea tornara-se amicíssimo de Antonio Brancacci, que tinha alguns interesses com as freiras de Luco in Mugello; como estas desejassem ter um painel que fosse honroso, Antonio procurou Andrea e, depois de um acordo, ficou combinado que ele se refugiaria da peste no convento daquelas freiras em Mugello e, enquanto isso, faria o trabalho. Assim, encaminhou-se para Mugello com a mulher, uma enteada, a irmã da mulher e um aprendiz; ali, sossegadamente, deu início à obra e, recebendo todos os dias muitas lisonjas daquelas mulheres, dedicou-se à execução do painel com grande amor. Nele fez um Cristo morto, pranteado por Nossa Senhora, São João Evangelista e Madalena, figuras que parecem vivas e dotadas de alento e alma[87]. Além disso, percebe-se a afeição daquele Apóstolo e o amor no pranto de Madalena, bem como a intensa dor no rosto e na atitude de Nossa Senhora, cujo sofrimento diante do Cristo, que parece realmente de carne e osso, causa terror em São Pedro e assombro em São Paulo, que assistem àquela aflição. Essa obra dá a conhecer até que ponto ele se deleitava com os requintes e a perfeição da arte. Por esse motivo, ela deu mais reputação àquele mosteiro do que quaisquer outras construções onerosas que ali tenham sido feitas. Assim, fez ele muito bem em salvar-se daquele perigo e melhor ainda fizeram aquelas mulheres, em vista da fama que conquistaram, embora tenham corrido perigo nas várias vezes em que Ramazzotto, chefe da facção Scaricalasino, tentou roubar-lhes a obra durante o assédio para doá-la à sua capela na igreja de San Michele in Bosco, em Bolonha. Depois de voltar a Florença, enquanto trabalhava, Becuccio Bicchieraio da Gambassi, grande amigo seu, decidiu mandar para Gambassi um painel de sua lavra, para que servisse de memória de sua pessoa; Andrea terminou-o, representando nele uma Nossa Senhora no ar com o Filho nos braços, tendo abaixo quatro figuras: São João Batista, Santa Maria Madalena, São Sebastião e São Roque[88]; trata-se de obra certamente honrosa, em cuja predela retratou Becuccio e a mulher, figuras vivíssimas. Para Zanobi Bracci fez um quadro belíssimo que seria colocado em sua capela na *villa* de Rovezzano, em que representou uma Nossa Senhora a amamentar e um São José que parece destacar-se em relevo do painel[89]; essa obra hoje está em Florença, nos aposentos de messer Antonio,

---

[86] É o n.º 334 do Prado; tem o monograma AV e é datável da primeira metade da terceira década. Conservam-se desenhos em Florença (Uffizi, 291F, 318F, 324F, 632E, 6454F), Londres (British Museum, 1910--2-12-37), Paris (Louvre, 1685) e Roma (Farnesina, Fc. 107).

[87] O painel, datado de 1524, tem o monograma AV e é o n.º 58 da Galeria Palatina, enquanto a predela, não autógrafa, é conservada nos Depositi della Soprintendenza florentina. Há desenhos relativos em Florença (Uffizi, 642E, 644E, 15 789F), Londres (British Museum, 1895-9-15-546), Paris (École des Beaux--Arts, 342, e Louvre, 1677, 1682A, 1715) e Viena (Albertina, Sc. R 177A).

[88] Desse painel que está na Galeria Palatina (n.º 307), datável da segunda metade da terceira década, existe um desenho preparatório nos Uffizi (319F).

[89] É o n.º 2332 da Galeria Nacional de Roma; no Prado (n.º 335) conserva-se uma réplica de escola. Datável de c. 1525; há desenhos relativos em Paris (Louvre, 1716, e Lugt, 5253) e Viena (Albertina, W 201).

seu filho, que muito se deleita com a pintura e aprecia tal painel como coisa digna e meritória. Naquela época Andrea fez duas cenas no pátio da Companhia do Descalço; em uma, muito bela, representou Zacarias quando, em meio ao sacrifício, fica emudecido pela aparição do anjo[90]; na outra, representou a Visitação de Nossa Senhora[91]; ambas são admiravelmente executadas.

Em casa dos Medici em Florença havia aquele retrato do papa Leão e do cardeal Giulio de' Medici com o reverendíssimo Rossi, feito pelo gracioso Raffaello d'Urbino[92], quadro que Frederico II, Duque de Mântua, quis para si quando, passando por Florença a caminho de uma visita a Clemente VII, o viu acima de uma porta e se agradou dele extraordinariamente, sobretudo porque era afeiçoado às pinturas excelentes. Durante a visita ao papa, pediu-o de presente, e Clemente lho concedeu generosamente. Assim, os secretários escreveram para Florença ao Magnífico Ottaviano de' Medici, sob cujas ordens estavam o Magnífico Ippolito e o duque Alessandro, pedindo-lhe que mandasse acondicionar o quadro e enviá-lo a Mântua. Messer Ottaviano ficou muito contrariado por precisar privar Florença de tal pintura e não conseguia conformar-se com o fato de o papa ter-se desfeito dela tão depressa. Por isso, respondeu-lhes que não deixaria de servir o duque, mas que a moldura ornamental era ruim e que já se confeccionava outra, estando os trabalhos pela metade; dizia também que, tão logo fosse posto o ouro, ele enviaria o quadro a Mântua. Imediatamente, mandou chamar Andrea, pois sabia do seu valor em pintura, e em segredo lhe disse que o quadro devia partir, mas que a única solução para evitá-lo era fazer outro semelhante com toda a diligência e presenteá-lo ao duque, escondendo o de Raffaello. Andrea prometeu fazê-lo e, mandando-se confeccionar com rapidez uma base semelhante, trabalhou em casa de messer Ottaviano secretamente; e empenhou-se a tal ponto, que, terminada a obra, messer Ottaviano, grande entendedor daquela arte, não conseguia distinguir uma da outra, pois Andrea imitara até as manchas de sujeira que havia naquela. Assim, escondendo-se o de Raffaello, o quadro de Andrea foi mandado para Mântua com um ornamento semelhante, chegando ali são e salvo. O duque Federigo ficou satisfeitíssimo ao ouvir os louvores de Giulio Romano[93], discípulo de Raffaello, que, considerando-o sem dúvida da lavra deste, manteve essa opinião durante muitos anos. Entretanto, um filho adotivo de messer Ottaviano que estivera com Andrea enquanto ele executava essa obra chegou a Mântua, onde foi muito bem acolhido por Giulio, que lhe mostrou suas antiguidades e pinturas, apresentando-lhe finalmente como relíquia aquele quadro. Olhando-o, o amigo de Giulio lhe disse: "É uma bela obra, mas não é de Raffaello." "Como não? Acaso não o saberei eu, que reconheço as pinceladas que eu mesmo dei?" – exclamou Giulio. "O senhor as esqueceu – respondeu o amigo –, pois este quadro é da lavra de Andrea del Sarto e, para provar isso, atrás dele há uma marca para que não fossem confundidos quando estavam juntos em Florença." Giulio pediu que o quadro fosse virado e, vendo a marca, deu de ombros e disse as seguintes palavras: "Não lhe dou menos valor do que se tivesse sido feito por Raffaello; ao contrário, dou-lhe mais valor porque é prodigioso que alguém, por mais excelente

---

[90] O *Anúncio a Zacarias* foi pago a Andrea em 22 de agosto de 1523. No Prado há desenhos que lhe são atribuíveis (1797*r*, *v*).

[91] Datável de c. 1524; há desenhos relativos em Dijon (n.º 819) e Nova York (P. Morgan Library, I, 30*r* e *v*).

[92] Cf., na Vida de Rafael, nota 56, p. 508.

[93] Cf. sua Vida nas pp. 673-80.

que seja, imite a maneira de outro com tanta semelhança." Basta dizer que o talento de Andrea valeu por si só e também acompanhado, de tal modo que, por ordem de messer Ottaviano, o duque ficou satisfeito e Florença não foi privada de uma obra tão digna, que ele conservou durante muitos anos, pois lhe foi dada pelo duque Alessandro, passando depois ao duque Cosimo[94], em cujos aposentos está agora, ao lado de outras pinturas famosas[95]. Enquanto fazia esse retrato para o referido messer Ottaviano, Andrea pintou num quadro apenas o busto do cardeal Giulio de' Medici, que depois foi papa Clemente, obra semelhante à de Raffaello, muito bela, que mais tarde foi dada por messer Ottaviano ao velho bispo De' Marzi. Naquela época, messer Baldo Magini da Prato, a fim de deixar memória, desejava mandar fazer para a igreja Madonna delle Carcere, naquele castelo, um painel belíssimo, para o qual encomendara um ornamento de mármore muito valioso, no qual desejava inseri-lo. Entre os muitos bons mestres que lhe foram apresentados, embora ele não fosse um entendedor, Andrea recebeu mais elogios e, de fato, era mais experiente que os outros. Ocorre que certo Niccolò Soggi Sansovino[96], que em Prato tinha amizade com amigos de messer Baldo, fazia muita questão de encarregar-se da obra, dizendo que seria impossível melhorar o que produzia, e que o trabalho lhe deveria ser dado; dizendo que trabalharia com muito mais perfeição que os outros, prometeu servi-lo. Andrea foi chamado em Florença e, cavalgando a Prato com Domenico Puligo[97] e com outros amigos pintores, acreditava que, em vista de um desenho que fizera, a obra seria sua, mas descobriu que Niccolò fizera Messer Baldo mudar de ideia. Em presença deste, Niccolò disse a Andrea que apostaria com ele qualquer soma de dinheiro, aposta que seria ganha por quem fizesse a melhor obra de pintura. Andrea, que sabia quanto Niccolò valia em comparação consigo, riu da loucura do outro e, mesmo não sendo muito audaz, respondeu-lhe: "Trouxe comigo este meu aprendiz, que não pratica a arte há muito tempo, mas, se quiseres apostar com ele, aceito o desafio e pago a aposta por ele, mas comigo não quero que apostes, porque, vencendo eu, não haverá honra nisso e, perdendo, haverá motivo de grande vergonha para mim." E, dizendo a messer Baldo que lhe desse a obra, pois ela agradaria aos frequentadores do mercado de Prato, voltou a Florença. Naquela época foi-lhe encomendado um painel para Pisa[98]; era composto por cinco quadros e deveria ser colocado na igreja Madonna di Santa Agnesa, que fica junto às muralhas da cidade, entre a cidadela velha e a catedral. Em cada quadro ele fez uma figura, ou seja, um com São João Batista e outro com São Pedro, colocados em ambos os lados de Nossa Senhora a fazer milagres; nos outros, representou Santa Catarina Mártir, Santa Inês e Santa Margarida. Cada figura por si só causa admiração pela beleza; são consideradas as mulheres mais graciosas e belas que ele jamais fez. Messer Iacopo, frade servita, para liberar uma mulher de uma promessa, pediu-lhe em troca que

---

[94] Cosimo, nascido em 12 de junho de 1519, tornou-se duque da Toscana em 1537 e grão-duque em 1570; morreu em Florença em 21 de abril de 1574.

[95] O original de Rafael está nos Uffizi (Inv. 1912, n.º 40); a cópia de Andrea del Sarto é o n.º 138 da Galeria de Capodimonte.

[96] Niccolò Soggi, nascido em Arezzo na oitava década do século XV, morreu em Florença em 12 de julho de 1552. Dele se conserva *Nossa Senhora com Menino Jesus e quatro santos* na Galeria Palatina (n.º 77).

[97] Cf. sua Vida nas pp. 532-3.

[98] Decomposto em quadros separados, ainda está na Catedral de Pisa. Supõe-se que sua data seja posterior a 1527; há desenhos preparatórios relativos nos Uffizi (315F, 319F, 320F, 337F, 6425F) e no Louvre (1712).

mandasse fazer uma figura de Nossa Senhora acima da porta de saída para a lateral do claustro, onde está o capítulo da Anunciação; encontrando Andrea, disse-lhe precisar gastar aquele dinheiro que, embora não fosse muito, bastava para deixar no fim da vida uma obra excelente em lugar visível por todos, e que, embora o ganho às vezes venha a calhar, isso não implica que o prestígio não se extingue aos poucos, mais do que o ganho, depois da morte. Assim, Andrea, entre a vontade de pintar naquele lugar e o pouco trabalho que deveria ser feito (pois ali só cabiam três figuras), movido pela glória mais que pelo dinheiro, assumiu a obra de bom grado; e, começando a trabalhar, fez em afresco uma belíssima Nossa Senhora sentada, com o Filho no regaço e um José apoiado a um saco, a ler um livro aberto[99]. Nesse trabalho empenhou-se em mostrar uma arte absoluta e perfeita no desenho, graça e qualidade de colorido, bem como muita graça nos semblantes, vivacidade e relevo nas figuras; assim, mostrou a todos os pintores florentinos que os superava e ultrapassava em muito até aquela data, e isso a própria obra deixa claro, sem necessidade de outros louvores, pois os artistas e os outros espíritos engenhosos continuam a celebrá-la como coisa raríssima.

No pátio da Companhia do Descalço faltava apenas uma cena para que tudo fosse terminado; assim, Andrea, cuja maneira se engrandecera com o conhecimento das figuras de Michel Agnol Buonarroti para a sacristia de San Lorenzo[100] (figuras em parte começadas, em parte acabadas), dedicou-se à execução da última cena, que representa o nascimento de São João Batista[101]; terminou-a, dando a última amostra do seu progresso, sem dúvida digno de louvor, pois nessa cena há figuras muito mais belas que em todas as outras já feitas por ele, sendo maior o relevo e a graça que apresentam. Nela se vê uma mulher a levar um recém-nascido à cama na qual está uma belíssima figura de Santa Isabel; também se vê Zacarias, segurando com uma das mãos um papel sobre um joelho, enquanto com a outra escreve o nome do filho, figura à qual só falta mesmo respirar. Há também uma velha sentada num escabelo, a rir do parto da outra velha, com uma atitude e uma expressão que mostram o que a própria natureza faria. Terminada essa obra, sem dúvida digna e honrosa, fez um painel para a ordem de Valle Ombrosa, que foi posto em Valle Ombrosa no alto de um penhasco, onde ficavam alguns frades que, para maior abstinência, viviam afastados dos outros, nas chamadas "celas". Nesse painel há quatro figuras louvadíssimas e belas: São João Batista com São João Gualberto, frade daquela ordem, e São Miguel Arcanjo com São Bernardo, cardeal e frade daquela ordem. No meio, há alguns *putti* que não poderiam ser mais vivazes nem belos[102]. Giuliano Scala estava encarregado de encomendar um painel para Serrezana; confiou a obra a Andrea, que fez muitas figuras com o desenho, o colorido e a graça que lhe eram costumeiros. Eram elas: uma Nossa Senhora sentada com o Filho no regaço e duas meias-figuras do joelho para cima; São Celso e Santa Júlia, Santo Onofre e Santa Catarina, São Bento e Santo Antônio de Pádua, São Pedro e São Marcos. Essa

---

[99] É a chamada *Nossa Senhora do Saco*, na luneta sobre a porta de acesso à igreja da Santissima Annunziata do claustro dos Mortos; contém a inscrição ANN DOM MDXXV. Em Londres (British Museum, 1912-12-14-2) e em Paris (Louvre, 1675) há desenhos relativos.

[100] Cf., na Vida de Michelangelo, nota 90, p. 729.

[101] O afresco lhe foi pago em 24 de junho de 1526. Em Londres (British Museum, Sloane 5226.86) e em Paris (Louvre, 1680) há desenhos preparatórios.

[102] O painel com a inscrição ANN DOM MDXXVIII está na Galeria dos Uffizi (n.os 8394, 8396); há desenhos relativos em Florença (Uffizi, 288F, 293F, 297F, 640E, 6425F, 10971-2F) e em Nova York (P. Morgan Library, I, 31).

obra foi e ainda é considerada a coisa mais perfeita que fez[103]. Devia ainda a Giuliano, por conta de um saldo que seria pago pelos financiadores, um meio medalhão que foi posto na tribuna do coro de uma capela da igreja dos servitas; nele há uma belíssima Nossa Senhora recebendo o anúncio do Anjo[104]. Em decorrência de discórdias e outras questões conturbadoras entre o geral de São Salvi e outros abades, havia vários anos não se falava da execução do Cenáculo que fora encomendado a Andrea, quando da pintura do arco com as quatro figuras; mas, com a chegada de um abade que gostava mais que os outros de obras talentosas, por ser letrado e dotado de muito discernimento, decidiu-se que Andrea terminaria a obra, incumbência a que ele, já grato, não opôs resistência. Depois de fazer os cartões, passou à execução e, trabalhando a seu gosto um pedaço por vez, terminou tudo em não muitos meses[105]. Essa obra foi considerada, e de fato é, a mais natural, a de colorido mais vivaz e a mais bem desenhada de todas as que ele fez; suas figuras são dotadas de grandeza, majestade e graça, coisa de mestre perfeitíssimo. Essa obra causou profunda admiração em quem a viu logo depois de acabada, mas não só, pois durante o assédio de Florença, em MDXXIX, os soldados que, a serviço do Estado, mandavam arrasar todos os burgos extramuros, sem contemplação por igrejas, hospitais ou outros belos edifícios, depois de arrasarem os burgos da porta Croce, chegaram a San Salvi, demoliram a igreja e o campanário e já tinham começado a demolir parte do convento, quando, chegados ao refeitório onde estava esse Cenáculo, vendo pintura tão miraculosa, desistiram do que fariam e não derrubaram as paredes, conservando-as, como única atitude que podiam tomar. Grande feito realmente dessa arte que, muda e sem palavras, teve força para abrandar o furor das armas e da suspeição, induzindo à reverência e ao respeito pessoas que nem sequer eram da profissão, que não podiam reconhecer sua qualidade.

Para certa Companhia de São Tiago que ficava ali perto, Andrea fez um pendão de procissão, com um São Tiago a acariciar o queixo de uma criança vestida de flagelante, havendo também outra criança com um livro nas mãos, pintura louvável pela boa execução[106]. Um empregado de uma *villa* situada nas proximidades de Valle Ombrosa, destinada à messe daqueles frades, queria de Andrea um retrato que seria colocado em lugar exposto à chuva, arranjado com caramanchões e outras invenções. Assim, Andrea, que era muito amigo dele, satisfez à sua vontade. Ocorre que sobraram algumas tintas, argamassa e uma telha que combinava com elas. Então Andrea chamou Lucrezia, sua mulher, e disse: "Vem cá, como sobraram estas tintas, quero fazer teu retrato, para que se veja como estás conservada nessa idade e se perceba como mudaste de fisionomia desde os primeiros retratos." Mas ela não ficava parada, e Andrea, que acreditava estar próximo do fim, tomou um espelhinho e fez numa telha um autorretrato vivíssimo[107] e natural, que hoje está com sua mulher. Retratou um cônego pisano, grande amigo seu, realizando uma cabeça muito natural e bem-feita, hoje em Pisa. Naquela época Andrea começara a fazer para a Senhoria de Florença cartões para pinturas[108]

---

[103] O painel com a inscrição ANN DOM MDXXVIII estava em Berlim, mas foi destruído durante a última guerra mundial; há desenhos relativos em Berlim (5082), Londres (British Museum, 1896-11-18-1), Paris (École des Beaux-Arts, 352) e Florença (Uffizi, 306F, 604E).

[104] Está na Galeria Palatina (n.º 163), enquanto em Paris (Louvre, 11006) está o desenho relativo.

[105] Cf. nota 23, p. 570.

[106] Pintado por volta de 1525, está conservado nos Uffizi (n.º 1583).

[107] Conserva-se com o n.º 1694 nos Uffizi.

[108] Tem-se informação sobre sua execução também por um pagamento de 14 de dezembro de 1525.

585

que seriam feitas nos parapeitos da tribuna da praça, com muitas belas fantasias sobre os bairros da cidade, com todas as bandeiras dos Mesteres sustentadas por alguns *putti*, tudo ornamentado com as virtudes, os rios e os montes daquela cidade. Andrea começou essa obra, que ficou inacabada em decorrência de sua morte. Também começou a fazer um painel para a Abadia de Poppi, dos frades de Valle Ombrosa, obra que levou a bom termo; nele há uma Assunção de Nossa Senhora com muitos *putti*, São João Gualberto e São Bernardo Cardeal, com Santa Catarina e São Fiel. Está hoje na referida abadia[109], com muitas coisas inacabadas em decorrência de sua morte; coisa semelhante ocorreu com um painel não muito grande, que depois de terminado deveria ir para Pisa[110]. E, enquanto se dedicava à execução de tais coisas, sempre gostava de dar início a muitas outras. Andrea travara forte amizade com Giovan Battista della Palla que, desejando levá-lo de volta à França, nos três anos que passou em Florença gastou muitas e muitas centenas de escudos comprando obras de escultura e pintura, tudo o que havia de mais notável, e o que não pudesse adquirir mandava copiar, de tal maneira que despojou Florença de uma infinidade de obras insignes, sem nenhum respeito, só para decorar com o que de mais excelente se pudesse encontrar um apartamento para o rei da França. Assim, para isso acertou com Andrea que ele faria dois quadros. Num deles, representou Abraão no ato de sacrificar Isaque[111], coisa tão extraordinária, que se considerou não ter ele jamais feito nada melhor. Porque naquela figura do velho percebiam-se a pertinácia e a fé que lhe vedavam o temor de matar o filho; ao levantar o cutelo, sua cabeça se volta para uma criança que parece dizer-lhe que suspenda o golpe; não pode haver nada mais belo, sem falar das vestes, da atitude, dos calçados e de outras coisas daquele velho dotado de grande majestade. Além disso, em Isaque nu percebia-se sua belíssima e tenra idade, e poderíamos quase vê-lo tremer de medo da morte e morrer já antes de ser atingido; nele Andrea chegou a representar o colo mais escuro pela ação do calor do sol, sendo candídissimo o restante da carnação do corpo, em virtude da proteção da roupa. Sem mencionar o carneiro que parece de carne e osso, o espinheiro e as roupas de Isaque no chão, mais reais que pintados, além dos serviçais nus a olharem um asno pastar, numa paisagem capaz de mostrar a quem olhava a pintura que tudo se havia passado tal e qual Andrea representava. Depois de sua morte e da captura de Batista, essa obra foi vendida a Filippo Strozzi. Este, por sua vez, presenteou-a a Alfonso Davolos, Marquês de Vasto[112], que a mandou para a ilha de Ischia, perto de Nápoles, onde está em certos aposentos em companhia de outras digníssimas pinturas. No outro quadro, Andrea fez uma belíssima Caridade com três *putti*[113], de qualidade semelhante ao Abraão acima citado; depois de sua morte, essa obra foi comprada de sua mulher pelo pintor Domenico Conti[114], que a vendeu a Niccolò Antinori; este a conserva como coisa rara, que realmente é. O Magnífico Ot-

---

[109] A pintura, iniciada em 1529, foi terminada depois da morte de Andrea por Vincenzo Bonilli, em 1540. Atualmente na Galeria Palatina (nº 123), apresenta a data A D MDXXX. Há desenhos relativos em Florença (Uffizi, 293F), Munique (2207) e Nápoles (9-773).

[110] O painel, com *Nossa Senhora, São Francisco, São Jerônimo, São Bartolomeu e dois anjos*, está atualmente na Catedral de Pisa; às vezes atribuído a Sogliani, a quem deve ser atribuído apenas o acabamento.

[111] É o nº 77 da Gemäldegalerie de Dresden; em Madri (nº 336) existe uma réplica sua. Assinado com o monograma AV, é datável de c. 1529. Há um desenho relativo no British Museum de Londres (Fawkener 5211.19).

[112] Nascido em 1502, morreu em Milão em 1544. Foi valente *condottiero* a serviço de Carlos V.

[113] Está na National Gallery de Washington, acervo Kress, nº 1483.

[114] Atuante na primeira metade do século XVI em Florença, onde se inscreveu em 1535.

taviano de' Medici desejava muito ter um quadro feito por ele nos últimos tempos, pois via como ele havia melhorado; Andrea, desejando prestar-lhe serviço, pois sabia quanto lhe devia pelos benefícios recebidos e pela proteção que aquele sempre dispensara aos bons engenhos em pintura, decidiu atendê-lo. E fez-lhe um quadro muito belo, com uma Nossa Senhora que, sentada no chão com um menino a cavalo sobre suas pernas, volve a cabeça para um São João também menino; este é sustentado por uma velha representada como Santa Isabel de maneira muito viva e natural, tudo trabalhado com minúcias, diligência, arte, bom desenho e graça[115]. Durante o assédio, indo ter com o Magnífico Ottaviano, Andrea disse-lhe que terminara o quadro, mas aquele respondeu que o desculpasse e, agradecendo, disse-lhe que podia dá-lo a quem quisesse, pois estava passando por um momento difícil, corria perigo de vida e tinha a mente voltada para coisas bem diferentes da pintura. Andrea nada mais respondeu, a não ser que: "o trabalho foi feito para vós e vosso será sempre; se não o quiserdes agora, para vós será guardado". "Vende-o e usa o dinheiro – respondeu Messer Ottaviano –, pois sei muito bem o que digo." Andrea foi embora e guardou o quadro até o fim do assédio, não o dando a ninguém, por mais que lho pedissem. Quando os Medici voltaram a Florença, levou-o a messer Ottaviano, que o aceitou de bom grado e, agradecendo-lhe o ato, pagou-lhe em dobro. Essa obra hoje está nos aposentos de dona Francesca, sua mulher e irmã do Reverendíssimo Salviati, que não menos importância dá às belas pinturas que lhe foram deixadas por seu Magnífico consorte do que à conservação e à consideração de seus amigos. Andrea fez para Giovan Borgherini outro quadro quase semelhante ao da referida Caridade, com uma Nossa Senhora e um São João menino no ato de entregar a Cristo uma esfera que representa o mundo; há também uma belíssima cabeça de José[116]. Paulo da Terra Rossa, grande amigo de todos os pintores e pessoa muito gentil, quando viu o esboço do Abraão, quis muito que Andrea lhe fizesse um quadro pequeno com um retrato dele. Não podendo negar-se a fazê-lo, por se tratar da pessoa que digo, Andrea dispôs-se a atendê-lo de bom grado. E trabalhou de tal maneira, que em sua pequenez aquela obra não era inferior à grandeza do original[117]. Quando levou o quadro à casa de Paulo, este gostou muito e, para pagá-lo, perguntou qual era o preço; imaginando que aquela obra lhe custaria o que realmente valia e sentindo-se satisfeito, preparava-se para pagar tudo o que Andrea lhe pedisse, mas Andrea cobrou uma miséria, e Paulo até se envergonhou, mas, dando de ombros, entregou-lhe o que pedia. Esse quadro foi por ele enviado a Nápoles ***[118] e naquele lugar constitui a mais prestigiada e bela pintura. Durante o assédio, alguns capitães fugiram com o soldo, e Andrea recebeu a solicitação de pintá-los e de fazer o mesmo com alguns cidadãos que haviam fugido e eram considerados rebeldes ao palácio do Podestade. Andrea acertou tudo e disse que tais pinturas seriam feitas por um de seus aprendizes, chamado Bernardo del Buda[119], pois não queria, como Andrea del Castagno, ser cogno-

---

[115] A obra se conserva na Galeria Palatina com o n.º 81; há desenhos relativos em Oxford (II. 692), Paris (Louvre, 109 599) e Viena (Albertina, Sc.R. 162A).

[116] Está no Metropolitan de Nova York (n.º 22.75). Os desenhos de Florença (Uffizi, 297F, 631F, 653E, 6444F, 6445F) e de Paris (Louvre, 1714A) lhe são atribuíveis.

[117] Está no Prado (n.º 336); cf. acima, nota 111.

[118] Aqui há uma lacuna no original.

[119] Bernardo di Gerolamo Rosselli, vulgo Buda, recebeu pagamentos em 1530. No entanto, há desenhos de Andrea em Chatsworth (710) e Florença (Uffizi 328F, 329F, 330F, 331F).

minado Andrea degli Impiccati*. Assim, cercou a área com tabiques e ali entrava e saía à noite, para não ser visto; pintou-os de tal maneira, que pareciam vivos e naturais. Os soldados foram pintados na praça, sobre a fachada da antiga Mercatanzia, perto da Condotta; depois foram caiados para não serem vistos. Também foram avariados os do palácio do Podestade. Terminadas as obras, pôs nelas o nome de Bernardo, que ia e vinha em todas as horas do dia, para ser visto.

Andrea tinha muita familiaridade com alguns dirigentes da Companhia de São Sebastião, atrás da igreja dos servitas; estes desejavam ter a pintura de um busto de São Sebastião do umbigo para cima, e esta lhes foi feita por Andrea com muita arte[120], que nessas obras forçou a natureza, como se adivinhasse que aquelas seriam suas últimas pinceladas. Terminado o assédio, Andrea esperava que as coisas melhorassem, mas era grande o seu mau humor por ver que, com a prisão de Giovan Batista della Palla, ruíam seus planos de ir para a França. E, enquanto Florença se enchia de soldados chegados do campo e os víveres escasseavam, em vista dos apertos do assédio, apareceram uns lansquenês infectados pela peste, o que causou na cidade o medo de vir a ter naquele ano mais infecções do que noutros. Assim, fosse por tal fato apreensivo, fosse por ir costumeiramente todas as manhãs ao Mercato Vecchio fazer compras, como é hábito em Florença, misturando-se assim à multidão, fosse por ter-se empanturrado quando as coisas passaram a abundar, o fato é que um dia Andrea ficou gravemente doente e, sem ter então muitos remédios, porque deles não precisava, piorou e acabou chegando ao ponto extremo do mal. Acamou-se, e sua mulher, apavorada por acreditá-lo acometido pela peste, ficava distante dele o máximo possível. Por essa razão Andrea morreu sem ser visto, segundo dizem miseramente, de tal modo que quase ninguém se apercebeu[121]. Com pouquíssimas cerimônias, foi sepultado na igreja dos servitas, perto de casa.

Foram inúmeros os seus discípulos, dos quais uns ficaram junto dele mais tempo, outros menos, não por culpa dele, mas da mulher, que os atribulava frequentemente com sua prepotência, sem consideração por ninguém. Entre eles constam Iacopo da Puntormo[122], hoje excelente mestre; Andrea Sguazzella[123], que em França trabalhou num palácio fora de Paris, elaborando obra muito louvada, sempre segundo a maneira de Andrea; Solosmeo[124]; Pier Francesco di Iacopo di Sandro[125], que fez três painéis na igreja do Santo Spirito; Francesco Salviati[126], que pintou capelas em Roma, na igreja

---

* Ver nota 19 da Vida de Andrea del Castagno. [N. da T.]

[120] Dessa primeira pintura restam apenas algumas cópias em coleções públicas italianas (Florença, Museu dos Inocentes; Prato, Pinacoteca Comunal) e estrangeiras (no passado, Richmond, coleção Cook).

[121] Andrea morreu com 42 anos em 29 de novembro de 1530.

[122] Cf. nota 11, p. 451.

[123] De 1516 a 1524 esteve em Semblançay, a serviço de Jacques de Beaune.

[124] Antonio di Giovanni da Settignano, vulgo Solosmeo, pintor e escultor, atuou de 1525 a 1536.

[125] Cf. acima, nota 50; os três painéis a que Vasari alude são *Assunção*, *Transfiguração* e *Ressurreição*, respectivamente, na primeira capela à direita, na segunda do transepto direito e na primeira capela à esquerda da igreja do Santo Spirito.

[126] Francesco de' Rossi, chamado de Salviati, nasceu em 1510; morreu em Roma em 1563. Em 1538 pintou no Oratório de San Giovanni Decollato, em Roma, a *Visitação* defronte ao afresco com o *Anúncio a Zacarias* de Jacopino del Conte (cf. R. E. Keller, *Das Oratorium von San Giovanni Decollato*, Roma, 1977). Em 1514 iniciou em Palazzo Vecchio os afrescos com *Cenas de Camilo e dos gauleses*, ainda existentes. Sobre Salviati, cf. I. H. Cheney, *Francesco Salviati (1510-1563)*, High Wycombe, 1975; M. Hirst, "Salviati's chinoiserie in Palazzo Sacchetti", em *The Burlington Magazine*, 921 (1979), pp. 791-2; L. Mortari, "Francesco Salviati nella chiesa di Santa Maria dell'Anima", em vários autores, *Scritti in Onore di Federico*

da Misericórdia, na Companhia dos Florentinos e em Santa Maria de Anima de' Tedeschi, com obras em toda a Itália e em Florença, onde fez para o duque Cosimo uma belíssima sala em afresco; foi seu companheiro o aretino Giorgio Vasari, ainda que por pouco tempo: como suas obras estão espalhadas por toda a Itália e são muito conhecidas, não cabe aqui mencioná-las. Também foram seus discípulos o florentino Iacopo del Conte[127] e Nannoccio[128], que hoje está na França com o Cardeal de Tornon e trabalha com grande felicidade. A perda de Andrea foi muito sentida pelo escultor Tribolo[129], grande amigo seu, que fez honrosas obras de escultura para o duque Cosimo; também pelo pintor Iacopo[130], que se valeu muito dele, conforme se vê em suas obras, sobretudo na fachada do cavaleiro Buondelmonti, na praça de Santa Trinita. Com a morte de Andrea, seus desenhos e seus petrechos de arte ficaram com Domenico Conti[131], que, desejando prestar-lhe as merecidas honras póstumas, acertou com o cortês Raffaello da Monte Lupo[132] a elaboração de um quadro muito bem ornado de mármore, que foi incorporado num pilar da igreja dos Servi, com o seguinte epitáfio feito pelo eruditíssimo Pier Vittori, então jovem:

ANDREAE SARTIO
ADMIRABILIS INGENII PICTORI AC
VETERIBVS ILLIS OMNIVM IVDICIO
COMPARANDO.
DOMINICVS CONTES DISCIPVLVS PRO
LABORIBVS IN SE INSTITVENDO SVSCEPTIS
GRATO ANIMO POSVIT.
VIXIT ANNOS XLII. OBIIT ANO MDXXX[*].

Ocorre que alguns cidadãos construtores, mais ignorantes que avessos às honrosas memórias, trataram de retirar tal homenagem daquele lugar, alegando que a obra fora ali posta sem licença; assim, foi ela retirada e ainda não reconstruída. Com isso, a fortuna talvez queira mostrar-nos que os influxos do destino não têm poder apenas em vida, mas também na memória póstuma, ainda que, a despeito dele, suas obras este-

---

Zeri, Milão, 1984, pp. 389-400; S. J. Freedberg, "The formation of Francesco Salviati: an early 'Caritas'", em *The Burlington Magazine*, 992 (1985), pp. 768-75.

[127] Nascido em Florença em 1510, morreu em Roma em 1598: foi um dos maiores pintores das gerações seguintes às dos primeiros maneiristas. Além de Keller, *Das Oratorium*, cit., cf. sobre ele os mais recentes I. H. Cheney, "Notes on Jacopino del Conte", em *The Art Bullettin*, 1970, pp. 32-40; F. Zeri, "Rivedendo Jacopino del Conte", em *Antologia di Belle Arti*, 6 (1978), pp. 114-22.

[128] Nannoccio della Costa a San Giorgio, mencionado em Florença por volta de 1525-29 e na França de 1540 a 1550.

[129] Cf., na Vida de Michelangelo da Siena, nota 6, p. 598.

[130] Jacopo di Giovanni Francesco, vulgo Jacone, nasceu em Florença em 6 de fevereiro de 1494 (calendário comum, 1495); em 1523 fez um retábulo para a capela Mori em Santa Lucia de' Magnoli; por volta de 1525 fez os afrescos do Palácio Buondelmonti; em 1525 inscreveu-se na Accademia di San Luca, onde ficou até 1538; morreu em 24 de maio de 1554. Sobre ele, cf. U. Procacci, "Di Jacone scolare di Andrea del Sarto", em *Accademia Etrusca: Annuario*, XVIII (1979), pp. 447-73.

[131] Cf. acima, nota 114.

[132] Cf., na Vida de Baccio da Montelupo, nota 13, p. 547.

[*] "Em memória de Andrea del Sarto, pintor de engenho admirável e, a juízo de todos, comparável aos antigos. Seu discípulo Domenico Conti, em reconhecimento pelo esforço que dedicou à sua educação, mandou colocar agradecido este epitáfio. Viveu 42 anos. Morreu em 1530." [N. da T.]

jam fadadas a sobreviver, e estes meus escritos, a subsistir algum tempo para manter viva a sua memória. Basta dizer que suas aspirações foram pequenas nas ações da vida, que ele se contentava com pouco e que gostava do comércio das mulheres, embora tais coisas não signifiquem que não fosse de engenho elevado e expedito na arte, mostrando--se exímio em todo e qualquer trabalho. Suas obras, além de servirem de ornamento aos lugares onde estão, são de grande proveito para os artistas na observação da maneira, do desenho e do colorido, pois Andrea cometeu menos erros que outros pintores florentinos, por ter entendido perfeitamente as sombras e as luzes, bem como o modo de fazer perspectivas nas zonas escuras, pintadas com suavidade muito viva; além disso, Andrea mostrou como se trabalha com afresco, integrando as cores e sem fazer excessivos retoques a seco, de tal forma que o trabalho parece ter sido executado por inteiro em um mesmo dia. Os artistas toscanos podem tomá-lo como exemplo em qualquer lugar, pois sua obra é uniforme, o que lhe vale grandes louvores e honroso reconhecimento entre os mais celebrados engenhos.

Properzia de' Rossi, escultora bolonhesa

É interessante que as mulheres, nas artes e nas práticas todas em que quiseram imiscuir-se com algum empenho, em qualquer época, sempre se mostraram excelentes e mais que famosas, como se pode demonstrar facilmente com uma infinidade de exemplos a quem talvez não acreditasse nisso. Sem dúvida todos conhecem o valor que todas elas têm no campo econômico e mesmo no da guerra, assim como sabem quem foi Camila, Harpálice, Valasca, Tomíris, Pentesileia, Molpádia, Orítia, Antíope, Hipólita, Semíramis, Zenóbia e, finalmente, Fulvia, mulher de Marco Antônio que, como diz o historiador Díon, tantas vezes se armou para defender o marido e a si mesma. Também na poesia houve mulheres admiráveis; como conta Pausânias, Corina foi muito célebre na versificação, enquanto Eustátio, no catálogo das naves de Homero, faz menção a Safo, honradíssima jovem; Eusébio também lhe faz menção, no livro dos tempos; esta, embora fosse mulher, superou em muito todos os excelentes escritores da época. E Varrão também louva, veemente mas merecidamente, Erina, que com trezentos versos se opôs à gloriosa fama do primeiro luminar da Grécia e com um pequeno volume, chamado Elacate, equiparou-se à extensa Ilíada do grande Homero. Aristófanes celebra Carissena, na mesma profissão, como mulher douta e talentosa; do mesmo modo Teano, Merone, Pola, Elpe, Cornifícia e Telisila; desta foi colocada uma belíssima estátua no templo de Vênus, por suas tantas virtudes. E, deixando de mencionar tantas outras poetisas, acaso não lemos que Arete foi mestra do douto Aristipo nas dificuldades da filosofia? E que Lastênia e Axioteia foram discípulas do diviníssimo Platão? E que, na arte oratória, as romanas Semprônia e Hortênsia foram muito famosas? Na gramática, Agálide (como diz Ateneu) foi extraordinária, e na previsão das coisas futuras, por meio da astrologia ou da mágica, basta dizer que Têmide, Cassandra e Manto foram muito famosas em seu tempo. Assim como também foram famosas Ísis e Ceres na agricultura e, em todas as ciências, as filhas de Téspio. Mas sem dúvida em nenhuma época isso ficou tão claro quanto na nossa, em que as mulheres conquistaram grande fama, não só no estudo das letras, como ocorreu com as senhoras Vittoria del Vasto[1], Veronica Gambara[2], Caterina Anguisola[3], com Schioppa, Nu-

---

[1] Vittoria Colonna nasceu em Marino em 1492; foi mulher de Ferdinando Francesco d'Avalos, marquês de Pescara, de 1509 a 1525; morreu em 25 de fevereiro de 1547.

[2] Veronica di Gianfrancesco nasceu em 1485 perto de Brescia; foi mulher de Gilberto, senhor de Correggio, de 1509 a 1518; morreu em Correggio em 1550.

[3] À família Anguissola pertence também a célebre Sofonisba, que nasceu em Cremona por volta de 1531-32 e morreu em Palermo em 1624. Sobre ela Vasari falou muito mais longamente na edição giuntina.

garola e centenas de outras, mulheres doutíssimas não só nas línguas vulgar, latina e grega, como também em todas as outras faculdades. E, como se quisessem impedir que nos vangloriássemos da superioridade, não se envergonharam de empregar as macias e cândidas mãos em coisas mecânicas, na rudeza do mármore e na aspereza do ferro, para atenderem à aspiração de extrair fama de tais atividades, como em nossos dias fez Properzia de' Rossi, nascida em Bolonha[4], jovem virtuosa não só nas coisas de casa, como as outras, mas em numerosas ciências que causariam inveja não só às mulheres, mas a todos os homens. Tinha físico belíssimo e no seu tempo tocou e cantou melhor que qualquer mulher de sua cidade. E, sendo dotada de engenho caprichoso e destro, passou a entalhar caroços de pêssego, trabalhando-os tão bem e com tanta paciência, que sua singularidade causava grande admiração[5], não só pela sutileza do trabalho, mas também pela esbeltez das pequenas figuras que fazia e pela delicadíssima maneira de distribuí-las. De fato, era um milagre ver sobre um caroço tão pequeno toda a Paixão de Cristo[6], feita com belíssimo entalhe, com uma infinidade de pessoas, além dos crucificadores e dos Apóstolos. Esse feito deu-lhe coragem e, quando foi preciso fazer o ornamento das três portas da primeira fachada de San Petronio, toda com figuras de mármore, por meio do marido ela pediu aos construtores participação naquele trabalho, com o que eles ficaram contentíssimos, mas pediram-lhe que lhes mostrasse alguma obra de mármore que tivesse feito. Então ela imediatamente fez para o conde Alessandro de' Peppoli um retrato de finíssimo mármore, com seu pai, o conde Guido, retratado do natural[7]. Essa obra agradou muito não só os construtores, mas toda a cidade, e por isso aqueles não deixaram de confiar-lhe uma parte do trabalho. Ali ela executou, para grande admiração de toda Bolonha, um belo quadro no qual (como naquela época estava a pobre mulher apaixonadíssima por um belo jovem que pouco parecia notá-la) representou a mulher do mestre da casa do Faraó que, apaixonada por José, quase chegando ao desespero depois de tantas súplicas, por fim lhe tira as vestes[8] com uma graça feminina mais que admirável. Essa obra foi considerada belíssima por todos, o que lhe deu grande satisfação e a impressão de que aquela figura do Antigo Testamento lhe aliviava em parte a ardente paixão. Não quis fazer mais nada para a referida construção, por mais que fosse solicitada por todos, exceto por mestre Amico[9], que, movido pela inveja, sempre a desencorajou e falou mal dela aos cons-

---

[4] Nasceu por volta de 1490, filha de Girolamo de' Rossi, cidadão bolonhês.

[5] A Properzia é atribuída uma curiosa obra feita para a família Grassi, que se conserva no Museu Cívico de Bolonha, composta por onze caroços de pêssego entalhados com apóstolos e santas, caroços interligados por um fio e engastados sobre uma filigrana de prata que representa uma águia. Além de Properzia, Pippo Santa Croce da Urbino também se dedicou ao mesmo gênero; aliás, os dois artistas fizeram juntos um colar com caroços entalhados, entre os quais o da *Paixão* adiante descrito, que durante algum tempo foi conservado em Pesaro.

[6] Cf. nota anterior.

[7] O busto de Guido Pepoli conserva-se no Museu de San Petronio.

[8] O baixo-relevo com a *Castidade de José* está no Museu de San Petronio (sala I); foi feito em colaboração com Tribolo, por volta de 1525-27.

[9] Nascido em Bolonha por volta de 1474, filho do pintor Giovanni Antonio, foi a Florença antes de 1500, ano em que se mudou para Roma, voltando a Bolonha em 1504. Morreu em Bolonha em 1552. Sobre ele, cf. R. Longhi, *Officina ferrarese*, Florença, 1968, quanto às partes que lhe dizem respeito; L. Grassi, "Considerazioni e novità per Amico Aspertini e Jacopo Ripanda", em *Arte Antica e Moderna*, 25 (1964), pp. 47-65; D. Scaglietti, "La maturità di Amico Aspertini e i suoi rapporti con la 'Maniera'", em *Paragone*, 233 (1969), pp. 21-48, e V. Sgarbi, "Inediti dell'Aspertini", ibid., 367 (1980), pp. 38-42. Cf. também Vida de Bartolomeo da Bagnacavallo, p. 633.

trutores, agindo com tanta maldade, que o trabalho dela foi muito mal pago. Ela ainda fez dois anjos em alto-relevo e ótimas proporções, que hoje, contrariando a sua vontade, são vistos na mesma construção[10]. Por fim, passou ela a fazer gravuras em cobre, produzindo obras imunes a críticas e dignas de grande louvor. Finalmente, tudo deu certo para a pobre jovem apaixonada, exceto seu infeliz amor.

A fama de tão nobre e elevado engenho correu toda a Itália, chegando até aos ouvidos do papa Clemente VII, que, logo depois de coroar o imperador em Bolonha[11], perguntou dela, recebendo como resposta que a mísera mulher morrera naquela mesma semana[12] e fora sepultada no hospital da Morte, conforme vontade por ela expressa em seu testamento.

O papa, que tinha muita vontade de conhecê-la, ficou bastante contrariado com sua morte, mas muito mais desgostosos ficaram os cidadãos que, enquanto ela viveu, sempre a viram como um grande prodígio da natureza em nossos tempos.

E, para honrá-la com alguma memória, foi posto em sua sepultura o seguinte epitáfio:

SI QVANTVM NATURAE ARTIQVE PROPERTIA, TANTVM
FORTVNAE DEBEAT MVNERIBVSQVE VIRVM,
QVAE NVNC MERSA IACET TENEBRIS INGLORIA, LAVDE
AEQVASSET CELEBRES MARMORIS ARTIFICES.
ATTAMEN INGENIO VIVIDO QVOD POSSET ET ARTE,
FOEMINIA OSTENDVNT MARMORA SCVLPTA MANV*.

---

[10] Os dois *Anjos* estão de fato na capela das Relíquias, defronte à *Assunção* de Tribolo.
[11] Em 24 de fevereiro de 1530 Clemente VII coroou Carlos V imperador, em San Petronio.
[12] A morte de Properzia, portanto, situa-se em 1530, em torno de 24 de fevereiro.
* "Se Propércia devesse à natureza e à arte tanto quanto deve à fortuna e aos presentes dos homens, ela, que agora está inglória imersa nas trevas, poderia igualar-se aos célebres artistas do mármore. Além disso, o que pôde fazer com seu engenho vívido e sua arte é mostrado nos mármores esculpidos por sua mão de mulher." [N. da T.]

Alfonso Lombardi, escultor ferrarês

Não há dúvida alguma de que a excelência das ações das pessoas sábias pode ficar durante algum tempo ocultada e abafada pela fortuna, mas o tempo muitas vezes traz à tona a verdade aliada à virtude que as remunera com honra pelos trabalhos passados e futuros, sendo tais pessoas as que consideramos valorosas e admiráveis entre os nossos artistas. Por isso, em todas as profissões, a pobreza exige luta contínua das índoles nobres, sobretudo nos anos da flor da juventude, em que é fácil desviar-se dos estudos, seja por motivo de amor, seja por outros prazeres que deleitam o espírito e alimentam a amenidade do corpo. Tais amenidades, largada a primeira casca, não avançam em direção ao que é bom, mas convertem-se em amargor. Não é o que acontece com as virtudes aprendidas, pois aqueles que persistem nelas são postos no céu pela ambição da fama e da glória, mantendo-se em condições sublimes e honrosas, em vida e depois da morte. Foi o que experimentou Alfonso de Ferrara[1] na juventude; este, que fez numerosíssimos retratos de cera e de estuque copiados do natural em medalhas pequenas, tornou-se raro e excelente em tais obras; perseverando, tornou-se conhecido fora de Ferrara, sua pátria, e seu nome chegou a Bolonha. Ali, na igreja de San Michele in Bosco, fez a sepultura de Ramazzotto[2], graças à qual granjeou grande fama. Também naquela cidade fez algumas pequenas cenas de mármore em médio-relevo para a arca de São Domingos, na predela do altar[3], obra que lhe deu muita reputação. Continuando, fez algumas outras pequenas cenas para a porta de São Petrônio, à esquerda da entrada da igreja, com uma Ressurreição de Cristo em mármore[4]. Mas a obra que mais agradou os bolonheses e lhe deu excelente fama foi uma em que usou uma mistura de um estuque muito forte, na qual representou a Morte de Nossa Senhora com os Apóstolos em vulto e com o judeu que prende as mãos no ataúde de Nossa Senhora; essa obra é vista no hospital da Morte, na praça de San Petronio, na sala de

---

[1] Alfonso, filho de Niccolò Cittadella, de Lucca, e de Eleonora di Giovanni Lombardi, nasceu em Ferrara em 1497. Sobre ele, cf. N. Gramaccini, *Alfonso Lombardi*, Darmstadt, 1980. Na segunda edição, Vasari uniu a esta Vida as Vidas dos três artistas seguintes a esta.

[2] A sepultura de Armaciotto Ramazzotti, morto em 1539, estava terminada já em 1526, antes de sua morte.

[3] Em 20 de novembro de 1533, Alfonso recebeu um pagamento por essa obra, que se compõe de cinco divisões sob a arca; a quarta tem a assinatura ALPHONSVS DE LOMBARDIS FERRARIENSIS F.; representa a *Adoração dos Magos*, enquanto as outras quatro divisões representam *Cenas de São Domingos*.

[4] Em 10 de setembro de 1525 Alfonso recebeu o primeiro pagamento pela luneta com a *Ressurreição* para o portal esquerdo da fachada; no pilar direito do mesmo portal depois fez três relevos com *Cenas do Antigo Testamento*.

cima[5]. Não há dúvida de que Alfonso trabalhou com tanto amor e diligência nessa obra, que com ela não angariou menos fama e nomeada do que o fizera com as medalhas. Desse mesmo estuque ainda são vistas algumas coisas de sua lavra em Castel Bolognese[6] e na Companhia de São João de Cesena. Em Bolonha há muitas outras obras suas, espalhadas entre várias pessoas, pois ele se comprazia em fazer coisas de cera, estuque e barro, mais que de mármore. Porque Alfonso, passada certa idade, sendo bastante belo e de aspecto jovial, exerceu a arte mais por delicadeza do que para esculpir pedras. Costumava adornar-se com enfeites de ouro e outras quinquilharias, pois tinha o espírito mais voltado para a corte do que para as labutas da escultura. Com isso, tornando-se muito convencido, usava termos pouco convenientes a artista talentoso, tal como ocorreu certa noite na festa de núpcias de um conde na qual Alfonso se encontrava; este, cortejando uma fidalga de alta estirpe e por ela levado à dança da tocha*, agitado e vencido pelo delírio amoroso, olhou para a mulher com expressão cheia de ternura e, suspirando, disse-lhe com voz trêmula: "S'amor non è, che dunque è quel ch'io sento?"**. A mulher, que era muito sagaz, querendo mostrar-lhe seu erro, respondeu: "Deve ser algum piolho." Essa frase correu toda Bolonha e sempre o deixou muito vexado. Realmente, se tivesse dado mais valor às labutas da arte do que às vaidades do mundo, Alfonso sem dúvida teria feito coisas infinitamente admiráveis. Porque, se fazia o que fazia sem empenho, teria feito coisas muito melhores caso se empenhasse.

Naquela época o imperador Carlos V foi a Bolonha[7], e Tiziano da Cador, pintor excelente, retratou Sua Majestade[8]; Alfonso, introduzido por meio de Tiziano, começou a fazer um retrato de estuque em relevo e com tanta graça expressou o rosto do Imperador, que, além de granjear nomeada, recebeu quinhentos dos mil escudos pagos pelo imperador a Tiziano. Por sua reputação e por sua obra, passou a ser bem visto pelo cardeal Ippolito de' Medici[9], que se empenhou em levá-lo para Roma; ali ficando, recebeu todos os favores que desejava daquele senhor, cuja casa mantinha então uma infinidade de pintores, escultores e outros artistas; era grande a expectativa em torno dele. A partir de um busto antigo, retratou em mármore o imperador Vitélio, obra que executou com perfeição. Esta confirmou sua fama e aumentou seu prestígio junto àquele senhor e em toda a Roma. Também fez um belíssimo busto de mármore no qual retratou o papa Clemente VII[10] ao natural, recebendo pela obra vários presentes; para Giuliano de' Medici, pai do cardeal, fez outro busto que não foi terminado. Esses bus-

---

[5] Encontra-se hoje na igreja de Santa Maria della Vita e foi feito entre 12 de dezembro de 1519 e 30 de junho de 1522.

[6] No palácio episcopal e na igreja de San Petronio conservam-se alguns fragmentos de uma *Piedade* e outras estátuas.

* A última da festa. [N. da T.]

** O verso é de Petrarca. "Se amor não é, o que então é isto que sinto?" [N. da T.]

[7] Depois da coroação, Carlos V esteve de novo em Bolonha de 13 de dezembro de 1532 a 28 de fevereiro de 1533.

[8] O *Retrato de Carlos V "todo armado"*, como dirá Vasari na edição giuntina na Vida de Ticiano, deve ser considerado perdido; na coleção Fugger Babenhausen de Augusta conserva-se a obra que comumente é considerada uma réplica. Sobre Ticiano, cf. nota 14, p. 455.

[9] Filho ilegítimo de Juliano de Nemours, nasceu em 1511 em Urbino; tornou-se cardeal em janeiro de 1529.

[10] O *Busto de Clemente VII* e o citado abaixo de *Juliano, duque de Nemours*, estão na sala de Leão X no Palazzo Vecchio de Florença, como diz o próprio Vasari na edição giuntina. O busto de Juliano depois foi terminado por Antonio Lorenzi em 1559-60.

tos foram vendidos em Roma e por mim comprados a pedido do Magnífico Ottaviano de' Medici com outras pinturas; hoje estão na *villa* de Castello, acima de algumas portas, onde foram colocados pelo duque Cosimo de' Medici[11]. Naquela época o papa Clemente[12] veio a falecer, e foi necessário fazer sua sepultura e a de Leão, trabalho de que Alfonso foi incumbido pelo cardeal De' Medici. Ali foram feitos alguns esboços por parte de Michele Agnolo Buonarroti[13], com base nos quais Alfonso fez um modelo com figuras de cera, considerado belíssimo; recebido o dinheiro, foi a Carrara para comprar mármore[14]. Mas não foi muito longe, pois o cardeal, partindo de Roma para ir à África, morreu em Itri[15]. Alfonso, que já estava empenhado naquela obra, foi rejeitado pelos cardeais que a administravam, ou seja, os cardeais Salviati, Ridolfi, Pucci, Cibò e Gaddi, e, por indicação da senhora Lucrezia de' Salviati[16], a obra foi confiada ao escultor florentino Baccio Bandinelli[17], visto que ele, enquanto Clemente estava vivo, fizera os modelos. Diante disso, Alfonso, quase fora de si, deixou de lado o orgulho e se dispôs a voltar a Bolonha. Saindo de Roma e chegando a Florença, fez reverência ao duque Alessandro[18] e deu-lhe um belíssimo busto de mármore, que ele fizera para o cardeal, busto que hoje está nos aposentos do duque Cosimo. Assumiu então a incumbência de retratar o duque, que então se dispunha a ser retratado por ourives florentinos[19] e estrangeiros. Entre estes, foi retratado por Domenico di Polo[20], entalhador de medalhões, Francesco di Girolamo da Prato[21], que fazia medalhas, e Benvenuto[22], moedas; também foi pintado pelo aretino Giorgio Vasari e por Iacopo da Puntormo[23], que sem dúvida fez um retrato belíssimo. Em relevo, foi retratado por Danese da Carrara[24] e por muitos outros. Mas todos foram superados por Alfonso, que, desejando ir a Bolonha, teve o privilégio de fazer um retrato de mármore. Por esse motivo, o duque Alessandro pagou Alfonso, e este voltou a Bolonha. Ali, pesaroso com a morte do cardeal e inconformado com a perda da sepultura, contraiu uma sarna pestífera e incurável que o consumiu aos poucos, até que, chegado aos 49 anos

---

[11] Cosimo I, filho de Giovanni delle Bande Nere, nasceu em Florença em 12 de junho de 1519; duque de Florença a partir de 1537, grão-duque a partir de 1569, morreu em 21 de abril de 1574.

[12] Giulio de' Medici, papa Clemente VII a partir de 1523, morreu em 1534.

[13] Cf. sua Vida nas pp. 713-40.

[14] Alfonso é documentado em Carrara nos anos de 1530 e 1533.

[15] Ippolito morreu em 10 de agosto de 1535.

[16] Filha de Lourenço, o Magnífico, casara-se com Jacopo Salviati.

[17] O contrato com Bandinelli foi firmado em 25 de março de 1536: os túmulos, que deveriam ter sido colocados em Santa Maria Maggiore, foram construídos em Santa Maria sopra Minerva e estavam terminados antes de 16 de junho de 1542. Sobre Bandinelli, cf. nota 10, p. 535.

[18] Nascido em 1510, em 1531 foi posto no governo da cidade de Florença, tornando-se seu duque em 4 de abril de 1532; morreu assassinado pelo primo Lorenzino em 6 de janeiro de 1537.

[19] Sobre os retratos de Alessandro, cf. Langedijk, *The Portraits*, cit., pp. 221-42.

[20] Domenico di Polo di Angelo de' Vetri nasceu em Florença por volta de 1480 e morreu em 1547.

[21] Nascido em 1512, morreu em 1562.

[22] Benvenuto Cellini, autor famosíssimo, entre outras coisas, da estátua de *Perseu* que está na praça da Senhoria em Florença e do saleiro de Francisco I, no Kunsthistorisches Museum de Viena, nasceu em Florença em 3 de novembro de 1500 e morreu em 1575. Autor de dois tratados (*Sobre a ourivesaria* e *Sobre a escultura*) e de uma *Autobiografia*, viveu aventureiramente o Saqueio de Roma. Sobre ele, cf. S. Barbaglia, *L'opera completa del Cellini*, Milão, 1981; e J. Pope-Hennessy, *Benvenuto Cellini*, Londres, 1985.

[23] Cf., na Vida de Raffaellino del Garbo, nota 11, p. 481.

[24] Danese Cattaneo nasceu em Colonnata (Carrara) em 1509, filho de Michele Cattaneo, e morreu em Pádua em 1537; foi aluno de Jacopo Sansovino, com quem esculpiu em Veneza, em 1527, algumas decorações da Libreria Marciana e da Loggetta Marciana. Trabalhou também em Pádua e Verona.

de idade, passou desta para a outra vida; queixava-se continuamente, dizendo que melhor seria se a felicidade lhe tivesse fechado os olhos naquele tempo em que a fortuna lhe permitia conviver com tão grandioso senhor, em vez de vê-lo em tão miserável fim. Alfonso morreu em MDXXXVI[25].

---

[25] Morreu em 1º de dezembro de 1537, portanto não com 49 anos, como diz acima Vasari, mas com cerca de 40.

Michele Agnolo (Michelangelo da Siena), senês

Ainda que muitos despendam longo tempo a ajudar os outros e acabem por assumir ou concluir poucas obras, nem por isso quem conhecer seu espírito cheio de virtudes achará que é menor a qualidade do que fazem ou menos ilustre o seu valor, de tal modo que não sejam considerados excelentes e insignes nas artes que praticam. Porque o mesmo céu que lhes determinou tal natureza também determinou o momento e o lugar em que deverão mostrar-se. Por essa razão o senês Michele Agnolo[1] passou muito tempo a trabalhar na Eslavônia com outros mestres da escultura, até que, finalmente, indo para Roma, também ali trabalhou. Baldassarre Perucci[2], pintor senês, era muito chegado ao cardeal Hincfort[3], datário do papa Adriano; o cardeal, quando da morte do pontífice[4], quis mostrar alguma gratidão pelo amor que sempre lhe dedicou em virtude da dignidade dele recebida e para tanto mandou fazer-lhe uma sepultura de mármore[5] em Santa Maria de Anima, igreja dos alemães de Roma. Baldassarre, por ser mais talentoso, ficou encarregado do desenho para a arquitetura da obra, que deveria ser de mármore, e, sendo amigo de Michele Agnolo, animou-o a assumi-la. Michele Agnolo, encorajado, aceitou o encargo e, com persistência, levou a obra a bom termo graças a seu próprio trabalho, aos desenhos de Baldassarre e à ajuda de muitos. Muito do que ali há foi feito pelo florentino Tribolo, jovem então[6]; tais coisas foram consideradas as melhores entre todas. Michele Agnolo trabalhou com sutil diligência muitas minúcias de tal obra, que por suas figuras, pequeníssimas, é um trabalho muito louvado. Entre outras coisas há belíssimas pedras mistas lustradas com grande esmero; seus encaixes são feitos com extremo amor e precisão. Portanto, por seu trabalho ele recebeu primeiramente do cardeal uma recompensa justa e honrosa, ficando-lhe grato pelo resto da vida; tal sepultura não deu menor fama à gratidão do cardeal do que ao labor de Michele Agnolo, que lhe granjeou nomeada

---

[1] Não ainda perfeitamente identificado, deve ter nascido no último quartel do século XV.

[2] Cf. sua Vida nas pp. 556-60.

[3] Ou seja, o cardeal Enckevoirt, que foi o único cardeal fâmulo de Adriano VI.

[4] Adrian Florensz, nascido em Utrecht em 2 de março de 1459, foi eleito papa com o nome de Adriano VI em 9 de janeiro de 1522 e morreu em 14 de setembro de 1523.

[5] A Michele Agnolo foram atribuídas as esculturas da luneta, os *Anjos* dos penachos do arco, a estátua do *Papa* e o seu *Ingresso em Roma*, além de outras coisas menores.

[6] Niccolò di Raffaello, vulgo Tribolo, nasceu em Florença por volta de 1500 e morreu nessa mesma cidade em 7 de setembro de 1550. A ele caberiam as Virtudes dos nichos e outras ornamentações. Sobre Tribolo, cf. W. Aschoff, *Studien zu Niccolò Tribolo*, Berlim, 1967; C. Del Bravo, "Quella quiete e quella libertà", em *Annali della Scuola Normale Superiore di Pisa*, 4 (1978), pp. 1455-90; A. Nova, "Un nuovo disegno di Niccolò Tribolo...", em *Paragone*, 365 (1980), pp. 89-94.

em vida e após a morte. Trata-se de obra executada pouco depois da morte de Adriano. Em não muito tempo Michele Agnolo passou desta vida para a outra com a idade de 50 anos, aproximadamente[7].

---

[7] Não se conhece a data de sua morte.

Girolamo Santacroce, napolitano

É imensa a infelicidade dos engenhos divinos que, ao atingirem o ponto máximo do valor e do trabalho, têm o fio da vida truncado pela morte importuna, de tal modo que o mundo não pode ver o termo dos frutos maduros da divindade que o céu lhes deu nas obras que fizeram, obras que, embora pouco numerosas, arrancam suspiros do peito das pessoas que veem tanta perfeição e imaginam que tais artistas, capazes de fazer aquilo em idade juvenil, se tivessem perseverado e exercitado a ciência com mais prática e estudo, muito mais teriam feito caso continuassem vivendo. Foi o que ocorreu com o jovem Girolamo Santa Croce[1], cujas obras de escultura, que se veem em Nápoles, foram executadas com todo o amor que se possa esperar ver num jovem desejoso de superar os outros mais antigos que, antes dele, tiveram o principado da reputação e da fama durante muitos anos em dada cidade. Disso nos dá verdadeiro testemunho a capela do Marquês de Vico[2] na igreja de San Giovanni Carbonaro de Nápoles; trata-se de um templo redondo, dividido em colunas e nichos, que contém sepulturas com entalhes diligentemente elaborados. Da lavra de um espanhol[3] há ali um painel de mármore, de médio-relevo, com a cena dos Magos oferecendo presentes a Cristo. Em um dos nichos Girolamo fez em vulto um São João[4] no qual, concorrendo com aquele, mostrou não ser menor e ter um ânimo mais firme; trabalhou com tanto amor em tal obra, que ganhou grande prestígio e fama. De maneira que, quando já era considerado um escultor maravilhoso em Nápoles – e entre todos os escultores o melhor era Giovanni da Nola[5], que já estava velho e fizera inúmeras obras para a cidade, pois ali se costuma usar o mármore para fazer as capelas e seus ornamentos –, Girolamo, para concorrer com o referido Giovanni, começou a fazer uma capela em Monte Oliveto de Nápoles[6], à esquerda da porta de entrada da igreja, enquanto Giovanni da Nola[7] fazia outra do outro lado, com a mesma composição. Ali Girolamo fez uma Nossa Senhora

---

[1] Girolamo Santacroce nasceu talvez por volta de 1502.

[2] A capela Caracciolo di Vico em San Giovanni a Carbonara.

[3] Bartolomeo Ordoñez, nascido em Burgos, em 1511 datava o *Sepulcro* de San Lorenzo Maggiore de Nápoles, cidade onde morou por alguns anos, durante os quais atuou em várias outras igrejas; morreu em Carrara em 1520. Summonte, em *Carta sobre a história da arte napolitana*, Nápoles, 1524, já atribuía a Bartolomeo a *Adoração dos Magos*.

[4] Ainda está na igreja de San Giovanni a Carbonara.

[5] Giovanni Marigliano nasceu por volta de 1488 em Nola e morreu em Nápoles em 1558. Sobre ele, cf. G. Weise, *Studi sulla scultura napoletana del primo 500*, Nápoles, 1977; e F. Abbate, "Su Giovanni da Nola e Giovan Tommaso Malvito", em *Prospettiva*, 8 (1977), pp. 48-53.

[6] Em 1524 Girolamo esculpiu o *Altar* da família Del Pezzo.

[7] O *Altar* para a família De Liguoro foi executado em 1532 por Giovanni.

em vulto, de tamanho natural, que é considerada belíssima; usou de infinita diligência no panejamento, nas mãos e na cinzelagem que dá relevo ao mármore, atingindo tal perfeição que realmente mereceu a fama de ter ultrapassado todos os que em Nápoles empunharam ferramentas para trabalhar o mármore. Fez também um São João e um São Pedro, figuras muito bem concebidas, elaboradas de maneira admirável e acabadas com esmero; também são de sua lavra algumas crianças que há acima deles. Por essa obra Girolamo galgou ao céu da fama, que merecidamente lhe foi dada pelos artistas e por todos os senhores napolitanos. Além disso, na igreja de Cappella fez duas belíssimas estátuas grandes em vulto[8]; depois começou uma estátua do imperador Carlos V em seu retorno da Tunísia; esta foi esboçada e, depois de desbastada, ficou gradinada em alguns lugares. Mas a fortuna iníqua, invejando a glória de Girolamo, pela mão da morte vingou-se de tanta virtude, sem sequer considerar que ele não houvera vivido neste mundo mais que XXXV anos[9]. Sua morte foi lastimada por todos quantos o conheceram e esperavam que, assim como superara os compatriotas, ele também superaria todos os outros artistas do mundo. E mais dolorosa foi a morte de Girolamo porque ele era modesto, humano, gentil, dotado de engenho e do extraordinário influxo do céu e da natureza. Esses seus ornamentos tiveram tanta força, que quem dele fala o faz com afeto, de tal modo que, de boca em boca, as poucas obras que fez e as afetuosas recordações que deixou o farão bem-aventurado depois da morte, assim como em vida foi considerado singular. Suas últimas esculturas foram feitas em MDXXXVII, ano de sua morte. Foi sepultado em Nápoles com honrosas exéquias. E, com o tempo, foi-lhe feito o seguinte epitáfio:

L'EMPIA MORTE SCHERNITA
DA 'L SANTA CROCE IN LE SVE STATVE ETERNE
PER NON FARLE PIV' ETERNE
TOLSE IN VN PVNTO A LORO E LVI LA VITA*.

---

[8] As estátuas de *Nossa Senhora*, *São João Batista* e *São Bento* ainda se conservam na igreja de Santa Maria a Cappella Vecchia.

[9] Na falta de informações, precisamos aceitar o que Vasari diz.

* "A ímpia morte, escarnecida por Santa Croce em suas estátuas eternas, para não as tornar mais eternas, ceifou-lhes, a elas e a ele, num momento a vida." [N. da T.]

Dosso e Battista Dossi, pintores de Ferrara

Embora desse forma à pintura nas linhas e a tornasse conhecida como poesia muda, o céu em tempo algum deixou de reunir pintura e poesia, para que, se uma emudecesse, a outra falasse, e o pincel mostrasse com artifício e gestos maravilhosos aquilo que a pena lhe ditava e formasse na pintura as invenções que lhe convêm. Assim, para acompanhar a dádiva que o Destino fez a Ferrara quando ali nasceu o divino messer Lodovico Ariosto, para que a pena fosse acompanhada pelo pincel, foi preciso que ali também nascesse o pintor Dosso[1]. Este, embora não fosse tão extraordinário entre os pintores como Ariosto o foi entre os poetas, também fez em arte muitas coisas que os outros celebram, sobretudo em Ferrara. Assim, mereceu que o poeta e amigo chegado deixasse dele honrosa memória nos seus insignes escritos[2]. De maneira que, graças à pluma de messer Lodovico, o nome de Dosso ganhou mais fama do que obtivera com os pincéis e as tintas consumidas por Dosso durante toda a vida: ventura e graça infinita daqueles que são mencionados por tão grandes homens. Porque o valor das doutas penas obriga a dar crédito aos louvores feitos por quem as empunha, mesmo quando os louvados não o mereçam de todo.

Dosso era um pintor ferrarês muito amado pelo duque Alfonso de Ferrara[3] primeiramente por suas qualidades na arte da pintura e depois por suas amenidades, que muito deleitavam o duque. Na Lombardia, tinha a fama entre todos os pintores de pintar paisagens melhor que qualquer um, fosse em mural, óleo ou guache, sobretudo desde que se tornara conhecida a maneira alemã. Na Catedral de Ferrara fez um painel[4] com figuras a óleo, que foi considerado muito belo; para o palácio[5] do duque, pin-

---

[1] Giuliano, filho de Niccolò di Lutero, chamado Dosso Dossi, nasceu por volta de 1489-90, provavelmente numa localidade próxima a Mântua, chamada "Villa Dossi", donde o cognome. Sobre ele, cf. Longhi, *Officina ferrarese*, cit., nas partes que lhe dizem respeito; A. Mezzetti, *Il Dosso e Battista ferraresi*, Milão, 1965; F. Gibbons, *Dosso and Battista Dossi, Court Painters at Ferrara*, Princeton, 1968; C. Volpe, "Dosso: segnalazioni e proposte per il suo primo itinerario", em *Paragone*, 293 (1974), pp. 20-9; id., "Una pala d'altare del giovane Dosso", ibid., 383-85 (1982), pp. 3-14.

[2] No *Orlando Furioso*, canto XXXIII, estrofe 11.

[3] Alfonso d'Este, nascido em 21 de julho de 1476, foi, com alguns reveses, duque de Ferrara de 1505 a 31 de outubro de 1534, data de sua morte.

[4] A obra, na realidade uma tela, atualmente na Galeria Nacional de Roma (nº 1770), representa *São João Evangelista e São Bartolomeu com duas personagens da família Pontichiero delle Sale*, que a encomendara. Tinha a inscrição hoje desaparecida: A CHRISTI NATIVITATE ANNO MDXXVII KAL. MENSIS MARTII (G. Baruffaldi, *Vite de' pittori e scultori ferraresi*, Ferrara, 1844, porém escrito entre 1697 e 1722).

[5] Desde 1514, Dosso trabalhava no Palácio Estense; no entanto, os pagamentos feitos a ele e ao irmão estão documentados a partir de 1517.

tou em numerosos aposentos ao lado de seu irmão chamado Batista[6]; ambos sempre foram inimigos, embora trabalhassem juntos. Pintaram em claro-escuro o pátio do Duque de Ferrara com as cenas de Hércules, além de uma infinidade de nus naqueles muros. Trabalharam em toda a cidade e pintaram muitas coisas em muros e painéis. Na Catedral[7] de Modena fizeram um painel e depois se dirigiram a Trento para trabalhar no palácio[8] do cardeal em companhia de outros pintores e ali fizeram muitas coisas. Depois foram levados a Pesaro, a fim de trabalhar para o duque Francesco Maria[9], especialmente em companhia de Girolamo Genga[10], que, apresentando-se agora a ocasião, parece-me devido mencionar, conforme merecem as suas raras virtudes. Este, que era de Urbino, foi muito amigo do graciosíssimo Raffaello[11], cuja ajuda recebeu quando, na Companhia dos seneses, pintava o painel da Ressurreição de Cristo[12] na via Giulia em Roma; obra sem dúvida muito louvada. Depois trabalhou em Cesena, onde fez um painel considerado belíssimo[13], além de outros em toda a Romagna. Seguiu no exílio o duque Francesco Maria de Urbino[14] que, depois de voltar ao poder, o empregou como arquiteto em muitas obras de seus domínios, principalmente na colina chamada Imperiale[15], nas proximidades de Pesaro, onde fez belíssimas construções. De acordo com seus desenhos e disposições, estas foram pintadas por Raffaello da 'l Borgo[16], Francesco da Furlí[17], Camillo Mantovano[18] e outros pintores, como os

---

[6] Battista nasceu por volta de 1497 e morreu em 1548.

[7] O painel, ainda hoje no segundo altar à esquerda, foi pintado em 1522; representa *Nossa Senhora entre São Roque e São Lourenço* quando aparece a São João Evangelista, São Jerônimo e São Sebastião.

[8] Bernardo Cles, nascido em 11 de março de 1485, tornou-se bispo de Trento em 1514, cardeal em 1530 e morreu em Bressanone em 28 de julho de 1539. Conhecido pelo nome humanístico de Clésio, foi um generoso mecenas de Trento, cujo castelo de Buonconsiglio ele ampliou com a ala chamada Magno Palazzo, de 1527 a 1536. Cf. o catálogo da exposição *Bernardo Cles e l'arte del Rinascimento nel Trentino*; a exposição ocorreu em Trento em 1985-86, mas o catálogo foi editado em Milão em 1985. A intervenção de Dosso na decoração pictórica do palácio deve ter ocorrido entre agosto de 1531 e junho de 1532. Battista trabalhou mais tempo, e sua última citação ocorre em 19 de outubro de 1532. Da primitiva decoração (19 aposentos) restam hoje apenas sete, ou seja, a "Sala sobre a capela", a "Sala da chaminé preta", a "Biblioteca", a "Grande Sala", a "Saleta acima da escada", a "Estufa da família" e a "Abóbada diante da capela".

[9] Francesco Maria della Rovere, nascido em 1490, morreu em 20 de outubro de 1538; Pesaro estava em seu poder desde 20 de fevereiro de 1513.

[10] Girolamo di Bartolomeo Genga, nascido por volta de 1476, morreu em 1551. Vasari escreveu uma Vida inteira dele na edição giuntina. Sobre ele, cf. os artigos de A. M. Petrioli Tofani, "Per Girolamo Genga", em *Paragone*, 229 (1969), pp. 18-36, e 231 (1969), pp. 39-56; e W. Fontana, *Scoperte e studi sul Genga Pittore*, Urbino, 1981.

[11] Sobre Rafael Sanzio, cf. Vida nas pp. 495-519.

[12] Hoje no Oratório de Santa Caterina, ainda na via Giulia, a *Ressurreição* é datada de c. 1530.

[13] O grande retábulo, outrora na igreja de Sant'Agostino em Cesena, foi encomendado ao pintor em 12 de setembro de 1513 e terminado em 1518. Em 1809 passou para Brera, onde ainda está com o n.º 512. O painel central representa *Nossa Senhora com o Menino Jesus e São João menino, doutores da igreja e santos*. Partes da predela estão no Museu de Columbia (S.C.), com *Santo Agostinho vestindo os noviços*, e na Academia Carrara de Bergamo (n.º 322), com *Santo Agostinho batizando os catecúmenos*.

[14] Em 1514 Francesco Maria foi substituído por Leão X; em seu lugar primeiramente foi posto Giuliano e, depois, Lourenço de' Medici. Reconquistou o ducado a partir de 1517 e depois da morte de Leão X (1521) obteve de Adriano VI a investidura do ducado (1523).

[15] A intervenção de Genga começa por volta de 1523.

[16] Raffaello di Michelangelo di Luca del Colle da Sansepolcro, cuja data de nascimento não se conhece, morreu em 1566.

[17] Francesco Menzocchi, nascido por volta de 1502, morreu em 1584. Trabalhou na Imperiale pela primeira vez de 1523 a 1526 e depois a partir de 1530.

[18] Camillo Capelli, que morreu em 1568.

603

Dossi de Ferrara, e, por fim, o florentino Bronzino[19]. Em virtude de tais obras, depois da morte do acima referido duque, seu filho Guidobaldo mandou fazer, também com base em projeto de Girolamo Genga, uma sepultura de mármore para seu pai, obra da qual encarregou Bartolomeo Ammannati da Settignano[20]; suas esculturas estão hoje numa sepultura de mármore da capela São Nicolau, na igreja da Nunziata em Florença. O mesmo Genga levou a Urbino Batista Veniziano[21], que pintou em afresco para o duque Guidobaldo a abóbada da capela-mor da catedral. Mas, como todos estes estão vivos e trabalhando, não me cabe falar mais sobre eles. Assim, voltando aos Dossi, direi que fizeram completamente um dos referidos aposentos da Imperiale[22], que depois foi demolido, por não ter agradado ao duque, sendo refeito por outros mestres que ali havia.

Por último, trabalharam na Catedral de Faenza para o Cavaleiro dos Buosi, fazendo um belíssimo painel com Cristo a discutir no templo[23], obra na qual realmente se superaram, pela maneira nova que nela usaram. Finalmente, quando Dosso já estava velho e não trabalhava muito, passou a receber emolumentos e provisões do duque Alfonso; no entanto, devido a um mal que o acometeu, ficou fraco e em breve tempo veio a falecer[24]. Seu irmão Batista ainda está vivo[25], e fez muitas coisas depois da morte de Dosso, mantendo-se em boa forma. Dosso foi sepultado em Ferrara, sua pátria. O principal louvor que lhe cabe foi ter pintado bem as paisagens. Naquela mesma época vivia Bernazzano Milanese[26], excelente na pintura de paisagens, plantas e animais, tanto terrestres como voadores e aquáticos; não realizou muitas figuras e, por não se achar perfeito, fez companhia a Cesare da Sesto[27], que executava tais coi-

---

[19] Agnolo di Cosimo di Mariano, chamado Bronzino (1503-72). Cf., na Vida de Raffaellino del Garbo, a nota 10 da p. 481.

[20] Bartolomeo Ammannati, nascido em Settignano em 1511, morreu em Florença em 1592. Foi escultor e arquiteto famoso e estimado: entre suas obras mais famosas cita-se a *Fonte com Netuno* na praça da Senhoria em Florença, encomendada em 1560 e colocada no local em 1565; sua atividade arquitetônica tem como episódio mais ilustre a ampliação do Palácio Pitti, onde também construiu o pátio. A ele é também atribuída a construção da ponte Santa Trinità, destruída durante a última guerra, mas reconstruída tal qual era no mesmo lugar. A obra aqui citada por Vasari já não existe. Cf. M. Fossi Todorow, *Bartolomeo Ammannati architetto*, Nápoles, 1967; H. Utz, "A note on the chronology of Ammannati's Fountain of Juno", em *The Burlington Magazine*, 831 (1972), pp. 394-5; id., "A note on Ammannati's Appennine…", ibid., 842 (1973), pp. 295-300; P. Kinney, *The Early Sculpture of Bartolomeo Ammannati*, Nova York, 1976; C. Davis, "Ammannati, Michelangelo and the tomb of Francesco del Nero", em *The Burlington Magazine*, 880 (1976), pp. 472-84.

[21] Battista Franco, nascido em Veneza por volta de 1498, morreu na mesma cidade em 1561. O afresco da abóbada da capela-mor da Catedral de Urbino foi pintado entre 1545 e 1546, mas se perdeu no incêndio que destruiu a abóbada em 1789.

[22] São os afrescos da sala das Musas, datados de 1530, aproximadamente.

[23] Do painel restam, na Pinacoteca de Faenza, fragmentos de uma cabeça de Nossa Senhora e de um fariseu com turbante vermelho. Abaixo da moldura encontra-se a data 1536, mas, segundo pesquisas documentais, parece que sua execução deve ser antecipada para 1534.

[24] Morreu antes de agosto de 1542, quando uma de suas obras é paga aos herdeiros.

[25] De fato, Battista já morrera em outubro de 1548.

[26] Ativo em Milão por volta de 1536, Cesare Bernazzano colaborou com Cesare da Sesto, primando na execução de fundos.

[27] Nascido em Sesto Calende em 1477, morreu em 27 de julho de 1523 em Milão. Esteve em Roma de 1508 a 1513, em contato com Peruzzi; em Nápoles, em 1514-15; em Messina foi um dos primeiros adeptos da "maneira moderna", que ele contribuiu para difundir no Sul da Itália e na Lombardia. Cf. A. Perissa Torrini, "Un'ipotesi per la 'cona grande' di Cesare da Sesto per S. Michele Arcangelo a Baiano", em *Prospettiva*, 22 (1980), pp. 76-86; id., "Considerazioni per Cesare da Sesto nel periodo romano", em

sas muito bem e tinha boa fatura. Conta-se que Bernazzano pintou em afresco, num pátio, algumas paisagens muito belas e tão bem imitadas que os pavões que por ali havia, enganados pela falsa aparência de alguns morangos pintados, uns maduros, outros verdes e floridos, foram ali tantas vezes bicá-los que acabaram por furar a argamassa do reboco.

Bollettino d'Arte, 22 (1983), pp. 75-96; F. Sricchia Santoro, "Cesare da Sesto", em *Andrea da Salerno nel Rinascimento meridionale*, catálogo da exposição, Florença, 1986, pp. 224-8.

Giovanni Antonio Licinio da Pordenone, pintor

Sem dúvida a concorrência entre nossos artistas é um alimento que os mantém; na verdade, se cada estudioso não tivesse como objetivo derrubar todos os seus concorrentes, creio que nossos resultados seriam muito débeis em termos de frequência e continuidade do trabalho. Por isso, vemos que todos aqueles que gostam de concorrer se valem de honroso trabalho e enchem de impressionantes invenções tudo o que fazem nas competições; como consequência, em arte atinge-se a perfeição da pintura e, nos artistas, tem-se o contínuo temor da crítica, esperada quando isso não ocorre. E, não ocorrendo, decai a fama de quem mais a procura, como toda vida procurou Giovanni Antonio da Pordenone di Friuli[1], que em Veneza concorreu fortemente com Tiziano da Cador[2]. Mas, como este era dotado pela natureza de um instinto de divindade nas pinturas e trabalhava com belíssima maneira de desenho e colorido, Giovanni Antonio nunca conseguiu superar a delicadeza e a qualidade sempre presentes nas obras de Tiziano. E, ainda que nas ações de Pordenone estivessem presentes um grande vigor e certo furor próprios aos pintores novos e extravagantes, isso não impediu que ele deixasse de atingir um grau de excelência que o tornasse mestre egrégio e expedito em pintura. Dizem alguns que, ainda jovem, Giovanni Antonio começou a pintar afrescos na região rural de Friuli, sua terra, por causa de uma peste, adquirindo prática nessa arte; em tais lugares passou a ser visto como mestre muito valoroso e expedito. Assim, fazendo algumas coisas por toda a Lombardia, acabou em Mântua, onde ficou pouco; ali, para messer Paris, fidalgo mantuano[3], fez numa fachada afrescos nos quais imprimiu uma graça admirável, com cenas de Vênus, Júpiter, Marte e outras alegorias. Nelas já se viu um princípio promissor de grandeza. E entre as outras belas invenções mostradas em tal obra, fez no alto, abaixo da moldura, um friso de letras antigas, com a altura de um braço e meio, por entre as quais passa certo número de crianças, algumas a cavalo, outras sentadas ou em pé sobre elas, ligando-as em várias atitudes, de tal modo que compõem um belíssimo ornamento ao redor; com essa obra, conquistou nomeada e fama naquela cidade. Foi levado para Piacenza e honrosamente acolhido por seus fidalgos; para estes fez inúmeros trabalhos, especialmente na igreja de Santa

---

[1] Giovanni Antonio, filho de Angelo di Bartolomeo di Sacchi, nasceu em Pordenone por volta de 1482. Sobre ele, cf. C. E. Cohen, *The Drawings of G. A. Pordenone*, Florença, 1980; C. Furlan, *Il Pordenone*, catálogo da exposição de Passariano 1984, Milão, 1984; id., em *Il Pordenone. Atti del Convegno internazionale di Studi, Pordenone 1984*, Milão, 1985.

[2] Cf., na Vida de Giorgione, nota 14, p. 455.

[3] Para Paride Ceresari, Pordenone fez alguns afrescos no Palácio Ceresari antes de 20 de agosto de 1520, quando eles são citados num ato público firmado pelos administradores da Catedral de Cremona.

Maria di Campagna[4], onde pintou toda a tribuna, deixando uma parte inacabada por ter partido; essa parte depois foi diligentemente terminada por mestre Bernardo da Vercelli[5]. Também na referida igreja pintou afrescos em duas capelas, uma de Santa Catarina, com cenas desta, outra com a Natividade de Cristo e a solene Adoração dos Magos, coisa muito excelente e louvada por todos. Depois, no belíssimo jardim de messer Barnaba del Pozzo, doutor, pintou alguns quadros com alegorias. Também trabalhou na igreja de Campagna, onde fez o painel do altar de Santo Agostinho[6], à esquerda de quem entra na igreja. Tais obras, dignas de louvor, ornaram maravilhosamente aquela cidade, e ele foi recompensado com grandes prêmios e extraordinária acolhida. E, para melhor galardoá-lo, aqueles fidalgos decidiram dar-lhe mulher[7], a fim de continuarem a honrá-lo e a embelezar a cidade com suas obras.

Foi para Veneza[8], onde antes já fizera alguns trabalhinhos, como uma fachada da igreja de San Geremia à beira do Canal Grande e um painel[9] a óleo na igreja de Madonna dello Orto, no qual há muitas figuras, mas aquela em que mais se esforçou para mostrar seu valor foi um São João Batista. Também à margem do Canal Grande, em casa de alguns fidalgos[10], pintou muitas cenas em afresco; ali se vê um Cúrcio a cavalo em escorço, que parece em vulto e relevo; também um Mercúrio no ar, voando, além de outras particularidades engenhosas e belas a circundarem por todos os lados. Essa obra causou tanto clamor e ganhou tanta fama na cidade, que ele chamou a atenção de toda Veneza, que passou a louvá-lo e exaltá-lo acima de qualquer outro pintor que ali já houvesse trabalhado. Por essa razão, os superintendentes de San Rocco lhe encomendaram os afrescos da capela daquela igreja, com toda a tribuna[11]. Na verdade, de tudo o que ele fez, nunca vi nada que se equiparasse a tal obra em brio, competência, vivacidade e vigor; tampouco houve quem trabalhasse com tanta presteza em murais. Nessa obra fez um Deus Pai na tribuna e uma infinidade de crianças a partirem dele, todas em belas e variadas atitudes. Por essa obra, confiaram-lhe a pintura do tabernáculo de madeira, onde é guardada a argentária; nele fez um São Martinho a cavalo com muitos pobres a oferecerem ex-votos em perspectiva, obra que granjeou imensos louvores e deu-lhe ainda mais prestígio do que já tinha. Por esse motivo, messer

---

[4] Os afrescos foram terminados entre 1531 e 1536. Os mais antigos são os da capela de Santa Catarina, com cenas da Santa (*Disputa*, *Tortura* e *Martírio*), enquanto os afrescos da tribuna com *Profetas* e *Evangelistas* presumivelmente foram feitos entre 1535 e 1536. O ciclo é completado por outros afrescos com *Nascimento da Virgem*, *Fuga do Egito*, *Adoração dos Magos*, *Adoração dos Pastores* e *Santo Agostinho*.

[5] Bernardino Gatti, vulgo Soiaro, nasceu por volta de 1495, talvez em Vercelli ou, mais provavelmente, em Pavia. A intervenção de Gatti, datada de 1543, é constituída pelas *Cenas de Maria* no tambor, pelos *Apóstolos* nos penachos e por um *São Jorge a cavalo* defronte ao *Santo Agostinho* de Pordenone.

[6] Trata-se de um afresco; cf. as duas notas anteriores.

[7] Na realidade, as três mulheres do pintor foram todas de origem friulana.

[8] A primeira citação de Pordenone em Veneza é de 1525, quando participou ao lado de Palma, Lotto e Ticiano do concurso para o retábulo de *São Pedro Mártir*, destinado à igreja de San Zanipolo. O concurso foi vencido por Ticiano, que em 1530 entregou o retábulo; este foi destruído pelo incêndio de 1867.

[9] É o retábulo nº 316 da Galeria da Academia de Veneza, que representa *São Lourenço Justiniano com três cônegos*, *Santo Agostinho*, *São Francisco e João Batista*, datado de 1532; tem a inscrição JOANNIS ANTONII PORTVNAENSIS.

[10] Na edição giuntina, Vasari fala explicitamente de Martin d'Anna, mercador flamengo que morou durante muito tempo em Veneza; os afrescos citados a seguir perderam-se.

[11] Os afrescos de *San Rocco* foram encomendados a Pordenone em 1528, depois de um acordo de 1527. Da decoração do coro e da cúpula restam apenas alguns *putti*; ainda subsistem um afresco com *São Sebastião* e, na parede esquerda ao lado da sacristia, as portas do armário com *São Martinho e São Cristóvão*. Em Chatsworth, com o duque de Devonshire, existem desenhos que representam os afrescos originais.

Iacopo Soranzo tornou-se seu amigo e protetor; e, em concorrência com Tiziano, foi-lhe confiada a sala dos *Pregati*[12], na qual fez muitos quadros com figuras em escorço de baixo para cima, consideradas belíssimas; também fez a óleo, ao redor da referida sala, um friso de monstros marinhos que lhe angariaram a estima daquele Ilustríssimo Senado; e, assim, enquanto viveu, recebeu honrosa pensão graças à liberalidade daquela casa. Por competição, sempre procurava pôr suas obras onde Tiziano pusera as suas; por isso, como Tiziano fizera na igreja de San Giovanni de Rialto um São João Esmoler[13] dando dinheiro aos pobres, Giovan Antonio pôs em um dos altares um quadro com um São Sebastião, São Roque e outros santos[14]; o quadro era belo, mas não tão belo quanto o de Tiziano, ainda que muita gente, mais por maldade que por verdade, louvasse mais a obra de Giovanni Antonio. No claustro de Santo Stefano[15] pintou muitas cenas em afresco, uma do Antigo Testamento e uma do Novo, entremeadas por diferentes virtudes; em suas figuras mostrou difíceis escorços. Por esse tipo de trabalho, sempre angariou alto conceito, motivo pelo qual em todas as suas composições procurou incluir coisas muito difíceis, o que fez melhor que qualquer outro pintor.

O príncipe Doria, de Gênova[16], mandara construir um palácio à beira-mar e encomendara ao celebradíssimo pintor Perin del Vaga[17] óleos e afrescos em salas, quartos e antecâmaras, obras maravilhosas pela riqueza e beleza das pinturas. Como, naquela época, Perino não se dedicava muito ao trabalho, o príncipe Doria, para levá-lo a fazer por concorrência o que não fazia por si mesmo, chamou Pordenone[18], que começou uma sala na qual, valendo-se de sua usual maneira, fez um friso com crianças a esvaziarem uma barca cheia de coisas do mar; tais figuras circundam toda a sala em belíssimas atitudes. Também fez uma cena de grandes proporções em que Jasão pede licença ao pai para sair em busca do velocino de ouro. Mas o príncipe, percebendo a diferença que ia da obra de Perino à de Pordenone, despediu-o e para o seu lugar mandou chamar o senês Domenico Beccafumi[19], mestre excelente e mais extraordinário que ele. Este, para servir tão alto príncipe, não hesitou em abandonar Siena, sua pátria, onde há tantas obras maravilhosas de sua lavra. E fez naquela sala apenas uma cena, e não mais, porque Perino terminou tudo o que lá havia por fazer.

Giovanni Antonio, voltando a Veneza, ficou sabendo que o duque Ercole de Ferrara[20] trouxera da Alemanha um número infinito de mestres e lhes encomendara panos

---

[12] Ou seja, a sala do Senado. A obra de Pordenone no Palácio Ducal data já de 1535; em 1536 e 1537 há pagamentos pelos afrescos da Biblioteca, enquanto em 1538 o artista terminava as doze partes do teto da sala do Escrutínio, com alegorias das *Virtudes*, que depois foram substituídas por obras mais tardias.

[13] A tela, ainda hoje na igreja homônima, segundo Berenson foi pintada em 1533, mas deve ser datada de 1545.

[14] Realizado por volta de 1536, o retábulo com *São Roque, São Sebastião e Santa Catarina* tem a assinatura IO. ANT. PORD.

[15] O claustro de Santo Stefano foi terminado em 1532; os afrescos, portanto, são datados daquele ano. Representam doze *Cenas do Novo e do Antigo Testamento*; muito avariados, são reconhecidos por meio das gravuras de Jacopo Piccini.

[16] Andrea Doria, nascido em Oneglia em 30 de novembro de 1466, foi virtualmente senhor de Gênova de 1528 a 1560, ano de sua morte. Sua *villa* de Fassola, chamada "do Príncipe", foi realmente o verdadeiro fulcro da renovação artística e arquitetônica da cidade.

[17] Em 1528; cf., na Vida de Perino, nota 42, pp. 701 ss.

[18] Quase certamente por volta de 1532. As pinturas de Pordenone já não existem.

[19] A viagem de Beccafumi a Gênova situa-se em torno de 1537; não há mais vestígio do afresco.

[20] Ercole II, quarto duque de Ferrara, nasceu em 4 de abril de 1508 e reinou de 1534 a 1559, ano de sua morte. Sobre ele, cf. nota 33, p. 560.

de seda e ouro, fiadilho e lã, tudo feito segundo o uso e seus desejos. Assim, como em Ferrara não houvesse ótimos desenhistas de figuras (pois, embora houvesse Girolamo da Ferrara[21], este era mais dado a retratos e a figuras separadas do que a cenas impressionantes onde se fizesse mister a força da arte e do desenho), Giovanni Antonio foi instado por cartas a ir servir aquele senhor; ele, que desejava fama tanto quanto recursos, saiu de Veneza e, chegando a Ferrara[22], foi recebido pelo duque com muitas lisonjas. Mas, pouco depois da chegada, acometido por gravíssimo mal do peito, acamou-se já meio morto, de tal modo que em três dias ou pouco mais a doença irremediável, agravando-se continuamente, pôs fim ao curso de sua vida quando ele contava LVI anos[23]. Ao duque e aos amigos pareceu isso estranho. Não faltou quem durante muitos meses dissesse que ele tinha morrido envenenado. Giovan Antonio foi sepultado e sua morte, pranteada por muitos, especialmente em Veneza. Giovan Antonio sabia falar bem, era amigo e companheiro de muitos, gostava de música e também estudara as letras latinas. Deixou o discípulo Pomponio da San Vito del Frioli[24], que trabalhou e ainda trabalha em Veneza. As obras de Pordenone datam da época do serreníssimo Andrea Gritti[25]; morreu em MDXL[26]. Foi tão valoroso na pintura, que suas figuras parecem esculpidas e destacadas do mural. Assim, por ter dado força, vigor e relevo à pintura, Pordenone está entre os que favoreceram a arte e a humanidade.

---

[21] Nascido em 1501 em Ferrara, Girolamo Sellari, vulgo Girolamo da Carpi, foi aluno de Garofalo; morreu em Ferrara em 1556. Sobre ele, cf. A. Mezzetti, *Girolamo da Ferrara detto Da Carpi*, Milão, 1977.

[22] Deve ter chegado a Ferrara em fins de 1538.

[23] Morreu entre 12 e 13 de janeiro de 1539 e foi sepultado no dia 14 do mesmo mês.

[24] Nascido em 1505 em Motta di Livenza e morto em 9 de março de 1588 em San Vito del Friuli, Pomponio Amalteo, filho de Leonardo, casou-se em 1534 com Graziosa, filha de Pordenone. Na edição giuntina são citadas algumas obras suas em Udine e no castelo de San Vito. Cf. G. Truant, *Pomponio Amalteo e le sue opere*, Pordenone, 1980.

[25] Nascido em Veneza em 1455, foi doge de 20 de maio de 1523 a 27 de dezembro de 1538.

[26] Morreu de fato em 1539.

Rosso (Rosso Fiorentino), pintor florentino

Os homens de qualidade, quando abraçam a arte com todas as forças, às vezes são inesperadamente exaltados e honrados em excesso diante do mundo todo, como se pode ver claramente nos trabalhos que o pintor florentino Rosso[1] executou na arte da pintura. Embora suas obras não tivessem sido devidamente remuneradas em Roma e Florença por aqueles que podiam fazê-lo, Rosso encontrou na França quem reconhecesse seu valor e o de seus trabalhos, de tal modo que sua glória seria capaz de saciar em qualquer grau a sede de prestígio que qualquer artista pudesse abrigar no peito.

E não poderia ele naquela situação conseguir dignidade, honra e prestígio maior, pois foi bem-visto e apreciado acima de qualquer outro em seu mister por tão grande rei como é o rei da França[2].

E, de fato, seus méritos eram tais, que a fortuna teria cometido uma grande injustiça se lhe tivesse dado menos. Rosso, além do grande talento que tinha, era dotado de belíssima presença; falava de maneira elegante e austera; era excelente músico e tinha ótimos conhecimentos de filosofia; o que mais importava, porém, entre todas as suas grandes qualidades era sua capacidade de ser muito poético na composição das figuras, além de digno e profundo no desenho, valendo-se de uma fatura elegante e mostrando grande vigor nas coisas extravagantes; era muito bela a sua composição de figuras.

Na arquitetura foi harmonioso e extraordinário e, conquanto pobre, foi rico em coragem e grandeza.

Por isso, quem na pintura tiver os caracteres de Rosso sempre será celebrado como o são as suas obras. Estas são de uma maestria sem igual, feitas sem dificuldade, isentas de certo acanhamento e tédio de que padecem muitos quando tentam fazer que suas insignificâncias pareçam alguma coisa. Na juventude Rosso desenhou no cartão de Michele Agnolo[3] e foram poucos os mestres com quem quis ficar, pois tinha certa

---

[1] Giovan Battista di Jacopo di Gasparre nasceu em Florença em 8 de março de 1495. Sobre ele, que foi um dos mais geniais protagonistas da primeira fase do maneirismo, cf. K. Kusemberg, *Rosso Fiorentino*, Estrasburgo, 1931; mas, principalmente, P. Barocchi, *Il Rosso Fiorentino*, Roma, 1950, e suas resenhas de R. Longhi, em *Paragone*, 13 (1951), pp. 58-62; E. A. Carroll, *The Drawings of Rosso Fiorentino*, Nova York, 1976. Na segunda edição, Vasari pôs a Vida de Rosso depois da de Polidoro da Caravaggio.

[2] Francisco I, nascido em 12 de setembro de 1494 em Cognac, tornou-se rei da França em 1515, reinando até 31 de março de 1547, data de sua morte; pródigo e esplêndido mecenas, transformou Fontainebleau num palácio luxuoso e cheio de tesouros.

[3] Ou seja, no cartão da *Batalha de Cascina*, que foi na verdade o "estudo de artistas", embora a afirmação de Vasari não deva ser entendida como um vínculo direto entre a formação de Rosso e Michelangelo. Cf., na Vida de Michelangelo, nota 38, p. 720.

opinião contrária à maneira como trabalhavam; isso se vê fora da porta San Pier Gat-tolini de Florença, em Marignolle, num tabernáculo feito em afresco com um Cristo morto[4], no qual começou a mostrar sua tendência a uma fatura vigorosa e dotada de mais grandeza que os outros, além de elegante e maravilhosa. Acima da porta da igreja de San Sebastiano de' Servi pintou o brasão dos Pucci com duas figuras que na época causaram admiração dos artistas, pois ninguém esperava dele aquilo que fez. Desse modo, animou-se tanto que, depois de fazer para mestre Iacopo, frade dos servitas dado à poesia, um quadro com Nossa Senhora e um busto de São João Evangelista, foi convencido pelo frade a fazer no pátio de seu convento, ao lado da cena da Visitação de Iacopo da Puntormo[5], a Assunção de Nossa Senhora[6]; nessa obra Rosso fez um céu cheio de anjos representados por crianças nuas, em ciranda ao redor de Nossa Senhora, tudo com escorços muito bem contornados nas figuras graciosas que giram pelo céu; de maneira que, se o colorido dessa obra tivesse a maturidade artística que ele depois atingiu com o passar do tempo, essa cena sem dúvida teria superado todas as outras às quais se equiparou em desenho e grandiosidade. Nela representou os Apóstolos muito carregados em panejamento e com uma superabundância de roupas, mas as atitudes e alguns semblantes têm grande beleza. O administrador do hospital de Santa Maria Nuova encomendou-lhe um painel[7] e, ao ver o esboço, com todos aqueles santos e dia-bos – pois Rosso tinha o costume de criar semblantes cruéis e desesperados em seus es-boços a óleo, para depois abrandá-los e torná-los mais bondosos –, vendo aquilo, o administrador, que pouco entendia daquela arte, fugiu de sua casa e não quis o painel, dizendo que tinha sido enganado. Acima de outra porta também pintou o brasão do papa Leão com duas crianças[8], obra hoje avariada.

Nas casas dos cidadãos é possível ver vários quadros e muitos retratos de sua lavra.

Para a vinda do papa Leão a Florença, na esquina de Bischeri ele fez um arco be-líssimo. Depois trabalhou para o Senhor de Piombino, fazendo um painel com um belíssimo Cristo morto; para ele também fez uma capelinha. Em Volterra pintou uma belíssima Deposição da Cruz[9]. Assim, crescendo-lhe o prestígio e a fama, fez na igreja do Santo Spirito de Florença o painel dos Dèi[10], que já havia sido encomendado a Raffaello da Urbino, mas fora abandonado por este quando precisou atender a obra que tinha assumido em Roma; Rosso a executou com graça, bom desenho e cores vi-vazes. Que ninguém acredite na existência de alguma obra com mais força ou maior beleza do que essa quando vista de longe; no entanto, apesar da maestria das figuras,

---

[4] Na edição giuntina, Vasari diz que foi feito por Piero Bartoli; não há outras informações a respeito.

[5] Quanto ao afresco com a *Visitação*, ainda hoje no chamado pequeno claustro dos votos na San-tissima Annunziata, existem pagamentos para Pontormo de dezembro de 1514 a maio de 1516.

[6] Esse afresco também está ainda hoje no lugar de origem; costuma ser datado de 1517.

[7] É o painel n.° 3190 dos Uffizi, com *Nossa Senhora, São João Batista, Santo Antônio, Santo Estêvão e São Jerônimo* e, no degrau de baixo, dois anjinhos lendo; datável de 1518. Cf. A. Natali, "Marginalia per due opere del Rosso agli Uffizi", em *Antichità viva* (1985), 1-2-3, pp. 41-3.

[8] Talvez em paralelo com o afresco que representa *Brasão de Leão X entre Fé e Caridade*, pintado por Pontormo no arco de ingresso da mesma Santissima Annunziata, iniciado em novembro de 1513 e pago em junho de 1514.

[9] A famosa *Deposição* do Museu de Volterra (n.° 7), datada de 1521 e assinada.

[10] Depois de ter sido encomendado a Rafael, o retábulo foi executado, assinado e datado por Rosso em 1522 para a igreja do Santo Spirito, onde foi substituído por uma réplica, que hoje lá está. É atual-mente o n.° 237 da Galeria Palatina e representa *Nossa Senhora, São Sebastião, Maria Madalena, Santo Agos-tinho* etc.

611

essa pintura foi considerada extravagante e não recebeu muitos louvores em virtude da estranheza das atitudes, não mais usada pelos outros. Mas depois, aos poucos, as pessoas foram reconhecendo sua qualidade e dispensaram-lhe grandes louvores. Na igreja de San Lorenzo, pintou o painel de Carlo Ginori com as Núpcias de Nossa Senhora[11], considerado belíssimo.

Na verdade, era tão grande a facilidade com que pintava, que em matéria de prática e destreza ninguém jamais o venceu nem dele se aproximou.

Tinha um colorido tão suave e com tanta graça manipulava os panos, que o prazer demonstrado em tal arte sempre lhe granjeou louvores e admiração, e quem contemplar tal obra reconhecerá que tudo o que escrevo é verdade. Para Giovanni Bandini fez um quadro com alguns nus belíssimos, no qual representa a cena em que Moisés mata o egípcio[12], obra na qual havia coisas louvadíssimas; acredito que tenha sido enviada à França. Fez outro para Giovanni Cavalcanti, que foi enviado para a Inglaterra, no qual representa Jacó recebendo água das mulheres na fonte[13]; foi considerado divino, pois nele havia nus e mulheres elaboradas com suprema graça; sempre lhe agradou adorná-las com tecidos diáfanos, tranças nos cabelos e belas roupagens.

Enquanto trabalhava nessa obra, Rosso morava em Borgo de' Tintori, cujos recintos dão para os pomares dos frades de Santa Croce; alegrava-se muito com um macaco que mais tinha espírito de homem que de animal, motivo pelo qual o tratava com carinho e até mesmo gostava muito dele; como o animal tinha um intelecto maravilhoso, Rosso o incumbia de vários serviços. Ocorre que o macaco se afeiçoou a um de seus aprendizes, chamado Batistino, rapaz belíssimo, sendo capaz de adivinhar tudo o que este dissesse por meio de sinais. Pelo lado dos aposentos de trás, que davam para o pomar dos frades, havia uma parreira cheia de uvas graúdas e suculentas, pertencente ao guarda do pomar; como a parreira ficava longe da janela, os jovens, com cordas, desciam o macaco e o puxavam de volta com as mãos cheias de uvas. O guarda, percebendo que a parreira ficava cada dia menos carregada e não sabendo por quê, desconfiou dos ratos e pôs-se à espreita. Vendo o macaco de Rosso descer, encolerizou-se e, empunhando uma vara com as duas mãos, correu para surrá-lo. O macaco, vendo que seria atingido caso subisse ou ficasse parado, começou a dar saltos em cima da parreira, causando grandes estragos e, demonstrando querer pular em cima do frade, empunhou com ambas as mãos as últimas travessas que a circundavam; assim, ao mesmo tempo que o frade brandia a vara, o macaco, amedrontado, sacudia a parreira, e o fazia com tanta força, que desconjuntou todas as suas varas e estacas, de tal modo que parreira e macaco caíram sobre o frade, que ali ficou a pedir socorro, enquanto Batistino e os outros puxavam a corda, e o macaco chegava são e salvo ao quarto. Afastando-se, o frade subiu ao terraço e de lá disse coisas que não estão na missa; depois, encolerizado e com más intenções, dirigiu-se ao tribunal dos Oito, magistratura muito temida em Florença.

Ali fez queixa e Rosso foi intimado; o macaco, por brincadeira, foi condenado a levar um peso amarrado ao traseiro, para não pular sobre parreiras como costumava.

Rosso, então, fez um rolo que girava com um ferro e o prendeu ao macaco, para que ele pudesse andar pela casa, mas não pular pela casa alheia como fazia antes.

---

[11] Ainda hoje na igreja de San Lorenzo, sobre o segundo altar à esquerda; assinado e datado de 1523. Cf. G. Smith, "Rosso Fiorentino's Sposalizio in San Lorenzo", em *Pantheon*, 1976, pp. 24-30.

[12] O painel com *Moisés defendendo as filhas de Jetro*, datável de 1523, está nos Uffizi.

[13] Talvez deva ser identificado com o painel do Museu de Pisa (n.º 201).

612

Vendo-se condenado a esse suplício, o macaco parecia adivinhar que o responsável era o frade; passou a exercitar-se todos os dias, saltando passo a passo com as patas traseiras e segurando o peso com as mãos, de tal modo que, descansando com frequência, atingia seu objetivo.

Fugindo um dia de casa, foi saltando aos poucos de teto em teto na hora em que o frade estava cantando as vésperas, e assim chegou ao teto do quarto dele.

Ali, soltando o peso, durante meia hora entregou-se a uma dança tão animada, que não houve telha ou cumeeira que ficasse inteira. Voltou para casa e durante três dias de chuva ouviram-se as reclamações do prior.

Terminadas as obras, Rosso partiu com Batistino e o macaco para Roma[14], onde era muito esperado, pois era grande o desejo de ver suas obras, depois de conhecidos alguns de seus desenhos, que foram considerados maravilhosos, visto que Rosso desenhava divinamente e com grande esmero.

Na igreja da Pace, acima das obras de Raffaello[15], fez uma pintura que pior nunca se viu naqueles tempos. Não consigo imaginar por que isso ocorreu, senão que, envaidecido e cheio de si, Rosso não dava valor ao que os outros faziam: assim, ao dar pouco apreço à obra alheia, a sua acabou sendo pouco valorizada.

Naquela época fez para o bispo Tornabuoni, amigo seu, um quadro com um Cristo morto sustentado por dois anjos[16], que hoje está com monsenhor Della Casa; foi um belo feito. Para Baviera, fez desenhos para estampas, com todos os deuses, que depois foram executadas por Iacopo Caraglio; nas cenas representadas, Saturno transforma-se em cavalo e Plutão rapta Prosérpina[17]. Rosso fez um esboço da decapitação de São João Batista que hoje está numa igrejinha da praça dos Salviati em Roma. Naquela época ocorreu o saqueio de Roma[18], quando o pobre Rosso foi aprisionado pelos alemães e muito maltratado. Estes, além de lhe roubarem as roupas, de deixá-lo descalço e sem nada na cabeça, fizeram-no carregar pesos e esvaziar quase toda a loja de um salsicheiro. Passando grandes dificuldades em decorrência disso, foi para Perúgia, onde foi muito bem recebido pelo pintor Domenico di Paris[19], que lhe deu novas roupas. Para ele, Rosso desenhou o cartão de um painel dos Magos que hoje se vê em sua casa,

---

[14] Depois da permanência em Arezzo, Rosso chegou em Roma em fins de 1523.

[15] A encomenda dos afrescos *Criação de Eva* e *Pecado original* é de 26 de abril de 1524 e foi feita por Antonio da Sangallo em nome de Angelo Cesi. Sobre a obra de Rafael, cf. nota 40, p. 504.

[16] É provável a identificação dessa obra com o painel do Museum of Fine Arts de Boston (n.º 5827) com *Cristo sustentado por dois anjos*, enquanto outros dois seguram tochas, assinado como RVBEVS FLOR FACIEBAT. Cf. J. Shearman, "The 'Dead Christ', by Rosso Fiorentino", em *Boston Museum Bullettin*, 64 (1969), pp. 148 ss.

[17] Baviero Carocci da Parma, chamado de Baviera, gravurista muito próximo de Rafael (cf. nota 61, p. 509); durante o Saqueio de Roma, foi um zeloso conservador das gravuras deste. Sobre sua atividade de dourador (moldura da *Transfiguração* de Rafael, entalhada por Gian Barile), cf. E. Müntz, "Gli allievi di Raffaello durante il pontificato di Clemente VII", em *Archivio storico dell'Arte*, I (1888), pp. 449 ss. (cf. também nota 61, p. 509). Jacopo Caraglio, nascido em Verona por volta de 1500, morreu em Parma em 1570; foi conhecido entalhador em cobre e gemas. Cf. E. Borea, "Stampe da modelli fiorentini nel Cinquecento", em *Il primato del disegno*, Florença, 1980, pp. 227-34.

[18] Em 1527 os exércitos formados por lansquenês saquearam Roma umas duas vezes em maio-junho e em setembro, provocando chacinas e causando enormes prejuízos. Cf. Chastel, *Il Sacco*, cit.

[19] Domenico di Paride Alfani, que foi aluno de Perugino, nasceu por volta de 1480 e morreu depois de 1553. Na igreja de Sant'Agostino de Perúgia, mas proveniente da agostiniana Santa Maria Novella, há um painel datado de 1545 que foi pintado dos dois lados com a *Visitação* e a *Adoração dos Magos*; talvez seja aquele para o qual Rosso fez o cartão.

coisa belíssima. Mas não ficou muito naquele lugar, pois, ao saber que o bispo Torna-buoni[20] estava em Borgo, também ele fugido do saqueio, para lá se mudou.

Naquele tempo, estava em Borgo o pintor Raffaello da Colle[21], discípulo de Giulio Romano. Este, que começara um painel em sua pátria, na igreja de Santa Croce, Companhia dos Flagelantes, desistiu amavelmente dele e o passou a Rosso, para que ficasse alguma relíquia dele naquela cidade. A companhia ficou ressentida, mas o bispo lhe ofereceu todas as comodidades. Enquanto trabalhava nesse painel, Rosso ganhou fama e passou a ser muito considerado naquele lugar; a obra foi posta na igreja de Santa Croce; nele há uma Deposição da Cruz[22], coisa muito rara e bela, pois Rosso observou nas cores certo quê tenebroso na representação do eclipse que ocorreu na morte de Cristo, o que foi trabalhado com muita diligência. Em Città di Castello foi--lhe encomendado um painel[23]; quis trabalhar enquanto gessavam as paredes, mas um teto ruiu sobre o painel e o quebrou.

Foi acometido por uma febre tão tremenda, que quase morreu, motivo pelo qual saiu de Castello e foi para Borgo.

Como o seu mal fosse seguido por febre quartã, mudou-se para Pieve a Santo Stefano, a fim de mudar de clima, e finalmente para Arezzo, onde ficou em casa de Benedetto Spadari[24].

Pondo-se Rossi a seu serviço, por meio do aretino Giovanni Antonio Lappoli[25] e de todos os amigos e parentes, Benedetto conseguiu que ele fizesse uma abóbada na igreja de Madonna delle Lagrime que já fora encomenda ao pintor Niccolò Soggi[26]. E, para que tal memória ficasse na cidade, o trabalho lhe foi encomendado por trezentos escudos de ouro. Assim, Rosso começou a fazer cartões numa sala[27] que lhe haviam confiado num lugar chamado Murello; ali fez quatro deles. Num, fez os primeiros pais presos à árvore do pecado, Nossa Senhora a arrancar-lhes o pecado da boca, representado pela maçã, sob seus pés a serpente e no ar, para representar que estava vestida pelo Sol e pela Lua, fez Febo e Diana nus.

---

[20] Leonardo Tornabuoni, que morreu em 1539, foi bispo de Borgo Sansepolcro a partir de 1524; depois foi bispo de Ajaccio.

[21] Raffaello di Michelangelo dal Colle nasceu por volta de 1500 e morreu em 17 de novembro de 1566 em Sansepolcro. Colaborou nas Salas e nas *logge* do Vaticano depois de ter iniciado suas atividades junto a Giulio Romano. Sobre ele, cf. P. Dal Poggetto, "Raffaellino del Colle tra Marche, Toscana e Umbria (1525-45)" no catálogo *Urbino e le Marche*, cit., pp. 414-39.

[22] No convento das Órfãs de Borgo Sansepolcro está a *Deposição* de 1528.

[23] O painel com a *Transfiguração* foi encomendado em 1º de julho de 1528, mas terminado só mais tarde (cf. abaixo, nota 30). Há cópias dos desenhos preparatórios desse painel em Roma (Gabinetto Nazionale delle Stampe, inv. 125 607) e em Florença (Uffizi, 444S).

[24] Na edição giuntina da Vida de Marcillat, Vasari diz que o aluno Battista Borro "ensinou os primeiros princípios a Benedetto Spadari e a Giorgio Vasari".

[25] Nasceu em Arezzo em 1492, filho de Matteo Lappoli; foi aluno de Pontormo em Florença, onde entrou em contato com os maiores pintores do período; após o Saqueio de 1527 fugiu de Roma e voltou a Arezzo, onde morreu em 1552, depois de ter ficado famoso como criador de perspectivas para a montagem de espetáculos teatrais.

[26] Niccolò, filho do florentino Jacopo, nasceu em Arezzo em 1479; inscrito na Corporação dos Médicos e Boticários em 1506, morreu por volta de 1551 em Arezzo. A encomenda lhe fora feita em 24 de maio de 1527 e foi transferida para Rosso em 24 de novembro de 1528. Cf. Morselli, "La prima opera pratese del Soggi...", em *Prato Storia e Arte*, 1979, pp. 13-6.

[27] Rosso fez sozinho os cartões que em 1585 chegaram às mãos de dom Giovanni de' Medici e depois foram perdidos.

No outro, fez a cena em que a arca da aliança é levada por Moisés, representada por Nossa Senhora cingida pelas Virtudes.

Em outro, fez o trono de Salomão[28], ao qual são feitas oferendas votivas, também representado por Nossa Senhora, significando aqueles que recorrem a ela para obter ajuda e graça, com outras imaginativas fantasias, inventadas pelo raro e belo engenho de messer Giovan Pollastra[29], cônego aretino amigo de Rosso. Enquanto dava prosseguimento a essa obra, sua cortesia não lhe permitia deixar de fazer desenhos para todos os que deles precisassem para a execução de pinturas ou de construções em Arezzo e fora. Fiador dessa obra foi o aretino Giovanni Antonio Lappoli, seu amigo fidelíssimo, que sempre lhe foi leal e afetuoso. Ocorre que em MDXXX, quando do assédio a Florença, os aretinos que ficaram em liberdade graças à pouca prudência de Papo de gli Altoviti combateram a cidadela e a derrubaram. E, como aquele povo via os florentinos com maus olhos, Rosso não quis confiar e foi para Borgo San Sepolcro, deixando os cartões e os desenhos da obra trancados na Cidadela. Aqueles que lhe tinham encomendado o painel em Castello queriam que ele o terminasse, mas, em vista do mal que sofrera em Castello, não quis ali voltar e, assim, terminou o painel em Borgo[30]. Mas não quis dar-lhes a alegria de vê-lo. Nele representou uma multidão e Cristo no ar adorado por quatro figuras, com mouros, ciganos e as mais estranhas coisas do mundo; à parte as figuras, de qualidade perfeita, a composição atende a qualquer coisa, menos às intenções dos que lhe pediram tal pintura. Na mesma época em que fazia isso, desenterrou mortos no episcopado, onde estava, e fez um belíssimo estudo de anatomia. Na verdade, Rosso era grande estudioso na arte e não passava dia sem que desenhasse algum nu do natural.

Já lhe dera na veneta terminar a vida na França e sair daquela miséria e pobreza, pois quem trabalha na Toscana e em sua cidade natal nunca deixa de ser pobre. Mas, para mostrar-se melhor entre aqueles bárbaros, procurou quem lhe ensinasse a língua latina e a aprendeu muito bem. Certa quinta-feira santa, quando os ofícios são celebrados à noite, um jovem aretino, seu aluno, com um coto de vela aceso e um bocado de colofônia produzia labareda na escuridão, sendo por isso repreendido e agredido pelos padres. Rosso, que estava ali sentado, ao ver um padre surrá-lo, levantou-se e investiu contra este. Como ninguém sabia de quem se tratava, a igreja toda se alvoroçou, e algumas espadas foram desembainhadas contra Rosso. Diante disso, ele tratou de fugir, e o fez com tanta habilidade, que conseguiu refugiar-se em seus aposentos sem que ninguém o alcançasse, sentindo-se assim ofendidíssimo. Por esse motivo, terminado o painel de Castello, não deu mais atenção ao trabalho de Arezzo, nem se preocupou com o prejuízo que causava a Giovanni Antonio, pois já recebera cento e cinquenta ducados, e partiu à noite pelo caminho de Pesaro, de onde chegou a Veneza. Lá, mantido por messer Pietro Aretino[31], desenhou-lhe um papel para uma gravura na qual se representa Marte a dormir com Vênus, quando os Amores e as Graças

---

[28] No Museu Bonnat de Bayonne (n.º 1741) existe o desenho do *Trono de Salomão*.

[29] Literato e humanista, foi amigo de Vasari.

[30] Cf. acima, nota 23. O painel está hoje na Catedral de Città di Castello.

[31] Nascido em Arezzo em abril de 1492, poeta e comediógrafo arguto e pungente, morreu em Veneza, onde se estabelecera, em 21 de abril de 1556. Entre suas obras, há cinco comédias – *La Cortigiana* (1526), *Il Marescalco* (1533), *La Talanta* (1542), *L'Ipocrito* (1542) e *Il Filosofo* (1546) –, uma tragédia – *Orazia* (1546) –, *Il Dialogo delle Corti* (1538) e *I Ragionamenti* (1533-36).

o despem e lhe tiram a couraça[32]. Depois, saindo de lá, chegou à França, Paris[33], onde foi bem recebido e fez dois quadros para o rei, um com Baco e outro com Vênus; ambos estão na galeria do rei[34] em Fontainebleau, pois lhe pareceram prodigiosos, assim como prodigiosa lhe pareceu a aparência de Rosso, a tal ponto que (ouvindo seu modo de falar) o julgou digno de todo e qualquer benefício, nomeou-o superintendente das obras de ornamentação de tais construções e deu-lhe um canonicato da Santa Capela da catedral de Nossa Senhora de Paris. Assim, continuando a servir tão grandioso rei, fez todas as salas trabalhadas com estuque naquele lugar[35], pintando várias cenas e compondo vários tipos de lareiras e portas fantásticas. Nisso Rosso era realmente prodigioso. Por tais obras recebeu outros benefícios, de tal modo que, graças à liberalidade daquele rei, contou com mil escudos de entrada, mais os proventos pela obra, que eram altíssimos. Também fez um cartão para um painel da Congregação do Capítulo[36], onde era cônego, além de numerosos outros, que não cabe mencionar. Basta dizer que ele já não vivia como pintor, mas como príncipe, tinha bom número de serviçais e montarias e possuía belíssimas tapeçarias e objetos de prata.

A invejosa fortuna, porém, nunca deixa muito tempo no alto aqueles que ela exalta na felicidade. Naquela época, em que era grande a sua convivência com o florentino Francesco di Pellegrino[37], que se deleitava com a pintura e era amigo seu muito chegado, Rosso foi roubado em algumas centenas de escudos e, não suspeitando de mais ninguém, além de Francesco, denunciou-o à corte, que o apertou muito em interrogatórios rigorosos. Mas este, que era inocente e só confessou a verdade, finalmente foi solto e, movido por justa indignação contra Rosso, só podia ressentir-se com a ultrajante acusação que este lhe fizera. Por isso, abriu contra ele uma ação de injúria e o pressionou de tal maneira, que Rosso, nada podendo fazer, andava triste e angustiado, por lhe parecer que tinha ultrajado o amigo e sua própria honra. De qualquer modo, retratando-se ou mantendo as acusações ultrajantes, ele se declararia como homem malvado. Assim, decidindo que seria melhor matar-se do que suportar injúrias pela ação alheia, optou por essa solução. Um dia, quando o rei estava em Fontainebleau, Rosso mandou um camponês a Paris em busca de certo licor venenosíssimo, dizendo que precisava dele para fazer tintas ou vernizes. E era tanta a malignidade da bebida, que, apesar de a garrafa ser cuidadosamente vedada com cera, o próprio camponês, que no transporte mantivera o dedão sobre o bocal, quase o perdeu, consumido e corroído pela mortífera virtude do licor. E Rosso, que tinha ótima saúde, tomou o veneno depois de comer e em poucas horas deu cabo da vida. Recebeu os seguintes epitáfios:

---

[32] O desenho, que depois foi gravado por Caraglio, é o nº 1575 do Louvre (Carroll).

[33] Rosso chegou a Paris em outubro de 1530.

[34] A *Vênus* poderia ser a *Leda com o Cisne* da Royal Academy de Londres (nº 1868), réplica de Michelangelo encomendada em novembro de 1530.

[35] Nomeado pintor oficial do rei em 1532, já em 1535 era mestre de obras de estuque e pintura na Grande Galeria de Francisco I. Terminados em 1537, os afrescos representam a gesta de Francisco I e motivos mitológicos e alegóricos nem sempre facilmente identificáveis, devido às numerosas restaurações. Cf. *L'École de Fontainebleau*, catálogo da exposição, Paris, 1972.

[36] Essa obra é desconhecida. Da atividade francesa de Rosso resta apenas a *Piedade* do Louvre (nº 1485), realizada para o condestável de Montmorency entre 1537 e 1540.

[37] Na França desde 1528, foi um dos mais próximos colaboradores nas obras da Grande Galeria; morreu em 1552.

D(ATVR) M(ORI)
ROSCIO FLORENTINO PICTORI TVM INVENTIONE AC DISPOSITIONE TVM VARIA
MORVM EXPRESSIONE TOTA ITALIA GALLIAQVE CELEBERRIMO. QVI DVM POENAM
TALIONIS EFFVGERE VELLET VENENO LAQVEVM REPENDENS TAM MAGNO ANIMO
QVAM FACINORE IN GALLIA MISERRIME PERIIT. VIRTVS ET DESPERATIO FLORENTIAE
HOC MONVMENTVM EREXERE*.

L'OMBRA DEL ROSSO È QVI; LA FRANCIA HÁ L'OSSA;
LA FAMA IL MONDO COPRE; IL CIEL RISPONDE
A CHI PER LE BELAS OPRE IL CHIAMA; DONDE
NON PASSA L'ALMA SVA LA INFERNA FOSSA**.

Quando essa notícia foi levada ao rei, este ficou muito desgostoso e condoído por causa de Rosso. Para que a obra não sofresse com isso, encarregou o bolonhês Francesco Primaticcio[38] de lhe dar prosseguimento, pois ele já trabalhara em muitas salas; assim como Rosso, recebeu uma abadia. A infeliz morte de Rosso ocorreu em MDXLI[39]. Por ter enriquecido a arte no desenho, por ter mostrado aos que vieram depois quanto valem os dotes da arte quando acompanhados por um desenho belo e esmerado e o que se conquista junto a um príncipe quando se é universal, os engenhos modernos hoje o imitam em muitas coisas. Por isso, em razão de tantos benefícios, ele merece louvor pela fama de suas obras e pelo exemplo que deu na arte.

---

* "Todos havemos de morrer. Em memória do pintor florentino Rosso, célebre na Itália e na França por sua invenção e pela disposição de suas figuras, assim como por suas variadas expressões. Querendo evitar a lei de Talião, trocou a forca pelo veneno e morreu miseravelmente na França, demonstrando valor na adversidade. A virtude e o desespero de Florença ergueram este monumento." [N. da T.]

** "A sombra de Rosso está aqui; a França tem seus ossos; sua fama cobre o mundo; o céu responde àqueles que o chamam por suas belas obras; e assim sua alma não transpõe o infernal fosso." [N. da T.]

[38] Francesco Primaticcio nasceu em Bolonha em 1504; citado em Fontainebleau a partir de 1533, foi nomeado por Francisco I, em 1544, abade de San Martino. Morreu em 1570. Sobre ele, cf. B. Lossky, "Quelques sources d'inspiration florentines des stucs de Fontainebleau", em *Revue du Louvre*, 19 (1969), pp. 86 ss.

[39] Rosso morreu em 14 de novembro de 1540.

Giovanni Antonio Sogliani, pintor florentino

Frequentemente vemos que nas ciências das letras e nas artes manuais engenhosas os melancólicos são mais assíduos nos estudos e, sendo mais constantemente pacientes, suportam mais o peso do trabalho. E raros são os que, tendo esse humor, deixam de tornar-se excelentes em tal mister. Foi o que ocorreu com o pintor florentino Giovanni Antonio Sogliani[1], que, para quem o visse, parecia personificar o frio e a melancolia do mundo. E era tanto o poder desse humor nele que, afora as coisas da arte, poucos outros pensamentos o ocupavam, com exceção das preocupações familiares, pelas quais era grande o seu sofrimento, conquanto contasse com forma digna de moradia. Na juventude foi aprendiz de Lorenzo di Credi[2] na arte da pintura e enquanto conviveu com ele mostrou-se diligente observador, tornando-se ótimo pintor e demonstrando em todas as suas ações ser seu fidelíssimo discípulo, como deu a conhecer já em suas primeiras pinturas na igreja da Osservanza na colina de San Miniato. Ali fez um painel com um retrato, semelhante ao que Lorenzo fizera para as freiras de Santa Chiara[3], representando a Natividade de Cristo[4], obra que nada ficou a dever à de Lorenzo. Em um dos pilares da igreja de San Michele in Orto, fez a óleo para o Mester dos Vinhateiros um São Martinho em hábitos de bispo[5], obra que lhe deu fama de ótimo mestre. Giovanni Antonio sempre venerou as obras e a maneira de frei Bartolomeo de San Marco[6], cujo colorido procurou imitar. Para dona Alfonsina, mulher de Piero de' Medici, fez um painel que foi posto na igreja dos Camáldulos de Florença[7], representando Santo Arcádio Crucificado e outros mártires com as cruzes nos braços e dois de joelhos; nele há algumas crianças a lhes levarem palmas, feitas com um colorido cheio de beleza e graça. Fez muitos quadros para as casas dos cidadãos e num ângulo da casa de Taddeo Taddei pintou um Crucifixo com duas figuras, obra de afresco num tabernáculo[8]. Trabalhou no refeitório da abadia de Florença, fazendo um

---

[1] Giovanni Antonio Sogliani nasceu em 1492, filho de Francesco di Paolo di Taddeo; começou a fazer parte da Corporação dos Médicos e Boticários em 30 de abril de 1515.

[2] Cf. sua Vida nas pp. 549-50.

[3] Ou seja, o painel dos Uffizi n.º 8399; cf., na Vida de Lorenzo, nota 6, p. 677.

[4] Outrora na Gemäldegalerie de Kassel (n.º 483).

[5] Ainda hoje sobre o altar à direita da entrada.

[6] Cf. sua Vida nas pp. 471-6.

[7] O painel com o *Martírio de Santo Arcádio e companheiros* hoje está no quinto altar da esquerda da igreja de San Lorenzo, para onde foi levado em 1550. O próprio Vasari menciona na edição giuntina que em 1530 ele foi retirado do lugar de origem durante o assédio. Tem a inscrição JOHANNES ANTONIVS SOGLIANVS FACIEBAT 1521; a predela, obra do Bachiacca, está nos Uffizi (n.º 877).

[8] Embora muito restaurado, ainda existe.

Crucifixo e outras figuras em afresco; na igreja de San Girolamo[9], pintou São Francisco e Santa Isabel, daquela ordem, Rainha da Hungria. Para a Companhia do Ceppo[10] pintou um pendão de procissão com a Visitação de Nossa Senhora e São Nicolau. Na igreja de San Iacopo sopra Arno, pintou um painel com a Trindade e inúmeros anjos, pondo na parte de baixo Santa Maria Madalena e Santa Catarina com o apóstolo São Tiago[11], tudo com ótimo colorido e diligente acabamento. No castelo de Anghiari pintou a óleo um Cenáculo de Cristo com doze Apóstolos em tamanho natural, juntamente com o Lava-pés, em que Cristo lavou os pés dos Apóstolos; essa obra é muito venerada no lugar[12]. Também trabalhou na Osservanza, onde fez outro painel, dessa vez com São João e Santo Antônio de Pádua.

Para a obra da Catedral de Pisa decidiu-se fazer no coro alguns quadros que tratassem das figuras do Sacramento, e Giovanni Antonio fez o Sacrifício de Noé depois do dilúvio, que foi considerado coisa louvável e bela[13]. Depois fez o sacrifício de Caim e o de Abel. Deu-lhe prosseguimento o pintor Domenico Beccafumi da Siena[14], que os fez com um desenho e uma invenção mais admiráveis que os destes; fez também os quatro Evangelistas, com outros de Soddoma da Vercelli[15] e outros pintores menos bons. Para a igreja fez quatro painéis nos quais mostrou diligência e amor; para a concorrência, foi encomendado um ao senês Domenico acima referido, enquanto o aretino Giorgio Vasari[16] fez dois, logo depois da entrada das quatro portas. No convento dos frades de San Marco ele fez também um afresco com um cenáculo de frades[17], em que representou São Domingos à mesa sem pão: depois que o santo faz a oração, dois anjos descem à terra a lhe trazerem pães. Acima, fez um Crucifixo com o arcebispo Santo Antoninho de joelhos e Santa Catarina de Siena, daquela ordem; trata-se realmente de pintura feita com muita diligência e esmero, devendo-se isso à sua paciência e ao amor que sentia por tal arte. Para Giovanni Serristori fez um painel com a Concepção de Nossa Senhora[18] em que Agostinho, Ambrósio e Bernardo discutem o pecado original sobre o corpo morto de Adão, no qual representou anjos e crianças, com numerosas frases a respeito; essa obra ficou inacabada em decorrência da morte de

---

[9] Para a antiga igreja de San Girolamo alla Costa pintou os dois painéis com *São Francisco* e *Santa Isabel*, que desde 1865 estão na Academia de Florença (nos. 4648 e 4649).

[10] Onde ainda existem no Oratório de San Nicola al Ceppo, na via dell'Agnolo.

[11] Desde 1867 o painel está na Galeria da Academia de Florença (n.º 4647), aonde chegou vindo do convento de San Iacopo dei Barbetti.

[12] Os dois painéis ainda estão na igreja paroquial de Anghiari.

[13] Entre 1528 e 1531 Sogliani fez no coro da Catedral de Pisa o *Sacrifício de Noé* e o *Sacrifício de Caim e Abel*.

[14] Cf., na Vida de Baldassarre Peruzzi, nota 33, p. 560. Ele pintou no coro da Catedral de Pisa *Moisés e as tábuas da Lei* (1538), *Moisés e os filhos de Cora* (1538) e os *Quatro evangelistas* (1539).

[15] Giovanni Antonio di Jacopo Bazzi, vulgo Sodoma, nasceu em Vercelli em 1477 e morreu em Siena em 15 de fevereiro de 1549. Seus quadros, ainda hoje na Catedral de Pisa, cujos pagamentos vão de 1539 a 1542, representam o *Sepultamento de Cristo* e o *Sacrifício de Isaque*. Sobre ele, cf. M. Salmi, "Inizi senesi del Sodoma", em *Commentari*, 1967, pp. 159-69; Carl, *Il Sodoma*, cit.; A. Hayum, *Giovanni Antonio Bazzi – Il Sodoma*, Nova York, 1976; F. Sricchia Santoro, "Ricerche senesi. 4. Il giovane Sodoma", em *Prospettiva*, 30 (1982), pp. 43-58. Cf. também nota 30, p. 500.

[16] São uma *Nossa Senhora com o Menino Jesus, Santa Marta, Santa Cecília, Santo Agostinho* e outros (1544) e uma *Nossa Senhora com Cristo morto nos braços e santos* (1547).

[17] O afresco com o *Milagre de São Domingos e a Crucificação* foi pintado em 1536. Ainda hoje está no refeitório.

[18] Desde 1900 o painel está na Galeria da Academia de Florença (n.º 3203) e representa a *Assunção*, no alto, e a *Disputa da Concepção e santos*.

Giovanni Serristori, mas no fim da vida Giovanni Antonio a terminou e a entregou a messer Alamanno Salviati, herdeiro de Giovanni. Trata-se de um belo trabalho, sobretudo no que se refere a algumas cabeças de velhos, que não poderiam ser melhores.

Giovanni Antonio fez muitas outras coisas que foram enviadas à França e a diversos países, sobre as quais não cabe menção, pois falamos sobre suas principais obras. Era pessoa que vivia com religião e, como sempre cuidou só de sua vida, nunca causou aborrecimentos ou dificuldades a ninguém. Cansado da arte, sem boa saúde e com pouco desejo de fazer demais, caracterizava-se pela morosidade no trabalho. Era muito minucioso em todas as coisas e, se tivesse desejado trabalhar em tudo o que lhe fosse dado, teria deixado imensas riquezas. Porque todos gostavam muito de sua maneira, de suas expressões piedosas e devotas, segundo o uso dos hipócritas. Já chegara à idade de LII anos e não podia ouvir falar em tirar uma pedra que se formara na sua bexiga, o que causava enorme dor e o fazia definhar. O seu mal se tornou tão forte que, não podendo suportar tão grande tormento, ele entregou a alma a Deus em MDXLIV[19].

---

[19] Morreu exatamente em 1544 e foi sepultado na igreja de Santa Maria Novella em 17 de julho daquele ano.

Girolamo da Treviso, pintor

Raramente aqueles que perseveram no trabalho em sua própria pátria conseguem ser exaltados pela fortuna à felicidade merecida por seu talento, de tal modo que, depois de buscarem muitas outras terras, cedo ou tarde em alguma acabam sendo reconhecidos.

E muitas vezes aqueles que alcançam tarde as recompensas do trabalho durante pouco tempo as usufruem em virtude da morte, tal qual ocorreu com o pintor Girolamo da Treviso[1], que foi considerado ótimo mestre. Embora não tivesse excelente desenho, foi bom colorista no óleo e no afresco, imitando de perto os passos de Raffaello da Urbino. Trabalhou em Treviso[2], sua pátria, e em Veneza também fez muitas obras, especialmente os afrescos da fachada da casa de Andrea Udone[3] e, no seu pátio, alguns frisos com crianças e um quarto no andar de cima. Ficou muito tempo em Bolonha, onde fez muitas pinturas; na capela de mármore de Santo Antônio de Pádua da igreja de San Petronio, pintou a óleo todas as cenas da vida do santo, obra na qual se percebe ser ele dotado de tino, qualidade, graça e grande esmero[4].

Na igreja de San Salvatore fez um painel com uma Nossa Senhora subindo as escadas com alguns santos, realmente a obra mais fraca entre todas as suas em Bolonha[5]. Acima de um portal próximo a Savena dentro de Bolonha, fez um Crucificado com Nossa Senhora e São João, todos louvadíssimos.

Em San Domenico de Bolonha fez um painel a óleo com Nossa Senhora e alguns santos, a melhor de suas obras; está próximo ao coro, na subida para a arca de São Domingos, e nele é retratado aquele que encomendou a obra[6].

Também coloriu um quadro para o conde Giovanni Batista Bentivoglio, que tinha um cartão da lavra do senês Baldassarre com a cena dos Magos: obra que ele levou a

---

[1] Girolamo nasceu em Treviso em 1498, de acordo com Vasari, porém mais provavelmente em 1499, se ele for identificável com Gerolamo di Pier Maria Pennacchi, batizado em 2 de fevereiro de 1499.

[2] No Museu de Treviso há uma *Nossa Senhora com o Menino Jesus* em afresco, bastante fragmentária. Restos de um afresco com *Julgamento de Salomão* estão sobre uma casa da via Manin. Em Treviso também está o retábulo com a *Incredulidade de São Tomé*, para o altar-mor da igreja de San Niccolò.

[3] Os afrescos, que já não existem, para Andrea Odoni (esplêndido mecenas de origem milanesa) no Palácio de Ponte di Gaffuro, são mencionados pelo Anônimo Magliabechiano com data de 1532.

[4] Os afrescos monocromáticos com as *Cenas de Santo Antônio* são datados de 1525.

[5] O painel com a *Apresentação ao templo* ainda está na igreja de San Salvatore.

[6] O retábulo com *Nossa Senhora, Menino Jesus, santos e o doador Lodovico Boccadiferro* está na National Gallery de Londres (n°. 623); é datável de 1528 e tem a inscrição IERONIMVS TREVISVS F.

bom termo, embora houvesse mais de cem figuras[7]. Em Bolonha há de sua lavra muitas outras pinturas em casas e igrejas. Em Galiera fez uma fachada em claro-escuro, porque naquela cidade granjeara fama e crédito em abundância.

Foi para Trento[8] e pintou o palácio do velho cardeal em conjunto com outros pintores, obra que lhe angariou muita fama. Voltando a Bolonha, dedicou-se às obras que começara.

Ocorre que em Bolonha se anunciou a feitura de um painel para o hospital da Morte, em cuja concorrência foram feitos vários desenhos, alguns dos quais coloridos.

Como muitos se achavam no direito de assumir o trabalho, quer por amizade, quer por mérito, Girolamo ficou para trás. Achando-se injustiçado, logo depois saiu de Bolonha, e foi desse modo que a inveja alheia acabou por lhe acarretar uma felicidade que ele nunca imaginara, visto que, caso saísse vitorioso, a obra o impediria de alcançar o bem que a boa fortuna lhe houvera preparado. Assim, indo para a Inglaterra, foi posto a serviço do rei Henrique por alguns amigos que o favoreceram; junto àquele rei, deixou de trabalhar como pintor e passou a prestar serviços como engenheiro[9].

Ali mostrou algumas provas de edifícios engenhosos, copiados de outros da Toscana e da Itália, e o rei os considerou prodigiosos, recompensando-o com presentes frequentes e ordenando-lhe proventos de quatrocentos escudos por ano. Deu-lhe facilidades para construir uma habitação honrosa às expensas do próprio rei. Assim, Girolamo, indo da extrema calamidade à grande riqueza[10], vivia muito feliz e contente, agradecendo a Deus e à fortuna, que o haviam levado para um país onde os homens eram tão propícios aos seus talentos.

Mas, visto que pouco deveria durar esta insólita felicidade, com a continuação da guerra entre franceses e ingleses[11], Girolamo precisou cuidar de todos os trabalhos referentes a bastiães e fortificações para a artilharia e defesa dos acampamentos, de tal modo que um dia, quando a cidade de Boulogne na Picardia[12] sofria forte ataque da artilharia, a violentíssima carga de um meio canhão partiu-o em dois sobre seu cavalo.

Assim, ao mesmo tempo se extinguiram para ele as honras do mundo e a sua grandeza, quando ele tinha XLVI anos, em MDXLIV[13]. Não faltou quem depois o levasse a falar de si mesmo da seguinte maneira:

---

[7] Também esse quadro está na National Gallery de Londres (n.º 218), juntamente com o cartão de Peruzzi, citado por Vasari na Vida de Peruzzi (cf. nota 15, p. 558). Ambas as obras são citadas em casa do conde Andalò Bentivoglio por Lamo (1560).

[8] As pinturas de Girolamo no palácio de Trento não estão documentadas; sua presença nessa cidade situa-se por volta de 1528, depois de uma viagem a Gênova.

[9] Girolamo chegou à Inglaterra em 1538 e foi engenheiro militar de Henrique VIII que, nascido em 1491, foi rei de 1509 a 1547, ano de sua morte.

[10] Temos confirmação de uma carta de congratulações que lhe foi escrita em 1542 por Aretino.

[11] Aproveitando-se da guerra entre Carlos V (1500-58) e Francisco I (1494-1547), Henrique VIII procurou anexar a Escócia à Coroa inglesa, mas, como os escoceses procuraram a ajuda da França, Henrique atacou a França (1543).

[12] Boulogne foi ocupada pelos ingleses em setembro de 1544, e depois se chegou ao tratado de Ardres (1546), que sancionou (mas apenas até 1550) a posse inglesa de Boulogne e do Bourbonnais.

[13] Morreu realmente no assédio de Boulogne, portanto antes de setembro de 1544. Sobre Girolamo, cf. P. Casadio, "Un affresco di Girolamo da Treviso il giovane a Faenza", em *Il Pordenone*, cit., pp. 209-16.

PICTOR ERAM, NEC ERAM PICTORVM GLORIA PARVA,
FORMOSASQVE DOMOS CONDERE DOCTVS ERAM.
AERE CAVO, SONITV ATQVE INGENTI EMISSA RVINA,
IGNEA A SVLPHVREO ME PILA TRANSADIGIT*.

---

* "Eu era pintor e não era pequena a minha glória entre os pintores, era exímio na construção de formosas casas. Uma bala de canhão de bronze, lançada com fogo e enxofre, atravessou-me em meio ao estrépito e à destruição." [N. da T.]

Polidoro da Caravaggio e
Maturino Fiorentino, pintores

Notável e temível exemplo nos é dado pela instabilidade da fortuna que às vezes tira alguns de baixo e os leva para o alto, de tal modo que tais pessoas realizam feitos prodigiosos e coisas impossíveis nas artes. De tal modo que, observando suas fraquezas iniciais, tão distantes das atividades que depois exerceram, e vendo que com pouco estudo e em breve tempo eles trouxeram à luz obras que nem parecem humanas, mas celestes, alguns pobres estudiosos se enchem de espanto, pois, por mais que se matem em contínua labuta, raras vezes atingem a perfeição. Mas como podem mesmo aqueles que são tocados por tanta graça esperar que a invejosa fortuna os torne imortais por meio da fama e das obras se, quando mais esperamos que os galardões pelo trabalho nos venham recompensar, ela, como se arrependida do bem que nos fez, conspira contra nossa vida e nos dá a morte? Se, não contente com morte ordinária e comum, desejando-a aspérrima e violenta, dá ensejo a episódios tão terríveis e monstruosos, que afugenta a própria piedade, injuria a virtude e converte os benefícios recebidos em ingratidão. Por isso, a pintura tanto se pode regozijar com a ventura na vida virtuosa de Polidoro[1], quanto se lastimar da fortuna transformada em revés na sua dolorosa morte. Realmente, a inclinação da natureza para tal arte nele foi tão apropriada e divina, que se pode dizer ter ele nascido pintor assim como Virgílio nasceu poeta e como às vezes assistimos ao nascimento de certos engenhos maravilhosos.

Polidoro da Caravaggio viera da Lombardia a Roma nos tempos de Leão X e, na época em que as *logge* do palácio eram construídas sob a direção de Raffaello da Urbino[2], ele carregava baldes cheios de argamassa para os mestres alvanéis, atividade que exerceu até os XVIII anos. Mas, quando Giovanni da Udine[3] começou a pintá-las, entre

---

[1] Polidoro Caldara nasceu presumivelmente por volta de 1499 em Caravaggio; no entanto, L. Ravelli (*Polidoro Caldara da Caravaggio*, Bergamo, 1978, p. 91), com base num manuscrito da Biblioteca Civica di Cremona (Biffi, *Vita de' Pittori, scultori cremonesi*, escrito em meados do século XVIII), antecipa essa data para 1490. Sobre Polidoro, cf. E. Borea, "Vicenda di Polidoro da Caravaggio", em *Arte antica e moderna*, 1961, pp. 211-27; A. Marabottini, *Polidoro da Caravaggio*, Roma, 1969; F. Abbate, em *Andrea da Salerno nel Rinascimento meridionale*, cit., pp. 253-5; L. Ravelli, *Polidoro Caldara da Caravaggio*, Bergamo, 1978 (sobre a data de nascimento, em particular, p. 91).

[2] Cf., na Vida de Rafael, nota 72, p. 513.

[3] Giovanni di Francesco de' Ricamatori nasceu em Udine em 1487 e morreu em agosto de 1561 em Roma. Foi decorador precioso e refinado, expressando uma excepcional fantasia na decoração mista de estuques e grotescos; sua intervenção nas *logge* do Vaticano deve ter ocorrido entre 1517 e 1519. É considerado também um dos mais antigos pintores de "naturezas-mortas". Cf. N. Dacos, "Il trastullo di Raffaello", em *Paragone*, 219 (1968), pp. 3-29.

alvenaria e pintura, a vontade e a inclinação de Polidoro para esta última não deixou de fazer que ele ganhasse intimidade com todos os jovens talentosos, no intuito de observar os traços e as técnicas da arte, pondo-se então a desenhar. Mas, entre todos aqueles que se tornaram seus amigos, escolheu para companheiro Maturino Fiorentino[4], então na capela do papa e considerado excelente desenhista das coisas antigas. E a tal ponto se enamorou dessa arte, que em poucos meses deu prova de seu engenho, impressionando a todos que o haviam conhecido naquele outro estado. Assim, continuando nas *logge*, ele se exercitou tanto com aqueles jovens pintores já exímios e entendidos em pintura, aprendendo tão divinamente aquela arte[5], que não saiu daquele trabalho sem carregar consigo a verdadeira glória do mais belo e nobre engenho que entre muitos outros se pudesse encontrar. Por esse motivo cresceu tanto a afeição de Maturino por Polidoro e de Polidoro por Maturino, que, como irmãos e verdadeiros companheiros, decidiram viver e morrer juntos. E, somando vontades, dinheiro e obras, de comum acordo começaram a trabalhar em conjunto.

E, como em Roma havia muitos que, com prestígio, boas obras e bom nome, produziam coloridos mais vivazes e alegres, mostrando-se mais dignos e mais favorecidos, depois de ver algumas fachadas de casas pintadas de claro-escuro por Baldasarre de Siena[6], Polidoro começou a pensar em imitar essa técnica e a dedicar-se daí por diante às outras que já estavam em uso. Por isso, começaram uma obra em Monte Cavallo defronte a San Silvestro em companhia de Pellegrino da Modena[7], trabalho que lhes deu coragem, levando-os a acreditar que aquela seria a sua profissão; prosseguindo, fizeram outra em frente à porta do flanco de San Salvatore del Lauro; também junto à porta do flanco da Minerva pintaram uma cena e acima de San Rocco a Ripetta fizeram outra, que é um friso com monstros marinhos. Pintaram numerosas dessas no princípio, menos boas que as outras, por toda a Roma, obras que não cabe aqui mencionar porque depois fizeram coisas melhores. Assim, encorajados, começaram a estudar as antiguidades de Roma e, imitando as obras antigas de mármore com claros-escuros, não ficou vaso, estátua, sarcófago, cena, coisa inteira ou quebrada que eles não desenhassem e de que não se valessem. E foi tanta a assiduidade e tamanha a força de vontade, que eles acabaram por incorporar a maneira antiga com tanta semelhança de um para outro, que, assim como seus espíritos eram imbuídos de um mesmo querer, também suas mãos exprimiam o mesmo saber. E, embora Maturino não fosse tão ajudado pela natureza quanto Polidoro, foi tão grande a força da observação do estilo no companheirismo, que ambos pareciam um só na composição, na expressão e na maneira. Na praça Capranica, em direção a Colonna, fizeram com belíssima inventividade uma fachada[8] com as Virtudes teologais e um friso sob as janelas; também se vê Roma investida da representação da fé, com o cálice e a hóstia na mão, aprisionando todas as

---

[4] Ainda hoje a personalidade artística de Maturino não foi convincentemente reconstruída.

[5] Polidoro colaborou com Giovanni da Udine em meados de 1519 na *loggia* do primeiro andar. A intervenção de Polidoro foi variadamente reconhecida nos afrescos com a *Divisão da Terra prometida* e o *Triunfo de Davi*, e às vezes nos afrescos com o *Encontro de Salomão e a Sabeia* e a *Construção do templo*.

[6] Cf. p. 556.

[7] Os afrescos, realizados em colaboração com Pellegrino, devem ser datados de antes de 1523, ano da morte de Pellegrino da Modena; sobre ele, cf. Vida nas pp. 561-2.

[8] Essa obra está perdida; mencionada por G. Mancini, *Viaggio per Roma*, anterior a 1630, e por G. Celio, *Memoria delli nomi delli artefici di Roma*, Nápoles, 1638; existe uma gravura do friso feita em 1581 por Giovan Battista Cavalieri.

nações do mundo, cujos povos afluem, trazendo-lhe tributos, enquanto os turcos são aniquilados, a arca de Maomé fulminada, concluindo-se finalmente com as palavras da Escritura, de que haverá um só ovil e um só pastor. Na verdade, em inventividade eles foram sem-par, e disso dão fé todas as coisas que fizeram, ricas em indumentária, vestes, calçados, estranhas extravagâncias, tudo maravilhosamente realizado. Testemunho disso dão suas obras que, graças à beleza da maneira e à desenvoltura, são continuamente desenhadas por todos os pintores estrangeiros, tornando-se mais úteis à arte da pintura do que todos os outros juntos, desde Cimabue até agora. Por isso, tanto no passado como agora, em Roma, todos os desenhistas se interessam mais pelas obras de Polidoro e Maturino do que por todas as outras pinturas modernas. Em Borgo Nuovo, fizeram uma fachada de grafito e outra no Canto della Pace; pouco distante desta, em casa dos Spinoli, em direção a Parione, pintaram outra fachada[9] com lutas antigas, conforme os costumes de então, e os sacrifícios e a morte de Tarpeia. Perto da Torre de Nona, na direção de Ponte Sant'Angelo, vê-se uma fachada pequena com a representação de um triunfo de Camilo e um sacrifício antigo[10]. Na rua que leva à Imagine di Ponte há uma fachada belíssima com a cena em que Perilo é posto no touro de bronze que ele mesmo construiu[11]. Nela se veem a força daqueles que o põem dentro do touro e o terror de quem espera ver morte tão inusitada. Sentado está Faláris (creio) a comandar com belíssima imponência a punição do ferocíssimo engenho que inventara uma nova forma de crueldade para matar os homens com maior sofrimento. Ali também se vê um belíssimo friso de bronze com crianças e outras figuras. Acima desta há outra fachada daquela mesma casa, com a chamada Imagine di Ponte, onde se vê a ordem senatória com hábitos romanos antigos, além de outras cenas por eles representadas. E na praça da Aduana, ao lado de Santo Eustachio, há uma fachada deles com batalhas[12]. Dentro da igreja, à direita de quem entra, avista-se uma capelinha com as figuras pintadas por Polidoro. Também fizeram uma no Palácio Farnese para os Cepperelli, além de uma fachada atrás da Minerva, na rua que vai para os Maddaleni, com cenas romanas. E, entre outras coisas belas, vê-se um friso de bronze com crianças em triunfo, tudo feito com grande graça e suprema beleza. Na fachada dos Buoni Auguri, próximo à Minerva, há algumas belíssimas cenas de Rômulo; em uma, ele desenha com o arado o lugar onde ficará a cidade[13]; noutra, os abutres voam acima dele, e é tal a imitação de vestes, expressões e pessoas antigas, que realmente os homens parecem ter sido aqueles mesmos. Na verdade, é tal a maestria, que ninguém jamais teve nessa arte tão bom desenho, tão bela maneira, nem tão grande perícia ou maior presteza. Todos os artistas ficam muito admirados sempre que veem tais coisas, pois só pode espantar que neste século a natureza tenha tido tamanha força para nos mostrar tantos prodígios por meio de tais homens.

Abaixo da Corte Savella, na casa comprada pela senhora Costanza[14], fizeram a cena em que as Sabinas são raptadas; nela se percebe não só a sede e a necessidade de

---

[9] Os afrescos da fachada da construção hoje conhecida como Palazzetto de' Piceni já não existem. Há, porém, um pátio com friso decorado sobre divisões ocupadas por seis personagens.

[10] Há uma gravura dele feita por Cherubino Alberti.

[11] Também gravuras desse afresco feitas por Stefano della Bella, Jacopo Laurenziani e Galestruzzi.

[12] O desenho relativo a esse afresco está na Biblioteca de Turim.

[13] O Gabinetto Nazionale delle Stampe de Roma possui a gravura desse afresco (n.º 1539), com as iniciais de Michele Crecchi (M. C.).

[14] Costanza, filha de Ermes Bentivoglio, foi mulher de Giovan Battista di Bernardino Savelli.

raptá-las, como também o medo e a infelicidade daquelas miseráveis, arrebatadas por diversos soldados, a cavalo e de outros diferentes modos. Não só nessa cena há semelhantes achados, porém muito mais nas cenas de Múcio e Horácio e da fuga de Porsena, rei da Toscana. Trabalharam no jardim daquele Dal Bufalo, perto da Fontana di Trevi, compondo cenas belíssimas da fonte de Parnaso, com grotescos e pequenas figuras coloridas[15]. Também em casa de Baldassino, em Santo Agostino, fizeram grafitos e cenas; no pátio, alguns bustos de imperadores sobre as janelas. Em Monte Cavallo, nas proximidades de Santa Agata, pintaram uma fachada com inúmeras e diferentes cenas, como aquela em que a vestal Túcia leva ao templo a água do Tibre num crivo, e aquela em que Cláudia puxa a nave com o cinto. Também há a cena do desbaratamento provocado por Camilo enquanto Breno pesa o ouro[16]. E na outra fachada, depois da esquina, pintaram Rômulo e o irmão mamando na loba, bem como a terrível luta de Horácio, que, enquanto defende sozinho a entrada da ponte entre mil espadas, tem atrás de si muitas figuras belíssimas, em diferentes atitudes, algumas das quais, com grande solicitude, rompem a ponte com picões[17]. Também pintaram Múcio Cévola, diante de Porsena, a queimar a própria mão que errara ao matar o ministro em vez do rei, cena em que se percebe o desprezo do rei e o desejo de vingança[18]. Dentro daquela casa fizeram muitas paisagens. Na fachada de San Pietro in Vincola representaram as cenas de São Pedro com alguns grandes profetas[19]. Ficou tão conhecida por todos a fama desses mestres, graças à abundância de seu trabalho e à beleza com que realizaram as pinturas públicas, que eles mereceram enormes louvores em vida e depois da morte, estes infinitos e eternos, pois sempre foram imitados. Na praça onde fica o palácio dos Medici, atrás da Navona, fizeram uma fachada com os triunfos de Paulo Emílio e inúmeras outras cenas romanas. E em San Silvestro di Monte Cavallo[20], para frei Mariano, fizeram algumas coisinhas na casa e no jardim; na igreja, pintaram-lhe a capela e duas cenas coloridas de Santa Maria Madalena, em que as paisagens são feitas com suprema graça e discrição, pois Polidoro realmente elaborou paisagens ou arvoredos e pedras melhor que qualquer pintor. Graças a ele, os artistas trabalham hoje com a facilidade que vemos. Também pintaram muitos aposentos e frisos nas casas de Roma, em afresco e a têmpera, obras que executavam por experimentação, pois nunca conseguiram dar às cores a beleza que sempre deram aos trabalhos de claro-escuro, com bronze ou terras, tal como ainda se vê na casa Torre Sanguigna[21], que pertencia ao Cardeal de Volterra. Em sua fachada fizeram um belíssimo ornamento em claro-es-

---

[15] Embora atribuindo-as também a Polidoro, na edição giuntina Vasari as atribui a Taddeo Zuccari. Os três afrescos com *Cenas de Perseu* e outros com *Parnaso*, uma *Cariátide* e a *Fortuna* foram transportados para tela em 1885. Há desenhos deles no Museu Nacional de Estocomo, nos Uffizi (mas de anônimos do século XVI) e no British Museum (feitos por Füssli). As gravuras são de Cherubino Alberti (1553-1615).

[16] Sobre esse episódio existem gravuras de Goltzius e Saenredam.

[17] Do episódio de Horácio Cocles existe uma gravura com a sigla M. C. (Michele Crecchi).

[18] Episódio gravado por Jacopo Laurenziani.

[19] Confronte-se H. Hegger, *Römische Veduten*, Viena, 1918-32, prancha 48; R. Kultzen, "Die Malereien Polidoros an der Fassade von San Pietro in Vinculi", em vários autores, *Festschrift Ulrich Middeldorf*, Berlim, 1968, pp. 263-8, que publica alguns desenhos aos quais Marabottini acrescenta outros em Chatsworth, coleção Devonshire (nº 134), e no Louvre (nº 6071), com a *Crucificação de São Pedro*.

[20] Os afrescos com as *Cenas de Madalena e Santa Catarina*, na capela Sannesi, são datáveis de pouco antes de 1527.

[21] Francesco di Tommaso Soderini (1453-1524), irmão do mais famoso Piero (1452-1522), gonfaloneiro vitalício da República florentina, durante muito tempo lutou contra Leão X.

curo, com algumas figuras coloridas tão mal elaboradas e executadas, que acabaram desvirtuando o bom desenho que haviam feito. Mais estranho parece isso por se estar perto de um brasão do papa Leão e de nus da lavra de Giovan Francesco Vetraio[22], que teria feito coisas grandiosas, caso a morte não o tivesse levado de nós. E, não dissuadidos de sua insensata crença por tais resultados, fizeram também no altar dos Martelli da igreja de Santo Agostino de Roma crianças coloridas, onde Iacopo Sansovino[23], no fim da obra, fez uma Nossa Senhora de mármore; as referidas crianças não parecem da lavra de pessoas ilustres, mas de pessoas toscas, iniciantes na arte. Do lado em que o mantel cobre o altar, Polidoro compôs uma pequena cena com Cristo morto e as Marias, coisa belíssima, mostrando que, na verdade, aquele trabalho lhes era mais apropriado que o das cores. Por isso, voltando ao costumeiro, fizeram duas belíssimas fachadas em Campo Marzio: numa, as cenas de Anco Márcio e, na outra, as festas das Saturnais, celebradas naquele lugar, com todas as bigas e quadrigas puxadas por cavalos a girarem em torno dos obeliscos, obra considerada belíssima pela boa execução do desenho e pela bela maneira, pois representam com muita expressividade os espetáculos para os quais foram pintadas. No Canto della Chiavica, a caminho de Corte Savella, compuseram uma fachada divina, considerada a mais bela entre as belas coisas que fizeram. Porque, além da cena das meninas atravessando o Tibre[24], abaixo, perto da porta, há um sacrifício composto com habilidade e arte maravilhosas, pois nessa cena se observam todos os instrumentos e os costumes antigos que eram observados naquele tipo de sacrifício. Próximo à Piazza del Popolo, abaixo de San Iacopo degli Incurabili, fizeram uma fachada com as cenas de Alexandre Magno que é considerada belíssima; nela representaram o Nilo e o Tibre antigos, este visto do Belvedere. Perto de San Simeone fizeram a fachada dos Gaddi[25], que é uma coisa admirável e espantosa quando observamos os belos e variados trajes, a infinidade de elmos antigos, vestes, calçados e embarcações, tudo ornado com a formosura e a abundância que só um engenho extravagante pode imaginar. Ali a memória se enche de uma infinidade de coisas belíssimas, com a representação dos modos antigos, dos rostos de sábios e de belas mulheres. Porque se veem todas as espécies de sacrifícios antigos, tal como costumavam ser feitos, bem como um exército sendo embarcado e combatendo com variadíssimos trajes, instrumentos e armas, tudo trabalhado com tanta graça e executado com tanta maestria, que o olhar se perde na exuberância de tantas e belas invenções. Defronte a essa há outra fachada menor[26], que em beleza e abundância não poderia ser

---

[22] Giovan Francesco Bembo, vulgo Vetraio, morreu em c. 1526. Juntamente com Boccaccino, trabalhou na Catedral de Cremona, onde pintou dois afrescos em 1515: *Adoração dos Magos* (assinado como BEMBVS INCIPIENS) e *Apresentação ao templo*. Na igreja de San Pietro de Cremona está o retábulo que anteriormente se encontrava em Sant'Angelo com *Nossa Senhora, Menino Jesus, São Jerônimo, São Cosme, São Damião e um devoto*, com a inscrição JOANNES FRANCISCVS BEMBVS PINXIT MDXXIV. Sobre ele, cf. M. Tanzi, "Novità e revisioni per Altobello Melone e Gianfrancesco Bembo", em *Richerce di Storia dell'Arte*, 17 (1982), pp. 49-56; e também id., "Appunti sulla fortuna visiva degli 'eccentrici' cremonesi", em *Prospettiva*, 39 (1984), pp. 53-60.

[23] Cf., na Vida de Andrea Sansovino, nota 26, p. 542-3.

[24] Foi entalhado por Giulio Bonasone; sobre ele, cf. *Giulio Bonasone*, catálogo da exposição, org. S. Massari, Roma, 1983, p. 67, n. 73.

[25] Existe uma gravura de Pietro Santi Bartoli da *Peregrinação dos Egípcios*, mas em geral existem desenhos parciais de todos os afrescos. Na Albertina de Viena (nº 15 462) há um desenho não autógrafo que reproduz toda a fachada em seu conjunto.

[26] A *Cena de Níobe*, pintada na via della Maschera d'oro, já quase não existe. Conhecem-se desenhos relativos em Florença, Roma, Milão e Windsor, todos derivados de partes mais ou menos extensas. Em

melhorada; em seu friso vê-se a cena em que Níobe se faz adorar, com o povo a tra-
zer-lhe tributos, vasos e diferentes tipos de oferendas; tudo expresso com tanta novidade, formosura, arte, engenho e relevo, que sem dúvida seria excessivo descrevê-lo por
inteiro. Em seguida, vê-se o desenho de Latona e a miserável vingança contra os filhos
da soberba Níobe, com os sete homens mortos por Febo, e as sete mulheres, por Diana,
tudo com uma infinidade de figuras à imitação de bronze que não parecem pintura,
mas metal. Acima, fizeram outras cenas em que alguns vasos de ouro são imitados
com tanto capricho, que o olho mortal não poderia imaginar nada mais belo nem mais
novo; alguns elmos etruscos nos confundem com a multiplicação e a abundância das
belas e caprichosas fantasias que saíam da mente dos dois artistas. Essas obras foram
imitadas por inúmeros artistas que trabalham com essas extravagâncias. Pintaram também o pátio e o pórtico dessa casa, com pequenos grotescos coloridos, que são considerados divinos. Em suma, tudo o que eles tocaram ganhou graça e infinita beleza. Se
eu quisesse citar todas as suas obras, faria um livro inteiro com elas, porque não há sala,
palácio, jardim nem vinha onde não haja obras de Polidoro e Maturino.

Ora, enquanto Roma, sorrindo, se ornava com seus trabalhos e eles esperavam as
recompensas do seu suor, a inveja e a fortuna em MDXXVII[27] mandaram Bourbon a
Roma e ele a saqueou. Assim, Polidoro e Maturino se separaram, o que não ocorreu
só com eles, mas com milhares de amigos e parentes que durante muitos anos haviam
dividido o pão naquela cidade. Pois Maturino fugiu, mas em Roma acredita-se que
morreu de peste não muito tempo depois, em decorrência dos sofrimentos que suportou durante o saqueio; foi sepultado em Santo Eustachio. Polidoro encaminhou-
-se para Nápoles[28], mas ali foi só para morrer de fome, pois aqueles fidalgos têm pouca
curiosidade pelas coisas excelentes de pintura. Assim, trabalhando para alguns pintores, fez um São Pedro na capela-mor de Santa Maria della Grazia; desse modo ajudou
aqueles pintores em muitas obras, mais para ganhar a vida do que por outro motivo.
Mesmo assim, com a divulgação de seus talentos, fez para o conde de *** uma abóbada pintada a têmpera com algumas fachadas, obra considerada belíssima. Também
fez em claro-escuro um pátio para o senhor ***, além de alguns pórticos, cheios de ornamento e beleza, muito bem trabalhados. Em Santo Angelo, ao lado da Pescheria de
Nápoles, fez um pequeno painel a óleo, no qual há uma Nossa Senhora e alguns nus,
almas penadas, obra considerada belíssima mais pelo desenho que pelo colorido. Também fez alguns quadros, e no altar-mor da referida igreja fez figuras isoladas de corpo
inteiro, trabalhadas do mesmo modo[29].

Vendo que seu talento era pouco valorizado em Nápoles, decidiu afastar-se daqueles que davam mais valor a um cavalo que desse pinotes do que a alguém que fizesse com as mãos pinturas que parecessem vivas. Assim, embarcando nas galés,
mudou-se para Messina[30], onde, encontrando mais piedade e honra, começou a tra-

---

1594 foi gravada em oito folhas com base em desenhos de Goltzius dal Vischer; Saenredam os reutilizou
depois para uma nova série de gravuras.

[27] Carlos de Bourbon, condestável da França (1490-1527), capitão-mor do exército imperial, comandou a expedição que em maio de 1527 saqueou Roma.

[28] Polidoro já fora mencionado em Nápoles em carta de Summonte a Michiel, de 1524.

[29] Duas dessas pinturas, que representam *São Pedro* e *Santo André*, foram recentemente encontradas
e restauradas. Estão agora no Museu de Capodimonte (cf. P. Leone de Castris, *I dipinti di Polidoro da Caravaggio per la chiesa della Pescheria a Napoli*, Nápoles, 1985).

[30] Onde Polidoro já é mencionado em 1528.

balhar; lá, exercitando-se continuamente, adquiriu boa prática e correção nas cores. Assim fez muitas obras que estão espalhadas por vários lugares. Dedicando-se à arquitetura, deu demonstrações de talento em muitas coisas. Quando Carlos V voltava vitorioso da Tunísia[31], passou por Messina e lá Polidoro lhe fez arcos triunfais belíssimos, com o que granjeou nomeada e recompensas. Mas estava ansioso para voltar a Roma, cidade que sempre causa muito sofrimento naqueles que nela moraram muitos anos e depois tentam viver em outros lugares. Por último, fez a óleo um painel de Cristo carregando a cruz, obra de qualidade e belo colorido[32], na qual fez grande número de figuras a acompanharem Cristo até a morte: soldados, fariseus, cavalos, mulheres, crianças, com os ladrões à frente. Teve em mente expressar o modo como poderia ser ditada semelhante justiça: parecia que a natureza se esforçava por dar suas últimas demonstrações nessa obra realmente excelente. Depois dela, ele procurou várias vezes desvencilhar-se daquela terra, embora ali fosse bem-visto; a razão de sua permanência era uma mulher, por ele amada havia muitos anos, que o retinha com palavras doces e carícias. Mas era tão forte sua vontade de rever Roma e os amigos, que, tirando do banco boa quantidade de dinheiro que tinha, tomou a firme decisão de partir no dia seguinte.

Durante muito tempo Polidoro tivera um aprendiz natural da cidade, que gostava mais do dinheiro do mestre do que do próprio mestre. Mas, como Polidoro guardava o dinheiro em banco, o rapaz nunca pôde apossar-se dele e fugir. Assim, concebendo uma trama malvada e cruel, este decidiu que na noite seguinte mataria Polidoro durante o sono com a ajuda de alguns amigos e dividiria o dinheiro entre todos. Assim, tão logo Polidoro pegou no sono, eles o estrangularam com uma faixa e o feriram com uma arma, até que o mataram[33]. Para mostrar que aquilo não fora feito por eles, deixaram o corpo junto à porta da amada de Polidoro, dando a entender que ele fora morto por parentes ou outras pessoas da casa. O rapaz deu boa parte do dinheiro àqueles bandidos que haviam cometido um ato tão hediondo e os despediu. Pela manhã o rapaz foi chorando à casa de um conde, amigo do mestre morto, a pedir justiça. Durante muitos dias investigou-se o fato, mas nada veio à tona. No entanto, pela vontade de Deus, pois que a natureza e a virtude não suportam ser feridas pela mão da fortuna, alguém que não tinha interesse algum no caso disse não acreditar que aquele assassinato tivesse sido cometido por outra pessoa senão o próprio aprendiz. Diante disso, o conde mandou prendê-lo e torturá-lo, mas antes de ser submetido a qualquer martírio ele confessou o delito, sendo condenado pela justiça à forca e, a caminho do patíbulo, ao tormento com tenazes em brasas, para ser finalmente esquartejado.

Nem por isso se devolveu a vida a Polidoro, nem à pintura, aquele engenho raro e expedito que durante tantos séculos não se havia visto no mundo. De tal modo que, quando ele morreu, se pudessem, a invenção, a graça e o talento da arte teriam morrido com ele. Felicidade da natureza e da virtude terem formado naquele corpo tão nobre espírito; inveja e ódio cruel do destino e da fortuna causaram tão estranha morte, e, embora lhe tenham tirado a vida, em nenhum momento lhe tirarão a fama. Rece-

---

[31] Carlos V passou por Messina em 1535.

[32] O quadro pintado em 1533 para o cônsul da Espanha Ansalone estava na igreja da Annunziata dei Catalani de Messina e hoje está no Museu de Capodimonte (nº 103). É provável, na parte de baixo, a intervenção, já identificada por Bologna (in *Roviale Spagnuolo e la pittura napoletana del Cinquecento*, Nápoles, 1958), do espanhol Pedro de Rubiales (1511-82). Cf. também A. Marabottini, "Genesi di un dipinto", em *Commentari*, 1967, pp. 170-85.

[33] Sobre a obra tardia de Polidoro, cf. também Bologna, *Roviale*, cit.

beu exéquias solenes e com grande pesar de toda Messina foi sepultado na catedral em MDXLIII[34]. Depois recebeu o seguinte epitáfio:

FACIL STVDIO IN PITTVRA,
ARTE, INGEGNO, FIEREZZA E POCA SORTE
EBBI IN VINCER NATVRA
STRANA, ORRIBILE INGIVSTA E CRVDA MORTE*.

Para a arte da pintura Polidoro contribuiu com desenvoltura, exuberância nas vestes, estranheza nos ornamentos e elegância em tudo o que fez, bem como graça e destreza nos traços e na pintura; enriqueceu-a com todos os tipos de figuras, animais, construções, grotescos e paisagens, de tal modo que a partir dele todos os pintores buscaram a universalidade nessas coisas, e assim é mais honrado pelo mundo depois de morto do que se tivesse vivido eternamente no mundo.

---

[34] Esse parece ser o ano real de sua morte, mencionado também por Susinno, *Le vite dei pittori messinesi* (1724), Florença, 1960, pp. 53-65.

* "Facilidade em pintura / arte, engenho, brio e pouca sorte / tive para vencer a natureza; / estranha, horrível, injusta e cruel morte." [N. da T.]

Bartolomeo da Bagnacavallo
e outros pintores da Romanha

Na maioria das vezes se louva a finalidade da concorrência em arte, que é a ambição pela glória. Mas se, por soberba e presunção, quem concorrer tiver opinião exagerada sobre si mesmo, em pouco tempo a virtude buscada se desvanecerá em fumaça e névoa. Porque dificilmente chegará à perfeição aquele que não conhece seus próprios defeitos e não teme o trabalho alheio. Melhor progresso advém da esperança dos estudiosos tímidos que, vivendo honestamente, honram e louvam as obras dos mestres raros, imitando-os com aplicação; estes avançam aos poucos no saber e, depois de não muito tempo, se equiparam aos mestres e facilmente os ultrapassam, se não em tudo, pelo menos em parte. Não foi o que fizeram Bartolomeo da Bagnacavallo[1], Amico Bolognese[2], Girolamo da Cotignola[3] e Innocenzio da Imola[4], mestres e pintores que vicejaram em Bolonha quase ao mesmo tempo. Porque a inveja que um tinha do outro, alimentada mais pela soberba do que pela glória, os desviava do bom caminho que conduz à eternidade os valorosos que combatem mais pelo nome do que por rivalidade. Foi essa a razão pela qual, embora tivessem começado bem, não chegaram ao ótimo resultado que se esperava deles. De modo que a presunção de que eram mestres os desviou da primeira meta.

Bartolomeo da Bagnacavallo fora para Roma nos tempos de Raffaello, para atingir por meio de obras a perfeição a que seu espírito parecia chegar. Como jovem que em Bolonha tinha a fama de ser um talento promissor, foi empregado num trabalho da igreja da Pace de Roma, na primeira capela à direita de quem entra na igreja, depois da capela do senês Baldassar Perucci[5]. Mas, achando que não atingira tudo o que esperava de si, voltou a Bolonha. Foi a época em que os artistas acima referidos se reuniram em Bolonha e, concorrendo um com o outro, cada um fez na capela de Nossa Senhora, ao lado da porta da fachada dianteira da igreja de San Petronio, à direita de

---

[1] Bartolomeo di Giovan Battista Ramenghi nasceu em Bagnacavallo em 1484. Sobre ele e alguns outros pintores citados nesta Vida, cf. vários autores, *Luca Longhi e la pittura su tavola in Romagna*, Bolonha, 1982. Em especial, sobre Bartolomeo, pp. 151-3. Na segunda edição, Vasari colocou esta Vida depois da de Rosso.

[2] Amico di Giovannantonio Aspertini; sobre ele, cf. nota 9 da Vida de Properzia de' Rossi, p. 592.

[3] Girolamo di Antonio Marchesi da Cotignola nasceu por volta de 1480 e morreu por volta de 1550 em Nápoles; sobre ele, cf. vários autores, *Luca Longhi*, cit., pp. 143-5.

[4] Innocenzo di Pietro Francucci nasceu em Imola em 1494 e morreu em 1550; além de *Luca Longhi*, cit., pp. 147-9, cf. M. di Giampaolo, "Innocenzo da Imola, un'aggiunta al catalogo dei disegni", em *Antichità viva* (1984), 4-5, pp. 34-6.

[5] Cf. sua Vida nas pp. 556-60.

quem entra, uma cena de Cristo e de Nossa Senhora, percebendo-se pequena diferença de qualidade entre um e outro. Porque Bartolomeo conquistou nessa obra a fama de se valer de uma maneira mais suave e segura, visto que na cena de mestre Amico há inúmeras coisas estranhas, pois na Ressurreição de Cristo ele representou soldados contorcidos e agachados, muitos deles esmagados pela lápide do sepulcro, que lhes cai em cima; portanto, a de Bartolomeo, por ser mais bem integrada, foi louvada pelos artistas. Por essa razão, ele começou a trabalhar em companhia de Biagio Bolognese[6], artista mais prático que excelente; trabalharam juntos na igreja de San Salvatore dos frades de São Donato Scopeto, onde pintaram um refeitório[7], parte em afresco, parte a seco; pintaram a cena em que Cristo sacia 5 mil pessoas com cinco pães e dois peixes. Ali também trabalharam na biblioteca, pintando uma fachada com a disputa de Santo Agostinho, onde fizeram uma perspectiva bastante razoável. Por terem visto as obras de Raffaello e trabalhado com ele, esses mestres tinham no conjunto algo que dava a impressão de qualidade. Na verdade, porém, não se aplicaram às engenhosas particularidades da arte tal como se deve. Como em Bolonha na época não havia outros mais perfeitos, eles foram vistos como os melhores pelos governantes e pelo povo da cidade. São da lavra de Bartolomeo alguns medalhões em afresco sob a abóbada do palácio do Podestade e uma cena defronte ao palácio dos Fantucci na igreja de San Vitale, paróquia daquela cidade[8]. Na igreja dos servitas de Bolonha, em torno de um painel de uma Anunciação, há alguns santos em afresco de Innocenzio da Imola[9], que na igreja de San Michele in Bosco pintou afrescos na capela de Ramazzotto[10], comandante de facção na Romanha, além de fazer em Bolonha inúmeras obras sozinho e em companhia dos acima referidos, até morrer com LVIII anos[11].

Bartolomeo era muito invejado pelo pintor bolonhês Amico[12], que sempre teve mente caprichosa e desassisada, assim como desassisadas e caprichosas eram as figuras que fez por toda a Itália, especialmente em Bolonha, onde morou a maior parte do tempo. Na verdade, se seus trabalhos e os desenhos que fez em tal arte tivessem perseverado no bom caminho, e não sido feitos a esmo, ele poderia ter ultrapassado inúmeros artistas que consideramos raros e excelentes. Mas tanta força tem a quantidade do que se faz, que é impossível não haver entre as muitas coisas alguma que não seja boa. Em meio a tanta quantidade, cito, entre suas melhores coisas em Bolonha, uma fachada em claro-escuro na praça dos Marsigli e outra na porta de San Mammolo. Na igreja de San Salvatore, pintou um friso em torno da capela-mor; além disso, em cada igreja, rua, asilo, esquina e casa há algo de seu, pintado com terras ou tinta; em Roma também há obras suas[13]; em Lucca, há na igreja de San Friano uma capela com fanta-

---

[6] Biagio, filho de Ugolino Pupini, vulgo Biagio delle Lame, documentado de 1511 a 1575; pode-se encontrar um breve perfil dele no catálogo da exposição *Correggio e il suo lascito*, cit., pp. 328-9.

[7] Atualmente o refeitório, com as pinturas ainda *in loco*, faz parte de uma caserna.

[8] Ou seja, a *Visitação de Santa Isabel*, que ainda existe.

[9] Na realidade, na igreja de Santa Maria dei Servi de Bolonha está a *Anunciação* de Innocenzo, mas *Santo Agostinho e São Novello* são de Bagnacavallo, datáveis de c. 1525.

[10] Sobre Ramazzotto, cf., na Vida de Alfonso Lombardi, nota 2, p. 594; quanto aos afrescos, estão em péssimas condições.

[11] Em 2 de agosto de 1542 Bartolomeo morria em Bolonha.

[12] Cf. acima, nota 2.

[13] Ao período romano de Amico, que vai de 1500 a 1503, são atribuídas as seguintes obras: *Adoração dos Pastores* em Berlim (Staatliche Museen, n° 118), *Adoração dos Magos e o presépio* em Munique, o chamado *Códice Wolfegg* e o *Caderno* (*Taccuino*) do British Museum.

sias estranhas e excêntricas[14]. Conta-se que mestre Amico, pessoa estranha, ia pela Itália desenhando e retratando tudo, coisas boas e ruins, em relevo ou pintadas, razão pela qual se tornou um praticão inventador. Sempre que podia aproveitar alguma coisa, tomava-a para si e, para que outras pessoas não se valessem dela, a estragava. Por trabalhar desse modo, ficou marcado por uma maneira louca e estranha. Assim, na velhice, entre a arte e a estranheza da vida que levava, enlouqueceu brutalmente aos LXX anos[15]. Guicciardino, então governador de Bolonha[16], divertia-se muito com isso, assim como toda a cidade. Mas esse humor também passou, e ele voltou à razão. Gostava muito de prosear e dizia belíssimas e estranhas coisas. É verdade que nunca foi dado a falar bem de pessoa alguma, talentosa ou bondosa, por mérito ou por fortuna. Conta-se que um pintor bolonhês, depois de comprar couves na praça na hora da Ave-maria, deparou com Amico, que o puxou para debaixo da Loggia del Podestà a conversar com tão agradáveis ardis e estranhas fantasias, que assim ficaram até quase amanhecer. Foi quando Amico lhe disse que fosse cozinhar a couve, pois já passava da hora. Aquele, embalado pela conversa, não percebera a passagem do tempo.

Fez muitas burlas e loucuras que não cabe mencionar, pois quero prosseguir falando de Girolamo da Cotignola, que em Bolonha fez muitos quadros e retratos do natural, especialmente o painel de São José, que foi muito louvado. Na igreja de San Michele in Bosco, fez a óleo o painel para a capela de São Bento[17], o que lhe deu ensejo de fazer com Biagio Bolognese[18] todas as cenas que há em torno da igreja, parte em afrescos, parte a seco, nas quais se percebe boa prática, conforme eu disse sobre a maneira de Biagio. Na igreja de Santa Colomba em Rimini, concorrendo com Benedetto da Ferrara[19] e com Lattanzio[20], pintou um retábulo com uma Santa Luzia mais lasciva que bela, e na tribuna fez uma Coroação de Nossa Senhora com os doze Apóstolos e os quatro Evangelistas com umas cabeçorras tão malfeitas, que é uma vergonha vê-las. Depois voltou para Bolonha e de lá foi para Roma, onde fez muitos retratos do natural de vários nobres e outras pessoas[21], mas, percebendo que naquela cidade não haveria de ganhar a fama e as recompensas que seu desejo e suas necessidades exigiam, pois lá havia pintores melhores que ele, tomou a decisão de mudar-se para Nápoles. Lá, encontrou alguns amigos que o favoreceram, especialmente messer Tomaso Cambi, mercador florentino, grande amante de antiguidades de mármore e da pintura, que lhe deu acomodações e supriu todas as suas necessidades. Com isso, ficou acertado que em Monte Oliveto ele faria o painel dos Magos, obra que pintou a óleo na capela de mes-

---

[14] Em 1508 Amico pintava afrescos na capela de Santo Agostinho da igreja de San Frediano, com *Natividade*, *São Frediano desviando o curso do Serchio*, *Batismo de Santo Agostinho* e *Transporte do santo rosto*, nas paredes; nas lunetas, *Deposição*, *Fundação da ordem agostiniana*, *Juízo Universal*; na abóbada havia afrescos com *Eterno*, *Profetas* e *Sibilas*.

[15] É quase certo que essa "loucura" se manifestou antes de 1544, ano em que Amico deveria ter 70 anos.

[16] Francesco Guicciardini (1483-1540) foi governador de Bolonha de junho de 1531 a novembro de 1534; portanto, a "loucura" de Amico deve ter ocorrido entre esses anos, e então ele não teria 70, mas 60 anos.

[17] Talvez o retábulo da Pinacoteca de Berlim com *São Bento ditando a Regra*, que tem a inscrição HIERONIMVS CHOTIGNOL S MDXXVI.

[18] Na sacristia há afrescos com *Anjos* e *Evangelistas*, em parte atribuíveis a Girolamo.

[19] Benedetto Coda, que atuou em Rimini de 1495 a 1533, ano de sua morte. Sobre ele, cf. *Luca Longhi*, cit., p. 141.

[20] Lattanzio di Vincenzo Pagani da Monte Rubini, ativo de 1492 a 1505.

[21] Por volta de 1538 também fez o retrato de Paulo III Farnese.

ser Antonello, bispo de não sei que lugar; na igreja de Santo Aniello fez a óleo um painel com Nossa Senhora, São Paulo e São João Batista, e em toda a cidade fez para este ou aquele senhor, bem como para outras pessoas, um número infinito de retratos do natural. Vivia na miséria, sempre procurando economizar alguma coisa, mas, como já estava velho, depois de não muito tempo voltou para Roma. Lá, alguns amigos, sabendo que ele tinha amealhado alguns escudos, convenceram-no de que, para ter vida mais regular, deveria casar-se. Assim, acreditando que faria bem, deixou-se ludibriar a tal ponto que eles, procurando sua própria comodidade, puseram ao lado dele, como mulher, uma prostituta que sustentavam. Feito o casamento, eles a levaram para seu próprio leito. Descobrindo os fatos, foi tão grande o desgosto do velho, que em poucas semanas ele morreu de humilhação e vergonha aos LXIX anos[22].

Resta-me agora descrever as memórias de Innocenzio da Imola, que trabalhou muitos anos em Florença com Mariotto Albertinelli[23] e, voltando a Imola, ali fez muitas obras[24]. Quando o conde Giovan Batista Bentivoglio passou por Imola, convenceu-o de que deveria ir morar em Bolonha; indo para lá, fez-lhe uma réplica de um quadro que Raffaello da Urbino[25] fizera para o senhor Lionello da Carpi; na igreja de San Michele in Bosco fez em afresco o capítulo dos frades de Monte Oliveto, fora de Bolonha, com a Morte de Nossa Senhora e a Ressurreição de Cristo[26]; essa obra foi executada com grande diligência e esmero. Ali também fez o retábulo do altar-mor[27], cuja parte de cima é trabalhada com boa maneira, boa fatura e bom colorido. Na igreja dos servitas de Bolonha, fez um painel com a Anunciação[28] e, na igreja de San Salvatore, pintou um painel com um Crucificado[29]. Assim, fez muitos quadros, painéis e outras pinturas naquela cidade. Innocenzio era muito modesto e bondoso; preferia ficar só e evitava a companhia dos pintores bolonheses, em vista dos maus hábitos que estes tinham em suas conversas. E, como a arte lhe custava muito trabalho, chegando aos LVI anos[30], contraiu uma febre pestilencial que, encontrando-o fraco e cansado, levou-o em poucos dias. Deixou um trabalho grande, que fora iniciado fora de Bolonha, para que o bolonhês Prospero Fontana[31] terminasse; este o levou a muito bom termo, visto que Innocenzio confiara nele e antes de morrer lhe pedira que fizesse o trabalho. As pinturas desses mestres datam de MDVI a MDXLII.

---

[22] Girolamo morreu por volta de 1550, depois de fazer testamento, já em 1531.

[23] Cf. sua Vida nas pp. 477-9.

[24] Atualmente na Pinacoteca de Imola, é um quadro com *Nossa Senhora, Menino Jesus, São Cassiano e São Pedro Crisólogo*.

[25] Ou seja, a chamada *Nossa Senhora do Peixe* no Museu do Prado (nº 297); cf., na Vida de Rafael, nota 49, p. 507.

[26] Os afrescos foram encomendados em 1517: representam a *Anunciação*, o *Eterno*, a *Morte de Maria*, a *Ressurreição* e o *Arcanjo Miguel*.

[27] O painel com *Nossa Senhora e o Menino Jesus entre anjos músicos*, que encima *São Pedro, São Bento e São Miguel*, também foi encomendado em 1517; atualmente na Pinacoteca de Bolonha (nº 89).

[28] Ainda na capela Bolognetti, representa também o *Eterno* e, no degrau, três *Cenas de Maria*.

[29] Ainda no lugar de origem, tem a inscrição INNOCENTIVS FRANCISCVS IMOLENSIS FACIEBAT MDXXXIX.

[30] Morreu por volta de 1550.

[31] Prospero Fontana, filho de Silvio, nasceu em Bolonha em 1512 e morreu em 1597. Colaborou com Amico e Innocenzo na decoração daquele palácio dos Bentivoglio, chamado de Palazzina della Viola; depois colaborou com Perin del Vaga em Gênova, no palácio Doria, e em Roma, na decoração em afresco do Castel Sant'Angelo, de 1543 a 1548 (cf. *Gli Affreschi di Paolo III a Castel Sant'Angelo*, catálogo da exposição de Roma, 1981-82, Roma, 1981, em especial pp. 56-60). Em 1551, trabalhava com Taddeo Zuccari e, por volta de 1560, esteve brevemente em Fontainebleau. Cf. R. W. Gaston, "Prospero Fontana's 'Holy Family with saints'", em *Art Bulletin of Victoria*, 19 (1978), pp. 28-45; V. Fortunati Pietrantonio, "Proposta per una nuova attribuzione a Prospero Fontana", em *Scritti in onore di F. Zeri*, cit., pp. 419-26.

Marco Calavrese (Marco Cardisco), pintor

Quando o mundo tem um grande luminar numa ciência, ele resplende universalmente por todos os lados, com chama maior ou menor; e os prodígios resultantes também são maiores ou menores de acordo com as diferenças de clima e lugar. Na verdade, em alguns lugares certos engenhos são mais aptos que outros a dadas coisas. Mas, por mais que trabalhem, nunca chegarão ao máximo da excelência. No entanto, quando vemos que em algum lugar nasce um fruto que não costuma ali nascer, ficamos admirados, e quando encontramos um bom engenho num lugar onde não nascem homens com semelhante habilidade, temos motivos para ficar muito mais alegres. Foi o que ocorreu com o pintor Marco Calavrese[1], que, saindo de sua pátria, elegeu Nápoles como lugar ameno e agradável para morar, pois havia traçado muito bem o caminho que o levaria a Roma, para nesta cidade alcançar os fins sempre obtidos com o empenho na pintura. Mas o canto da Sereia pareceu-lhe tão doce, pois ele gostava muito de tocar alaúde, e as águas do Sebeto o amoleceram tanto, que seu corpo ficou prisioneiro daquele lugar até que entregou o espírito ao céu, permanecendo na terra o que é mortal. Marco fez inúmeros trabalhos a óleo e em afresco, mostrando naquela pátria que valia mais que qualquer outro artista de seu tempo. Disso dá fé um painel a óleo pintado em Aversa, que dista dez milhas de Nápoles, particularmente no altar-mor da igreja de Santo Agostinho, feito com muito ornamento; fez diversos quadros com cenas e figuras nas quais representou Santo Agostinho debatendo com os hereges e, acima e nas laterais, cenas de Cristo e santos em várias atitudes[2]. Nessa obra se vê uma maneira muito uniforme, bem como sua capacidade de dar qualidade à maneira moderna, com belíssimo e hábil colorido. Essa foi uma das tantas obras que fez naquela cidade e em diversos lugares do reino. Viveu sempre alegremente e aproveitou muito bem seu tempo. No entanto, como não tinha emulação nem rivalidade de outros artistas na pintura, sempre foi adorado por aqueles senhores, sendo muito bem

---

[1] Marco Cardisco nasceu na Calábria em c. 1486 e morreu em c. 1542. Por volta de 1518 pintava a *Adoração dos Magos* do Museu de San Martino de Nápoles, proveniente da capela de Santa Barbara al Maschio Angioino. Em 1525 fazia parte da Corporação dos Pintores Napolitanos; primeiramente sofreu influências espanholas, que depois deram lugar a um polidorismo marcado e evidente. Cf. G. Previtali, *La pittura del Cinquecento a Napoli e nel Vicereame*, Turim, 1978 (em especial pp. 28-34); P. Giusti e P. Leone de Castris, *"Forastieri e Regnicoli". La Pittura moderna a Napoli nel primo Cinquecento*, Nápoles, 1985 (em especial pp. 243-78).

[2] O painel central é o nº 978 do Museu de Capodimonte. Quanto aos painéis laterais e à parte superior, ainda hoje na Sacristia de Sant'Agostino alla Zecca – em Nápoles, e não em Aversa –, cf. o artigo definitivo de F. Abbate, "A proposto del 'Trionfo di Sant'Agostino' di Marco Cardisco", em *Paragone*, 243 (1970), pp. 40-3.

pago por tudo o que fazia. Assim, chegando aos LVI anos de idade, terminou a vida por uma doença comum[3]. Deixou o discípulo Giovan Filippo[4], pintor napolitano, que em companhia de seu cunhado Lionardo[5] fez e ainda faz várias pinturas; sobre eles não cabe falar, porque continuam vivos e trabalhando. As pinturas de mestre Marco datam de MDVIII a MDXLII. Não faltou quem o celebrasse com o seguinte epigrama:

VOLTO HANNO IL DOLCE CANTO
IN DOGLIA AMARA LE SERENE SNELLE;
STA PARTENOPE IN PIANTO
CHE VN NVOVO APOLLO È MORTO E VN NVOVO APELLE*.

---

[3] Por volta de 1542.

[4] Giovan Filippo Criscuolo, nascido em Gaeta, atuante de c. 1522 a c. 1540, foi fiel intérprete dos modos de Andrea da Salerno; sobre ele, cf. F. Abbate, "Appunti su tre restauri napoletani. 2. Su Giovan Filippo e Mariangela Criscuolo", em *Prospettiva*, 39 (1984), pp. 47-51; mas também nos dois ensaios de que trata a nota 1 desta Vida, especialmente Previtali, *La pittura del Cinquecento*, cit., pp. 14-21, e Giusti e Leone de Castris, "*Forastieri e Regnicoli*", cit., pp. 190-1.

[5] Leonardo Castellani, de quem resta uma *Assunção* de 1546 na Catedral de Altamura (M. S. Calò, *Pittura del '500 e del primo '600 in terra di Bari*, Bari, 1969, pp. 111-9).

* "Transformaram o doce canto / em dor amarga as esbeltas sereias; / Partênope está em prantos, / pois morreu um novo Apolo, um novo Apeles." [N. da T.]

Morto da Feltre, pintor

Aqueles que por natureza têm mente caprichosa e fantasiosa sempre estão a imaginar coisas novas e a fazer investigações, de tal modo que com pensamentos estranhos e diferentes dos outros criam obras abundantes em novidades; e muitas vezes, em vista dos novos caprichos que descobrem, são seguidos pelos outros que, podendo, procuram ultrapassá-los com alguma outra novidade, de maneira que sejam admirados e suas obras exaltadas com grandes louvores em todas as línguas. Tal se viu no pintor Morto da Feltro[1], que foi muito estranho na vida tal como o era no pensamento e nas novidades com que elaborou grotescos, razão da grande estima de que sempre foi alvo. Morto foi para Roma na juventude, no tempo em que Pinturicchio pintou os aposentos papais para Alexandre VI, bem como muitas *logge* e salas na parte de baixo do torreão e outros aposentos do Castel Sant'Angelo[2]. Ele, que era melancólico, estava sempre a estudar antiguidades; assim, gostando das divisões de abóbadas e dos vários tipos de fachadas ao modo grotesco, nunca deixou de estudá-las. Também gostou dos modos como os antigos desenhavam as folhas, e nesse mister nunca ficou abaixo de ninguém em seu tempo. Não deixou de ver nada do que estava soterrado em Roma, fossem grutas antigas ou as inúmeras abóbadas. Esteve em Tivoli durante muitos meses, desenhando na Villa Adriana todos os compartimentos e grutas que ali há por cima e por baixo da terra. Ouvindo dizer que em Pozzuolo, reino que dista dez milhas de Nápoles, havia infinitas muralhas cheias de grotescos, em relevo, de estuque, pintados, todos antigos e considerados belíssimos, ficou vários meses naquele lugar, dedicado a seu estudo. Em Campana, estrada antiga que há ali, cheia de sepulturas antigas, desenhou todas as mínimas coisas; e em Trullo, próximo à orla marítima, retratou muitos daqueles templos e grutas acima e abaixo da terra. Foi para Baia e, estudando em Mercato di Sabato todos os lugares cheios de edifícios deteriorados e de cenas pintadas, com longo e dedicado esforço adquiriu valor e saber infinitamente maiores naquela arte. Voltou a Roma, onde trabalhou muitos meses, pintando figuras, pois nesse mister não se achava tão bom quanto nos grotescos. Tomado por esse desejo e ouvindo falar da fama que Lionardo e Michele Agnolo tinham nessa arte, em virtude dos cartões que haviam feito em Florença[3], logo se preparou para ir a Florença; lá, vendo as

---

[1] Lorenzo Luzzo nasceu em Feltre, provavelmente no último quartel do século XV.

[2] Cf. catálogo *Gli affreschi di Paolo III*, cit.

[3] Os cartões com a *Batalha de Anghiari* de Leonardo (cf., na sua Vida, nota 22, p. 449) e com a *Batalha de Cascina* de Michelangelo (cf., na sua Vida, nota 38, p. 720) foram executados entre 1504 e 1506.

obras, não acreditou que poderia fazer os mesmos progressos que fizera antes em sua primeira atividade. Por isso, voltou a trabalhar em seus grotescos.

Estava então em Florença o pintor florentino Andrea di Cosmo[4], jovem diligente, que hospedou Morto em sua casa, acolhendo-o com muita afeição. Gostando daquele modo de trabalhar, querendo também ele dedicar-se àquele mister, acabou por tornar-se muito bom nessa arte, superando Morto e tornando-se com o tempo muito valorizado em Florença. Graças a ele, Morto pintou para Soderini, então gonfaloneiro[5], um quarto com quadros de grotescos, que foram considerados belíssimos, mas depois, na reforma dos aposentos do duque Cosimo, foram desfeitos e reconstruídos. Para mestre Valerio, frade servita, decorou o vão de um parapeito, coisa belíssima; para Agnolo Doni, fez num aposento muitos quadros com grotescos variados e extravagantes. Como também gostava de fazer figuras, pintou alguns medalhões com Nossa Senhora, tentando ver se ganhava fama com eles, como se esperava. Porque, enfadando-se de Florença, mudou-se para Veneza. Lá, começou a ajudar Giorgione da Castelfranco, que então trabalhava no Fondaco de' Tedeschi[6], fazendo os ornamentos da obra. Em tal cidade ficou muitos meses, atraído pelos prazeres e pelos gozos do corpo que ali encontrava. Depois foi para Friuli trabalhar em algumas obras[7], mas não ficou muito, pois, estando os senhores venezianos a recrutar soldados, ele recebeu dinheiro e, sem ter exercido muito aquele mister, tornou-se capitão de duzentos soldados. O exército dos venezianos foi então para Zara, na Eslavônia, e lá, envolvendo-se um dia em grande escaramuça, Morto, desejando conquistar naquela profissão nomeada maior que a obtida na pintura, indo valentemente na linha de frente e combatendo naquela peleja, acabou morto, tal como no nome fora desde o início, com a idade de XLV anos[8]. Mas morto na fama nunca será, pois aqueles que se dedicam às obras da eternidade nas artes manuais, deixando memória depois da morte, em tempo algum poderão conhecer a morte de seus trabalhos, porque os escritores gratos dão fé de suas virtudes. No entanto, nossos artistas deveriam submeter-se mais amiúde ao aguilhão da assiduidade nos estudos, para atingirem resultados que deixem na lembrança dos homens suas obras e seus escritos, pois, com isso, darão alma e vida a si mesmos e às obras que deixaram depois da morte. Morto criou grotescos mais semelhantes à maneira antiga que qualquer outro pintor e por isso merece infinitos louvores; graças aos caminhos que abriu, esse mister atingiu tanta beleza e qualidade nas mãos de Giovanni da Udine[9] e de outros artistas. Por esse motivo, mereceu o seguinte epitáfio:

---

[4] Andrea di Giovanni di Lorenzo Feltrini nasceu em Florença em 12 de março de 1477 e morreu em 12 de maio de 1548. Chamado também de Andrea del Fornaio, adotou o cognome do mestre Cosimo Rosselli e é comumente conhecido como Andrea di Cosimo.

[5] Piero Soderini (1452-1522) foi nomeado gonfaloneiro vitalício em 1501, mas em 1512 precisou abandonar o cargo.

[6] Cf., na Vida de Giorgione, nota 6, p. 454.

[7] Para a igreja de Santo Stefano em Feltre, pintou em 1511 o quadro de *Nossa Senhora com o Menino Jesus, Santo Estêvão e São Maurício*, destruído nos Staatliche Museen de Berlim durante a última guerra. Tinha a inscrição 1511 LAORENCIVS LVCIVS FELTREN PING. Em Feltre ainda existem outras obras: no Museu Cívico, uma tela com *Nossa Senhora, Menino Jesus e santos* e dois painéis com *Nossa Senhora, Menino Jesus e santos*; na sacristia da igreja de Ognissanti está o afresco com a *Aparição de Cristo a Santo Antônio e Santa Luzia*.

[8] Morreu em 1527.

[9] Cf., na Vida de Polidoro, nota 3, p. 624.

MORTE HA MORTO NON ME CHE IL MORTO SONO,
MA IL CORPO; CHE MORIR FAMA PER MORTE
NON PVÒ. L'OPERE MIE VIVON PER SCORTE
DE' VIVI, A CHI VIVENDO OR LE ABANDONO*.

---

* "Com a morte não estou morto eu, que sou Morto, / mas meu corpo; pois não pode a Morte matar a fama. / Minhas obras viverão para alimento / dos vivos, a quem, vivendo, agora as entrego." [N. da T.]

Franciabigio, pintor florentino

A labuta a que se submete na vida quem quer elevar-se do chão e salvar-se da pobreza, mais para socorrer o próximo que a si mesmo, faz que seu suor deixe de ser amargo, tornando-se dulcíssimo, e o alimento que daí advém nutre a tal ponto o ânimo alheio, que a bondade do céu, vendo que a pessoa está voltada para a vida correta e os ótimos costumes, pronta e inclinada para os estudos das ciências, é forçada a abandonar suas usanças e tornar-se-lhe favorável e benévola. Foi realmente o que ocorreu a Francia, pintor florentino[1], que, dedicando-se à arte da pintura por ótima e justa razão, nela se exercitou, desejando menos tornar-se famoso que socorrer seus parentes nas necessidades. Tendo nascido de artistas humílimos e de pessoas pobres, procurava livrar-se da pobreza, sendo então muito estimulado a concorrer com Andrea del Sarto[2], então seu companheiro, com quem durante muito tempo conviveu na oficina e na vida de pintor. Essa convivência deu ensejo a grandes conquistas na arte da pintura, graças à ajuda que um dava ao outro.

Na juventude, Francia ficou alguns meses com Mariotto Albertinelli[3], dele aprendendo os primeiros passos da arte.

Sendo muito inclinado à perspectiva, estudou-a com constância e gosto, até que passou a ser considerado exímio em Florença, já na mocidade.

Pintou as primeiras obras na igreja de San Brancazio, em frente à sua casa, onde fez um São Bernardo em afresco; num pilar da capela dos Rucellai, fez uma Santa Catarina de Siena também em afresco. Essas duas obras serviram de amostra de suas boas qualidades em tal arte, a que chegara com muito trabalho. Qualidades que ficaram demonstradas na igreja de San Giobbe, atrás dos servitas de Florença, onde fez, num recanto, um tabernáculo em afresco com a Visitação de Nossa Senhora a Isabel. Nessa figura se percebe a bondade de Nossa Senhora; na da velha, grande reverência; e pintou São Jó pobre e leproso, bem como rico e saudável.

Essa obra mostrou seu valor, e ele obteve crédito e fama.

Assim, os homens que administravam aquela igreja e dirigiam a companhia encomendaram-lhe o painel do altar-mor, no qual Francia se portou muito melhor; nessa obra, retratou-se em São João Batista; também fez Nossa Senhora e São Jó pobre[4].

---

[1] Francesco di Cristofano nasceu em Florença em 30 de janeiro de 1444 de uma família de tecelões de origem milanesa. Sobre ele, cf. F. Sricchia Santoro, "Poe il Franciabigio", em *Paragone*, n. 163 (1963), pp. 3-23; S. R. McKillop, *Franciabigio*, Berkeley, 1974.

[2] Cf. sua Vida nas pp. 566-90.

[3] Mas este, que nasceu em 1474, teria sido condiscípulo, ainda que bem mais adiantado, e não mestre de Franciabigio. Cf. sua Vida nas pp. 477-9.

[4] O painel está atualmente nos depósitos das Gallerie Fiorentine, com o n.º 1593. É datado de 1516 e apresenta o característico monograma com as letras F, R, C, entrelaçadas.

Foi então construída na igreja do Santo Spirito de Florença a capela de São Nicolau, na qual esse santo foi esculpido na madeira em vulto, com base no modelo de Iacopo Sansovino; Francia pintou a óleo dois anjinhos que o ladeiam, dois quadros que foram louvados. Além disso, fez uma Anunciação[5] em dois medalhões e trabalhou a predela com figuras pequenas dos milagres de São Nicolau[6], fazendo tudo com uma diligência digna de muitos louvores.

Em San Pier Maggiore, à direita da porta de entrada, fez uma Anunciação[7] com o anjo ainda voando pelos ares, enquanto ela, de joelhos, recebe a saudação com graciosíssima atitude.

Nessa obra fez engenhosas construções em perspectiva que foram muito louvadas.

Na verdade, embora tivesse uma maneira um pouco gentil, sendo muito laborioso e trabalhando duro, Francia era muito discreto e diligente nas proporções das figuras. Recebeu a incumbência de fazer no pátio defronte à igreja dos servitas, em concorrência com Andrea del Sarto[8], uma cena das Núpcias de Nossa Senhora[9], na qual se percebe claramente a grande fé de José, que, ao desposá-la, mostra no rosto temor e alegria ao mesmo tempo. Também representou alguém a lhe dar golpes, como se costuma fazer em nosso tempo para recordação das núpcias.

Em um nu, expressou com felicidade a ira e o desejo que o induz a quebrar sua vara, que não estava florida. Em companhia de Nossa Senhora, fez algumas mulheres com belíssimos semblantes e toucados, com que ele sempre se deleitou. E em toda essa cena nada fez que não tivesse ótima concepção, como a mulher com uma criança nos braços a caminho de casa, depois de dar uns bofetes em outro menino que, sentado, não quer ir e chora, com a mão graciosamente posta no rosto.

Não há dúvida de que em todas as coisas, grandes ou pequenas, ele pôs nessa cena muita diligência e amor, estimulado que estava a mostrar aos artistas e aos outros entendidos como venerava as dificuldades da arte e que, imitando, era capaz de superá-las.

Os frades, desejando muito dar a público as cenas de Andrea por ocasião de uma festa solene, também quiseram revelar as de Francia. Durante a noite, viram que Francia terminara a sua, com exceção da base, e, sendo temerários e presunçosos como são, descobriram-na, acreditando que Francia não precisasse retocar nem fazer mais coisa alguma nas figuras, pois são ignorantes em tal arte. Pela manhã, estavam descobertas tanto a cena de Francia quanto as de Andrea; quando Francia ficou sabendo que as obras de Andrea e a sua estavam descobertas, sentiu tamanha dor, que quase morreu.

E, muito agastado com a presunção dos frades, que haviam usado de tão pouco respeito para com ele, dirigiu-se a passos largos para a obra.

Subiu no andaime, que ainda não fora desmontado, apesar de descoberta a cena, e, tomando uma escoda que ali se encontrava, golpeou algumas cabeças de mulheres,

---

[5] Datável de 1516-17, apenas os dois *Anjos* subsistem na capela de São Nicolau.

[6] Três divisões com cenas de São Nicolau foram identificadas: *Cura dos enfermos* (Oxford, Museu Ashmolean, nº. 164), *Canonização de São Nicolau* (Dublin, National Gallery, nº. 1290), *Milagres de São Nicolau* (Arezzo, Pinacoteca, Doação de Salmi, nº. 13). Sobre a reconstrução do grande altar de São Nicolau cf. McKillop, *Franciabigio*, cit., pp. 147-53.

[7] Pintada para a capela dos Corbizzi e datável de c. 1517-18; é o nº. 112 da Galeria Sabauda de Turim.

[8] Cf., na Vida de Andrea del Sarto, nota 28, p. 571.

[9] O afresco, datável de 1513, está ainda hoje no chamado Chiostrino dei Voti, entre a *Visitação* de Pontormo e a *Natividade de Maria* de Andrea del Sarto. A cabeça de Maria está efetivamente danificada.

estragou a de Nossa Senhora, bem como um nu representado a quebrar um cajado, e arrancou quase toda a argamassa da parede.

Ouvindo o barulho, os frades acorreram e alguns seculares lhe prenderam as mãos, para que ele não estragasse tudo.

Embora depois lhe quisessem pagar o dobro, ele nunca mais quis consertar a obra, pelo ódio que passara a nutrir por eles. E, pela reverência que sentiam por ele e pela obra, os outros pintores não quiseram terminá-la. Esse afresco foi feito com tanto amor, tanta diligência e tanto frescor, que se pode dizer ter sido Francia o melhor pintor de afrescos do seu tempo; integrava e esfumava melhor com as cores seguras sem precisar retocá-las. Assim, tanto por essa obra quanto por outras, merece ser muito celebrado.

Em Rovezzano, fora da Porta alla Croce de Florença, fez um tabernáculo com um Crucificado e outros santos[10], e na igreja de San Giovannino, na porta de San Pier Gattolino, fez um Cenáculo de Apóstolos em afresco[11].

Com a ida para a França do pintor Andrea del Sarto[12], que começara para a Companhia do Descalço de Florença um pátio em claro-escuro com as cenas de São João Batista, os administradores da companhia, querendo terminar a obra, contrataram Francia, que, imitando a maneira de Andrea, deu prosseguimento ao que estava começado. Fez então uma parte dos ornamentos ao redor do pátio e terminou duas cenas com muita diligência. Uma delas representa São João Batista pedindo autorização ao pai Zacarias para ir ao deserto[13]; a outra, o encontro entre Cristo e São João, para a viagem, com José e Maria, que os contemplam a abraçar-se[14]. Mas não prosseguiu porque Andrea voltou e continuou até o fim o restante da obra.

Com Ridolfo Ghirlandaio[15], Francia fez um belíssimo aparato para as núpcias do duque Lorenzo[16], com duas perspectivas para as comédias que foram representadas, tudo trabalhado com muita ordem, maestria e graça; com isso, conquistou nomeada e favor junto àquele príncipe.

Esse vínculo lhe deu ensejo de realizar, em companhia de Andrea de Cosimo[17], a obra da abóbada da sala do Poggio a Caiano, que devia ser dourada; depois, concorrendo com Andrea del Sarto e Iacopo da Puntormo, começou uma fachada da referida, em que representa Cícero sendo carregado em glória pelos cidadãos romanos[18].

Essa obra fora iniciada graças à liberalidade do Papa Leão em memória de seu pai Lorenzo, que mandara construir aquele edifício, e a propósito do qual o Papa encomendava ornamentos e cenas antigas.

Fora o doutíssimo e eminente historiador messer Paolo Giovio, Bispo de Nocera[19], então autoridade maior junto ao cardeal Giulio de' Medici, quem dera essas imagens

---

[10] Avariadíssimo, ainda existe na praça Benedetto da Rovezzano; datável de c. 1512.

[11] O afresco com a *Última Ceia*, datado de 1514, ainda hoje está no Convento della Calza em Porta Romana.

[12] Andrea esteve na França de 1518 a 1519.

[13] O afresco monocromático com a *Bênção de Zacarias a Batista* é datável de 1518-19.

[14] Essa obra monocromática com o *Encontro de Cristo e João Batista* é datável de 1518-19.

[15] Sobre Rodolfo Bigordi, cf. nota 10, p. 531, Vida dos Ghirlandaio.

[16] Lorenzo dei Medici (1492-1519), duque de Urbino a partir de 1516, casou-se em 28 de janeiro de 1518 com Madeleine de la Tour d'Auvergne, de quem nasceu Catarina, futura rainha da França.

[17] Cf., na Vida de Morto da Feltre, nota 4, p. 639.

[18] O afresco que representa o *Triunfo de César*, datado de 1521, foi terminado por Alessandro Allori em 1585.

[19] Paolo Giovio, nascido em Como em 1483, morreu em Florença em 1552; foi nomeado bispo de Nocera dei Pagani em 1528.

a Andrea del Sarto, Iacopo da Puntormo e Francia Bigio, para que mostrassem o valor e a perfeição de tal arte; e o Magnífico Ottaviano de' Medici[20] dava todos os meses trinta escudos a cada um.

Francia, trabalhando muito, fez sua parte, na qual, além da beleza da cena, há algumas construções com muito boa perspectiva.

Mas, devido à morte de Leão[21], essa obra ficou inacabada e depois, por encomenda do duque Alessandro de' Medici no ano MDXXXII[22], foi recomeçada por Iacopo da Puntormo, que demorou tanto, que o duque morreu e o trabalho ficou.

Mas, voltando a Francia, era tão apaixonado pela arte, que não havia dia de verão em que deixasse de retratar do natural algum nu em sua oficina para estudo. Em Santa Maria Nuova, a pedido de mestre Andrea Pasquali, excelente médico florentino, fez um estudo de anatomia que lhe deu ensejo de melhorar muito na arte da pintura, que ele continuou praticando com amor cada vez maior.

No convento de Santa Maria Novella, no semicírculo que há acima da porta da biblioteca, fez um afresco em que Tomás de Aquino confunde os hereges com a doutrina; nele se veem Sabélio, Ário e Averróis, obra realizada com diligência e boa maneira.

Entre outros particulares, há duas crianças que servem para sustentar um brasão no ornamento; são trabalhadas com muita qualidade, graça e formosura.

Também fez um quadro com figuras pequenas para Giovanni Maria Benintendi, em concorrência com Iacopo da Puntormo, que pintou outro de tamanho igual, com a cena dos Magos[23], e mais dois para Francesco d'Albertino[24]. No seu, Francia representou Davi vendo Betsabé banhar-se[25], em que elaborou algumas mulheres de uma maneira excessivamente retocada e saborosa, desenhando construções em perspectiva, nas quais representa Davi dando cartas aos mensageiros, para que estes as levem ao acampamento com ordem de matar o heteu Urias. Debaixo de uma arcada, pintou um belíssimo banquete régio, cena que foi muito útil e necessária à fama de Francia. Assim, aqueles que caminham para um bom fim, ao chegarem perto da morte, frequentemente deixam a mais bela e a mais louvada de suas obras, alçando assim ao infinito o seu mérito. Pois ele, que nas figuras de tamanho grande já tinha atingido suficiente valor, nas pequenas atingiu valor muito maior. Também fez belíssimos retratos do natural[26], trabalhou em todas as coisas e fez outras inúmeras minúcias, às

---

[20] Ottaviano (1482-1546) foi pai de Alessandro, futuro papa Leão XI.

[21] Leão X morreu em 1º de dezembro de 1521.

[22] Alessandro de' Medici foi duque de Florença de 1532 a 1537, quando foi assassinado pelo primo Lorenzino.

[23] A *Adoração dos Magos* de Pontormo está nos Uffizi, nº 379.

[24] Francesco D'Ubertino Verdi, chamado de Bachiacca, nasceu em Florença em 1494 e morreu nessa mesma cidade em 5 de outubro de 1557; foi aluno de Perugino, mas depois se formou na escola de Andrea del Sarto e de Franciabigio, participando com eles das principais encomendas dos últimos anos da segunda década. Depois de uma viagem a Roma por volta de 1524, retornou a Florença após o Saqueio de Roma. Apesar de consciente das impetuosas novidades maneirísticas, manteve-se bastante afastado delas, voltando-se mais para uma elegância formal isenta de grandiosidade. Sobre ele, cf. L. Nikolenko, *Francesco Ubertini Called Bachiacca*, Nova York, 1966. Suas duas obras para a antecâmara Benintendi são *Lenda do filho do rei* (Dresden, Gemäldegalerie, nº 80) e o *Batismo de Cristo* (Berlim, Staatliche Museen, 261), datável de 1523.

[25] O quadro com *Davi e Betsabé* está em Dresden (Gemäldegalerie, nº 75), datado de 1523 e com monograma.

[26] McKillop cataloga bem uns oito retratos entre os autógrafos de Franciabigio, dos quais três são datados: 1506, 1521 e 1522.

quais não cabe fazer menção. Foi muito honesto e de boa índole, dedicadíssimo aos amigos e sobremodo prestimoso. Sempre procurou viver em paz e foi muito afeiçoado aos discípulos. Nunca se preocupou de sair de Florença porque, tendo visto algumas coisas de Raffaello da Urbino em Florença[27], achava que acabaria perdendo com isso, por lhe parecer que não tinha as qualidades necessárias para equiparar-se a tais tremendos engenhos; por isso, restringia-se à modéstia na qual sempre viveu. Com a idade de XLII anos, contraiu um horrível mal de febre pestilencial, com intensas dores de estômago, o que em poucos dias o levou desta vida para a outra. Sua morte causou pesar a muitos artistas, pela gentileza e modéstia de que era dotado. Não muito tempo depois, foi-lhe feito o seguinte epitáfio:

FRANCIA BIGIO

VISSI; E CON ARTE E INGEGNO,
STVDIO E VIRTV` PER ME VIVONO ANCORA
L'OPRE CH'IO DIEDI A FLORA
CANGIANDO IL TERREN BASSO A L'ALTO REGNO*.

Deixou os discípulos Agnolo, seu irmão[28], que morreu jovem, Antonio di Donnino[29] e Visino[30], que começara muito bem, mas a morte o levou. Francia foi sepultado em meio ao terno pranto de seus irmãos na igreja de San Bancrazio de Florença, em MDXXIII[31]. Enriqueceu a arte da perspectiva, que ele realmente elaborou com admirável diligência, no que foi depois imitado por muitos, especialmente Aristotile da San Gallo[32], que nesse mister granjeou fama excelente.

---

[27] Cf. sua Vida nas pp. 495-519.

* "Vivi. Com arte e engenho / estudo e virtude por meu intermédio ainda vivem / as obras que dei a Flora, / trocando o baixo terreno pelo alto reino." [N. da T.]

[28] É citado no *Libro delle Matricole dei Pittori*: "Agnolo di Cristofano dip. 1525".

[29] Antonio di Donnino di Domenico foi pintor por volta de 1525.

[30] Aluno de Mariotto, morreu na Hungria em 1512.

[31] Franciabigio morreu em 24 de janeiro de 1525.

[32] Bastiano da Sangallo, sobrinho de Giuliano di Antonio, o Velho, nasceu em Florença em 1481 e morreu em 31 de maio de 1551. Cf. nota 55, p. 575.

645

Francesco Mazzola (Parmigianino),
pintor de Parma

Realmente, o céu reparte suas graças entre nossos engenhos, dando a uns mais, a outros menos, a seu bel-prazer. Mas também é motivo de grande e insuportável indignação para os belos espíritos ver que alguém, depois de se tornar extraordinário, maravilhoso e exímio em alguma arte, quando suas obras são consideradas divinas pelos homens, no momento em que mais deveria exercitar-se, satisfazendo a quem anseia por seus trabalhos e obtendo apreciação e honras, além de recursos e amigos, esse alguém despreza proventos, deixa de lado os amigos e, em nada preocupado com fama e nome, dispõe-se a deixar de trabalhar ou a fazê-lo tão raramente, que mal e mal se veem os frutos do que faz. Na verdade, isso ocorre com muito mais frequência do que seria necessário à conveniência humana, e na maioria das vezes o benigno influxo dos excelentes e raros dotes recai em pessoas mais geniosas que engenhosas, que fogem ao trabalho, que só se esforçam quando estão de lua ou por caprichos de seus miolos, mais animalescos que humanos. Não nego que trabalhar furiosamente não é o ideal, mas censuro de fato quem nunca trabalha. Quisera Deus que os artistas atilados, sempre que lhes acudissem pensamentos elevados aos quais nada coubesse acrescentar, procurassem contentar-se com eles, que seu engenho bem conhece sem perigo de ruína, e manifestá-los nas obras que fazem. Porque numerosos artistas nossos, querendo mostrar mais do que sabem, perdem a primeira forma e nunca chegam à segunda que pretendem alcançar, porque se expõem mais à crítica que ao louvor. Foi o que ocorreu com Francesco Parmigiano[1], cuja vida descreverei a seguir. Foi ele dotado pela natureza de espírito tão cheio de graça e beleza, que, se não tivesse desejado fazer constantemente mais do que sabia, teria em seu constante trabalho superado a si mesmo, pois, assim como superou os outros na beleza da maneira, das expressões, da harmonia e da graça, também os teria superado em perfeição, substância e qualidade. Mas seu cérebro, que vivia a devanear em estranhas fantasias, afastava-o da arte, embora ele pudesse ganhar o ouro que desejasse com aquilo que a natureza e seu gênio lhe haviam ensi-

---

[1] Francesco Mazzola nasceu em 11 de janeiro de 1503 (calendário comum, 1504) em Parma, filho de Filippo (c. 1460-1505), também pintor: alguns de seus quadros estão na Pinacoteca de Parma, datados e assinados como FILIPPVS MAZOLVS P. Sobre Francesco, cf. S. J. Freedberg, *Parmigianino, his Works in Painting*, Cambridge (Mass.), 1950; A. E. Popham, *Catalogue of the Drawings of Parmigianino*, Nova York, 1971; A. Ghidiglia Quintavalle, *Gli ultimi affreschi del Parmigianino*, Milão, 1971; P. Rossi, *L'Opera completa del Parmigianino*, Milão, 1980; C. Whitfield, "A Parmigianino discovery", em *The Burlington Magazine*, 950 (1982), pp. 276-80.

nado na pintura. Mas quis perder dinheiro e tempo com o que nunca pôde aprender, prejudicando sua própria vida. E, destilando, procurava ouro por meio da alquimia, sem perceber, o tolo, que já dominava a alquimia da composição das figuras, que com pouca tinta e sem custos extrai centenas de escudos da bolsa alheia. Mas, envaidecido e perdendo a cabeça com aquilo, sempre foi pobre; pois, fazendo tais coisas, perdeu muito tempo e ganhou o ódio de muita gente, que disso se lastimava menos por seus próprios interesses e mais pelo prejuízo que ele causava a si mesmo. Na verdade, quem pensa nos fins das coisas nunca deve deixar o certo pelo incerto nem, podendo alcançar facilmente o louvor, procurar com tanta canseira ser perpetuamente recriminado.

Dizem que Francesco foi criado desde pequeno em Parma por um tio, e que, crescendo sob a disciplina do pintor Antonio da Correggio[2], aprendeu muito bem com ele os princípios de tal arte. Era belíssimo de rosto e corpo, além de dotado de gentil aspecto, e na juventude tinha atitudes respeitosas e honestíssimas. Sempre esteve sob a guarda de seu velho tio, que lhe dispensava diligentes cuidados. Assim, havendo já progredido na arte e estudado suas sutilezas, certo dia, para fazer uma experiência e pôr-se à prova, resolveu fazer um autorretrato com um espelho[3] de barbeiro, daqueles meio redondos. E, vendo as esquisitices que a rotundidade do espelho produz ao girar, quando distorce os telhados e põe portas e edifícios em estranhas perspectivas, escolheu dedicar-se a esse tipo de coisa. Assim, mandou tornear uma bola de madeira, meio redonda e de tamanho semelhante ao do espelho, pondo-se com grande dedicação a retratar nela tudo o que via no espelho, particularmente a si mesmo; e retratou-se com fidelidade tal, que ninguém poderia imaginar ou acreditar. Basta dizer que tal coisa lhe sucedeu com tanta felicidade e perfeição, que na verdade o resultado não teria sido melhor em retrato feito do natural. Ali estavam todo o brilho do vidro e todos os sinais de reflexos, sombras e luzes, tão apropriados e verdadeiros, que nenhum engenho poderia acrescentar nada. Foi tão assinalada tal pintura, que a enviaram ao pontífice Clemente VII[4]; este, ao vê-la tão engenhosa, ficou admirado e ordenou pessoalmente que o pintor fosse levado de Parma a Roma. Digno de recebê-la foi messer Pietro Aretino[5], que em sua casa de Arezzo a manteve certo tempo como relíquia e depois a deu a Valerio Vicentino[6]. Francesco foi a Roma[7], sendo recebido com honras por aqueles prelados, que o acharam digno de louvor, e, por algumas coisas coloridas que levara de Parma, foi considerado pessoa de grande e engenhoso espírito. Causavam grande admiração os modos como ele compunha suas obras e se portava; foram vistos também alguns pequenos quadros seus que haviam chegado às mãos do cardeal Ippolito de' Medici[8]. Assim, as inúmeras pessoas que o viam tão extraordinário na arte e agradável nos costumes diziam publicamente em Roma que o espírito de Raffaello passara para o

---

[2] Cf. sua Vida nas pp. 457-60. Além da componente correggiana deve-se admitir em Parmigianino também uma forte influência senesa levada a Parma sobretudo por Michelangelo Anselmi (c. 1491-c. 1555).

[3] O quadro, que costuma ser datado de 1524, está hoje no Kunsthistorisches Museum de Viena (n.º 286).

[4] Giulio de' Medici foi papa Clemente VII de 1523 a 25 de setembro de 1534.

[5] Pietro Aretino (1492-1556) foi apaixonado colecionador de objetos de arte, além de grande amigo de literatos e artistas. Sobre sua atividade literária, cf., na Vida de Rosso, nota 31, p. 615.

[6] Cf. sua Vida nas pp. 659-61. O quadro ficou com Valerio até sua morte (1546); depois, conforme Vasari especifica na edição giuntina, passou para o escultor Alessandro Vittoria (1525-1608). Após sua morte, ficou com o imperador Rodolfo II; desde 1777 está na galeria vienense.

[7] Parmigianino estava em Roma em 1523.

[8] Filho ilegítimo de Juliano, duque de Nemours, nasceu em Urbino em 1511 e morreu em Itri em 20 de agosto de 1535.

647

corpo de Francesco. Pois Francesco sentia muito amor pelas obras de Raffaello[9] e falava muito bem dele, de tal modo que nunca parava de lhe tecer louvores.

Enquanto estava em Roma, Francesco fez um belíssimo quadro da Circuncisão[10] e o deu ao papa; essa obra foi vista como harmoniosa invenção, em virtude das três luzes fantasiosas que lhe serviram. Pois as primeiras figuras eram iluminadas pelo clarão do rosto de Cristo; as segundas recebiam luz das tochas acesas nas mãos de algumas figuras que levavam as dádivas para o sacrifício em escadas; e as últimas eram reveladas e iluminadas pela aurora, que mostrava uma belíssima paisagem, com numerosas construções. Esse novo e caprichoso modo de pintar agradou imensamente a todos que a viram, especialmente ao papa, que o recompensou generosamente. Passando a trabalhar com grande empenho, fez um quadro de Nossa Senhora com Cristo, alguns anjinhos e São José, figuras admiravelmente acabadas nos semblantes, no colorido, tudo feito com graça e diligência[11]. No braço nu de São José, veem-se muitos pelos, como tantas vezes vemos ao vivo. Essa obra ficou com Luigi Gaddi, sendo bastante apreciada por seus filhos e por quem a veja, enquanto ele viveu e depois de sua morte. O senhor Lorenzo Cibo, apreciando muito sua maneira e sendo defensor da participação dele em alguma obra, teve a ideia de incumbi-lo de um painel para a igreja de San Salvatore del Lauro[12], que seria posto numa capela perto da porta. Nele Francesco representou Nossa Senhora no ar a ler, com um menino no regaço. Ajoelhado no chão, em atitude extraordinária e bela, fez um São João que, torcendo o torso, acena para o Menino Jesus; também no chão, em escorço, São Jerônimo dorme em penitência. Essa obra foi quase perfeitamente terminada e, caso a fortuna não o impedisse, ele teria sido louvadíssimo e amplamente remunerado. Mas ocorreu a ruína do saqueio de Roma em MDXXVII[13], o que não só ocasionou o banimento temporário das artes, como também a morte de muitos artistas. Pouco faltou para que Francesco também perdesse a vida, pois, no início do saqueio, os alemães que invadiram sua casa o encontraram tão entregue ao fervor do trabalho, que nem com o ruído ele se mexeu. Quando chegaram junto dele e o viram trabalhar, ficaram tão admirados com a obra que estava sendo pintada, que o deixaram prosseguir e, enquanto as crueldades levavam aquela pobre cidade à perdição, ele era aprovisionado pelos alemães, que o estimavam e não cometeram nenhuma agressão contra ele. É bem verdade que um deles, afeiçoado àquele mister, obrigou-o a fazer um número infinito de desenhos em aquarela e bico de pena e os tomou para si como pagamento da talha. Mas, com a troca do turno dos soldados, Francesco es-

---

[9] Cf. sua Vida nas pp. 495-519.

[10] No Institute of Art de Detroit (nº 165) existe uma *Circuncisão* que é quase unanimemente considerada réplica do original perdido. Há desenhos atribuíveis a essa obra nos Uffizi (9278), no Louvre (6390) e no British Museum (1910-2-12 139).

[11] Na Galeria Doria de Roma (nº 279) há uma *Adoração dos Pastores*, cuja identificação é compartilhada pela crítica.

[12] Na edição giuntina Vasari diz que o quadro foi feito para Maria Bufalina de Città di Castello, com cuja família ele realmente estava no século XVIII, e que para Lorenzo Cibo Parmigianino fizera um *Retrato* hoje identificado com o que está no Statens Museum for Kunst de Copenhague (S p. 73), com a inscrição apócrifa LAVRENTTVS CYBO MARCHIO MASSAE ATQVE COMES FERENTILLI MDXXIIII. O quadro com a *Visão de São Jerônimo* está desde 1826 na National Gallery de Londres (nº 33). Foi gravado por Bonasone e existem desenhos parciais na França, na Inglaterra, na Itália e na Áustria, mas também um desenho completo no British Museum (1882-8-12-488).

[13] A cidade foi submetida a furioso saqueio duas vezes em 1527: a primeira em maio e a segunda em setembro. Cf., na Vida de Marcillat, nota 6, p. 521.

teve perto de sair-se mal, pois, quando foi em busca dos amigos, alguns soldados quiseram aprisioná-lo, e foi preciso que os outros o libertassem de novo. Por essa razão, Francesco voltou a Parma, mas não ficou muito, pois foi a Bolonha realizar alguns trabalhos. O primeiro que ali fez foi um São Roque de grande tamanho[14] para uma capela da igreja de San Petronio; conferiu belíssima expressão à figura e a executou realmente muito bem em todas as partes, imaginando-o um tanto aliviado da dor que as chagas lhe causavam na coxa, mostrando-o com a cabeça voltada para o céu em atitude de agradecimento. Depois fez um quadro com São Paulo para Albio, médico de Parma[15], com uma paisagem e muitas figuras, obra que foi considerada excepcional. Fez para um seleiro, seu amigo, outro quadro sobremodo belíssimo, no qual representou Nossa Senhora voltada para um lado em bela atitude, além de várias outras figuras. Pintou um quadro para o conde Georgio Manzuoli[16] e duas telas em guache para mestre Luca dai Leuti, com algumas figurinhas feitas em belíssima maneira.

Francesco naquela época tinha um ajudante chamado Antonio da Trento[17], que entalhava. Certa manhã, quando Francesco estava na cama, ele pegou a chave do cofre, abriu-o e furtou todas as gravuras de cobre, entalhes de madeira e desenhos que ali havia; deve ter sido levado pelo diabo, pois nunca mais se teve notícia dele. Francesco recuperou as estampas que ele deixara com um amigo em Bolonha, no intuito de ir talvez buscá-las com o tempo, mas os desenhos, não, o que o deixou meio desesperado. Mesmo assim, voltando a pintar, fez um retrato de um conde bolonhês com bom colorido e graça. Pouco depois deste, fez um quadro de Nossa Senhora em casa de messer Dionigi de' Gianni, com um Cristo a segurar um globo do mapa-múndi, coisa realmente belíssima[18]. Entre outras coisas belas dessa obra, há um grave semblante de Nossa Senhora e um belíssimo menino. Sempre pôs nos olhos e nos semblantes das crianças a travessura e a vivacidade que refletem os espíritos agudos e maliciosos, tantas vezes vistos na esperteza das crianças. As vestes de Nossa Senhora têm mangas de véu amarelado, como que listrado de ouro, o que realmente confere muita graça, deixando à mostra uma carnação roliça e delicadíssima; além disso, os cabelos são trabalhados de um modo que não pode haver melhor, nem pode haver maior destreza do que a dele. Para as freiras de Santa Margherita em Bolonha[19] fez um painel de Nossa Senhora com Santa Margarida, São Petrônio, São Jerônimo e São Miguel, que é muito apreciado em Bolonha, feito com grande prática e bela destreza. Os semblantes são tão

---

[14] Ainda hoje na capela Gamba (oitava a partir da esquerda), está datado de fins de 1527. O doador é identificado com certo Fabrizio da Milano, conforme diz Vasari na edição giuntina. São-lhe atribuídos dois desenhos: no Louvre (n.º 6397) e em Chatsworth, coleção Devonshire (n.º 793b).

[15] Albio, ou seja, Giovanni Andrea Bianchi (morto em 1560), foi médico oficial de Pio IV. O quadro foi identificado, com alguma perplexidade, com a *Conversão de São Paulo* do Kunsthistorisches Museum de Viena (n.º 2035). Na coleção Seilern de Londres (n.º 365) há um desenho preparatório dele.

[16] O quadro com *Nossa Senhora, Menino Jesus, Santa Madalena, São João Batista e São Zacarias*, datável de c. 1530, está nos Uffizi (n.º 1328).

[17] Antonio Fantuzzi nasceu por volta de 1510 e morreu em 1550; a partir de 1537 esteve com Primaticcio em Fontainebleau.

[18] A obra, pintada por volta de 1529-30, está na Gemäldegalerie de Dresden (n.º 161). É conhecida como *Nossa Senhora da Rosa*. Da casa Zani, aonde chegou não se sabe como, depois de ter sido doado a Clemente VII, o painel passou em 1752 para a propriedade de Augusto III, eleitor da Saxônia. Dois desenhos que lhe são atribuíveis estão em Chatsworth, coleção Devonshire (n.º 775), e em Budapeste (n.º 2133).

[19] O painel – *Nossa Senhora com o Menino Jesus, Santa Margarida, São Petrônio, São Jerônimo e o anjo* – está na Pinacoteca de Bolonha (n.º 116). Fora colocado na igreja em agosto de 1529.

649

belos, dotados de tanta suavidade de delineamento, que causam admiração em qualquer pessoa que se dedique à arte. Estão espalhados por Bolonha alguns outros quadros de Nossa Senhora, além de outros quadrinhos, coloridos e esboçados. Também há certo número de desenhos feitos para diversas pessoas, como para seu amigo Girolamo del Lino; o ourives e entalhador Girolamo Fagiuoli[20] recebeu alguns para gravar em cobre, que são considerados graciosíssimos. Retratou Bonifazio Gozadino e sua mulher, obra que ficou inacabada, como muitas outras coisas suas. Esboçou o quadro de outra Nossa Senhora, que em Bolonha foi vendido ao aretino Giorgio Vasari, obra que este conserva em sua casa nova de Arezzo em lugar de honra, ao lado de muitas outras nobres pinturas, esculturas e mármores antigos. Naquela época foram a Bolonha o imperador Carlos V e o papa Clemente VII, para a coroação de Sua Majestade[21], e Francesco, indo algumas vezes assistir à sua refeição, pintou sua imagem a óleo num quadro de grande tamanho, no qual representou a Fama a coroá-lo de louros e um menino a lhe entregar o mundo, como símbolo do domínio. Entregou o quadro a Sua Majestade e por ele recebeu honrosa recompensa. Esse retrato foi dado cortesmente ao Senhor Duque de Mântua e ainda hoje se encontra em seus aposentos[22]. Com sua mente caprichosa concebeu a feitura de papéis gravados sobre ferro e cobre com água-forte, muitos dos quais ainda são vistos em madeira, em claro-escuro e também lavrados pelo buril de Caralio[23], que se deleitava não só com o desenho, mas também com o colorido.

Voltando a Parma, fez alguns painéis e quadros, depois começou a fazer na igreja de Madonna della Steccata[24] uma grande obra em afresco, na qual havia algumas roságeas de entremeio como ornamento; estas foram feitas de cobre e eram muito trabalhosas. Trabalhando nessa obra, fez alguns profetas e sibilas de terras e poucas coisas com tintas, e isso ele fazia por não se contentar. Nessa época deu-se à alquimia e, acreditando enriquecer em breve, tentava congelar o mercúrio. Para tanto precisava de muitos fornos, que lhe davam despesas, e ele não conseguia extrair do trabalho tudo o que gastava em tais coisas. Por insensatez, preferiu o prazer dessa novidade e trocou utilidade e nomeada de sua arte pela outra, falsa e vã, pondo em grande desordem sua vida e seu espírito. Nesse ínterim, fez para um fidalgo de Parma uma obra fantasiosa, com um Cupido[25] a fabricar um arco de madeira, pintura que foi considerada belís-

---

[20] Girolamo Faccioli ou Fagiuoli, morto em 1573.

[21] Em 24 de fevereiro de 1530.

[22] É o quadro que estava na coleção Cook de Richmond (n.º 97), hoje de localização ignorada, cujo desenho preparatório está na Pierpoint Morgan Library de Nova York (n.º IV.43).

[23] Gian Giacomo Caraglio, talvez nascido em Verona por volta de 1500, morreu na Cracóvia em 1565. Cf., na Vida de Rosso, nota 17, p. 613.

[24] Os afrescos de Madonna della Steccata foram encomendados em 10 de maio de 1531. Um novo contrato foi firmado em 27 de setembro de 1535, e em 3 de junho de 1536 um decreto do podestade sentenciou o confinamento de Parmegianino até a conclusão da obra, que, no entanto, em fevereiro de 1538 ainda não estava acabada. Em 19 de dezembro ele estava definitivamente excluído da decoração da abside, que foi depois terminada por Anselmi. De qualquer modo, cabem a Parmigianino as roságeas, os lacunários e, no intradorso, *Moisés, três Virgens com as lâmpadas e Adão*, à esquerda; *Aarão, três Virgens com as lâmpadas e Eva*, à direita. Há um estudo do projeto de decoração da abside na Royal Library do Castelo de Windsor (n.º 2185) e outro na Biblioteca Real de Turim. Há muitos outros desenhos em Londres, Florença, Parma e Modena. Cf. A. Ghidiglia Quintavalle, "Gli affreschi del Parmigianino alla Steccata", em *Paragone*, 243 (1970), pp. 3-12.

[25] A obra pertenceu a Marcantonio Cavalca até 1585; depois passou para a posse de Antonio Perez, secretário de Filipe II. A partir de 1603 pertenceu a Rodolfo II e, em 1631, passou para a Schatzkammer

sima; para a irmã do Cavaleiro Baiardo pintou um retábulo muito apreciado. E para os Senhores de Casal Maggiore fez dois belíssimos painéis.

Enquanto isso, os homens que lhe haviam encomendado o trabalho da Steccata se desesperavam, pois não viam o meio nem o fim da obra. Para obrigá-lo a terminar, decidiram impor-lhe a força dos tribunais e lhe moveram uma causa. Não podendo opor resistência, certa noite saiu de Parma e fugiu com alguns amigos para San Secondo; ali viveu incógnito durante muitos meses, sempre dedicado à alquimia[26]. Por isso, já ganhara certo ar imbecil, tinha barba e cabelos crescidos, e sua aparência era mais de homem selvagem do que de pessoa civilizada, como era. Ocorre que, ao se aproximar de Parma, sem consideração por aqueles que lhe haviam encomendado o trabalho, foi detido e posto na prisão, sendo obrigado a prometer que terminaria a obra. Mas era tamanha a sua indignação por aquela captura, que depois de alguns meses ele morreu de desgosto com XLI anos[27]. Essa perda foi muito danosa para a arte, pela graça que suas mãos sempre imprimiram às pinturas que fez. Francesco foi sepultado em Parma, com grande pesar de alguns amigos, mas sobretudo de messer Vicenzio Caccianimici, nobilíssimo bolonhês, que, sendo grande apreciador da arte da pintura, realizou algumas coisas por prazer, tal como a Decapitação de São João Batista que ainda se vê na capela de sua família, na igreja de San Petronio. Não muito tempo depois esse valoroso fidalgo foi fazer-lhe companhia, morrendo em MDXLII. Francesco beneficiou a arte com a graça de suas figuras, e quem a imitar alcançará grandes progressos. Trouxe muitas melhorias à arte quando fez entalhar gravuras com água-forte, como demonstram muitas obras suas. Por isso, esse belo intelecto merece louvores, como mostra este epigrama, que foi feito para homenageá-lo:

CEVNT PICTORES TIBI QVOT SVNT QVOTQVE FVERVNT,
ET QVOT POST ETIAM SAECVLA MVLTA FERENT.
PRINCIPIVM FACILE EST LAVDVM REPERIRE TVARVM,
ILLIS SED FINEM QVIS REPERIRE QVEAT*?

---

de Viena, onde foi descrita por Boschini (1660). Hoje está no Kunsthistorisches Museum de Viena (nº 613). É datável de 1531-34; conhecem-se numerosas réplicas dela.

[26] Sobre esse problema em geral e sobre Parmigianino em particular, cf. M. Fagiolo dell'Arco, *Il Parmigianino, un saggio sull'ermetismo Del '500*, Roma, 1970, e C. Mutti, *Pittura e Alchimia – il linguaggio ermetico di Parmigianino*, Parma, 1978.

[27] De fato, Parmigianino morreu em Casalmaggiore em 24 de agosto de 1540, depois de ter feito testamento no dia 19 do mesmo mês.

* "Diante de ti se rendem os pintores que vivem hoje, que já viveram e que os muitos séculos ainda trarão. É fácil encontrar o início dos teus louvores, mas quem haverá de encontrar seu fim?" [N. da T.]

Palma, pintor veneziano

É tão grande o poder da maestria e da qualidade de uma única obra perfeita em arte, que, por mínima que esta seja, os artistas são obrigados a render louvores singulares a quem a realizou. E até os escritores, diante da excelência do trabalho, com seus escritos eternizam o nome do artista, tal como agora faremos com o veneziano Palma[1]. Este, ainda que não fosse excelente e raro na perfeição da pintura, era tão esmerado, diligente e afeito à arte em tudo o que fazia, que a maioria de suas obras, se não todas, mostra qualidade na retratação do que há de mais vivo e natural nos homens. Palma era muito mais hábil na integração e na esfumatura paciente das cores do que exímio no desenho. Manejava as tintas com graça e esmero, como se vê em casa de muitos fidalgos de Veneza, nas quais se encontram inúmeros quadros e retratos de sua lavra, que não descrevo para não tornar prolixa esta história, bastando apenas fazer menção a dois painéis e um busto, considerados divinos e maravilhosos. Um dos painéis foi pintado na igreja de Santo Antonio de Veneza, perto de Castello[2]; o outro, na igreja de Santa Elena, perto de Lio[3], onde fica o mosteiro dos frades de Monte Oliveto. Essa obra foi colocada no altar-mor da referida igreja; representa a cena em que os Magos oferecem presentes a Cristo, com bom número de figuras, entre as quais (como dissemos acima) algumas cabeças são dignas de louvor. Mas é certo que todas as suas obras, que são muitas, nada valem perto de uma cabeça retratada ao espelho com pele de camelo ao redor e alguns tufos de cabelo, que quase todos os anos é vista na exposição da Ascensão naquela cidade[4]. O espírito de Palma elevou-se tanto nessa pequena obra, que produziu algo prodigioso e sobremodo belo. Por isso, esse trabalho merece ser celebrado como a mais admirável obra em matéria de desenho, maestria, colorido e perfeito saber, jamais realizada por qualquer veneziano até então. Na verdade, nela se vê um contorno dos olhos que Lionardo da Vinci e Michele Agnolo não teriam feito de outro modo. Mais contam, porém, a graça suprema e a bela gravidade que nela há, e,

---

[1] Jacopo Nigretti, conhecido como Palma, nasceu em Serina, Bergamasco, por volta de 1480. Cf. G. Mariacher, *Palma il Vecchio*, Milão, 1968.

[2] O retábulo com as *Núpcias da Virgem*, para o qual há pagamentos datados de 1520-21 por parte do prior Bernardino de Mântua, está hoje na coleção Giovannelli de Veneza.

[3] O painel com a *Adoração dos Magos* foi em 1801 para a Pinacoteca de Brera (n.º 119). Encomendado em 13 de julho de 1525, foi terminado depois de 1528 por Giovanni Busi, conhecido como Cariani (c. 1480-1547), seu aluno.

[4] Na Alte Pinakothek de Munique (n.º 524) há um quadro que corresponderia aos requisitos descritos; no entanto, a atribuição a Palma, afirmada por Cavalcaselle, Milanesi, Longhi, Pallucchini e outros, não é aceita por unanimidade; as propostas alternativas são favoráveis sobretudo a Giorgione, com alguma possível abertura para Ticiano (Zampetti).

por isso, por mais louvores que façamos a tal obra, nunca faremos os que sua perfeição merece. Por essa razão, não só eu, mas todos os que a viram, consideraram Palma maravilhoso na arte. Quisesse o destino que depois de tal obra Palma tivesse morrido, este seria gabado como aquele que superou todos os que celebramos como engenhos extraordinários e divinos. Mas, como sua vida continuou e ele fez outras coisas, sem manter a qualidade do que fizera no princípio, tudo aquilo que muita gente acreditava fadado ao crescimento acabou por diminuir, e os que haviam incidido nesse engano não lhe fizeram muitos louvores, mas tampouco lhe dirigiram críticas excessivas. Depois de obter os frutos do trabalho, com algum cabedal morreu em Veneza com a idade de XLVIII anos[5].

O pintor veneziano Lorenzo Lotto[6] foi seu companheiro e amigo íntimo; pintou a óleo em Ancona o painel de Santo Agostinho[7] e em Veneza fez inúmeras pinturas. Retratou Andrea degli Odoni[8], que tem em Veneza uma casa muito adornada com pinturas e esculturas. Fez um painel[9] para a capela de São Nicolau na igreja do Carmino daquela cidade, e para a igreja de San Gianni e Polo fez um painel de Santo Antoninho, Arcebispo de Florença[10], além de inúmeras outras coisas que são vistas em Veneza. Foi considerado exímio no colorido e excessivamente esmerado na juventude; sempre gostou de terminar suas obras.

---

[5] Jacopo Palma morreu em 30 de julho de 1528.

[6] Lorenzo Lotto era filho de Tommaso di Lottis e nasceu por volta de 1480 em Veneza. Esteve nas Marcas em 1506, em Roma em 1508, depois novamente nas Marcas e, na segunda década, em Bergamo; depois de 1525 estava em Veneza, indo outra vez para as Marcas e para Treviso, até que em 1552 retirou-se em Loreto, onde morreu em 1556 ou 1557. Sobre ele, cf. B. Berenson, *Lorenzo Lotto*, Nova York-Londres, 1985; G. Mariani Canova, *L'opera completa del Lotto*, Milão, 1975; *Lorenzo Lotto: Atti del convegno internazionale di studi per il V centenario della nascita*, Asolo, 1980; vários autores, *Lorenzo Lotto nelle Marche, il suo tempo, il suo influsso*, catálogo da exposição, Ancona, 1981.

[7] O painel que representa *Nossa Senhora com o Menino Jesus, Santo Estêvão, São Matias, São Lourenço e São João Evangelista*, do qual se conhece um desenho preparatório, está hoje na Pinacoteca de Ancona (nº 37). Está assinado e é datável de c. 1545; antes de chegar à atual localização, esteve na igreja de Santa Maria della Piazza.

[8] Assinado e datado de 1527, o quadro está na Royal Gallery de Hampton Court (nº 146).

[9] Sobre o segundo altar à esquerda da igreja do Carmine de Veneza ainda hoje está a tela com *São Nicolau em glória*, assinada e datada de 1529.

[10] Essa obra também está no lugar de origem na igreja de San Zanipolo. Assinada, foi terminada em 1542.

Francesco Granacci, pintor florentino

É grande a ventura dos artistas que, ao nascerem, têm a possibilidade de se tornar companheiros dos homens que o céu elegeu para serem assinalados e superiores aos outros em suas obras, pois com isso eles só podem conquistar proveito extraordinário na fama. Porque, quando todos se dedicam ao mesmo mister, daquilo que é bom extraem coisas ótimas e, observando uns nos outros as maneiras, os modos e as dificuldades, são postos no bom caminho sem que o tenham procurado. E, mesmo que não se tornem extraordinários ou exímios, a convivência com o amigo excelente faz que seu nome se torne célebre e ilustre no mundo, graças à virtude alheia. Porque aqueles que não podem privar da companhia do homem excelente com quem tal pessoa convive acabam por reverenciá-la em respeito àquele, coisa que jamais fariam por mérito desta. Na verdade, é tal a força da convivência com uma pessoa valorosa, que quem é seu amigo acaba por receber quase as mesmas honras que ela, por suas obras. Assim, Francesco Granacci[1], pintor muito atilado, mereceu primeiramente honrosos louvores por seu trabalho na pintura e depois, ao privar com o divino Michele Agnolo, mereceu honras e prestígio infinito[2]. Por ter recebido a consideração do divino Michel Agnolo em toda a sua vida e por tê-lo ajudado, ganhou uma fama que superou o seu nome, contrariando o destino.

Conta-se que Granaccio, na juventude, aprendeu arte com Domenico del Ghirlandaio[3] e que foi posto por Lorenzo de' Medici[4] junto de Michel Agnolo, ainda menino, a exercitar-se em seu jardim; e que, sendo ainda jovem, ajudou a terminar as obras do painel da igreja de Santa Maria Novella, que seu mestre Domenico deixara inacabado[5]. Estudou muito o cartão de Michel Agnolo[6], e este o levou a Roma para trabalhar na capela[7], de onde depois voltou muito vexado a Florença. Para Pier Francesco

---

[1] Francesco di Andrea Granacci nasceu em 1469, de acordo com o Registro do Cadastro da avó Lena, que em 1480 declarava que ele tinha 11 anos, ao passo que ainda não aparecia no registro anterior de agosto de 1469. Sobre ele, cf. C. von Holst, *Francesco Granacci*, Munique, 1974.

[2] Granacci foi amigo íntimo de Michelangelo, que conheceu na oficina de Ghirlandaio e no jardim de San Marco.

[3] Francesco foi realmente aluno de Ghirlandaio; cf. sua Vida nas pp. 373-82.

[4] Lourenço, o Magnífico (1449-92), recolhera no jardim da praça San Marco um número restrito de artistas, que ele punha para estudar as antiguidades ali conservadas.

[5] O retábulo de Santa Maria Novella, realizado com base em desenho de Domenico Ghirlandaio em colaboração de seus alunos; sobre ele, cf., na Vida dos Ghirlandaio, nota 3, p. 530.

[6] Ou seja, o cartão com a *Batalha de Cascina* (cf., na Vida de Michelangelo, nota 38, p. 720): levado ao Palazzo Mediceo da via Larga, foi objeto de intenso estudo por parte dos artistas florentinos.

[7] Encarregado da decoração da abóbada da Capela Sistina em 1508, Michelangelo levou consigo a Roma Granacci, Giuliano Bugiardini (1475-1554), Jacopo di Sandro (1463-1530), pai de Pier Francesco

Borgherini pintou em Florença uma cena a óleo numa sala, representando José a servir o Faraó[8]; nessa obra, mostrou ser diligente e amar muito a pintura. Na capela dos Medici da igreja de San Pier Maggiore de Florença fez um painel com uma Assunção de Nossa Senhora[9] a dar o cíngulo a São Tomé. Entre outras figuras há São Paulo, São Tiago e São Lourenço, elaborados com tanta graça e desenho, que só essa obra basta para dar a conhecer o valor da arte que fora infundido pela natureza em Granaccio; por tal obra, ele foi considerado excelente por todos os artistas. Na igreja de San Gallo fez um painel que hoje está em San Iacopo fra' Fossi, na capela dos Girolami[10]. E, como vivia com largueza graças ao patrimônio que herdara, trabalhava com vagar. Michele Agnolo fizera no interesse da sobrinha que se tornara freira em Santa Apollonia o ornamento e o desenho do painel do altar-mor; ali, depois Granaccio pintou pequenas cenas e figuras a óleo[11] que satisfizeram muito as freiras e também os pintores. Além disso, fez para elas, em outro altar de baixo, um painel com Cristo, Nossa Senhora e um Deus Pai, que num incêndio pegou fogo junto com paramentos de muito valor. Sem dúvida, foi grande o prejuízo, por se tratar de obra louvada pelos nossos artistas. Para as freiras de San Giorgio fez o painel do altar-mor[12] e para as casas dos cidadãos fez um número infinito de obras que não cabe mencionar. Trabalhou mais por fidalguia que por necessidade, pois era pessoa que se contentava em conservar o que era seu, sem cobiçar o que era alheio. E, como tinha poucas preocupações, viveu até os XLVII anos, idade com que morreu de febre ordinária, sendo enterrado na igreja de Santo Ambruogio de Florença no dia do Apóstolo Santo André de MDXLIV[13]. Recebeu este epitáfio:

ONORATA PER ME L'ARTE FV MOLTO
ET IO PER LEI CON FAMA SEMPRE VIVO,
CHE SE BEN DEL MIO CORPO RESTAI PRIVO
LA LODE ET IL NOME NON FIA MAI SEPOLTO*.

Foschi, Jacopo Torni, conhecido como Indaco (1476-1526), Agnolo di Domenico di Donnino (1466- -c. 1513) e Aristotile da Sangallo (1481-1550); mas, pondo-os à prova, afastou-os pouco depois.

[8] Para o aposento de Pier Francesco Borgherini, que em 1515 se casou com Margherita Acciaioli, Granacci executou entre 1515 e 1523 três painéis com *Cenas de José* (n.os 2150, 2152 dos Uffizi e n.º 538 dos depósitos); há desenhos relativos nos Uffizi (n.os 345F, 347F, 349F). Cf., na Vida de Andrea del Sarto, nota 59, p. 575.

[9] Datável de c. 1508-09, o painel com *Nossa Senhora do Cíngulo* é o n.º 24 do Museu Ringling de Sarasota (Flórida).

[10] O *Retábulo Covoni* é datado de 1515-16 e está com o n.º 3247 na Galeria da Academia de Florença.

[11] Do conjunto pintado por Granacci há na Galeria da Academia seis pequenos painéis (n.os 8690- -95) com cenas do *Martírio de Santa Inês*, *Santa Apolônia*, *Santa Luzia*; outros dois pequenos painéis estão na coleção Berenson e outro numa coleção particular de Nova York. Na Alte Pinakothek de Munique (n.os 1065-68), há quatro portas com *São Jerônimo*, *Santa Apolônia*, *São João Batista*, *Santa Madalena*. No entanto, os Paatz (*Die Kirchen von Florenz*, cit.) negam a relação destes últimos com o altar de *Santa Apolônia*, propondo como parte central o painel n.º 1596 dos Uffizi com a *Nossa Senhora do Cíngulo*.

[12] Este painel, datado de c. 1512, está hoje na Galeria da Academia (n.º 8650).

[13] Francesco Granacci morreu de fato em 30 de novembro de 1543 e foi sepultado em 2 de dezembro do mesmo ano.

* "Muito honrada foi a arte por mim / e eu graças a ela vivo sempre com fama, / pois, embora do corpo esteja privado / o louvor e o nome jamais serão sepultados." [N. da T.]

Baccio d'Agnolo, arquiteto florentino

Sinto muito prazer às vezes ao ver as primeiras obras dos artistas que sobem do baixo ao alto, especialmente na arquitetura, ciência que anos atrás era exercida apenas por entalhadores ou pessoas imaginativas com aspirações às artes da perspectiva; esta, porém, só pode ser perfeitamente levada a cabo por quem tenha bom tino e bom desenho e tenha trabalhado muito com pintura, escultura ou madeira. Porque nela se mensuram os corpos das suas figuras, que são as colunas, as cornijas, as fundações e todas as suas ordens que servem de ornamento às figuras, e não por outra razão. Por esse motivo, os marceneiros, que estão sempre a manejar tais coisas, em algum tempo se tornam arquitetos. Com os escultores, que precisam situar suas estátuas e fazer ornamentos para sepulturas e outras coisas em vulto, não pode deixar de ocorrer o mesmo. E o pintor, que faz perspectivas e construções em perspectiva, não pode deixar de fazer plantas de edifícios, visto que não é possível implantar casas, escadas ou planos onde as figuras pousam sem antes traçar a arquitetura e a ordem. Mas Baccio d'Agnolo[1], que sempre conviveu com Andrea Sansovino[2], embora praticasse o entalhe, no qual era mais que exímio, como demonstram suas obras por toda Florença, sempre se dedicou à perspectiva e à arquitetura. O que o incentivou muito foram as reuniões de artistas que ocorriam no inverno em sua oficina, reuniões de que participavam Raffaello da Urbino[3], jovem, Andrea Sansovino e inúmeros jovens artistas que os seguiam; nelas, eram propostas grandes dificuldades e examinadas belas dúvidas, sempre resolvidas por aqueles excelentes, sutis e engenhosíssimos intelectos.

Ali Baccio começou a experimentar-se e de tal maneira se portou em Florença, ganhando tanto crédito em toda a cidade, que as mais magníficas construções de seu tempo lhe foram encomendadas, na posição de comando. Por isso, começou a privar com Pier Soderini, então gonfaloneiro[4], e projetou a grande sala do Conselho[5], elaborando o ornamento de madeira do grande painel esboçado por frei Bartolomeo e de-

---

[1] Bartolomeo, filho de Agnolo Baglioni, nasceu em 19 de maio de 1462; foi o melhor entalhador de madeira de seu tempo: para um painel com a *Deposição de Cristo* de Vasari, feito para o mosteiro das Clarissas de Ravena (encomendado em 1548), fez os ornamentos entalhados em madeira.

[2] Cf. sua Vida nas pp. 539-43.

[3] Cf. sua Vida nas pp. 495-519.

[4] Soderini foi nomeado gonfaloneiro de Justiça pela primeira vez em 1501; depois foi nomeado gonfaloneiro vitalício em 1502, tendo sido deposto em 1512.

[5] Baccio iniciou em 17 de fevereiro de 1496 a reforma do forro da sala nova, em conjunto com Antonio da Sangallo, Bernardo di Marco, conhecido por Cecca, Antonio di Jacopo, Girolamo di Pellegrino, Pellegrino di Battista e Cronaca.

senhado por Filippino[6]. Fez a escada que leva à referida sala, com belo ornamento de pedra, e também mandou fazer as portas de mármore que dão para a segunda sala[7], onde está o painel de Filippino. Na praça de Santa Trinita fez o palácio de Giovanni Bartolini[8], que por dentro é muito adornado de traves e ornamentos; também lhe fez o jardim de Gualfonda[9] e muitos desenhos. Dirigiu a construção da casa de Lanfredino Lanfredini às margens do Arno, entre a ponte de Santa Trinita e a ponte de Carraia[10]. E na praça Mozzi começou, mas não terminou, a casa dos Nasi, que dá para o areal do Arno[11]. Fez também a casa de Taddeo Taddei, que foi considerada comodíssima e bela[12]. Para Pier Francesco Borgherini fez os desenhos da casa de Borgo Santo Apostolo[13], na qual dirigiu a custosa realização dos ornamentos de portas e lareiras, em especial o ornamento do dormitório, inteiramente entalhado em nogueira, obra sumamente bela e bem-acabada. Fez o modelo da igreja de San Giuseppo da Santo Nofri[14], cuja porta mandou construir; esta foi sua última obra. Depois dirigiu a construção do campanário da igreja do Santo Spirito de Florença[15], bem como o de San Miniato in Monte[16], que se manteve em pé, apesar de ferozmente atacado pela artilharia durante o assédio de Florença em MDXXIX. Assim, conquistou fama tanto pelo desaforo que fazia aos inimigos quanto pela qualidade e beleza com que fora trabalhado e executado por Baccio.

Este, por suas boas qualidades e pelo agradável convívio que tinha com os cidadãos, foi posto na obra de Santa Maria del Fiore como arquiteto; fez os desenhos do balcão[17] em torno da cúpula, que ficara inacabado com a morte de Pippo di Ser Brunellesco[18], pois os desenhos que este fizera para tal haviam sido avariados ou perdidos pela pouca diligência dos mestres da obra. Baccio, fazendo o modelo com base em seus desenhos, voltou-o para a esquina dos Bischeri[19]. Mas Michele Agnolo Buonarroti,

---

[6] Por esse trabalho Baccio recebeu pagamentos em 24 de janeiro e 10 de junho de 1502.

[7] Ou seja, os portais da sala dos Duzentos com baixos-relevos sobre capitéis, arquitrave e plintos.

[8] No nº 2 da praça Santa Trinita está o Palácio Bartolini Salimbeni, terminado por Baccio em 1517--20; até 1985 foi sede do Consulado da França em Florença. Cf. L. Bartolini Salimbeni, "Una 'fabbrica' fiorentina di Baccio d'Angelo, le vicende costruttive del palazzo Bartolini Salimbeni attraverso i documenti d'archivio", em *Palladio* (1978), 2, pp. 7-28.

[9] O palácio da via Valfonda foi modificado e ampliado no século XVII, embora conserve algumas partes originais de Baccio.

[10] Ainda existe no nº 7 da rua Guicciardini, que ladeia o Arno.

[11] Ou seja, o Palácio Torrigiani, na esquina da rua homônima com a praça Mozzi, à margem do Arno.

[12] Ou seja, o edifício que fica no nº 13 da via dei Ginori.

[13] O atual Palácio Rosselli del Turco, no nº 17-19, foi construído por volta de 1517. Sobre a decoração pictórica do quarto nupcial, cf., na Vida de Andrea del Sarto, nota 59, p. 575.

[14] Construída em 1519, a igreja dá para a via dei Malcontenti: seu modelo ainda existe.

[15] Foi iniciado por volta de 1511, mas terminado mais tarde, sempre com base em desenho de Baccio, entre 1565 e 1571.

[16] O campanário que deveria substituir o antigo, desmoronado em 1499, foi encomendado a Baccio em 1518. Foi construído, mas não completamente, entre 1524 e 1527; foi danificado no assédio de 1530.

[17] O balcão, cujo modelo é conservado no Museu da Obra da Catedral (nº 142), foi encomendado em 1506 a Baccio, Cronaca e Giuliano da Sangallo. Sua construção, porém, é atribuída a Baccio, que ficou só depois da morte de Cronaca em 1508 e do afastamento de Giuliano. A única parte terminada é a que está voltada para a via del Proconsolo; esta, ao ser dada a público em 1515, despertou tantas críticas, que se decidiu não continuar os trabalhos. Cf. H. Saalman, "Michelangelo: S. Maria del Fiore and S. Peter's", em *Art Bulletin* (1975), 3, pp. 373-409 (em especial, pp. 374-80).

[18] Cf. sua Vida nas pp. 225-51.

[19] Ou seja, para a via del Proconsolo.

657

ao voltar de Roma, vendo que para os trabalhos tinham sido cortados os dentilhões deixados por Filippo Brunellesco, fez tanto escarcéu, que a construção foi suspensa. Assim, Michele Agnolo fez outro modelo, mas foi tão grande a discussão entre os artistas e cidadãos que cercavam o cardeal Giulio de' Medici, que nenhum dos dois foi posto em prática. O desenho de Baccio foi criticado em muitas de suas partes, não por pecar nas proporções em sua espécie, mas por parecer demasiado insignificante em comparação com tão grandiosa edificação; assim, em vista das inimizades suscitadas, não foi terminado. Depois Baccio passou a fazer os pisos de Santa Maria del Fiore[20] e outras construções, que não eram poucas, uma vez que ele dispensava cuidado especial a qualquer mosteiro ou casa de cidadão, dentro e fora da cidade, organizando o que fosse preciso, pois era muito amado por todos. Finalmente, com quase LXXXIII anos de idade[21], quando ainda tinha siso firme e bom, passou desta para a outra vida em MDXLIII[22], deixando os filhos Giuliano, Filippo e Domenico[23], pelos quais foi sepultado com muitas lágrimas na igreja de San Lorenzo. E recebeu este epitáfio:

FVI TANTO A LE OPRE INTENTO
DISEGNANDO, MVRANDO, ALZANDO L'ARTE,
CHE PER ME VIDE FLORA IN OGNI PARTE
COMODITÀ, BELEZA ET ORONAMENTO*.

Baccio foi muito afeiçoado aos parentes, fez bem a todos indiscriminadamente, e seus filhos o imitam valorosamente nos costumes e nas obras.

---

[20] Pisos policromáticos executados com base em desenho de Baccio e discípulos.
[21] Morreu na realidade com 81 anos.
[22] Em 6 de maio de 1543.
[23] Teve mais um filho, chamado Francesco.
* "Fui tão dedicado às obras, / desenhando, construindo, elevando a arte, / que por mim vi florescer em todas as partes / comodidade, beleza e honra." [N. da T.]

Valerio Vicentino (Valerio Belli), entalhador

Desde que os egrégios gregos se mostraram tão divinos no entalhe das pedras orientais e nos camafeus que tão perfeitamente trabalharam, seria injustiça e ofensa deixar de mencionar aqueles maravilhosos engenhos que os imitaram. Porque (conforme dizem) nas épocas modernas nunca se viu ninguém que superasse os antigos em fineza e desenho, como se viu na realmente feliz época presente, que está prenhe e cheia das maravilhas do Céu nos prodígios que os homens fazem ao trabalhar humanamente no mundo; e isso se viu especialmente nos cristais de Giovanni da Castel Bolognese[1], feitos para o cardeal Ipolito de' Medici[2], com Títio, Ganimedes e outros, além de inúmeras pedras trabalhadas no encavo para o reverendíssimo cardeal Giovanni de' Salviati[3]. O mesmo se viu nas precisas e esmeradas obras de Valerio Vicentino[4], que saíram de suas mãos em tamanha quantidade, que causou admiração ver como ele conseguiu trabalhar com maestria tão sutil um número tão grande de peças maravilhosas. Para o papa Paulo III também fez belíssimos porta-pazes e uma cruz divina[5]; fez cunhos de aço para a estampagem de medalhas, com efígies e reversos antigos[6], elaborados com tanta fidelidade, que não é possível fazer coisa mais bela nem desejar coisa melhor. Inúmeras peças feitas por ele encontram-se com o reverendíssimo cardeal Farnese, que encomendou trabalhos para Giovanni e Valerio. Este último foi tão exímio em sua arte, que na idade de LXVIII anos produziu estupendos prodígios com o uso dos olhos e das mãos. Ensinou a arte a uma de suas filhas[7] que trabalha muito bem, aliás, com maestria. Por diletantismo, era tão dado à busca de antiguidades de mármore, antigos moldes de gesso e coisas modernas, que pagava qualquer preço para regressar carregado

---

[1] Giovanni di Bernardo dei Bernardi nasceu em 1496; cf., na Vida de Giorgione, nota 4, p. 454. Cf. U. Middeldorf, "Eine kleine Bronze von Valerio Belli", em *Pantheon*, 1976, pp. 115-6, e F. Rossi, "Il cofanetto di Valerio Belli", em *Antichità viva* (1985), 1-3, pp. 193-7.

[2] Ippolito nasceu em Urbino em 1511 e morreu em Itri em 1535; era filho de Giuliano, duque de Nemours.

[3] Filho de Lucrezia de' Medici e Jacopo Salviati, Giovanni nasceu em 1490, tornou-se cardeal em 1517 e morreu em 1553.

[4] Valerio Belli era filho de Antonio di Berto, merceeiro, e nasceu em 1468 em Vicenza.

[5] Alessandro Farnese nasceu em 1468 em Canino, tornou-se papa em 13 de outubro de 1534 e morreu em 10 de novembro de 1549. De Valerio conserva-se no Victoria and Albert Museum de Londres um porta-paz de bronze. Quanto à cruz, pode ser aquela que se conserva também no Victoria and Albert Museum ou então uma outra conservada nos Musei Vaticani, com três medalhões: *Beijo de Judas*, *Subida ao Calvário* e *Deposição*.

[6] Algumas medalhas com efígies de imperadores são conservadas em Berlim.

[7] Não há informações a respeito.

das presas conseguidas em tais incursões. Tampouco deixava de obter desenhos de mestres que fossem bons, guardando-os com veneração; por esse motivo, sua casa de Vicenza está tão cheia e adornada de tão variadas coisas, que causa admiração ver o amor que Valerio nutria por tal arte. Na verdade, é sabido que quem sente amor pela virtude e nela atua sempre até morrer obtém obras de valor e deixa depois da morte lembranças imorredouras. Valerio obteve grandes recompensas por suas obras; recebeu benefícios e ofícios dos príncipes que serviu, de tal modo que seus herdeiros se mantêm em prestigiosa posição graças a ele. Quando, impedido pela velhice, já não podia dedicar-se à arte nem viver, entregou a alma a Deus em MDXLVI[8]. Cito isto por sua memória:

SI SPECTAS A ME DIVINE PLVRIMA SCVLPTA,
ME CERTE ANTIQVIS AEQVIPARARE POTES[*].

Deixou como seguidores vários artistas vivos, que são celebrados e o superaram em muito, como se vê nas obras de Luigi Anichini[9] de Ferrara, cujas obras se mostram admiráveis pela sutileza do entalhe e a agudeza do acabamento. Mas há outro que o superou muito mais no desenho, na graça e na qualidade, o que é universalmente reconhecido: Alessandro Cesati, cognominado Greco[10]. Este fez com suprema graça e toques divinos camafeus e medalhões entalhados no encavo e em relevo; e nos cunhos de aço trabalhados com encavo e buril realizou minúcias de tal arte e com tão extrema diligência, que seu valor não pode ser acompanhado de menos louvor do que a graça e a gentileza pelas quais sempre se pautou. E quem quiser assombrar-se com os seus prodígios, que admire uma medalha feita para o papa Paulo III, perfeitíssima na qualidade e na fidelidade, além de ter um maravilhoso reverso. Michele Agnolo, estando eu presente, depois de vê-la, disse que chegara a hora da morte na arte, por não acreditar que poderia ver coisa melhor. Na realização de medalhas com grande presteza foi seguido por Leone Aretino[11], ourives e entalhador celebrado; este, a continuar na arte, se os anos de sua vida atingirem o curso que devem atingir, decerto nos mostrará obras prodigiosas e honrosas, tais como as belas e louvadas que vimos até o presente. Também seguidor de tais engenhos no entalhe é o milanês Filippo Negrollo[12], que trabalha com cinzel em armas de ferro, elaborando folhagens e figuras; também os entalhadores Gasparo e Girolamo Misuroni[13], bem como Iacopo da Trezzo[14], que

---

[8] Morreu em 1546, depois de 6 de julho.

[*] "Se contemplares as muitas coisas divinas que esculpi, / certamente poderás equiparar-me aos antigos." [N. da T.]

[9] Luigi Anichini, filho do entalhador Francesco, morreu depois de 1553.

[10] Nascido em Chipre, Alessandro Cesati, cognominado Greco ou Grechetto, esteve em Roma com os Farnese a partir de 1538; depois trabalhou na casa da moeda pontifícia de 1540 a 1561, e em 1564 foi para Veneza.

[11] Leone Leoni nasceu em 1509 em Maneggio, perto de Arezzo; depois de 1548 tornou-se escultor oficial de Carlos V e morreu em Milão em 1590. Cf. U. Middeldorf, "On some portrait busts attributed to Leone Leoni", em *The Burlington Magazine*, 863 (1975), pp. 84-91.

[12] Atuante na quarta e na quinta década do século, Filippo di Jacopo trabalhou principalmente com armaduras.

[13] Gaspare e Girolamo Miseroni estiveram muito tempo a serviço dos Habsburgo da Espanha e da Áustria.

[14] Jacopo Rizola da Trezzo, nascido por volta de 1515-20, morreu em Madri em 1589, onde estava a serviço de Filipe II, que foi retratado por ele várias vezes em camafeu, sozinho ou com o filho dom Carlos.

em Milão, sua pátria, executaram obras louváveis e dignas; é o que também se vê nas medalhas do romano Pietro Paulo Galeotti[15], de posse do duque Cosimo em Florença[16], além dos cunhos das medalhas com obras de tauxia, imitando a arte do mestre Salvesto[17], que em Roma fez coisas divinas em tal mister. Também há Enea[18], entalhador de gravuras de cobre nascido em Parma, que hoje ainda trabalha, e o bolonhês Ieronimo de' Fagiuoli[19], também entalhador de gravuras de cobre e ótimo mestre do cinzel.

[15] Filho de Pietro di Francesco, nasceu por volta de 1520 em Monterotondo; morreu em 1584. Foi aluno de Cellini.

[16] Cosimo de' Medici, filho de Giovanni delle Bande Nere, nasceu em 12 de junho de 1519; duque de Florença em 1537, grão-duque em 1570, morreu em 21 de abril de 1574.

[17] Não há informações a respeito.

[18] Enea Vico nasceu por volta de 1519-23 em Parma e morreu em 1567; foi um gravador bastante ativo.

[19] Cf., na Vida de Parmigianino, nota 20, p. 650.

Antonio da Sangallo, arquiteto florentino

Que boa obra faz a natureza, entre as infinitas boas obras que faz, quando manda para o mundo homens dotados de alto engenho para edificar, homens capazes de erigir com diligência construções que tenham a segurança da fortaleza, para servirem de testemunho aos que venham a nascer, em qualquer tempo, da generosidade dos príncipes magnânimos, aformoseando, honrando e enobrecendo os locais onde estão! No entanto, os escritos que dão testemunho de tais coisas contêm mais verdade e servem de maior ornamento. Além disso, tais construções nos defendem da fúria dos inimigos, dão prazer aos olhos, por serem ornadas de suprema beleza, e oferecem grande comodidade, uma vez que dentro delas passamos pelo menos a metade da nossa vida, se não mais. São elas também necessárias aos pobres que ganham a vida trabalhando em sua edificação, sem mencionar que o trabalho de canteiros, marmoristas, alvanéis e marceneiros em nome de uma única pessoa granjeia fama para inúmeras outras. Desse modo, a concorrência entre os artistas permite que eles se tornem extraordinários em seu mister e eternos pela fama, de tal modo que, como se fossem um resplendente sol posto sobre a terra, circundam o mundo a orná-lo e enchê-lo de beleza. Porque com a semente de seus genitores e por suas próprias obras, fazem nossa grande mãe de rústica tornar-se requintada, e de grosseira, harmoniosa e culta, de modo que com suas próprias virtudes ela progride infinitamente. E assim o céu, que forma os intelectos no nascimento, ao ver tão belas construções extraídas da fantasia, alegra-se com a expressão dos conceitos das mentes divinas e dos grandiosos intelectos humanos. Na verdade, quando tais engenhos vêm ao mundo, beneficiando-o de tal modo, comete grande injustiça e crueldade a morte que lhes impede o curso da vida, ainda que sua inveja nunca possa truncar a glória e a fama dos homens excelentes, fadados à eternidade; a honrosa memória destes (graças aos escritores) se perpetuará continuamente de língua em língua, a despeito da morte e do tempo. É o que ocorre com as construções e os escritos do insigne Antonio da San Gallo[1], que na arquitetura foi tão brilhante e admirável, sendo tão apreciado por seu trabalho, que suas obras não merecem menor fama que qualquer arquiteto antigo ou moderno, considerando-se o valor e a índole de que era dotado. Era ele eloquente e douto nas discussões, sábio e pronto nas soluções, expedito na execução. Nunca houve arquiteto moderno que mantivesse tantos homens em atividade, nem que os fizesse trabalhar com tanta resolução. Tinha tanta prática, em

---

[1] Antonio di Bartolomeo Cordini nasceu em 12 de abril de 1484. Era sobrinho por parte de mãe de Giuliano e Antonio Giamberti, o Velho, dos quais recebeu o mesmo sobrenome: da Sangallo. Sobre ele, ainda é válido G. Giovannoni, *Antonio da Sangallo il Giovane*, Roma, 1959.

virtude da grande quantidade de obras que executara, e seu tino era tão justo e admirável no conhecimento das coisas bem-proporcionadas, que parecia impossível um engenho humano saber tanto. Sempre vigiou tudo o que fez, para que nada fugisse às regras e medidas de Vitrúvio[2], que ele estudou continuamente até morrer, mostrando na maravilhosa construção e no modelo de São Pedro que realmente o entendia, como diremos em seu devido lugar[3].

Antonio era filho do tanoeiro Bartolomeo Picconi di Mugello[4]; na infância, aprendendo a arte da marcenaria, saiu de Florença, ao saber que seu tio Giuliano da San Gallo[5] trabalhava em Roma com o irmão Anton[6]. Assim, muito disposto e voltado para a arte da arquitetura, seguindo os dois, já prometia chegar cumulativamente, na maturidade, aos resultados que hoje vemos por toda a Itália, nas tantas coisas que fez. Ocorre que Giuliano, impedido de trabalhar por aquele seu mal de pedras, foi obrigado a voltar a Florença[7], e Antonio, vindo a ser conhecido pelo arquiteto Bramante da Casteldurante[8], começou a ajudá-lo nos desenhos, pois ele já estava velho e, impedido pela tremedeira das mãos, não conseguia trabalhar como antes. Antonio fazia desenhos tão precisos e esmerados, que Bramante, achando-os condizentes e corretos nas medidas, foi forçado a incumbi-lo dos numerosos trabalhos que precisava realizar; deu-lhe assim a orientação de tudo o que desejava, de todas as invenções e composições que em cada obra haveriam de ser feitas. E sentiu-se servido por Antonio com tanto tino, idoneidade e diligência, que em MDXII o deixou encarregado do corredor que levava aos fossos de Castel Sant'Angelo[9], obra pela qual começou a receber proventos de dez escudos por mês. Sobreveio então a morte de Júlio II, de tal modo que a obra ficou inacabada[10]. Como Antonio já conquistara a fama de pessoa engenhosa na arquitetura e muito afeita à construção de muralhas, Alexandre I, cardeal Farnese, agora papa Paulo III[11], teve a ideia de mandá-lo restaurar o antigo edifício onde morava com a família em Campo di Fiore[12].

Antonio, que desejava ganhar prestígio, fez vários e diferentes desenhos para tal obra, entre os quais havia um bem cômodo, por ter dois apartamentos, e Sua Santidade Reverendíssima se agradou dele por querer deixar bem acomodados seus amados filhos, signor Pier Luigi e signor Ranuccio[13]. Começada a obra, a cada ano era construído um tanto, de maneira ordenada.

---

[2] Giovanni Sulpicio da Veroli e Pomponio Leto tinham organizado em 1486 aquela que pode ser considerada a edição *princeps* dos dez livros de Vitrúvio, *De Architectura*, à qual se seguiram outras edições também em língua latina. Em 1521 surgiu a primeira edição da tradução italiana de Cesare Cesariano, completada por Benedetto Giovio e Bono Mauro, que serviu de base para as edições subsequentes.

[3] Cf. abaixo, nota 31.

[4] O sobrenome de Antonio era Cordini; cf. acima, nota 1.

[5] Cf. sua Vida e a do irmão Antonio, nas pp. 484-94.

[6] Antonio, o Jovem, colaborou principalmente com esse tio, ajudando-o no projeto de San Giovani dei Fiorentini.

[7] Em 1503 Giuliano foi a Florença; mas em 1505 é citado de novo em Roma.

[8] Cf. sua Vida nas pp. 466-90.

[9] Não são facilmente identificáveis os primeiros trabalhos de Sangallo em Castel Sant'Angelo.

[10] Júlio II morreu na noite de 20 de fevereiro de 1513.

[11] Alessandro Farnese, nascido em 1468, papa de 1534 a 1549, fora nomeado cardeal diácono já em 1493.

[12] Desde 1495, Alessandro Farnese morava num palácio do século XV de sua propriedade, situado na via della Regola, que foi reconstruído depois de 1517, quando foram iniciados os trabalhos de organização urbanística da região de Campo dei Fiori. Nos Uffizi conservam-se desenhos para o palácio.

[13] Além de Pier Luigi e Ranuccio, Paulo III teve outros dois filhos, Paolo e Costanza.

Naquela época, em Macello de' Corbi, perto da Coluna Trajana, em Roma, foi construída uma igreja chamada Santa Maria di Loretto[14] sob a direção de Antonio; tal obra foi perfeitamente acabada e recebeu belíssimos ornamentos. Assim, crescendo--lhe a fama, visto que todos procuram incumbir de suas obras aqueles que as executam com beleza e perfeição, messer Marchionne Baldassini se animou e, perto da igreja de Santo Agostino, mandou construir um edifício[15] com base em modelo de Antonio e sob a direção deste; esse edifício está organizado de tal modo, que, embora pequeno, é considerado a primeira e mais cômoda habitação de Roma, pois nele escadas, pátio, arcadas, portas e lareiras são elaborados com suprema felicidade e graça. Messer Marchionne, ficando muito satisfeito e animado, decidiu que o pintor florentino Perino del Vaga[16] lhe pintasse uma sala com cenas e outras figuras coloridas, ornamentos que lhe conferiram graça e beleza infinitas. Ao lado da Torre de Nona, Antônio dirigiu e terminou a construção da casa dos Centelli, que é pequena, mas muito cômoda. Não muito tempo depois, ele foi a Gradoli[17], lugar sob a jurisdição do reverendíssimo cardeal Farnese, onde dirigiu a construção de um belíssimo e útil edifício para ele. Sua ida àquele lugar foi utilíssima, pois ele restaurou a fortaleza de Capo di Monte[18], circundada por muralhas baixas e bem modeladas; fez então o desenho da fortaleza de Capraruola[19]. O reverendíssimo monsenhor Farnese, achando-se tão satisfatoriamente servido em tantas obras por Antonio, foi obrigado a querer-lhe bem e, como essa afeição crescesse continuadamente, sempre que pôde o favoreceu em todos os seus empreendimentos.

Naquela época o cardeal Alborense, para deixar memória de si na igreja da sua nação, encomendou a Antonio a construção integral de uma capela de mármore[20] e uma sepultura na igreja de San Iacopo de gli Spagnuoli; essa capela recebeu pinturas de Pellegrino da Modena[21] em todos os seus vãos de pilares, e sobre o altar foi posto um belíssimo São Tiago de mármore feito por Iacopo del Sansovino[22]; essa obra de arquitetura é louvadíssima. Então messer Bartolomeo Ferratino, para sua comodidade e benefício dos amigos, bem como para deixar memória honrosa e perpétua, incumbiu Antonio de construir na praça Amelia um edifício[23] que é coisa honrosa e bela, com o qual Antonio angariou fama e recompensas nada medíocres.

---

[14] Iniciada em 1507 para a Confraria dos forneiros, foi consagrada apenas em 1534. Nos Uffizi (n.º 786) está o desenho preparatório; de formato quadrado por fora, tem planta octogonal por dentro, com nichos de união nos cantos. A cúpula é de Jacopo del Duca e foi construída a partir de 1577.

[15] Datável de c. 1510-15, embora muito alterado, na via delle Cappelle. Nos Uffizi, os desenhos n.º 1298 (de Antonio) e n.º 995 (talvez de Francesco da Sangallo) são relativos a tal obra.

[16] Cf. sua Vida nas pp. 689-712.

[17] Nos Uffizi (n.ºs 296 e 1320) há dois desenhos da fachada da lavra de Giovan Battista, irmão de Sangallo. O palácio, datável de c. 1515-26, pode ser atribuível mais a Battista do que ao próprio Antonio.

[18] Por volta de 1510-13 Sangallo restaurou a fortaleza de Capodimonte nos arredores do lago de Bolsena; fora edificada na segunda metade do século anterior. Nos Uffizi, o desenho n.º 35 contém as adaptações de Antonio.

[19] Nos Uffizi, o desenho n.º 775, autógrafo de Antonio, indica que o atual pátio da fortaleza é um decalque da implantação do projeto de Sangallo, a quem cabe o sistema pentagonal e a primeira fase dos trabalhos, que Vignola (1507-73) concluirá depois de 1559, ano em que os trabalhos foram retomados.

[20] Deve-se datar de c. 1517 a primeira intervenção de Sangallo na capela de San Giacomo.

[21] Cf. sua Vida nas pp. 561-2.

[22] Cf., na Vida de Pellegrino, nota 5, p. 561; o original está em Santa Maria in Monserrato.

[23] Bartolomeo Ferratino (morto em 1554) foi tesoureiro da Câmara Apostólica. O desenho n.º 1280 dos Uffizi apresenta um projeto mais amplo do que a efetiva realização. Datável de c. 1520-25, o palácio é um dos exemplos mais significativos do primeiro período de Antonio.

Naquele tempo estava em Roma Antonio di Monte, Cardeal de Santa Prassedia, que, por suas boas qualidades, querendo deixar em vida alguma memória no palácio onde morava, que dá para Agone, onde está a estátua de Mestre Pasquino, quis mandar construir uma torre[24] no meio da praça, com belíssima composição de pilares e janelas do primeiro andar até o terceiro, que foi projetada e terminada com graça e bom desenho por Antonio e pintada com figuras e cenas por Francesco dell'Indaco[25] por dentro e por fora.

O reverendíssimo cardeal d'Arimino ligara-se a ele com tanta amizade que, movido pela glória e desejando deixar lembrança aos pósteros em Tolentino, nas Marcas, mandou construir um palácio[26] sob a direção de Antonio. Este, além de receber recompensas, teve para sempre a gratidão do cardeal. Enquanto tais coisas aconteciam e a fama de Antonio crescia e se espalhava, Bramante ficou velho e alguns achaques fizeram dele um cidadão do outro mundo[27]. Com isso, o papa Leão logo nomeou três arquitetos para a construção de São Pedro: Raffaello da Urbino, Giulian da San Gallo, tio de Antonio, e frei Giocondo[28].

Logo depois frei Giocondo saiu de Roma[29], e Giuliano, que já estava velho, obteve licença para voltar a Florença[30].

Antonio, que estava vinculado ao reverendíssimo Farnese, pediu-lhe instantemente que suplicasse ao papa Leão a concessão do lugar de seu tio Giuliano.

Foi muito fácil obtê-la, primeiramente pelas virtudes de Antonio, que eram dignas daquele posto, e depois pelo interesse por benevolência entre o papa e o reverendíssimo Farnese.

Assim, em companhia de Raffaello da Urbino aquela construção continuou sem muito entusiasmo[31].

Quando o papa foi para Civita Vecchia a fim de fortificá-la[32], com ele foram alguns fidalgos, entre os quais Giovan Paulo Baglioni e o senhor Vitello, além de algumas pessoas talentosas, como Pietro Navarra e o arquiteto Antonio Marchisi[33], que viera de Nápoles a chamado do papa.

Ao tratarem da fortificação de Civita Vecchia, foram numerosas e variadas as opiniões a respeito. Entre tantos desenhos que foram feitos, Antonio apresentou um que

---

[24] A torre, que constituía a parte essencial da readaptação de Sangallo, foi demolida em 1791, quando o palácio foi modificado para Luigi Braschi.

[25] Francesco di Lazzaro Torni (1492-1562).

[26] O palácio tem como data segura de início o ano de 1529, da nomeação de Ascanio Parisani como bispo de Rimini; não completamente terminado por Antonio, apresenta o incomum revestimento de pedras almofadadas. Nos Uffizi, o desenho n.º 1375 mostra a parte relativa à execução de Sangallo.

[27] Morreu em abril de 1514.

[28] Cf., na Vida de Bramante, nota 21, p. 470.

[29] Na edição giuntina, Vasari narra uma Vida de frei Giocondo (c. 1434-1515), que tem um caráter bastante entusiasta, definindo-o como "homem raríssimo e universal em todas as mais louvadas faculdades". Na realidade, frei Giocondo morreu em 1º de julho de 1515.

[30] Talvez em 1515 mesmo.

[31] A partir de dezembro de 1516 Antonio, que desde 1510 realizava trabalhos secundários para São Pedro, tornou-se mestre de obras da construção como assistente de Rafael, que ele substituiu em 6 de setembro de 1520, quando este morreu, tomando Peruzzi como ajudante a partir de agosto do mesmo ano.

[32] O perímetro defensivo da cidade foi iniciado por encomenda de Leão X em 1515. A ele remetem os desenhos dos Uffizi n.ºs 933-35 e 946, referentes à doca.

[33] Antonio di Giorgio Marchesi da Settignano nasceu em 1451 e morreu em 1522. Foi engenheiro e arquiteto.

665

foi unanimemente considerado pelo papa, por aqueles senhores e pelos arquitetos como o mais bem concebido e fácil em matéria de fortaleza, proteção e beleza.

Com isso, Antonio conquistou muito crédito junto à corte. Nesse ínterim houve certo tumulto no palácio Apostólico, causado pelo medo, porque Raffaello da Urbino, ao construir as *logge*[34], tentando agradar a muitos com a construção de salas sobre as fundações, deixou vários vãos, o que causou graves danos ao conjunto, devido ao peso que incidia sobre estas, de tal modo que o edifício já se mostrava abalado. Diante disso, toda a cúria já evacuava o local apressadamente, por achar que em breve tempo aquilo poderia prejudicar numerosas pessoas. E sem dúvida isso teria acontecido, se Antonio, com seu engenho, não tivesse usado estacas e vigas para preencher por dentro aqueles pequenos aposentos e refazer todas as fundações, tornando-as firmes e sólidas como tinham sido no princípio; isso lhe deu grande fama.

A nação florentina projetara e começara sua igreja em Roma na via Giulia, atrás dos Banchi, com base em desenho de Iacopo Sansovino[35]. Mas como sua implantação ocorreu muito perto do rio, foi necessário gastar doze mil escudos numa fundação sob a água. Esta foi feita por Antonio com belíssimo engenho e grande solidez. Essa solução, que não fora encontrada por Iacopo, foi encontrada por Antonio, e as fundações foram erguidas vários braços acima da água. Além disso, fez um modelo para a igreja que sem dúvida seria uma coisa extraordinária, soberba e honrosa, caso tivesse sido levado a cabo. No verão o papa saiu de Roma e foi para Monte Fiasconi, onde ordenou a Antonio, que fora com ele, a restauração daquela fortaleza, cuja edificação, antiga, era do papa Urbano[36]. E, antes de sair de lá, mandou construir na Ilha Visentina do lago de Bolsena dois pequenos templos[37], um dos quais tinha oito faces por fora e era redondo por dentro, constituindo uma bela edificação; o outro era quadrado por fora e por dentro tinha oito faces, com quatro nichos nas paredes dos cantos, uma para cada uma, que demonstram até que ponto ele sabia usar a variedade de recursos da arquitetura. E assim, enquanto esses templos eram construídos, ele voltou para Roma e, na esquina de Santa Lucia, onde atualmente está a nova Casa da Moeda, deu início ao palácio do Bispo de Cervia[38], que não foi terminado. Fez também o do senhor Ottavio de' Cesis, coisa honrosa. Próximo à Corte Savella fez a igreja de Santa Maria di Monserrato[39], que é considerada belíssima. E também, atrás do palácio de Cibò, perto da casa dos Massimi dall'Orso, fez a casa de um Marrano, que não é muito grande[40].

---

[34] Cf. nota 72, p. 513.

[35] Em 1508 foi realizado um concurso para a reconstrução da igreja de San Giovanni dei Fiorentini, do qual o próprio Sangallo participou. Sansovino, que saiu vencedor, foi afastado em 1527 porque seu projeto obrigava a "jogar em fundações tantos milhares de escudos"; Sangallo lhe sucedeu, fazendo desenhos e projetos que, no entanto, não tiveram prosseguimento. A construção da igreja foi executada por Giacomo della Porta (c. 1540-1602).

[36] Ou seja, por Guillaume de Grimoard (c. 1310-70), papa com o nome de Urbano V a partir de 1362. A intervenção de Antonio é datada de 1519.

[37] Nos Uffizi, o desenho nº 962 diz respeito aos dois pequenos templos octogonais, um dos quais ainda existe na ilha Bisentina, a maior do lago de Bolsena.

[38] O palácio da via del Monserrato, para o bispo Pietro Fieschi, foi construído só até o primeiro andar.

[39] A igreja foi iniciada em 1518, mas a fachada foi executada muito depois; nos Uffizi existem dois desenhos relativos: um (nº 168) de planta central; o outro (171), de planta retangular.

[40] Executado por volta de 1520, foi notavelmente modificado a partir do século XVII.

Ocorreu então a morte de Leão X[41], que acarretou a morte de todas as boas artes e virtudes, quando, a começar do tempo de Júlio, a arquitetura, a escultura e a boa pintura haviam chegado à perfeição, quando os lavores de estuque e todas as coisas difíceis haviam atingido bela maneira e facilidade de execução, além de todas as outras ciências, que foram assassinadas com o advento do papa Adriano VI[42]. E tais virtudes sofreram tamanho abalo, que, se o governo da Sé Apostólica tivesse ficado muito tempo em suas mãos, Roma passaria durante seu pontificado o que passara no tempo de Gregório ou de outros papas velhos, que só se preocupavam com o espírito e pouco apreço deram à arquitetura. Aliás, foram eles grandes inimigos das artes do desenho, se for verdade (como afirmam muitos) que todas as estátuas, boas ou ruins, remanescentes dos estragos dos godos foram por eles condenadas ao fogo, como coisas capazes de desviar os homens da santa religião. E Adriano já ameaçara (creio que para mostrar-se semelhante àqueles, como se a santidade consistisse em imitar os defeitos dos homens de bem, pois todos têm algum) demolir a capela do divino Michele Agnolo[43], dizendo que era uma estufa de nus. E desprezando todas as boas pinturas e estátuas, chamava-as de lascivas e mundanas, vergonhosas e transitórias. Por essa razão, não só Antonio, mas todos os homens de engenho interromperam os trabalhos, de tal modo que no seu tempo quase nada foi feito na construção de São Pedro, embora aquele papa lhe devesse ser muito mais afeiçoado, já que desejava mostrar-se inimigo das outras coisas mundanas. Antonio, portanto, voltou-se para outras coisas e, durante esse pontificado, restaurou as naves menores da igreja de San Iacopo de gli Spagnuoli[44], ao mesmo tempo que reparou sua fachada com belíssima iluminação. Mandou fazer de travertino o tabernáculo da Imagine di Ponte, que, apesar de pequeno, é muito gracioso; nele Perin del Vaga fez em afresco uma obra pequena e bela[45].

As pobres artes já estavam bastante prejudicadas pela existência de Adriano quando o céu, apiedando-se delas, decidiu dar morte a um para ressuscitar mil; e assim o tirou do mundo, fazendo-o dar lugar a quem pudesse investir melhor aquele cargo e governar as coisas do mundo com outro ânimo. Eleito papa, Clemente VII[46], cheio de generosidade e seguindo as pegadas de Leão e dos outros antecessores, acreditou que, havendo deixado boas lembranças no cardinalato, no papado deveria suplantar todos os outros na renovação e no aformoseamento das construções. Seu advento serviu de conforto a muitos homens valorosos, bem como de alento e nova vida aos tímidos e engenhosos que se haviam abatido. Estes, ressurgindo, vieram depois a dar honrosos penhores de tal fato com as obras que hoje vemos. Antonio, voltando a trabalhar sob o patrocínio de Sua Santidade, logo refez um pátio que há no palácio defronte às *logge*, pintadas sob a direção de Rafael; teve tal obra grande utilidade, pois antes se chegava a elas por caminhos tortuosos, estranhos e estreitos; com o alargamento, Antonio conferiu formosura, ordem e grandiosidade ao lugar[47]. Em Banchi, fez a fachada da velha Casa da Moeda de Roma, com belíssimo formato naquele

---

[41] Em 1º de dezembro de 1521.

[42] Adrian Florensz nasceu em Utrecht em 2 de março de 1459, foi preceptor de Carlos V até 1515; em 9 de janeiro de 1522 foi eleito pontífice; morreu em 14 de setembro de 1523.

[43] O teto da Capela Sistina fora terminado por Michelangelo já em 1512.

[44] Nos Uffizi há desenhos de Antonio relativos à reforma da fachada.

[45] Cf., na Vida de Perin del Vaga, nota 22, p. 695.

[46] Em 1523, dia 19 de novembro.

[47] Sucessivos remanejamentos desnaturaram completamente a fisionomia do edifício.

ângulo arredondado[48], considerado coisa difícil e prodigiosa; nela pôs o brasão do papa. Fez novas fundações para o restante das *logge* papais que, com a morte de Leão, não tinham sido terminadas e, com o pouco cuidado de Adriano, não haviam sido continuadas nem tocadas. Mas Clemente as terminou inteiramente, por intermédio de Antonio[49].

Sua Santidade, por ser dotado de engenho, queria que Piacenza e Parma fossem fortificadas, para o que foram feitos inúmeros desenhos e muitos modelos. O papa então deliberou mandar juntos para tais lugares Giulian Leno[50] e Antonio, que levou consigo para Piacenza seu discípulo Abbaco[51], Pier Francesco da Viterbo[52], talentoso engenheiro, e o arquiteto veronês Michele da San Michele[53], que fazia os desenhos para a igreja Madonna de Monte Fiascone. Chegados a Parma e a Piacenza, todos juntos executaram com perfeição os desenhos daquela fortificação[54]. Feito isto, Antonio voltou sozinho para Roma, passando por Florença, para ver seus amigos. Isso ocorreu em MDXXVI. Estando lá a andar pelas ruas, como costuma fazer quem volta à pátria, Antonio viu uma belíssima jovem da família Deti[55] e dela se enamorou, por sua muita formosura e graça. Informando-se sobre ela e seus parentes, acreditou que não poderia alcançar seus intentos se a família não lha concedesse por mulher, deixando de levar em conta a idade e sua baixa condição social, sem sequer considerar a situação de servidão e os transtornos que causaria para sua família e para si mesmo, sendo isto o que mais importava e o que ele mais deveria avaliar. Conversou a respeito com seus parentes, e estes tentaram dissuadi-lo, dizendo-lhe que tal coisa em nada lhe conviria, e que ele deveria fugir àquilo que procurava obter para seu próprio prejuízo e ao arrepio da vontade do irmão. Mas o amor, que o matava, o despeito e a competição o tornaram presa do desejo, e ele atingiu o seu intento. Antonio era naturalmente obstinado e cruel com a família, mau costume este que levara o pai ao desespero e, não muito tempo antes, o fizera viver sozinho; este, vendo-se abandonado pelo próprio filho na velhice, morreu mais por tal motivo que por qualquer outro.

A referida mulher era tão altiva e arrogante, que não vivia como esposa de arquiteto, mas, à guisa de grande senhora, causava tais transtornos e gastos, que os ganhos de Antonio, outrora altíssimos para ele, nada representavam para a pompa e a soberba da mulher. Além de fazer a sogra sair de casa e morrer na miséria, nunca conseguiu ver com bons olhos nenhum dos parentes do marido, preocupada que estava em apenas elevar os seus, enterrando todos os outros no chão. Nem por isso Batista[56], que era do-

---

[48] Ainda existe.

[49] Entre outras coisas, Antonio completou o lado oeste do pátio com o acréscimo do último andar.

[50] Cf., na Vida de Bramante, nota 24, p. 470.

[51] Nasceu em c. 1495 em Vercelli; morreu em Florença em 1534. Foi editor do *Libro di Antonio Labacco appartenente a l'Architettura nel quale si figurano alcune cose notabili dell'antichità di Roma*, Roma, 1555. Cf. C. Faccio, *Antonio Labacco architetto vercellese e del suo libro delle antichità di Roma*, Vercelli, 1894.

[52] Para Pier Francesco Florenzuoli; nasceu em c. 1470 em Viterbo, morreu em 1534 em Florença. Durante a guerra franco-espanhola, foi valoroso combatente e *condottiero* do exército de Francisco I.

[53] Michele Sammicheli nasceu por volta de 1484 em Verona, onde morreu em 1559. Na edição giuntina Vasari lhe dedica uma Vida completa. Os trabalhos de Sammicheli na catedral de Montefiascone remontam a c. 1519.

[54] Restam desenhos relativos às fortalezas de Parma e Piacenza, datáveis de 1526, nos Uffizi (nᵒˢ 799, 802, 803, 806-8).

[55] Isabella Deti sobreviveu vários anos a Antonio, depois de se casar novamente em 1548.

[56] Giovan Battista, vulgo Gobbo, nasceu em 1496 e morreu em 1522; foi fiel ajudante e continuador do irmão.

tado de bom engenho pela natureza e extraordinariamente ornado de bons costumes, deixou de servir e honrar o irmão Antonio sempre com solicitude em tudo o que lhe foi possível, mas em vão, pois aquele nunca lhe deu demonstrações de afeição, nem em vida nem depois da morte.

Era pouca a comodidade dos aposentos do palácio, pelo que o papa Clemente ordenou que Antonio começasse sobre a Ferraria a sala onde ocorrem os consistórios públicos[57]; foram elas muito louvadas por Clemente. Depois fez outras acima dos aposentos dos camareiros de Sua Santidade e sobre o teto destas também construiu, obra esta muito perigosa, pois exigiu novas fundações. Na verdade, Antonio foi muito competente nessas coisas, pois suas construções nunca mostraram nenhuma rachadura, e nunca houve arquiteto moderno mais seguro e atilado na junção de paredes. Pouco depois disso, por ordem do papa, foi a Santa Maria de Loreto[58], onde dirigiu a cobertura dos tetos de chumbo; também refez suas fundações, pois ela desmoronava, dando-lhe assim melhor forma e mais graça do que tinha antes. Fugindo do saqueio de Roma, o papa se refugiou em Orvieto, onde a corte sofria muito com a falta de água. Diante disso, o papa teve a ideia de abrir naquela cidade[59] um poço revestido de pedra, com a largura de vinte e cinco braços e duas escadas entalhadas no tufo, uma sobre a outra, em caracol, seguindo a circunferência do poço, para que se descesse até o fundo por duas escadas duplas em caracol da seguinte maneira: para buscar água, as bestas entrariam por uma porta, desceriam até o fundo pela escada destinada apenas à descida e, chegando à ponte onde se pega a água, sem voltar atrás, passariam para o outro ramo da escada, que gira acima da escada de descida, e assim iriam subindo até passarem por outra porta diferente e oposta à primeira, saindo do poço. Era coisa engenhosa, feita com capricho e admirável beleza, que foi executada quase até o fim antes da morte de Clemente. Depois, o papa Paulo mandou terminar a boca do poço, mas não da forma determinada por Clemente. Sem dúvida, os antigos nunca fizeram uma edificação que se assemelhasse a essa nem em indústria nem em maestria, pois no meio havia uma abertura redonda que até o fundo iluminava, por meio de algumas janelas, aquelas duas escadas que sobem e descem. Enquanto essa obra estava sendo feita, Antonio foi para Ancona, onde dirigiu a construção da fortaleza naquela cidade[60], obra esta que continuou até o fim. No tempo do duque Alessandro, sobrinho do papa Clemente, este decidiu mandar construir a fortaleza em Florença[61], e desse modo o senhor Alessandro Vitello com Pierfrancesco da Viterbo fizeram os preparativos junto à porta de Faenza e, sob a direção de Antonio, a obra foi executada com tanta rapidez, que nenhuma construção antiga ou moderna foi levada a cabo tão depressa. De início, foram feitas as fundações de um torreão chamado Toso, no qual foram gravados epigramas e

---

[57] Por incumbência de Leão X, construíra a partir de 1517 a sala do Consistório.

[58] A partir de 1517, Antonio entrou em contato com os trabalhos de Loreto; em 1525 foi pago por algumas intervenções; finalmente, de 1528 a 1534, tornou-se responsável pelas obras, sucedendo a Andrea Sansovino.

[59] O chamado poço de San Patrizio, que tem acesso e saída por duas rampas, foi construído por Sangallo de 1527 a 1537: primeiramente em colaboração com Stefano Tarugi, depois com Simone Mosca. Nos Uffizi está o desenho preparatório (n.º 1242).

[60] Iniciada em 1532 por Sangallo, a construção da fortaleza foi confiada em 1541 a Giovan Battista Palori.

[61] A chamada fortaleza "de Baixo" ainda subsiste, embora totalmente modificada em período posterior. Foi iniciada em 15 de julho de 1534, depois que a obra foi diretamente encomendada pelo duque Alessandro a Antonio em 10 de março daquele ano.

669

medalhas, com solenes pompas e cerimônias. Essa obra é celebrada até hoje por todo o mundo, sendo considerada inexpugnável naquela cidade.

Antes disso, por ordem sua foram levados a Loreto o escultor Tribolo[62], Raffaello da Monte Lupo[63] e o jovem Francesco da San Gallo[64], que terminaram as cenas de mármore iniciadas por Andrea Sansovino[65]; fizeram um trabalho diligente. Estava então em Arezzo o florentino Mosca[66], entalhador de mármores extraordinário e inigualável no mundo, pelos entalhes de qualquer tipo que fazia; estava trabalhando numa lareira de pedra para os herdeiros de Pellegrino da Fossombrone, obra levada a cabo de um modo divino. A pedido de Antonio, Mosca foi para Loreto e ali fez festões que são divinos, de tal modo que tal construção e todo o ornamento daquela câmara de Nossa Senhora foram terminados com solicitude e amor. Naquela época Antonio estava incumbido de cinco grandes obras que, embora estivessem em lugares diferentes e distantes umas das outras, nunca deixaram de receber a atenção dele, primeiro por ser ele dotado de engenho prudente, depois por ser ajudado pelo irmão Batista. Essas cinco obras eram a fortaleza de Florença, a de Ancona, a obra de Loreto, o palácio Apostólico e o poço de Orvieto, sobre o qual falamos acima. Ocorreu então a morte de Clemente e o advento do papa Paulo III Farnese[67], que já como cardeal era amicíssimo de Antonio, ganhando este assim maior crédito e favorecimento. Quando Sua Santidade deu ao senhor Pier Luigi, seu filho, o título de Duque de Castro, Antonio foi enviado àquela cidade e ali fez o desenho da fortaleza[68]; depois, por ordem do duque, Antonio ficou incumbido das suas fundações e também da construção do seu palácio, que fica na praça e é denominado Osteria[69]. Naquela mesma praça fez a Casa da Moeda em travertino[70], à semelhança da Casa da Moeda de Roma, além de muitos outros palácios para várias pessoas, da cidade ou de fora, tudo com custos enormes e inacreditáveis para quem não os viu, pois não se fez economia, sendo todos eles formosamente ornados e dotados de muita comodidade.

No ano em que o imperador Carlos V voltou vitorioso da Tunísia[71], em sua passagem por Messina, Apúlia e Nápoles, foram feitos honrosos arcos do triunfo por sua vitória; como Sua Majestade iria a Roma, Antonio recebeu a incumbência de fazer um arco triunfal[72] de madeira no palácio de São Marcos, que ele dispôs em esquadro, de tal modo que pudesse servir a duas ruas; nunca se viu nada em tal gênero que fosse mais

---

[62] Sobre Niccolò di Raffaello, conhecido como Tribolo, cf., na Vida de Michelangelo Senese, nota 6, p. 598.

[63] Cf., na Vida de Baccio da Montelupo, nota 13, p. 547.

[64] Cf., na Vida do pai de Giuliano, nota 47, p. 492.

[65] Cf., em sua Vida, nota 17, p. 541.

[66] Simone di Francesco di Simone nasceu em 1492 em San Martino a Terenzano e morreu em 1553. Cf. acima, nota 59.

[67] Cf. nota 11, p. 663.

[68] Edificada depois de 1537 para Pier Luigi, que a partir de 1545 foi duque de Parma e Piacenza, foi demolida em 1649 por ordem de Inocêncio X Pamphili, durante a segunda guerra de Castro, juntamente com todas as cidades cujo feudo voltou para a Igreja. Nos Uffizi há desenhos preparatórios (n.os 750-52 e 813).

[69] Ainda nos Uffizi, desenhos para o palácio (n.os 297, 299, 732, 735, 742).

[70] Seu desenho está nos Uffizi (n.º 596).

[71] A vitória da Tunísia ocorreu em 1535.

[72] Os grandiosos festejos de 1536 tiveram a participação de muitos artistas sob a direção de Antonio: o arco de São Marcos estava decorado com oito cenas executadas por Francesco Salviati e em parte por Marten van Heemskerk e ajudantes.

soberbo e bem proporcionado. Na verdade, considerando-se a diligência, a sutileza e o esmero de tal execução em madeira, caso tivesse sido feita com a soberba e o custo do mármore, essa obra mereceria ser enumerada entre as sete maravilhas do mundo. Além disso, Antonio organizou toda a festa para a recepção de tão grandioso imperador, festa que deu ensejo a outras em Siena, Lucca e depois Florença, que fizeram tantas obras novas e variadamente ornadas. Depois, deu prosseguimento à fortaleza[73] de Nepi para o Duque de Castro, com toda a fortificação, graças à qual a referida cidade se tornou inexpugnável e bela; também fez todos os desenhos para os cidadãos daquele lugar, onde abriu muitas ruas. Sua Santidade decidiu fazer os bastiões de Roma, obra que se tornou (como se vê) absolutamente inexpugnável. Como a porta da igreja do Santo Spirito[74] estava compreendida nesses trabalhos, Antonio a fez, mas com ornamento rústico de travertino, de uma maneira robusta e extraordinária, sendo tanta a sua magnificência, que ela se equipara às coisas antigas. Essa obra, depois de sua morte, houve quem procurasse destruir por vias extraordinárias, mais por inveja de sua glória do que por alguma boa razão; isso teria ocorrido se quem estava no poder o tivesse permitido. Mas quem podia não quis. Antonio dirigiu todos os trabalhos de novas fundações do palácio Apostólico[75], pois este ameaçava ruir; em um de seus flancos, fez o mesmo trabalho na capela do papa Sisto, onde estão as obras de Michele Agnolo; o mesmo foi feito na fachada, sem que surgisse a mínima rachadura, trabalho mais arriscado que honroso. Ampliou a grande sala da capela de Sisto, pondo em duas de suas lunetas aqueles janelões impressionantes, que lançam tão maravilhosa luz na abóbada, com suas divisões de estuque, de tal modo que se pode admitir ser essa sala a mais bela e rica de todo o mundo. Para ir a São Pedro, dotou-a de escadas que oferecem uma subida admiravelmente suave, de tal modo que entre os antigos e os modernos nunca se viu coisa melhor; há também a capela Paulina, onde é guardado o Sacramento, coisa harmoniosa, bela, tão bem dividida e repartida, que pela graça que ali se vê parece que se nos apresenta a rir e festejar. Antonio fez a fortaleza de Perúgia[76], na discórdia que houve entre essa cidade e o papa, quando a casa dos Baglioni ruiu; essa fortaleza não só foi terminada com maravilhosa presteza como também ficou muito bonita. Fez também a fortaleza de Ascoli[77], terminando-a em poucos dias, para que pudesse ser admirada. Como era uma obra que os habitantes da cidade e os outros não acreditavam poder ser feita nem em muitos anos, quando a guarda foi ali posta tão depressa, o povo ficou admirado e quase não acreditava. Para enfrentar as cheias do Tibre, refez as fundações de sua casa na via Giulia[78], começou e terminou o edifício onde morava, perto de San Biagio[79], coisa honrosa e digna de príncipe, na qual gastou alguns milhares de escudos.

Mas nada do que fez para proveito e utilidade do mundo se compara ao modelo da venerandíssima e estupenda construção de São Pedro[80], cujo projeto inicial de Bramante

---

[73] A intervenção de Antonio ocorreu entre 1538 e 1545.

[74] Que continua inacabada, mesmo depois da morte de Antonio.

[75] O conjunto desses trabalhos foi executado entre 1539 e 1546.

[76] A Rocca Paolina, edificada entre 1540 e 1543, foi totalmente destruída em 1860.

[77] Há alguns remanescentes.

[78] O chamado palácio "do cônsul de Florença" fica no n.º 79 da via Giulia. No portal tem o brasão de Cosimo II, duque de Florença. Sua planta foi conservada.

[79] O Palácio Sacchetti, n.º 66 da via Giulia, tem ao lado do balcão a lápide DOMVS ANTONII SANGALLI ARCHITECTI MDXLIII.

[80] O modelo de madeira está nos Museus Vaticanos. Antonio Labacco também foi autor da gravura com o modelo e a inscrição ANTONIVS S. GALLI INVENTOR ANTONIVS LABACVS EIVS DISCIP EFFECTOR.

foi por ele refeito segundo uma nova ordem, com extraordinária elegância, composição bem-proporcionada, harmonia e boa distribuição dos aposentos, belíssimos e sólidos corpos situados em várias de suas partes; a tudo isso o seu discípulo Antonio d'Abaco deu prosseguimento, mandando fazer e terminar inteiramente o modelo de madeira, com o que granjeou enorme fama. Engrossou os pilares de São Pedro[81], para que neles a carga de toda a tribuna pudesse pousar sem perigo; além disso, encheu as fundações com material sólido e de robustez correspondente, de tal modo que aquela construção nunca apresentará rachaduras, nunca ameaçará ruir, como ocorreu com Bramante. Tal maestria oculta sob a terra, caso fosse visível, causaria assombro a todo grande engenho. Por isso, o louvor e a fama desse admirável artista devem ganhar lugar de consideração entre os belos intelectos e os insignes engenhos, que serão gratos ao seu trabalho, às belas soluções e aos tantos modos de superar as dificuldades com que procurou ornar sua arte neste século.

Sabe-se que desde os tempos dos antigos romanos os homens de Terni e os de Rieti são grandes inimigos, em virtude das divergências causadas pelo lago de Marmora que às vezes, subindo, prejudicava uma das partes, motivo pelo qual os de Rieti queriam alargá-lo, e os de Terni não o permitiam. Por isso, continuamente e em qualquer época, todo e qualquer governante de Roma, imperador ou pontífice, sempre deu mostras de lamentar esse fato. Até mesmo no tempo de Marco Túlio Cícero o Senado ordenou que essa divergência fosse resolvida, o que não ocorreu em vista das dúvidas e das dificuldades. Também por isso no ano MDXLVI foram enviados embaixadores ao papa Paulo, que deu a Antonio ordem para resolver tal coisa, e este deu o parecer de que o lago deveria desembocar pelo lado onde está o muro; e Antonio, com enorme dificuldade, mandou abri-lo[82]. Então, exposto ao calor do sol, estando já velho e enfermiço, Antonio contraiu febre em Terni e não demorou muito para entregar a alma ao céu[83]. Foi grande a dor dos parentes próximos e dos amigos, sendo realmente grande a perda para todas as construções. Foi o que ocorreu com o palácio Farnese, perto de Campo di Fiore, que não parece totalmente integrado nem feito pela mesma pessoa porque as escadas e alguns tetos não obedeceram ao primeiro desenho. Do mesmo modo padeceram São Pedro e outras muralhas. Seu corpo foi levado a Roma e sepultado com grande pompa, sendo acompanhado por todos os artistas do desenho e por outros inúmeros amigos seus. Os superintendentes de São Pedro ordenaram que seu corpo fosse depositado próximo à capela do papa Sisto, em São Pedro; e ali mandaram colocar o seguinte epitáfio:

ANTONIO SANCTI GALLI FLORENTINO VRBE MVNIENDA AC PVB(LICIS) OPERIBVS
PRAECIPVEQVE D(IVI) PETRI TEMPLO ORNAND(O) ARCHITECTORVM FACILE PRINCIPI
DVM VELINI LACVS EMISSIONEM PARAT PAULO III PONT(IFICE) MAX(IMO) AVTORE
INTER AMNAE INTEMPESTIVE EXTINCTO ISABELLA DETA VXOR MOESTISS(IMA)
POSVIT MDXLVI III CALEND(IS) OCTOBRIS*.

---

[81] Cf. pp. 469-70.

[82] Uma carta de 22 de março de 1546 ao duque Cosimo I é testemunho do estudo de Sangallo para o rebaixamento do lago Velino, ao qual faz referência o desenho n? 4209 dos Uffizi, de autoria de Bartolomeo de' Rocchi, que durante muito tempo foi colaborador de Antonio e continuador desse projeto.

[83] Morreu em Terni em 28 de setembro de 1546.

* "Em memória do florentino Antonio da San Gallo, o arquiteto que melhor soube munir a cidade de Roma de defesas e obras públicas e, especialmente, ornar o templo do divino Pedro. Quando estava trabalhando no lago Velino por ordem do pontífice Paulo III, morreu subitamente em Terni. Isabella Deta, sua inconsolável esposa, mandou fazer este epitáfio em 3 de outubro de 1546." [N. da T.]

Giulio Romano, pintor e arquiteto

Quando entre os muitos homens se veem espíritos engenhosos, que sejam afáveis e joviais, falem sempre com seriedade e sejam estupendos e admiráveis nas artes que procedem do intelecto, pode-se realmente dizer que algumas graças são destinadas a poucos pelo pródigo céu; e tais pessoas podem caminhar orgulhosas acima dos outros, por tudo de bom com que foram aquinhoadas. Porque o poder da cortesia no trato dos homens é igual ao poder que nas obras tem a doutrina das suas artes. De tudo isso Giulio Romano[1] foi tão bem dotado pela natureza, que realmente se pode dizer ter sido herdeiro do graciosíssimo Raffaello, tanto nos costumes quanto na beleza das figuras que fez na arte da pintura. É o que demonstram também as maravilhosas construções que fez em Roma e Mântua[2], que não parecem habitações humanas, mas casas de deuses feitas para exemplo dos homens. Tampouco quero silenciar a invenção da cena em que ele mostrou ser extraordinário, sem que ninguém se lhe igualasse. E bem posso dizer com segurança que neste volume ele não fica atrás de ninguém. É possível ver os prodígios que fez com as tintas, cuja beleza emana uma graça de qualidade firme e prenhe de sabedoria em suas sombras e luminosidades, que às vezes se mostram abstratas e vivas. Nenhum geômetra jamais tocou um compasso com mais graça que ele. A tal ponto que Apeles e Vitrúvio, caso estivessem vivos entre os artistas, se considerariam sobrepujados pela sua maneira, que foi sempre moderna à antiga, e antiga à moderna. Por ele Mântua só poderia chorar, quando a morte fechou aqueles olhos que sempre desejaram beneficiá-la, salvando-a das inundações e enaltecendo-a nos muitos edifícios, podendo-se dizer que fez dela uma nova Roma com a excelência de seu espírito e o valor de seu engenho maravilhoso. Porque ele, mais que qualquer outro, mostrou o valor com que fora dotado pela arte e pela natureza nos novos modos presentes nas formas mostradas pela beleza dos nossos artistas.

Giulio Romano foi discípulo do gracioso Raffaello da Urbino[3] e, por sua natureza admirável e engenhosa, mereceu ser entre todos o mais amado por Raffaello, que o tinha em alta conta, por ter superado todos os seus discípulos em desenho, invenção e colorido. Foi bem o que demonstrou Raffaello toda a vida, pois sempre o punha a

---

[1] Giulio di Piero Pippi de Giannuzzi nasceu sem dúvida em Roma; segundo Vasari, em 1492, mas deve ter sido por volta de 1499; aliás, segundo Hartt, exatamente em 1499. Sobre ele, cf. F. Hartt, *Giulio Romano*, New Haven, 1958 (reimpressão Nova York, 1981); vários autores, *Studi su Giulio Romano. Omaggio all'artista nel 450° della venuta a Mantova (1524-1974)*, Mântua, 1975; vários autores, *Studi du Giulio Romano*, San Benedetto Po, 1975.

[2] Cf. abaixo, nota 20.

[3] Por volta de 1509.

trabalhar em todas as coisas mais importantes que pintava, e ele, por ser curioso e desejar imitar o mestre, interessava-se muito por arquitetura. E, pelo prazer que sempre teve nisso, concebeu coisas novas, caprichosas e belas. É o que se vê ainda na vinha do papa, nas proximidades de Monte Mario[4], em cuja entrada há uma composição lindíssima, além de criações originais nas paredes de fora e no pátio interno. Essa obra é a mais bela que existe em Roma extramuros não só pelas fontes (tanto as rústicas, que mandou construir, quanto as mais refinadas) e pelos ornamentos, mas também pela amenidade das vinhas e pela grandiosidade e beleza do lugar. Há ali uma fonte de mosaico à maneira rústica, ornada de amêijoas, telinas e outras coisas marinhas, da lavra do admirável Giovanni da Udine[5], que, por tê-la feito a partir de investigações da antiguidade, foi a que deu origem a todas as obras desse gênero concebidas pelos modernos, obras belas e maravilhosas em variedade e ornamento que se espalham por Roma e pela Itália. Também dele, nas belas arcadas de tal vinha há estuques pintados com grotescos, arte em que ele foi pioneiro entre os modernos, sendo considerado o mais divino de todos. Também de sua lavra veem-se lá animais que ninguém mais fez com tanta prática e vivacidade. Naquela construção, além de inúmeros desenhos Giulio fez na fronte das arcadas um grande Polifemo[6] com um número infinito de pequenos sátiros a brincarem ao seu redor; essa obra foi considerada muito louvável.

Quando Raffaello morreu, o florentino Giovan Francesco[7] e Giulio Romano herdaram juntos suas coisas; desse modo, terminaram juntos inúmeras obras de que Raffaello os deixara incumbidos, especialmente a sala do palácio em que estão os feitos de Constantino[8]. Giulio fez os cartões da obra toda; pretendiam fazer a óleo a parede em que Constantino fala aos soldados, mas, como não conseguiram, decidiram derrubá-la e pintá-la em afresco. Logo foi terminada, pois já havia a iniciada por Raffaello no tempo de Leão X, obra que se prolongara até os primeiros anos de Clemente VII porque, com a morte de Leão e o advento de Adriano, ninguém se preocupara em terminá-la[9]. Essa obra tem uma bela invenção, e suas muitas partes são perfeitamente executadas. Juntos, Giovan Francesco e Giulio fizeram para Perúgia o painel de Monte Luci[10] e um quadro de Nossa Senhora, no qual Giulio fez uma gata[11], passando então a referida obra a ser conhecida como o quadro da gata; foi muito louvada. Naquele tempo Giovan Matteo Genovese, que era datário do papa e bispo de Verona[12], manteve Giu-

---

[4] A Villa Madama na realidade foi iniciada por Giulio de' Medici, ainda cardeal, com base em projeto de Rafael, como, aliás, o próprio Vasari ressaltava em sua Vida (cf. nota 77, p. 513). O atual nome provém de Madama Margherita di Parma, mulher de Alessandro de' Medici. Cf. D. R. Coffin, "Plans of the Villa Madama", em *Art Bulletin*, 1967, pp. 111-22.

[5] Giovanni di Francesco de' Ricamatori. Cf., na Vida de Polidoro, nota 3, p. 624.

[6] Ainda existe, mas bastante deteriorado.

[7] Ver sua Vida na p. 563.

[8] Cf., na Vida de Rafael, nota 86, p. 515. Em especial, o *Batismo de Constantino* é considerado uma obra de Francesco Penni; a *Batalha de Ponte Milvio* é obra de Giulio Romano com base em cartão de Rafael; a *Aparição da Cruz* e a *Doação de Constantino* também são de Giulio, mas Hartt considera que um deles é de Raffaellino dal Colle, e o outro, de Penni; na Vida deste, cf. nota 9, p. 564.

[9] Vasari não perde a oportunidade de ressaltar as condições de austeridade em que decorreu o pontificado de Adriano VI, entre dois esplêndidos papas dos Medici.

[10] É o painel nº 230 da Pinacoteca Vaticana. Realizado por Pippi e Penni depois da morte de Rafael, a quem fora encomendado em 1505 e 1516, começou a ser executado em 1525.

[11] É o nº 140 do museu napolitano de Capodimonte.

[12] Gian Matteo Giberti, nascido em Palermo em 1455, morreu em Verona em 1543; foi muito influente durante o pontificado de Clemente VII.

lio honrosamente a serviço de Clemente. Para o palácio, encomendou-lhe a construção de alguns aposentos junto à porta e, para a igreja de Santo Stefano de Gênova, benefício seu, um painel com a lapidação de Santo Estêvão[13]. Esta obra tem grande beleza e singular graça, sendo tão boa sua composição, que é a melhor entre as tantas jamais feitas por ele. Nela há nus belíssimos, e a glória em que Cristo aparece à direita do Pai é coisa realmente celestial, e não pintada. Giovan Matteo honrou os frades de Monte Oliveto com essa obra, ao lhes conceder o lugar onde hoje fica seu mosteiro.

Para a capela da família do alemão Iacopo Fuccheri, na igreja de Santa Maria d'Anima, em Roma, fez um painel muito louvado[14], sobretudo uma construção que é coisa divina. Ao pé de São Marcos há um leão cujos pelos se retorcem no seu movimento de girar, coisa realmente difícil, com asas que mais parecem de plumas e penas do que feitas de tintas. Em Roma, Giulio tinha a seu serviço Giovanni da Leone e Raffaello dal Colle de Borgo a San Sepolcro[15], que eram muito destros na execução das coisas que ele desenhava. Assim, incumbiu-os de fazer um brasão perto da antiga Casa da Moeda de Banchi, ao lado de Santa Maria Chiesina; cada um ficou encarregado de metade da obra, na qual há duas figuras a sustentar o ornamento com a cabeça. Na grande sala que ele fez, coloriram e executaram grande parte daquilo que ali há. Depois Giulio incumbiu Raffael Borghese de executar sozinho, acima da porta de dentro do Cardeal della Valle, uma Nossa Senhora a cobrir uma criança adormecida com Santo André e São Nicolau, obra que foi maravilhosamente louvada.

Nessa mesma época, fez o desenho da vinha e do palácio de messer Baldassarre da Pescia[16], em cujo interior dirigiu a execução de pinturas e estuques na sala e na estufa, mandando também ornamentar uma arcada com estuques brancos. Essa obra é sem dúvida tão bela, variada e graciosa, que causa assombro e admiração vê-la. Nessa época Giulio se separou de Giovan Francesco, por querer executar suas obras próprias a seu modo. Fez em Roma diferentes coisas de arquitetura para diversas pessoas, como o desenho da casa dos Alberini em Banchi, feito por Giulio segundo orientação de Raffaello[17], e o do palácio situado na Piazza della Dogana[18], que na verdade é belíssimo. Numa esquina de Macello de' Corbi desenhou sua casa, que tem beleza e variação, apesar de pequena. Seu engenho era tão celebrado e prestigiado, sendo tão conhecidas sua fama e a amenidade de sua índole, que Federigo Gonzaga, primeiro Duque de Mântua[19] e amicíssimo de messer Pietro Aretino, que era muito chegado a Giulio, acolheu-o com muita benevolência quando foi a Roma, pois era amante das artes; assim, não se cansando de elogiá-lo, levou-o para Mântua a seu serviço[20]. Ali morando, não

---

[13] Ainda na igreja homônima, é datável de 1523. Na Pinacoteca Vaticana está o cartão original de Giulio Romano, em más condições.

[14] O painel para Jacob Fugger, o Rico – célebre mercador e banqueiro de Augusta, financiador de Carlos V –, também datável de 1523, ainda está na igreja de Santa Maria dell'Anima. Foi restaurado em 1683 por Carlo Maratta.

[15] Sobre Giovanni só se sabe que nasceu em Borgo Sansepolcro; quanto a Raffaellino, cf., na Vida de Rosso, nota 21, p. 614.

[16] Ou seja, a Villa Lante, readaptada depois por Valadier (1762-1831), de acordo com as exigências do gosto neoclássico.

[17] Atual Palácio Cicciaporci, no nº. 12 da via del Banco di Santo Spirito. Foi iniciado com base em projeto de Giulio em 1515 e terminado por Pietro Rosselli em 1521.

[18] Na Piazza Sant'Eustachio está o Palácio Maccaroni, atual Di Brazzà, construído em 1535 por Giulio Romano.

[19] Em 1519 sucedeu ao pai Francesco; viveu até 1540; só em 1530 foi nomeado duque.

[20] Em fins de 1524.

675

muito tempo depois deu início à construção e ao belo palácio de T. fora da porta de San Sebastiano[21]; por não haver pedras vivas, essa obra foi feita de tijolos e de pedras cozidas e lavradas, em que colunas, bases, capitéis, cornijas, portas e janelas tinham belíssimas proporções e extravagantes ornamentos de abóbadas, divinos aposentos, refúgios, salas, quartos e antecâmaras. Nem parecem habitações de Mântua, mas de Roma, com belíssima forma de tamanho. Dentro desse edifício, em vez de praça, fez um pátio descoberto no qual desembocam quatro entradas em cruz. A principal delas atravessa o pátio e leva a uma grande arcada e um jardim; as outras duas levam a diversos apartamentos, que são quatro. Dois deles foram ornados com estuques e pinturas[22]; em uma das salas estão representados todos os belíssimos cavalos turcos e bárbaros do duque e, perto dele, seus cães favoritos, que são naturais e belíssimos[23], com as abóbadas de diversas divisões, estas pintadas nas faces de baixo. Chega-se depois a uma sala que fica em um dos ângulos do palácio, em cuja abóbada estão pintadas cenas de Psiquê[24], realmente belíssimas; no meio há alguns deuses em escorço de baixo para cima, que parecem de relevo, e não pintados. Sua força transpassa a abóbada com a beleza do delineamento e com sua inteligente pintura. Nas paredes ao redor fez várias cenas, todas diviníssimas e belas; numa cena orgiástica para um sileno, admira ver que é impossível fazer coisa melhor nos estranhos faunos, sátiros, tigres; há também uma credência de festões cheios de prata, em que o brilho do ouro e da prata mostra os vários e extraordinários feitios dos vivos lavores dos ourives. Todas essas caprichosas invenções foram perfeitamente acabadas com sentido poético e pitoresco. Depois se passa para uma sala onde há frisos com figuras em baixo-relevo de estuque, com todas as ordens de soldados da coluna de Trajano[25], tudo trabalhado com bela maneira. No teto de uma antecâmara vê-se uma pintura a óleo com a cena em que Ícaro voa segundo as instruções de seu pai Dédalo, mas, como se ergue excessivamente em busca de glória, a cera que lhe prende as asas é destruída pelo sol, as asas se incendeiam, ele é precipitado no mar e morre[26]; essa obra foi feita com tanta imaginação e tão bem executada, que não parece pintura ou coisa imaginada, mas coisas vivas e verdadeiras, de tal modo que sentimos medo de que nos caia em cima, e o calor do sol, pondo em brasa e queimando as asas do pobre jovem, nos mostra a fumaça e o fogo aceso. E percebe-se a morte no rosto de Ícaro, bem como a dor e o sofrimento na

---

[21] O nome talvez derive de Teietto ou Theyeto, já presente em mapas antigos e abreviado como Te ou The. Os trabalhos, rapidamente iniciados em 1525, já estavam adiantados em 1527. Cf. U. Tibaldi, *Il Palazzo Te a Mantova*, Mântua, 1967.

[22] Os lavores mais finos de decoração em estuque são atribuídos a Primaticcio.

[23] Os afrescos da sala dos Cavalos, com divindades monocromáticas em nichos, cavalos sobre fundos de paisagens e *Cenas de Hércules*, foram executados por Rinaldo Mantovano e Benedetto Pagni. A execução de Giulio deve ser circunscrita aos dois *Putti*, acima da janela próxima à entrada, e a parte do friso.

[24] As *Cenas de Psiquê*, livremente extraídas de Apuleio, desenvolvem-se na abóbada, repartida em divisões por molduras douradas, e na faixa que encima a abóbada. São de Giulio a maior parte dos cartões e a execução dos quatro octógonos com *Psiquê adorada*, *Psiquê apresentada por Vênus a Cupido*, *Psiquê e Zéfiro*, *Psiquê adormecida*. Algumas lunetas são atribuídas a Penni; ali também trabalharam Rinaldo Mantovano e Benedetto Pagni, Fermo da Caravaggio e Luca da Faenza, geralmente na decoração das paredes.

[25] Os estuques da abóbada dessa chamada sala dos Estuques representam elementos da mitologia, ao passo que nas paredes desenrola-se em duas faixas o *Triunfo do Imperador Sigismundo*, dedicado a Carlos V e ao duque Federico. A faixa superior, com cortejo de soldados a pé, apresenta-se menos desenvolta que a inferior, com cortejo a cavalo. Executados por Primaticcio (sobre ele, cf. nota 18, p. 758 na Vida de Rosso) antes de 1531, data de sua mudança para Fontainebleau, com a colaboração de Rinaldo Mantovano.

[26] O afresco com a *Morte de Ícaro* não existe, mas existe a sala com a *Queda de Faetonte*, talvez refeita em lugar da primeira, presumivelmente pelo próprio Giulio.

expressão de Dédalo. Em cada uma das doze cenas dos meses podemos ver quando as artes são exercidas com mais empenho pelos homens. Pode-se dizer que tais coisas dão prazer na mesma medida em que tão belo engenho teve gosto em pintá-las com capricho e tino para conhecê-las. Passada a arcada adornada de estuques e cheia de extravagâncias, saímos em algumas salas que deslumbram nosso intelecto pelas tantas fantasias que ali há[27]. Porque Giulio, que era caprichoso e engenhoso, quis fazer em um dos ângulos do palácio uma sala que fosse composta por muralhas e pintura, tão semelhante à realidade, que iludisse os homens e amedrontasse quem lá entrasse[28]. E, para que o edifício posto no ângulo de um palude não fosse danificado ou impossibilitado pela fragilidade das fundações, mandou fazer no esquadro do canto uma sala redonda, para que os quatro cantos ficassem mais espessos, encimando-a com uma abóbada redonda como se usa em fornos. Não havendo cantos em tal aposento, por ser redondo, mandou guarnecer as portas, as janelas e a lareira com pedras rústicas lavradas e aparelhadas ao acaso, tão desalinhadas umas em relação às outras, que de um lado pendem para o chão. Feito isto, começou a pintar uma cena em que Júpiter fulmina os Gigantes[29]. No meio do céu, Giulio representara o trono e o assento de Júpiter sobre as nuvens, havendo também uma águia de cuja boca sai o raio. E Júpiter, mais abaixo dela, lançava raios, que estalavam e sobressaltavam, de tal modo que faziam Juno encolher-se, Ganimedes e os deuses fugir em carros para o céu, Marte com lobos, Mercúrio com galos, a Lua com mulheres, o Sol com cavalos, Saturno com serpentes, enquanto Hércules, Baco e Momo tampouco deixavam de apressar-se a fugir pelos ares, tal como faziam os outros, envoltos e enrolados em vestes pela força dos ventos. O piso fora feito de seixos de rio que giravam até as paredes, atingindo o plano da pintura; esta, que se estendia até o chão, imitava tais seixos; em certo trecho, eles eram vistos em perspectiva, sendo ora adornado por relva, ora coberto por pedras maiores. A sala tinha o céu cheio de nuvens e, sendo redonda, a paisagem pintada não tinha começo nem fim, os montes se encontravam e as distâncias eram representadas por coisas que ficavam mais à frente ou mais atrás. Os Gigantes eram muito altos e, atingidos por raios, caíam no chão, como se alguns à frente e outros atrás das janelas, que estavam transformadas em grutas ou então em edifícios, e os Gigantes, caindo sobre elas, as derrubavam, de tal modo que, vendo-se alguns mortos, outros feridos e outros ainda cobertos pelos montes, era possível perceber a carnificina e a ruína deles. Que ninguém imagine poder ver coisa mais horrível, pavorosa e natural feita com pincel. Porque quem está lá dentro, ao ver janelas retorcidas, montes e edifícios caindo junto com os Gigantes, receia que eles e os edifícios lhe caiam em cima. Nessa obra se percebe até que ponto Giulio contribuiu para o valor da invenção e da arte ao imaginar de novo aquilo que nenhum antigo mestre jamais escreveu; é isso o que se vê no louvadíssimo trabalho empreendido nessa obra.

Esse trabalho perfeito foi colorido por Rinaldo Mantovano[30] que, além da sala dos Gigantes, baseada em cartões de Giulio, fez muitas outras salas, honrando-o nessa arte enquanto viveu; e mais teria feito e mostrado como procurava imitar seu mestre Giulio, se não tivesse morrido tão jovem. Nesse palácio encontram-se vestíbulos e outras

---

[27] Essa parte da decoração foi executada posteriormente por Rinaldo Mantovano, Pagni e Luca da Faenza, no que se refere à pintura, e por Andrea e Biagio Corti e Benedetto Bertolsi.

[28] É a sala dos Gigantes, no canto nordeste do edifício.

[29] A decoração da sala foi idealizada por ocasião da vitória de Carlos V em Mântua em 1532 e terminada em 1535.

[30] Como vimos, foi ajudante de Giulio a partir de 1528; sua atividade em Mântua continuou até 1564.

coisas, que o engenho de Giulio executou com a mesma perfeição das outras. Ornamentou com estuque todas as salas do castelo habitadas pelo duque e em uma delas fez toda a história troiana[31]. Em uma das antecâmaras mandou pintar doze cenas a óleo, abaixo dos doze bustos dos imperadores, o que foi feito por Tiziano da Cadoro, obra realmente honrosa e bela[32]. Há outras salas e outras pinturas feitas para o duque, sobre as quais calaremos, visto que já demos uma amostra de tão belo engenho, e quem for a Mântua poderá ver a construção de Marmiruolo, em que há pinturas não menos belas que as do castelo de T. No altar do Sangue da igreja de Santo Andrea fez um belíssimo painel a óleo[33] e, nas paredes, duas cenas: uma da Crucificação de Cristo com ladrões e cavalos[34], animais que sempre teve gosto em pintar, fazendo-o melhor, com mais perfeição e bela maneira que qualquer outro mestre; e na outra face uma cena em que se representa o achado do sangue[35]. Fez capelas, painéis e vários ornamentos para muitas igrejas daquela cidade, a fim de embelezá-la e ornamentá-la. Por tudo isso aquele duque o remunerou honrosamente. Além disso, construiu para morar na cidade uma casa defronte à igreja de San Barnaba[36], mandando pintá-la e embelezá-la com estuques. Visto que tinha antiguidades de Roma, muitas das quais dadas pelo duque, com elas ornou sua casa, deixando-as bem guardadas. Por ser grande a utilidade dos seus desenhos, o duque ordenou que em Mântua não se fizesse nenhuma construção que não fosse com os desenhos e a orientação de Giulio; este trabalhou de tal modo com fossas e valas, orientando tão bem os mantuanos, que os locais onde as habitações antes ficavam na lama e no charco depois se tornaram secos, e o ar, que antes era nocivo e pestilento, tornou-se bom e saudável. Depois reformou a igreja de San Benedetto de Mântua, perto do rio Pó[37], onde ficam os monges negros; reformou muitos outros edifícios. Giulio foi tão útil em toda a Lombardia, que aqueles povos decidiram pôr em uso a arte do desenho, não utilizada até seu tempo; desse modo, deu-se ensejo ao surgimento de pessoas exímias e de belíssimos engenhos. Sempre fazia desenhos para construções e outras obras em cidades vizinhas, como Verona, em cuja Catedral pintou em afresco a tribuna para o Mouro Veronês[38], e Ferrara[39], para cujo Duque fez muitos desenhos destinados a panos de seda e tapeçarias.

---

[31] Entre 1536 e 1537, Giulio, com a ajuda de Agostino da Como, Rinaldo Mantovano, Luca da Faenza, Anselmo de Ganis e os irmãos Mola, realizara os trabalhos referentes à construção e à decoração de cinco aposentos do apartamento de Troia. A decoração da sala de Troia remonta a 1538-39 e, com Rinaldo e Luca da Faenza, colaboraram Battista Covo, Fermo da Caravaggio e Andrea del Gonfo. Cf. B. L. Talvacchia, *Giulio Romano's Sala di Troia. A Synthesis of Epic Narrative and Emblematic Imagery*, 1982.

[32] Dos doze bustos, os quatro primeiros já estavam feitos em 1537, enquanto outros sete foram terminados anos depois. O décimo segundo foi feito por Giulio Romano. Todos se perderam durante o Saqueio de 1630. Existem várias cópias e as gravuras de Egidio Sadeler.

[33] É o nº 1418 do Museu do Louvre com a *Natividade, São Longino e São João*: é datável de 1531.

[34] O afresco, obra de Rinaldo Mantovano com base em desenho de Giulio, ainda está no local.

[35] Também esse afresco é obra de Rinaldo Mantovano.

[36] Ainda existe no nº 18 da via Poma. Datável de 1544, foi modificada no século XIX pelo arquiteto Paolo Pozzo; ainda restam os afrescos do salão e alguns relevos em estuque.

[37] A igreja de San Benedetto in Polirone, encomendada a Giulio em 1542, foi consagrada em 1547.

[38] Ou seja, Francesco Torbido, vulgo o Mouro, nascido em Veneza em 1482 aproximadamente, filho de pai veronês; em 1510 mudou-se para a cidade paterna, onde morreu em 1562. Os afrescos com *Cenas da Virgem*, ainda existentes, embora alterados por restaurações feitas no século XIX, foram pintados em 1534 no coro da Catedral a partir de cartões de Giulio Romano que Giovan Francesco Caroto (c. 1480-1555) não traduzira em afresco, embora lhe tivessem sido confiados. Hartt indica alguns desenhos preparatórios de Giulio.

[39] Em 1535 Ercole II Gonzaga chamou Giulio a Ferrara. Ali o artista fez cartões para tapeçarias entre 1537 e 1538. Uma tapeçaria com *Folguedos infantis*, realizada por Giovanni e Nicola Carcher com base em

Também mostrou seu valor na chegada do imperador Carlos V, quando fez os aparatos de Mântua[40] e dirigiu a montagem de um cenário cuja iluminação foi por ele organizada de tal modo que o sol caminhava enquanto os atores recitavam, iluminando-os, para esconder-se atrás dos montes quando a peça terminasse. Ninguém melhor que ele desenhava elmos, celas, empunhaduras de espadas e máscaras estranhas; fazia tais coisas com tamanha agilidade, que para ele desenhar era como escrever para um escritor assíduo e prático. Não havia fantasia que, tão logo expressa, deixasse de ser entendida por ele, que era capaz de exprimir imediatamente as intenções alheias. Estava tão cheio de boas qualidades, que a pintura parecia ser a menor de suas virtudes. Na igreja de San Domenico de Mântua fez um belíssimo painel com um Cristo morto[41], e na catedral mandou construir muitas coisas para o cardeal. Ocorre que o duque morreu[42], e ele, pelo bem que queria ao cardeal e àquela pátria, onde tinha mulher e filhos, embora desejasse voltar a Roma e ir a outros lugares, nunca saiu de lá, a não ser quando obrigado a trabalhar em muralhas para aquele Estado ou a fazer outras coisas importantes.

Os superintendentes da construção da igreja de S. Petronio em Bolonha, desejando dar início à sua fachada, empenharam-se em levar Giulio para lá em companhia de um arquiteto milanês chamado Tofano Lombardino[43]; ambos fizeram os desenhos e os projetos, visto que os do senês Baldassarre se haviam perdido[44]. Era tão belo e bem organizado o desenho de Giulio, que ele recebeu muitos louvores daquele povo e voltou para Mântua com muitos presentes. Naqueles dias morrera Antonio da San Gallo[45], deixando muito preocupados os representantes de São Pedro de Roma, que não sabiam a quem recorrer para terminar aquela construção segundo o projeto com que fora começada. Assim, concluindo que não havia ninguém melhor do que Giulio Romano para fazê-lo, passaram a tentá-lo dissimuladamente por intermédio de amigos, com o fim de persuadi-lo a aceitar a obra e voltar à pátria, incumbido de empreendimento honroso e recebendo polpudos proventos. Na verdade, ele teria ido de muito bom gosto, caso não fosse impedido por dois motivos: por um lado, o Cardeal de Mântua não se conformava de modo algum que ele partisse e, por outro, a mulher, os amigos e os parentes o aconselhavam a não deixar Mântua. Além do mais, seu corpo estava então muito debilitado. Assim, estimulado pelas cartas que chegavam de Roma, começou a imaginar a honra e a glória que tais coisas representariam para ele e para sua família, pensando nos recursos e no prestígio que seus filhos poderiam alcançar por

---

modelo de Giulio, está no museu Poldi Pezzoli de Milão, enquanto no Victoria and Albert Museum de Londres está um desenho de Giulio para uma tapeçaria da mesma série dos folguedos infantis. Na França (Chantilly, Musée Condé, e Paris, Louvre) há nove modelos de Giulio para uma série de tapeçarias com *Cenas de Cipião*. Cf. a propósito o catálogo da exposição do Grand Palais, *Jules Romain – L'Histoire de Scipione, Tapisserie et dessins*, Paris, 1978.

[40]   Em 1530.

[41]   Hartt relacionou com ele um desenho que está na coleção Ellesmere (n.º 142), Roxburghshire.

[42]   Federico morreu em 28 de junho de 1540. Foi seu digno sucessor o irmão, cardeal Ercole (1505--63), regente do sobrinho Francesco I.

[43]   Cristoforo Lombardini, escultor e arquiteto, atuante em Milão de 1510 a 1555. Giulio e Cristoforo da Milano receberam o pagamento final em 23 de janeiro de 1546, segundo o Diário de 1545-47 da Construção da igreja de San Petronio. A mesma data está sobre o desenho de Giulio no Museu de San Petronio (n.º 368).

[44]   Ou seja, Baldassarre Peruzzi, cuja Vida está nas pp. 556-60.

[45]   Em 28 de setembro de 1546; cf., em sua Vida, nota 83, p. 672.

meio da igreja. Mas, não podendo partir, ficou tão desgostoso, que o seu mal se agravou e ele morreu poucos dias depois em Mântua[46]. Essa cidade bem poderia ter-lhe concedido a graça solicitada, para que, assim como fora embelezada por ele, sua pátria também fosse por ele ornada e honrada. Por isso, em decorrência da inveja que impedia uma de emprestá-lo à outra, as duas ficaram impossibilitadas de usufruir seu trabalho. Giulio Romano morreu com LIV anos[47]. Enquanto Mântua existir, ele será ali celebrado. Foi pranteado pelos filhos e pelos amigos, sendo honrosamente sepultado na igreja de San Barnaba. Sua perda não foi menos lastimada pelo cardeal e pelos filhos do duque, que ainda lamentam sua falta nas necessidades. Porque as virtudes que o honravam em vida ainda o tornam e sempre o tornarão saudoso enquanto subsistir memória dele. É bem verdade que, se não tivessem morrido antes dele, seu discípulo Figurino[48] e Rinaldo Mantovano teriam colaborado em mais obras suas, talvez não muitas, mas com certeza semelhantes às que se veem em Mântua da lavra de Rinaldo, sobretudo uma fachada em claro-escuro para a casa dos Bagni, que é considerada belíssima. Giulio entregou a alma a Deus no dia da solene comemoração de todos os santos, no ano MDXLVI. Em sua sepultura foi posto o seguinte epitáfio:

VIDEBAT IVPPITER CORPORA SCVLPTA PICTAQVE
SPIRARE, ET AEDES MORTALIVM AEQVARIER COELO
IVLII VIRTVTE ROMANI. TVNC IRATVS,
CONCILIO DIVORVM OMNIVM VOCATO,
ILLVM E TERRIS SVSTVLIT, QVOD PATI NEQVIRET
VINCI AVT AEQVARI AB HOMINE TERRIGENA.

ROMANVS MORIENS SECVM TRES IVLIVS ARTEIS
ABSTVLIT (HAVD MIRVM): QVATTVOR VNVS ERAT*.

---

[46] Em 1º de novembro de 1546.

[47] O necrológio do Ospedale di Sanità de Mântua registra que Giulio morreu com "47 anos".

[48] Luca Scaletti da Faenza, que ajudou Giulio em Mântua várias vezes de 1531 a 1538, morreu em 1554.

* "Júpiter via que os corpos esculpidos e pintados respiravam, e que os edifícios dos mortais se equiparavam aos do céu, pela virtude de Romano. Então, irado, depois de reunir o conselho de todos os deuses, levou-o da terra, pois não queria ser vencido ou igualado por nenhum homem terreno. Ao morrer, Romano levou consigo as três artes (não é de estranhar): os quatro eram uma coisa só." [N. da T.]

Sebastiano Veniziano
(Sebastiano del Piombo), pintor

A tal ponto se enganam nossas palavras e a cega prudência humana, que muitas vezes afirmam o contrário daquilo que mais nos convém, e (como afirma o ditado popular), acreditando apontar-se, enfia o dedo no olho. E, se isso se mostra com clareza numa infinidade de coisas que parecemos poder palpar com as mãos, a presente vida, que pretendemos escrever, as tornará mais claras e manifestas com seu exemplo. É opinião geral, unânime e absoluta que os prêmios e as honras acendem e inflamam o ânimo dos mortais para o estudo das artes que mais são remuneradas, e que, ao contrário, a falta de generosos prêmios para os artistas os leva ao desânimo e, consequentemente, a negligenciar e abandonar as artes. Por esse motivo, os antigos e os modernos criticam o mais que sabem e podem todos os príncipes que não estimulem os talentosos, de qualquer gênero ou faculdade, e não deem os devidos prêmios e honras a quem para eles trabalhe virtuosamente. Chamando-os assim de avaros, cruéis e inimigos das artes, além de nomes piores que possam ser encontrados, atribuem-lhes a miséria e todos os males do universo. No entanto, vemos que em nossos tempos a liberalidade e a magnificência daquele famosíssimo príncipe servido pelo excelente pintor Sebastiano Veneziano[1], justamente por remunerá-lo em excesso, acabaram por fazer que ele deixasse de ser solícito e esforçado para se tornar preguiçoso e negligente. Além disso, enquanto competiu com Raffaello da Urbino[2], trabalhou ininterruptamente para não ser considerado inferior naquela arte em que se equiparava a ele, mas fez exatamente o contrário quando precisou resignar-se, passando a trabalhar sempre de má vontade e a grande custo, aliás à força, desviando o engenho e a mão da primitiva facilidade que fora tão louvada enquanto durou. Por esse motivo (deixando agora de falar dos príncipes), ou seja, por essa disparidade de vida, percebe-se o cego juízo de que eu falava e compreende-se claramente que os engenhos não deveriam sofrer carências, mas também conviria que as honrarias ou os proventos fossem excessivos, sem

---

[1] Sebastiano di Luciano Luciani nasceu em Veneza em 1485; amadurecido culturalmente no ambiente belliniano, foi atraído pelas novidades introduzidas por Giorgione, que ele soube intermediar com intensa consciência. No entanto, sua viagem a Roma em 1511 o pôs em contato direto com Rafael e Michelangelo, dirigindo sua visão pictórica para um plasticismo monumental e grandioso. Depois do Saqueio de Roma em 1527, sai pela Itália, até que em 1536 se estabelece de novo e definitivamente em Roma, onde morrerá em 1547. Cf. R. Pallucchini, *Sebastian Viniziano*, Milão, 1944, e, entre as recentes publicações, cf. M. Lucco, *L'opera completa di Sebastiano del Piombo*, Milão, 1980, e M. Hirst, *Sebastiano del Piombo*, Oxford, 1981.

[2] Cf. sua Vida nas pp. 495-519.

contar que para alguns é mais urgente obter honras com as obras do que a comodidade e a largueza da vida prazerosa.

Dizem que, ainda muito jovem, Sebastiano se deleitou com música de vários gêneros em Veneza. Mas, como o alaúde pode tocar todas as partes desacompanhado, ele continuou tocando, de maneira que, aliando-o aos outros bons lados que tinha, sempre se fez honrar e passou a ser conhecido como talentoso entre os fidalgos da cidade. Quando lhe deu vontade de dedicar-se à arte da pintura, iniciou-se na arte com Giovan Bellino[3], então já velho. Ocorre que Giorgione da Castel Franco[4] introduziu na cidade as técnicas da maneira moderna, mais integradas e com cores mais vaporosas, de modo que Sebastiano afastou-se de Giovanni e tornou-se discípulo de Giorgione, com quem ficou até que adquirisse uma maneira em que se via forte presença de Giorgione, mas ainda também de Giovan Bellino. Em Veneza fez muitos retratos do natural, como é costume na cidade. Não muito tempo depois, o grande mercador senês Agostino Chigi[5], que tinha negócios em Veneza, procurou levar Sebastiano a Roma, pois se lhe afeiçoara em virtude do alaúde que ele tocava e da agradável conversação que mantinha. Não foi muito trabalhoso convencê-lo, pois ele entendera como os ares de Roma são propícios aos pintores e a todas as pessoas engenhosas. Rumou, portanto, para Roma com Agostino e, lá chegados, Agostino o pôs para fazer todos os arquetes existentes sobre a arcada que dá para o jardim onde Baldassarre Senese pintara sua abóbada[6]; nesses arquetes Sebastiano fez coisas poéticas segundo a maneira que trouxera de Veneza, muito diferente da usada em Roma pelos valorosos pintores.

Naquele mesmo lugar, Raffaello fizera uma cena de Galateia[7] e, não muito tempo depois, Sebastiano ao lado dela fez um Polifemo em afresco[8], no qual procurou superar-se o máximo possível, aguilhoado pela concorrência com Baldassarre Sanese e depois com Raffaello. Pintou a óleo[9] algumas coisas muito consideradas em Roma, por apresentarem um modo suave de colorir, que ele aprendera com Giorgione. Naquele tempo, em Roma, Raffaello da Urbino granjeara tanta fama, que muitos amigos e seguidores seus diziam ter suas obras a mesma qualidade das de Michele Agnolo[10], no que se refere à pintura em si, porém eram mais bonitas no colorido, mais cheias de inventividade e de semblantes mais formosos, com um desenho de qualidade correspondente, de tal modo que as obras de Michele Agnolo Buonaroti, com exceção do desenho, não tinham nenhuma dessas qualidades. Por essa razão, achavam que Raffaello, se não era melhor que ele na pintura, era pelo menos igual, mas que no colorido o ultrapassava. Disseminadas essas opiniões, muitos artistas que aderiam mais à graça de Raffaello do que à profundidade de Michele Agnolo tornaram-se por interesse mais favoráveis a Raffaello que a Michele Agnolo.

---

[3] Cf. sua Vida e a dos irmãos nas pp. 350-6.

[4] Cf. sua Vida nas pp. 453-6.

[5] Agostino (c. 1465-1520), que foi esplêndido mecenas e ótimo negociante, levou Sebastiano a Roma em 1511 (cf., na Vida de Peruzzi, nota 3, p. 556).

[6] Cf., na Vida de Baldassarre Peruzzi, nota 5, p. 557. Os afrescos de Sebastiano na Farnesina, com oito cenas das *Metamorfoses* de Ovídio, já estavam terminados em 1512, ano em que são citados no *Suburbanum Augustini Chisii* pelo humanista Blosio Palladio, ou seja, Biagio Pallai, morto em Roma em 1550.

[7] Cf., na Vida de Peruzzi, nota 9, p. 557.

[8] Subsiste, ainda que não em perfeito estado de conservação.

[9] Milanesi já indicara como obra dessa fase romana a chamada *Fornarina* dos Uffizi (nº 1443) e a chamada *Dorotea*, que há algum tempo está nos Staatliche Museen (nº 239B).

[10] Cf. sua Vida nas pp. 713-40.

Por isso, Sebastiano chamou a atenção de Michele Agnolo, que gostou muito de seu colorido, e passou a protegê-lo, acreditando que, caso ajudasse Sebastiano no desenho, poderia, sem muito trabalho, vencer aqueles que defendiam tal opinião e, sob aparência de terceiro, julgar qual deles trabalhava melhor. Tais humores foram alimentados durante muito tempo, enquanto Sebastiano fazia muitas coisas, como quadros e retratos, sendo suas obras muitíssimo enaltecidas, graças aos louvores feitos por Michele Agnolo. Tais obras, além de serem belas, terem bom desenho e colorido, ganhavam altíssimo crédito graças às palavras de Michele Agnolo junto às autoridades da cúria. Nesse momento apareceu o senhor não sei quem de Viterbo que gozava de grande reputação junto ao papa; para uma de suas capelas da igreja de San Francesco em Viterbo, encomendou a Sebastiano um Cristo morto com uma Nossa Senhora a pranteá-lo[11]. Michele Agnolo fez o cartão para essa obra, e Sebastiano a coloriu com diligência; nela fez uma paisagem misteriosa que foi considerada belíssima. Essa obra lhe deu grande crédito e confirmou as palavras de quem o defendia. O mercador florentino Pier Francesco Borgherini[12] tinha uma capela na igreja de San Pietro in Montorio, à direita de quem entra, e, por indicação de Michele Agnolo, confiou sua pintura a Sebastiano. Sebastiano, acreditando ter descoberto o modo correto de pintar murais a óleo, preparou com boa mistura a incrustação da superfície áspera da parede e a trabalhou a partir de baixo, pintando a óleo a representação de Cristo vergastado junto à coluna[13].

Michele Agnolo realizou o desenho pequeno dessa obra, mas considera-se que Cristo, vergastado junto à coluna, tenha sido contornado por ele, pois há enorme diferença entre esta figura e as outras. Caso Sebastiano não tivesse feito outra obra além dessa, só por ela mereceria ser eternamente louvado. Entre outras coisas, há nesse trabalho alguns belíssimos pés e mãos. E, ainda que sua maneira seja um tanto dura, em vista do esforço com que fazia as coisas, ele pode ser arrolado entre os bons e louvados artistas. Prova disso também é o afresco que se vê acima dessa cena com os dois profetas, sem falar da cena da Transfiguração na abóbada[14]. Mas os dois santos, São Pedro e São Francisco, que ladeiam a cena de baixo, são figuras vívidas e brilhantes[15]. Embora tivesse penado seis anos em tão pequena obra, sendo tal demora atribuída à sua excessiva morosidade por aqueles que terminavam suas obras perfeitamente em muito ou pouco tempo, não se deve olhar para a rapidez do tempo nem para a morosidade de quem trabalha, pois basta a beleza das coisas para que cedo ou tarde elas se tornem perfeitas, se bem que mais vantagens e mais louvores recebe quem termina suas obras depressa. Ao dar a público essa obra, Sebastiano mostrou que, embora tivesse penado bastante, trabalhara muito bem; isso calou as más línguas e foram poucos os que o criticaram.

---

[11] Ou seja, a *Piedade* do Museu de Viterbo (nº 211), encomendada por Giovanni Botonti.

[12] Cf., na *Vida* de Andrea del Sarto, nota 59, p. 575. A encomenda a Sebastiano é de 1516, ao passo que sua execução foi iniciada em 1517.

[13] A *Flagelação* foi terminada entre 1521 e 1524. Dois desenhos para essa obra são conservados no British Museum, mas hoje em geral são atribuídos a Michelangelo, o que também explicaria a frase seguinte de Vasari.

[14] Na abóbada de concha da abside, datáveis de 1519; existem desenhos relativos em Chatsworth e no Louvre. Em Kremsier, na Biblioteca do Episcopado, estão os desenhos para os dois profetas acima do arco externo.

[15] Ainda estão ao lado da *Flagelação*.

Raffaello estava fazendo para o cardeal Medici aquele painel com a Transfiguração de Cristo[16] que seria enviado à França, mas depois de sua morte foi posto no altar-mor da igreja de San Piero a Montorio. Na mesma época Sebastiano fez também um painel do mesmo tamanho para concorrer com o de Raffaello, em que se representa Lázaro a ressuscitar depois de quatro dias[17], obra que foi copiada e pintada com grande diligência, com orientação e desenho de Michele Agnolo em algumas partes. Os dois painéis foram publicamente exibidos no consistório do palácio para comparação[18], e ambos foram considerados obras de uma maestria admirável. E, embora Raffaello fosse mais elogiado pela graça e pela beleza, o trabalho de Sebastiano foi unanimemente louvado por artistas e espíritos engenhosos. Um dos painéis foi enviado pelo cardeal à França, para o seu episcopado de Nerbona[19], e o outro foi publicamente exibido na chancelaria de seu palácio, até ser levado para a igreja de San Pietro a Montorio com o ornamento feito por Giovan Barile[20]. Por essa obra, Sebastiano criou tais vínculos com o cardeal, que em seu papado mereceu ser nobremente remunerado, como diremos.

Raffaello da Urbino tinha morrido naqueles dias[21], e muitos queriam que o principado da arte da pintura fosse dado a Sebastiano, graças aos favores de que gozava junto a Michele Agnolo. Desse modo, Giulio Romano, Giovan Francesco Fiorentino, Perin del Vaga, Polidoro, Maturino, Baldassarre Sanese[22] e outros foram relegados a segundo plano, em vista do respeito que tinham por Michele Agnolo e pelo fato de estar morto um dos dois concorrentes. Nesse ínterim, Agostino Chigi, que mandara construir uma sepultura e uma capela em Santa Maria del Popolo[23] sob a direção de Raffaello, firmou contrato com Sebastiano para pintar toda a abóbada e outras partes. Mas essa obra foi tapada e nunca mais foi vista nem dada a público. Ali Sebastiano não trabalhou muito, embora tenha recebido mais de 1200 escudos; parecendo cansado dos trabalhos da arte e envolvido nas comodidades e nos prazeres, deixou-a de lado.

Fez o mesmo para messer Filippo da Siena, clérigo de câmara pontifícia, para quem começou na igreja da Pace de Roma um mural a óleo[24] acima do altar-mor, onde os andaimes ficaram durante nove anos sem que a obra fosse terminada. Até que os frades, perdendo as esperanças, foram obrigados a tirar os andaimes que atravancavam a igreja, cobrir a obra com um pano e esperar com paciência. Quando as coisas caminhavam desse modo, quis sua boa fortuna que o cardeal Giulio de' Medici se tornasse papa

---

[16] Cf., na Vida de Rafael, nota 89, p. 515.

[17] Ou seja, o n.º 1 da National Gallery de Londres. Encomendado em 1516, foi exibido no Palácio Apostólico em 29 de dezembro de 1519. Tem a inscrição SEBASTIANVS VENETVS FACIEBAT. Um desenho preparatório, considerado autógrafo de Sebastiano, está em Frankfurt, no Staedel Institut, ao passo que outros três desenhos, um em Bayonne, no Museu Bonnat, e dois no British Museum de Londres, são considerados obra de Michelangelo, mas também em função do painel de Sebastiano. Sobre sua destinação original e suas vicissitudes, cf. C. G. von Teuffel, "Sebastiano del Piombo, Raphael and Narbonne: new evidence", em *The Burlington Magazine*", 981 (1984), pp. 765-6.

[18] A partir de 12 de abril de 1540 foram expostos juntos.

[19] Na Catedral de Narbonne há atualmente uma cópia, datável de c. 1750, de Carel van Loo.

[20] Cf., na Vida de Rafael, nota 76, p. 513.

[21] Em 16 de abril de 1520.

[22] Cf. respectivas Vidas nas pp. 673, 563, 689, 621-3, 556 ss.

[23] De fato, Sebastiano fez apenas o grande painel com o *Nascimento de Maria*, terminado depois de 1525; ainda no local.

[24] A *Visitação*, realizada por Filippo Sergardi, está conservada em fragmentos transpostos para tela na coleção do duque de Northumberland em Alnwick Castle.

com o nome de Clemente VII[25], e este, por meio do Bispo de Vasona, muito amigo de Sebastiano[26], deu-lhe a entender que chegara o momento de beneficiá-lo. Nessa época ele fez muitos retratos do natural, que na verdade foram considerados divinos e admiráveis, mas não falaremos de todos, e sim de alguns apenas. Retratou Anton Francesco degli Albizi[27], que então se encontrava em Roma tratando de alguns negócios, e o fez de tal modo, que não parecia pintado, mas vivo. Então Anton mandou o quadro para sua casa em Florença, como joia preciosa. Ali havia algumas mãos que sem dúvida eram maravilhosas; não mencionarei os veludos, os forros, os cetins: por Deus, pode-se dizer que essa pintura é extraordinária. Na verdade, ao fazer os retratos com aquele acabamento e aquela qualidade, Sebastiano ficou acima de todos os outros, e toda Florença admirou-se com aquele retrato de Anton Francesco. Naquele tempo também retratou messer Pietro Aretino[28], que, além de se assemelhar ao original, é pintura estupenda, pois se vê a diferença entre cinco ou seis tons de preto em sua roupa de veludo, cetim, tafetá, damasco e feltro, além da barba pretíssima, desfiada sobre aqueles outros pretos, coisa decerto assombrosa, que parece viva, tão fiel à carne. Em uma das mãos ele segura um ramo de loureiro e um papel, em que está escrito o nome de Clemente VII; à sua frente há duas máscaras, uma bela, para a virtude, e outra feia, para o vício; sem dúvida, não há o que acrescentar. Também retratou Andrea Doria[29], de modo igualmente admirável; depois fez o busto de Baccio Valori[30] com a mesma qualidade, bem como o do papa, que foi considerado divino[31]. Graças a essa obra e a outras que fez, entre as quais inúmeros retratos, tudo executado e acabado com a correspondente beleza, ele servia na corte de Sua Santidade com grande submissão.

Entrementes, morreu frei Mariano Fetti, do Piombo[32], e, por meio do Bispo de Vasona, mestre da casa de Sua Santidade, Sebastiano solicitou ao papa o ofício do Piombo, o que também foi feito por Giovanni da Udine[33], que tinha servido e ainda servia Sua Santidade *in minoribus*. Mas o papa, atendendo aos pedidos do bispo e levando em conta o serviço de Sebastiano, ordenou que ele recebesse aquele ofício, e que, além disso, Giovanni da Udine recebesse uma pensão de CCC escudos. Assim, Sebastiano vestiu o hábito de frade e imediatamente seu ânimo mudou. Vendo que podia satisfazer suas vontades sem nenhuma pincelada, refazia-se das noites maldormidas e dos dias afanosos com os proventos que recebia. E, quando precisava fazer qualquer coisinha, dava-se ao trabalho com tanto sofrimento, que parecia estar a caminho da morte. Fez a duras penas, no Patriarca de Aquilea, um Cristo a carregar a cruz, pintado em pedra da metade para cima, obra que foi muito louvada[34], sobretudo porque Sebastiano fazia mãos e cabeças de maneira admirável.

---

[25] Foi papa de 1523 a 1534.

[26] Ou seja, o vicentino Girolamo di Schio, bispo de Vaison de 1523 a 1533.

[27] Que deve ser relacionado com o painel (transposto para tela) do Museum of Fine Arts de Houston (K 2189).

[28] No Palácio Comunal de Arezzo.

[29] Hoje no chamado salão verde da Galeria de Palácio Doria, datado de 1526.

[30] É o nº 409 da Galeria Palatina de Florença, datável do início da quarta década.

[31] Datável de 1525, é a pintura nº 147 do Museu de Capodimonte em Nápoles, na qual Clemente é representado ainda sem barba.

[32] Em 1531. Cf., na Vida de Polidoro, nota 3, p. 624.

[33] Cf., na Vida de Fra Bartolomeo, nota 14, p. 473.

[34] São conhecidas algumas variantes desse motivo: em Madri, Museu do Prado, nº 345, com duas figuras de carrascos ao lado; no Ermitage de Leningrado (nº 17) e no Museu de Belas-Artes de Budapeste (nº 51 762). Esta última, feita sobre ardósia, deveria ser identificada com a pintura a que Vasari faz referência.

Nessa época chegou a Roma a sobrinha do papa, que hoje é rainha da França[35], e frei Sebastiano começou a retratá-la, mas não terminou; tal obra ficou nos aposentos do papa. O cardeal Ippolyto de' Medici[36] estava então apaixonado pela senhora Giulia da Gonzaga, que se encontrava em Fondi; por isso, desejando ter um retrato dela, mandou frei Sebastiano a Fondi para fazê-lo, e este foi acompanhado por quatro cavaleiros ligeiros. Ao cabo de um mês, ele fez o retrato[37] que, provindo da beleza celestial daquela senhora, resultou divino; essa obra foi levada a Roma, e o trabalho de Sebastiano foi amplamente reconhecido pelo reverendíssimo cardeal, que para tais coisas era muito atilado. Realmente, entre os muitos que fez, esse retrato foi o mais divino, em virtude do motivo que lhe serviu e do trabalho que ele executou.

Sebastiano dera início a um novo modo de colorir em pedra, novidade que agradava muito o povo, por considerar que tais pinturas se tornariam eternas, pois, segundo palavras de frei Sebastiano, não podiam ser danificadas pelo fogo nem pelas traças. Assim, começou a fazer inúmeras coisas naquelas pedras, que eram circundadas de ornamentos constituídos por outras belas pedras misturadas; após o lustro, o trabalho ficava uma maravilha, mas, terminada a obra, não era possível mover a pintura nem o ornamento, por serem excessivamente pesados. Assim, muitos príncipes, atraídos pela novidade e pela beleza da arte, pagavam-lhe um adiantamento para a feitura das obras, e Sebastiano mais se deleitava em falar delas do que em fazê-las. Para dom Ferrante Gonzaga fez uma Piedade com Cristo morto e Nossa Senhora sobre pedra[38] e mandou-a para a Espanha com ornamento de pedra; a obra foi considerada muito bela, e ele ganhou quinhentos escudos, entregues por messer Nino da Cortona, agente do Cardeal de Mântua em Roma.

No tempo de Clemente, Michele Agnolo estava em Florença, terminando a obra da sacristia[39], e, para que Giuliano Bugiardini[40] pudesse fazer um quadro para Baccio Valori com o retrato do papa Clemente ao seu lado, além de outro quadro que o Magnífico Ottaviano de' Medici[41] lhe pedia, com o papa e o Arcebispo de Cápua, Michele Agnolo Buonaroti pediu a frei Sebastiano que lhe mandasse de Roma a cabeça do papa pintada a óleo por ele[42], e ele a fez, sendo essa obra uma coisa belíssima. Terminadas as obras de Giuliano, Michele Agnolo, que era compadre de messer Ottaviano, deu-a de presente a este. Sem dúvida, entre as muitas que frei Sebastiano fez, essa é a mais fiel e bela. Hoje está em sua casa em Florença, entre as outras belas pinturas. Retratou o papa Paulo[43] quando de seu advento; também deu início ao retrato de seu filho, Duque de Castro, mas não o terminou[44]. Havia começado e posto em andamento

---

[35] Catarina (1519-89), filha de Lorenzo, duque de Urbino, casou-se em 1533 com o futuro Henrique II.

[36] Nascido em 1511, morreu em Itri em 1535.

[37] Giulia Gonzaga (1513-66), viúva de Vespasiano Colonna, senhor de Fondi. O retrato costuma ser identificado com o do duque de Radnor em Longford Castle.

[38] Encomendada em 1533, a obra foi executada apenas entre 1537 e 1539; encontra-se em Sevilha, Casa de Pilatos, proveniente da igreja de San Salvador de Ubeda. No Louvre de Paris, com o n.º 1584, há um desenho preparatório.

[39] A Sacristia nova em San Lorenzo em Florença; cf., na Vida de Michelangelo, nota 86, p. 729.

[40] Giuliano Bugiardini, nascido em 1476 e morto no 1555.

[41] Ottaviano de' Medici (1482-1546), a partir de 1532, foi dedicado protetor de Vasari no círculo dos Medici.

[42] É o n.º 141 do Museu de Capodimonte em Nápoles.

[43] Alessandro Farnese, papa com nome de Paulo III de 1534 a 1549.

[44] Em Parma, Galeria Nacional, n.º 302, há um duplo retrato que E. H. Ramsden, "A lost portrait and

muitas coisas, mas não se preocupava em continuá-las depois de trabalhar um pouco, dizendo: "Não consigo pintar."

Frei Sebastiano construíra uma belíssima casa perto do Popolo, onde vivia muito contente, sem se preocupar em trabalhar ou pintar, dizendo que era bastante trabalhoso na velhice controlar os furores a que os artistas costumam submeter-se na juventude por utilidade, honra e competição. E que não era menos prudente procurar viver sossegado e continuar vivo do que viver desassossegado com o trabalho, para deixar nome depois da morte, considerando-se que mesmo o trabalho morrerá. Por essa razão, queria sempre os melhores vinhos e os alimentos mais preciosos que encontrasse, dando muito mais importância à vida do que à arte. Molza e messer Gandolfo[45] sempre ceavam com ele, e a mesa era lauta. Sebastiano era amigo de todos os poetas, especialmente de messer Francesco Berni[46], que lhe escreveu um belíssimo capítulo, ao qual ele deu resposta.

Alguns o criticavam na arte, dizendo ser uma vergonha que ele, conseguindo meios de sustentar-se, deixasse de trabalhar e de pintar. Ele respondia: "Agora que consegui meios de sustentar-me, não quero fazer nada, porque surgiram engenhos capazes de fazer em dois meses aquilo que eu costumava fazer em dois anos e, se eu vivesse muito, em pouco tempo perceberia que tudo foi pintado. E, como eles fazem tantas coisas, é bom haver quem não faça nada, para que lhes sobre o que fazer." E acrescentava que se estava num tempo em que os aprendizes sabiam mais que os mestres, e a quem tivesse como viver deveria bastar viver alegremente, pois não se podia fazer mais nada. Era muito agradável e faceto e não havia melhor companheiro do que ele. Frei Sebastiano era todo Michele Agnolo, e na época em que era preciso fazer a parede da capela do papa, onde hoje está o Juízo de Michele Agnolo[47], frei Sebastiano convencera o papa de que ela deveria ser feita a óleo por Michele Agnolo, mas este, que queria fazê-la apenas em afresco, não disse nem sim nem não e mandou preparar a parede ao modo de frei Sebastiano. Mas demorou alguns meses para começá-la, até que um dia disse que só queria fazê-la em afresco, e que pintura a óleo era arte de mulher. Assim, foi preciso derrubar toda a incrustação já feita e engrossar a superfície para que fosse possível trabalhar em afresco. Desse modo Michele Agnolo começou logo a obra e nutriu ódio por frei Sebastiano quase até morrer.

Frei Sebastiano já chegara a um ponto em que não queria trabalhar nem fazer coisa alguma, a não ser dedicar-se às tarefas de frade e à boa vida, de tal modo que com LXII anos de idade contraiu uma febre gravíssima que, por ser ele de natureza rubicunda e sanguínea, lhe inflamou de tal forma os espíritos, que em poucos dias ele entregou a alma a Deus[48]. Antes de morrer, fez testamento, declarando que queria ser sepultado sem cerimônias de padres ou frades, sem despesas com luzes, e que todos os gastos que seriam feitos fossem revertidos para os pobres por amor a Deus; e assim foi feito. Depositaram seu corpo na igreja de *** em *** de junho de MDXLVII. Sua morte não foi

---

its identification", em *Apollo*, 88 (1969), pp. 430-4, considera com razão ser o de Paulo III e de Alessandro Farnese, filho do duque de Castro, portanto neto do papa.

[45] Ou seja, os humanistas Francesco Maria Molza (1489-1544) e Gandolfo Porrini.

[46] Nascido em Lamporecchio em 1497-98, morto em 1535, foi autor de rimas facetas inspiradas no *Orlando Innamorato* de Boiardo. A resposta de Sebastiano ao soneto de Berni na realidade foi obra de Michelangelo.

[47] Na Capela Sistina; cf. na Vida de Michelangelo, pp. 733 ss. e nota 118.

[48] Em 21 de junho de 1547.

uma perda para a arte, porque, tão logo vestiu o hábito de frade do Piombo, já podia ser arrolado entre os perdidos. É verdade que seu convívio fez falta a muitos amigos e a alguns artistas, especialmente ao iluminador dom Giulio Corvatto[49], que junto ao reverendíssimo Farnese produziu obras insignes, que hoje podem ser incluídas entre os prodígios do mundo nesse mister, como dá fé um pequeno ofício feito de cenas, de um colorido divino e desenho perfeito, executado por suas doutas mãos. Fosse ele posto diante daqueles romanos antigos, estes se reconheceriam vencidos por sua fineza e beleza. Se a graça de Deus lhe conceder a vida que se espera para ele, fará coisas dignas das maravilhas deste século.

---

[49] Jurai Klovicic, ou seja, Giorgio Clovio, que em 1527 assumiu o nome de Giulio, nasceu em 1478 na Croácia; em 1516 estava em Veneza e depois em Roma, junto ao cardeal Grimani, para quem fez até 1528 as iluminuras do *Evangeliario*, hoje na Biblioteca Marciana de Veneza (Ms Lat. I. 103); fez também para o cardeal Farnese o *Officium Virginis* com 26 páginas iluminadas (Nova York, Morgan Library, Ms 69); morreu em Roma em 1578. Sobre ele, que foi o mais célebre iluminador do século XVI, cf. M. Cionini-Visani e G. Gamulin, *Giorgio Giulio Clovio*, Nova York, 1980.

Perino del Vaga, pintor florentino

Sem dúvida grande dom é o da virtude, que, não atentando para a grandeza material, para o domínio de estados ou para a nobreza do sangue, na maioria das vezes cinge, abraça e soergue um espírito de origem pobre, bem mais do que os dotados de riqueza.

E assim age o céu para mostrar-nos o poder que sobre nós exerce o influxo das estrelas e de seus signos, conferindo suas graças mais a uns e menos a outros. É essa a razão pela qual na maioria das vezes nascemos com uma compleição que nos faz ora apressados, ora lentos, mais fracos ou mais fortes, mais selvagens ou mansos, venturosos ou desventurados, com menor ou maior virtude.

E quem disso duvidar será esclarecido pela presente vida de Perino del Vaga[1], excelente e engenhoso pintor. Este, nascido de pai pobre e sendo ainda pequeno abandonado pelos parentes, foi guiado e orientado tão somente pela virtude, que ele reconheceu como sua legítima mãe, honrando-a sempre.

No estudo da arte da pintura ele foi sempre tão empenhado, que em seu tempo executou aqueles ornamentos tão insignes e louvados que deram fama a Gênova e ao príncipe Doria[2]. Por isso se pode acreditar que somente o céu leva os homens da ínfima baixeza em que nascem ao ápice da grandeza à qual ascendem, quando, dedicando-se com afã às suas obras, mostram ser seguidores das ciências que escolhem aprender, tal como Perino, que escolheu e adotou a arte do desenho, na qual mostrou com excelência e graça a perfeição de suas figuras. Nos estuques, equiparou-se não só aos antigos, mas a todos os artistas modernos, por abarcar todos os gêneros da pintura com a qualidade que se possa desejar do engenho humano que queira dar a conhecer, nas dificuldades dessa arte, a beleza, a qualidade, a formosura e a graça das cores e de outros ornamentos. Mas vejamos mais particularmente a sua origem.

Na cidade de Florença houve certo Giovanni Buonaccorsi, jovem corajoso e generoso que, servindo o Rei da França Carlos VIII em suas guerras, gastou todos os seus recursos no soldo e no jogo, para finalmente deixar a vida. Teve um filho a quem se

---

[1] Piero di Giovanni Bonaccorsi nasceu em Florença em 1501; iniciou-se na cultura tardia de Ridolfo Ghirlandaio, mas encontrou sua maturidade expressiva na forja das *logge* vaticanas de Rafael. Estava em Roma durante o Saqueio de 1527 e pouco depois aparece em Gênova, onde trabalha a serviço dos Doria. Voltando a Roma em 1539, torna-se um dos mais requisitados "empresários" da cidade, onde morreu em 1547. Cf. G. Briganti, *La maniera italiana*, Roma, 1961; além dos recentes R. Bruno, "Poetica dell'idea e stile in Castel Sant'Angelo", em *La Critica d'Arte*, n.os 123, 124, 126 (1972); *Il polittico di Sant'Erasmo di Perin del Vaga*, catálogo da exposição, Gênova, 1982; *Gli affreschi di Paolo III*, cit.; B. Davidson, "A Perin del Vaga Drawing: notes on the Genoese period", em *The Burlington Magazine*, 992 (1985), pp. 747-52.

[2] Cf. nota 42 desta Vida.

deu o nome de Piero[3]; este, cuja mãe foi levada pela peste quando ele tinha dois meses de idade, foi amamentado por uma cabra em meio a grande miséria numa casa rural, até que o pai, indo a Bolonha, casou-se com uma mulher que perdera os filhos e o marido, mortos pela peste.

Esta acabou de alimentar Piero com leite contaminado, e ele passou a ser chamado de Perino por mimo, tal como se costuma fazer com as crianças, de tal forma que o nome depois se manteve.

Perino depois foi levado a Florença pelo pai, que, voltando para a França, o deixou com alguns parentes; estes, seja por não terem meios, seja por não aceitarem o fardo de sustentá-lo e ensinar-lhe algum ofício engenhoso, arranjaram-lhe um lugar no boticário do Pinadoro, para que ele aprendesse aquele mister.

Mas, visto que não gostava daquilo, tornou-se entregador do pintor Andrea de' Ceri[4], que se agradou do jeito e dos modos de Perino, vendo nele indícios de engenho e vivacidade que prometiam algum bom fruto com o tempo. Andrea não era muito bom pintor; aliás, era um pintor comum, daqueles que ficam na oficina aberta ao público, a trabalhar qualquer coisa mecânica.

Tinha o costume de pintar todos os anos, para a festa de São João, os círios que eram oferecidos com os tributos da cidade, motivo pelo qual se chamava Andrea de' Ceri; por isso, durante algum tempo Perino foi chamado de Perino de' Ceri.

Andrea cuidou de Perino durante alguns anos e, depois de lhe ensinar da melhor maneira possível os rudimentos da arte, quando este fez XI anos, foi obrigado a encaminhá-lo a um mestre melhor que ele. Andrea tinha muita amizade com Ridolfo, filho de Domenico Ghirlandaio[5], considerado pintor exímio e valoroso, tal como se vê em Florença nas muitas obras que fez para vários lugares públicos e privados. Foi junto a ele que Andrea de' Ceri colocou Perino, para que este aprendesse desenho e procurasse progredir naquela arte, tal como indicava seu grande engenho, aliado à vontade e ao amor, que mais podem. Assim prosseguindo entre os muitos jovens que aprendiam arte naquela oficina, em pouco tempo os superou com o estudo e a solicitude.

Entre eles havia um que sempre o fustigava como um aguilhão; era chamado Toto del Nunziata[6], que, também chegando a equiparar-se com os belos engenhos, saiu de Florença e foi para a Inglaterra com alguns mercadores florentinos; ali executou todas as suas obras e foi reconhecido por aquele rei.

Portanto, ele e Perino competiam e, dedicando-se à arte com grande empenho, em não muito tempo ambos se tornaram excelentes.

Perino, desenhando em companhia de outros jovens florentinos e estrangeiros no cartão de Michelagnolo Buonarroti[7], venceu e ficou em primeiro lugar entre todos, de tal modo que se tinha em relação a ele expectativa que depois se confirmou em suas belas obras, realizadas com tanta arte e excelência.

---

[3] Já foi ressaltado por todos os comentadores o equívoco cronológico de Vasari, pois Carlos VIII, que morreu em 1498, entrara na Itália em 1494-95; portanto, foi seu sucessor, Luís XIII, quem chegou à Itália em 1499-1500 e em 1509-13.

[4] Andrea di Piero di Antonio del Piccino nasceu em 1450.

[5] Cf., na Vida dos Ghirlandaio, nota 10, p. 531.

[6] Antonio, vulgo Toto, nasceu em 1498, filho de Nunziato d'Antonio, vulgo Nunziata; em 1519, foi contratado por Torrigiano como ajudante para o túmulo de Henrique VIII Tudor, que nunca foi executado. Cf., na Vida de Torrigiano, nota 2, p. 482.

[7] Ou seja, na *Batalha de Cascina*; cf., na Vida de Michelangelo, nota 38, p. 720.

Naquele tempo foi a Florença o pintor florentino Vaga, que em Toscanella[8], província de Roma, fazia coisas vulgares, por não ser um mestre excelente; como estava com excesso de trabalho, precisava de ajudantes e queria levar consigo um companheiro e um jovem que o servisse no desenho, de que era carente, e em outras coisas da arte como ajudante. Quando viu Perino desenhar na oficina de Ridolfo ao lado de outros jovens, percebendo que ele era muito superior àqueles, ficou admirado. Muito mais lhe agradaram, porém, seu aspecto e seus modos, visto que Perino era um belíssimo jovem, muito cortês, modesto e gentil, tendo todas as partes do corpo condizentes com as virtudes da alma. Vaga, portanto, encantado com o jovem, perguntou-lhe se queira ir com ele para Roma, pois não deixaria de ajudá-lo nos estudos, de beneficiá-lo nas condições que ele quisesse.

Perino tinha tanta vontade de alcançar excelência na sua profissão, que, ao ouvir a menção a Roma, sendo muito grande o desejo de conhecê-la, emocionou-se e pediu a Vaga que falasse com Andrea de' Ceri, pois não queria abandoná-lo, visto que ele o ajudara até então.

Assim, Vaga convenceu seu mestre Ridolfo e Andrea, que o mantinha, levando Perino e seu companheiro para Toscanella. Ali, eles começaram a trabalhar e, com a ajuda de Perino, não só terminaram a obra que Vaga assumira, mas muitas outras que lhes chegaram depois. Perino, porém, queixava-se de que as promessas de ir para Roma estavam sendo adiadas por causa da utilidade e da comodidade que ele representava para Vaga; assim, como decidisse ir sozinho, Vaga deixou todas as obras e levou-o a Roma. Ali, graças ao amor que tinha pela arte, Perino voltou a desenhar como de costume e, persistindo durante muitas semanas, ficava cada dia mais estimulado. Vaga, querendo voltar a Toscanella, apresentou Perino a muitos pintores como discípulo seu, recomendando-o a todos os amigos que tinha, pedindo que o ajudassem e favorecessem em sua ausência. Essa é a origem de ter sido ele chamado daí por diante Perin del Vaga.

Ficando em Roma e vendo as obras antigas nas esculturas, bem como as admiráveis estruturas dos edifícios que em grande parte haviam restado entre as ruínas, sentia-se tão admirado com o valor de tantos artistas insignes e ilustres que haviam produzido aquelas obras. Assim, acendendo-se ainda mais o seu desejo pela arte, continuava ansiando por atingir um grau que se aproximasse deles, de tal modo que suas obras lhe dessem nome e recursos, tal como haviam dado àqueles que lhe causavam tanta admiração. E, enquanto pensava na grandeza deles e na sua pequenez e pobreza, considerava que nada mais tinha além da vontade de ser como eles e que, sem ter quem o mantivesse e sem meios para ganhar a vida, se quisesse sobreviver precisaria trabalhar em obras daquelas oficinas, hoje com um pintor, amanhã com outro, tal como fazem os mondadores pagos por jornada. Conhecia a inconveniência desse modo de vida para seu estudo e sofria por não poder obter depressa os frutos que o ânimo, a vontade e a necessidade lhe prometiam. Propôs então uma divisão do tempo: metade da semana trabalharia à jornada e no restante se dedicaria ao desenho. Somava a esse restante todos os dias feriados e grande parte das noites, roubando tempo ao tempo para tornar-se famoso e escapar o máximo possível do poder alheio.

Pondo essa ideia em execução, começou a desenhar na capela do papa Júlio, onde a abóbada de Michelagnolo Buonarroti era pintada por ele[9], que seguia os passos e ob-

---

[8] Ou seja, Tuscania.
[9] A Capela Sistina; sobre ela, cf., na Vida de Michelangelo, nota 58, p. 723.

servava a maneira de Raffaello da Urbino. Assim, continuando a observar as antigas obras de mármore e as grutas subterrâneas, com a novidade dos grotescos, aprendeu os modos de trabalhar o estuque e, mendigando o pão a duras penas, suportou a miséria para se tornar excelente nesse mister. Não demorou muito para que ele se tornasse o mais belo e melhor desenhista de todos os que desenhavam em Roma, pois era quem entendia os músculos e as dificuldades dos nus, mais talvez que muitos outros considerados então ótimos mestres.

Por essa razão ele passou a ser conhecido não só entre os homens da profissão, mas também entre muitos nobres e prelados, principalmente porque louvado por Giulio Romano e Giovan Francesco, vulgo Fattore, discípulos de Raffaello da Urbino[10]; este, ouvindo tais elogios, foi tomado do desejo de conhecê-lo e ver o que fazia no desenho. Apreciando nele o desenho, o modo de trabalhar, a maneira, o espírito e o modo de vida, Raffaello julgou que, entre todos os que conhecera, ele deveria atingir grande perfeição naquela arte.

Raffaello da Urbino já havia construído as *logge* encomendadas por Leão X[11] e, terminada a alvenaria, determinou que estas fossem trabalhadas em estuque, pintadas e cobertas de ouro como melhor lhe parecia.

Então, indicou como dirigente dos trabalhos de estuque e de grotescos Giovanni da Udine[12], extraordinário e inigualável nisso, porém mais nos animais, nos frutos e em outras coisas miúdas; e, embora contasse com muitos mestres escolhidos em Roma e vindos de fora, reunira uma companhia de pessoas competentes em vários gêneros – estuques, grotescos, folhagens, festões, cenas, revestimento de ouro –, que, à medida que melhoravam, eram promovidas e passavam a receber salário maior.

Foi assim que, competindo naquela obra, muitos jovens atingiram a perfeição e depois foram considerados excelentes em suas próprias obras.

Nessa companhia, Raffaello pôs Perino sob as ordens de Giovanni da Udine, para que ele trabalhasse com os outros em grotescos e cenas e fosse empregado por Giovanni de acordo com as aptidões que demonstrasse. Perino, trabalhando em concorrência e procurando dar provas de sua capacidade, em não muitos meses foi considerado o primeiro em desenho e colorido entre todos os que ali trabalhavam; aliás, foi considerado o melhor, aquele que era dono da fatura mais bonita, esmerada e harmoniosa em grotescos e figuras, como dão testemunho e fé os grotescos, os festões e as cenas de sua lavra; e, pelos desenhos e esboços que Raffaello fazia, percebe-se que o trabalho dele era muito melhor, feito com uma observação maior, como poderá verificar quem considerar uma parte das referidas cenas no meio da arcada, nas abóbadas em que estão representados os hebreus a atravessarem o Jordão com a arca santa, ou a derrubada das muralhas de Jericó, bem como as outras que se lhes seguem, como a cena em que Josué, no combate com os amorreus, faz o sol parar, além de muitas outras, reconhecíveis entre todas, que não cabe enumerar por ser imenso o seu número[13].

Logo na entrada da *loggia*, fez belíssimas cenas do Novo Testamento; além disso, abaixo das janelas, estão as melhores da obra, coloridas de bronze[14].

---

[10] Cf. sua Vida nas pp. 495-519.

[11] Depois da morte de Bramante; cf., na Vida de Rafael, nota 72, p. 513.

[12] Cf., na Vida de Polidoro, nota 3, p. 624.

[13] De fato, a crítica não é unânime na atribuição das cenas a Perino. Os grotescos de Perino são considerados os mais finos. (Cf., na Vida de Giovan Francesco Penni, nota 4, p. 563).

[14] Infelizmente perdidas.

Tais coisas causam admiração a todos, tanto pela pintura quanto por muitos estuques que ali há de sua lavra. Ademais, seu colorido é muito mais bonito e bem-acabado que todos os outros.

Por essa obra sua fama cresceu tanto e ele recebeu tais louvores, que os artistas não falavam de outra coisa, senão das extraordinárias qualidades que ele tinha por natureza. Mas esses louvores não lhe deram motivos para aquietar-se, porque a virtude, quando louvada, cresce; aliás, foram seguidos por maior empenho na arte e por muito mais vigor, pois ele estava quase certo de que, a prosseguir daquela maneira, deveria colher os frutos e as honras que via todos os dias em Raffaello da Urbino e Michelagnolo Buonarroti. E trabalhava com muito mais gosto ao ver que Giovanni da Udine e Raffaello o tinham em alta conta e o empregavam em coisas importantes. Sempre foi submisso e obediente a Raffaello, acatando-o de tal maneira, que este o amava como filho.

Naquela época, por ordem do papa Leão, foi feita a abóbada da sala dos Pontífices, que é aquela que, dando para as *logge*, permite entrar nos aposentos do papa Alexandre VI outrora pintados por Pinturicchio; tal abóbada foi pintada por Giovan da Udine e por Perino[15].

Juntos fizeram estuques e todos os ornamentos, grotescos e animais que ali se veem, além das belas e várias invenções de suas divisões, que foram feitas em forma de medalhões e óvalos para os sete planetas do céu, representados por seus animais, como Júpiter pela águia, Vênus pela pomba, Lua pela mulher, Marte pelo lobo, Mercúrio pelo galo, o Sol pelo cavalo e Saturno pela serpente, além dos doze signos do Zodíaco e algumas figuras das setenta e duas imagens do céu, como a Ursa maior, a Canícula e outras que, por serem muitas, omitirei e não enumerarei por ordem; tal obra pode ser vista, e todas essas figuras são em grande parte de sua lavra. No centro da abóbada há um medalhão com quatro figuras que representam as vitórias em cujo poder estão o Reino do papa e as chaves, tudo em escorço de baixo para cima, trabalhado com arte magistral e muito boa técnica, sem falar da graça com que os vestiu, velando o corpo com alguns panos sutis que deixam parcialmente descobertas as pernas e os braços, sem dúvida com graciosa beleza.

Essa obra foi e é ainda considerada um trabalho muito honroso e rico, além de alegre e bonito, digno realmente daquele pontífice, que não deixou de reconhecer o esforço, certamente merecedor de altíssima remuneração.

Perino fez uma fachada em claro-escuro, método então posto em uso por Polidoro e Maturino; essa fachada fica defronte à casa da Marquesa de Massa, perto de Mestre Pasquino; seu desenho é dotado de brio e força, o que lhe deu muita honra.

Em MDXV[16], no terceiro ano do seu pontificado, o papa Leão foi a Florença, sendo muitos os festejos ocorridos então na cidade. Perino, em parte para ver a pompa e em parte para rever a pátria, chegou antes da corte e fez em um arco do triunfo em Santa Trinita belíssima figura de sete braços de altura; concorrendo, Toto del Nunziata, que já na juventude competia com ele, fez outro. Mas cada hora longe de Roma se lhe afigurava mil anos, por lhe parecer muito grande a diferença entre as maneiras e os modos

---

[15] Os trabalhos do apartamento Borgia foram iniciados por Pinturicchio em fins de 1492 (cf., na Vida de Pinturicchio, nota 10, p. 415). Provavelmente, as pinturas de Perino na antecâmara foram realizadas no retorno de Florença, depois de 1423, portanto no pontificado de Clemente VII, embora possam ter sido iniciados em 1521, ainda no tempo de Leão X.

[16] Na "errata" está indicada a data exata, 1515, que corrige a data MDXX.

dos artistas florentinos e os de Roma. Voltando, retomou seu costumeiro curso de trabalho e na igreja de Santo Eustachio, na Dogana[17], fez um São Pedro em afresco que é uma figura de grande relevo, composta com panejamento simples, mas trabalhada com muito desenho e tino.

Naquele tempo estava em Roma o arcebispo de Chipre, pessoa muito afeiçoada às artes, especialmente à pintura. Tinha uma casa próxima à Chiavica, na qual fizera um jardinzinho com algumas estátuas e outras antiguidades sem dúvida prestigiosas e belas, e, desejando fazê-las acompanhar por alguns bons ornamentos, chamou Perino, que era muito amigo seu, e com ele acertou que no muro ao redor do jardim seriam pintadas muitas cenas de bacantes, sátiros, faunos e coisas silvestres, como alusão a uma estátua antiga de Baco sentado ao lado de um tigre que lá havia. E assim ele adornou o lugar com diferentes alegorias, além de fazer uma pequena arcada com figuras miúdas e vários grotescos, bem como quadros de paisagens; tudo isso Perino fez e coloriu com graça e diligência.

Essa obra foi sempre considerada muito louvável pelos artistas. Graças a ela, ele se tornou conhecido dos Fucheri, mercadores alemães[18] que viram essa obra e gostaram muito dela. Como tinham construído uma casa perto de Banchi, a caminho da igreja dos florentinos, pediram a Perino que pintasse num pátio e numa arcada grande número de figuras, todas dignas do louvor que coube às outras coisas de sua lavra, pois foram feitas com belíssima maneira e harmoniosa graça.

Na época, messer Marchionne Baldassini mandara construir, perto da igreja de Santo Agostino, uma casa muito bem concebida por Antonio da San Gallo[19] e, desejando pintar por inteiro uma de suas salas, levou bom tempo a observar aqueles jovens, para que ela ficasse bonita e bem-feita; finalmente, decidiu confiá-la a Perino que, tão logo acertado o preço, passou a executá-la, não abandonando esse trabalho para dar atenção a outros até terminar o afresco com ótimos resultados[20].

Nessa obra há divisões por pilares, e entre eles nichos grandes e pequenos.

Nos grandes há vários tipos de filósofos, dois por nicho, mas em alguns, um apenas; nos menores há *putti* nus e parcialmente cobertos por véu, com algumas cabeças de mulheres à imitação de mármore acima dos nichos pequenos.

Acima da cornija que arremata os pilares, havia outra série, a começar de cima da primeira, com cenas compostas por figuras não muito grandes, a representar os feitos dos romanos, de Rômulo a Numa Pompílio.

Há vários ornamentos que imitam várias pedras de mármore e acima da bela lareira de pedras há uma vivíssima Paz a queimar armas e troféus. Essa obra foi digna de muita consideração enquanto messer Marchionne viveu e também depois, não só por todos os que trabalham com pintura, mas também pelos que não são da profissão, que a louvam extraordinariamente.

No mosteiro das freiras de Sant'Ana pintou muitas figuras em afresco numa capela que foi por ele trabalhada com a costumeira diligência. E num altar da igreja de Santo Stefano del Cacco pintou em afresco, para uma fidalga romana, uma Piedade

---

[17] O afresco foi perdido nas restaurações da igreja feitas no século XVIII.

[18] Ou seja, os Fugger di Augusta, célebres banqueiros, grandes financiadores de Carlos V.

[19] Cf., em sua Vida, nota 15, p. 664.

[20] Dos afrescos executados por volta de 1520-22 restam duas cenas (transportadas para tela) com *Juízo de Zaleuco* e com a *Fundação do templo de Júpiter* nos depósitos dos Uffizi, mais um *Busto de filósofo*; um desenho preparatório dessa obra está nos Uffizi (nº 13 561 F).

com Cristo morto nos braços de Nossa Senhora[21], retratando a referida fidalga do natural, de tal modo que parece viva. Essa obra foi executada com uma destreza desenvolta e bela.

Na época, Antonio da San Gallo fizera na esquina de uma casa, chamada Imagine di Ponte, um tabernáculo bem ornado de travertino, dentro do qual deveria ser pintado algo muito belo; o dono da casa incumbiu-o de encomendar a pintura a quem lhe parecesse apto a executar alguma obra honrosa.

Antonio, que conhecia Perino como um dos melhores entre os jovens, encomendou-lhe o trabalho.

E ele, dando início à obra, fez Cristo a coroar Nossa Senhora[22] e, no fundo, um esplendor com um coro de serafins e anjos que, vestidos com panos diáfanos, espargem flores, além de outros *putti* muito belos e variados; assim, em uma das duas faces do tabernáculo fez São Sebastião e na outra Santo Antônio. Trata-se de obra tão bem-feita quanto todas as outras suas, que sempre foram lindas e graciosas.

Um protonotário terminara na Minerva uma capela de mármore sobre quatro colunas e, como desejasse deixar memória de um painel, ainda que não muito grande, ouvindo falar de Perino, entrou em acordo com ele para a realização de um trabalho a óleo[23]. A obra escolhida foi um Cristo descido da cruz, que Perino começou a fazer com grande empenho e dedicação.

Representou-o já no chão, com as Marias ao redor a chorar; expressou dor e miserando sentimento em suas atitudes e em seus gestos.

Também se veem os Nicodemos e as outras figuras admiradas, todas tristes e aflitas ao contemplarem a inocência de Cristo morto.

Mas o que fez de mais divino foram os dois ladrões ainda pregados na cruz, que, além de parecerem deveras mortos, são muito bem compostos em músculos e nervos, pois teve a ocasião de representá-los com os membros repuxados, na morte violenta, por nervos e músculos, sob a ação de pregos e cordas.

Há também uma paisagem nas trevas, representada com muito discernimento e arte. Infelizmente, a inundação provocada pelo dilúvio que caiu sobre Roma em MD***[24] a cobriu até acima da metade, de tal modo que a água amoleceu o gesso e inchou a madeira, provocando o descascamento de todo o pedaço que foi molhado a partir de baixo; assim, pouco restou que se aproveite; aliás, dá pena e desgosto olhá-la; não fosse isso, ela sem dúvida estaria entre as mais preciosas obras existentes em Roma.

Na época, sob a direção de Iacopo Sansovino[25], estava sendo reformada a igreja de San Marcello de Roma, convento dos frades servitas, construção que hoje está inacabada. Depois de terminarem a alvenaria e a cobertura de algumas capelas, os frades acertaram que Perino faria em uma delas duas figuras em dois nichos que serviriam de ornamento a uma Nossa Senhora, devoção daquela igreja, um de cada lado: numa foi pintado São José e na outra São Filipe, frade servita fundador daquela ordem[26].

---

[21] O painel com *Nossa Senhora entre Madalena e São João*, com uma terceira figura e a pessoa que encomendou, foi restaurado em 1961.

[22] Bastante avariado, mas ainda existente.

[23] O desenho preparatório está no British Museum, enquanto há dois fragmentos em Hampton Court.

[24] Em 8 de outubro de 1530.

[25] Ou seja, por volta de 1519.

[26] Ainda no British Museum um provável desenho preparatório desses afrescos agora perdidos.

Acima deles, fez com grande perfeição alguns *putti*, pondo no meio da fachada um de pé sobre um dado, tendo sobre os ombros a ponta de dois festões que daí partem em direção aos ângulos da capela, onde há outros dois *putti* que os sustentam sentados, com belas posições das pernas.

Esse trabalho foi feito com tal arte, graça e boa maneira, em seu colorido há tons de carne tão fresca e macia, que se pode crer estar diante de carnação verdadeira, e não pintada.

Sem dúvida se pode considerar que esses são os afrescos mais belos já feitos por qualquer artista; porque ao olhar se mostram vivos, na atitude movem-se e nos fazem sinal com a boca, querendo desatar a fala, dizendo que a arte vence a natureza, aliás, que esta confessa não poder fazer mais que isso.

Esse trabalho mostrou-se dotado de tanta qualidade para quem entendia de arte, que Perino granjeou grande nomeada, embora já tivesse executado muitas obras e ninguém tivesse dúvida sobre os seus conhecimentos e sobre o seu alto engenho naquele mister; desse modo, foi muito mais considerado e apreciado que antes.

Por essa razão, ao assumir na Trinità (convento dos frades calabreses e franceses que vestem o hábito de São Francisco de Paula) uma capela à esquerda, bem ao lado da capela-mor, Lorenzo Pucci, cardeal Santi IV, incumbiu Perino de fazer os afrescos com cenas da vida de Nossa Senhora[27].

Tal obra foi por ele começada e terminada em toda a abóbada e numa fachada sob um arco; também por fora, acima de um arco da capela, ele fez dois profetas com quatro braços e meio de altura, representando Isaías e Daniel, que naquele tamanho mostram a arte, a qualidade do desenho e a formosura da cor que podem ser exibidas com perfeição numa pintura feita por um grande artista. Isso ficará patente a quem observar Isaías que, a ler, dá mostras da melancolia provocada pelo estudo e pelo desejo de ler coisas novas, pois, com o olhar fixo no livro, tem uma das mãos na cabeça, tal como às vezes as pessoas ficam ao estudar. Daniel, imóvel, tem a cabeça erguida para as contemplações celestiais, a fim de solucionar as dúvidas de seu povo.

Entre ambos, o brasão do cardeal, cujo escudo tem um belo feitio, é sustentando por dois *putti*, que, além de parecerem de carne, também dão a impressão de relevo.

Abaixo, repartidas na abóbada, há quatro cenas dividindo-a em cruz, ou seja, nas arestas das abóbadas. Na primeira, está a Concepção de Nossa Senhora; na segunda, a Natividade; na terceira, Nossa Senhora subindo as escadas do templo; na quarta, o casamento com São José.

Em uma parede, na largura do arco da abóbada, está a Visitação, na qual há muitas belas figuras, sobretudo as que se postaram sobre algumas bases para enxergar melhor a cerimônia das mulheres, tudo feito com uma presteza muito natural.

Além disso, as construções representadas e as outras figuras têm grande qualidade e beleza em todas as atitudes.

Não deu prosseguimento abaixo, pois ficou doente; depois de sarar, no ano MDXXIII houve peste, e em Roma esta foi de tal sorte que, se ele quisesse salvar a vida, o mais apropriado seria sair de lá.

---

[27] São de Perino somente as *Cenas do Antigo Testamento* na abóbada, no arco e no intradorso da entrada, e a *Visitação* no fundo; a Taddeo e Federico Zuccari pertencem a *Assunção* e a *Coroação da Virgem*. Há desenhos dos panos de abóbada na Albertina de Viena (24 983), no Louvre de Paris (nos 595-96) e no Metropolitan de Nova York (n.º 63.75.1).

Naquela época, estava na referida cidade o ourives Piloto[28], grande amigo de Perino, a quem era muito chegado. Tinha ele muita vontade de ir embora, de modo que certa manhã, quando comiam juntos, convenceu Perino a afastar-se de lá e ir para Florença, mesmo porque havia muitos anos não ia lá e só poderia ser motivo de honra para ele dar-se a conhecer e deixar na cidade algum sinal de sua excelência.

E embora Andrea de' Ceri e a mulher, que o haviam criado, estivessem mortos, pelo fato de ter nascido naquelas paragens, ele as haveria de amar, mesmo nada mais tendo ali.

Assim convencido, não demorou muito para que ele e Piloto partissem certa manhã rumo a Florença.

Ali chegados, foi grande o seu prazer em rever as velhas pinturas dos mestres passados que lhe haviam servido de estudo na infância, bem como as dos mestres ainda vivos, dos mais celebrados e tidos como os melhores da cidade.

Então os amigos cuidaram para que ele fizesse em afresco uma obra sobre a qual falaremos abaixo.

Certo dia, quando muitos artistas, pintores, escultores, arquitetos, ourives e entalhadores de mármores e madeira se reuniram com ele, segundo o costume antigo, alguns para vê-lo, fazer-lhe companhia e ouvi-lo, muitos para saber das diferenças entre os artistas de Roma e os de Florença na prática da arte, a maioria para ouvir as críticas e os louvores que os artistas frequentemente fazem uns sobre os outros, tais artistas, conversando sobre uma coisa e outra e visitando obras velhas e modernas pelas igrejas, chegaram à do Carmine no intuito de ver a capela de Masaccio[29]. Ali, cada um deles a olhou atentamente e todos disseram várias palavras em louvor àquele mestre, afirmando que ele tivera muito tino naquele tempo, pois, conhecendo apenas as obras de Giotto, fora capaz de trabalhar com maneira tão moderna o desenho, a invenção e o colorido, tendo forças para mostrar, na facilidade com que trabalhava, as dificuldades daquela arte.

Além disso, no relevo, na resolução e na prática ainda não houvera ninguém que se lhe equiparasse. Perino gostou de ouvir tais arrazoados e respondeu a todos aqueles artistas com as seguintes palavras: "Não nego o que dizeis e diria muito mais ainda, mas sempre negarei que não haja quem se lhe equipare nessa maneira; aliás, direi, se é que se pode dizer, com a vênia de muitos, não por desprezo, mas por ser verdade, que conheço vários artistas mais resolutos e graciosos, capazes de pintar coisas não menos vivas que estas, aliás, muito mais belas. E, se me permitis, a mim que não sou o primeiro na arte, lamento que não haja lugar aqui perto onde pudesse pintar uma figura, para que, antes de sair de Florença, vos desse uma prova ao lado de uma destas obras, também em afresco, de tal modo que, comparando-as, pudésseis ver se há alguém entre os modernos que lhe possa ser equiparado."

Entre eles estava um mestre, considerado o primeiro na arte da pintura em Florença, que, curioso de ver as obras de Perino e no intuito de lhe arrefecer a ousadia, expressou a seguinte ideia: "Embora aqui não haja espaço, uma vez que tendes esse desejo – decerto bom e louvável –, ali na frente há um São Paulo de sua lavra, obra que nada deve em qualidade e beleza às que estão nesta capela, onde podereis mostrar-nos com

---

[28] Giovanni di Baldassarre, vulgo Piloto, nasceu na segunda metade do século XV em Florença, onde morreu em 1546.

[29] Ou seja, Capela Brancacci: cf., na Vida de Masaccio, nota 16, pp. 221-2.

comodidade o que dizeis, fazendo outro apóstolo ao lado dele ou ao lado do São Pedro de Masolino, o que preferirdes."

São Pedro era o mais próximo da janela, onde se contava com melhor espaço e melhor luz; ademais, não era uma figura menos bela que o São Paulo.

Assim, todos instaram Perino a fazê-lo, dizendo-lhe uns que faziam questão de ver a maneira como se pintava em Roma; outros, que desse modo ele saciaria aquela curiosidade que os perseguia havia dezenas de anos, e que, se ela fosse melhor, todos adotariam as técnicas modernas. Por fim, Perino foi convencido por aquele mestre, que lhe disse que ele não deveria faltar-lhes, para o bem da persuasão e do prazer de tantos belos engenhos, mesmo porque em duas semanas seria possível fazer uma figura em afresco, ao passo que eles não deixariam de passar anos a louvar o seu trabalho.

E, embora assim se expressasse, pensava o contrário, convencido de que ele não faria nada muito melhor do que faziam então aqueles artistas, considerados os mais excelentes.

Perino aceitou submeter-se à prova e, concordando todos em chamar messer Giovanni da Pisa, prior do convento, pediram-lhe licença para usar o lugar com o fim de fazer tal obra, e ele a concedeu com amabilidade e cortesia. Assim, depois de medirem a altura e a largura do vão, foram embora. Perino fez um cartão com o apóstolo Santo André, diligentemente terminado, decidido que estava a pintá-lo, já mandando erguer a armação para dar início ao trabalho.

Mas, antes disso, por ocasião de sua chegada, muitos amigos seus, que tinham visto excelentes obras suas em Roma, lhe haviam encomendado aquela obra em afresco de que falei, arranjando um modo de ele e os outros deixarem em Florença alguma memória sua, capaz de mostrar a beleza e a vivacidade do seu engenho em pintura, para que ele se tornasse conhecido e talvez empregado pelos governantes de então em algum trabalho de importância.

Nos Camáldulos de Florença alguns artistas se reuniam numa Companhia denominada dos Mártires, que várias vezes quisera mandar pintar uma fachada de seu edifício com a cena daqueles mártires condenados à morte diante dos dois imperadores romanos que, depois de os prenderem numa batalha, ordenam sua crucificação naquele bosque e sua suspensão nas árvores.

Essa história foi proposta a Perino, e, embora o lugar fosse afastado e o preço baixo, era tão grande a força da invenção da cena e do tamanho da fachada, bastante grande, que ele se dispôs a fazê-la; ademais, era muito estimulado pelos amigos, pois essa obra lhe granjearia a consideração merecida por suas virtudes entre os cidadãos que não o conheciam e entre os artistas de Florença, onde só era conhecida a sua fama. Decidido então a trabalhar, passou a cuidar disso e fez um desenho pequeno, considerado divino[30]; depois, passando a fazer um cartão do tamanho da obra, sem nunca deixar de trabalhar nele, chegou a um ponto em que todas as figuras principais se mostravam totalmente acabadas.

E assim o apóstolo ficou para trás, sem que nada mais fosse feito.

Perino desenhara esse cartão em papel branco, esfumado e tracejado, ficando a luz por conta do próprio papel, tudo feito com uma diligência admirável; nele eram representados os dois imperadores no tribunal a sentenciarem todos os prisioneiros ao suplício da cruz; estes estavam voltados para o tribunal, alguns de joelhos, alguns em

---

[30] Indicado por Gamba, juntamente com o cartão, na coletânea Loeser de Florença em 1907.

pé e outros reclinados, todos nus e amarrados de diferentes maneiras, em atitudes várias, retorcendo-se com gestos miserandos e dando a perceber o tremor dos membros, pois a alma haveria de separar-se no sofrimento e no tormento da crucificação. Além disso, as expressões davam mostras da constância da fé nos velhos, do temor da morte nos jovens e, em outros, a dor das torturas causada pelo aperto das cordas no torso e nos braços.

Eram perceptíveis no desenho o volume dos músculos e até o suor frio da morte. Além disso, via-se nos soldados que os guiavam a ferocidade terrível, desapiedada e cruel no ato de apresentá-los ao tribunal para a sentença e de conduzi-los para as cruzes. Imperadores e soldados estavam vestidos com couraças à antiga e com vestes bem ornadas e extravagantes, sem falar de sandálias, calçados, elmos, escudos e outras armaduras executadas com toda a abundância dos mais belos ornamentos possíveis de fazer, imitando e acrescentando ao antigo, tudo desenhado com o amor, a maestria e o acabamento a que pode chegar o extremo da arte.

Os artistas e os outros engenhos conhecedores, ao examinarem o cartão, avaliaram que não haviam visto desenho mais bonito e de melhor qualidade depois daquele que Michelagnolo Buonarroti fizera em Florença para a sala do Conselho[31]. Desse modo, Perino granjeou a maior fama que poderia conquistar em arte; e, enquanto acabava o cartão, para passar o tempo mandou pôr em ordem e triturar tintas a óleo a fim de fazer um quadrinho não muito grande para o ourives Piloto, seu grande amigo; terminou-o em quase mais da metade e nele pintou uma Nossa Senhora[32].

Fazia muitos anos era seu amigo certo Ser Raffaello di Sandro, padre coxo, capelão de San Lorenzo, que sempre amou os artistas do desenho; convenceu Perino a morar em sua companhia, pois não tinha quem lhe cozinhasse ou cuidasse da casa; além disso, durante todo o tempo em que estivera em Florença, Perino ficara ora com um amigo, ora com outro. Perino foi alojar-se em sua casa e lá ficou muitas semanas. Ocorre que a peste começou a manifestar-se em alguns lugares de Florença, e Perino, com medo de infectar-se, decidiu sair da cidade. Quando quis pagar a Ser Raffaello pelos tantos dias que ficara com ele, a comer, este não concordou em receber nada e lhe disse: "Basta-me como pagamento um pedaço de papel de teu punho."

Perino, ao ouvir isso, tomou cerca de quatro braços de tela grossa e, prendendo-a numa parece que havia entre duas portas de sua saleta, fez uma cena com cor de bronze em um dia e uma noite.

Ela servia de painel na parede e continha a cena de Moisés a atravessar o Mar Vermelho[33], enquanto o faraó submergia com cavalos e carros.

Perino compôs figuras em atitudes belíssimas, uns nadando com armadura, outros nus; alguns, abraçados ao pescoço dos cavalos, com barbas e cabelos molhados, nadam e gritam de medo da morte, procurando com todas as forças algo que sirva de salvação para prolongar a vida.

Do outro lado do mar estão Moisés, Aarão e os outros hebreus, homens e mulheres, agradecendo a Deus. Vê-se certo número de vasos, segundo sua representação, roubados do Egito, com belíssimos feitios e várias formas, além de mulheres com penteados muito variados; terminada a obra, deixou-a por afeição a Ser Raffaello, que

---

[31] Com a *Batalha de Cascina*; cf. acima, nota 7.
[32] No Courtauld Institut of Art de Londres.
[33] Estava indicado na coleção Uguccioni em Florença.

a conservou com o mesmo apreço que teria se Perino lhe tivesse deixado o priorado de San Lorenzo.

Essa tela foi depois muito apreciada e louvada; com a morte de Ser Raffaello, ficou com seu irmão salsicheiro Domenico di Sandro, assim como todas as suas outras coisas.

Perino saiu de Florença, deixando abandonada a obra dos Mártires, o que lamentou muito; sem dúvida, estivesse ela em outro lugar, e não nos Camáldulos, tê-la-ia acabado; mas, considerando que os agentes sanitários haviam tomado justamente o convento dos Camáldulos para os infectados, Perino preferiu salvar-se a ficar famoso em Florença, bastando-lhe ter mostrado quanto valia no desenho.

O cartão, como suas outras coisas, ficou com o ourives Giovanni di Goro[34], seu amigo, que morreu na peste; foi então parar nas mãos de Piloto, que o manteve aberto durante muitos anos em sua casa, mostrando-o de bom grado a toda e qualquer pessoa de engenho, pois era visto como coisa raríssima; não sei de seu paradeiro depois da morte de Piloto.

Durante muitos meses Perino refugiou-se da peste em vários lugares, mas nem por isso passou o tempo em vão, sem desenhar e estudar a arte continuamente. Mas, terminada a peste, voltou para Roma e dedicou-se a fazer coisas pequenas, das quais não falarei.

Em MDXXIII foi eleito o papa Clemente VII, representando um grande refrigério para a arte da pintura e da escultura, que durante toda a vida de Adriano VI tinham sido tão aviltadas, que nada fora feito para ele; não fosse só isso, como ele não se deleitava com arte, ou melhor, como a odiava, impediu que os outros se deleitassem e gastassem com ela, ou mesmo que mantivessem algum artista[35]. Portanto, com o advento do novo pontífice, Perino criou muitas coisas.

Ademais, à testa da arte, em lugar de Raffaello da Urbino, já morto, foram postos Giulio Romano e Giovan Francesco, vulgo Fattore[36], que deveriam dividir os trabalhos com os outros, segundo o costume de antigamente. Desse modo, Perino, que fizera um afresco com o brasão do papa a partir de um cartão de Giulio Romano acima da porta do cardeal Ceserino, portou-se de maneira tão notável, que aqueles começaram a ter dúvidas, pois, embora fossem chamados de discípulos de Raffaello e tivessem herdado suas coisas, não haviam herdado inteiramente a arte e a graça que com as cores ele dava às suas figuras. Por isso, Giulio e Gian Francesco decidiram ligar-se a Perino e, no Ano Santo do Jubileu MDXXV, deram-lhe por mulher Caterina, irmã de Gianfrancesco, para que entre eles se completasse aquela amizade de tanto tempo, convertida agora em parentesco. Assim, continuando as obras que ele executava ininterruptamente, depois de não muito tempo, em vista dos louvores que recebera pela primeira obra feita em S. Marcello, o prior daquele convento e alguns dirigentes da Companhia do Crucifixo decidiram encomendar pinturas para uma capela construída para suas reuniões; e disso incumbiram Perino[37], na expectativa de terem alguma coisa excelente de sua lavra. Montados os andaimes, Perino começou a obra e, no centro da

---

[34] Viveu em Florença na primeira metade do século XVI.

[35] Adriano de Utrecht reinou de 1521 a 1523, quando foi sucedido por Giulio de' Medici.

[36] Cf. suas respectivas Vidas nas pp. 673 e 563.

[37] Os trabalhos, iniciados em 1525, foram interrompidos em 1527 e retomados em 1539. De 1540 a 1543 houve também a participação de Daniele da Volterra. A Perino são atribuídos: *Criação de Eva*, *São Marcos* integralmente e *São João*, afora o braço e a mão, obra de Daniele, a quem também cabem *São Mateus* e *São Lucas*, além de outras partes decorativas. Há desenhos de Perino em Florença (Uffizi, nº 16E), Windsor (nº 974) e Berlim (Dahlem, 22 004).

abóbada de meio berço, fez uma cena em que Deus, depois de criar Adão, extrai sua mulher Eva de uma de suas costelas; nessa cena se vê um Adão feito com beleza e maestria: vencido pelo sono, jaz nu, enquanto Eva, feita com muita vivacidade, ergue-se de mãos juntas e recebe a bênção de seu Criador, cuja figura tem aspecto riquíssimo, grave, majestoso; está ereto, e o abundante panejamento lhe circunda o corpo; do lado direito, estão dois evangelistas: São Marcos, inteiramente terminado, e São João, terminado, salvo a cabeça e um braço nu. Entre ambos, pôs dois pequenos *putti* à guisa de ornamento; estão abraçados a um candelabro e parecem realmente de carne e osso; também muito belos são os evangelistas, nos semblantes, nos panejamentos, nos braços e em tudo o que neles pintou.

Essa obra passou por muitos impedimentos durante a feitura, entre doenças e outros infortúnios que afetam diariamente quem está vivo. Dizem também que faltou dinheiro aos homens da Companhia. E tanto se prolongou essa situação, que em MDXXVII se deu a ruína de Roma[38], quando a cidade foi saqueada, muitos artistas morreram e várias obras foram destruídas ou levadas. Perino, encontrando-se nessa dificuldade, tendo mulher e uma filhinha, depois de correr com ela nos braços por toda Roma, a fim de escondê-la de lugar em lugar, acabou caindo prisioneiro e obrigado a pagar talha, para sua grande desventura, a tal ponto que quase enlouqueceu.

Passada a fúria do saqueio, ficou tão abatido pelo medo que ainda sentia, que se afastou das coisas da arte; apesar disso, fez para alguns soldados espanhóis telas de guache e outras invenções e, depois de se recompor, passou a viver pobremente como os outros. Restara Baviera[39], que guardava as gravuras de Raffaello e não perdera muita coisa; este, pela amizade que tinha com Perino e para entretê-lo, pediu-lhe que desenhasse a parte das cenas em que os deuses se transformam para conseguir seus intentos amorosos. Tal cena foi entalhada em cobre por Iacopo Caraglio[40], excelente entalhador de gravuras. De fato, este se portou tão bem nesses desenhos que, preservando o delineamento e a maneira de Perino, traçou tudo com grande perícia, além de procurar conferir à sua obra a mesma formosura e a graça que Perino dera a seus desenhos.

Depois que o saqueio destruiu Roma e obrigou seus habitantes a abandonar a cidade e o próprio papa a ir para Orvieto, restando poucos e não sendo executada obra de nenhum gênero, chegou a Roma Niccola Veneziano, extraordinário e inigualável mestre recamador, que servia o príncipe Doria[41]. Niccola, que nutria antiga amizade por Perino e sempre favorecera e amara os homens dedicados à arte, convenceu-o a sair daquela miséria e o aconselhou a ir para Gênova, prometendo-lhe a execução de grandes obras para aquele príncipe, que era amante e admirador da pintura. Sobretudo porque Sua Excelência já lhe dissera várias vezes que gostaria de mandar pintar belíssimos ornamentos num apartamento com diversos aposentos.

Não foi difícil convencer Perino, que, premido pela necessidade e ansiando sair de Roma, decidiu partir com Niccola. Assim, depois de acertar tudo para deixar a mulher e a filha bem acompanhadas de parentes em Roma, rumou para Gênova[42]. Ali che-

---

[38] Ou seja, o saqueio dos lansquenês em 1527; cf., na Vida de Marcillat, nota 6, p. 521.

[39] Cf., na Vida de Rafael, nota 61, p. 509.

[40] Cf., na Vida de Rosso, nota 17, p. 613. De Perino conservam-se dois desenhos: uma sanguina no British Museum (n.º 163) para *Pomona e Vertumno* e um desenho de bico de pena para *Vênus e Cupido* nos Uffizi (n.º 13 552F).

[41] A cujo serviço morreu em 1.º de abril de 1565.

[42] No início de 1528.

701

gando, foi apresentado àquele príncipe por Niccola, e Sua Excelência ficou tão feliz com sua ida quanto ficaria com algum grande prêmio que recebesse na vida. Portanto, deu-lhe acolhida, fez-lhe muitos agrados e, depois de muito conversarem e discutirem, decidiram começar o trabalho e concluíram onde deveria ser feito um edifício ornado de estuques e pinturas em afresco, a óleo e de todos os gêneros, coisa que tentarei descrever o mais brevemente possível, com as salas e as pinturas na devida ordem, deixando de falar onde Perino começou a trabalhar, para que as palavras não causem confusão ao tratarem dessa obra que, de todas as suas, é a melhor.

Direi, pois, que na entrada do palácio do príncipe há uma porta de mármore, feita segundo a composição e a ordem dórica, com base em desenhos e modelos da lavra de Perino, com todos os seus acessórios – pedestais, base, coluna, capitéis, arquitrave, friso, cornija e frontispício –, com algumas belíssimas mulheres sentadas a segurarem um brasão. Essa obra foi entalhada e enquadrada pelo mestre Giovanni da Fiesole[43], enquanto as figuras foram feitas pelo escultor Silvio da Fiesole[44], mestre brioso e vivaz.

Por dentro da porta, acima do vestíbulo, há uma abóbada cheia de estuques, com cenas variadas e grotescos, com seus arquetes, dentro dos quais há cenas de guerra, com combates a pé, a cavalo e várias batalhas trabalhadas com grande diligência e arte[45].

À esquerda estão as escadas, adornadas com belíssimos e ricos ornamentos compostos de pequenos grotescos à antiga, com várias cenas e figurinhas, máscaras, *putti*, animais e outras invenções, tudo feito com a criatividade e o tino que suas coisas costumam ter, podendo nesse gênero ser consideradas divinas[46]. Do topo da escada chega-se a uma belíssima arcada, e em cada uma de suas extremidades há uma belíssima porta de pedra; sobre cada uma delas, no frontispício, estão pintadas duas figuras, um homem e uma mulher, voltadas uma e outra para lados contrários, de tal modo que uma se mostra de frente e a outra, por trás. Há uma abóbada com cinco arcos, soberbamente trabalhada em estuque e entremeada de pinturas com alguns óvalos, dentro dos quais há cenas feitas com a máxima beleza que se possa imaginar; as paredes são trabalhadas até o chão, com muitos capitães sentados a envergar armaduras, em parte retratados do natural e em parte imaginados, feitos para todos os invictos capitães antigos e modernos da casa Doria; acima deles há os seguintes dizeres com grandes letras de ouro: MAGNI VIRI MAXIMI DVCES OPTIMA FECERE PRO PATRIA[47].

Na primeira sala, que dá para a arcada, quando se entra por uma das duas portas à esquerda, há na abóbada os belíssimos ornamentos de estuque; sobre as arestas e no centro há uma grande cena com o Naufrágio de Eneias no mar, na qual se veem nus

---

[43] Giovanni di Sandro de' Rossi nasceu em Fiesole em 1496 e morreu em Carrara por volta de 1570.

[44] Silvio Cosini; cf., na Vida de Andrea da Fiesole, nota 16, p. 535.

[45] A abóbada, da qual se encontra um estudo no Palácio Reale de Turim, está dividida em vários setores por uma decoração finíssima, que nos penachos compreende algumas *Divindades*, ao passo que nos outros espaços centrais há quatro *Triunfos*, entre os quais o de Baco.

[46] Já não existem.

[47] A arcada é decorada com uma série de personagens da família Doria que estão sentadas e vestidas como *Heróis*, ao passo que se perdeu o friso de baixo: sobre as portas, figuras femininas e masculinas alternadas por intervenções feitas no século XVIII. Nas lunetas, *Putti*; na abóbada, entre as decorações em estuque e grotescos de Lucio Romano e Guglielmo Milanese, há octógonos com *Cenas romanas*. Há desenhos para essa arcada em Paris (Louvre), Bayonne (Museu Bonnat), Ashmolean de Oxford, British e Albertina de Viena (nºs 574, 13 187).

vivos e mortos, em diferentes e várias atitudes, além de bom número de galeras e naus, algumas salvas e outras destroçadas pela tempestade, não sem belíssimas invenções das figuras vivas lutando para defender-se, além das horríveis expressões criadas pelo tormento das ondas, os perigos da vida e todos os sofrimentos causados pelos acidentes marítimos.

Essa foi a primeira cena e a primeira obra que Perino fez para o príncipe[48], e conta-se que, quando ele chegou a Gênova, já se apresentara ao príncipe, para pintar algumas coisas, Ieronimo da Trevisi[49], que estava pintando uma fachada voltada para o jardim, mas, quando Perino começou a fazer o cartão da cena do Naufrágio, sobre a qual falamos acima, também se distraía a ver Gênova e continuava trabalhando mais ou menos o cartão, de tal maneira que já terminara grande parte com diferentes técnicas, tendo desenhado nus, em claros-escuros, carvão e lápis preto, gradinados, tracejados, e algumas figuras estavam apenas delineadas. Digo, pois, que, enquanto Perino assim estava e ainda não começara, Ieronimo da Trevisi murmurava sobre ele, dizendo: "Que cartões, que nada! Eu sim, eu tenho a arte na ponta do pincel." E tantas vezes falou mal dele dessa maneira ou de outra semelhante, que tais coisas chegaram aos ouvidos de Perino, e este, indignando-se, logo mandou pregar o seu cartão na parte da abóbada onde deveria ser pintada a cena e, tirando em vários pontos as tábuas do andaime, para que se pudesse enxergar de baixo, abriu a sala. Correndo a notícia, toda Gênova acudiu para vê-lo e, admirada com o grande desenho de Perino, celebrou-o imortalmente. Entre todas as pessoas, estava Ieronimo da Trevisi, que viu o que jamais pensou ver de Perino; e, espantado com a beleza, saiu de Gênova sem pedir licença ao príncipe Doria e voltou para Bolonha, onde morava. Portanto, Perino ficou a serviço do príncipe e terminou nessa sala o mural a óleo que foi considerado coisa singularíssima em sua beleza; como eu disse, abrangia o centro da abóbada e a sua circunferência até as lunetas, embaixo, tudo trabalhado com estuques belíssimos. Na outra sala, onde se entra pela porta da arcada que fica à direita, também pintou uma abóbada em afresco e trabalhou com estuque numa ordem quase semelhante, representando Júpiter a fulminar os Gigantes[50], onde há muitos belos nus, maiores que o natural. No céu, todos os deuses, em meio ao tremendo pavor dos trovões, fazem gestos vivazes e apropriados, segundo suas naturezas. Ademais, os estuques são trabalhados com suma diligência, e o colorido em afresco não pode ser mais belo, visto que Perino foi mestre perfeito e valoroso nessa técnica.

Fez as abóbadas de quatro aposentos[51] trabalhados em estuques e afrescos, nas quais distribuiu as mais belas fábulas de Ovídio, que parecem verdadeiras; e não é possível imaginar a beleza, a exuberância, a variedade e a quantidade de figuras, folhagens, animais e grotescos que nelas há, tudo feito com grande inventividade. Assim também, do outro lado da outra sala, fez quatro aposentos[52], que seus ajudantes executaram sob sua direção: eles receberam os desenhos dos estuques, das cenas, das figuras e

---

[48] Exatamente aí teve início a atividade de Perino no Palácio Doria. Da cena principal a óleo, hoje perdida, resta um desenho preparatório no Louvre (nº 636).

[49] Cf. sua Vida nas pp. 621-3.

[50] Ainda existentes na chamada sala dos Gigantes.

[51] As quatro salas vizinhas à sala dos Gigantes são as de Perseu, do Sacrifício, do Zodíaco e de Cadmo; das últimas duas existem desenhos em Chantilly.

[52] Das salas vizinhas à do Naufrágio, somente a de Psiquê conserva a decoração original, ainda que em condições precárias.

dos grotescos em grande número, de tal modo que uns trabalharam mais, outros menos, como Luzio Romano[53], que fez muitas obras de grotescos e estuques, havendo também muitos lombardos.

Basta dizer que não há aposento no qual ele não tenha feito alguma coisa e que não esteja cheio de decorações, até mesmo abaixo das abóbadas, com várias composições cheias de *putti*, máscaras excêntricas e animais espantosos. Gabinetes, antecâmaras, retretes, tudo foi pintado e embelezado.

Do palácio, entra-se no jardim onde há uma construção térrea cujos aposentos todos, até debaixo das abóbadas, têm frisos muito ornados, bem como as salas, os quartos e as antecâmaras, tudo da mesma lavra. Pordenone[54] também trabalhou nessa obra, como eu disse em sua vida. Também o extraordinário pintor senês Domenico Beccafumi[55], que mostrou não ser inferior a nenhum dos outros, embora as obras que fez em Siena sejam as melhores entre todas as muitas que fez.

Mas, voltando às obras feitas por Perino depois destas para o palácio do príncipe, citarei um friso em uma sala da casa de Gianettin Doria, com mulheres belíssimas, além dos muitos trabalhos que fez por toda a cidade para vários fidalgos, em afresco e a óleo, como um belo painel na igreja de San Francesco, com belíssimo desenho[56], bem como o trabalho feito numa igreja chamada Santa Maria de Consolazione para um fidalgo da casa Baciadonne, painel no qual representou uma Natividade de Cristo, obra louvadíssima[57], mas posta em lugar tão escuro, que por falta de boa luz não é possível perceber sua perfeição, mesmo porque Perino procurou pintá-lo com cores escuras, o que exigiria boa iluminação.

Também há os desenhos feitos para a maior parte da Eneida com as cenas de Dido, que serviram de base para tapeçarias; além disso, desenhou belos ornamentos para popas de galeras, entalhados e executados por Carota e Tasso, entalhadores de madeira florentinos[58], que mostraram de maneira excelente como eram valorosos nessa arte.

Além de todas essas coisas, fez grande número de tecidos para as galeras do príncipe, bem como os maiores estandartes possíveis para seu ornamento e beleza.

Por todas as suas boas qualidades, ele foi tão amado por aquele príncipe, que, se tivesse permanecido a servi-lo, teria conhecido toda a sua virtude.

Enquanto trabalhava em Gênova, sentiu vontade de tirar a mulher de Roma e para tanto comprou uma casa em Pisa[59], pois gostava daquela cidade, como se pensasse em elegê-la por domicílio ao envelhecer.

---

[53] Cf., nesta Vida, nota 95, p. 710.

[54] Cf. sua Vida nas pp. 610-7.

[55] Cf., na Vida de Baldassarre Peruzzi, nota 33, p. 560.

[56] O painel, que representa *Nossa Senhora com o Menino Jesus, São Domingos e São Francisco*, outrora na igreja de San Francesco di Castelletto e agora na igreja de San Giorgio a Bavari (Gênova). Há desenhos preparatórios em Viena (Albertina, n? 435).

[57] Assinado e datado de 1534, o painel representa a *Natividade entre São Sebastião, São Tiago, São Roque e Santa Catarina*; outrora na coleção Cook de Richmond, agora está na National Gallery de Washington. Há cinco divisões da predela na Pinacoteca de Brera em Milão; a sexta está no Palazzo Bianco em Gênova.

[58] Antonio di Marco di Giano, vulgo Carota, nascido em 1486, morto em 1568; Battista ou Giovanbattista del Tasso, morto em 1555, trabalhou para os Doria em várias ocasiões entre 1539 e 1550 (cf. nota 114, p. 733).

[59] Em 3 de julho de 1535.

Naquele tempo era construtor da Catedral de Pisa Messer ***[60], que desejava muito embelezar aquele templo e já incumbira Stagio da Pietra Santa[61], entalhador de mármores exímio e talentoso, de dar início a belos ornamentos de mármore para capelas de toda a igreja, retirando outros velhos, canhestros e sem proporção que antes havia. Iniciado esse trabalho, o construtor pensou em preencher os referidos ornamentos com painéis a óleo e, por fora, executar cenas em afresco e divisões de estuques, tudo da lavra dos melhores e mais excelentes mestres que encontrasse, sem poupar os gastos que porventura surgissem. Os trabalhos já tinham sido iniciados na sacristia, e no nicho principal, atrás do altar-mor, já estava terminado o ornamento de mármore e havia muitos quadros feitos pelo pintor florentino Giovannantonio Sogliani[62]; os restantes, juntamente com os painéis e as capelas que faltavam, foram depois de muitos anos terminados por ordem de messer Sebastiano della Seta, construtor daquela catedral[63].

Perino chegou a Pisa nessa época, voltando de Gênova, e, vindo a saber desse início dos trabalhos por intermédio de Batista del Cervelliera[64], conhecedor de arte, mestre de lavores em madeira em perspectiva e talentoso na marchetaria, foi levado até o construtor e, depois de conversarem sobre a obra da catedral, acertou-se que como primeiro trabalho ele faria, ao lado da porta comum de entrada, um painel[65] cujo ornamento já estava terminado e, acima dele, a cena de São Jorge matando o dragão e libertando a filha do rei.

Assim, Perino fez um desenho belíssimo para pintar em afresco uma série de *putti* e outros ornamentos entre uma capela e outra, nichos com profetas e cenas em vários estilos, que agradaram muito ao construtor. Feito o cartão de uma das cenas, ele começou o colorido da primeira, que fica defronte à porta acima referida, terminando seis *putti*, todos muito bem-feitos. Deveria continuar toda a circunferência, que sem dúvida criaria um ornamento rico e belo, de tal modo que no conjunto a obra seria muito honrosa.

Ocorre que ele quis voltar a Gênova, onde se entregara sempre a práticas amorosas e outros prazeres, aos quais era inclinado de vez em quando. Ao partir deu às freiras de San Maffeo[66] um pequeno painel que fizera para elas a óleo e que hoje está em seu mosteiro. Chegando a Gênova, lá ficou muitos meses, executando vários trabalhos para o príncipe.

O construtor de Pisa ficou muito desgostoso com sua partida, principalmente porque a obra ficara inacabada, e não parava de lhe escrever pedindo que voltasse; também sua mulher, que Perino deixara com a filha em Pisa, todos os dias lhe perguntava de sua volta. O construtor, finalmente, vendo que a coisa se prolongaria muito, pois Perino não respondia e não voltava, incumbiu Giovannantonio Sogliani[67] do painel da capela, e ele o terminou e pôs no lugar.

---

[60] Messer Antonio di Urbano (conforme especificado na edição giuntina), que foi construtor da Catedral de Pisa de 1528 a 1539.

[61] Nascido em 1496 em Pietrasanta, morreu em 1563 em Pisa, onde se estabelecera a partir de 1523.

[62] Cf. sua Vida nas pp. 618-20.

[63] Foi construtor da Catedral de 1539 a 1542.

[64] Giovan Battista del Cervelliera, pisano, morreu em 1570.

[65] O painel, para o qual existe um desenho do próprio Perino na Kunsthaus de Zurique, foi iniciado por ele, mas terminado por Sogliani em 1537.

[66] O painel com a *Sagrada Família*, a que se refere um desenho nos Uffizi (nº 1498E), está no Museu de San Matteo em Pisa.

[67] Como se disse acima, na nota 65.

Quando Perino voltou a Pisa e viu a obra de Giovannantonio, indignou-se e não quis dar prosseguimento àquilo que começara, dizendo que não queria que suas pinturas servissem de ornamento para outros mestres.

Por esse motivo, não terminou a obra, e Giovannantonio lhe deu prosseguimento até fazer quatro painéis, que o novo construtor Sebastiano della Seta, julgando que todos eles estavam feitos da mesma maneira e eram menos belos que o primeiro, contratou o senês Domenico Beccafumi, depois de uma prova feita com alguns quadros em torno da sacristia, obras muito belas[68], e um painel feito em Pisa.

Como não ficou tão satisfeito como ficara com os primeiros quadros, encomendou os dois que faltavam ao aretino Giorgio Vasari[69], obras que foram postas junto às duas portas ao lado das paredes dos cantos da fachada principal da igreja. Sobre elas e sobre as muitas outras obras, grandes e pequenas, que estão espalhadas pela Itália e por vários lugares do exterior, não falarei mais e deixarei o julgamento a cargo de quem as viu ou verá.

Perino realmente lamentou por essa obra, visto que já fizera os desenhos dela, sendo de prever que o resultado seria digno dele e capaz de tornar ainda mais famoso aquele templo já tão antigo, além de imortalizar Perino.

Perino já ficara muitos anos em Gênova e, ainda que a cidade lhe proporcionasse recursos e prazer, fartou-se e não se esquecia de Roma, nos tempos felizes de Leão.

Mas, embora tivesse recebido cartas do cardeal Ipolito de' Medici com convites para servi-lo e estivesse disposto a fazê-lo, com a morte desse senhor[70], ele retardou sua volta. Estando as coisas desse modo, muitos de seus amigos tentavam obter seu retorno, e ele o desejava ainda mais. Assim, chegaram-lhe mais cartas de uma só vez, até que certa manhã deu-lhe o capricho de sair de Pisa e ir para Roma sem avisar ninguém.

Lá, apresentando-se ao reverendíssimo cardeal Farnese e depois ao papa Paulo[71], ficou muitos meses sem fazer nada: primeiro, porque as coisas eram adiadas de um dia para outro, segundo porque teve uma dor num braço, de tal modo que gastou várias centenas de escudos, sem falar no mal-estar que sentia antes de curar-se. Por isso, não tendo quem o mantivesse, diante da pouca caridade da cúria sentiu-se tentado várias vezes a ir embora. No entanto, Molza[72] e muitos outros amigos o aconselharam a ter paciência, convencendo-o de que Roma já não era aquela, de que passara a ser uma cidade que antes nos deixa exaustos e enfadados, para depois nos eleger e lisonjear como seu. Sobretudo para quem seguir os rastros de alguma bela arte.

Naquela época messer Pietro de' Massimi comprou uma capela na igreja da Trinità, em que a abóbada, as lunetas, os ornamentos de estuque e um painel a óleo haviam sido feitos por Giulio Romano e seu cunhado Gianfrancesco[73]. Desejando terminá-la, aquele fidalgo retirou uma sepultura de mármore que ficava diante dela e fora feita para uma famosíssima cortesã, com *putti* muito bem trabalhados. Assim, depois de feito um ornamento de madeira dourada para o painel, pois antes havia um de estuque muito pobre, ele encarregou Perino de terminar suas paredes com estuques e fi-

---

[68] Cf., na Vida de Baldassarre Peruzzi, nota 33, p. 560.

[69] Os dois painéis já não existem: no Louvre há um desenho preparatório (nº 2102).

[70] Em 1535 em Itri.

[71] Tornara-se papa em 1534; morreu em 1549.

[72] Francesco Maria Molza, nascido em 1489 em Modena, onde morreu em 1544, foi brilhante poeta em língua latina e vulgar; viveu em Roma de 1506 a 1543.

[73] Perino casara-se com Caterina, irmã de Penni.

guras[74]. Montados os andaimes e a divisória de madeira, Perino começou a trabalhar e depois de muitos meses terminou a obra. Ali fez uma divisão com grotescos extravagantes e belos, parte deles em baixo-relevo e parte pintados; rodeou duas cenas não muito grandes com um ornamento de estuques muito variado, cada uma numa parede. Numa delas se vê o tanque de Betesda, com aqueles paralíticos e doentes, quando o anjo chega para agitar as águas; nela avistam-se aqueles pórticos feitos segundo ótima perspectiva, bem como o movimento e as vestes dos sacerdotes, tudo feito com graça e agilidade, ainda que as figuras não sejam muito grandes. Na outra cena, fez a ressurreição de Lázaro que, depois de quatro dias, se mostra muito pálido e cheio do medo da morte; além disso, muitos são representados a lhe tirarem as faixas, demonstrando admiração e assombro, sem mencionar que a cena é adornada com muitos pequenos templos em perspectiva à distância, todos trabalhados com muito amor, tal como todas as coisas que ao redor são feitas de estuque. Há também quatro cenas menores, duas por parede, que ladeiam a grande; numa delas o centurião pede a Cristo que com uma palavra liberte o filho moribundo; na outra, Cristo expulsa os vendilhões do Templo; há uma Transfiguração e outra cena semelhante. Nos ressaltos dos pilares de dentro fez quatro figuras em trajes de profetas, que realmente são perfeitas em beleza, qualidade, proporção e acabamento; toda a obra é feita com tanta diligência, que, pela fineza, mais parece coisa de iluminura que de pintura. Percebe-se um colorido formoso e vivo, executado com grande paciência, o que mostra o verdadeiro amor que se deve ter pela arte. Essa obra foi pintada inteiramente de seu próprio punho, e grande parte do estuque foi feito por Guglielmo Milanese[75] com base em seus desenhos, pois ambos já haviam trabalhado juntos em Gênova, e Perino tinha grande afeição por ele, havendo mesmo pensado em lhe dar uma filha por esposa, mas Guglielmo, ao restaurar as antiguidades da casa Farnese, recebeu como recompensa o título de frade do Piombo, em lugar do frei Sebastiano Viniziano: tal obra, que tem muitos desenhos feitos por ele, fez que o reverendíssimo cardeal Farnese começasse a pagar-lhe pensão e a empregá-lo em muitas coisas.

Por ordem do papa Paulo foi retirada da câmara do Fogo uma lareira depois colocada na Segnatura, cujas paredes eram forradas com madeira entalhada em perspectiva por frei Giovanni, entalhador do papa Júlio[76]. Nas duas câmaras havia pinturas de Raffaello da Urbino, mas foi preciso reformar toda a base das cenas da câmara da Segnatura. Para isso, Perino pintou uma série de festões, máscaras e outros ornamentos à imitação de mármore, e em alguns vãos pintou cenas à imitação de bronze, tudo em afresco[77]. Nas cenas, como acima, os filósofos tratavam de filosofia, os teólogos de teologia, e os poetas de poesia, com todos os feitos daqueles que tinham sido mestres naquelas profissões. E, embora nem tudo fosse de seu punho executado, ele fazia os retoques a seco; dessa forma, visto que também fizera e acabara os muitos cartões,

---

[74] Realizada entre 1538 e 1539, a decoração da capela Massimi já não existe, exceto um fragmento com a *Ressurreição de Lázaro* no Victoria and Albert Museum de Londres.

[75] Guglielmo della Porta morreu em 1577; é mencionado em Roma pela primeira vez em 1546.

[76] Frei Giovanni da Verona (c. 1475-1525), autor dos revestimentos das paredes da sacristia de Santa Maria in Organo de Verona (1491-1502). Cf., na Vida de Rafael, nota 34, p. 502.

[77] Dos afrescos realizados nas salas do Incêndio de Borgo e da Segnatura, para substituir o revestimento da parede feito por frei Giovanni, perdido durante o Saqueio de 1527, existem também desenhos autógrafos no Louvre (nº 6080) com *Cena do Sacrifício*, na Royal Library de Windsor (nºs 976, 1949) com *Sólon ditando as leis* e em Turim (nºs 423, 1958) com uma *Cariátide*.

707

é quase como se tudo fosse de sua lavra. E assim se fez porque, estando ele acometido de um mal de catarro, não suportava muito trabalho. O papa, vendo que ele merecia, tanto pela idade quanto por tudo o que fizera, ordenou-lhe proventos de XXV ducados por mês, que perduraram até sua morte. Estava incumbido de servir o palácio e a casa Farnese. Michelagnolo Buonarroti já dera a público a parede do Juízo[78] na capela do papa, faltando pintar a base, onde deveria ser aplicado um alizar de tapeçaria, tecido de seda e ouro, à feição dos panos que paramentam a capela. O papa ordenou que ele fosse tecido em Flandres e assim, com o consentimento de Michelagnolo, Perino começou a pintura de uma tela do mesmo tamanho, com mulheres e *putti* e figuras terminais a segurarem festões, tudo muito vivo, com extravagantes invenções[79]. Essa obra, que ficou inacabada em Belvedere em algumas salas depois de sua morte, sem dúvida é digna dele e do ornamento de tão divina pintura.

Anton da San Gallo terminara de construir no palácio do papa a grande sala dos Reis, defronte à capela de Sisto IV[80]. Em seu céu fez uma grande divisão de oito faces, com cruzes e óvalos no relevo e na concavidade. Perino foi incumbido de trabalhá-la em estuque, com os ornamentos mais ricos e belos possíveis, vencendo todas as dificuldades daquela arte. Assim, começou e, nos octógonos, à guisa de rosa, fez quatro *putti* em relevo, com os pés dirigidos para o centro e os braços à volta, formando uma rosa belíssima. Além disso, no restante das divisões estão representados todos os feitos da casa Farnese e, no centro da abóbada, o brasão do papa[81]. Realmente, pode-se dizer que, em matéria de estuque, beleza, fineza e dificuldade, essa obra ultrapassou todas quantas foram feitas por antigos e modernos, sendo digna do dirigente da religião cristã. Com seu desenho, as janelas de vidro foram feitas por Pastorin da Siena[82], talentoso nesse mister; e, abaixo, organizou o espaço da parede para pintar as cenas de sua lavra, coisa belíssima em ornamentos de estuque. E, se a morte não tivesse obstado ao bom ânimo que tinha, essa obra talvez tivesse dado a conhecer que os modernos tiveram coragem de não só se equiparar aos antigos em suas obras, como também de, talvez, ir muito além deles.

Enquanto estava sendo feito o estuque dessa abóbada e ele pensava nos desenhos das cenas, as velhas paredes da igreja de São Pedro de Roma iam sendo derrubadas, para darem lugar à nova construção. Quando os alvanéis chegaram a uma parede onde havia uma Nossa Senhora e outras pinturas de Giotto[83], estavam presentes Perino e messer Niccolò Acciauoli, doutor florentino muito seu amigo; ambos, apiedados daquela pintura, acertaram com os alvanéis que ela não deveria ser destruída. Assim, cortaram a parede ao redor e prenderam-na com traves e ferros para poder transferi-la e remontá-la sã e salva. Como sob o órgão de São Pedro existia um espaço onde não havia altar nem coisa alguma organizada, decidiram montá-la ali e fazer a capela de Nossa Senhora. Também decidiram fazer alguns ornamentos de estuque e pintura, dedicando o con-

---

[78] Em 31 de outubro de 1541; cf., na Vida de Michelangelo, nota 123, p. 734.

[79] Dois fragmentos do revestimento da parede estão no Palácio Spada, ao passo que um estudo está nos Uffizi (n.º 726E).

[80] Ou seja, a sala Regia; cf. a Vida de Antonio da Sangallo, p. 671.

[81] A decoração da abóbada de berço foi inteiramente feita por Perino, inclusive no que se refere aos estuques; datável de c. 1543.

[82] Nascido em Siena por volta de 1508, morreu em Florença em 6 de janeiro de 1592; cf., na Vida de Guglielmo Marcillat, nota 40, p. 525.

[83] Já não existem.

junto à memória de certo Niccolò Acciaiuoli, outrora Senador de Roma. Perino fez seus desenhos e logo pôs mãos à obra, ajudado por seus aprendizes; todo o colorido é de seu aprendiz Marcello Mantovano[84], obra que foi feita com muita diligência.

Na igreja de São Pedro, pelo tipo de alvenaria, o Sacramento ocupava um lugar muito pouco honroso. Assim, os responsáveis pela Companhia do Sacramento decidiram que no meio da igreja velha fosse feita uma capela, sob a direção de Antonio da San Gallo, e a uma parte dos restos das antigas colunas de mármore foram acrescentados outros ornamentos de mármore, bronze e estuque, pondo-se no centro um tabernáculo de Donatello[85] para maior ornamento e fazendo-se um céu belíssimo, com muitas cenas miúdas das figuras do Antigo Testamento, representantes do Sacramento. Também em seu centro foi feita uma cena um pouco maior com a Última Ceia de Cristo com os Apóstolos; abaixo, dois profetas a ladearem o Corpo de Cristo. O mesmo se mandou fazer na igreja de San Giuseppo, perto de Ripetta, e Perino ordenou que um de seus jovens fizesse a capela daquela igreja, que foi depois retocada e acabada por ele. Também uma capela na igreja de San Bartolomeo em Isola foi feita com seus desenhos, e ele retocou do mesmo modo; em San Salvatore del Lauro, mandou pintar algumas cenas ao redor do altar-mor e grotescos na abóbada. E, na fachada, uma Anunciação executada por seu aluno Girolamo Sermoneta[86].

Assim, pois, em parte por não poder e em parte por desagradar-lhe, preferindo desenhar a executar obras, Perino prosseguiu no mesmo caminhar que Raffaello da Urbino levava no fim da vida. Prova de que isso é danoso e reprovável pode ser encontrada nas obras dos Chigi e nas que foram realizadas por outros, bem como estas que Perino incumbiu outros de executar. Além disso, também não foram motivo de muita honra para Giulio Romano, ou seja, aquelas que não foram feitas por ele mesmo. Ainda que com isso seja possível agradar os príncipes, entregando-lhes obras com rapidez, e talvez beneficiar os artistas que nelas trabalham, estes nunca teriam pelas coisas dos outros o mesmo amor que cada um tem pelas suas, mesmo que fossem os mais talentosos do mundo. E por mais bem desenhados que sejam os cartões, não é possível imitá-los com a justeza e a propriedade da mão do primeiro autor. E este, ao ver a ruína da obra, desespera-se e deixa tudo ir por água abaixo. Por isso, quem tem sede de honras deve fazer tudo por si mesmo. Disso posso dar prova, pois, depois de trabalhar com grande aplicação nos cartões da sala da Chancelaria do palácio de San Giorgio de Roma[87], pois eles deveriam ser feitos com muita rapidez em cem dias, foram empregados muitos pintores no seu colorido, e eles se afastaram a tal ponto do delineamento e da qualidade do desenho, que prometi a mim mesmo que daí por diante ninguém poria as mãos nas minhas obras, promessa que tenho cumprido. Por isso, quem quiser conservar o nome e as obras, que faça o mesmo e execute todas de seu

---

[84] Marcello Venusti, nascido por volta de 1513 em Como, morreu em 1579 em Roma; foi um grande divulgador da pintura de Michelangelo.

[85] Agora na sacristia dos Beneficiati em São Pedro.

[86] Girolamo Siciolante nasceu em 1521 em Sermoneta e morreu em 1580 aproximadamente; estava entre os fundadores da congregação dos Virtuosos no Panteão em 1543. Sobre ele, cf. R. Bruno, "Girolamo Siciolante. Revisioni e verifiche ricostruttive", em *La Critica d'Arte*, 130 (1973), pp. 55-71; 133 (1974), pp. 67-80; 135 (1974), pp. 71-80; 136 (1974), pp. 31-46; e também R. Keaveney, "Seciolante at the Palazzo Spada: Scipio Africano or Alexander the Great", em *Studi in onore di Federico Zeri*, pp. 401-5.

[87] Avariados em 1590, ainda subsistem e representam *Cenas da Vida de Paulo III*; há um desenho com *Deferência ao pontífice* nos Uffizi (n°. 6494F).

próprio punho se quiser conseguir toda a honra que um belíssimo engenho busca conquistar. Digo, pois, que Perino, diante das várias incumbências que tinha, era obrigado a empregar muitas pessoas em suas obras, e era maior a sua sede de ganho que de glória, pois parecia ter jogado fora a juventude sem nada avançar. E, aborrecendo-se muito ao ver a ascensão de jovens que produziam, procurava submetê-los a si, para que não pusessem em risco a sua posição.

Em MDXLVI foi a Roma o pintor veneziano Tiziano da Cador[88], famosíssimo pelos retratos; como já retratara o papa Paulo, quando Sua Santidade foi a Bussè[89], obra pela qual não recebera nenhuma remuneração, assim como não recebera de outros retratos feitos para o cardeal Farnese e Santa Fiore[90], ao chegar a Roma foi por eles recebido com muitas honras em Belvedere. Pela cúria e depois pela cidade correu voz de que ele teria ido para pintar cenas na sala dos Reis do palácio, cenas das quais Perino estava incumbido e em cujos estuques já trabalhava. Perino se desgostou muito com essa chegada e queixou-se com muitos amigos, não por acreditar que Tiziano o sobrepujaria no trabalho em afresco, mas por desejar sustentar-se pacífica e honrosamente com essa obra até a morte. E, desde que houvesse de fazê-la, queria trabalhar sem concorrência, já bastando como comparação a abóbada e a fachada da capela de Michelagnolo, ali perto. Por essa suspeita, enquanto Tiziano esteve em Roma, Perino sempre o evitou e demonstrou má vontade, até sua partida.

O castelão de Castel Santo Agnolo era então Tiberio Crispo, hoje reverendíssimo cardeal; como gostava muito das nossas artes, tencionava adornar o castelo, no qual reformou arcadas, câmaras, salas e apartamentos, tornando-os belíssimos, para melhor receber Sua Santidade quando ela ali fosse. E assim fez muitas salas e outros ornamentos, segundo projetos e desenhos de Raffaello da Monte Lupo[91] e, depois, de Antonio da San Gallo[92]. Raffaello mandara ornar uma arcada de estuque e ali fez o anjo de mármore, figura de seis braços de altura que foi posta sobre o último torreão do castelo[93]; também encomendou a Girolamo Sermoneta[94] a pintura da referida arcada, na abóbada que dá para os prados; terminada esta, o restante das salas foi parcialmente dado a Luzio Romano[95]. Por fim, as salas e as outras câmaras importantes foram executadas por Perino, em parte pessoalmente e em parte por meio de outros, com base em seus cartões[96]. A sala é muito harmoniosa e bela, trabalhada de estuques e toda

---

[88] Na realidade Ticiano estava em Roma já a partir de outubro de 1545.

[89] Em junho de 1543 Paulo III foi a Busseto, ao encontro de Carlos V.

[90] Guidascanio Sforza, cardeal já em 1534. *Retratos de Paulo III* de Ticiano estão em Leningrado, no Ermitage (n.º 101), e em Nápoles, Capodimonte (n.º 130, datado de 1543; n.º 129, de 1546, no qual o pontífice está com os sobrinhos Ottaviano e Alessandro). O retrato do cardeal Farnese também está em Nápoles, Capodimonte (n.º 133, de 1543).

[91] Nascido por volta de 1505, morreu em Orvieto. Tornou-se arquiteto da Construção em 1543. Cf. E. Gaudioso, "I lavori farnesiani a Castel Sant'Angelo: precisazioni ed ipotesi", em *Bollettino d'Arte*, 1-2 (1976), pp. 21-42.

[92] Cf., em sua Vida, nota 9, p. 663.

[93] Agora no chamado pátio de honra, ou do anjo, substituído por uma réplica de bronze.

[94] De abril de 1545 a maio do mesmo ano ocorrem os pagamentos para a pequena arcada.

[95] Luzio Luzi da Todi esteve em Gênova com Perino (1528-30) e depois com Daniele da Volterra. Está registrado no Archivio di San Luca entre 1534 e 1536. Cf. especialmente N. Dacos, "Perino, Luzio, Zaga e Tibaldi: la mostra dell'Appartamento di Paolo III a Castel Sant'Angelo" em *Bollettino d'Arte*, 13 (1982), pp. 142-8.

[96] Há desenhos dos afrescos da sala Paolina ou do Conselho nos Uffizi (n.ºs 95 310F e 66 Orn.) e Windsor, Royal Library (n.ºs 979, 1949), para as sobreportas; em Budapeste (n.ºs 1917-191) para um painel

cheia de cenas romanas feitas por seus ajudantes; muitas são da lavra de Marco da Siena[97], discípulo de Domenico Beccafumi; em algumas salas há frisos belíssimos.

Naquela época havia em San Giustino, Città di Castello, um pintor chamado Cristofano Gherardi dal Borgo a San Sepolcro[98], dotado pela natureza de um engenho maravilhoso para grotescos e figuras; foi ele a Roma para conhecer a cidade, mas nunca quis trabalhar com Perino. Ao contrário, voltou a San Giustino e lá trabalhou em várias salas de um palácio dos Bufalini, fazendo coisas belíssimas. Perino, quando podia contar com jovens talentosos, costumava empregá-los de bom grado em suas obras. Mas nem por isso deixava de realizar coisas mecânicas. Muitas vezes fez pendões para trombetas, bandeiras de castelos e de exércitos da religião[99]. Fez lavores para estandartes, sobrevestes, pequenas portas e todas as mínimas coisas da arte. Começou algumas telas para fazer tapeçaria para o príncipe Doria. Para o reverendíssimo cardeal Farnese fez uma capela[100] e também um escritório para a excelentíssima senhora Margarida da Áustria. Em Santa Maria del Pianto mandou fazer um ornamento em torno de Nossa Senhora; fez outro ornamento para Nossa Senhora na praça Giudea. Fez muitas outras coisas que não cabe mencionar por serem muitas, pois nada lhe caía nas mãos que ele não pegasse e aproveitasse. Vivia às voltas com alguns funcionários do palácio e sempre lhes fazia desenhos e lhes dava obras suas, para ser bem servido nos pagamentos dos proventos e em outras coisas e para que todas as obras, grandes ou pequenas, fossem para as suas mãos.

Tinha adquirido tal autoridade, que todos os trabalhos de Roma eram por ele passados a quem lhe agradasse, com preço muitas vezes baixíssimo para quem encomendava as obras, coisas que lhe davam muito trabalho e rendiam pouco a quem as executava, sem dúvida com grande prejuízo para a arte. Prova disso é que, caso tivesse assumido sozinho a abóbada da sala dos Reis no palácio e trabalhado com seus ajudantes, economizaria várias centenas de escudos, que foram para os ministros que orientavam e pagavam as jornadas daqueles que ali trabalhavam. Assim, assumiu um encargo tão pesado e árduo, que, estando catarroso e enfermo, mal conseguia suportar tantos incômodos, pois dia e noite precisava desenhar para atender o palácio em suas necessidades de bordados, entalhes, bandeiras e caprichos de muitos ornamentos

---

da abóbada; em Viena, Albertina (n.ºs 13 560-61), para a sala de Psiquê; os desenhos da sala de Perseu estão no Louvre (n.º 621), em Chantilly (n.º 79), no British Museum (n.º 179/1962). Os pagamentos a Perino vão de junho de 1545 a janeiro de 1547; ele se valeu amplamente da colaboração de ajudantes, entre os quais, em primeiro lugar, Pellegrino Tibaldi.

[97] Nasceu por volta de 1517-22 em Costa al Pino (Pisa) e morreu depois de 1579, porque nessa data está documentado em Nápoles, onde se encontrava desde 1557. Em Castel Sant'Angelo fez os afrescos com *Cenas de Alexandre* para os quais existem pagamentos a partir de 1545-46 a Perin del Vaga para Marco Pino. Depois do ensaio fundamental de E. Borea, "Grazia e furia in Marco Pino", em *Paragone*, 151 (1962), pp. 24-52, cf. G. Masetti Zannini, *Pittori della seconda meta del Cinquecento in Roma*, Roma, 1974; G. Previtali, *La pittura del Cinquecento a Napoli e nel Vicereame*, Turim, 1978; id., em *L'arte a Siena*, Roma, 1980, pp. 18-23; por fim, C. Fiorillo, "Un 'nuovo' Marco Pino", em *Bollettino d'Arte*, 27 (1984), pp. 115-6.

[98] Nascido em 24 de novembro de 1508, filho de Guido di Francesco Gherardi, morreu em 4 de abril de 1556. Amigo de Vasari, colaborou com ele na decoração do Palazzo Vecchio de Florença (1555); na edição giuntina Vasari lhe dedicou uma Vida. Cf. A. Ronen: "The pagan Gods: a fresco cycle by Cristoforo Gherardi in the Castello Bufalini, San Giustino", em *Antichità viva*, I (1977), 4, pp. 3-12, e II (1978), 6, pp. 19-30.

[99] De 1541 a 1546 existem pagamentos para os trabalhos feitos por conta dos Cavaleiros da Ordem de Malta.

[100] A chamada Cappella del Pallio na Chancelaria.

para os Farnese e muitos cardeais e outros senhores. Desse modo estava sempre ocupadíssimo e no fim tinha sempre ao seu redor escultores de estuques, entalhadores de madeira, costureiros, recamadores, pintores, douradores e outros artesãos ligados à nossa arte. Seu único consolo era encontrar-se com amigos na taberna, que sempre frequentou onde quer que estivesse, por lhe parecer local de bem-aventurança, repouso do mundo e trégua para seus tormentos. Assim, desgastando o organismo com as coisas da arte, os feitos de Vênus e os desregramentos da gula, ia sendo consumido por uma asma renitente, até que foi acometido de tísica e, não havendo remédio que prestasse e com o prosseguimento do catarro, certa noite, quando conversava perto de casa com um amigo, caiu morto fulminado por uma apoplexia, na idade de 47 anos[101]. Sua perda foi lastimadíssima por muitos artistas. Messer Iosef Cincio, médico de Madama e seu genro, e sua mulher lhe deram honroso sepulcro na capela de São José da Ritonda de Roma, com o seguinte epitáfio:

D(ATVR) O(MNIBVS) M(ORI)
PERINO BONACCVRSIO VAGAE FLORENTINO QVI INGEGNO ET ARTE SINGVLARI EGREGIOS CVM PICTORES PER MVLTOS TVM PLASTAS FACILE OMNES SVPERAVIT, CATHERINA PERINI CONIVGI LAVINIA BONACCVRSIA PARENTI IOSEPHVS CINCIVS SOCERO CHARISS(IMO) ET OPT(IMO) FECERE. VIXIT ANN(OS) XLVI MEN(SES) III, DIES XXI. MORTVS EST XIIII CALEND(IS) NOVEMBR(IS) ANN(O) CHRIST(I) MDXLVII.

CERTANTEM CVM SE, TE QVVM NATVRA VIDERET,
NIL MIRVM SI TE HAS ABDIDIT IN TENEBRAS.
LVX TAMEN ATQVE OPERVM DECVS IMMORTALE TVORVM
TE ILLVSTREM EFFICIENT, HOC ETIAM IN TVMVLO*.

Em seu lugar ficou Daniello Volterrano[102], que trabalhou muito com ele e terminou os outros dois profetas que estão na capela do Crucificado na igreja de San Marcello; na Trinità, fez uma belíssima capela com estuques e pintura para a senhora Elena Orsina, além de muitos outros que não cabe mencionar. Basta dizer que Perino tem valor por ter sido o mais universal de todos os pintores de nossos tempos, pois levou os artistas a fazer excelentes estuques, grotescos, paisagens, animais e coloridos, tanto em afresco quanto a óleo e a têmpera; o mesmo se pode dizer de todos os tipos de desenho. Por isso, pode-se afirmar que ele foi o pai dessas nobilíssimas artes, e que suas virtudes vivem naqueles que o imitam em todos os honrosos efeitos da arte.

---

[101] Em 18 de outubro de 1547.

* "Todos temos de morrer. Em memória de Perino Buonaccorsi del Vaga, florentino, que com seu engenho e arte singular superou facilmente muitos dos pintores mais célebres e todos os estucadores. Este epitáfio foi colocado por Catarina para seu esposo; por Lavinia Buonaccorsi para seu pai; e por Iosef Cincio para seu sogro. Viveu 46 anos, três meses e 21 dias. Morreu em 19 de outubro do ano do senhor de 1547. Vendo a natureza que competias com ela, não é de estranhar que te levasse para as trevas. No entanto, a luz e a glória imortal de tuas obras te tornarão ilustre, mesmo neste túmulo." [N. da T.]

[102] Daniele Ricciarelli da Volterra nasceu por volta de 1509 e morreu em Roma em 1566. Cf. H. Voss, *Die Malerei der Sparrenaissance in Rom and Florenz*, Berlim, 1920; F. Sricchia Santoro, "Daniele da Volterra", em *Paragone*, 213 (1967), pp. 3-34, aos quais devem ser acrescentados os recentes J. S. Weisz, "Daniele da Volterra and the Oratory of S. Giovanni Decollato", em *The Burlington Magazine*, 939 (1981), pp. 355-6, e D. Jaffe, "Daniele da Volterra and his followers", ibid., 996 (1986), pp. 184-91.

Michelangelo Buonarroti,
pintor, escultor e arquiteto florentino

Enquanto os espíritos industriosos e egrégios, guiados pela luz do famosíssimo Giotto e de seus seguidores, se esforçavam por mostrar ao mundo o valor que a benignidade das estrelas e a bem-proporcionada mistura dos humores haviam dado a seus engenhos e debalde trabalhavam no afã de atingir ao máximo o supremo conhecimento que muitos chamam universalmente de inteligência, por desejarem imitar com a excelência da arte a grandeza da natureza, mais que benigno Regente do Céu, voltando clemente os olhos para a terra e vendo a vã infinidade de esforços, os ardentes e infrutíferos estudos e a opinião presunçosa dos homens, bem mais distante da verdade que as trevas da luz, para livrar-nos de tantos erros se dispôs a mandar para a terra um espírito, que, atuando por si só em cada uma das artes e em todos os misteres, fosse capaz de mostrar como superar as dificuldades da ciência das linhas, da pintura, da escultura e da invenção da arquitetura realmente graciosa. Ademais, quis o Céu acompanhar tudo isso da verdadeira filosofia moral, com o ornamento da doce poesia, para que o mundo o elegesse e admirasse como seu singularíssimo espelho na vida, nas obras, na santidade dos costumes e em todas as ações humanas, sendo por nós designado como celestial mais que terreno. E, vendo que nas ações de tais atividades e nas artes singularíssimas que são a pintura, a escultura e a arquitetura, os engenhos toscanos sempre estiveram entre os sumamente elevados e grandiosos, por serem muito dados ao trabalho e ao estudo de todas as faculdades, acima de quaisquer outros povos da Itália, quis esse mesmo Céu dar-lhe por pátria Florença, digníssima entre as outras cidades, para finalmente completar sua perfeição em todas as virtudes, por meio de um cidadão, depois de mostrar os grandiosos e maravilhosos primórdios representados por Cimabue, Giotto, Donato, Filippo Brunelleschi e Lionardo da Vinci[1], graças aos quais só se poderia acreditar que, com o tempo, haveria de revelar-se um engenho que nos mostrasse perfeitissimamente (mercê de sua qualidade) a infinitude dos fins.

Nasceu ele em Florença no ano de MCDLXXIV[2], filho de Lodovico Simon Buona-

---

[1] Vejam-se as várias Vidas.

[2] Michelangelo nasceu em 1475, no dia 6 de março, em Caprese, atualmente província de Arezzo, onde o pai era podestade. Pintor, arquiteto, poeta, mas sobretudo escultor, foi reconhecido como um "gênio" até pelos contemporâneos. Da enorme bibliografia a seu respeito, convém lembrar sobretudo os numerosos estudos de Ch. de Tolnay e os de P. Barocchi, em especial *La Vita di Michelangelo nelle redazioni del 1550 e del 1568, commentata e curata per P. Barocchi*, Milão-Nápoles, 1962; e os catálogos dos desenhos de Michelangelo e os da sua escola; sobre a atividade de arquiteto, J. Ackerman, *The Architecture of Michelangelo*, Londres, 1961; em vários autores, *Michelangelo Architetto*, org. P. Portoghesi e B. Zevi, Turim, 1964.

roti[3], que o batizou com o nome de Michele Agnolo*, querendo significar que ele era um ser celestial e divino, mais que mortal. Nasceu nobilíssimo, porque os Simoni sempre foram cidadãos nobres e honoráveis[4]. Lodovico tinha muitos filhos e, sendo pobre e tendo numerosa família para pequenos proventos, pôs os outros filhos no aprendizado de alguns ofícios e ficou apenas com Michele Agnolo, que já na infância se aplicava a desenhar em papéis e muros.

Lodovico, que tinha amizade com o pintor Domenico Ghirlandai[5], foi à sua oficina e conversou com ele muito tempo sobre Michele Agnolo. Porque Domenico, depois de ver algumas de suas folhas pintadas, considerou que nele havia um engenho capaz de tornar-se admirável e exímio naquela arte. Lodovico, então, pediu a compreensão de Domenico, que, em vista do encargo que ele parecia ter com tão numerosa família, sem extrair nenhum proveito se dispôs a ficar com Michele Agnolo, após avençarem um salário justo e honesto, como se costumava naquele tempo. Domenico empregou o menino pelo prazo de três anos, mediante um contrato que ainda hoje está num diário de Domenico Ghirlandai, escrito de seu punho e do punho de Lodovico Buonaroti, com os recebimentos de tempos em tempos, diário esse que agora está em mãos de Ridolfo Ghirlandaio[6], filho de Domenico.

Cresciam a virtude artística e a pessoa de Michele Agnolo de tal maneira que Domenico se assombrava, ao vê-lo fazer coisas que de ordinário os jovens não fazem, parecendo-lhe que ele não só superava seus outros discípulos, que eram numerosos, mas também se equiparava ao próprio mestre em muitas coisas. Quando Domenico trabalhava na capela-mor de Santa Maria Novella[7], certo dia em que estava ausente, Michele Agnolo se pôs a retratar o andaime com algumas mesas, todo o material da arte e alguns jovens que ali trabalhavam. Domenico, ao voltar e ver o desenho de Michele Agnolo, disse: "Ele sabe mais que eu"; e ficou muito admirado com a nova maneira e a nova forma de imitação que, graças ao tino recebido do céu, eram praticadas por um jovem em idade tão tenra, coisas que, na verdade, eram as mais desejáveis possíveis na prática de um artista que já trabalhasse havia muitos anos.

Isto porque todo o saber e o poder da graça da natureza eram exercitados pelo estudo e pela arte, que em Michele Agnolo produzia diariamente frutos mais divinos que humanos, como começou a ficar claro no retrato que ele fez de um papel de Alberto Durero[8], coisa que lhe deu muita fama. Porque chegara a Florença uma gravura de cobre com a cena do referido Alberto em que os diabos surram Santo Antônio[9], e Michele Agnolo a retratou com pena de uma maneira que não era conhecida, pintando-a com cores. Para representar algumas formas estranhas de diabos, ia comprar peixes que tivessem escamas de cores extravagantes e nisso demonstrou tanto valor, que granjeou crédito e nomeada.

---

[3] Ludovico di Leonardo di Buonarrota Simoni, nascido em 1444, morreu em 1534; a mãe de Michelangelo era Francesca di Neri del Miniato del Sera; morreu em 1481.

* Michele Agnolo [Angelo] = Anjo Miguel. [N. da T.]

[4] Vasari alude aqui ao parentesco com os nobres Canossa, que na edição giuntina ele declara explicitamente, depois da afirmação de Condivi, *Vita di Michelangelo*, Roma, 1553.

[5] Cf. sua Vida nas pp. 373-82. Michelangelo entrou na oficina de Ghirlandaio em 1488, no dia 1º de abril.

[6] Cf., na Vida dos Ghirlandaio, nota 10, p. 531.

[7] Ou seja, a capela da abside; cf., na Vida de Domenico Ghirlandaio, nota 19, p. 376.

[8] Albrecht Dürer (1471-1528); cf., na Vida de Rafael, nota 59, p. 509.

[9] De fato, a gravura e obra de Martin Schongauer (1455-91), como, aliás, escreve o próprio Vasari na edição giuntina. Do desenho de Michelangelo não há vestígios.

Naquele tempo, no jardim[10] do Magnífico Lorenzo de' Medici, na praça de San Marco, o escultor Bertoldo[11] atuava não tanto como conservador ou guardião das muitas e belas antiguidades que ali haviam sido reunidas e recolhidas com grandes custos, mas principalmente porque, desejando muito criar uma escola de pintores e escultores excelentes, o Magnífico Lorenzo pretendia colocá-los sob a orientação e a direção do referido Bertoldo, que era discípulo de Donato. E, embora fosse tão velho que já não conseguisse trabalhar, era mestre exímio e de boa reputação, não só por ter sido diligente polidor dos púlpitos fundidos de seu mestre Donato[12], como também por ter ele mesmo fundido muitas obras em bronze, com batalhas e algumas outras coisas pequenas, mister no qual não se achara até então quem o superasse em Florença.

Portanto, queixando-se de que naqueles tempos não havia escultores celebrados e nobres, embora se encontrassem muitos pintores de grande valor e fama, Lorenzo, que tanto amava a pintura e a escultura, decidiu, como eu disse, criar uma escola; e para tanto pediu a Domenico Ghirlandai que enviasse ao jardim os jovens de sua oficina que porventura tivessem tais inclinações, pois lá desejava exercitá-los e formá-los de uma maneira que o honrasse e à sua cidade.

Domenico então lhe mandou, como ótimos jovens, Michele Agnolo e Francesco Granaccio[13], entre outros. Estes, chegando ao jardim, conheceram Torrigiano[14], jovem dos Torrigiani, que ali fazia algumas esculturas de barro, por incumbência de Bertoldo. Michele Agnolo, a vê-las, fez algumas por emulação, e Lorenzo, vendo tão belo espírito, sempre depositou grandes esperanças nele. Depois de alguns dias, encorajado, Michele Agnolo tomou um pedaço de mármore e começou a copiar um busto antigo que ali havia. Lorenzo, muito contente, festejou o feito e determinou que ele deveria receber proventos de cinco ducados por mês, tanto para ajudar o pai quanto por incentivo, e, no intuito de alegrá-lo, deu-lhe um manto violáceo e, ao pai, um cargo na aduana. É bem verdade que todos aqueles jovens eram assalariados, recebendo uns mais, outros menos, em virtude da liberalidade daquele magnífico e nobilíssimo cidadão, que, enquanto viveu, sempre os recompensou.

O jardim estava cheio de antiguidades e muito adornado com coisas excelentes, ali reunidas para aformoseamento, estudo e prazer. Michele Agnolo tinha a chave do local e, sendo muito mais solícito que os outros em todas as suas ações, sempre demonstrava viva audácia e presteza.

Durante muitos meses desenhou no Carmino a partir das pinturas de Masaccio[15], retratando aquelas obras com tanto tino, que os outros artistas e todas as pessoas se admiravam, de maneira que a inveja crescia na mesma medida que a fama. Conta-se que Torrigiano, que travara amizade com ele, certa vez a brincar, movido pela inveja de vê--lo mais prestigiado e mais valoroso na arte, desferiu-lhe um soco com tanta gana, que

---

[10] Em 1480 Lourenço adquiriu o jardim defronte à igreja de San Marco, que sob a direção de Bertoldo se transformou no ponto de encontro dos melhores artistas florentinos.

[11] Cf., na Vida de Donatello, nota 42, p. 262.

[12] Ou seja, os púlpitos de San Lorenzo; sobre ele, cf., na Vida de Donatello, nota 48, p. 265.

[13] Cf. sua Vida nas pp. 654-5.

[14] Cf. sua Vida nas pp. 482-3.

[15] Ou seja, dos afrescos da capela Brancacci; ainda subsistem em Munique (Graphische Sammlungen, nº 2191) e em Viena (Albertina, nº 129) os estudos, respectivamente, do *Tributo* e da *Sagração*, perdida. Cf. notas 15 e 16 nas pp. 270-1.

715

lhe quebrou e esborrachou o nariz barbaramente, marcando-o para sempre[16]. Esculpiu uma criança de mármore à maneira antiga, obra que foi comprada por Baldessarre del Milanese[17]; levada a Roma e enterrada numa vinha, foi depois desenterrada e apresentada como antiga, sendo vendida por alto preço. Quando Michele Agnolo foi a Roma, reconheceu a obra como de sua lavra, embora aos outros custasse muito acreditar.

Fez o Crucifixo de madeira que está na igreja do Santo Spirito de Florença[18], ainda acima da luneta do altar-mor. Também em Florença, no palácio dos Strozzi, fez um Hércules de mármore que foi considerado coisa admirável e depois levado por Giovan Batista della Palla à França[19]. Pintou à maneira antiga um painel a têmpera com São Francisco e os estigmas[20], que está situado à esquerda, na primeira capela de San Piero a Montorio de Roma. Agnolo Doni[21], cidadão florentino e amigo seu que muito se deleitava com a posse de coisas belas, de artistas antigos e modernos, sentiu vontade de ter alguma coisa da lavra de Michele Agnolo, e este começou a fazer para ele um medalhão em que pintou Nossa Senhora que, ajoelhada sobre as duas pernas, levanta um menino nos braços e o estende a José, que o recebe[22]. Na posição da cabeça da mãe de Cristo e no seu olhar para a suprema beleza do Filho, Michele Agnolo mostra seu maravilhoso contentamento e a emoção de participá-lo àquele santíssimo velho. Este, com igual amor, ternura e reverência, toma-o sem hesitação, como tão bem se percebe em seu rosto. Não bastasse isso, para mostrar mais ainda que sua arte era grandiosa, Michele Agnolo fez ao fundo muitos nus apoiados, em pé e sentados; e trabalhou a obra com tanta diligência e esmero, que entre suas pinturas em painel, ainda que poucas, essa é considerada a mais bem-acabada e bela. Terminada, mandou-a coberta à casa de Agnolo e, pela pessoa que a levava, enviou uma nota em que pedia setenta ducados como pagamento. Agnolo, que era pessoa parcimoniosa, achou muito por uma pintura, embora soubesse que valia mais, e disse ao intermediário que XL bastavam e lhos deu. Michele Agnolo devolveu-os e mandou dizer que queria cem ducados ou a pintura de volta. Então Agnolo, que tinha gostado da obra, respondeu: "Dou-lhe aqueles LXX", mas ele não ficou contente; ao contrário, pela pouca fé de Agnolo, pediu o dobro do que pedira na primeira vez, e assim Agnolo, querendo a pintura, foi obrigado a enviar-lhe CXL ducados.

Teve vontade de mudar-se para Roma, pelas maravilhas que ouvia dos antigos; ali chegando, fez na casa dos Galli, defronte ao palácio de San Giorgio, um Baco de már-

---

[16] Quando o episódio foi contado a Cellini, Torrigiano procurou amenizar a gravidade de seu ato (cf. B. Cellini, *La Vita* [1558-66], ed. org. por G. Davico Bonino, Turim, 1973, cap. XIII, p. 27).

[17] A estátua desapareceu.

[18] Foi identificado por M. Lisner, "Michelangelos Kruzifixus aus S. Spirito", em *Münchner Jahrbuch der Bildenden Kunst*, XV (1964), pp. 7 ss., com o crucifixo que outrora estava no convento da igreja do Santo Spirito, mas agora está na Casa Buonarroti. Mencionado na igreja também por Albertini. A crítica, porém, não está concorde em aceitar essa proposta.

[19] Transportado para a França em 1529, é mencionado no século XVII no Jardim do Lago de Fontainebleau; mas no século seguinte desaparecera na destruição do jardim.

[20] Obra desaparecida.

[21] Agnolo Doni (Florença, 1474-1539), rico mercador florentino, que em 1504 se casou com Maddalena Strozzi, encomendando depois a Rafael o seu retrato e o da mulher (Florença, Galeria Palatina, n.os 61 e 59).

[22] É o n.º 1456 da Galleria degli Uffizi, conhecido como *Tondo Doni*; foi pintado depois das núpcias de Agnolo com Maddalena Strozzi, em 1503-04. Restaurado recentemente. Cf., na série "Gli Uffizi Studi e Ricerche", n.º 2, *Il tondo Doni di Michelangelo e il suo restauro*, Florença, 1985.

more[23] maior que o natural, com um sátiro perto, no qual se percebe ter ele desejado certa mescla surpreendente de membros, ao aliar, em especial, a esbeltez da juventude masculina com a carnosidade e a rotundidade da mulher: coisa admirável, em que mostrou ser mais excelente na escultura do que qualquer outro moderno até então conhecido. Em sua estada em Roma fez tantos progressos no estudo da arte, que era incrível ver a facilidade com que punha em prática os elevados pensamentos e tornava facílimo tudo o que era difícil, tanto para assombro dos que não estavam acostumados a ver tais coisas, quanto para os habituados às boas, porque tudo o que se via nada parecia em comparação com suas obras. E estas despertaram no Cardeal francês Rovano[24] o desejo de deixar memória digna de si por meio de tão raro artista em tão famosa cidade, pelo que lhe encomendou uma Piedade de mármore em vulto que, depois de terminada, foi posta na igreja de São Pedro[25], na capela da Virgem Maria da Febre, no templo de Marte.

Não acredite nenhum escultor ou excelente artista ser capaz de acrescentar algo a essa obra em matéria de desenho e graça, nem pense que, trabalhando, obteria com tanta arte o mesmo acabamento, esmero e cinzeladura do mármore que Michele Agnolo obteve, pois nessa obra se percebe todo o valor e o poder da arte. Entre suas coisas belas, além do divino panejamento, mencione-se o Cristo morto; e que ninguém acredite jamais vir a contemplar um nu tão divino pela beleza dos membros e pela maestria do corpo, não havendo morto que mais se assemelhe àquela morte.

Suavíssimo semblante, harmonia entre os músculos dos braços, do corpo e das pernas, pulsos e veias trabalhados, tudo isso se vê, e causa admiração e assombro o fato de um artista ter logrado fazer de modo tão apropriado e em pouquíssimo tempo algo tão divino e admirável; pois é decerto milagre que uma pedra de início sem forma alguma tenha sido levada à mesma perfeição que a natureza a custo sói conferir à carne.

O amor, aliado ao trabalho de Michele Agnolo, teve tanta força nessa obra, que ele inscreveu seu nome no cinto que cinge o peito de Nossa Senhora, coisa que não fez em nenhuma outra, como se quisesse mostrar que se sentia satisfeito e contente consigo. E é de fato tal como a verdadeira e viva figura, conforme disse um belíssimo espírito[26]:

> *Bellezza ed Onestate*
> *E Doglia e Pieta' in vivo marmo morte,*
> *Deh, come voi pur fate,*
> *Non piangete si forte,*
> *Che anzi tempo risveglisi da morte;*
> *E pur mal grado suo*
> *Nostro Signore, e tuo*

---

[23] Atualmente no Museu Nacional de Bargello de Florença; chegou a Florença depois que Francesco I o comprou por 240 ducados em 1572.

[24] Quem encomendou foi realmente Jean Bilhères de Lagranles, abade de San Dionigi em 1474 e cardeal de Santa Sabina em 1493.

[25] Desde 1749 até hoje está na primeira capela da direita, ou do Crucifixo, mas na origem foi colocada na capela de Santa Petronila. Foi terminada em 1499, mas o contrato fora firmado em 16 de agosto do ano anterior.

[26] Giovan Battista Strozzi, o Velho (1505-71): a composição, porém, foi feita por cópia, obra de Nanni Bigio, na igreja do Santo Spirito de Florença.

Sposo, Figliuolo, e Padre,
Unica Sposa sua, Figliuola, e Madre*.

Com isso ele granjeou enorme fama. Se bem que alguns, mais tolos que outra coisa, dizem ter ele feito Nossa Senhora jovem demais, não percebendo e não sabendo que as pessoas virgens, não contaminadas, se conservam e mantêm a expressão do rosto sem mácula por muito tempo, ao passo que com os aflitos, como foi Cristo, ocorre o contrário. Por todas essas coisas, cresceram mais a glória e a fama de sua arte que por todas as outras anteriores.

Alguns amigos lhe escreveram de Florença convidando-o a ir para lá, por não acharem fora de propósito que ele extraísse uma figura de certo mármore que se estragara ao ser trabalhado, conforme já tivera vontade de fazer; mármore que Pier Soderini, então Gonfaloneiro[27] naquela cidade, pensara em dar a Lionardo da Vinci: era belíssimo, tinha nove braços de altura e nele certo mestre Simone da Fiesole[28] começara malfadadamente um gigante. Trabalhara tão mal, que entre as pernas abrira um buraco, estropiando tudo, de tal modo que os construtores de Santa Maria del Fiore, responsáveis pelo trabalho, não se preocuparam em acabá-lo e, dando-o por perdido, deixaram-no abandonado; assim ficara muitos anos e ainda ficaria. Michele Agnolo o esquadrinhou certo dia e, verificando se era possível acomodar-se àquele resto de pedra mutilada por mestre Simone e dela extrair alguma figura razoável, resolveu pedi-la aos construtores, e eles lha concederam por coisa inútil, acreditando que qualquer coisa com ela feita seria melhor que o estado no qual se encontrava então, pois não seria útil à construção nem em pedaços nem recortada daquele modo. Então Michele Agnolo, fazendo um modelo de cera, representou um Davi jovem[29] com uma funda nas mãos para servir de insígnia do palácio, pois, assim como ele defendera seu povo e o governara com justiça, quem governava aquela cidade deveria defendê-la com coragem e governá-la com justiça. Deu início ao trabalho na obra de Santa Maria del Fiore, onde fez um tapume de alvenaria e madeira ao redor do mármore e, trabalhando ininterruptamente, sem ser visto por ninguém, terminou tudo perfeitamente. E, como o mármore outrora mutilado e avariado por mestre Simone em alguns lugares não parecesse capaz de servir àquilo que Michele Agnolo tinha vontade de fazer, permitiu ele que em sua extremidade ficassem algumas das primeiras cinzeladuras de mestre Simone, das quais ainda é possível ver algumas. Sem dúvida foi um milagre Michele Agnolo ter recuperado aquilo que era dado por perdido.

Terminada, a estátua tinha tais dimensões, que foram várias as discussões acerca do modo de levá-la até a praça dos Senhores. Até que Giuliano da San Gallo e seu irmão Antonio[30] fizeram uma fortíssima torre de madeira à qual suspenderam a figura

---

* "Beleza e Honestidade / Dor e Piedade no vivo mármore mortas, / Oh, tal como fazeis, / Não choreis tão alto, / Para que antes do tempo a morte não desperte; / No entanto, malgrado seu / Nosso Senhor, e teu / Esposo, Filho e Pai, / Única Esposa Sua, Filha e Mãe." [N. da T.]

[27] Gonfaloneiro vitalício a partir de 1502, mas deposto em 1512; nasceu em 18 de maio de 1452 e morreu em Roma em 13 de junho de 1522.

[28] Em 18 de agosto de 1464 a Obra da Catedral de Florença encomendara a Agostino di Duccio a execução de uma estátua gigantesca. Não foi Simone da Fiesole, mas certo Bartolomeo di Pietro, vulgo Baccellino (cf. Milanesi, VII, p. 153, nota 2).

[29] Em 16 de agosto de 1501 foi encomendada a Michelangelo com a incumbência de iniciar os trabalhos em 1º de setembro e de terminá-los em dois anos.

[30] Ver suas Vidas nas pp. 484-94.

presa com cordas, para que não se quebrasse com os solavancos, mas, ao contrário, fosse deitada e puxada por cabrestante sobre traves rentes ao chão até chegar ao local em que seria colocada. Depois de fixada na alvenaria e terminada, foi dada a público e realmente sobrepujou em fama todas as estátuas modernas e antigas, gregas ou latinas, podendo-se dizer que nem o Marforio de Roma, nem o Tibre ou o Nilo de Belvedere, nem os gigantes de Monte Cavallo se lhe assemelham, tais foram a proporção, a beleza e a qualidade com que Michel Agnolo a fez. Pois nela o contorno das pernas é belíssimo, enquanto os flancos esbeltos têm inserções divinas; nem se viu jamais pose tão suave e graciosa que se lhe equipare, sequer pés, mãos, cabeça ou quaisquer membros com a mesma qualidade e maestria, nem desenho feito com tanta harmonia. E quem a vir não deve pensar em ver nenhuma outra obra de escultura feita em nossos tempos ou em outros por qualquer artista. Por essa obra, Michel Agnolo recebeu de Pier Soderini DCCC escudos; foi ela erguida no ano de MDIV[31] e, graças à fama que por ela granjeou na escultura, ele fez para o referido gonfaloneiro um belíssimo Davi de bronze que foi enviado à França[32]. Na mesma época, esboçou, mas não terminou, duas esculturas de mármore, uma para Taddeo Taddei, que hoje está em sua casa[33], e outra para Bartolomeo Pitti[34], que frei Miniato Pitti de Monte Oliveto, conhecedor de muitas ciências e em especial de pintura, deu a Luigi Guicciardini, seu grande amigo; tais obras foram consideradas insignes e admiráveis. Naquela época também esboçou uma estátua de mármore de São Mateus[35] na Obra de Santa Maria del Fiore.

Enquanto o extraordinário pintor Lionardo da Vinci trabalhava na grande sala do Conselho, conforme se narrou em sua vida[36], Piero Soderini, então gonfaloneiro, reconhecendo a grande virtude de Michele Agnolo, incumbiu-o de uma parte daquela sala, motivo pelo qual, concorrendo com Lionardo, ele fez a outra parede, usando como motivo a guerra de Pisa[37]. Depois, foi incumbido de uma sala no Spedale de' Tintori em Santo Onofrio, e ali deu início a um grande cartão, mas não permitiu que ninguém o visse. Encheu-o de nus que, banhando-se no rio Arno para fugir ao calor, precisam pegar em armas quando soa o alarme no acampamento, assaltado pelos inimigos; e as divinas mãos de Michele Agnolo desenharam todos aqueles soldados: enquanto uns saíam da água para vestir-se, outro atirava e alguns se calçavam à pressa, ao mesmo tempo que se armavam para dar ajuda aos companheiros; outros ainda afivelavam a couraça, muitos envergavam armaduras e inúmeros, combatendo a cavalo, davam início à refrega. Entre as várias figuras havia um velho, com uma guirlanda de

---

[31] A estátua foi retirada da Obra da Catedral em 14 de maio de 1504 e levada para a varanda do Palazzo Vecchio em 8 de junho, onde foi definitivamente instalada em 8 de setembro. Desde 1873 está na Academia de Florença, substituída no local por uma réplica.

[32] Dessa obra perdida resta um desenho no Louvre (n.º 714). Foi encomendada pela República Florentina para Pietro di Rohan, marechal de Gié, e, embora não tenha sido entregue expressamente a este, por ter caído em desgraça, foi expedida para a França e terminou no castelo de Bury.

[33] Hoje na Royal Academy de Londres.

[34] O *Tondo Pitti* está desde 1873 no Museu Nacional de Bargello.

[35] A estátua, cuja execução ocorreu entre 1505 e 1506, está desde 1834 na Academia de Florença. Deve ter feito parte de uma série de doze apóstolos que a Obra da Catedral e os cônsules da Corporação da Lã encomendaram para a Catedral em 24 de abril de 1503; no entanto, já em 18 de dezembro de 1505 o contrato estava rescindido.

[36] Cf., na Vida de Leonardo, nota 22, p. 449.

[37] O episódio da guerra de Pisa está na célebre Batalha de Cascina, quando, em 28 de julho de 1364, os florentinos, conduzidos por Giovanni Acuto, venceram os pisanos.

719

hera na cabeça para fazer sombra, que, sentado, não consegue vestir as meias por estar com as pernas úmidas e, ouvindo o tumulto dos soldados, o alarido e o rufar dos tambores, puxa a meia com pressa e força; além de todos os músculos e nervos da figura, via-se sua boca retorcida na demonstração do que sofria e se esforçava até as pontas dos pés. Havia também tocadores de tambor e figuras nuas a se envolverem em panos para correr à refrega; e viam-se várias em atitudes imprevisíveis, umas em pé, outras ajoelhadas, dobradas, suspensas ou deitadas, além das que se atracam no ar em escorços difíceis. Havia também muitas figuras agrupadas e esboçadas de várias maneiras, umas contornadas com carvão, outras desenhadas com traços, algumas esfumadas e iluminadas com alvaiade, querendo ele mostrar quanto conhecia daquele mister. Por tais coisas, os artistas ficaram espantados e atônitos, pois viam a que extremos da arte Michele Agnolo chegara naquele papel. Por isso, quem viu figuras tão divinas (dizem alguns que as viram) de sua lavra e de outros afirmam serem coisas cuja divindade nenhum outro engenho jamais poderá atingir.

E é mesmo de crer, porque depois de terminado e levado à sala do papa[38] com grande comoção do mundo da arte e para imensa glória de Michele Agnolo, todos os que estudaram e desenharam com base naquele cartão (como ocorreu depois, durante muitos anos em Florença, entre artistas estrangeiros e da cidade) tornaram-se pessoas excelentes em tal arte, como vemos: pois naquele cartão estudaram seu amigo Aristotile da San Gallo, Ridolfo Ghirlandaio, Francesco Granaccio, Baccio Bandinello e o espanhol Alonso Berugotta; vieram depois Andrea del Sarto, Francia Bigio, Iacopo Sansovino, Rosso, Maturino, Lorenzetto, Tribolo (então criança), Iacopo da Pontormo e Perin del Vaga[39], todos ótimos mestres florentinos, alguns ainda vivos. E como se tornasse motivo de estudo de artistas, esse cartão foi levado para a grande sala do andar de cima da casa Medici[40], motivo pelo qual foi posto nas mãos dos artistas com toda a segurança; mas, quando o duque Giuliano ficou doente, como ninguém se preocupasse com tais coisas, o cartão foi rasgado[41] e dividido em muitos pedaços por eles, espalhando-se por muitos lugares, como se pode ver por alguns pedaços ainda encontrados em Mântua, em casa de messer Uberto Strozzi, fidalgo mantuano[42], que os guarda com grande reverência. E é certo que, para quem os vê, parecem coisa mais divina que humana.

Michele Agnolo ficou tão famoso pela Piedade, pelo gigante de Florença e pelo cartão, que o pontífice Júlio II[43] decidiu pedir-lhe a execução da sepultura e, chamando-o de Florença, conversou com ele e deliberaram juntos realizar, para memória do papa

---

[38] O cartão foi terminado entre 1503 e 1504 num ambiente do Spedale dei Tintori, em Sant'Onofrio, de onde foi transportado para a sala do Conselho do Palazzo Vecchio; de lá depois foi levado à chamada sala do Papa no convento de Santa Maria Novella.

[39] Diversas vezes, nas Vidas desses artistas, Vasari aludiu à influência que o cartão de Michelangelo e o de Leonardo tiveram sobre sua formação artística. Quanto a Berugotta, que na edição giuntina Vasari chama de Berugetta, trata-se do grande maneirista espanhol Alonso Berruguete, pintor e escultor (Paredes de Nava, 1485-c. 1490, Toledo, 1561), filho do pintor Pedro, formado na Itália na órbita de Michelangelo, entre Roma e Florença.

[40] O cartão, portanto, foi transportado para o Palácio dos Medici em via Larga.

[41] A doença de Giuliano, duque de Nemours, ocorreu em 1515-16. Além de repetir essa versão dos fatos na Vida de Michelangelo da edição giuntina, Vasari, ilustrando a Vida de Baccio Bandinelli, atribui-lhe a responsabilidade por tal acontecimento durante os tumultos de 1512.

[42] Em 18 de novembro de 1575, Guglielmo Sangalletti, embaixador de Francisco I dos Medici em Roma, escrevia a Niccolò Gaddi a respeito da eventual venda dos cartões de Michelangelo ao grão-duque (Bottari, *Raccolta di lettere sulla Pittura*, Roma, 1754-83; Milão, 1822-25², org. Ticozzi, III, p. 315).

[43] Em dezembro de 1503 Giuliano della Rovere tornou-se papa com o nome de Júlio II.

e como testemunho da virtude de Michele Agnolo, uma obra que em beleza, soberba e invenção superasse toda e qualquer sepultura imperial antiga[44]. E ele começou a fazê-la com muito ânimo, indo a Carrara buscar mármores e levá-los para Florença e Roma; para tal obra fez um modelo todo cheio de figuras e adornado de coisas difíceis. E para que ela pudesse ser vista de todos os lados, começou a fazê-la isolada, e acabou com presteza a quarta parte da obra, com quadro, cornijas e coisas semelhantes, ou seja, arquitetura e ornamentos. Nesse ínterim começou algumas Vitórias nuas[45] a submeterem prisioneiros e numerosas províncias[46] amarradas a algumas figuras terminais de mármore que serviam de sustentação; esboçou uma de suas partes com a representação dos prisioneiros amarrados em várias posições; destes, ainda há quatro[47] inacabados em sua casa de Roma. Também terminou um Moisés de mármore de cinco braços de altura[48], estátua à qual nenhuma obra moderna jamais se equiparará em beleza, podendo-se dizer o mesmo sobre as antigas, pois ele, sentado em atitude austera, pousa um dos braços sobre as tábuas que segura com uma das mãos, enquanto a outra cofia a barba, que é bem penteada e comprida, executada no mármore de tal sorte, que seus pelos – coisa que tanta dificuldade oferece em escultura – se mostram finíssimos e fofos, macios e desfiados, parecendo impossível que o ferro se tenha transformado em pincel; sem falar da beleza do rosto, que tem a expressão do verdadeiro santo e do príncipe temível, a tal ponto que quem o olha sente vontade de pedir um véu para cobrir-lhe a face, tão esplêndida e luminosa se mostra ela. Tão bem retratada no mármore está a divindade que Deus lhe pusera no sagradíssimo rosto, tão bem cinzelado é o panejamento e bem-acabado o seu belíssimo movimento, são tais a beleza e a perfeição dos braços e seus músculos, tão bem executadas as mãos com a ossatura e os nervos, assim como as pernas, os joelhos e os pés, acomodados estes em tão bem-feitos calçados, enfim, tão bem-acabado é todo o trabalho, que Moisés, hoje mais do que nunca, pode ser chamado amigo de Deus, que, pelas mãos de Michelagnolo, quis unificar seu corpo e prepará-lo para a ressurreição antes de todos os outros; e continuem os judeus, homens e mulheres, a visitá-lo e adorá-lo em bandos, como o fazem todos os sábados, pois não adorarão coisa humana, e sim divina. Essa sepultura foi dada a público no tempo de Paulo III e terminada graças à liberalidade de Francesco Maria, Duque de Urbino[49].

---

[44] O projeto para o túmulo de Júlio II foi acordado com o pontífice até 1505, depois que o artista submeteu alguns desenhos ao papa. No entanto, em decorrência dos episódios a que Vasari alude depois, a obra não foi terminada de acordo com esse projeto, mas sofreu várias modificações e se tornou aquilo que para Michelangelo foi chamado por ele mesmo de "tragédia da minha vida". Sobre as várias reconstruções dos projetos, cf. Ch. de Tolnay, *The Tomb of Julius II*, IV, Princeton, 1954, 1970.

[45] As *Vitórias* devem ter sido colocadas nos nichos da base do grande mausoléu; segundo Tolnay, foi executada apenas uma, em 1532, que hoje se conserva no Palazzo Vecchio de Florença.

[46] Os *Prisioneiros*, adossados a pilastras, deveriam alternar-se com as *Vitórias*.

[47] De fato, os *Prisioneiros* realizados foram seis; no entanto, dois deles, chamados *Escravos*, que foram realizados entre 1512 e 1513, depois de concluído o segundo contrato para o túmulo do papa, já estavam na França em 1550, porque Roberto Strozzi, a quem Michelangelo os presenteara em 1544, os dera de presente a Francisco I da França (morto em 1547): desde 1797 estão no Louvre. Os quatro de que Vasari fala são os inacabados que hoje se conservam na Academia de Florença; iniciados por volta de 1532, faziam parte do quinto projeto do túmulo e são conhecidos como *Escravo barbudo, Escravo jovem, Atlas e Escravo despertando*.

[48] O *Moisés* foi esculpido em 1514-17; devia fazer parte do segundo projeto, o de 1516. Atualmente está em San Pietro in Vincoli em Roma, onde faz parte do túmulo do papa, que foi definitivamente organizado em fevereiro de 1545.

[49] Não só Francesco Maria della Rovere (1490-1538), mas também o filho Guidobaldo II (1514--74), se preocupou com a execução da obra como herdeiro do papa.

Nesse ínterim o papa, que retomara Bolonha e expulsara os Bentivoglio, teve vontade de mandar fazer uma estátua de bronze em memória desse feito. E estava Michele Agnolo a trabalhar na sepultura, quando precisou deixá-la para ir a Bolonha fazer uma estátua de bronze à semelhança do papa Júlio[50], com cinco braços de altura, na qual usou de belíssima arte para compor a atitude, que no todo revelava majestade e grandeza, mostrando riqueza e magnificência no panejamento, bem como coragem, força, presteza e terribilidade no semblante. Essa estátua foi posta num nicho acima da porta de San Petronio. Conta-se que, enquanto Michele Agnolo nela trabalhava, o ourives e pintor Francia[51] apareceu para vê-la, pois ouvira muitos louvores a ele e às suas obras e, embora conhecesse sua fama, nunca vira nada. Então, algumas pessoas intercederam, para que ele visse aquela, e foi-lhe concedido esse favor. Assim, ao conhecer a maestria de Michele Agnolo, assombrou-se. Então lhe perguntaram o que achava daquela figura. Francia respondeu que a fundição era belíssima. Michele Agnolo, entendendo que ele elogiava mais o bronze que a maestria, indignou-se e respondeu encolerizado: "Vai para o inferno, tu e Cossa[52], seus dois grandessíssimos ignorantes de arte." O pobre Francia se sentiu muito vexado diante de todas as pessoas que ali estavam. Conta-se que a Senhoria de Bolonha foi ver a estátua, que lhe pareceu muito terrível e feroz. E, voltando-se para Michele Agnolo, disseram-lhe que a fizera em atitude tão ameaçadora, que mais parecia estar proferindo uma maldição que uma bênção. Então Michele Agnolo respondeu rindo: "Para a maldição foi feita." Aqueles senhores o levaram a mal, mas o papa, quando ficou sabendo do comportamento de Michele Agnolo, deu-lhe mais trezentos escudos. Essa estátua depois foi destruída pelos Bentivoglio, e o bronze, vendido ao duque Alfonso de Ferrara, que com ele fez uma arma de artilharia, hoje chamada Giulia: só se salvou a cabeça, que ainda se encontra nos seus aposentos[53].

Depois que voltou para Roma, o papa, movido pelo amor que nutria pela memória do tio, ordenou que fosse pintada a abóbada da capela de Sisto, ainda sem pintura[54]. Pela amizade e pelos laços de parentesco que havia entre Raffaello e Bramante[55], considerava-se que ela não deveria ser confiada a Michelangelo. Mas, tanto por incumbência do papa quanto por ordem de Giulian da San Gallo[56], ele foi chamado de Bolonha e, atendendo, foi incumbido pelo papa de trabalhar na capela, reformando-se todas as paredes e a abóbada. E, como preço por todos os trabalhos, acertou-se a quantia de XV mil ducados. Michele Agnolo, diante das dimensões da obra, decidiu recorrer a ajudantes e, buscando-os, estava decidido a mostrar que quem antes realizara pinturas naquela obra deveria ser vencido por sua arte, e que ensinaria como se desenha e pinta aos artistas modernos. O motivo do trabalho o impeliu a alçar-se tão alto em busca da fama e da redenção da arte, que ele logo começou os cartões; querendo colorir tudo em afresco, coisa que nunca fizera, chamou alguns amigos pintores de Florença, não só para que o ajudassem, mas também para ver de que modo trabalha-

---

[50] A estátua do papa foi colocada no portal de San Petronio e dada a público em 21 de fevereiro de 1508. Foi derrubada em 30 de dezembro de 1511 e despedaçada pelos seguidores de Giovanni Bentivoglio, adversário do papa.

[51] De Francesco Raibolini, cf. Vida nas pp. 419-25.

[52] Sobre Francesco del Cossa, cf., na Vida de Ercole de' Roberti, nota 2, p. 346.

[53] A cabeça também se perdeu.

[54] Em 1506 Júlio II projetou a execução dos afrescos da abóbada.

[55] De fato Bramante hostilizou a candidatura de Michelangelo.

[56] Cf. Vida nas pp. 597 ss.

vam em afresco, no qual alguns eram muito práticos. Os que foram a Roma eram: Granaccio, Giulian Bugiardini, Iacopo di Sandro, Indaco, o Velho, Agnolo di Domenico e Aristotile[57]. Iniciando-se a obra, Michele Agnolo os fez começar algumas coisas como amostra. Mas, vendo que o trabalho deles estava muito distante de seu desejo, ficou insatisfeito e certa manhã resolveu lançar por terra tudo o que tinham feito. Então, trancando-se na capela[58], nunca mais abriu para eles a porta da capela nem de sua casa. Eles, achando que a brincadeira durava demais, resignaram-se e, envergonhados, voltaram para Florença. Michele Agnolo tomou providências para executar sozinho toda aquela obra e a levou a bom termo com grande assiduidade no trabalho e no estudo; não se deixava ver, para não dar ensejo à necessidade de mostrar o que fazia, motivo pelo qual a cada dia crescia mais no espírito das pessoas o desejo de vê-la.

O papa Júlio queria muito ver seus grandes feitos, e mais desejo lhe despertava aquela obra escondida. Por isso, um dia foi lá para vê-la, mas a porta não lhe foi aberta, pois Michele Agnolo não gostaria de mostrar o que fazia. Diante disso o papa, cada vez mais curioso, fez várias tentativas, de tal maneira que Michele Agnolo andava muito receoso com aquilo, desconfiando que alguns de seus operários ou ajudantes poderiam traí-lo, corrompidos por recompensas, como de fato o foram. Para garantir-se, ordenou que a porta não fosse aberta a ninguém, nem mesmo ao papa, e eles prometeram cumprir a ordem. Fingiu então que ficaria alguns dias fora de Roma e, reiterando a ordem, deu-lhes a chave. Mas, assim que se despediram, ele se fechou na capela e pôs-se a trabalhar. Na expectativa de uma gratificação, imediatamente os outros comunicaram ao papa que, estando fora Michele Agnolo, Sua Santidade teria mais facilidade para ir lá quando bem lhe aprouvesse. O papa, indo até a capela, foi quem primeiro pôs a cabeça para dentro, mas, assim que deu um passo, Michele Agnolo, que estava no último estrado do primeiro andaime, começou a atirar-lhe tábuas. O papa, vendo aquilo e conhecendo sua índole, com não menos cólera que medo se pôs em fuga, fazendo muitas ameaças. Michele Agnolo, então, saiu por uma janela da capela e, encontrando Bramante da Urbino, entregou-lhe a chave da obra e imediatamente voltou a Florença, esperando que Bramante acalmasse o papa, pois de fato acreditava ter agido mal.

Chegando a Florença, depois de ter ouvido o papa injuriá-lo daquela maneira, decidiu nunca mais voltar a Roma. O papa, porém, diante dos pedidos de Bramante e de outros amigos, passada a cólera e não querendo que uma obra daquelas ficasse inacabada, escreveu a Pier Soderini, então gonfaloneiro de Florença, que mandasse Michele Agnolo prostrar-se aos seus pés, pois já o perdoara. Piero transmitiu o recado a Michele Agnolo, mas este estava firmemente decidido a não voltar, pois não confiava no papa. Pietro resolveu mandá-lo como embaixador para maior segurança, e ele, com essa garantia, por fim foi ter com o papa. O Reverendíssimo Cardeal de Volterra, que era irmão de Pier Soderini[59], recebeu deste a recomendação de introduzi-lo junto ao papa. Mas, quando Michele Agnolo chegou, o cardeal, sentindo-se indisposto, mandou um bispo de sua casa, com a incumbência de introduzi-lo em seu nome. Chegando diante do papa, que passeava com um cajado na mão, o bispo apresentou Michele Agnolo em nome do cardeal e de seu irmão Piero, dizendo que aquele tipo

---

[57] Cf., na Vida de Granacci, nota 7, p. 654-5.

[58] Michelangelo começou a trabalhar na abóbada da Capela Sistina em 10 de maio de 1505, e a capela foi reaberta em 31 de outubro de 1512.

[59] Francesco Soderini, nascido em 1453, morreu em 1524.

de homem era ignorante, motivo pelo qual lhe pedia que o perdoasse. O papa, irando-
-se, bateu no bispo com o cajado, dizendo: "Ignorante és tu." E, voltando-se para Michele Agnolo, deu-lhe a bênção a rir-se[60]. A partir daí Michele Agnolo foi sempre tratado pelo papa com presentes e lisonjas e trabalhou tanto para emendar o erro, que
terminou perfeitamente a obra.

E tal obra é realmente o fanal que tem feito tanto benefício e dado tanta luz à arte
da pintura, bastando para iluminar o mundo inteiro que ficou nas trevas durante tantas centenas de anos. Na verdade, quem for pintor não deve buscar ver novidades e invenções de atitudes, roupagens de figuras, novos semblantes e terribilidade em pinturas
variadas, pois toda a perfeição que se possa conferir a coisas feitas em tal mister ali se
encontra. Mas todos os homens devem assombrar-se diante da qualidade de suas figuras, da perfeição dos escorços, da estupenda rotundidade dos contornos, tudo feito
com graça, esbeltez e a boa proporção que se vê nos belos nus. Para mostrar o extremo
e a perfeição da arte, Michele Agnolo os fez de todas as idades, diferentes na expressão e na forma, tanto no rosto quanto nos delineamentos dos membros, que podem
ser mais esbeltos ou espessos; perfeição que também pode ser vista nas belíssimas e diversas atitudes, estando alguns sentados e outros voltados, a sustentarem alguns festões
de folhas de carvalho e bolotas a representarem o brasão e a insígnia do papa Júlio[61].
Para denotar que naquele tempo e sob o seu governo estava-se na idade de ouro, visto
não se encontrar a Itália então a sofrer os tormentos e a miséria que depois sofreu, há
no meio algumas medalhas com cenas em bossagem à imitação de bronze e ouro, copiadas do Livro dos Reis[62]. Sem mencionar que, para mostrar a perfeição da arte e a
grandeza de Deus, Michele Agnolo representou a divisão entre a luz e as trevas em
cenas nas quais se vê sua majestade: com os braços abertos, sustenta-se por si só, mostrando amor e poder criador. Na segunda, com belíssimo discernimento e engenho representou Deus a criar o Sol e a Lua, na qual é sustentado por muitos *putti*, mostrando-
-se impressionante no escorço dos braços e das pernas. De modo semelhante, na
mesma cena representou Deus voando, a abençoar a terra e criar os animais; é visto na
abóbada em escorço, de tal modo que, por onde quer que caminhemos na capela, a
figura parece girar e voltar-se para todos os lados. Na outra cena, Deus separa a água
da terra: figuras belíssimas e agudez de engenho dignas das diviníssimas mãos de Michelagnolo. E assim prosseguiu, fazendo abaixo dessa cena a da criação de Adão, na
qual representou Deus sustentado por um grupo de anjos nus e de tenra idade, que parecem amparar não só uma figura, mas todo o peso do mundo, o que é mostrado por
meio da venerabilíssima majestade daquele e da maneira como se dá o movimento,
pois com um dos braços ele cinge alguns *putti*, como que se apoiando, e, com o outro,
estende a mão direita a um Adão, figura que tem uma beleza, uma atitude e contornos de tal qualidade, que parece recém-criado pelo criador supremo e primeiro, e não
pelo pincel ou pelo desenho de tal homem. Pouco abaixo dessa cena há outra na qual
de sua costela é extraída nossa mãe Eva, cena em que, dos dois nus, um parece morto,
vencido pelo sono, e a outra surge viva e desperta para a bênção de Deus. E pelo pincel desse engenhoso artista percebe-se inteiramente a diferença entre sono e vigília e vê-

---

[60] Na edição giuntina, esse episódio se refere a uma conversa ocorrida em Bolonha anteriormente à
encomenda para a estátua do papa.

[61] Ou seja, um roble (*rovere*).

[62] Dos dez medalhões, apenas nove contêm cenas extraídas justamente do Livro dos Reis.

-se como pode a majestade divina parecer estável e firme, humanamente falando. A seguir, vem a cena em que Adão, sucumbindo à persuasão de uma figura que é metade mulher e metade serpente, sorve sua morte e a nossa na maçã, vendo-se sua expulsão e a de Eva do Paraíso. Na figura do Anjo, aparece com grandiosidade e nobreza a execução do mandado de um Senhor irado e, na atitude de Adão, vê-se o desgosto por ter pecado, aliado ao medo da morte; também na mulher percebem-se vergonha, timidez e vontade de pedir proteção, no modo como cruza os braços diante do seio, junta as palmas das mãos e afunda o pescoço no peito; e, voltando a cabeça em direção ao Anjo, mostra que tem mais medo da justiça que esperança na misericórdia divina. Não é menor a beleza da cena do sacrifício de Noé, na qual há quem carregue a lenha e quem se incline para soprar o fogo, enquanto os outros degolam a vítima, cena que decerto não é feita com menos discernimento e precisão que as outras. Michele Agnolo empregou a mesma arte e o mesmo tino na cena do Dilúvio, em que aparecem diferentes tipos de morte dos homens; estes, assombrados pelo terror daqueles dias, procuram salvar a vida o mais que podem, por diferentes vias. Pois, na expressão das figuras, percebe-se que a vida está à mercê da morte, não sendo menos perceptíveis o medo, o terror e a abominação; vê-se a piedade de muitos que buscam a salvação, ajudando-se mutuamente na tentativa de subir ao cume de um rochedo. Entre estes há um que, abraçado a um moribundo, procura reavivá-lo com todas as forças, de um modo que a natureza não faria melhor. Impossível descrever como é bem representada a cena em que Noé, inebriado pelo vinho, dorme descoberto na presença dos filhos, um dos quais ri enquanto os outros dois o cobrem; cena de uma virtude artística incomparável, que só pode ser superada por si mesma. É como se, em vista do que fizera até então, ganhasse alento e resolvesse mostrar-se muito superior nas cinco Sibilas e nos sete profetas com a altura de cinco braços ou mais; em todos há atitudes diversas, grande beleza de panejamento e variedade de roupagens, em suma, invenção e tino miraculosos, de tal modo que quem distingue os sentimentos expressos acha-os divinos.

Vê-se Jeremias com as pernas cruzadas a cofiar a barba pousando o cotovelo no joelho, enquanto a outra mão descansa no regaço e a cabeça está inclinada, de uma maneira que bem demonstra a melancolia, os pensamentos, a cogitação e a amargura que ele sente por seu povo; há dois *putti* atrás dele. Abaixo de Jeremias, perto da porta, há uma primeira Sibila[63] que, para exprimir velhice, ele envolveu em panos, querendo assim mostrar que o sangue já foi enregelado pelo tempo; além disso, no ato de ler, ela aproxima o livro dos olhos com grande aplicação, por ter a visão já deficiente. Abaixo dessa figura há um velho profeta[64] a expressar um belíssimo movimento, sendo muito adornado com panejamento; com uma das mãos segura um rolo de profecias e, com a outra erguida, voltando a cabeça, mostra querer dizer coisas elevadas e grandiosas; atrás dele há dois *putti* a lhe segurarem os livros. São seguidos por uma sibila[65] que faz o contrário daquela outra a que nos referimos acima, porque, mantendo o livro distante, procura virar uma folha enquanto se sustenta com um joelho sobre o outro, pensando com seriedade o que deverá escrever; um *putto*, atrás dela, soprando um tição, acende-lhe a candeia. Essa figura é de uma beleza extraordinária na expressão do

---

[63] Ou seja, a *Sibila Pérsica*.
[64] Ou seja, *Ezequiel.*
[65] Ou seja, a *Sibila Eritreia.*

rosto, no toucado e nas vestes; tem os braços nus que são tão belos como as outras partes. Abaixo desta sibila há outro profeta[66], que, parado e em pé, lê uma folha de papel com atenção e interesse. Pelo aspecto, percebe-se que ele se compraz tanto com o que ali está escrito, que parece uma pessoa viva a voltar o pensamento com tenacidade para alguma coisa. Acima da porta da capela há um velho[67] que, buscando num livro algum escrito que não encontra, mostra-se com uma das pernas mais elevada que a outra e, entregue ao grande esforço de procurar o que não acha, nem se lembra do incômodo que sofre em tal posição. Essa figura tem belíssimo aspecto mercê da velhice, é um bocado grande e seu panejamento tem poucas pregas, belíssimo. Há também outra sibila[68] que, voltada para o altar do outro lado, mostra alguns escritos e, com seus *putti*, não é menos louvável que as outras. Mas há outro profeta acima[69] dela que, muito concentrado em seus pensamentos, tem as pernas cruzadas e uma das mãos dentro do livro, a marcar o local onde lia, enquanto o cotovelo do outro braço está sobre o livro e sua mão sustenta a face; para chamar um dos *putti* que lhe estão atrás, apenas volta a cabeça sem mover o restante do corpo; quem o considerar, verá que seus traços foram extraídos da própria natureza, verdadeira mãe da arte; trata-se de uma figura muito bem estudada no todo, que pode ensinar todos os preceitos da boa pintura. Acima desse profeta há uma velha belíssima[70] que, sentada, estuda um livro com excessiva graça, sem falar das belas atitudes de dois *putti* que a rodeiam. Nem se pode imaginar a possibilidade de acrescentar algo à excelência da figura de Daniel jovem, que, escrevendo num grande livro, extrai algumas coisas de um texto e as copia com uma avidez incrível. E, para sustentar todo aquele peso, um *putto* entre suas pernas lhe dá apoio enquanto ele escreve, coisa que nunca poderá ser igualada por pincel algum, empunhado por qualquer mão; o mesmo se diga da belíssima figura da sibila da Líbia, que, tendo escrito um grande volume extraído de muitos livros, em atitude feminina eleva-se nas pontas dos pés e ao mesmo tempo demonstra querer levantar-se e fechar o livro: coisa dificílima, para não dizer impossível, a qualquer outro que não ao seu mestre.

O que se poderá dizer das quatro cenas dos cantos, nos tímpanos[71] daquela abóbada? Ali há um Davi que, com a máxima força possível à infância, depois de vencer o gigante, corta-lhe o pescoço; são impressionantes alguns semblantes de soldados que circundam o campo. Também causam admiração as belíssimas atitudes da cena de Judite, no outro canto, na qual se vê o tronco de Holofernes, decapitado, mas ainda ressentindo-se, enquanto ela põe a cabeça morta numa cesta que sua velha criada tem sobre a própria cabeça; esta, por ser alta, se abaixa para que Judite possa alcançá-la e ajeitá-la bem. E Judite, enquanto sustenta o peso da cabeça de Holofernes, procurando cobri-la, volta-se para o tronco que, ao morrer, ergue uma perna e um braço, provocando ruído no pavilhão; e assim se vê no olhar dela não só temor dos soldados do acampamento, mas também medo do morto: pintura realmente muito bem concebida. Porém mais bela e mais divina que estas e todas as outras é a cena das serpentes

---

[66] Ou seja, *Joel*, em cujo rosto houve quem visse o retrato de Bramante.
[67] Ou seja, *Zacarias*.
[68] Ou seja, a *Sibila de Delfos*.
[69] Ou seja, *Isaías*.
[70] Ou seja, a *Sibila de Cumas*.
[71] Ou seja, os penachos que corresponderiam estruturalmente aos panos.

de Moisés, que está acima do canto esquerdo do altar, pois nela se vê a matança causada pela queda, pelo aguilhão e pelas mordidas das serpentes; vê-se também a serpente de bronze que Moisés pôs na estaca; nessa cena vívida se percebe a diversidade das mortes daqueles que perdem todas as esperanças depois de mordidos. Vê-se o veneno atroz causar a morte de inúmeros em meio a espasmos e terror, sem falar das pernas imóveis e dos braços retorcidos daqueles que ficaram na posição em que estavam sem poderem se mover; nem das belíssimas expressões dos que gritam e, caídos, desesperam. Não menos belos que todos estes são os que, olhando a serpente e sentindo que assim a dor diminui e a vida retorna, contemplam-na com grande emoção; entre estes há uma mulher sustentada por alguém de tal maneira, que percebemos não só o apoio que lhe é dado por quem a segura, como também sua necessidade em meio a tão súbito medo e tormento.

Há outra cena em que Assuero lê seus anais na cama; há figuras muito belas, três das quais à mesa, comendo, representando-se a deliberação de libertar o povo hebreu e enforcar Aman; essa figura foi feita com escorço extraordinariamente bem resolvido, pois o tronco, o restante do corpo e o braço dirigido para a frente não parecem pintados, mas vivos e em relevo; o mesmo se pode dizer da perna voltada para a frente e de outras partes voltadas para trás; sem dúvida, entre as figuras difíceis e belas essa é a mais bela e difícil. Não é possível descrever a diversidade das coisas, como panejamento, semblantes e uma infinidade de caprichos extraordinários, novos e belissimamente concebidos. Pois não há nada que não tenha sido feito com grande engenho; todas as figuras são executadas com escorços belíssimos e magistrais, e tudo o que se admira é louvadíssimo e divino. Mas quem não admirará e não ficará embevecido ao ver a terribilidade de Jonas, última figura da capela? Porque a abóbada, que por natureza parte da parede e vem para a frente, dá a impressão de dobrar-se para trás, empurrada pela aparência daquela figura, de tal modo que nos parece reta e vencida pela arte do desenho, das sombras e das luzes.

Ó feliz idade esta nossa, ó bem-aventurados artistas, pois assim vos deveis chamar, uma vez que em vosso tempo pudestes aclarar as tenebrosas luzes dos olhos na fonte de tanta claridade e assim enxergar tudo o que era difícil, aplanado por tão maravilhoso e singular artista: sem dúvida a glória de seus esforços vo-lo dá a conhecer e honrar, pois arrancou de vós a venda que tínheis diante dos olhos da mente, tão cheia de trevas, e levantou o véu da falsidade que vos turvava as belíssimas estâncias do intelecto. Por isso, deveis agradecer ao céu e esforçar-vos por imitar Michele Agnolo em todas as coisas. Dada a público, todo o mundo acorreu de todas as partes para ver a obra, o que bastou para deixar as pessoas boquiabertas e mudas; por isso, o papa, engrandecido e animado a maiores empresas, remunerou Michele Agnolo com muito dinheiro e ricos presentes. E este voltou a trabalhar na sepultura, nela se empenhando continuamente; ordenou em parte os desenhos que seriam executados nas paredes da capela, mas quis a fortuna invejosa que tal memória não chegasse ao fim prometido pela perfeição com que tudo se iniciara: nessa época deu-se a morte do papa Júlio[72], de tal modo que essa obra foi abandonada com o advento do papa Leão X[73], que, não sendo menos esplêndido que Júlio em ânimo e valor, desejava deixar em sua pátria (por ser o primeiro pontífice nela nascido) memória de si e de um artista tão divino e seu cidadão, cons-

---

[72] Na noite entre 20 e 21 de fevereiro de 1513.
[73] Em 11 de março de 1513 Giovanni de' Medici era eleito papa.

727

truindo ali as maravilhas que um grandiosíssimo príncipe como ele podia construir. Por esse motivo, decidido que a fachada da igreja de San Lorenzo de Florença[74], construção da casa dos Medici, seria feita por ele, o trabalho da sepultura de Júlio[75] ficou inacabado por algum tempo.

Foram várias e inumeráveis as discussões havidas em torno disso, porque diversas pessoas gostariam de dividir tal obra entre si, e para tratar da arquitetura muitos artistas foram ter com o papa em Roma. Vários desenhos foram feitos por Baccio d'Agnolo, Antonio da San Gallo, Andrea Sansovino e o gracioso Raffaello da Urbino[76], sendo este depois levado a Florença para tal efeito. Mas Michele Agnolo decidiu fazer um modelo[77] e não quis a participação de ninguém mais, como superior ou orientador da arquitetura. Mas, por essa recusa de ajuda, nem ele nem outros artistas trabalharam, até que aqueles mestres, perdendo as esperanças, voltaram aos seus costumeiros afazeres. E Michele Agnolo, indo a Carrara, passou por Florença, com uma mensagem para Iacopo Salviati pagar-lhe mil escudos. Quando chegou, Iacopo estava em reunião com alguns cidadãos a portas fechadas, e Michele Agnolo, não querendo esperar a audiência, sem comunicar nada a ninguém partiu imediatamente para Carrara. Iacopo soube da chegada de Michele Agnolo e, não o encontrando em Florença, mandou-lhe os mil escudos a Carrara. O mensageiro queria que ele passasse recibo, mas Michele Agnolo disse que o dinheiro era para despesas do papa, e não para seus interesses, e que, portanto, os levasse de volta, pois não costumava passar quitação nem recibo por outras pessoas; e assim, temeroso, o mensageiro de Iacopo voltou sem recibo[78].

Para o palácio dos Medici Michele Agnolo fez o modelo das "janelas ajoelhadas"[79] dos aposentos da esquina, que Giovanni da Udine[80] trabalhou em estuque e pintou, coisa louvadíssima; também desenhou aquelas gelosias de cobre vazado, decerto admiráveis, cuja execução coube ao ourives Piloto[81]. Michele Agnolo passou quatro anos a extrair mármores; é verdade que, enquanto isso ocorria, ele fez modelos de cera e outras coisas para a obra. Mas prolongou-se tanto essa tarefa, que o dinheiro do papa destinado a esse trabalho foi gasto na guerra da Lombardia, e a obra ficou inacabada devido à morte de Leão[82], pois nada mais se fez além das fundações da frente, chegando de Carrara uma grande coluna de mármore que foi depositada na praça de S. Lorenzo[83].

---

[74] Igreja que, reedificada por iniciativa de Cosimo, o Velho, com base em projeto de Brunelleschi (cf., em sua Vida, nota 82, p. 303), sempre fora objeto de atenção por parte dos Medici. A fachada de San Lorenzo foi encomendada em 19 de janeiro de 1518.

[75] Para a qual fora firmado em 6 de maio de 1513 um novo contrato e mais um terceiro entre 4 e 8 de julho de 1516.

[76] Vejam-se as respectivas Vidas.

[77] No Museu de casa Buonarroti (inv. 1896, n.º 443), conserva-se o modelo de madeira que Tolnay considera ser o segundo, feito entre 17 de agosto e 22 de dezembro de 1517, ao qual corresponde o desenho 43A do mesmo museu, onde, entre outras coisas, também se encontram os desenhos 91A, 47A, 44A, preparatórios para esse projeto.

[78] Parece, porém, que Michelangelo passou uma quitação regular em 3 de janeiro de 1517.

[79] As janelas do atual Palácio Medici-Riccardi foram terminadas em 1517.

[80] A decoração de estuques e pinturas desapareceu.

[81] As "gelosias" hoje estão perdidas.

[82] Em 1.º de dezembro de 1521; de qualquer modo, em 12 de março de 1520, o papa já rescindira o contrato da fachada.

[83] Na Introdução, o próprio Vasari especificava a proveniência dessa coluna como sendo as pedreiras de Serravezza, ou seja, do monte Altíssimo, perto de Pietrasanta, cuja exploração teve início durante o pontificado de Leão X.

A morte de Leão deixou os artistas e as artes tão atônitos, tanto em Roma quanto em Florença, que enquanto Adriano VI viveu[84] Michele Agnolo se dedicou à sepultura de Júlio. Mas, com a morte de Adriano e a ascensão de Clemente VII[85], que nas artes da arquitetura, da escultura e da pintura não teve menor desejo de deixar fama que Leão e os outros predecessores, Michele Agnolo foi chamado pelo papa e, depois de conversarem sobre muitas coisas, tomou-se a decisão de dar início à nova sacristia de S. Lorenzo de Florença[86]. Assim, saindo de Roma, Michele Agnolo fez a abóbada da cúpula[87] que ali se vê, trabalhada com várias composições; encomendou ao ourives Piloto uma esfera de 72 faces[88] que é belíssima. Enquanto trabalhava na abóbada, alguns de seus amigos perguntaram: "Michele Agnolo, vossa lanterna será muito diferente da de Filippo Bruneleschi?"[89], ao que ele respondeu: "É possível fazer algo diferente, mas não melhor."

Dentro, fez quatro sepulturas como ornamento nas paredes, para os corpos dos pais dos dois papas – Lorenzo, o Velho, e seu irmão Giuliano –, para Giuliano, irmão de Leão, e para o duque Lorenzo, seu sobrinho[90]. E, querendo imitar a sacristia velha feita por Filippo Brunelleschi[91], mas com outra ordem de ornamento, fez um ornamento compósito, segundo modos mais variados e novos que em seu tempo eram usados por alguns mestres, antigos ou modernos; porque a novidade de cornijas, capitéis, bases, portas, tabernáculos e sepulturas os distinguia bastante daquilo que era feito em termos de proporção, ordem e norma, segundo o uso comum e de acordo com Vitrúvio[92] e os antigos, para só falar destes. Por tais licenças, aqueles que conheceram o seu trabalho sentiram-se muito estimulados a imitá-lo, de tal modo que a partir daí se viram novas fantasias nos ornamentos, que tinham mais de estilo grotesco que de razão ou regra. Por esse motivo, os artistas devem ser-lhe infinita e perpetuamente gratos, visto que ele rompeu as amarras e as cadeias das coisas que eles sempre faziam, seguindo um mesmo caminho comum. Coisas que ele mostrou e deu a conhecer melhor na biblioteca de S. Lorenzo[93] do mesmo lugar, na bela repartição das janelas, no rebatimento do teto e na maravilhosa entrada daquele vestíbulo. Nunca se viu graça mais resoluta nas mísulas, nos tabernáculos e nas extraordinárias cornijas, nem escada mais cômoda: nesta, desenhou os degraus de forma tão extravagante e afastou-se tanto do uso comum dos outros, que causou espanto. Naquela época Pietro Urbano, de Pistoia, mandou um aluno seu a Roma para executar um Cristo nu a segurar a cruz, fi-

---

[84] Adrian Florensz, nascido em Utrecht em 2 de março de 1459, tornou-se papa em 9 de janeiro de 1522 e morreu em 14 de setembro de 1523.

[85] Giulio de' Medici tornou-se papa em 19 de novembro de 1523.

[86] De fato, já entre 1520 e 1521, ou seja, quando Leão X ainda estava vivo, haviam sido concebidos projetos relativos à Sacristia Nova.

[87] Entre 1523 e 1524.

[88] Terminada em 1524, foi dourada no ano seguinte.

[89] Cf. sua Vida nas pp. 225-51.

[90] De fato, apenas os túmulos dos dois últimos foram terminados e dispostos ao longo das paredes laterais das capelas, ao passo que os restos mortais de Lourenço, o Magnífico, e do irmão Giuliano foram colocados mais tarde num ataúde de mármore na parede de entrada. O projeto primitivo, porém, previa realmente a disposição dos quatro túmulos juntos, no meio da capela.

[91] Cf., na Vida de Brunelleschi, nota 80, p. 246.

[92] Famoso autor dos dez livros *De Architectura*, a que se fazia frequente referência como formulador dos cânones de beleza arquitetônica.

[93] Iniciada em 1523 e não terminada ainda em 1534, quando Michelangelo saiu definitivamente de Florença, depois de várias retomadas, foi terminada e inaugurada em 1571.

729

gura prodigiosa que foi posta na Minerva ao lado da capela-mor de messer Antonio Metelli[94]. A obra prosseguiu na referida sacristia, até que ali ficaram sete estátuas, algumas acabadas, outras não; levando-se em conta as invenções da arquitetura nas sepulturas, é forçoso confessar que ele superou todos os homens nesses três misteres. Disso também dão testemunho as estátuas de mármore que ele esboçou e terminou naquele lugar: uma é Nossa Senhora[95] que, sentada, põe a perna direita sobre a esquerda, joelho sobre joelho, enquanto o menino, a cavalo sobre suas pernas, que são mais altas, esforça-se em belíssima atitude para alcançar a Mãe, pedindo-lhe leite; ela, segurando-o com uma das mãos e apoiando-se com a outra, inclina-se para atendê-lo. Embora algumas partes não estejam acabadas, na imperfeição do que ficou esboçado e gradinado percebe-se a perfeição da obra. Muito assombro causou o fato de, ao conceber as sepulturas do duque Giuliano[96] e do duque Lorenzo de' Medici[97], ele ter imaginado que só a terra não bastaria para dar sepultura honrosa à grandeza destes, mas quis que todas as partes do mundo ali estivessem, de tal modo que os sepulcros eram ladeados e cobertos por quatro estátuas: em um, a Noite e o Dia[98]; em outro, a Aurora e o Crepúsculo[99]. Essas estátuas são trabalhadas com belíssimas atitudes, sendo grande a maestria com que foram esculpidos os músculos, de tal modo que, caso a arte se perdesse, estariam aptas a fazê-la voltar à luz primeira. Entre outras estátuas, estão aqueles dois capitães armados. Um é o meditativo duque Lorenzo, em cujo semblante se vê tanta sapiência; suas belíssimas pernas são feitas de tal modo, que nossos olhos não podem ver nada melhor. O outro é o duque Giuliano, tão altivo na cabeça, no pescoço, nas órbitas dos olhos, no perfil do nariz, na fenda da boca, nos cabelos divinos, nas mãos, nos braços, nos joelhos e nos pés; em suma, tudo o que ali ele fez é de feição a jamais cansar nem saciar os olhos. Realmente, quem olha a beleza dos calçados e da couraça acredita-o celestial, e não mortal. Mas que dizer da Aurora, mulher nua capaz de suscitar a melancolia da alma e desnortear estilos em escultura? Em sua atitude percebe-se o solícito e sonolento despertar, quando ela, ao se desvencilhar das plumas, parece ter encontrado fechados os olhos daquele grande duque. E por isso se retorce com amargura, lamentando-se em sua imperecível beleza e dando sinais de grande dor. E que dizer da Noite, estátua única e rara? Quem terá em algum século jamais visto estátuas assim, antigas ou modernas? Nela podemos perceber não só a quietude de quem dorme, mas a dor e a melancolia de quem perde algo honroso e grandioso. É de acreditar ser essa a noite que obscurece todos aqueles que em qualquer tempo acreditem equiparar-se a ele na escultura e no desenho, que dirá ultrapassá-lo. Nessa estátua, percebe-se a sonolência que há nas imagens adormecidas. Por isso,

---

[94] O *Cristo* da igreja de Santa Maria sopra Minerva, executada em Florença para Metello Vari de' Porcari entre 1519 e abril de 1520, foi expedido para Roma em março de 1521.

[95] Ainda em 1531, Michelangelo estava trabalhando na estátua, que atualmente está sobre o ataúde de mármore dos dois "magníficos", entre *São Cosme* de Montorsoli e *São Damião* de Raffaele da Montelupo; existe o contrato para o mármore, datado de 23 de abril de 1521.

[96] Giuliano de' Medici, duque de Nemours (1478-1516), foi o terceiro filho de Lourenço, o Magnífico. A estátua na qual Michelangelo já trabalhava em 1526 foi terminada mais tarde por Montorsoli.

[97] Lorenzo (1492-1519), filho de Piero de' Medici, por sua vez filho de Lourenço, o Magnífico, tornou-se duque de Urbino em 1516. A estátua foi terminada em 1533-34.

[98] Das duas estátuas colocadas ao lado da *Estátua de Juliano*, iniciadas ambas em 1526, a *Noite* foi terminada antes de 1531, ao passo que o *Dia* foi terminado por volta de 1533.

[99] Ambas as estátuas ao lado da estátua de Lourenço foram executadas entre 1524 e 1526, mas terminadas em 1531.

algumas pessoas doutíssimas fizeram em seu louvor muitos versos latinos e rimas vulgares, como estas, cujo autor não sei quem é[100]:

> *La Notte che tu vedi in sí dolci atti*
> *Dormir, fu da uno angelo scolpita*
> *In questo sasso; e perché dorme, ha vita:*
> *Destala se no 'l credi, e parleratti*.*

E a isso, personificando a Noite, Michele Agnolo respondeu assim:

> *Grato mi è il sonno, e piú l'esser di sasso*
> *Mentre che il danno e la vergogna dura,*
> *Non veder, non sentir mi è gran ventura:*
> *Però non mi destar, deh parla basso**.*

E se a inimizade que há entre a fortuna e a virtude, entre a benignidade de uma e a inveja da outra, tivesse permitido que tal coisa chegasse ao fim, a arte poderia mostrar à natureza que a superava de longe em tudo o que se possa pensar. Trabalhava ele com solicitude e amor em tais obras, quando surgiu o obstáculo do assédio de Florença em MDXXX[101]; por essa razão, pouco ou nada ele trabalhou nesse ano, visto que os cidadãos o incumbiram de fortificar a cidade. De modo que, havendo ele emprestado mil escudos àquela república e fazendo parte dos Nove da Milícia, conselho responsável pelas coisas da guerra, seu pensamento e sua atenção se voltaram totalmente para a fortificação da colina de San Miniato, na qual mandou construir os bastiões com tanta diligência, que de outro modo não os teria feito quem os desejasse mais que eternos. É bem verdade que, vindo o assédio a tornar-se cada dia mais estreito, para ficar em segurança ele finalmente resolveu sair de Florença e ir para Veneza[102]. Para tanto fez provisões secretamente, e, sem que ninguém soubesse, partiu levando consigo seu aluno Antonio Mini[103] e o ourives Piloto, fiel amigo seu; cada um levava no capote um forro cheio de escudos. Chegados a Ferrara, trataram de descansar. Ocorre que, por causa das suspeições despertadas pela guerra e pela liga do imperador e do papa que cercava Florença, o duque Alfonso d'Este[104] ordenara secretamente aos hospedeiros de Ferrara que lhe enviassem diariamente os nomes de todos os que fossem por eles alojados, com a lista dos forasteiros e a nação de onde provinham. Estando, pois, Michele Agnolo e os companheiros desmontados, por tais meios ficou o duque sabendo

---

[100] Que, no entanto, foi Giovan Battista di Lorenzo Strozzi, chamado o Velho (1517-70).

* "A noite que vês tão suavemente / a dormir foi por um anjo esculpida / nesta pedra; e porque dorme tem vida: / desperta-a se não o crês, e ela te falará." [N. da T.]

** "Gosto do sono, mais ainda se de pedra / Ao passo que o dano e a vergonha dura / não ver e não ouvir é grande ventura: / Por isso, não me acordes, ai, fala baixo." [N. da T.]

[101] Em 10 de janeiro de 1529, Michelangelo foi eleito Magistrado dos Nove da Milícia; em 3 de abril, equipava as fortificações de San Miniato; no dia 6 do mesmo mês era eleito governador general e procurador das fortificações florentinas, cuidando até setembro do mesmo ano das fortificações das cidades do estado.

[102] Em 21 de setembro de 1529, Michelangelo saiu de Florença e só voltou no fim do ano.

[103] Nascido por volta de 1506, morreu na França em fins de 1553.

[104] Alfonso I d'Este, nascido em 21 de julho de 1476, tornou-se duque de Ferrara em 25 de janeiro de 1505; morreu em 31 de outubro de 1534.

quem eram eles e, sendo príncipe magnânimo que a vida toda se deleitou com as virtudes da arte, logo mandou alguns dignitários de sua corte dizer, por parte de Sua Excelência, que eles deveriam ser conduzidos ao palácio onde estava o duque, de modo que os cavalos e todas as suas coisas fossem para ali levados, e eles recebessem ótimo alojamento no palácio. Michele Agnolo, encontrando-se sob poder alheio, foi obrigado a obedecer e a doar o que não podia vender, seguindo os mensageiros do duque, mas sem tirar suas coisas da hospedaria. O duque, depois de os acolher com honras e de presenteá-los ricamente, ofereceu boa remuneração para retê-lo em Ferrara, mas ele, que não tinha a intenção de ficar, não aceitou. O duque pediu-lhe então que pelo menos não partisse enquanto a guerra durasse e de novo lhe ofereceu tudo o que estava a seu alcance. Michele Agnolo, não querendo ser descortês, agradeceu muito e, voltando-se para seus dois companheiros, disse que trouxera XII mil escudos a Ferrara que, caso o duque precisasse, estavam à sua disposição, tanto quanto sua pessoa. O duque levou-o a conhecer o palácio, mostrando-lhe tudo o que tinha de belo, até um retrato seu feito por Tiziano[105], que foi por ele muito elogiado. Mas não conseguiu reter Michele Agnolo no palácio, pois este quis voltar à hospedaria. O hospedeiro recebeu do duque inúmeras coisas com as quais deveria honrá-lo, além do recado de que não deveria cobrar nada pelo alojamento quando tais hóspedes partissem. De lá, Michele Agnolo foi para Veneza, onde muitos fidalgos quiseram conhecê-lo; mas ele, que sempre teve poucas ilusões sobre o conhecimento destes acerca da arte, saiu de Veneza e retirou-se em Giudecca.

Não ficou muito, pois, firmado o acordo que punha fim à guerra, voltou a Florença a serviço de Baccio Valori; lá chegando, terminou uma Leda num painel feito a têmpera[106], coisa divina, que depois foi enviada à França por meio de seu aluno Anton Mini. Começou também uma figurinha de mármore para Baccio Valori, com um Apolo a retirar uma flecha da aljava[107], para que lhe fizesse o favor de intermediar suas pazes com o papa e com a casa dos Medici, que fora muito ofendida por ele. Por suas virtudes artísticas mereceu ser perdoado, pois era muito dado a coisas feias e prometera fazer desenhos e estátuas injuriosas a eles, infamando quem lhe dera o primeiro alimento na pobreza. Dizem também que no tempo do assédio Michele Agnolo desejara uma pedra de mármore de nove braços vinda de Carrara que o papa Clemente dera a Baccio Bandinelli[108], por rivalidade e concorrência entre os dois; mas, como aquele mármore era propriedade do poder público, Michele Agnolo o pediu ao gonfaloneiro, e ele lhe foi dado para que fizesse o mesmo que Bandinelli fazia, e este já fizera o modelo e desbastara muita pedra para o esboço. Michele Agnolo então fez um modelo considerado maravilhoso, coisa muito formosa. Mas, com a volta dos Medici, a obra foi restituída a Baccio[109], motivo pelo qual Michele Agnolo resolveu ir a Roma

---

[105] Em Nova York, Metropolitan Museum (n.º 493), existe um *Retrato de Alfonso I d'Este*, cuja atribuição a Ticiano não é unânime pela crítica; ademais, seria datado de 1523-25; em Florença, Galeria Palatina, há uma cópia do retrato perdido de 1534.

[106] Destinado a Alfonso I d'Este, foi levado à França por Antonio Mini em 1531; perdeu-se. Conhecem-se algumas réplicas suas em Dresden, Berlim e Veneza; a mais conhecida é a atribuída a Rosso Fiorentino, conservada na National Gallery de Londres (n.º 1868).

[107] O chamado *Davi/Apolo*, hoje no Museu Nacional de Bargello de Florença; iniciado por volta de 1525-26 como Davi, talvez tenha sido transformado em Apolo na época da encomenda de Valori.

[108] Cf., na Vida de Andrea da Fiesole, nota 10, p. 535.

[109] O bloco foi levado a Florença em 1525 e confiado a Bandinelli, que, com uma pausa entre 1527 e 1530, realizou a obra que agora está na varanda do Palazzo Vecchio com a assinatura BACCIVS BANDINELL FLOR FACIEBAT MDXXXIIII.

falar com o papa Clemente. Este, apesar de ofendido por ele, sendo amigo da arte perdoou-lhe tudo e arranjou as coisas para que voltasse a Florença e terminasse a biblioteca e a sacristia de San Lorenzo[110]. Para apressar a obra, as numerosas estátuas que fariam parte do conjunto foram repartidas entre outros mestres. Incumbiu Tribolo[111] de duas, Raffaello da Monte Lupo[112] de uma e outra foi confiada a Giovan Agnolo[113], outrora frade servita; todos eram escultores e o ajudaram fazendo modelos de barro. Todos trabalharam valentemente, enquanto ele também se dedicava à biblioteca, onde o teto de entalhes de madeira foi trabalhado com base em seus modelos por Carota e Tasso[114], excelentes entalhadores e mestres florentinos da carpintaria. As estantes de livros foram então trabalhadas por Batista del Cinque[115] e seu amigo Ciappino[116], bons mestres nesse mister. E, para que se desse um bom acabamento, foi levado a Florença o divino Giovanni da Udine[117], que trabalhou no estuque da tribuna em conjunto com outros ajudantes seus e mestres florentinos. E assim, com solicitude, procuraram terminar tamanho empreendimento.

Quando Michele Agnolo pretendia dar início às estátuas, o papa decidiu levá-lo para perto de si, pois desejava fazer a fachada da capela de Sisto[118], cuja abóbada ele já pintara para Júlio II. Assim que os desenhos foram iniciados, Clemente VII morreu[119], razão pela qual ele não prosseguiu a obra de Florença, que, apesar de tanto empenho, permaneceu inacabada, pois os mestres que ali trabalhavam foram dispensados por quem já não podia gastar.

Sucedeu-se o felicíssimo advento do papa Paulo III Farnese[120], amigo chegado de Michele Agnolo; sabendo que a intenção deste era terminar a obra já iniciada em Roma por ele mesmo, que constituiria sua última memória, o papa incumbiu-o de fazer os andaimes e ordenou que a obra fosse continuada[121]; assim, pagava-lhe proventos todos os meses, e ordenou tudo para que depois as coisas tivessem prosseguimento. Com grande disposição e solicitude, mandou fazer na fachada da referida capela algo que antes não havia, ou seja, um gaivel de tijolos que, partindo de cima, pendia para a frente cerca de meio braço, para que com o tempo o pó não se acumulasse e não a prejudicasse. E assim, prosseguindo comodamente, aproximava-se do término. Naquela época, Sua Santidade quis ver a capela; o mestre de cerimônias entrou junto e, usando de pre-

---

[110] Cf. acima, notas 74 e 93.

[111] Tribolo recebera a incumbência da execução do *Céu* e da *Terra*, que deveriam contornar a estátua de Giuliano, mas nunca foram terminados.

[112] *São Damião*; cf. acima, nota 95.

[113] Giovan Angelo Montorsoli, a quem foi confiado *São Cosme*; cf. também nota 95.

[114] Giovambattista del Tasso (1500-55) foi o mais famoso membro da célebre família de entalhadores citados por Vasari em outros lugares (cf. nota 25, p. 542, e nota 52, p. 575). Sobre outros trabalhos seus e de Carota, cf. nota 58, p. 704.

[115] Atuante por volta de 1530 em Florença para trabalhos de carpintaria.

[116] Artista não documentado.

[117] Giovanni foi a Florença em outubro de 1532 e ficou ali até 1534.

[118] Desde julho de 1533 pensava-se na execução do *Juízo*, mas só em março de 1534 Michelangelo se empenhou no trabalho.

[119] Em 25 de setembro de 1534.

[120] Alessandro Farnese, nascido em Canino em 1468 e morto em 10 de novembro de 1549, tornou-se papa em 13 de outubro de 1534.

[121] A construção dos andaimes foi iniciada em 16 de abril de 1535, e em 1º de setembro do mesmo ano Michelangelo começava a fazer parte dos servidores do papa, como supremo arquiteto, escultor e pintor do Palácio Apostólico, com uma renda anual estabelecida.

sunção, criticou a existência ali de tantos nus. Michele Agnolo, pra vingar-se, retratou-o no inferno, na figura de Minos, entre um monte de diabos[122].

Nessa mesma época, ele caiu de um andaime não muito alto dessa obra e, machucando uma perna, com dor e raiva não quis que ninguém a tratasse. Ainda estava vivo o florentino mestre Baccio Rontini, amigo seu, médico dedicado e muito amante da arte que, compadecendo-se dele, foi um dia bater à sua casa e, não sendo atendido por ele nem por vizinhos, procurou subir por algumas entradas secretas e, de sala em sala, chegou até Michele Agnolo, que estava desesperado. Mestre Baccio não o abandonou nem arredou pé enquanto não o viu curado. Sarando desse mal e voltando à obra, trabalhou ininterruptamente e em poucos meses chegou ao fim, dando tanta força às suas pinturas, que confirmou as palavras de Dante: "Mortos pareciam os mortos, e vivos, os vivos." Ali se percebem a miséria dos condenados e a alegria dos bem--aventurados. Dado a público esse Juízo[123], Michele Agnolo mostrou que não só sobrepujara os primeiros artistas que ali haviam trabalhado, como também se superara na abóbada tão celebrada que ele mesmo fizera; nela imaginou o terror daqueles dias, representando todo o sofrimento para a maior pena de quem não viveu bem; diferentes figuras nuas carregam pelo ar a Cruz, a coluna, a lança, a esponja, os pregos e a coroa em diversas e variadas atitudes, dificuldades que ele executou com facilidade. Cristo, sentado com expressão atroz e feroz, volta-se para os danados a amaldiçoá-los, não sem grande temor de Nossa Senhora que, envolta no manto, ouve e vê tanta ruína. Inúmeras figuras os cercam: profetas, Apóstolos e, em especial, Adão e São Pedro; segundo se considera, o primeiro representa a origem primeira dos gentios, e o segundo, o primeiro fundamento da religião cristã. A seus pés há um belíssimo São Bartolomeu a mostrar a pele esfolada; também há um São Lourenço nu, sendo infinito o número de santos e santas, além de outras figuras masculinas e femininas ao redor, próximas e distantes, a se abraçarem, festejando a bem-aventurança eterna recebida pela graça de Deus e como galardão por suas obras. Abaixo dos pés de Cristo estão os sete anjos escritos por São João Evangelista que, ao soarem a sentença com as sete trombetas, causam arrepios a quem os olha, tão terrível é a expressão que trazem no rosto; entre outros, há dois anjos, cada um dos quais com o livro das vidas nas mãos; a seguir, não sem ótima concepção, veem-se de um lado os sete pecados mortais em forma de diabos, a combaterem e a puxarem para o inferno as almas que voam para o céu em belíssimas atitudes e admiráveis escorços. Na ressureição dos mortos não deixou ele de mostrar o modo como estes recolhem os ossos e a carne da própria terra e como voam para o céu ajudados por outros vivos, pois algumas almas já bem-aventuradas lhes dão ajuda, não faltando todos aqueles elementos de concepção que a uma obra como essa se podem considerar convenientes. Porque tudo foi por ele estudado e trabalhado de tal modo, que se mostra igualmente por todo o trabalho, tal como se vê com clareza sobretudo na barca de Caronte, que, mostrando-se desesperado, golpeia com o remo as almas trazidas pelos diabos, à imitação daquilo que foi expresso por seu familiaríssimo Dante, quando este disse:

---

[122] Em Minos houve quem reconhecesse Biagio di Cesena, que a partir de 1518 foi mestre de cerimônias do papa.

[123] Em 31 de outubro de 1541.

Caron demonio, con occhi di bragia
Loro accennando, tutte le raccoglie;
Batte col remo qualunque si adagia[124].

Não é possível imaginar a variedade das expressões dos diabos, verdadeiros monstros infernais. Nos pecadores percebe-se o pecado e ao mesmo tempo o medo da danação eterna. A essa extraordinária beleza soma-se uma pintura tão bem integrada e executada, que parece ter sido feita em um só dia e com um acabamento que nunca se viu nem mesmo em iluminuras. Na verdade, a multidão de figuras, a terribilidade e grandiosidade da obra são tais, que não é possível descrever, pois está cheia de todas as possíveis emoções humanas, todas maravilhosamente expressas. Porque soberbos, invejosos, avaros, luxuriosos e outros tais são facilmente distinguidos dos belos espíritos, nos quais se observou o decoro nas expressões, nas atitudes e em todas as outras circunstâncias naturais. Coisas que, embora prodigiosas e grandes, não foram impossíveis para tal homem, que sempre foi atilado e sábio, conheceu muitos homens e conquistou na prática do mundo o conhecimento que os filósofos conquistam na especulação e nos escritos. Assim, todo aquele que for judicioso e entender de pintura verá a terribilidade da arte, e em tais figuras perceberá os pensamentos e as emoções que foram pintados por ele e por nenhum outro. Também é possível ver como variar tantas atitudes nos estranhos e diversos gestos de jovens, velhos, homens, mulheres: nestes quem não vê o terror da arte aliado à graça que ele recebera da natureza? Porque comove o coração tanto dos que nada sabem como dos que tudo sabem sobre esse mister. Há escorços que parecem de relevo e, graças à integração, à suavidade e à fineza de todas as partes que ele pintou com tanta brandura, mostram realmente como devem ser as pinturas feitas por bons e verdadeiros pintores. Nos contornos dos arredondamentos por ele realizados de um modo que nenhum outro conseguiria, percebem-se o verdadeiro juízo, a verdadeira danação e ressurreição. Em nossa arte esse é o exemplo e a grande pintura enviada por Deus aos homens na terra, para que estes vejam como o fado age quando os intelectos descem à terra vindos das supremas alturas, trazendo infusas a graça e a divindade do saber. Essa obra leva atrás de si, acorrentados como prisioneiros, aqueles que estão convictos de conhecer a arte, e ao ver os traços por ele delineados nos contornos de tudo o que fazia, qualquer grande espírito que creia dominar o desenho treme e teme. E, quando olhamos seus trabalhos, nossos sentidos se aturdem se pensamos o que será das outras pinturas já feitas ou por fazer, quando comparadas às dele. Época realmente feliz pode ser esta considerada, e grande é a felicidade da memória de quem viu a realmente estupenda maravilha do nosso século. Venturosíssimo e felicíssimo Paulo III, pois Deus permite que sob tua proteção se abrigue o louvor que será feito à memória dele e a ti pelas plumas dos escritores: quanto ganham teus méritos graças às virtudes dele? Excelente fado o dos artistas que nasceram neste século e encontraram já rasgado o véu das dificuldades de tudo o que possa ser feito e imaginado na pintura, na escultura e na arquitetura. E quem quiser admirar-se ao máximo contemple todos os dotes que o céu infundiu em seu formoso engenho, coisas que não consistiram apenas nas dificuldades de sua arte, mas também de outras: leiam-se suas belíssimas canções e seus estupendos sonetos, solenemente compostos, com os quais

---

[124] *Inferno*, III, vv. 109-11. ["Caronte demônio, com olhos em brasa / acenando-lhes, recolhe-as todas / e bate com o remo quem quer que se atrase."]

os mais celebrados engenhos musicais e poéticos fizeram cantos, obras lidas comentadas publicamente por muitos doutos nas mais celebradas academias de toda a Itália. Michele Agnolo teve méritos suficientes para que a divina Marquesa de Pescara[125] lhe escrevesse e cantasse obras suas; e ele, atendendo a pedido dela, fez um belíssimo desenho com uma Piedade. Que ninguém acredite vir a usar melhor que ele a pena, seja em escritos, seja no desenho, nem se lhe assemelhar no estilo ou na arte de desenhar.

Em várias ocasiões foram encontrados belíssimos desenhos seus, como os de seu amigo Gherardo Perini e, atualmente, os do romano messer Tommaso de' Cavalieri, alguns estupendos, entre os quais um Rapto de Ganimedes, um Títio e uma Bacanal, que não teriam mais unidade se tivessem alento. Vejam-se seus cartões, aos quais nada se igualou, como ainda dão fé pedaços deles espalhados aqui e ali, especialmente em casa de Bindo Altoviti de Florença, um que ele desenhou para a capela e todos os que foram vistos nas mãos de seu aluno Antonio Mini, levados à França com o quadro da Leda[126], por ele feito; também o cartão de uma Vênus, desenhado a carvão com muito bom acabamento[127], que ele deu a Bartolomeo Bettini; e o do *Noli me tangere*, feito para o marquês de Vasto, depois pintado por Iacopo da Puntormo[128]. Mas por que estou eu aqui a vagar de coisa em coisa? Basta dizer apenas que onde quer que ele tenha posto sua divina mão tudo ressuscitou e ganhou vida eterna.

Mas, voltando à obra da capela, depois que ele terminou o Juízo, o papa lhe deu o porto do Pó de Piacenza[129], que lhe rende DC escudos por ano, além de seus proventos ordinários. Terminada essa obra, foi-lhe encomendada outra capela, chamada Paulina[130], onde ficará o Sacramento; nela pintou duas cenas: uma de São Pedro[131], em que Cristo lhe dá as chaves, e outra da terrível conversão de São Paulo[132]. Naquela época ele procurou terminar a parte já iniciada da sepultura de Júlio II. Passou a construir em San Pietro in Vincola, Roma, e durante esse tempo não se dedicou a nada mais, dia e noite, senão ao exercício da arte, sendo continuamente visto a estudar e a andar sozinho, mostrando estar com a mente cheia de pensamentos. Assim, em breve tempo terminou duas figuras de mármore, que foram postas na referida sepultura, ladeando Moisés[133]; em sua casa esboçou quatro figuras numa peça de mármore; nelas há um Cristo deposto da cruz[134]. Pode-se dizer que, tivesse ele terminado essa obra

---

[125] Ou seja, Vittoria Colonna (Marino, 1492-1547), que em 1509 se casou com Francesco d'Avalos, marquês de Vasto e Pescara, ficando viúva em 1525. O desenho com a Piedade é considerado aquele que está conservado no Museu Gardner de Boston.

[126] Cf. acima, nota 106.

[127] Na maioria das vezes identificado com o painel n.º 1284 da Academia de Florença, atribuído comumente a Pontormo.

[128] É identificado com o desenho que chegou de Lavagnino em 1925 para uma coleção particular milanesa.

[129] De fato, esse privilégio foi concedido por meio de breve papal em 1.º de setembro de 1535.

[130] Consagrada por Paulo III em 1540, foi erigida por Antonio da Sangallo (cf. Vida de Antonio, p. 671).

[131] De fato, a cena referente a Pietro é a *Crucificação*, como Vasari indica corretamente na edição giuntina. Realizada em segundo lugar, Michelangelo trabalhava nela em 1545; foi terminada em 1550.

[132] Iniciada em outubro ou novembro de 1542, poderia estar terminada já em julho de 1545.

[133] Depois de um quarto contrato de 29 de abril de 1532, um novo contrato de 20 de agosto de 1542 precedeu o término da sepultura de Júlio II em San Pietro in Vincoli em fevereiro de 1545. Nela houve lugar para o *Moisés* entre *Raquel* (Vida contemplativa) e *Lia* (Vida ativa), únicas estátuas realizadas por Michelangelo, enquanto as outras são obra de Raffaello da Montelupo, e a que representa o pontífice é de Tommaso Boscoli.

[134] É a *Piedade* da Catedral de Santa Maria del Fiore em Florença.

para dá-la ao mundo, qualquer outra por ele feita teria sido superada, tal a dificuldade de extrair daquela pedra tantas coisas perfeitas.

Nas ações de Michele Agnolo sempre se viu religião; neste último caso, seu exemplo era admirável, pois ele fugiu o máximo que pôde da frequentação das cortes, cultivando a amizade apenas daqueles que, pelo trabalho, precisassem dele, ou daqueles que se via obrigado a amar pelas muitas virtudes que tinham. Sempre ajudou os parentes com honestidade, mas nunca cuidou de tê-los por perto. Também cuidou pouquíssimo de ter em casa artistas do mesmo mister, mas sempre que pôde ajudou a todos. Sabe-se que nunca criticou as obras alheias, a não ser depois de ter sido espicaçado ou ferido. Para príncipes e cidadãos privados fez muitos desenhos de arquitetura, como da igreja de Santa Apollonia de Florença, da qual uma das freiras era sua sobrinha; também fez um desenho do Capitólio[135] e, para seu criado Luigi del Riccio, a sepultura de Cecchino Bracci[136]; desenhou a de Zanobi Montaguto para ser executada por Urbino[137]. Teve poucos aprendizes: apenas certo Pietro Urbano, de Pistoia, e o florentino Antonio Mini[138], desgostando-se muito quando este, por capricho, foi para a França; mesmo assim, remunerou bem os seus serviços, dando-lhe os desenhos que mencionei acima[139], bem como a Leda, por ele pintada, que hoje está com o Rei da França; também lhe deu duas caixas de modelos de cera e barro, que se perderam quando ele morreu na França. Por último, tomou um aprendiz de Urbino[140], que sempre o serviu e dele cuidou, deixando-o muito satisfeito; tendo adoecido há pouco tempo, tem sido atendido dia e noite por ele, que nunca o abandona e diz sofrer por estar ele velho e no fim da vida, sentimento que provém do cordial amor, do respeito e da gratidão que parecia ter. Sem dúvida, pode-se considerar que, em bondade, prudência e saber em seu mister, nunca foi superado por ninguém. E quem lhe tiver atribuído excentricidade e estranheza por afastar-se da convivência com os outros deverá escusá-lo, porque realmente se pode dizer que quem quiser atingir a perfeição nesse mister será obrigado a fugir dela, pois a arte exige pensamento, solidão e comodidade, e não uma mente que vaga e se desvia no comércio humano. Assim, ele não falhou perante si mesmo e com seu trabalho deu grande proveito a todos os artistas; sempre ornou sua virtude com honrosas vestes; sempre gostou de belíssimos cavalos porque, tendo nascido de nobres cidadãos, manteve a categoria e mostrou seu saber de maravilhoso artista.

Depois de tanto trabalho, já está com a idade de LXXIII anos[141] e até o momento se deu a conhecer como homem prudente por meio de suas belíssimas e sábias respostas; seu modo de falar é sempre nebuloso e ambíguo, e suas coisas quase sempre têm dois sentidos, tendo ele o costume de dizer que a pouca convivência permite que o homem viva em paz, se bem que lhe é difícil observar esta última afirmação; com a morte de

---

[135] Os trabalhos da reforma da praça começaram em 1542 com base em projeto de Michelangelo, e dele restam apenas desenhos parciais na Casa Buonarroti (n.º 19F) e em Oxford (Ashmoleam Museum, n.ºs 332 e 333). Mas os trabalhos foram terminados apenas no século XVII.

[136] Em 1544 Michelangelo projetou o túmulo de Cecchino Bracci, morto com 16 anos em 8 de janeiro de 1544.

[137] Francesco di Bernardino, nota 140.

[138] Cf. acima, nota 103.

[139] Cf. acima, p. 736, e, em especial para a *Leda*, nota 126.

[140] Francesco di Bernardino d'Amadore da Urbino, morto em 3 de dezembro de 1555.

[141] Na verdade, em 1550 Michelangelo tinha 75 anos; morrerá com quase 90 anos em 18 de fevereiro de 1564.

Anton da San Gallo, ele foi obrigado a assumir a construção de Farnese do palácio de Campo di Fiore e a de São Pedro[142]. Quando um amigo lhe falou da morte, dizendo que ela devia causar-lhe muita dor, pois quem morrera sempre havia trabalhado nas coisas da arte, sem nunca descansar, ele respondeu que tudo era nada, pois, se gostamos da vida e se a morte é da autoria do mesmo mestre, não deveríamos desgostar da morte. Quando certo cidadão, que ele encontrou em Orto San Michele, em Florença, parado a olhar a estátua de São Marcos de Donato[143], lhe perguntou o que achava daquela figura, Michele Agnolo respondeu que nunca tinha visto nenhuma figura com um ar de homem direito como aquela, e que, se São Marcos era assim, poderíamos acreditar no que ele escreveu. Quando lhe mostraram um desenho para recomendar um menino que estava aprendendo a desenhar, dizendo como escusa que ele começara na arte havia pouco tempo, Michele Agnolo respondeu: "Percebe-se." Coisa semelhante disse a um pintor que pintara uma Piedade: portara-se bem, pois vê-la causava piedade. Ficou sabendo que Sebastian Viniziano precisava fazer um frade na capela de San Piero a Montorio e disse que o frade estragaria a obra; quando lhe perguntaram por quê, respondeu que, se tinham estragado o mundo, que é tão grande, não seria difícil estragarem uma capela tão pequena. Certo pintor fizera uma obra com muito esforço e nela penara muito tempo, mas quando a deu a público ganhou bastante; perguntaram a Michele Agnolo o que achava do autor daquela obra, e ele respondeu: "Embora queira ficar rico, vai ser sempre pobre." Um amigo seu, que já rezava missa e era padre, chegando a Roma todo cheio de rendas e de sedas, cumprimentou Michele Agnolo, que fingiu não o ver, de tal modo que o amigo foi obrigado a dizer o nome; admirando-se de que ele estivesse vestindo aquele hábito, Michel Agnolo disse como se estivesse alegre: "Como estás bonito! Se fosses bonito por dentro tanto quanto se vê por fora, seria ótimo para a tua alma."

Enquanto a sepultura de Júlio estava sendo terminada, ele pediu a um entalhador de mármore que fizesse uma peça terminal para a sepultura de San Pietro in Vincola[144], dizendo: "Desbasta hoje aqui, aplana ali, lustra acolá", de tal maneira que, sem perceber, aquele acabou fazendo uma figura. Terminada esta, o entalhador ficou a olhá-la admirado, e Michele Agnolo perguntou: "Que achas?"; ele respondeu: "Acho boa e vos devo um grande favor." "Por quê?" – perguntou Michele Agnolo. "Porque por vosso intermédio descobri ter um talento que desconhecia." Um amigo recomendou a Michele Agnolo um outro amigo que fizera uma estátua, pedindo-lhe que lhe desse algo mais para fazer; M. Agnolo o atendeu amavelmente. Mas o amigo, que fizera o pedido acreditando que não seria atendido, ao ver que a coisa se fizera, sentiu-se ferido em sua inveja, e esse fato chegou ao conhecimento de M. Agnolo; este então comentou que não gostava de gente que parecia esgoto, usando a metáfora da arquitetura para dizer que não é possível tratar com quem tem duas bocas. Quando um amigo lhe

---

[142] Antonio da Sangallo morreu em setembro de 1546: cf. em sua Vida, nota 83, p. 672; naquele ano Michelangelo completou o terceiro andar e a cornija do Palácio Farnese. No que se refere à Construção de São Pedro, Michelangelo teve o cargo de arquiteto da Basílica em 1º de janeiro de 1547, quando já elaborava um projeto desde o mês anterior (projeto de cruz grega, segundo a primeira ideia de Bramante), que estava terminado em setembro de 1547. Quanto à cúpula, abandonou a inspiração no Panteão e voltou-se mais para a cúpula de Brunelleschi. Depois de sua morte, a obra foi continuada por Vignola, Pirro Ligorio, Dalla Porta e Fontana.

[143] Cf., na Vida de Donatello, nota 15, p. 256.

[144] Cf. acima, nota 133.

738

perguntou o que achava de alguém que fizera réplicas de mármore de algumas das mais celebradas figuras antigas, gabando-se o imitador de que superara em muito os antigos, Michele Agnolo respondeu: "Quem anda atrás dos outros nunca os ultrapassa." Não sei qual pintor fizera uma obra na qual a melhor coisa era um boi; quando lhe perguntaram por que o pintor fizera o boi mais vivo que as outras coisas, ele disse: "Todo pintor se retrata bem." Quando passou pela igreja de San Giovanni de Florença e lhe perguntaram o que achava de suas portas, ele respondeu: "São tão bonitas, que ficariam bem nas portas do Paraíso."[145]

Porém, como disse no começo, o Céu o mandou aqui embaixo para servir de exemplo na vida, nos costumes e nas obras, para que aqueles que se miram nele, imitando-o, possam aproximar-se da eternidade por meio da fama, da natureza por meio das obras e do estudo e do Céu por meio da virtude, do mesmo modo que ele sempre foi motivo de honra para a natureza e para o céu. E que ninguém se admire por ter eu descrito a vida de Michelagnolo, estando ele ainda vivo, pois, como se espera que ele nunca morra, pareceu-me conveniente contribuir um pouco para sua honra; e, embora ele venha a abandonar o corpo como todos os homens, suas obras imortais nunca encontrarão a morte: enquanto o mundo existir, a fama delas viverá sempre gloriosíssima nas palavras dos homens e nas plumas dos escritores, malgrado a inveja e o despeito da morte.

---

[145] Cf., na Vida de Ghiberti, nota 26, p. 708.

Conclusão da obra para os artistas e os leitores

Talentosos artistas e nobilíssimos leitores, embora me tenham agradado sumamente todos os trabalhos engenhosos e belos que, deleitando e ajudando, aformoseiam e ornam o mundo, e embora a afeição, ou melhor, o grande amor que sempre nutri e nutro pelos seus artífices muitas vezes me tenham aguilhoado e premido a defender os seus honrados nomes das injúrias da morte e do tempo para honra deles e benefício de quem queira imitá-los, não acreditava eu no início que me estenderia em volume tão alentado nem que adentraria a amplidão de tão grande pélago a que fui levado contra a vontade pelo excessivo anseio de satisfazer a quem anseia por conhecer os primeiros elementos de nossas artes, pela calorosa persuasão de muitos amigos que, em virtude do amor que me dedicam, talvez esperaram de mim muito mais do que podem minhas forças, e pelas indicações de alguns patronos, que para mim valem mais que ordens. E o fiz apesar do grande trabalho, dos custos e dos incômodos sofridos nos dez anos em que busquei minuciosamente por toda a Itália costumes, sepulcros e obras dos artistas cujas vidas descrevi, sendo tão grande a dificuldade, que várias vezes me teria esquivado por desespero, não fossem os fiéis e verdadeiros socorros dos bons amigos, aos quais me declaro e declararei sempre mais que grato, amigos que me encorajaram e incentivaram a ir em frente valentemente, com toda a amorável ajuda que estava a seu alcance, por meio de conselhos e apoios diversos em várias coisas que me deixavam perplexo, mesmo quando as via e considerava com meus próprios olhos. E tais ajudas foram realmente de feição a permitir que eu escrevesse a verdade acerca de tantos e divinos engenhos, e sem sombra nem véu, simplesmente trazendo-os à luz, não por esperar ou desejar o título de historiador ou de escritor, coisas em que nunca pensei, visto que minha profissão é pintar, e não escrever, mas apenas a fim de deixar esta nota, memória ou esboço, seja que nome lhe der, para algum feliz engenho que, ornado das raras qualidades pertencentes aos escritores, queira com melhores inflexões e mais alto estilo celebrar e imortalizar esses artistas gloriosos que eu simplesmente tirei do pó e do esquecimento que em grande parte já os haviam ocultado. E, para tanto, empenhei-me com toda a diligência possível para verificar as coisas duvidosas, com vários cotejos, e registrar na vida de cada artista aquilo que ele tivesse feito. Mas valendo-me dos registros e dos escritos de pessoas dignas de fé, além do parecer e dos conselhos dos artistas mais antigos que tivessem tido notícia das obras, como se tivessem visto sua feitura. Ademais, amparei-me, e não pouco, nos escritos de Lorenzo Ghiberti, Domenico del Ghirlandaio e Raffaello da Urbino, com os quais, porém, quis sempre cotejar aquilo que via, embora lhes tenha dado a fé a que faziam jus; pois a vista, pela longa prática (que isso seja dito sem inveja), reconhece as várias maneiras dos artistas, assim como um escrivão prático reconhece os diversos e variados escritos de seus pares. Ora, se eu tiver alcançado o fim sumamente desejado, qual seja, iluminar entre tantas trevas as obras de nossos antigos e preparar a matéria e o caminho a quem quiser escrevê-las, ficarei extremamente feliz; e, deleitando e ajudando em parte, sentirei que colhi grandes recompensas e frutos do longo trabalho e das labutas que na obra podem ser reconhecidos. E, quando assim não seja, não terá sido pequena a minha alegria por ter trabalhado em algo tão honroso, merecendo eu não só a piedade como também o perdão das pessoas virtuosas e dos artistas que eu desejava satisfazer, de tal modo que, assim como conheço suas variadas e diversas maneiras, também poderei conhecer-lhes juízos e gostos. No entanto, não será pequeno meu desgosto por não ter honrado aqueles que foram úteis a artes tão belas, uma vez que suas obras sempre foram motivo de honra e proveito para mim. Pois, pelo pouco saber que tenho, pode ser que não venha a conquistar os louros que sempre procurei com todo o empenho e desejei sumamente, louros que eu talvez tivesse obtido se fosse tão bem-sucedido nas obras quanto sou ardente na apreciação deles e diligente no exercício destas. Mas, para encerrar finalmente tão longo arrazoado, escrevi como pintor e na língua que falo, sem considerar se ela é florentina ou toscana, nem se muitos vocábulos das nossas artes, espalhados por toda a obra, podem ser usados com segurança, pois fui levado a utilizá-los pela necessidade de ser entendido pelos artistas, mais que pela vontade de ser louvado. Tampouco me preocupei com o uso comum da ortografia, não procurando saber se Z é mais que T, ou é possível escrever sem H, pois, recorrendo desde o princípio a pessoa judiciosa e digna de confiança, pessoa por mim amada e que me ama singularmente, deixei a seus cuidados toda esta obra, com plena e integral liberdade de orientá-la a seu bel-prazer, desde que os sentidos não fossem alterados, e o conteúdo das palavras não mudasse, mesmo que, talvez, estivesse ele mal elaborado. De tais coisas (pelo que sei) não tenho motivos de arrependimento, sobretudo por não ser meu intento ensinar a escrever em toscano, mas apenas dar a conhecer a vida e as obras dos artistas de que falei. Aceitai, pois, o que vos dou e não procureis o que não posso dar; contudo, prometo-vos em não muito tempo um acréscimo de muitas coisas pertencentes a este volume, com as vidas daqueles que ainda estão vivos, mas tão avançados em anos, que mal se pode esperar deles muitas obras além das já feitas. Por tais coisas e para suprir o que faltasse, caso se me oferecesse algo novo, não me seria custoso retomar a pena e, à medida que os artistas e os amantes de tais artes tenham este meu trabalho por agradável e aceitável, usá-la em benefício e para a honra daqueles aos quais lembro (porque os amo sinceramente), no fim de minhas palavras, que quem quiser ser louvado deverá sempre seguir as pegadas dos melhores e dos mais talentosos na beleza e na qualidade das obras. E assim, quem der seguimento à história, poderá, com seu honroso trabalho, fazer que o trabalho dos que morreram pareça menos insigne e belo. E que, caros artistas, isto vos seja útil tanto quanto me foram úteis as obras e os atos daqueles que vou imitando em nossa profissão.

FIM

Índice onomástico

Abate, Giuseppe, 102n.
Abbaco, Antonio Dell', 668 e n.
Abbate, Francesco, 436n, 600n, 624n, 636n, 637n.
Acciaioli, Margherita, 575n, 655n.
Acciaiuoli, Niccolò, 95, 321n, 709.
Accolti, Francesco, 411 e n.
Acidini Luchinat, Cristina, 542n.
Ackerman, James Sloss, 713n.
Acuto, Giovanni, *v.* Hawkwood, John.
Adams, Robert Nicholas, 556n.
Adriano VI, papa, 284, 558, 598n, 603n, 667 e n, 674n, 700 e n, 729 e n.
Adriano, imperador, 72 e n, 75, 76n.
Aelst, Pieter Van, 515n.
Aeschlimann, Erardo, 383n.
Afonso I, rei de Nápoles, *v.* Afonso V de Aragão, rei de Nápoles.
Afonso II da Calábria, rei de Nápoles, *v.* Afonso V de Aragão, rei de Nápoles.
Afonso V de Aragão, rei de Nápoles, 50 e n, 96, 270 e n, 271, 293 e n, 294, 303, 304n, 310n, 323 e n, 398.
Agálide, 591.
Aglaofonte, 69 e n.
Agnese d'Arezzo, 118n.
Agnolo de Siena, *v.* Agnolo Ventura.
Agnolo di Domenico di Donnino, 655n, 723.
Agnolo Ventura, 102n, 178n, 183 e n.
Agostino da Como, 678n.
Agostino di Duccio, 718n.
Agostino di Giovanni, 102n, 172 e n, 178n, 179n, 183 e n.
Aiolle, Francesco di Agnolo di Piero, 571 e n.
Alarico, 72 e n.
Albano, Taddeo, 455n.
Alberico I, duque de Massa, 416n.
Alberti, Antonio da Ferrara, *v.* Antonio di Guido Alberti da Ferrara.
Alberti, Bernardo, 289n.
Alberti, Cherubino, 626n, 627n.
Alberti, Leon Battista, 13 e n, 69n, 69n, 70 e n, 95n, 96n, 218n, 269n, 274n, 288-91, 336n, 362n, 389n.
Albertinelli, Mariotto, 222, 471n, 472 e n, 477-9, 567n, 635 e n, 641 e n, 645n.

Albertini, Francesco, 81n, 93n, 99n, 127n, 136n, 142n, 157n, 162n, 179n, 191n, 192n, 195n, 196n, 205n, 211n, 219n, 221n, 229n, 246n, 247n, 253n, 254n, 255n, 256n, 257n, 262n, 281n, 282n, 283n, 297n, 298n, 304n, 305n, 306n, 307n, 317n, 318 e n, 319 e n, 323n, 325n, 334n, 340n, 341n, 363n, 364n, 365n, 375n, 386n, 387n, 392n, 393n, 398n, 399n, 405n, 407n, 408n, 409n, 416n, 431n, 432n, 434n, 445n, 449n, 529n, 540n, 716n.
Albizzi, Anton Francesco, 685.
Albizzini, família, 497n.
Alessandri, Alessandro, 308.
Alessi, Cecilia, 108n.
Alexandre II, papa, 75n.
Alexandre III, papa, 353n.
Alexandre, o Grande, 8.
Alexandre VI, papa, 59n, 70 e n, 72 e n, 407n, 415 e n, 467, 482n, 490, 488, 489n, 490, 638, 693.
Alfani, Domenico, 613 e n.
Alfonso Spagnolo, *v.* Berruguete, Alonso.
Allegri, Antonio, *v.* Correggio.
Allegri, Mariotto, 368 e n, 369.
Allori, Alessandro, 580n, 643n.
Almeni, Sforza, 463n.
Altichiero, 164n, 429 e n.
Altoviti, Bindo, 508, 544 e n, 736.
Altoviti, Oddo, 544 e n.
Amadeo, Giovanni Antonio, 74n, 467n.
Amalteo, Leonardo, 609n.
Amalteo, Pomponio, 609 e n.
Ammannati, Bartolomeo, 248n, 604 e n.
Ammannatini, Manetto, 233n.
Anastácio IV, papa, 14n.
Andrea da Fiesole, *v.* Ferrucci, Andrea.
Andrea da Firenze, *v.* Andrea di Bonaiuto.
Andrea da Salerno, 637n.
Andrea del Castagno, 51 e n, 222, 276n, 295 e n, 297n, 316-21, 322 e n, 324, 350 e n, 390 e n, 440, 587, 588n.
Andrea del Sarto, 223, 441 e n, 465 e n, 481n, 508n, 531n, 533 e n, 566-90, 641 e n, 642 e n, 643, 644 e n, 655n, 657n, 720.
Andrea dell'Aquila, 270n.

743

Andrea di Antonio di Bartolomeo, *vulgo* Chiazzella: 577 e n, 588 e n.

Andrea di Bonaiuto, 103n, 124n, 148n.

Andrea di Cosimo Feltrini, *v.* Feltrini, Andrea di Cosimo.

Andrea di Giusto, 219n, 220n.

Andrea di Piero, 690 e n, 691, 692, 697.

Andrea di Ugolino, 109n.

Andrea Pisano, *v.* Pisano, Andrea.

Andrea Vanni, 118n.

Angeli, Angiolo Giovanni di Simone, 276n.

Angelini, Alessandro, 63n, 118n, 373n.

Angelo di Lazzaro d'Arezzo, 396n.

Angelo di Lorentino, 371 e n.

Angiolini, Bartolo di Angiolino, 221 e n.

Anguissola, Caterina, 591 e n.

Anguissola, Sofonisba, 591n.

Aníbal, 11.

Anichini, Francesco, 660n.

Anichini, Luigi, 660 e n.

Anjou, Carlos I de, *v.* Carlos I de Anjou.

Anjou, Ludovico de, *v.* Ludovico de Anjou.

Anjou, Roberto de, *v.* Roberto de Anjou.

Anônimo Magliabechiano, 80n, 81n, 84n, 92n, 93n, 94n, 95n, 96n, 97n, 98n, 99n, 100n, 102n, 103n, 104n, 107n, 110n, 111n, 114n, 115n, 116n, 117n, 118n, 120n, 121n, 123n, 127n, 128n, 132n, 133n, 136n, 137n, 139n, 141n, 142n, 144n, 145n, 147n, 149n, 150n, 153n, 156n, 157n, 159n, 162n, 166n, 167n, 168n, 179n, 185n, 187n, 188n, 191n, 192n, 195n, 196n, 197n, 200n, 205n, 206n, 207n, 211n, 219n, 221n, 228n, 229n, 230n, 238n, 245n, 246n, 247n, 248n, 250n, 253n, 254n, 255n, 256n, 257n, 259n, 260n, 261n, 262n, 265n, 267n, 281n, 282n, 283n, 284n, 297n, 298n, 301n, 304n, 305n, 306n, 307n, 317n, 318n, 319n, 320n, 325n, 327n, 331n, 334n, 335n, 336n, 339n, 340n, 358n, 362n, 363n, 364n, 365n, 374n, 375n, 386n, 387n, 388n, 391n, 392n, 393n, 394n, 395n, 405n, 406n, 407n, 408,n 409n, 433n, 444n, 445n, 447n, 448n, 449n, 472n, 478n, 503n, 551n, 621n.

Ansalone, cônsul da Espanha, 630n.

Anselmi, Michelangelo, 647n, 650n.

Anselmo, bispo de Lucca, *v.* Alexandre II, papa.

Ansuino da Forlí, 403n.

Antinori, Niccolò, 586.

Antíope, 591.

Antonello da Messina, 51 e n, 274n, 292-6, 350n, 427n.

Antonia di Paolo Uccello, 194.

Antoniazzo Romano, 326n, 327n, 407 e n.

Antonino, imperador, 75.

Antonio da Firenze, 268n.

Antonio da Sangallo, *v.* Sangallo, Antonio da

Antonio da Vercelli (Legnaiuolo), 242 e n.

Antonio di Banco, 110n, 182n, 187n.

Antonio di Berto, 659n.

Antonio di Biagio, 220n.

Antonio di Chellino, 270n.

Antonio di Donnino di Domenico, 645 e n.

Antonio di Francesco da Venezia, *v.* Antonio Veneziano.

Antonio di Guido Alberti da Ferrara, 142 e n.

Antonio di Jacopo, 656n.

Antonio di Marco di Giano, *v.* Carota.

Antonio di Monte, 164n, 665.

Antonio di Salvi, 391n.

Antonio di Vincenzo da Bologna, 74n.

Antonio Veneziano, 148-9, 156 e n, 172, 574n.

Apeles, 8 e n, 69, 171 e n, 673.

Apolodoro Ateniense, 69 e n.

Apolônio, 80n, 84 e n.

Apuleio, 676n.

Aragão, Maria de, 335n.

Aragazzi, Bartolomeo, 260n.

Arcangeli, Francesco, 397n.

Ardice coríntio, *v.* Aridices coríntio.

Ardinghelli, família, 162.

Arditi, Francesco, 357n.

Aretino, Pietro, 615 e n, 647 e n, 675, 685.

Aretusi, Pellegrino, *v.* Pellegrino da Modena.

Argan, Giulio Carlo, 288n.

Aridices coríntio, 68 e n.

Ário, 130.

Ariosto, Ludovico, 356 e n, 602.

Aristides, 70.

Aristipo, 591.

Aristófanes, 591.

Armaciotto Ramazzotti, 594.

Arnóbio, 68n.

Arnolfo di Cambio, 74n, 75 e n, 82 e n, 84n, 111n, 112n, 121n, 171 e n, 232.

Arnolfo di Lapo, *v.* Arnolfo di Cambio.

Arrighi, Gino, 274n.

Aschoff, Wiebke, 598n.

Aspertini, Amico, 349n, 422n, 428n, 592 e n, 632 e n, 633 e n, 634 e n, 635n.

Aspertini, Giovanni Antonio, 632n.

Aspertini, Guido, 349.

Átalo, rei de Pérgamo, 70 e n.

Ateneu, 591.

Atherly, S., 522n.

Attavante di Gabriello di Vante, 372 e n.

Attendolo, Michele, 449n.

Atti, Isotta degli, 290n.

Augusto III da Polônia, 649n.

Augusto, imperador, 24n, 29n, 71n.

Aureliano, imperador, 72n.

Ausse, *v.* Memling, Hans.

Auvergne, Madeleine de la Tour d', 643n.

Avalos, Alfonso de, 564, 586 e n.

Avalos, Ferdinando Francesco, 591n, 736n.

Avanzi, Niccolò, 428 e n.

Averróis, 130, 644.

Avery, Charles, 544n.

Axioteia, 591.

Baccellino, Bartolomeo di Pietro, *vulgo*, 718n.
Bacchelli De Maria, C., 332n.
Baccheschi, Edi, 481n, 560n.
Bacci, Carlo, 277.
Bacci, Francesco, 167.
Bacci, Luigi, 276, 277.
Bacci, Mina, 359n, 461n.
Bacci, Peleo, 105n, 114n, 144n, 147n, 366n.
Baccio d'Agnolo, 243n, 493 e n, 570 e n, 575 e n, 579, 656-8, 728.
Baccio da Montelupo, 340n, 546-8, 575 e n.
Bacherini, Ventura, 226.
Bachiacca, Francesco di Ubertino, *vulgo*, 436 e n, 618n, 644 e n.
Baglioni, Agnolo, 656n.
Baglioni, Atalanta, 498n.
Baglioni, Bartolomeo, *v.* Baccio d'Agnolo.
Baglioni, Gian Paolo, 665.
Bagnacavallo, Bartolomeo, *v.* Ramenghi, Bartolomeo.
Bagnacavallo, Giovanbattista, *v.* Ramenghi, Giovanbattista.
Bagnoli, Alessandro, 145n.
Baldassarre da Pescia, 499, 517, 675.
Baldassarre del Milanese, 716.
Baldassini, Marchionne, 664, 694.
Baldi, Ugo, 80n.
Baldinelli, Baldino, 382 e n.
Baldini, Umberto, 127n, 132n, 213n, 214n, 219n, 255n, 280n, 319n, 387n, 404, 405n, 406n.
Baldino di Cino, 182n.
Baldinucci, Filippo, 103n, 147n, 263n, 305n.
Baldovinetti, Alesso, 222, 281n, 292 e n, 297-9, 319 e n, 361n, 377 e n, 379n, 393n, 440, 569 e n, 571.
Balducci, Matteo, 415n.
Bambaia, *v.* Busti, Agostino.
Bandinelli, Baccio, 223, 493 e n, 535 e n, 541n, 544, 554 e n, 574 e n, 575 e n, 596 e n, 720n, 732 e n.
Bandini, Giovanni, 612.
Barbadori, Baccio, 570.
Barbadori, Bartolomeo, 237.
Barbaglía, S., 596n.
Barbo, Pietro, 343n.
Bardi di Vernio, família, 136n.
Barile, Giovanni, 513 e n, 515n, 567 e n, 613n, 684 e n.
Barili, Andrea di Salvi d'Andrea, 567n.
Barili, Giovanni di Salvi d'Andrea, 567 e n.
Barili, Salvi d'Andrea di Domenico, 567n.
Barna (Berna) da Siena, 144-5, 146n.
Barnaba da Modena, 164n.
Barocchi, Paola, 6n, 32n, 523n, 610n, 713n.
Baroncelli, Gherardo, 127n.
Baroncelli, Tano, 127n.
Baroni, Costantino, 268n, 398n.
Bartoli, Cosimo, 13n, 289 e n, 463.
Bartoli, Piero, 611n.

Bartoli, Pietro Santi, 628n.
Bartolini Salimbeni, Lorenzo, 657n.
Bartolini, Giovanni, 543, 553, 657.
Bartolo di Ghezzo, 165n.
Bartolo di Michele, *v.* Bartoluccio di Michele.
Bartolomeo della Gatta, 362n, 368-72, 373n, 410n, 413n, 434 e n, 440, 499 e n.
Bartolomeo della Porta, frei, 381n, 416n, 441 e n, 471-6, 477 e n, 478, 479 e n, 495n, 498, 618 e n, 656.
Bartolomeo di Francesco, 239 e n.
Bartolomeo di Gherardo, 266n.
Bartolomeo di Giovanni, 375n.
Bartolomeo di Marco, 239n.
Bartolomeo di Pietro, *v.* Baccellino.
Bartoluccio di Michele, 199n, 200 e n, 201, 208, 211.
Baruffaldi, Girolamo, 602n.
Barzizza, Gasparino, 288n.
Basaiti, Marco, 426, 427 e n.
Bassi, Elena, 427n.
Bastiani, Lazzaro, 351n, 353n, 454n.
Battista d'Angelo, *vulgo* Battista del Moro, 429 e n.
Battista d'Antonio, 232n.
Battista del Cinque, 733.
Battista del Moro, *v.* Battista d'Angelo.
Battista del Tano, *v.* Tano, Battista del.
Battisti, Eugenio, 81n, 225n, 274n.
Baviera, *v.* Carocci da Parma, Baviero.
Baxandall, Michael, 304n.
Beaufort, Margaret, 482n.
Beaune, Jacques de, 580 e n, 588n.
Beccafumi, Domenico di Giacomo, 58 e n, 481n, 560 e n, 608 e n, 619 e n, 704 e n, 706 e n, 711.
Beccuccio Bicchieraio, 581.
Becherucci, Luisa, 107n, 111n, 117n, 132n, 255n, 262n, 340n, 358n, 363n, 391n.
Beck, James, 178n, 219n, 495n, 535n.
Beco, Domenico di Jacopo, *vulgo*, 533 e n.
Bel, 67.
Bellano di Giovanni, 300n.
Bellano, Bartolomeo, 262n, 300-1.
Belli Barsali, Isa, 142n, 371n, 406n.
Belli, Valerio, *vulgo* Valerio Vicentino, 428n, 647 e n, 659-61.
Bellichini, Lodovico, 522.
Bellini, Flora, 216n.
Bellini, Gentile, 300n, 350-6, 454
Bellini, Giovanni, 274n, 350-6, 400n, 426 e n, 427 e n, 454, 440, 454, 682 e n.
Bellini, Jacopo, 184n, 350-6, 426n.
Bellosi, Luciano, 79n, 80n, 81n, 91n, 99n, 114n, 115n, 116n, 118n, 121n, 126n, 128n, 132n, 138n, 144n, 146n, 152n, 154n, 161n, 162n, 178n, 187n, 190n, 213n, 216n, 253n, 282n, 305n, 306n, 316n, 317n, 325n, 368n, 369n, 375n, 393n, 411n.
Belting, Hans, 81n.

Beltrame, Renzo, 228n.
Bembo de Roma, 415n.
Bembo, Giovan Francesco, 628 e n.
Bembo, Pietro, 355 e n, 497n.
Benci, Ginevra, 378, 448 e n.
Benedetto da Maiano, 23n, 59 e n, 100n, 269n, 270n, 271n, 335n, 341 e n, 382n, 396-9, 527 e n, 535 e n.
Benedetto da Rovezzano, 535n, 544-5.
Benedetto degli Alberti, 153n.
Benintendi, Francesco, 515.
Benintendi, Giovan Maria, 478, 580, 644.
Bennet, Bonnie Apgar, 253n.
Bentini, Jadranka, 333n.
Bentivoglio, Costanza, 626 e n.
Bentivoglio, família, 420 e n, 491.
Bentivoglio, Giovanni II, 346, 419n, 420, 421, 422, 558, 621, 635, 722n.
Bento XI, papa, 94n.
Bento XII, papa, 94 e n.
Bento XIV, papa, 314n.
Berenson, Bernard, 108n, 136n, 148n, 150n, 166n, 308n, 351n, 352n, 380n, 381n, 387n, 404n, 405n, 411n, 422n, 423n, 426n, 433n, 549n, 608n, 653n.
Berkovits, Ilona, 384n.
Berna, v. Barna.
Bernardetto di Mona Papera, 261.
Bernardi, Giovanni da Castel Bolognese, 454n, 659 e n.
Bernardino Cremonese, 552n.
Bernardo da Venezia, 74n.
Bernardo del Bianco, 472.
Bernardo di Bartolomeo di Cenni, 391n.
Bernardo di Tommaso di Ghigo, 396n.
Bernazzano, Cesare, 604 e n.
Berni, Francesco, 687 e n.
Berruguete, Alonso, 222n, 223, 720 e n.
Berruguete, Pedro, 274n, 436n.
Bertelà, Giovanna, v. Gaeta Bertelà, Giovanna.
Bertelli, Carlo, 407n, 480n.
Berti Toesca, Elena, v. Toesca, Elena.
Berti, Lucia, 430n.
Berti, Luciano, 127n, 132n, 219n, 319n, 404n, 405n, 406n, 481n.
Berto degli Alberti, 279n.
Berto di Piero, 313n.
Berto di Segna, 313n.
Bertolani, Bastiano, 547n.
Bertoldo di Giovanni, 262 e n, 265, 300n, 715 e n.
Beseleel, 68.
Bessarione, cardeal, 332n.
Bettarini, Rosanna, 523n.
Betti, Betto di Francesco, 391n.
Bettini, Bartolomeo, 736.
Bettini, Sergio, 300n, 403n.
Betto di Francesco da Firenze, 178n.
Bevignate, frei, 178n.
Biagi, Luigi, 177n.

Biagio d'Antonio, 358n, 462n.
Biagio delle Lame, v. Pupini, Biagio.
Biagio di Cesena, 734n.
Bialostocki, Jan, 288n.
Bianchi Ferrari, Francesco, 422n.
Bianchi, Gaetano, 93n.
Bianchi, Giovanni Andrea, 649 e n.
Bianco, Simon, 427 e n.
Bianconi, Piero, 274n, 333n.
Bibbiena, cardeal, v. Dovizi, Bernardo.
Bicci di Lorenzo, 51n, 139n, 166-8, 184n, 277n, 535n.
Bicci, Giovanni de', v. Medici, Giovanni di Averardo de'.
Bietti Favi, Monica, 86n.
Biffi, Giovan Battista, 624n.
Biffoli, Eliseo, 532n.
Bigio, Nanni, 717n.
Bilhères de Lagranles, Jean, cardeal, 717n.
Biliotti, Modesto, 103n, 282n.
Billanovich, Eugenio, 350n.
Billanovich, Giuseppe, 96n, 351n.
Billi, Antonio, 80n, 81n, 84n, 92n, 93n, 94n, 95n, 96n, 97n, 99n, 100n, 102n, 103n, 104n, 114n, 127n, 128n, 132n, 133n, 136n, 137n, 139n, 141n, 142n, 149n, 150n, 153n, 157n, 159n, 162n, 166n, 167n, 168n, 179n, 185n, 187n, 188n, 191n, 192n, 195n, 196n, 197n, 200n, 205n, 211n, 219n, 221n, 223n, 228n, 229n, 230n, 243n, 245n, 246n, 247n, 250n, 253n, 254n, 255n, 256n, 257n, 259n, 260n, 261n, 262n, 265n, 267n, 281n, 282n, 283n, 284n, 290n, 297n, 298n, 301n, 304n, 305n, 306n, 307n, 317n, 318n, 319n, 320n, 325n, 327n, 334n, 335n, 336n, 339n, 340n, 362n, 363n, 364n, 365n, 374n, 375n, 386n, 387n, 391n, 392n, 393n, 394n, 395n, 405n, 406n, 407n, 408n, 409n, 447n, 448n.
Billi, Salvatore, 474.
Blunt, Anthony, 440n.
Boccaccino, Boccaccio, 551-2, 628n.
Boccaccino, Camillo, 551 e n.
Boccaccio, Giovanni, 92 e n, 114 e n, 116n, 321 e n.
Boccati, Giovanni, 416n.
Bocchi, Francesco, 118n.
Boccia, Lionello G., 196n.
Boiardo, Matteo Maria, 687n.
Boito, Camillo, 260n.
Bolgarini, Bartolomeo, v. Bulgarini, Bartolomeo.
Bologna, Ferdinando, 91n, 93n, 148n, 150n, 157n, 219n, 270n, 294n, 630n.
Bolognini della Seta, Bartolomeo, 115 e n.
Bolognini, Girolamo, 423.
Boltraffio, Giovannantonio, 452 e n.
Bombe, Walter, 430n, 432n.
Bonaccorsi, Giovanni, 689.
Bonaccorsi, Piero di Giovanni, v. Perino del Vaga.
Bonaiuti, Andrea, v. Andrea di Bonaiuto.
Bonaiuti, Telemaco, 268n.

Bonaiuto di Giovanni, 166n.
Bonasone, Giulio, 628n, 648n.
Bondone, 91 e n, 92.
Bonfigli, Benedetto, 326n, 416 e n.
Boni, Benito, 364n.
Bonifácio VIII, papa, 94n.
Bonilli, Vincenzo, 586n.
Boninsegni, Domenico, 492.
Bono da Ferrara, 403n.
Bono Mauro, 663n.
Bono, Pietro, 294n.
Bonsanti, Giorgio, 282n.
Bonsignori, Francesco, 295 e n, 429n.
Bonvicino, Alessandro, *v.* Moretto.
Bordone, Paris, 454n.
Borea, Evelina, 613n, 624n, 711n.
Borenius, Tancredi, 412n.
Borgherini, Giovanni, 587.
Borgherini, Pier Francesco, 575 e n, 654, 655n, 657, 683 e n.
Borghini, Raffaello, 406n.
Borgo, Ludovico, 269n, 477n.
Borro, Battista, 525 e n, 614n.
Borromeu, Carlos, São, 74n.
Borromini, Francesco, 323n, 467n.
Borsi, Franco, 288n.
Borsi, Stefano, 484n.
Borsook, Eve, 93n, 117n, 127n, 307n, 358n, 374n, 398n, 407n.
Boschetto, Antonio, 326n.
Boschini, Marco, 455n, 651n.
Boscoli, Tommaso di Piero, 535 e n, 736n.
Boselli, Camillo, 428n.
Boskovits, Miklós, 79n, 80n, 103n, 120n, 131n, 132n, 133n, 134n, 141n, 148n, 150n, 153n, 161n, 211n, 228n, 280n, 332n.
Botonti, Giovanni, 683n.
Bottari, Giovanni Gaetano, 428n, 720n.
Bottari, Stefano, 82n, 294n, 351n.
Botti, Matteo, 509.
Botti, Simone, 510.
Botticelli, Botticello, 385 e n.
Botticelli, Sandro, 222, 308 e n, 309, 337n, 358 e n, 362n, 375 e n, 378n, 383n, 385-9, 390n, 392n, 397n, 404 e n, 410n, 413n, 440, 476n, 575n.
Botticini, Francesco, 335n, 393n.
Boucher, Bruce, 543n.
Bourbon, Carlos de, 629n.
Bouts, Dirk, 50 e n.
Bracci, Antonio, 581.
Bracci, Cecchino, 737 e n.
Bracci, Zanobi, 579, 580, 581.
Braham, Allan, 575n.
Bramante, Donato, 314n, 344 e n, 466-70, 490 e n, 491, 492 e n, 499 e n, 500, 503, 509 e n, 512, 513 e n, 520, 521, 541, 558 e n, 663 e n, 665, 671, 672, 692n, 722 e n, 723, 726n, 738n.
Bramantino, Bartolomeo Suardi, *vulgo,* 275 e n, 499 e n.

Brancacci, Antonio, 581.
Brancacci, Felice, 214n, 221n.
Brancacci, Rinaldo, 259 e n.
Branda da Castiglione, cardeal, 215n, 221n.
Brandi, Cesare, 118n, 290n.
Braunfelds, Wolfgang, 232n.
Briganti, Giuliano, 689n.
Brini, Francesco, 384n.
Brink, Joel, 123n.
Briosco, Cristoforo, 74n.
Brizio, Anna Maria, 94n, 96n, 288n, 289n.
Brockhaus, Heinrich, 406n.
Bronzino, Agnolo di Cosimo di Mariano, *vulgo,* 6, 481 e n, 604 e n.
Brown, B. Baldwin, 13n, 22n, 23n, 56n.
Brown, David Alan, 457n.
Brunelleschi, Filippo, 20, 23n, 59, 82n, 112, 173 e n, 190n, 192n, 199, 201 e n, 202 e n, 204, 206n, 206n, 212, 218 e n, 219, 221, 223 e n, 224, 225-251, 254, 256 e n, 262n, 263, 264, 269n, 272, 289n, 364, 396, 466, 493 e n, 527 e n, 657 e n, 658, 713, 728n, 729 e n.
Brunetti, Giulia, 111n, 179n, 190n, 199n, 216n, 258n, 363n, 391n, 396n.
Bruni, Leonardo, 206n, 335 e n, 363.
Bruno di Giovanni, 114 e n.
Bruno, Raffaele, 689n, 709n.
Bruschi, Arnaldo, 466n.
Bufalina, Maria, 648n.
Bufalini, Niccolò, 416n.
Buffalmacco, 114-6, 132n, 139n, 167 e n; *v. também* Mestre do Triunfo da Morte.
Buggiano, Andrea di Lazzaro Cavalcanti, *vulgo,* 250 e n.
Bugiardini, Giuliano, 197n, 475 e n, 654n, 686 e n, 723.
Bulgarini, Bartolomeo, 108 e n.
Buonamico di Cristofano, *v.* Buffalmacco.
Buonamico di Martino, *v.* Buffalmacco.
Buonarrota, Ludovico, 713, 714n.
Buonarroti, Michelangelo, *v.* Michelangelo.
Burchiello, Domenico di Giovanni, *vulgo,* 132n.
Burger, Fritz, 343n.
Burresi, Maria Giulia, 109n, 113n.
Buscheto, 74 e n, 171 e n.
Busignani, Alberto, 390n, 393n, 395n.
Busti, Agostino, *vulgo* Bambaia, 428 e n, 547 e n.
Buti, Francesco, 306 e n, 309.
Buti, Lucrezia, 306 e n, 309 e n, 404n.
Buti, Spinetta, 306n.
Butinone, Bernardino, 428n, 467n.
Buzio, Francesco, 557.
Buzzi, Carlo, 74n.
Buzzichelli, Giovanni di Francesco, 165n.

Caccianimici, Vincenzo, 651.
Cadei, Antonio, 225n.
Caetani Stefaneschi, Jacopo, cardeal, 95n, 120n, 123n.

Caffarelli, Bernardino, 554 e n.
Calabrese (Calavrese), *v.* Cardisco, Marco.
Cálamis, 170.
Calandrino, Nozzo di Pierino, *vulgo*, 114 e n.
Calcondila, Demetrio, *vulgo* Demetrio Greco, 378 e n.
Caleca, Antonino, 144n, 327n.
Caliari, Benedetto, 353n.
Caliari, Carletto, 353n.
Calò Mariani, Maria Stella, 637n.
Calvesi, Maurizio, 422n.
Cam, 67n, 196, 209.
Cambi, Tommaso, 564, 634.
Camesasca, Ettore, 400n, 428n, 430n.
Camicia, Clementi, *v.* Clementi di Leonardo Camicia.
Camila, 591.
Camillo Mantovano (Camillo Capelli), 603 e n.
Campagnola, Girolamo, 372n.
Campana, Augusto, 355n.
Campi, Bernardino, 460n.
Campin, Robert, 50n.
Campsaspe, 8 e n.
Cânaco, 170.
Canigiani, Domenico, 498.
Canonica, Bartolomeo della, 576n.
Canossa, condes de, família, 508.
Cantelli, Giuseppe, 368n, 411n.
Capanna, Puccio, *v.* Puccio Capanna.
Capanna, senês, 371 e n, 560.
Caparra, *v.* Niccolò Grosso.
Caplow, Harriet McNeal, 266n, 267n.
Caporali, Bartolomeo, 326n, 416n.
Capponi, Gino, 249, 392, 462.
Capponi, Ludovico, 524, 563.
Caprini, família, 469n.
Caprotti, Gian G., *v.* Salaí, Andrea.
Capucci, Martino, 80n.
Caradosso, Cristoforo Foppa, *vulgo*, 420 e n, 469n.
Carafa, Oliviero, cardeal, 407 e n, 468n, 433, 468 e n.
Caraglio, Gian Giacomo, 650n.
Caraglio, Jacopo, 613 e n, 616n, 701 e n.
Caratti, E., 177n.
Carcher, Giovanni, 678n.
Carcher, Nicola, 678n.
Cardellini, Ida, 339n.
Cardinale, Ottaviano, 50n.
Cardisco, Marco, *vulgo* Marco Calabrese, 636-7.
Cariani, Giovanni Busi, *vulgo*, 652n.
Carissena, 591.
Carli, Enzo, 107n, 112n, 116n, 133n, 146n, 162n, 261n, 330n, 327n, 338n, 414n, 416n, 500n.
Carlos I de Anjou, 81 e n.
Carlos V, imperador, 270n, 458n, 467n, 586n, 593n, 595 e n, 601, 622n, 630 e n, 650, 660n, 667n, 670, 675n, 676n, 677n, 679, 694n, 710n.
Carlos VIII, rei da França, 271n, 388n, 415n, 447n, 689, 690n.

Carnevale, frei, Bartolomeo di Giovanni Corradini, *vulgo*, 290n, 467 e n.
Carocci, Baviero da Parma, *vulgo* Baviera, 509 e n, 510, 515n, 613 e n, 701 e n.
Carota, Antonio di Marco di Giano, *vulgo*, 704 e n, 733 e n.
Caroto, Giovanni Francesco, 429 e n, 678n.
Carpaccio, Vittore, 426-9, 454n.
Carpaneto, Maria Grazia, 480n.
Carpi, Girolamo da, 609 e n.
Carpi, Lionello da, 507, 635.
Carpi, Ugo da, 65 e n, 510 e n.
Carrà, Massimo, 412n.
Carrara, Lidia, 343n.
Carretto, Carlo del, 177n.
Carretto, Ilaria del, 177n.
Carroll, Eugène A., 610n.
Carrucci, Jacopo, *v.* Pontormo.
Casadio, Paolo, 622n.
Casanova, Maria Letizia, 344n.
Cassana, Giovanni Agostino, 499n.
Cassandra, 591.
Cassirer, Karl, 323n.
Castelfranco, Giorgio, 253n, 258n.
Castellani, Leonardo, 637 e n.
Castelnuovo, Enrico, 109n, 123n.
Castiglione, Baldassarre, 513n, 518, 553n.
Catarina, rainha da Inglaterra, 482n.
Catena, Vincenzo, 426, 427 e n, 429n.
Cattaneo, Danese, 596 e n.
Causa, Raffaello, 270n, 310n.
Cavalca, Marcantonio, 650n.
Cavalcanti, Aldobrandino, frei, 113n.
Cavalcanti, Andrea di Lazzaro, *v.* Buggiano.
Cavalcanti, Giovanni, 612.
Cavalcanti, Guido, 127.
Cavalcaselle, Giovanni Battista, 80n, 93n, 124n, 126n, 127n, 306n, 387n, 652n.
Cavalieri, Giovan Battista, 625n.
Cavalieri, Tommaso de', 736.
Cavallini, Pietro, 100, 120-1, 123n.
Cavazzoni, F., 332n.
Cecca, Bernardo di Marco, *vulgo*, 656n.
Cecca, Francesco d'Angelo, *vulgo*, 298 e n, 360-1.
Cecchi, Emilio, 107n.
Cecchino di Bartolomeo, 476.
Celio, Gaspare, 625n.
Cellini, Baccio, 313 e n.
Cellini, Benvenuto, 6n, 17n, 63n, 64n, 571n, 596 e n, 661n, 716n.
Cellini, Pico, 120n, 178n.
Cendali, L., 396n.
Cenni di Pepo, *v.* Cimabue.
Cennini, Cenino, 29n, 42n, 49n, 54n, 56n, 126n.
Ceres, 591.
Ceresari, Paride, 606 e n.
Cervelliera, Giovanni di Francesco del, 299n, 305n, 317n, 319n, 321 e n, 325n, 705 e n; *v. também* Mestre do Tríptico Carrand.

Cesare da Sesto, 604 e n.
Cesariano, Cesare, 13n, 467 e n, 663n.
Cesati, Alessandro, *vulgo* Grechetto, 660 e n.
Cesi, Angelo, 613n.
Charreton, Enguerrand, 274n.
Chastel, André, 385n, 510n, 521n, 613n.
Checca, Giovanni di Antonio della, 283n.
Chelazzi Dini, Giulietta, 164n, 177n.
Chellini, Giovanni, 268n.
Chenevières, Jean de, 19 e n.
Cheney, Iris H., 588n, 589n.
Cherichini, Giovanni, 257.
Chiappelli, Alessandro, 136n, 328n.
Chiarini, Marco, 148n, 221n, 282n, 373n, 374n.
Chiaroni, P. Vincenzo, 363n.
Chiazzella, *v.* Andrea di Antonio di Bartolomeo.
Chigi, Agostino, 504, 514, 553 e n, 554, 556, 557, 563, 682 e n, 684.
Chimenti, Jacopo, *vulgo* Empoli, 474n, 572n.
Christiansen, Keith, 213n, 323n.
Ciaccheri, Antonio di Manetto, 244n.
Ciai, família, 246.
Ciambella, Giovanni di Francesco, *vulgo* Fantasia, 415n.
Ciammitti, Luisa, 347n.
Cianfanini, Giovanni di Benedetto, 476 e n, 550n.
Ciappino, 733.
Ciapponi, Lucia A., 13n.
Ciaranfi, Anna Maria, 284n.
Ciardi Dupré, Maria Grazia, 208n, 300n, 451n, 483n, 535n.
Cibo, Lorenzo, *v.* Cybo, Lorenzo.
Cícero, Marco Túlio, 672.
Cicilia, 536 e n.
Cieco, Niccolò, 382 e n.
Cignani, Carlo, 346n.
Cima, Giovanbattista, *vulgo* Cima da Conegliano, 427 e n.
Cimabue, 5, 11, 49, 75n, 77, 79-83, 84 e n, 85, 86, 87, 88, 89n, 92, 94, 105 e n, 107, 110, 112, 146n, 172 e n, 231 e n, 292 e n, 626, 713.
Cinelli, Giovanni, 118n.
Cini, Simone, 153.
Cionini-Visani, Maria, 688n.
Cipriani, Renata, 400n.
Cisalpino, Andrea, 542n.
Cittadella, Niccolò, 594n.
Ciuffagni, Bernardo di Piero di Bartolomeo, 188n, 202n, 255n, 256n.
Civerchio, Vincenzo, 428 e n.
Civitali, Matteo di Giovanni, 268n.
Clark, Kenneth, 221n, 274n, 276n, 278n, 388n, 444n.
Claudio Franzese, 521.
Cleantes, 68.
Clemente VII, papa, 21, 311 e n, 388, 446, 468 e n, 475n, 492, 512, 513n, 515 e n, 517, 534 e n, 553n, 554 e n, 559, 564, 579 e n, 582, 583, 593 e n, 595 e n, 596 e n, 643, 647 e n, 649n,

658, 667 e n, 669, 674n, 685 e n, 686, 693n, 700 e n, 729 e n, 732, 733.
Clemente XII, papa, 14n, 335n.
Clementi di Leonardo Camicia, 313-5.
Cleofanto, *v.* Ecfanto de Corinto.
Cles, Bernardo, cardeal, 548n, 603 e n.
Clovio, Giulio, 688 e n.
Cneu Sérgio, 24n.
Coda, Bartolomeo, 356 e n.
Coda, Benedetto, 356 e n, 634 e n.
Coffin Hanson, Anna, 179n.
Coffin, David Robbins, 674n.
Cogliati-Arano, Luisa, 460n.
Cohen, Charles E., 606n.
Cohn, Werner, 128n.
Colantonio, 293n, 294n.
Cole, Bruce, 283n.
Colleoni, Bartolomeo, 301 e n, 365 e n.
Collobi, Licia, *v.* Ragghianti Collobi, Licia.
Colnaghi, Dominica Ellis, 313n.
Colombini, Giovanni, beato, 432 e n.
Colonna, Pompeo, cardeal, 515 e n.
Colonna, Vespasiano, 686n.
Colonna, Vittoria, 591 e n, 736 e n.
Cômodo, imperador, 76n.
Companheiro de Agnolo, 142n.
Companheiro de Agnolo, Pseudo, *v.* Pseudo-Companheiro de Agnolo.
Condivi, Ascanio, 714n.
Condorelli, Adele, 184n.
Condulmer, Gabriel, *v.* Eugênio IV, papa.
Constância (ou Constantina) filha de Constantino, imperador, 14 e n.
Constante II, imperador, 73 e n.
Constantino, imperador, 14 e n, 72, 76 e n, 277n.
Conti, Alessandro, 93n, 133n, 257n, 290n.
Conti, Domenico, 586 e n, 589 e n.
Conti, Sigismondo de', 504n.
Contini, Gianfrancesco, 123n.
Contucci, Andrea, *v.* Sansovino, Andrea.
Coor Achenbach, Gertrude, 105n.
Coppo di Marcovaldo, 84n.
Coradini, Francesco, 437n.
Corbinelli, Bartolomeo, 249.
Corbinelli, família, 540.
Corboli, Girolamo, 318n.
Cordella (Cordegliaghi), *v.* Previtali, Andrea.
Cordini, Antonio di Bartolomeo, *v.* Sangallo, Antonio da, o Jovem.
Coricio, Johann Goritz, *vulgo*, 541n.
Corina, 591.
Córito, 521n.
Cornificia, 591.
Corradini, Bartolomeo di Giovanni, *v.* Carnevale, frei.
Correggio, Antonio Allegri, *vulgo*, 441 e n, 457-60, 647 e n.
Correr, Gregorio, 402n.
Corsini, Alessandro, 574.

Corsini, Gherardo, 241.
Corti, Gino, 192n, 335n, 392n.
Cosini, Silvio, 535 e n, 702 e n.
Cossa, Baldassarre, v. João XXIII, antipapa.
Cossa, Francesco del, 274n, 346 e n, 347n, 722 e n.
Costa, Lorenzo, 346n, 347 e n, 355n, 421n, 422n, 429n.
Costamagna, Philippe, 550n.
Costanzo, Matteo, 455n.
Costanzo, Tuzio, 455n.
Cotignola, Girolamo da, v. Marchesi, Girolamo.
Covi, Dario, 364n.
Covo, Battista, 678n.
Cox-Rearick, Janet, 481n.
Cozzarelli, Giacomo di Bartolomeo di Marco, 337n, 338 e n.
Cozzarelli, Guidoccio, 338n.
Craven, Stephanie J., 461n.
Crecchi, Michele, 626n, 627n.
Criscuolo, Giovan Filippo, 637 e n.
Crispo, Tiberio, 710.
Crispolti, Cesare, 411n.
Cristoforo da Bologna, 332n.
Cristoforo da Conigo, 74n.
Crivelli, Carlo, 333n.
Cronaca, Simone del Pollaiuolo, vulgo, 23n, 399 e n, 526-9, 540 e n, 656n, 657n.
Crowe, Joseph Archer, 387n.
Cuppini, Maria Teresa, 142n.
Curiale, Mariano, conde de Terranuova, 398n.
Cybo, Lorenzo, cardeal, 394n, 416n, 648 e n.

D'Ancona, Paolo, 383n.
D'Anna, Martin, 607n.
D'Argenio, Silvia, 117n.
Da Maiano, Benedetto, v. Benedetto da Maiano.
Da Maiano, Giuliano, v. Giuliano da Maiano.
Da Romena, família, 533n.
Dabell, Frank, 274n, 286n.
Dacos, Nicole, 380n, 405n, 563n, 624n, 710n.
Daddi, Bernardo, 105n, 133n, 151 e n.
Dal Poggetto, Paolo, 255n, 476n, 614n.
Dall'Olio, Benedetto, 424n.
Dall'Olio, Elena, 424 e n, 507.
Dallai, G., 245n.
Dalli Regoli, Gigetta, 549n.
Dalmata, Giovanni, 311 e n, 343n, 344n.
Damiani, Giovanna, 145n, 152n.
Damiano, da Bergamo, frei, 60 e n.
Daniele da Volterra, 19n, 700n, 710n, 712 e n.
Dante, 67n, 79n, 82n, 83, 92 e n, 96 e n, 127, 133, 162, 229, 321 e n, 378n, 388 e n, 389, 397, 501, 502, 734.
Danti, Vincenzo, 540n.
Dárdano, 521n.
Darr, Alan Phipps, 483n.
Dati, Goro, 249.
Dati, Leonardo, 206.
Datini, Francesco, 307 e n.

Davanzo, Niccolò, v. Avanzi, Niccolò.
Davico Bonino, Guido, 716n.
Davidsohn, Robert, 84n.
Davidson, Bernice F., 561n, 689n.
Davies, Martin, 80n, 89n, 105n, 150n, 162n.
Davis, Charles, 604n.
De Angelis d'Ossat, Guglielmo, 314n.
De Angelis, Luigi, 304n.
De Angelis, Pietro, 314n.
De Arcos, duque, 483.
De Benedictis, Cristina, 91n.
De Fabris, Emilio, 82n.
De Fiore, Gaspare, 314n.
de Foix, Gaston, 547 e n.
De Francovich, Gèza, 178n, 382n.
De Ganis, Anselmo, 678n.
De Gianni, Dionigi, 649.
de Lorenzi, G., 322n, 323n.
De Mauri, L., 63n.
De Nicola, Giacomo, 119n, 123n, 338n.
De Robertis, Domenico, 226n.
De Vecchi, Pier Luigi, 274n.
Degenhart, Bernard, 322n, 350n.
Dei, Miliano, 391n.
Dei, Piero d'Antonio, v. Bartolomeo della Gatta.
Del Bravo, Carlo, 330n, 337n, 338n, 598n.
Del Buono, Oreste, 274n.
Del Fede, Lucrezia di Baccio, 572 e n, 577, 585.
Del Giocondo, Leonardo, 570.
Del Giocondo, Piero, 570.
Del Gonfo, Andrea, 678n.
del Lino, Girolamo, 650.
Del Monte, Antonio, cardeal, 665.
del Pace, Luigi, 515n.
del Pozzo Toscanelli, Paolo, 229 e n.
del Pozzo, Barnaba, 607.
Del Vita, Alessandro, 151n.
della Bella, Stefano, 626n.
Della Palla, Giovanni Battista, 474, 576, 586, 588, 716.
della Porta, Giacomo, 666n.
della Porta, Guglielmo, 707 e n, 738n.
Della Quercia, Jacopo, v. Jacopo della Quercia.
della Seta Bolognini, Bartolomeo, v. Bolognini della Seta, Bartolomeo.
della Volpaia, Lorenzo di Benvenuto, 258, 379 e n.
Delli, Dello, 184-6, 196n.
Delorme, Philibert, 192n.
Dente, Marco da Ravenna, v. Marco Dente.
Desiderio da Settignano, 192n, 259n, 334n, 339--41, 342n, 343 e n, 345, 262n, 396n, 399 e n.
Deti, Isabella, 668 e n.
Deuchler, Florens, 146n.
Dezzi Bardeschi, Marco, 291n.
di Giampaolo, Mario, 632n.
di Marzo, Gioacchino, 536n.
Diamante, frei, 306 e n, 307n, 308 e n, 309 e n, 404 e n.
Diana, Benedetto, 351n.

Dini, Gerozzo, 471, 472, 477.
Dini, Giovanni d'Agostino, 581.
Diodoro Sículo, 68 e n.
Díon Cássio, 591.
Dolci, Giovannino de', 314, 462n n.
Domenichi, Lodovico, 289 e n.
Domenico Aimo da Verignana, 178n.
Domenico da Corella, frei, 281n.
Domenico da Lecco, frei, 412n.
Domenico di Baccio d'Agnolo, 658.
Domenico di Bartolo, 165 e n.
Domenico di Michelino, 86n, 282n, 284 e n.
Domenico di Nanni, 541n.
Domenico di Niccolò dei Cori, 330n.
Domenico di Pietro da Pisa, 256n.
Domenico di Polo, 596 e n.
Domenico di Sandro, 700.
Domenico Veneziano, 51 e n, 165n, 274n, 276 e n, 280n, 295 e n, 297n, 302n, 305n, 316n, 318 e n, 319 e n, 320, 321 e n, 324n, 325n, 350 e n, 416n.
Domenico, estanhador, 243n.
Domenico, frei, 162n.
Donatello, 21 e n, 33, 36 e n, 112, 127, 174 e n, 187 e n, 188 e n, 190, 191 e n, 194 e n, 197, 199 e n, 201 e n, 202 e n, 205 e n, 211n, 218 e n, 219n, 220n, 221, 224, 227, 229 e n, 230 e n, 231 e n, 232n, 233n, 238, 247 e n, 252-65, 266 e n, 267 e n, 268 e n, 272, 273 e n, 300 e n, 301 e n, 302n, 324, 330n, 331, 333n, 336, 337n, 339 e n, 340, 364 e n, 366, 400n, 540 e n, 709, 713, 715 e n, 738 e n.
Donati, Pier Paolo, 116n, 126n, 152n, 154n, 216n.
Donato di Donato, 159n.
Donato di Niccolò di Betto Bardi, v. Donatello.
Donato, 152n.
Doni, Agnolo, 472, 639, 716 e n.
Doren, Alfred, 236n.
Doria, Andrea, 608 e n, 685.
Doria, Giannettino, 704.
Dosio, Giovanni Antonio, 130n.
Dossi, Battista, 602-5.
Dossi, Dosso, 504n, 602-5.
Douglas, Langton, 342n.
Dovizi, Bernardo, vulgo cardeal Bibbiena, 512, 516, 559n.
Draper, James David, 536n.
Dubos, Renée, 496n.
Ducci, Lunardo di Matteo, 227n.
Duccio di Buoninsegna, 58 e n, 80n, 81n, 105n, 107n, 146-7, 273 e n.
Dürer, Albrecht, 352n, 475n, 509 e n, 714 e n.
Dussler, Luitpold, 351n, 396n, 399n, 410n, 412n.

Ecfanto de Corinto, 68 e n.
Egger, Hermann, 380n, 627n.
Elisabeth, rainha da Inglaterra, 482n.
Elpe, 591.
Emiliani, Andrea, 421n, 433n, 481n.
Empoli, v. Chimenti, Jacopo.

Enaud, François, 123n.
Enckevoirt, Guglielmo, cardeal, 598 e n.
Ercolani, Vincenzo, 508.
Ercoli, Giuliano, 457n.
Erina, 591.
Espúrio Cássio, 71 e n.
Este, Alfonso I d', duque de Ferrara, 602 e n, 604, 731 e n, 732n.
Este, Borso d', 275, 333n.
Este, Ercole d', 275.
Este, Ercole II d', duque de Ferrara, 608 e n.
Este, Isabella d', 455n.
Este, Lionello d', 50n.
Ester, rainha, 321n.
Estouteville, Guillaume (Guglielmo) d', cardeal, 314n, 343n.
Ettlinger, Helen S., 385n.
Ettlinger, Leopold D., 385n, 390n.
Euclides, 130, 278.
Eudóxia, 72 e n.
Eugênio IV, papa, 14n, 50n, 162n, 207 e n, 272, 273n, 283n, 288n, 303n, 304 e n, 309n, 322n.
Eusebio da San Giorgio, 415n.
Eusébio, 591.
Eustátio, 591.
Evangelista di Pian di Meleto, 496n.
Eyck, Jan van, 50 e n, 292 e n, 294 e n, 296.

Fábio, pintor, 69.
Fabre, Anne, 550n.
Fabriczy, Cornet von, 182n, 225n, 229n, 270n, 344n, 412n, 534n.
Fabrizio da Milano, 649n.
Faccio, Cesare, 668n.
Faccioli (ou Fagiuoli), Girolamo, 650 e n, 661 e n.
Facio, Bartolomeo, 50n, 322n, 323n.
Fagiolo dell'Arco, M., 651n.
Fahy, Everett, 352n, 381n, 383n, 471n.
Falconi, Bernardo Nello di Giovanni, 133n.
Fancelli, Chiara, 436n.
Fancelli, Luca, 290n, 436n.
Fanfani, Pietro, 49n.
Fantuzzi, Antonio, vulgo Antonio da Trento, 649 e n.
Farinata degli Uberti, v. Uberti, Farinata degli.
Farnese, Alessandro, cardeal, v. Paulo III, papa.
Farnese, Costanza, 663n.
Farnese, Giulia, 415 e n.
Farnese, Ottavio, duque de Parma, 14n.
Farnese, Paolo, 663n.
Farnese, Pier Luigi, 663 e n, 670 e n.
Farnese, Ranuccio, 663 e n.
Fattore, v. Penni, Giovan Francesco.
Federico II, duque de Mântua, 500, 582.
Fehm, Sherwood A. Jr., 153n.
Felicini, Bartolomeo, 420.
Felicini, família, 419n.
Feltrini, Andrea di Cosimo, 54n, 359n, 639 e n, 643.
Feltrini, Cosimo, 568n.

751

Ferino Pagden, Sylvia, 495n.
Fermo da Caravaggio, *v.* Ghisoni, Fermo.
Fernando I, rei de Aragão e da Sicília, 270n, 487 e n.
Ferrante I, *v.* Fernando I.
Ferrara, Mario, 266n.
Ferrara, Stefano, 510n.
Ferrari, Gaudenzio, 562 e n.
Ferrari, Maria Luisa, 428n.
Ferratino, Bartolomeo, 664 e n.
Ferretti, Massimo, 561n.
Ferri, Silvio, 6n.
Ferrucci, Andrea, 534-6, 544.
Ferrucci, Francesco di Giovanni, *vulgo* del Tadda, 14n.
Ferrucci, Simone di Nanni, 273n, 283n, 718 e n.
Fetti, Mariano, frei, 473 e n, 479, 558, 627, 685 e n.
Fiaccavento, Giorgio, 288n.
Ficherelli, Felice, 481n.
Ficino, Marsilio, 378, 535.
Fídias, 69.
Fieschi, Pietro, 666n.
Figurino da Faenza, *v.* Scaletti, Luca.
Filarete, Antonio, 33n, 185n, 256n, 267n, 268n, 271n, 272-3, 313n.
Filipe II, rei da Espanha, 650n, 660n.
Filipepi, Mariano, 385 e n.
Filippini, Francesco, 424n.
Filippino degli Organi, 74n.
Filippo di Baccio d'Agnolo, 658.
Filippo di Cristofano, 206n.
Filocles, 68.
Finiguerra, Maso, 63 e n, 391 e n.
Fiocco, Giuseppe, 181n, 182n, 183n, 185n, 196n, 260n, 275n, 400n, 426n, 429n.
Fiore, Monna, 199n.
Fiorillo, Ciro, 711n.
Florensz, Adrian, *v.* Adriano VI, papa.
Florenzuoli, Pier Francesco, *v.* Pier Francesco da Viterbo.
Foggini, Gian Battista, 21n, 255n.
Fontana, Giovanni, 738n.
Fontana, Prospero, 635 e n.
Fontana, Walter, 603n.
Foppa, Cristoforo, *v.* Caradosso.
Foppa, Vincenzo, 428n.
Forese da Rabatta, 92.
Forlani Tempesti, Anna, 495n.
Fórmion, filósofo, 11 e n.
Forteguerra, Niccolò, 366 e n.
Fortuna, Alberto Maria, 316n.
Fortunati Pietrantonio, Vera, 635n.
Fortunio, Agostinio, 368n.
Foschi, Jacopo, *v.* Jacopo di Sandro.
Foschi, Pier Francesco, 575n, 588 e n, 654n.
Fossi Todorow, Maria, 322n, 604n.
Fouquet, Jean, 273 e n, 274n, 280n.
Fra Angelico, frei Giovanni da Fiesole *vulgo,* 184n, 222 e n, 280-5, 297n, 305n, 325n, 326 e n, 408n, 412 e n, 416n.

Fra Bartolomeo, *v.* Bartolomeo della Porta.
Francesca d'Angelo, 344n.
Francesco d'Antonio, 103n, 163 e n, 219n.
Francesco da Barberino, 99n.
Francesco da Sangallo, *v.* Sangallo, Francesco da.
Francesco del Giocondo, 448, 532.
Francesco della Luna, 245 e n, 248.
Francesco di Baccio d'Agnolo, 658n.
Francesco di Bartolo, 484n.
Francesco di Bernardino d'Amadore, da Urbino, 737 e n.
Francesco di Gentile, 411n.
Francesco di Giorgio Martini, 146n, 174 e n, 314n, 337-8, 412n, 493n.
Francesco di Giovanni di Francesco, *v.* Francione.
Francesco di Giovanni, 391n.
Francesco di Girolamo, 596 e n.
Francesco di Pellegrino, 616 e n.
Francesco di Valdambrino, 177n, 179n, 201 e n, 230.
Francesco Fiorentino, *v.* Francesco d'Antonio.
Franchi, Antonio, 474n.
Francia, Francesco, 346n, 419-25, 429n, 441 e n, 722 e n.
Francia, Giacomo, 423n.
Franciabigio, Francesco di Cristofano, *vulgo,* 223, 567, 568, 569, 571 e n, 578 e n, 579, 580 e n, 641-5, 720.
Francione, Francesco di Giovanni di Francesco, *vulgo,* 314n, 360n, 397n, 484 e n, 485 e n.
Francisco I, rei da França, 19n, 451 e n, 499n, 512, 514n, 567 e n, 577, 610n, 616n, 617 e n, 622n, 668n, 721n.
Franco Fiorio, Maria Teresa, 429n.
Franco, Battista, 604 e n.
Francolini, Stefano, 382n.
Francucci, Innocenzo, *vulgo* Innocenzo da Imola, 632 e n, 633 e n, 635 e n.
Freedberg, Sydney Joseph, 532n, 566n, 568n, 589n, 646n.
Frescobaldi, Stoldo, 249.
Frey, Karl, 73n.
Friedman, David, 398n, 407n.
Frisoni, Domenico, 348n.
Frommel, C. L., 556n.
Fugger, Jacob, 675n.
Fugger, Raimond, 427n.
Fulvia di Marcantonio, 591.
Fumi, Francesca, 337n.
Furlan, Caterina, 606n.
Füssli, Heinrich, 627n.

Gabrielli, Margherita, 104n.
Gaddi, Agnolo, 86n, 130 e n, 131n, 138n, 141-3, 148, 156n, 161n, 429 e n; *v. também* Mestre da Morte de Adão.
Gaddi, Bernardo, 151n.
Gaddi, Gaddo, 80n, 85, 86-7, 126.

Gaddi, Giovanni, 130 e n, 131n, 137n, 141 e n, 143n.
Gaddi, Giovanni, clérigo, 211 e n, 446, 572.
Gaddi, Luigi, 648.
Gaddi, Niccolò, 720n.
Gaddi, Taddeo, 86n, 87, 93n, 100 e n, 103n, 117n, 124n, 126-31, 132, 141 e n, 142, 143 e n, 150, 152, 161, 166, 172, 229, 254.
Gaeta Bertelà, Giovanna, 92n, 510n.
Gagini, Antonello, 536 e n.
Gagini, Antoniuzzo, 536n.
Gagini, Domenico, 270n.
Gagini, Fazio, 536n.
Gagini, Giacomo, 536n.
Gagini, Giovanni Domenico, 536n.
Gagini, Vincenzo, 536n.
Galasso di Matteo Piva (Galasso Ferrarese), 332-3.
Galeotti, Pietropaolo, 661 e n.
Galestruzzi, Giovanni Battista, 626n.
Gallavotti, Daniela, 331n.
Gamba, Carlo, 320n, 351n, 385n, 386n, 387n, 389n, 430n, 432n, 698n.
Gambacorta, família, 248n.
Gambacorta, Niccolò, v. Niccolò da Pisa.
Gambara, Veronica, 591 e n.
Gamulin, Gego, 688n.
Gamurrini, Bernardo, 524n.
Gamurrini, Niccolò, 413.
Ganimedes, 514, 659, 677.
Gardner von Teuffel, Christa, 513n, 684n.
Garganelli, Bartolomeo, 348n.
Garitz, Giovanni, 503n.
Garofalo, Benvenuto Tisi, *vulgo*, 609n.
Garrison, Edward B., 88n, 89n, 90n.
Garzelli, Annarosa, 395n.
Gaston, Robert W., 635n.
Gattamelata, Erasmo da Narni, *vulgo*, 259 e n.
Gatti, Bernardino, *vulgo* Soiaro, 607 e n.
Gaudioso, Eraldo, 710n.
Gaurico, Pompônio, 67n.
Geest, Cornelis van der, 50n.
Gelli, Giovanni Battista, 81n, 114n, 116n, 124n, 156n, 157n.
Genga, Girolamo, 604.
Gengaro, Maria Luisa, 396n.
Genserico, 72 e n.
Gentile da Fabriano, 142n, 184n, 213n, 280n, 284 e n, 322-3, 350n.
Gentile de' Becchi da Urbino, 287 e n, 370 e n.
Gerini, Gerino d'Antonio, 416 e n, 436 e n.
Gerini, Niccolò di Pietro, 126n, 128n, 150n, 152n.
Gherardi, Guido di Francesco, 711 e n.
Gherardini, Alessandro, 374n.
Gherardo del Fora, 372 e n, 381 e n, 383-4.
Ghiberti, Bartoluccio, 200, 390 e n.
Ghiberti, Buonaccorso, 199n, 211 e n.
Ghiberti, Cione, 199n.
Ghiberti, Lorenzo, 36n, 92n, 93n, 94n, 95n, 96n, 97n, 98n, 99n, 100n, 103n, 104 e n, 105n,

107n, 110n, 111n, 112, 114, 115n, 116n, 117n, 118n, 120n, 121n, 123n, 125n, 127n, 132n, 133n, 136n, 137n, 144n, 145n, 146n, 147n, 174 e n n, 179n, 181n, 183n, 194n, 199--212, 213 e n, 218 e n, 230 e n, 231 e n, 232n, 233, 238, 239 e n, 243n, 249, 253n, 256n, 266n, 272n, 283n, 326n, 364, 390n, 391 e n, 739n, 741.
Ghiberti, Vittorio, 208n, 211n, 391 e n.
Ghidiglia Quintavalle, Augusta, 646n, 650n.
Ghini, Simone di Giovanni, 273n.
Ghirlandaio, Alessandra, 382n.
Ghirlandaio, Benedetto, 373n, 375, 376n, 379, 382 e n, 530-1.
Ghirlandaio, David, 373n, 375, 376n, 377 e n, 379, 380 e n, 381 e n, 382 e n, 383n, 384n, 497n, 530-1.
Ghirlandaio, Domenico, 93n, 104 e n, 132 e n, 222, 299 e n, 357n, 358 e n, 362n, 368n, 373--82, 383 e n, 384, 386n, 388n, 389n, 396n, 413n, 418, 440, 462n, 530 e n, 531 e n, 532n, 654 e n, 690 e n, 714 e n, 715, 741.
Ghirlandaio, Ridolfo del, 219, 223, 382, 478n, 479, 497 e n, 498n, 499 e n, 523n, 531 e n, 532 e n, 643 e n, 689n, 690 e n, 691, 714 e n, 720.
Ghirlandaio, Tommaso, 299n.
Ghisoni, Fermo, 676n, 678n.
Giacomo da Poli, 283n.
Giacomo di Vanni, 179n.
Giacomo, mestre, 179n.
Giamberti, Francesco, 484 e n.
Giana di Giuliano d'Antonio, 344n.
Giancristoforo Romano, 312 e n.
Gianfigliazzi, família, 104, 297, 339.
Gibbons, Felton, 602n.
Giberti, Gian Matteo, 674 e n.
Giges Lídio, 68 e n.
Giglio, Tommaso del, 357n.
Giglioli, Odoardo Hillyer, 305n.
Gilbert, Creighton, 284n, 398n.
Gilberto di Correggio, 591n.
Ginori Lisci, Leonardo, 543n.
Ginori, Carlo, 570, 612.
Ginori, família, 246.
Ginzburg, Carlo, 274n, 277n.
Giocondo, Francesco del, 448.
Giocondo, frei, 470n, 492 e n, 665 e n.
Giordano, Luca, 267n.
Giorgio da Sebenico, v. Orsini, Giorgio da Sebenico.
Giorgione, 351n, 352n, 356 e n, 427n, 428n, 429n, 441 e n, 453-6, 557n, 606n, 639 e n, 652n, 659n, 681n, 682 e n.
Gioseffi, Decio, 91n, 99n.
Giottino, 99n, 104 e n, 111n, 130n, 135-8, 141n, 172n, 214n.
Giotto, 50, 71n, 81n, 82, 83, 85, 86n, 87 e n, 88, 90n, 91-101, 102 e n, 103n, 104 e n, 105, 107 e n, 109 e n, 110 e n, 111n, 114n, 117n, 120

753

e n, 121, 122, 123 e n, 126 e n, 127 e n, 128n, 129, 130, 131 e n, 135 e n, 136, 146n, 148n, 150 e n, 151n, 152, 154, 158n, 171 e n, 172 e n, 173, 174, 178n, 183n, 203, 204, 214, 218n, 224n, 231, 292 e n, 398 e n, 439, 697, 708, 713.

Giovanbattista, dell'Aquila, 513, 537.

Giovanna di Memmo, 122n.

Giovanni Angelo da Camerino, 290n, 467n.

Giovanni d'Alemagna, 403n.

Giovanni d'Ambrogio, 182n.

Giovanni d'Antonio di Banco, *v.* Nanni di Banco.

Giovanni d'Asciano, 145 e n.

Giovanni da Fiesole, frei, *v.* Fra Angelico.

Giovanni da Milano, 98n, 126n, 128 e n, 129, 130 e n, 137n, 141n, 150, 213n.

Giovanni da Modena, 115n, 139n.

Giovanni da Nola, Giovanni Marigliano, *vulgo,* 18 e n, 270n, 600 e n.

Giovanni da Pisa, 403n, 698.

Giovanni da Ponte, *v.* Ponte, Giovanni dal.

Giovanni da Rovezzano, *v.* Cervelliera, Giovanni di Francesco del.

Giovanni da Spoleto, 537n.

Giovanni da Udine, 505n, 511 e n, 512 e n, 513, 514 e n, 563 e n, 624, 625n, 639 e n, 674 e n, 685 e n, 692, 693, 728, 733 e n.

Giovanni da Verona, frei, 59n, 502 e n, 707 e n.

Giovanni dalle Bande Nere, *v.* Medici, Giovanni de'.

Giovanni del Biondo, 132n, 136n.

Giovanni del Leone, 675.

Giovanni delle Corniole, 384n.

Giovanni di Antonio della Checca, *v.* Checca, Giovanni di Antonio della.

Giovanni di Balduccio, 178n, 182n.

Giovanni di Cecco, 74n.

Giovanni di Consalvo, 282n.

Giovanni di Francesco d'Arezzo, 178n.

Giovanni di Francesco del Cervelliera, *v.* Cervelliera, Giovanni di Francesco del.

Giovanni di Goro, ourives, 700 e n.

Giovanni di Marco, *v.* Ponte, Giovanni dal.

Giovanni di Miniato, *vulgo* Fora, 259n, 383n.

Giovanni di Mone, 218n.

Giovanni di Paolo, merceeiro, 572.

Giovanni di Ser Giovanni, *vulgo* Scheggia ou Scheggione, 286n, 396n; *v. também* Mestre da Arca Adimari.

Giovanni di Simone, 112n.

Giovanni Francesco di Mantova, 289n.

Giovanni Franzese, 524 e n.

Giovanni Maria di Bartolomeo, *vulgo* Rocco, 436 e n.

Giovannoni, Gustavo, 662n.

Giovio, Benedetto, 663n.

Giovio, Paolo, 444n, 643 e n.

Girardi, Enzo Noè, 32n.

Girolami, Zanobi, 572.

Girolamo da Carpi, *v.* Carpi, Girolamo da.

Girolamo da Cotignola, *v.* Marchesi, Girolamo.

Girolamo da Cremona, 372 e n, 552 e n.

Girolamo da Ferrara, frei, 477.

Girolamo da Treviso, 558 e n, 621-3.

Girolamo dai Libri, 372 e n.

Girolamo del Pacchia, 415n.

Girolamo di Bartolomeo, 476n.

Girolamo di Benvenuto, 118n.

Girolamo di Giovanni, 286n, 403n.

Girolamo di Pellegrino, 656n.

Girolamo di Schio, 685n.

Giugni, Bernardo, 344 e n.

Giuliano da Maiano, 256n, 269-71, 396n, 397n, 488.

Giuliano da Poggibonsi, 257n.

Giuliano di Baccio d'Agnolo, 658.

Giuliano di Ser Andrea, 205n.

Giuliano, Antonio, 76n.

Giulio Romano, Giulio Pippi, *vulgo,* 65n, 429n, 442 e n, 458, 505n, 505n, 508n, 509, 511n, 512n, 513 e n, 514n, 515n, 516, 553 e n, 563 e n, 564 e n, 582 e n, 614 e n, 673-80, 684 e n, 692, 700, 706, 709.

Giunta Pisano, 80n.

Giusti, Paola, 636n, 637n.

Giusto di Guanto, *v.* Juste de Gand.

Gnoli, Umberto, 430n.

Gnudi, Cesare, 82n, 327n.

Goes, Hugo van der, 51 e n.

Goffen, G., 352n.

Goldner, George R., 181n.

Goldscheider, Ludwig, 351n.

Gollob, Hedwig, 322n.

Goltzius, Hendrick, 627n, 629n.

Gombosi, Gyorgy, 428n.

Gondi, Giuliano, 487.

Gonzaga, Ercole, cardeal, 678n, 679n.

Gonzaga, Federigo II, 458 e n, 675, 679n.

Gonzaga, Ferrante, 686.

Gonzaga, Francesco II, 295n, 402n, 403n, 675n.

Gonzaga, Giulia, 686.

Gonzaga, Isabella, 312n.

Gonzaga, Ludovico, 288n, 291 e n, 401 e n.

Gonzalez-Palacios, Alvar, 152n.

Gori-Montanelli, Lorenzo, 266n.

Gori, Anton Francesco, 70n.

Goritz, Johann, *v.* Coricio.

Goro di Ser Neroccio, 205n.

Gould, Cecil, 457n, 458n.

Gozadino, Bonifazio, 650.

Gozzoli, Benozzo, 283n, 284n, 298n, 304n, 326-9, 357n, 408n.

Gozzoli, Maria Cristina, 123n.

Graffione, Giovanni di Michele Scheggini, *vulgo,* 299 e n.

Gramaccini, Norberto, 594n.

Granacci, Francesco, 223, 376n, 382 e n, 479, 530n, 531 e n, 575 e n, 576 e n, 654-5, 715 e n, 720, 723 e n.

Grassi, Luigi, 253n, 254n, 256n, 257n, 258n, 259n, 272n, 323n, 363n, 595n.
Grayson, Cecil, 288n, 289n.
Graziani, Simone, 433 e n.
Grazzini, Simona, 179n.
Grechetto, *v.* Cesati, Alessandro.
Greco, Aulo, 284n.
Gregori, Mina, 415n.
Gregorio di Cecco, 152n, 164n.
Gregório Magno, papa e santo, 73 e n.
Gregório X, papa, 75.
Gregório XIII, papa, 72n, 375n.
Gregorovius, Ferdinand, 415n.
Grigioni, Carlo, 358n.
Grimoard, Guglielmo di, *v.* Urbano V, papa.
Gritti, Andrea, doge, 609 e n.
Gronau, Georg, 304n, 325n.
Gronau, Hans D., 161n.
Grossato, Lucio, 429n.
Guasti, Gaetano, 239n, 406n.
Guccio di Mannaia, 107n.
Guglielmo da Forlí, 100 e n.
Guglielmo de Marcillat, *v.* Guillaume de Marcillat.
Guglielmo degli Organi, *v.* Guglielmo da Forlí.
Guicciardini, Francesco, 634 e n.
Guicciardini, Luigi, 719.
Guidetto da Como, 75n.
Guidi, Fabrizio, 139n.
Guidi, Giovanni, *v.* Giovanni di Ser Giovanni.
Guido da Siena, 88n.
Guidotti, Antonio del Migliorino, 290n.
Guidotti, Migliorino di Tommaso, 239 e n.
Guiducci, Lorenza Visconti, 370n.
Guillaume de Marcillat, 60 e n, 520-5, 614n, 648n, 701n, 708n.
Guinigi, Paolo, 177 e n.

Haecht, Willem van, 50n.
Haines, Margareth, 256n, 269n, 396n.
Harnult, Jacopus, bispo, 472n.
Harpálice, 591.
Hartfield, R., 387n.
Hartt, Frederick, 192n, 317n, 335n, 392n, 673n, 674n, 678n, 679n.
Hawkwood, John, 197 e n, 719n.
Hayum, Andrée, 538n, 619n.
Heemskerk, Marten van, 670n.
Heikamp, Detlef, 535n.
Heinemann, Fritz, 351n, 426n.
Hendy, Philip, 351n.
Henrique II, rei da França, 686n.
Henrique VII, rei da Inglaterra, 482n.
Henrique VIII, rei da Inglaterra, 482n, 545n, 622 e n, 690n.
Heráclio, imperador, 277.
Hermanin, Federico, 121n.
Hernandez Perera, Jesus, 418n.
Hersey, George L., 270n.
Hesse, Michael, 553n.

Hetherington, Paul, 120n.
Heydenreich, Ludwig Heinrich, 243n.
Hill, Georg Francis, 323n, 420n.
Hipólita, 591.
Hirst, Michael, 588n, 681n.
Holst, Christian von, 379n, 530n, 654n.
Holzmann, Bernardo, 391n.
Homero, 68, 71, 179, 501, 591.
Honório, imperador, 72n.
Horácio Cocles, 627 e n.
Horne, Herbert P., 299n, 385n, 389n.
Horster, Marita, 316n.
Hortênsia, 591.
Hugo de Antuérpia, *v.* Goes, Hugo van der.
Hulsen, Christian, 380n.
Humfrey, Peter, 427n.
Huntley, G. Haydn, 539n, 540n.
Huse, Norbert, 351n.

Iacopi, Lorenzo, 581.
Ikuta, M., 323n.
Indaco, Francesco di Lazzaro Torni, *vulgo*, 418n, 665 e n, 723.
Indaco, Jacopo Torni, *vulgo*, 382 e n, 418, 655n.
Ingendaay, Martina, 412n.
Inghirami, Gemignano, 307n.
Innocenzo da Imola, *v.* Francucci, Innocenzo.
Inocêncio VIII, papa, 314n, 394n, 402 e n, 468n, 526n, 539n.
Inocêncio X, papa, 670n.
Isaia da Pisa, 270n, 312n.
Ísis, 591.

Jacobello da Messina, *v.* Jacopo di Antonello.
Jacone, Jacopo di Giovanni Francesco, *vulgo*, 589 e n.
Jacopa di Martinozzo, 218n.
Jacopino del Conte, 588n, 589 e n.
Jacopo alemão, 75n; *v. também* Lapo.
Jacopo d'Arezzo, frei, 153.
Jacopo da Camerino, frei, 76n.
Jacopo da Carpi, 515.
Jacopo da Trezzo, *v.* Rizzola, Jacopo.
Jacopo da Volterra, 314n.
Jacopo de Portugal, cardeal, 190n, 192 e n, 334 e n, 335n, 392 e n.
Jacopo del Casentino, 129 e n, 130, 150-1, 152, 153, 172.
Jacopo del Duca, 664n.
Jacopo del Tedesco, 382, 531 e n.
Jacopo della Quercia, 112, 172n, 174 e n, 175, 177--21, 182 e n, 189, 202 e n, 205, 230, 331 e n.
Jacopo di Antonello, 294n, 321 e n.
Jacopo di Bartolomeo da Settignano, 283n.
Jacopo di Cione, 153n.
Jacopo di Francesco, 436n.
Jacopo di Giovanni Francesco, *v.* Jacone.
Jacopo di Landino, 151n.
Jacopo di Lusitania, *v.* Jacopo di Portogallo.

Jacopo di Mino del Pelicciaio, 128n.
Jacopo di Sandro, 575 e n, 654n, 723.
Jacopo Filippo da Faenza, beato, 369 e n.
Jacopo Fiorentino, *v.* Jacopo di Francesco.
Jacopo, frei, mosaicista, 85 e n.
Jacopo, *vulgo* Papero, 283n.
Jacques de Beaune, *v.* Beaune, Jacques de.
Jaffe, D., 712n.
Janitschek, Hubert, 289n.
Janson, Horst Woldemar, 253n, 255n, 256n, 257n,
    258n, 259n, 260n, 261n, 273n.
João de Bruges, *v.* Eyck, Jan van.
João Gualberto, São, 544, 570, 584, 586.
João II, rei de Portugal, 540 e n.
João XXII, papa, 121n, 123.
João XXIII, antipapa, 115n, 255 e n, 267n.
Joos van Wassenhove, *v.* Juste de Gand.
Joost-Gaugier, Christiane L., 350n.
Jordan, Max, 275n.
Jouffroy, Alain, 461n.
Juliano III, papa, 493n.
Júlio II, papa, 59n, 64n, 275, 312n, 314n, 394n,
    416n, 420 e n, 447n, 466 e n, 468 e n, 469n,
    473n, 486 e n, 488, 489n, 490 e n, 492, 499,
    500, 502n, 503, 504, 505, 506, 518 e n, 520,
    521n, 540, 556, 558, 663 e n, 667, 720 e n,
    721n, 722 e n, 723, 724, 727, 728, 733, 736 e n.
Júlio III, papa, 4.
Juren, Vladimir, 322n.
Juste de Gand, 51 e n.
Justiniano, imperador, 73n.

Kallab, Wolfang, 276n.
Kauffmann, Hans, 253n, 261n.
Keaveney, Raymond, 709n.
Keller, Rolf E., 588n.
Kemp, Martin, 443n.
Kennedy, Clarens, 192n, 335n, 392n.
Kennedy, Ruth Wedgwood, 297n.
Kent, Francis William, 549n.
Keutner, Herbert, 540n.
Kinney, Peter, 604n.
Klange, Bent, 85n.
Klovicic, Jurai, *v.* Clovio, Giulio.
Knab, Eckhart, 495n.
Krautheimer, Richard, 177n, 182n, 199n, 202n,
    205n, 232n.
Kreytenberg, Gert, 109n, 110n, 111n, 113n, 137n,
    182n.
Kruft, Hanno-Walter, 536n.
Kultzen, Rolf, 627n.
Kusemberg, K., 610n.

Labaco, Antonio, 671n.
Laclotte, Michel, 123n.
Ladis, Andrew T., 126n.
Laguerre, Louis, 401n.
Lamberti, Niccolò di Pietro (Nicola Aretino), 74n,
    112, 181-3, 188n, 201n, 230.

Lamberti, Pietro di Niccolò, 182n.
Lamo, Pietro, 289n, 332n.
Landino, Cristoforo, 95n, 150, 281n, 378 e n, 388n.
Lando di Pietro, 179n.
Landucci, Luca, 376n, 547n.
Lanfredini, Lanfredino, 657.
Langedijk, Klara, 481n, 535n, 596n.
Lányi, Jeno, 254n, 255n, 256n, 257n, 259n.
Lanzi, Luigi, 70n, 80n, 147n.
Lapaccini, G., 282n, 298n.
Lapi, Apollonio, 227 e n.
Lapi, Cosimo, 581.
Lapo, 75n; *v. também* Jacopo tedesco.
Lappoli, Giovanni Antonio, 371n, 614 e n, 615.
Lappoli, Matteo di ser Iacopo, 371 e n, 614n.
Laran, Jean, 65n.
Lasinio, Giovanni Paolo, 149n.
Lastênia, 591.
Lattanzio di Vincenzo Pagani, *v.* Pagani, Lattanzio.
Lattanzio, Firmiano, 68 e n.
Laurana, Luciano, 269n, 338n.
Laurati, Pietro; *v.* Lorenzetti, Pietro.
Laurenziani, Jacopo, 626n, 627n.
Lauts, Jan, 294n, 373n, 375n, 380n, 426n.
Lavagnino, Emilio, 314n, 736n.
Lazzaroni, Michele, 272n.
Leão X, papa, 3n, 19n, 59n, 355, 420 e n, 450 e n,
    451n, 472n, 478, 485n, 492 e n, 506 e n, 507,
    512, 513, 514n, 515 e n, 516, 518, 521, 541,
    546, 547 e n, 558, 559 e n, 561, 575 e n, 579,
    580, 603n, 624, 627n, 789, 644 e n, 665 e n,
    667 e n, 668, 669 e n, 674, 692, 693n, 727 e n,
    728 e n, 729n.
Leão XI, papa, 3n, 644n.
Leão XII, papa, 429n.
Leno, Giuliano, 470 e n, 668 e n.
Lensi, Alfredo, 267n.
Lenzilago, Niccolò, 407 e n.
Lenzini Moriondo, Margherita, 368n, 411n.
Leonardo da Vinci, 11 e n, 51, 222, 356, 362n, 365
    e n, 408n, 326n, 430n, 435, 441 e n, 442, 443-
    -52, 460n, 462, 467, 487 e n, 495n, 497, 498,
    549 e n, 567 e n, 638 e n, 652, 713, 718, 719
    e n.
Leone de Castris, Pier Luigi, 629n, 636n, 637n.
Leoni, Leone, 660 e n.
Leopardi, Alessandro, 365n.
Levey, Michael, 509n.
Levi D'Ancona, Mirella, 284n, 368n, 373n, 383n,
    387n.
Levi, Eugenia Laura, 136n.
Liberale da Verona, 337n, 429n.
Lightbown, Ronald W., 255n, 259n, 261n, 266n,
    385n, 386n, 389n.
Ligorio, Pirro, 407n, 738n.
Liphart, Rathshoff R. de, 318n.
Lipparini, Giuseppe, 419n.
Lippi, Alessandria, 306n.
Lippi, Brunellesco, 225n.

756

Lippi, Filippino, 222 e n, 298n, 306 e n, 308n, 309 e n, 337n, 389n, 397n, 404-9, 435 e n, 440n, 448 e n, 552, 462n, 480 e n, 527n, 657 e n.

Lippi, Filippo, frei, 165n, 174n, 222, 284n, 290n, 302-9, 324, 325 e n, 329n, 357n, 385, 386 e n, 404 e n, 405, 416 e n, 480.

Lippi, Tommaso, 302n.

Lippo di Corso, 159n.

Lippo Fiorentino, 138 e n, 159-60, 172.

Lisipo, 69 e n.

Lisner, Margrit, 266n, 546n, 716n.

Liverani, Francesco, 454n.

Lodovico da Luano, v. Bouts, Dirck.

Lombardi, Alfonso, 18n, 594-7, 633n.

Lombardi, Eleonora di Giovanni, 594n.

Lombardi, Francesco, 80n.

Lombardini, Cristoforo, 679 e n.

Lombardo, Tullio, 428 e n.

Longhi, Roberto, 79n, 84n, 86n, 88n, 89n, 91n, 94n, 100n, 102n, 115n, 116n, 126n, 127n, 128n, 130n, 135n, 142n, 146n, 148n, 152n, 177n, 185n, 196n, 211n, 213n, 214n, 219n, 220n, 221n, 222n, 274n, 276n, 277n, 278n, 280n, 283n, 286n, 318n, 319n, 322n, 326n, 329n, 330n, 332n, 333n, 346n, 350n, 351n, 352n, 358n, 368n, 400n, 403n, 419n, 426n, 428n, 458n, 592n, 602n, 610n, 652n.

Loo, Carel van, 684n.

Loredan, Leonardo, 351 e n.

Lorentino d'Andrea, 278 e n.

Lorenzetti, Ambrogio, 107n, 117-9, 151n.

Lorenzetti, Pietro, 80n, 107-8, 117n, 118n, 135n.

Lorenzetto, Lorenzo di Ludovico Lotti, *vulgo*, 366 e n, 515 e n, 517n, 553-5, 556n, 720.

Lorenzi, Antonio, 595n.

Lorenzo da Viterbo, 326n, 408n.

Lorenzo di Bicci, 166-8, 277 e n, 535 e n.

Lorenzo di Credi, 223, 282n, 318n, 357n, 362n, 365n, 366 e n, 384n, 396n, 399n, 419n, 549--50, 618 e n.

Lorenzo di Francesco, 118n.

Lorenzo di Niccolò, 152n, 283n.

Lorenzo Monaco, Piero di Giovanni, *vulgo*, 51n, 134n, 138n, 139n, 147n, 161-3, 215n, 216n, 282n.

Lorenzoni, Antonio, 357n.

Lossky, Boris, 617n.

Lotto, Lorenzo, 427n, 504n, 607n, 653 e n.

Luca da Cortona, v. Signorelli, Luca.

Luca da Faenza, v. Scaletti, Luca.

Luca Giordano, v. Giordano, Luca.

Lucco, Mauro, 427n, 681n.

Luchs, Alison, 434n.

Luciani, Sebastiano, v. Sebastiano del Piombo.

Luciano de Samosata, 69 e n.

Lúcio Márcio, 173 e n.

Lúcio Múmio, 70 e n.

Lucio Romano, v. Luzi, Luzio.

Lúcio Sérgio Lépido, 24n.

Lúcio Sérgio, 24n.

Ludovico da Pietralunga, frei, 81n.

Ludovico de Anjou, 81.

Ludovico, bispo de Arles, 178n.

Ludovico, o Mouro, v. Sforza, Ludovico.

Luini, Bernardino, 552 e n.

Luís XI, rei da França, 352, 580n.

Luís XII, rei da França, 271n, 447 e n, 472 e n.

Luís XIII, rei da França, 690n.

Lunardi, Roberto, 103n.

Lunetti, Tommaso di Stefano, 550 e n.

Luporini, Eugenio, 225n, 544n.

Luzi, Luzio ou Lucio Romano, 704, 710 e n.

Luzio, Alessandro, 455n.

Luzzo, Lorenzo, *vulgo* Morto da Feltre, 54n, 359n, 638-40.

Machiavelli, Zanobi, 329 e n.

Maconi, Antonia, 476n.

Maetzke, Anna Maria, 88n, 89n, 368n, 369n, 370n.

Maffei, Scipione, 26n.

Magini, Baldo, 583.

Magnuson, Torgil, 314n.

Mainardi, Sebastiano, 373n, 376n, 377, 380, 381 e n, 382 e n, 530n.

Maitani, Lorenzo, 178n.

Malatesta, Anna Elena, 306n.

Malatesta, Carlo, 381 e n.

Malatesta, Malatestino, 96 e n, 97.

Malatesta, Pandolfo, 96 e n, 200 e n.

Malatesta, Sigismondo Pandolfo, 96 e n, 290 e n, 355 e n.

Malipiero, cronógrafo, 353n.

Mallé, Luigi, 69, 288n, 289n, 562n.

Maltese, Corrado, 338n.

Malvasia, Carlo Cesare, 508n.

Manca, Joseph, 213n.

Mancini, Giulio, 81n, 274n, 289n, 411n, 412n, 520n, 625n.

Mandel, Gabriele, 294n.

Manetti, Antonio Jr., 291n.

Manetti, Antonio, 191n, 192n, 195n, 196n, 206n, 221n, 224, 226n, 227n, 228n, 229n, 230n, 231n, 232n, 233n, 234n, 235n, 236n, 238n, 239n, 241n, 242n, 243n, 244n, 245n, 246n, 247n, 248n, 249n, 255n, 256n, 262n, 281n, 282n, 283n, 284n, 291n, 297n, 298n, 304n, 305n, 307n, 308n, 396n.

Manetti, Giannozzo, 92n.

Manfredi, 81.

Manfredi, Andrea, 74n.

Manfredi, Giovanna, 398n.

Manfredi, Paolo di Bartolomeo da Verona, 395 e n.

Manni, Domenico Maria, 263n.

Mansueti, Giovanni, 351n.

Mantegazza, Cristoforo, 74n.

Mantegna, Andrea, 333n, 350n, 355n, 356 e n, 400-3, 420 e n, 427n, 429n, 440.

Manto, 591.

Manzuoli, Giorgio, 649.
Maomé II, sultão, 300n, 354 e n.
Marabottini, Alessandro, 131n, 624n, 627n, 630n.
Marangoni, Matteo, 195n.
Maratta, Carlo, 505n, 511n, 514n, n, 675n.
Marcelo, 69n.
Marchesi, Antonio di Giorgio, 665 e n.
Marchesi, Girolamo, *vulgo* Girolamo da Cotignola, 632 e n, 634 e n.
Marchi, Agostino de', 347n.
Marchini, Giuseppe, 211n, 256n, 302n, 307n, 484n, 520n.
Marchionne, 75n.
Marcillat, *v.* Guillaume de Marcillat.
Marco Aurélio, imperador, 76n.
Marco d'Oggiono, 452 e n.
Marco da Siena, *v.* Pino, Marco.
Marco del Buono, 321 e n.
Marco del Nero, 498.
Marco Dente da Ravenna, 510 e n.
Marco di Longaro, 279n.
Marco di Luca, 246.
Marcora, Carlo, 452n.
Marcucci, Luisa, 93n, 132n, 436n.
Margarida da Áustria, 711.
Margarito d'Arezzo, 88-90, 93n, 152.
Margherita di Parma, 674n.
Mariacher, Giovanni, 295n, 543n, 652n.
Mariani Canova, Giordana, 350n, 403n, 653n.
Mariani, Valerio, 82n.
Mariano, frei, 486, 568.
Marigliano, Giovanni, *v.* Giovanni da Nola.
Marignolli, família, 246.
Maringhi, Antonio, 304n.
Marini, Antonio, 93n.
Marini, Michele di Luca, 534 e n.
Mariotto di Nardo, 133n, 134 e n, 200n, 211n.
Markham Schulz, Anne, 334n, 339n.
Marle, Raimond van, 121n, 142n, 166n, 380n.
Marquand, Allan, 190n, 191n, 192n.
Marsuppini, Carlo, 93 e n, 127 e n, 167, 250n, 305 e n, 340 e n.
Marsuppini, Gregorio, 305n.
Martelli, família, 246.
Martelli, Roberto, 253 e n, 259.
Marti, Mario, 355n.
Martindale, Andrew, 401n.
Martinelli, Valentino, 253n, 259n, 261n, 266n.
Martinho de Holanda ou de Antuérpia, *v.* Schongauer, Martin.
Martinho V, papa, 207 e n, 273n, 275n, 322 e n, 323n, 567n.
Martini, Alberto, 355n, 368n, 369n.
Martini, Laura, 185n.
Martini, Simone, 100, 102n, 122-5, 129 e n, 144n, 172.
Marucchi, E., 342n.
Masaccio, 165n, 174 e n, 175, 194n, 195 e n, 213n, 214n, 215, 218-24, 229 e n, 280n, 286n, 302n,

303, 316n, 319n, 373n, 385n, 396n, 405 e n, 498, 697 e n, 715.
Masegne, Jacobello Dalle, 178 e n.
Masegne, Pierpaolo Dalle, 178 e n.
Masetti Zannini, G., 711n.
Masi, Giovanni, frei, 282n.
Maso di Banco, 102n, 103n, 111n, 117n, 126n, 135n, 136n, 151n.
Maso di Bartolomeo, 191n, 267n, 268n.
Masolino da Panicale, 158 e n, 161n, 184n, 195 e n, 202n, 213-5, 216, 219 e n, 220n, 221 e n, 222n, 229, 698.
Masoni, Gaetano, 366n.
Massari, Stefania, 628n.
Massimi, Pietro de', 706.
Mather, Frank Jewett, 86n, 87n.
Matias Corvino, rei da Hungria, 313 e n, 372n, 384 e n, 397 e n, 406 e n.
Matio, Vittorio de, 454n.
Mattei, Raffaele, 536 e n.
Matteo d'Acquasparta, 120n.
Matteo da Lecce, 413n.
Matteo di Cione, 133n.
Matteo di Pacino, 126n.
Matteo di Ugolino, 112n.
Matthiae, Guglielmo, 120n.
Maturanzio, Francesco, 321n.
Maturino, 442 e n, 537, 624-631, 684 e n, 693, 720.
Mauceri, Enrico, 419n.
Maxêncio, imperador, 76 e n, 277.
Mazzei, Bruno di ser Lapo, 243n.
Mazzola, Filippo, 646n.
Mazzola, Francesco, *v.* Parmigianino.
Mazzoni, Guido, *vulgo* Modanino ou Paganino, 271 e n.
McKillop, Susan Regan, 641n, 642n, 644n.
McMurrich, J. P., 451n.
Medici, Alessandro de', duque, 3 e n, 580 e n, 582, 583, 596 e n, 644 e n, 674n.
Medici, Alessandro di Ottaviano de', *v.* Leão XI.
Medici, Bernardetto de', 3n, 317 e n, 571.
Medici, Carlo de', cardeal, 474n, 572n.
Medici, Catarina de', 686 e n.
Medici, Cosimo de', o Velho, 167n, 231, 245, 246, 247, 255, 257n, 258, 262, 263, 264, 267, 268 e n, 282, 283n, 304, 308, 309n, 365, 388, 484, 485.
Medici, Cosimo I de', 3 e n, 14n, 18, 88, 370, 387, 527n, 583 e n, 589, 596 e n, 661 e n, 672n.
Medici, Ferdinando de', cardeal, 14n, 499n.
Medici, Francesco I de', 717n, 720n.
Medici, Giovanni de', cardeal, *v.* Leão X.
Medici, Giovanni de', *vulgo* Giovanni dalle Bande Nere, 3n, 596n, 661n.
Medici, Giovanni di Averardo de', *vulgo* Bicci, 246 e n.
Medici, Giovanni di Cosimo de', 207 e n.
Medici, Giuliano de', 388.

Medici, Giuliano de', duque de Nemours, 3n, 450, 463, 492n, 647n, 720 e n, 729 e n, 730 e n.

Medici, Giulio de', cardeal, v. Clemente VII.

Medici, Ippolito de', 3 e n, 512, 582, 595 e n, 647 e n, 659 e n, 686 e n, 706.

Medici, Lorenzino de', 3n, 644n.

Medici, Lorenzo de', duque de Urbino, 643 e n, 729, 730 e n.

Medici, Lorenzo di Giovanni di Bicci de' (m. 1440), 283n.

Medici, Lorenzo di Pierfrancesco de', *vulgo* Popolano, 388n.

Medici, Lourenço de', *vulgo* o Magnífico, 3n, 50, 100, 283n, 287 e n, 289n, 299, 309, 314n, 365, 370n, 374, 375, 378n, 381, 383 e n, 386, 389 e n, 397-8, 407 e n, 412, 482, 484, 485, 486 e n, 487, 488 e n, 492 e n, 527, 528, 531, 540, 654 e n, 715 e n, 729n.

Medici, Lucrezia de', 659n.

Medici, Orlando de', 318.

Medici, Ottaviano de', 3 e n, 445, 475, 509, 549, 568, 570-1, 579, 580, 582, 583, 586, 587, 596, 644 e n, 686 e n.

Medici, Pier Francesco de', o Velho, 167, 546.

Medici, Piero di Cosimo de', 262, 263, 268n, 304n, 305n, 319n, 477n.

Meiss, Millard, 98n, 108n, 214n, 221n.

Meleghini, Jacopo, 560 e n.

Mellini, Gian Lorenzo, 429n.

Mellini, Pietro, 398 e n.

Melozzo da Forlí, 327 e n, 408n, 436n.

Memling, Hans, 50 e n, 293n.

Memmi, Lippo, 122n, 125 e n, 144n, 145n.

Memmo di Filippuccio, 122n, 125n.

Mendes Atanasio, M. C., 208n, 245n.

Menegazzi, Luigi, 427n.

Menzocchi, Francesco, 603 e n.

Meo del Caprina, 314n.

Merone, 591.

Mesnard, Maurice, 121n.

Mesnil, Jacques, 408n.

Messeroni, Gaspare, 428 e n, 660 e n.

Messeroni, Girolamo, 428 e n, 660 e n.

Mestre da Arca Adimari, 286n, 396n; *v. também* Giovanni di Ser Giovanni.

Mestre da Capela Rinuccini, 126n; *v. também* Matteo di Pacino.

Mestre da Coroação da Corporação da Lã, 150n.

Mestre da Crucificação Griggs, *v.* Toscani, Giovanni di Francesco.

Mestre da Madalena, 75n.

Mestre da Misericórdia, 141n.

Mestre da Morte de Adão, 142n; *v. também* Gaddi, Agnolo.

Mestre da Piedade Fogg, *v.* Mestre de Figline.

Mestre das Ordens, *v.* Jacopo di Mino del Pellicciaio.

Mestre de Città di Castello, 80n.

Mestre de Figline, 90n, 93n.

Mestre de Karlsruhe, 194n; *v. também* Uccello, Paolo.

Mestre de Prato, 194n, 303n; *v. também* Uccello, Paolo.

Mestre de Pratovecchio, 319n, 329n.

Mestre de Santa Cecília, 80n, 86n, 150n.

Mestre de Santa Clara, 88n.

Mestre de São Francisco, 88n.

Mestre de São Martinho, 89n.

Mestre de São Pedro em Ovile, 108n.

Mestre de Serumido, 463n.

Mestre do Claustro das Laranjeiras, *v.* Giovanni di Consalvo.

Mestre do Episcopado, 152n.

Mestre do Menino Esperto, 156n; *v. também* Starnina, Gherardo.

Mestre do Pentecostes, 124n.

Mestre do Refeitório do Santo Spirito, 124n.

Mestre do Tríptico Carrand, 299n; *v. também* Cervelliera, Giovanni di Francesco del.

Mestre do Triunfo da Morte, 116n; *v. também* Buffalmacco.

Mestre dos Painéis Barberini, 290n, 305n, 416n, 467n.

Mestre Gian, *v.* Chenevières, Jean de.

Metrodoro, 69 e n.

Meyer, Julius, 351n.

Mezzetti, Amalia, 602n, 609n.

Michaelis, Adolf, 380n.

Michelangelo da Siena, 589n, 598-9.

Michelangelo di Cristofano da Volterra, 102n.

Michelangelo, 6n, 7, 11, 20, 32n, 46, 67n, 98, 210, 221n, 222-3, 243, 314n, 335, 347n, 373n, 382 e n, 418 e n, 434 e n, 434, 437, 442 e n, 449n, 450 e n, 473, 482 e n, 490, 491, 493, 495 e n, 497, 498, 499n, 503, 504, 523 e n, 535 e n, 547n, 551, 567 e n, 584, 596 e n, 610 e n, 638 e n, 652, 654 e n, 655n, 657, 660, 667 e n, 671, 681n, 682, 683 e n, 684 e n, 686 e n, 687 e n, 690 e n, 691 e n, 693, 699 e n, 708 e n, 710, 713-39.

Michele da Firenze, 216n.

Michele da Milano, *v.* Michelino da Besozzo.

Michele di Ridolfo, Michele Tosini *vulgo*, 498n.

Michele di Vanni, 156n.

Micheletti, Emma, 213n.

Michelina, beata, 96 e n.

Michelino da Besozzo, 138 e n, 143 e n.

Michelozzo di Bartolomeo Michelozzi, 23n, 127n, 182n, 191n, 202n, 205n, 208n, 247n, 253n, 255 e n, 258n, 259n, 261n, 266-8, 369n, 271n, 291n.

Michiel, Marcantonio, 96n, 260n, 268n, 301n, 306n, 513n, 629n.

Middeldorf, Ulrich, 335n, 542n, 659n, 660n.

Migliore, Ferdinando Leopoldo del, 80n, 84n, 167n.

Migliorino di Tommaso, *v.* Guidotti, Migliorino.

Milanesi, Gaetano, 89n, 97n, 114n, 115n, 116n, 126n, 130n, 142n, 146n, 159n, 162n, 164n,

759

167n, 168n, 177n, 185n, 192n, 197n, 213n, 214n, 239n, 242n, 248n, 263n, 273n, 286n, 289n, 299n, 313n, 314n, 324n, 326n, 376n, 380n, 402n, 406n, 420n, 428n, 471n, 474n, 532n, 533n, 542n, 652n, 682n, 718n.

Minerbetti, Ugolino, frei, 113n.

Mini, Antonio, 731 e n, 732n, 736, 737 e n.

Mino da Fiesole, 310 e n, 311 e n, 342-5, 358n.

Mino del Reame, 342n, 344 e n.

Minto, Antonio, 233n.

Míron, 170.

Misuroni, Gaspare, *v.* Messeroni, Gaspare.

Misuroni, Girolamo, *v.* Messeroni, Girolamo.

Mitsch, Eckhart, 495n.

Mocetto, Girolamo, 352 e n.

Mola, Antonio, 678n.

Mola, Paola, 678n.

Molajoli, Bruno, 415n, 466n.

Molpádia, 591.

Molza, Francesco Maria, 687 e n, 706 e n.

Monaco, Lorenzo, *v.* Lorenzo Monaco.

Montagna, Bartolomeo, 295n, 427n.

Montagnana, Jacopo da, 355 e n, 426, 427 e n.

Montaguti, Zanobi, 737.

Monte del Fora, 383n.

Montefeltro, Federico da, 50 e n, 51n, 275n, 279, 337, 338n, 496n.

Montefeltro, Guidantonio da, 275n.

Montefeltro, Guidobaldo da, 275 e n, 338n, 423 e n.

Montefeltro, Oddantonio da, 275n.

Montevarchi, Roberto da, 436 e n.

Monti, Raffaele, 566n.

Montorsoli, Giovanni Angelo, 730n, 733 e n.

Moran, Gordon, 144n.

Morandini, Francesca, 248n.

Morante, Elsa, 280n.

Moretto, Alessandro Buonvicino, *vulgo*, 428 e n.

Morisani, Ottavio, 177n, 200n, 266n.

Morosina, 355n.

Morozzi, Guido, 245n.

Morpurgo, Salomo, 99n.

Morrona, Alessandro da, 80n.

Morselli, Paola, 546n, 614n.

Mortari, Luisa, 408n, 588n.

Morto da Feltre, *v.* Luzzo, Lorenzo.

Mosca, Simone, 670 e n.

Moschetti, Andrea, 301n, 355n, 427n.

Moschini, Giannantonio, 427n.

Moschini, Vittorio, 352n.

Mulazzani, Germano, 466n, 499n.

Muñoz, Antonio, 272n.

Müntz, Eugène, 314n, 416n, 613n.

Muraro, Michelangelo, 426n, 454n.

Muratori, Ludovico Antonio, 94n, 314n.

Murray, Peter, 137n, 145n, 469n.

Musatti, Riccardo, 357n.

Mutti, Claudio, 651n.

Nanni di Banco, 110n, 179 e n, 182n, 187-9, 190n, 232n, 253n, 254n, 255n, 256n, 258n.

Nanni di Bartolo, *vulgo* il Rosso, 182n, 255n, 257n.

Nanni di Miniato, *v.* Giovanni di Miniato.

Nanni Grosso, 366.

Nannoccio della Costa a San Giorgio, 589 e n.

Napoleão, imperador, 17n, 433n.

Nardo di Cione, 124n, 132 e n, 133 e n.

Narsés, 73 e n.

Nasi, Lorenzo, 498.

Natali, Antonio, 611n.

Navarra, Pietro, 665.

Nebrot, *v.* Nemrod.

Negri Arnoldi, Francesco, 300n, 314n, 408n.

Negrollo, Filippo, 660 e n.

Neilson, Katharine B., 404n, 406n, 409n.

Nelli, Ottaviano, 142n.

Nello di Giovanni Falconi, 133 e n.

Nelson, Horácio, 545n.

Nemrod, 67 e n, 327.

Nencini, G., 327n.

Neppi, Alberto, 346n.

Neri di Bicci, 168 e n, 357n.

Nerli, Tanai de', 405, 407 e n.

Nero, imperador, 55n, 75, 207 e n.

Neroni, Diotisalvi, 344 e n.

Neroni, família, 246.

Nicco Fasola, Giusta, 177n, 274n.

Niccolini, Fausto, 96n, 265n.

Niccolini, Lapo, 243.

Niccolò da Pisa, 153n, 248 e n.

Niccolò da Tolentino, 318 e n.

Niccolò da Uzzano, 159.

Niccolò di Francesco, 182n.

Niccolò di Luca Spinelli, *v.* Spinelli, Nicolò.

Niccolò di Pietro Lamberti, *v.* Lamberti, Niccolò.

Niccolò Grosso, *vulgo* Caparra, 527 e n, 528.

Nicholson, Alfred, 79n.

Nicodemi, Giorgio, 428n.

Nicola Aretino, *v.* Lamberti, Niccolò di Pietro.

Nicola di Niccolò Delli, 184n.

Nicola di Nuto, 178n.

Nicola Veneziano, 701 e n.

Nicolau III, papa, 513n.

Nicolau IV, papa, 76n.

Nicolau V, papa, 275, 281, 283 e n, 288n, 336n, 491.

Nicomedes, rei da Lícia, 70 e n.

Nikolenko, L., 644n.

Nino da Cortona, 686.

Nino Pisano, *v.* Pisano, Nino.

Nino, 67.

Nironi, V., 467n.

Nobis, N. W., 553n.

Noehles, G., 408n.

Nova, Alessandro, 598n.

Nugarola, 591-2.

Nunziato Antonio d'Antonio, *vulgo* Toto del Nunziata, 222n, 223, 690 e n, 693.

Nunziato d'Antonio, *vulgo* Nunziata, 690n.

Oberhuber, Konrad, 63n, 362n, 391n, 495n, 509n.
Obizzi, Ludovico degli, 206 e n.
Odoni, Andrea, 621 e n.
Oertel, Robert, 305n.
Oettingen, Wolfgang von, 33n, 272n.
Offerhaus, J., 374n.
Offner, Richard, 98n, 124n, 126n, 132n, 133n, 135n, 150n, 151n.
Oggiono, Marco d', *v.* Marco d'Oggiono.
Ooliab, 68.
Ops, 68.
Orcagna, Andrea di Cione, *vulgo*, 124n, 132-4, 166n, 178n, 376 e n.
Ordoñez, Bartolomeo, 600 e n.
Orítia, 591.
Orlandi, Stefano, 105n, 280n, 282n, 283n, 284n.
Ormani, Bernardina, 457n.
Orsini, Alfonsina, 477n.
Orsini, Baldassarre, 70n.
Orsini, Elena, 712.
Orsini, Giorgio da Sebenico, 267n.
Orsini, Orsino, 415n.
Orsini, Virginio, 393n.
Ortolani, Sergio, 390n, 392n, 393n.
Osimandias, rei, 68.
Ottani Cavina, Anna, 421n.
Ottaviano da Faenza, 100.
Ottino della Chiesa, Angela, 443n, 509n.
Ovetari, Antonio, 402n.
Ovetari, Imperia, 403n.
Ovídio, 69n, 501, 682n, 703.

Paatz, Walter, 127n, 195n, 229n, 238n, 655n.
Paccagnini, Giovanni, 151n, 322n, 400n.
Pacchia, Girolamo del, *v.* Girolamo del Pacchia.
Pacchiarotto, Giacomo, 415n.
Pace da Faenza, *v.* Pace di Bartolo d'Assisi.
Pace di Bartolo d'Assisi, 158n.
Pacino di Buonaguida, 150n.
Pacioli, Luca, 275 e n, 277n.
Pacuvio, Ercole, 69 e n.
Padoa Rizzo, Anna, 326n, 357n.
Pagani, Lattanzio, 634 e n.
Pagni, Benedetto, 676n, 677n.
Pagno di Lapo Portigiani, 191n, 255n, 259n, 267n, 268n.
Palla, Giovanbattista, *v.* Della Palla, Giovanbattista.
Pallai, Biagio, 682n.
Pallucchini, Renato, 455n.
Pallucchini, Rodolfo, 351n, 422n, 453n, 455n, 652n, 681n.
Palma, Jacopo, o Velho, 429n, 454n, 607n, 652-3.
Palmezzano, Marco, 436n.
Palmieri, Matteo, 387 e n.
Palori, Giovan Battista, 669n.
Panazza, Gaetano, 428n.
Panciatichi, Bartolomeo, o Jovem, 579.

Panciatichi, Bartolomeo, o Velho, 579.
Pandolfi, Girolamo, 421n.
Pandolfini, Giannozzo, 512.
Paolino, frei, 476 e n, 479n.
Paolo Romano, 270n, 310-2, 554 e n.
Paolo Schiavo, *v.* Schiavo, Paolo.
Paolo Uccello, *v.* Uccello, Paolo.
Paolozzi Strozzi, Beatrice, 257n.
Paolucci, Antonio, 270n, 403n, 408n, 543n.
Papini, Roberto, 337n, 338n.
"Parente de Giotto", 94n, 98n, 102n.
Parentuccelli, Tommaso, *v.* Nicolau V, papa.
Parisani, Ascanio, 665n.
Parmigianino, Francesco Mazzola, *vulgo*, 65n, 441 e n, 459 e n, 646-651.
Parri Spinelli, 95n, 154n, 155 e n, 192n, 216-217.
Parronchi, Alessandro, 195n, 198n, 199n, 219n, 228n, 229n, 254n, 257n, 260n, 290n, 324n, 340n, 556n.
Parteciaco, Giovanni, doge, 74n.
Pasini, Pier Giorgio, 290n.
Pasquali, Andrea, 644.
Pasqui, Ubaldo, 287n, 371n.
Passavant, Günter, 362n.
Passeri, Giovanni Battista, 70n.
Passerini, Luigi, 153n.
Passerini, Silvio, cardeal, 521 e n.
Pasti, Matteo de', 290n.
Pastorini, Pastorino, 525 e n, 708 e n.
Pastorino da Siena, *v.* Pastorini, Pastorino.
Pauli, Lorenzo, 241.
Paulo Diácono, 73n.
Paulo Emílio, 69, 627.
Paulo II, papa, 16n, 300n, 311 e n, 343 e n.
Paulo III, papa, 59 e n, 64 e n, 284, 415n, 434, 468 e n, 554 e n, 560 e n, 634n, 659, 660, 663 e n, 670 e n, 672 e n, 686 e n, 687n, 706 e n, 710 e n, 721, 733 e n, 735, 736n.
Paulo IV, papa, 407n, 512n.
Paulo V, papa, 24n, 272n.
Pausânias, 591.
Pazzi, Andrea, 244n.
Pecori, Domenico, 371 e n, 522 e n.
Pedretti, Carlo, 379n, 443n, 444n.
Pedro de Toledo, vice-rei, 18 e n.
Pellegrino da Modena, Pellegrino Aretusi ou Munari, *vulgo*, 513 e n, 561-2, 563n, 625 e n, 664 e n.
Pellegrino di Battista, 656n.
Penni, Caterina, 706n.
Penni, Giovanni Francesco, *vulgo* Fattore, 506n, 508n, 511n, 512n, 513 e n, 514n, 515n, 516 e n, 563-5, 674 e n, 676n, 692 e n, 700, 706 e n.
Penni, Luca, 564 e n.
Pentesileia, 591.
Pepe, Mario, 416n.
Pepoli, Alessandro, 592.
Pepoli, Guido, 592 e n.
Perez, Antonio, 650n.

Perini, Gherardo, 736.

Perino del Vaga, 19n, 223, 442 e n, 501n, 503n, 513 e n, 521 e n, 525n, 556n, 563n, 564 e n, 608 e n, 635n, 664 e n, 667 e n, 684 e n, 689- -712, 720.

Perissa Torrini, A., 604n.

Peroni, Adriano, 428n.

Perugino, Pietro Vannucci, *vulgo*, 51, 222, 279 e n, 298n, 358 e n, 362n, 368n, 369 e n, 373n, 384n, 386n, 388n, 389n, 396n, 408n, 409n, 413n, 414 e n, 415, 416 e n, 419n, 430-37, 441 e n, 448n, 479, 481n, 495n, 496 e n, 511n, 512n, 550n, 568 e n, 613n, 644n.

Peruzzi, Baldassarre, 65n, 470n, 490 e n, 506n, 554 e n, 556-60, 598 e n, 604n, 625 e n, 632 e n, 665n, 679 e n, 682 e n, 684 e n.

Peruzzi, Giovanni di Salvestro, 556n.

Pesellino, Francesco, 284n, 304n, 308 e n, 324-5, 329n.

Pesello, Giuliano d'Arrigo, 292 e n, 319n, 324-5, 440.

Peter, André, 117n.

Petrarca, Francesco, 92n, 96n, 122 e n, 123n, 124, 162, 226n, 321 e n, 397.

Petrioli Tofani, Anna Maria, 566n, 603n.

Petrus Christus, 50 e n, 274n, 293n.

Phillips, John Goldsmith, 391n, 393n.

Piancastelli, Giovanna, 327n.

Piccini, Jacopo, 608n.

Piccinino, Niccolò, 286 e n, 318n, 449 e n.

Piccolomini Todeschini, Francesco, cardeal, *v.* Pio III, papa.

Piccolomini, Andrea, 414n.

Piccolomini, Enea Silvio, *v.* Pio II, papa.

Picconi, Bartolomeo, 663.

Pico della Mirandola, Giovanni, 358.

Pier Francesco da Viterbo, Florenzuoli Pier Francesco, *vulgo*, 668 e n, 669.

Pier Francesco di Jacopo di Sandro, *v.* Foschi, Pier Francesco.

Piero d'Angelo di Guarnieri, 177 e n.

Piero del Donzello, 270 e n.

Piero della Francesca, 51n, 167n, 168n, 274-9, 280n, 286, 293n, 297n, 319 e n, 332 e n, 346n, 350n, 410 e n, 440, 499 e n.

Piero di Cosimo, 359 e n, 404n, 461-5, 477n, 567 e n.

Piero di Lorenzo, 392n.

Piero di Puccio, 116n, 327n.

Pietro Crista, *v.* Petrus Christus.

Pietro da Milano, 270n.

Pietro da Noceto, 268n.

Pietro da Perugia, 142.

Pietro di Francesco Orioli, 118n.

Pietro di Giovanni Tedesco, 111n.

Pietro di Niccolò, 283n.

Pietro di Rohan, 719n.

Pietro Urbino, 729, 737 e n.

Pigmalião, 8, 69 e n.

Pignatti, Terisio, 351n.

Piloto, Giovanni di Baldassarre, *vulgo*, 697 e n, 699, 700, 728, 729, 731.

Pini, Umberto, 133n.

Pino, Marco, *vulgo* Marco da Siena, 711 e n.

Pino, Paolo, 453n.

Pinturicchio, Bernardino di Betto, *vulgo*, 414-7, 418n, 436 e n, 497 e n, 521n, 638, 693 e n.

Pio II, papa, 94n, 275n, 306n, 309n, 310 e n, 311n, 335, 336n, 414 e n, 497.

Pio III, papa, 414 e n, 490, 497n.

Pio V, papa, 3n, 14n, 402n.

Pio VI, papa, 14n.

Pippo Spano, *v.* Scolari, Filippo.

Pirgoteles, 69 e n.

Pirkheimer, Willibald, 352n.

Pirovano, Carlo, 452n.

Pisanello, Antonio di Puccio Pisano, *vulgo*, 321 e n, 322-3.

Pisano, Andrea, 98 e n, 100n, 109-13, 171, 172n, 173, 200, 203 e n, 208, 211 e n, 230.

Pisano, Giovanni, 74n, 84n, 107n, 110n, 112 e n.

Pisano, Nicola, 74n, 84n, 112 e n, 173.

Pisano, Nino, 109n, 112 e n, 171 e n, 172n, 173.

Pittaluga, Mary, 65n, 302n, 304n, 305n, 306n, 308n.

Pitti, Bartolomeo, 719.

Pitti, Luca, 247.

Pizzolo, Niccolò, 403n.

Planiscig, Leo, 182n, 187n, 190n, 199n, 253n, 295n, 334n, 335n, 339n, 340n, 362n.

Platão, 591.

Platina, Bartolomeo Sacchi, *vulgo*, 314n, 323n.

Plínio, o Velho, 6 e n, 8n, 29n, 63n, 68 e n, 69n, 71n, 92n, 169, 171n, 440.

Pochat, Götz, 412n.

Poeschke, Joachim, 121n.

Poggi, Giovanni, 142n, 166n, 211n, 298n, 321n, 408n.

Poggi, Giuseppe, 487n.

Pola, 591.

Policleto, 69 e n, 170, 211, 230n.

Polidoro da Caravaggio, 441, 442 e n, 513 e n, 537 e n, 563n, 610n, 624-31, 684 e n, 693.

Polignoto, 69 e n, 171.

Polito del Donzello, 270 e n, 271.

Poliziano, Agnolo, 100 e n, 289n, 309, 378 e n, 485n.

Pollaiuolo, Antonio del, 11 e n, 318n, 337n, 362n, 385n, 386n n, 390-5, 498 e n, 440 e n, 526 e n, 539 e n.

Pollaiuolo, Matteo del, 529 e n.

Pollaiuolo, Piero del, 386n, 390-5.

Pollastra, Giovanni, 615.

Pomerelli, Francesco, 560 e n.

Pomponio Leto, 13n, 663n.

Ponte, Giovanni dal, 138 e n, 139-40, 150n, 162n, 212n.

Pontelli, Baccio, 314 e n, 486n.

Pontio, B., 264n.

Pontormo, Jacopo Carrucci, *vulgo*, 6n, 223, 479n, 481 e n, 524 e n, 560n, 572 e n, 576 e n, 579 e n, 580, 588 e n, 596 e n, 611 e n, 614n, 642n, 643, 644 e n, 720, 736 e n.

Ponzetti, Ferrando, cardeal, 557.

Pope-Hennessy, John, 190n, 191n, 194n, 258n, 259n, 280n, 330n, 334n, 335n, 336n, 337n, 339n, 340n, 343n, 344n, 362n, 390n, 394n, 396n, 428n, 596n.

Popham, Arthur Ewart, 457n, 646n.

Pordenone, Giovanni Antonio da, 428n, 606-9, 704 e n.

Porrini, Gandolfo, 687 e n.

Porro, Tommaso, 525.

Porsena, rei, 287.

Portigiani, Pagno di Lapo, *v.* Pagno di Lapo Portigiani.

Portinari, Benedetto, 50n.

Portoghesi, Paolo, 713n.

Pozzo, Paolo, 678n.

Praxíteles, 7, 69 e n, 70n.

Previtali, Andrea, 426, 427 e n.

Previtali, Giovanni, 79n, 80n, 91n, 94n, 95n, 96n, 98n, 117n, 178n, 262n, 266n, 294n, 300n, 330n, 343n, 360n, 383n, 436n, 520n, 636n, 637n, 711n.

Priamo della Quercia, 165n.

Prijatelj, Kruno, 344n.

Primaticcio, Francesco, 564n, 617 e n, 649n, 676n.

Procacci, Ugo, 94n, 125n, 150n, 153n, 156n, 157n, 181n, 182n, 183n, 213n, 214n, 215n, 219n, 220n, 222n, 321n, 325n, 589n.

Prometeu, 68.

Pseudo-Companheiro de Agnolo, 142n.

Pseudo-Pier Francesco Fiorentino, 304n.

Pucci, Antonio, 91n, 100n, 110n, 393.

Pucci, Lorenzo, cardeal, 424n, 507, 696.

Puccinelli, Pellegrino, cronógrafo, 405n.

Puccio Capanna, 98, 99n, 100 e n, 102n, 104n; *v. também* Stefano Fiorentino.

Puccio di Simone, 100n.

Pudelko, Georg, 161n, 162n, 195n, 302n, 304n, 305n, 308n, 319n.

Puerari, Alfredo, 551n.

Pugliese, Francesco del, 432, 463.

Pugliese, Piero del, 407.

Puligo, Domenico, 532-3, 583 e n.

Pupini, Biagio, 633 e n.

Puppi, Lionello, 402n, 403n, 427n.

Putífar, 209n.

Quaratesi, Castello, 529n.

Quintavalle, Arturo Carlo, 457n.

Quinterio, Francesco, 266n.

Rafael (de Urbino), 48, 51, 59 e n, 65n, 192n, 223, 275, 414, 419, 424 e n, 429n, 436 e n, 441 e n, 468n, 469 e n, 470 e n, 472 e n, 473, 490, 491 e n, 492 e n, 495-519, 521, 537, 553 e n, 554

e n, 557 e n, 559, 561 e n, 562, 563 e n, 582 e n, 583 e n, 603 e n, 611 e n, 613 e n, 621, 624 e n, 632, 645, 647, 648 e n, 656 e n, 665, 666 e n, 667, 673, 674 e n, 675, 681 e n, 682, 684 e n, 692 e n, 693, 700, 701, 707, 709, 722, 728, 741.

Raffaellino del Colle, 512n, 513n, 514n, 563n, 603 e n, 614 e n, 674n, 675 e n.

Raffaellino del Garbo, 407 e n, 480-1, 524n.

Raffaello da Montelupo, 541n, 547 e n, 553n, 554n, 589 e n, 670 e n, 710 e n, 730n, 733, 736n.

Raffaello di Sandro, 699.

Ragghianti Collobi, Licia, 282n, 283n, 306n.

Ragghianti, Carlo Ludovico, 225n, 365n, 369n.

Ragionieri, Giovanna, 120n.

Ragoni, E., 535n.

Raibolini, Francesco, *v.* Francia, Francesco.

Raimondi, Marcantonio, 509 e n.

Ramazzotti, Armaciotto, 594.

Ramboux, Giovanni Antonio, 90n.

Ramenghi, Bartolomeo, *vulgo* Bagnacavallo, 632-5.

Ramenghi, Giovanbattista, *vulgo* Bagnacavallo, 632n.

Ramsden, E. H., 686n.

Ranieri di Ugolino, 89n.

Raquel, 68.

Ravelli, Lanfranco, 624n.

Réau, Louis, 19n.

Redig de Campos, Deoclecio, 358n.

Repetto Contaldo, Marina, 429n.

Restauração de Arezzo, 88n.

Riario, Girolamo, 361n.

Riario, Pietro, cardeal, 327.

Riario, Raffaello, cardeal, 505 e n, 556.

Ricci, Corrado, 19n, 290n, 414n, 416n, 424n.

Ricci, família, 376.

Ricciardi, Francesco de', 437n.

Ricciarelli, Daniele, *v.* Daniele da Volterra.

Riccio, Andrea, 295 e n, 300n, 301n.

Riccobaldo Ferrarese, 94n, 96n, 99n.

Riccuccio di Puccio, 97n.

Richa, Giuseppe, 133n, 299n.

Richelieu, cardeal, 450n.

Richter, Gisela Marie, 316n.

Richter, Jean Paul, 80n, 89n.

Ridolfi, Carlo, 403n, 454n, 455n.

Ridolfi, Lorenzo, 249.

Ridolfo del Ghirlandaio, *v.* Ghirlandaio, Ridolfo del.

Rinaldo Mantovano, 676n, 677n, 678n, 680.

Ringhieri, família, 419n.

Rinieri, Cristoforo, 475.

Rizzo, Antonio, 295n.

Rizzola, Jacopo da Trezzo, 428n, 660 e n.

Robbia, Ambrogio della, 192n.

Robbia, Andrea della, 192 e n, 570 e n.

Robbia, Giovanni della, 192n.

Robbia, Girolamo della, 192 e n, 570 e n.

Robbia, Luca della, 110n, 187n, 190-3, 218n, 238, 335n, 570 e n.

763

Robbia, Luca di Andrea di Marco della, 192 e n, 513 e n.
Robbia, Marco d'Andrea della, 192n.
Robbia, Paolo di Andrea della, 192n.
Robbia, Simone di Marco della, 190n, 192n.
Roberti, Ercole de', 274n, 346-9.
Roberto d'Oderisio, 96n.
Roberto de Anjou, 95 e n.
Robertson, Giles, 351n, 427n.
Rocchi, Bartolomeo de', 672n.
Rodolfo II, imperador, 647n, 650n.
Rodolico, Francesco, 18n, 20n, 21n.
Rogério de Bruges, v. Weyden, Rogier van der.
Romana di Pierino da Monterchi, 275n.
Romanini, Angiola Maria, 82n, 272n.
Romanino, Girolamo di Romano, *vulgo*, 428 e n.
Romano, Cristoforo, 469n.
Romano, Giovanni, 312n, 562n.
Rondinelli, família, 246.
Rondinelli, Niccolò, 355 e n.
Ronen, Avraham, 711n.
Rontini, Baccio, 734.
Rosani, Valeria, 477n.
Rosenauer, Artur, 253n.
Rosenthal, Erwin, 403n.
Rosini, Giovanni, 149n.
Rosselli, Bernardo di Girolamo, *vulgo* Buda, 587 e n.
Rosselli, Cosimo, 298n, 299n, 357-9, 388n, 413n, 433n, 440, 461 e n, 462n, 471 e n, 477n, 569, 639n.
Rosselli, Pietro, 291n, 675n.
Rossellino, Antonio, 182n, 192n, 258n, 260n, 334-6, 340n, 529 e n.
Rossellino, Bernardo, 182n, 191n, 290n, 334n, 335n, 340n, 342n, 363 e n.
Rossi, Bernardino de', 433.
Rossi, Francesco, 213n.
Rossi, Giovanni di Sandro de', 702 e n.
Rossi, Girolamo de', 592n.
Rossi, Paola, 646n.
Rossi, Properzia de', 591-3.
Rosso Fiorentino, Giovanbattista di Jacopo di Gasparre, *vulgo*, 223, 371n, 442 e n, 481n, 509n, 560n, 572n, 575 e n, 610-7, 720, 7332n.
Röthlisberger, Marcel, 350n.
Rotondi, Paola, 338n.
Rovere, Bartolomeo della, 490.
Rovere, Cristoforo della, 416n.
Rovere, Domenico, cardeal, 416n.
Rovere, Francesco Maria I della, duque de Urbino, 603 e n, 721 e n.
Rovere, Giovanna della, 497 e n.
Rovere, Girolamo Basso della, cardeal, 540n.
Rovere, Giuliano della, v. Júlio II.
Rovere, Guidobaldo della, duque de Urbino, 604, 721n.
Rowlands, John, 123n.
Rowley, George, 117n.

Rubiales, Pedro de, 630n.
Rucellai, Cosimo, 290.
Rucellai, Giovanni, 291n.
Ruhmer, Ederhard, 333n, 346n.
Rumohr, Car Friedrich von, 124n.
Russoli, Franco, 130n, 316n.
Rustici, Gabriele di Girolamo, 476 e n.
Rustici, Giovanni Francesco, 366n, 451 e n.
Rusuti, Filippo, 121n.

Saalman, Howard, 195n, 266n, 657n.
Sabatini, Attilio, 373n, 390n, 392n, 393n.
Sabélio, 130, 644.
Sacchetti, Franco, 114n.
Sadeler, Egidio, 678n.
Saenredam, Pieter, 627n, 629n.
Safo, 591.
Sagrera, Guillermo, 270n.
Sagrestani, Giovanni Camillo, 462n.
Salai, Andrea, Gian Giacomo Caprotti, *vulgo*, 447 e n.
Salimbeni da Sanseverino, Jacopo, 142n.
Salimbeni da Sanseverino, Lorenzo, 142n.
Salmi, Mario, 135n, 151n, 182n, 200n, 217n, 219n, 274n, 283n, 316n, 319n, 333n, 338n, 346n, 368n, 369n, 370n, 371n, 372n, 383n, 410n, 411n, 416n, 436n, 619n, 642n.
Salomão, rei, 210, 328, 501, 615.
Salutati, Leonardo, 345.
Salvestro, mestre, 661.
Salvi, Antonio di, v. Antonio di Salvi.
Sálvia, Postúmia, 24n.
Salviati, Alamanno, 620.
Salviati, família, 357n, 485n.
Salviati, Francesca, 3n.
Salviati, Francesco, 588 e n, 670n.
Salviati, Giovanni, cardeal, 659 e n.
Salviati, Jacopo, 596n, 659n, 728.
Salviati, Lucrezia, 596 e n.
Salviati, Piero, 387, 464.
Salvini, Roberto, 91n, 141n, 142n, 156n, 385n, 386n, 389n.
Sambin, Paolo, 427n.
Sammicheli, Michele, 668 e n.
Samminiatelli, Donato, 560n.
Sandberg-Vavalà, Evelyn, 88n, 283n, 429n.
Sangalletti, Guglielmo, 720n.
Sangallo, Antonio da, o Jovem, 19n, 24 e n, 415n, 468n, 469n, 470 e n, 521 e n, 554, 560 e n, 613n, 656n, 662-72, 679 e n, 695, 708 e n, 709, 710 e n, 718, 728, 736n, 738 e n.
Sangallo, Antonio da, o Velho, 371n, 484-94, 575 e n, 662n.
Sangallo, Aristotele da, 497 e n, 513n, 575n, 645 e n, 655n, 720, 723.
Sangallo, Bastiano da, v. Sangallo, Aristotele.
Sangallo, Francesco da, 6n, 492 e n, 541n, 664n, 670 e n.
Sangallo, Gianfrancesco da, 513n.

764

Sangallo, Giovan Battista da, *vulgo* Gobbo, 664n, 668 e n.
Sangallo, Giuliano da, 484-94, 528n, 657n, 663 e n, 665, 718, 722 e n.
Sanguigni, Battista di Biagio, 284n.
Sano di Pietro, 125n, 424n.
Sanpaolesi, Piero, 225n, 227n, 229n, 231n, 232n, 238n, 245n, 246n, 247n, 248n.
Sansovino, Andrea, 394, 406, 469 e n, 503 e n, 528 e n, 539-43, 568 e n, 656 e n, 669n, 670 e n, 728.
Sansovino, Jacopo, 20 e n, 455n, 535 e n, 542 e n, 544, 561 e n, 568 e n, 571 e n, 572, 575 e n, 596n, 628 e n, 664 e n, 666 e n, 695 e n, 720.
Sansovino, Marcantonio, 542 e n.
Santa Croce, Pippo, 592n.
Santacroce, Girolamo da, 600-1.
Santi, "scarpellino", 525.
Santi, Bruno, 167n.
Santi, Francesco, 286n, 321n, 414n, 430n.
Santi, Giovanni, 436n, 496 e n.
Sanudo, Mariano, 353n, 365n.
Saracini, Gabriele, 153.
Sartini, Andrea, 572.
Sartori, Antonio, 260n.
Sassetta, Stefano di Giovanni, *vulgo*, 330n.
Sassetti, Francesco, 374.
Sassi, Egidio, 14 e n, 29.
Sassi, Fabio, 14 e n, 29.
Sassoli, Fabiano, 522 e n.
Sassoli, Stagio, 522 e n.
Savelli, família, 120n.
Savelli, Giovan Battista, 626n.
Savoldo, Gian Girolamo, 428n.
Savonarola, Girolamo, 385n, 388 e n, 471 e n, 477n, 529, 550 e n.
Scaccieri (ou Scazeri), Giovanni Antonio, 422n.
Scaglietti, Daniela, 422n, 592n.
Scala, Giuliano, 584.
Scaletti, Luca, *vulgo* Figurino ou Luca da Faenza, 676n, 677n, 678n, 680 e n.
Scali, Giuliano, 532.
Scamozzi, Vincenzo, 20n.
Scarpellini, Pietro, 81n, 410n, 414n, 430n.
Scharf, Alfred, 404n, 405n, 406n, 409n.
Scheggia, *v.* Giovanni di Ser Giovanni.
Scheggini, Giovanni di Michele, *v.* Graffione.
Schiavo, Paolo di Stefano Badaloni, *vulgo*, 215 e n, 330n.
Schioppa, 591.
Schizzone, 538 e n.
Schlegel, Ursula, 238n.
Schlosser, Julius von, 199n, 200n, 201n, 206n, 207n, 211n, 275n, 290n.
Schmitt, V., 350n, 351n.
Schönberg, Niccolò, 475 e n.
Schongauer, Martin, 51n, 714n.
Schubring, Paul, 412n.
Schulz, Juergen, 414n.

Sciascia, Leonardo, 294n.
Sciolla, Gianni Carlo, 343n.
Scolari, Filippo, *vulgo* Pippo Spano, 185 e n, 214n, 247 e n, 321n.
Scolari, Matteo, 247.
Scrovegni, Enrico, 99n.
Sebastiano del Piombo, 442 e n, 454n, 455 e n, 504n, 515 e n, 557 e n, 681-8, 738.
Seccadenari, Ercole, 558n.
Segni, Antonio, 389 e n, 446.
Segni, Fabio, 224n, 389 e n.
Seidel, Max, 117n.
Sellaio, Jacopo del, 308 e n.
Sellari, Girolamo, *v.* Girolamo da Carpi.
Semíramis, 67, 591.
Semprônia, 591.
Sergardi, Filippo, 499n, 557 e n, 684 e n.
Serlio, Sebastiano, 469n, 560 e n.
Sermei, Cesare, 104n.
Sernigi, Antonia, 302n.
Seroux d'Agincourt, J.-B., 157n.
Serristori, Giovanni, 619, 620.
Servolini, Luigi, 510n.
Settis, Salvatore, 455n.
Seymour, Charles, 177n, 179n, 272n, 310n, 343n, 362n.
Sforza, Ascanio, 540 e n.
Sforza, família, 419n.
Sforza, Federico, 423n.
Sforza, Francesco, 248, 446 e n, 447n.
Sforza, Galeazzo Maria, 294n.
Sforza, Gian Galeazzo, 446n.
Sforza, Giovanni, 314n.
Sforza, Guidascanio, cardeal, 710n.
Sforza, Ludovico, *vulgo* o Mouro, 389n, 420n, 433n, 446 e n, 467n, 487 e n, 540n.
Sgarbi, Vittorio, 426n, 592n.
Shearman, John, 220n, 566n, 568n, 571n, 574n, 579n, 613n.
Shell, Curtis H., 163n, 219n, 303n.
Siciolante da Sermoneta, Girolamo, 709 e n, 710.
Signoraccio, Bernardino di Antonio del, 476n.
Signorelli, Luca, 279 e n, 283 e n, 358 e n, 369 e n, 410-3, 432n, 440, 499 e n, 500n, 525 e n.
Signorini, Rodolfo, 401n.
Silvestre I, papa e santo, 75 e n.
Símaco, papa, 72n.
Simon, Robin, 429n.
Simone da Colle, 201 e n, 202, 230.
Simone del Pollaiuolo, *v.* Cronaca.
Simone di Francesco di Simone, *v.* Mosca, Simone.
Simone di Nanni da Fiesole, *v.* Ferrucci, Simone di Nanni.
Simone Martini, *v.* Martini, Simone.
Simone, escultor (suposto irmão de Donatello), 273 e n.
Sinibaldi, Giovanni, 520n, 546n.
Sirén, Osvald, 161n.

Sisto III, papa, 309, 311, 327, 358, 363, 369, 375, 388, 394, 433.
Sisto IV, papa, 314 e n, 394 e n, 413 e n, 420n, 462 e n, 466n, 526n, 539n.
Smeraldo di Giovanni, 139n.
Smith, Alistair, 400n.
Smith, Graham, 612n.
Soderini, Francesco, 257 e n, 627n, 723n.
Soderini, Pietro, 449, 450, 475, 490 e n, 491 e n, 492, 497n, 544 e n, 627n, 639 e n, 656 e n, 718 e n, 719, 723.
Soderini, Tommaso, 386n.
Sodoma, Giovanni Antonio Bazzi, *vulgo*, 412n, 500n, 537n, 619 e n.
Soggi, Niccolò, 436 e n, 583 e n, 614 e n.
Sogliani, Giovanni Antonio, 550 e n, 586n, 618--20, 705 e n, 706.
Soiaro, *v.* Gatti, Bernardino.
Solari, Giovanni, 74n.
Solari, Guiniforte, 272n.
Solario, Andrea, 460 e n.
Solosmeo, Antonio di Giovanni da Settignano, *vulgo*, 588 e n.
Soranzo, Jacopo, 608.
Spadari, Benedetto, 525, 614 e n.
Spadari, Gaspari, 524n.
Spani, Bartolomeo di Clemente, 428 e n.
Spano degli Scolari, *v.* Scolari, Filippo.
Spencer, John R., 272n.
Spinazzi, Innocenzo, 540n.
Spinelli, Baldassarre, 155n.
Spinelli, Forzore, 155n.
Spinelli, Niccolò, 155n, 181-3, 201 e n.
Spinelli, Parri, *v.* Parri Spinelli.
Spinello Aretino, Spinello di Luca Spinelli, *vulgo*, 94n, 126n, 141n, 151, 152-5, 172, 216n.
Spini, família, 226.
Spini, Giuliana, 225n.
Squarcione, Francesco, 333n.
Sricchia Santoro, Fiorella, 156n, 157n, 294n, 415n, 556n, 561n, 605n, 619n, 641n, 712n.
Stagi, Stagio, 705 e n.
Stagio da Pietrasanta, *v.* Stagi Stagio.
Starnina, Gherardo, 139n, 149 e n, 156-8, 161n, 172, 184n, 214 e n.
Stastny, Francesco, 375n.
Stauris, Rinaldo de, 74n.
Stefaneschi, Jacopo, *v.* Caetani Stefaneschi, Jacopo.
Stefano d'Antonio, 166n.
Stefano da Verona, 142 e n.
Stefano Fiorentino, 94n, 98n, 100n, 102-4, 135n, 136, 172; *v. também* Puccio Capanna.
Steinmann, Ernst, 534n.
Stekhow, Wolfgang, 550n.
Sterling, Charles, 323n.
Strauss, Monica Jane, 467n.
Strozzi, Antonio, 535 e n.
Strozzi, Filippo, 397 e n, 399, 407, 463, 527 e n, 586.

Strozzi, Giovanni Battista, 463n, 527n, 717n, 731n.
Strozzi, Jacopo, 557.
Strozzi, Maddalena, 716n.
Strozzi, Marietta, 340 e n.
Strozzi, Roberto, 721n.
Strozzi, Uberto, 720.
Strozzi, Zanobi, 282n, 283n, 284 e n.
Strutt, Edward, 305n.
Stufa, dalla, família, 246.
Suardi, Alberto, 275n, 499n.
Suardi, Bartolomeo, *v.* Bramantino.
Suida, Wilhelm, 275n.
Sulpicio, Giovanni, 13n, 663n.
Summonte, Pietro, 96n, 265n, 271n, 294n, 600n, 629n.
Supino, Igino Benvenuto, 102n, 177n, 421n.
Susini, Francesco, *vulgo* Susinno, 631n.
Susinno, *v.* Susini, Francesco.
Symeonides, Sibilla, 164n.

Tácito, 71n.
Tadda, Francesco di Giovanni del, *v.* Ferrucci, Francesco di Giovanni.
Taddei, Taddeo, 497 e n, 618, 657, 719.
Taddeo di Bartolo, 164-5.
Tafi, Andrea, 76 e n, 80 e n, 84-5, 86, 298 e n.
Tafi, Antonio di Andrea, 84n.
Talenti, Francesco, 82n.
Talvacchia, Bette Lou, 678n.
Tamagni, Vincenzo, 513 e n, 537-8, 563n.
Tanturli, Giuliano, 226n.
Tanzi, Marco, 628n.
Tarlati da Pietramala, Guido, 88, 108n, 183, 183 e n.
Tarugi, Stefano, 669n.
Tasso, Battista del, 6n.
Tasso, Giovambattista del, 704 e n, 733 e n.
Tasso, Giuliano del, 575 e n.
Tasso, Lionardo del, 542 e n.
Taurisano, Innocenzo, 124n.
Teano, 591.
Telefanes, 68.
Telisila, 591.
Têmide, 591.
Temporani, Manno, 263n.
Teófilo, 42n, 62n, 63n, 64n.
Téspio, 591.
Tessari, Antonio Secondo, 396n, 399n.
Testa Rossa, Paolo da, 587.
Testori, Giovanni, 562n.
Tibaldi, Pellegrino, 74n, 711n.
Tibaldi, Umberto, 676n.
Tibério, imperador, 71n.
Ticiano, 65n, 351n, 352n, 428n, 429n, 455 e n, 557 e n, 595, 606, 607n, 608, 652n, 678, 710 e n, 732.
Ticozzi, Stefano, 720n.
Tietze-Conrat, Erika, 400n, 403n.
Tigler, Peter, 272n.
Timágoras, 69 e n.

Timantes, 171.

Tintori, Leonetto, 93n.

Tiziano Vecellio, *v.* Ticiano.

Tizio, Sigismondo, 338n, 412n.

Todini, F., 158n.

Toesca, Elena, 221n, 327n.

Toesca, Ilaria, 110n, 113n, 123n, 142n, 157n, 178n, 408n.

Toesca, Pietro, 76n, 120n, 212n, 213n, 299n, 327n.

Tolaini, Emilio, 110n.

Tolnay, Charles de, 374n, 713n, 721n, 728n.

Tomás de Aquino, santo, 103 e n, 130.

Tomei, Pietro, 314n.

Tomíris, 321n, 591.

Tommaso di Cristofano di Braccio, 213n.

Tommaso di Cristofano di Fino, *v.* Masolino da Panicale.

Tommaso di Cristofano di Francesco Masi, 215n.

Tommaso di Stefano Lunetti, *v.* Lunetti, Tommaso di Stefano.

Tommaso Fiorentino, *v.* Giottino.

Tommaso Vincidor, *vulgo* Bologna, 513 e n, 563n.

Torbido, Francesco, *vulgo* o Mouro, 429 e n, 678n.

Tornabuoni, Francesca, 363 e n, 376n.

Tornabuoni, Francesco, 363 e n, 375 e n, 376 e n.

Tornabuoni, Giovanni, 268, 363n, 375, 376 e n, 377, 382, 530.

Tornabuoni, Leonardo, 614 e n.

Tornabuoni, Lucrezia, 304n.

Tornabuoni, Luigi, 536 e n.

Tornabuoni, Nofri, 309.

Torni, Francesco, *v.* Indaco, Francesco.

Torni, Jacopo, *v.* Indaco, Jacopo.

Torrentino, Lorenzo, 13n.

Torri, Alessandra, 79n.

Torrigiani, Pietro, *vulgo* Torrigiano, 482-3, 715 e n, 716 e n.

Torriti, Jacopo, 76n, 85n, 121n.

Toscani, Giovanni di Francesco, 138 e n, 162n.

Toscano, Bruno, 309n.

Tosini, Michele, *v.* Michele di Ridolfo.

Totila, 73 e n, 75.

Toto del Nunziata, *v.* Nunziato Antonio d'Antonio.

Traini, Francesco, 114n.

Trajano, imperador, 24n, 75, 76n.

Tribolo, Niccolò, 6n, 536n, 541n, 589 e n, 592n, 598 e n, 670 e n, 720, 733 e n.

Truant, Giuseppe, 609n.

Tubalcaim, 130.

Tura, Cosimo (ou Cosmé), 333n.

Turini, Giovanni, 205n.

Turino di Sano, 205.

Turino Vanni, 133n.

Uberti, Farinata degli, 321 e n.

Ubertini, Bartolomeo, *vulgo* Baccio, 436 e n.

Ubertini, Francesco, *v.* Bachiacca.

Ubertini, Guglielmo, 75n.

Uccello, Paolo, Paolo di Dono, *vulgo*, 185n, 194-8, 202n, 218 e n, 224 e n, 319n, 396; *v. também* Mestre de Karlsruhe e Mestre de Prato.

Ugo da Carpi, *v.* Carpi, Ugo da.

Ugo di Toscana, 345 e n, 533.

Ugolino da Siena, 105-6

Ugolino di Nerio, *v.* Ugolino da Siena.

Ugurgieri Azzolini, I., 107n.

Ulisse da Fano, 557.

Urbano III, papa, 81.

Urbano V, papa, 432n, 666 e n.

Utili, Giovanni Battista, 358n.

Utz, Hildegard, 192n, 604n.

Vaga, Perino del, *v.* Perino del Vaga.

Vaga, pintor, 691.

Vagnetti, Luigi, 289n.

Valadier, Giuseppe, 675n.

Valasca, 591.

Valentiner, William Reinhold, 178n, 182n, 343n, 365n.

Valentiniano III, imperador, 72 e n.

Valentino, duque de Montefiascone, 489.

Valerio Vicentino, *v.* Belli, Valerio.

Valori, Baccio, 685, 686, 732.

Valori, Bartolomeo, 206 e n.

Varano, Fidesmino da, 92n.

Varchi, Benedetto, 6n, 32n, 67n, 267n.

Varese, Ranieri, 346n.

Vari, Metello, 730 e n.

Varignana, Domenico Aimo da, *v.* Domenico Aimo da Varignana.

Varignana, Franca, 347n.

Varrão, 591.

Vasari, Antonio di Lazzaro, pai de Giorgio, 287 e n.

Vasari, Antonio di Lazzaro, tio de Giorgio, 287n.

Vasari, Bernardo, 287 e n.

Vasari, Cosimo, 287n.

Vasari, Giorgio di Lazzaro, 287 e n.

Vasari, Giorgio, 3n, 4, 6, 14n, 15n, 16n, 18n, 19n, 20n, 21n, 22n, 24n, 26n, 27n, 35n, 39n, 40n, 49n, 50n, 51n, 54n, 57n, 58n, 62n, 63n, 64n, 72n, 73n, 74n, 75n, 80n, 81n, 82n, 84n, 85n, 86n, 89n, 90n, 92n, 94n, 96n, 98n, 99n, 100n, 102n, 104n, 105n, 107n, 108n, 111n, 112n, 114n, 116n, 118n, 120n, 122n, 123n, 124n, 125n, 128n, 132n, 135n, 137n, 138n, 139n, 144n, 146n, 147n, 151n, 153n, 153n, 154n, 158n, 159n, 161n, 162n, 166n, 167n, 168n, 171n, 172n, 177n, 178n, 179n, 181n, 182n, 183n, 184n, 185n, 187n, 188n, 192n, 197n, 197n, 200n, 205n, 206n, 208n, 219n, 220n, 221n, 222n, 223n, 224n, 226n, 227n, 229n, 232n, 234n, 236n, 254n, 256n, 265n, 268n, 270n, 271n, 272n, 275n, 276n, 278n, 279n, 281n, 286n, 288n, 292n, 292n, 293n, 294n, 295n, 297n, 298n, 299n, 303n, 306n, 308n, 311n, 314n, 317n, 319n, 321n, 322n, 324n, 326n, 327n, 332n, 335n, 336n, 338n,

340n, 342n, 343n, 346n, 347n, 353n, 359n, 360n, 362 e n, 364n, 371n, 372n, 379n, 380n, 381n, 382n, 383n, 384n, 386n, 389n, 392n, 401n, 403n, 406n, 407n, 411n, 412n, 418n, 422n, 423n, 426n, 427n, 428n, 432n, 436n, 440n, 444n, 446n, 450n, 451n, 454n, 455n, 458n, 463n, 464n, 467n, 471n, 474n, 477n, 480n, 481n, 482n, 483n, 484n, 485n, 498n, 508n, 512n, 513n, 520n, 524n, 531n, 534n, 535n, 536n, 537n, 540n, 542n, 543n, 544 e n, 552n, 554n, 556n, 558n, 559n, 564n, 567, 574n, 588n, 589, 591n, 594n, 595n, 596, 597n, 601n, 603n, 604n, 607n, 610n, 611n, 614n, 615, 618n, 619, 621n, 622n, 627n, 632n, 647n, 648n, 649n, 650, 656n, 665n, 668n, 673n, 674n, 683n, 685n, 686n, 690n, 706, 711n, 714n, 720n, 721n, 728n, 733n, 736n.

Vasari, Lazzaro di Lazzaro, ourives, 287 e n.

Vasari, Lazzaro, 278 e n, 286-7, 440.

Vecchietta, Lorenzo di Pietro, *vulgo*, 165n, 205 e n, 215n, 330-1, 337n.

Venturi, Adolfo, 86n, 121n, 182n, 254n, 275n, 310n, 312n, 322n, 332n, 352n, 369n, 412n, 418n, 419n, 423n, 434n.

Venusti, Marcello, 709n.

Verrocchio, Andrea, 222, 244n, 256 e n, 261 e n, 301 e n, 336n, 362-67, 368n, 373n, 376n, 385n, 390n, 391n, 393n, 410n, 431 e n, 432, 440 e n, 444 e n, 445 e n, 549 e n, 553.

Vespasiano, imperador, 75.

Vespucci, Antonia de', 535.

Vespucci, Giovanni, 387, 464.

Vespucci, Simone, 539.

Vickers, Michael, 403n.

Vico, Enea, 661 e n.

Vigni, Giorgio, 133n, 294n, 330n.

Vignola, Jacopo, 664n, 738n.

Villana, Beata, 340 e n.

Villani, Filippo, 92n, 95n, 103n.

Villani, Giovanni, 91n, 99n, 111n.

Vinci, Antonio, 443n.

Vinci, Attaccabriga da, 443n.

Vinci, Leonardo da, *v.* Leonardo da Vinci.

Vinci, Piero da, 443, 444 e n, 445 e n, 446.

Vincidor, Tommaso, *v.* Tommaso Vincidor.

Vincino di Vanni da Pistoia, 75n.

Virgílio, 123n, 501n, 511, 624.

Vischer, Hans, 629n.

Visconti Guiducci, Lorenzo, *v.* Guiducci Visconti, Lorenzo.

Visconti, Azzone, 99n.

Visconti, família, 75.

Visconti, Filippo Maria, 245 e n, 449n.

Visconti, Gabriele Maria, 157n.

Visconti, Gian Galeazzo, 74n.

Visino, pintor, 645 e n.

Vitélio, imperador, 595.

Vitello, Alessandro, 669.

Viti, Timoteo, 504n, 558n.

Vítiges, 72n.

Vitrúvio, 13 e n, 22n, 23, 24, 25, 33n, 290, 467, 527, 558, 663 e n, 673, 729 e n.

Vittori, Piero, 589.

Vittoria, Alessandro, 647n.

Vivarini, Alvise, 352 e n, 353n.

Vivarini, Antonio, 184n, 403n.

Vivarini, Bartolomeo, 403n.

Volpe, Carlo, 94n, 97n, 102n, 107n, 117n, 118n, 123n, 131n, 135n, 142n, 144n, 187n, 194n, 219n, 282n, 302n, 351n, 602n.

Volponi, Paolo, 219n.

Voss, H., 712n.

Waadenoijen, Jeanne van, 156n.

Wassenhove, Joost van, *v.* Justo de Gand.

Watkins, Law Bradley, 405n.

Weinberger, Martin, 335n.

Weise, George, 600n.

Weisz, Jean Shepard, 712n.

Weller, Allen Stuart, 337n.

Weyden, Rogier van der, 50 e n, 293 e n.

White, John, 121n, 178n.

Whitfield, Clovis, 646n.

Wilder, Elizabeth, 366n.

Wilkins, David George, 253n.

Winterberg, Constantin, 275n.

Wohl, Hellmut, 319n.

Wolff Metternich, F., 469n.

Wolsey, Thomas, cardeal, 545n.

Wolters, Wolfgang, 260n.

Wundram, Manfred, 109n, 181n, 187n, 258n.

Ximenes, marquês, 486n.

Zacchi, Zaccaria, 548 e n.

Zambeccari, Paolo, 520.

Zampetti, Pietro, 323n, 426n, 453n, 652n.

Zanardi, Bruno, 158n.

Zanetti, Anton Maria, 454n.

Zanetto Bugatto, 294n.

Zani, Sebastiano, 353n.

Zanobi, Agnolo, 130n.

Zenale, Bernardino, 428n, 467 e n.

Zenão, 130.

Zeno (Zenone) da Verona, 429 e n.

Zenóbia, 591.

Zeri, Federico, 93n, 96n, 161n, 166n, 213n, 290n, 305n, 324n, 346n, 403n, 429n, 430n, 435n, 467n, 589n.

Zêuxis, 69 e n, 171, 441.

Zevi, Bruno, 713n.

Zocca, Emma, 327n.

Zoppo, Francesco, 249.

Zoppo, Marco, 333n.

Zoroastro, 500.

Zuccari, Federico, 512n, 696n.

Zuccari, Taddeo, 627n, 635n, 696n.

Zucchini, Guido, 347n, 424n.

Índice de lugares e obras

ALNWICK CASTLE
Coleção Duque de Northumberland:
– Sebastiano del Piombo: fragmentos da *Visitação*.

ALTAMURA
Catedral:
– Castellani, L.: *Assunção*.

ALTENBURG
Museu Lindenau:
– Memmi, L.: *Nossa Senhora*.
– Perugino: *Dois santos*.

ANCONA
Arco de Trajano:
– Apollodoro da Damasco: arquitetura.
Igreja de Sant'Agostino:
– Lotto, L.: *Nossa Senhora com o Menino Jesus e Santo Estêvão, São Matias, São Lourenço e São João Evangelista*, v. Pinacoteca.
Fortaleza:
– Sangallo, A., o Jovem: arquitetura.
Pinacoteca:
– Lotto, L.: *Nossa Senhora com o Menino Jesus e Santo Estêvão, São Matias, São Lourenço e São João Evangelista*.
Rocca:
– Palori, G. B.: arquitetura.

ANGHIARI
Igrejas:
Abadia:
– Marcillat, G. de e Santi "scarpellino": ornamento de pedra.
Paróquia:
– Sogliani, G. A.: *Última Ceia* e *Lava-pés*.
San Bartolomeo:
– Puligo, D.: *Deposição*.
Companhia da Trindade:
– Marcillat, G. de e Santi "scarpellino": ornamento de pedra.

ANTELLA (Florença)
Oratório de Santa Caterina:
– Spinello Aretino: *Cenas de Santa Catarina*.

ARCEVIA (Ancona)
Igreja de San Medardo:
– Signorelli, L., Francesco di Gentile e ajudantes: políptico.

AREZZO
Cantonata della Beccaria (tabernáculo):
– Spinello Aretino: *Nossa Senhora*.
Cantonata della Seteria (tabernáculo):
– Spinello Aretino: *Nossa Senhora*.
Casa de Pellegrino da Fossombrone:
– Mosca, S.: lareira.
Casa de Messer Pietro, astrólogo:
– Sansovino, A.: projeto.
Casa de G. Vasari:
– Parmigianino: *Nossa Senhora*.
– Sansovino, A.: busto de Galba.
Igrejas:
Abadia:
– Baccio da Montelupo: crucifixo.
– Bartolomeo della Gatta: afrescos; *São Lourenço*; miniaturas.
– Fra Bartolomeo: busto de Cristo.
– Lorenzetti, P.: *Incredulidade de São Tomé*.
Abadia (mosteiro):
– Giuliano da Maiano: arquitetura.
Carmine:
– Bartolomeo della Gatta: afrescos.
Catedral:
– Agostino di Giovanni e Agnolo Ventura: sepulcro do bispo Guido Tarlati.
– Bartolomeo della Gatta: afrescos; *São Jerônimo*.
– Betto di Francesco Fiorentino e Giovanni di Francesco d'Arezzo: Arca de São Donato.
– Gaddi, T.: *Cenas de São João Batista*.
– Giovanni di Balduccio (seguidor): *Nossa Senhora com o Menino Jesus entre dois anjos, São Donato e São Gregório*.
– Marcillat, G. de: vitral do óculo com a *Descida do Espírito Santo*; vitral com o *Batismo de Cristo*; vitral com a *Ressurreição de Lázaro*; vitral com a *Vocação de São Mateus*; vitral com *Santo Antônio e São Nicolau*; afrescos da abóbada e das naves laterais; modelo para a fachada e a escada.
– Niccolò di Pietro Lamberti: três figuras em terracota; *São Lucas*: v. Pinacoteca.
– Parri Spinelli: *Anunciação*.
– Pecori, D.: *Nossa Senhora com o Menino Jesus, anjos e santos*: v. Pinacoteca; três vitrais.

- Piero della Francesca: *Santa Maria Madalena*.
- Pisano, G.: Arca de São Donato.
- Porro, T.: restaurações nos vitrais.
- Sassuoli, S. e Pecori, D.: vitrais.

Catedral (capela Albergotti):
- Marcillat, G. de: vitral com *Santa Luzia e São Silvestre*.

Catedral (sacristia):
- Bartolomeo della Gatta: *São Jerônimo em penitência*.
- Pecori, D.: *Nossa Senhora com o Menino Jesus, anjos e santos*.
- Signorelli, L.: *Cenas de Maria*.

Catedral velha:
- Bartolomeo della Gatta: afrescos.
- Giotto: *Lapidação de Santo Estêvão*.
- Jacopo del Casentino: afrescos.
- Parri Spinelli: afrescos, *v.* também Pinacoteca.
- Spinello Aretino: afrescos. *Nossa Senhora das Lágrimas*: *v.* Santissima Annunziata.

Paróquia:
- Giotto: afrescos.
- Jacopo del Casentino: *Cena de São Mateus*.
- Lappoli, M.: afrescos; *Cristo com a Cruz*.
- Lorenzetti, P.: políptico.
- Marchionne: esculturas.
- Niccolò di Pietro Lamberti: *São Brás*.
- Pecori, D.: *Nossa Senhora da Misericórdia*.
- Piero della Francesca: afresco.
- pintor aretino que apresenta afinidades com Spinello Aretino: *São Francisco e São Domingos*.
- Simone: *Nossa Senhora com o Menino Jesus e anjos*.
- Parri Spinelli: afrescos.
- Spinello Aretino: afrescos.

Sant'Agostino:
- Bartolomeo della Gatta: *Assunção, v.* Cortona, igreja de San Domenico; *Coroação da Virgem*.
- Gaddi, T.: *Cenas de São Sebastião*; *Disputa de Cristo com os Doutores*.
- Lorentino di Andrea: afrescos.
- Parri Spinelli: afrescos.
- Pecori, D.: *Circuncisão*.
- Signorelli, L.: dois *Anjos*; *São Nicolau de Tolentino*.
- Spinello Aretino: afrescos; *v.* também Museu Diocesano.

Sant'Agostino (claustro):
- Spinello Aretino: *Nossa Senhora com o Menino Jesus e santos*.

Santissima Annunziata:
- Bartolomeo della Gatta e Sangallo, A. o Velho: arquitetura.
- Marcillat, G. de: vitrais; óculo com *Assunção da Virgem*; vitral com *Anunciação*; óculo com *Núpcias da Virgem*.
- Rosso Fiorentino: cartões para os afrescos da abóbada; para desenhos, *v.* Bayonne, Museu Bonnat.

- Soggi, N.: *Natividade*.

Sant'Antonio:
- Giovanni Franzese: luneta com *Cristo*.
- Pecori, D.: *Nossa Senhora com o Menino Jesus, anjos e santos, v.* Catedral (sacristia).

Sant'Antonio (tabernáculo):
- Niccolò di Pietro Lamberti: *Santo Antônio, v.* Villa Vivarelli.

San Bartolomeo:
- Jacopo del Casentino: afrescos.

San Bernardo:
- Bicci di Lorenzo: *Cenas da vida de São Bernardo*.
- Lippi, Filippo: *Coroação da Virgem, v.* Roma-Vaticano, Pinacoteca.
- Parri Spinelli: afrescos.
- Piero della Francesca: *São Vicente*.
- Spinello Aretino: afrescos; *Nossa Senhora com o Menino Jesus*.

San Clemente:
- Bartolomeo della Gatta: afrescos.

San Domenico:
- Angelo di Lorentino: luneta.
- Jacopo del Casentino: *Cenas de São Cristóvão e do Beato Masuolo*.
- Marcillat, G. de: vitral.
- Parri Spinelli: *Crucificação entre São Nicolau, a Virgem, São João Evangelista e São Domingos*; *Cenas de São Nicolau*.
- Spinello Aretino: *Cenas de São Jerônimo e São Filipe*; *Matrimônio místico* e *Martírio de Santa Catarina*.

Sante Flora e Lucilla: *v.* Abadia.

San Francesco:
- Bicci di Lorenzo: afrescos.
- Lorentino di Andrea: afrescos.
- Marcillat, G. de: óculo sobre a porta principal; painel.
- Margarito: crucifixo; *Nossa Senhora, v.* Pinacoteca (Guido da Siena).
- Parri Spinelli: afrescos; *Nossa Senhora com Menino Jesus entre os quatro santos coroados*.
- Piero della Francesca: *Cenas da lenda da Cruz*.
- Signorelli, L.: *Nossa Senhora e santos*.

San Gimignano:
- Vasari, L.: *Crucificação*.

San Girolamo:
- Marcillat, G. de: óculo com a *Natividade de Cristo*.
- Signorelli, L.: *Nossa Senhora com o Menino Jesus, anjos, santos e patrocinador, v.* Pinacoteca e Londres, National Gallery.

San Giuliano:

San Giustino:
- Parri Spinelli: *São Martinho*.
- Pecori, D.: afrescos.

San Giustino (capela de Santo Antônio):
- Spinello Aretino: *Cenas de Santo Antônio*.

Santi Lorentino e Pergentino:

- Parri Spinelli: *Nossa Senhora da Misericórdia com o Menino Jesus nos braços, São Laurentino e São Pergentino, v.* Pinacoteca.
- Spinello Aretino: afrescos da fachada.

San Lorenzo:
- Signorelli, L.: afrescos.
- Spinello Aretino: *Anunciação.*

Santa Margherita:
- Margarito: Paliotto, *v.* Londres, National Gallery.
- Signorelli, L.: *Nossa Senhora com o Menino Jesus, anjos e santos, v.* Pinacoteca; *Cenas de Maria, v.* Catedral (sacristia).

Santa Maria delle Grazie:
- Della Robbia, A.: *Nossa Senhora, Anjos, Santos, Profetas* e *Piedade.*
- Parri Spinelli: *Nossa Senhora da Misericórdia.*
- Piero della Francesca: *São Donato.*

Santa Maria delle Grazie (claustro):
- Lorentino di Andrea: afrescos.

Santa Maria Maddalena:
- Spinello Aretino: *Nossa Senhora com o Menino Jesus.*

Santa Orsina:
- Bartolomeo della Gatta: afrescos.

San Piero:
- Bartolomeo della Gatta: *Anjo Rafael.*
- Pecori, D.: *Nossa Senhora com São Sebastião e São Fabiano, v.* Museu Diocesano.

San Piero (capela de São Justino):
- Pecori, D.: afrescos.

San Piero (sacristia):
- Bartolomeo della Gatta: *Beato Jacopo Filippo da Faenza.*

San Rocco:
- Marcillat, G. de: duas portas; vitral.

Santo Stefano:
- Spinello Aretino: afrescos.

Companhia da Anunciação:
- Piero della Francesca: *Anunciação.*

Companhia dos Puraccioli:
- Spinello Aretino: *Anunciação, v.* Museu Diocesano.

Companhia de São Miguel Arcanjo (Compagnia di Sant'Angelo):
- Parri Spinelli: *Cenas de São Miguel, v.* Pinacoteca e Londres, National Gallery.
- Pollaiuolo, A.: estandarte com o *Crucifixo e São Miguel; v.* também Florença, Museu Bardini.

Companhia de Santa Catarina:
- Signorelli, L.: gonfalão.

Companhia de Santa Maria da Misericórdia:
- Niccolò di Pietro Lamberti: *Nossa Senhora da Misericórdia, e São Laurentino e São Pergentino*; estátuas de *São Donato* e *São Gregório.*
- Parri Spinelli: *Nossa Senhora da Misericórdia, São Gregório e São Donato.*

Companhia do Espírito Santo:

- Gaddi, T.: afrescos; *Crucificação* e *Cenas de São João Evangelista.*

Companhia da Trindade:
- Pecori, D.: *Circuncisão, v.* igreja de Sant'Agostino.
- Signorelli, L.: gonfalão.
- Spinello Aretino: fragmento de tabernáculo, *v.* Pinacoteca.

Convento de Santa Caterina (ex-Oratório de San Cristoforo):
- Parri Spinelli: *Crucificação entre as Marias, São Tiago e São Cristóvão.*
- Perugino, P.: *Santo Urbano.*

Fortaleza:
- Sangallo, G. e A. o Velho: arquitetura.

Confraria (Fraternita):
- Bartolomeo della Gatta: *São Roque, v.* Pinacoteca.

Confraria de Santa Maria da Misericórdia: *v.* Palácio da Confraria dos Leigos.

Mosteiro das Enclausuradas (Murate):
- Bartolomeo della Gatta: afrescos.

Museu Diocesano:
- Perori, D.: *Nossa Senhora com São Sebastião e São Fabiano.*
- Spinello Aretino: afresco; *Anunciação.*

Albergaria de São Marcos:
- Spinello Aretino: afrescos.

Albergaria do Espírito Santo:
- Spinello Aretino: *Milagres de São Cosme e São Damião; Noli me tangere; Pentecostes.*

Albergaria (junto ao Convento de Santo Spirito):
- Spinello Aretino: *Piedade* e *Trindade.*

Palácio Comunal:
- Sebastiano del Piombo: retrato de Pietro Aretino.

Palácio da Confraria dos Leigos:
- Rossellino, B.: arquitetura da parte superior da fachada.

Pinacoteca:
- Bartolomeo della Gatta: *São Roque* (s.d.); *São Roque* (1479).
- Franciabigio: *Milagres de São Nicolau.*
- Guido da Siena: *Nossa Senhora.*
- Margarito: *São Francisco.*
- Niccolò di Pietro Lamberti: *São Lucas.*
- Parri Spinelli: *Nossa Senhora da Misericórdia com o Menino Jesus nos braços, São Laurentino e São Pergentino*; fragmentos de afrescos: *Cristo e um anjo, Anjos músicos, São Domingos e São Miguel*; fragmentos de afresco da Companhia de São Miguel Arcanjo (Arezzo); fragmento de tabernáculo.
- Pecori, D.: *Nossa Senhora com o Menino Jesus, anjos e santos.*
- Signorelli, L.: *Nossa Senhora com o Menino Jesus, anjos, santos e patrocinador; Nossa Senhora com o Menino Jesus, anjos e santos.*

Episcopado: *v.* Catedral.

771

Villa Vivarelli:
- Niccolò di Pietro Lamberti (?): *Santo Antônio*.

ARRONE (Terni)
Igreja de Santa Maria della Quercia (coro)
- Tamagni, V. e Giovanni da Spoleto: *Cenas da vida da Virgem*.

ASCIANO (Siena)
Museu de Arte Sacra:
- Barna: *Nossa Senhora com o Menino Jesus e doador*.
- Lorenzetti, A.: políptico da Abadia de Rofeno.

ASCOLI PICENO
Fortaleza:
- Sangallo, A. o Jovem: arquitetura.

ASSIS
Igrejas:
São Francisco (basílica inferior):
- Cimabue: afrescos.
- Lorenzetti, P.: *Crucificação*.
- Martini, S.: afrescos.
- Pace da Faenza: afrescos.
- Sermei, C.: *Juízo Universal*.
- Stefano Fiorentino: *Glória celeste*; *Coroação da Virgem* e *Cenas de Santo Estanislau*.
São Francisco (basílica superior):
- Cimabue: afrescos.
- Duccio: afrescos.
- Giotto: afrescos.
São Francisco (convento):
- "Stefano Fiorentino" (Puccio Capanna): *Crucificação*.
Santa Maria degli Angeli:
- Giotto: Afrescos.
Pinacoteca:
- "Stefano Fiorentino" (Puccio Capanna): fragmento com *São Francisco recebendo o Menino Jesus nos braços*.

AUGUSTA
Coleção Fugger Babenhausen:
- Ticiano (cópia de): retrato de Carlos V.

AVIGNON
Igreja de Notre-Dame-des-Doms:
- Martini, S.: afrescos, *v*. Palácio dos Papas.
Palácio dos Papas:
- Martini, S.: afrescos.

BADIA A SETTIMO (Florença)
Igreja dos Santi Salvatore e Lorenzo:
- Buffalmacco: *Cenas de São Tiago, Santos, Profetas e Evangelistas*.
- Puligo, D.: afrescos.

BASSANO
Catedral:
- Filarete, A.: Cruz de bronze.

BAVARI (Gênova)
Igreja de San Giorgio:
- Perino del Vaga: *Nossa Senhora com o Menino Jesus, São Domingos e São Francisco*; para os desenhos, *v*. Viena, Albertina.

BAYONNE

Museu Bonnat:
- Perino del Vaga: desenho para a decoração da arcada do Palácio Doria de Gênova.
- Rosso Fiorentino: desenho com o trono de Salomão.
- Sebastiano del Piombo: desenho para a *Ressurreição de Lázaro*.

BERGAMO
Catedral:
- Filarete, A.: arquitetura.
Galeria da Academia de Carrara:
- Bellini, J.: *Nossa Senhora*.
- Botticelli, S.: *Cenas de Virginia*.
- Genga, G.: *Santo Agostinho batizando os catecúmenos*.
Palácio do Podestade:
- Bramante: afrescos.

BERLIM
Staatliche Museen:
- Andrea del Castagno: *Assunção entre São Juliano e São Miniato*.
- Andrea del Sarto: *Nossa Senhora com o Menino Jesus, São Celso, Santa Júlia, Santo Honofre, Santa Catarina, São Bento, Santo Antônio de Pádua, São Pedro e São Marcos*.
- Aspertini, A.: *Adoração dos pastores*.
- Bachiacca: *Batismo de Cristo*.
- Fra Bartolomeo: *Assunção*.
- Belli, V.: medalha dos doze imperadores.
- Bellini, Giovanni: *Ressurreição*.
- Benedetto da Maiano: modelo de terracotta para o retrato de Filippo Strozzi; *Visão de Inocêncio III*.
- Botticelli, S.: *Nossa Senhora com o Menino Jesus e os dois São João*; *São Sebastião*; *Tondo Raczinsky*.
- Catena, V.: retrato de Raimond Fugger.
- Correggio: *Leda*.
- Domenico Veneziano: *Martírio de Santa Luzia*.
- Donatello: um *putto*.
- Francia, F.: *Nossa Senhora com o Menino Jesus em glória, São Geminiano, São Bernardo, Santa Doroteia, Santa Catarina, São Jerônimo e São Luís de Toulouse*.
- Gaddi, T.: *Pentecostes*, *Queda do filho de Spini*.
- Galasso: *Outono*.
- Ghirlandaio, David e Granacci, F.: *Ressurreição de Cristo* e predela.
- Ghirlandaio, Domenico, David e Benedetto: *São Vicente e Santo Antônio*.
- Giotto: *Dormitio Virginis*.
- Girolamo da Cotignola: *São Bento ditando a Regra*.
- Gozzoli, B.: *Milagre de São Zenóbio*.
- Granacci, F.: dois painéis com *Santo Antônio e São Vicente Ferrer*.
- Lippi, Filippino: *Crucificado entre Nossa Senhora e São Francisco*.
- Lippi, Filippo: *O milagre de Santo Ambrósio*; *Natividade*.

- Lorenzo di Credi: *Madalena*.
- Masaccio: *Adoração dos Magos, Crucificação de São Pedro, Decapitação de João Batista*; quatro santinhos.
- Masaccio (e Andrea di Giusto?): *Cena de São Juliano, Cena de São Nicolau*.
- Masaccio e ajudante: *Desco da parto*.
- Memmi, Lippo: *Nossa Senhora*.
- Michelangelo (cópia de): *Leda*.
- Morto da Feltre: *Nossa Senhora com o Menino Jesus, Santo Estêvão e São Maurício*.
- Rossellino, A. (atr.): busto de Marietta Strozzi.
- Sebastiano del Piombo: *Doroteia*.
- Signorelli, L.: *Escola de Pã; Santa Catarina de Siena, Maria Madalena e Jerônimo, Santo Agostinho, Santa Catarina de Alexandria e Santo Antônio*.
- Ugolino di Nerio: duas partes da predela do políptico de Santa Croce em Florença.

Staatliche Museen (Gabinete de Desenhos):
- Andrea del Sarto: desenhos para as *Cenas de João Batista*; desenho para *César recebendo o tributo*; desenho para *Nossa Senhora com o Menino Jesus, São Celso, Santa Júlia, Santo Onofre, Santa Catarina, São Bento, Santo Antônio de Pádua, São Pedro e São Marcos*; desenho para *Nossa Senhora, São João Batista e Santo Ambrósio*.
- Botticelli, S.: desenhos para a *Divina comédia*.
- Perino del Vaga: desenho para os afrescos de San Marcello em Roma.
- Roberti, E. de': desenho para a *Crucificação*.

Bézenas (Toulouse)
Coleção Alaffre:
- Fra Bartolomeo: *São Sebastião*.

Bolonha
Casa G. B. Bentivoglio:
- Girolamo da Treviso: *Adoração dos Magos, v.* Londres, National Gallery; para o desenho, *v.* Londres, National Gallery (Peruzzi, B.).
- Innocenzo da Imola: cópia de *Nossa Senhora do Peixe* de Rafael.
Casa de G. Bolognino:
- Francia, F.: afresco.
Casa Ercolani:
- Rafael: *Visão de Ezequiel, v.* Florença, Galeria Palatina.
Casa de B. Gozzadino:
- Parmigianino: retrato de Bonifazio Gozzadino e a sua mulher.
Casa Grassi:
- Rossi, P. de: caroços de pêssego entalhados, *v.* Museu Cívico.
Casa de G. Manzuoli:
- Parmigianino: *Nossa Senhora com o Menino Jesus, Santa Madalena, São João Batista e São Zacarias, v.* Florença, Galleria degli Uffizi.
Casa Zani:
- Parmigianino: *Nossa Senhora da Rosa, v.* Dresden, Gemäldegalerie; para os desenhos, *v.*

Chatsworth, coleção duque de Devonshire e Budapeste, Museu de Belas-Artes.
Igrejas:
Annunziata:
- Francia, F.: *Anunciação ladeada por São João Batista, São Francisco, São Bernardino de Siena, São Jorge, v.* Pinacoteca; *Nossa Senhora e santos, v.* Pinacoteca; *Crucificação com Santa Maria Madalena, São João Evangelista, São Jerônimo, São Francisco e Nossa Senhora, v.* Pinacoteca.
Mezzaratta (Sant'Apolonia):
- Cristoforo: *Cenas de José*.
San Domenico:
- Damiano, frei: marchetarias.
- Galasso: pinturas.
- Girolamo da Treviso: *Nossa Senhora com o Menino Jesus, Santos e o doador Lodovico Boccadiferro, v.* Londres, National Gallery.
- Lippi, Filippino: *Núpcias de Santa Catarina de Alexandria, São Paulo, São Sebastião, João Batista e São Pedro*.
San Domenico (Arca de São Domingos):
- Lombardi, A.: *Adoração dos Magos, Cenas de São Domingos*.
San Francesco:
- Dalle Masegne, J. e P.: políptico de mármore.
San Giacomo Maggiore:
- Francia, F.: *Nossa Senhora no trono entre Santo Agostinho, São Prócolo, São João Evangelista e São Sebastião*.
San Giacomo Maggiore (capela Bentivoglio):
- Costa, L.: afrescos; *Nossa Senhora da família Bentivoglio; Triunfo da Fama* e *Triunfo da Morte*.
San Giobbe:
- Francia, F.: *Crucificado ladeado por Maria e João, v.* Paris, Louvre.
San Giovanni in Monte:
- Cossa, Francesco del: vitrais.
- Costa, L.: *Nossa Senhora com quatro santos e dois anjos*.
- Perugino, P.: *Nossa Senhora com o Menino Jesus em glória, com São Miguel Arcanjo, Santa Catarina de Alexandria, Santa Apolônia e São João Evangelista, v.* Pinacoteca.
- Rafael e alunos: *Santa Cecília, v.* Pinacoteca.
San Giuseppe:
- Zacchi, Z.: *Nossa Senhora*.
San Lorenzo:
- Francia, F.: *Nossa Senhora com o Menino Jesus no trono, São Lourenço, São Jerônimo e dois anjos músicos*.
Santa Margherita:
- Parmigianino: *Nossa Senhora com o Menino Jesus, Santa Margarida, São Petrônio, São Jerônimo e um anjo, v.* Pinacoteca.
Santa Maria della Misericordia:
- Costa, L.: pinturas.
- Francia, F.: *Nossa Senhora adorando o Menino Jesus, dois anjos, São José, Santo Agostinho e um*

franciscano, Anton Galeazzo Bentivoglio em hábito de peregrino hierosolimitano e um pastor, v. Pinacoteca e Costa, L.: predela, Milão, Pinacoteca de Brera; *Nossa Senhora com o Menino Jesus no trono, Santo Agostinho, São Jorge, São João Batista, Santo Estêvão e um anjo, v.* Pinacoteca; *Nossa Senhora com o Menino Jesus entre São João Batista, Santa Mônica, Santo Agostinho, São Francisco, Santa Prócula, São Sebastião e o patrocinador Bartolomeo Felicini ajoelhado, v.* Pinacoteca; NovaYork, Coleção Keller; Glasgow, Art Gallery.

Santa Maria in Monte:
– Galasso: afrescos; *Assunção.*

Santa Maria dei Servi:
– Bagnacavallo, B.: *Santo Agostinho e São Novello.*
– Innocenzo da Imola: *Anunciação.*

Santa Maria della Vita:
– Lombardi, A.: *Morte da Virgem.*

San Michele in Bosco:
– Bagnacavallo, B.: afrescos.
– Girolamo da Cotignola: *São Bento ditando a Regra, v.* Berlim, Staatliche Museen.
– Innocenzo da Imola: retábulo com *Nossa Senhora e o Menino Jesus entre anjos músicos encimando São Pedro, São Bento e São Miguel, v.* Pinacoteca; *Anunciação, Eterno, Morte de Maria, Ressurreição e Arcanjo Miguel.*
– Lombardi, A.: sepultura de Armaciotto Ramazzotti.
– Peruzzi, B.: desenho do portal.
– Puppini, B. e Girolamo da Cotignola: afrescos.

San Petronio:
– Antonio di Vincenzo da Bologna e Manfredi, A.: arquitetura.
– Aspertini, A.: *Ressurreição.*
– Bagnacavallo, B.: *Cenas de Cristo.*
– Caccianimici, V.: *Decapitação de João Batista.*
– Costa, L.: Retábulo Rossi.
– Domenico Aimo da Verignana: *Santo Ambrósio.*
– Giovanni da Modena: *Cenas dos Magos.*
– Girolamo da Treviso: *Cenas de Santo Antônio.*
– Giulio Romano e Lombardini, C.: desenhos para a fachada.
– Jacopo della Quercia: esculturas e relevos do portal maior; profetas na jamba do portal.
– Lombardi, A.: *Ressurreição, Cenas do Velho Testamento; Piedade* (fragmentos) e estátuas.
– Michelangelo: estátua de Júlio II.
– Parmigianino: *São Roque e doador*; para os desenhos, *v.* Paris, Louvre (Gabinete dos Desenhos); Chatsworth, coleção duque de Devonshire.
– Peruzzi, B.: desenhos para a fachada.
– Rossi, P. de: dois *Anjos.*
– Rossi, P. de e Tribolo, N.: *Castidade de José, v.* Museu de San Petronio.
– Tribolo, N.: *Assunção.*

– Zacchi, Z.: esculturas.

San Petronio (Altar Griffon):
– Cossa, F. del, Roberti, E. de': políptico; *v.* Cossa, F. del: Londres, National Gallery; Milão, Pinacoteca de Brera; Washington, National Gallery; *v.* Roberti, E. de': Ferrara, coleção Vandeghini; Paris, Louvre; Roma-Vaticano, Pinacoteca; Roterdã, Museu Boijmans Van Beuningen; Veneza, coleção Cini.

San Pietro:
– Aspertini, G.: *Crucificação.*
– Frisoni, D.: obras de escultura.

San Pietro (capela Garganella):
– Roberti, E. de': afrescos; *v. também* San Pietro (sacristia); Berlim, Staatliche Museen; Paris, Louvre; Sarasota, Museu Ringling.

San Pietro (sacristia):
– Roberti, E. de' (cópia de): *Crucificação Garganelli.*

San Salvatore:
– Aspertini, A.: friso.
– Girolamo da Treviso: *Apresentação ao templo.*
– Innocenzo da Imola: crucifixo.

San Salvatore (refeitório):
– Puppini, B. e Bagnacavallo, B.: *Milagre dos pães e dos peixes, Disputa de Santo Agostinho.*

Santi Vitale e Agricola:
– Bagnacavallo, B.: *Visitação de Santa Isabel.*
– Francia, F.: *Anjos e querubins.*
– Sano di Pietro: *Nossa Senhora com o Menino Jesus.*

Companhia de São Francisco:
– Francia, F.: *Nossa Senhora no trono entre São Francisco e Santo Antônio de Pádua, v.* Florença, Galleria degli Uffizi; *Anunciação entre São João Batista e São Jerônimo, v.* Pinacoteca.

Museu Cívico:
– Rossi, P. de: caroços de pêssego entalhados.

Museu de San Petronio:
– Peruzzi, B.: projetos para a fachada de San Petronio.
– Rossi, P. de: busto de Guido Pepoli.
– Rossi, P. de e Tribolo, N.: *Castidade de José.*

Oratório de Santa Cecília:
– Aspertini, A. e ajudantes: *Batismo de Valeriano, Martírio de Valeriano, Sepultura de Valeriano, Cecília diante do prefeito, Martírio de Cecília.*
– Costa, L.: *Conversão de Valeriano, Santa Cecília distribuindo as riquezas aos pobres.*
– Francia, F.: *Núpcias de Cecília e Valeriano, Sepultura de Santa Cecília.*

Palácio Bentivoglio:
– Francia, F.: *Judite e Holofernes, Disputa de filósofos.*

Palácio del Forestale:
– Bagnacavallo, B.: afrescos.

Palácio Episcopal:
– Lombardi, A.: *Piedade* (fragmentos) e estátuas.

Palácio della Viola:

- Aspertini, A., Fontana, P., Innocenzo da Imola: afrescos.
Praça Marsigli:
- Aspertini, A.: afrescos da fachada de uma casa.
Pinacoteca:
- Cossa, F. del: retábulo.
- Francia, F.: *Anunciação ladeada de São João Batista, São Francisco, São Bernardino de Siena e São Jorge*; *Anunciação entre São João Batista e São Jerônimo*; duas "pazes" de prata nigelada; *Nossa Senhora com o Menino Jesus no trono, Santo Agostinho, São Jorge, São João Batista e Santo Estêvão e um anjo*; *Nossa Senhora e santos*; *Crucificação com Santa Maria Madalena, São João Evangelista, São Jerônimo, São Francisco e Nossa Senhora*; *Nossa Senhora adorando o menino Jesus, dois anjos, São José e Santo Agostinho e um franciscano, Anton Galeazzo Bentivoglio em hábitos de peregrino hierosolimitano e um pastor*; *Nossa Senhora com o Menino Jesus entre São João Batista, Santa Mônica, Santo Agostinho, São Francisco, São Próculo, São Sebastião e o patrocinador Bartolomeo Felicini ajoelhado.*
- Innocenzo da Imola: retábulo com *Nossa Senhora e Menino Jesus entre anjos músicos*, encimando *São Pedro, São Bento e São Miguel.*
- Parmigianino: *Nossa Senhora com o Menino Jesus, Santa Margarida, São Petrônio, São Jerônimo e um anjo.*
- Perugino, P.: *Nossa Senhora com o Menino Jesus em glória, São Miguel Arcanjo, Santa Catarina de Alexandria, Santa Apolônia e São João Evangelista.*
- Rafael e alunos: *Santa Cecília.*
Porta San Mammolo:
- Aspertini, A.: afrescos da fachada de uma casa.
BOSCO AI FRATI (Florença)
Convento de San Francesco:
- Donatello (atr.): crucifixo.
BOSTON (Mass.)
Isabella Stewart Gardner Museum:
- Fra Angelico: *Sepultamento* e *Assunção de Maria.*
- Botticelli, S.: *Cenas de Lucrécia.*
- Michelangelo: desenho com a *Piedade.*
- Pesellino: arca com *Triunfos de Petrarca.*
Museum of Fine Arts:
- Corradini, B.: *Apresentação de Maria ao templo.*
- Giovanni Angelo da Camerino (atr.): *Apresentação da Virgem ao templo.*
- Mestre dos Painéis Barberini: *Apresentação da Virgem ao templo.*
- Rosso Fiorentino: *Cristo sustentado por dois anjos.*
BOVILLE ERNICA (Frosinone)
Igreja de San Pietro Ispano:
- Giotto: *Anjo.*

BREMEN
Kunsthalle:
- Masolino: *Nossa Senhora da Humildade.*
- Piero di Cosimo: desenho.
BRESCIA
Igrejas:
Sant'Alessandro:
- Bellini, Jacopo: *Anunciação.*
San Francesco:
- Zenale, B.: afrescos
Pinacoteca Tosio Martinengo:
- Rafael: *Anjo.*
BRNO
Museu:
- Pintor úmbrio-camerino: *Crucificação.*
BUDAPESTE
Biblioteca:
- Gherardo e Monte: *Hieronymus.*
Museu de Belas-Artes:
- Galasso: As duas *Musas.*
- Ghirlandaio, Domenico, David e Benedetto: *Santo Estêvão.*
- Leonardo: desenho para a *Batalha de Anghiari.*
- Mainardi, S.: *Santo Estêvão.*
- Parmigianino: desenho para a *Nossa Senhora da Rosa.*
- Perino del Vaga: desenhos para um painel da abóbada da Capela Paolina de Castel Sant'Angelo.
- Sebastiano del Piombo: *Cristo carregando a cruz.*
- Spinello Aretino: predela com *São Nemésio e João Batista.*
BURY (Lancashire)
Castelo:
- Michelangelo: *Davi* de bronze; sobre o desenho, *v.* Paris, Louvre (Gabinete dos Desenhos).
CAMALDOLI (Arezzo)
Ermida:
- Lippi, Filippo: *Natividade, v.* Florença, Galleria degli Uffizi.
CAMBRIDGE
Museu Fitzwilliam:
- Domenico Veneziano: *Anunciação*; *Milagre de São Zenóbio.*
CAMBRIDGE (Mass.)
Fogg Art Museum:
- Botticelli, S.: *Crucificação.*
- Lippi, Filippo (atr.): *São Jerônimo, João Batista e um santo mártir.*
- Pesellino: arca com *Cena de Davi e Absalão.*
- Piero di Cosimo: *Desventuras de Sileno.*
- Spinello Aretino: *Nossa Senhora com o Menino Jesus e anjos*; *São Bernardo e Santa Lucila* e predela.
CAMERINO (Macerata)
Catedral (sacristia):
- Pintor úmbrio-camerino: tríptico.

775

CAPODIMONTE (Viterbo)
Rocca:
– Sangallo, A. o Jovem: obras de arquitetura e restauração; sobre o desenho, *v.* Florença, Galleria degli Uffizi (Gabinete de Desenhos e Gravuras).
CAPRAROLA (Viterbo)
Fortaleza:
– Sangallo, A. o Jovem: arquitetura; sobre o desenho, *v.* Florença, Galleria degli Uffizi (Gabinete de Desenhos e Gravuras).
– Vignola, I.: obras de arquitetura.
CARPI (Modena)
Igrejas:
Catedral:
– Peruzzi, B.: arquitetura.
San Nicola:
– Peruzzi, B.: arquitetura.
CASCIA DI REGGELLO (Florença)
Igreja de San Giovenale:
– Masaccio: tríptico.
CASTELFRANCO VENETO
Casa Pellizzari:
– Giorgione: afrescos.
Igreja de San Liberale:
– Giorgione: *Nossa Senhora no trono entre São Liberal e São Francisco.*
CASTELLINA
Fortificações:
– Sangallo, G. (?): obras de arquitetura.
CASTIGLION FIORENTINO (Arezzo)
Igreja de San Francesco:
– Vasari, L.: painel.
Collegiata:
– Bartolomeo della Gatta: *Nossa Senhora no trono entre São Pedro, São Paulo, São Juliano e São Miguel.*
– Signorelli, L.: *Deposição.*
Paróquia:
– Bartolomeo della Gatta: *São Miguel, v.* Pinacoteca; *Nossa Senhora no trono entre São Pedro, São Paulo, São Juliano e São Miguel, v.* Collegiata.
Pinacoteca:
– Bartolomeo della Gatta: *Estigmas de São Francisco; São Miguel*
CASTIGLIONE OLONA (Varese)
Batistério:
– Masolino: afrescos.
Collegiata:
– Masolino: afrescos.
– Vecchietta e Schiavo, P.: afrescos.
CASTRO (Viterbo)
Fortaleza:
– Sangallo, A. o Jovem: arquitetura; sobre os desenhos preparatórios, *v.* Florença, Galleria degli Uffizi (Gabinete de Desenhos e Gravuras).
Palácio Farnese:
– Sangallo, A. o Jovem: arquitetura; sobre os

desenhos, *v.* Florença, Galleria degli Uffizi (Gabinete de Desenhos e Gravuras).
Casa da Moeda (*Zecca*):
– Sangallo, A. o Jovem: arquitetura; sobre o desenho, *v.* Florença, Galleria degli Uffizi (Gabinete de Desenhos e Gravuras).
CENNANO (Arezzo)
Igreja de Sant'Andrea:
– Roberto da Montevarchi: afrescos.
CERCINA (Florença)
Paróquia de Sant'Andrea:
– Ghirlandaio, Domenico: afrescos.
CESENA
Igrejas:
Madonna del Monte:
– Francia, F.: *Circuncisão, v.* Pinacoteca.
Sant'Agostino:
– Genga, G.: *Nossa Senhora com o Menino Jesus, São João menino, doutores da igreja e santos, v.* Milão, Pinacoteca de Brera; Columbia (South Carolina), Museu; Bergamo, Academia Carrara.
Companhia de São João:
– Lombardi, A.: esculturas.
Pinacoteca:
– Francia, F.: *Circuncisão.*
CHANTILLY
Museu Condé:
– Giulio Romano: modelos para tapeçarias com *Cenas de Cipião.*
– Perino del Vaga: desenhos para os aposentos do Zodíaco e de Cadmo do Palácio Doria em Gênova; desenho para a Escala de Perseu do Castel Sant'Angelo em Roma.
– Rafael: *Nossa Senhora do Véu.*
CHATSWORTH
Coleção duque de Devonshire:
– Andrea del Sarto: desenho para os afrescos do Palácio de Bargello.
– Anônimo: desenho para a decoração da fachada de San Pietro in Vincoli.
– Parmigianino: desenho de *Nossa Senhora da Rosa;* desenho de *São Roque e doador.*
– Pinturicchio: desenhos.
– Pordenone (baseado em): desenhos dos afrescos da igreja de San Rocco em Veneza.
– Sebastiano del Piombo: desenhos para San Pietro in Montorio.
CHIARAVALLE MILANESE
Abadia:
– Anônimo giottesco: afrescos.
CITTÀ DELLA PIEVE (Perúgia)
Igrejas:
Santi Antonio Abate e Pietro:
– Perugino, P.: *Santo Antônio Abade entre São Paulo, São Marcelo e o Eterno abençoando.*
Santa Maria dei Servi:
– Perugino, P.: *Cenas da Paixão.*
Oratório de Santa Maria dei Bianchi:
– Perugino, P.: *Epifania.*

CITTÀ DI CASTELLO
Igrejas:
Catedral:
- Rosso Fiorentino: *Transfiguração*; sobre os desenhos preparatórios, *v.* Roma, Gabinete Nacional de Gravuras e Florença, Galleria degli Uffizi (Gabinete de Desenhos e Gravuras).
Sant'Agostino:
- Rafael e Evangelista di Pian di Meleto: retábulo do Beato Nicolau de Tolentino, *v.* Brescia, Pinacoteca Tosio Martinengo; Nápoles, Galeria Nacional Capodimonte; Paris, Louvre (Gabinete dos Desenhos); Detroit, Institute of Arts.
San Domenico:
- Antonio da Ferrara: *Santo Antônio Abade.*
- Rafael: *Crucificação*, *v.* Londres, National Gallery; Lisboa, Museu Nacional de Arte Antiga; Richmond, coleção Cook.
- Signorelli, L.: *Martírio de São Sebastião*, *v.* Museu Cívico.
San Francesco:
- Rafael: *Núpcias da Virgem*, *v.* Milão, Pinacoteca de Brera; *Natividade de Cristo*, *v.* Londres, National Gallery.
Museu Cívico:
- Signorelli, L.: afresco, fragmentário; *Martírio de São Sebastião.*
Palácio Bufalini:
- Gherardi, G.: afrescos
CIVITA CASTELLANA
Fortaleza:
- Sangallo, A. o Jovem: obras de arquitetura; sobre os desenhos *v.* Florença, Galleria degli Uffizi (Gabinete de Desenhos e Gravuras).
Rocca:
- Sangallo, A. o Velho: arquitetura; *v. também* Florença, Galleria degli Uffizi (Gabinete de Desenhos e Gravuras).
COLLE VAL D'ELSA (Siena)
Fortificações:
- Francione, F.: obras de arquitetura.
COLÔNIA
Museu Wallraf-Richartz:
- Andrea del Sarto: desenho da *Nossa Senhora das Harpias.*
COLUMBIA (South Carolina)
Museu (Fundação Kress):
- Genga, G.: *Santo Agostinho vestindo os noviços.*
COLWORTH
Museu:
- Rafael (cópia de): retrato de Lourenço de' Medici.
COMPIÈGNE (Oise)
Castelo:
- Simone Bianco: busto de mármore.
COPENHAGUE
Staten Museum For Kunst:
- Parmigianino: retrato de Lorenzo Cibo.

CORTONA
Igrejas:
Catedral:
- Lorenzetti, P.: *Nossa Senhora no trono com o Menino Jesus e quatro anjos.*
- Marcillat, G. de: *Adoração dos Magos, v.* Londres, Victoria and Albert Museum; *Natividade, v.* Detroit, Institute of Arts.
- Marcillat, G. de e Porro, T.: vitral
Chiesa del Gesú:
- Signorelli, L.: *Comunhão dos apóstolos, v.* Museu Diocesano.
San Domenico:
- Fra Angelico: *Anunciação, Nossa Senhora com o Menino Jesus no trono entre anjos e São Marcos, São João Batista, São João Evangelista e Maria Madalena, v.* Museu Diocesano; *Nossa Senhora com o Menino Jesus entre São Domingos, São Pedro Mártir e os quatro evangelistas.*
- Bartolomeo della Gatta: *Assunção.*
- Lorenzo di Niccolò: painel.
San Marco:
- Lorenzetti, P.: *Cruz.*
Santa Margherita:
- Signorelli, L.: *Lamentação, v.* Museu Diocesano.
Santa Maria del Calcinaio:
- Francesco de Giorgio Martini: arquitetura.
Museu Diocesano:
- Sarcófago com *Dionísio afugentando as Amazonas ajudadas pelos léleges e pelos cários em Éfeso* (século II d.C.).
- Fra Angelico: *Anunciação; Nossa Senhora e o Menino Jesus no trono entre anjos, São Marcos, São João Batista, São João Evangelista e Maria Madalena.*
- Lorenzetti, P.: fragmentos de afresco com *Cristo subindo ao Calvário; Crucifixo.*
- Signorelli, L.: *Lamentação; Prece no Jardim das Oliveiras, Captura, Flagelação; Comunhão dos apóstolos.*
Palácio Passerini:
- Marcillat, G. de: afrescos da fachada.
CREMONA
Igrejas:
Catedral:
- Bembo, G. F.: *Adoração dos Magos, Apresentação ao templo.*
- Boccaccino, B.: *Redentor e quatro santos, Anunciação*, sobre o arco triunfal; *Cenas de Maria, Aparição do anjo a Joaquim, Encontro de Ana e Joaquim, Natividade de Maria, Núpcias, Anunciação, Visitação, Natividade, Circuncisão*, na parede da nave central; *Jesus entre os doutores*, no arco presbiterial.
Sant'Agata:
- Bernardino Cremonese: pinturas.
Sant'Antonio:
- Boccaccino, C.: pinturas.

777

San Pietro:
- Bembo, G. F.: retábulo com *Nossa Senhora, Menino Jesus, São Jerônimo, São Cosme, São Damião e um devoto*.
San Sigismondo:
- Boccaccino, C.: *Ressurreição de Lázaro, Cena da Adúltera, Evangelistas com o Senhor em glória*.

DARMSTADT
Museu:
- Andrea del Sarto: desenho para *César recebendo o tributo*.

DETROIT (Michigan)
Institute of Arts:
- Evangelista di Pian di Meleto: parte da predela do retábulo do *Beato Nicolau de Tolentino* (?).
- Ghirlandaio, Domenico: divisões de predela do painel com a *Queda de Lúcifer*.
- Marcillat, G. de: *Natividade*.
- Parmigianino (cópia de): *Circuncisão*; sobre os desenhos, *v.* Florença, Galleria degli Uffizi (Gabinete de Desenhos e Gravuras); Paris, Louvre (Gabinete dos Desenhos); Londres, British Museum (Gabinete dos Desenhos).

DIJON
Museu:
- Andrea del Sarto: desenho para a *Visitação*.

DRESDEN
Gemäldegalerie:
- Andrea del Sarto: *Sacrifício de Isaque*; sobre os desenhos *v.* Londres, British Museum (Fawkener).
- Antonello da Messina: *São Sebastião*.
- Bachiacca, F.: *Lenda do filho do rei*
- Cossa, F. del: *Anunciação*.
- Francia, F.: *Batismo de Cristo*.
- Franciabigio: *Davi e Betsabé*
- Michelangelo (cópia de): *Leda*.
- Parmigianino: *Nossa Senhora da Rosa*.
- Rafael: *Nossa Senhora Sistina*.
- Rafael (cópia de): *Profeta Isaías*.

DUBLIN
National Gallery:
- Fra Angelico: *Cenas de São Cosme e São Damião*.
- Franciabigio: *Canonização de São Nicolau*.
- Signorelli, L.: *Cena em casa de Levi*.

DÜSSELDORF
Museu:
- Andrea del Sarto: desenho da *Nossa Senhora das Harpias*.

EMPOLI
Castelo:
- Cimabue: afrescos.
Igrejas:
Paróquia:
- Rossellino, A.: *São Sebastião*, *v.* Museu da Collegiata.
Sant'Agostino (capela da Companhia da Santa Cruz):

- Masolino: sinoples e fragmentos de afrescos.
Santo Stefano:
- Starnina, G.: fragmentos de afresco, *v.* Museu da Collegiata.
Museu da Collegiata:
- Lorenzo Monaco: tríptico.
- Starnina, G.: fragmentos de afresco de *Santo Estêvão*.
Museu da Collegiata (altar de São Sebastião):
- Botticini, F.: laterais e predela.
- Rossellino, A.: *São Sebastião*.

ESTOCOLMO
Museu Nacional:
- Anônimo do século XVI: desenho da decoração de Palácio del Bufalo em Roma.

FAENZA
Casa de G. Bernardi:
- Giorgione: retrato do sogro de Giovanni Bernardi.
Igrejas:
Catedral:
- Benedetto da Maiano: Arca de São Savino.
- Dossi, D. e B.: *Disputa no templo*, *v.* Pinacoteca.
San Francesco:
- Ottaviano da Faenza: *Nossa Senhora com São Pedro e São Paulo*.
Pinacoteca:
- Donatello: *São Jerônimo*.
- Dossi, D. e B.: *Disputa no templo* (fragmentos)
- Rossellino, A. (oficina): *São João*.

FELTRE
Igrejas:
Ognissanti:
- Morto da Feltre: *Aparição de Cristo a Santo Antônio e Santa Luzia*.
Santo Stefano:
- Morto da Feltre: *Nossa Senhora com o Menino Jesus, Santo Estêvão e São Maurício*, *v.* Berlim, Staatliche Museen.
Museu Cívico:
- Morto da Feltre: uma tela com *Nossa Senhora com o Menino Jesus e santos*; dois painéis com *Nossa Senhora com o Menino Jesus e santos*.

FERRARA
Castello Estense:
- Dossi, D. e B.: afrescos.
- Frisoni, D.: janelas.
- Piero della Francesca: afrescos.
- Ticiano: retrato de Alfonso I d'Este; *v. também* Nova York, Metropolitan Museum e Florença, Galeria Palatina.
Igrejas:
Catedral:
- Dossi, D.: *São João Evangelista e São Bartolomeu com duas personagens da família Pontichiero delle Sale*, *v.* Roma, Galeria Nacional.
- Francia, F.: *Coroação da Virgem*.
- Tura, C.: portas de órgão com *São Jorge matando o dragão* e *Anunciação*, *v.* Museu da Obra da Catedral.

Sant'Agostino:
– Piero della Francesca: afrescos.
San Domenico:
– Costa, L.: afrescos.
– Tura, C.: afrescos.
San Giorgio:
– Ottaviano da Faenza: pinturas.
Coleção Vandeghini:
– Roberti, E. de': *Petrônio*.
Museu da Obra da Catedral:
– Tura, C.: portas de órgão com *São Jorge matando o dragão* e *Anunciação*.
Palácio de Belriguardo:
– Galasso: obras.
Palácio Schifanoia:
– Cossa, F.: afrescos.
– Roberti, E. de': afrescos.

FIESOLE
Igrejas:
Abadia:
– Andrea da Fiesole: altar com *São Mateus e São Rômulo*, *Anunciação* e *Cenas da Eucaristia*.
– Brunelleschi, F.: arquitetura
– Mantegna, A.: *Nossa Senhora com o Menino Jesus e anjos*; *v. também* Milão, Pinacoteca de Brera.
Catedral (Episcopado):
– Mino da Fiesole: túmulo de Leonardo Salutati.
San Domenico:
– Fra Angelico: *Anunciação* e *Cenas de Maria*, *v.* Madri, Prado.
– Fra Angelico e Lorenzo di Credi: *Nossa Senhora e santos*; *v. também* Paris, Louvre e Londres, National Gallery.
– Lorenzo di Credi: *Batismo de Cristo*.
– Perugino, P.: *Nossa Senhora com o Menino Jesus entre São João Batista e São Sebastião*, *v.* Florença, Galleria degli Uffizi.
San Francesco:
– Piero di Cosimo: *Imaculada Conceição e santos*; sobre os desenhos, *v.* Florença, Galleria degli Uffizi (Gabinete de Desenhos e Gravuras).
San Girolamo:
– Andrea da Fiesole: altar com *Crucificação e santos*, *v.* Londres, Victoria and Albert Museum.
Palácio de São Jerônimo:
– Brunelleschi, F.: arquitetura, *v.* Villa Medici.
Villa Medici:
– Brunelleschi, F.: arquitetura.
Villa ex Pisa:
– Sangallo, G.: arquitetura.

FILADÉLFIA
Coleção Johnson:
– Botticelli, S.: *Cenas de Madalena*.
– Francesco d'Antonio: *Libertação de um endemoninhado*.
– Gozzoli, B.: *Apresentação ao templo*.
– Masolino: *São Pedro e São Paulo*.

– Ugolino di Nerio: fragmentos do políptico da igreja Santa Croce em Florença.

FLORENÇA
Arquivo de Estado:
– Lippi, Filippo: carta com desenho da *Virgem adorando o Menino Jesus*.
Bastiões:
– Sangallo, A. o Velho e Francesco: arquitetura.
Biblioteca Laurenziana:
– Alberti, L. B.: *Trattato sui pondi, leve e tirari* (cód. Ashburn, n.º 361).
– Gherardo: *Missal* (cód. Edili, 109).
– Gherardo e Monte: *Bibbia* (Plut. 15, cód. 15--17).
– Lorenzo Monaco: corais.
Biblioteca Nacional:
– Gherardo: *Breviario* (Cód. II.I.165).
– Ghiberti, Bonaccorso: *Zibaldone* (Banco Rari, 28).
– Filarete, A.: *Trattato di architettura*.
Esquina dos Carnesecchi (Canto dei Carnesecchi) (tabernáculo):
– Domenico Veneziano: *Nossa Senhora e santos*, *v.* Londres, National Gallery.
Esquina dos Gori (Canto de' Gori) (tabernáculo):
– Schiavo, Paolo: *Nossa Senhora e dois santos*.
Esquina das freiras de Foligno (Canto delle Monache di Foligno) (tabernáculo):
– Bicci di Lorenzo: afresco.
Casa Albizi:
– Sebastiano del Piombo: retrato de Antonfrancesco degli Albizi, *v.* Houston, Museum of Fine Arts.
Casa de Bindo Altoviti:
– Michelangelo: desenhos.
Casa de Niccolò Antinori:
– Andrea del Sarto: *Caridade com três putti*, *v.* Washington, National Gallery.
Casa de Baccio Bandinelli:
– Andrea del Sarto: retrato de Baccio Bandinelli, *v.* Galleria degli Uffizi e Londres, National Gallery.
Casa de Baccio Barbadori:
– Andrea del Sarto: *Sagrada Família e Sant'Ana*.
– Brunelleschi, F.: projeto.
Casa de Giovanni Bartolini:
– Sansovino, J.: *Baco*, *v.* Museu Nacional de Bargello.
Casa de Giovan Maria Benintendi:Albertinelli, M.: *Três pequenas cenas*.
– Andrea del Sarto: *São João Batista*, *v.* Vaduz, coleção Liechtenstein.
– Bachiacca: *Batismo de Cristo*, *v.* Berlim, Staatliche Museen; *A lenda do filho do rei*, *v.* Dresden, Gemäldegalerie.
– Franciabigio: *Davi e Betsabé*, *v.* Dresden, Gemäldegalerie.
– Pontormo: *Adoração dos Magos*, *v.* Galleria degli Uffizi.

779

- Rafael: *São João*, *v.* Galleria degli Uffizi.

Casa de Bartolomeo Bettini:
- Michelangelo: *Vênus e Cupido*, *v.* Galeria da Academia.

Casa de Matteo Botti:
- Rafael: *A velada*, *v.* Galeria Palatina.

Casa de Zanobi Bracci:
- Andrea del Sarto: *Sagrada Família e São João menino*, *v.* Galeria Palatina; sobre os desenhos, *v.* Galleria degli Uffizi (Gabinete de Desenhos e Gravuras); *Sagrada Família e São João menino*, *v.* Roma, Galeria Nacional; Madri, Prado (cópia de escola); sobre os desenhos, *v.* Paris, Louvre (Gabinete dos Desenhos); Paris, coleção F. Lugt; Viena, Albertina.

Casa Buonarroti: *v.* Museu da Casa Buonarroti.

Casa Buondelmonti:
- Jacopo di Giovanni Francesco: afrescos.

Casa Canigiani:
- Rafael: *Sagrada Família Santa Isabel e São João menino*, *v.* Munique, Alte Pinakothek.

Casa de Ludovico Capponi (tabernáculo):
- Penni, G. F.: *Nossa Senhora*.

Casa de Alessandro Corsini:
- Andrea del Sarto: *Nossa Senhora*.

Casa de Giovanni di Agostino Dini:
- Andrea del Sarto: *Nossa Senhora*.

Casa Doni:
- Fra Bartolomeo: *Sagrada Família*, *v.* Roma, Galeria Nacional.
- Michelangelo: *Tondo Doni*, *v.* Galleria degli Uffizi.
- Morto da Feltre: afrescos.

Casa de Francesco del Pugliese:
- Piero di Cosimo: *Cenas da humanidade primitiva*, *v.* Hartford (Connecticut), Wadsworth Atheneum; Nova York, Metropolitan Museum; Ottawa, National Gallery; Oxford, Museu Ashmolean.

Casa de Giovanni Gaddi:
- Andrea del Sarto: *Nossa Senhora*, *v.* Roma, Galeria Borghese; sobre o desenho, *v.* Galleria degli Uffizi (Gabinete de Desenhos e Gravuras).

Casa de' Gianfigliazzi:
- Desiderio da Settignano: *Brasão*.

Casa dos Gianfigliazzi (proximidade):
- Stefano Fiorentino: tabernáculo.

Casa Ginori:
- Andrea del Sarto: dois quadros, *v.* Casa Medici.

Casa del Giocondo:
- Andrea del Sarto: *Nossa Senhora*.

Casa de Giovanni di Paolo Merciaio:
- Andrea del Sarto: *Nossa Senhora*.

Casa Zanobi Girolami:
Andrea del Sarto: *Cena de José*.

Casa Giuntini:
- Brunelleschi, F.: projeto.

Casa de Luigi Guicciardini:

- Michelangelo: *Tondo Pitti*, *v.* Museu Nacional de Bargello.

Casa de Lorenzo Iacopi:
- Andrea del Sarto: *Nossa Senhora da Escada*, *v.* Madri, Prado; sobre os desenhos, *v.* Galleria degli Uffizi (Gabinete de Desenhos e Gravuras); Londres, British Museum (Gabinete dos Desenhos); Paris, Louvre (Gabinete dos Desenhos); Roma, Farnesina.

Casa de Apollonio Lapi:
- Brunelleschi, F.: arquitetura.

Casa de Cosimo Lapi:
- Andrea del Sarto: retrato de Cosimo Lapi.

Casa de Lorenzo della Stufa:
- Donatello: cabeças e figuras.

Casa Martelli:
- Donatello: *Davi*, *v.* Washington, National Gallery; *São João menino*, *v.* Museu Nacional de Bargello.

Casa dos Marzi:
- Andrea del Sarto: retrato do cardeal Giulio de' Medici.

Casa Medici:
- Albertinelli, M.: brasão de Leão X.
- Andrea del Sarto: dois quadros
- Baccio da Montelupo: *Hércules*.
- Fra Bartolomeo: *Assunção*, *v.* Berlim, Staatliche Museen; Nossas Senhoras.
- Bicci di Lorenzo: afrescos.
- Botticelli, S.: retábulos.
- Donatello: restauração da cabeça de Mársias.
- Leonardo: cartão com *Pecado original*
- Lorenzo di Credi: medalhão com *Nossa Senhora*.
- Pesellino: pinturas; arcas; *v. também* Cambridge, Fogg Art Museum; Le Mans, Museu; Kansas City (Missouri), Museu; Boston, Museu Gardner; Londres, National Gallery.
- Pollaiuolo, A. e P.: *Hércules e Anteu*, *Hércules e o Leão*, *Hércules e Hidra*, *v. também* Galleria degli Uffizi.
- Sebastiano del Piombo: retrato de Clemente VII, *v.* Nápoles, Galeria Nacional Capodimonte.
- Verrocchio, A.: restauração de Mársias.

Casa de Lorenzo Nasi:
- Rafael: *Nossa Senhora do Pintassilgo*, *v.* Galleria degli Uffizi.

Casa Nizza:
- Andrea del Sarto: *Nossa Senhora*.

Casa Pazzi (jardim):
- Donatello: vaso que lança água.

Casa de Giovanni Piloto:
- Perino del Vaga: *Nossa Senhora*, *v.* Londres, Courtauld Institute of Art.

Casa de Giovan Battista Puccini:
- Andrea del Sarto: *Nossa Senhora*, *v.* Munique, Alte Pinakothek.

Casa de Raffaello di Sandro:

- Perino del Vaga: *Passagem do mar Vermelho*, *v*. Coleção Uguccioni.

Casa de Cristoforo Rinieri:
- Fra Bartolomeo e Bugiardini, G.: *Rapto de Diana*, *v*. Viena, Kunsthistorisches Museum.

Casa de Francesco Salviati de' Medici:
- Andrea del Sarto: *Nossa Senhora com o Menino Jesus, Santa Isabel e São João menino*, *v*. Galeria Palatina.
- Casa Sangallo (em Borgo Pinti):
- Sangallo, G.: arquitetura.

Casa de Giuliano da Sangallo:
- Masaccio: painel com os retratos de Giotto, Donatello, Brunelleschi, Paolo Uccello, A. Manetti, *v*. Paris, Louvre.

Casa Andrea Sartini:
- Andrea del Sarto: *Sagrada Família e São João menino*.

Casa de Giuliano Scali:
- Puligo, D.: obras.

Casa de Giovanni Serristori:
- Sogliani, G. A. e Salviati, A.: *Assunção, Disputa da Concepção e santos*, *v*. Galeria da Academia.

Casa de Taddeo Taddei:
- Baccio d'Agnolo: arquitetura.
- Michelangelo: *Tondo*, *v*. Londres, Royal Academy of Arts.
- Rafael: dois quadros, *v*. Viena, Kunsthistorisches Museum (*Nossa Senhora do Belvedere*); sobre o desenho, *v*. Oxford, Museu Ashmolean; *v*. Londres, coleção Ellesmere (*Sagrada Família das Palmas*); *v*. Leningrado, Ermitage (*Sagrada Família*).

Casa de Taddeo Taddei:
- Sogliani, G. A.: tabernáculo com a *Crucificação*.

Casa de Giovanni Tornabuoni:
- Ghirlandaio, Domenico: *Adoração dos Magos*, *v*. Galleria degli Uffizi.
- Michelozzo, M.: arquitetura.
- Rossellino, A.: *Nossa Senhora*

Casa de Giovanni Vespucci:
- Botticelli, S.: pinturas; *v*. *também* Bergamo, Academia Carrara; Boston, Museu Gardner.
- Piero di Cosimo: *Descoberta do mel*, *v*. Worcester (Mass.), Art Museum; *Desventuras de Sileno*, *v*. Cambridge, Fogg Art Museum.

Casa de Simone Vespucci:
- Sansovino, A.: *Cristo na coluna*; busto de Galba, *v*. Arezzo, Casa Vasari; busto de Nero.

Igrejas:

Abadia:
- Fra Bartolomeo: *Visão de São Bernardo*, *v*. Galeria da Academia.
- Borro, B.: restauração nos vitrais.
- Giotto: afrescos; *Nossa Senhora* em meio-corpo com figuras ao lado.
- Lippi, Filippino: afrescos; *Aparição da Virgem a São Bernardo*; *São Jerônimo*, *v*. Galleria degli Uffizi.

- Mino da Fiesole: túmulo de Bernardo Giugni; túmulo do conde Ugo de Toscana; *Nossa Senhora com o Menino Jesus*; *Nossa Senhora com o Menino Jesus, São Lourenço e São Leonardo*.

Abadia (refeitório):
- Giovanni di Consalvo: *São Bento*.
- Sogliani, G. A.: *Crucificação e santos*.

Batistério:
- Apollonio: mosaicos.
- Baldovinetti, A.: trabalhos de restauração dos mosaicos; *Cristo imberbe e dois anjos*; *Cristo e dois Serafins*.
- Bernardo di Bartolomeo di Cenni: altar de São João, *v*. Museu da Obra da Catedral.
- Coppo di Marcovaldo (atr.): *Juízo Universal*
- Donatello: *Santa Maria Madalena penitente*.
- Donatello, Michelozzo e Pagno di Lapo Portigiani: sepulcro do Papa João XXIII.
- Finiguerra, M.: pazes, *v*. Museu Nacional de Bargello.
- Francesco de Giovanni: altar de São João, *v*. Museu da Obra da Catedral.
- Gaddi, G.: mosaicos.
- Ghiberti, L.: portas; porta leste (do Paraíso); porta norte.
- Ghiberti, L. e Vittorio: moldura da primeira porta (de Andrea Pisano); moldura da terceira porta.
- Jacopo della Quercia: almofada do concurso da porta.
- Jacopo di San Francesco, frei: mosaicos.
- Lippo de Corso e Donato de Donato: restauração nos mosaicos.
- Lippo Fiorentino: mosaico.
- Pisano, A.: tabernáculo; porta
- Pollaiuolo, A.: altar de São João, *v*. Museu da Obra da Catedral.
- Pollaiuolo, A. e Manfredi, P.: divisórias bordadas com *Cenas de São João Batista*, *v*. Museu da Obra da Catedral.
- Pollaiuolo, A., Dei, M., Betti, B.: Cruz, *v*. Museu da Obra da Catedral.
- Rustici, Giovan Francesco: *Pregação de São João Batista*.
- Salvi, A.: altar de São João, *v*. Museu da Obra da Catedral.
- Sansovino, A. e Danti, Vincenzo e Spinazzi, Innocenzo: *Batismo de Cristo*
- Taffi, Andrea: mosaicos.
- Verrocchio, A.: *Decapitação de João Batista*, *v*. Museu da Obra da Catedral.

Campora, Marignolle:
- Lippi, Filippino: *Aparição da Virgem a São Bernardo*, *v*. Abadia.

Campora, Marignolle (proximidades) Tabernáculo:
- Rosso Fiorentino: *Piedade*.

Carmine:
- Benedetto da Rovezzano: monumento de Pietro Soderini.

781

- Bicci di Lorenzo: afrescos.
- Domenico di Bartolo: painel.
- Giotto: afrescos.
- Jacopo del Sellaio: painel.
- Lippi, Filippo: *Confirmação da Regra*; *São Marcial*
- Masaccio: *São Paulo*.
- Masolino: *São Pedro*.
- Starnina, G.: fragmentos de afrescos; *Cenas de São Jerônimo*.

Carmine (capela de São Jerônimo):
- Uccello, P.: cimbre de São Cosme e São Damião.

Carmine (capela Brancacci):
- Desiderio da Settignano: anjo de madeira.
- Lippi, Filippino: afrescos; *Ressurreição do filho de Teófilo*.
- Masaccio: fundo da *Cura do aleijado* e da *Ressurreição de Tabita*; três bustos de jovens na ponta esquerda da *Pregação de São Pedro*; *Batismo dos Neófitos*; *Tributo*; *Expulsão de Adão e Eva*; *Distribuição das esmolas*; *São Pedro curando com a própria sombra*; *São Pedro na cátedra*.
- Masolino: *Quatro evangelistas*; *Vocação de Pedro e André*; *Navicella*; *Negação de Pedro*; *Adão e Eva no Paraíso terrestre*; *Pregação de São Pedro* (menos três cabeças de jovens no alto à esquerda e na parte inferior do Santo); *Cura do aleijado*; *Ressurreição de Tabita* (menos o casario e as pequenas figuras de fundo); cabeça de Cristo no *Tributo*; duas cabeças femininas em medalhões nas jambas da janela.

Carmine (claustro):
- Masaccio: *Sagração*.

Carmine (museu):
- Lippi, Filippo: fragmentos de *Um papa confirmando a regra dos carmelitas*.

Catedral: *v.* Santa Maria del Fiore.

Ognissanti
- Botticelli, S.: *Santo Agostinho*.
- Giottino: *São Cristóvão* e *São Jorge*.
- Ghirlandaio, Domenico: *Nossa Senhora da Misericórdia* e *Piedade*; *São Jerônimo*, *v.* Ognissanti (museu).
- Giotto: afrescos; *Nossa Senhora*, *v.* Galleria degli Uffizi; *Dormitio Virginis*, *v.* Berlim, Staatliche Museen.
- Giovanni del Biondo: *Anunciação*.

Ognissanti (altar Sassetti):
- Ghirlandaio, Domenico: afrescos.

Ognissanti (museu):
- Ghirlandaio, Domenico: *São Jerônimo*.

Ognissanti (refeitório):
- Ghirlandaio, Domenico: *Última Ceia*.

Ognissanti (sacristia):
- Giotto: crucifixo.

Orsanmichele:
- Andrea del Sarto: *Anunciação*, *v.* Museu de San Marco.

- Baccio da Montelupo: *São João Evangelista*
- Ciuffagni, B. (atr.): *São Pedro*.
- Daddi, B.: *Nossa Senhora com o Menino Jesus e anjos*.
- Donatello: estátuas; tabernáculo da Corporação dos Mercadores; *São Luís de Toulouse*, *v.* Museu de Santa Croce; *São Pedro*; *São Marcos*.
- Gaddi, A.: *Cristo e os doutores no templo*.
- Gaddi, T.: afresco sobre pilares com *São Lourenço e o seu martírio*.
- Ghiberti, L.: *São João Batista*, *São Mateus*; *Santo Estêvão*.
- Lorenzo di Credi: *São Bartolomeu*.
- Michelozzo, M.: *Anjo anunciante* e *Virgem anunciada*.
- Nanni di Banco: *Os quatro santos coroados*; *Santo Eói*; *São Filipe*.
- Niccolò di Pietro Lamberti: *São Lucas*, *v.* Museu Nacional de Bargello.
- Orcagna, A.: tabernáculo
- Pollaiuolo, A. e P.: *O anjo e Tobiolo*, *v.* Turim, Galeria Sabauda.
- Sogliani, G. A.: *São Martinho*.
- Verrocchio, A.: *Incredulidade de São Tomé*.

Osservanza (*v. também* San Salvatore al Monte):
- Sogliani, G. A.: *São João Batista*, *Santo Antônio de Pádua*; *Natividade*, *v.* Kassel, Gemäldegalerie.

Sant'Ambrogio:
- Baldovinetti, A.: painel.
- Graffione: *Nossa Senhora adorando o Menino Jesus*.
- Leonardo del Tasso: *São Sebastião*; sobre o desenho relativo, *v.* Paris, Louvre (Gabinete dos Desenhos).
- Mino da Fiesole: tabernáculo.
- Rosselli, C.: *Nossa Senhora em glória com Santo Ambrósio e São Francisco*; *Procissão do Sacramento e quatro pais da igreja*.

Santissima Annunziata:
- Alberti, L. B.: arquitetura da tribuna.
- Andrea del Castagno: *Lázaro, Marta e Madalena*; *Cenas de São Juliano*; *Trindade, São Jerônimo e duas santas*.
- Andrea del Sarto: *Anunciação*, *v.* Galeria Palatina; sobre o desenho, *v.* Paris, Louvre (Gabinete dos Desenhos); *Cristo Redentor*.
- Andrea del Sarto, Franciabigio, Feltrini, C.: cortinas do altar-mor com *Anunciação* e *Deposição*.
- Fra Angelico: portas do armário das pratas, *v.* Museu de San Marco.
- Fra Bartolomeo: *Cristo e os evangelistas*, *v.* Galeria Palatina e Galleria degli Uffizi.
- Empoli: *Cristo e os evangelistas*.
- Gaddi, T.: *Cenas de São Nicolau*.
- Lippi, Filippino e Perugino, P.: políptico, *v. também* Galeria da Academia; Altenburg, Museu Lindenau; Nova York, Metropolitan Museum; Roma, Galeria Nacional.

- Maso di Bartolomeo: candelabros e porta de bronze.
- Pagno di Lapo Portigiani: tabernáculo.
- Perugino, P.: *Assunção da Virgem*.
- Piero di Cosimo: *Imaculada Conceição*, *v.* Galleria degli Uffizi.
- Puligo, D.: *São Francisco recebe os estigmas*.
- Rosselli, C.: *Santa Bárbara entre São João e São Mateus*, *v.* Galeria da Academia.
- Sangallo, A. o Velho: crucifixo.
- Sangallo, G. e A. o Velho: crucifixo.
- Simone: lápide.

Santissima Annunziata (capela da Anunciação):
- Michelozzo, M.: arquitetura; *São João Batista* (em terracota).

Santissima Annunziata (claustro dos votos):
- Andrea del Sarto: *Natividade de Maria*; *Cortejo dos Magos*; sobre os desenhos, *v.* Galleria degli Uffizi (Gabinete de Desenhos e Gravuras); *Nossa Senhora do Saco*; sobre os desenhos, *v.* Londres, British Museum (Gabinete dos Desenhos) e Paris, Louvre (Gabinete dos Desenhos), *Cenas de São Filipe Benizzi*; sobre os desenhos, *v.* Galleria degli Uffizi (Gabinete de Desenhos e Gravuras) e Paris, Louvre (Gabinete dos Desenhos).
- Baldovinetti, A.: *Natividade*.
- Della Robbia, Luca (atr.): *Nossa Senhora com o Menino Jesus*.
- Franciabigio: *Núpcias da Virgem*.
- Michelozzo, M.: *Nossa Senhora com o Menino Jesus*.
- Pontormo: *Visitação*.
- Rosselli, C.: *Cenas de São Filipe Benizi*.
- Rosso Fiorentino: *Assunção*.

Santissima Annunziata (convento):
- Andrea del Sarto: *Chamada dos trabalhadores*, *Pagamento dos trabalhadores*; *Piedade*, *v.* San Salvi.
- Rosso Fiorentino: brasão de Leão X entre fé e caridade.

Santissima Annunziata (sacristia):
- Michelozzo, M.: arquitetura.

Sant'Antonio (ponte alla Carraia):
- Antonio Veneziano: afresco.

Sant'Antonio (Porta a Faenza; claustro):
- Lippo Fiorentino: afrescos com *Cenas de Santo Antônio*.

Sant'Apollinare:
- Domenico di Michelino: painel.
- Orcagna, A. e N.: afrescos.

Santi Apostoli:
- Benedetto da Rovezzano: sepulcro de Oddo Altoviti.
- Lippi, Filippo: painel.
- Vasari, G.: *Alegoria da Concepção*.

San Barnaba:
- Botticelli, S.: *Nossa Senhora com o Menino Jesus no trono, quatro anjos, Santa Catarina, Santo Agostinho, São Barnabé, São João Batista, Santo Inácio e São Miguel*, *v.* Galleria degli Uffizi.

San Benedetto:
- Andrea del Castagno: afrescos.

San Carlo:
- Niccolò di Pietro Gerini: *Deposição*.

Santa Cecilia:
- Cimabue: Cimbre, *v.* Galleria degli Uffizi.

Santa Chiara:
- Leonardo del Tasso: *Santa Clara*, *v.* Londres, Victoria and Albert Museum.
- Lorenzo di Credi: *Natividade*, *v.* Galleria degli Uffizi; *Madalena*, *v.* Berlim, Staatliche Museen.
- Perugino, P.: *Deposição*, *v.* Galeria Palatina.

Santa Croce:
- Andrei de Bonaiuto: iluminuras de um coral.
- Benedetto da Maiano: púlpito; *v. também* Londres, Victoria and Albert Museum e Berlim, Staatliche Museen.
- Daddi, B.: *Martírio de São Lourenço, Lapidação de Santo Estêvão* e *Santos*.
- Desiderio da Settignano: lápide tumular de Gregorio Marsuppini
- Domenico Veneziano (atr.): *São Francisco* e *São João Batista*.
- Donatello: *Anunciação*; crucifixo de madeira; *São Ludovico*, *v.* Museu da Obra de Santa Croce.
- Duccio (escola de): *Nossa Senhora com o Menino Jesus e seis anjos*, *v.* Londres, National Gallery.
- Gaddi, A., Mestre da Morte de Adão, Companheiro e Pseudo-Companheiro de Agnolo: *Cenas de São Constantino* e *Achamento da verdadeira Cruz*.
- Gaddi, T.: *Milagre de São Francisco*.
- Ghiberti, L.: lápide tumular de Bartolomeo Valori.
- Ghiberti, L. e Filippo di Cristofano: lápide tumular de Ludovico degli Obizi.
- Ghirlandaio, Domenico: *Cenas de São Paolino*.
- Giovanni da Milano: *Piedade*, *v.* Galeria da Academia.
- Giovanni dal Ponte: óculo da fachada
- Lippi, Filippo: *Nossa Senhora com o Menino Jesus, São Francisco, São Damião, São Cosme e Santo Antonio*, *v.* Galleria degli Uffizi.
- Mestre de Figline: crucifixo.
- Margarito: crucifixo.
- Memmi, Lippo: dois painéis.
- Memmi, Lippo e Martini, S.: afrescos.
- Mino da Fiesole: tabernáculo.
- Orcagna, A.: *Juízo* e *Triunfo da Morte*, *v.* Museu da Obra de Santa Croce.
- Perugino, P.: *Piedade*.
- Pesellino: *Cenas de São Nicolau de Bari*, *v.* Museu Buonarroti (Giovanni di Francesco); predela com *São Francisco recebendo os estigmas* e *Milagre de São Cosme e São Damião*, *v.* Paris,

783

Louvre; predela com *Natividade, Decapitação de São Cosme e São Damião, Santo Antônio de Pádua e o coração do avaro, v.* Galleria degli Uffizi.
– Rossellino, A.: *Nossa Senhora*; túmulo de Francesco Nori.
– Rossellino, B.: monumento a Leonardo Bruni.
– Ugolino di Nerio: políptico.
– Verrocchio, A.: *Nossa Senhora com o Menino Jesus* do túmulo de Leonardo Bruni de Rossellino B..
Santa Croce (capela Bardi):
– Gaddi, A.: *Cenas de São Ludovico.*
– Giotto: *Cenas de São Francisco.*
– Mestre de Figline: vitrais com figuras.
Santa Croce (capela Bardi di Vernio):
– Gaddi, T.: *Deposição.*
– Giottino: *Cenas de São Silvestre; Cenas de Constantino.*
Santa Croce (capela Baroncelli):
– Gaddi, T.: afrescos.
– Giotto: *Coroação da Virgem.*
– Michelozzo, M.: portal.
Santa Croce (capela Bellacci): *v.* Santa Croce (capela de Santo André).
Santa Croce (capela Castellani):
– Gaddi, A.: afrescos.
– Starnina, G.: afrescos
Santa Croce (capela Cavalcanti):
– Andrea del Castagno: *São Francisco e São João Batista, v.* Museu da Obra de Santa Croce.
– Domenico Veneziano (atr.): *São Francisco e São João Batista, v.* Museu da Obra de Santa Croce.
– Pollaiuolo, A. (atr.): *São Francisco e São João Batista, v.* Museu da Obra de Santa Croce.
Santa Croce (capela Giugni):
– Giotto: afrescos.
Santa Croce (capela Pazzi):
– Brunelleschi, F.: arquitetura.
– Della Robbia, L.: relevos vidrados com *Santo André, Quatro evangelistas, Doze apóstolos.*
Santa Croce (capela Peruzzi):
– Giotto: *Cenas de São João Batista e São João Evangelista.*
Santa Croce (capela Rinuccini):
– Gaddi, T.: afrescos.
– Gerini, Niccolò di Pietro: *Ressurreição e Ascensão.*
– Giovanni da Milano: afrescos.
– Matteo de Pacino: afrescos.
– Spinello Aretino: *Ida para o Calvário.*
Santa Croce (capela de Santo André):
– Gaddi, T.: afrescos.
Santa Croce (capela de São Silvestre): *v.* Santa Croce (capela Bardi di Vernio).
Santa Croce (capela Tosinghi):
– Mestre de Figline: *Assunção.*
Santa Croce (convento):

– Andrea del Castagno: *Cristo vergastado na coluna.*
– Bicci di Lorenzo: *Incredulidade de São Tomé, Assunção, São Cristóvão.*
– Giotto: *Cruz e Cenáculo, v.* Museu da Obra de Santa Croce (Gaddi, T.).
Santa Croce (sacristia, armários):
– Giotto: *Cenas da vida de Cristo e de São Francisco, v.* Galeria da Academia; Berlim, Staatliche Museen; Reisewitz, coleção Van Ingenheim (Gaddi, T.).
Sant'Egidio:
– Andrea del Castagno: afrescos
– Baldovinetti, A.: afrescos.
– Brini, F.: afresco.
– Domenico Veneziano, Piero della Francesca, Bicci di Lorenzo: afrescos.
– Gherardo: miniaturas, *v.* Biblioteca Nacional e Museu Nacional de Bargello.
San Felice:
– Neri de Bicci: retábulo; *Coroação de Maria, anjos e santos.*
Santa Felicità:
– Marcillat G. de: vitrais com o *Traslado do corpo de Cristo, v.* Museu Nacional de Bargello.
– Simone: *Santa Maria Madalena.*
– Spinello Aretino, Niccolò di Pietro Gerini, Lorenzo di Niccolò: tríptico, *v.* Galeria da Academia.
Santa Felicità (capela Barbadori, depois Capponi):
– Brunelleschi, F.: arquitetura.
– Pontormo: afrescos e *Decapitação.*
San Francesco al Monte: *v.* San Salvatore al Monte.
San Frediano:
– Ghirlandaio, Domenico, David e Benedetto: *Visitação, v.* Paris, Louvre.
– Gozzoli, B.: *Morte de São Jerônimo.*
– Lorenzo di Credi: painel.
– Jacopo del Sellaio: dois painéis.
– Piero di Cosimo: *Nossa Senhora, santos e anjos.*
San Giobbe:
– Franciabigio: *Nossa Senhora, São Jó e São Francisco, v.* Galleria degli Uffizi (Depósitos); *Visitação*
San Giorgio alla Costa:
– Granacci, F.: *Nossa Senhora e quatro santos, v.* Galeria da Academia.
– Raffaellino del Garbo: afrescos.
San Giovanni fra l'Arcore:
– Lippo Fiorentino: *Paixão de Cristo.*
San Giovannino alla Calza:
– Franciabigio: *Última Ceia.*
San Giovannino dei Cavalieri:
– Lorenzo Monaco: *Crucificado entre Maria e São João.*
San Giovannino degli Scolopi:
– Ghirlandaio, Domenico: *Nossa Senhora e santos, v.* Galleria degli Uffizi; Detroit, Museu;

Londres, National Gallery; Nova York, Metropolitan Museum.

San Girolamo alla Costa:
- Giovanni da Milano: *Piedade, v.* Galeria da Academia.
- Sogliani, G. A.: *São Francisco, Santa Isabel, v.* Galeria da Academia.

San Giuliano:
- Albertinelli, M.: *Trindade, v.* Galleria degli Uffizi; sobre os desenhos, *v.* Galleria degli Uffizi (Gabinete de Desenhos e Gravuras); *Nossa Senhora no trono, São Domingos, São Nicolau de Bari, São Juliano e São Jerônimo, v.* Galeria da Academia.
- Andrea del Castagno: *Crucificação com Maria, São Domingos, São Juliano e São João.*

San Giuseppe:
- Baccio d'Agnolo: arquitetura.

San Giusto:
- Perugino, P.: pinturas; *Cristo no jardim das oliveiras, v.* Galleria degli Uffizi; *Piedade, v.* Galleria degli Uffizi; *Crucificação, v.* Galleria degli Uffizi.

San Jacopo Sopr'Arno:
- Brunelleschi, F.: cúpula da Capela Ridolfi
- Lorenzo Monaco: painel, *v.* Galeria da Academia.
- Sogliani, G. A.: *Trindade e santos, v.* Galeria da Academia.

San Jacopo in Campo Corbolini:
- Cicilia: yúmulo de Luigi Tornabuoni.

San Jacopo tra' Fossi:
- Andrea del Sarto: *Disputa sobre a Trindade, v.* Galeria Palatina.
- Gaddi, A.: *Ressurreição de Lázaro*
- Granacci, F.: retábulo Covoni, *v.* Galeria da Academia.
- Perugino, P.: *São Jerônimo.*
- Sangallo, A. o Velho: crucifixo, *v.* Santissima Annunziata.

San Jacopo (fora da porta San Miniato):
- Michelozzo, M.: monumento fúnebre a Giovanni Chellini.

San Jacopo delle Mutate:
- Rosselli, C.: três figuras.

San Lorenzo:
- Fra Bartolomeo: painel de *Sant'Ana, v.* Museu de San Marco (Sala do Lavabo).
- Brunelleschi, F.: arquitetura.
- Desiderio da Settignano: tabernáculo.
- Donatello, Bertoldo e Bellano: púlpitos.
- Mestre dos Painéis Barberini: *Anunciação.*
- Michelangelo: arquitetura.
- Rosso Fiorentino: *Núpcias da Virgem.*
- Simone de Nanni Ferrucci: crucifixo.
- Sogliani, G. A.: *Martírio de Santo Arcádio e companheiros*; sobre a predela, *v.* Galleria degli Uffizi (Bachiacca).
- Verrocchio, A.: lavatório.

San Lorenzo (biblioteca):
- Michelangelo: arquitetura.

San Lorenzo (sacristia nova):
- Brunelleschi, F.: arquitetura.
- Michelangelo: arquitetura.
- Michelangelo, Raffaello da Montelupo: túmulos de Giuliano e Lourenço de' Medici.
- Montorsoli, G. A.: *São Cosme.*
- Piloto, G.: esfera de cobre para a lanterna da cúpula.
- Raffaello da Montelupo: *São Damião.*

San Lorenzo (sacristia antiga):
- Brunelleschi, F.: arquitetura.
- Donatello: Porta dos Apóstolos; Porta dos Mártires; *Santo Estêvão, São Lourenço, São Cosme e São Damião; Evangelistas; Cenas de São João Evangelista*; estuques e portas.
- Verrocchio, A.: túmulo de Giovanni e Piero de' Medici.

Santa Lucia dei Magnoli:
- Domenico Veneziano: *Nossa Senhora com o Menino Jesus entre São João Batista, São Nicolau, São Francisco e Santa Luzia, v.* Galleria degli Uffizi; Berlim, Staatliche Museen; Cambridge, Museu Fitzewilliam; Nova York, coleção Kress e coleção Hamilton.
- Lippo Fiorentino: afrescos.

Santa Lucia dei Magnoli (capela Mori):
- Jacone, Jacopo di Giovanni Francesco, *vulgo*: *Deus Pai, Cristo, Nossa Senhora e santos.*

San Marco:
- Fra Angelico: corais; afrescos; *Nossa Senhora com o Menino Jesus, anjos, São Lourenço, São João Evangelista, São Marcos, São Cosme, São Damião, São Domingos, São Francisco e São Pedro Mártir, v.* Museu de San Marco; Munique, Alte Pinakothek; Dublin, National Gallery; Washington, National Gallery; Paris, Louvre; duas *Cenas de São Cosme e São Damião.*
- Fra Bartolomeo: *Nossa Senhora e santos; São Marcos Evangelista, v.* Galeria Palatina; *São Sebastião, v.* Bézenas, coleção Alaffre; *São Vicente, v.* Galeria da Academia; *Bodas místicas de Santa Catarina, com São Pedro, São Bartolomeu e outros, v.* Paris, Louvre; *Bodas místicas de Santa Catarina* (Retábulo Pitti), *v.* Galeria da Academia.
- Bicci di Lorenzo: afrescos.
- Botticelli, S.: *Coroação da Virgem* e embaixo *São João Evangelista, Santo Agostinho, São Jerônimo e Santo Elói, v.* Galleria degli Uffizi.
- Dürer, A.: *Sagrada Família, v.* Galleria degli Uffizi.
- Franchi, A.: *São Marcos Evangelista.*
- Giotto: crucifixo.

San Marco (capítulo):
- Fra Angelico: afrescos.

San Marco (convento):
- Fra Angelico: afrescos.

- Baccio da Montelupo: crucifixo, *v.* Museu de San Marco.
- Fra Bartolomeo: afrescos; *Cristo com Cleofas e Lucas*; fragmentos com *Cabeças de santos* e *Nossa Senhora com o Menino Jesus*; *Apresentação ao templo*, *v.* Viena, Kunsthistorisches Museum.
- Ghirlandaio, Domenico: *Última Ceia*.
- Sogliani, G. A.: *Milagre de São Domingos* e *Crucificação*.

Santa Maria degli Angeli:
- Fra Angelico: *Juízo Universal*, *v.* Museu de San Marco.
- Brunelleschi, F.: arquitetura.
- Ghiberti, L.: relicário dos três mártires, *v.* Museu Nacional de Bargello.
- Lorenzo Monaco: *Coroação da Virgem*, *v.* Galleria degli Uffizi; corais, *v.* Biblioteca Laurenziana.

Santa Maria del Fiore:
- Andrea del Castagno: monumento a Niccolò da Tolentino.
- Andrea da Fiesole: *Santo André*; busto de Ficino.
- Arnolfo di Cambio: arquitetura.
- Baccio d'Agnolo: balcão em torno da cúpula.
- Baccio d'Agnolo e seguidores: piso.
- Bandinelli, B.: *São Pedro*.
- Benedetto da Maiano: medalhão com o busto de Squarcialupi; crucifixo; sepultura de Giotto.
- Benedetto da Rovezzano: *São João Evangelista*.
- Bicci di Lorenzo: *Apóstolos* e *Santos*; *v. também* Museu da Obra da Catedral.
- Brunelleschi, F.: arquitetura da cúpula.
- Cavalcanti, A.: busto de Filippo Brunelleschi.
- Della Robbia, L.: *Ressurreição*, *Ascensão*; coro, *v.* Museu da Obra da Catedral e Paris, Museu Jacquemart-André.
- Domenico di Michelino: *Dante ilustrando "Divina comédia"*.
- Donatello: coro, *v.* Museu da Obra da Catedral; *Profeta Daniel*; *Profeta Josué*.
- Donatello e Domenico di Pietro da Pisa: vitral, olho da cúpula com *Coroação de Maria*.
- Gaddi, G.: *Coroação da Virgem*,112 n.
- Gherardo: *Missal*, *v.* Biblioteca Laurenziana.
- Gherardo, Ghirlandaio, Domenico e David, Botticelli, S., Monte del Fora: mosaicos.
- Ghiberti, L.: arca de São Zenóbio; óculos da cúpula, da fachada, das capelas e das tribunas.
- Giuliano da Maiano: *putti* segurando festão.
- Lorenzo di Bicci: *Evangelistas*.
- Mariotto di Nardo: óculo central com *Assunção*, óculo lateral com *São Lourenço*.
- Michelangelo: *São Mateus*, *v.* Galeria da Academia; *Piedade*.
- Nanni di Banco: *Isaías*.
- Niccolò di Pietro Lamberti: *Evangelista Marcos*, *v.* Museu da Obra da Catedral.

- Sansovino, J.: *São Tiago Maior*.
- Uccello, P.: monumento a Giovanni Acuto.
- Verrocchio, A.: esfera de cobre da cúpula.

Santa Maria del Fiore (campário):
- Della Robbia, L.: relevos, *v.* Museu da Obra do Duomo; porta da sacristia.
- Donatello: *São João Batista*, *Abacuque*, *Jeremias*, *Profeta barbado*, *Profeta com cártula*, *Abraão e Isaque*, *v.* Museu da Obra da Catedral.
- Gaddi, T.: arquitetura.
- Giotto: arquitetura e escultura.
- Giottino: figura de mármore.
- Nanni di Bartolo: *Profeta Abdias*, *v.* Museu da Obra da Catedral.
- Pisano, A.: estátuas de profetas.

Santa Maria del Fiore (Obra da Catedral):
- Michelangelo: *São Mateus*, *v.* Galeria da Academia.

Santa Maria del Fiore (porta da Mandorla):
- Antonio di Banco: profetas.
- Ghirlandaio Domenico e David: *Anunciação*.
- Nanni di Banco: esculturas; *Assunção*.
- Niccolò di Pietro Lamberti: parte inferior da porta.
- Niccolò di Pietro Lamberti, Giovanni d'Ambrogio e Antonio di Banco: luneta.

Santa Maria del Flore (sacristia nova):
- Angelo di Lazzaro d'Arezzo, Bernardo di Tommaso de Ghigo, Giovanni di Ser Giovanni, Antonio Manetti, Giuliano da Maiano: armários tauxiados
- Cavalcanti, A.: fonte.
- Lorenzo di Credi e Cianfanini, G.: *São Miguel*.

Santa Maria degli Innocenti:
- Ghirlandaio, Domenico: *Adoração dos Magos*, *v.* Museu do Ospedale degli Innocenti.
- Giovanni di Francesco: *Deus Pai e anjos*.

Santa Maria Maddalena dei Pazzi:
- Botticelli, S.: *Anunciação*, *v.* Galleria degli Uffizi.
- Ghirlandaio, Domenico: *Anjos* em torno do tabernáculo.
- Lorenzo di Credi: *Nossa Senhora com São Juliano e São Nicolau*, *v.* Paris, Louvre.
- Perugino, P.: *Aparição da Virgem a São Bernardo*, *v.* Munique, Alte Pinakothek.
- Puligo, D.: *Nossa Senhora e seis santos*.
- Rosselli, C.: *Coroação de Maria com anjos e santos*; *Nossa Senhora com o Menino Jesus e São João Menino entre São Tiago e São Pedro*, *v.* Galeria da Academia.
- Sangallo, G.: arquitetura

Santa Maria Maddalena dei Pazzi (Sala do Capítulo):
- Perugino, P.: *Crucificação e santos*

Santa Maria Maggiore:
- Botticelli, S.: *São Sebastião*, *v.* Berlim, Staatliche Museen.

- Jacopo di Cione: afrescos.
- Masaccio e Masolino: *Nossa Senhora, Santa Catarina e São Juliano*; *Natividade de Cristo, v.* Museu Diocesano e Museu Horne.
- Masolino: *Nossa Senhora, Santa Catarina e São Juliano.*
- Uccello, P.: *Anunciação com os quatro evangelistas.*

Santa Maria Novella:
- Alberti, L. B.: fachada.
- Andrea da Fiesole, Boscoli, T. e Cosini, S.: túmulo de Antonio Strozzi.
- Fra Angelico: círio pascal; relicários, *v.* Museu de San Marco; Boston, Museu Isabella Stewart Gardner.
- Benedetto da Maiano: monumento a Filippo Strozzi, *v. também* Paris, Louvre e Berlim, Staatliche Museen.
- Botticelli, S.: *Adoração dos Magos, v.* Galleria degli Uffizi.
- Brunelleschi, F.: arquitetura; crucifixo de madeira.
- Cimabue: *Madonna Rucellai, v.* Galleria degli Uffizi (Duccio).
- Cosini, S.: túmulo Minerbetti.
- Gaddi, T.: *São Jerônimo.*
- Ghiberti, L.: sepultura de Leonardo Dati.
- Ghirlandaio, Benedetto e David: *Santa Luzia e doador.*
- Ghirlandaio, Domenico, Granacci, F., Ghirlandaio, David e Benedetto, Mainardi, S.: afrescos.
- Ghirlandaio, Domenico, Benedetto e David, Granacci, F., Mainardi, S.: retábulo, *v.* Berlim, Staatliche Museen (Ghirlandaio David e Granacci F.); Budapeste, Museu de Belas-Artes (Mainardi, S.); Munique, Alte Pinakothek (Granacci, F. e Mainardi, S.); Reggio Emilia, Fundação Magnani (Mainardi); Berlim, Staatliche Museen (Granacci, F.); Munique, Alte Pinakothek (Mainardi, S.).
- Giottino: *São Cosme e São Damião.*
- Giotto: crucifixo; *São Ludovico.*
- Lippi, Filippino: afrescos.
- Masaccio: *Trindade.*
- Orcagna, A.: políptico; *Cenas da Virgem.*
- Pisano, N.: *Nossa Senhora.*
- Rossellino, B.: túmulo da Beata Villana.
- Strozzi, Z.: painel.

Santa Maria Novella (Capela dos Espanhóis):
- Andrea di Bonaiuto: afresco.
- Gaddi, I.: afrescos.
- Martini, S.: afrescos.
- Ugolino di Nerio: políptico.

Santa Maria Novella (capela Strozzi):
- Orcagna, A. e N.: afrescos.

Santa Maria Novella (capela Tornabuoni):
- Orcagna, A.: afrescos.

Santa Maria Novella (Claustro dos Mortos):

- Stefano Fiorentino: *Tomás de Aquino*; crucifixo.

Santa Maria Novella (Claustro Verde):
- Dello di Niccolò Delli: *Cenas dos progenitores* (até o pecado original).
- Stefano Fiorentino: *Crucifixo com São Domingos e Santo Tomás de Aquino.*
- Uccello, P.: afrescos.

Santa Maria Novella (convento):
- Franciabigio: *Tomás de Aquino.*

Santa Maria Novella (Sala do Papa):
- Leonardo: *Batalha de Anghiari; v. também* desenhos em Budapeste, Museu de Belas-Artes; Veneza, Galeria da Academia; Windsor, Royal Library.
- Michelangelo: cartão para a *Batalha de Cascina.*

Santa Maria Nuova:
- Fra Angelico: *Coroação da Virgem, v.* Galleria degli Uffizi.
- Dello di Niccolò Delli: *Coroação da Virgem.*
- Franciabigio: pintura.
- Girolamo da Cremona: coral com iluminuras, *v.* Museu Nacional de Bargello.
- Goes, H. van der: *Adoração dos pastores* (tríptico Portinari), *v.* Galleria degli Uffizi.
- Lorenzo Monaco: corais, *v.* Museu Nacional de Bargello.
- Memling, H.: *São Bento, v.* Galleria degli Uffizi; retrato de meio-corpo de Benedetto di Tommaso Portinari, *v.* Galleria degli Uffizi.
- Rosso Fiorentino: *Nossa Senhora, São João Batista, Santo Antônio, Santo Estêvão e São Jerônimo, v.* Galleria degli Uffizi.

Santa Maria Nuova (cemitério):
- Andrea del Castagno: *Santo André.*
- Ghirlandaio, Domenico: *São Miguel.*

Santa Maria Nuova (refeitório):
- Andrea del Castagno: *Cenáculo.*

Santa Maria Primerana:
- Lippi, Filippo: *Anunciação, v.* Munique, Alte Pinakothek.

Santa Maria Ughi:
- Ghirlandaio, Domenico: afrescos.

San Martino:
- Albertinelli, M.: *Visitação, v.* Galleria degli Uffizi.
- Perugino, P.: afrescos.

San Matteo:
- Lorenzo di Credi: algumas figuras.
- São Miguel Berteldi: *v.* igreja de San Gaetano.

San Michele Visdomini:
- Mariotto di Nardo: afresco do *Paraíso.*

Santi Michele e Gaetano:
- *São Miguel, Santa Maria* e *São João* (esculturas do século XII), *v.* Oratório de Santi Michele e Gaetano.

San Miniato al Monte:
- Baccio d'Agnolo: campanário.
- Lippi, Filippino (?): *Nossa Senhora com o Menino Jesus e anjos entre São João Batista, São João Evangelista, São Jerônimo e São Francisco.*

- Mestre da Madalena: afresco.
- Michelozzo, M.: capela do crucifixo.
- Pollaiuolo, A. e P.: *São Tiago, Santo Eustáquio e São Vicente*, v. Galleria degli Uffizi.

San Miniato al Monte (capela do Cardeal de Portugal):
- Della Robbia, L.: decoração da capela.
- Rossellino, A.: monumento ao cardeal Jacopo di Portogallo.

San Miniato al Monte (capela do Crucifixo):
- Della Robbia, L.: decoração da capela.
- Maso di Bartolomeo: águias de bronze do tabernáculo.

San Miniato al Monte (claustro):
- Andrea del Castagno: *Cena de São Miniato e São Cresci*
- Uccello, P.: afrescos.

San Miniato al Monte (sacristia):
- Spinello Aretino: *Cenas de São Bento*.

San Miniato fra le torri:
- Andrea del Castagno: *Assunção entre São Juliano e São Miniato*, v. Berlim, Staatliche Museen.
- Pollaiuolo, A.: *São Cristóvão*, v. Nova York, Metropolitan Museum.

San Nicola al Ceppo:
- Sogliani, G. A.: *Visitação, São Nicolau*.

San Pancrazio:
- Albertinelli, M.: *Visitação*.
- Franciabigio: afrescos.
- Giottino: afrescos.
- Lippi, Filippino: *Nossa Senhora com o Menino Jesus, São Jerônimo e São Domingos*, v. Londres, National Gallery.

San Pancrazio (claustro):
- Neri di Bicci: *São João Gualberto no trono circundado por santos monges*.

San Paolo:
- Masaccio: afresco.

San Piero Buonconsiglio:
- Della Robbia, L.: *Nossa Senhora com o Menino Jesus e anjos*, v. Palácio do Partido Guelfo.

San Piero Gattolini:
- Giottino: *São Cosme e São Damião*.

San Piero Maggiore:
- Baccio da Montelupo: crucifixo.
- Botticini, F. (atr.): *Assunção da Virgem*, v. Londres, National Gallery.
- Desiderio da Settignano: tabernáculo do Sacramento, v. Washington, National Gallery.
- Franciabigio: *Anunciação*, v. Turim, Galeria Sabauda.
- Granacci, F.: *Nossa Senhora dando o cíngulo a São Tomé*, v. Sarasota (Flórida), Museu Ringling.
- Perugino, P.: *Crucificação*.

San Piero Maggiore (igreja próxima a):
- Della Robbia, L.: luneta da via dell'Agnolo, v. Museu Nacional de Bargello.

San Pietro Scheraggio:
- Lorenzo Monaco: *Nossa Senhora e santos*.

San Procolo:
- Lorenzetti, A.: *Nossa Senhora com o Menino Jesus entre São Nicolau e São Próculo*, v. Galleria degli Uffizi.

San Raffaello:
- Lippi, Filippino: *Crucificado entre Nossa Senhora e São Francisco*, v. Galeria da Academia e Berlim, Staatliche Museen.

San Remigio:
- Gaddi, A.: afresco.
- Giottino: *Deposição*, v. Galleria degli Uffizi.
- Orcagna, A.: *Anunciação*.

Santa Reparata: v. Santa Maria del Fiore.

San Romeo: v. San Remigio.

San Salvatore al Monte (v. também igreja da Osservanza):
- Fra Angelico: *Anunciação*, v. Londres, National Gallery e Lausanne, coleção Reber.
- Botticelli, S.: *Nossa Senhora com o Menino Jesus e anjos*; v. também Galleria degli Uffizi e Berlim, Staatliche Museen.
- Cronaca: arquitetura
- Lippi, Filippino: *Deus Pai com muitas crianças*.
- Strozzi, Z.: *Anunciação*, v. Londres, National Gallery e Lausanne, coleção Reber.

San Salvi:
- Andrea del Sarto: *Piedade*.
- Verrocchio, A. e Leonardo: *Batismo de Cristo*, v. Galleria degli Uffizi.

San Salvi (refeitório):
- Andrea del Sarto: *Última Ceia*; sobre os desenhos, v. Galleria degli Uffizi (Gabinete de Desenhos e Gravuras) e Paris, Louvre (Gabinete dos Desenhos).
- Benedetto da Rovezzano: fragmento do monumento a São João Gualberto.

San Sebastiano:
- Andrea del Sarto: *São Sebastião*; v. também Museu do Ospedale degli Innocenti; Prato, Pinacoteca; Richmond (ex-), coleção Cook.
- Pollaiuolo, A. e P.: *Martírio de São Sebastião*, v. Londres, National Gallery.
- Rosso, F.: brasão dos Pucci.

Santo Spirito:
- Barna: *Cenas de São Nicolau*.
- Botticelli, S.: *Nossa Senhora com o Menino Jesus e dois São João*, v. Berlim, Staatliche Museen.
- Brunelleschi, F.: arquitetura; estátua de madeira de *Santa Maria Madalena*.
- Ficherelli, F.: *Visão de São Bernardo*; v. também Munique, Alte Pinakothek (Perugino, P.).
- Foschi, Pier Francesco: *Assunção, Transfiguração e Ressurreição*.
- Franciabigio: *Dois anjos, Anunciação*; *Cenas de São Nicolau*, v. Arezzo, Pinacoteca; Dublin, National Gallery; Oxford, Museu Ashmolean.
- Giottino: afrescos.
- Lippi, Filippino: *Nossa Senhora com o Menino Jesus, São João menino, São Martinho, Santa Catarina e os dois patrocinadores ajoelhados*.

- Lippi, Filippo: *Nossa Senhora no trono entre anjos e santos, v.* Galleria degli Uffizi e Paris, Louvre.
- Michelangelo: crucifixo, *v.* Museu Buonarroti.
- Maso di Banco: políptico.
- Piero di Cosimo: *Visitação, v.* Washington, National Gallery.
- Raffaellino del Garbo: *Piedade, v.* Munique, Alte Pinakothek.
- Rafael: *Nossa Senhora do Baldaquim, v.* Galeria Palatina.
- Rosso Fiorentino: *Nossa Senhora e santos, v.* Galeria Palatina.
- Sagrestani, G. C.: *Núpcias da Virgem.*
- Sansovino, A.: altar Corbinelli; esculturas e obras de arquitetura.
- Sansovino, J.: *São Nicolau.*

Santo Spirito (campanário):
- Baccio d'Agnolo: arquitetura.

Santo Spirito (claustro):
- Antonio Veneziano: afrescos.
- Cimabue: afrescos.
- Gaddi, G.: afrescos.
- Gaddi, T.: afrescos.
- Stefano Fiorentino: afrescos.

Santo Spirito (ex-refeitório, agora Fundação Romano):
- Gaddi T.: afrescos.
- Mestre do Refeitório do Santo Spirito e Mestre do Pentecostes (atr.): *Crucificação.*
- Martini, S.: afrescos.
- Orcagna, A. e Nardo di Cione (atr.): *Crucificação.*

Santo Spirito (sacristia):
- Cronaca e Sangallo, G.: arquitetura.
- Raffaellino del Garbo: *Missa de São Gregório, v.* Sarasota (Flórida), Museu Ringling; *Nossa Senhora, São Bartolomeu e São João Evangelista, v.* San Francisco, De Young Memorial Museum.
- Sansovino, A.: esculturas e obras de arquitetura.

Santo Stefano al Ponte:
- Fra Angelico: painel.
- Gaddi, T.: painel.
- Giottino: afrescos.
- Giovanni di Marco: três pinturas sobre madeira.

Santa Trinita:
- Albertinelli, M.: *Nossa Senhora com São Jerônimo e São Zenóbio, v.* Paris, Louvre.
- Fra Angelico: *Deposição, v.* Museu de San Marco.
- Baldovinetti, A.: *Cenas do Antigo Testamento* (fragmentos); *Trindade, v.* Galeria da Academia.
- Bicci di Lorenzo: afrescos.
- Desiderio da Settignano e Benedetto da Maiano: *Madalena.*
- Domenico di Bartolo: *Anunciação.*
- Gentile da Fabriano: *Adoração dos Magos, v.* Galleria degli Uffizi e Paris, Louvre.

- Ghirlandaio, Domenico: afresco; *Cenas de São Francisco*; *Natividade.*
- Giovanni di Marco e Smeraldo di Giovanni: afrescos.
- Lorenzo Monaco: *Anunciação*; *Cenas de Maria.*
- Toscani, Giovanni di Francesco: fragmentos de afresco com *São Nicolau em glória* e *Piedade.*
- Uccello, P.: *Cenas de São Francisco.*

Santa Trinita (capela Ardinghelli):
- Mestre da Crucificação Griggs: afrescos.
- Toscani, Giovanni di Francesco: afrescos (*v.* Mestre da Crucificação Griggs).

Coleção Berenson:
- Granacci, F.: duas *Cenas de santas.*

Coleção Loeser:
- Perino del Vaga: desenho com as *Cenas dos dez mil mártires.*

Coleção Uguccioni:
- Perino del Vaga: *Passagem do mar Vermelho.*

Coleção particular:
- Spinello Aretino: *Cristo abençoando.*

Companhia de São Jorge:
- Rosselli, C.: *Anunciação.*

Companhia de São João Evangelista:
- Andrea del Castagno: estandarte.

Companhia de São Tiago:
- Andrea del Sarto: *São Tiago, v.* Galleria degli Uffizi.

Companhia de São Marcos:
- Gozzoli, B.: *Nossa Senhora com o Menino Jesus no trono entre anjos e santos, v.* Londres, Palácio de Buckingham e National Gallery; Milão, Pinacoteca de Brera; Berlim, Staatliche Museen; Filadélfia, coleção Johnson; Washington, National Gallery e coleção Kress.

Companhia de Santa Maria della Croce al Tempio:
- Fra Angelico: *Lamentação sobre Cristo, v.* Museu de San Marco.

Companhia de Santa Maria da Neve:
- Andrea del Sarto: *Nossa Senhora, São João Batista e Santo Ambrósio, v.* Stoke Poges, igreja (cópia de Chimenti, J.); sobre os desenhos, *v.* Galleria degli Uffizi (Gabinete de Desenhos e Gravuras); Berlim, Staatliche Museen (Gabinete dos Desenhos); Paris, Louvre (Gabinete dos Desenhos).

Companhia de São Zenóbio:
- Albertinelli, M.: *Anunciação, v.* Galeria da Academia.
- Ghirlandaio, Ridolfo: *Cenas de São Zenóbio, v.* Galeria da Academia.

Companhia do Descalço:
- Lorenzo di Credi: *Batismo de Cristo, v.* Fiesole, San Domenico.
- Sangallo, A. o Velho: crucifixo.

Companhia do Descalço (claustro):
- Andrea del Sarto: *Anúncio a Zacarias*; sobre os desenhos *v.* Madri, Prado; *Visitação*; sobre os

desenhos *v.* Dijon, Museu e Nova York, Pierpont Morgan Library; *Cenas de João Batista*; sobre os desenhos, *v.* Galleria degli Uffizi (Gabinete de Desenhos e Gravuras); Melbourne, Museu; Londres, British Museum (Sloane); Oxford, Museu Ashmolean; Paris, Louvre (Gabinete dos Desenhos); Berlim, Staatliche Museen (Gabinete dos Desenhos).
- Franciabigio: *Bênção de Zacarias a João Batista*; *Encontro de Cristo e João Batista*; sobre os desenhos *v.* Paris, École des Beaux-Arts.

Conventos:
Camáldulos:
- Bicci di Lorenzo e ajudantes: *São João Gualberto* e seis *Cenas.*
- Lorenzo Monaco: *Crucificado entre Maria e São João*, *v.* igreja de San Giovannino dei Cavalieri; *Coroação da Virgem*, *v.* Londres, National Gallery e coleção Barret Lennard; Roma-Vaticano, Pinacoteca.
- Perugino, P.: *São Jerônimo.*

Cartuxa (Certosa):
- Albertinelli, M.: *Crucificação.*

Convertidas:
- Botticelli, S.: painel; *v. também* Galleria degli Uffizi; Londres, Courtauld Institute Galleries (coleção Lee); Filadélfia, coleção Johnson.

Monte Oliveto:
- Raffaellino del Garbo: *Ressurreição de Cristo*, *v.* Galeria da Academia.

Enclausuradas (Murate):
- Baccio da Montelupo: crucifixo.
- Desiderio da Settignano: *Nossa Senhora.*
- Lippi, Filippo: *Anunciação*, *v.* Munique, Alte Pinakothek; *Cenas de São Bento e São Bernardo*, *v. também* Lyon, coleção Aynard.
- Mino da Fiesole: tabernáculo, *v.* Santa Croce.

Santo Ambrósio:
- Lippi, Filippo: *Coroação de Maria*, *v.* Galleria degli Uffizi e Berlim, Staatliche Museen.

Santissima Annunziata: *v.* Igrejas.

Santa Apollonia:
- Granacci, F.: pinturas, *v.* Galeria da Academia e coleção Berenson; Nova York, coleção Particular; Munique, Alte Pinakothek.

Santa Apollonia (cenáculo):
- Andrea del Castagno: *Crucificação com Nossa Senhora, São João Evangelista, São Bento e São Romualdo.*

Santa Croce: *v.* Igrejas.

San Donato agli Scopeti:
- Lippi, Filippino: *Adoração dos Magos*, *v.* Galleria degli Uffizi.

San Francesco (de via Pentolini, agora dei Macci):
- Andrea del Sarto: *Nossa Senhora das Harpias*, *v.* Galleria degli Uffizi; sobre os desenhos, *v.* Galleria degli Uffizi (Gabinete de Desenhos e Gravuras); Colônia, Museu Wallraf-Richarts;

Düsseldorf, Museu; Paris, Louvre (Gabinete dos Desenhos).

San Gallo:
- Andrea del Sarto: *Anunciação*, *v.* Galeria Palatina; sobre o desenho, *v.* Galleria degli Uffizi (Gabinete de Desenhos e Gravuras); *Disputa da Trindade*, *v.* Galeria Palatina; sobre os desenhos, *v.* Galleria degli Uffizi (Gabinete de Desenhos e Gravuras) e Paris, Louvre (Gabinete dos Desenhos); *Noli me tangere*, *v.* Galleria degli Uffizi, sobre os desenhos, *v.* Galleria degli Uffizi (Gabinete de Desenhos e Gravuras).
- Fra Bartolomeo e Bugiardini, G.: *Piedade*, *v.* Galeria Palatina.
- Perugino, P.: *São Jerônimo em penitência*, *v.* San Jacopo tra' Fossi.
- Pontormo e Rosso, F.: predela para a *Anunciação* de Andrea del Sarto
- Sangallo, G.: arquitetura.

San Gallo (claustro):
- Giottino: *Piedade*

Fortaleza de Baixo (Fortezza da Basso):
- Sangallo, A. o Jovem: obras de arquitetura.

Fortificações:
- Michelangelo: obras de arquitetura.

Galeria da Academia:
- Albertinelli, M.: *Anunciação*; *Nossa Senhora no trono, São Domingos, São Nicolau de Bari, São Juliano e São Jerônimo*; *Trindade.*
- Baldovinetti, A.: *Trindade.*
- Fra Bartolomeo: *Bodas místicas de Santa Catarina* (Retábulo Pitti); *São Vicente*; *Visão de São Bernardo.*
- Daddi, B.: *Coroação da Virgem e santos.*
- Gaddi, T.: *Cenas da vida de Cristo, Cenas da vida de São Francisco.*
- Ghirlandaio, R.: *Cenas de São Zenóbio.*
- Giovanni da Milano: *Piedade.*
- Granacci, F.: *Nossa Senhora e quatro santos*; *Martírio de Santa Inês, Santa Apolônia, Santa Luzia*; Retábulo Covoni.
- Lippi, Filippino: *São João Batista e Santa Maria Madalena.*
- Lippi, Filippino e Perugino, P.: *Deposição.*
- Lorenzo Monaco: *Crucifixo, Virgem e São João*; *Natividade, Cena de Santo Onofre, Cenas de São Nicolau de Bari.*
- Michelangelo: *Davi*; *Escravo barbudo, Escravo jovem, Atlas, Escravo despertando*; *São Mateus*; *Vênus e Cupido.*
- Perugino, P.: *Assunção com São João Gualberto, São Bernardo dos Uberti, São Bento e São Miguel.*
- Pontormo (atr.): *Vênus e Cupido.*
- Raffaellino del Garbo: *Ressurreição de Cristo.*
- Rosselli, C.: *Nossa Senhora com o Menino Jesus e São João menino entre São Tiago e São Pedro*; *Santa Bárbara entre São João Batista e São Mateus.*
- Sogliani, G. A.: *São Francisco*; *Santa Isabel*; *Trindade e santos.*

- Sogliani, G. A. e Salviati, A.: *Assunção, Disputa da Concepção e santos*.
- Spinello Aretino, Niccolò di Pietro Gerini, Lorenzo di Niccolò: tríptico.

Galeria Palatina:

- Andrea del Sarto: *Anunciação*; *Anunciação com São Miguel e São Gaudêncio*; *Anunciação*; *Assunção*; sobre os desenhos, *v*. Galleria degli Uffizi (Gabinete de Desenhos e Gravuras); Hamburgo, Kunsthalle; Londres, British Museum (Fawkener); Paris, Louvre (Gabinete dos Desenhos) e coleção Lugt; Roma, Farnesina; *Disputa sobre a Trindade, Cenas da juventude de José e sonho do Faraó*; *Nossa Senhora com o Menino Jesus, São João Batista, Santa Maria Madalena, São Sebastião e São Roque*; *Nossa Senhora com o Menino Jesus, Santa Isabel e São João menino*; sobre os desenhos, *v*. Oxford, Museu Ashmoleam; Paris, Louvre (Gabinete dos Desenhos); Viena, Albertina; *Piedade*; *Sagrada Família e São João menino*; *São João Batista*, sobre o desenho, *v*. LockoPark (coleção Drury).
- Andrea del Sarto e Bonilli, V.: *Virgem em glória e quatro santos*.
- Fra Bartolomeo: *São Marcos Evangelista*; *Cristo e os evangelistas*. – Fra Bartolomeo e Bugiardini, G.: *Piedade*.
- Lippi, Filippino: *Cena de Lucrécia*.
- Perugino, P.: *Deposição*.
- Rafael: *A velada*; *Nossa Senhora do Baldaquim*; *Visão de Ezequiel*.
- Rafael e oficina: *Nossa Senhora da janela velada* (*Madonna dell'Impannata*).
- Rosso Fiorentino: *Nossa Senhora e santos*.
- Sebastiano del Piombo: retrato de Baccio Valori.
- Soggi, N.: *Nossa Senhora com o Menino Jesus e quatro santos*.
- Ticiano (cópia de): retrato de Alfonso I d'Este.

Galleria degli Ufizzi:

- Duas estátuas de Mársias.
- Torso de Sátiro.
- Albertinelli, M.: *Visitação*.
- Andrea del Castagno e Giovanni di Francesco: *Homens ilustres*.
- Andrea del Sarto: autorretrato; retrato de um escultor (Baccio Bandinelli?); *São Tiago*; *Noli me tangere*; *Nossa Senhora das Harpias*; sobre os desenhos, *v*. Galleria degli Uffizi (Gabinete de Desenhos e Gravuras); Wallraf, Museu Richartz; Düsseldorf, Museu; Paris, Louvre (Gabinete dos Desenhos).
- Fra Angelico: *Coroação da Virgem*.
- Bachiacca: predela do *Martírio de Santo Arcádio e companheiros*.
- Fra Bartolomeo: *Jó e Isaías*.
- Bellini, Gentile: *Alegoria*.
- Botticelli, S.: *Adoração dos Magos*; *Anunciação*; *A calúnia de Apeles*; *Fortaleza*; *Judite e Holofernes*; *Coroação da Virgem* e embaixo *São João Evangelista, Santo Agostinho, São Jerônimo e Santo Elói*; *Nossa Senhora do Magnificat*; *Nossa Senhora com o Menino Jesus no trono, quatro anjos, Santa Catarina, Santo Agostinho, São Barnabé, São João Batista, Santo Inácio e São Miguel*; *Nossa Senhora e o Menino Jesus entre Santa Maria Madalena, São João Batista, São Cosme, São Damião, São Francisco e Santa Catarina*; *Nascimento de Vênus*; *Primavera*.
- Daddi, B.: tríptico.
- Domenico Veneziano: *Nossa Senhora com o Menino Jesus entre São João Batista, São Nicolau, São Francisco e Santa Luzia*.
- Duccio: *Madonna Rucellai*.
- Dürer, A.: *Sagrada Família*.
- Francia, F.: *Nossa Senhora no trono entre São Francisco e Santo Antônio de Pádua*.
- Gentile da Fabriano: *Adoração dos Magos*.
- Ghirlandaio, Domenico: *Adoração dos Magos*; *Nossa Senhora e santos*.
- Giottino: *Deposição*; *Nossa Senhora e santos* (tabernáculo).
- Giotto: *Nossa Senhora, São Nicolau, São João Evangelista, São Pedro e São Bento*; *Nossa Senhora de todos os santos*.
- Giovanni di Marco: predela com *Cenas da vida de São Pedro*.
- Goes, H. van der: *Adoração dos pastores* (tríptico Portinari).
- Granacci, F.: *Cenas de José*.
- Jacopo del Casentino: tríptico.
- Leonardo: *Adoração dos Magos*.
- Lippi, Filippino: *Adoração dos Magos*; *Nossa Senhora com o Menino Jesus entre São João Batista, São Vítor, São Bernardo e São Zenóbio*; *São Jerônimo*.
- Lippi, Filippo: *Coroação de Maria*; *Nossa Senhora com o Menino Jesus e santos*; *Nossa Senhora com o Menino Jesus, São Francisco, São Damião, São Cosme e Santo Antônio*; *Natividade*; *Natividade com São Jerônimo, Santa Maria Madalena e Santo Hilário*; predela com *São Frediano desviando o Serquio, Anúncio da morte à Virgem e Santo Agostinho no estúdio*.
- Lorenzetti, A.: *Apresentação ao templo*; *Cenas de São Nicolau*; *Nossa Senhora com o Menino Jesus entre São Nicolau e São Próculo*.
- Lorenzo di Credi: *Natividade*; medalhão com *Nossa Senhora e anjos adorando o Menino Jesus*.
- Lorenzo Monaco: *Adoração dos Magos*; *Coroação da Virgem*.
- Mestre de Santa Cecília: cimbre.
- Mantegna, A.: *Adoração dos Magos, Ascensão* e *Circuncisão*.
- Mariotto di Nardo: *Anunciação*.
- Martini, S. e Memmi, L.: *Anunciação*.
- Masaccio e Masolino: *Sant'Ana Metterza*.

- Memling, H.: *São Bento*; retrato de meio-corpo de Benedetto di Tommaso Portinari.
- Michelangelo: *Tondo Doni*.
- Parmigianino: *Nossa Senhora com o Menino Jesus, Santa Madalena, São João Batista e São Zacarias*; *Cristo no jardim das oliveiras*.
- Perugino, P.: *Crucificação*; *Nossa Senhora com o Menino Jesus entre São João Batista e São Sebastião*; *Piedade*.
- Pesellino: *Natividade*; *Decapitação de São Cosme e São Damião*; *Santo Antônio de Pádua e o coração do avaro*.
- Piero di Cosimo: *Imaculada Conceição*; *Perseu libertando Andrômeda; v. também* Museu do Palácio Davanzati (Mestre de Serumido).
- Pollaiuolo, A.: *Hércules e Hidra*; *Hércules e Anteu*.
- Pollaiuolo, A. e P.: *São Tiago, Santo Eustáquio e São Vicente*.
- Pollaiuolo, P.: *Temperança, Fé, Caridade, Justiça, Esperança* e *Prudência*.
- Pontormo: *Adoração dos Magos*.
- Rafael: *Nossa Senhora do Pintassilgo*; *São João*.
- Rafael e Giulio Romano: retrato de *Leão X com o cardeal Giulio de' Medici e Luigi de' Rossi*.
- Rafael (de): retrato de Júlio II, *v.* Londres, National Gallery; retrato de Lourenço de' Medici.
- Rosso Fiorentino: *Nossa Senhora, São João Batista, Santo Antônio, Santo Estêvão e São Jerônimo*; *Moisés defendendo as filhas de Jetro*.
- Sebastiano del Piombo: *Fornarina*.
- Signorelli, L.: *Nossa Senhora com o Menino Jesus*; predela com a *Anunciação, Adoração dos pastores* e *Adoração dos Magos*.
- Uccello, P.: *Batalha de São Romano*.
- Verrocchio, A. e Leonardo: *Batismo de Cristo*.

Galleria degli Uffizi (depósitos):
- Francesco d'Antonio: afresco.
- Franciabigio: *Nossa Senhora, São Jó e São Francisco*.
- Giotto: *Nossa Senhora com o Menino Jesus*.
- Granacci, F.: *Cenas de José*.
- Perino del Vaga: *Julgamento de Zaleuco*; *Fundação do Templo de Júpiter*; busto de filósofo.
- Rosselli, C.: *Adoração dos Magos*.

Galleria degli Uffizi (Gabinete de Desenhos e Gravuras):
- Albertinelli, M.: desenho preparatório para a *Trindade*.
- Andrea del Sarto: desenhos; desenho para a *Anunciação*; desenho para a *Anunciação com São Miguel e São Gaudêncio*; desenho para a *Assunção*; desenho do *Batismo dos Gentios*; desenhos para *César recebendo o Tributo*; desenho para o *Cortejo dos Magos*; desenhos para a *Disputa da Trindade*; desenho para *Nossa Senhora das Harpias*; *Nossa Senhora*; desenho para *Nossa Senhora, São João Batista e Santo*

Ambrósio; desenhos para a *Sagrada Família*; desenhos para *Nossa Senhora com o Menino Jesus, São Celso, Santa Júlia, Santo Onofre, Santa Catarina, São Bento, Santo Antônio de Pádua, São Pedro e São Marcos*; desenhos para *São Miguel, São João Gualberto, São João Batista e São Bernardino dos Uberti*; desenho preparatório para *Nossa Senhora com o Menino Jesus, São João Batista, Santa Maria Madalena, São Sebastião e São Roque*; desenho relativo a *Noli me tangere*; desenho para *Virgem em glória e quatro santos*; desenhos para *Nossa Senhora da Escada*; desenhos relativos à *Piedade*; desenhos para a *Sagrada Família e São João menino*; desenhos para *Santa Inês, Santa Catarina de Siena, Santa Margarida, São João Batista e São Pedro*; desenhos para os afrescos do Palácio de Bargello; desenhos para as *Cenas de João Batista*; desenhos para as *Cenas de São Filipe Benizzi*; desenhos das *Cenas da juventude de José* e *Sonho do Faraó*; desenhos para o tabernáculo da Porta a Pinti; desenhos para a *Última Ceia*.
- Anônimo do século XVI: desenho da decoração do Palácio del Bufalo em Roma.
- Fra Bartolomeo: desenhos para *Nossa Senhora, um anjo, Santo Estêvão e São João* de San Martino em Lucca; desenhos preparatórios para *Cristo, Santa Catarina de Siena e Santa Madalena*; desenhos de *São Pedro e São Paulo*; desenho.
- Bramante: desenhos relativos ao Palácio dos Tribunais em Roma; desenhos da igreja de San Biagio em Roma.
- Masaccio (baseado em): desenho da *Sagração*.
- Parmigianino: desenho da *Circuncisão*.
- Perino del Vaga: desenho para a *Sagrada Família*; *Vênus e Cupido* de Rafael; desenho para os afrescos da Capela Paolina de Castel Sant'Angelo; desenho para os afrescos da igreja de San Marcello em Roma; desenho com o busto de um filósofo para o Palácio Baldassini em Roma; desenho para o alizar.
- Peruzzi, B.: desenhos.
- Piero di Cosimo: desenho com a *Virgem e Santa Isabel*; desenhos.
- Pinturicchio: desenho.
- Pollaiuolo, A.: *Batalha dos nus*.
- Rafael: desenho preparatório para a *Deposição*; *Partida de Enea Silvio Piccolomini para o Concílio de Basileia*; desenho para a *Libertação de São Pedro*.
- Rocchi, B. de': desenho para o rebaixamento do lago Velino.
- Rosso Fiorentino: desenho para a *Transfiguração*.
- Sangallo, A. o Jovem: desenho para a restauração da Fortaleza de Capodimonte; desenho para a arquitetura da fortaleza de Caprarola; desenho para o pequeno templo na ilha Bi-

sentina; desenhos preparatórios para a fortaleza de Castro; desenhos para a Casa da Moeda de Castro; desenhos para a fortaleza de Civitavecchia; desenho preparatório para a igreja de Santa Maria em Loreto; desenho preparatório para o poço de San Patrizio em Orvieto; desenhos para a fachada de San Giacomo degli Spagnuoli; desenho para o Palácio Baldassini em Roma; desenhos para o Palácio Farnese em Roma; desenho para o Palácio Ferratino em Roma; desenho com a planimetria de São Pedro; desenho para o Palácio Parisani em Tolentino; arquitetura.
– Sangallo, A. o Jovem, Leno, G., Antonio dell'Abbaco, Pier Francesco da Viterbo, Sammicheli, M.: desenhos para a Fortaleza de Parma e Piacenza.
– Sangallo, A. o Velho: desenho da Fortaleza de Civita Castellana.
– Sangallo, G.: desenho do convento e da igreja de San Gallo em Florença.
– Vasari, G.: *Deferência ao pontífice.*
Jardim de Boboli:
– Dois prisioneiros amarrados.
Linaioli (tabernáculo):
– Fra Angelico: afresco, *v.* Museu de San Marco.
Arcada dos Lanzi:
Mercanzia:
– Botticelli, S.: fortaleza, *v.* Galleria degli Uffizi.
– Pollaiuolo, P.: *Temperança, Fé, Caridade, Justiça, Esperança, Prudência, v.* Galleria degli Uffizi.
Mercanzia Vecchia:
– Andrea del Sarto: *Dependurados (Gli impiccati).*
– Gaddi, T.: afrescos.
Mercato Vecchio:
– Donatello: *Abundância.*
– Foggini, G. B.: cópia da *Abundância* de Donatello, *v.* Museu de San Marco.
Mercato Vecchio (porta de San Tommaso):
– Uccello, P.: *Incredulidade de São Tomé.*
Mercato Vecchio (tabernáculo):
– Jacopo del Casentino: *Nossa Senhora no trono entre São João Batista, São João Evangelista e anjos, v.* Palácio da Corporação da Lã (tabernáculo).
Mosteiro degli Angeli:
– Andrea del Castagno: *Crucificação com Nossa Senhora, São João Evangelista, São Bento e São Romualdo, v.* Santa Apollonia (cenáculo).
– Domenico di Michelino: *Juízo Universal.*
Mosteiro degli Angeli (claustro):
– Uccello, P.: *Cenas da vida de São Bento.*
Mosteiro de Annalena:
– Lippi, Filippo: *Natividade com São Jerônimo, Santa Maria Madalena e Santa Hilária, v.* Galleria degli Uffizi.
– Uccello, P.: duas figuras.
Mosteiro de Cestello: *v.* Santa Maria Maddalena dei Pazzi.

Museu Bardini:
– Pollaiuolo, A. e P. (atr.): *São Miguel.*
Museu de Bargello: *v.* Museu Nacional de Bargello.
Museu da Casa Buonarroti:
– Desenhos da *Sagração* de Masaccio.
– Giovanni di Francesco: *Cenas de São Nicolau de Bari.*
– Michelangelo: crucifixo; modelo de madeira para a fachada de San Lorenzo. Sobre os desenhos preparatórios para o modelo de madeira da fachada de San Lorenzo.
Museu Diocesano:
– Lorenzetti, A.: *Nossa Senhora com o Menino Jesus.*
– Masolino: *São Juliano.*
Museu Horne:
– Masaccio: predela com uma *Cena de São Juliano.*
Museu Nacional de Bargello:
– Benedetto da Maiano: busto de Pietro Mellini; fragmento da *Coroação de Fernando de Aragão.*
– Benedetto da Rovezzano: fragmentos do monumento a São João Gualberto.
– Brunelleschi, F.: *Sacrifício de Isaque.*
– Della Robbia, L.: luneta de Via dell'Agnolo.
– Donatello: *Davi* de mármore; *Davi* de bronze; *São Jorge*; *São João.*
– Finiguerra, Maso: "porta-pazes" de nigelo; *Crucificação.*
– Gherardo: missal.
– Ghiberti, L.: *Sacrifício de Isaque*; relicário dos três mártires.
– Girolamo da Cremona: coral com iluminuras.
– Lorenzo Monaco: corais.
– Michelangelo: *Baco* de mármore; *Davi-Apolo*; *Tondo Pitti.*
– Marcillat, G. de: *Traslado do corpo de Cristo.*
– Niccolò di Pietro Lamberti: *São Lucas.*
– Sansovino, J.: *Baco.*
– Verrocchio, A.: *Davi* de bronze; baixo-relevo de mármore com *Morte de Francesca Tornabuoni.*
Museu da Obra da Catedral (Museo dell'Opera del Duomo):
– Baccio dell'Agnolo: modelo do balcão da cúpula de Santa Maria del Fiore.
– Benedetto da Rovezzano: fragmentos do monumento a São João Gualberto.
– Bernardo di Bartolomeo di Cenni: *Anunciação.*
– Bicci di Lorenzo: dois bustos de *Apóstolos.*
– Brunelleschi, F.: *Sacrifício de Isaque*; modelo de madeira da cúpula da Catedral.
– Ciuffagni, B.: *São Mateus.*
– Della Robbia, L.: caixotões do Campanário; Coro.
– Donatello: coro; *São João Batista, Abacuque, Jeremias*; *Profeta barbudo, Profeta com cártula*; *São João Evangelista.*

- Donatello e Nanni di Bartolo: *Abraão e Isaque*.
- Francesco di Giovanni: *Festim de Herodes*.
- Ghiberti, L.: *Sacrifício de Isaque*.
- Jacopo della Quercia: *Anunciação*.
- Monte: busto de *São Zenóbio*.
- Nanni di Banco: *São Lucas*.
- Nanni di Bartolo: *Abdias*.
- Niccolò di Pietro Lamberti: *São Marcos*.
- Pisano, A. e oficina: relevos do campanário de Santa Maria del Fiore; duas estátuas de *Reis*, duas *Sibilas* e dois *Profetas*.
- Pollaiuolo, A.: *Natividade*.
- Pollaiuolo, A., Dei M., Betti, B.: cruz.
- Pollaiuolo, A. e Manfredi, P.: paramentos bordados com *Cenas de São João Batista*
- Salvi, A.: *Natividade*.
- Verrocchio, A.: *Decapitação de João Batista*.

Museu da Obra de Santa Croce:
- Andrea del Castagno: *São Francisco e São João Batista*.
- Donatello: *São Luís de Toulouse*.
- Gaddi, T.: afrescos; *Cruz e Cenáculo*; *Crucificação*.
- Orcagna, A.: *Juízo e Triunfo da Morte*.
- Pollaiuolo, A. (atr.): *São Francisco e São João Batista*.

Museu de San Marco:
- Andrea del Sarto: *Anunciação* (fragmentos).
- Fra Angelico: *Lamentação sobre Cristo*; *Deposição*; *Juízo Universal*; *Nossa Senhora da Estrela*; *Anunciação*; *Adoração dos Magos*; *Coroação da Virgem*; predela com *Núpcias* e *Morte da Virgem*; tabernáculo dos Linaioli.
- Fra Angelico e oficina: portas para o armário da prataria da igreja da Santissima Annunziata
- Baccio da Montelupo: crucifixo.
- Baldovinetti, A.: *Batismo de Cristo*, *Bodas de Caná* e *Transfiguração*.
- Fra Bartolomeo: painel de *Sant'Ana*.
- Fra Bartolomeo e Albertinelli, M.: *Juízo Universal*.
- Botticini, F.: *Crucifixo com Santo Antônio*.
- Foggini, G. B.: estátua da *Abundância*.
- Lorenzo Monaco: cúspides da *Deposição* de Fra Angelico.
- Lorenzo di Niccolò: painel, *v.* Cortona, San Domenico.
- Strozzi, Z.: antifonários.

Oratório de Santi Michele e Gaetano:
- Esculturas do século XII, *São Miguel, Santa Maria* e *São João*.

Oratório de San Michele in Orto: *v.* San Carlo.

Ospedale degli Innocenti [Albergaria dos Inocentes]:
- Botticelli, S.: *Nossa Senhora*.
- Brunelleschi, F.: arquitetura.
- Francesco della Luna: arquitetura.
- Piero di Cosimo: *Nossa Senhora com o Menino Jesus e santos*, *v.* Ospedale degli Innocenti (Museu).

Ospedale degli Innocenti (Museu):
- Andrea del Sarto (cópia de): *São Sebastião*.
- Ghirlandaio, Domenico: *Adoração dos Magos*.
- Giottino: fragmentos com *Bustos de santos*.
- Piero di Cosimo: *Nossa Senhora no trono com o Menino Jesus e santos*.

Ospedale di Lelmo [Hospital de Lelmo]:
- Uccello, P.: *Santo Antônio Abade entre São Cosme e São Damião*.

Ospedale de Santa Maria Nuova [Hospital de Santa Maria Nuova]:
- Andrea del Castagno: *Crucificação com Nossa Senhora, São João Evangelista, Santa Madalena, São Bento e São Romualdo*.
- Fra Bartolomeo e Albertinelli, M.: *Juízo Universal*, *v.* Museu de San Marco.

Palácio da Corporação da Lã (tabernáculo):
- Jacopo del Casentino: *Nossa Senhora no trono entre São João Batista, São João Evangelista e anjos*.
- Niccolò di Pietro Gerini (seguidor de): *Coroação da Virgem*.

Palácio Bindi-Gerzelli (ex-Busini):
- Brunelleschi, F.: arquitetura.

Palácio de Bargello:
- Andrea del Castagno e Rosselli, B.: afrescos; sobre os desenhos, *v.* Galleria degli Uffizi (Gabinete de Desenhos e Gravuras) e Chatsworth, coleção duque de Devonshire.
- Giottino: afrescos.
- Giotto: *Comuna roubada*.

Palácio de Bargello (capela da Madalena):
- Giotto: afrescos.

Palácio de Giovanni Bartolini-Salimbeni:
- Baccio d'Agnolo: arquitetura.

Palácio G. Bartolini (na Via Gualfonda):
- Baccio d'Agnolo: arquitetura.
- Sansovino, J.: *Baco*, *v.* Museu Nacional de Bargello.
- Uccello, P.: afrescos.

Palácio Borgherini:
- Andrea del Sarto: *Cenas da juventude de José* e o *Sonho do Faraó*, *v.* Galeria Palatina; sobre os desenhos, *v.* Galleria degli Uffizi (Gabinete de Desenhos e Gravuras); Paris, coleção Lugt e Museu do Louvre (Gabinete dos Desenhos); *Sagrada Família e São João menino*, *v.* Nova York, Metropolitan Museum; sobre os desenhos *v.* Galleria degli Uffizi (Gabinete de Desenhos e Gravuras), e Paris, Louvre (Gabinete dos Desenhos).
- Baccio d'Agnolo: arquitetura; alizar e arcas entalhadas.
- Granacci, F.: *Cenas de José*, *v.* Galleria degli Uffizi e Depósitos.
- Pontormo: *José revelando-se aos irmãos*, *José vendido a Putifar* e *José com os irmãos no Egito*, *v.* Londres, National Gallery.
- Palácio Busini: *v.* Palácio Bardi-Gerzelli.

Palácio Corsi: *v.* Casa de Giovanni Tornabuoni.

Palácio Davanzati (Museu):
- Mestre de Serumido: *Cenas de Perseu.*

Palácio Gondi:
- Sangallo, G.: arquitetura.

Palácio Lanfredini:
- Baccio d'Agnolo: arquitetura.

Palácio Medici:
- Donatello: *Davi* de bronze, *v.* Museu Nacional de Bargello; *Judite e Holofernes, v.* Museu Nacional de Bargello.
- Giovanni da Udine: estuques e pinturas.
- Lippi, Filippo: *Natividade, v.* Berlim, Staatliche Museen.
- Michelangelo: janelas ajoelhadas.
- Michelozzo, M.: arquitetura.
- Piloto, G.: estruturas de cobre das janelas.
- Uccello, P.: cenas de cavalos e outros animais, *v.* Galleria degli Uffizi; Londres, National Gallery; Paris, Louvre.

Palácio Medici (capela):
- Gozzoli, B.: afrescos.
- Pseudo-Pier Francesco Fiorentino (atr.): cópia da *Natividade* de Filippo Lippi.

Palácio Medici (pátio):
- Donatello: esculturas; busto de bronze.
- Donatello (oficina): oito medalhões de mármore.
- Rossellino, A.: fonte com *putti* e delfins.

Palácio Nasi: *v.* Palácio Torrigiani.

Palácio Pandolfini:
- Rafael e Sangallo, Gianfrancesco e Aristotele: arquitetura.

Palácio do Partido Guelfo:
- Brunelleschi, F.: arquitetura.
- Della Robbia, L.: *Nossa Senhora com o Menino Jesus e anjos.*
- Giotto: afrescos.
- Lippo Fiorentino: figura.
- Starnina, G.: afrescos com *São Dioniso.*
- Vasari, L.: "bardas".

Palácio Pitti:
- Ammannati, B.: arquitetura.
- Brunelleschi, F.: arquitetura

Palácio do Podestade: *v.* Palácio de Bargello.

Palácio dos Pucci:
- Baccio da Montelupo: divisa dos Medici.

Palácio Rosselli del Turco: *v.* Palácio Borgherini.

Palácio Rucellai:
- Alberti, L. B.: arquitetura; autorretrato; painel.
- Masaccio: dois *Nus.*
- Rossellino, B. (atr.): arquitetura.

Palácio Rucellai na via della Scala (agora Palácio Orloff):
- Alberti, L. B.: arquitetura.

Palácio da Senhoria: *v.* Palazzo Vecchio.

Palácio Strozzi:
- Benedetto da Maiano: modelo do Palácio Strozzi.
- Benedetto da Maiano e Cronaca: arquitetura.

- Michelangelo: *Hércules* de mármore; *v.* Fontainebleau, Jardins.
- Niccolò, Grosso: lavores em ferro.

Palácio Torrigiani:
- Baccio d'Agnolo: arquitetura.

Palácio Ughi: *v.* Casa Medici.

Palazzo Vecchio:
- Brunelleschi, F.: arquitetura.
- Donatello: *Davi* de mármore, *v.* Museu Nacional de Bargello; *Judite e Holofernes.*
- Lippi, Filippino: *Nossa Senhora com o Menino Jesus entre São João Batista, São Vítor, São Bernardo e São Zenóbio, v.* Galleria degli Uffizi.
- Lippi, Filippo: *Anunciação; v. também* Washington, National Gallery; *Aparição da Virgem a São Bernardo, v.* Londres, National Gallery.
- Masaccio: *Nossa Senhora Casini.*
- Masolino: *Nossa Senhora* (ex-Contini Bonnacossi).
- Michelangelo: *Vitória.*
- Michelozzo, M.: obras de restauração e arquitetura.
- Morto da Feltre: afrescos.
- Pesellino: *Adoração dos Magos*
- Pollaiuolo, A.: *São João Batista.*
- Vasari, G. e Gherardi G.: afrescos.
- Verrocchio: *Davi* de bronze, *v.* Museu Nacional de Bargello.

Palazzo Vecchio (capela de Eleonora de Toledo):
- Bronzino: afrescos e retábulo.

Palazzo Vecchio (vestuário do duque Cosimo):
- Lombardi, A.: busto de mármore.
- Salviati, F.: *Cenas de Camilo e dos gauleses.*

Palazzo Vecchio (Sala dos Quinhentos):
- Cronaca: arquitetura.
- Cronaca, Baccio d'Agnolo, Pellegrino di Battista, Girolamo di Pellegrino, Antonio di Jacopo, Cecca, Bernardo di Marco, Sangallo, A. o Jovem: teto, escada e portais.
- Leonardo: *Batalha de Anghiari.*
- Michelangelo: *Batalha de Cascina.*

Palazzo Vecchio (Sala dos Lírios):
- Benedetto da Maiano: portal da Sala dos Lírios.
- Benedetto e Giuliano da Maiano: decoração de mármore da porta.
- Francesco di Giovanni e Giuliano da Maiano: tauxias das portas.
- Ghirlandaio, Domenico, David e Benedetto: *São Zenóbio no trono entre dois Santos Diáconos; Nossa Senhora com o Menino Jesus e anjos; Bruto, Múcio Cévola e Camilo; Décio, Cipião e Cícero.*

Palazzo Vecchio (Sala de Leão X):
- Lombardi, A.: busto de Clemente VII.
- Lombardi, A. e Lorenzi A.: busto de Giuliano, duque de Nemours.

Palazzo Vecchio (Sala do Relógio): *v.* Sala dos Lírios.

795

Palazzo Vecchio "Aringhiera":
- Bandinelli, B.: *Hércules e Caco*
- Michelangelo: *Davi*, *v.* Galeria da Academia.
Praça Santa Maria Novella – esquina via della Scala (tabernáculo):
- Francesco d'Antonio: afresco, *v.* Galleria degli Uffizi (Depósitos).
Praça San Niccolò (tabernáculo):
- Jacopo del Casentino: afrescos.
Praça da Senhoria:
- Ammannati, B.: fonte com Netuno.
- Cellini, B.: *Perseu.*
- Donatello: *Judite e Holofernes*, *v.* Palazzo Vecchio.
- Michelangelo: *Davi*, *v.* Galeria da Academia.
Piazzetta Benedetto da Rovezzano (tabernáculo):
- Franciabigio: *Crucifixo e santos.*
Ponte alla Carraia (capela):
- Alberti, L. B.: predela.
Ponte ai Romiti in Valdarno:
- Giottino: tabernáculo.
Ponte de Santa Trinita:
- Ammannati, B. (atr.): arquitetura.
Porta alla Croce (tabernáculo):
- Gherardo e Monte: *Madonna del Garullo.*
Porta Giustizia (extramuros) tabernáculo:
- Andrea del Castagno: *Nossa Senhora.*
Porta a Pinti (tabernáculo):
- Andrea del Sarto: *Nossa Senhora com o Menino Jesus e São João menino*; sobre os desenhos, *v.* Galleria degli Uffizi (Gabinete de Desenhos e Gravuras) e Melbourne, Museu.
Superintendência:
- Andrea del Sarto (?): predela da Piedade.
Torre degli Agli (tabernáculo):
- Antonio Veneziano: *Deposição, Juízo Final* e *Morte da Virgem.*
Via delle Casine junto à igreja de San Giuseppe (tabernáculo):
- Jacopo del Casentino (Niccolò Gerini?): afresco.
Via del Crocifisso (tabernáculo):
- Gaddi, T,: *Deposição.*
Via Larga (tabernáculo):
- Gherardo: *Nossa Senhora com o Menino Jesus no trono entre quatro santos.*
Via del Leone (tabernáculo):
- Giottino: *Nossa Senhora e santos*, *v.* Galleria degli Uffizi.
Via Mozza da Santa Caterina:
- Puligo, D.: *Nossa Senhora, Santa Catarina e São Pedro Mártir*, *v.* via San Zanobi esquina via delle Ruote.
Via San Zanobi esquina via delle Ruote (tabernáculo):
- Puligo, D.: *Nossa Senhora, Santa Catarina e São Pedro Mártir.*
Via dei Tintori (tabernáculo):
- Jacopo del Casentino: *v.* via delle Casine (tabernáculo).

Villa Medicea di Castello:
- Botticelli, S.: *Primavera* e *Nascimento de Vênus*, *v.* Galleria degli Uffizi.
- Lombardi, A.: busto de Clemente VII, *v.* Palazzo Vecchio (Sala de Leão X).
- Lombardi, A. e Lorenzi, A.: busto de Giuliano de Nemours, *v.* Palazzo Vecchio (Sala de Leão X).
- Signorelli, L.: *Nossa Senhora com o Menino Jesus*, *v.* Galleria degli Uffizi.
- Tribolo, N.: obras de escultura.
Villa Pandolfini a Legnaia:
- Andrea del Castagno: afrescos; *Homens ilustres*, *v.* Galleria degli Uffizi.
Villa Petraia:
- Brunelleschi, F.: arquitetura.
Villa Pitti a Rusciano:
- Brunelleschi, F.: arquitetura
FOIANO DA CHIANA (Arezzo)
Paróquia:
- Signorelli, L.: *Coroação da Virgem.*
FONTAINEBLEAU
Castelo:
- Primaticcio, F.: afrescos.
Castelo (Galeria de Francisco I):
- Rosso Fiorentino: *Baco; Leda com o cisne*, *v.* Londres, Royal Accademy.
- Rosso Fiorentino e ajudantes: afrescos e estuques.
Castelo (jardins):
- Michelangelo: *Hércules* de mármore.
FONTIGNANO (Perúgia)
Paróquia:
- Perugino, P.: *Natividade*, *v.* Londres, National Gallery.
FORLÌ
Igreja de San Domenico:
- Guglielmo da Forlí: afrescos.
FORT WORTH (Texas)
Kimbell Art Museum:
- Duccio: *Ressurreição de Lázaro.*
Pinacoteca:
- Francia, F.: *Natividade.*
FRANKFURT
Städelsches Kunstinstitut:
- Ramboux, G. A.: desenho.
- Sebastiano del Piombo: desenho para a *Ressurreição de Lázaro.*
GAMBASSI (Florença)
Casa de Beccuccio Bicchierario:
- Andrea del Sarto: *Nossa Senhora com o Menino Jesus, São João Batista, Santa Maria Madalena, São Sebastião e São Roque*, *v.* Florença, Galeria Palatina; sobre o desenho preparatório, *v.* Florença, Galleria degli Uffizi (Gabinete de Desenhos e Gravuras).
GAND
Saint-Bavon:
- Benedetto da Rovezzano: quatro candelabros de bronze.

GANGHERETO (Arezzo)
Igreja de San Francesco:
- Margarito: *São Francisco.*
GÊNOVA
Casa de Giannettino Doria:
- Perino del Vaga: friso.
Igrejas:
Catedral:
- Sansovino, A.: *Nossa Senhora e São João Batista.*
San Francesco:
- Perino del Vaga: *Nossa Senhora com o Menino Jesus, São Domingos e São Francisco, v.* Bavari, igreja de San Giorgio; sobre os desenhos, *v.* Viena, Albertina.
- Pisano, G.: monumento a Margarida de Luxemburgo.
Santa Maria della Consolazione:
- Perino del Vaga: *Natividade entre São Sebastião, São Tiago, São Roque e Santa Catarina, v.* Palazzo Bianco; Milão, Pinacoteca de Brera; Washington, National Gallery.
Santo Stefano:
- Giulio Romano: *Lapidação de Santo Estêvão, v.* Roma-Vaticano, Pinacoteca.
Sano Teodoro:
- Lippi, Filippino: *São Sebastião entre São João Batista e São Francisco*, no alto *Nossa Senhora com o Menino Jesus e santos, v.* Galeria do Palazzo Bianco.
Galeria do Palazzo Bianco:
- Lippi, Filippino: *São Sebastião entre São João Batista e São Francisco*, no alto *Nossa Senhora com o Menino Jesus e santos.*
- Perino del Vaga: divisão de predela.
Palácio Doria:
- Beccafumi, D.: afrescos.
- Girolamo da Treviso: afrescos da fachada.
- Perino del Vaga, Rossi, G. de Sandro de' e Cosini, S.: portal.
- Perino del Vaga, Lucio Romano, Guglielmo Milanese, Fontana, P.: afrescos e estuques; sobre os desenhos, *v.* Bayonne, Museu Bonnat; Chantilly, Museu Condé; Londres, British Museum (Gabinete dos Desenhos); Oxford, Museu Ashmolean: Paris, Louvre (Gabinete dos Desenhos); Turim, Palácio Real; Viena, Albertina.
- Pordenone: afrescos.
Palácio Doria (Sala dos Gigantes):
- Cosini, S.: estuques.
Palácio Doria (Galeria dos Heróis):
- Cosini, S.: estuques.
GLASGOW
Art Gallery:
- Francia, F.: *Presépio.*
GRADAR (Pesaro)
Prefeitura
- Santi, G.: retábulo.

GRADOLI (Viterbo)
Palácio Farnese:
- Sangallo, G. B.: arquitetura.
GRENOBLE
Museu:
- Taddeo di Bartolo: tríptico.
HAMBURGO
Kunsthalle:
- Andrea del Sarto: desenho para *a Assunção.*
HAMPTON COURT
Royal Palace:
- Lotto, L.: retrato de Andrea Odoni.
- Mantegna: *Triunfos de César.*
- Perino del Vaga: dois fragmentos da *Deposição* em Santa Maria Sopra Minerva em Roma.
HARTFORD (Connecticut)
Wadsworth Atheneum:
- Piero di Cosimo: *Cenas da Humanidade primitiva.*
HOUSTON (Texas)
Museum of Fine Art:
- Sebastiano del Piombo: retrato de Anton Francesco degli Albizi.
IESI
Fortaleza:
- Pontelli, B.: arquitetura.
IMOLA
Pinacoteca:
- Innocenzo da Imola: *Nossa Senhora, Menino Jesus, São Cassiano e São Pedro Crisógono.*
ISCHIA
Casa de Alfonso Davalos:
- Andrea del Sarto: *Sacrifício de Isaque, v.* Dresden, Gemäldegalerie; *Caridade com três* putti, *v.* Washington, National Gallery.
ISOLA BISENTINA (Viterbo)
Templete:
- Sangallo, A. o Jovem: arquitetura; sobre o desenho, *v.* Florença, Galleria degli Uffizi (Gabinete de Desenhos e Gravuras).
KANSAS CITY (Missouri)
Galeria de Arte William Rockhill Nelson:
- Jacopo del Casentino: *Apresentação ao templo.*
- Pesellino: arca com as *Cenas de Davi e Absalão.*
KASSEL
Gemäldegalerie:
- Sogliani, G. A.: *Natividade.*
KREMSIER
Biblioteca Arquiepiscopal:
- Sebastiano del Piombo: desenhos para San Piertro in Montorio, Roma.
LASTRA A SIGNA (Florença)
Santo Stefano a Calcinaia:
- Buffalmacco: *Nossa Senhora no trono com São João Batista.*
LAUSANNE
Coleção Reber:
- Strozzi, Z.: *Expulsão do Paraíso terrestre* (fragmento).

797

- Domenico di Michelino (atr.): *Expulsão do Paraíso terrestre* (fragmento).

LE MANS

Museu:
- Pesellino: arca com as *Cenas de Davi e Absalão*.

LENINGRADO

Ermitage:
- Francia, F.: *Nossa Senhora com o Menino Jesus no trono, São Lourenço, São Jerônimo e dois anjos músicos*.
- Rafael: *Sagrada Família*.
- Sebastiano del Piombo (?): *Cristo carregando a cruz*.
- Spinello Aretino: dois *Santos*.
- Ticiano: retrato de Paulo III.

LILLE

Museu Wicar:
- Perino del Vaga: desenho preparatório para *Apolo cercado pelas Musas e por dezoito poetas*.
- Rafael: desenhos para a cúpula de Santa Maria del Popolo em Roma.

LISBOA

Museu Nacional de Arte Antiga:
- Piero della Francesca: *Santo Agostinho*.
- Rafael: divisão da predela da *Crucificação*.

LIVERPOOL

Walker Art Gallery:
- Martini, S.: *Sagrada Família*.
- Spinello Aretino: fragmentos de afrescos.

LIVORNO

Fortaleza:
- Sangallo, A. o Velho: projeto.

Santuário de Madonna di Monte Nero:
- Cosini, S.: altar com *São Jerônimo, São João, São Guilherme e São Francisco*.

LOCKO-PARK

Coleção Drury:
- Andrea del Sarto: desenho para *São João Batista*.

LONDRES

Abadia de Westminster:
- Torrigiano, P.: sepulcro de bronze de Elisabeth; túmulo de Margaret Beaufort.
- Torrigiano, P., e Toto del Nunziata: sepulcro de Henrique VII.

British Museum (Gabinete dos Desenhos):
- Aspertini, A.: Códice Wolfegg, *Caderno* (*Taccuino*).
- Andrea del Sarto: desenho para o *Sacrifício de Isaque*; desenhos para *César recebendo o tributo*; desenhos para o *Nascimento de São João Batista*; desenhos para *Nossa Senhora do Saco*; desenhos para *Nossa Senhora da Escada*; desenhos para *Assunção*; desenhos relativos à *Piedade*; desenhos para *Nossa Senhora com o Menino Jesus, São Celso, Santa Júlia, Santo Onofre, Santa Catarina, São Bento, Santo Antônio de Pádua, São Pedro e São Marcos*.
- Bellini, Jacopo: livro de desenhos.

- Füssli, H.: desenho da decoração do Palácio del Bufalo em Roma.
- Michelangelo: desenhos para a *Ressurreição de Lázaro*.
- Michelangelo (atr.): desenhos para a *Flagelação* em San Pietro in Montorio, Roma.
- Parmigianino: desenho da *Circuncisão*; desenho da *Visão de São Jerônimo*.
- Perino del Vaga: desenho preparatório para *Apolo cercado pelas Musas e por dezoito poetas*; desenho para a decoração da Arcada do Palácio Doria em Gênova; desenho para *Pomona e Vertumno* de Rafael; desenho preparatório para os afrescos da igreja de San Marcello em Roma; desenho preparatório para a *Deposição* de Santa Maria Sopra Minerva em Roma; desenhos para a sala de Perseu de Castel Sant'Angelo.
- Rafael: desenho preparatório para a *Deposição*; desenho preparatório para a *Transfiguração*.

Palácio de Buckingham:
- Gozzoli, B.: *Morte de Simão Mago*.

Igreja St. Paul:
- Benedetto da Rovezzano: sarcófago.

Coleção Barrett Lennard T.:
- Lorenzo Monaco: predela *Coroação da Virgem*.

Coleção Ellesmere:
- Rafael: *Sagrada Família da Palma*.

Coleção Lady Jekyll (ex-):
- Giotto: *Eterno abençoando*.

Coleção Seilern:
- Parmigianino: desenho preparatório para a *Conversão de São Paulo*.

Courtauld Institute:
- Botticelli, S.: *Trindade entre Santa Maria Madalena e São João Batista*.
- Perino del Vaga: *Nossa Senhora*.

National Gallery:
- Andrea del Sarto: retrato de um escultor (Baccio Bandinelli?).
- Fra Angelico: *Redentor em glória entre anjos e santos*.
- Bellini, Gentile: *Nossa Senhora*; retrato do Sultão Maomé II
- Bellini, Giovanni: retrato de Leonardo Loredan; *Madonna del Prato*.
- Botticelli, S.: *Natividade*.
- Botticini, F. (atr.): *Assunção da Virgem*.
- Correggio: fragmentos de afrescos com cabeças de anjos.
- Cossa, F. del: *São Vicente Ferrer*.
- Domenico di Michelino: *Anunciação*.
- Domenico Veneziano: *Nossa Senhora e santos*.
- Duccio: *Anunciação*; *Jesus curando o cego*; *Transfiguração*.
- Duccio (escola de): *Nossa Senhora com o Menino Jesus e seis anjos*
- Francia, F.: *Nossa Senhora, Sant'Ana e outros santos*; *Piedade*.

- Ghirlandaio, Domenico: divisões de predela com cena de São Justo.
- Giovanni dal Ponte: tríptico.
- Girolamo da Treviso: *Adoração dos Magos*; *Nossa Senhora com o Menino Jesus, santos e o doador Ludovico Boccadiferro*.
- Gozzoli, B.: *Nossa Senhora com o Menino Jesus, anjos e santos*.
- Lippi, Filippino: *Nossa Senhora com o Menino Jesus, São Jerônimo e São Domingos*.
- Lippi, Filippo: *Aparição da Virgem a São Bernardo*.
- Lorenzetti, A.: fragmento de afresco.
- Lorenzo Monaco: *Coroação da Virgem*.
- Machiavelli, Z.: pinturas.
- Margarito: frontaleira.
- Masaccio: *Nossa Senhora com o Menino Jesus e anjos*; *São Jerônimo e São João Batista*.
- Masolino: *São Libério e São Matias*.
- Parmigianino: *Visão de São Jerônimo*.
- Perugino, P.: *Natividade*; *Nossa Senhora adorando o Menino Jesus, Arcanjo Rafael com Tobiolo*.
- Peruzzi, B.: *Adoração dos Magos*.
- Pesellino: arcas com *Triunfo de Petrarca*.
- Pesellino e Lippi, Filippo: painel.
- Piero della Francesca: *Natividade*; *São Miguel*.
- Pollaiuolo, A. e P.: *Martírio de São Sebastião*.
- Pontormo: *José revelando-se aos irmãos*; *O forneiro conduzido ao patíbulo*; *José vendido a Putífar e José com os irmãos no Egito*.
- Rafael: *Crucificação*; retrato de Júlio II.
- Rosso Fiorentino: cópia da *Leda* de Michelangelo.
- Sebastiano del Piombo e Michelangelo: *Ressurreição de Lázaro*; sobre os desenhos, *v.* Bayonne, Museu Bonnat; Frankfurt, Städelsches Kunstinstitut e Londres, British Museum (Gabinete dos Desenhos).
- Signorelli, L.: *Natividade de Cristo*; *Ester e Assuero*; três *Aparições de São Jerônimo*; *Nossa Senhora com o Menino Jesus, o Eterno, anjos, santos e patrocinador*.
- Spinello Aretino: fragmentos de afresco da Companhia de São Miguel Arcanjo (Sant'-Angelo) em Arezzo; fragmento de afresco da igreja do Carmine em Florença.
- Strozzi, Z.: *Anunciação*.
- Uccello, P.: *Batalha de São Romano*.
- Ugolino di Nerio: quatro partes da predela e outros fragmentos do políptico da igreja de Santa Croce em Florença.

Royal Academy of Arts:
- Leonardo: cartão para *Sant'Ana*.
- Michelangelo: *Tondo Taddei*.
- Rosso Fiorentino: *Leda com o cisne*.

Victoria and Albert Museum:
- Andrea da Fiesole: altar com a *Crucificação e santos*.

- Bambaia: esculturas do túmulo de Gaston de Foix.
- Belli, V.: porta-paz de bronze; cruz de cristal.
- Benedetto da Maiano: três relevos em terracota.
- Donatello: *Lamentação sobre o Cristo morto*; dois *Anjos*.
- Giulio Romano: desenho para tapeçaria.
- Leonardo del Tasso: *Santa Clara*.
- Lippi, Filippo: *Entrega das chaves*.
- Marcillat, G. de: *Adoração dos Magos*.
- Perino del Vaga: *Ressurreição de Lázaro* (fragmentos).
- Rafael e ajudantes: cartões para as tapeçarias vaticanas.
- Verrocchio, A.: modelo em terracota para o túmulo Forteguerri em Pistoia.

LONGFORT CASTLE (Salisbury)
Coleção Duque de Radnor:
- Sebastiano del Piombo: retrato de Giulia Gonzaga.

LORETO
Basílica:
- Benedetto da Maiano: arquitetura.
- Giuliano da Maiano: arquitetura.
- Sangallo, G.: arquitetura da cúpula; *v. também* Siena, Biblioteca Comunal (Ms. S.IV.8).
- Piero della Francesca e Domenico Veneziano: afrescos.
- Signorelli, L.: afrescos.

›Basílica (Santa Casa):
- Bandinelli, B. e Raffaello da Montelupo: *Natividade*.
- Bramante: arquitetura.
- Canonica: arquitetura.
- Cristoforo Romano: arquitetura.
- Sangallo, A. o Jovem: arquitetura.
- Sangallo, F.: apresentação; *Dormitio Virginis*.
- Sansovino, A.: arquitetura.
- Sansovino, A., Tribolo, N., Raffaello da Montelupo, Sangallo, F.: esculturas.

LUCCA
Igrejas:
Catedral: *v.* San Martino.
Sant'Andrea:
- Sansovino, A.: *Santo Antônio*.
San Frediano:
- Aspertini, A.: afrescos.
- Francia, F.: *Coroação da Virgem*; *Nossa Senhora, Sant'Ana e outros santos*; *Piedade*, *v.* Londres, National Gallery.
- Jacopo della Quercia: altar da família Trenta.
San Martino:
- Fra Bartolomeo: *Nossa Senhora, um anjo, Santo Estêvão e São João*, *v.* Pinacoteca; *v. também* Florença, Galleria degli Uffizi (Gabinete de Desenhos e Gravuras).
- Bartolomeo della Gatta: iluminuras.
- Civitali, M.: sepulcro de Pietro da Noceto.

799

- Jacopo della Quercia: túmulo de Ilaria del Carretto.

San Martino (sacristia):
- Ghirlandaio, Domenico: *Nossa Senhora com o Menino Jesus, São Clemente, São Sebastião, São Pedro e São Paulo.*

San Michele:
- Lippi, Filippino: *São Roque, São Sebastião, São Jerônimo e Santa Helena.*

San Paolino:
- Baccio da Montelupo e Bertolani, B.: arquitetura.

San Ponziano:
- Lippi, Filippino: painel.
- Sansovino, A.: *Santo Antônio, v.* Sant'Andrea.
- Spinello Aretino: *Nossa Senhora com o Menino Jesus, anjos e santos, v.* Cambridge (Mass.), Fogg Art Museum e Leningrado, Ermitage.

San Romano:
- Fra Bartolomeo: *Cristo, Santa Catarina de Siena e Santa Madalena, v.* Pinacoteca e Florença, Galleria degli Uffizi (Gabinete de Desenhos e Gravuras); *Nossa Senhora da Misericórdia, v.* Pinacoteca.

Pinacoteca:
- Fra Bartolomeo: *Nossa Senhora da Misericórdia; Cristo, Santa Catarina de Siena e Nossa Senhora.*

LUCIGNANO (AREZZO)

Igreja de San Francesco:
- Signorelli, L.: decoração do armário da Cruz; *v. também* Museu Cívico.

Museu Cívico:
- Signorelli, L.: *São Francisco recebendo os estigmas.*

LUCO (MUGELLO)

Igreja de San Pietro:
- Andrea del Sarto: *Piedade, v.* Florença, Galeria Palatina, e Superintendência; sobre os desenhos, *v.* Florença, Galleria degli Uffizi (Gabinete de Desenhos e Gravuras); Londres, British Museum (Gabinete dos Desenhos); Paris, École des Beaux-Arts e Louvre (Gabinete dos Desenhos); Viena, Albertina.

LUGANO

Coleção Thyssen:
- Duccio: *Jesus e a Samaritana.*

LYON

Coleção Aynard:
- Lippi, Filippo: *Cena de São Bento.*

MADRI

Prado:
- Andrea del Sarto: *Nossa Senhora da Escada; Sacrifício de Isaque;* desenhos para o *Anúncio a Zacarias.*
- Andrea del Sarto (escola): cópia da *Sagrada Família com São João menino.*
- Fra Angelico: *Anunciação* e *Cenas de Maria.*
- Giulio Romano: *A pérola.*

- Rafael: *Nossa Senhora do Peixe.*
- Rafael (escola): *Spasimo di Sicilia.*
- Sebastiano del Piombo (?): *Cristo carregando a cruz.*

MALIBU

Museu Paul Getty:
- Masaccio: *Santo André.*

MÂNTUA

Casa Bagni:
- Rinaldo Mantovano: afrescos da fachada.

Casa de Giulio Romano:
- Giulio Romano: arquitetura e afrescos.

Casa de Mantegna:
- Mantegna, A.: arquitetura e afrescos.

Casa de Uberto Strozzi:
- Michelangelo: fragmentos de cartão da *Batalha de Cascina.*

Igrejas:

Sant'Andrea:
- Alberti, L. B.: arquitetura.
- Giulio Romano: *Natividade, São Longino e São João, v.* Paris, Louvre.
- Giulio Romano e Rinaldo Mantovano: *Crucificação; Achamento do sangue de Cristo.*

San Benedetto in Polirone:
- Giulio Romano: arquitetura.

San Domenico:
- Giulio Romano: *Piedade;* sobre o desenho, *v.* Roxburghshire, coleção Ellesmere.

San Sebastiano:
- Alberti, L. B. e Fancelli, L.: arquitetura.

Palácio de Paride Ceresari:
- Pordenone: afrescos.

Palácio Ducal:
- Giulio Romano: busto de imperador romano.
- Parmigianino: retrato de Carlos V, *v.* Richmond, coleção Cook.
- Ticiano: onze bustos de imperadores.

Palácio Ducal (apartamento de Troia):
- Giulio Romano, Agostino di Como, Rinaldo Mantovano, Luca da Faenza, Anselmo di Ganis, Irmãos Mola, Battista Covo, Fermo da Caravaggio e Andrea del Gonfo: arquitetura e decorações.

Palácio Ducal (quarto nupcial):
- Mantegna, A.: pinturas.

Palácio Ducal (capela):
- Mantegna, A.: pequeno painel, *v.* Florença, Galleria degli Uffizi.

Palácio San Sebastiano:
- Mantegna, A.: *Triunfos de César, v.* Hampton Court, Royal Palace.

Palazzo del Te:
- Giulio Romano: arquitetura.
- Giulio Romano, Penni, F., Rinaldo Mantovano, Pagni, B., Fermo da Caravaggio, Luca da Faenza: *Cenas de Psiquê; Morte de Ícaro; Queda de Faetonte; Sala dos Gigantes.*

- Primaticcio e Rinaldo Mantovano: decoração de estuque.

Palazzo del Te (Sala dos cavalos):
- Giulio Romano, Rinaldo Mantovano e Pagni, B.: afrescos.

MARIGNOLLE (Florença): *v.* Florença, igreja de Campora a Marignolle.

MARMIROLO (Mântua)

Palácio Gonzaga:
- Giulio Romano e ajudantes: arquitetura e decorações.

MASSA

Catedral:
- Pinturicchio: *Nossa Senhora com o Menino Jesus no trono.*

MASSA MARITTIMA

Prefeitura:
- Lorenzetti, A.: *Majestade.*

MELBOURNE

Museu:
- Andrea del Sarto: desenhos do *Batismo dos gentios*; desenhos para o tabernáculo da Porta a Pinti em Florença.

MESSINA

Igreja da Annunciata:
- Polidoro: *Cristo no Calvário, v.* Nápoles, Galeria Nacional de Capodimonte.

MILÃO

Arcebispado:
- Puccio Capanna e Giottino (afim): fragmentos de afrescos.

Biblioteca Ambrosiana:
- Martini, S.: iluminura da portada de *Virgílio.*

Casa Ostanesia:
- Bramantino: afrescos.

Castello Sforzesco:
- Francesco di Giorgio Martini: arquitetura.

Igrejas:

Catedral:
- Amadeo, G. A.: arquitetura.
- Brunelleschi, F.: lavores.
- Cosini, S.: *Núpcias da Virgem.*
- Giovanni di Balduccio: esculturas
- Niccolò di Pietro Lamberti: esculturas.
- Zenale, B.: arquitetura.

Sant'Eustorgio (Capela Portinari):
- Michelozzo, M.: arquitetura.

San Francesco:
- Bambaia: monumento Biraghi.

San Gottardo (campanário):
- Puccio Capanna e Giottino (afim): *Crucificação* (fragmentos).

Santa Maria delle Grazie (claustro):
- Zenale, B.: *Ressurreição de Cristo.*

Santa Maria delle Grazie (refeitório):
- Leonardo: *Última Ceia.*

Santa Maria della Pace:
- Marco d'Oggiono: *Morte da Virgem* e *Bodas de Caná.*

Santa Maria della Passione:
- Ferrari, G.: *Última Ceia.*

Santa Marta:
- Bambaia: túmulo de Gaston de Foix, *v.* Turim, Museu Cívico; Londres, Victoria and Albert Museum e Milão, Museu Cívico.

San Pietro in Gessate (Capela Grifi):
- Butinone, B. e Zenale, B.: afrescos.

Santo Sepolcro:
- Bramantino: *Piedade, v.* Milão, Pinacoteca Ambrosiana.

Coleção Particular:
- Michelangelo (atr.): *Noli me tangere.*

Fortaleza:
- Brunelleschi, F.: modelo da fortaleza para Filippo Maria Visconti.

Museu do Castello Sforzesco:
- Portal e medalhões em lajota provenientes do Palácio del Banco Mediceo.
- Bambaia (il.): Gaston de Foix.
- Lippi, Filippo: luneta Trivulzio.
- Mantegna, A.: *Nossa Senhora com o Menino Jesus, querubins, anjos, São João Batista, São Gregório, São Bento e São Jerônimo.*

Museu Poldi Pezzoli:
- Carcher, Giovanni e Nicola: tapeçaria com folguedos infantis.
- Piero della Francesca: *São Nicolau de Tolentino.*

Ospedale Maggiore (ex-):
- Filarete, A.: arquitetura.
- Solari, G.: arquitetura.

Palácio del Banco Mediceo:
- Michelozzo, M.: arquitetura.

Palácio Sforza:
- Sangallo, G.: modelo.

Pinacoteca Ambrosiana:
- Bramantino: *Piedade.*
- Rafael (de): *Profeta Isaías.*
- Rafael: cartão com o desenho da *Escola de Atenas.*

Pinacoteca de Brera:
- Bellini, Gentile e Giovanni: *Pregação de São Marcos em Alexandria.*
- Bellini, Giovanni: *Piedade.*
- Cima da Conegliano: *São Pedro Mártir entre São Nicolau e São Bento.*
- Cossa, F. del: *São Pedro* e *São João Batista.*
- Costa, L.: predela.
- Genga, G.: *Nossa Senhora com o Menino Jesus, São João menino, os doutores da igreja e santos.*
- Gozzoli, B.: *Milagre de São Domingos.*
- Mantegna, A.: *Nossa Senhora com o Menino Jesus e anjos*; políptico de São Lucas.
- Palma o Velho e Cariani: *Adoração dos Magos.*
- Perino del Vaga: cinco divisões de predela.
- Piero della Francesca: retábulo.
- Pinturicchio: desenhos.
- Rafael: *Núpcias da Virgem.*
- Roberti, E. de': Retábulo Portuense.

- Salaí, A. (atr.): *Virgem entre São Pedro e São Paulo.*
- Signorelli, L.: *Flagelação.*
- Stefano da Verona: *Adoração dos Magos.*

MODENA

Biblioteca Estense:
- Gherardo e Monte: *Gregorius* (Cod. lat. 488).

Igrejas:

Catedral:
- Dossi, D.: *Nossa Senhora entre São Roque e São Lorenzo aparecendo a São João Evangelista, São Jerônimo e São Sebastião.*

Santa Cecilia:
- Francia, F.: *Nossa Senhora com o Menino Jesus em glória, São Geminiano, São Bernardo, Santa Doroteia, Santa Catarina, São Jerônimo e São Luís de Toulouse, v.* Berlim, Staatliche Museen.

Santissima Annunziata:
- Bianchi Ferrari, F. e Scaccieri, G. A.: *Anunciação, v.* Galeria Estense.

San Giovanni:
- Pellegrino da Modena: *Batismo de Cristo.*

Santa Maria della Neve: *v.* Confraria dos Flagelados.

Santa Maria dei Servi:
- Pellegrino da Modena: *São Cosme e São Damião.*

Confraria dos Flagelados:
- Pellegrino da Modena: *Batismo de Cristo, v.* igreja de San Giovanni.

Galeria Estense:
- Bianchi Ferrari, F. e Scaccieri, G. A.: *Anunciação.*

MONTAUBAN

Museu Ingres:
- Masolino: *Cena de São Juliano.*

MONTECASSINO

Abadia:
- Paolo Romano: sepultura.

MONTEFIASCONE

Catedral:
- Sammicheli, M.: arquitetura.

Fortaleza:
- Sangallo, A. o Jovem: obras de restauração.
- Sangallo, A. o Velho: arquitetura.

MONTEFIORENTINO (Pesaro)

Mosteiro:
- Santi, G.: retábulo.

MONTELEONE (Vibo-Valenza)

Catedral:
- Gagini, A.: três *Nossas Senhoras.*

MONTELUNGO (Arezzo)

Igreja de Santa Maria:
- Margarito: *Nossa Senhora com o Menino Jesus.*

MONTEMARCIANO (Arezzo)

Oratório:
- Francesco d'Antonio: afresco.

MONTE OLIVETO MAGGIORE (Siena)

Abadia:
- Giovanni da Verona: almofadas de espaldares incrustados.
- Lorenzetti, A.: painel.
- Signorelli, L.: *Cenas de São Bento.*
- Spinello Aretino: políptico; *v. também* Siena, Pinacoteca; Budapeste, Museu de Belas-Artes; Cambridge (Mass.), Fogg Art Museum; Florença, coleção particular; painel.
- Sodoma: *Cenas de São Bento; Cenas de Cristo.*

MONTE ORTONE (Pádua)

Igreja de Santa Maria:
- Jacopo da Montagnana: afrescos.

MONTEPULCIANO (Siena)

Igrejas:

Catedral:
- Donatello e Michelozzo, M.: túmulo de Bartolomeo Aragazzi; *v. também* Londres, Victoria and Albert Museum.
- Michelozzo: monumento Aragazzi.
- Taddeo di Bartolo: políptico.
- Vasari, L.: predela.

San Biagio:
- Sangallo, A. o Velho e Francesco: arquitetura.

Santa Lucia:
- Signorelli, L.: *Nossa Senhora da Misericórdia;* predela, *v.* Florença, Galleria degli Uffizi.

Palácio Contucci:
- Sangallo, A. o Velho: arquitetura.

MONTE SAN SAVINO (Arezzo)

Casa de A. Sansovino:
- Sansovino, A.: arquitetura.

Igrejas:

Sant'Agata:
- Sansovino, A.: *São Lourenço e santos.*

Sant'Agostino:
- Sansovino, A.: púlpito.

Sant'Agostino (capela de São João Batista):
- Sansovino, A.: portal dórico.

Sant'Agostino (claustro):
- Sansovino, A. e Domenico di Nanni: arquitetura.

Santa Chiara:
- Sansovino, A.: *Assunção* e *Santa Ágata, Santa Luzia e São Romualdo.*

Santa Maria delle Vertighe:
- Margarito: *Nossa Senhora com o Menino Jesus.*

Palácio Comunal: *v.* Palácio del Monte.

Palácio del Monte:
- Sangallo, A. o Velho: arquitetura.

Palácio del Monte (proximidades):
- Bartolomeo della Gatta: tabernáculo.

MONTE SANTA MARIA TIBERINA (Perúgia)

Palácio dos Bourbon del Monte:
- Signorelli, L.: *Cristo morto.*

MONTPELLIER

Museu Fabre:
- Rafael (cópia de): retrato de Lourenço de' Medici.

MUNIQUE
Alte Pinakothek:
- Andrea del Sarto: *Nossa Senhora.*
- Fra Angelico: três *Cenas de São Cosme e São Damião*; *Piedade.*
- Aspertini, A.: *Adoração dos Magos, Presépio.*
- Ghirlandaio, Domenico, David e Benedetto: *Nossa Senhora e santos, Santa Catarina e São Lourenço.*
- Giorgione (atr.): retrato de homem.
- Granacci, F.: *São Jerônimo, Santa Apolônia, São João Batista, Santa Madalena.*
- Granacci, F. e Mainardi, S.: *Nossa Senhora, Menino Jesus, São Domingos, São Miguel e os dois Joões.*
- Leonardo: *Nossa Senhora do Cravo.*
- Lippi, Filppino (oficina de): *Nossa Senhora e Cristo intercedendo junto ao Pai Eterno.*
- Lippi, Filippo: *Anunciação.*
- Mainardi, S.: *Santa Catarina, São Lourenço.*
- Perugino, P.: *Aparição da Virgem a São Bernardo*; *Visitação de São Bernardo.*
- Raffaellino del Garbo: *Piedade.*
- Rafael: *Sagrada Família com Santa Isabel e São João menino.*
Staatliche Graphische Sammlungen:
- Andrea del Sarto: desenho para a *Virgem em glória e quatro santos.*
- Fra Bartolomeo: desenho preparatório para *a Assunção de Maria.*
- Michelangelo: desenho a partir de *Tributo* de Masaccio.
MURANO (Veneza)
Igrejas:
San Michele:
- Bellini, Giovanni: *Nossa Senhora com o Menino Jesus, São Marcos apresentando o doge Barbarigo, Santo Agostinho e anjos*, v. San Pietro.
San Pietro:
- Bellini, Giovanni: *Nossa Senhora com o Menino Jesus, São Marcos apresentando o doge Barbarigo, Santo Agostinho e anjos.*
NANTES
Museu Dobrée:
- Basaiti, M.: *Piedade.*
NÁPOLES
Casa de Lionello da Carpi:
- Rafael (escola) *Nossa Senhora do Divino Amor*, v. Galeria Nacional de Capodimonte.
Casa de Paolo da Testa Rossa:
- Andrea del Sarto: *Sacrifício de Isaque*, v. Madri, Prado.
Castelnuovo:
- Cardisco, M.: *Adoração dos Magos*, v. Museu Nacional de San Martino.
- Francesco di Giorgio Martini: arquitetura.
- Giotto: afrescos.
- Lippi, Filippo: *Virgem adorando o Menino Jesus*; *v. também* Florença, Arquivo de Estado e Richmond, coleção Cook.

- Pietro da Milano, Francesco Laurana, Isaia da Pisa, Andrea dell'Aquila, Antonio di Chellino, Domenico Gagini, Giuliano da Maiano: arco triunfal.
- Sagrera, G.: projeto arco triunfal de Alfonso de Aragão.
Igrejas:
Catedral:
- Perugino, P.: *Assunção.*
Igreja dell'Incoronata:
- Roberto d'Oderisio: afrescos.
Monteoliveto: v. Sant'Anna dei Lombardi.
Santo Agostino:
- Cardisco, M.: *A disputa de Santo Agostinho*; v. também Galeria Nacional de Capodimonte.
Sant'Angelo a Nilo:
- Donatello, Michelozzo, M., Pagno di Lapo Portigiani, Nanni di Miniato: túmulo do cardeal Brancaccio.
- Polidoro: pinturas; v. também Galeria Nacional de Capodimonte.
Sant'Aniello:
- Girolamo da Cotignola: *Nossa Senhora, São Paulo e São João Batista.*
Sant'Anna dei Lombardi:
- Benedetto da Maiano: tríptico com *Anunciação, São João Batista e São Jerônimo*; na predela *Natividade, Adoração dos Magos, Ressurreição, Deposição, Ascensão, Descida do Espírito Santo e Morte da Virgem.*
- Giovanni da Nola: altar da família Del Pezzo; altar da família De Liguoro.
- Girolamo da Cotignola: *Adoração dos Magos.*
- Mazzoni, G.: *Piedade.*
- Pinturicchio: *Assunção*, v. Galeria Nacional de Capodimonte.
Sant'Anna dei Lombardi (capela de Paolo da Tolosa):
- Giovanni da Verona: marchetaria em madeira.
Sant'Anna dei Lombardi (capela Piccolomini):
- Rossellino, A.: *Natividade.*
- Rossellino, A. e Benedetto da Maiano: monumento fúnebre a Maria de Aragão.
Santa Chiara:
- Giotto: afrescos.
San Domenico:
- Rafael: *Nossa Senhora do Peixe*, v. Madri, Prado.
San Domenico (capela Carafa):
- Bramantino: afrescos.
San Giacomo Maggiore:
- Giovanni da Nola e ajudantes: túmulo de Pedro de Toledo e da mulher.
San Giovanni a Carbonara (Capela Caracciolo di Vico):
- Ordonez, B.: *Adoração dos Magos.*
- Santacroce, G.: *Batista.*
San Lorenzo Maggiore:
- Ordoñez, B.: sepulcro.
Santa Maria a Cappella Vecchia:

- Santacroce, G.: *Nossa Senhora, São João Batista e São Bento*.

Santa Maria della Grazia:
Polidoro: *São Pedro*.

Santo Spirito degli Incurabili:
- Penni, G. F.: *Trasfiguração*.

Galeria Nacional de Capodimonte:
- Andrea del Sarto: cópia do retrato de Leão X com os cardeais Giulio de' Medici e Luigi de' Rossi de Rafael; desenho para a *Virgem em glória e quatro santos*.
- Fra Bartolomeo: *Assunção*.
- Bellini, Giovanni: *Transfiguração*.
- Cardisco, M.: *A disputa de Santo Agostinho*.
- Giulio Romano: *Nossa Senhora da Gata*.
- Martini, S.: *São Luís de Toulouse*.
- Masaccio: *Crucificação*.
- Masolino: *Fundação de Santa Maria Maggiore* e *Assunção*.
- Pinturicchio (e oficina): *Assunção*.
- Polidoro: *Cristo no Calvário*; *São Pedro* e *Santo André*.
- Rafael e Evangelista di Pian di Meleto: *Maria, o Eterno e anjos*.
- Rafael (escola): *Nossa Senhora do Divino Amor*.
- Sebastiano del Piombo: retrato de Clemente VII.
- Ticiano: retrato do cardeal Farnese; retrato de Paulo III; retrato de Paulo III e os sobrinhos Ottaviano e Alessandro.

Museu Arqueológico Nacional:
- Estátua antiga de *Apolo*.
- Estátua antiga de *Apolo-Hermafrodita*.
- Cabeça de cavalo (período helenista).

Museu Nacional de San Martino:
- Cardisco, M.: *Adoração dos Magos*.

Palácio do duque da Calábria:
- Sangallo, G. e A. o Velho: projeto.

Palácio de Poggio Reale:
- Giuliano da Maiano: arquitetura.
- Piero e Polito del Donzello: afrescos.

Porta Capuana:
- Benedetto da Maiano: *Coroação de Fernando de Aragão*, v. Florença, Museu Nacional de Bargello.
- Giuliano da Maiano: arquitetura.
- Giovanni da Nola: esculturas.

NARBONNE
Catedral:
- Carel van Loo: cópia da *Ressurreição de Lázaro* de Sebastiano del Piombo.

NEPI
Fortaleza:
- Sangallo, A. o Jovem: arquitetura.

NOVA YORK
Igreja de Saint Patrick:
- Andrea del Sarto: *Sagrada Família e Sant'Ana*.

Frick Collection:
- Duccio: *Tentação de Jesus*.

- Piero della Francesca: *São João Evangelista, Santa Mônica* e um *Santo Agostiniano*.

Coleção Keller:
- Francia, F.: *Batismo de Cristo*.

Coleção Mortimer:
- Lorenzo di Credi: medalhão com *Nossa Senhora*; *v. também* Metropolitan Museum.

Coleção Rockefeller:
- Piero della Francesca: *Crucificação*.

Coleção Spanierman:
- Rafael: retrato de Lourenço de' Medici; *v. também* Montpellier, Museu Fabre; Florença, Galleria degli Uffizi; Colworth, Museu.

Coleção Van Berg (ex-Coleção Lord Huntingfield):
- Willem van Haecht: *Mulher saindo do banho*.

Coleção particular:
- Granacci, F.: *Cenas de uma santa*.

Metropolitan Museum:
- Andrea del Sarto: *Sagrada Família e São João menino*.
- Corradini, B.: *Natividade da Virgem*.
- Ghirlandaio, D.: divisões de predela.
- Lippi, Filippo: *São Lourenço entre São Cosme, São Damião e três patrocinadores*, nas laterais, *Santo Antonio Abade e São Bento*.
- Lorenzo di Credi: medalhão com a *Nossa Senhora*.
- Mestre dos Painéis Barberini: *Natividade da Virgem*.
- Perino del Vaga: desenho para os panos de abóbada de Trinità dei Monti em Roma.
- Perugino, P.: dois *Santos*.
- Piero di Cosimo: *Cenas da Humanidade primitiva*.
- Pollaiuolo, A.: *Batalha dos nus*.
- Pollaiuolo, A. (cópia de): *São Cristóvão*.
- Rafael (cópia?): retrato de Giuliano de' Medici.
- Ticiano (atr.): retrato de Alfonso I, d'Este.
- Ugolino di Nerio: *Última Ceia*.

Pierpont Morgan Library:
- Andrea del Sarto: desenho para *São Miguel, São João Gualberto, São João Batista e São Bernardino dos Uberti*; desenhos para a *Visitação*.
- Clovio, G.: iluminuras para *Officium Virginis* (Ms. 69).
- Desiderio da Settignano (?): busto de Marietta Strozzi.
- Gherardo e Monte: *San Didymus* (Ms. 496).
- Parmigianino: desenho preparatório para o retrato de Carlos V.

OFFIDA
Fortaleza:
- Pontelli, B.: arquitetura.

ORVIETO
Catedral:
- Agostinho de Giovanni e Agnolo Ventura: fachada.
- Nicola di Nuto: fachada.

- Pinturicchio: afrescos.
- Pisano, Nicola: esculturas.
- Pisano, Nino: arquitetura.
Catedral (capela de São Brício):
- Fra Angelico, Gozzoli, B., Giovanni di Antonio della Checca, Giacomo da Poli, Pietro di Niccolò: *Cristo juiz e os profetas*.
- Signorelli, L.: afrescos.
Poço de San Patrizio:
- Sangallo, A. o Jovem, Tarugi, S., Mosca, S.: arquitetura; sobre o desenho preparatório, *v.* Florença, Galleria degli Uffizi (Gabinete de Desenhos e Gravuras).

OSIMO
Fortaleza:
- Pontelli, B.: arquitetura.

OSTIA
Fortaleza:
- Pontelli, B.: arquitetura.
- Sangallo, G.: arquitetura.

OTTAWA
National Gallery:
- Piero di Cosimo: *Cenas da Humanidade primitiva*.

OXFORD
Museu Ashmolean:
- Andrea del Sarto: desenho para as *Cenas de João Batista*; desenho para *César recebendo o tributo*; desenho para *Nossa Senhora com o Menino Jesus, Santa Isabel e São João*.
- Franciabigio: *Cura dos enfermos*.
- Perino del Vaga: desenho preparatório para *Apolo cercado pelas Musas e por dezoito poetas;* desenho para a decoração da arcada do Palácio Doria em Gênova.
- Piero di Cosimo: *Cenas da Humanidade primitiva*.
- Rafael: desenho de *Nossa Senhora do Belvedere*; desenho preparatório para a *Transfiguração*; desenhos para a cúpula de Santa Maria del Popolo em Roma.

PÁDUA
Capela dos Scrovegni:
- Giotto: afrescos.
Casa Capodilista:
- Donatello: cavalo de madeira, *v.* Palácio della Ragione.
Igrejas:
degli Eremitani (capela Ovetari):
- Ansuino da Forlí: afrescos.
- Bono da Ferrara: *São Cristóvão transportando o Menino Jesus*.
- Giovanni d'Alemagna: afrescos.
- Girolamo di Giovanni (atr.): *São Cristóvão diante do rei*.
- Mantegna, A.: afrescos.
- Pizzolo, N.: afrescos.
- Pizzolo, N., Giovanni da Pisa: altar em terracota.

- Vivarini, Antonio: afrescos.
do Santo (Sant'Antonio):
- Altichiero: *Crucificação*.
- Bellano: relevos do coro
- Donatello: altar do Santo; crucifixo.
- Giotto: afrescos.
- Mantegna, A.: *Crisma com Santo Antônio e São Bernardino, v.* Museu Antoniano.
- Tullio Lombardo: relevos na capela da Arca do Santo.
San Francesco:
- Bellano: monumento Roccabonella.
Santa Giustina:
- Bartolomeo di Clemente Spani: bustos de São Prosdócimo e Santa Justina.
Museu Antoniano:
- Mantegna, A.: *Crisma com Santo Antônio e São Bernardino*.
Museu Cívico:
- Torbido, F.: *Retrato de fidalgo*.
Oratório de San Giorgio:
- Altichiero e Avanzo: afrescos.
Palácio della Ragione:
- Cavalo de madeira (século XV).
- Giotto: afrescos.
Praça do Santo:
- Donatello: monumento a Gattamelata.

PALERMO
Igrejas:
Catedral:
- Gagini, Antonello, Giovanni Domenico, Antoniuzzo, Giacomo, Fazio e Vicentino: monumento ao bispo Paternò; decoração da tribuna.
Santa Maria dello Spasimo:
- Rafael (escola): *Spasimo de Sicilia, v.* Madri, Museu do Prado.

PARIS
Coleção Bonaffé (ex-)
- Perugino, P.: *Santo*.
Coleção Frits Lugt:
- Andrea del Sarto: desenho para as *Cenas da juventude de José* e para o *Sonho do Faraó*; desenho para a *Assunção;* desenho para a *Sagrada Família e São João menino*.
École des Beaux-Arts:
- Andrea del Sarto: desenhos para *Nossa Senhora com o Menino Jesus, São Celso, Santa Júlia, Santo Onofre, Santa Catarina, São Bento, Santo Antônio de Pádua, São Pedro e São Marcos*; desenho relativo à *Piedade*.
- Franciabigio: desenho com a *Prisão de João Batista*.
Museo de Cluny:
- Ghirlandaio, David: Mosaico com *Nossa Senhora no trono e dois anjos*.
Museu Jacquemart-André:
- Della Robbia, L.: dois *Anjos*.
- Verrocchio, A.: quatro *Virtudes*.

Louvre:
- Estátua do *Tibre.*
- Albertinelli, M.: *Nossa Senhora com Sao Jerônimo e São Zenóbio.*
- Andrea del Sarto: *Caridade*; sobre o desenho, *v.* Louvre (Gabinete dos Desenhos); *Sagrada Família.*
- Fra Angelico: *Decapitação de São Cosme e São Damião*; *Coroação da Virgem.*
- Baldovinetti, A.: *Nossa Senhora.*
- Fra Bartolomeo: *Bodas místicas de Santa Catarina, com São Pedro, São Bartolomeu e outros.*
- Bellini, Jacopo: *Nossa Senhora.*
- Benedetto da Maiano: retrato de Filippo Strozzi.
- Bianco, S.: dois bustos de mármore.
- Botticelli, S.: *Nossa Senhora da Humildade.*
- Cimabue: *Nossa Senhora no trono e anjos.*
- Dalmata, G.: parte do embasamento do monumento a Paulo II.
- Diamante, frei: *Natividade.*
- Francesco di Giorgio Martini: *São Cristóvão.*
- Francia, F.: *Crucifixo com Maria e João.*
- Gentile da Fabriano: painel com a *Apresentação ao templo.*
- Ghirlandaio, Domenico, David e Benedetto: *Visitação.*
- Giancristoforo Romano: *Beatrice d'Este.*
- Giulio Romano: *Natividade, São Longino e São João*; modelos para tapeçarias com *Cenas de Cipião.*
- Leonardo: *Gioconda*; *Sant'Ana*; *Virgem do Rochedo.*
- Lippi, Filippo: *Nossa Senhora no trono entre anjos e santos.*
- Lorenzo di Credi: *Nossa Senhora com São Juliano e São Nicolau.*
- Mantegna, A.: *Crucifição.*
- Michelangelo: dois *Prisioneiros.*
- Mino da Fiesole: busto de Diotisalvi Neroni.
- Paolo Romano: *Roberto Malatesta.*
- Pesellino: *Milagre de São Cosme e São Damião*; *São Francisco recebendo os estigmas.*
- Pietro di Giovanni Tedesco: *Santo Estêvão, São Lourenço.*
- Rafael: *A bela jardineira*; *São Miguel e o demônio.*
- Rafael e Evangelista di Pian di Meleto: fragmento do retábulo do Beato Nicolau de Tolentino.
- Roberti, E. de': *Apolônio e Miguel.*
- Roberti, E. de' (cópia de): *Morte da Virgem.*
- Rosso, F.: *Piedade.*
- Uccello, P. (?): cópia de retratos da *Sagração de Masaccio.*
- Uccello, P.: *Batalha de São Romano.*
- Verrocchio, A.: modelos incompletos, em terracota, para a túmulo Forteguerri em Pistoia.
Louvre (Gabinete dos Desenhos):

- Andrea del Sarto: desenho para *Anunciação*; desenho para *Assunção*; desenhos para as *Cenas de João Batista*; desenho para a *Caridade*; desenhos da *Nossa Senhora das Harpias*; desenho para *Nossa Senhora do Saco*; desenho para *Nossa Senhora da Escada*; desenho para *Nossa Senhora com o Menino Jesus, Santa Isabel e São João menino*; desenho para *Nossa Senhora, São João Batista e Santo Ambrósio*; desenho para *Santa Inês, Santa Catarina de Siena, Santa Margarida, São João Batista e São Pedro*; desenhos para *César recebendo o tributo*; desenhos relativos à *Piedade*; desenho para *a Sagrada Família*; desenho para a *Sagrada Família com São João menino*; desenhos das *Cenas da juventude de José* e do *Sonho do Faraó*; desenhos para as *Cenas de São Filipe Benizzi*; desenho para a *Disputa da Trindade*; desenhos para a *Última Ceia.*
- Anônimo: desenho com a *Crucificação de São Pedro*, para a fachada de San Pietro in Vincoli em Roma.
- Bellini, J.: livro de desenhos.
- Leonardo del Tasso: desenho relativo a *São Sebastião.*
- Michelangelo: desenho de um *Davi.*
- Parmigianino: desenho da *Circuncisão*; desenho de *São Roque e o doador.*
- Perino del Vaga: cena de sacrifício; desenho para a decoração da arcada do Palácio Doria em Gênova; desenhos para a sala de Perseu de Castel Sant'Angelo; desenhos para os panos de abóbada de Trinità dei Monti em Roma.
- Rafael: desenho preparatório para a *Deposição*; desenho preparatório para a *Transfiguração.*
- Rosso Fiorentino: *Marte e Vênus.*
- Sebastiano del Piombo: desenho para a *Piedade*; desenhos para San Pietro in Montorio em Roma.
- Vasari, G.: desenho para os painéis da Catedral de Pisa.

PARMA

Igrejas:

Catedral:
- Correggio: *Assunção da Virgem*; *Nossa Senhora do São Jerônimo, v.* Pinacoteca.

San Giovanni:
- Correggio: afrescos, *v. também* Londres, National Gallery e Parma, Pinacoteca; *Deposição, v.* Pinacoteca; *Martírio de São Plácido, Santa Flávia, Santo Eutíquio e São Vítor, v.* Pinacoteca.
- Francia, F.: *Deposição, v.* Pinacoteca.

San Giovanni (sacristia):
- Cesarino, C.: afrescos.

Santa Maria della Steccata:
- Anselmi, N.: afrescos.

- Parmigianino: afrescos; sobre os desenhos preparatórios, *v.* Windsor Castle, Royal Library e Turim, Biblioteca Real.

Pinacoteca:
- Correggio: *Deposição*; *Coroação da Virgem*; *Nossa Senhora do São Jerônimo*; *Martírio de São Plácido, Santa Flávia, Santo Eutíquio e São Vítor.*
- Francia, F.: *Deposição.*
- Sebastiano del Piombo: retrato do papa Paulo III e de Alessandro Farnese.

Fortaleza:
- Antonio dell'Abbaco, Sangallo, A. o Jovem, Leno, G., Pier Francesco da Viterbo, Sammicheli, M.: desenhos, *v..* Florença, Galleria degli Uffizi (Gabinete de Desenhos e Gravuras).

PASSIGNANO (Florença)

Convento:
- Ghirlandaio, Domenico, David e Mainardi, S.: afrescos.

PAVIA

Cartuxa (Certosa):
- Bernardo da Venezia e Cristoforo da Congo: arquitetura.
- Giancristoforo Romano: monumento a Gian Galeazzo Visconti.
- Perugino, P.: políptico; *v. também* Londres, National Gallery.
- Solario, A. e Campi, B.: *Assunção e santos.*

Pinacoteca:
- Spinello Aretino: fragmento de afresco.

PERÚGIA

Igrejas:

Catedral:
- Bellano, B.: estátua de Paulo II.

Sant'Agostino:
- Alfani, D.: *Visitação.*
- Alfani, D. e Rosso Fiorentino: *Adoração dos Magos.*

San Domenico:
- Gentile da Fabriano: *Nossa Senhora com o Menino Jesus e anjos músicos*, *v.* Galeria Nacional da Umbria.
- Marcillat, G. de: vitral com *Anunciação e santos.*

San Francesco:
- Rafael: *Deposição*, *v.* Roma, Galeria Borghese; Roma-Vaticano, Pinacoteca (predela); Londres, British Museum (Gabinete dos Desenhos); Paris, Louvre (Gabinete dos Desenhos); Viena, Albertina e Florença, Galleria degli Uffizi (Gabinete de Desenhos e Gravuras); *Coroação da Virgem e santos*, *v.* Roma-Vaticano, Pinacoteca.
- Santi, G.: pinturas.

Santa Maria dei Fossi:
- Pinturicchio: políptico.

Santa Maria di Monteluce:
- Penni, G. e Giulio Romano: *Assunção*, *v.* Roma-Vaticano, Pinacoteca.

- Pippi, R. e Penni, F.: *Coroação*, *v.* Roma-Vaticano, Pinacoteca.

Santa Maria Nuova:
- Vasari, L.: fragmentos de afrescos.

Collegio del Cambio:
- Montevarchi, L.: afrescos.
- Perugino, P.: afrescos.

Convento de Sant'Antonio:
- Piero della Francesca: políptico, *v.* Galeria Nacional da Úmbria.

Galeria Nacional da Úmbria:
- Fra Angelico: políptico.
- Bonfigli, B.: *Cenas de São Luís de Toulouse.*
- Francesco di Giorgio Martini: *Flagelação.*
- Gentile da Fabriano: *Nossa Senhora com o Menino Jesus e anjos músicos.*
- Perugino e companheiros: *Pequenas cenas de São Bernardino.*
- Piero della Francesca: políptico.
- Pinturicchio: desenhos.

Museu da Catedral:
- Signorelli, L.: *Nossa Senhora com o Menino Jesus, quatro santos e um anjo*; *Nossa Senhora e o Menino Jesus entre Santo Onofre, Santo Herculano, São João Batista e Santo Estêvão e dois anjos.*

Palácio Baglioni:
- Domenico Veneziano: *Homens ilustres.*

Palácio dos Priores: *v.* Galeria Nacional da Úmbria.

Piazza Maggiore:
- Pisano, Nicola: fonte.
- Pisano, G.: fonte.

Rocca Paolina:
- Sangallo, A. o Jovem: arquitetura.

PESARO

Igreja de San Francesco:
- Bellini, Giovanni: *Coroação da Virgem entre quatro santos*, *v.* Museu Cívico e Roma-Vaticano, Pinacoteca.

Fortaleza do Porto:
- Brunelleschi, F.: projeto.

Museu Cívico:
- Bellini, Giovanni: *Coroação da Virgem entre quatro santos.*

Palácio Bonamini-Pepoli:
- Rossi, Properzia de', e Santacroce, P.: colar de caroços entalhados com a *Paixão de Cristo.*

Villa Imperiale:
- Ammannati, B.: túmulo de Francesco Maria della Rovere.
- Bronzino, A.: afrescos.
- Camillo Mantovano: afrescos.
- Dossi, D.: afrescos.
- Genga, G.: obras de arquitetura.
- Menzocchi, F.: afrescos.
- Raffaellino del Colle: afrescos.

PESCIA

Paróquia:
- Rafael: *Nossa Senhora do Baldaquim*, *v.* Florença, Galeria Palatina.

807

PIACENZA
Igrejas:
Santa Maria di Campagna:
- Pordenone: *Cenas de Santa Catarina, Natividade de Cristo, Adoração dos Magos.*
- Pordenone e Gatti, B.: *Disputa, tortura e martírio, Profeta e evangelistas, Nascimento da Virgem, Fuga para o Egito, Adoração dos Magos, Adoração dos pastores e Santo Agostinho.*
San Sisto:
- Rafael: *Nossa Senhora Sistina, v.* Dresden, Gemäldegalerie.
Palácio de Messer Barnaba del Pozzo (jardim):
- Pordenone: pinturas.
PIAN DI MUGNONE (Florença)
Igreja de Santa Maria Maddalena:
- Fra Bartolomeo: *Anunciação*; *Noli me tangere*; *v. também* Florença, San Marco (convento), fragmentos com *Bustos de Santos* e *Nossa Senhora com o Menino Jesus.*
Fortaleza:
- Sangallo, A. o Jovem, Leno, G., Antonio dell'Abbaco, Pier Francesco da Viterbo, Sammicheli, M.: desenhos, *v.* Florença, Galleria degli Uffizi (Gabinete de Desenhos e Gravuras).
PIENZA (Siena)
Catedral:
- Rossellino, B.: arquitetura.
Palácio Piccolomini:
- Rossellino, B.: arquitetura.
Palácio Público:
- Rossellino, B.: arquitetura.
Episcopado:
- Rossellino, B.: arquitetura.
PIETRASANTA (Lucca)
Fortificações:
- Francione: obras de arquitetura.
PISA
Camposanto:
- Antonio Veneziano: *Cenas de São Ranieri.*
- Buffalmacco: afrescos.
- Gaddi, T.: *Cenas de São Jó.*
- Giovanni di Simone: arquitetura.
- Gozzoli, B.: *Cenas do Antigo Testamento.*
- Martini, S.: afrescos.
- Orcagna, A.: afrescos; *Inferno.*
- Piero di Puccio: *Cenas do Gênese, Cosmografia, Coroação da Virgem, Cenas do Antigo Testamento.*
- Pisanello: pinturas.
- Spinello Aretino: fragmentos de afrescos; *Cenas de Santo Efísio e São Potito.*
- Stefano Fiorentino: *Assunta.*
Igrejas:
Batistério:
- Pisano, Nicola: arquitetura; pia batismal e púlpito.
do Carmine:
- Masaccio (e Andrea di Giusto): políptico, *v.* Museu Nacional de San Matteo; Londres,

National Gallery; Nápoles, Galeria Nacional de Capodimonte; Malibu, Paul Getty Museum; Berlim, Staatliche Museen.
Catedral:
- Andrea del Sarto: *Santa Inês, Santa Catarina de Siena, Santa Margarida, São João Batista e São Pedro.*
- Andrea del Sarto e Sogliani, G. A.: *Nossa Senhora, São Francisco, São Jerônimo, São Bartolomeu e dois anjos.*
- Beccafumi, D.: painel; *Moisés e as tábuas da lei, Moisés e os filhos de Cora, Os quatro evangelistas.*
- Buscheto: arquitetura.
- Cimabue: *São João Evangelista.*
- Cosini, S.: anjos portando círios.
- Daddi, B.: políptico.
- Francione: assentos.
- Ghirlandaio, Domenico: afrescos.
- Perino del Vaga: seis *Putti.*
- Perino del Vaga e Sogliani, G. A.: *São Jorge libertando a princesa*; sobre o desenho, *v.* Zurich, Kunsthaus.
- Pisano, Giovanni: púlpito.
- Sangallo, G.: entalhes do coro.
- Sodoma: *Sepultamento de Cristo, Sacrifício de Isaque.*
- Sogliani, G. A.: pinturas; *Sacrifício de Noé, Sacrifício de Caim e Abel.*
- Stagi, S.: esculturas.
- Tribolo, N. (?): *Anjo.*
- Vasari, G.: *Nossa Senhora com o Menino Jesus e santos*; *Nossa Senhora com Cristo morto nos braços e santos*; sobre o desenho, *v.* Paris, Louvre (Gabinete dos Desenhos).
- Vincino di Vanni: *Nossa Senhora.*
Catedral (campanário).
Sant'Agnese:
- Andrea del Sarto: altar, *v.* Catedral; sobre os desenhos, *v.* Florença, Galleria degli Uffizi (Gabinete de Desenhos e Gravuras) e Paris, Louvre (Gabinete dos Desenhos).
Santa Caterina:
- Memmi, L.: políptico, *v.* Museu Nacional de San Matteo (Martini, S.: políptico de Santa Caterina).
San Francesco:
- Cimabue: *São Francisco.*
- Jacopo di Mino del Pellicciaio: afrescos.
San Francesco (claustro):
- Gaddi, T.: *Nossa Senhora com o Menino Jesus.*
San Girolamo:
- Ghirlandaio, Domenico: *Nossa Senhora com o Menino Jesus no trono entre Santa Catarina, Santo Estêvão, São Lourenço e Santa Doroteia, v.* Museu Nacional de San Matteo.
Santa Maria a Ponte: *v.* Santa Maria della Spina.
Santa Maria della Spina:
- Pisano, A.: esculturas.
San Matteo:

- Perino del Vaga: *Sagrada Família*, *v.* Museu Nacional de San Matteo; sobre o desenho, *v.* Florença, Galleria degli Uffizi (Gabinete de Desenhos e Gravuras).

San Michele:
- Lorenzo Monaco: painel

San Paolo a Ripa d'Arno:
- Buffalmacco: afrescos.
- Memmi, L.: afrescos.

Companhia dos florentinos:
- Gozzoli, B.: painel e outras pinturas.

Convento de San Benedetto a Ripa d'Arno:
- Gozzoli, B.: *Nossa Senhora com o Menino Jesus e santos*, *v.* Museu Nacional de San Matteo; *Cenas de São Bento*.

Fortaleza:
- Sangallo, G. e A. o Velho: arquitetura.

Museu Nacional de San Matteo:
- Daddi, B.: *Cenas de Santa Cecília*.
- Ghirlandaio, D.: *Nossa Senhora com o Menino Jesus no trono entre Santa Catarina, Santo Estêvão, São Lourenço e Santa Doroteia*.
- Gozzoli, B.: *Nossa Senhora com o Menino Jesus e santos*.
- Martini, S.: políptico de Santa Caterina.
- Masaccio: *São Paulo*.
- Rosso Fiorentino (?): *Jacó na fonte*.

Ponte a Mare:
- Brunelleschi, F.: obras de consolidação.

Porta di San Marco:
- Sangallo, G.: arquitetura; *v. também* Siena, Biblioteca Comunal (Ms. S.IV.8).

Porta Palascio (bastião):
- Brunelleschi, F.: arquitetura.

PISTOIA

Casa Bartolini (jardim):
- Lorenzetto: figura.

Igrejas:
Catedral:
- Ghirlandaio, Domenico: restaurações nos mosaicos da abside.
- Pesellino e Lippi, Filippo: painel, *v.* Londres, National Gallery.
- Verrocchio, A. e Lorenzetto: túmulo do cardeal Forteguerri, *v. também* Museu Cívico.
- Verrocchio, A., Lorenzo di Credi, Lorenzetto, Masoni, G.: monumento ao cardeal Niccolò Forteguerri; *v. também* Museu Cívico; Londres, Victoria and Albert Museum e Paris, Louvre.

Catedral (Altar de San Jacopo):
- Brunelleschi, F.; dois *Profetas*, *Santo Ambrósio* e *Santo Agostinho*, duas meias-figuras de *Evangelistas*.

Sant'Andrea:
- Pisano, Giovanni: púlpitos.

San Jacopo: *v.* Catedral.

San Paolo:

- Gerini, Gerino d'Antonio: duas *Santas*; *Nossa Senhora no trono e quatro Santos*: *v.* Museu Cívico.

Convento della Sala:
- Gerini, Gerino de Antonio: *Nossa Senhora no trono com seis santos*, *v.* Museu Cívico, *v. também* igreja de San Paolo.

Museu Cívico:
- Gerini, Gerino d'Antonio: *Nossa Senhora no trono com quatro santos*; *Nossa Senhora no trono e seis santos*.
- Lorenzetto: estátua do Cardeal Forteguerri.
- Rustici, Giovan Francesco: sepultura do cardeal Forteguerri.

POGGIBONSI (Siena)

Fortaleza:
- Sangallo, G. e A. o Velho: arquitetura.

POGGIO A CAIANO (Florença)

Villa Medicea:
- Andrea del Sarto: afrescos.
- Andrea del Sarto e Allori, A.: *César recebendo o tributo*, sobre os desenhos, *v.* Berlim, Staatliche Museen (Gabinete dos Desenhos); Darmstadt, Museu; Florença, Galleria degli Uffizi (Gabinete de Desenhos e Gravuras); Londres, British Museum-Fawkner; Oxford, Museu Ashmolean e Paris, Louvre (Gabinete dos Desenhos).
- Feltrini, A. di Cosimo: decorações.
- Franciabigio e Allori, A.: *Triunfo de César*.
- Francione: modelo da Villa di Poggio a Caiano.
- Pontormo: afrescos.
- Sangallo, G.: arquitetura.

POLA

Arco dos Sérgios.

POLLOCK HOUSE (Escócia)

Coleção John Stirling Maxwell:
- Signorelli, L.: *Piedade*.

POPPI (Arezzo)

Abadia:
- Andrea del Sarto e Bonilli, V.: *Virgem em glória e quatro santos*, *v.* Florença, Galeria Palatina; sobre os desenhos, *v.* Florença, Galleria degli Uffizi (Gabinete de Desenhos e Gravuras), Munique, Staatliche Graphische Sammlungen, Nápoles, Galeria Nacional de Capodimonte.

PRAGA

Biblioteca Universitária:
- Gherardo e Monte: *Aristóteles* (cod. lat. 1656).

PRATO

Igrejas:
Catedral:
- Donatello, Michelozzo, M. e Pagno di Lapo Portigiani: púlpito, *v.* Museu da Obra da Catedral.
- Gaddi, A.: *Episódios da lenda do Sagrado Cíngulo*.
- Lippi, Filippo: *Funerais de São Jerônimo*.

- Lippi, Filippo e colaborador: *Adoração do Menino Jesus com São Jorge e São Vicente Ferrer, v.* Museu Cívico; painel; *Nossa Senhora*; *Nossa Senhora dando o cíngulo a São Tomé, v.* Museu Cívico.
- Lippi, Filippo e frei Diamante: *Os quatro evangelistas, Feitos da vida de São João Batista e Santo Estêvão.*

Santa Maria delle Carceri:
- Sangallo, G.: arquitetura, *v. também* Siena, Biblioteca Comunal (Ms. S.IV.8).
- Soggi, N.: painel.

Santa Maria di Castello:
- Fra Bartolomeo: *Assunção, v.* Nápoles, Galeria Nacional de Capodimonte; Munique, Graphische Sammlungen.

Convento del Palco:
- Lippi, Filippino (alunos), *Nossa Senhora e Cristo intercedendo junto ao o Pai Eterno, v.* Munique, Alte Pinakothek.

Museu Cívico:
- Andrea del Sarto (cópia de): *São Sebastião.*
- Lippi, Filippino: *Nossa Senhora com o Menino Jesus em pé, Santo Antônio Abade, Santa Margarida, Santo Estêvão e Santa Catarina; Nossa Senhora, Santo Estêvão e São João Batista.*
- Lippi, Filippo: *Nossa Senhora do Ceppo, com Santo Estêvão, São João Batista e, ajoelhado, Francesco di Marco Datini; Nossa Senhora dando o cíngulo a São Tomé.*
- Lippi, Filippo e colaborador: *Adoração do Menino Jesus com São Jorge e São Vicente Ferrer.*

Museu da Obra da Catedral:
- Donatello, Michelozzo, M. e Pagno di Lapo Portigiani: púlpito.

Palácio del Ceppo:
- Lippi, Filippo: *Nossa Senhora do Ceppo, com Santo Estêvão, São João Batista e, ajoelhado, Francesco di Marco Datini, v.* Museu Cívico.

Piazza Mercatale (tabernáculo):
- Lippi, Filippino: *Nossa Senhora com o Menino Jesus em pé, Santo Antônio Abade, Santa Margarida, Santo Estêvão e Santa Catarina, v.* Museu Cívico.

Udienza dei Priori:
- Lippi, Filippino: *Nossa Senhora, Santo Estêvão e São João Batista, v.* Museu Cívico.

QUARTO (Arezzo)
Paróquia:
- Lorentino di Andrea: *São Martinho*

QUINTO (Florença)
Igreja de Santa Maria:
- Spinello Aretino: tríptico.

RAGUSA
Fortaleza:
- Michelozzo, M.: arquitetura.
Palácio dei Rettori:
- Michelozzo, M.: arquitetura.

RAVENA
Igrejas:
San Domenico:
- Costa, L.: painel e afrescos.
- Rondinelli, N.: *Nossa Senhora com o Menino Jesus e anjos entre São Domingos, Santa Maria Madalena, Santa Catarina e São João Batista, v.* Galeria da Academia.
San Giovanni Battista:
- Rondinelli, N.: *Nossa Senhora com o Menino Jesus, Santo Alberto e São Sebastião, v.* Galeria da Academia.
San Giovanni Evangelista:
- Giotto: afrescos.
San Vitale.
Galeria da Academia:
- Rondinelli, N.: *Nossa Senhora com o Menino Jesus, Santo Alberto e São Sebastião; Nossa Senhora com o Menino Jesus e anjos entre São Domingos, Santa Maria Madalena, Santa Catarina e São João Batista.*
Convento das Clarissas:
- Vasari, G. e Baccio d'Agnolo: *Cristo deposto da cruz.*

REGGIO EMILIA
Fundação Magnani:
- Mainardi, S.: *São Pedro Mártir.*

REISEWITZ (Alta Silésia):
Castelo:
- Gaddi, T.: *Prova do fogo, Morte do cavaleiro de Celano.*

RICHMOND
Coleção Cook:
- Andrea del Sarto (cópia de): *São Sebastião.*
- Lippi, Filippo: *Santo Antônio e São Miguel.*
- Parmigianino: retrato de Carlos V; sobre o desenho preparatório, *v.* Nova York, Pierpont Morgan Library.
- Rafael: divisão da predela da *Crucificação.*
- Ugolino di Nerio: fragmentos do políptico de Santa Croce em Florença.

RIETI
Museu:
- Antoniazzo Romano: *Nossa Senhora.*

RIMINI
Igrejas:
San Bartolomeo:
- Zenone: *São Marinho, v.* Spoleto, Catedral.
San Cataldo:
- Giotto: *Santo Tomás de Aquino.*
Santa Colomba:
- Girolamo da Cotignola: *Santa Luzia, Coroação da Virgem.*
San Francesco: *v.* Templo Malatestiano.
Templo Malatestiano:
- Alberti, L. B.: arquitetura.
- Bellini, Giovanni: *Piedade, v.* Museu.
- Giotto: afrescos; *Crucifixo; v. também* Londres, Coleção Jekyll; *Cenas da Beata Michelina.*

Museu:
- Bellini, Giovanni: *Piedade*.
- Fra Bartolomeo: retratos dos Malatesta.
- Ghirlandaio, Domenico: *São Sebastião, São Vicente Ferrer, São Roque com quatro membros da família Malatesta*.

ROMA

Arco de Constantino.

Arco de Tito.

Basílica Aemilia.

Basílica de Maxêncio.

Capitólio:
- Estátua equestre de *Marco Aurélio*.
- Peruzzi, B.: estudos cênicos; *v.* Siena, Biblioteca Comunal (Cod. S.II.4).
- Paolo Romano: obras de escultura.

Campo dei Fiori.

Campo Santo:
- Schizzone: obras.

Cárcere Tulliano.

Casa Boniauguri:
- Polidoro e Maturino: afrescos da fachada; *v. também* Gabinete Nacional de Gravuras (gravura de Michele Crecchi).

Casa de Francesco Buzio:
- Peruzzi, B.: afrescos.

Casa de Tommaso dei Cavalieri:
- Michelangelo: desenhos.

Casa Centelli:
- Sangallo, A. o Jovem: arquitetura.

Casa dos Cepperelli:
- Polidoro e Maturino: afrescos da fachada.

Casa do Arcebispo de Chipre:
- Perino del Vaga: afrescos.

Casa e jardim de frei Mariano Fetti:
- Polidoro e Maturino: afrescos.

Casa Fugger:
- Perino del Vaga: afrescos.

Casa de Luigi Gaddi:
- Parmigianino: *Adoração dos Pastores, v.* Galeria Doria.

Casa Galli:
- Michelangelo: *Baco; v. também* Florença, Museu Nacional de Bargello.

Casa de Giulio Romano:
- Giulio Romano: arquitetura.

Casa Orsini:
- Giottino: afrescos.
- Masolino: afrescos.

Casa de Rafael:
- Bramante: arquitetura.

Casa de Antonio da Sangallo:
- Sangallo, A. o Jovem: arquitetura.

Casa de Jacopo Strozzi:
- Peruzzi, B.: afrescos.

Casa de Ulisse da Fano:
- Peruzzi, B.: afrescos.

Casa de Ulisse da Fano (defronte a):
- Peruzzi, B.: afrescos.

Casa della Valle:
- Duas estátuas antigas de *Prisioneiros amarrados, v.* Florença, Jardim de Boboli. Castel Sant'Angelo.
- Luzzi, L.: afrescos.
- Marco da Siena: *Cenas de Alexandre*.
- Perino del Vaga: afrescos; sobre os desenhos, *v.* Florença, Galleria degli Uffizi (Gabinete de Desenhos e Gravuras); Budapeste, Museu de Belas-Artes; Chantilly, Museu Condé; Londres, British Museum (Gabinete dos Desenhos); Paris, Louvre (Gabinete dos Desenhos); Viena, Albertina; Windsor, Royal Library.
- Pinturicchio: afrescos
- Raffaello da Montelupo: decorações em estuque e esculturas.
- Sangallo, A. o Jovem: obras de arquitetura.
- Sangallo, A. o Velho: torreão; obras de restauração.
- Siciolante, G.: afrescos.
- Tibaldi, P.: afrescos.

Igrejas:

Sant'Agata (proximidades):
- Polidoro e Maturino: afrescos das fachadas de duas casas.

Sant'Agnese:

Sant'Agostino:
- Jacopo da Pietrasanta: arquitetura.
- Polidoro e Maturino: pinturas.
- Rafael: *Profeta Isaías; v. também* Viena, Kunsthistorisches Museum (cópia de *Isaías*); Dresden, Gemäldegalerie (cópia de *Isaías*); Milão, Ambrosiana (cópia de *Isaías*).
- Sansovino, A.: *Nossa Senhora e Sant'Ana*.
- Sansovino, J.: *Madonna del Prato*.
- Torni, J., *vulgo* Indaco: afrescos.

Sant'Anna:
- Perino del Vaga: afrescos.

Sant'Antonio dei Portoghesi:
- Pellegrino da Modena: painel e afrescos.

Santi Apostoli:
- Melozzo da Forlí: *Cristo em glória, v.* Palácio Quirinal; *Anjos músicos e profetas, v.* Roma-Vaticano, Pinacoteca.

San Bartolomeo all'Isola:
- Perino del Vaga e ajudantes: afrescos.

San Biagio:
- Bramante: arquitetura; *v. também* Florença, Galleria degli Uffizi (Gabinete de Desenhos e Gravuras).

Santa Caterina da Siena a Via Giulia:
- Peruzzi, B.: pinturas.

Santa Cecilia in Trastevere:
- Cavallini, P.: afrescos.

San Clemente:
- Masaccio: *Crucificação* e *Cenas de Santa Catarina*.
- Masolino: *Cenas de Santa Catarina*.
- Simone (escultor) e ajudantes: túmulo.

811

Santa Costanza:
- Sarcófago de Santa Constância, *v.* Roma-Vaticano, Museus.

San Crisogono:
- Cavallini, P.: afrescos.

Sant'Eustachio:
- Pellegrino da Modena: afrescos.
- Perino del Vaga: *São Pedro.*

Sant'Eustachio (proximidades):
- Polidoro e Maturino: afrescos de batalhas; sobre o desenho, *v.* Turim, Biblioteca Real.

San Francesco a Ripa:
- Cavallini, P.: afrescos.

San Giacomo degli Incurabili (proximidades):
- Polidoro e Maturino: afrescos da fachada de uma casa.

San Giacomo degli Spagnoli:
- Paolo Romano: anjo portando divisa.
- Pellegrino da Modena: *Cenas de São Tiago.*
- Sangallo, A. o Jovem: obras de Arquitetura; sobre os desenhos, *v.* Florença, Galleria degli Uffizi (Gabinete de Desenhos e Gravuras).
- Sansovino, J.: *São Tiago, v.* Santa Maria in Monserrato.

San Giovanni dei Fiorentini:
- Sangallo, G. e A. o Jovem: arquitetura.
- Sansovino, J., Sangallo, A. o Jovem, Della Porta, G.: arquitetura.

San Giovanni in Laterano:
- Pia termal:
- Túmulo de Clemente XII.
- Bramante: afresco.
- Gentile da Fabriano: afrescos.
- Giottino: afresco.
- Jacopo da Camerino, frei: mosaicos.
- Pisanello: afrescos.
- Torriti, J.: mosaicos.

San Giuseppe:
- Perino del Vaga e ajudantes: afrescos.

San Luigi dei Francesi:
- Chenevières, Jan de: relevos da fachada.

San Marcello:
- Perino del Vaga e Daniele da Volterra: afrescos; sobre os desenhos, *v.* Florença, Galleria degli Uffizi (Gabinete de Desenhos e Gravuras); Berlim, Staatliche Museen (Gabinete dos Desenhos); Londres, British Museum (Gabinete dos Desenhos); Windsor, Royal Library.
- Sansovino, J.: arquitetura.

San Marco:
- Perugino, P.: *Cena de dois mártires.*

Santa Maria dell'Anima:
- Giulio Romano: *Sagrada Família, São Tiago, São João Batista e São Marcos.*
- Marcillat G. de: vitral com *Nossa Senhora, Menino Jesus, santos e patrocinador.*
- Penni, G. F.: *São Cristóvão.*
- Peruzzi, B., Michelangelo da Siena, Tribolo, N.: túmulo de Adriano VI.

- Salviati, F.: afrescos.

Santa Maria d'Aracoeli:
- Cavallini, P.: afrescos.
- Gozzoli, B.: *Cenas de Santo Antônio de Pádua.*
- Pinturicchio: *Cenas de São Bernardino.*
- Rafael: *Nossa Senhora de Foligno, v.* Roma-Vaticano, Pinacoteca.
- Sansovino, A.: sepulcro Manzi.

Santa Maria di Loreto:
- Jacopo del Duca: cúpula.
- Sangallo, A. o Jovem: arquitetura; sobre o desenho preparatório, *v.* Florença, Galleria degli Uffizi (Gabinete de Desenhos e Gravuras).

Santa Maria Maggiore:
- Masaccio: painel de *Santa Maria da Neve; v. também* Londres, National Gallery.
- Masolino: painel de *Santa Maria da Neve; v. também* Filadélfia, coleção Johnson, Londres, National Gallery; Nápoles, Galeria Nacional de Capodimonte.
- Mino da Fiesole: altar de São Jerônimo, *v.* Museu de Arte Industrial.
- Sangallo, G. e A. o Velho: teto de madeira.
- Torriti, J.: mosaicos.

Santa Maria sopra Minerva:
- Fra Angelico: painel.
- Bandinelli, B. e Lorenzetto: monumento a Clemente VII; monumento a Leão X.
- Ghirlandaio, Domenico: *Cenas de São João Batista e da Virgem* e um pequeno painel.
- Lippi, Filippino: afrescos.
- Marini, M.: *São Sebastião.*
- Michelangelo: *Cristo.*
- Perino del Vaga: *Deposição; v. também* Hampton Court, Royal Palace; sobre o desenho, *v.* Londres, British Museum (Gabinete dos Desenhos).
- Raffaellino del Garbo: afrescos.
- Verrocchio, A.: sepulcro de Francesca Tornabuoni, *v.* Florença, Museu Nacional de Bargello; Paris, Museu Jacquemart-André.

Santa Maria sopra Minerva (capela Carafa):
- Lippi, Filippino: afrescos.
- Raffaellino del Garbo: afrescos.

Santa Maria sopra Minerva (proximidades):
- Polidoro e Maturino: afrescos da fachada de uma casa.

Santa Maria sopra Minerva (atrás):
- Polidoro e Maturino: afrescos da fachada de um Palácio.

Santa Maria di Monserrato:
- Sangallo, A. o Jovem: arquitetura; sobre os desenhos, *v.* Florença, Galleria degli Uffizi (Gabinete de Desenhos e Gravuras).
- Sansovino, J.: *São Tiago.*

Santa Maria Nuova:
- Mosaico absidal do século XII.

Santa Maria della Pace:
- Bagnacavallo, B.: afrescos.

- Peruzzi, B.: *Apresentação da Virgem*; *Nossa Senhora com o Menino Jesus, duas santas e o doador, Cenas da vida de Cristo* e do *Antigo Testamento*.
- Raffaello e Viti, Timoteo: afrescos.
- Rosso Fiorentino: *Criação de Eva* e *Pecado original*.
- Sebastiano del Piombo: *Visitação*; *v.* também Alnwick Castle, coleção duque de Northumberland.

Santa Maria della Pace (claustro):
- Bramante: arquitetura.

Santa Maria del Pianto:
- Perino del Vaga: ornamento em torno de *Nossa Senhora*.

Santa Maria del Popolo:
- Lorenzetto: *Cristo e a adúltera*.
- Marcillat G. de e Claudio Franzese: dois vitrais com *Cenas de Cristo* e *Maria*.
- Meo del Caprina (atr.): arquitetura.
- Pinturicchio: afrescos.
- Pontelli, B.: arquitetura.
- Rafael: *Nossa Senhora do Véu*, *v.* Chantilly, Museu Condé; retrato de Júlio II, *v.* Londres, National Gallery e Florença, Galleria degli Uffizi.
- Sansovino, A.: monumento de Ascanio Sforza e de Girolamo Basso.

Santa Maria del Popolo (capela Chigi):
- Lorenzetto: *Jonas*; *Cristo e a adúltera*, *v.* Santa Maria del Popolo (altar).
- Lorenzetto e Raffaello da Montelupo: *Elias*.
- Rafael: arquitetura.
- Rafael e De Pace, L.: mosaicos da cúpula; sobre os desenhos preparatórios, *v.* Lille, Museu Wicar e Oxford, Museu Ashmolean.
- Sebastiano del Piombo: afrescos.

Santa Maria del Popolo (capela Cybo):
- Pinturicchio: afrescos, *v.* também Massa, Catedral.

Santa Maria del Popolo (capela della Rovere):
- Pinturicchio: afrescos.

Santa Maria del Popolo (coro):
- Pinturicchio: *Doutores da Igreja, Evangelistas, Quatro Sibilas* e *Coroação de Maria*.

Santa Maria Traspontina:
- Boccaccino, B.: *Coroação de Maria*.

Santa Maria in Trastevere:
- Cavallini, P.: mosaicos.

San Nicola in Carcere.

San Paolo fuori le Mura:
- Cavallini, P.: afrescos; mosaicos da fachada.

San Pietro in Montorio:
- Bramante: arquitetura.
- Michelangelo: *São Francisco recebendo os estigmas*.
- Rafael: *Transfiguração*, *v.* Roma-Vaticano, Pinacoteca.

San Pietro in Montorio (capela Borgherini):

- Sebastiano del Piombo: pinturas; sobre os desenhos, *v.* Chatsworth, coleção duque de Devonshire; Kremsier, Biblioteca Arquiepiscopal; Londres, British Museum (Gabinete dos Desenhos); Paris, Louvre (Gabinete dos Desenhos).

San Pietro in Vincoli:
- Boscoli, T.: estátua do pontífice Júlio II.
- Caradosso, C.: portas de bronze do relicário da *Sagrada Catena*.
- Michelangelo: *Moisés*.
- Michelangelo e Raffaello da Montelupo: túmulo de Júlio II.
- Polidoro e Maturino: afrescos da fachada; sobre os desenhos, *v.* Chatsworth, coleção duque de Devonshire (anônimo) e Paris, Louvre, Gabinete dos Desenhos (anônimo).

San Pietro in Vincoli (claustro):
- Sangallo, G.: arquitetura.

Santa Prassede:
- Mosaico absidal do século XI.
- Soggi, N.: *Santa Praxedes*.

Santa Pudenziana:
- Mosaico absidal do fim do século IX.

San Rocco (proximidades):
- Polidoro e Maturino: afrescos da fachada de uma casa.

San Salvatore in Lauro:
- Parmigianino: *Visão de São Jerônimo*, *v.* Londres, National Gallery; sobre os desenhos, *v.* Londres, British Museum (Gabinete dos Desenhos).
- Perino del Vaga e ajudantes: afrescos.
- Siciolante, G.: *Anunciação*.

San Salvatore in Lauro (proximidades):
- Polidoro e Maturino: afrescos da fachada de uma casa.

San Silvestro al Quirinale:
- Albertinelli, M.: *Bodas místicas de Santa Catarina*.
- Fra Bartolomeo: *São Pedro e São Paulo*, *v.* Roma-Vaticano, Museus; sobre os desenhos preparatórios, *v.* Florença, Galleria degli Uffizi (Gabinete de Desenhos e Gravuras).
- Polidoro e Maturino: *Cenas de Madalena e de Santa Catarina*.

San Silvestro al Quirinale (defronte a):
- Polidoro, Maturino e Pellegrino da Modena: afrescos da fachada de uma casa.

San Silvestro al Quirinale (jardim):
- Peruzzi, B.: *São Bernardo*.

Santo Spirito in Sassia:
- Pontelli, B.: arquitetura.

Santo Stefano del Cacco:
- Perino del Vaga: *Nossa Senhora entre Madalena e São João*.

Santo Stefano degli Indiani:
- Schizzone: obras.

Trinità dei Monti:

- Perino del Vaga e Della Porta, G.: estuques.
- Torni, J., vulgo Indaco: *Coroação da Virgem.*
- Zuccari, T. e F.: *Assunção; Coroação da Virgem.*
Trinità dei Monti (capela Borghese):
- Lorenzetto: túmulo.
Trinità dei Monti (capela Massimi):
- Giulio Romano e Penni, G. B.: pinturas.
- Perino del Vaga: afrescos; *v. também* Londres, Victoria and Albert Museum.
Trinità dei Monti (capela Orsini):
- Daniele da Volterra: estuques e pinturas.
Trinità dei Monti (capela Pucci):
- Perino del Vaga: *Cenas do Antigo Testamento* e *Visitação*; sobre os desenhos, *v.* Nova York, Metropolitan Museum; Paris, Louvre (Gabinete dos Desenhos) e Viena, Albertina.
Coliseu.
Coluna Antonina.
Companhia dos Florentinos (Compagnia dei Fiorentini):
- Salviati, F.: afrescos.
Domus Aurea.
Erário de São Cosme e São Damião.
Foro Boario: *v.* Foro Romano.
Foro Romano.
Gabinete Nacional de Gravuras (Gabinetto Nazionale delle Stampe):
- Andrea del Sarto: desenho para *Assunção*; desenho para *Nossa Senhora da Escada.*
- Rosso Fiorentino: desenhos para a *Transfiguração.*
Galeria Borghese:
- Andrea del Sarto: *Nossa Senhora.*
- Correggio: *Danaides.*
- Lorenzo di Credi: medalhão com *Nossa Senhora.*
- Rafael: *Deposição da cruz.*
Galeria Doria:
- Sebastiano del Piombo: retrato de Andrea Doria.
- Parmigianino: *Adoração dos Pastores.*
Galeria Nacional do Palácio Barberini:
- Andrea del Sarto: *Sagrada Família com São João menino.*
- Fra Bartolomeo: *Sagrada Família.*
- Dossi, D.: *São João Evangelista e São Bartolomeu com duas personagens da família Pontichiero delle Sale.*
- Lippi, Filippo: *Nossa Senhora de Tarquínia.*
- Perugino, P.: *Santo.*
- Rafael: *Fornarinai.*
Mausoléu de Adriano: *v.* Castel Sant'Angelo.
Mausoléu, *vulgo* Tor Pignattara:
- Sarcófago de Santa Helena, *v.* Roma-Vaticano, Museus.
Monte Giordano:
- Penni, G. F.: afrescos de uma fachada.
Museu de Arte Industrial:
- Mino da Fiesole: *Cenas de São Jerônimo.*

Oratório de Santa Caterina na via Giulia:
- Genga, G.: *Ressurreição.*
Oratórios de San Giovanni Decollato:
- Jacopino del Conte: *Anúncio a Zacarias.*
- Salviati, F.: *Visitação.*
Palazzetto dei Piceni:
- Polidoro e Maturino: afrescos da fachada.
Palácio Alberini (agora Cicciaporci):
- Giulio Romano: arquitetura.
- Rosselli, P.: arquitetura.
Palácio Altemps:
- Peruzzi, B.: arquitetura.
Palácio dell'Aquila:
- Rafael: arquitetura.
Palácio Baldassini:
- Perino del Vaga: afrescos, *v. também* Florença, Galleria degli Uffizi (Depósitos); sobre os desenhos, *v.* Florença, Galleria degli Uffizi (Gabinete de Desenhos e Gravuras).
- Polidoro e Maturino: afrescos.
- Sangallo, A. o Jovem: arquitetura; sobre os desenhos, *v.* Florença, Galleria degli Uffizi (Gabinete de Desenhos e Gravuras).
Palácio de Costanza Bentivoglio:
- Polidoro e Maturino: afrescos.
Palácio Caffarelli:
- Rafael e Lorenzetto: arquitetura.
Palácio Capranica:
- Polidoro e Maturino: afrescos da fachada.
Palácio Cesi:
- Sangallo, A. o Jovem: arquitetura.
Palácio Chigi: *v.* Villa della Farnesina.
Palácio Cibo (proximidades):
- Sangallo, A., o Jovem: arquitetura de uma casa.
Palácio del Bufalo:
- Polidoro e Maturino: afrescos; sobre os desenhos, *v.* Florença, Galleria degli Uffizi, Gabinete de Desenhos e Gravuras (anônimo do século XVI); Londres, British Museum, Gabinete dos Desenhos (Füssli) e Estocolmo, Museu Nacional (anônimo do século XVI).
- Zuccari, T.: afrescos; sobre os desenhos, *v.* Florença, Galleria degli Uffizi, Gabinete de Desenhos e Gravuras (anônimo do século XVI); Londres, British Museum, Gabinete dos Desenhos (Füssli) e Estocolmo, Museu Nacional (anônimo do século XVI).
Palácio Della Valle:
- Lorenzetto: obras de arquitetura.
- Raffaellino del Colle: *Nossa Senhora com o Menino Jesus, Santo André e São Nicolau.*
Palácio Farnese:
- Michelangelo: obras de arquitetura.
- Sangallo, A. o Jovem: arquitetura; sobre os desenhos, *v.* Florença, Galleria degli Uffizi (Gabinete de Desenhos e Gravuras).
Palácio Ferratino:

– Sangallo, A. o Jovem: arquitetura; sobre o desenho, *v.* Florença, Galleria degli Uffizi (Gabinete de Desenhos e Gravuras).

Palácio Fieschi:
– Sangallo, A. o Jovem: arquitetura.

Palácio Gaddi:
– Polidoro e Maturino: afrescos da fachada; sobre os desenhos, *v.* Viena, Albertina.

Palácio Maccaroni (agora Di Brazzà):
– Giulio Romano: arquitetura.

Palácio Massimo:
– Peruzzi, B.: arquitetura.

Palácio Millini:
– Perino del Vaga: afrescos da fachada.

Palácio da Minerva:
– Marini, M.: Friso de mármore de uma lareira.

Palácio Del Monte:
– Indaco, F.: afrescos.
– Sangallo, A. o Jovem: arquitetura

Palácio Ossoli:
– Peruzzi, B.: arquitetura.

Palácio do Quirinal:
– Melozzo da Forlí: *Cristo em glória.*

Palácio Sacchetti:
– Sangallo, A. o Jovem: arquitetura.

Palácio San Marco: *v.* Palácio Venezia.

Palácio San Giorgio (Chancelaria):
– Peruzzi, B. e ajudantes: afrescos.
– Perino del Vaga: afrescos da capela del Pallio.
– Vasari, G.: *Cenas da vida de Paulo III*; sobre o desenho preparatório, *v.* Florença, Galleria degli Uffizi (Gabinete de Desenhos e Gravuras).

Palácio Sassi:
– Estátua antiga de *Apolo, v.* Nápoles, Museu Arqueológico Nacional.

Palácio Soderini:
– Bembo, G. F.: brasão de Leão X.
– Polidoro e Maturino: afrescos da fachada.

Palácio Spada:
– Perino del Vaga: fragmento de alizar pintado.
– Peruzzi, B.: arquitetura.

Palácio dos Tribunais:
– Bramante: arquitetura; sobre os desenhos, *v.* Florença, Galleria degli Uffizi (Gabinete de Desenhos e Gravuras).

Palácio Venezia.

Casa da Moeda (Palazzo della Zecca):
– Sangallo, A. o Jovem: arquitetura.

Casa da Moeda (Palácio della Zecca) (proximidades):
– Giovanni da Leone, Raffaellino del Colle: brasão de Clemente VII.

Panteão:
– túmulo de Clemente XII, *v.* San Giovanni in Laterano.
– Lorenzetto e Raffaello da Montelupo: *Nossa Senhora da Pedra.*

Piazza Farnese:
– Fontes.

Piazza Montanara.

Piazza Giudea:
– Perino del Vaga: ornamento ao redor de *Nossa Senhora.*

Piazza di Monte Cavallo: *v.* Piazza del Quirinale.

Piazza Navona:
– Beccafumi, D.: brasão do cardeal de Trani.

Piazza del Pantheon (Praça do Panteão): *v.* San Giovanni in Laterano (capela Corsivi).

Piazza del Quirinale (Praça do Quirinal):
– Dióscuros, século IV d.C.

Piazza Salviati (igreja):
– Rosso Fiorentino: *Decapitação de São João Batista.*

Piazza San Luigi dei Francesi:
– Tamagni, V.: afrescos da fachada de uma casa.

Piazza San Marco:
– Fonte, *v.* Piazza Farnese.

Piazza Santa Maria Maggiore:
– Coluna coríntia.

Ponte Sant'Angelo:
– Lorenzetto: *São Pedro*
– Paolo Romano: *São Paulo.*
– Sangallo, A. o Jovem: *Torreão de baixo.*

Porta de Santo Spirito:
– Sangallo, A. o Jovem: arquitetura.

Teatro Marcello.

Templo de Baco: *v.* Igreja de Santa Costanza.

Templo da Sibila: *v.* Templo de Vesta.

Templo de Vesta.

Termas de Agripa:
– Fonte, *v.* Piazza Farnese.

Termas de Caracala.

Termas de Diocleciano.

Termas de Tito.

Via dei Coronari (tabernáculo):
– Sangallo, A. o Jovem: arquitetura
– Perino del Vaga: *Coroação da Virgem.*

Via di Tor di Nona:
– Polidoro e Maturino: afrescos da fachada de uma casa.

Villa della Farnesina:
– Giovanni da Udine: festões florais.
– Maratta, C.: restaurações.
– Peruzzi, B.: afrescos.
– Rafael, Penni, G. F. e outros: afrescos.
– Rafael, Penni, G. F., Giulio Romano e Raffaellino del Colle: *Cenas de Psiquê.*
– Sebastiano del Piombo: afrescos.

Villa Lante:
– Giulio Romano: arquitetura.

Villa Madama:
– Giovanni da Udine: decorações e estuques.
– Giulio Romano: arquitetura.
– Rafael: arquitetura.

Villa Medici.

ROMA-VATICANO

Apartamento Borgia:
– Giovanni da Udine e Pinturicchio: afrescos e estuques da abóbada.

815

- Pinturicchio: afrescos.
- Rafael: desenhos do piso.
- Torni, J., *vulgo* Indaco: afrescos.
Arquivo Capitular:
- Códice de São Jorge.
Basílica de São Pedro:
- Bramante: obras de arquitetura.
- Cavallini, P.: afrescos.
- Dalmata, G.: monumento a Paulo II, *v.* Grutas e Paris, Louvre.
- Filarete, A. e ajudantes: porta de bronze.
- Gaddi, A.: afrescos.
- Giocondo, frei: obras de arquitetura.
- Giottino: afrescos.
- Giotto: afrescos e "pinturas"; mosaico da *Navicella*.
- Lorenzetto: obras de arquitetura.
- Martini, S.: *Nossa Senhora da Bochada, v.* Grutas; *São Pedro e São Paulo*.
- Meleghini, J.: arquitetura.
- Michelangelo: arquitetura; *Piedade*.
- Mino da Fiesole: monumento a Paulo II, *v.* Grutas (Mino da Fiesole e Giovanni Dalmata).
- Paolo Romano: Roberto Malatesta, *v.* Paris, Louvre; *São Pedro e São Paulo, v.* São Pedro (sacristia).
- Perino del Vaga, Venusti, M. e ajudantes: decorações em torno de um afresco destacado de Giotto
- Peruzzi, B.: obras de arquitetura; sobre os desenhos, *v. também* Florença, Galleria degli Uffizi (Gabinete de Desenhos e Gravuras).
- Pollaiuolo, A. e P.: túmulo de Inocêncio VIII; túmulo de Sisto IV, *v.* Grutas.
- Pollaiuolo, Matteo: tabernáculo, *v.* Grutas.
- Rafael e Giocondo, frei: obras de arquitetura.
- Sangallo, A. o Jovem: obras de arquitetura; modelo para a Basílica de São Pedro, *v.* Museus.
- Sangallo, G.: obras de arquitetura.
Basílica de São Pedro (cúpula):
- Michelangelo, Vignola, J., Ligorio, P., Della Porta, G., Fontana, G.: arquitetura.
Basílica de São Pedro (sacristia):
- Paolo Romano: *São Pedro e São Paulo*.
Basílica de São Pedro (sacristia dos Beneficiati):
- Donatello: tabernáculo do Sacramento.
Belvedere:
- Bramante: arquitetura; escada em caracol.
- Perino del Vaga: alizar pintado, *v.* Roma, Palácio Spada; sobre o desenho, *v.* Florença, Galleria degli Uffizi (Gabinete de Desenhos e Gravuras).
Belvedere (pátio):
- Estátua de Nilo, *v.* Museus.
Biblioteca:
- Botticelli, S.: desenhos para a *Divina comédia*.
- Pontelli, B.: arquitetura.
- Sangallo, G.: desenhos (códice Barberiniano).

Capela de Inocêncio VIII:
- Mantegna, A.: afrescos.
Capela Niccolina:
- Fra Angelico e Gozzoli, B.: *Cenas de Santo Estêvão e São Lourenço*.
Capela Paolina:
- Michelangelo: afrescos.
- Sangallo, A. o Jovem: arquitetura.
Capela Sistina:
- Bartolomeo della Gatta: *Últimos dias de Moisés*.
- Biagio d'Antonio: *Última Ceia, Prisão de Cristo, Crucificação, Passagem do mar Vermelho*.
- Botticelli, S.: *Provas de Moisés, Provas de Cristo, Moisés punindo os rebeldes, Santos papas Evaristo, Cornélio, Sisto, Marcelino, Estêvão, Sotério e Lúcio*.
- Ghirlandaio, Domenico: *Vocação de Pedro e André, Ressurreição*.
- Ghirlandaio, Domenico (oficina): *Vítor, Pio I, Anacleto, Clemente, Higino, Félix, Eutiquiano, Dálmata*.
- Giovannino de' Dolci (atr.): arquitetura.
- Matteo da Lecce: *Luta entre os anjos e os demônios em torno dos restos mortais de Moisés*.
- Michelangelo: afrescos da abóbada; *Juízo Universal*.
- Perugino, P.: *Assunção da Virgem, Natividade de Cristo, Achamento de Moisés, Batismo de Cristo, Natividade, Viagem de Moisés, Entrega das chaves, Últimos dias de Moisés*.
- Perugino, P. (e Bartolomeo della Gatta): *Entrega das chaves; Últimos dias de Moisés*.
- Rafael: Arazzi, *v.* Pinacoteca; sobre os cartões *v.* Londres, Victoria and Albert Museum.
- Rosselli, C.: *Última Ceia; Moisés e as tábuas da Lei; Sermão da montanha e cura do leproso*.
- Rosselli, C. e Biagio d'Antonio: afrescos.
- Signorelli, L.: afrescos.
Pátio de San Damaso:
- Sangallo, A. o Jovem: obras de arquitetura.
Pátio de San Damaso (arcada):
- Bramante: arquitetura.
- Rafael: arquitetura.
- Sangallo, A. o Jovem: arquitetura.
Grutas:
- "Nossa Senhora da Bochada".
- Dalmata, G.: monumento a Paulo II.
- Giotto: anjo.
- Mino del Reame: monumento a Paulo II, *v.* Mino da Fiesole e Giovanni Dalmata.
- Mino da Fiesole e Giovanni Dalmata: monumento a Paulo II.
- Pollaiuolo, A. e P.: túmulo de Sisto IV.
- Pollaiuolo, Matteo: tabernáculo.
Logge:
- Barile, Giovanni: portas e tetos.
- Bramante e Rafael: arquitetura.
- Della Robbia, L. di Andrea di Marco: pisos.

- Giovanni da Udine e Polidoro da Caravaggio: afrescos e estuques.
- Rafael, Giulio Romano, Giovanni da Udine, Penni, G. F., Perino del Vaga, Pellegrino da Modena, Tamagni, V., Polidoro da Caravaggio, Tommaso Vincidor: afrescos e estuques.
- Raffaellino del Colle: afrescos.
- Sangallo, A. o Jovem: arquitetura
Museus:
- *Laocoonte*.
- Sarcófago de Santa Constância.
- Sarcófago de Santa Helena.
- Estátua de Nilo.
- Torso de Belvedere.
- Fra Bartolomeo: *São Pedro e São Paulo*.
- Belli, V.: cruz de cristal.
- Sangallo, A. o Jovem: modelo para a Basílica de São Pedro.
Palácios:
- Bonfigli, B.: afrescos.
- Sangallo, A. o Jovem: obras de arquitetura.
Palácios (câmaras papais):
- Pinturicchio: afrescos.
Pinacoteca:
- Bellini, Giovanni: *Piedade*.
- Giotto: *v*. Stefano Fiorentino.
- Giulio Romano: *Lapidação de Santo Estêvão*.
- Lippi, Filippo: *Coroação da Virgem*.
- Lorenzo Monaco: predela com *Coroação da Virgem*.
- Melozzo da Forlí: *Anjos músicos* e *Profetas*.
- Penni, G. F. e Giulio Romano: *Assunção*.
- Pippi, R. e Penni, G. F.: *Coroação de Monteluce*.
- Rafael: tapeçaria; *Coroação da Virgem*; *Nossa Senhora de Foligno*; predela da *Deposição da Cruz*.
- Rafael, Giulio Romano e Penni, G. F.: *Transfiguração*; sobre os desenhos preparatórios, *v*. Londres, British Museum (Gabinete dos Desenhos); Paris, Louvre (Gabinete dos Desenhos); Oxford, Museu Ashmolean.
- Roberti, E. de': *Milagres de São Vicente Ferrer*.
- Roberti, E. de' e Cossa, F. del: predela do altar Griffoni.
- Stefano Fiorentino: políptico Stefaneschi.
Salão de Constantino:
- Giulio Romano: *Aparição da Cruz, Doação de Constantino*
- Giulio Romano e Penni, G. F.: *Batismo de Constantino, Clemente I, A verdade, Apolo e Diana*.
- Rafael e Giulio Romano: *Visão da Cruz, Batalha de Ponte Milvio, Batismo de Constantino, Doação de Roma*.
Salão dos Palafreneiros:
- Raffaello e Giovanni da Udine: *Apóstolos* e *Santos*.
- Zuccari, T. e F.: *Apóstolos*.
Salão Régio:

- Daniele da Volterra: decoração em estuque.
- Marcillat, G. de e Claudio Franzese: vitrais.
- Pastorino da Siena: janelas.
- Perino del Vaga: afrescos e estuques.
- Perino del Vaga e Pastorino da Siena: óculo da Sala.
- Sangallo, A. o Jovem: arquitetura.
Salas (*Stanze*):
- Bartolomeo della Gatta: afrescos.
- Signorelli, L.: afrescos.
Sala de Heliodoro:
- Bramantino: afrescos.
- Maratta, C.: restaurações.
- Piero della Francesca: afrescos.
- Rafael: *Libertação de São Pedro*; sobre os desenhos, *v*. Florença, Galleria degli Uffizi (Gabinete de Desenhos e Gravuras); *Missa de Bolsena*.
- Rafael, Peruzzi, B., Penni, G. F.: *A sarça ardente, Escada de Jacó, Aparição de Deus a Moisés, Sacrifício de Isaque*.
- Rafael, Giulio Romano, Giovanni da Udine: *Expulsão de Heliodoro do templo*.
Sala do Incêndio de Borgo:
- Maratta, C.: repinturas da *Batalha de Ostia*.
- Marcillat, G. de e Claudio Franzese: vitral.
- Penni, G. F. e Giovanni da Udine: *Justificação de Leão III*.
- Perino del Vaga: claros-escuros do soclo; sobre os desenhos, *v*. Paris, Louvre (Gabinete dos Desenhos); Turim, Biblioteca Real; Windsor, Royal Library.
- Perugino, P.: afrescos da abóbada.
- Rafael: afrescos.
- Rafael, Giulio Romano, Giovanni da Udine: *Batalha de Ostia*.
- Rafael, Giulio Romano, Penni, G. F., Giovanni da Udine: *Incêndio de Borgo*.
- Rafael, Giulio Romano, Penni, G. F., Raffaellino del Colle: *Coroação de Carlos Magno*.
Sala da Segnatura:
- Bramantino: afrescos.
- Giovanni da Verona, frei: alizares de madeira.
- Perino del Vaga: *Apolo cercado pelas Musas e por dezoito poetas*; sobre os desenhos, *v*. Lille, Museu Wicar; Londres, British Museum (Gabinete dos Desenhos); Oxford, Museu Ashmolean; Paris, Louvre (Gabinete dos Desenhos); Turim, Palácio Real e Windsor, Royal Library.
- Rafael: *Escola de Atenas*; sobre o desenho, *v*. Milão, Pinacoteca Ambrosiana; afrescos; *Encontro do papa Leão Magno com Átila; Triboniano entregando as pandectas a Justiniano; São Gregório IX aprovando as Decretais; Temperança, Fortaleza* e *Prudência; Disputa do Sacramento; Parnaso*.
- Sodoma: afrescos.

Uccelliera:
- Peruzzi, B.: afrescos.

ROTERDÃ
Museu Boijmans Van Beuningen:
- Spinello Aretino: fragmentos de afresco.
Roberti, E. de': *Antonio Abade*.

ROVEZZANO (Florença): *v.* Florença, Piazzetta
Benedetto da Rovezzano (tabernáculo).

ROXBURGHSHIRE
Coleção Ellesmere:
- Giulio Romano: desenho com a *Piedade*.

RUSCIANO (Florença): *v.* Florença, Villa Pitti a
Rusciano.

SALAMANCA
Catedral:
- Delli, D.: afrescos; retábulo; *Juízo*.

SAN DIEGO (CALIFÓRNIA)
Fine Arts Gallery:
- Giotto: *Eterno*.

SAN FRANCISCO (CALIFÓRNIA)
De Young Memorial Museum:
- Raffaellino del Garbo: *Nossa Senhora, São
Bartolomeu e São João Evangelista*.

SAN GIMIGNANO (SIENA)
Igrejas:
Collegiata:
- Barna: *Cenas do Novo Testamento*.
- Bartolo di Fredi: *Cenas do Antigo Testamento*.
- Benedetto da Maiano: túmulo de Santa Fina.
- Ghirlandaio, Domenico e Mainardi, S.: *Ce-
nas de Santa Fina, Santos, Profetas e quatro evan-
gelistas*.
- Gozzoli, B.: *Cenas de Santo Agostinho; Nossa
Senhora com o Menino Jesus entre anjos e santos*.
Mosteiro de São Jerônimo:
- Tamagni, V.: *Nossa Senhora com o Menino Jesus
e quatro santos*.
Palácio Comunal:
- Memmi, L.: *Majestade*.

SAN GODENZO (FLORENÇA)
Abadia:
- Andrea del Sarto: *Anunciação com São Miguel
e São Gaudêncio, v.* Florença, Galeria Palatina;
sobre o desenho, *v.* Florença, Galleria degli
Uffizi (Gabinete de Desenhos e Gravuras).

SAN SEPOLCRO (Arezzo)
Igrejas:
Catedral:
- Bartolomeo della Gatta: afrescos; *Crucificação*.
- Perugino, P.: *Ascensão*.
Paróquia: *v.* Igreja de Sant'Agostino.
Sant'Agostino:
- Gerini, G.: *Nossa Senhora do Socorro*; afrescos.
- Perugino, P.: afresco.
- Piero della Francesca: dois *Santos*; políptico,
v. Lisboa, Museu Nacional de Arte Antiga;
Londres, National Gallery; Nova York, Frick
Collection e coleção John D. Rockefeller e
Milão, Museu Poldi Pezzoli.

Santa Croce:
- Rosso Fiorentino: *Deposição da cruz, v.* Con-
vento das Órfãs.
San Lorenzo:
- Gerini, G.: afrescos.
Companhia de Jesus:
- Gerini, G.: *Circuncisão*.
Confraria da Misericórdia:
- Piero della Francesca: políptico da Misericór-
dia, *v.* Pinacoteca Comunal.
Convento das Órfãs:
- Rosso Fiorentino: *Deposição da cruz*.
Palácio dos Conservadores: *v.* Pinacoteca Co-
munal.
Pinacoteca Comunal:
- Piero della Francesca: políptico da Misericór-
dia; *Ressurreição de Cristo*.

SARASOTA (Flórida)
Museu Ringling:
- Granacci, F.: *Nossa Senhora do Cíngulo*.
- Raffaellino del Garbo: *Missa de São Gregório*.
- Roberti, E. de' (cópia de): *Morte da Virgem*.

SARGIANO (Arezzo)
Igreja de San Francesco:
- Margarito: *São Francisco, v.* Arezzo, Pinacoteca.
- Piero della Francesca: *Oração do jardim das oli-
veiras*.

SARONNO
Igreja de Santa Maria dei Miracoli:
- Luini, B.: afrescos.

SARZANA
Casa de Giuliano Scala:
- Andrea del Sarto: *Nossa Senhora com o Menino
Jesus, São Celso, Santa Júlia, Santo Onofre, Santa
Catarina, São Bento, Santo Antônio de Pádua,
São Pedro e São Marcos, v.* Berlim, Staatliche
Museen; sobre os desenhos, *v.* Berlim, Staa-
tliche Museen (Gabinete dos Desenhos); Flo-
rença, Galleria degli Uffizi (Gabinete de
Desenhos e Gravuras); Londres, British Mu-
seum (Gabinete dos Desenhos) e Paris, École
des Beaux-Arts.
Fortaleza:
- Francione: obras de arquitetura.

SARZANELLO (proximidades de Sarzana)
Forte:
- Francione: obras de arquitetura.

SAVONA
Palácio Della Rovere:
- Sangallo, G.: arquitetura.

SCARPERIA (Florença)
Palácio del Vicario:
- Andrea del Castagno: *Caridade*.

SENIGALLIA
Igreja de Santa Maria delle Grazie:
- Pontelli, B.: arquitetura.
Fortaleza:
- Pontelli, B.: arquitetura.

SIENA

Arquivo do Estado:
- Bulgarini, B.: Biccherna.

Biblioteca Comunal:
- Peruzzi, B.: estudos cênicos (Ms S.II.4.).
- Sangallo, G.: Taccuino senese, cúpula da Basílica de Loreto (Ms S.IV.8. carta 51); Taccuino senese, desenho da porta San Marco em Pisa (Ms S.IV.8. carta 3r); Taccuino senese, planta de Santa Maria delle Carceri em Prato (Ms S.IV.8.).

Casa de Filippo Sergardi:
- Rafael: *A bela jardineira*, *v.* Paris, Louvre.

Casa dei Turchi:
- Capanna: afrescos.

Igrejas:

Batistério:
- Gentile da Fabriano: obras.
- Vecchietta: afrescos.

Batistério (pia batismal):
- Donatello: *Festim de Herodes, Esperança, Fé*, dois *Puttini*.
- Ghiberti, L.: *Batismo de Cristo, São João aprisionado por Herodes*.
- Ghiberti, L. e Giuliano di Ser Andrea: *Pregação de João Batista a Herodes*.
- Goro di Ser Neroccio: *Força*.
- Jacopo della Quercia: *Zacarias no templo, Batista*, cinco relevos com *Profetas*.
- Turini, G.: *Pregação de João Batista, Caridade, Justiça, Prudência*, porta do tabernáculo, três *Puttini*.
- Turino di Sano: *Nascimento de João Batista*.

Catedral:
- Beccafumi, D.: desenhos para o piso.
- Donatello: portas de bronze; *São João Batista*.
- Duccio: desenhos para o piso; vitral.
- Francesco di Giorgio Martini: dois *Anjos*.
- Ghirlandaio, David: mosaico da fachada.
- Girolamo da Cremona: antifonários.
- Martini, S. e Memmi, L.: *Anunciação*, *v.* Florença, Galleria degli Uffizi.
- Pisano, Giovanni: arquitetura.
- Pisano, Nicola: púlpito.
- Vecchietta: cibório.

Catedral (Biblioteca Piccolomini):
- Pietro da Perugia: códices com iluminuras.
- Pinturicchio, Ciambella, G. F., Balducci, M., Eusebio da San Giorgio, Bembo da Roma, Girolamo del Pacchia, Pacchiarotto, G.: *Alegorias e mitos clássicos, Cenas de Pio II, Coroação de Pio II*.
- Rafael: cartão para *Partida de Enea Silvio Piccolomini para o Concílio de Basileia*, *v.* Florença, Galleria degli Uffizi (Gabinete de Desenhos e Gravuras).

da Osservanza:
- Cozzarelli, G.: *Piedade*.

dos Servi:
- Memmi, L.: *Nossa Senhora*.

- Taddeo di Bartolo: *Natividade*.

Sant'Agostino:
- Barna: afrescos.
- Francesco di Giorgio Martini: *São Cristóvão*, *v.* Paris, Louvre.
- Lorenzetti, A.: afrescos.
- Perugino, P.: *Crucificação*.
- Signorelli, L.: painel; *v. também* Berlim, Staatliche Museen; Dublin, National Gallery; Pollock House, coleção John Stirling Maxwell; Toledo (Ohio), Museu; Williamstown (Mass.), Stirling and Francine Clark Institute.

San Benedetto (Porta Tufi):
- Giovanni da Verona, frei: tauxias do coro.

San Bernardino:
- Lorenzetti, A.: *Cenas de Maria*.

San Francesco:
- Lorenzetti, A.: *Vestidura de São Luís de Toulouse* e *Decapitação dos franciscanos*.
- Perugino, P.: *Nossa Senhora e santos*.
- Pinturicchio: *Natividade da Virgem*.

Santa Maria del Carmine:
- Peruzzi, B.: desenho para o ornamento do órgão.

Santa Maria della Scala:
- Vecchietta: cibório, *v.* Catedral; *Cristo ressurgido*; *Nossa Senhora com o Menino Jesus e quatro santos*, *v.* Pinacoteca.

Santa Maria Maddalena:
- Cozzarelli, G.: arquitetura.

Santo Spirito (capela dos Espanhóis):
- Della Robbia, A,: *Presépio*.

Fortificações:
- Peruzzi, B.: obras de arquitetura.

Arcada da Corporação dos Mercadores (Loggia della Mercanzia):
- Vecchietta: *São Pedro, São Paulo*.

Museu da Obra da Catedral:
- Duccio: *Majestade*; *v. também* Forth Worth, Kimbell Art Museum; Londres, National Gallery; Lugano, Coleção Thyssen; Nova York, Frick Collection; Washington, National Gallery.

Hospital De São Gregório e São Nicolau (Ospedale dei Santi Gregorio e Nicola in Sasso):
- Lorenzetti, A.: *Apresentação ao templo*, *v.* Florença, Galleria degli Uffizi.

Hospital Santa Maria della Scala:
- Domenico di Bartolo, Vecchietta, Priamo della Quercia: afrescos.
- Giovanni d'Asciano: afrescos.
- Lorenzetti, P.: afrescos.
- Lorenzetti, P. e A.: afrescos.
- Vecchietta: *Fundação de um asilo para órfãos*.
- Vecchietta e Priamo della Quercia: afrescos.

Palácio Público:
- Duccio: afresco com *Rendição de Genserico*.
- Jacopo della Quercia: esculturas da Fonte Gaia.

819

- Lorenzetti, A.: *Efeitos do bom governo na cidade e no campo.*
- Martini, S.: *Guidoriccio da Fogliano*; *Majestade.*
- Taddeo di Bartolo: afrescos na capela.
- Spinello Aretino: afrescos na Sala da Jurisdição.

Palácio Spannocchi:
- Giuliano da Maiano: arquitetura.

Piazza del Campo (Fonte Gaia):
- Giacomo di Vanni, Lando di Pietro, Agostino di Giovanni e Jacopo della Quercia: esculturas.
- Jacopo della Quercia: esculturas, *v.* Palácio Público.

Pinacoteca:
- Domenico di Bartolo: *Nossa Senhora da Humildade.*
- Duccio: *Nossa Senhora dos Franciscanos.*
- Spinello Aretino: *Coroação de Maria*; *Morte da Virgem.*
- Vecchietta: desenho para o cibório da Catedral; *Nossa Senhora com o Menino Jesus e quatro santos.*

Porta Camollia:
- Martini, S.: *Coroação de Maria.*

Porta Romana:
- Sano di Pietro: *Coroação.*

SEVILHA
Casa de Pilatos:
- Sebastiano del Piombo: *Piedade*; sobre o desenho, *v.* Paris, Louvre (Gabinete dos Desenhos); *São Jerônimo, v.* Museu de Belas-Artes.

Museu de Belas-Artes:
- Torrigiano, P.: *Nossa Senhora e Menino Jesus*; *São Jerônimo.*

SPEDALETTO (Volterra)
Villa de Lourenço de' Medici, o Velho:
- Botticelli, S.: afrescos
- Ghirlandaio, Domenico: *Cenas de Vulcano.*

SPELLO (Perúgia)
Igrejas:
Santa Maria Maggiore (Capela Baglioni):
- Pinturicchio: afrescos.

Santa Maria di Paterno:
- Porro, T.: vitral.

SPOLETO
Catedral:
- Túmulo de Filippo Lippi.
- Lippi, Filippino: desenho do túmulo de Filippo Lippi.
- Lippi, Filippo e frei Diamante: *Coroação de Maria, Anunciação, Natividade, Morte de Maria.*

Catedral (capela Ercoli):
- Pinturicchio: afrescos.

Catedral (capela de Leão XI):
- Zenone: *São Marinho.*

STOKE POGES
Igreja:
- Empoli: cópia de *Nossa Senhora, São João Batista e Santo Ambrósio* de Andrea del Sarto.

TALAMELLO (Pesaro)
Igreja:
- Antonio da Ferrara: afrescos.

TIVOLI
Templo de Vesta ou da Sibila.
Villa Adriana.

TODI
Igreja de San Fortunato:
- Masolino: *Anunciação.*

TOLEDO (Ohio)
Museu:
- Signorelli, L.: *Três banhistas e mulher com menino nos ombros.*

TOLENTINO
Palácio Parisani:
- Sangallo, A. o Jovem: arquitetura; sobre o desenho, *v.* Florença, Galleria degli Uffizi (Gabinete de Desenhos e Gravuras).

TORNYTON-ON-HUDSON (EUA)
Coleção Chapman:
- Bellini, Gentile: *Presépio*; *Adoração dos Magos.*

TOURS
Museu:
- Mantegna, A.: *Oração no jardim das oliveiras, Ressurreição.*

TRENTO
Castelo de Buonconsiglio:
- Dossi, D. e B. e ajudantes: afrescos.
- Girolamo da Treviso: afrescos.
- Zacchi, Z.: obras.

TREVIGLIO (Bergamo)
Igreja de San Marino:
- Butinone, B. e Zenale, B.: retábulo de São Martinho.

TREVISO
Igreja de San Niccolò:
- Girolamo da Treviso: *Incredulidade de São Tomé.*

Museu:
- Girolamo da Treviso: *Nossa Senhora com o Menino Jesus.*

Via Manin (fachada de uma casa):
- Girolamo da Treviso: *Julgamento de Salomão.*

TURIM
Biblioteca Real:
- Parmigianino: estudo para afrescos de *Madonna della steccata.*
- Perino del Vaga: desenhos de uma *Cariátide*; desenho para a abóbada do Palácio Doria em Gênova.
- Polidoro e Maturino: desenho relativo ao afresco de Sant'Eustachio em Roma.

Catedral:
- Meo del Caprina: arquitetura.

Galeria Sabauda:
- Bellini, Gentile e Giovanni: *Anunciação*; *Natividade de Maria.*
- Franciabigio: *Anunciação.*
- Pollaiuolo, A. e P.: *O anjo e Tobiolo.*

Museu Cívico:
- Bambaia: esculturas do túmulo de Gaston de Foix.

UBEDA (Andaluzia)
Igreja de San Salvador:
- Sebastiano del Piombo: *Piedade, v.* Sevilha, Casa Pilatos; sobre o desenho, *v.* Paris, Louvre (Gabinete dos Desenhos).

URBINO
Igrejas:
Catedral:
- Franco, Battista: afrescos.
Catedral (Arquivo Capitular):
- Bartolomeo della Gatta (atr.): iluminura.
San Francesco:
- Antonio da Ferrara: fragmentos de afrescos, *v.* Urbino, Pinacoteca.
Santa Maria della Bella:
- Carnevale, frei: painel; *v. também* Boston, Museum of Fine Arts e Nova York, Metropolitan Museum.
Palácio Ducal:
- Francesco di Giorgio Martini: arquitetura.
- Laurana, L.: arquitetura.
Galeria Nacional das Marcas:
- Antonio da Ferrara (?): fragmentos de afrescos.
- Giusto di Gand: *Última Ceia.*
- Piero della Francesca, *Nossa Senhora de Senigallia.*
- Santi, G.: retábulo Buffi.

VADUZ
Coleção Liechtenstein:
- Andrea del Sarto: *São João Batista.*

VALENZA
Catedral:
- Delli, D.: afrescos.

VALLOMBROSA (Florença)
Igreja:
- Perugino, P.: *Assunção com São João Gualberto, São Bernardo dos Uberti, São Bento e São Miguel, v.* Florença, Galeria da Academia.
Convento:
- Andrea del Sarto: *São Miguel, São João Gualberto, São João Batista, São Bernardino dos Uberti, v.* Florença Galleria degli Uffizi; sobre os desenhos *v.* Florença, Galleria degli Uffizi (Gabinete de Desenhos e Gravuras) e Nova York, Pierpont Morgan Library.

VARALLO (VERCELLI)
Sacro Monte:
- Ferrari, G.: *Adoração dos Magos, Piedade, Crucificação.*
Santa Maria delle Grazie:
- Ferrari, G.: *Cenas da vida de Cristo.*

VENEZA
Biblioteca Marciana:
- Clovio, G.: iluminuras de *Evangeliário* (Ms. lat. I. 103).
Campo dei Santi Giovanni e Paolo:

- Verrocchio, A.: estátua equestre de Bartolomeo Colleoni.
Casa de Martin d'Anna:
- Pordenone: afrescos.
Casa de Monsenhor dos Martini:
- Torbido, F.: retrato, *v.* Pádua, Museu Cívico.
Casa de Andrea Odoni:
- Girolamo da Treviso: afrescos.
Casa Soranzo:
- Giorgione: afrescos da fachada.
Igrejas:
Carmine:
- Lotto, L.: *São Nicolau em glória.*
Corpus Domini:
- Cima da Conegliano: *São Pedro Mártir entre São Nicolau e São Bento, v.* Milão, Pinacoteca de Brera.
Sant'Antonio:
- Palma, o Velho: *Núpcias da Virgem, v.* Coleção Giovannelli.
San Cassiano:
- Antonello da Messina: retábulo, *v.* Viena, Kunsthistorisches Museum.
Sant'Elena:
- Palma, o Velho e Cariani: *Adoração dos Magos, v.* Milão, Pinacoteca de Brera.
San Francesco della Vigna:
- Basaiti, M.: *Piedade.*
- Bellini, Giovanni: *Cristo morto.*
San Geremia (Canal Grande):
- Pordenone: fachada de um Palácio.
San Giobbe:
- Bellini, Giovanni: *Nossa Senhora no trono e santos, v.* Galerias da Academia.
San Giovanni Crisostomo:
- Sebastiano del Piombo: retábulo.
San Giovanni Elemosiniero:
- Pordenone: retábulo com *São Roque, São Sebastião e Santa Catarina.*
- Ticiano: *São João Esmoler.*
Santi Giovanni e Paolo (San Zanipolo):
- Bellini, Giovanni: retábulo de Santo Tomás de Aquino; políptico de São Vicente Ferrer.
- Lotto, L.: *Caridade de Santo Antônio.*
- Ticiano: retábulo de São Pedro Mártir.
San Girolamo:
- Bastiani, L.: *Cenas de São Jerônimo, v.* Galerias da Academia.
São Marcos.
- Bellini, Gentile: portas de órgão.
- Lamberti, N.: fachada; estátuas.
Santa Maria del Carmine:
- Francesco di Giorgio Martini: *Piedade.*
Santa Maria dei Frari:
- Bellini, Giovanni: *Nossa Senhora no trono com o Menino Jesus, dois anjinhos, São Nicolau São Pedro, São Bento e São Marcos.*
- Donatello: *São João Batista.*

- Vivarini, Alvise e Basaiti, M.: *Santo Ambrósio no trono entre santos e anjos* e *Coroação da Virgem*.

Santa Maria dell'Orto:
- Pordenone: retábulo com *São Lourenço Justiniano com três cônegos, Santo Agostinho, São Francisco e São João Batista, v.* Galerias da Academia.

San Rocco:
- Giorgione: *Cristo e o carrasco.*
- Pordenone: afrescos; sobre os desenhos *v.* Chatsworth, coleção duque de Devonshire.
- Ticiano: *Cristo e o carrasco.*

Santo Stefano (claustro):
- Pordenone: *Cenas do Novo e do Antigo Testamento.*

San Zaccaria:
- Andrea del Castagno: afrescos.
- Bellini, Giovanni: *Nossa Senhora com o Menino Jesus no trono e santos.*

Coleção Cini:
- Roberti, E. de': *Jerônimo, Catarina e Jorge.*

Coleção Giovannelli:
- Masolino (cópia de): *Vocação de Pedro e André.*
- Palma, o Velho: *Núpcias da Virgem.*

Coleção Querini Stampalia:
- Lorenzo di Credi: medalhão com *Nossa Senhora.*

Fondaco dei Tedeschi:
- Giorgione: afrescos; *v. também* Galerias da Academia.
- Morto da Feltre: ornamentos.

Galerias da Academia:
- Bastiani, L.: duas *Cenas de São Jerônimo*; *Cena da Cruz.*
- Bellini, Gentile: *Beato Lourenço Justiniano*; *Procissão da Cruz na praça São Marcos*; *Milagre da Cruz caída no canal*; *Cura de Pietro Ludovici.*
- Bellini, Giovanni: *Nossa Senhora no trono com o Menino Jesus, São Francisco, São João Batista, São Jó, São Domingos, São Sebastião e São Ludovico, mais três anjos músicos.*
- Carpaccio, V.: *Cenas de Santa Úrsula.*
- Diana, B.: *Cena da Cruz.*
- Giorgione: *Nu de jovem mulher*; *Tempestade.*
- Leonardo: desenhos para a *Batalha de Anghiari.*
- Mansueti, G.: duas *Cenas da Cruz.*
- Palma, o Velho e Bordone, P.: *Tempestade no mar.*
- Pordenone: retábulo com *São Lourenço Justiniano com três cônegos, Santo Agostinho, São Francisco e São João Batista.*

Biblioteca de São Marcos:
- Cattaneo, D.: esculturas.
- Sansovino, J.: arquitetura.

Biblioteca de São Marcos (*loggetta*):
- Cattaneo, D.: esculturas.

Museu Correr:

- Bellini, Giovanni: *Transfiguração.*
- Bellini, Jacopo: *Crucificação.*

Palácio Ducal:
- Antonio Veneziano: afresco.
- Bellini, Giovanni e Mocetto, G.: pinturas.
- Caliari, B. e C.: *Doge Sebastiano Zani encontrando Alexandre III.*
- Pordenone: pinturas.
- Rizzo, A.: *Adão e Eva.*
- Vivarini, Alvise: pinturas.

Casa da Moeda (Palazzo della Zecca):
- Sansovino, J.: arquitetura.

Escola de São João Evangelista:
- Bellini, Gentile: *Cenas da Cruz, v.* Galerias da Academia.
- Bellini, Gentile e Giovanni: *Pregação de São Marcos em Alexandria, v.* Milão, Pinacoteca de Brera.
- Bellini, Jacopo: *Anunciação, Natividade de Maria, v.* Turim, Pinacoteca; *Cenas de Jesus e Maria.*

Escola de São Marcos:
- Palma, o Velho e Bordone, P.: *Tempestade no mar, v.* Galerias da Academia.

Escola de Santa Úrsula:
- Carpaccio, V.: *Cenas de Santa Úrsula, v.* Galerias da Academia.

VERNA (LA) (Arezzo)
Santuário (Chiesa Maggiore):
- Della Robbia, Andrea e oficina: terracotas.
- Gaddi, T.: *São Francisco recebendo os estigmas.*

Santuário (Santa Maria degli Angeli):
- Della Robbia, Andrea (oficina): terracotas.

Santuário (capela do Beato Giovanni):
- Pecori, D.: afrescos.

Santuário (capela dos Estigmas):
- Della Robbia, Andrea (oficina): terracotas.

Santuário (refeitório):
- Della Robbia, Andrea e oficina: terracotas.

VERONA
Igrejas:
Catedral:
- Giulio Romano: *Cenas da Virgem.*

San Bernardino:
- Montagna, B.: *Virgem com São Jerônimo e São Jorge.*

San Fermo:
- Pisanello: *Anunciação.*

Santa Maria in Organo:
- Mantegna, A.: *Nossa Senhora com o Menino Jesus, querubins, anjos, São João Batista, São Gregório, São Bento e São Jerônimo, v.* Milão, Museu do Castello Sforzesco.

Santa Maria in Organo (sacristia):
- Giovanni da Verona, frei: alizares.

San Zeno:
- Mantegna, A.: *Nossa Senhora com o Menino Jesus no trono entre anjos, São Pedro, São Paulo, São João Evangelista, São Bento, São Lourenço,*

São Gregório e São João Batista; *v. também* Paris, Louvre e Tours, Museu.

Museu de Castelvecchio:
- Gentile, Jacopo: crucifixo.
- Montagna, B.: *Nossa Senhora com o Menino Jesus.*

Palácio Canossa:
- Giulio Romano: *A pérola, v.* Madri, Prado.

Reggia dei Scaligeri:
- Altichiero: afrescos.

VICO L'ABATE (Florença): *v.* Florença, Museu Diocesano.

VICOPISANO (Pisa)

Fortaleza:
- Brunelleschi, F.: arquitetura.

VIENA

Albertina:
- Andrea del Sarto: desenho para *Sagrada Família e São João menino*; desenho relativo à *Piedade*; desenho para *Nossa Senhora com o Menino Jesus, Santa Isabel e São João menino.*
- Borromini, F.: desenho.
- Francia, F.: estudo para *Judite.*
- Masaccio (baseado em): desenhos da *Sagração.*
- Masolino (baseado em): desenho quinhentista com a *Vocação de Pedro e André.*
- Michelangelo: desenho a partir de *Sagração* de Masaccio.
- Perino del Vaga: desenhos para *Nossa Senhora com o Menino Jesus, São Domingos e São Francisco*; desenho para a decoração da arcada do Palácio Doria em Gênova; desenhos para os panos de abóbada de Trinità dei Monti em Roma; desenhos para a Sala de Psiquê de Castel Sant'Angelo.
- Polidoro e Maturino (baseado em): desenho da fachada de Palácio Gaddi.
- Rafael: desenho preparatório para a *Deposição da cruz.*

Biblioteca Nacional:
- Gherardo e Monte: *Hieromymus* (Cod. Lat. 930).

Kunsthistorisches Museum:
- Antonello da Messina: fragmento com *Nossa Senhora no trono entre São Nicolau, Santa Maria Madalena, São Domingos e Santa Úrsula.*
- Fra Bartolomeo: *Apresentação ao templo.*
- Fra Bartolomeo e Bugiardini, G.: *Rapto de Diana.*
- Cellini, B.: saleiro de Francisco I.
- Correggio: *Rapto de Ganimedes, Io e Júpiter.*
- Parmigianino: autorretrato; *Conversão de São Paulo*; sobre o desenho preparatório *v.* Londres, coleção Seilern; *Cupido.*
- Rafael: *Nossa Senhora de Belvedere.*
- Rafael (baseado em): *Profeta Isaías.*

VINCIGLIATA (Florença)

Villa de Alessandro degli Alessandri:

- Lippi, Filippo: *São Lourenço entre São Cosme, São Damião e três patrocinadores*; nas laterais, *Santo Antônio Abade e São Bento, v.* Nova York, Metropolitan Museum.

VITERBO

Igrejas:

San Francesco:
- Sebastiano del Piombo: *Piedade, v.* Museu Cívico.

Santa Maria della Quercia:
- Albertinelli, M.: painel.
- Fra Bartolomeo e Paolino, frei: painel.

Museu Cívico:
- Sebastiano del Piombo: *Piedade.*

VOLTERRA

Igrejas:

Catedral:
- Gozzoli, B.: *Chegada dos Magos.*
- Signorelli, L.: *Anunciação.*

San Giusto:
- Ghirlandaio, Domenico: *Cristo em glória entre anjos e querubins, com São Bento, São Romualdo, Santa Atínia e Santa Greciniana, o cliente e Giusto Buonvicini, v.* Galeria Comunal.

San Lino:
- Cosini, S.: túmulo de Raffaele Maffei.

Galeria Comunal:
- Ghirlandaio, Domenico: *Cristo em glória entre anjos e querubins, com São Bento, São Romualdo, Santa Atínia e Santa Greciniana, o cliente e Giusto Buonvicini.*
- Rosso Fiorentino: *Deposição da cruz.*
- Signorelli, L.: *Nossa Senhora com o Menino Jesus, seis santos e dois anjos.*

Villa dello Spedaletto: *v.* Spedaletto.

WASHINGTON

Coleção particular:
- Spinello Aretino: afresco.

National Gallery:
- Andrea del Sarto: *Caridade com três putti.*
- Fra Angelico: *Cena de São Cosme e São Damião.*
- Bellini, Giovanni: *Festim dos deuses.*
- Cossa, F. del: *Crucificação entre São Liberal e Santa Luzia.*
- Desiderio da Settignano: tabernáculo do Sacramento.
- Domenico Veneziano: *São João no deserto*; *Estigmas de São Francisco.*
- Donatello (?): *Davi.*
- Duccio: *Natividade*, dois *Profetas, Vocação dos filhos de Zebedeu.*
- Gozzoli, B.: *Decapitação de João Batista; Dança de Salomé.*
- Leonardo: retrato de Ginevra Benci.
- Lippi, Filippo (atr.), *Anunciação.*
- Perino del Vaga: *Natividade entre São Sebastião, São Tiago, São Roque e Santa Catarina.*
- Piero della Francesca: *Santa Apolônia.*

- Piero di Cosimo: *Visitação*.
- Rafael e Giulio Romano: retrato de Bindo Altoviti.

WILLIAMSTOWN (Massachusetts)

Stirling and Francine Clark Art Institute:
- Signorelli, L.: *Martírio de Santa Catarina*.

WINDSOR (castelo de)

Royal Library:
- Leonardo: desenhos para a *Batalha de Anghiari*; desenho de *Netuno com quatro cavalos-marinhos*.
- Parmigianino: estudo para os afrescos de *Madonna della Steccata*.

- Perino del Vaga: desenhos de *Sólon ditando as leis*; desenho preparatório para *Apolo cercado pelas Musas e por dezoito poetas*; desenhos para as sobreportas da capela Paolina de Castel Sant'Angelo; desenho para os afrescos da igreja de San Marcello em Roma.

WORCESTER

Art Museum:
- Piero di Cosimo: *Descoberta do mel*.

ZURIQUE

Kunsthaus:
- Perino del Vaga: desenho para *São Jorge libertando a princesa*.